suhrkamp taschenbuch
wissenschaft 2338

Das Elend der Industriearbeiter im 19. Jahrhundert verstärkte den Ruf nach sozialer Gerechtigkeit und schürte die Angst vor einer Revolution. Preußen führte daraufhin als erste europäische Großmacht eine progressive Einkommensteuer ein. Mit ihr begann die Revolution der Gleichheit und der Übergang zur sozialliberalen Gouvernementalität, die auch Erfolge zeitigte. So nahm die seit Jahrhunderten wachsende Ungleichheit nach dem Ersten Weltkrieg erstmals ab. In seiner großen Studie zeichnet Marc Buggeln die spannende Geschichte der Steuerpolitik nach und zeigt, dass die progressiven Steuern stets umstritten geblieben sind. Mit dem Siegeszug des Neoliberalismus stehen sie erneut im Zentrum gesellschaftlicher Verteilungskämpfe.

Marc Buggeln ist Professor für regionale Zeitgeschichte und Public History an der Universität Flensburg und Direktor der Forschungsstelle für regionale Zeitgeschichte und Public History in Schleswig. Sein Buch *Das Versprechen der Gleichheit* wurde mit dem Carl Erdmann Preis 2021 des Verbands der Historiker und Historikerinnen Deutschlands ausgezeichnet.

Marc Buggeln

Das Versprechen der Gleichheit

Steuern und soziale Ungleichheit in Deutschland von 1871 bis heute

Suhrkamp

Gewidmet Inge Marszolek (1947-2016)

Klimaneutral
Druckprodukt
ClimatePartner.com/14438-2110-1001

2. Auflage 2023

Erste Auflage 2022
suhrkamp taschenbuch wissenschaft 2338

Umschlag nach Entwürfen
von Willy Fleckhaus und Rolf Staudt
Druck und Bindung: C. H. Beck, Nördlingen
Printed in Germany
ISBN 978-3-518-29938-8

www.suhrkamp.de

Inhalt

Teil IV
Militarisierte Gouvernementalität in Friedenszeiten (1933-1939)

Teil V
Die Gouvernementalität des Vernichtungskriegs – Finanzpolitik im Zweiten Weltkrieg (1939-1945)

Teil VI
Verordneter Sozialliberalismus? Die Steuerpolitik in den westlichen Besatzungszonen (1945-1948/49)

Teil VII
Die umkämpfte ordoliberale Gouvernementalität. Steuerpolitik für ein Export-Spar-System (1949-1966)

Teil VIII
Aufstieg und Niedergang sozialliberaler Gouvernementalität (1966-1982): Die SPD und die Steuergerechtigkeit

Teil IX
Vom Gleichheitsversprechen zur Effizienz: Der langsame Aufstieg neoliberaler Gouvernementalität seit den 1980er-Jahren

Einleitung

Anfang 2014 meldete Oxfam, dass die reichsten 85 Menschen so viel Vermögen besitzen wie die ärmere Hälfte der Weltbevölkerung, mithin über dreieinhalb Milliarden Menschen. Zwei Jahre später bedurfte es nur noch 62 Superreicher, um das Vermögen der ärmeren Hälfte der Menschheit aufzuwiegen, und 2018 schließlich nur noch 26 Superreicher.[1] Solche Zahlen bestätigen den Eindruck, dass wir aktuell in Zeiten exponentiell wachsender Ungleichheit leben. Die Spitzenvermögen sind in den Vereinigten Staaten inzwischen fast wieder auf der Höhe derer angekommen, die dort Ende des 19. Jahrhunderts angehäuft worden waren. Im wertbereinigten zeitübergreifenden Vergleich führten 1999 mit John D. Rockefeller, Andrew Carnegie und Cornelius Vanderbilt noch die drei erfolgreichsten Unternehmer des Gilded Age die ewige Rangliste an, erst auf Platz vier folgte Bill Gates.[2] 2018 rückte aber der Amazon-Gründer Jeff Bezos mit einem geschätzten Vermögen von 112 Milliarden Dollar auf Platz zwei hinter Rockefeller vor.[3] Doch die Corona-Pandemie mit ihren Lockdowns bescherte dem Versandhändler Amazon eine Explosion der Gewinne, wodurch Bezos Rockefeller überholte. Laut Forbes wurde Bezos die erste Person, die jemals ein Vermögen von über 200 Milliarden Dollar ihr Eigen nennen konnte.[4]

Besonders instruktiv ist ein Blick auf die diachronen Vergleichsdaten, wie sie für die großen britischen und US-amerikanischen Vermögen vorliegen, wenn man die biografischen Eckdaten der

1 Guardian vom 20.1.2014; Pressemeldung Oxfam vom 18.1.2016; ⟨https://www.oxfamamerica.org/press/62-people-own-same-wealth-as-half-the-world/⟩ (Zugriff: 10.5.2019); Guardian vom 21.1.2019.

2 Philip Beresford/William D. Rubinstein, The Richest of the Rich. The Wealthiest 250 People in Britain since 1066, Petersfield 2007, S. 141.

3 Forbes-Liste 2018; ⟨https://www.forbes.at/artikel/die-forbes-billionaires-list-2018.html⟩ (Zugriff: 10.5.2019).

4 Jonathan Ponciano, Jeff Bezos Becomes the First Person Ever Worth $200 Billion, in: Forbes vom 26.8.2020. Online: ⟨https://www.forbes.com/sites/jonathanponciano/2020/08/26/worlds-richest-billionaire-jeff-bezos-first-200-billion/?sh=4fa48df34db7⟩ (Zugriff: 22.12.2021).

Besitzer betrachtet.[5] Es fällt auf, dass in den Listen kaum jemand aus den Geburtsjahrgängen 1871 bis 1945 zu finden ist. Die großen Vermögen des frühen 20. Jahrhunderts besaßen fast ausnahmslos Menschen, die schon in der ersten Hälfte des 19. Jahrhunderts geboren wurden, darüber hinaus finden sich noch einige Vertreter der Geburtsjahrgänge bis 1869. Dann klafft eine Lücke von mehr als einem halben Jahrhundert. Die nächsten Einträge finden sich dann erst wieder für in den 1930er-Jahren geborene Männer. Wenn man davon ausgeht, dass große Vermögen im Regelfall erst ab einem Alter von 30 Jahren aufgebaut werden, so entspricht diese Lücke in den Geburtsjahrgängen in etwa der Zeit der Großen Kompression von 1914 bis in die 1970er-Jahre, in der die soziale Ungleichheit in den westlichen Industrienationen deutlich abnahm. In dieser Periode stieg der Anteil der unteren und mittleren Schichten am Gesamteinkommen. Gleichzeitig war es erheblich schwerer als zuvor oder danach, gigantische Vermögen anzuhäufen. Ohne Zweifel hatte die Vermögensvernichtung in den beiden Weltkriegen einen großen Anteil an dieser Entwicklung. Ebenso spielten jedoch progressive Steuern, also Steuern, die Wohlhabende verhältnismäßig stärker belasteten, sowie der Ausbau des Sozialstaats eine zentrale Rolle. Progressive Steuern und steigende Sozialausgaben waren die beiden wichtigsten Bausteine der gegen Ende des 19. Jahrhunderts einsetzenden »Gleichheitsrevolution« (Pierre Rosanvallon), die das Denken und Handeln der Menschen im atlantischen Wirtschaftsraum nachhaltig prägten und veränderten. Sie waren Teil des Übergangs von der liberalen zur sozialliberalen Gouvernementalität und bedeuteten eine Ausweitung der Handlungsmöglichkeiten innerhalb der politischen und sozialen Staatsbürgerschaft. Der Aufstieg der neoliberalen Gouvernementalität seit den 1970er-Jahren trug dann dazu bei, dass die soziale Ungleichheit seit den 1970er-Jahren in den OECD-Staaten in der Tendenz wieder zunahm. Forderungen nach mehr sozialer Gerechtigkeit wurden nun häufiger mit dem Vorwurf des Sozialneids abgewehrt und als politisch irrelevant markiert.

Thomas Piketty beschrieb die Steuerpolitik als das wesentliche Mittel, um der von ihm konstatierten Zunahme der Ungleichheit in vielen OECD-Staaten und insbesondere in den USA seit

5 Ebd.; Beresford/Rubinstein, Richest.

den 1980er-Jahren gegenzusteuern. Die Beschaffung ausreichender staatlicher Finanzmittel durch eine schärfere Besteuerung der Wohlhabenden ist für ihn die Grundvoraussetzung, um überhaupt gemeinschaftlich agieren zu können.[6] Zugleich bilden Steuerdaten die wesentliche Grundlage für seine Erfassung der Einkommens- und Vermögensungleichheit, die das eigentliche Thema seines Buches darstellen. Mit dieser Monografie hat er die Ungleichheitsforschung auf ein neues Niveau gehoben. Dass Piketty allerdings die bisherige Umverteilungswirkung von Steuern nicht systematisch untersucht, obwohl er der Steuerpolitik zentrale Bedeutung beimisst und sich maßgeblich auf Steuerdaten beruft, überrascht. Die vorliegende Arbeit schlägt eine andere Richtung ein: Der Zusammenhang von Steuersystem und sozialer Ungleichheit bildet ihr Zentrum.

Eine vergleichend und transnational angelegte Nationalstudie

Im Mittelpunkt der vorliegenden Untersuchung steht die Entwicklung in Deutschland von der Gründung des Kaiserreichs bis heute. Für diesen nationalstaatlichen Zugriff sprechen gute Gründe: Der moderne Steuerstaat war mit dem Nationalstaat auf das Engste verknüpft und steuerpolitische Fragen wurden weitestgehend im nationalen Rahmen entschieden. Dementsprechend handelt es sich bei der Mehrzahl der bedeutenden historischen Studien zur modernen Steuerpolitik um Nationalstudien, in denen nur sehr wenig Bezug auf die Entwicklung in anderen Ländern genommen wird.

Ob jedoch eine Steuerbelastung besonders stark oder die Ungleichheit im untersuchten Fall besonders hoch war, lässt sich nur mit Blick auf andere Länder beurteilen. Deswegen ist die Arbeit vergleichend angelegt. Die deutsche Entwicklung steht zwar im Mittelpunkt, aber sie wird mit der Steuerpolitik und ihren Auswirkungen auf soziale Ungleichheit in anderen wirtschaftlich führenden westeuropäischen und nordamerikanischen Staaten abgeglichen. Durchgängig werden dabei jene drei Länder untersucht, die aus deutscher Sicht die drei wichtigsten Konkurrenten als wirt-

6 Thomas Piketty, Das Kapital im 21. Jahrhundert, München 2014, S. 662.

schaftliche Führungsmacht darstellten: Großbritannien, Frankreich und die USA. Dazu werden beispielsweise auch die Schweiz, Schweden, Italien, Österreich-Ungarn und das Osmanische Reich als Kontrastfälle in den Blick genommen und schließlich wird die Sowjetunion als schärfstes Gegenmodell zum kapitalistischen Steuerstaat in die Untersuchung einbezogen. In dieser vergleichenden Perspektive zeigt sich, dass viele Großdiagnosen der noch sehr national geprägten deutschen Geschichtsschreibung kaum haltbar sind. So hatte weder das deutsche Kaiserreich ein ausgeprägt unsoziales Steuersystem noch war der Deflationskurs Heinrich Brünings eine deutsche Besonderheit, und auch dass die nationalsozialistische Regierung eine ausnehmend scharfe Reichenbesteuerung einführte, ist ein Mythos. Umgekehrt kann der Blick auf die deutsche Steuergeschichte das Bild jüngerer internationaler Entwicklungen ergänzen. Einschneidende Steuersenkungen, wie sie von Ronald Reagan und Margaret Thatcher in den 1980er-Jahren vorgenommen wurden, fanden in der Bundesrepublik schon in den 1950er-Jahren unter dem Regime ordoliberaler Gouvernementalität statt. Der umfassende Vergleich ermöglicht es, zu sehr viel präziseren Aussagen zu kommen.[7]

Im Kern ist die Arbeit also eine vergleichend angelegte Nationalstudie. Daneben werden gerade in Bereich des Wissens und der Suche nach steuerlichen Innovationen auch transnationale Zusammenhänge und Transferprozesse herausgearbeitet.[8] Die führenden Finanzwissenschaftler rezipierten sich gegenseitig. Die nationalen Debatten um eine progressive Besteuerung lebten auch von der Beobachtung anderer Länder und der Hoffnung, im eigenen Land ein besonders innovatives Steuersystem aufbauen und der internationalen Konkurrenz enteilen zu können. Aufmerksam verfolgten Politiker und Beamte die Entwicklungen im Ausland, um gegebenenfalls erfolgreiche Konzepte zu importieren. Hinzu kommt, dass die Fiskalsysteme zwar nationalstaatlich verfasst waren, aber

7 Hartmut Kaelble, Historisch Vergleichen. Eine Einführung, Frankfurt am Main 2021.

8 Michael Werner/Bénédicte Zimmermann, Vergleich, Transfer, Verflechtung, in: Geschichte und Gesellschaft 28 (2002), S. 607-636; Hartmut Kaelble, Die Debatte über Vergleich und Transfer und was jetzt?, in: Geschichte Transnational, 8. 2. 2005, ⟨http://geschichte-transnational.clio-online.net/forum/type=artikel&id=574⟩ (Zugriff: 10. 12. 2021).

insbesondere im Kriegsfall eine Abhängigkeit von internationalen Finanznetzwerken bestand. Die Studie vermag hier Schlaglichter zu werfen, doch bleibt eine umfassende Aufarbeitung der internationalen Steuerdebatten und ihrer transnationalen Einflüsse vorerst ein Forschungsdesiderat.

Die Untersuchung ist vor allem sozial-, wirtschafts- und politikgeschichtlich angelegt, aber auch ideen- und wissenshistorische Fragen spielen eine wichtige Rolle. Demgegenüber kommen kultur- und alltagsgeschichtliche Themen nur in Ansätzen zur Geltung. Das liegt auch darin begründet, dass für Deutschland hierzu bisher kaum solche Studien zur Rolle von Steuern und öffentlichen Finanzen existieren. Die notwendige umfangreiche Quellenarbeit konnte diese Arbeit in ersten Ansätzen leisten. Sie wechselt in der Darstellung immer wieder die Ebenen, um den Zusammenhang von Steuern und Ungleichheit detailliert ausleuchten zu können. Dabei wird umfangreich auf quantitative Daten zurückgegriffen. Zwar lassen sich zentrale Entwicklungen der Steuerpolitik auch rein qualitativ beschreiben, doch für die Beurteilung ihrer Auswirkungen bedarf es zwingend quantitativer Daten. Der Schwerpunkt der Studie liegt auf der vertikalen Ungleichheit, also insbesondere auf den Einkommens- und Vermögensunterschieden zwischen unterschiedlichen sozialen Gruppen. Demgegenüber kommen horizontale Ungleichheiten, etwa die steuerliche Behandlung von Frauen, nationalen und religiösen Minderheiten oder kolonisierten Subjekten, weniger oft und weniger scharf in den Blick. Das liegt auch darin begründet, dass diese Fragen – im Vergleich zur »Klassenfrage« – deutlich seltener zum Gegenstand von Steuerdebatten wurden.

Die untersuchte Zeitspanne von 1871 bis heute ist durch politische Zäsuren definiert.[9] Sie beginnt mit der Gründung des deutschen Kaiserreichs, führt über zwei Weltkriege und zwei deutsche Staaten hin zu einem wiedervereinigten Deutschland. Die politischen Daten bilden auch für das Steuersystem wichtige Einschnitte. So veränderte etwa die Gründung des Kaiserreichs das Verhältnis zwischen den Finanzen des Zentralstaats und der Länder, und die Debatten um Steuergerechtigkeit gewannen dank der im Reichs-

9 Zwei wichtige Abschnitte deutscher Geschichte bleiben in dieser Darstellung außen vor: Die Steuerpolitik in den deutschen Kolonien sowie die der DDR. Eigenständige Publikationen zu diesen beiden Perioden sind in Vorbereitung.

tag vertretenen Sozialdemokraten deutlich an Schärfe. Mit dem Krieg endete 1945 auch eine erhebliche Anspannung der Finanzen aufgrund der exorbitanten Rüstungsausgaben, die zur höchsten Steuerquote der deutschen Geschichte geführt hatten. Eine wesentlich durch die beiden Weltkriege geprägte Epoche der Steuerexpansion kam an ihr Ende. In der Bundesrepublik versuchte die Regierung unter ordoliberaler Gouvernementalität die Steuerquote zu senken, doch aufgrund des von Finanzminister Fritz Schäffer deklarierten Primats des Haushaltsausgleichs fiel die Steuerquote zwar unter die Spitzenwerte des Zweiten Weltkrieges, sie blieb aber auf einem hohen Niveau. Die sozialliberale Regierung hatte sich 1969 dann ein Mehr an sozialer Gerechtigkeit auf die Fahnen geschrieben, doch über erste vorsichtige Reformen kam sie kaum hinaus, als sich mit der Wirtschaftskrise von 1973 und dem Ende des Bretton-Woods-Systems die Parameter staatlicher Fiskalpolitik grundlegend zu wandeln begannen.

Steuern & Ungleichheit: Geschichte und Begrifflichkeiten

Seit den großen Pestkatastrophen des 14. und des frühen 17. Jahrhunderts, auf die jeweils einige Jahrzehnte abnehmender Ungleichheit folgten, weil der Arbeitskräftemangel zu steigenden Durchschnittslöhnen für die unteren Schichten führte, ist die Einkommens- und Vermögensungleichheit in West-, Mittel- und Nordeuropa bis 1914 angestiegen oder bestenfalls konstant geblieben. Zu diesem Langzeittrend wachsender Ungleichheit trug nicht zuletzt der Umstand bei, dass die Steuersysteme der präindustriellen militär-fiskalischen Staaten regressiv waren, ein Angehöriger der Unterschicht also prozentual mehr Steuern von seinem Einkommen zahlen musste als ein Vertreter der gesellschaftlichen Elite.[10] Zudem verwendete der frühneuzeitliche Staat die eingestrichenen Gelder vor allem für das Militär, Investitionen schlugen demgegenüber weniger zu Buche und Sozialausgaben gab es kaum.[11] Daran

10 Guido Alfani/Matteo Di Tullio, The Lion's Share. Inequality and the Rise of the Fiscal State in Preindustrial Europe, Cambridge 2019.

11 Im 18. Jahrhundert wendeten die europäischen Mächte im Median 54 % ihrer Einnahmen für das Militär auf. Die vielen Kriege führten zudem dazu, dass der

änderte sich anfangs auch mit der Industrialisierung wenig. Die Einkommens- und Vermögensungleichheit nahm weiter zu und erreichte in den europäischen Ländern, für die Daten vorliegen, vor dem Ersten Weltkrieg einen Höhepunkt. Thomas Piketty hat für Europa im ersten Jahrzehnt des 20. Jahrhunderts folgende Einkommens- und Vermögensverteilung errechnet:

Grafik 1

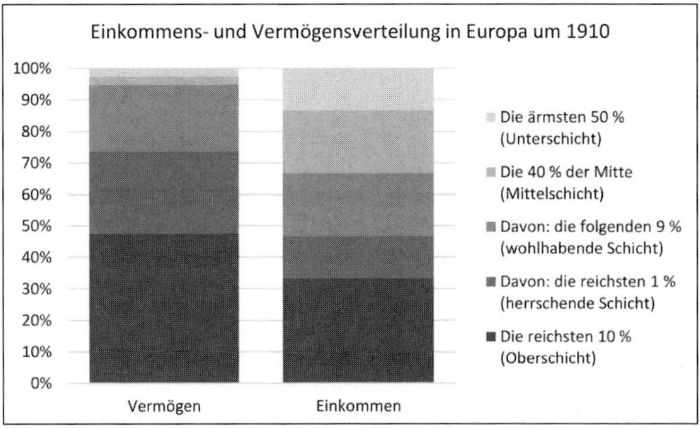

Quelle: Piketty, Kapital, S. 327 f.

Der Gini-Koeffizient lag beim Vermögen im Durchschnitt bei 0,85 und beim Einkommen bei 0,49. Erst mit dem Ersten Weltkrieg begann die soziale Ungleichheit in Europa wieder abzunehmen. Zu dieser Trendumkehr trug die Vermögensvernichtung im Krieg bei, aber auch die schärfere Besteuerung des Reichtums, zu der viele kriegführende Staaten zur Deckung der immensen Kosten griffen. Dementsprechend hätte die Untersuchung auch 1914 einsetzen können, also zu dem Zeitpunkt, als die Steuerpolitik tatsächlich erstmals dazu beitrug, Ungleichheit zu verringern. Doch die Diskussionen um gerechte Steuern hatten bereits wesentlich früher be-

Schuldendienst gut ein Drittel der Mittel verschlang, weshalb im Regelfall höchstens 20 % der Einnahmen für andere Ausgaben zur Verfügung standen: Wolfgang Reinhard, Geschichte der Staatsgewalt. Eine vergleichende Verfassungsgeschichte Europas von den Anfängen bis zur Gegenwart, München 1999, S. 308.

gonnen und auch schon grundlegende Reformen zur Folge gehabt. Richard J. Evans betonte, dass Debatten um Ungleichheit das Zentrum der europäischen Politik im 19. Jahrhundert gebildet haben.[12] Häufig ging es dabei um Steuern.

Doch wodurch zeichnen sich Steuern als modernes Zentrum der Staatsfinanzierung aus? In einer Definition des Finanzwissenschaftlers Fritz Neumark heißt es: »Unter Besteuerung ist zu verstehen die auf Anforderung und zugunsten des Staates [...] zwangsweise und ohne Anspruch auf Gegenleistung zu bewirkende Übertragung ökonomischer Werte (in der Regel: Geldsummen) seitens der nach Maßgabe genereller Rechtsnormen dazu verpflichteten Einzelwirtschaften.«[13] Steuern enthalten also im Gegensatz zur Sozialversicherung keinen Anspruch auf Gegenleistung. Sie werden in der Regel in monetärer Form beglichen. Und sie beruhen auf generellen Rechtsnormen, die für alle steuerrechtlich dem Staatsgebiet zugeordneten Einzelwirtschaften gelten.

Für die Durchsetzung dieses modernen Steuerverständnisses war die Französische Revolution von eminenter Bedeutung. Die Proteste in Frankreich richteten sich nicht zuletzt gegen die Steuerbefreiungen für Adel und Klerus[14] sowie gegen die hohen indirekten Steuern, die die unteren Schichten überproportional belasteten, weil diese einen größeren Anteil ihres Einkommens für die besteuerten Lebensmittel aufwenden mussten als Wohlhabende. Aus diesem Grund waren (und sind) indirekte Steuern – insbesondere Verbrauchsteuern – in ihrer Wirkung meist regressiv und nur in wenigen Fällen proportional oder gar progressiv (z. B. bei Steuern auf Luxusgüter, die aber durch die begrenzten Verkaufszahlen meist wenig ertragreich waren).

Der Dritte Stand verlangte mehr politische Rechte, ganz im Sinne des Slogans »No taxation without representation«, den sich bereits vor der Französischen Revolution die amerikanischen Unabhängigkeitskämpfer zu eigen gemacht hatten. Das bedeutete eine

12 Richard J. Evans, The Pursuit of Power. Europe 1815–1914, New York 2016, S. XX.

13 Fritz Neumark, Zum Wesen der Besteuerung, in: ders., Wirtschafts- und Finanzprobleme des Interventionsstaates, Tübingen 1961, S. 335-348, hier S. 348.

14 Allerdings waren die Steuerbefreiungen für Adel und Klerus schon im Laufe staatlicher Zentralisierung deutlich reduziert worden. Es handelte sich fast nirgends mehr um vollständige Steuerbefreiungen, sondern nur noch um von Land zu Land unterschiedliche Vorrechte: Reinhard, Geschichte der Staatsgewalt, S. 318.

gleichmäßigere Verteilung der Steuerlast. Diese Forderungen führten dazu, dass die französischen Revolutionäre nach 1789 sämtliche indirekten Steuern abschafften. Stattdessen führten sie vier direkte Steuern ein, die proportional ausgelegt waren. Jeder sollte also den gleichen Teil seines Einkommens für die Finanzierung des Staates einbringen. Sämtliche Befreiungen für Adel und Kirchen wurden abgeschafft.[15] Doch schon Napoleon führte die indirekten Steuern wieder ein, und der regressive Grundzug des französischen Steuersystems war bald wiederhergestellt.[16]

Erst in der zweiten Hälfte des 19. Jahrhunderts kam es zu einem erneuten Umschwung. Nicht zuletzt aufgrund des Drucks der sich politisch formierenden Arbeiterbewegung gewannen Forderungen nach einer progressiven Besteuerung an Bedeutung.[17] Hierbei ging es fast ausschließlich um die Anhebung der direkten Steuern. Zwar wurden auch Rufe nach einer stark progressiven Erbschaftsteuer laut, doch stand meistens die progressive Einkommensteuer im Mittelpunkt der Diskussion. Dieser neue Fokus war wegweisend: Im 20. Jahrhundert sollte die progressive Einkommensteuer in allen führenden Industriestaaten zum zentralen Instrument steuerlicher Umverteilung von oben nach unten avancieren. Zuerst wurde sie in einigen Schweizer Kantonen und kleineren deutschen Staaten eingeführt, bevor um die Jahrhundertwende größere Staaten nach-

15 Michael Kwass, Privilege and the Politics of Taxation in Eighteenth-Century France. Liberté, Egalité, Fiscalité, Cambridge 2000.

16 Richard Bonney, The Apogee and Fall of the French Rentier Regime, 1801–1914, in: José Luís Cardoso/Pedro Lains (Hg.), Paying for the Liberal State. The Rise of Public Finance in Nineteenth-Century Europe, Cambridge 2010, S. 81-103, hier S. 84-89.

17 Vereinzelte Fälle progressiver Besteuerung sind schon aus der Antike bekannt. Diese Steuern waren bis zum Ende des Mittelalters jedoch temporär und auf Notsituationen, insbesondere Kriege, beschränkt. Am dauerhaftesten konnte sich in der Vormoderne in Florenz im 15. und 16. Jahrhundert eine progressive Einkommens- und Vermögenssteuer etablieren: Ralf Lieb, Direkte Steuerprogression. Geschichtliche Entwicklung und kritische Würdigung ihrer Begründungen, Wiesbaden 1992, S. 22-63. Der Begriff progressive Steuer taucht aber nach Bonney erstmalig um 1767 auf: Richard Bonney, Revenue, in: ders. (Hg.), The Origins of the Modern State in Europe, Thirteenth to Eighteenth Centuries. Economic Systems and State Finance, Oxford 1995, S. 423-505, hier S. 485. Kehl betont, dass die Progression als Steuerprinzip im Mittelalter unbekannt war: Paul Kehl, Die Steuer in der Lehre der Theologen des Mittelalters. Eine quellengeschichtliche Studie, Berlin 1927, S. 246.

folgten, darunter Preußen (1891), die Niederlande (1892), Großbritannien (1909), die Vereinigten Staaten (1913) und Frankreich (1915).[18] Pierre Rosanvallon betont den grundlegenden Charakter, den diese Reformen und die dann im und nach dem Ersten Weltkrieg erhöhten Spitzensteuersätze für die Transformation hin zu einer »Gesellschaft der Gleichen« hatten: »Es handelte sich um nichts weniger als eine Revolution, die den Charakter der Gesellschaften des westlichen Kapitalismus tiefgreifend veränderte.«[19]

Doch bevor es dazu kommen konnte, musste die progressive Einkommensteuer überall in zähen Kämpfen durchgesetzt werden, denn gerade in den schnell auf die Realeinkommen der sozialen Gruppen durchschlagenden Steuergesetzen bildete sich die gesellschaftliche Machtverteilung ab. Dies hielt schon Norbert Elias in seinen Analysen zum Prozess der Zivilisation fest: »Die Steuern [...] sind ein Produkt gesellschaftlicher Verflechtung. Sie entstehen – wie aus einem Parallelogramm der Kräfte – aus dem Ringen der verschiedenen, sozialen Gruppen und Interessen.«[20] In der Regel waren es sozialistische oder sozialdemokratische Parteien, die sich für eine progressive Einkommensteuer starkmachten. Doch um die Jahrhundertwende trugen diese Parteien fast nirgends Regierungsverantwortung. Dementsprechend mussten konservative oder liberale Parteien für das Projekt gewonnen werden, wobei es mitunter zu überraschenden Koalitionen kam. In Preußen waren es etwa die von Agrariern dominierten konservativen Parteien, die sich zu Fürsprechern aufschwangen, weil sie hofften, im Gegenzug die Besteuerung von Landbesitz verringern und eine Erbschaftsbesteuerung vermeiden zu können.

Die Weltkriege als große Gleichmacher

Eine deutliche Verschiebung in Richtung eines progressiven Steuersystems brachte der Erste Weltkrieg, in dessen Verlauf die Steuer-

18 Zur Datierung der Einführung verschiedener moderner Steuerarten in den jeweiligen Ländern: Laura Seelkopf/Hanna Lierse, Democracy and the Global Spread of Progressive Taxes, in: Global Social Policy (2020), S. 1-27.

19 Pierre Rosanvallon, Die Gesellschaft der Gleichen, Hamburg 2013, S. 201.

20 Norbert Elias, Über den Prozess der Zivilisation. Soziogenetische und psychogenetische Untersuchungen, 2 Bde., Frankfurt am Main 1976, Bd. 2, S. 287.

sätze für höhere Einkommen in einigen kriegführenden Ländern deutlich angehoben wurden. Forderungen nach einem stärkeren Beitrag höherer Einkommen konnten sich jedoch nicht überall gleichermaßen durchsetzen. Zwar führten fast alle beteiligten Nationen hohe Kriegsgewinnsteuern ein, aber in Deutschland und Frankreich kam es nur zu moderaten Erhöhungen der Einkommensteuerspitzensätze. Demgegenüber stiegen die Spitzensätze in den Vereinigten Staaten und Großbritannien während des Krieges auf 77 respektive 50 Prozent drastisch an. Es waren also gerade die liberalen angloamerikanischen Länder, die hier voranschritten. Die exorbitanten Kosten des Zweiten Weltkriegs trieben die Steuersätze noch einmal in neue, ungeahnte Höhen. Und wieder waren es die liberalen Staaten USA und Großbritannien, die am entschiedensten zupackten. Bei Kriegsende lag der Einkommensteuerspitzensatz in beiden Ländern bei über neunzig Prozent. Im nationalsozialistischen Deutschland erreichte der Satz dagegen bis 1945 nur 60 Prozent. Angesichts dieser Zahlen verliert die Behauptung Götz Alys, die Nationalsozialisten hätten Spitzenverdiener im internationalen Vergleich besonders scharf besteuert, schnell an Überzeugungskraft.[21]

Bald nach dem Ende des Zweiten Weltkriegs entwickelte sich eine optimistische Lesart zur Minderung sozialer Ungleichheit in den OECD-Nationen in der ersten Hälfte des 20. Jahrhunderts. Den Grundton gab Simon Kuznets vor, der Mitte der 1950er-Jahre postulierte, dass die Ungleichheit zu Beginn der Industrialisierung zwar überall zugenommen habe, dann aber aufgrund der Mobilität der Arbeitskräfte, die in die produktiveren Wirtschaftssektoren mit höheren Löhnen abwanderten, eine recht beständige Abnahme zu konstatieren sei.[22] Diese frohe Botschaft dominierte die Debatte in mancher Abwandlung bis zum Ende des 20. Jahrhunderts und vielleicht sogar noch darüber hinaus. Eine scharfe Kritik erfuhr Kuznets Interpretation schließlich vor allem durch Thomas Piketty, der sie als ein »Produkt des Kalten Krieges«[23] bezeichnete. Er hielt Kuznets entgegen, »dass der starke Rückgang der Ein-

21 Götz Aly, Hitlers Volksstaat. Raub, Rassenkrieg und nationaler Sozialismus, Frankfurt am Main 2005.

22 Simon Kuznets, Economic Growth and Income Inequality, in: American Economic Review 45 (1955), S. 1-28.

23 Piketty, Kapital, S. 30.

kommensungleichheit zwischen 1914 und 1945 in fast allen reichen Ländern das Ergebnis der Weltkriege und der damit einhergehenden starken politischen und ökonomischen Verwerfungen ist (die in erster Linie die Besitzer großer Vermögen treffen)«.[24] Ähnlich haben jüngst Kenneth Scheve und David Stasavage argumentiert. Ihre zentrale These ist, dass der Anstieg der Steuerquote sowie der Spitzensteuersätze bei der Einkommen- und Erbschaftsteuer weniger durch allgemeine Gerechtigkeitsargumente herbeigeführt als vielmehr erst durch »kompensatorische« Begründungen möglich wurden, sprich durch die Forderung, dass die Reichen ein vergleichbares Opfer zu bringen hätten wie die einfachen Soldaten, die mit ihrem Leben für die Nation einstanden.[25] Noch weiter geht Walter Scheidel, der gleich mit Blick auf die gesamte Menschheitsgeschichte nur vier durchweg unheilvolle Kräfte ausmacht, die es vermocht hätten, eine spürbare Nivellierung von Ungleichheit in einer Gesellschaft herbeizuführen: Massenmobilisierungskriege, transformative Revolutionen, Staatsversagen und verheerende Epidemien. Die egalisierenden Veränderungen, die sich in Westeuropa und Nordamerika von etwa 1914 bis in das vorletzte Jahrzehnt des 20. Jahrhunderts beobachten lassen, erklären sich für ihn mithin fast ausschließlich durch die beiden Weltkriege.[26] Damit widerspricht er diametral dem Befund Pierre Rosanvallons, dem zufolge Steuererhöhungen zumal für Spitzeneinkommen und die zunehmende Egalität in den westeuropäischen und nordamerikanischen Gesellschaften bis in die 1970er-Jahre im Wesentlichen auf die seit dem späten 19. Jahrhundert stetig wachsende Zugkraft des Gleichheitsarguments zurückzuführen sind.[27] Das Verhältnis von Krieg und Gleichheitsdiskurs wird deswegen in diesem Buch genauer zu bestimmen sein.

24 Ebd., S. 31.

25 Kenneth Scheve/David Stasavage, Taxing the Rich. A History of Fiscal Fairness in the United States and Europe, Princeton 2016.

26 Walter Scheidel, Nach dem Krieg sind alle gleich. Eine Geschichte der Ungleichheit, Darmstadt 2018.

27 Rosanvallon, Gesellschaft der Gleichen.

Ambivalenzen der Steuerexpansion

Das bisher Gesagte entspricht weitgehend einer sozialliberalen Fortschrittsgeschichte der Steuerpolitik. Dieses Narrativ folgt den demokratischen und revolutionären Erfolgen im Kampf gegen adelige und klerikale Steuerprivilegien über die Ausweitung des Kreises derjenigen, die in demokratischen Verfahren über die Besteuerung mitentscheiden konnten, bis schließlich zur Einführung sozial ausgleichender Steuersysteme. Für dieses Narrativ einer Erfolgsgeschichte spricht einiges. Piketty begreift die moderne Steuerpolitik wie erwähnt gar als wesentliche Voraussetzung kollektiven Handelns. Doch sollte darüber nicht vergessen werden, dass für die stärkere Umverteilung durch Steuern und Sozialtransfers auch ein Preis zu zahlen war.

Dieser Preis bestand zuerst und vor allem in der notwendigen Bereitschaft, erhebliche Informationen über sich selbst, seine Familie und seine Geschäfte an staatliche Instanzen weiterzugeben. Die Steuererhebung und der Finanzbedarf des Staates trugen ganz wesentlich zur Erweiterung des staatlichen Wissens über die Staats- bzw. Steuerbürger bei. Der vormoderne Staat war weitgehend blind oder zumindest halbblind.[28] Seine Bürokratie wusste noch ausgesprochen wenig über die Bewohner des jeweiligen Herrschaftsgebietes; Details über Eigentum, Einkommen, Vermögen oder Familienverhältnisse der Bevölkerung waren dem Staat kaum bekannt. Direkte Steuern wurden lokal nach vor Ort festgelegten Verteilungssätzen eingetrieben, von denen die Obrigkeit in der Regel keine Kenntnis hatte. Um überhaupt an Informationen zu gelangen, waren oft langwierige Verhandlungen und erhebliche Konzessionen erforderlich.[29] Die Einführung indirekter Steuern vermehrte zwar das staatliche Wissen über Konsumgewohnheiten der Bevölkerung, etwa den Alkoholgenuss, was durchaus auch politische Entscheidungen beeinflussen konnte, aber es handelte sich hierbei um kollektive Daten, die nicht individuell zurechenbar waren.

28 James C. Scott, Seeing Like a State. How Certain Schemes to Improve the Human Condition Have Failed, New Haven 1998, S. 2.

29 Bartolomé Yun-Casalilla, Introduction: The Rise of the Fiscal State in Eurasia from a Global, Comparative and Transnational Perspective, in: ders./Patrick O'Brien, The Rise of the Fiscal States. A Global History, 1500-1914, Cambridge 2012, S. 1-35, hier S. 18.

Wichtiger für die Genese des Steuerstaates war deswegen eine andere Neuerung. Am Anfang moderner Gouvernementalität und Steuerstaatlichkeit stand im 18. Jahrhundert das Kataster.[30] In ihm erblickten die Physiokraten und später die französischen Revolutionäre ein objektives und neutrales Verfahren der Steuerschätzung. Das Kataster maß alle nach der gleichen Norm und machte Steuerbürger vergleichbar und berechenbar in Geldeinheiten. Allerdings diente es der Besteuerung von Land- und Hausbesitz, das heißt, die Einschätzung setzte im Wesentlichen an Dingen an und weniger an der Person und ihren konkreten monetären Verhältnissen. Die Steuerschätzer konnten die nötigen Einordnungen auf Grundlage einer Besichtigung aus der Ferne vornehmen und mussten daher nur geringfügig in die Privatsphäre der Steuerzahler eingreifen.[31] Wirklich umfassende Kataster entstanden auch in Frankreich erst im 19. Jahrhundert, nachdem 1807 unter Napoleon mit der flächendeckenden Vermessung begonnen worden war: Ein ambitioniertes Projekt, das erst nach Jahrzehnten abgeschlossen werden konnte.

Dieses (Nicht-)Wissen änderte sich grundlegend mit der Durchsetzung der modernen, progressiven Steuern, vor allem der Einkommensteuer, aber auch der Vermögen- und Erbschaftsteuern. Während viele frühere Steuern mit Schätzungen und ungefähren Werten gut zu erheben gewesen waren, machte die Progression möglichst präzises Wissen erforderlich, wollte man je nach Einkommenshöhe den korrekten Steuersatz zuordnen. Die Informationen über Einkommens- oder Vermögenshöhe konnten durch den Einsatz staatlicher Machtmittel allein kaum beschafft werden. Es bedurfte der Mitwirkung der Bürger, die sich am besten selbst veranlagen und den prüfenden Steuerausschüssen Rechnung ablegen sollten.[32] Dieser Prozess machte den Steuerbürger zum Steuersubjekt. Der aktivierende Staat trug so zur Schaffung selbstverantwortlicher und sich selbst regierender Subjekte bei.

Die Finanzbürokratie konnte freilich nicht ohne weiteres auf

30 Roger J.P. Kain/Elizabeth Baigent, The Cadastral Map in the Service of the State. A History of Property Mapping, Chicago 1992.

31 Yanni Kotsonis, States of Obligation. Taxes and Citizenship in the Russian Empire and Early Soviet Republic, Toronto 2014, S. 10 f.

32 Gisela Hürlimann, Steuern, in: Christof Dejung/Monika Domann/Daniel Speich Chassé (Hg.), Auf der Suche nach der Ökonomie. Historische Annäherungen, Tübingen 2014, S. 287-314, hier S. 296.

die Steuerehrlichkeit der Bürger vertrauen. Vielmehr bemühte sie sich auf manche Weise, diese zu fördern. Zum einen setzte sie auf eine moralische Anrufung des Steuerbürgers, die die Bedeutung der Staatseinnahmen für die Nation und ihre Verteidigung hervorhob. Die steuerliche Staatsbürgerschaft war dabei gekennzeichnet durch ein System von Freiheiten und Pflichten, indem die Spannung zwischen der Förderung individueller Autonomie und gleichzeitiger stärkerer Verpflichtung auf das nationale Ganze zugenommen hatte.[33] Auf Bürger, die das Zahlen von Steuern stolz als staatsbürgerliches Vorrecht verstanden, konnte indes nur ein Staat hoffen, der seinerseits etwas zu bieten hatte. Ambitionierte Infrastrukturprojekte und der schrittweise Aufbau eines Sozialversicherungssystems schufen ein Bewusstsein für die Vorteile eines potenten Staates. Durch Ausgaben, die sichtbar der Allgemeinheit zugutekamen oder dem Schutz Schwächerer dienten, erzielte der Staat – mit Bourdieu gesprochen – auch symbolische Effekte: »Umverteilung schöpft Legitimität.«[34]

Zum anderen jedoch setzte die Finanzbürokratie alles daran, das institutionelle Wissen über die Steuerzahler zu erweitern. Sie schuf mitunter geringfügige und zeitlich befristete Steuern nur zu dem Zweck, Informationen über das Einkommen der Bürger zu erlangen, die dann für die Prüfung der Einkommensteuerveranlagung genutzt werden konnten. Bei Firmen machte man Steuerermäßigungen von der Einreichung von Rechnungen abhängig, mit deren Hilfe sich womöglich verheimlichte Einkünfte anderer Firmen aufdecken ließen. Die Bürokratie entwickelte einen Hunger nach Daten und musste zwangsläufig wachsen, um deren Verarbeitung zu gewährleisten. Das Ausmaß des auf diese Weise angesammelten Wissens darf jedoch nicht überschätzt werden: Steuerhinterziehung war Ende des 19. Jahrhunderts noch relativ einfach und die Gefahr der Entdeckung gering. Zudem waren die fälligen Strafen nicht besonders hart. Der Finanzbürokratie ging es stärker darum, Vertrauen aufzubauen und Verständnis zu wecken, als die Steuerzahlung mit Gewalt zu erzwingen.[35]

33 Kotsonis, States of Obligation, S. 14.

34 Pierre Bourdieu, Über den Staat. Vorlesungen am Collège de France 1989-1992, Berlin 2014, S. 478.

35 Dies legt auch der Titel der Studie von Martin Daunton über den britischen Steuerstaat im 19. Jahrhundert nahe: Martin Daunton, Trusting Leviathan. The

Die Bürger standen dem Datenhunger der Behörden dennoch vielerorts mit Skepsis gegenüber. Häufig verbrannten sie bei lokalen Protesten die Unterlagen der Steuerbehörden. So kam es im Lauf der Französischen Revolution mehrfach zur Vernichtung der Steuerakten.[36] In Italien gingen bei der sizilianischen Revolution 1848 und bei den Schrotsteuer-Aufständen 1868/69 Steuerunterlagen in Flammen auf.[37] In Deutschland war diese Form des Protests in der ersten Hälfte des 19. Jahrhunderts ebenfalls verbreitet, nahm dann aber ab. Vermutlich letztmalig verbrannten 1926 aufgebrachte Mosel-Weinbauern Steuerakten im Finanzamt Bernkastel.[38]

Der moderne Staat und insbesondere seine Steuererhebung brachte ein ganz neues Regime der Sichtbarkeit mit sich.[39] Das bisher den Behörden weitgehende unbekannte Staatsvolk wurde nun erstmals durchdrungen.[40] Im ökonomischen Bereich wurden Phänomene sichtbar, die sich nicht mehr auf die Familie und ihre Familienwirtschaft zurückführen ließen, wodurch der langsame Abschied von der Vorstellung begann, dass der familiäre *oikos* die Basis alles Wirtschaftens sei.[41] Die statistische Erfassung trug auch dazu bei, die Bevölkerung an die zentralen Bürokratien zu binden: »Mitte der 1830er Jahre begannen Zahlen eine herausragende Rolle zu spielen, sowohl bei der Schaffung einer einzigen ›imaginären Gemeinschaft‹, in der verschiedene Gemeinschaften einst um Loyalität konkurrierten, als auch beim Regierungsapparat, mit dem diese nationale Gemeinschaft regiert werden konnte.«[42] Die Statistiken

Politics of Taxation in Britain, 1799-1914, Cambridge 2001. Zur großen Bedeutung, die die Bürokratie auf die Zustimmung der Bürger legte, siehe z. B. S. 223.

36 David F. Burg, A World History of Tax Rebellions. An Encyclopedia of Tax Rebels, Revolts, and Riots from Antiquity to the Present, New York 2004, S. 301.

37 Ebd., S. 351; Evans, Pursuit, S. 190.

38 Hans-Peter Ullmann, »Alles hängt an den Finanzen.« Überlegungen zu einer deutschen Finanzgeschichte von 1790 bis 1990, in: ders., Staat und Schulden. Öffentliche Finanzen in Deutschland seit dem 18. Jahrhundert, Göttingen 2009, S. 37-50, hier S. 40.

39 Scott, Seeing Like a State, S. 2.

40 Für Preußen: Monika Wienfort, Preußen, in: Werner Daum (Hg.) Handbuch der europäischen Verfassungsgeschichte im 19. Jahrhundert, Bd. 2: 1815-1847, Bonn 2012, S. 959-992, hier S. 987 f.

41 Michel Foucault, Sicherheit, Territorium, Bevölkerung. Geschichte der Gouvernementalität, Bd. 1, Frankfurt am Main 2006, S. 157.

42 Mary Poovey, Figures of Arithmetic, Figures of Speech. The Discourse of Statis-

von Einkommen-, Vermögen- und Erbschaftsteuern ermöglichten eine sehr viel präzisere Quantifizierung von Armut und Reichtum als zuvor. Das war gewiss nicht der Effekt, den sich die konservative Führungsspitze der preußischen Finanzbürokratie erhofft hatte, doch die veröffentlichten Statistiken ermöglichten Finanzwissenschaftlern und Publizisten, sie für eine Beschreibung der sozialen Ungleichheit zu nutzen. Auch für die Offenlegung großen Reichtums boten sie reichlich Material. Einen handfesten Skandal löste Rudolf Martin aus, ein wegen pamphletistischer Tätigkeit 1908 suspendierter Beamter des preußischen Innenministeriums. Er schrieb 1911 preußische Millionäre an und teilte ihnen mit, dass er in Kürze ihre Namen, Adressen sowie Einkommens- und Vermögensverhältnisse in einem Jahrbuch zu publizieren beabsichtigte.[43] Mehrere erboste Schreiben von Betroffenen veranlassten die preußischen Behörden zu schnellem Handeln. Martins Räume wurden durchsucht und das Manuskript beschlagnahmt. Die Daten stammten allesamt aus amtlichen Statistiken, argumentierte Martin, und der ihm vorgeworfene Geheimnisverrat sowie der Bruch des Steuergeheimnisses war nicht nachzuweisen. Im gleichen Jahr erschien unter intensiver Pressebegleitung das *Jahrbuch des Vermögens und Einkommens der Millionäre in Preußen*. Während die konservative Presse Martin scharf verurteilte, griffen sozialdemokratische Organe und Abgeordnete die Ergebnisse dankbar auf und nutzten sie zur Begründung der Forderung nach höheren direkten Steuern. Martin selbst sah sich als Aufklärer: »Die sozialen und wirtschaftlichen Kämpfe der Gegenwart verlangen ebenso nach einer Aufklärung des Vermögens der reichen Leute, wie die politischen Streitigkeiten.«[44] Zudem pochte er auf den wissenschaftlichen Anspruch des umstrittenen Unterfangens: »An Stelle der unklaren, abenteuerlichen Vorstellungen, wie sie in der Oeffentlichkeit über die großen Vermögen verbreitet sind, will ich klare, wissenschaftlich anerkann-

tics in the 1830s, in: Critical Inquiry 19 (1993) 2, S. 256-276, hier S. 264 (sofern nicht anders angegeben, stammen alle Übersetzungen von M.B.).

43 Eva Maria Gajek, Sichtbarmachung von Reichtum. Das Jahrbuch des Vermögens und Einkommens der Millionäre in Preußen, in: Archiv für Sozialgeschichte 54 (2014), S. 79-108; Winfried Süß, »Gold ist Trumpf und weiter nichts.« Reichtumskonflikte im langen 19. Jahrhundert, in: WerkstattGeschichte 25 (2017) 73, S. 31-50, hier S. 33 f.

44 Rudolf Martin, Jahrbuch des Vermögens und Einkommens der Millionäre in Preußen, Berlin 1912, S. VIII.

te Tatsachen setzen.«[45] Um die vorherrschende Unkenntnis zu belegen, wies er darauf hin, dass »der beste Kenner der Vermögens- und Einkommensverteilung in alter und neuer Zeit«, Gustav Schmoller, 1904 vermutet hatte, dass es in Preußen nur eine Person mit einem Vermögen von über 30 Millionen gegeben hätte. Er selbst könne nun nachweisen, dass es zu der Zeit tatsächlich 18 Reiche gab, deren Besitz diese Grenze überschritt.[46] Bis zum Frühjahr 1915 waren 19 von 24 der vorgesehenen Bände über die Vermögen der Millionäre in unterschiedlichen deutschen Staaten erschienen, danach erlahmte Martins Eifer. Die bürgerliche Presse argwöhnte zwar, dass mit seinen Bänden für den Fall einer Revolution nun die Listen des zu beschlagnahmenden Reichtums bereitlagen. Die soziale Revolution blieb jedoch aus, und auch in den Steuerdebatten des Ersten Weltkriegs spielten die Jahrbücher kaum eine Rolle mehr. Die Finanzbürokratie aber hatte ihre Lektion gelernt. Sie verzichtete fortan darauf, die Verteilung hoher Vermögen detailliert aufzuschlüsseln, so dass diese in späteren amtlichen Statistiken kaum noch ihren Besitzern zuzuordnen waren. So entstand kein zweites Jahrbuch in Deutschland mehr, dass die großen Vermögen auch nur in annähernd präziser Weise erfasste. Die Geldelite wurde staatlicherseits vor dem Blick der Öffentlichkeit geschützt, so dass unser Wissen über die Entwicklung ihrer Vermögenswerte begrenzt ist.

Die in Martins Buch aufgeführten Millionäre hatten befürchtet, dass die Veröffentlichung dazu führen würde, dass sie nun beständig um Geld gebeten würden oder gar Opfer eines Verbrechens werden könnten. Auf der anderen Seite des Einkommensspektrums erhöhten die Steuerstatistiken die Sichtbarkeit kaum. Wer arm war, war einer unter Millionen von Menschen, der wenig oder gar keine Einkommensteuer zahlte. Hier erwuchs die Gefahr einer zwangsweisen Sichtbarwerdung aus der Bedürftigkeit. Für den Erhalt staatlicher Leistungen musste man in der Regel Informationen über sich preisgeben. Zudem bestand die Gefahr, dass staatliche Programme paternalistisch ausgeführt und von Politikern und Staatsangestellten für biopolitische Interventionen – z. B. zur Geburten- oder Gesundheitsförderung – oder zur Sanktionierung abweichenden Verhaltens genutzt wurden.

45 Ebd.
46 Ebd., S. III.

Besonders evident wurde die Gefährlichkeit des angehäuften staatlichen Wissens in der NS-Zeit. Als abweichend deklariertes Verhalten der Unterschichten, das über das Wohlfahrtssystem erfasst wurde, konnte nun das Konzentrationslager oder die Zwangssterilisation zur Folge haben. Die Steuerdaten bildeten eine zentrale Grundlage der Ausbeutung und Verfolgung der jüdischen Bevölkerung.[47] Während der mittelalterliche Untertan vom Herrscher weder viel Gutes noch viel Schlechtes zu erwarten gehabt hatte, durfte der Bürger des modernen europäischen Staates von diesem eine Daseinsvorsorge und ein gewisses Maß an Absicherung erhoffen. Zugleich erwuchs damit die Gefahr administrativer Einwirkungen auf die eigene Lebenswirklichkeit, die im Extremfall bis hin zu Verfolgung und Vernichtung führen konnte. Damit sind die mit der Entstehung des modernen Steuerstaates verbundenen Gefahren und Ambivalenzen deutlich benannt. Letztlich spricht aus historischer Sicht jedoch vieles dafür, nicht nur der Erweiterung staatlicher Aufgaben, sondern auch der staatlichen Sammlung von Daten über die finanziellen Verhältnisse seiner Bürger mehr positive als negative Aspekte abzugewinnen – oder in den Worten von Thomas Piketty: »Von den Zahlen nichts wissen zu wollen, dient selten der Sache der Ärmsten.«[48]

In der Steuerpolitik kam es seit dem 19. Jahrhundert wie auch in vielen anderen Bereichen unübersehbar zu einer »Verwissenschaftlichung des Sozialen«.[49] Die deutschen Staatswissenschaftler trugen erheblich zur Weiterentwicklung des Steuersystems bei. Doch war die Beeinflussungsrichtung nicht einseitig: Nicht nur nahmen die Wissenschaftler Einfluss auf Politik und Bürokratie, sondern ebenso kam es auch zu einer Politisierung der Wissenschaft.[50] Zur

47 Christiane Kuller, Bürokratie und Verbrechen. Antisemitische Finanzpolitik und Verwaltungspraxis im nationalsozialistischen Deutschland, München 2013, S. 109-113 und 196-199; Martin Friedenberger, Fiskalische Ausplünderung. Die Berliner Steuer- und Finanzverwaltung und die jüdische Bevölkerung 1933-1945, Berlin 2008, S. 79-83

48 Piketty, Kapital, S. 793.

49 Lutz Raphael, Die Verwissenschaftlichung des Sozialen als methodische und konzeptionelle Herausforderung für eine Sozialgeschichte des 20. Jahrhunderts, in: Geschichte & Gesellschaft 22 (1996), S. 165-193.

50 Christoph Conrad, Was macht eigentlich der Wohlfahrtsstaat? Internationale Perspektiven auf das 20. und 21. Jahrhundert, in: Geschichte und Gesellschaft 39 (2013), S. 555-592, hier S. 588.

politischen Durchsetzung von Steuerreformen förderte das Reich Anfang des 20. Jahrhunderts Finanzwissenschaftler, die gegen Bezahlung einen großen Änderungsbedarf postulieren sollten. Zudem hatte die Benennungsmacht des Staates erhebliche Auswirkungen: Begrifflichkeiten, die sich in staatlichen Institutionen durchsetzten, prägten häufig bald auch die Wissenschaftssprache.[51] Von daher lässt sich wohl ergänzend und präzisierend davon sprechen, dass Wissenschaft und Politik ab dem 19. Jahrhundert zunehmend zu »Ressourcen füreinander«[52] wurden.

Steuern und das Heraufziehen des Industriekapitalismus

Die Entstehung des modernen Staates wurde wesentlich befördert durch die starke militärische Konkurrenz in Europa, die die Waffenentwicklung beschleunigte und Kriege teurer machte. Um im Konkurrenzkampf der europäischen Mächte zu überleben, benötigte man Zahlungsmittel. Es entstand ein sogenannter *extraction-coercion-cycle*:[53] Um den hohen Finanzbedarf zu decken, mussten König und Zentralstaat (und ebenso auch Stadtrepubliken) die Gesellschaft immer weiter durchdringen und ihre Herrschaft intensivieren, um in Form von Steuern, Abgaben und Diensten mehr Mittel an sich zu ziehen. Dies verlangte einen Ausbau exekutiver Machtstrukturen, deren Unterhalt kostspielig war und wiederum nach neuen Ressourcen verlangte. Dieser Zyklus förderte die Zent-

51 Hans Achinger, Soziologie und Sozialreform, in: Alexander Busch (Hg.), Soziologie und moderne Gesellschaft. Verhandlungen des 14. Deutschen Soziologentags vom 20. bis 24. Mai 1959 in Berlin, Stuttgart 1959, S. 39-52.

52 Mitchell G. Ash, Wissenschaft und Politik als Ressourcen füreinander, in: Rüdiger vom Bruch / Brigitte Kaderas (Hg.), Wissenschaften und Wissenschaftspolitik. Bestandsaufnahmen zu Formationen, Brüchen und Kontinuitäten im Deutschland des 20. Jahrhunderts, Stuttgart 2002, S. 32-51; ders., Wissenschaft und Politik. Eine Beziehungsgeschichte im 20. Jahrhundert, in: Archiv für Sozialgeschichte 50 (2010), S. 11-45.

53 Das Land, in dem für Samuel E. Finer, den Entwickler des Begriffs, dieser Zirkel prototypisch ablief, war Preußen ab 1653: Samuel E. Finer, State- and Nation-Building in Europe. The Role of the Military, in: Charles Tilly (Hg.), The Formation of National States in Western Europe, Princeton 1975, S. 84-163, hier S. 96 f. Siehe auch: Charles Tilly, Coercion, Capital, and European States, AD 990-1990, Cambridge/Mass. 1990, S. 1-37 und 97 f.; Reinhard, Geschichte der Staatsgewalt, S. 343.

ralisierung[54] und letztlich die Entstehung starker fiskal-militärischer Staaten,[55] die vielen als wesentliche Voraussetzung dafür gilt, dass Europa sich bis ins 19. Jahrhundert weite Teile der Welt untertan machen konnte.[56] Mark Dincecco argumentiert, dass die Durchsetzung zentralisierter Steuersysteme und die Einführung repräsentativer Regierungssysteme, die in der Lage waren, die Ausgabemacht des Fürsten zu begrenzen, die wesentlichen Voraussetzungen für die Ausdehnung und Vergünstigung des Staatskredits waren, der den Machtzuwachs europäischer Staaten förderte.[57] Neuere Studien zeigen aber, dass es einen Zug hin zu zentralisierten fiskal-militärischen Staaten auch in Teilen Asiens gab und die europäische Entwicklung mithin nicht gänzlich singulär war.[58]

Eine wirtschaftliche Veränderung von säkularer Bedeutung war in Europa die Agrar- und Fleißrevolution des 17. und 18. Jahrhunderts. Die Arbeitszeit der Bauern und die landwirtschaftlichen Erträge stiegen erheblich an. Dadurch konnten mehr Menschen versorgt werden und die Bevölkerung wuchs beträchtlich. Parallel entwickelte sich das Manufakturwesen weiter und die internationalen Umschläge des Handelskapitalismus stiegen an. Es entstanden protoindustrielle Strukturen, die eine wichtige Grundlage für die Durchsetzung des Industriekapitalismus im 19. Jahrhundert bildeten.[59]

54 Yun-Casalilla, Introduction, S. 14 f.

55 John Brewer, The Sinews of Power. War, Money and the English State, 1688-1783, London 1989; Jan Glete, Spain, the Dutch Republic and Sweden as Fiscal-Military States, 1500-1660, London 2002; Rafael Torres-Sanchez (Hg.), War, State and Development. Fiscal-Military States in the Eighteenth Century, Pamplona 2007; Christoph Storrs (Hg.), The Fiscal-Military State in Eighteenth-Century Europe, Aldershot 2009.

56 Zur Debatte um die Gründe für den europäischen Vorsprung: Kenneth Pomeranz, The Great Divergence. China, Europe, and the Making of the Modern World Economy, Princeton 2000. Zur Rolle des fiskal-militärischen Staates: ebd., S. 195-197.

57 Mark Dincecco, Political Transformations and Public Finances. Europe, 1650-1913, Cambridge 2011.

58 Yun-Casalilla, Introduction, S. 17. Umfassend: Wenkai He, Paths towards the Modern Fiscal State. England, Japan, China, Cambridge/Mass. 2013.

59 Peter Kriedte/Hans Medick/Jürgen Schlumbohn, Industrialisierung vor der Industrialisierung. Gewerbliche Warenproduktion auf dem Land in der Formationsperiode des Kapitalismus, Göttingen 1977; Sheilagh Ogilvie/Markus Cerman (Hg.), European Proto-Industrialization, Cambridge 1996.

In etlichen neueren Publikationen ist davon die Rede, dass Steuern erst nach der Weltwirtschaftskrise und vor allem nach dem Ende des Zweiten Weltkriegs offensiv und systematisch genutzt wurden, um wirtschaftliche Prozesse zu steuern. Diese Beobachtung ist insofern richtig, als ihr Einsatz nun noch sehr viel differenzierter und bewusster erfolgte als zuvor. Gleichwohl sollte nicht übersehen werden, dass Steuern schon in der Entstehungsphase des Industriekapitalismus eine überaus wirksame wirtschaftliche Lenkungsfunktion hatten. Steuern vorrangig als Behinderung der Kapitalbildung zu verstehen, hieße, den Zusammenhang ganz zu verdrehen und zu verkennen, dass ihnen eine wichtige Rolle beim Aufbau von Kapital zukam. Das wurde von vielen zeitgenössischen Ökonomen gesehen, doch selten so klar in Worte gefasst wie von Karl Marx, der im ersten Band des *Kapitals* zur Wirkung des Steuer- und Zollsystems festhielt:

> Die moderne Fiskalität, deren Drehungsachse die Steuern auf die notwendigsten Lebensmittel (also deren Verteuerung) bilden, trägt daher in sich selbst den Keim automatischer Progression. Die Überbesteuerung ist nicht ein Zwischenfall, sondern vielmehr Prinzip. In Holland, wo dies System zuerst inauguriert, hat daher der große Patriot de Witt es in seinen Maximen gefeiert als das beste System, um den Lohnarbeiter unterwürfig, frugal, fleißig und … mit Arbeit überladen zu machen. Der zerstörende Einfluß, den es auf die Lage der Lohnarbeiter ausübt, geht uns hier jedoch weniger an als die durch es bedingte gewaltsame Expropriation des Bauern, des Handwerkers, kurz aller Bestandteile der kleinen Mittelklasse.[60]

Die ursprünglich vor allem für den Militäraufbau notwendige Erhöhung von Steuern und Zöllen führte zu einer Abgabenlast, die die Subsistenz- und Eigenproduktion zunehmend erschwerte und damit einen Teil der Unter- sowie der unteren Mittelschicht in die abhängige Arbeit im Manufakturwesen trieb. Steuern waren hier ein Motor der wirtschaftlichen Entwicklung. Die Funktion von Steuern als gewaltsames Mittel zur Beschleunigung wirtschaftlicher Transformationsprozesse ließ sich ab dem Ende des 19. Jahrhunderts noch einmal – gleichsam im Zeitraffer – in den überseeischen Kolonien beobachten. Die dort erhobenen Steuern nötigten Teile der Bevölkerung dazu, die Subsistenzproduktion aufzugeben, weil

60 Karl Marx, Das Kapital, Band 1 [1867], in: MEW, Bd. 23, Berlin (Ost) 1962, S. 784 f.

für ihre Zahlung Geld beschafft werden musste, und sich daher mehr und mehr Menschen gezwungen sahen, auf den Plantagen oder in den Minen der Kolonialherren zu arbeiten. Da der Prozess des Aufbrechens überkommener ökonomischer Strukturen in den Kolonien noch schneller und gewaltsamer vorangetrieben wurde als zuvor in Europa, kam es häufiger zu Steuerverweigerung und -aufständen.[61] In den Metropolen verloren Steuerproteste der Unterschichten dagegen im Verlauf des 19. Jahrhunderts an Bedeutung. Hatten diese in der Frühen Neuzeit noch ganz im Mittelpunkt vieler Auseinandersetzungen gestanden, wurden sie nun von Lohnstreitigkeiten und Streiks abgelöst. Zur steigenden Akzeptanz der Steuern trug auch bei, dass der Staat seine Einnahmen in weit höherem Maße als zuvor für Sozialausgaben und den Ausbau von Infrastrukturen nutzte.

Steuern, Kapitalismus und fiskale Staatsbürgerschaft

Für die Phase des Handelskapitalismus und des frühen Industriekapitalismus lässt sich grundsätzlich davon ausgehen, dass das Steuersystem die wirtschaftliche Dynamik befeuerte und soziale Ungleichheit eher verschärfte. Allerdings gab es Ausnahmefälle, in denen sich das Bild rasch wandelte: So wiesen etwa die Niederlande ab Ende des 17. Jahrhunderts einen im europäischen Vergleich hohen Anteil an progressiven Steuern und eine sehr geringe Zollbelastung auf.[62] Tiefgreifende Veränderungen brachte schließlich die Ende des 19. Jahrhunderts in mehreren Ländern einsetzende Debatte um eine progressive Einkommensteuer. Mit der Einführung dieser und anderer progressiv angelegter direkter Steuern ab dem Ersten Weltkrieg wandelte sich die Beziehung zwischen Kapitalismus und Steuern grundlegend. Im Anschluss an Karl Polanyi ließe sich davon sprechen, dass das Steuersystem nun zu einem institutionellen

61 Leigh A. Gardner, Taxing Colonial Africa. The Political Economy of British Imperialism, Oxford 2012; Barbara Bush/Josephine Maltby, Taxation in West Africa: Transforming the Colonial Subject into the ›Governable Person‹, in: Critical Perspectives on Accounting 15 (2004), S. 5-34.

62 Wantje Fritschy/Marjolein 't Hart/Edwin Horlings, Long-Term Trends in the Fiscal History of the Netherlands, in: Yun-Casalilla/O'Brien (Hg.) The Rise of Fiscal States, S. 39-66, hier S. 60 f.

Arrangement wurde, mit dessen Hilfe versucht werden konnte, die destruktiven Tendenzen kapitalistischer Dynamik durch Umverteilung und durch die Bestrafung schädlichen Verhaltens zu reduzieren oder einzubetten.[63] Mit Thomas H. Marshall ließe sich weiter argumentieren, dass erst das progressive Steuersystem und das über Steuern sowie Sozialbeiträge finanzierte soziale Sicherungssystem die Durchsetzung einer sozialen Staatsbürgerschaft ermöglichte, die wiederum die Voraussetzung dafür bildete, dass auch die unteren Schichten ihre bürgerlichen und politischen Rechte überhaupt erst umfassend wahrnehmen konnten.[64]

Noch weitergehend möchte ich argumentieren, dass die fiskale Staatsbürgerschaft den drei von Marshall benannten Elementen der Staatsbürgerschaft, der bürgerlichen, der politischen und der sozialen Staatsbürgerschaft, vorausging und diese erst ermöglichte. Der Bürger wurde vom Staat zuerst als Steuerzahler angesprochen. Die Erfahrung der Zugehörigkeit zu einer territorialen staatlichen Einheit und insbesondere zu den neu entstehenden Nationalstaaten war ganz wesentlich durch die Steuerpflicht vermittelt und geprägt.[65] Die Zahlung der Steuer und nicht mehr die Leistung von Arbeitsdiensten bildete die Voraussetzung für die Gewährung bürgerlicher Rechte. Die Verantwortung des Bürgers gegenüber dem Gemeinwesen bestand nun vor allem in der Gesetzestreue und der Geldabgabe.[66]

63 Karl Polanyi, The Great Transformation. Politische und ökonomische Ursprünge von Gesellschaften und Wirtschaftssystemen, Frankfurt am Main 1978 [1944]. Für die Übertragung auf das Steuersystem: Lars Döpking, Fiskalregime. Eine andere Geschichte des modernen Staates, in: Mittelweg 36, 27 (2018) 1, S. 3-28, hier S. 7 und 16 f. Einordnend: Christof Dejung, Einbettung, in: ders./Monika Domann/Daniel Speich Chassé (Hg.), Auf der Suche nach der Ökonomie. Historische Annäherungen, Tübingen 2014, S. 47-71.

64 Thomas H. Marshall, Staatsbürgerrechte und soziale Klassen in: ders., Bürgerrechte und soziale Klassen. Zur Soziologie des Wohlfahrtsstaates, Frankfurt am Main 1992 [1950], S. 33-94; Jürgen Mackert, Staatsbürgerschaft. Eine Einführung, Wiesbaden 2006, S. 35.

65 Bourdieu, Über den Staat, S. 358.

66 Sebastian Huhnholz, Zur Ideengeschichte finanzverfassungspolitischen Freiheitsdenkens. Versäumnisse und Potentiale einer fiskalpolitologischen Demokratietheorie, in: ders. (Hg.), Fiskus - Verfassung – Freiheit. Politisches Denken der öffentlichen Finanzen von Hobbes bis heute, Baden-Baden 2018, S. 9-60, hier S. 12; Ulrich K. Preuß, Rechtsstaat – Steuerstaat – Sozialstaat. Eine Problemskizze, in: Dieter Deiseroth/Friedhelm Hase/Karl-Heinz Ladeur (Hg.), Ordnungs-

Heute wird dieser enge Zusammenhang von Steuerzahlungen und der Gewährung von Menschenrechten vor allem für die Länder des Globalen Südens anerkannt und debattiert.[67] Doch wurde dieser Zusammenhang bereits in der Französischen Revolution hergestellt. Die Steuerzahlung beteiligte den Bürger am Gemeinwesen. Sie bildete die Grundlage für einen neuen sozialen Vertrag zwischen Bürger und Staat. Zwar wurde Steuerzahlung vermutlich von der Mehrheit der Bürger als Zwang empfunden, doch bildete sie eine wichtige Grundlage dafür, dass die Bürger begannen, überhaupt etwas vom Staat zu erwarten und zu fordern. Steuern trugen so nicht nur zur Durchsetzung des Kapitalismus bei. Sie trugen auch dazu bei, dass die Bürger Rechte durchsetzten, die die Dynamik des kapitalistischen Wirtschaftsprozesses beschränken konnten.

Ab Ende des 19. Jahrhunderts bildeten progressive Steuern und die Anfänge des Sozialstaats ein wesentliches Vermittlungselement zwischen der Ungleichheit produzierenden kapitalistischen Wirtschaftsweise sowie den das individuelle Eigentum schützenden Rechtsinstitutionen auf der einen Seite und dem auf Gleichheit abzielenden Konzept der Staatsbürgerschaft auf der anderen Seite. Einen sozialen Lastenausgleich ermöglichen in der liberalen Gouvernementalität vor allem die Steuern. Der Staatsrechtler Josef Isensee formulierte es, angelehnt an den Staatsrechtler Ernst Forsthoff, folgendermaßen: »Nur der Steuerstaat ermöglicht die Symbiose des Sozialstaats und des Rechtsstaats.«[68] So spricht vieles dafür, dass die fiskale Staatsbürgerschaft der bürgerlichen, politischen und sozialen Staatsbürgerschaft vorausging.[69]

Mit dem Steuerstaat entwickelte sich allerdings die Notwendigkeit, wirtschaftliches Wachstum zu fördern, zumindest aber nicht massiv zu behindern, weil andernfalls ein Rückgang der Einnahmen drohte. Weil der Steuerstaat nur von Geldmitteln leben konnte, die er in der Sphäre der privaten Warenproduktion abschöpfte,

macht. Über das Verhältnis von Legalität, Konsens und Herrschaft, Frankfurt am Main 1981, S. 46-68, hier S. 55.

67 Philip Alston/Nikki Reisch (Hg.), Tax, Inequality, and Human Rights, Oxford 2019

68 Josef Isensee, Steuerstaat als Staatsform, in: Rolf Stödter/Werner Thieme (Hg.), Festschrift für Hans Peter Ipsen, Tübingen 1977, S. 409-436, hier S. 433.

69 Preuß, Rechtsstaat, S. 49 f. Siehe mit Verweis auf Lorenz von Stein auch Huhnholz, Ideengeschichte, S. 13, FN 16.

musste er die Grundlagen des kapitalistischen Wirtschaftssystems anerkennen.[70] Daher ist es nicht verwunderlich, dass sich weder sozialistische Hoffnungen noch konservative Befürchtungen, ein ausufernder Steuerstaat könne in den Sozialismus führen, in demokratischen Staaten bisher erfüllt haben. In der parlamentarischen Demokratie führten sehr hohe Steuern stets zu Druck auf das Parlament sowie zu steuervermeidendem Ausgabeverhalten, Steuerflucht und anderen Ausweichreaktionen. Die kapitalistische Logik setzte den Gestaltungsmöglichkeiten des demokratischen Staates Grenzen, die freilich historisch wandelbar waren.[71]

Steuern, bürgerliche Gesellschaft und Liberalismus

In Deutschland beschäftigte sich im Kaiserreich vornehmlich die stark historisch orientierte Finanzwissenschaft, ab der Weimarer Republik auch die aufkommende Finanzsoziologie mit der Frage nach den gesellschaftlichen Voraussetzungen und ideologischen Implikationen des Steuerstaats. Die Finanzwissenschaft war hierbei Teil einer gesellschaftlichen Selbstverortung, in der versucht wurde, das Verhältnis von Staat und Gesellschaft neu zu bestimmen. Im Streit zwischen den Finanzwissenschaftlern Adolph Wagner und Lorenz von Stein in den 1880er-Jahren hatte von Stein vor den Gefahren einer Überbesteuerung des Kapitals infolge einer drohenden Demokratisierung gewarnt, Wagner hielt dieses Szenario hingegen für wenig realistisch und mahnte dringend eine gerechtere Ver-

70 Preuß, Rechtsstaat, S. 52 f.; Sebastian Huhnholz, Was soll das heißen: »Steuerstaat«?, in: Jahrbuch Ökonomie und Gesellschaft 29 (2017), S. 15-48, hier S. 30 f.; Rudolf Hickel, Einleitung. Krisenprobleme des ›verschuldeten Steuerstaats‹, in: Rudolf Goldscheid/Joseph Schumpeter, Die Finanzkrise des Steuerstaats. Beiträge zur politischen Ökonomie der Staatsfinanzen, hg. von Rudolf Hickel, Frankfurt am Main 1976, S. 7-39, hier S. 13.

71 Isensee, Steuerstaat, S. 417; Klaus Vogel, Der Finanz- und Steuerstaat, in: ders., Der offene Finanz- und Steuerstaat. Ausgewählte Schriften 1964-1990, hg. von Paul Kirchhof, Heidelberg 1991, S. 346-382, hier S. 369-374; Otto Roloff, Theorie und Praxis der Besteuerung: Eine kritische Einführung. Opladen 1978, S. 29-34; Olaf Asbach, Thomas Hobbes und die Ambivalenzen des modernen Steuerstaats, in: Sebastian Huhnholz (Hg.), Fiskus – Verfassung – Freiheit. Politisches Denken der öffentlichen Finanzen von Hobbes bis heute, Baden-Baden 2018, S. 61-94, hier S. 66.

teilung der Steuerlast an, um das monarchische System aufrechterhalten zu können.[72] Der oft als Begründer der Finanzsoziologie gehandelte unorthodoxe Sozialist Rudolf Goldscheid sah 1917 den Steuerstaat als Resultat der Verzahnung von kapitalistischer Wirtschaftsordnung und bürgerlicher Gesellschaft. Für ihn war der besitzlose Steuerstaat im Gegensatz zum landbesitzenden Domänenstaat, der sein Einkommen vorrangig aus der Bewirtschaftung von Staatseigentum gewann, abhängig von den großen Kapitalbesitzern. Deswegen, so seine weitsichtige Prognose, werde sich die Einkommensteuer bald zur Massensteuer entwickeln, während das Kapital steuerlich geschont werde.[73]

Seitdem sich die Finanzwissenschaft seit den 1960er-Jahren zunehmend auf ökonomische Fragen beschränkte und die Finanzsoziologie in der Versenkung verschwand, verhandelt in Deutschland vor allem die Rechtswissenschaft die Problematik des Steuerstaates. In erster Linie waren es Verfassungs- und Staatsrechtler, die sich mit der doppelten Grundsatzfrage auseinandersetzten, wieweit der Staat in das private Eigentum eingreifen dürfe und was ihn dazu legitimiere. Zu den Grundeinsichten dieser Debatte gehört, dass der Steuerstaat als spezifisch moderne Erscheinung zu begreifen ist. Von antiken oder mittelalterlichen Staaten unterschied sich der moderne Staat als historische Formation nicht nur in der Quantität der erhobenen Steuern. Vielmehr bedurfte es für den Aufbau des Steuerstaats der Trennung von Staat und Gesellschaft als distinkte Handlungssphären.[74] Das vergesellschaftete Individuum war immer zugleich Staatsbürger und Teil der bürgerlichen Gesellschaft. Der Staat agierte als öffentliche Gewalt, die gemäß dem allgemeinen Willen seiner Bevölkerung handelte. Dabei stand dem Staat als Ort des Öffentlichen die Gesellschaft als Ort des Privaten gegenüber.

Dem juristischen Idealbild zufolge wurden diese Sphären im Steuerstaat auf gelungene Weise zusammengeführt und ergänzten

72 Lorenz von Stein, Lehrbuch der Finanzwissenschaft: Erster Theil, Fünfte Ausgabe, Leipzig 1885, S. 148-160; Adolph Wagner, Finanzwissenschaft und Staatssozialismus, in: Zeitschrift für die gesamte Staatswissenschaft 43 (1887) 4, S. 675-746.

73 Rudolf Goldscheid, Staatssozialismus oder Staatskapitalismus [1917], in: ders./ Schumpeter, Finanzkrise des Steuerstaats, S. 40-252.

74 Isensee, Steuerstaat, S. 417; Florian Schui, Zum Begriff des Steuerstaats, in: Peter Becker (Hg.), Sprachvollzug im Amt. Kommunikation und Verwaltung im Europa des 19. und 20. Jahrhunderts, Bielefeld 2011, S. 107-130, hier S. 114.

sich. So schreibt Josef Isensee in Anlehnung an Bernard Mandevilles Bienenfabel:[75] »Der Steuerstaat lebt kraft einer List der Vernunft: Je erfolgreicher die Wirtschaftssubjekte ihrem Eigennutz folgen und Einkommen wie Gewinn erzielen, um so reicher wird der Fiskus.«[76] Die Steuer wurde als legitimer Eingriff in das Recht auf Eigentum betrachtet. Die Steuern enteigneten nicht, sondern legten nach parlamentarischem Beschluss einen vorhersehbaren Betrag auf möglichst lange Zeit fest und zogen einen vorhersehbaren Betrag vom Einkommen beziehungsweise Vermögen für den Staat ein. Isensee sah den Steuerstaat aufs Engste verbunden mit der kapitalistischen Wirtschaftsform und einer liberalen Gouvernementalität: »Wirtschaftspolitisch gesehen, gehören Steuerstaat und Marktwirtschaft zusammen. Die ideologische Grundlage des dualistischen Konzepts von Steuerstaat und Wirtschaftsgesellschaft ist der Liberalismus.«[77]

Das Verhältnis der liberal-bürgerlichen Gesellschaft zur Steuererhebung war ungeachtet solcher Überlegungen beileibe nicht konfliktfrei, sondern durch Ambivalenzen und beständigen Aushandlungsbedarf gekennzeichnet. So stand die staatliche Garantie des privaten Eigentums unweigerlich in einem Spannungsverhältnis zur Steuererhebung. Selbst wenn Letztere durch die Verfassung gedeckt war, blieb zu bestimmen, wie viel Steuern legitim waren und welche Aufgaben der Staat mit ihnen erfüllen sollte.[78] Problematisch blieb auch der Umstand, dass der Staat einerseits die Individualrechte zu sichern hatte und seine Belange diesen juristisch stets nachgeordnet waren. Andererseits sollte er mit erheblicher Durchsetzungsmacht agieren können, gerade um die Voraussetzungen für die Freiheiten zu schaffen. Diese Grundambivalenz des bürgerlichen Staates trat auch im Hinblick auf den Steuerstaat immer wieder zutage, etwa dann, wenn über die Frage der Bestrafung von Steuervergehen verhandelt wurde.

75 Zu Mandeville: Edward G. Hundert, The Enlightenment's Fable. Bernard Mandeville and the Discovery of Society, Cambridge 1994.

76 Isensee, Steuerstaat, S. 424 f.

77 Ebd., S. 417.

78 Asbach, Hobbes, S. 64 f.

Der Steuerstaat: Historische Stufenmodelle

Die deutsche Nationalökonomie und insbesondere auch die deutsche Finanzwissenschaft des 19. Jahrhunderts waren aufgrund des Einflusses der historischen Schule stark darum bemüht, Stufenfolgen der Steuer- und Finanzentwicklung zu identifizieren.[79] Adolph Wagner, der Doyen der deutschen Finanzwissenschaft, übernahm für die Charakterisierung der Situation in der zweiten Hälfte des 19. Jahrhunderts von Lorenz von Stein den Begriff der »sozialbürgerlichen Epoche«. Anders als von Stein betrachtete Wagner diese Phase jedoch nicht als den Abschluss der menschlichen Entwicklung, sondern sah bereits die »soziale Epoche« der Fiskalpolitik heraufziehen. Das einflussreichste Stufenmodell der Staatsfinanzierung geht aber letztlich auf den österreichischen Ökonomen Joseph Schumpeter zurück, der 1919 die neuzeitliche Entwicklung als Übergang vom Domänenstaat zum Steuerstaat fasste. Während sich der mittelalterliche und in vielen Teilen auch noch der frühneuzeitliche Staat vor allem aus den Erträgen staatseigener Ländereien finanzierte, beruht der moderne Staat nach Schumpeter vorwiegend auf Steuereinnahmen. Diese Entwicklung vollzog sich in Europa früher als auf anderen Kontinenten, allerdings auch hier in sehr unterschiedlicher Geschwindigkeit. Zudem ist für einige Länder und Regionen, etwa China oder Indien, das Konzept des Domänenstaats irrelevant. Auch wenn Schumpeters Darstellung teleologisch und eurozentrisch erscheint, beruhen heute doch die Staatseinnahmen fast aller Nationen – mit Ausnahme vor allem einiger weniger erdölreicher Nationen – zu mehr als sechzig Prozent auf Steuern. Insofern lässt sich durchaus von einem weltweiten Siegeszug des Steuerstaates sprechen. Richard Bonney hat dieses Modell mit dem Begriff des Fiskalstaates um eine weitere, dritte Entwicklungsstufe erweitert: Als Fiskalstaat bezeichnete er den Staat, der dank verlässlicher Steuereinnahmen und fiskalischer Solidität umfangreiche Kredite aufzunehmen in der Lage ist und seinen Handlungsspielraum so entscheidend erweitert.[80] Diese Fähigkeit sah er

79 Erwin von Beckerath, Die neuere Geschichte der deutschen Finanzwissenschaft (seit 1800), in: Handbuch der Finanzwissenschaft, 2. Auflage, Bd. 1, S. 416-468, hier S. 428.

80 Richard Bonney, Introduction, in: ders. (Hg.), The Rise of the Fiscal State in Europe, c. 1200-1815, Oxford 1999, S. 1-18, hier S. 13.

für Großbritannien bereits im 18. Jahrhundert erreicht, während, so Bonney weiter, zumindest bis 1815 kein anderer europäischer Staat diese Stufe erklommen habe.[81] Das Konzept des Fiskalstaates erwies sich aber von Beginn an als wenig trennscharf. Großbritanniens Sonderstellung wird auch aus dem Sieg im Napoleonischen Krieg abgeleitet, obwohl dieser – ohne Napoleons gescheiterten Russlandfeldzug – ganz anders hätte ausgehen können.[82]

Hans-Peter Ullmann hat die Stufenlehre Bonneys und andere Stufenlehren kritisiert, weil sie Finanzsysteme auf nur wenige Merkmale reduzieren und die Transformation vom Ergebnis her interpretieren würden.[83] Dieser Einwand lässt sich gegen jedwede historische Typenbildung vorbringen, scheint mir aber die Vorteile der Methode zu unterschätzen. Wie anregend Versuche der Typenbildung wirken können, hat jüngst Wolfgang Streeck mit seiner Darstellung der Abfolge von Steuerstaat, Schuldenstaat und Konsolidierungsstaat eindrucksvoll demonstriert. Das Problem der Reihung Domänenstaat, Steuerstaat und Fiskalstaat liegt weniger in der ihr notwendigerweise innwohnenden Reduktion und der rückblickenden Perspektive als vielmehr darin, dass sich die Entwicklung von Stufe 1 zu Stufe 2 über einen sehr langen Zeitraum und zudem in den einzelnen europäischen Ländern in sehr unterschiedlicher Geschwindigkeit vollzog. Hingegen blieb der Begriff des Fiskalstaats bislang zu unklar konturiert, als dass sich auch nur in etwa festlegen ließe, wann in einem Land der Übergang stattgefunden haben könnte. Zudem sind die genannten Typen tatsächlich insofern

81 Ebd., S. 3.

82 Auch ein neuerer Sammelband, der den Fiskalstaat im Titel trägt, hat keinen präziseren Definitionsversuch unternommen: Yun-Casalilla/O'Brien, Rise of Fiscal States. Auch die in Deutschland am Beispiel Hessens von Kersten Krüger entwickelte Begrifflichkeit des Finanzstaates, die er als Zwischenschritt vom Domänen- zum Steuerstaat konzipiert hat, bleibt in der Definition vage und hat sich als sehr uneinheitlich in der räumlichen und zeitlichen Ausbreitung erwiesen: Kersten Krüger, Finanzstaat Hessen 1500-1567. Staatsbildung im Übergang vom Domänenstaat zum Steuerstaat, Marburg 1980. Zur Problematik: Peter Rauscher/ Andrea Serles/Thomas Winkelbauer, Das »Blut des Staatskörpers«. Forschungen zur Finanzgeschichte der Frühen Neuzeit. Eine Einleitung, in: dies. (Hg), Das »Blut des Staatskörpers«. Forschungen zur Finanzgeschichte der Frühen Neuzeit, München 2012, S. 3-16, hier S. 7f.

83 Hans-Peter Ullmann, Der deutsche Steuerstaat. Geschichte der öffentlichen Finanzen, München 2005, S. 9.

unterkomplex, als sie für den ersten Übergang fast nur die jeweiligen Anteile der Steuern beziehungsweise der Erträge der Staatsgüter an den staatlichen Einnahmen bestimmen und beim zweiten Übergang fast nur die staatliche Kreditaufnahmefähigkeit in den Blick rücken. Beide Kriterien sind ohne Zweifel von großer Bedeutung für die Beurteilung staatlicher Finanzsysteme, aber im Folgenden sollen dennoch weitere Kriterien mitberücksichtigt werden. Dazu gehören unter anderem das Verhältnis von direkten zu indirekten Steuern und die unterschiedliche Aufkommenselastizität von Steuern, das Ausmaß bürokratischer Steuerungskapazität, die Beteiligung der Gesellschaft an der Steuerpolitik, die Form der Kontrolle der Ausgabenpolitik und die Verknüpfung von Wahlrecht und Steuerpolitik. Da der Begriff des Fiskalstaates unscharf geblieben ist, wird hier dem Begriff des Steuerstaates der Vorzug gegeben. Richard Bonney und William Ormrod folge ich in der Beobachtung, dass sich der Steuerstaat nur langsam und in national sehr unterschiedlichen Geschwindigkeiten etablierte.[84] Ihre daraus abgeleitete generelle Skepsis gegenüber Stufenmodellen verliert jedoch deren Erkenntnispotentiale aus dem Blick. Die von Schumpeter herausgearbeitete Affinität von Steuerstaat und kapitalistischer Wirtschaft stellt zu Recht eine wirkmächtige theoretische Einsicht dar, die auch für die vorliegende Untersuchung wichtige Überlegungen bereitstellt, selbst wenn sein Beitrag noch in der Tradition der Stufentheorien steht.[85]

Steuern, Staat und Gouvernementalität

Wer Steuern untersucht, kommt nicht umhin, über den Staat zu reden. Charles Tilly hat die Entstehung moderner europäischer Staaten vor allem anhand der Zentralisierung der Steuererhebung und des Militärs beschrieben.[86] Auch in Wolfgang Reinhards Über-

84 William M. Ormrod/Richard Bonney, Introduction: Crises, Revolutions and Self-Sustained Growth: Towards a Conceptual Model of Change in Fiscal History, in: dies./Margaret Bonney (Hg.) Crises, Revolutions and Self-Sustained Growth. Essays in European Fiscal History, 1130-1830, Stamford 1999, S. 1-21.

85 Alexander Leipold/Sebastian Huhnholz, Die Entwicklung des »Steuerstaates«. Ursprung, Aufstieg und Ende eines finanzwirtschaftlichen Fortschrittsparadigmas, in: Jahrbuch für Wirtschaftsgeschichte 62 (2021) 2, S. 505-552, hier S. 517-527.

86 Tilly, Coercion; ders. (Hg.), Formation.

blick zur Entwicklung der Staatsgewalt in Europa spielt die Zentralisierung der Finanzgewalt eine bedeutende Rolle. So schreibt er: »[L]etztlich hing alles von der Steigerung des Steueraufkommens ab«,[87] weil der jeweilige Fürstenstaat nur so im Rüstungswettlauf bestehen und damit sein Überleben sichern konnte. Bei aller Unterschiedlichkeit der eingeschlagenen Wege kam es letztlich doch überall in Europa zu einer Stärkung des Zentralstaats bei der Steuererhebung.

Im Zuge dieser Zentralisierung entwickelten sich allerdings auch verschiedene Formen des Staatsdenkens. In Deutschland blieb bis weit ins 20. Jahrhundert hinein Georg Friedrich Wilhelm Hegels Vorstellung vom Staat als Endergebnis der Geschichte prägend. Verbunden war damit die Idee, dass der – nur als Obrigkeitsstaat denkbare – Staat ein über den gesellschaftlichen Gruppen stehendes Konkret-Allgemeines verkörpern solle. Hingegen setzte sich in Frankreich und Großbritannien schon im 19. Jahrhundert die Ansicht durch, dass der Staat ein Produkt der Gesellschaft sei und dieser die Machtverhältnisse zwischen den gesellschaftlichen Gruppen widerspiegele. Dementsprechend nahm der Staat im politischen Denken dieser Länder eine weniger zentrale Rolle als in Deutschland ein.

Heute hat sich aber auch in der deutschsprachigen politischen und soziologischen Theorie eine den Staat dezentrierende Sicht durchgesetzt. Während von den entsprechenden hiesigen Bemühungen besonders die theoretischen Ansätze Niklas Luhmanns zu dieser Dezentrierung beitrugen,[88] kamen aus Frankreich insbesondere mit den Schriften von Pierre Bourdieu und Michel Foucault richtungsweisende Impulse. Vor allem Bourdieu betonte, dass der Staat nicht selber handle, sondern die unterschiedlichen sozialen Gruppen in ihm.[89]

Michel Foucault hatte in seinen frühen Schriften, teils in An-

87 Reinhard, Geschichte der Staatsgewalt, S. 24.

88 Niklas Luhmann, Die Politik der Gesellschaft; ders., Politische Theorie im Wohlfahrtsstaat. Siehe auch die drei Bände von Helmut Willke: Entzauberung des Staates. Überlegungen zu einer gesellschaftlichen Steuerungstheorie, Königstein/Ts. (Athenäum) 1983; ders., Ironie des Staates. Grundlinien einer Staatstheorie polyzentrischer Gesellschaft, Frankfurt am Main 1992; ders., Supervision des Staates. Frankfurt am Main 1997.

89 Bourdieu, Über den Staat, S. 31.

lehnung an Norbert Elias, sehr stark den disziplinierenden Charakter des modernen Staates hervorgehoben. Bourdieu kritisierte dies in seiner Vorlesung über den Staat Anfang der 1990er-Jahre: »Die Theorien von Elias und Foucault gehen mir etwas auf die Nerven, weil sie einzig den Disziplinierungsaspekt des Staates festhalten. Doch der Staat würde überhaupt nicht funktionieren, wenn er nur Domestikation bedeutete: Er bedeutet auch Unterstützung, Philanthropie usw.«[90] Allerdings übersah Bourdieu dabei, dass sich Foucault aufgrund der Kritik an *Überwachen und Strafen* schon in der zweiten Hälfte der 1970er-Jahre von diesem einseitigen Verständnis verabschiedet und im Rahmen seiner Vorlesung über die Gouvernementalität[91] ein wesentlich differenzierteres Konzept zur Analyse der Regierungstätigkeit entwickelt hatte. So heißt es dort:

> Man müßte in diesem Moment sagen, daß der Staat in der Geschichte nicht diese Art kaltherziges Monster ist, das nicht aufgehört hat zu wachsen und sich wie eine Art drohender Organismus über eine Zivilgesellschaft zu entfalten. Es würde darum gehen, zu zeigen, wie eine Zivilgesellschaft oder vielmehr ganz einfach eine gouvernementalisierte Gesellschaft vom 16. Jahrhundert an etwas installiert hat, nämlich dieses zugleich zerbrechliche und drängende Etwas, das sich der Staat nennt.[92]

Allerdings setzt seine Analyse nicht beim Staat an, sondern bei den Regierungstechniken. Den Staat bezeichnete er als »mythifizierte Abstraktion, deren Bedeutung viel beschränkter ist, als man glaubt«.[93] Gegenstand seiner Untersuchung wie seiner theoretischen Anstrengungen war daher nicht die »Verstaatlichung der Gesellschaft, sondern das, was ich eher die ›Gouvernementalisierung‹ des Staates nennen würde«.[94] Der Begriff der Gouvernementalität wird dabei, typisch für Foucault, nicht scharf definiert, sondern bewusst offen konzipiert, um die Möglichkeiten dieser Begrifflichkeit zu erproben. Am besten lässt sich das, was Foucault mit dem Kunstwort in den Blick bekommen wollte, als reflektierte Praxis des

90 Ebd., S. 623.

91 Für die Verbreitung des Konzepts in Deutschland ist zentral: Thomas Lemke, Eine Kritik der politischen Vernunft. Foucaults Analyse der modernen Gouvernementalität, Berlin 1997.

92 Foucault, Sicherheit, S. 360.

93 Ebd., S. 163 f.

94 Ebd.

Regierens verstehen.[95] Auch wenn er für sich in Anspruch nimmt, vor allem praxeologisch vorzugehen, so untersucht er doch weniger die Praktiken als die Ideen verschiedener Staatsdenker. Man kann seine Gouvernementalitäts-Vorlesung daher als die Entwicklung einer modernen Ideengeschichte des Regierungsdenkens fassen.[96]

Das Potential dieser Überlegungen wird in den Sozialwissenschaften seit langem breit verhandelt, in der Geschichtswissenschaft ist es bisher kaum erkundet worden. Foucaults Konzeptualisierung moderner Gouvernementalität bietet aber ein großes Anregungspotential für sozial-, politik- oder wirtschaftshistorische Studien, denn selten sind bestimmte Grundaspekte eines spezifisch modernen Regierungsverständnisses so präzise gefasst worden wie in seiner Gouvernementalitäts-Vorlesung. Vor allem der Hinweis auf die enge Verbindung von Regieren und Wissen sowie das Augenmerk auf Technologien des Selbst lassen sich für eine Geschichte des Steuerstaates fruchtbar machen.[97]

No Taxation without Representation: Steuern und Wahlrecht

Für die Herausbildung von Demokratien war die Steuerpolitik von zentraler Bedeutung. Nach Charles Tilly standen den europäischen Staaten in der Frühen Neuzeit drei Wege zur überlebensnotwendigen Finanzierung offen: a) der Staat produziert die Ressourcen selbst, b) der Staat eignet sich Ressourcen mit Gewalt und Zwang

95 Ebd., S. 399; Thomas Biebricher, Foucault, Gouvernementalität und Staatstheorie, Bremen 2012 (TranState WP 164), S. 1.

96 Zu Foucaults Beitrag zu einer modernen Ideengeschichte und Überschneidungen mit den Ansätzen von Reinhart Koselleck und der Cambridge School um Quentin Skinner: Sebastian Huhnholz, Bielefeld, Paris & Cambridge. Wissenschaftsgeschichtliche Ursprünge und theoriepolitische Konvergenzen der diskurshistoriographischen Methodologien Reinhart Kosellecks, Michel Foucaults und Quentin Skinners, in: Ludwig Gasteiger / Marc Grimm / Barbara Umrath (Hg.) Theorie und Kritik. Dialoge zwischen differenten Denkstilen und Disziplinen, Bielefeld 2015, S. 157-182.

97 Durch den Mangel an alltags- und kulturhistorischen Arbeiten zur Geschichte der Steuerpolitik in Deutschland kann auch die Verknüpfung von Steuerpolitik und Selbsttechnologien hier nur in zarten Ansätzen erarbeitet werden.

an, c) der Staat besteuert seine Untertanen. Nach Tilly verhindern die Wege a) und b) die Entstehung von Demokratie, während Weg c) sie wahrscheinlich macht.[98] Dementsprechend besteht für ihn ein äußerst enger Zusammenhang zwischen Steuer und Demokratie: »Ein dauerhaftes Steuersystem beruht auf der Zustimmung der Bevölkerung, auch wenn diese nur widerwillig erfolgt. Die Zustimmung der Bevölkerung zu staatlichen Leistungen ist fast schon eine Definition von Demokratie.«[99] Noch deutlicher wird dieser Zusammenhang, wenn man die für die Durchsetzung der Demokratie zentrale Ausweitung des Wahlrechts betrachtet.

Im 19. Jahrhundert erfolgte vielerorts in Europa eine Ausweitung des Wahlrechts, das nun wiederum häufig an die Steuerzahlung gekoppelt wurde. Auch um 1900 galt in den meisten Ländern noch ein Zensuswahlrecht, das einen Teil auch der erwachsenen männlichen Bevölkerung ausschloss. Frauen wurde das Wahlrecht zu dieser Zeit ohnehin noch überall in Europa verwehrt.[100] Bei den Männern blieb das Wahlrecht im 19. Jahrhundert in fast allen europäischen Staaten wie auch in Nordamerika an einen Mindestbesitz beziehungsweise an ihre Heranziehung zu Steuerzahlungen gebunden. In Deutschland kam es nach dem Sieg über Napoleon zunächst in einigen süddeutschen Staaten zu ersten konstitutionellen Reformen. Das in diesem Zuge eingeführte Wahlrecht war auf sogenannte freie Männer christlichen Glaubens ab 24 Jahren beschränkt. Daneben bestanden aber auch für diese Gruppe etliche Beschränkungen. Die für die Zeit progressive Verfassung Württembergs aus dem Jahr 1819 knüpfte das Wahlrecht an die Zahlung einer Mindestsumme an direkten Steuern. Ähnliche Regelungen sahen auch die Verfassungen in Baden und Hessen-Darmstadt vor. In allen drei Staaten begrüßte das Bürgertum die Reform enthusiastisch, weil sie seine Position gegenüber dem Adel deutlich stärkte,

98 Charles Tilly, Extraction and Democracy, in: Isaac William Martin/Ajay K. Mehrotra/Monica Prasad (Hg.), The New Fiscal Sociology. Taxation in Comparative and Historical Perspective, Cambridge 2009, S. 173–182.

99 Charles Tilly, Foreword, in: Martin/Mehrotra/Prasad (Hg.), New Fiscal Sociology, S. xi-xiii, hier: S. xii.

100 1893 erhielten Frauen im US-Bundesstaat Colorado und in der selbstregierten britischen Kolonie Neuseeland das Wahlrecht. 1902 führte mit Australien der erste souveräne Staat das Frauenwahlrecht ein, 1906 folgte Finnland als erster europäischer Staat.

gleichzeitig jedoch die Unterschichten von der politischen Macht fernhielt.[101]

Die Koppelung an den Steuernachweis bedeutete nach Hedwig Richter einen vierfachen Paradigmenwechsel: »[E]r war erstens von keinem ständischen Gedanken getrübt, zweitens schrieb er das Wahlrecht dem Individuum zu, drittens zählte nur die Leistung des Individuums für den Staat, und viertens verstärkte er die dynamische Kraft des Kapitalismus im Staatsgeschehen.«[102] Das neue Wahlrecht trug also zur Individualisierung und zur gesellschaftlichen Durchsetzung kapitalistischer Prinzipien bei und prämierte eine entsprechend ausgerichtete Leistungsbereitschaft.

So wichtig die Entwicklungen in Süddeutschland waren, stand doch in den deutschen Debatten um die Wahlregularien bis 1914 fast durchweg das preußische Dreiklassenwahlrecht im Zentrum. Seine Einführung durch König Friedrich Wilhelm IV. nach der Niederschlagung der Revolution von 1848/49 stellte einen Kompromiss zwischen der herrschenden Aristokratie und dem Bürgertum dar. Für die Wahlen zum als zweite Kammer des Preußischen Landtages etablierten Abgeordnetenhaus sowie für Kommunalwahlen ordnete es die Wahlberechtigten in drei Abteilungen ein, wobei die Einteilung von der Höhe der gezahlten direkten Steuern abhing. 1849 bildeten fünf Prozent der Wahlberechtigten die erste, 15 Prozent die zweite und die restlichen 80 Prozent die dritte Abteilung. Da zwischen den Abteilungen Parität herrschte, konnten somit die 20 Prozent mit den höchsten Steuerzahlungen zwei Drittel der Abgeordneten bestimmen.[103] Die Einführung des Dreiklassenwahlrechts wurde seinerzeit als Fortschritt begrüßt, weil es die Möglichkeit der Wahlbeteiligung deutlich ausweitete. Gegen Ende des Jahrhunderts geriet es jedoch immer mehr in die Kritik, weil es die politische Herrschaft einer kleinen Oberschicht garantierte.

101 Sabine Koch, Kontinuität im Zeichen des Wandels. Verfassung und Finanzen in Württemberg um 1800, Stuttgart 2015; Heinz Boberach, Wahlrechtsfragen im Vormärz. Die Wahlrechtsanschauung im Rheinland 1815-1849 und die Entstehung des Dreiklassenwahlrechts, Düsseldorf 1959, S. 65-76.

102 Hedwig Richter, Moderne Wahlen. Eine Geschichte der Demokratie in Preußen und den USA im 19. Jahrhundert, Hamburg 2017, S. 108.

103 Andreas Thier, Steuergesetzgebung und Verfassung in der konstitutionellen Monarchie. Staatssteuerreformen in Preußen 1871-1893, Frankfurt am Main 1999, S. 887.

Besonderes Augenmerk verdient der durch die Reform gestiftete unmittelbare Zusammenhang zwischen Wahlrecht und Steuerpolitik. Das preußische Dreiklassenwahlrecht führte dazu, dass eine sozial gerechtere Steuerpolitik die plutokratischen Tendenzen des Wahlrechts verschärfte. Wenn die direkten Steuern an der Spitze erhöht wurden, verringerte sich der ohnehin kleine Anteil der Bevölkerung, der die ersten beiden Wahlabteilungen bestückte. Wurde durch die Anhebung von Freigrenzen ein größerer Teil von Arbeitern und Handwerkern von der Einkommensteuer befreit, verloren die so Begünstigten zugleich ihr Wahlrecht. Im historischen Verlauf zeigt sich eine Verschiebung der gesellschafts- und machtpolitischen Prioritäten. Mitte des 19. Jahrhunderts wurde die politische Beteiligung ausgeweitet, während das Steuersystem regressiv blieb. Dies wandelte sich jedoch spätestens nach der Gründung des Kaiserreichs: Die preußische Oberschicht war zunehmend weniger bereit, das Wahlrecht und die politische Staatsbürgerschaft auszudehnen. Vielmehr war sie stattdessen gewillt, höhere Steuern zu zahlen, auch um die materielle Situation der ärmeren Bevölkerung zu verbessern. Zugespitzt lässt sich sagen, dass im Kaiserzeitpreußen das Steuerrecht eher eine Ableitung des Wahlrechts als das Wahlrecht eine Funktion des Steuerrechts war.

Thomas H. Marshalls klassische Darstellung der Staatsbürgerschaft identifizierte drei Schritte hin zur Verwirklichung umfassender staatsbürgerlicher Rechte in Europa: erstens vom 17. bis 19. Jahrhundert die Durchsetzung ziviler Grundrechte wie unter anderem Meinungsfreiheit und die Garantie des Privateigentums; zweitens vom 18. Jahrhundert bis zum Beginn des 20. Jahrhunderts die Durchsetzung der politischen Staatsbürgerschaft vor allem in Form der Wahlrechtsausweitung; drittens schließlich vom Ende des 19. Jahrhunderts bis zur Mitte des 20. Jahrhunderts die Verwirklichung der sozialen Staatsbürgerschaft durch die Garantie sozialer und ökonomischer Sicherheit.[104] Marshall präsentierte kein teleologisches Narrativ, sondern begriff die Durchsetzung der Staatsbürgerschaft als Ergebnis von Kämpfen sozialer Gruppen um Beteiligung, was die Möglichkeit einschloss, dass die unterschied-

104 Marshall, Staatsbürgerrechte. Zu Marshall und der intellektuellen Umgebung seiner Theorie der Staatsbürgerschaft: Julia Moses, Social Citizenship and Social Rights in an Age of Extremes: T. H. Marshall's Social Philosophy in the Longue Durée, in: Modern Intellectual History (2017), S. 1-30.

lichen Stufen je nach nationaler Kräfte- und Konfliktkonstellation auch in anderer Reihenfolge erreicht werden konnten. Preußen scheint einen solchen vom Grundmodell abweichenden Fall darzustellen. Es spricht vieles dafür, dass die herrschenden Klassen hier versuchten, soziale Bürgerrechte zu gewähren, um die Ausweitung der politischen Staatsbürgerschaft abwehren zu können.[105] In den USA und Großbritannien hegten Teile der Oberschicht durchaus ähnliche Überlegungen, doch dehnte man hier letztlich die politische Staatsbürgerschaft weiter aus als in Preußen, während man bei der sozialen Staatsbürgerschaft verhaltener war.

In der Krisensituation des Ersten Weltkriegs veränderte sich diese Konstellation indes grundlegend. Die umfassenderen politischen Beteiligungsrechte in den Vereinigten Staaten und Großbritannien führten dazu, dass als Ausgleich für die Opfer der Unter- und Mittelschichten an der Front nun weitreichende soziale Bürgerrechte gewährt wurden, die dank stark progressiver Steuern vor allem von der Oberschicht getragen werden mussten.[106] Zu einer solch umfassenden sozialen Umverteilung war die deutsche Oberschicht nicht bereit und konnte sie durch ihre starke Stellung im politischen Prozess während der ersten Kriegsjahre verhindern. Dies führte allerdings dazu, dass Liberale, Sozialkatholiken und Sozialdemokraten in finanziellen Fragen sich bald in der Opposition gegen die konservativen Kräfte vereint fanden und sich hier die Koalition abzuzeichnen begann, die dann nach Kriegsende ein deutlich progressiveres Steuersystem durchsetzen sollte. In Deutschland bedurfte es aber der Kriegsniederlage, um der Ausdehnung politischer und sozialer Bürgerrechte einen spürbaren Schub zu verleihen, wie ihn die angloamerikanischen Demokratien bereits vor und im Krieg erlebt hatten. In Deutschland erwies sich die

105 Bisher wurde die Frage von Staatsbürgerschaft im Kaiserreich fast ausschließlich anhand von Fragen der Staatsangehörigkeit und von In- und Exklusion geführt: Dieter Gosewinkel, Einbürgern und Ausschließen. Die Nationalisierung der Staatsangehörigkeit vom Deutschen Bund bis zur Bundesrepublik Deutschland, Göttingen 2001; Eli Nathans, The Politics of Citizenship in Germany. Ethnicity, Utility and Nationalism, New York 2004; Andreas Fahrmeir, Citizens and Aliens: Foreigners and the Law in Britain and the German States, 1789-1870, New York 2000.

106 Eine neuere Studie zeigt, dass im globalen Maßstab demokratische Staaten deutlich häufiger progressive Steuern einführten als Autokratien: Seelkopf/Hierse, Democracy.

Durchsetzung der sozialen wie der politischen Grundrechte jedoch als nicht dauerhaft: Die nationalsozialistische Regierung setzte sie 1933 wieder weitgehend außer Kraft. Die Ergebnisse der Gleichheitsrevolution blieben umkämpft. Ohne Staatsbürger, die sich für mehr Beteiligung und Gleichheit einsetzen, vor allem ohne gesellschaftliche Eliten, die ihren Frieden mit der Demokratie machen, war und ist der Status einer vergleichsweise egalitären Gesellschaft ein fragiler.

Der Aufstieg neoliberaler Gouvernementalität und die Zunahme sozialer Ungleichheit

Nach dem Krieg und wenigen Jahren des Hungers und der Not in der unmittelbaren Nachkriegszeit erlebte der neu gegründete westdeutsche Staat einen in Länge und Stärke ungekannten Wirtschaftsaufschwung. Dies trug erheblich zur politischen und auch zur sozialen Stabilität der Bundesrepublik bei. Es zeichnete sich ein gesellschaftlicher Grundkonsens ab, der starke Institutionen des Ausgleichs beinhaltete. Im Zeichen ordoliberaler Gouvernementalität wurden zwar die von den Alliierten verordneten Steuersatzerhöhungen wieder zurückgenommen, aber das Steuersystem blieb progressiv und wurde zudem durch die kalte Progression bei hohem Wirtschaftswachstum ohne weiteres Zutun des Gesetzgebers wieder progressiver. Auch dank zahlreicher Steuerermäßigungen profitierte in den 1950er-Jahren zwar die Einkommenselite besonders stark vom Aufschwung, doch in den 1960er-Jahren verstärkten sich die egalisierenden Tendenzen durch Vollbeschäftigung, Lohnerhöhungen und den Ausbau des Sozialstaats. Als die Sozialdemokratie 1969 erstmalig den Kanzler stellen konnte, hoffte sie, diese Entwicklung in einer sozialliberalen Koalition noch gezielt verstärken zu können. Der Optimismus war nahezu grenzenlos. Das Vertrauen in die keynesianische Globalsteuerung ließ die Hoffnung aufkeimen, dass die Krisenanfälligkeit der kapitalistischen Wirtschaft der Vergangenheit angehöre. Der zu verteilende Kuchen schien verlässlich immer weiter zu wachsen. Man hoffte daher, die Sicherungssysteme des Sozialstaats für die Unter- und Mittelschicht immer weiter ausbauen zu können, ohne die Oberschicht mit Steuererhöhungen übermäßig belasten zu müssen.

Doch nur vier Jahre nachdem Willy Brandt Bundeskanzler geworden war, versetzte die erste Ölkrise diesen Hoffnungen einen schweren Dämpfer. Die Fragilität sozialer Errungenschaften begann sich zu zeigen, als mit der Wirtschaftskrise 1973 und dem Ende des Bretton-Woods-Systems Grundpfeiler der sozialliberalen Gouvernementalität, die wesentlich durch den Keynesianismus geprägt war, einstürzten oder in Frage gestellt wurden. Die Kombination aus Inflation und Stagnation, die Stagflation, war in der keynesianischen Theorie nicht vorgesehen, ihr Auftreten stieß diese in die Krise und trug zum Aufstieg neoliberaler Wirtschaftstheorien bei. Statt auf Reform zielte die Politik der sozialliberalen Regierung nun stärker auf Stabilität.

Im Gefolge der zweiten Ölkrise 1979 errangen schließlich mit Ronald Reagan in den USA und Margaret Thatcher in Großbritannien zwei Politiker*innen die Macht, die explizit eine neoliberale Angebotspolitik befürworteten. Beide setzten bald nach ihrem Antritt Steuerreformen durch, die die Sätze der direkten Steuern und insbesondere der Einkommensteuer deutlich senkten. Diese Reformen gelten als Auftakt des neoliberalen Angriffs auf die progressiven direkten Steuern. In der Bundesrepublik trat der neue Bundeskanzler Helmut Kohl zwar in einigen Bereichen mit einer ähnlichen Rhetorik wie Thatcher und Reagan an, aber im Hinblick auf die Wirtschaftspolitik erwies sich Kohl eher als gemäßigter Ordoliberaler denn als Neoliberaler. Im Zentrum der konservativ-liberalen Finanzpolitik stand weniger die Steuersenkung als die Reduktion der Staatsverschuldung. Zudem war der Handlungsdruck in der Bundesrepublik auf dem Steuergebiet auch weit geringer als in den angloamerikanischen Ländern, weil hier schon in den 1950er-Jahren ähnliche Spitzensteuersatzsenkungen stattgefunden hatten.

Der neoliberale Steuersenkungsdruck setzte sich in der Bundesrepublik erst Mitte der 1990er-Jahre im Zuge der Debatte um den »Standort Deutschland« durch. Im Rahmen einer vom BDI lancierten Kampagne, die mit dem Wegzug deutscher Firmen aufgrund von Wettbewerbsnachteilen in der Bundesrepublik drohte, zeigte sich die deutsche Politik alarmiert über die Gefahren der Globalisierung. Nach Ulrich Beck entstand daraus die Ideologie des Globalismus, die das politische Handeln dem Diktat des Weltmarkts unterwerfen und den Staat wie ein Unternehmen führen wollte. Sie lag damit ganz auf neoliberaler Linie und trug erheblich zur Durchsetzung neoliberalen Denkens in Deutschland bei.[107]

Auch die neue rot-grüne Regierung erkannte die behaupteten Zwänge an und führte mit der Steuerreform 2000 die umfassendste Steuersenkung seit den 1950er-Jahren durch. Den Spitzensatz der Einkommensteuer senkte sie schrittweise von 53 auf 42 Prozent ab. Die Folge war eine zunehmende Staatsverschuldung, durch die Deutschland das Maastricht-Kriterium einer Begrenzung der Neuverschuldung mehrfach verfehlte. Die Große Koalition unter Angela Merkel realisierte, dass dies auf die Dauer die deutsche Position als selbsternannter Wächter über den europäischen Stabilitäts- und Austeritätskurs untergraben musste. Sie schaltete deswegen von einer Politik der Steuersenkung auf die der »Schwarzen Null« um, die bis heute das bestimmende Ziel der bundesdeutschen Finanzpolitik darstellt.

Aufbau der Studie

Der Hauptteil der Studie ist chronologisch in neun Teile gegliedert. Diese folgen bis zur Gründung der Bundesrepublik den großen politischen Zäsuren (Kaiserreich, Erster Weltkrieg, Weimarer Republik, Nationalsozialismus bis 1939, Zweiter Weltkrieg, Besatzungsverwaltung). In den drei Teilen zur Bundesrepublik bilden die Kanzlerwechsel zwischen den großen Parteien und damit, wenn auch zeitlich nicht ganz deckungsgleich, der Wandel vom Ordoliberalismus zum Sozialliberalismus und schließlich zum Neoliberalismus die Zäsuren. In jedem der Teile wird zuerst kurz die dominante Gouvernementalität der Zeit analysiert. Im Mittelpunkt jedes Kapitels stehen die Geschichte der deutschen Steuerpolitik und ihre Auswirkungen auf die soziale Ungleichheit. Am Ende jedes Teils folgt der Vergleich mit den Entwicklungen in der Steuerpolitik anderer europäischer und nordamerikanischer Staaten und ihrer Auswirkungen auf die Einkommens- und Vermögensverteilung, um die deutsche Politik besser einordnen zu können.

107 Ulrich Beck, Was ist Globalisierung? Irrtümer des Globalismus – Antworten auf Globalisierung, Frankfurt am Main 1997, S. 26f.

Die Arbeit beruht auf meiner 2019 an der Humboldt-Universität zu Berlin eingereichten Habilitationsschrift, die 2021 mit dem Carl Erdmann Preis des Verbands der deutschen Historiker und Historikerinnen ausgezeichnet wurde. Diese Studie setzte den Schlusspunkt aber im Jahr 1945. Für die nun neu hinzugekommenen Kapitel zur Bundesrepublik mussten umfangreiche Abschnitte der Habilitationsschrift weichen. Hauptsächlich handelt es sich dabei um detailliertere Studien zur Steuerpolitik anderer Länder, aber auch zur Kommunalbesteuerung im Kaiserreich. Sie sollen demnächst an anderer Stelle publiziert werden.

Teil I

Die Durchsetzung der progressiven Einkommensteuer bis 1914 und der Beginn der Gleichheitsrevolution

Kapitel 1

Vom Absolutismus zur liberalen Gouvernementalität: Der Aufstieg des Steuerstaats und des Fiskalmilitarismus bis Mitte des 19. Jahrhunderts

Gouvernementalität im eigentlichen Sinne entsteht nach Foucault erst Mitte des 18. Jahrhunderts. Er widmet sich zwar auch Vorformen der reflektierten Regierungspraxis, die er etwa im christlichen Pastorat oder in der frühneuzeitlichen Polizey entdeckt, aber er hält diese noch für keine umfassende Regierungsdenkweise. Die von Foucault im Zuge dieser Erkundungen herausgearbeiteten grundlegenden neuen Denkmuster und Handlungslogiken liberaler Gouvernementalität bestimmten auch die Regierungsvorstellungen zur Steuerpolitik maßgeblich mit, weshalb sie hier kurz eingeführt werden sollen.

Zentral ist für Foucault, dass die politische Ökonomie das Recht als Leitwissenschaft der Regierungstechnik ablöst.[1] Das führt dazu, dass die Regierungspraktiken nicht mehr auf ihre rechtliche Legitimation oder ihren Ursprung hin, sondern nach ihren Wirkungen befragt werden. Die moderne Regierungspraxis kann nur noch dann erfolgreich sein, wenn sie die Natur der Dinge berücksichtigt, was zumal für das als natürlich verstandene ökonomische Handeln der Menschen gilt. Vormoderne Regierungen gingen oft davon aus, dass sich der Mensch irrational verhalte, weswegen Repression als geeignetes Regierungsmittel erschien. Wenn sich nun aber das Handeln der Menschen aus Regierungssicht als rational darstellte, etwa im Bild des Homo oeconomicus, dann konnte es vielversprechender erscheinen, das Verhalten der Bevölkerung stattdessen über Anreize zu steuern. Die Ausbildung von Selbsttechniken des Regierens zu fördern, wurde wichtiger als unmittelbarer Zwang. Damit setzt sich ein neuer Machttypus durch, der nun gegenüber

1 Michel Foucault, Die Geburt der Biopolitik. Geschichte der Gouvernementalität, Bd. 2, Frankfurt am Main 2006, S. 30.

der juridisch-souveränen und der disziplinierend-konfrontativen Macht zunehmend die Oberhand gewinnt.[2]

Zentrales Kriterium des Regierungshandelns war mithin nicht länger die Legitimität, sondern der Erfolg und insbesondere der wirtschaftliche und in Geldeinheiten messbare Erfolg. Als größtes Übel galt nicht mehr, dass eine Regierung schlecht oder unmoralisch, sondern dass sie unwissend und unbedarft in Bereiche hineinregierte, die besser unangetastet bleiben sollten. Der Markt avancierte zum zentralen Ort der Produktion der Wahrheit. Glaubte man in vormoderner Zeit etwa durch Marktordnungen gerechte Preise rechtsverbindlich festlegen zu müssen, verstand man den Markt nun so, als folge er natürlichen Regeln, die, ließ man sie nur frei wirken, gleichsam von selbst einen ›angemessenen‹ Preis hervorbrächten. Preise wurden dadurch zu einem Wahrheitsstandard, »der es ermöglicht, bei den Regierungspraktiken die richtigen von den falschen zu unterscheiden«.[3]

Für die Merkantilisten war das Spiel der Wirtschaft noch ein Nullsummenspiel. Es gab eine bestimmte Menge Gold auf der Welt, und da aller Reichtum letztlich auf Gold fußte und mithin begrenzt war, musste man jemand anderem etwas wegnehmen, um selbst mehr zu haben. Das machte eine rechtliche Einhegung des Marktes nötig, sollte er nicht ständig neben Gewinnern auch Verlierer hervorbringen. Die Physiokraten und Adam Smith, die die Wertschöpfung in der Bearbeitung des Bodens respektive in der Sphäre der Produktion verorteten, entwickelten einen anderen Blick. Der Markt konnte demnach sehr wohl zum beiderseitigen Vorteil von Käufer und Verkäufer funktionieren, jede Transaktion eine wechselseitige Bereicherung ermöglichen. Dieses Verständnis prägte zunehmend auch das Regierungshandeln, das nun darauf zielte, die Kräfte im Staatsterritorium zu steigern und die Bevölkerung wie die politischen Institutionen wohlhabender zu machen. Dementsprechend ging es auch in der Steuerpolitik zwar weiterhin darum, den Staat reicher zu machen, doch sollte das die ökonomischen Prozesse möglichst nicht erschweren und deren Akteure nicht über Gebühr belasten. Die politische Ökonomie trat

2 Martin Nonnhoff, Politik und Regierung. Wie das sozial Stabile dynamisch wird und vice versa, in: Stephan Moebius/Andreas Reckwitz (Hg.), Poststrukturalistische Sozialwissenschaften, Frankfurt am Main 2008, S. 277-294, hier S. 290.

3 Foucault, Geburt, S. 55.

daher auch energisch für eine Begrenzung des Regierungshandelns ein.

Obwohl die politische Ökonomie das Recht als Leitwissenschaft ablöste, führte die moderne Gouvernementalität zu einer erheblichen Ausweitung rechtlicher Regulierungen. Die Begrenzung der Staatstätigkeit ließ sich weniger durch entsprechende Appelle an Politiker oder Fürsten als vielmehr nur durch die rechtliche Beschränkung ihrer Eingriffsmöglichkeiten erreichen. Der Rechtsstaat schuf und garantierte eine Anzahl von Freiheiten wie etwa Marktfreiheit, Vertragsfreiheit und Diskussionsfreiheit, nach denen die neue gouvernementale Vernunft verlangte. Doch die liberale Gouvernementalität folge damit, so betont Foucault, keinem Imperativ der Freiheit (»sei frei«). Im Mittelpunkt stehe vielmehr »die Einrichtung und Organisation der Bedingungen [...], unter denen man frei sein kann«.[4] Hier lehnt sich Foucault eng an Thomas H. Marshall an, der die Durchsetzung der bürgerlichen Rechte als ersten Schritt hin zur modernen Staatsbürgerschaft fasste, dabei aber betonte, dass diese Rechte selbst wenig zur Verringerung sozialer Ungleichheit beitrügen. Vielmehr gäben sie »jedem Mann als Teil seines individuellen Status die Macht, sich als selbständige Einheit am wirtschaftlichen Kampf zu beteiligen«.[5] Foucault hielt zudem fest, dass die Garantie individueller Freiheiten gleichzeitig den Schutz kollektiver Interessen unter dem Begriff der Sicherheit verlangte, so dass das spannungsvolle Wechselspiel zwischen Freiheit und Sicherheit ein zentrales Element der liberalen Gouvernementalität bildete.

Für das Verständnis des Konzepts liberaler Gouvernementalität ist zentral, dass Foucault damit einen anderen Begriff von Liberalismus im Sinn hat als den, der vor allem auf den politischen Liberalismus abzielt, wie er sich mit bestimmten Werten oder liberalen Parteien verbindet. Für Foucault kennzeichnet der Begriff des Liberalismus ein spezifisches Set von Regierungspraktiken und -techniken, die sich in der europäischen Moderne durchsetzten. Diese Techniken nutzte auch das deutsche Kaiserreich, weswegen für Foucault dort eine liberale Gouvernementalität herrschte, auch wenn der politische Liberalismus nicht an der Macht war.[6] Zuerst

4 Ebd., S. 97 f.

5 Marshall, Staatsbürgerrechte, S. 56 f.

6 Patrick Joyce, The State of Freedom. A Social History of the British State since 1800, Cambridge 2013, S. 28 f.

aber gilt es nun zu analysieren, welche Veränderungen sich auf dem Gebiet der Steuer- und Finanzpolitik mit der schrittweisen Durchsetzung liberaler Gouvernementalität verbanden. Hierfür werden vor allem die Entwicklungen in Preußen, Frankreich und Großbritannien in den Blick genommen.

Die Entwicklung des Steuersystems war dabei aufs Engste mit der des Staates insgesamt und insbesondere jener der Kriegsorganisation verbunden. Nach Charles Tilly vollzog sich vom Mittelalter zur Frühen Neuzeit ein langsamer Übergang von Heeren, die nur für den Krieg einberufen wurden, und von nur im Kriegsfall erhobenen Steuern hin zu Söldnerheeren und dauerhaft von privaten Steuereintreibern erhobenen Steuern. Im 18. Jahrhundert und zumal gegen dessen Ende zeichnete sich der Übergang zu stehenden Heeren und einer zentralstaatlichen Bürokratie ab, welche die Steuern einzog.[7] Stark schematisiert würden sich die Übergänge bei Tilly und Foucault wie folgt präsentieren:

Tabelle 1:
Tillys Staatsbildungsprozess und Foucaults Abfolge von Staats- und Gouvernementalitätsmodellen

Zeit	Steuer (Tilly)	Militär (Tilly)	System (Tilly)	Staat (Foucault)	Gouvernementalität (Foucault)
Vor 1500	Monarch entzieht in erträglichem Maße	Monarch hebt in erträglichem Maße aus	Patrimonialismus	Staat der Gerichtsbarkeit	Pastorat
1500-1700	Private Steuereintreiber	Söldnerheere	Maklertätigkeit	Verwaltungsstaat	Polizey
Ab 1700	Staatliche Steuerbürokratie	Stehendes Heer	Verstaatlichung	Regierungsstaat	Liberale Gouvernementalität

Diese Entwicklung vollzog sich im Deutschen Reich, in Frankreich und in Großbritannien in unterschiedlicher Form und Geschwin-

7 Tilly, Coercion. Siehe jetzt zum Zusammenhang von Krieg und Staatsbildung: Lars Bo Kaspersen/Jeppe Strandsbjerg (Hg.), Does War Make States? Investigations of Charles Tilly's Historical Sociology, Cambridge 2017.

digkeit, die zu den jeweiligen Eigenheiten der nationalen Steuerstaatlichkeit beitrugen.

Der Aufstieg des preußischen Fiskalmilitarismus

Im alten deutschen Reich konnte sich bekanntlich keine starke Zentralgewalt etablieren. Auch in der Finanz- und Steuerpolitik vollzogen sich die entscheidenden Entwicklungen deswegen in den großen Territorialstaaten. Die einzige Großmacht auf dem Reichsgebiet war Österreich. In den drei bedeutendsten Territorialstaaten, die später zum deutschen Kaiserreich gehörten, Brandenburg-Preußen, Bayern und Sachsen, beschränkte sich die Steuererhebung weitgehend auf temporär zur Finanzierung von Kriegen bewilligte Abgaben. Einige Steuern konnten zwar auch über den Anlass hinaus beibehalten werden, sie blieben jedoch zumeist an die periodisch einzuholende Zustimmung der Stände gebunden. In Friedenszeiten gelang es den Fürsten vergleichsweise gut, ihre Interessen auf dem Steuergebiet durchzusetzen, aber Kriege führten zumeist zu hoher Verschuldung, die sie wieder in die Abhängigkeit von den Ständen trieb. In Brandenburg konnte im 15. Jahrhundert die Bede als Vermögensteuer und 1488 das Biergeld als Verbrauchsteuer dauerhaft durchgesetzt werden. Trotzdem war der Hof ab 1535 permanent verschuldet, was den Ständen als politischer Hebel diente. Der Bauernkrieg zu Beginn des 16. Jahrhunderts setzte ein viele Landesherren beunruhigendes Signal, dass die Bereitschaft der Bauern, höhere Steuerlasten zu schultern als die begüterten Schichten, endlich war.[8] Schon seit dem 15. Jahrhundert konnten die deutschen Territorialstaaten fiskalisch nicht einmal mehr ansatzweise mit den europäischen Großmächten konkurrieren. Vor allem die Verheerungen des Dreißigjährigen Krieges zeigten den deutschen Fürsten schmerzhaft, dass sie sehr viel größere Ressourcen an sich ziehen mussten, wollten sie nicht Gefahr laufen, dass ihre Länder über kurz oder lang von einer Großmacht besetzt und ausgebeutet würden.[9]

Entschlossener als andere regionale Herrscherhäuser zogen die Fürsten von Brandenburg-Preußen Konsequenzen aus dieser Lage.

8 Schwennike, Ohne Steuer kein Staat, S. 346 f.

9 Ebd., S. 23-183.

Schon Friedrich Wilhelm, der Große Kurfürst (reg. 1640-1688), machte sich gleich nach Beendigung des Dreißigjährigen Krieges daran, die Steuereinnahmen zu erhöhen, auch im Ehrgeiz, als erster europäischer Herrscher ein großes stehendes Heer finanzieren zu können.[10] 1641 hatte er eine Akzise durchgesetzt, die aber nur in den Städten erhoben wurde.[11] Auf dem Land war er mit seinem Ansinnen am Adel gescheitert, weswegen dort weiter die sogenannte »Kontribution« erhoben wurde. Die Akzise traf zwar auf den erbitterten Widerstand der Stände, die Steuern für ein stehendes Heer anfangs nicht akzeptieren wollten, doch der Kurfürst setzte sich schließlich durch, auch indem er sich auf Befristungen einließ, an die er sich später nicht hielt. Im Herzogtum Preußen konnte er den Widerstand der Stände nur brechen, in dem er 1662 mit Truppen vor Königsberg erschien. In der Folge setzten die preußischen Herrscher in den Provinzen gegenüber den Städten Stück für Stück das Recht der Torkontrolle durch, das ihnen Durchgriff auf die Akziseerhebung verschaffte. Auf dem Land wie in der Stadt wurde die Steuereintreibung nun durch staatliche Beamte besorgt. Das schmälerte den Einfluss des Adels und der Stände auf die Staatsführung erheblich.

Für Schmoller vollzog sich unter dem Großen Kurfürsten der Übergang vom Domänen- zum Regalienstaat. Regalien stellten Hoheits- und Sonderrechte des Fürsten dar, mit denen er auf die eine oder andere Art Erträge erwirtschaftete. Die wichtigsten Regalien der Zeit waren das Berg-, das Salz-, das Münz- und das Zollregal. Allein die Einkünfte aus dem Zollregal machten in Kur-Brandenburg im 17. Jahrhundert 35 bis 45 Prozent der Gesamteinnahmen aus. Insgesamt machten die Regalien mehr als 50 Prozent der Einnahmen aus, weshalb Schmollers Bezeichnung durchaus ihre Berechtigung hat. Allerdings lässt sich auch argumentieren, dass mit der Akzise und der Kontribution bereits ein erstes Stück des Weges zum Steuerstaat beschritten war, denn in beiden Fällen handelte es sich nicht um eine einzelne Steuer, sondern um ein ganzes Bündel, welches unter dem jeweiligen Oberbegriff vereint wurde. Hinter der städtischen Akzise verbargen sich sieben Steuern: erstens Ge-

10 Christopher Clark, Preußen. Aufstieg und Niedergang 1600-1947, München 2007, Kapitel 3.

11 Die Idee der Akzise hatte er von einem dreijährigen Aufenthalt als Kronprinz in den Niederlanden mitgebracht.

tränkesteuern, zweitens die Mahl- und Schlachtsteuer, drittens eine Einfuhrsteuer von drei Prozent auf Viktualien, viertens eine Großhandelssteuer mit einem Satz von anderthalb Prozent, fünftens eine geringe Grundsteuer, sechstens eine Viehsteuer und siebtens schließlich eine vor allem Handwerkern und Tagelöhnern auferlegte Klassensteuer.[12] Anfangs waren Kirche, Adel, Beamte und Offiziere von der Steuer befreit, doch bis 1713 waren diese Gruppen schließlich alle einbezogen. Damit war die Akzise die erste einheitliche Steuer auf altpreußischem Gebiet, bei der alle Stadtbewohner unter einheitliches Recht gestellt wurden.[13] Obwohl insbesondere die Mahl- und Schlachtsteuer die unteren Schichten in den Städten nach wie vor hart traf, dürfte die Einbeziehung der zuvor befreiten gutverdienenden Gruppen zu einer gerechteren Verteilung der Steuerlast geführt haben.

Die auf dem Land erhobene Kontribution wurde in den Jahren 1682 bis 1690 von einer Katasterkommission grundlegend neugestaltet. Anders als im 15. und 16. Jahrhundert war sie nun viel mehr als eine reine Vermögensteuer. Sie setzte sich zusammen aus einer abgestuften Hufensteuer mit Kopf- und Klassensteuern sowie aus Gewerbe- und Kapitalsteuern. Man versuchte damit die Ertragskraft der ländlichen Bevölkerung möglichst genau zu erfassen und die Steuern daran anzupassen. Dabei wurde auch hier die Steuerfreiheit des Adels partiell zurückgedrängt, und die Großgrundbesitzer mussten deutlich mehr Steuern zahlen als im 16. Jahrhundert.[14]

In mehreren anderen großen Territorialstaaten, etwa in Sachsen und Bayern, verliefen die Prozesse ähnlich.[15] In den fünfzig Jahren nach dem Ende des Dreißigjährigen Krieges ging es nicht mehr wie zuvor um die Frage, ob dauerhaft Steuern erhoben werden konn-

12 Die Kombination aus Verbrauchs-, Kopf-, Vermögen- und Gewerbesteuer war das, was die Akzise von vorherigen Verbrauchsteuern unterschied: Willi A. Boelcke, »Die sanftmütige Accise«. Zur Problematik der »indirekten Verbrauchsbesteuerung« in der Finanzwirtschaft der deutschen Territorialstaaten während der frühen Neuzeit, in: Jahrbuch für die Geschichte Mittel- und Ostdeutschlands 21 (1972), S. 93-139.

13 Schmoller, Preußische Verfassungs-, Verwaltungs- und Finanzgeschichte, S. 97 f.

14 Ebd., S. 99-105.

15 Uwe Schirmer, Kursächsische Staatsfinanzen (1456-1656). Strukturen – Verfassung – Funktionseliten, Stuttgart 2006; Herbert Ott, Die Akzise in Bayern im 18. Jahrhundert, Erlangen 1951.

ten, sondern nur mehr darum, welche Steuern erhoben wurden und wer sie zu zahlen hatte.[16]

In der Kameralistik gab es Gegner und Befürworter der Akzise.[17] Beide Lager betonten aber, dass der Staat zunehmend Fürsorgeleistungen erbringe, die Untertanen also von den steuerfinanzierten Maßnahmen profitierten. Hinter solchen Argumentationen stand die Vorstellung, dass staatliche Leistung für den Untertanen und die von ihm erbrachte Steuerleistung einander die Waage halten sollten. Immer mehr setzte sich Ende des 16. und Anfang des 17. Jahrhunderts die Meinung durch, dass die Allgemeinheit der Steuerpflicht als unabdingbare Voraussetzung einer gerechten Steuerpolitik zu gelten habe.[18] Diesen Gedanken kann man als den Beginn einer allgemeinen Steuerlehre fassen.[19] An die Stelle einer grundsätzlichen Ablehnung dauerhafter Besteuerung trat vorerst eine Steuerrechtfertigungslehre.[20] Mehrheitlich setzte sich bei den Kameralisten der Gedanke durch, dass Steuergerechtigkeit am besten durch proportionale Steuern zu gewährleisten sei. Für die Befürworter der Akzise entsprach gerade diese Form der Steuererhebung dem Gebot der Gerechtigkeit in hervorragender Weise, denn die Akzise wurde am Stadttor unabhängig vom Stand eingetrieben, so dass auch die von den direkten Steuern befreiten Schichten ihr kaum entkommen konnten.[21]

16 Hermann Schulz, Das System und die Prinzipien der Einkünfte im werdenden Staat der Neuzeit, dargestellt anhand der kameralwissenschaftlichen Literatur (1600-1835), Berlin 1982, S. 102; Schwennike, Ohne Steuer kein Staat, S. 183-288. Allerdings sahen die Bevölkerung und auch die Wissenschaft dies zum Teil nach wie vor anders: Mann, Steuerpolitische Ideale, S. 39 f.

17 Detlef J. Blesgen/Ralf P. Welter (Hg.), Der Akzisen-Streit. Schriften zur finanztheoretischen Kontroverse deutscher Frühkameralisten, Hildesheim 2006.

18 Der wichtigste Vordenker dieser Sichtweise war zu Beginn des 17. Jahrhunderts in Deutschland Kaspar Klock. Er nahm dabei viele Gedanken vorweg, die Adam Smith später in seinen vier grundlegenden Steuerprinzipien aufgriff. In Frankreich hatte Jean Bodin die Allgemeinheit der Steuererhebung bereits im 16. Jahrhundert gefordert.

19 Reiner Sahm, Theorie und Ideengeschichte der Steuergerechtigkeit. Eine steuertheoretische, steuerrechtliche und politische Betrachtung, Wiesbaden 2019, S. 2.

20 Schwennike, Ohne Steuer kein Staat, S. 101 und 348 f.

21 Robert Meyer, Die Principien der gerechten Besteuerung in der neueren Finanzwissenschaft, Berlin 1884, S. 3-65; Dominik Sauerer, Bildung einer sächsischen Steuergemeinschaft? Einfluss der Steuerverfassung auf die Konstruktion eines einheitlichen Staatsvolkes, Erlangen 2016, S. 144.

Der auf den Großen Kurfürsten folgende erste Preußenkönig Friedrich I. änderte an den grundlegenden Modalitäten der Steuererhebung wenig. Im Kriegsfall erhöhte er einzelne Steuern, ansonsten fiel er eher durch Prunk- und Verschwendungssucht auf. Sein Sohn Friedrich Wilhelm I. (1713-1740) wiederum entließ weite Teile des väterlichen Hofstaates und kürzte dem verbliebenen Personal die Gehälter. Er achtete auf strengste Sparsamkeit, bestand auf der Aufstellung von Haushaltsplänen, deren Rahmen nicht überschritten werden durfte, und verlangte eine genaue Rechnungskontrolle, um die Ausgaben im Griff zu behalten. Gleichzeitig strebte er die Steigerung der Einkünfte durch eine Verbesserung der Domänenwirtschaft sowie eine Vermehrung der Akziseeinnahmen durch gezielte Förderung der gewerblichen Wirtschaft an. Eines seiner Hauptziele war, die Armee auszubauen, was ihm mit einer Steigerung der Truppenstärke von 40 000 auf 83 000 Mann während seiner Regierungszeit auch eindrucksvoll gelang. Um im Kriegsfall sofort handlungsfähig zu sein, legte Friedrich Wilhelm I. zudem einen Staatsschatz an, eine im damaligen Europa hochverschuldeter Staaten einmalige Einrichtung.[22] Die Erweiterung des Heeres und die staatlichen Rücklagen sollten vor allem dazu dienen, Preußen zu größerer politischer Unabhängigkeit zu verhelfen, was jedoch aufgrund der kaum einholbaren finanziellen wie militärischen Überlegenheit der Großmächte nur bedingt gelang. Preußen blieb auf die Unterstützung Großbritanniens und der Niederlande angewiesen, um die weitere Ausdehnung Frankreichs und Schwedens zu verhindern.

Friedrich II. und Friedrich Wilhelm II. führten diese Finanzpolitik in ihren Grundzügen fort. Man war bemüht, die Steuern anzuheben, und verwendete die Einnahmen vor allem für den weiteren Ausbau des Heeres, das Ende des 18. Jahrhunderts auf 230 000 Mann angewachsen war. Mit dem Sieg im Siebenjährigen Krieg (1756-1763) stieg Preußen zur fünften Großmacht in Europa auf.[23] Möglich gemacht hatte das nicht zuletzt eine konsequente fiskal-militärische Politik, wobei der Krieg selbst allerdings zu einem erheblichen Teil durch Plünderungen finanziert wurde. Wie

22 Klein, Geschichte, S. 51.

23 Preußen hatte im Siebenjährigen Krieg mit etwa 4% der Gesamtbevölkerung unter Waffen eine sehr hohe Militärquote: Niall Ferguson, The Cash Nexus. Money and Power in the Modern World, 1700-2000, New York 2001, S. 28 f.

schlecht es um die preußische Steueradministration der Zeit bestellt war, zeigte sich daran, dass Friedrich II. ab 1766 französische Steuereintreiber nach Preußen holte, um die Erträge der Akzise zu erhöhen. Schmollers Lob des preußischen Finanzwesens in der Zeit von 1640 bis 1806 als »ein Finanzwesen, das ebenso sicher neben der preußischen Armee die wesentliche Ursache des glänzenden Aufschwungs Preußens war«,[24] nimmt sich angesichts dessen etwas überschwänglich aus. In der gesamten zweiten Hälfte des 18. Jahrhunderts vermochte die Staatsführung keine wesentlichen Steuerreformen mehr auf den Weg zu bringen. 1795 musste Preußen auch aufgrund finanzieller Auszehrung mit dem revolutionären Frankreich Frieden schließen, und im Krieg mit Napoleon erwiesen sich weder das preußische Heer noch die Staatsfinanzen dem Gegner gewachsen. Der Friedensschluss von 1807 war für Preußen katastrophal. Alle Gebiete westlich der Elbe gingen verloren und mit ihnen in etwa die Hälfte der vormaligen Steuereinnahmen. Durch den Krieg ohnehin hoch verschuldet, befand sich Preußen in den nächsten Jahren dauerhaft am Rande des Staatsbankrotts.

Französische Revolution und proportionale Besteuerung

Im absolutistischen Frankreich setzte der König ähnlich wie in Preußen indirekte Steuern durch, um sich von den Steuerbewilligungsrechten der Stände unabhängig zu machen. Im Ancien Régime existierten drei große direkte Steuern: die *taille*, die Kopfsteuer (*capitation*) und der Zwanzigste (*vingtième*). Die *taille* zerfiel dabei in zwei Steuern: In drei Vierteln des Territoriums wurde sie als Einkommensteuer auf sämtliche Einkünfte erhoben, im letzten Viertel als Realsteuer auf den Grundbesitz. Die Kopfsteuer war offiziell für alle gleich hoch, tatsächlich gab es jedoch etliche Ausnahmen und Aushandlungsspielräume. Der Zwanzigste war eine einkunftsbezogene Schedulensteuer, also eine analytische Steuer, die im Gegensatz zu einer synthetischen Steuer Einkünfte aus verschiedenen Quellen unterschiedlich behandelte. Zusammen erbrachten die drei direkten Steuern etwa 40 Prozent der Gesamteinkünfte des Staates. Da-

24 Schmoller, Epochen, S. 34.

neben gab es eine große Vielzahl indirekter Steuern mit begrenztem Aufkommen, die einzutreiben zudem mitunter sehr aufwendig war. Deswegen stagnierten die Steuereinnahmen in realen Werten von 1725 bis 1785 weitgehend, in Prozent des Nationaleinkommens berechnet gingen sie erheblich zurück.[25] Zudem wurden die Steuern durch private Steuereintreiber eingezogen, die einen erheblichen Teil der Einnahmen für sich behielten. Die Erblichkeit des Amtes passte in die ständische Gesellschaft und die daraus gewonnenen Einnahmen entsprachen einer Rente, die wenig eigene Leistung erforderte.

Ende des 18. Jahrhunderts war der französische Staat hoch verschuldet. In den 1780er-Jahren musste die Einzugsbehörde der indirekten Steuern von etwa 150 Millionen Livre Einnahmen etwa zwei Drittel an Gläubiger des Staates abgeben, über 30 Millionen gingen an die Steuereintreiber und Amtsmänner und nur etwa 18 Millionen Livre verblieben für die Krone.[26] Trotz der prozentual sinkenden Gesamtsteuerlast war die Steuerbelastung für den Dritten Stand sehr hoch. Die Revolution speiste sich nicht zuletzt aus der Kritik am Steuergebaren des Staates. Die Revolution begann in Paris nicht mit dem Sturm der Bastille, sondern mit der Erstürmung der Steuerhäuser an den Stadtmauern von Paris, in denen die dort eingetriebene Akzise die Lebensmittel für die Stadtbewohner deutlich verteuerte. Die Revolutionäre führten drei Kritikpunkte gegen die bisherigen Steuern an: erstens ihre Willkür und Ungleichmäßigkeit, was vor allem auf die Ausnahmeregeln für Geistliche und Adlige zielte,[27] zweitens die inquisitorische Strenge und das häufig gewalttätige Vorgehen der lokalen Steuereintreiber

25 James C. Riley, French Finance, 1727-1768, in: Journal of Modern History 59 (1987), S. 209-243.

26 François R. Velde/David R. Weir, The Financial Market and Government Debt Policy in France, 1746-1793, in: Journal of Economic History 52 (1992), S. 1-39, hier S. 7 f.; James MacDonald, A Free Nation Deep in Debt. The Financial Roots of Democracy, New York 2003, S. 196-198 und 258 f.

27 Michael Kwass hat allerdings gezeigt, dass die Krone im 18. Jahrhundert durchaus in der Lage war, beide Gruppen stärker als vorher zu Steuern heranzuziehen, auch wenn sie nach wie vor privilegiert blieben: ders., Privilege and the Politics of Taxation in Eighteenth-Century France, Cambridge 2000. Siehe für den Adel auch: Rafe Blaufarb, Vers une Histoire de l'Exemption Fiscal Nobiliaire. La Provence des Années 1530 à 1789, in: Annales 60 (2005/6), S. 1203-1228.

und schließlich die Verschwendung und die Bereicherung durch die Steuereintreiber.[28]

In Anlehnung an die physiokratische Schule glaubten die Revolutionäre, dass Grund und Boden die hauptsächliche Quelle des Wohlstandes bildeten, weshalb sie die Grundsteuer zur zentralen Steuer erheben wollten.[29] Steuergerechtigkeit sahen sie mehrheitlich nicht mit einer progressiven, sondern mit einer proportionalen Besteuerung erfüllt, die alle ohne Ausnahme in gleicher Härte traf, auch wenn daneben durchaus schon stark progressive Steuerpläne kursierten.[30] Angesichts ihrer Erfahrungen mit dem despotischen Staat bestanden die Revolutionäre darauf, dass die Privatsphäre der Bürger möglichst geschützt werden sollte, so dass deren Verdienst wo immer möglich nach öffentlich sichtbaren Merkmalen bestimmt werden und Behörden der Einblick in Geschäftsbücher und persönliche finanzielle Verhältnisse verwehrt bleiben sollte.[31] Neben der Grundsteuer wurden drei weitere direkte Steuern eingeführt, die ebenfalls proportional angelegt waren und ohne aufdringliche Nachforschung erhoben werden konnten. Dies waren die Mobiliar-, die Gewerbe- sowie die Tür- und Fenstersteuer. Sie sollten bis weit ins 19. Jahrhundert die bedeutendsten direkten Steuern in Frankreich bleiben.[32] Diese Besteuerung nach objektiven Kriterien fand dauerhaft Eingang in das französische Rechtssystem. Man bemühte sich um die möglichst präzise Erfassung und Kategorisierung solcher Kriterien in immer genauer ausgearbeiteten Gesetzen und Verwaltungsanordnungen. Ziel war immer, dem Staat einerseits eine verlässliche Steuererhebung zu ermöglichen und gleichzeitig die Privatsphäre und die Schutzrechte der Bürger zu gewährleisten.

Die indirekten Steuern wurden nach 1789 aufgrund ihrer Unpopularität und Regressivität weitgehend abgeschafft.[33] Den Ver-

28 William Oualid, Das Budget und das Finanzsystem Frankreichs, in: Handbuch der Finanzwissenschaft, 1. Auflage, Bd. 3, S. 103-142, hier S. 122.

29 Jean-Pierre Gross, Progressive Taxation and Social Justice in Eighteenth-Century France, in: Past & Present 140 (1993), S. 79-126, hier S. 96 und 107.

30 Ebd., S. 100.

31 Eckart Schremmer, Steuern und Staatsfinanzen während der Industrialisierung Europas: England, Frankreich, Preußen und das Deutsche Reich 1800 bis 1914, Berlin 1994, S. 73.

32 Ebd., S. 75-81.

33 Francois Crouzet, La grande inflation. La monnaie en France de Louis XVI à

tretern der Revolution gelang es jedoch in den 1790er-Jahren nicht, daraus ein die Ausgaben tragendes Steuersystem zu entwickeln.[34] Erst 1797 erreichten die Einnahmen wieder die Höhe, die sie im Ancien Régime zuletzt gehabt hatten,[35] während die staatlichen Ausgaben nun aber deutlich höher lagen. Letzteres lag auch an den erheblichen Kosten der ab 1792 geführten Kriege, die weitgehend über Kredite finanziert wurden. Um der Finanznot Herr zu werden, versuchte die Regierung dann auch progressiv gestaltete Zwangsanleihen durchzusetzen, die aber nur bedingt erfolgreich waren.[36] Am Ende der siegreichen Kriege stand schließlich eine Hyperinflation, die zum Staatsbankrott führte.[37]

Wegen der Inflation mussten die Revolutionäre ihre Versuche, Profite an der Staatsverschuldung möglichst einzuschränken, aufgeben. Es kam zur Wiedereinsetzung von Bankiers und Finanziers und auf die Staatsschulden wurden wieder Zinsen gezahlt. Von einem vollständigen Rückfall in vorrevolutionäre Zeit kann man allerdings nicht sprechen, weil die Regierung keine Geschäftsbeziehungen mehr mit ihren Beamten einging und die Finanzverwaltung nun anders als zuvor die Kontrolle privater Geschäftsleute gewährleistete.[38]

Die Revolutionäre hatten ursprünglich die völlige Trennung von öffentlicher politischer Gewalt und privatem Besitz im Auge gehabt. Die erwies sich aber als kaum umsetzbar, da einige Feudalverträge schwer zu lösen waren, weil sie auch Formen von Eigentum, das als legitim empfunden wurde, hervorgebracht hatten. Zudem sah man ein, dass es nicht sinnvoll war, allen staatlichen Besitz, also

Napoléon, Paris 1993, S. 120-123; Nicolas Delalande, Les Batailles de l'Impot. Consentment et résistance de 1789 à nos jours, Paris 2011, S. 29-38; Kwass, Privilege, S. 303-310.

34 Eugene White, The French Revolution and the Politics of Government Finance, 1770-1815, in: Journal of Economic History 55 (1995), S. 227-255, hier S. 238-241.

35 Timothy J. A. Le Gouff/Donald M. G. Sutherland, The Revolution and the Rural Economy, in: Alan Forrest/Peter M. Jones (Hg.), Reshaping France. Town, Country and Region during the French Revolution, Manchester 1991, S. 52-85, hier S. 69.

36 Max Grabein, Beiträge zur Geschichte der Lehre von der Steuerprogression, in: FinanzArchiv 12 (1895) 2, S. 1-88, hier S. 53 f.

37 Crouzet, La grande inflation.

38 Heide Gerstenberger, Die subjektlose Gewalt. Theorie der Entstehung bürgerlicher Staatsgewalt, Münster 1990, S. 451.

etwa auch Straßen und Häfen, zu privatisieren. Deswegen ging es nun darum, neue dauerhafte Grenzen zu ziehen.[39]

Napoleon setzte ein Regime mit strikter Budgetdisziplin durch. Im Zuge dessen führte er ab 1804 auch einen Teil der indirekten Steuern wieder ein. Dies lag auch daran, dass es zu der Zeit nur schwer möglich war, Einkommen oder Erträge von Bauern oder Handwerkern zu besteuern, wohingegen eine Besteuerung durch Überwachung der Warenzirkulation besser zu gewährleisten war.[40] Einnahmen brachten vor allem Steuern auf Bier, Wein, Branntwein und Salz sowie die Wiedereinführung des Tabakmonopols.[41] Bis zum Beginn des Krieges gegen Russland 1812 kam der französische Staat dadurch ohne zusätzliche Kredite aus. Dann jedoch konnten die Steuern nicht mehr mit den Ausgaben mithalten und die Staatsverschuldung begann erneut anzusteigen. Dramatisch wurde die Lage aber erst, als die Alliierten dem besiegten Frankreich Reparationszahlungen auferlegten, von denen Frankreich letztlich 1863,5 Millionen Francs entrichtete, was etwa den gesamten Steuereinnahmen von zwei Jahren entsprach. Im Nachgang des Krieges stieg die Verschuldung von 1272 (1815) auf 4627 Millionen Francs (1830), was den Grundstein dafür legte, dass Frankreich bis zum Ende des Jahrhunderts stets mindestens 20 Prozent seiner Einnahmen für den Schuldendienst aufwenden musste.[42] Zu dessen Finanzierung erhöhte man in den folgenden Jahren vor allem immer wieder die indirekten Steuern.

39 Rafe Blaufarb, The Great Demarcation. The French Revolution and the Invention of Modern Property, New York 2016.

40 Gabriel Ardant, Financial Policy and Economic Infrastructure of Modern States and Nations, in: Tilly (Hg.), Formation, S. 164-243, hier S. 180. Im Alten Reich begannen deswegen seit dem 17. Jahrhundert die zuvor vor allem in Städten erhobenen indirekten Steuern, eine immer größere Rolle auch auf dem Land zu spielen: Schwennike, Ohne Steuer kein Staat, S. 351f.

41 Delalande, Batailles, S. 38f.; ders. Tax Reform in Early Twentieth-Century France. The Politics and Techniques of Redistribution, in: John Tiley (Hg.), Studies in the History of Tax Law, Bd. 3, Oxford 2009, S. 57-72, hier S. 59.

42 Bonney, Apogee, S. 83-86.

Die britische Finanz-Revolution (1688-1815)

In England landete 1688 auf Aufforderung englischer Adeliger und Bürger der niederländische König Wilhelm von Oranien mit einem Heer, um König James II. daran zu hindern, einen absolutistischen Staat nach französischem Vorbild zu errichten und den Katholizismus zur Staatsreligion zu erheben. Nach seinem Sieg wurde Wilhelm von Oranien zum englischen König Wilhelm III. gekrönt. England wurde zur konstitutionellen Monarchie, zu deren eigentlichem Machtzentrum sich das Parlament entwickeln sollte. Die *Bill of Rights* von 1689 verbot die Aufhebung von Parlamentsgesetzen sowie die Erhebung von Steuern ohne Zustimmung des Parlaments. Ebenso bedurfte ein stehendes Heer in Friedenszeiten des parlamentarischen Plazets. Das Parlament besaß damit gewichtige Einspruchsrechte, doch war das System anfänglich noch stark auf den Regenten zugeschnitten. Der neue König brachte neue finanzpolitische Instrumente und Techniken mit, die in den Niederlanden bereits eine finanzielle Revolution ermöglicht hatten und langfristig auch in England zu einer tiefgreifenden Umwälzung führten. 1693 legte man die ersten handelbaren Staatsverschuldungspapiere auf, 1694 gründete man die Bank of England. Bald darauf entstanden die ersten Aktiengesellschaften und die Börse.

Es sollte aber dauern, bis sich die angeschobenen Veränderungen durchsetzen und Früchte tragen konnten, auch weil der neunjährige Krieg gegen Frankreich (1689-1697) eine Konsolidierung der Staatsfinanzen zunächst in weite Ferne rücken ließ. Die jährlichen Steuereinnahmen waren zwar inzwischen auf beträchtliche vier Millionen Pfund gestiegen, doch der Krieg trug dazu bei, dass diesen Ausgaben von sechs Millionen Pfund gegenüberstanden. Das Parlament wies das Ansinnen des Königs, die jährlich zu bewilligende Grundsteuer auf Dauer zu stellen, um langfristige Kredite aufnehmen zu können, trotzdem zurück. Am Ende des Krieges stand England deswegen mit 18,2 Millionen Pfund Schulden da, von denen 13,3 Millionen Pfund kurzfristig zu tilgen waren. Es gelang aber, einen großen Teil davon über die Bank von England in mittelfristige Schulden zu verwandeln. Erleichtert wurde dies durch den Umstand, dass der König sich immer stärker auf die Whigs stützte und die Regierung damit zunehmend in der Hand von Kaufleuten und einer eher handelsfreundlichen Gruppe von Adligen lag.

Als es 1710 infolge des Spanischen Erbfolgekrieges (1701-1714) erneut zur finanziellen Krise kam, befanden sich aber unter Königin Anne die in der *landed gentry* verwurzelten Tories an der Macht. Sie standen den hohen Steuerabgaben für auswärtige Kriege und der Festigung der englischen Handelsmacht seit jeher skeptisch gegenüber. Unterstützt von prominenten Wortführern wie dem Schriftsteller Jonathan Swift, bezeichneten die Tories den Krieg als Mittel des Oberbefehlshabers, des Duke of Marlborough, und seiner Finanziers, um sich selbst zu bereichern. Diese Attacken führten zwar zum Rücktritt des Oberbefehlshabers und zum kurzzeitigen Einbruch des Handels von Staatsverschuldungspapieren, aber unter dem Druck des Finanzmarktes entschieden sich die Tories für die dauerhafte Beibehaltung der neuen Finanzinstitutionen. Die kurzfristigen Schulden wurden in Papiere für eine zu errichtende Monopolgesellschaft (*South Sea Company*) umgewandelt, was den Staatsbankrott abwendete.

Auch wenn die mit der finanziellen Revolution etablierten Techniken der Staatsfinanzierung den Bankrott zu verhindern halfen, wäre der ohne die parallel stattfindende Erhöhung der Steuereinnahmen unabwendbar gewesen. Deren wesentliche Voraussetzung wiederum war bereits unter der Regentschaft James' II. geschaffen worden. In den 1670er- und 1680er-Jahren hatten die Zölle (*customs*), die Verbrauchsteuern (*excises*) und eine Herdsteuer (*hearth tax*) die wichtigsten Einnahmequellen gebildet. Sie alle wurden von privaten Steuereintreibern eingezogen, wobei der abzuliefernde Ertrag oft vorher festgelegt wurde. Dies schützte den König in schlechten Jahren vor Steuerausfällen, verhinderte aber, dass er bei steigernder Wirtschaftsleistung von höheren Erträgen profitierte. Deswegen überführte man in der kurzen Regierungszeit James' II. die Eintreibung der Zölle und der Herdsteuer in die öffentliche Hand, wodurch früher als in Frankreich die Ablösung der privaten Steuereintreiber durch eine staatliche Finanzverwaltung einsetzte. Zudem verzichtete man bei der Eintreibung der Verbrauchsteuern auf die Vorabfestsetzung der Erträge und setzte eine stärkere Kontrolle der Steuereinnehmer durch. Nach 1688 wurde die sehr unbeliebte Herdsteuer, die vor allem kleine Haushalte hoch belastete, abgeschafft und durch eine Grundsteuer (*land tax*) ersetzt.[43]

43 Brewer, Sinews, S. 76-79.

In den ersten dreißig Jahren nach 1688 leistete die Landsteuer einen großen Beitrag zum Steueraufkommen, gerade weil das gegenüber der Ausweitung des fiskal-militärischen Staates kritische Parlament diese Steuer jährlich bewilligen musste. Die ländlichen Tories fanden sich eher bereit, sich selbst stärker mit Steuern zu belasten, als die befürchtete unmerkliche Ausdehnung der indirekten Steuern und Zölle in Kauf zu nehmen. Doch auf Dauer ließ sich dies nicht halten. Die Landsteuer wurde meist von lokalen Amtsträgern eingetrieben, die kaum Interesse daran hatten, die Steuereingänge deutlich zu erhöhen. Demgegenüber lag die Verwaltung der Zölle und der Verbrauchsteuern inzwischen in den Händen einer zentralen Bürokratie, die über ein stetig wachsendes und zunehmend professionalisiertes Personal verfügte.

Grafik 2

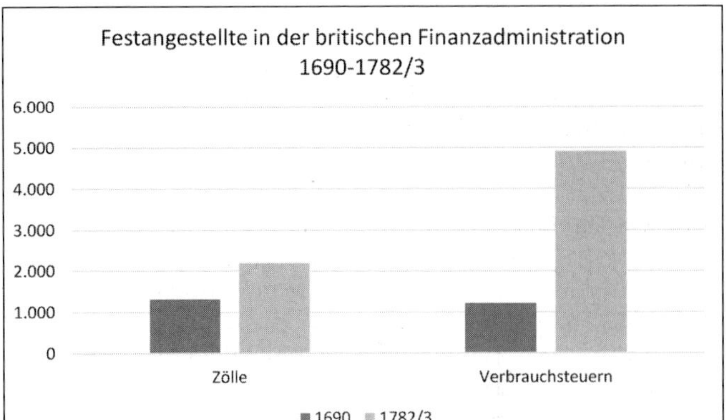

Quelle: Brewer, Sinews, S. 54

Da die Kriegskosten vom Pfälzischen Erbfolgekrieg (3,6 Millionen Pfund) über den Österreichischen Erbfolgekrieg (6,4 Millionen Pfund) bis zum Amerikanischen Unabhängigkeitskrieg (12 Millionen Pfund) beständig weiterwuchsen, sah auch das Parlament immer wieder keinen anderen Ausweg als den Ausbau der Zölle und insbesondere der indirekten Steuern. Ihre Bedeutung nahm im

18. Jahrhundert in Großbritannien deutlich zu, sie spielten hier eine noch größere Rolle als in Frankreich oder Preußen.

Tabelle 2:
Anteil von Einnahmegruppen an den Gesamteinnahmen in Großbritannien 1791-1795[44]

	Grundsteuer	Zölle	Verbrauchsteuern	Andere Einnahmen
1791-1795	16,0 %	20,9 %	47,3 %	15,8 %

Quelle: Martin Daunton, The Politics of British Taxation, from the Glorious Revolution to the Great War, in Yun-Casalilla/O'Brien (Hg.), Rise of Fiscal States, S. 111-142, hier S. 119.

Im Zuge der Napoleonischen Kriege stiegen die britischen Zolleinnahmen dann aber deutlich schneller als die Verbrauchsteuern, so dass sie bereits 1805 etwa doppelt so viel einbrachten wie diese.[45] Großbritannien besaß gegenüber Frankreich und Preußen den Vorteil, dass es keine Zollgrenzen im Inneren mehr hatte und aufgrund der Insellage die Zolleintreibung in wenigen Hafenstädten stattfand, was den Verwaltungsaufwand minimierte und die Konflikte zwischen Steuerbürokratie und Bürgern verringerte. Da die importierten und besteuerten Waren noch zu einem erheblichen Teil von der Mittel- und Oberschicht konsumiert wurden, waren die Zölle zu diesem Zeitpunkt auch noch nicht so regressiv wie später. Das Verbrauchsteueramt war dagegen die größte Regierungsbehörde, die zudem den meisten Kontakt zum Publikum pflegte. Dabei kam es zwar durchaus zu Konflikten, aber da sich die Behörde unter anderem durch wechselseitige Kontrollen ihrer Abteilungen bald den Ruf der Unbestechlichkeit erarbeitete, galten ihre Vertreter weithin als vertrauenswürdig.[46]

44 Martin Daunton, The Politics of British Taxation, from the Glorious Revolution to the Great War, in Casalilla/O'Brien (Hg.), Rise of Fiscal States, S. 111-142, hier S. 119.

45 Patrick K. O'Brien, The Political Economy of British Taxation, 1660-1815, in: Economic History Review 41 (1988) 1, S. 1-32, hier S. 15.

46 Brewer, Sinews, S. 82-93.

Grafik 3

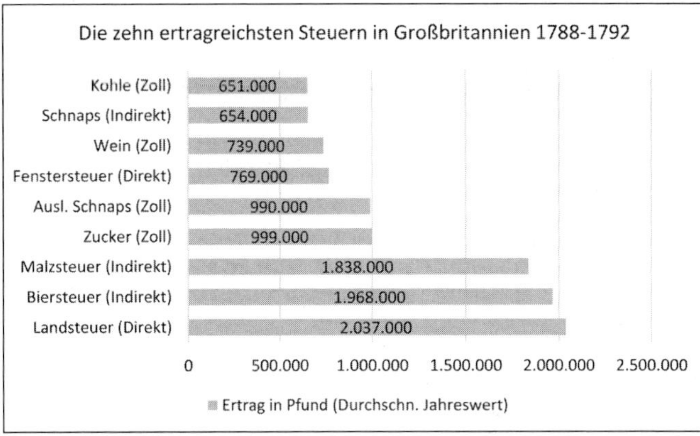

Quelle: O'Brien, Political Economy, S. 11

Gegen Ende des 18. Jahrhunderts spielten die Zölle und Verbrauchsteuern auf alkoholische Getränke eine überragende Rolle. Sie konnten 30-40 Prozent der Gesamtsteuereinnahmen ausmachen und erbrachten mehr als die Hälfte der Verbrauchsteuer- und Zolleinnahmen. Dabei schwankte die Regierung bei den Alkoholsteuern im 18. Jahrhundert beständig zwischen dem Interesse an fiskalisch einträglichen Steuern und dem Versuch, die Bevölkerung durch sehr hohe Abgaben nüchterner und arbeitsamer zu machen, was aber sinkende Einnahmen zur Folge hatte.[47]

Der west- und mitteleuropäische Steuerstaat des 18. Jahrhunderts im Vergleich

Der europäische Vergleich von Steuersystemen nimmt nicht nur in der heutigen Forschung großen Raum ein, sondern war schon für die zeitgenössischen Staatenlenker von höchstem Interesse. Ab Mit-

47 Henry Yeomans, Taxation, State Formation, and Governmentality: The Historical Development of Alcohol Excise Duties in England and Wales, in: Social Science History 42 (2018), S. 269-293.

te des 18. Jahrhunderts wurden solche komparativen Bemühungen zunehmend systematisiert. Frankreich setzte 1763 nach dem Ende des kostenintensiven Siebenjährigen Krieges eine Kommission ein, die die Steuer- und Finanzsysteme der anderen europäischen Staaten untersuchen sollte. Die Ergebnisse der Untersuchungen wurden 1768/69 publiziert, so dass zumindest die veröffentlichten Abschlussberichte auch anderen Ländern zugänglich waren.

Grafik 4

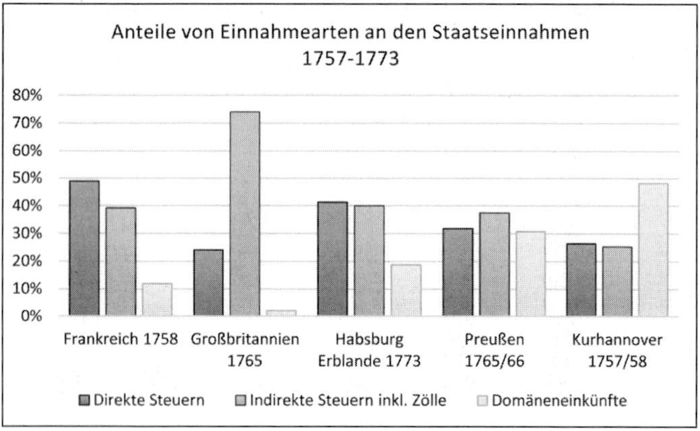

Quelle: Peter Claus Hartmann, Das Steuersystem der europäischen Staaten am Ende des Ancien Regime. Eine offizielle französische Enquete (1763-1768), München 1979, S. 317

Die Ergebnisse zeigen deutlich, dass in Frankreich und Großbritannien Mitte des 18. Jahrhunderts die Einkünfte aus Staatsbetrieben nur noch einen sehr geringen Teil ausmachten, während die Bedeutung der Steuereinnahmen deutlich angestiegen war. Demgegenüber stammten in der Habsburgermonarchie noch etwa ein Fünftel, in Preußen fast ein Drittel und in Kurhannover gar die Hälfte aller Staatseinnahmen aus Einkünften der Domänen.

Während sich in den meisten Ländern direkte und indirekte Steuereinnahmen (inkl. Zölle) in etwa die Waage hielten oder sogar ein leichtes Übergewicht der direkten Steuern bestand, dominierten in Großbritannien die indirekten Steuern und Zölle eindeutig das Einnahmesystem, was auch an den dort stark angestiegenen Handelsumsätzen mit Kolonialwaren lag.

Auf deutschem Gebiet fand sich eine ähnliche Struktur des Staatseinkommens am ehesten in den Hansestädten. Da in Hamburg nicht nur Handel und Gewerbe durch indirekte Steuern erfasst wurden, sondern die Stadtbürger auch höhere direkte Steuern zahlten als der Durchschnitt der britischen Bürger, trugen die Hamburger Bürger den Erkundungen der französischen Kommission zufolge sogar die höchsten Steuerbeiträge pro Kopf.

Grafik 5

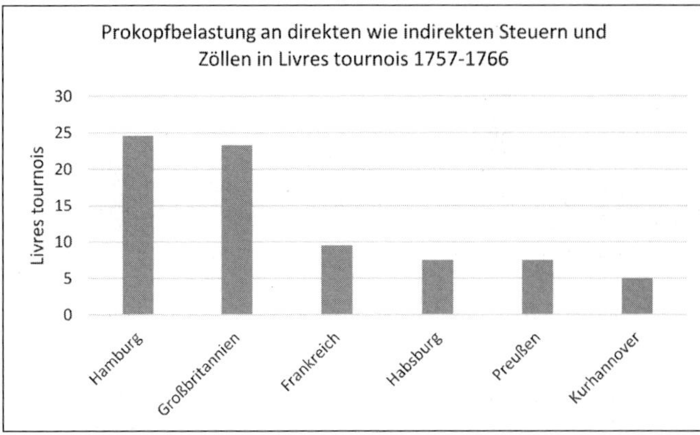

Quelle: Hartmann, Steuersystem, S. 326.

Es zeigt sich, dass eine intensive Handels- und Gewerbetätigkeit – gepaart mit Möglichkeiten der Einflussnahme reicher Steuerbürger vor allem auf die Verwendung der Einnahmen, von deren Bedeutung unten die Rede sein wird – die Steuererträge erheblich steigern konnte. Die Prokopfbelastung in Hamburg und Großbritannien erreichte ein dreimal höheres Niveau als in Preußen und war mehr als doppelt so hoch wie in Frankreich.[48] In absoluten Zahlen lag

48 Anzumerken ist, dass in den Steuervergleichen bis in die 1920er-Jahre immer die Prokopfbelastung den zentralen Vergleichsmaßstab darstellte. Erst in den Ver-

Frankreich aber durch sein großes Bevölkerungswachstum Mitte des 18. Jahrhunderts im Konzert der großen europäischen Mächte noch vorn, doch wurde es auch hier bald von Großbritannien überholt.

Grafik 6

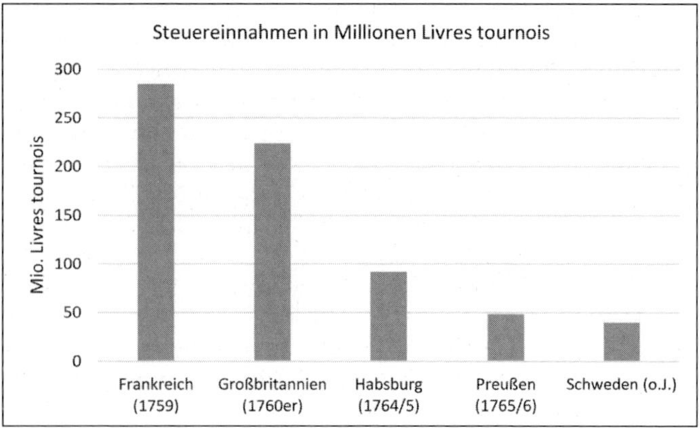

Quelle: Hartmann, Steuersystem, S. 315

Nach Preußen verfügte von den deutschen Territorialstaaten Kursachsen (18 Millionen Livres) über die höchsten Einnahmen. Mit deutlichem Abstand folgten Kurbayern (9,5-11 Millionen Livres), Kurhannover (7,2 Millionen Livres) und Hamburg (4,3 Millionen Livres).

handlungen um die deutsche Reparationslast nach dem Ersten Weltkrieg setzte sich zunehmend das Verhältnis von Steueraufkommen und Wirtschaftsleistung als neuer Maßstab durch. Spätestens seit dem Ende des Zweiten Weltkriegs ist die Steuerquote als Anteil am BIP der bis heute die Steuervergleichsdebatten dominierende Referenzwert, während Werte zur Steuerbelastung pro Kopf nur noch selten eine große Rolle spielen und z. B. in vielen OECD-Berichten auch gar nicht genannt werden.

Drei Welten west- und zentraleuropäischer Verwaltung und ihre Auswirkungen auf die Steuerpolitik

Durch die Französische Revolution erhielt die Reform der Staatsverwaltung einen erheblichen Schub, der durch die hohen Kosten der Napoleonischen Kriege noch weiter verstärkt wurde. Zwar gingen vor allem von der staatlichen Bürokratie schon vorher Reformimpulse aus, doch solange Fürsten den Staat als ihr Eigentum betrachteten, das vererbt werden konnte, blieb deren Wirkung notwendig begrenzt. Erst als das Allgemeine nicht mehr das Eigentum eines Fürsten war, konnte sich eine eigene Staats- und Regierungslogik voll entwickeln. Durch die Enteignung persönlichen Herrschaftsbesitzes setzte sich auch die Trennung der Sphären von Politik und Ökonomie durch. Herrschaft war fortan auf Politik reduziert.[49] Nach der Französischen Revolution errichtete die Regierung die klassischen Ministerien Finanzen, Inneres, Justiz, Militär und Äußeres.[50]

Lutz Raphael hat herausgearbeitet, dass in der Folge in West- und Zentraleuropa sich drei unterschiedliche Verwaltungsmodelle herausbildeten.[51] In Frankreich entstand das am stärksten zentralisierte Modell. Dieses war dreistufig. Unterhalb der Ministerien befanden sich die Departments, denen dann die kommunalen Verwaltungen nachgeordnet waren. Letztere hatten im Vergleich zu deutschen oder britischen Kommunen nur wenig Gestaltungsmacht und eigene exekutive Befugnisse, erst ab 1876 konnten Kommunen einen Bürgermeister wählen. Diesem Verwaltungsmodell entsprach ein zentralisiertes Steuersystem, in dem die Gesetzgebungsmacht ausschließlich auf der Zentralebene lag und der Großteil der Einnahmen an die Zentrale ging, die diese dann an die nachrangigen Ebenen verteilte.

Das britische Verwaltungsmodell war dagegen zweigeteilt. Auf der einen Seite stand der Zentralstaat, der Außenpolitik machte und Kriege führte. Demgegenüber lag die Zivilverwaltung weitgehend in den Händen der Kommunen, die im ländlichen Bereich

49 Gerstenberger, Subjektlose Gewalt, S. 522-529.

50 Johannes Paulmann, Globale Vorherrschaft und Fortschrittsglaube. Europa 1850-1914, München 2019, S. 316.

51 Zum Folgenden: Lutz Raphael, Recht und Ordnung. Herrschaft durch Verwaltung im 19. Jahrhundert, Frankfurt am Main 2000, insb. S. 41-75.

bis Ende des 19. Jahrhunderts vom landbesitzenden Adel, in den Städten von Haus- und Grundbesitzern dominiert wurden. Dem entsprach ein zweigeteiltes Steuersystem. Der Zentralstaat finanzierte sich vor allem über Zölle, indirekte Steuern und die Einkommensteuer, die lange Zeit vor allem für Militärausgaben verwendet wurden. Daneben gab es jedoch ein fast ebenso einträgliches kommunales Steuersystem, über welches beispielsweise der Aufbau der Infrastruktur finanziert wurde.[52] Erst ab Mitte des 19. Jahrhunderts begann der Zentralstaat sich stärker in der Sozialpolitik zu engagieren, was auch die Gewichte im Einnahmenbereich in seine Richtung verschob.

Den dritten Modellfall bei Raphael bilden die deutschen Verwaltungsmonarchien, die zu Beginn des 19. Jahrhunderts Gestalt annahmen. Stärker als die zentralstaatlichen Bürokratien in Frankreich und Großbritannien blieben die deutschen Verwaltungen mit adeligen Standesinteressen verbunden. Zudem war die deutsche Verwaltung durch ein heterogenes Mehrebenensystem geprägt. Preußen war in neun Provinzen mit von der Regierung eingesetzten Oberpräsidenten eingeteilt, denen die Regierungsbezirke mit ihren Präsidenten und schließlich auf der untersten Ebene die Landkreise mit Landräten sowie kreisfreie Städte mit Bürgermeistern folgten. Gerade die größeren Städte hatten indes oft machtvolle Bürgermeister und eine stark ausgebaute kommunale Selbstverwaltung. Steuern wurden sowohl vom Zentralstaat wie von den Kommunen erhoben. Als sich 1871 über dieses System noch ein gesamtdeutscher Zentralstaat mit eigenen Steuern legte, ergab sich ein komplexes Steuersystem, bei dem die Aufteilung zwischen den Gebietsebenen wechselvoller und umstrittener war als in den anderen beiden Verwaltungsmodellen. In der Ausbildung der Beamtenschaft setzte sich in Deutschland und Frankreich ein Juristenmonopol durch, während in Großbritannien der Großteil der Beamtenschaft in Oxford und Cambridge ausgebildet wurde, dort aber zumeist antike Kulturen, Geschichte und Sprachen studiert hatte.[53]

52 Zu den Kommunalsteuersystemen: Thomas Köster, Die Entwicklung kommunaler Finanzsysteme am Beispiel Großbritanniens, Frankreichs und Deutschlands 1790-1980 Berlin 1984.

53 Raphael, Recht und Ordnung, S. 67. Zum Wandel in Deutschland: Wilhelm Bleek, Von der Kameralausbildung zum Juristenprivileg. Studium, Prüfung

In Frankreich und Großbritannien entwickelten sich zwei unterschiedliche Systeme der direkten Steuern. In Frankreich blieben die in der Revolution eingeführten Ertragsteuern über das gesamte 19. Jahrhundert die dominierenden direkten Steuern. Großbritannien führte dagegen im Rahmen der Napoleonischen Kriege die proportionale Einkommensteuer ein. Sie wurde zwar nach Kriegsende wieder abgeschafft, setzte sich dann aber ab Mitte des 19. Jahrhunderts als zentrale direkte Steuer zunehmend durch. Dies hatte für Großbritannien den Vorteil, dass auch die direkte Steuer mit dem Wirtschaftswachstum stieg, während dies in Frankreich nicht der Fall war. Die Einnahmen aus den Ertragsteuern ließen sich nur auf Grundlage eines neuen Katasters erhöhen, welches aber aufwendig war und entsprechend selten durchgeführt wurde. Dadurch dominierten die indirekten Steuern das französische Steuersystem seit der Mitte des 19. Jahrhunderts weit stärker als das britische. In Deutschland orientierten sich die süddeutschen Staaten am französischen und die norddeutschen Staaten am britischen Modell.

und Ausbildung der höheren Beamten des allgemeinen Verwaltungsdienstes in Deutschland im 18. und 19. Jahrhundert, Berlin 1972.

Kapitel 2

Wachsende Ungleichheit und finanzwissenschaftliche Alternativen zum Laissez-faire (1815-1871)

Steuerreformen und der Beginn fiskalischer Staatsbürgerschaft

Nach der Auflösung des Heiligen Römischen Reiches Deutscher Nation im Jahr 1806 gründete sich infolge des Siegs über Napoleon und der Wiener Verhandlungen über eine europäische Nachkriegsordnung 1815 der Deutsche Bund. Dessen Zentralinstanzen waren noch schwächer und finanziell schlechter ausgestattet als die des untergegangenen Reiches. Der Bund verfügte über keinen eigenen Haushalt und war zur Mittelbeschaffung auf Matrikularabgaben angewiesen, die in der Bundesversammlung zu beantragen waren. Die entscheidende Rolle spielten deswegen bis zur Reichsgründung die in Finanzfragen souverän agierenden Bundesstaaten, die seit der Auflösung des Heiligen Römischen Reiches nahezu vollständige Autonomie genossen. In vielen süddeutschen Staaten erhielten nun die Parlamente das Steuerbewilligungsrecht und ein Budgetprüfungsrecht, allerdings noch kein Ausgabenbewilligungsrecht. Die neuen Kompetenzen versetzten sie in die Lage, gegen die Steuerprivilegien von Adel, Kirche und Städten vorzugehen. In Preußen kam es dagegen erst im Zuge der Revolution 1848/49 zur Schaffung eines Parlaments mit Steuer- und Budgetrecht.[1]

Diese Verzögerung lag darin begründet, dass die preußischen Reformer nach der Niederlage gegen Napoleon 1807 ihre Kräfte zunächst ganz auf die Durchsetzung der bürgerlichen Rechte und wirtschaftlichen Freiheiten richteten, danach aber mit der vorgesehenen Reform der Verfassung und des politischen Systems am Widerstand der Stände scheiterten.[2] Einer der bedeutendsten Schritte

1 Ullmann, Steuerstaat, S. 56-59.

2 Reinhart Koselleck, Preußen zwischen Reform und Revolution. Allgemeines Landrecht, Verwaltung und soziale Bewegung von 1791-1848, Stuttgart 1967, S. 153-162 und 318-332; Dieter Grimm, Verfassung und Privatrecht im 19. Jahrhundert. Die Formationsphase, Tübingen 2017, S. 131-185. Besonders kritisch zum ein-

war die Einführung der Gewerbefreiheit 1810. Sie wurde indes vom städtischen Bürgertum keineswegs begrüßt, sondern diesem von bürokratischen Reformern geradezu aufgezwungen. Ihre Einführung zeigte, dass die preußische Regierung zu diesem Zeitpunkt zu einer umfassenderen Liberalisierung im Wirtschaftsbereich von der Ständeordnung hin zur Marktgesellschaft gewillt war, womit man in diesem Bereich den süddeutschen Staaten voranging.[3] Thomas Nipperdey sah in der »Entfesselung aller produktiven, aller individuellen Kräfte«[4] das vereinende Ziel der Reformer. In Preußen wurde mit der Durchsetzung bürgerlicher Rechte in der Frühphase des 19. Jahrhunderts der erste Schritt hin zum modernen Konzept der Staatsbürgerschaft gemacht. Mit der Durchsetzung des Konzepts privater Freiheitsrechte entstand auch etwas gänzlich Neuartiges: das Anrecht auf einen herrschaftsfreien Bereich, was den Prozess der Subjektivierung förderte. Doch neben dem Fortschritt gab es auch Blockaden. Während die süddeutschen Staaten schon zu Beginn des 19. Jahrhunderts Verfassungsstaaten mit Parlament geworden waren, vollzog sich in Preußen dieser Schritt erst 1848/49.

Von 1807 bis 1820 befand sich Preußen durchgängig am Rande des Staatsbankrotts. Bis dahin hatte es keine einheitliche Zentralverwaltung gegeben und ein fundierter Überblick über die finanzielle Gesamtsituation des Staates war kaum möglich gewesen. Deswegen war die Zentralisierung der Verwaltung ein wichtiges Element der Reformen. 1808 richtete Karl Freiherr vom Stein das Staatsministerium ein, das nach dem Ressortprinzip gegliedert war.[5] Aufgrund der Verschuldung bemühten sich die Reformer auch darum, das Steuersystem effizienter zu gestalten und die Einnahmen zu steigern. Zu diesem Zweck führte die Regierung 1812 eine Reform

geschlagenen Weg der preußischen Reformer und eher den vorsichtig etatistischen Weg der süddeutschen Staaten befürwortend: Paul Nolte, Staatsbildung als Gesellschaftsreform. Politische Reformen in Preußen und den süddeutschen Staaten 1800-1820, Frankfurt am Main 1990.

3 Zum Einfluss der Schriften von Adam Smith auf die Reformer: Wilhelm Treue, Adam Smith in Deutschland. Zum Problem des »Politischen Professors« zwischen 1776 und 1810, in: Werner Conze (Hg.), Deutschland und Europa. Historische Studien zur Völker- und Staatenordnung des Abendlandes. Festschrift für Hans Rothfels, Düsseldorf 1951, S. 101-133.

4 Thomas Nipperdey, Deutsche Geschichte 1800-1866. Bürgerwelt und starker Staat, München 1983, S. 48 f.

5 Zu Stein: Heinz Duchhardt: Stein. Eine Biographie, Münster 2007.

durch, die eine Einkommensteuer mit einem Spitzensatz von fünf Prozent vorsah.[6] Im Zentrum der Reform stand jedoch eine ebenfalls neue Vermögensteuer; nur wer zu dieser nicht herangezogen wurde, musste die Einkommensteuer zahlen. Beide Steuern waren als temporäre Kriegsmaßnahmen angekündigt worden. Sie ließen sich gegen den Widerstand von Adel und Besitzbürgertum nicht dauerhaft etablieren.[7] Stattdessen wurde 1820 schließlich die sogenannte Klassensteuer eingeführt. Diese teilte die männliche Bevölkerung nach äußeren Merkmalen in fünf Gruppen ein, deren Mitglieder unterschiedlich hohe Steuern zu entrichten hatten, womit sie eine Mischung aus Kopf- und Einkommensteuer darstellte. Die neue Steuer ließ sich verhältnismäßig einfach erheben.[8] Sie setzte sich jedoch nur auf dem Land flächendeckend durch. Die Städte hingegen konnten zwischen der Klassensteuer und der überkommenen Mahl- und Schlachtsteuer wählen. Sie behielten im Regelfall Letztere bei und gaben damit einer stark regressiv wirkenden Verbrauchsteuer den Vorzug.[9] Ein Versuch, die Ertragsteuern durch Ausweitung auf Adelige zu erhöhen, scheiterte 1811 am Widerstand der adligen Gutsbesitzer. Der Adel behielt bis 1861 Grundsteuerprivilegien, Standesherren verteidigten ihre Ausnahmerechte sogar bis 1891. Insgesamt trugen die Reformen aber erheblich dazu bei, das Steuersystem zu vereinheitlichen und zu vereinfachen. Viele kleinere Verbrauchsteuern wurden abgeschafft beziehungsweise in einer Landkonsumtionsteuer zusammengefasst. Auch trat eine einheit-

6 Peter Greim-Kuczewski, Die preußische Klassen- und Einkommensteuergesetzgebung im 19. Jahrhundert. Eine Untersuchung über die Entwicklungsgeschichte der formellen Veranlagungsvorschriften, Köln 1990, S. 57-84; Ernst Klein, Geschichte der öffentlichen Finanzen in Deutschland (1500-1870), Wiesbaden 1974, S. 108-111; Carl Dieterici, Geschichte der Steuer-Reform in Preußen von 1810 bis 1820, Berlin 1875, S. 48-57.

7 Karl Mamroth, Geschichte der preußischen Staats-Besteuerung. Mit Rücksicht auf Volks- und Staatswirtschaft, Finanzverfassung und Finanzverwaltung dargestellt. Teil 1: Geschichte der preußischen Staats-Besteuerung 1806-1816, Leipzig 1890, S. 628-727.

8 Dieterici, Geschichte, S. 225-442; Erwin von Beckerath, Die preussische Klassensteuer und die Geschichte ihrer Reform bis 1851, Leipzig 1912, S. 1-26; Greim-Kuczewski, Preußische Klassen- und Einkommensteuergesetzgebung, S. 35-107; Klein, Geschichte, S. 117-122; Hans-Helmuth Kramer, Die Entwicklung der Preußischen Steuerverfassung im 19. Jahrhundert, München 1970, S. 48-68.

9 Rudolf Braun, Taxation, Sociopolitical Structure, and State-Building: Great Britain and Brandenburg-Prussia, in: Tilly (Hg.), Formation, S. 243-327, hier S. 322 f.

liche Gewerbesteuer an die Stelle einer Vielzahl spezieller Steuern.[10] Damit waren zumindest erste Schritte hin zu einem einheitlichen Steuersystem in ganz Preußen getan. Allerdings belasteten die Steuern nach wie vor die unteren Schichten schwer, während der Adel geschont wurde.

Carl Friedrich Wilhelm Dieterici brachte die endgültige Durchsetzung liberaler Gouvernementalität in der preußischen Reformzeit am Beispiel der Steuern auf den Punkt: »Der Freistellung des Individuums entspricht die allgemeine Personensteuer, der Freigabe des Gewerbes seitens des Staats die Gewerbesteuer, der Aufhebung der an dem Grund und Boden haftenden Eigenthumsbeschränkungen die Grundsteuer; die auf dem Gebiete der inneren Verwaltung sich Bahn brechenden Prinzipien des *self government* finden bei der Steuerverfassung durch die Einschätzung unter Mitwirkung der Steuerpflichtigen und Klassenbildung ihre Verwirklichung.«[11] Ganz treffend sah er in der zunehmenden Beteiligung der Bürger an der Steuererhebung eine Entwicklung hin zur Regierung des Selbst.

Auch andernorts kam es zu fiskalischen Reformen. Fast alle Bundesstaaten richteten nach 1815 eigene Finanzministerien ein. Diese setzten aufgrund der hohen Schulden aus den Napoleonischen Kriegen auf Steuererhöhungen. Zwar schlug ihnen in der ersten Hälfte des 19. Jahrhunderts recht massiver Steuerprotest entgegen, weshalb sich viele Vorhaben nur partiell durchsetzen ließen, doch dank der im Zuge der einsetzenden Industrialisierung steigenden Einkommen brachten die Erhöhungen den erhofften pekuniären Erfolg. Die meisten deutschen Länder konnten so von 1820 bis 1840 durch Etatüberschüsse ihre Schulden abbauen. Die Finanznot zu Beginn des Jahrhunderts hatte dazu geführt, dass dem Haushalts-

10 Zur Gesamtbilanz Hardenbergs als Finanzminister: Ernst Klein, Von der Reform zur Restauration. Finanzpolitik und Reformgesetzgebung des preußischen Staatskanzlers Karl August von Hardenberg, Berlin 1965. Zum Verhältnis von Finanzreform und Wissenschaft: Hans-Christof Kraus, Der »nervus rerum« in Publizistik und Wissenschaft. Staatsfinanzen im kameralistischen und staatswissenschaftlichen Diskurs in Preußen um 1800, in: Jürgen Kloosterhuis/Wolfgang Neugebauer (Hg.), Krise, Reformen und Finanzen. Preußen vor und nach der Katastrophe von 1806, Berlin 2008, S. 25-58. Als Überblick zur Hardenberg-Forschung: Thomas Stamm-Kuhlmann (Hg.), »Freier Gebrauch der Kräfte«. Eine Bestandsaufnahme der Hardenberg-Forschung, München 2001.

11 Dieterici, Geschichte der Steuer-Reform, S. IV.

vollzug zunehmend größere Bedeutung zukam. Dafür stellten die Bundesstaaten die Einnahme- und Ausgaberechnung vom Netto- auf das Bruttoprinzip um. Dies alles stärkte die Rolle des Finanzministers. Er wurde von einem wenig einflussreichen Geldbeschaffer des Regenten zu einem der wichtigsten Minister.[12]

Ab 1840 stiegen die Schulden vor allem aufgrund des finanziell aufwendigen Eisenbahnbaus langsam wieder an. Um 1850 setzten sich die Einnahmen der deutschen Staaten zu 54 Prozent aus Steuern und zu 42 Prozent aus staatlichen Erwerbseinkünften zusammen.[13] Bei den Steuern stellten die indirekten Steuern mit etwa 60 Prozent nach wie vor den größeren Anteil. Es handelte sich vor allem um Zölle sowie um Verkehrs- und Verbrauchsteuern wie etwa die preußische Mahl- und Schlachtsteuer, die auf Backwaren und Fleisch erhoben wurde. Doch immerhin 40 Prozent machten nun direkte Steuern aus, deren Bedeutung langsam stieg.[14] Derweil begannen sich im Bund bei den direkten Steuern zwei Systeme herauszubilden. Die süddeutschen Staaten etablierten gegen den erbitterten Widerstand des Adels ein dreigliedriges Ertragsteuersystem aus Grund-, Gebäude- und Gewerbesteuern, dass sich am französischen System orientierte. Das Problem war, dass die zu zahlenden Steuern mithilfe eines Katasters ermittelt werden mussten, welches aufgrund des damit verbundenen Aufwands nur in größeren Zeitabständen erstellt wurde. In Zeiten langsamen Wachstums erbrachte dieses System stabile Einnahmen. In Zeiten raschen Wachstums, wie in der Industrialisierung, führte es aber dazu, dass die Steuererträge deutlich langsamer stiegen als die Geschäftserträge. Deswegen ergänzten die süddeutschen Staaten die Ertragsteuern bald um erste Personalsteuern. Für Württemberg lässt sich zeigen, dass die Steuerquote, also der Quotient aus Steuerlast und Sozialprodukt, von 1840 bis zur Reichsgründung relativ konstant bei etwa 4 Prozent lag.[15] In Mittel- und Norddeutschland setzte man hingegen

12 Hans-Peter Ullmann, Staatsschulden und Reformpolitik. Die Entstehung moderner öffentlicher Schulden in Bayern und Baden 1780-1820, Göttingen 1986.

13 Michael Jüngling, Staatseinnahmen in säkularer Sicht. Eine kritische Studie, Göttingen 1991, S. 126-142.

14 Ullmann, Steuerstaat, S. 35.

15 Mark Spoerer, Steuerlast, Steuerinzidenz und Steuerwettbewerb. Verteilungswirkungen der Besteuerung in Preußen und Württemberg (1815-1913), Berlin 2004, S. 115.

schon früher auf Personalsteuern, orientierte sich also am britischen Vorbild.

Auch Mitte des 19. Jahrhunderts waren die Steuersysteme in West- und Zentraleuropa nach wie vor regressiv. Zwar waren sowohl die Ertragsteuersysteme wie die Einkommensteuer in der Tendenz leicht progressiv wegen der Steuerbefreiung von Geringverdienern, doch da die stark regressiv wirkenden indirekten Steuern das Steuersystem dominierten, blieb es insgesamt bei einer Umverteilung von unten nach oben.

Eigentumsrevolution und Pauperisierung in der entstehenden Klassengesellschaft

Doch wie sah die deutsche Gesellschaft um 1850 aus, die die Steuern unter sich aufteilte und sehr unterschiedliche Wahlrechte besaß? Deutschland war auch um 1850 noch ein stark agrarisch geprägtes Land. Die wesentliche Veränderung gegenüber den Beziehungen, die zu Beginn des Jahrhunderts zwischen unterschiedlichen gesellschaftlichen Klassen und Ständen geherrscht hatten, bestand in der nun weitgehend zum Abschluss gekommenen Entlassung der Bauern aus den feudalen Abhängigkeitsverhältnissen. Der größte Teil der Bodenfläche in Deutschland war nun aus der feudalrechtlichen Bindung gelöst.[16] Damit entfielen jahrhundertealte Abgabelasten der Bauern. Sie mussten fortan keine Tribute mehr leisten, keine Naturalien abliefern und auch keine kostenlosen Arbeitsdienste mehr ausführen. Sie zahlten nun vor allem Steuern. Im Steuerstaat mussten Bauern und Bürger immer weniger Dienst- und Sachleistungen zugunsten der öffentlichen Entwicklung erbringen, ihre Leistung für die Gemeinschaft erschöpfte sich in Geldzahlungen. Die Erfüllung staatsbürgerlicher Pflichten war dadurch unpersönlicher und distanzierter als das feudale Dienst- und Abgabensystem.[17] Die wachsende Bedeutung der Steuer brachte zunehmend

16 Christof Dipper, Die Bauernbefreiung in Deutschland 1790-1850, Stuttgart 1980; Toni Pierenkemper, Landwirtschaft und industrielle Entwicklung. Zur ökonomischen Bedeutung von Bauernbefreiung, Agrarreform und Agrarrevolution, Stuttgart 1989; Stefan Brakensiek, Agrarreform und ländliche Gesellschaft. Die Privatisierung der Marken in Norddeutschland 1750-1850, Paderborn 1991.

17 Isensee, Steuerstaat, S. 415.

»Geldwirtschaft und rechnenden Geist in Ecken, wo sie noch nicht hausen«.[18] Schon die Ablösung der Grundlasten hatte eine Monetarisierung der Wirtschaftsbeziehungen in Gang gesetzt, diese wurde durch die Umwandlung von Tributen und Arbeitsdiensten in Steuern weiter gefördert. Geld besaß dabei gegenüber Naturalien den großen Vorteil, dass es in beliebigen Quantitäten langfristig gelagert werden konnte. Wenn der Staat nun vorwiegend Geld und keine Sach- und Dienstleistungen für die Erledigung der ihm zugeschriebenen Aufgaben erhielt, folgte daraus fast zwangsläufig, dass der Staat mehr Menschen anstellen musste, um öffentliche Leistungen zu erbringen, was wiederum durch die anwachsenden Personalkosten einen stetigen und weniger unregelmäßigen Steuereingang erforderte.

Die Bauernbefreiung bedeutete auch eine grundlegende Neuformulierung des Konzepts »Eigentum«, da nun sowohl Grundbesitzer wie Bauern Land nicht mehr in einer Lehensbeziehung nutzten, sondern dieses auch verkaufen konnten. Für die Bauern war dies nicht nur von Vorteil, weil sie dadurch oft auch Zugangsrechte zu den Wäldern verloren. Nicht von ungefähr wurde der Holzdiebstahl zu einem zentralen sozialen Konflikt des 19. Jahrhundert im ländlichen Raum.[19]

Die Bauern mussten aber nicht nur vermehrt Steuern zahlen, sondern zudem die Guts- und Grundherren mit längerfristigen Abzahlungen entschädigen. Das hatte zur Folge, dass ein freigesetzter Bauer nicht unbedingt sofort besser dastand. Oft gewann er erst auf lange Sicht, mitunter profitierte erst die nächste Generation, und für einige Familien zahlte sich die rechtliche Besserstellung ökonomisch niemals aus. Für diejenigen, die geschickt verhandelten, konnten sich materielle Verbesserungen aber auch schnell einstellen. Während die Zahl der Mittel- und Großbauern konstant blieb, wuchs im Zuge der Befreiung der Stand der Kleinbauern deutlich an.[20]

Die Bauernbefreiung konnte auch deswegen vergleichsweise gewaltfrei vonstattengehen, weil die adligen Großgrundbesitzer damit

18 Schumpeter, Finanzkrise, S. 341.

19 Bernd-Stefan Grewe, Der versperrte Wald. Ressourcenmangel in der bayerischen Pfalz (1814-1870), Köln 2004; Richard Hölzl, Umkämpfte Wälder. Die Geschichte einer ökologischen Reform in Deutschland 1760-1860, Frankfurt am Main 2010.

20 Hans-Ulrich Wehler, Deutsche Gesellschaftsgeschichte, Bd. 2, S. 165.

rechnen konnten, im wachsenden Heer der Landarmen und Landlosen stets günstige, weil auf Beschäftigung dringend angewiesene Arbeitskräfte zu finden. Um sich einen festen Stamm an Arbeitern zu sichern, bevorzugten viele Gutsbesitzer und Großbauern nun langfristige Verträge. Die Arbeiter erhielten zumeist eine kleine Ackerfläche zur Selbstbewirtschaftung sowie eine Unterkunft zugewiesen, daneben erhielten sie einen Lohn, der aber zum Großteil in Naturalien ausgezahlt wurde. Wenn überhaupt ein Geldbetrag ausgezahlt wurde, so war er gering. Noch schlechter waren die Bedingungen für die Landlosen, die ihre Arbeitskraft saisonabhängig auf dem Markt anboten und weitgehend am Rande des Existenzminimums leben mussten. Laut Berechnungen des preußischen Statistikers Carl Friedrich Wilhelm Dieterici gab es 1846 668 400 Landarme und 873 300 Landlose. Bei einer durchschnittlichen Familiengröße von fünf Personen hätte es sich um etwa 8 Millionen Menschen gehandelt, die die ländliche Unterschicht bildeten.[21] Die günstige Arbeitskraft nutzten jedoch nicht nur die Landbesitzer, sondern auch städtische Manufakturbesitzer. Sie errichteten auf dem Land kleine Werkstätten oder ließen die ländliche Unterschicht in Heimarbeit für sich produzieren. Das trug dazu bei, dass marktbezogene Produktionsprozesse schon weit vor der Industrialisierung auch in ländlichen Regionen auf dem Vormarsch waren.[22] Langsam entstand so auch ein größerer Markt für Konsumgüter in ländlichen Regionen.[23] Zentrale Voraussetzung der Proto-Industrialisierung war freilich die Entstehung einer großen besitzlosen Landarbeiterschicht.[24]

Ermöglicht und begleitet wurden diese Prozesse von einer kontinuierlichen Steigerung der (land-)wirtschaftlichen Erträge. Eine

21 Ebd., S. 168.

22 Klassisch hierzu das Standardwerk zur Proto-Industrialisierung: Kriedte/Medick/Schlumbohn, Industrialisierung. Differenzierter nun: Hans Medick, Weben und Überleben in Laichingen 1650-1900. Lokalgeschichte als allgemeine Geschichte, Göttingen 1996; Ogilvie/Cerman (Hg.), European Proto-Industrialization; Shami Ghosh, Rural Economies and Transitions to Capitalism: Germany and England Compared (c.1200-c.1800), in: Journal of Agrarian Change 16 (2016) 2, S. 255-290. Zusammenfassend: Jürgen Kocka, Geschichte des Kapitalismus, München 2013, S. 67-69.

23 Rainer Beck, Unterfinning. Ländliche Welt vor Anbruch der Moderne, München 1993, S. 315-374.

24 Ghosh, Rural Economies.

Grundfrage bleibt dabei, wie es zu diesem Wachstum kommen konnte. Die Forschung geht heute mehrheitlich davon aus, dass es vor allem in den Niederlanden und England, aber auch in Norddeutschland – und später auch in den dreizehn britischen Kolonien in Nordamerika – seit etwa 1600 zu einem Anstieg der Reallöhne wie auch des BIP pro Kopf kam und dass die Mehrheit der Bewohner dort schon im 17., spätestens aber im 18. Jahrhundert und damit vor der Industriellen Revolution den malthusianischen Fesseln entkommen war.[25] Grundlage hierfür war eine »Revolution des Fleißes«.[26] Die Menschen steigerten ihre Jahresarbeitszeit von etwa 1600 an relativ kontinuierlich, und die Zeitdisziplin nahm erheblich zu.[27] In England arbeitete man um 1600 durchschnittlich etwa 150 Tage im Jahr; um 1800 lag die Zahl bei 300 Arbeitstagen und damit doppelt so hoch.[28] Durch ihre Mehrarbeit ermöglichten sich bäuerliche Familien ein Leben oberhalb des Existenzminimums und waren so in gewissem Umfang auch in der Lage, Konsumartikel aus den städtischen Manufakturen oder deren ländlichen Ablegern sowie schließlich auch Waren aus den Kolonien zu erwerben.[29] Technische Innovationen spielten demgegenüber bei der Produktionssteigerung im Agrarwesen bis ins 18. Jahrhundert eine vergleichsweise geringe Rolle.

Die adlige Oberschicht machte nach wie vor überall höchstens ein, im Regelfall eher 0,5 Prozent der Bevölkerung aus. Hartnäckig versuchten die Adligen, ihre Position an der Spitze der Gesellschaft zu verteidigen. Auf einigen Feldern gelang dies gut. Die politische

25 Jane Humphries/Jacob Weisdorf, Unreal Wages? A New Empirical Foundation for the Study of Living Standards and Economic Growth in England, 1260-1860, London 2017 (Discussion Paper, Centre for Economic Policy Research).

26 Jan De Vries, The Industrial Revolution and the Industrious Revolution, in: Journal of Economic History 54 (1994), S. 249-270; Jan De Vries/Ad van der Woude, The First Modern Economy. Success, Failure and Preservance of the Dutch Economy, 1500-1815, Cambridge 1997; Christopher A. Bayly, Die Geburt der modernen Welt. Eine Globalgeschichte 1780-1914, Frankfurt am Main 2006, S. 71-73.

27 Hans-Joachim Voth, Time and Work in England 1750-1830, Oxford 2000.

28 Humphries/Weisdorf, Unreal Wages?, S. 22.

29 Jan De Vries, The Industrious Revolution. Consumer Behaviour and the Household Economy, 1650 to the present, Cambridge 2008; Jürgen Osterhammel, Die Verwandlung der Welt. Eine Geschichte des 19. Jahrhunderts, München 2009, S. 920.

Herrschaft des Adels war zwar nicht unangefochten, jedoch in den deutschen Territorialstaaten und insbesondere in Preußen auch nicht ernsthaft bedroht. In den meisten ländlichen Gebieten konnte der Adel in den politischen Gremien eine komfortable Mehrheit erlangen, so dass eine Politik gegen seine Interessen kaum möglich war. Allerdings gelang es dem Adel nicht, die Fürsten davon abzuhalten, weiterhin Bürger zu nobilitieren, da dies für die Schaffung einer loyalen Staatsführungsschicht hilfreich war. Auch die wirtschaftliche Entwicklung vertiefte die soziale Kluft innerhalb des Adels. Insbesondere in Preußen wandelten sich viele adlige Großgrundbesitzer zu wirtschaftlich sehr erfolgreichen Agrarkapitalisten. Teile des oberschlesischen Adels konnten sich die reichhaltigen Erzminen der Provinz sichern, wodurch sich diese Gruppe langfristig zu Schwerindustriellen wandelte. Doch vielen anderen Adligen gelang es nicht, ihren Besitz und ihre Privilegien in wirtschaftliche Profite umzumünzen. Immer mehr adlige Gutsbesitzer sahen sich daher gezwungen, ihren Besitz zu verkaufen. Während sich zu Beginn des 19. Jahrhunderts nur etwa eines von zehn Rittergütern in bürgerlichem Besitz befand, waren es 1850 bereits vier.[30]

In den Städten gaben auch um 1850 noch dieselben Gruppen den Ton an wie um 1800: Patriziat, Honoratioren, Wirtschafts- und Bildungsbürgertum. Diese Oberschicht machte in den meisten Städten etwa 1 bis 10 Prozent der Einwohnerschaft aus. An der Spitze standen alte Patrizier- oder Honoratiorenfamilien. Insbesondere das Patriziat achtete ähnlich streng auf Distinktion und die Abgrenzung nach unten wie der Adel, so dass in vielen Städten Oligarchien entstanden. Wehler beschreibt das Patriziat als rückwärtsgewandt und der Entwicklung hin zu größeren Wirtschaftsbetrieben häufig feindlich gesinnt.[31] Eine gewisse Offenheit nach unten bestand aber in einigen Städten gegenüber den beiden anderen Gruppen der städtischen Oberschicht: dem Wirtschafts- und dem Bildungsbürgertum. Insbesondere den vermögenden Unternehmern und Kaufleuten standen so Aufstiegskanäle offen. Angehörige beider Teilgruppen des Bürgertums waren die wesentlichen Träger bürgerlich-progressiver Reformvorstellungen. Während Patriziat und Honoratiorenschicht gegenüber 1800 kaum Mitgliederzuwachs zu

30 Wehler, Deutsche Gesellschaftsgeschichte, Bd. 2, S. 153.
31 Ebd., Bd. 1, S. 203.

verzeichnen hatten, expandierten das Wirtschafts- und Bildungsbürgertum deutlich. Beide Gruppen zeigten zwar ein hohes Maß an Selbstrekrutierung und bemühten sich um Abgrenzung nach unten, aber die Handwerker- und Beamtenschaft fand eine gewisse Durchlässigkeit vor.[32]

Die Mehrheit der städtischen Mittelschichten stellte das zunftgebundene Handwerk, ergänzt durch Kaufleute, Krämer, Gastwirte und städtische Angestellte. Die Mittelschicht machte je nach Stadt zwischen 10 und 35 Prozent der Bevölkerung aus. Schon seit dem 18. Jahrhundert galt das Handwerk trotz der Zunftbindung in vielen Städten als überbesetzt. Gerade Kleinbetriebe kämpften deswegen vielerorts um ihre Existenz.

Viele Städte wuchsen in der ersten Hälfte des 19. Jahrhunderts in rasantem Tempo. Oft verdoppelte sich die Einwohnerzahl. In aller Regel bedeutete das vor allem ein weiteres Anwachsen der Unterschicht. Lag ihr Anteil um 1800 zwischen 50 und 70 Prozent, so erreichte er nun Werte von 60 bis 90 Prozent.[33] Was sich hier vollzog, ist heute als Teil einer globalen Entwicklung erkennbar. Nach Charles Tilly handelte es sich bei der Proletarisierung um den bedeutendsten gesellschaftlichen Wandlungsprozess der letzten 400 Jahre. Während die Zahl der Arbeitskräfte um 1700 weltweit bei etwa 270 Millionen Menschen lag, von denen höchstens jeder zehnte vom Verkauf seiner Arbeitskraft lebte, tat dies 1970 eine Mehrheit der weltweit etwa 1,5 Milliarden Menschen im arbeitsfähigen Alter. Während sich die Zahl der Gesamtarbeitskräfte mehr als verfünffacht hat, ist die Fabrikarbeiterschaft um das 30- bis 40-fache gewachsen.[34]

In Deutschland veränderte sich in der Zeit von 1800 bis 1850 auch allmählich die gesellschaftliche Bewertung sowie die Selbstsicht der Arbeiterschaft. Als positiver, affirmativ verwendeter Begriff taucht der »Arbeiter« ab den 1830er-Jahren zunehmend in Selbstbe-

32 Werner Conze/Jürgen Kocka (Hg.), Bildungsbürgertum im 19. Jahrhundert, 4 Bände, Stuttgart 1985-1992; Ulrich Engelhardt, Bildungsbürgertum. Begriffs- und Dogmengeschichte eines Etiketts, Stuttgart 1986; Karl Möckl (Hg.), Wirtschaftsbürgertum in den deutschen Staaten im 19. und beginnenden 20. Jahrhundert, München 1996; Hartmut Kaelble, Berliner Unternehmer während der frühen Industrialisierung. Herkunft, sozialer Status und politischer Einfluß, Berlin 1972.

33 Wehler, Deutsche Gesellschaftsgeschichte, Bd. 2, S. 278.

34 Charles Tilly, Proletarianization. Theory and Research, Michigan 1979 (CRSO Working Paper Nr. 202), S. 3 f.

schreibungen städtischer lohnarbeitender Schichten auf. Die Zahl der Fabrikarbeiter im engeren Sinne blieb aber noch überschaubar. 1848 gab es höchstens 170 000 von ihnen in ganz Deutschland. Den größten Betrieb in Deutschland stellten vermutlich die Borsig-Werke in Berlin mit etwa 1200 Arbeitern dar. In solchen größeren Fabriken bildete sich langsam eine Hierarchie unter den Arbeitern heraus, die von erheblichen Lohndifferenzen geprägt war. An der Spitze stand eine kleine Gruppe von Facharbeitern, bei denen es sich zumeist um hochqualifizierte Handwerksgesellen handelte, die wegen der besseren Verdienstmöglichkeiten in die Industrie gegangen waren. Sie erhielten feste Verträge, wurden auch in Krisenzeiten nicht entlassen, und ihre Löhne erreichten eine Höhe, die deutlich über jener der Handwerksgesellen und mitunter auch über denen von kleinen Handwerksmeistern lag.[35]

Die mittlere Schicht zumeist angelernter Fabrikarbeiter besaß ebenfalls Arbeitsverträge, musste aber bei schlechter Auftragslage mit der Entlassung rechnen. Da die Ausfallzeiten vielerorts erheblich waren, lagen die Reallöhne oft nur knapp über dem Existenzminimum. Deswegen nahm man Untermieter in die ohnehin schon beengten Wohnungen auf. Die untere Schicht der Fabrikarbeiter bestand aus Tagelöhnern, die ohne Vertrag jeden Tag aufs Neue eine Arbeit suchen mussten. Eine große Zahl von Tagelöhnern arbeitete im Baugewerbe, das durch den Ausbau der städtischen Infrastruktur und später den Eisenbahnbau erheblichen Bedarf an unqualifizierten, kräftigen männlichen Arbeitskräften hatte. Der Alltag dieser Tagelöhner blieb durchweg ein Kampf ums Überleben. Frauen und Kinder mussten zumeist ebenfalls Geld verdienen, so dass ein Schulbesuch für viele Unterschichtenkinder illusorisch blieb. Erst 1839 erließ Preußen als erster deutscher Staat Regularien, die die Kinderarbeit einschränken sollten. Sie verboten Kinderarbeit bis zum Alter von 9 Jahren und verlangten, dass Kinder unter 16 Jahren mindestens eine dreijährige Schulzeit nachweisen konnten, bevor sie Fabrikarbeit leisten durften. Solange dies nicht der Fall war, hatte die Fabrik die Kinder entweder abzulehnen oder selbst weiter zu beschulen. Arbeiter aus der Unterschicht konnten kaum hoffen, sich aus ihrer sozialen Lage emporzuarbeiten, da es

35 Hartmut Zwahr, Zur Konstituierung des Proletariats als Klasse. Strukturuntersuchung über das Leipziger Proletariat, München 1981; Friedrich Lenger, Sozialgeschichte deutscher Handwerker seit 1800, Frankfurt am Main 1988, S. 13-87.

ihnen an Kapital und Ausbildung fehlte. Gewisse Aufstiegsmöglichkeiten standen vor allem der Facharbeiterschaft offen, die aber zum wesentlichen Teil aus dem Handwerk stammte.

Kapitalismus, Steuern und soziale Ungleichheit

In Deutschland war die Ungleichheit infolge der verheerenden Wirkungen des Dreißigjährigen Krieges im Gegensatz zu anderen europäischen Regionen zurückgegangen. Doch gegen Ende des 17. Jahrhunderts wuchs sie wieder deutlich und näherte sich bis 1850 den Werten anderer europäischer Länder an.[36] Die elenden Bedingungen und geringen Verdienstmöglichkeiten für die Mehrheit der Bevölkerung in den rapide wachsenden Großstädten des 19. Jahrhunderts führten zu zahlreichen Aufständen und Unruhen, die schließlich in vielen Ländern Europas in die Revolutionen 1848/49 mündeten. Für viele Aufständische war die wachsende soziale Ungleichheit ein wesentlicher Antrieb des Protests. Gerade Vertreter der Arbeiterschaft erhoben daher Forderungen nach Änderungen des Steuersystems.

Die weitreichendsten Forderungen zielten darauf ab, Steuern zur Überwindung des gerade erst entstehenden kapitalistischen Systems und zur Herbeiführung des Sozialismus zu nutzen. Prominent vertreten finden sie sich etwa in den frühen Schriften von Karl Marx und Friedrich Engels.[37] So wird im *Manifest der Kommunistischen Partei* von 1848 unter den Schritten zur »Arbeiterrevolution« an zweiter Stelle eine »[s]tarke Progressivsteuer« genannt.[38] Marx schrieb 1853: »Von der progressiven Besteuerung purzelt man direkt in eine sehr scharfe Form des Sozialismus.«[39] Später rückte er von dieser Idee jedoch ab. Im *Kapital* untersuchte er das Steuersystem

36 Guido Alfani/Victoria Gierok/Felix Schaff, Economic Inequality in Preindustrial Germany, ca. 1300-1850, in: Journal of Economic History 82 (2022) 1, S. 87-125.

37 Timm Graßmann, Karl Marx' Kritik des besteuernden Staats, in: Sebastian Huhnholz (Hg.), Fiskus – Verfassung – Freiheit. Politisches Denken der öffentlichen Finanzen von Hobbes bis heute, Baden-Baden 2018, S. 179-208.

38 Karl Marx/Friedrich Engels, Manifest der Kommunistischen Partei [1848], MEW 4, S. 459-493, hier S. 481.

39 Karl Marx, Riot at Constantinople – German Table Moving – The Budget [1853], in: MEGA I/12, S. 124.

vielmehr als eine historische Voraussetzung für die Entstehung der kapitalistischen Produktionsweise als Geldwirtschaft. An von anderen Sozialisten geäußerten Hoffnungen auf die Herbeiführung des Sozialismus durch das Steuersystem übte er nun harte Kritik.[40] Gleichwohl hielt er es weiterhin für geboten, die direkten Steuern progressiv zu gestalten und die Sätze zu erhöhen sowie die indirekten Steuern abzuschaffen – eine Forderung, die in den meisten europäischen Arbeiterbewegungen mehrheitsfähig war.

Diese Forderungen machten sich zunehmend auch Liberale und mitunter sogar Konservative zu eigen, ob nun aus Angst vor einer Revolution, aus philanthropischen Erwägungen oder aus wohlverstandenem wirtschaftlichen Eigeninteresse – insbesondere von Unternehmern, aus deren Sicht es durchaus sinnvoll sein konnte, das Los der Unterschichten zu verbessern. Ein zentraler Unterschied des bürgerlichen Kapitalismus gegenüber dem Absolutismus war, dass politisch erworbene Privilegien an Bedeutung verloren, die Einkommen der Oberschicht mithin zunehmend im ökonomischen Wettbewerb erwirtschaftet werden mussten. Ein etwa von Werner Plumpe klar herausgearbeiteter Zug des Kapitalismus ist, dass der Unternehmer nur dann Geld verdient, wenn es einen Markt für seine Produkte gibt. Um im Geschäft zu bleiben, braucht er im Gegensatz zum Landbesitzer Nachfrage, am besten: steigende Nachfrage.[41] Hohe Gewinne können in vielen Bereichen nur bei steigendem Massenkonsum aufrechterhalten werden, letztlich durch die Ermächtigung der Arbeit, bestenfalls direkt in ihrer Position auf dem Arbeitsmarkt, ansonsten durch staatliche Umverteilung.[42] Weil es noch keine kollektiven Tarifverträge gab, war die Umverteilung durch Steuern für den einzelnen Unternehmer insofern vorteilhafter, als diese die Konkurrenz ebenfalls zu tragen hatte, während Lohnerhöhungen für die eigenen Arbeiter seine Wettbewerbsposition verschlechtern konnten.

40 Graßmann, Karl Marx, S. 203 f.

41 Plumpe, Kalte Herz.

42 Hartmut Elsenhans, Saving Capitalism from the Capitalists, Los Angeles 2014, S. IX f.

Kapitel 3

Von der liberalen zur sozialliberalen Gouvernementalität. Siegeszug der progressiven Einkommensteuer

Der Übergang zur sozialliberalen Gouvernementalität

Nicht nur eine restriktiver werdende Zollpolitik läutete in den 1880er-Jahre das Ende der liberalen Hochphase ein. Parallel gewannen auch Forderungen nach einer sozialen Abfederung der Risiken des liberal-kapitalistischen Wirtschaftsprozesses an Zugkraft. Pierre Rosanvallon hält für den von ihm konstatierten grundlegenden Wandlungsprozess ab Ende des 19. und Anfang des 20. Jahrhunderts, den er als Umverteilungsrevolution fasst, drei Reformprozesse für wesentlich: die Einführung progressiver Einkommensteuern, den Aufbau von Versicherungsmechanismen und die Durchsetzung einer kollektiven Vertretung der Arbeiterschaft.[1] Das deckt sich mit den Hauptforderungen, die das reformistische Gothaer Programm der Sozialistischen Arbeiterpartei Deutschlands (SAPD) 1875 formulierte, für das Marx die deutschen Genossen heftig kritisierte.[2] Im Deutschen Reich setzte sich in der Breite zuerst das kollektive Sozialversicherungswesen durch. Es wurde bereits unter Bismarck eingeführt. Den Anfang machte 1883 die Krankenversicherung, ein Jahr später folgte die Unfallversicherung und 1889 die Invaliditäts- und Altersversicherung, aus der später die Rentenversicherung hervorging. Bismarck war es mit diesen Reformen vor allem darum zu tun, die Arbeiter für sich und den deutschen Staat zu gewinnen und den weiteren Aufstieg der Sozialdemokratie in der Wählergunst zu beenden. Zudem entzog er mit der reichsweiten Durchsetzung der Sozialversicherungen den zuvor lokal entstandenen freiwilligen Versicherungssystemen der Gewerkschaften und der Kirchen die

1 Rosanvallon, Gesellschaft der Gleichen, S. 197.

2 Florian Tennstedt, Vom Proleten zum Industriearbeiter. Arbeiterbewegung und Sozialpolitik in Deutschland 1800 bis 1914, Köln 1983, S. 279.

Grundlage und schob damit dem drohenden Aufbau umfassender nichtstaatlicher Sozialsysteme einen Riegel vor.[3]

Aufgrund der klaren antisozialistischen Ausrichtung der Bismarck'schen Reformen standen Arbeiter und Arbeiterbewegung ihnen zunächst äußerst skeptisch gegenüber. Bald erwiesen sich jedoch die Vorzüge der staatlichen Versicherungen, und Gewerkschaftsvertreter begannen sich daraufhin verstärkt in deren Gremien zu engagieren, um die Systeme im Interesse der Arbeiter zu gestalten. Zudem übernahmen die reichsweiten Sozialversicherungen viele Elemente der vorherigen freiwilligen Versicherungen, die sich auf lokaler Ebene als erfolgreich erwiesen hatten, weshalb ihre Etablierung auch nicht als ausschließlich von oben oktroyiert verstanden werden sollte.[4]

Die Durchsetzung der Sozialversicherungssysteme bedeutete eine grundlegende Abkehr vom radikal individualistischen Liberalismus der ersten Hälfte des 19. Jahrhunderts. In dieser Zeit hatten Politiker und liberale Theoretiker die Not der Arbeiter, aber auch Unfälle am Arbeitsplatz nahezu ausschließlich als selbstverschuldet interpretiert. Zwar schwang sich eine liberale Philanthropie auf, Abhilfe zu schaffen, doch bildete auch deren Kern das Konzept der Eigenverantwortung. Andere sollten dem bedürftigen Menschen nur in freiem Engagement zur Seite stehen und ihn zur Selbsthilfe in die Lage versetzen, da die einzig akzeptable Form der Vergesellschaftung die molekulare Assoziation bildete. Keineswegs dürfe der Staat eingreifen, da dies die Eigenverantwortung des Individuums untergrabe. Die Not offenbarte so nur die Notwendigkeit der moralischen Erziehung der Unterschichten.[5]

3 Vgl. dazu umfassend: Quellensammlung zur Geschichte der deutschen Sozialpolitik 1867 bis 1914. Als Überblick: Gerhard A. Ritter, Sozialversicherung in Deutschland und England. Entstehung und Grundzüge im Vergleich, München 1983, S. 18-75.

4 Dazu umfassend: Sandrine Kott, Sozialstaat und Gesellschaft. Das deutsche Kaiserreich in Europa, Göttingen 2014.

5 Jens Alber, Vom Armenhaus zum Wohlfahrtsstaat. Analysen zur Entwicklung der Sozialversicherung in Westeuropa, Frankfurt am Main 1987; Boyd Hilton, The Age of Atonement. The Influence of Evangelicanism on Social and Economic Thought, 1795-1865, Oxford 1988; Giovanna Procacci, Gouverner la misère: La question sociale en France 1789-1848, Paris 1993; dies., Arme Bürger. Soziale Staatsbürgerschaft versus Individualisierung der Wohlfahrt, in: Berliner Journal für Soziologie 8 (1998), S. 473-488.

Im Verlauf des 19. Jahrhunderts setzte sich jedoch zunehmend die Erkenntnis durch, dass höchstens ein Teil der mit der industriellen Gesellschaft verbundenen individuellen Notlagen dem eigenen Verschulden der Betroffenen zugeschrieben werden konnte. Ob ein Arbeiter Opfer einer Typhusepidemie oder eines großen Industrieunfalls wurde, hing schließlich eher von kollektiven Problemlagen und unglücklichen Zufällen ab als von seinem zurechenbaren Verhalten. Man begann, die Risiken der Industriegesellschaft als kollektive Risiken zu fassen, die folglich auch kollektive Lösungen erforderten. Zugleich wurde aber ein Schaden erst dadurch zum Unfall, dass er der völligen Zufälligkeit durch statistische Untersuchungen entrissen wurde und eine gewisse Regelhaftigkeit wie Berechenbarkeit erlangte, die überhaupt erst die Versicherbarkeit ermöglichte.[6] In Deutschland beförderte die Historische Schule diesen Wandel mit und wirkte dabei auch transnational als wichtiger Ideengeber.[7]

Auch wenn sowohl progressive Steuern als auch die Sozialversicherungen wesentliche Elemente der Revolution der Gleichheit waren, so muss doch auf die Unterschiede in ihrer Wirkungsweise hingewiesen werden. Während die Steuerzahlung ohne festgelegte Gegenleistung zu erbringen ist, steht genau dies im Zentrum der Sozialversicherung. Sie enthält einen normierten Gegenleistungsanspruch. Im Fall des britischen Systems der steuerfinanzierten Versicherungen trat der steuerzahlende Bürger dem Staat mit politischen Forderungen nach Gesundheits- oder Altersvorsorge gegenüber, in Deutschland hingegen entstanden mehrere Gemeinschaften von Anspruchsberechtigten, die ein bestimmter, nicht von allen Bürgern geteilter Status verband und die es mit unterschiedlichen

6 François Ewald, Der Vorsorgestaat, Frankfurt am Main 1993, S. 18. Julia Moses zeigt, dass dieser Wandel in Großbritannien, Italien und Deutschland in den 1880er- und 1890er-Jahren stattfand und einen spezifischen europäischen Weg zum Sozialstaat begründete. Dabei wählte Deutschland eine korporatistische und Großbritannien eine liberale Lösung, während Italien zwischen den beiden Polen navigierte: Julia Moses, The First Modern Risk. Workplace Accidents and the Origins of European Social States, Cambridge 2019.

7 Erik Grimmer-Solem, The Rise of Historical Economics and Social Reform in Germany 1864-1894, Oxford 2003, Kapitel 6; Sebastian Jung-Knoll, Vom Schlachtfeld der Arbeit. Aspekte von Männlichkeit in Prävention, Ursachen und Folgenbewältigungen von Arbeitsunfällen in Kaiserreich und Weimarer Republik, Stuttgart 2021.

Versicherungsanstalten zu tun hatten. Bei einem steuerfinanzierten System trugen die Wohlhabenden einen höheren Anteil der Kosten, während die meisten Versicherungssysteme aufgrund von im Regelfall proportionalen Beitragssätzen und Kappungsgrenzen für Spitzenverdiener einen leicht regressiven Charakter hatten. Letzteres hatte den Vorteil, dass die Versicherungssysteme wesentlich seltener in die Kritik von Wirtschaftsverbänden gerieten, während steuerfinanzierte Systeme meist politisch umstrittener und dementsprechend oft geringer ausgestattet waren.

Die Durchsetzung der Idee der kollektiven Versicherung war ein bedeutender Schritt auf dem langen Weg zum sozialen Interventionsstaat. Der Aufbau der Sozialversicherung legte den Grundstein für die Ausbildung eines äußerst leistungsfähigen staatlichen Sozialsystems. Dies zeigt sich auch bei der Armutsbekämpfung. Bis 1880 war diese sowohl in den USA wie in Europa nur mit äußerst bescheidenen Mitteln ausgestattet. Peter H. Lindert hat insbesondere für die USA und Großbritannien gezeigt, dass die staatliche Armenfürsorge ab 1880 vor allem deswegen ausgebaut wurde, weil die Arbeiterschaft zunehmend Stimmrechte erhielt.[8]

Allerdings ermöglichten die Sozialprogramme dem Staat auch einen viel weitgehenderen Eingriff in die Gesellschaft als zuvor. Dass staatliche Akteure im Vollzug der neuen Aufgaben häufig biopolitisch und sozialtechnokratisch agierten und abweichendes Verhalten sanktionierten, lässt sich kaum leugnen und verlangt eine kritische Einbettung in die generellen Tendenzen der gouvernementalen Vernunft des 19. und 20. Jahrhunderts.[9] Der Blick auf die Zweischneidigkeit der sozialstaatlichen Programme sollte aber andererseits nicht zu einer pauschalisierten Staatskritik führen, in der der soziale Interventionsstaat als »Rückkehr zum früheren obrigkeitlichen Policeystaat« oder »als bloße weiche Variante des totalen Staates« erscheint.[10] Michel Foucault hat demgegenüber treffend das ambivalente Verhältnis von Freiheit und Sicherheit innerhalb

8 Peter H. Lindert, Growing Public. Social Spending and Economic Growth Since the Eighteenth Century, Bd. 1, Cambridge 2004, Kapitel 3 und 4.

9 Christoph Conrad, Was macht eigentlich der Wohlfahrtsstaat? Internationale Perspektiven auf das 20. und 21. Jahrhundert, in: Geschichte und Gesellschaft 39 (2013), S. 555-592, hier S. 591.

10 Reinhard, Geschichte der Staatsgewalt, S. 467.

der liberalen Gouvernementalität hervorgehoben,[11] welches nach François Ewald auch im Wandel zum sozialen Vorsorgestaat konstitutiv blieb.[12] Zudem handelte es sich bei den in Rede stehenden Interventionen in der Regel auch nicht um rein obrigkeitsstaatliche Verfahren, sondern um solche, die zumindest von Teilen der Bevölkerung aktiv eingefordert wurden. Ein Staat, der sie nicht inaugurierte, geriet zunehmend unter Druck und stand in der Gefahr, seine Legitimität zu verlieren.[13]

Ende des 19. Jahrhunderts zeichneten sich jedoch nur erste Umrisse dieser Entwicklung ab. Der intervenierende Charakter des Staates in sozialen Angelegenheiten bildete sich erst langsam heraus. Die eingesetzten Mittel blieben noch gering und belasteten den Staatshaushalt wenn überhaupt, in überschaubarem Maße. Nichtsdestoweniger lässt sich hier der Beginn eines grundlegenden Wandels verorten, der dann im und nach dem Ersten Weltkrieg zum vollen Durchbruch gelangen sollte. Ich schlage deswegen vor, die Zeit von etwa 1880 bis zum Ende des Ersten Weltkriegs als Übergangsphase von der liberalen zur sozialliberalen Gouvernementalität zu fassen, wobei in einigen Staaten und insbesondere in Deutschland eher von einer Zwischenstufe der sozialkonservativen Gouvernementalität gesprochen werden kann, über die dann erst der Weg hin zur sozialliberalen Gouvernementalität erreicht werden konnte.

Das Steuerinstrument der sozialliberalen Gouvernementalität: die progressive Einkommensteuer

Auch auf dem Steuergebiet brachte der Übergang zur neuen Form der Gouvernementalität wesentliche Veränderungen mit sich, namentlich die Abmilderung der indirekten Steuern, die Einführung des Progressionsprinzips bei den direkten Steuern sowie die wachsende Bedeutung nichtfiskalischer Aspekte für die Begründung der Steuerpolitik. Das Hauptargument gegen die indirekten Steuern war und blieb, dass sie zumeist regressiv waren und die Unterschichten stärker belasteten als die Oberschicht. Dieses Argument

11 Foucault, Geburt der Biopolitik, S. 81-111.
12 Ewald, Vorsorgestaat.
13 Conrad, Wohlfahrtsstaat, S. 591 f.

vertraten nicht nur Sozialisten wie Lassalle oder Marx und Engels, sondern auch liberale und konservative Finanzwissenschaftler. Die Gegner bemängelten aber auch die geringe Sichtbarkeit der indirekten Steuern,[14] was bisweilen zur Grundlage für deren grundsätzliche moralische Kritik wurde. So heißt es in einer Schrift des politischen Publizisten Constantin Frantz über die soziale Steuerreform aus dem Jahr 1881:

> Das indirecte Steuerwesen [hat] an und für sich selbst etwas Hinterlistiges. Man soll danach Steuern zahlen, ohne daß man es merkt, da die Steuer sich in dem Preise der Ware versteckt […]. Die directe Steuer hingegen sagt offen heraus, was sie will. […] Hiernach wird als allgemeiner Satz gelten dürfen: die directen Steuern veredeln das Finanzwesen, die indirecten ziehen es ins Gemeine herab; jene schärfen das Rechtsgefühl, diese stumpfen es ab.[15]

Der weniger moralisch argumentierende schwedische Ökonom Knut Wicksell hielt direkte, von den Staatsbürgern bewusst entrichtete Steuern für demokratiefördernd, weil nur durch sie Steuern anerkannt werden könnten: »Die erste und wichtigste Konsequenz der hier vorgeschlagenen Ordnung wäre natürlich die, dass die Steuern nunmehr aufhören würden, als Bürden zu erscheinen, und vielmehr als das betrachtet werden müssten, was sie sein sollten, als Mittel der Gesamtheit.«[16] Wicksell betrachtete Steuern so nicht mehr wie Smith oder Ricardo als einseitige Belastung, sondern als Möglichkeit, den individuellen Nutzen durch kollektives Zahlen zu erhöhen. Er hielt dies aber nur mit direkt erhobenen Steuern für möglich, während indirekte Steuern zwar erhalten bleiben, aber nur noch den kleineren Teil der Einnahmen ausmachen sollten. Für die meisten Reformer war deswegen die Einkommensteuer das Instrument der Zukunft, während Verbrauchsteuern zunehmend skeptisch betrachtet wurden.

Eine zweite, ebenso wichtige Veränderung betraf neue Anschauungen hinsichtlich der idealen Ausgestaltung der Einkommensteuer. Während in der Französischen Revolution oder auch bei Adam Smith die proportionale Einkommensteuer als gerecht gegolten

14 Knut Wicksell, Finanztheoretische Untersuchungen nebst Darstellung und Kritik des Steuerwesens Schwedens, Jena 1896, S. 103.

15 Constantin Frantz, Die sociale Steuerreform als die conditio sine qua non, wenn der socialen Revolution vorgebeugt werden soll, Mainz 1881, S. 170.

16 Wicksell, Finanztheoretische Untersuchungen, S. 125.

hatte, verlangte die überwiegende Mehrheit der Reformer nun eine progressiv gestaltete Einkommensteuer. Sozial abgestufte direkte Steuersysteme waren zwar schon im alten Griechenland bekannt, blieben aber sowohl in der Antike wie im Mittelalter weitgehend auf wenige Städte beschränkte und meist temporäre Ausnahmen. In der Frühen Neuzeit führten die prosperierenden oberitalienischen Stadtstaaten progressive Besitzsteuern ein, weil der exorbitante Reichtum einiger weniger zum politischen Problem wurde. Bis Mitte des 19. Jahrhunderts kam es zwar auch in Flächenstaaten immer wieder zur Einführung progressiver Einkommen- und Besitzsteuern, doch zumeist waren diese zeitlich auf Kriegszustände begrenzt, um nach Kriegsende wieder abgeschafft zu werden.[17]

In Deutschland warben Adolph Wagner, Albert Schäffle und andere seit längerem für die Durchsetzung der progressiven Einkommensteuer. Diese Position setzte sich dann auch im Verein für Socialpolitik durch. In einer auf der Vereinstagung 1875 angenommenen Resolution hieß es: »Die bisher noch in einer Mehrzahl deutscher Staaten bestehenden sogenannten Ertragsteuern erweisen sich bei gesteigertem Bedarf als unzureichend. [...] Es empfiehlt sich daher, eine in den unteren Stufen progressive allgemeine Einkommensteuer in Verbindung mit einer allgemeinen Vermögensteuer zur hauptsächlichen directen Steuer zu machen.«[18]

Die Position wurde zunehmend hegemonial. Max Grabein leitete 1896 einen Literaturüberblick zum Thema mit den Worten ein: »Kein finanzwissenschaftliches Prinzip ist heute so populär, wie das der Steuerprogression.«[19] Das Progressionsprinzip war unter Finanzwissenschaftlern in Deutschland ohne Zweifel mehrheitsfähig, aber Kritiker gab es nach wie vor. Die schärfsten unter ihnen im

17 Ralf Lieb, Direkte Steuerprogression. Geschichtliche Entwicklung und kritische Würdigung ihrer Begründungen, Wiesbaden 1992, S. 21-63; Edwin R. A. Seligman, Progressive Taxation in Theory and Practice, in: Publications of the American Economic Association 9 (1894) 1/2, S. 7-222, hier S. 13-34.

18 Schriften des Vereins für Socialpolitik, Bd. 11: Verhandlungen von 1875, Leipzig 1875, S. 69. Vor Annahme dieser Resolution gab es eine größere Zahl von Gutachten zum Thema. Das vermutlich bedeutendste unter diesen ist: Friedrich Julius Neumann, Die progressive Einkommensteuer im Staats- und Gemeinde-Haushalt, Leipzig 1874. Zur Sitzung: Andreas Thier, The Transfer of Ideas about Taxation in a Federal State: The Example of the German Empire, 1875-1914, in: Nehring/Schui (Hg.), Global Debates, S. 83-96, hier S. 84 f.

19 Grabein, Beiträge, S. 1.

deutschsprachigen Raum waren die Vertreter der Schule der österreichischen Nationalökonomie. Emil Sax monierte 1892, dass der Progressivsteuer mit der Opfergleichheitstheorie ein Argument zugrunde liege, welches ethischer und nicht ökonomischer Natur sei. Die Steuer sei aber ein ökonomisches Phänomen, welches eine rein ökonomische Lösung erfordere. Aufgrund des abnehmenden Grenznutzens hoher Einkommen hielt Sax eine Progressionssteuer unter Umständen allerdings für zu rechtfertigen, auch wenn er ihr insgesamt eher skeptisch gegenüberstand.[20]

Trotz solcher Kritik entwickelte die Idee progressiver Besteuerung große internationale Strahlkraft. Während an den englischen Universitäten weiter die klassische Ökonomie mit ihren wirtschaftsliberalen Prämissen und Vorlieben unterrichtet wurde, gab es an den Universitäten der USA bis etwa 1870 keine eigenständige ökonomische Lehre von nennenswertem Rang.[21] Dementsprechend zog es viele angehende amerikanische Ökonomen entweder nach England oder Deutschland. Gerade jene, die sich für Politik und öffentliche Finanzen interessierten, gaben eher Deutschland den Vorzug. Unter ihnen waren später so bekannte Ökonomen wie Richard Ely, Edmund J. James und Henry C. Adams sowie auch der führende Kopf hinter der Einführung der progressiven Einkommensteuer in den USA, Edwin R. A. Seligman.[22] Von den ersten 26 Präsidenten der *American Economic Association* hatten 20 in Deutschland studiert.[23] Daniel T. Rodgers sieht in diesem atlantischen Transfer sogar den Startpunkt der US-amerikanischen Sozialpolitik.[24] Viele der US-Ökonomen studierten bei Adolph Wagner in Berlin und sahen in ihm einen wichtigen Mentor und Lehrer: »Derjenige, der sich persönlich und intellektuell am stärksten profilierte, war Wagner. [...] Er war für die Amerikaner die bedeutendste Gestalt von allen.«[25] Auch in der jüngeren Literatur wird Wagner

20 Emil Sax, Die Progressivsteuer, in: Zeitschrift für Volkswirtschaft, Sozialpolitik und Verwaltung 1 (1892), S. 43-101. Sax gilt als Begründer der Steuertheorie in der österreichischen Schule: Karsten von Blumenthal, Die Steuertheorien der Austrian Economics. Von Menger bis Mises, Marburg 2007, insb. S. 187-234.

21 Daniel T. Rodgers, Atlantic Crossings: Social Politics in a Progressive Age, Cambridge/Mass. 1998, S. 81.

22 Holtfrerich, Government Debt in Economic Thought, S. 25.

23 Rodgers, Atlantic Crossings, S. 86.

24 Ebd., S. 3.

25 Ebd., S. 90.

deswegen als eine Art Vordenker der US-Einkommensteuerreform präsentiert.[26] Ohne Zweifel hat Wagner auch auf Seligman erheblichen Eindruck gemacht. Zwar hielt der Amerikaner manche Überlegungen des deutschen Professors für zu radikal, doch folgte er Wagner in seinem dezidiert historischen wie auch in seinem international vergleichenden Zugriff. Neben Wagner war es vor allem Gustav Schmoller, Kopf der historischen Schule der deutschen Nationalökonomie und Vorsitzender des Vereins für Socialpolitik von 1890 bis 1917, der das Interesse der amerikanischen Ökonomen weckte. Wie im Falle Wagners war es auch bei Schmoller die explizite Abkehr von der Doktrin des Laissez-faire, die aufhorchen ließ. Wagner und Schmoller stammten beide aus Beamtenfamilien und hatten eine bildungsbürgerliche Sozialisation genossen. Beide hielten die Freihandelsdoktrin für die Ideologie britischer Exporteure um das Textilzentrum Manchester und sprachen deswegen von »Manchesterliberalismus«. Der Begriff war um die Jahrhundertmitte für diese Gruppe, die sich anfangs vor allem für die Abschaffung der Getreidezölle eingesetzt hatte, entstanden. Während er zu Beginn positiv besetzt war, wandelte er sich in der zweiten Hälfte des 19. Jahrhunderts immer mehr zu einem abwertenden Begriff, den Konservative wie Sozialdemokraten nutzten, um zumindest Auswüchse, mitunter aber auch den ganzen wirtschaftlichen Liberalismus zu kritisieren.

Im Gründungsaufruf des Vereins für Socialpolitik aus dem Jahr 1873, den Schmoller und Wagner mitgezeichnet hatten, hieß es:

> Wir sind der Ueberzeugung, dass das unbeschränkte Walten theilweise entgegengesetzter und ungleich starker Einzelinteressen das Wohl der Gesamtheit nicht verbürgt, dass vielmehr […] das wohlerwogene Eingreifen des Staates zum Schutz der berechtigten Interessen aller Betheiligten zeitig wachzurufen ist. Diese staatliche Fürsorge sehen wir nicht als Notbehelf oder als unvermeidliches Uebel an, sondern als Erfüllung einer der höchsten Aufgaben unserer Zeit und unserer Nation.[27]

26 Ajay K. Mehrotra, Making the Modern American Fiscal State. Law, Politics and the Rise of Progressive Taxation, 1877-1929, Cambridge 2013, S. 114, 148 und 167-169.

27 Aufruf zur Gründung des Vereins für Socialpolitik vom 31.5.1873, abgedruckt in: Susanne Oschina, Die Entwicklung des Vereins für Socialpolitik von seiner Gründung bis 1980, Graz 2010 (Masterabeit), S. 16. Zur Frühgeschichte des Vereins: Marie-Louise von Plessen, Die Wirksamkeit des Vereins für Socialpolitik

Diese Absage an den Marktliberalismus war zugleich ein Aufruf zur Wiedererweckung der preußischen Reformbürokratie, und der Verein kooptierte folgerichtig neben Ökonomen vor allem Vertreter der Staatsbürokratie.

Das geschärfte Bewusstsein für die Möglichkeiten einer staatlichen Hege der Gesellschaft und der nationalen Wirtschaft nahmen die amerikanischen Ökonomen als wesentliche Erkenntnis mit zurück in ihre Heimat. Seligman avancierte später zum international führenden Analysten der sich langsam durchsetzenden progressiven Einkommensteuer.[28] Als er 1894 seine Studie zur progressiven Besteuerung publizierte, betonte er, dass inzwischen in allen großen deutschen Bundesstaaten sowie in den meisten Schweizer Kantonen progressive direkte Steuern erhoben würden. Daneben sei die Einkommensteuer auch in Österreich-Ungarn in Teilen progressiv ausgestaltet, und in den Niederlanden, Belgien, Dänemark und Schweden unternehme man ebenfalls erste tastende Versuche in dieser Richtung. In Großbritannien war die Einkommensteuer zu diesem Zeitpunkt aus Sicht Seligmans noch regressiv, nur bei der Erbschaftsteuer gab es eine leichte Progression. Auch in Frankreich spielte die Progression, von der Ausnahme einer progressiven Mietsteuer abgesehen, noch keine Rolle. In Australien gestalteten einige Provinzen sowohl die Besitz- als auch die Erbschaftssteuer neuerdings progressiv, und auch in den USA führten erste Bundesstaaten progressive Einkommen- und Unternehmensteuern ein.[29] Sein Durchgang durch die Steuergesetze vieler Staaten führte Seligman zu dem Schluss: »[D]ie Tendenz zur progressiven Besteuerung nimmt fast überall zu.«[30] Um allerdings seinen politischen Wunschvorstellungen entsprechend weiter behaupten zu können, mit der Schweiz und Australien seien die weltweit demokratischsten Nationen die Vorreiter dieser Entwicklung, musste er das Deutsche

von 1872-1890, Berlin 1975; Dieter Lindenlaub, Richtungskämpfe im Verein für Socialpolitik. Wissenschaft und Sozialpolitik im Kaiserreich vornehmlich vom Beginn des »Neuen Kurses« bis zum Ausbruch des Ersten Weltkrieges (1890-1914), Wiesbaden 1967.

28 Schulz zählt Seligman zu den Vertretern einer historisch orientierten Nationalökonomie in den USA: Schulz, Finanzwissenschaft, S. 403-508.

29 Seligman, Progressive Taxation, S. 35-65. Einen Überblick zum Stand progressiver Steuern in den frühen 1870er-Jahren: Neumann, Progressive Einkommensteuer, S. 75-112.

30 Seligman, Progressive Taxation, S. 65.

Reich, dessen Steuersystem die Studie andernorts eingehend thematisierte, außen vor lassen.

Die dritte wesentliche Veränderung schließlich war die wachsende Bedeutung nichtfiskalischer Aspekte für die staatliche Einnahmepolitik. Schärfer als andere Beobachter beschrieb Adolph Wagner diesen Wandel als Epochenwechsel, als Übergang von der fiskalischen zur sozio-politischen Epoche der öffentlichen Finanzen. Nach Wagner hatte bis zur Mitte des 19. Jahrhunderts allein der fiskalische Zweck das Steuerwesen bestimmt, während nun zunehmend soziale und politische Fragen Berücksichtigung fänden, was seine positiven Auswirkungen verstärke. Seligman vermochte hier zwar anders als Wagner keine scharfe Zäsur zu erkennen und wies – worin ihm schon ein kurzer Blick auf die Geschichte der Alkohol- und Tabaksteuern in Großbritannien recht gibt – darauf hin, dass auch im 18. und frühen 19. Jahrhundert Steuern durchaus soziale und politische Zwecke verfolgt hätten.[31] Aber auch Seligman bezweifelte nicht, dass eine Verschiebung der Gewichte stattgefunden hatte:

> Während in früheren Jahren die Einkommensteuer vor allem aus Einnahmeerwägungen eingeführt wurde, gibt es in letzter Zeit eine wachsende Tendenz, besonders in den demokratischeren Gemeinwesen, die Einkommensteuer als ein Mittel der Wiedergutmachung einzusetzen – ein Mittel zur Erreichung größerer Gerechtigkeit gegenüber der Ungleichheit der bestehenden indirekten Steuern auf der einen Seite und den Mängeln der bestehenden direkten Steuern auf der anderen.[32]

Insgesamt war Seligman am ehesten der idealtypische Vertreter einer sozialliberalen Steuerpolitik. Er entwickelte Ansätze eines Konzepts der fiskalen Staatsbürgerschaft,[33] die weit über die liberale Vertragstheorie hinauswiesen und sich von der Vorstellung der Steuer als

31 Ebd., S. 66.

32 Edwin R. A. Seligman, The Income Tax, in: Political Science Quarterly 9 (1894), S. 610-648, hier S. 616.

33 Der Begriff wurde 1996 von Richard A. Musgrave eingeführt, der ihn aber nicht weiter entwickelte. Er merkte nur an, dass der Verzicht auf personelle Steuern zu einer Verringerung der verantwortungsbewussten fiskalen Staatsbürgerschaft führen könne: Richard A. Musgrave, Clarifying Tax Reform, in: Tax Notes 70 (1996) S. 731-736, hier S. 732. Siehe dazu auch: Ajay K. Mehrotra, Reviving Fiscal Citizenship, in: Michigan Law Review 113 (2015) 6, S. 943-971, hier S. 104, FN 17.

Gegenleistung für Sicherheit durch den Staat radikal verabschiedeten: »Wir zahlen Steuern nicht, weil wir Leistungen vom Staat erhalten, sondern weil es ebenso unsere Pflicht ist, den Staat zu unterstützen, wie wir uns selbst oder unsere Familie unterstützen; kurz gesagt, weil der Staat ein integraler Bestandteil von uns ist.«[34] Dies war beileibe ein anderes Modell als das des liberalen Nachtwächterstaats. Wenn Seligman hier das Bild eines Staates entwarf, der weit in das Leben der Bürger vordrang, so spiegelte das sowohl normative Vorstellungen als auch von den Zeitgenossen beobachtete Veränderungen wider. Der moderne Steuerstaat schickte sich tatsächlich an, zum »integralen Bestandteil« des staatsbürgerlichen Lebens zu werden – unter dem Applaus der sozialliberalen Reformer, die die wachsende gouvernementale Eindringtiefe begrüßten.

Die deutsche Finanzwissenschaft: Staatszentrierte Alternativen zum Laissez-faire

In Deutschland hatte die sich durchsetzende sozialliberale Gouvernementalität einen deutlich stärkeren sozialkonservativen Einschlag als in Großbritannien oder den USA. Hierzu trug wesentlich die Entwicklung im Fach der Nationalökonomie bei und insbesondere bei jenen Autoren, die sich mit finanzwissenschaftlichen Fragen beschäftigten. An den preußischen Universitäten der ersten Hälfte des 19. Jahrhunderts war die Beschäftigung mit ökonomischen Fragen stark von der Rezeption der klassischen britischen Ökonomie geprägt, wobei insbesondere Adam Smith hoch im Kurs stand, was eine partielle Abkehr vom Kameralismus des 18. Jahrhunderts bedeutete. Damit verbunden war eine Verlagerung des Interesses weg von der Staats- und hin zur Privatwirtschaft.[35] Seit Mitte des 19. Jahrhunderts begannen jedoch einige deutsche Finanzwissenschaftler, an der Gültigkeit von Smiths Lehre für die Staatstätigkeit zu zweifeln. Sie entwickelten heterodoxe Theorien, die weltweite Beachtung erlangten. Den Auftakt machte 1855 Carl Dietzel, ein hessischer Privatdozent, der von 1868 bis 1873 für die

34 Edwin R. A. Seligman, Essays in Taxation, New York 1895, S. 72.

35 Rüdiger vom Bruch, Zur Historisierung der Staatswissenschaften. Von der Kameralistik zur historischen Schule der Nationalökonomie, in: Berichte zur Wissenschaftsgeschichte 8 (1985), S. 131-146, hier S. 134; Sahm, Theorie, S. 105-109.

Nationalliberalen Abgeordneter im Preußischen Landtag war, mit seinem *System der Staatsanleihen*. Bereits in der Wortwahl der Einleitung wird die Veränderung deutlich: Dietzel sprach durchgängig vom Staatskredit statt von der Staatsverschuldung.[36] Er wies darauf hin, dass England beziehungsweise Großbritannien seit der *Glorious Revolution* von 1688 hoch verschuldet und gleichzeitig der wohlhabendste und mächtigste Staat der Welt geworden war, aus seiner Sicht ein deutlicher Beleg dafür, dass Smiths Überlegungen zu den negativen Auswirkungen des Staatskredits völlig irreführend waren. Dietzel betonte demgegenüber die großen Vorteile des Staatskredites. Er hob hervor, dass Staaten in früheren Zeiten einen Schatz zurücklegen mussten, um sich für erhöhte Kosten im Falle eines Krieges zu wappnen, was der Wirtschaft permanent wichtige Ressourcen entzogen habe, die ansonsten zum Wachstum hätten beitragen können.[37]

Dietzel schrieb auch, dass der Staatskredit nicht nur für Krisenzeiten nützlich sei, sondern auch für friedliche Zeiten. Im Gegensatz zu Smith, der Staatsausgaben für unproduktiv hielt, betonte er die positiven Effekte für die Wohlfahrt des Volkes, die staatliche Investitionen in Bildung und Infrastruktur zeitigten. Dietzel betrachtete die Kreditwirtschaft als die aktuell höchste Stufe der Wirtschaft, was von der Theorie bis dato nicht begriffen worden sei: »In Beziehung auf den vorliegenden Gegenstand haben wir als frühere Stufen die Naturalwirtschaft und die Geldwirtschaft zu betrachten, welchen sich dann als dritte und höchste die Kreditwirtschaft anreiht. Während daher die letztere in der Praxis begann, fing man erst in der Theorie an, über die beiden ersteren und ihr Verhältnis zu einander allmälig klar zu werden, und begriff daher nicht die neue Erscheinung des Credites.«[38] Er nahm damit eine Einschätzung vor, die die neuere Finanzgeschichte als Übergang vom mit

36 Carl-Ludwig Holtfrerich, Government Debt in Economic Thought of the Long 19th Century, Berlin 2013 (Discussion Paper School of Business & Economics, FU Berlin Nr. 2013/4), S. 12-17.

37 Dass das deutsche Kaiserreich trotzdem die französischen Reparationszahlungen teilweise als Schatz im Juliusturm in Spandau einlagerte, um für spätere Kriege gerüstet zu sein, zeigt, dass der Transfer von Forschungsergebnissen in die politische Praxis ein steiniger Weg war, was aber auch daran lag, dass Dietzels Ideen nur von wenigen Fachkollegen geteilt wurden.

38 Carl Dietzel, Das System der Staatsanleihen im Zusammenhang der Volkswirthschaft betrachtet, Heidelberg 1855, S. 5.

der Geldwirtschaft eng verknüpften Steuerstaat zum Fiskalstaat bezeichnet hat, wobei der Staatskredit als das für die Transition entscheidende neue Element angesehen wird.[39]

Mit Dietzels Buch begann die in der Forschungsliteratur als große Phase der deutschen Finanzwissenschaft bezeichnete Epoche, die sich bis in die 1890er-Jahre fortsetzen sollte. Sie ist vor allem mit den Namen Lorenz von Stein, Albert Schäffle und Adolph Wagner verbunden. Erwin von Beckerath hob in einem Rückblick auf diese Blütezeit 1952 unter anderem das Bemühen hervor, historische Stufenabfolgen des öffentlichen Finanzwesens auszumachen und zu begründen.[40] Die neuen Finanzwissenschaftler hoben sich von den deutschen Kameralisten ab, indem sie im Gegensatz zu diesen Finanz- und Steuerfragen nicht auf technische Fragen und Verwaltungsvorgänge verengten, sondern die volkswirtschaftlichen und gesellschaftlichen Zusammenhänge einbezogen. Von den liberalen deutschen Finanzwissenschaftlern der ersten Hälfte des 19. Jahrhunderts unterschieden sie sich, weil sie die Steuerprobleme nicht aus allgemeinen Wirtschaftstheorien ableiteten, sondern politische und bürokratische Gesichtspunkte in ihre Theoriebildung integrierten.[41] Von den britischen Finanzwissenschaften schließlich unterschied sie, dass sie sich weniger eng an den Wirtschaftswissenschaften orientierten und dadurch viel offener für juristische, vor allem aber für historisch-politische Fragestellungen waren.[42]

Politisch bekannten sich alle drei im letzten Drittel des 19. Jahrhunderts als Anhänger der konstitutionellen Monarchie und distanzierten sich mithin von demokratischen oder gar sozialistischen Ideen, denen sie um die Mitte des Jahrhunderts teils durchaus zugeneigt hatten. Nach dem Sieg der Restauration 1848/49 arrangierten sie sich jedoch mit dem Monarchismus. Stein und Schäffle verbanden gegen Ende des Jahrhunderts politischen Konservatis-

39 Bonney (Hg.), Rise.

40 Erwin von Beckerath, Die neuere Geschichte der deutschen Finanzwissenschaft (seit 1800), in: Handbuch der Finanzwissenschaft, 2. Auflage, Bd. 1, S. 416-468, hier S. 428.

41 Max von Heckel, Die Steuern, in: S. P. Altmann (Hg.), Die Entwicklung der deutschen Volkswirtschaftslehre im 19. Jahrhundert. Gustav Schmoller zur siebzigsten Wiederkehr seines Geburtstages, Leipzig 1908, Kap. XXXIX, S. 16.

42 Fritz Neumark, Nationale Typen der Finanzwissenschaft, in: ders., Wirtschafts- und Finanzprobleme des Interventionsstaates, Tübingen 1961, S. 81-95, hier S. 87 f.

mus mit wirtschaftlicher wie sozialer Liberalität, während Wagner dem Liberalismus skeptisch bis ablehnend gegenüberstand und auf einem absoluten Vorrang des Staates bestand.[43] Wagner wird denn auch oft mit dem von ihm selbst mitgeprägten Begriff des »Staats-Sozialisten« tituliert, denn entschiedener als Stein plädierte er für eine vom Staat mittels einer aktiven Steuerpolitik betriebenen Umverteilung zugunsten der unteren Schichten, insbesondere um den Aufstieg der von ihm als kommunistisch betrachteten Sozialdemokratie zu verhindern. Aus heutiger Sicht beziehungsweise in heutiger Terminologie trifft wohl der Begriff Sozialkonservatismus die von Wagner vertretene Verbindung von sozialpolitischem Engagement und politischem Konservatismus besser[44] – zumal Staatssozialismus heute anders besetzt ist. Alle drei Finanzwissenschaftler engagierten sich zeitweise auch in der Politik, und allen dreien wird ein großer Einfluss auf die Steuer- und Sozialversicherungspolitik im Deutschen Reich zugeschrieben.[45] Sie trugen auch maßgeblich dazu bei, dass die Erkenntnisse Dietzels zur Staatsverschuldung in die Praxis übersetzt wurden und die von Fritz Karl Mann diagnostizierte »Angstpsychose«[46] der klassischen Nationalökonomie gegenüber Staatsschulden überwunden werden konnte. Lorenz Stein betonte, dass viele Investitionen der Gegenwart in starkem Maße den künftigen Generationen zugutekommen würden. Deswegen sei eine erhöhte Staatsverschuldung für langfristige Investitionen nicht nur sinnvoll, sondern auch im Hinblick auf generationelle Fragen

43 Volker Müller, Staatstätigkeit in den Staatstheorien des 19. Jahrhunderts, Opladen 1991, S. 321-406; der dabei allerdings von Stein zu nahe an Wagner heranrückt.

44 Henning Ottmann hat ihn in einem ideenpolitischen Überblick insbesondere auf Wagner und von Stein angewendet: Henning Ottmann, Geschichte des politischen Denkens. Bd. 3: Neuzeit, Teilband 3: Die politischen Strömungen im 19. Jahrhundert, Stuttgart 2008, S. 40-57. Siehe auch: Henning Albrecht, Antiliberalismus und Antisemitismus. Hermann Wagener und die preußischen Sozialkonservativen 1855-1873, Paderborn 2010.

45 Vgl. die häufige Nennung in: Quellensammlung zur Geschichte der deutschen Sozialpolitik 1867 bis 1914, II. Abteilung: Von der kaiserlichen Sozialbotschaft bis zu den Februarerlassen Wilhelms II. (1881-1890), 7 Bände, Stuttgart, 1995-2015; Bernhard Kirchgässner, Adolph Wagner und die Geschichte der Bismarckschen Sozialversicherung (1870-1889), in: Burkhard Strümpel/Meinolf Dierkes (Hg.), Beiträge zur Wirtschaftswissenschaft in Berlin, Berlin 1990, S. 71-104.

46 Zit. nach Günter Schmölders, Finanzwissenschaft, Berlin 1965 (2. Auflage), S. 412.

gerechtfertigt, weil ansonsten die gegenwärtige Generation zu stark mit Steuern belastet würde: »Ein Staat ohne Staatsschuld thut entweder zu wenig für seine Zukunft oder er fordert zu viel von seiner Gegenwart.«[47] Ähnlich argumentierte auch Wagner,[48] was dazu beitrug, dass eine Kreditaufnahme für investive Zwecke zunehmend als gerechtfertigt betrachtet wurde.[49] Die deutsche Finanzwissenschaft war so weltweit führend darin, die produktive und generationengerechte Funktion der Staatsverschuldung zugunsten investiver Ausgaben im öffentlichen Bewusstsein zu verankern. Die heute in Deutschland stark ausgeprägte Skepsis gegenüber der Staatsverschuldung ist also keineswegs einem etwaigen Nationalcharakter zuzuschreiben, sondern durch die historischen Erfahrungen im 20. Jahrhundert geprägt.

Hier sollen vor allem die Positionierungen von Wagner und von Stein zur Steuerpolitik sowie ein grundlegender Streit zwischen beiden über die zukünftige Ausrichtung der Steuerpolitik analysiert werden. Lorenz von Stein studierte von 1835 bis 1839 Philosophie und Rechtswissenschaft in Kiel und Jena. 1841/42 lebte er in Paris und legte anschließend eine der ersten deutschen Arbeiten zur Entwicklung des französischen Sozialismus und Kommunismus vor.[50] 1846 wurde er in Kiel zum außerordentlichen Professor der Staatswissenschaft ernannt. 1848 hielt sich Stein im Auftrag der Frankfurter Nationalversammlung erneut in Paris auf und veröffentlichte danach weitere Bücher zu den sozialen Bewegungen in Frankreich, die ihn als einen der führenden Vertreter der politischen Ideengeschichte in Deutschland etablierten.[51] Seine Interpretationsangebote prägten die deutsche Debatte für lange Zeit. Zum einen führte er eine Unterscheidung zwischen Sozialismus und Kommunismus ein, die von liberalen wie konservativen Kommentatoren in Deutschland übernommen wurde. Demnach handelte es sich beim

47 Lorenz von Stein, Lehrbuch der Finanzwissenschaft, Leipzig 1875, S. 716.

48 Adolph Wagner, Finanzwissenschaft, 3. Auflage, 1. Theil, Leipzig 1883, S. 130-183.

49 Karl-Heinrich Hansmeyer, Der öffentliche Kredit, 1970 (2. Auflage), S. 48 f.

50 Lorenz von Stein, Der Sozialismus und Kommunismus des heutigen Frankreich, Leipzig 1842.

51 Lorenz von Stein, Die sozialistischen und kommunistischen Bewegungen seit der dritten französischen Revolution, Stuttgart 1848; Lorenz von Stein, Geschichte der sozialen Bewegung in Frankreich von 1789 bis auf unsre Tage, 3 Bde., Leipzig 1850.

Sozialismus um eine wissenschaftliche Strömung, die sich die Beantwortung der Arbeiterfrage zum Ziel gesetzt hatte und die Stein als wertvoll und berechtigt anerkannte. Nach dieser inhaltlichen Bestimmung konnten sich konservative Autoren und Politiker, die sich etwa für den Sozialstaat einsetzten, als Sozialisten verstehen. Demgegenüber sah Stein im Kommunismus den gefährlichen Widerpart des Sozialismus, der durch eine irrationale Bewegung des Proletariats gekennzeichnet sei, welche völlig unrealisierbare Umverteilungsforderungen stelle und letztlich zur Destruktion der Gesellschaft führen müsse. Stein hielt die kommunistische Bewegung aber vor allem für ein Produkt der französischen Verhältnisse und glaubte, dass der deutsche Staat durch rechtzeitiges Handeln in der sozialen Frage eine Ausbreitung der kommunistischen Bewegung in Deutschland werde verhindern können.[52] Deswegen forderte er für Deutschland ein soziales Königtum, denn nur ein Königtum, das die Bewegung der Gesellschaft aufnehme, sei auf die Dauer überlebensfähig.[53]

Die Lehren, die Stein aus der Betrachtung der französischen Verhältnisse für Deutschland zog, waren vorsichtig reformistisch und in der Zielbestimmung letztlich konservativ. Seine Analyse der in Frankreich stattfindenden Veränderungen, die im Übrigen auch die Marx'sche Konzeption des Proletariats beeinflussten,[54] ist aber trotzdem auch heute noch lesenswert, nicht zuletzt im Hinblick auf ihre erstaunlichen Anknüpfungspunkte für Foucaults Darstellung einer liberalen Gouvernementalität. Wesentlich ist zunächst, dass Stein die Gesellschaft und nicht die Nation als das bestimmende Element der sich in Frankreich Bahn brechenden Veränderungen ausmachte.[55] Das Ziel der Gesellschaft sei die Hervorbringung

52 Diana Siclovan, 1848 and German Socialism, in: Douglas Moggach/Gareth Stedman Jones (Hg.), The 1848 Revolutions and European Political Thought, Cambridge 2018, S. 254-275; Gareth Stedman Jones, Karl Marx. Die Biographie, Frankfurt am Main 2017, S. 172-175; Sabine Hake, The Proletarian Dream. Socialism, Culture, and Emotion in Germany, 1863-1933, Berlin 2017, S. 35-40.

53 Stein, Geschichte, Bd. 3, S. 49.

54 Bèla Földes, Bemerkungen zu dem Problem Lorenz Stein – Karl Marx, in: Jahrbücher für Nationalökonomie und Statistik 47 (1914), S. 289-299.

55 Ernst-Wolfgang Böckenförde, Lorenz von Stein als Theoretiker der Bewegung von Staat und Gesellschaft zum Sozialstaat, in: Alteuropa und die moderne Gesellschaft. Festschrift für Otto Brunner, hg. vom Historischen Seminar der Universität Hamburg, Göttingen 1963, S. 248-277, hier S. 251; Reinhart Koselleck,

selbstbestimmter Persönlichkeiten, wofür sie gleichwohl eine Ordnung ausbilden müsse. Nach Stein kann deren Grundlage nicht mehr das Recht darstellen, obwohl die Mehrheit der zeitgenössischen Kommentatoren die Schaffung der Rechtsgleichheit als zentrales Ordnungsprinzip betrachtete, sondern nur der Besitz: »Es war vielmehr ein Moment, das gewaltig und doch nicht revolutionär, unterwürfig und doch machtvoll, Allen gemein und Allen offen und doch verschieden vertheilt, dem gleichen Rechte nicht widersprechend und doch die Ungleichheit der Geltung erzeugend ist; das war der Besitz.«[56] Wenn die Rechtsgleichheit erreicht ist, bleibt der unterschiedliche Besitz die einzige zu duldende Ungleichheit und stellt für Stein nun zugleich das Einzige dar, was die Stellung des Einzelnen in der Gesellschaft begründet. Daraus entsteht eine »volkswirtschaftliche Ordnung der Gesellschaft«.[57] Diese Gesellschaft verlangt vom Staat vorderhand nur die Garantie von Freiheit und Eigentum; ob die Regierungsform nun Demokratie, Monarchie oder Diktatur heißt, ist demgegenüber zweitrangig. Langfristig entsteht, bleibt es bei der volkswirtschaftlichen Ordnung, aber die vollausgebildete industrielle Gesellschaft. Diese ist für Stein geprägt durch den Antagonismus der Klassen, den auszugleichen der Staat bemüht sein muss; während die volkswirtschaftliche (oder auch liberale) Gesellschaft nach Stein den neutralen Staat brauchte, so benötigte die industrielle Gesellschaft den sozialen Staat, denn nur dieser vermag den sozialen Frieden zu schaffen.[58] Eine für das Jahr 1850, in dem sich eine umfassende Sozialgesetzgebung noch nicht einmal am fernen Horizont abzeichnete, durchaus beeindruckende Prognose.

Die industrielle Gesellschaft sah Stein in eine herrschende Klasse der Besitzenden und in eine abhängige Klasse der Besitzlosen unterteilt. Dem regierenden Königtum stünden damit auf den ersten Blick nur zwei ähnlich schlechte Alternativen zur Verfügung. Entweder es akzeptiere die Forderungen der herrschenden Klasse und überlasse dieser über das Zensuswahlrecht und das Weisungsrecht der Minister die politische Macht. Dies müsse aber dazu führen,

Geschichtliche Prognose in Lorenz v. Steins Schrift zur preußischen Verfassung, in: ders., Vergangene Zukunft, Frankfurt am Main 1979, S. 87-104, hier S. 100.

56 Stein, Geschichte, Bd. 1, S. 290.

57 Ebd., S. 292.

58 Böckenförde, Lorenz von Stein, S. 265.

dass das Königtum aus der Regierungspolitik herausgedrängt werde. Die abhängige Klasse würde dann das Königtum als Teil der herrschenden Klasse wahrnehmen und sich in republikanischer Tradition die Abschaffung des Königtums auf die Fahnen schreiben.[59] Alternativ könne das Königtum einen Scheinkonstitutionalismus errichten, bei dem die Letztentscheidung beim Monarchen liegt, doch das würde zum Widerstand der herrschenden Klasse und letztlich zur Niederlage des Königtums führen.[60] Eine Überlebenschance für das Königtum sah Stein nur für den Fall, dass die herrschende Klasse sich durch die abhängige Klasse so bedroht fühlte, dass sie bereit wäre, auf die politische Herrschaft zugunsten eines Königs zu verzichten, der durch eine sozial ausgleichende Politik die Revolution verhindert und dadurch die gesellschaftliche Stellung der herrschenden Klasse sichert.[61]

Steins Beteiligung an der schleswig-holsteinischen Erhebung gegen Dänemark hatte nach deren Niederwerfung 1852 seine Entlassung von der Kieler Professur zur Folge. Dass Stein Preußen wegen seines Ausscheidens aus dem Konflikt mit Dänemark scharf kritisierte, machte ihn dort zur *persona non grata*, und der preußische Staat suchte fortan seine Berufung an eine deutsche Universität zu verhindern. 1855 nahm Stein deswegen einen Ruf auf die Professur für Politische Ökonomie an der Universität in Wien an, wo er den Rest seines Lebens verbrachte.[62] Dort wandte er sich verstärkt nationalökonomischen und vor allem finanzwissenschaftlichen und verteilungspolitischen Fragen zu. Dass die Gesellschaft jemals frei von Klassenunterschieden sein könnte, hielt Stein für unwahrscheinlich. Während sich jedoch die herrschende Klasse in früheren Epochen den Staat zu eigen gemacht und vollständig ihren Interessen unterworfen hätte, sei nun die freie individuelle Selbstbestimmung prägend geworden, in der der Rechtsstaat der umstandslosen Durchsetzung von Klasseninteressen Grenzen setze.[63] Die Ungleichheit verschwand zwar nicht, aber sie wurde nun bei

59 Stein, Geschichte, Bd. 3, S. 23-33.

60 Ebd., S. 34-45.

61 Ebd. S. 45-50. Siehe dazu auch Böckenförde, Lorenz von Stein, S. 266-268.

62 Utz Schliesky, Lorenz von Stein – Leben und Werk, in: JuristenZeitung 70 (2015) 23, S. 1121-1130.

63 Lorenz von Stein, Gegenwart und Zukunft der Rechts- und Staatswissenschaft Deutschlands, Stuttgart 1876, Kap. II.

der Steuererhebung berücksichtigt, und das Abgabewesen gewann eine individualisierte Form. »Das Steuersubjekt tritt ›im Namen der Gleichheit‹ als Steuerquelle und Steuerkraft ebenbürtig neben das Steuerobjekt: die Besteuerung wird, wie sich Stein ausdrückt, dadurch zur ›gleichen, daß sie für jedes Individuum unterschiedlich sein muß‹.«[64] Stein begrüßte die Individualisierung enthusiastisch und pries deswegen die Einkommensteuer, die nach Maßgabe der individuellen Leistungsfähigkeit erhoben werden sollte, als höchste Stufe der Steuergesetzgebung. Da zum damaligen Zeitpunkt nur wenige Staaten eine Einkommensteuer kannten, darf Steins Vorhersage, dass in ihr die Zukunft des europäischen Steuerwesens liege, als hellsichtig gelten.[65]

Steins Steuersystem unterschied drei Arten von Steuern: Ertragsteuern, Einkommensteuern und Verkehrsteuern. Stärker als frühere Autoren bemühte sich Stein, die Gebühren von den Verkehrsteuern abzugrenzen. Wichtig war zudem, dass er bei den Verkehrsteuern eine Unterteilung in »Verzehrungsteuern« und »Genusssteuern« vornahm. Erstere standen für die Steuern auf für die Reproduktion der Arbeitskraft notwendige Lebensmittel, Letztere für Luxuskonsum.[66] Stein verlangte, dass Erstere so weit als möglich abgebaut und der Schwerpunkt deutlich zu Letzteren hin verlagert würde. Hinzu kam, dass er sich gegen Lohnsteuern aussprach und die Arbeiterschaft insgesamt stark von Steuern entlastet sehen wollte. Insgesamt war Stein in Wirtschaftsfragen liberal, aber kein radikaler Manchesterliberaler. Er sah, dass der ökonomische Liberalismus Ungleichheit produzierte, und hielt staatliche Eingriffe zu deren Begrenzung für gerechtfertigt. Es ging ihm aber nicht um Umverteilung, sondern um Besteuerung nach Leistungsfähigkeit. Er war, in den Worten von Dirk Blasius, »ein Vertreter der ›staatlichen Ordnung der Gesellschaft‹, nicht der ›gesellschaftlichen Ordnung des Staates‹«.[67] Heute wird Stein oft als Vordenker eines konserva-

64 Beckerath, Geschichte, S. 429.

65 Jan-Pieter Schulz, Finanzwissenschaft im deutschsprachigen Raum und in den Vereinigten Staaten, 1865-1917: Ursprung, Inhalt und Wissenschaftstransfer, Marburg 2013, S. 118.

66 Gustav Wilke, Die Entwicklung der Theorie des staatlichen Steuersystems in der deutschen Finanzwissenschaft des 19. Jahrhunderts, in: FinanzArchiv 38 (1921) 1, S. 1-108, hier S. 75 f.

67 Dirk Blasius, Lorenz von Stein, in: Hans-Ulrich Wehler (Hg.), Deutsche Historiker, Bd. 1, Göttingen 1971, S. 25-38, hier S. 36.

tiven Sozialstaats betrachtet, wie ihn Bismarck unter der Beratung der Stein-Anhänger Theodor Lohmann und Hermann Wagener schließlich durchgesetzt habe. Heinrich August Winkler betont dabei aber, dass Stein durch seine Ablehnung des Parlamentarismus in einer unseligen Traditionslinie stehe, »die es leicht machte, soziale Sicherheit gegen politische Freiheit auszuspielen«.[68] Reinhart Koselleck und Ernst-Wolfgang Böckenförde haben Stein dagegen stärker als vorsichtigen Reformer präsentiert, der die Spielräume für Reformen in Preußen richtig einschätzte und dementsprechend durchsetzbare Vorschläge präsentierte.[69] Am treffendsten dürfte Stein als bürgerlicher Reformer beschrieben sein, der aus Furcht vor der angenommenen Kapitalfeindlichkeit der lohnabhängigen Klassen für die Aufrechterhaltung der Monarchie plädierte.

Adolph Wagner und die soziale Epoche der Steuerpolitik

Langfristig noch wirksamer als Stein war Adolph Wagner. Sein Gesetz von den expandierenden Staatsausgaben, oft auch als Wagner'sches Gesetz bezeichnet,[70] wird noch heute in den Finanzwissenschaften diskutiert, und als in den 1950er- und 1960er-Jahren Finanzwissenschaftler die Ausweitung des Steuerinterventionismus forderten, beriefen sie sich häufig auf Wagner. Noch heute finden sich gerade bei sozialpolitisch interessierten Ökonomen viele positive Bezugnahmen auf ihn, die in der Regel allerdings seine antikapitalistischen wie auch antisemitischen Positionen unterschlagen und ihn allzu umstandslos als Vordenker einer marktwirtschaftlich orientierten Sozialpolitik bundesrepublikanischer Prägung reklamieren.[71]

Adolph Wagner wurde 1835 in Erlangen geboren, wuchs aber

68 Ralph Bollmann, Lorenz von Stein. Der Mann, der den Sozialstaat erfand, FAZ, Nov. 23, 2013 (mit Interviewausschnitten mit Heinrich August Winkler).

69 Koselleck, Geschichtliche Prognose; Böckenförde, Lorenz von Stein.

70 Norbert Leineweber, Das säkulare Wachstum der Staatsausgaben, Göttingen 1988; Norbert Andel, Finanzwissenschaft, Tübingen 1992 (3. Auflage), S. 184-190; Herbert Timm, Das Gesetz der wachsenden Staatsausgaben, in: FinanzArchiv N.F. 21 (1961), S. 201-247.

71 Martin Heilmann, Adolph Wagner. Ein deutscher Nationalökonom im Urteil der Zeit, Frankfurt am Main 1980, S. 102-108.

vor allem in Göttingen auf, wohin sein Vater, Rudolf Wagner, als Professor für Biologie berufen wurde. Er kam früh mit den Schriften von Karl Rodbertus und Ferdinand Lassalle in Berührung, die ihn von der Bedeutung der sozialen Frage überzeugten und deren Verfassern er zeit seines Lebens inhaltlich verbunden blieb.[72] Seine erste Professur erhielt er 1865 in Dorpat im heutigen Estland. Seine Berufung nach Berlin 1870 ermöglichte ihm auch ein stärkeres politisches Engagement. Nur einen Monat nach seinem Eintreffen in Berlin brach im Juli 1870 der Preußisch-Französische Krieg aus, der Wagners Nationalismus verstärkte. Noch vor dem Jahreswechsel veröffentlichte er eine von nationalem Pathos getragene Broschüre, in der er die Annexion von Elsass und Lothringen forderte.[73] Im Jahr 1871 hielt Wagner auf der kirchlichen Oktoberversammlung in Berlin einen Vortrag über »die sociale Frage«, in der er scharf mit dem Manchesterliberalismus abrechnete.[74] Der Vortrag veranlasste den Liberalen Heinrich Bernhard Oppenheim zu einer bissigen Bemerkung über jene Professoren, die sich der sozialen Frage verschrieben hätten, politisch jedoch eine zunehmend antiliberale Haltung einnehmen würden. Oppenheim prägte für diese Gruppe den Begriff der »Kathedersozialisten«.[75] Wagner antwortete mit einer erneuten Kritik am Manchesterliberalismus, wobei er schon hier antisemitische Stereotype bemühte, wenn er etwa behauptete, dass sich in den deutschen Städten »der Übergang des städtischen Grundeigentums an Spekulanten und Wucherer Shylock'schen Schlages« vollziehe.[76] Seine eigene politische Positionierung schätzte er zu dem Zeitpunkt so ein: »Im Ganzen gehöre ich etwa dem rechten Flügel der Nationalliberalen oder dem linken Flügel der Freikonservativen an.«[77] In einem Brief an seinen Bruder distanzierte er sich aber von anderen sozialpolitisch interessierten Ökonomen:

72 Erich Their, Rodbertus, Lasalle, Adolph Wagner: ein Beitrag zur Theorie der Geschichte des deutschen Staatssozialismus, Berlin 1930; Heilmann, Adolph Wagner, S. 44-46.

73 Adolph Wagner, Elsass und Lothringen und ihre Wiedergewinnung für Deutschland, Berlin 1870; Evalyn A. Clark, Adolf Wagner: From National Economist to National Socialist, in: Political Science Quarterly 55:3 (1940), S. 378-411, hier S. 384-392; Heilmann, Adolph Wagner, S. 68-70.

74 Adolph Wagner, Rede über die sociale Frage, Berlin 1872.

75 Bernhard Heinrich Oppenheim, Der Katheder-Sozialismus, Berlin 1872.

76 Adolph Wagner, Offener Brief an Herrn H. B. Oppenheim, Berlin 1872, S. 27.

77 Ebd., S. 13.

Diese Kathedersozialisterei ist doch etwas Halbes. Ich fühle im Grunde immer mehr mich nach Links in meinen theoretischen Ansichten gedrängt und voll Verachtung der Bourgeoisie. [...] Die sozialdemokratische Lehre hat mehr tief Religiöses als irgendeine andere [...,] und wissenschaftlich sind die Marx und Lasalle den Kathedersozialisten und Manchesterleuten um einen Chimborazo und Dhaulagiri überlegen. Soll man den letzten Schritt tun? Und doch sage ich mir: Maaß halten ist gerade für mich die Aufgabe.[78]

Anfang der 1870er-Jahre hatte sich Wagner den Vorstellungen der Sozialdemokratie nach eigenem Bekunden erheblich angenähert: »[V]or 5 bis 6 Jahren hielt ich 95 % der socialdemokratischen Theorie für falsch, vor 3 Jahren noch 80, zur Zeit der Octoberversammlung noch 50, zur Zeit des offenen Briefes an Oppenheim noch 35 %; seit diesem Winter noch 10, jetzt kaum mehr 5, oder mit anderen Worten: 95 % für richtig. Das hat aber natürlich seine practischen Consequenzen!«[79]

Diese zog Wagner, indem er schließlich in die Politik ging. Mitte der 1870er Jahre wurde er zum engsten Vertrauten des Berliner Hof- und Dompredigers Adolf Stöcker und gründete mit ihm 1878 die Christlich-Soziale Arbeiterpartei. Gleichzeitig begannen beide mit der Herausgabe der Zeitschrift »Staats-Sozialist«, ein Begriff, den Bismarck ab 1881 bei der Begründung seiner Politik nutzte.[80] Mit der Partei und der Zeitschrift verfolgten Stöcker und Wagner anfangs das Ziel, die Arbeiterschaft durch soziale Versprechen für die konstitutionelle Monarchie zu begeistern und dem Einfluss der

78 Brief von Adolph Wagner an Hermann Wagner vom 7.12.1872, in: Heinrich Rubner (Hg.), Adolph Wagner. Briefe. Dokumente. Augenzeugenberichte 1851-1917, Berlin 1978, S. 119. Wagner betonte auf ökonomischen Fachtagungen auch, dass er Marx, Engels, Lasalle und Rodbertus für ernstzunehmende Wissenschaftler hielt. Siehe: David F. Lindenfeld, The Practical Imagination. The German Sciences of State in the Nineteenth Century, Chicago 1997, S. 273. Die Hochachtung beruhte nicht auf Gegenseitigkeit. Marx' Randglossen zu einem Buch Wagners waren durchweg kritisch. Seinen Gesamteindruck gibt der Kommentar: »So viele Wörter, so viel Unsinn« wieder. Karl Marx, »Randglossen zu Adolph Wagners Lehrbuch der politischen Ökonomie, in: MEW, Bd. 19, Berlin (Ost) 1962, S. 355-383.

79 Brief von Adolph Wagner an Hermann Wagner vom 19.3.1873, in: Rubner (Hg.), Wagner, S. 120.

80 Wolfgang Schieder, Bismarck und der Sozialismus, in: Johannes Kunisch (Hg.), Bismarck und seine Zeit, Berlin 1992, S. 173-190, hier S. 175.

Sozialdemokratie zu entziehen. Trotz großen Aufwands gelang es ihnen aber nicht, bei den Wahlen größere Stimmenanteile in den Berliner Arbeitervierteln zu erringen. Daraufhin entschieden die Parteiführer, sich stärker auf die Erringung der Stimmen des Mittelstandes zu konzentrieren, und benannten ihre Gruppierung 1881 in Christlich-Soziale Partei (CSP) um. Wenig später gliederte sich die CSP vorübergehend in die Deutsch-Konservative Partei ein. Im Zuge dieses Wandels begannen Stöcker und Wagner ihre Reden verstärkt mit antisemitischen Motiven aufzuladen, weswegen die CSP in der Forschung oft als erste strikt antisemitische Partei des Kaiserreichs gilt.[81] Nach seiner Wahl ins Preußische Abgeordnetenhaus beantwortete Wagner die von ihm selbst in einer Parlamentsrede aufgeworfene Frage, warum »man den Juden immer etwas am Zeuge zu flicken« suche, wie folgt: »[E]s kommt her von der jüdischen Handlungsweise«.[82] Für ihn wurden »Juden« immer stärker zu den Trägern des Kapitalismus, die es zu bekämpfen galt, und zugleich verstand er die »Judenfrage« zunehmend als »Rassenfrage«.

1893 von seinem ehemaligen Schüler Hermann Bahr nach seinem Antisemitismus befragt, betonte Wagner, er sei nicht der Meinung, dass man die soziale Frage mit der »Judenfrage« verbinden solle. Deutschland würde auch ohne Juden nicht frei von sozialen Problemen sein. Auf die Nachfrage, warum man ihn dann einen Antisemiten nenne, entgegnete Wagner:

> Weil die Juden sich immer mit dem Kapitalismus identifizieren! Wie man gegen das Kapital etwas sagt, thun sie, als hätte man ihre Religion beleidigt. Und in gewisser Weise bin ich ja auch Antisemit. Ich mag das jüdische Wesen, die jüdischen Unarten nicht leiden, und ich glaube allerdings, daß es den deutschen Sitten Gefahr bringen kann. Schauen Sie sich einmal die Jüdinnen auf der Straße an, wie sie sich kleiden und benehmen! Das muß einen gewissen ästhetischen Antisemitismus erwecken – wir empfinden sie eben als eine fremde Rasse, die gegen unseren Geschmack und unsere Gewohnheiten ist.[83]

81 Wehler, Deutsche Gesellschaftsgeschichte, Bd. 3, S. 921-923.

82 Zitiert nach: Christoph Jahr, Antisemitismus vor Gericht: Debatten über die juristische Ahndung judenfeindlicher Agitation in Deutschland (1879-1960), Frankfurt am Main 2011, S. 223.

83 Hermann Bahr, Der Antisemitismus. Ein internationales Interview, Berlin 1894, S. 70-78, hier S. 77. Das Interview wurde zuerst in der Deutschen Zeitung in Wien am 4. 5. 1893 abgedruckt.

Wagner befragt sich dann abschließend selbst, was aus seiner so vehementen wie prinzipiellen Ablehnung folgen solle, und antwortet: »Totschlagen können wir sie nicht, aus dem Lande treiben auch nicht. Irgendwie müssen wir sie eben verdauen.«[84]

Wagner warf »den Juden« also erst einmal vor, dass sie mit Kritik auf seinen Antikapitalismus reagierten. Danach aber folgten die generelle Anklage und die Feststellung, dass es sich bei ihnen um eine »fremde Rasse« handele. Wagner durchdachte bereits die spätere Politik der Nationalsozialisten (»totschlagen« und »aus dem Land treiben«), hielt diese aber für nicht vertretbar oder für nicht durchführbar. Mit seiner Vorstellung von »den Juden« als Trägern des Kapitalismus stand Wagner in der deutschen Nationalökonomie im späten Kaiserreich indes nicht allein, der Glaube an diese Verknüpfung fand breite Anhängerschaft. Ihren höchsten Ausdruck fand diese Tendenz schließlich in der 1911 publizierten Schrift des Wagner-Schülers und schließlich auch Lehrstuhlnachfolgers Werner Sombart über *Die Juden und das Wirtschaftsleben*.[85] Wagner war nur einer von vielen Ökonomen in Deutschland, die ihr Unbehagen gegenüber der Industrialisierung und dem Kapitalismus auf das kollektive Andere, »die Juden«, projizierten, die dann im Weltbild dieser Wissenschaftler alles repräsentierten, was sie am Kapitalismus zu kritisieren hatten.

Auch Wagner dachte in Epochen. Für seine eigene Zeit übernahm er dabei von Stein die Bezeichnung »staatsbürgerliche Epoche«. In ihr sah er aber keinesfalls einen End- oder Höhepunkt, sondern bereits die neue »soziale Epoche« heraufziehen, in der die rein marktwirtschaftlich geprägten Verteilungsprozesse keinen Bestand mehr haben könnten und stattdessen der Staat mittels seiner Steuerpolitik für soziale Gerechtigkeit sorgen müsse. Damit trat für Wagner der sozialpolitische gleichwertig neben den fiskalischen Steuerzweck. Die Erhaltung des Staates mit allen Mitteln hatte für ihn absoluten Vorrang vor marktwirtschaftlichen Prozessen und

84 Ebd., S. 77.

85 Werner Sombart, Die Juden und das Wirtschaftsleben, Leipzig 1911. Siehe dazu: Nicolas Berg, Juden und Kapitalismus in der Nationalökonomie um 1900: Zu Ideologie und Ressentiment in der Wissenschaft, in: Fritz Backhaus/Liliane Weissberg (Hg.), Juden und Reichtum – eine Vorstellung, Frankfurt am Main 2013, S. 284-307; Avraham Barkai, Juden und Kapitalismus. Ökonomische Vorstellungen von Max Weber und Werner Sombart, in: Menora 5 (1994), S. 25-38.

individuellen Eigentumsansprüchen. Diese Position hatte sich in seinem Denken durch die marktkritisch und antisemitisch interpretierte Gründerkrise seit 1873 nachhaltig verfestigt.

Wagner hatte sich mit der Gründerkrise und seinem Einstieg in die Politik zu einem der bedeutendsten Vertreter eines mittelständisch geprägten nationalen Sozialismus gewandelt. Er nutzte mitunter antikapitalistische Rhetorik, wenn er dabei konkreter wurde, lief es auf das Feindbild des jüdischen Spekulanten hinaus. Wagner kokettierte zwar mit dem ganzen Arsenal staatlicher Eingriffe ins Wirtschaftsleben, aber im Mittelpunkt stand bei ihm eine progressive Steuerpolitik, die das politische System durch eine Politik des sozialen Ausgleichs stabilisieren sollte. Sein »Sozialismus« war ein Sozialkonservatismus. Wagner befürwortete eine Einkommensumverteilung, damit vieles so bleiben konnte, wie es war. Er hatte keine grundsätzlichen Zweifel am Kapitalismus, sondern nur an einigen verteilungspolitischen Auswirkungen des gegenwärtigen Wirtschaftssystems, die er aber innerhalb dessen Grenzen für reparabel hielt.[86]

Der Grundlagenstreit in der deutschen Finanzwissenschaft

Wagners soziale Forderungen hatten Stein zu einem scharfen Einspruch in der aktualisierten Ausgabe seiner *Finanzwissenschaft* veranlasst. Von Beckerath sah in diesem Meinungsaustausch einen für die Finanzwissenschaft ähnlich grundlegenden Prinzipienkampf, wie er in der Nationalökonomie wenige Jahre zuvor im Methodenstreit zwischen Gustav von Schmoller und Carl Menger ausgefochten worden war.[87] Stein wandte sich strikt gegen Wagners Umverteilungsforderungen. Für ihn stellte der Klassenunterschied das Fundament von Gesellschaftlichkeit schlechthin dar: »Erkennt

86 Waldemar Koch, Das Verhältnis zwischen gesellschaftlicher und steuerlicher Gerechtigkeit bei Adolph Wagner, in: FinanzArchiv N.F. 23 (1963/64) 1, S. 36-52, hier S. 40. Im Hinblick auf seine Positionierung zur Wirtschaftswissenschaft sprach Dieter Krüger davon, dass Wagner eher »an die Korrektur als an die Überwindung der klassischen Theorie dachte«: Dieter Krüger, Nationalökonomen im wilhelminischen Deutschland, Göttingen 1983, S. 13.

87 Von Beckerath, Geschichte, S. 436.

man nun […], daß die Grundlage aller gesellschaftlichen Ordnung der Klassenunterschied, der Fortschritt aller gesellschaftlichen Freiheit aber die freie Klassenbewegung von unten nach oben und umgekehrt ist […], so ergibt sich als das letzte sociale Prinzip alles Steuerwesens, daß die Besteuerung alles Einkommens das erworbene Kapital selbst nie verzehren und damit ihre eigene Basis angreifen darf, das ist seinem höheren socialen Begriff nach da ihre Grenze finden muß, wo sie beginnt, das Einkommen so weit zu verringern, daß es seine kapitalbildende Kraft verliert.«[88]

Deswegen dürfe der Staat niemals in die Verteilung des kapitalbildenden Eigentums eingreifen. Der Eintreibung von Steuern waren nach Stein enge Grenzen des ökonomisch Vertretbaren gesetzt, deren Einhaltung gerade der Finanzwissenschaftler immer wieder anzumahnen habe. Aus Steins Sicht beschwor die um sich greifende Nichtbeachtung dieser Grenzen die große Gefahr einer Demokratisierung herauf, weswegen er wenig hoffnungsfroh in die Zukunft blickte. Er befürchtete, dass eines nicht allzu fernen Tages die Macht an die unteren Schichten fallen müsse, die, »weil sie selbst ohne Kapital, die Bedingungen der Kapitalbildung auch selber nicht zu beurtheilen vermögen«.[89] Die Steuer würde so »zu einem System der Gewalt, in welchem dann nicht mehr die Idee der freien Entwicklung der Persönlichkeit, sondern die Machtverhältnisse des Klassenkampfes entscheiden. Und alsdann kehrt unabwendbar das Steuerwesen zu seiner ersten Zeit, der Besteuerung und Ausbeutung der Beherrschten durch die herrschende Klasse zurück, sei es der untern durch die obere, oder der obern durch die untere Klasse.«[90] Die transformierenden – aus seiner Sicht: zersetzenden – Potentiale des Steuerwesens hielt er für nahezu unbeschränkt, denn »es vermag, auf dem Wege des strengen Rechts durch allmähliche Vernichtung des selbständigen Kapitals alle Unterschiede aufzuheben, welche durch die verschiedene Vertheilung der Güter in der menschlichen Gesellschaft sich gebildet haben«.[91] Stein stand deswegen der Einkommensumverteilung durch den Staat äußerst skeptisch gegenüber. Sein Ziel war es, über bessere Schulbildung

88 Lorenz von Stein, Lehrbuch der Finanzwissenschaft: Erster Theil, Fünfte Ausgabe, Leipzig 1885, S. 148-160, hier S. 150.

89 Ebd., S. 159.

90 Ebd., S. 150.

91 Ebd., S. 149.

für alle größere geistige Freiheit zu erlangen, die die Basis für eine Verbesserung der ökonomischen Lage sein sollte.[92]

Wagner antwortete darauf 1887 in einem Beitrag für die *Zeitschrift für die gesamte Staatswissenschaft*, in dem er eingangs betonte, dass Steins Überlegungen »das Beachtenswerteste und Tiefgründigste [sind], was mir von kritischen Erörterungen zum Staatssozialismus bekannt geworden ist«.[93] Wagner war darum bemüht, trotz Steins harscher Kritik nicht »prinzipiell verschiedene Auffassungen, die uns trennen, sondern vornehmlich auch Fragen des quantitativen Moments, des Masses«[94] zu erkennen. Er sah bei Stein vor allem drei Kritikpunkte: Maßlosigkeit der Ziele, Gefährdung der Kapitalbildung und Gefahr der Majoritätsherrschaft. Seine Antwort auf diese lautete: »Die ›Masslosigkeit der Ziele‹ ist dem staatssozialistischen Programm nicht notwendig mehr als jedem Verwaltungsprogramm eigentümlich. Die ›Gefährdung der Kapitalbildung‹ beruht teils auf einer irrigen Lehre vom Kapital, teils auf Missverständnissen, teils auf Uebertreibung. Die ›Gefahr der Majoritätsherrschaft bei allgemeinem Stimmrecht‹ wird durch den Staatssozialismus nicht erst geschaffen, auch nicht einmal vergrössert.«[95] Wagner hielt eine Begrenzung der Staatsziele und -ausgaben für historisch kaum begründbar: »Wie unmöglich ist es, nach Ausweis der Geschichte aller Kulturvölker, den Staats- und Kommunalfinanzen der modernen Völker hier eine feste Grenze zu ziehen.«[96] Seines Erachtens war es sinnvoller, wenn der Staat ein erträgliches Maß sozialer Ungleichheit – und damit eine Grenze seiner ausgleichenden Eingriffe – festlegte, als dass das tatsächliche Ausmaß der Vermögens- und Einkommensunterschiede den Marktprozessen überlassen bliebe: »Der Staatssozialismus betont dagegen, dass eben auch hier Fragen des richtigen Masses vorliegen und dass der ›ökonomische Individualismus‹ im Konkurrenzsystem der volkswirtschaftlichen Praxis grade dies richtige Mass in der Einkommens- und Vermögensverteilung, nach unten zu, aber ebenso nach oben zu, nicht innehält, ja dass in der modernen ›freien Erwerbsgesellschaft‹ dies Mass immer mehr verloren

92 Schulz, Finanzwissenschaft, S. 113.

93 Adolph Wagner, Finanzwissenschaft und Staatssozialismus, in: Zeitschrift für die gesamte Staatswissenschaft 43 (1887) 4, S. 675-746, hier S. 676.

94 Ebd., S. 685.

95 Ebd., S. 686.

96 Ebd., S. 688.

geht.«[97] In den von ihm geforderten Eingriffen vermochte er keine grundsätzliche Gefahr für die Kapitalbildung zu erkennen: »[D]ie Höhe und Richtung der Konsumtion und die Kapitalbildungsfähigkeit der Klassen wird verschoben, aber im Ganzen für die Volkswirtschaft nicht vermindert.«[98] Wagner gehörte dabei zu den wenigen Denkern seiner Zeit, die nicht nur den Mangel in den unteren Schichten, sondern auch den Überfluss der oberen analytisch fassten. Er stellte fest, »dass ›im sich selbst überlassenen freien Verkehr‹ des Konkurrenzsystems die Verteilung von Einkommen und Besitz leicht zu ungünstig für die arbeitenden Klassen und kleine Leute und zu günstig für einzelne bevorzugte Kreise und Personen der besitzenden Klassen ausfällt. Ersteres wird selten mehr bestritten, letzteres ist bisher selten für die allgemeineren Organisations-, Rechts- und Verteilungsfragen genügend in seiner Bedeutung und Tragweite gewichtet worden.«[99] Die Gründe für die zunehmende Ungleichheit waren für ihn systembedingt und letztlich gesellschaftsschädigend: »In der Hauptsache siegen bei ›freier Konkurrenz‹ wohl die ›begabteren‹ Elemente, die gewissenloseren Elemente und der Grossbetrieb, und zwar in einem Masse, das selbst wieder als kulturfeindlich, nicht kulturfördernd, und auch das Produktionsinteresse vielfach verletzend, nicht mehr fördernd bezeichnet werden muss.«[100] Im Mittelpunkt von Wagners Kritik stand indes nicht die Großindustrie. Vielmehr waren es die »mit so zweifelhaften, oft mit direkt anrüchigen Mitteln erworbenen masslosen Reichtümer der modernen Spekulationsmatadore der Börse, des grossen Geld- und Bankgeschäfts«,[101] die er an erster Stelle nannte, wenn er zu verurteilende Tendenzen beschrieb. Damit schloss er an von ihm selbst mitentworfene Bilder an, die den angeblich allzu stark mit »Juden« besetzten Banken und Börsen die Schuld für die Wirtschaftskrise 1873 zuschoben. Schon Hans Rosenberg bezeichnete die Zeit nach der Gründerkrise in Deutschland wegen solcher Sichtweisen pointiert als »ein zu Wahnvorstellungen neigendes Zeitalter der Neurosen«.[102]

97 Ebd., S. 714.
98 Ebd., S. 703.
99 Ebd., S. 714.
100 Ebd., S. 714-715.
101 Ebd., S. 715.
102 Hans Rosenberg, Große Depression und Bismarckzeit. Wirtschaftsablauf, Gesellschaft und Politik in Mitteleuropa, Berlin 1967, S. 56.

Hannah Catherine Davies hat jüngst gezeigt, dass die Krise nur in Deutschland zu so weitreichenden Verschwörungstheorien geführt hat, während sich für die anderen beiden hauptbetroffenen Staaten, die USA und Österreich, kein vergleichbarer Trend ausmachen lässt.[103]

Für Wagner folgte aus dem von ihm konstatierten schädlichen Einfluss der Bewegungen vor allem des spekulativen Kapitals erheblicher staatlicher Interventionsbedarf:

> [J]ede ernste Sozialreform muss sich sagen: es gibt nicht nur zu wenig Einkommen und Besitz ›unten‹, sondern [...] auch zu viel und zu inkorrekt erworbenes Einkommen und Besitz ›oben‹. Auch diesen Verhältnissen gilt es, präventiv und repressiv, letzteres besonders durch ›Verstaatlichungen‹, Expropriationen, ›Entwährungen‹ und Besteuerung sozialreformatorisch entgegen zu treten.[104]

Während die Klage über die allzu schlechten Lebensbedingungen der Unterschicht in der damaligen Finanzwissenschaft durchaus gängig war, bildete Wagners Hinweis auf eine zu große Kapitalbildung bei den Wohlhabenden doch eine Ausnahme. Stein, für den die Kapital- und Klassenbildung ein wesentliches Element der Zivilisierung der Gesellschaft darstellte, hätte dem wohl kaum rundheraus zugestimmt. Unter Finanzwissenschaftlern und Ökonomen verbreitet war nach der Gründerkrise 1873 lediglich die Kritik an zu hohen Spekulationsgewinnen.

Dem Vorwurf, dass die von ihm anvisierte Steuerpolitik die Kapitalbildung und damit die Erhöhung des Wohlstands unterminiere, hielt Wagner entgegen:

> Wenn nun der öffentliche Körper Steuererträge, welche wirklich die private Kapitalbildung des Besteuerten aus seinem Einkommen, oder in dem weitergehenden Falle der ›reellen‹ Kapitalbesteuerung, sogar dessen schon vorhandenes Privatkapital vermindert haben, in der früher geschilderten Weise direkt zur Bildung von Nationalkapital verwendet oder wenn jene Privat-Personen, welche direkt oder indirekt ökonomische Vorteile aus der Verwendung jener Steuererträge ziehen, ihrerseits nunmehr Privatkapital bilden, so erleidet weder die Entstehung von National- noch von Privatkapital notwendig Einbussen.[105]

103 Hannah Catherine Davies, Transatlantic Speculations. Globalization and the Panics of 1873, New York 2018, S. 147.

104 Wagner, Finanzwissenschaft und Staatssozialismus, S. 718.

105 Ebd., S. 722.

Damit brach Wagner in Anlehnung an Dietzel mit der orthodoxen Sicht von Adam Smith, wonach Staatsausgaben unproduktiv und Steuern der Produktivitätsentwicklung abträglich seien. Auf die Dauer, so argumentierte er, wäre eine Abschöpfung nur dann schädlich, wenn der Staat das Geld weniger produktiv einsetzte, als Privatpersonen dies täten. Dieser Gefahr, sofern sie denn bestünde, ließe sich schon durch eine Beschränkung der Verstaatlichung auf wenige, für eine ausgewogene ökonomische und soziale Entwicklung erforderliche Fälle problemlos vermeiden.

Wagner monierte, dass sich die meisten deutschen Finanzwissenschaftler inzwischen dem Prinzip der Besteuerung nach Leistungsfähigkeit zwar nicht länger verschlössen, dass diese Einsicht in ihren Schriften wie in der Politik bisher allerdings kaum zu Konsequenzen geführt habe:

> Denn eine indirekte Verbrauchsbesteuerung auf Massenkonsumtibilien [...] steht mit dem Grundsatz der Besteuerung nach Leistungsfähigkeit in Widerspruch. Ja, sie kann unter Umständen zu einer Besteuerung umgekehrt nach der Leistungsfähigkeit werden. Sie muss daher mindestens durch entgegengesetzt wirkende Steuern im Steuersystem ergänzt werden. Allein an solchen Steuern fehlt es oder sie sind, wie die proportionale Einkommensteuer, wieder so eingerichtet, dass sie dem Grundsatz der Besteuerung nach Leistungsfähigkeit nicht gerecht werden.[106]

Die Gefahr des Dogmatismus sah er auch bei den Staats-Sozialisten, gleichwohl war der Gegner, der »operierende ökonomische Individualismus [...] dieser Gefahr bei jeder Gelegenheit bereits verfallen. Die Vertreter dieser Richtung sind einseitigste Dogmatiker.«[107]

Auf Steins Vorwurf, er rede einem allgemeinen Wahlrecht das Wort, antwortete Wagner, dass er eine solche Forderung gar nicht ausdrücklich erhoben habe, ein allgemeines Wahlrecht aber durchaus auch heilsame Wirkungen zeitigen könne. So sei die Einführung der Sozialversicherung eine richtige Antwort auf die Ausweitung des Wahlrechts gewesen. Wenn die Oberschicht richtig reagierte, bestünde wenig Anlass zur Sorge. Wagner glaubte nicht, dass die Vertreter der Lohnarbeiterklasse, wenn sie an die Macht kämen,

106 Ebd., S. 725-726.
107 Ebd., S. 707.

»auf dem Besteuerungsgebiete, die Grundlagen der Volkswirtschaft aufs Spiel«[108] setzen würden. Zudem stellten die Lohnarbeiter keineswegs die Mehrheit des Volkes, weshalb ein Wahlerfolg der Sozialdemokraten alles andere als ausgemacht sei. Dieser würde nur wahrscheinlich, wenn der freie Wirtschaftsprozess das kleine und mittlere Handwerker- und Bauerntum zerstörte. Zudem stellten Monarchie, Militär und Bürokratie entscheidende Machtfaktoren dar, die gewährleisten könnten, dass es auch bei einer sozialdemokratischen Mehrheit im Reichstag nicht zu ökonomisch gefährlichen Experimenten kommen würde.

Im Fazit betonte Wagner, dass vor allem zwei Dinge notwendig seien:

> unbedingte Aufrechterhaltung der staatlichen Autorität, [...] demnach eine hierfür entsprechende Repressivpolitik; dann aber auch andererseits offene Anerkennung der tiefen Schäden der wirtschaftlichen Verhältnisse, besonders der unteren Klassen, unbefangene Untersuchung, ob und wieweit durch Staatshilfe, durch Gesetzgebung, Verwaltung, Finanzmittel wirklich Verbesserungen in den wirtschaftlichen und sozialen Zuständen herbeigeführt werden können.[109]

Wagner sah dabei wenig Grund für Pessimismus, denn in »beiderlei Hinsichten ist die Politik des Deutschen Reiches so verfahren«.[110]

Erwin von Beckerath und Martin Heilmann haben die Ansicht vertreten, dass die langfristige Entwicklung eher Stein als Wagner Recht gegeben habe. Heilmann schreibt: »Stein sah auch bereits die Gefahr, daß im Kampf der politischen Gruppierungen um die Gunst der breiten Wählermassen die ökonomische Rationalität dem demagogischen Interesse geopfert werden könnte.«[111] Von Beckerath begründet sein Lob der Stein'schen Position wie folgt: »Retrospektiv wird man sagen, daß der dialektisch geschulte Stein und der kühle Geschichtsdenker Roscher tiefer als er [Wagner] in die Wechselfälle und Möglichkeiten des historischen Prozesses hineinschauten und ihre Warnungen Wagners Thesen gegenüber ein erhebliches Maß an überlegener Einsicht verrieten.«[112] Das ist eine

108 Ebd., S. 734.
109 Ebd., S. 745.
110 Ebd., S. 746.
111 Heilmann, Adolph Wagner, S. 138.
112 Beckerath, Geschichte, S. 437.

sehr einseitige Wertung, vorgenommen von zwei konservativen Ökonomen, die, jeder zu seiner Zeit, Steins Warnungen vor Ausgabesteigerung und Umverteilung als Weckruf auch gegen die aus ihrer Sicht je aktuell größten Übel verstanden wissen wollten. Demgegenüber soll hier nun nicht die Überlegenheit Wagners in allen Belangen oder die Stichhaltigkeit all seiner Argumente behauptet werden. Allerdings ist zu betonen, dass Wagner in zwei zentralen Zukunftsfragen zu einer wesentlich treffenderen Einschätzung gelangte als sein Kontrahent: Die engen Grenzen der Staatsausgaben, die Stein als unhintergehbar bei Strafe des Untergangs postulierte, sollten sich im 20. Jahrhundert erheblich ausweiten. Und das tat, ganz wie Wagner argumentiert hatte, dem Wirtschaftswachstum keinerlei Abbruch, solange die Mittel produktiv verwendet wurden. Auch schätzte Wagner die Radikalität der Sozialdemokratie, genauer die Möglichkeit von deren Einhegung im Falle einer Regierungsbeteiligung, realistischer ein als Stein. Wagner sollte schließlich auch deutlich stärkeren Einfluss auf die bedeutendste Steuerreform in Deutschland im 19. Jahrhundert haben.

Kapitel 4

Das deutsche Kaiserreich als Vorreiter sozialliberaler Gouvernementalität?

Die Staatsfinanzen bei der Reichsgründung: Das Reich als Kostgänger der Bundesstaaten

Durch die Reichsgründung 1871 verschoben sich die Gewichte auch hinsichtlich der öffentlichen Finanzen. Der Zentralstaat gewann an Bedeutung, war aber aufgrund der Stärke der deutschen Bundesstaaten – insbesondere Preußens – alles andere als allmächtig. Dem Reich wurde die Zuständigkeit für auswärtige Angelegenheiten, Militär, Wirtschaft, Soziales, Verkehr, Handel und Kommunikation zugeschlagen. Für die Reichsfinanzen war ab 1879 das Reichsschatzamt zuständig. Allerdings war die finanzielle Situation des Zentralstaats aufgrund der bei seiner Gründung ausgehandelten föderalen Finanzstruktur mehr als prekär. Dem Reich fielen die Erträge aus Zöllen sowie Verkehrs- und Verbrauchsteuern zu. Das Recht zur Erhebung der einträglicheren – und politisch brisanteren – Einkommen- und Ertragsteuereinnahmen blieb dagegen den Bundesstaaten und den Kommunen vorbehalten. Das Reich war anfänglich nicht in der Lage, mit seinem Anteil an den Einnahmen die nötigen Ausgaben zu finanzieren. Darum musste es die Bundesstaaten nach wie vor um Matrikularabgaben von den Einkommen- und Ertragsteuern ersuchen. Bismarck sprach deswegen davon, dass das Reich »ein lästiger Kostgänger bei den Einzelstaaten« sei. Dabei stellten die Matrikularbeiträge von 1871 an einen Anachronismus dar. Sie mochten zu einem Staatenbund passen, nicht aber zu einem in Richtung Zentralisierung voranschreitenden Bundesstaat. Die Reichsverfassung war weniger föderalistisch ausgerichtet als beispielsweise diejenige der Schweiz oder der USA, doch dort war nicht vorgesehen, dass der Zentralstaat auf Zahlungen der Gliedstaaten angewiesen war.[1] Das Kaiserreich war zwar eine Großmacht, aber eine »ohne Staatsidee«.[2]

1 So schon: Schäffle, Grundsätze, S. 5.

2 Helmuth Plessner, Die verspätete Nation. Über die politische Verführbarkeit bürgerlichen Geistes [1959], Frankfurt am Main 1998 (6. Auflage), S. 41.

Die Gründerkrise: Entstehung eines deutschen Produktionsregimes?

Das Kaiserreich erlitt bald nach seiner Gründung gravierende wirtschaftliche Einbrüche. Es begann mit einer vorwiegend finanziellen Krise 1873, die im Verlauf auch eine industrielle Krise auslöste, gefolgt von einer schweren Agrarkrise 1876.[3] In Deutschland war eine wichtige Folge, dass eine Mehrheit der Bürger nicht mehr bereit war, ihr Geld in Aktien anzulegen, sondern stattdessen festverzinsliche Staatspapiere bevorzugte, was den staatlichen Spielraum zur Schuldenaufnahme erweiterte. Die sinkenden Zinsen stärkten Bismarcks Handlungsmöglichkeiten und schwächten den parlamentarischen Einfluss.[4]

Die Bielefelder Schule von Sozialhistorikern um Hans-Ulrich Wehler und Jürgen Kocka hat die Krisen als Moment des Bruchs mit dem Laissez-faire-Kapitalismus in Deutschland begriffen. In Verbindung mit der Einführung von Schutzzöllen griff der Staat demnach zunehmend auch in innere Wirtschaftsprozesse ein und wandelte sich zum Interventionsstaat. Kocka und Wehler sehen daher schon im Kaiserreich einen organisierten Kapitalismus am Werk. Werner Abelshauser spricht davon, dass »es in der neueren Wirtschaftsgeschichte kaum einen Vorgang von ähnlicher Bedeutung [gibt], wie diesen dramatischen Umbruch des deutschen Produktionsregimes«.[5] Die Bedeutung der Krisen und des nachfolgenden Wandels ist weitgehend unumstritten. Gleichwohl scheinen mir vor allem zwei Teilaspekte der auf sie abstellenden Großnarration kritikwürdig zu sein. Erstens wird die Veränderung zu stark als rein deutscher Vorgang begriffen und mitunter noch in die Tradition des deutschen Sonderwegs gestellt. Gerade Werner Abelshauser hat aber selbst an anderer Stelle betont, dass sich in den

3 Rosenberg, Große Depression, S. 46; Werner Plumpe, Wirtschaftskrisen. Geschichte und Gegenwart, München 2010, S. 62-69; Knut Borchardt, Währung und Wirtschaft, in: Deutsche Bundesbank (Hg.), Währung und Wirtschaft, S. 3-57, hier S. 34-43; Ulrich Nocken, Die große Deflation. Goldstandard, Geldmenge und Preise in den USA und Deutschland 1870 bis 1896, in: Eckart Schremmer (Hg.), Geld und Währung vom 16. Jahrhundert bis zur Gegenwart, Stuttgart 1993, S. 157-189

4 Rosenberg, Große Depression, S. 41-45.

5 Werner Abelshauser, Deutsche Wirtschaftsgeschichte seit 1945, München 2004, S. 28.

1880er Jahren in den führenden Industrienationen eine Art »zweite wirtschaftliche Revolution« abspielte, die mit der Durchsetzung moderner Großkonzerne verbunden war.[6] Mit der Gründerkrise 1873 ging in Europa eine Phase des vergleichsweise wenig regulierten Handels zu Ende, in dem die europäischen Zollsätze für industrielle Güter auf durchschnittlich sechs bis zwölf Prozent gefallen waren.[7] Nun wurden die Schranken für den internationalen Handel wieder erhöht. In der Folge bildeten sich wieder stärker nationale Stile aus, bei denen die Zusammenarbeit mit dem Staat in fast allen führenden Wirtschaftsnationen eine große Rolle spielte.[8] Die Wirtschaftskrise erreichte zwar nahezu globale Dimensionen, die Antworten und Lehren auf sie fielen jedoch national sehr unterschiedlich aus und es kam zu einer Politisierung der globaler werdenden Wirtschaftsbeziehungen.[9] Die meisten europäischen Länder hoben ihre Zollsätze nun drastisch an, doch selbst die neuen Tarife blieben deutlich unter den US-amerikanischen Sätzen.[10] Großbritannien und die Niederlande indes blieben vorerst noch überzeugte Vertreter des Freihandels. Zweitens scheint es mir problematisch zu sein, die von Zeitgenossen vor allem seit den 1920er-Jahren genutzten Begriffe »Interventionsstaat« und »organisierter Kapitalismus« umstandslos auch auf das Kaiserreich anzuwenden. Das hieße, das damals mögliche Maß an staatlicher Intervention und den bereits erreichten Organisationsgrad der Wirtschaft zu überschätzen.[11] Al-

6 Werner Abelshauser, Von der Industriellen Revolution zur Neuen Wirtschaft. Der Paradigmenwechsel im wirtschaftlichen Weltbild der Gegenwart, in: Jürgen Osterhammel (Hg.), Wege der Gesellschaftsgeschichte, Göttingen 2006, S. 201-218.

7 Paul Bairoch, Economics and World History. Myths and Paradoxes, New York 1993, S. 22-24..

8 Sebastian Conrad, Globalisierung und Nation im Deutschen Kaiserreich, München 2006; Osterhammel, Verwandlung, S. 956; Plumpe, Wirtschaftskrisen, S. 68; ders., Der Gründerkrach. Die Krise des liberalen Paradigmas und der Aufstieg des Kathedersozialismus, in: ders./Joachim Scholtysek (Hg.), Der Staat und die Ordnung der Wirtschaft. Vom Kaiserreich bis zur Berliner Republik, Stuttgart 2012, S. 17-42.

9 Davies, Transatlantic Speculations, S. xiii; Jürgen Osterhammel/Niels P. Peterson, Geschichte der Globalisierung. Dimensionen, Prozesse, Epochen, München 2003, S. 26.

10 Bairoch, Economics, S. 28.

11 Die dem Paradigma zugrundeliegenden Texte finden sich in dem Sammelband: Heinrich August Winkler (Hg.), Organisierter Kapitalismus. Voraussetzungen und Anfänge, Göttingen 1974. Insbesondere im Ersten Weltkrieg wurde deut-

lenfalls lassen sich die beschriebenen Krisenreaktionen der Gründerzeit als Anfangspunkt einer Entwicklung verstehen.

Die Zollwende von 1879 als Ende des Laissez-faire

Nach Überwindung der Wirtschaftskrise dominierte bald die Zollfrage weitgehend die wirtschafts- und finanzpolitische Debatte. Zölle spielten zu dieser Zeit in den Etats der führenden Wirtschaftsnationen eine wesentlich wichtigere Rolle als heute. In den USA bildeten sie in der zweiten Hälfte des 19. Jahrhunderts häufig die wichtigste staatliche Einnahmequelle. Für den Konsumenten wirken Zölle kaum anders als Einzelwarensteuern oder eine Umsatzsteuer: Sie erhöhen die Kosten von Produkten, weil die Produzenten die Zölle oder Steuern nach Möglichkeit auf den Verbraucher abwälzen. Aufgrund der Konkurrenzsituation gelingt das nicht immer vollständig, aber in der Regel doch weitgehend. Für inländische Produzenten haben Zölle dagegen eine andere, je nach Wirtschaftszweig und individueller Produktions- und Lieferkette unterschiedliche Bedeutung: Sie können sie vor unliebsamer ausländischer Konkurrenz schützen, für Verarbeiter ausländischer Vorprodukte bewirken sie indes Kostensteigerungen.

In den 1860er-Jahren begann der Zollverein, seine Importzölle deutlich abzusenken, und zur Zeit der Reichsgründung galt im Deutschen Reich ein Freihandelstarif, der mit dem englischen Tarif vergleichbar war. Erst die Agrarkrise von 1876 und die gesteigerten Weizen- und Roggenimporte aus Russland sowie den Vereinigten Staaten verschafften dem Lager der Freihandelsgegner deutlichen Zulauf, wobei aber vielen Agrarverbänden noch Ende der 1870er-Jahre die Senkung der direkten Steuern wichtiger war als die Einführung von Schutzzöllen.[12] In beiden konservativen

lich, wie wenig der Staat darauf vorbereitet war, umfassend in wirtschaftliche Prozesse einzugreifen: Gerald D. Feldman, Armee, Industrie und Arbeiterschaft in Deutschland 1914-1918, Berlin 1985; John F. Godfrey, Capitalism at War. Industrial Policy and Bureaucracy in France 1914-1918, Leamington Spa 1987. Ähnlich jetzt auch: Eva-Maria Roelevink/Dieter Ziegler, Wie organisiert war der Kapitalismus im Kaiserreich? Verbände, Kartelle und personelle Verflechtungen, in: Ulrich Pfister et al. (Hg.), Deutschland 1871, Tübingen 2021, S. 245-265.

12 Wolfram Pyta, Landwirtschaftliche Interessenpolitik im Deutschen Kaiserreich.

Parteien formierten sich jedoch zunehmend politisch schlagkräftige landwirtschaftliche Interessengruppen, die hohe Weizen- und Roggenzölle forderten. Tonangebend waren zu Anfang allerdings gerade nicht die ostelbischen Junker, deren Einfluss auf die Zollpolitik häufig als bestimmend angesehen wird, sondern Verbände aus dem Westen des Reichs.[13] Die Junker schlossen sich den Forderungen allerdings nach und nach an. Politisch möglich wurden die Zollerhöhungen aber nur, weil parallel auch der von der Schwerindustrie dominierte Bund der Industriellen eine Erhöhung der Eisenzölle forderte und eine Mehrheit der Nationalliberalen Partei für sein Anliegen gewinnen konnte. Ein Teil der Forschung hat die sich so bildende Koalition von Junkern und Schwerindustrie, auch als Bündnis von Eisen und Roggen bezeichnet, maßgeblich für den Übergang zur Schutzzollpolitik verantwortlich gemacht.[14] Der politische Einfluss der genannten Interessengruppen soll hier keinesfalls bestritten werden. Dennoch ist auf die große Bedeutung der Zollpolitik auch für die Staatseinnahmen hinzuweisen, die schon Wilhelm Gerloff in seiner grundlegenden Studie aus dem Jahr 1913 herausgearbeitet hat.[15] Es waren demnach keineswegs nur wirtschaftliche Interessenvertreter, welche die Schutzzollpolitik wollten, sondern ebenso ein Teil der Staatsspitze und hier insbesondere Bismarck.[16]

Der Einfluss agrarischer Interessen auf die Neuordnung der Finanz- und Wirtschaftspolitik am Ende der 1870er-Jahre am Beispiel von Rheinland und Westfalen, Stuttgart 1991, S. 12.

13 Cornelius Torp. Die Herausforderung der Globalisierung. Wirtschaft und Politik in Deutschland 1860-1914, Göttingen 2005, S. 152; Hans-Jürgen Puhle, Politische Agrarbewegungen in kapitalistischen Industriegesellschaften: Deutschland, USA und Frankreich im 20. Jahrhundert, Göttingen 1975, S. 60 f.

14 Helmut Böhme, Deutschlands Weg zur Großmacht. Zum Verhältnis von Wirtschaft und Staat während der Reichsgründungszeit 1848-1881, Köln 1966, S. 341-377; Karl Hardach, Die Bedeutung wirtschaftlicher Faktoren bei der Wiedereinführung der Eisen- und Getreidezölle in Deutschland 1879, Berlin 1967; Ivo Nikolai Lambi, Free Trade and Protection in Germany, 1868-1879, Stuttgart 1963.

15 Wilhelm Gerloff, Die Finanz- und Zollpolitik des Deutschen Reiches nebst ihrer Beziehungen zu den Landes- und Gemeindefinanzen von der Gründung des Norddeutschen Bundes bis zur Gegenwart, Jena 1913; ders., Der Staatshaushalt und das Finanzsystem Deutschlands, in: Handbuch der Finanzwissenschaft, Erste Auflage, Tübingen 1926, Bd. 3, S. 1-69.

16 Dies sieht Torp, Herausforderung der Globalisierung, S. 156-162. Am umfassendsten zeigt dies aber Andreas Thier, in dem er von der Steuerpolitik ausgeht

Bismarck war als Junker und Konservativer seit jeher ein entschiedener Gegner hoher direkter Steuern. Bereits in seinem Referendarexamen in Aachen hatte er eine Arbeit verfasst, in der er für staatliche Sparsamkeit plädiert, niedrige Sätze der direkten Steuern und eine Staatsfinanzierung vor allem durch indirekte Steuern gefordert hatte.[17] Deswegen lief es seinen Vorstellungen zuwider, dass der chronisch defizitäre Etat des Reiches neben immer neuen Krediten auch steigende Matrikularabgaben der Bundesstaaten erforderlich machte. Denn die Bundesstaaten finanzierten sich zunehmend durch direkte Steuern und drehten, wenn erhöhte Matrikularbeiträge zu zahlen waren, ihrerseits regelmäßig an der Steuerschraube. Die Last der direkten Steuern empfanden viele Großagrarier, darunter auch Bismarck, zunehmend als bedrückend. Bismarck plante daher seit Mitte der 1870er Jahre, entweder Verbrauchsteuern oder Zölle zu erhöhen. Dies war aber mit seinen bisher wichtigsten Bündnispartnern im Parlament, den Nationalliberalen, kaum zu machen, da Teile der Fraktion sowohl Verbrauchsteuer- wie Zollerhöhungen ablehnten. Dieser Widerstand war ein wesentlicher Grund dafür, dass der Kanzler schließlich von den Nationalliberalen abrückte.[18]

Ausschlaggebend für den Umschwung in der Zollpolitik war schließlich die innere politische Krise, die Anfang 1877 einsetzte, als Bismarck die bis dato gesicherte Unterstützung im Reichstag verlor. Die Krise zog sich über ein Jahr hin. Die Reichstagswahlen brachten erhebliche Verluste für die Nationalliberalen und deutliche Zugewinne für die beiden konservativen Parteien. Dieses Ergebnis spiegelte vor allem die Abkehr der bäuerlichen Bevölkerung von den Nationalliberalen und deren Freihandelspolitik wider – eine Entwicklung von zumindest mittelfristiger Bedeutung, denn die Mehrheit der deutschen Bauern blieb nun für lange Zeit den konservativen Parteien treu, wodurch der parlamentarische Liberalismus erheblich an Stimmgewicht verlor.[19] Thomas Nipperdey zufolge waren für die Niederlage nicht zuletzt Belehrungen national-

und die Zollpolitik eher in diese einfügt. Andreas Thier, Steuergesetzgebung und Verfassung in der konstitutionellen Monarchie. Staatssteuerreformen in Preußen 1871-1893, Frankfurt am Main 1999, S. 129-386.

17 Rolf Grabower, Bismarck und die Steuern, in: FinanzArchiv N.F. 22 (1963), S. 377-461, hier S. 378.

18 Nipperdey, Deutsche Geschichte 1866-1918, Band 2, S. 394 f.

19 Evans, Pursuit, S. 604.

liberaler Ökonomen und Politiker verantwortlich, die den Bauern einzureden versuchten, dass der Freihandel in ihrem Interesse liege.[20] Gesamtgesellschaftlich mag der Freihandel tatsächlich von Vorteil gewesen sein, aber für einzelne Bereiche wie eben die unter der Agrarkrise leidende Landwirtschaft erwies er sich eher zerstörerisch.

Da innerhalb der konservativen Parteien und auch in der Zentrumspartei die protektionistischen Stimmen deutlich zunahmen und ein von Bismarck angestrebtes Tabakmonopol sich als nicht durchsetzbar erwies,[21] schwenkte der Kanzler Ende 1878 auf ein Programm umfassender Zollerhöhungen um. In einem öffentlichen Schreiben an den Bundesrat vom 15. Dezember 1878 verkündete Bismarck seinen Richtungswechsel zum Protektionismus und erstellte einen ersten Entwurf für die geplante Reform.[22] Bei der für den 2. Mai 1879 anberaumten ersten Lesung im Reichstag rückte Bismarck einmal mehr die finanzpolitischen Ziele der Reform in den Mittelpunkt: »Gewiß ist, daß es für das Reich unerwünscht ist, ein lästiger Kostgänger bei den Einzelstaaten zu sein, ein mahnender Gläubiger, während es der freigebige Versorger der Einzelstaaten sein könnte, bei richtiger Benutzung der Quellen, zu welchen die Schlüssel durch die Verfassung in die Hände des Reiches gelegt, bisher aber nicht benutzt worden sind.«[23] Problematisch für die Umsetzung des ambitionierten Vorhabens waren die unsicheren Verhältnisse in der Nationalliberalen Partei. Im entscheidenden Moment konnte deren Parteiführer Rudolf von Bennigsen nicht genügend Parlamentarier für die Vorlage gewinnen, um Bismarck im Verbund mit den Konservativen eine sichere Mehrheit versprechen zu können.[24] Bismarck entschied sich darum dafür, nun das Bündnis mit der Zentrumspartei zu suchen. Bei einem Dinner am

20 Nipperdey, Deutsche Geschichte 1866-1918, Bd. 2, S. 404.

21 Höfer, Föderalismus, S. 70-75; Beate Althammer, Das Bismarck-Reich 1871-1890, Paderborn 2017 (2. Auflage), S. 123 f.

22 Der Brief ist abgedruckt in: Zeitschrift für die gesamten Staatswissenschaften 35 (1879) 1, S. 167-176.

23 Sitzung des Reichstags am 2. 5. 1879, Reichstagsprotokolle, 4. Leg., II. Session, S. 927.

24 Hermann Oncken, Rudolf von Bennigsen. Ein deutscher liberaler Politiker. Nach seinen Briefen und hinterlassenen Papieren, Stuttgart 1910, Bd. 2: Von 1867 bis 1902, S. 412. Zudem gingen Bismarck einige nationalliberale Forderungen zu weit: Hans-Peter Ullmann, Die Politik des Deutschen Kaiserreichs, München 2005 (2. Auflage), S. 21-23.

18. Juni 1879 mit deren Fraktionsvorsitzendem Georg Arbogast Freiherr von und zu Franckenstein erreichte Bismarck die Zustimmung des Zentrums zu einem modifizierten Reformpaket.[25]

Zentrale Neuerung war die als Franckenstein'sche Klausel bekannt gewordene Übereinkunft, wonach das Reich Einnahmen aus den Zöllen und der Tabaksteuer, die 130 Millionen Mark überschritten, nach einem Verteilungsschlüssel an die Bundesstaaten abzugeben hatte. Bismarck hätte gerne mehr Geld für das Reich behalten und als Ausgleich die Matrikularabgaben abgeschafft, aber das Zentrum sowie einige Bundesstaaten befürchteten, das Reich könne dann versucht sein, die Zölle und die Tabaksteuer allzu stark zu erhöhen. Bismarck stimmte dem Kompromiss schließlich zu, weil er den Weg zu Agrarzöllen ebnete und den Bundesstaaten genug Geld versprach, um zumindest den weiteren Anstieg der direkten Steuern zu verhindern. Dass das Reich erst Zoll- und Steuerüberschüsse an die Bundesstaaten überwies, um dann Matrikularabgaben zurückzuerhalten, stellte technisch gewiss keine elegante Lösung dar.[26] Dies blähte den Haushalt auf und schränkte die Planbarkeit und Flexibilität der Finanzpolitik ein.[27] Führende Verfassungsrechtler bezweifelten sogar die Rechtmäßigkeit der entsprechenden Klausel, weil sie die von der Verfassung vorgesehene Kompetenzaufteilung zwischen dem Reich und Preußen durchlöcherte.[28] Das änderte aber nichts daran, dass der Reichstag Mitte Juli das Gesetz mit 217 gegen 117 Stimmen annahm und die Regelung mit leichten Änderungen für fünfzehn Jahre in Kraft blieb.[29]

25 Karl Otmar von Aretin, Franckenstein. Eine politische Karriere zwischen Bismarck und Ludwig II., Stuttgart 2003, S. 92-113; Jürgen von Kruedener, The Franckenstein Paradox in the Intergovernmental Fiscal Relations of Imperial Germany, in: Peter-Christian Witt (Hg.), Wealth and Taxation in Central Europe, Leamington, Spa 1987, S. 11-123; Boris Gehlen, »Franckensteins Monster«? Die Herausbildung des hybriden deutschen Regulierungsregimes in Kaiserreich und Weimarer Republik, in: Frank Schorkopf et al. (Hg.), Gestaltung der Freiheit – Regulierung von Wirtschaft zwischen historischer Prägung und Normierung, Tübingen 2013, S. 139-171. Franckensteins Aufzeichnung des Gesprächs findet sich in: Gerhard A. Ritter, Das Deutsche Kaiserreich 1871-1914. Ein historisches Lesebuch, Göttingen 1992, S. 214-216.

26 Gerloff, Staatshaushalt, S. 23-27.

27 Ullmann, Steuerstaat, S. 74 f.

28 Thier, Steuergesetzgebung, S. 179.

29 Jonathan Steinberg, Bismarck. A Life, Oxford 2011, S. 383.

Insgesamt brachte das Reformpaket eine moderate Erhöhung der Zölle, die das Reich im internationalen Vergleich keineswegs zum Tabubrecher machte. Die USA waren beispielsweise schon 1861 auf eine stark protektionistische Linie umgeschwenkt. Auch Zollerhöhungen in Russland (1877) und Österreich-Ungarn (1878) spielten in den Begründungen der deutschen Protektionisten eine große Rolle.[30] Im Verlauf des Ringens um die Reform hatte sich aber das Gewicht zwischen Steuern und Zöllen deutlich verkehrt. Während anfangs insbesondere die Tabaksteuer die Hauptsumme der Mehreinnahmen erbringen sollte, waren es am Ende die Zölle, die dem Reich größere Einnahmen bescherten. Die letzten Planungen sahen hier Mehreinnahmen von insgesamt 71,3 Millionen Mark vor, von denen 43,7 Millionen Mark bei Zöllen und 27,6 Millionen Mark bei Finanzzöllen erzielt werden sollten. Real lagen die Zolleinnahmen 1881 dann sogar 82,2 Millionen Mark über jenen von 1878. Die Tabaksteuer hatte man dagegen im parlamentarischen Prozess massiv beschnitten. Noch 1885 brachte sie lediglich 8,4 Millionen Mark ein.[31]

Bismarck hatte sich mit dem Reformpaket weitgehend durchgesetzt. Dem Anstieg der ungeliebten direkten Steuern war vorerst Einhalt geboten, stattdessen gewannen Zölle und Verbrauchsteuern an Bedeutung.[32] Wenig überzeugend ist die These von Andreas Thier, dass Bismarck mit der Reform die Arbeiterschaft befrieden wollte. Thier beruft sich dabei auf die von Bismarck vorgesehene Einführung eines Grundfreibetrages bei der Klassensteuer, die einen bedeutenden Teil der Arbeiterschaft von dieser Steuer befreit hätte.[33] Er übersieht dabei jedoch, dass die Gewinne bei den direkten Steuern durch die Anhebung der Zölle und indirekten Steuern mehr als aufgewogen wurden. Bismarck war zwar der Ansicht, dass indirekte Steuern im Einzelnen weniger spürbar seien und darum weniger Unmut hervorriefen, doch agitierten Arbeiterparteien und

30 Torp, Herausforderung, S. 154; Etges, Wirtschaftsnationalismus, S. 307-339.

31 Fritz Terhalle, Geschichte der deutschen öffentlichen Finanzen vom Beginn des 19. Jahrhunderts bis zum Schlusse des Zweiten Weltkrieges, in: Handbuch der Finanzwissenschaft, 2. Auflage, Tübingen 1952, Bd. 1, S. 273-326, hier S. 283.

32 Zu Bismarcks Zielen in der Finanzpolitik: Gustav Schmoller, Skizze einer Finanzgeschichte von Frankreich, Österreich, England und Preußen (1500-1900), in: Jahrbuch für Gesetzgebung, Verwaltung und Volkswirtschaft im Deutschen Reich 33 (1909), S. 1-64, hier S. 54.

33 Thier, Steuergesetzgebung, S. 192 f.

Gewerkschaften spätestens seit Lassalles Rede vor dem Berliner Kammergericht 1863 unermüdlich gegen die große Belastung der Arbeiter durch indirekte Steuern.[34] Festzuhalten bleibt: Von der Reform von 1879 profitierte vor allem die Oberschicht. Und nichts anderes hatte Bismarck unter verteilungspolitischem Aspekt mit ihr beabsichtigt.

Bismarck und regressive Steuern

Die steigenden Zolleinnahmen minderten zwar die Probleme der Reichsfinanzen, lösten sie aber nicht. Bismarcks Ziel blieb eine dauerhafte Lösung, die er durch eine Besteuerung beziehungsweise Monopolisierung von Rauschmitteln erreichen wollte. Auch nachdem der Reichstag 1878/79 die geplante Tabaksteuer auf ein Minimum zusammengestrichen hatte, hoffte Bismarck weiter, die sich ausbreitende Tabaksucht der Bevölkerung zugunsten der Reichsfinanzen nutzen zu können. 1882 schlug Bismarck darum Reichstag und Bundesrat die Einrichtung eines Tabakmonopols vor. Der Bundesrat stimmte zu, aber der Reichstag lehnte die Vorlage mit 276 gegen 43 Stimmen kategorisch ab. Schlimmer noch: Der Reichstag sprach sich ausdrücklich gegen jegliche Erhöhung der Tabaksteuer aus. Damit war dem Reich vorerst eine der einträglichsten Steuerquellen verschlossen worden, und tatsächlich kam es erst 1906 wieder zu einer Verschärfung der Tabakbesteuerung.[35] Bismarcks Vorhaben, die Reichsfinanzen durch die Erhöhung von Verbrauchsabgaben dauerhaft zu sichern, war somit am Widerstand des Parlaments gescheitert. Das Reich blieb zum Ausgleich der nach wie vor erheblichen Differenz zwischen Ausgaben und Einnahmen weiterhin auf Kreditaufnahme und Matrikularbeiträge angewiesen.

Die Dringlichkeit dieses strukturellen Problems wurde jedoch

34 Ferdinand Lassalle, Die indirekte Steuer und die Lage der arbeitenden Klassen. Eine Verteidigungsrede vor dem Kgl. Kammergericht zu Berlin gegen die Anklage, die besitzlosen Klassen zum Haß und zur Verachtung gegen die Besitzenden öffentlich angereizt zu haben [1863], in: ders., Gesammelte Reden und Schriften, hg. von Eduard Bernstein, Bd. 2, Berlin 1919, S. 285-486; Fritz Neumark, Lassalles Steuerstreitschrift 1863-1963, in: FinanzArchiv 23 (1963/64), S. 66-81.

35 Grabower, Bismarck, S. 450-454; Terhalle, Geschichte, S. 283; Gerloff, Finanz- und Zollpolitik, S. 188-191.

durch die Entwicklung bei den Zöllen abgemildert. Zu Beginn der 1880er-Jahre fielen die Weltmarktpreise für Getreide weiter und verloren etwa 20 bis 30 Prozent ihres Wertes. Nun traten die landwirtschaftlichen Interessenverbände tatsächlich geschlossen für eine deutliche Erhöhung der Zölle ein und konnten sich mit ihren Forderungen durchsetzen. Lag die Importzollbelastung der wichtigsten Getreidesorten Anfang der 1880er-Jahre noch bei etwa fünf Prozent, so erreichte sie Ende des Jahrzehnts Werte von 20 bis 40 Prozent.[36] Die Zölle avancierten mit diesem weiteren Abrücken von der Freihandelspolitik zur mit Abstand bedeutendsten Einnahmequelle des Reiches.

Grafik 7

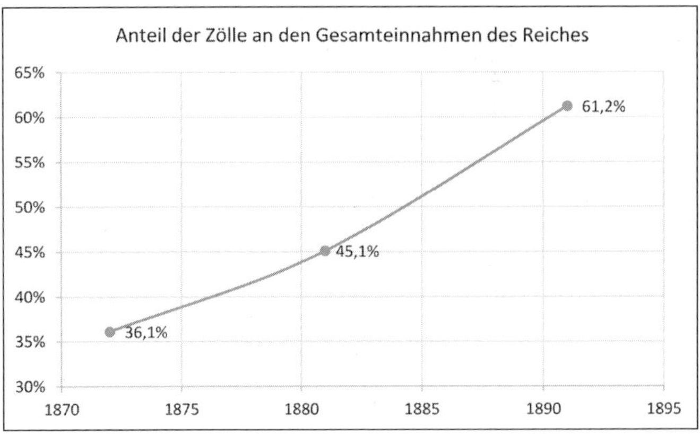

Quelle: Gerloff, Staatshaushalt, S. 27

Für die Aussichten und den Gang weiterer Reformvorhaben von Bedeutung waren auch gravierende Veränderungen in der preußischen Beamtenschaft. Diese hatte von der Reformzeit zu Beginn des Jahrhunderts und bis zur Revolution von 1848 als wesentliche Triebkraft der Modernisierung Preußens gewirkt und galt nach wie vor als liberal.[37] Wenn sie auch an Macht und Einfluss verloren

36 Torp, Globalisierung, S. 171; Gerloff, Finanz- und Zollpolitik, S. 197-226.

37 Reinhart Koselleck, Preußen zwischen Reform und Revolution. Allgemeines Landrecht, Verwaltung und soziale Bewegung von 1791 bis 1848, Stuttgart 1967.

hatte, blieb die Beamtenschaft doch ein wichtiger Bündnispartner für reformgesinnte Liberale. Das änderte sich jedoch gründlich unter dem preußischen Innenminister Robert Viktor von Puttkamer (1881-1888), einem adligen Großgrundbesitzer, der, wie zuerst Eckart Kehr gezeigt hat, rigoros liberale (und auch katholische) Beamte in Preußen entließ und durch konservativ-protestantische Beamte aus der landbesitzenden Elite ersetzte.[38] Dank dieser von Bismarck unterstützten Politik war das Gros der Beamten bald sehr viel konservativer. Das stärkte den Einfluss der politisch ohnehin bestimmenden landbesitzenden Klasse und trug dazu bei, dass nach 1878/79 in Preußen kein bedeutendes Gesetz mehr gegen den Widerstand der Großgrundbesitzer zustande kam.

Dennoch wäre es irrig, von einer völligen Interessenkongruenz zwischen Beamtenschaft und Großgrundbesitz ausgehen. Schon der Weg ins Beamtentum veränderte die Sprösslinge von Großgrundbesitzern. Nicht mehr allein Blut und Herkunft zählten; wer in der staatlichen Verwaltung einen höheren Rang bekleiden wollte, musste einen entsprechenden Bildungsabschluss erzielen. Die Ausbildung lehrte die Grundregeln des Beamtentums, die geprägt waren von der Unpersönlichkeit des Verfahrens, von strenger Formalisierung und der Kontinuität in der Geschäftsführung, von Elementen also, die weniger adligem Lebensstil als bürgerlichen Beamtentraditionen entsprachen.[39] Dies führte dazu, dass auch adlige Beamte sich häufig zuallererst als Beamte und erst in zweiter Linie als Adlige und Großgrundbesitzer verstanden. Patrick Wagner hat gezeigt, dass die so ausgebildete Beamtenschaft auf dem Land we-

38 Eckart Kehr, Das soziale System der Reaktion in Preußen unter dem Ministerium Puttkamer [1929], in: ders., Das Primat der Innenpolitik. Gesammelte Aufsätze zur preußisch-deutschen Sozialgeschichte im 19. und 20. Jahrhundert, Berlin 1965, S. 64-86. Anderson und Barkin haben demgegenüber die These vertreten, dass die Entlassungen vor allem katholische Beamte trafen und der Kulturkampf für die Entscheidungen wichtiger war als der Antiliberalismus: Margaret Lavina Anderson/Kenneth Barkin, Der Mythos der Puttkamer-Säuberung, in: Historisches Jahrbuch 109 (1989), S. 452-498. Letztlich waren aber sowohl liberale wie katholische Beamte von den Säuberungen betroffen.

39 Pierre Bourdieu hat in seinen Vorlesungen über den Staat diese Unterschiede zwischen Adel und Bürokratie stark akzentuiert und den Machtzugewinn der Bürokratie gegenüber dem Adel als zentrales Element auf dem Weg zum modernen Staat charakterisiert: Pierre Bourdieu, Über den Staat. Vorlesungen am Collège de France 1989-1992, Berlin 2014.

sentlich zur Stabilisierung der Herrschaft des Großgrundbesitzes beitrug, der aber doch zunehmend in die Abhängigkeit der Verwaltung geriet. Vielerorts kam es zur Dominanz der Bürokratie, die im Zweifelsfall die Interessen des konservativen Staates auch gegen einzelne Großgrundbesitzer durchsetzte.[40]

Soziale statt politische Staatsbürgerschaft: Die Steuerreform 1891/93

Bismarcks vom Kaiser geforderter Rücktritt, der im März 1890 erfolgte, öffnete sowohl für das Reich wie für Preußen das Fenster für bislang blockierte Reformen. Das betraf zum einen den Ausbau und die Erneuerung der direkten Steuern und zum anderen die Handelspolitik, in der Bismarck sich zuletzt immer enger an den Interessen und Forderungen der Großagrarier orientiert hatte.

Der neue Reichskanzler, Leo von Caprivi, schlug einen neuen handelspolitischen Kurs ein und begann ab 1891 eine schrittweise und letztlich eher moderate Absenkung der Einfuhrzölle in der Hoffnung, wichtige Partnerländer über bilaterale Abkommen zu ähnlichen Schritten zu veranlassen beziehungsweise, wie im Fall Frankreichs, eine drohende drastische Erhöhung der Zollschranken zu verhindern und dadurch Schaden von der deutschen Exportwirtschaft abzuwenden. Der neue Kurs entsprach also vor allem den Interessen der deutschen Exportindustrie, insbesondere der Chemie- und Elektroindustrie, und denen der Außenhandelsfirmen. Aber auch für die Arbeiterschaft erwies er sich als vorteilhaft, da er zu einer Senkung der Getreidepreise und damit auch des Brotpreises führte. Begleitet war der neue Kurs freilich von massiven Protesten der landwirtschaftlichen Verbände und der konservativen Parteien, die Caprivis Position angriffen und schwächten. Die daraus entstandene Feindschaft der Konservativen trug letztlich dazu bei, dass Caprivi 1894 vom Kaiser abgesetzt wurde. Eine Rückkehr zur Freihandelspolitik der 1870er-Jahre läutete der neue Kurs nicht ein; die Zollsätze blieben deutlich über den Sätzen der 1870er-Jahre.[41]

40 Patrick Wagner, Bauern, Junker und Beamte. Der Wandel lokaler Herrschaft und Partizipation im Ostelbien des 19. Jahrhunderts. Göttingen 2005, S. 569-592.

41 Torp, Herausforderung, S. 179-210.

Die bedeutendste Steuerreform, die das Kaiserreich erlebte, fand nicht auf Reichsebene, sondern in Preußen statt. Treibende Kraft hinter dieser Reform war der preußische Finanzminister Johannes von Miquel (1891-1893), ein Nationalliberaler und einer der führenden Köpfe einer nationalen Sammlungsbewegung von Agrariern und Großbürgertum, deren Hauptziel es war, einen weiteren Machtzugewinn der Sozialdemokratie unter allen Umständen zu verhindern.[42] Der Einsicht folgend, dass die von Bismarck eingeführten Sozialversicherungen allein das kaum bewerkstelligen würden, hatte sich Miquel von seiner vormaligen Freihandelsposition verabschiedet und war auf eine gemäßigt konservative Linie eingeschwenkt. Er warb um die Handwerkerschaft und zeigte sich bereit, die aufgelösten Zwangsinnungen wieder zuzulassen. Auch gegenüber den Agrariern erwies er sich in der Schutzzollfrage als kompromissbereit, was jedoch nicht von allen Industriellen in seiner Partei mitgetragen wurde.

Bereits diese kurze Charakterisierung ihres Hauptinitiators lässt Zweifel an der Vorstellung aufkommen, die Reform, mit der progressive Einkommensteuern eingeführt wurden, sei maßgeblich auf Betreiben politisch progressiver und auf soziale Egalität abzielender Kräfte zustande gekommen. Es ging vielmehr darum, den Staatshaushalt zu konsolidieren und dafür die immer größeren Einkünfte der Industriellen stärker heranzuziehen, um zugleich der sozialdemokratischen Opposition Wind aus den Segeln nehmen und sie von der Macht fernzuhalten. Das war genau der Weg zur Bekämpfung der Sozialdemokratie, den Finanzwissenschaftler wie Adolph Wagner und insbesondere Albert Schäffle befürworteten: weniger durch Repression und mehr durch Sozialreformen, die auch einige Forderungen der Sozialdemokratie aufgriffen.[43] Denn die Sozialdemokratie hatte noch als SAPD im Gothaer Programm 1875 die Abschaffung aller indirekten Steuern und Zölle zugunsten einer einheitlichen Einkommensteuer zur Abdeckung aller Kosten gefordert. Im Erfurter Programm von 1891 behielt sie die erstere

42 Zur Biografie: Hans Herzfeld, Johannes von Miquel, sein Anteil am Ausbau des Deutschen Reiches bis zur Jahrhundertwende, 2 Bände, Detmold 1938; Thorsten, Der Steuerreformer Johannes Miquel. Leben und Werk, Osnabrück 2001, S. 11-42.

43 Albert Schäffle, Die Bekämpfung der Sozialdemokratie ohne Ausnahmegesetz, Tübingen 1890.

Forderung bei, neben die Einkommensteuer sollten nun eine Vermögen- sowie eine Erbschaftsteuer treten.

Hans Herzfeld hebt hervor, wie stark Miquels Reformpläne von Wagner beeinflusst waren: »Der bedeutendste und auch für Miquel wichtigste Kopf dieser Generation [von Finanzwissenschaftlern und Nationalökonomen; M.B.] ist zweifellos Adolph Wagner geworden.«[44] In der Tat hatten Miquel und seine Vorgänger sich bei der Ausgestaltung der progressiven Einkommensteuer in vielen Details an Wagner orientiert.[45]

Im Einzelnen sah Miquels Entwurf vor, die Klassensteuer sowie die 1851 eingeführte klassifizierte Einkommensteuer durch eine progressive Einkommensteuer zu ersetzen. Der bisherige Höchstsatz von drei Prozent sollte beibehalten werden. Diese und weitere wesentliche Eckpunkte des Vorschlags zur Einkommensteuerreform hatte Miquel aus unter Bismarck noch gescheiterten Entwürfen übernommen. Ergänzend plante er allerdings, eine Erbschaftsteuer einzuführen. Gerade die lehnten die konservativen Parteien jedoch vehement ab, weil dies die Weitergabe adeligen Grundbesitzes hätte gefährden können.[46] Sie schlugen stattdessen die Anhebung des Einkommensteuerspitzensatzes auf vier Prozent vor. Der Finanzminister gab dieser Forderung nach.[47] Die wichtigsten Neuerungen lagen aber auf ganz anderen Feldern. Die Reform führte endgültig die allgemeine Steuerpflicht ein und setzte damit letzten noch bestehenden feudalen Steuerbefreiungen für Adlige ein Ende. Steuerfrei blieben nur die Einkommen im Gesetz explizit genannter Gruppen, wobei es sich vor allem um einfache Soldaten und Unteroffiziere handelte. Zudem führte der preußische Staat die Pflicht zur Offenlegung der Geschäftsbücher gegenüber dem Fiskus ein. Darüber hinaus bestand fortan eine Steuerdeklarationspflicht. Bürger mit einem Einkommen über 3000 Mark mussten alljährlich eine Steuererklärung einreichen, alle anderen Steuer-

44 Herzfeld, Johannes von Miquel, Bd. 2, S. 212.

45 Ebd., S. 216-219. Einen geringeren Einfluss von Wagner und anderen Ökonomen sieht: Thier, Transfer, S. 86.

46 Zur Rolle adeligen Grundbesitzes in der preußischen Verfassung: Dirk H. Müller, Adliges Eigentumsrecht und Landesverfassung. Die Auseinandersetzungen um die eigentumsrechtlichen Privilegien des Adels im 18. und 19. Jahrhundert am Beispiel Brandenburgs und Pommerns, Berlin 2011, S. 227-272.

47 Kassner, Steuerreformer, S. 118-122.

pflichtigen konnten bei Bedarf dazu aufgefordert werden, wurden aber im Regelfall durch die Voreinschätzungs- und Veranlagungskommissionen eingruppiert.[48] Der Bürger konnte fortan gegenüber dem Fiskus nicht mehr auf die Unantastbarkeit seiner Privatsphäre pochen. Stattdessen blieb ihm nun das Recht, gegen den Steuerbescheid zu klagen, wofür ein Steuergerichtshof eingerichtet wurde. Das Gesetz benannte verschiedene Arten von Einkommen und erklärte sie mit wenigen Ausnahmen, darunter etwa Erträge aus Lebensversicherungen, allesamt für steuerpflichtig. Gleichzeitig legte man sich auf eine Liste von einkommensbezogenen Abzügen fest, die die Steuerlast senken konnten, wobei insbesondere die steuermindernde Wirkung von Kindern bis 14 Jahren im Haushalt bedeutsam war. Die Steuer bemaß das zu versteuernde Einkommen nun nach allen Einkommen der Vorjahresperiode, während zuvor auch mit Schätzungen gearbeitet worden war.[49] Die Reform brachte also eine Vielzahl von Neuerungen, die noch heute unser Einkommensteuersystem prägen.

Eine der wichtigsten Streitfragen war, ob nur Personen oder auch Unternehmen besteuert werden sollten, wie es der preußische Innenminister Ernst Ludwig Herrfurth vorschlug. Juristische Personen wurden bereits seit 1885 auf kommunaler Ebene besteuert, doch Herrfurth plädierte nun für eine Ausdehnung auf Staatsebene. Miquel sperrte sich anfangs gegen diesen Vorstoß, weil er mit dem Widerstand der Nationalliberalen rechnete. Herrfurth ließ indes nicht von seiner Forderung ab, weswegen Miquel einen Kompromiss vorschlug. Er regte an, dass nur der drei Prozent des Grundkapitals übersteigende Gewinn versteuert werden musste. In der Kommissionsberatung im Abgeordnetenhaus wurde der Steuer-

48 Die Veranlagungskommissionen waren aber noch weit von einer modernen hoheitlichen Steuerverwaltung entfernt, auch weil der Landrat die entscheidende Figur blieb. Sachsen war hier mit seinem Einkommensteuergesetz von 1878 deutlich weiter vorangeschritten. Hier existierten staatliche Steuerbehörden in vier Steuerkreisen mit 25 Bezirkssteuereinnahmestellen unter Leitung von staatlichen Finanzbeamten, die auch den lokalen Einschätzungskommissionen vorstanden: Walter Mathiak, Das sächsische Einkommensteuergesetz von 1874/78, Dresden 2005, S. 72-75.

49 Walter Mathiak, Das preußische Einkommenssteuergesetz von 1891 im Rahmen der Miquelschen Steuerreform 1891/93, Berlin 2011, S. 113-182; Thier, Steuergesetzgebung, S. 445-486; Schremmer, Steuern, S. 151 f.

vorabzug sogar auf 3,5 Prozent erhöht.[50] Dadurch blieben zwar viele Unternehmen vorerst von der Steuer verschont, aber der Einstieg in die Besteuerung des Unternehmensgewinns auf Staatsebene war vollzogen. Die andere Streitfrage war, ob unabhängige Experten oder die preußischen Landräte die Prüfungskommissionen für die selbstveranlagten Steuererklärungen leiten sollten. Hier setzten sich ebenfalls die Konservativen durch, so dass die Landräte, häufig als Großgrundbesitzende selbst Unternehmer, die Leitung erhielten.[51]

Adolph Wagner kritisierte in einem ausführlichen Artikel zur Reform insbesondere diesen letzten Punkt sowie die Ablehnung der Erbschaftsteuer. Von diesen Einwänden abgesehen begrüßte er die Neuregelung aber geradezu enthusiastisch.[52] Er betonte, dass er die britische Einkommensteuer unter technischen Gesichtspunkten zu dem Zeitpunkt für eher rückständig hielt und Preußen sich daher zu Recht stärker an Österreich, der Schweiz und den Niederlanden orientiert habe.[53] Auch was die Steuergerechtigkeit anging, sah er nun Preußen nicht nur vor Frankreich, sondern auch vor Großbritannien liegen: »Wir sind hier nicht nur Frankreich, sondern gerade von der technischen Ausbildung der Einkommensteuer und in der Benutzung dieser Steuer mit zum socialpolitischen Zweck der richtigen Vertheilung der Steuerlast zwischen Arm und Reich auch England entschieden voraus.«[54]

Der zweite Teil der preußischen Reformen unter Miquel im Jahr 1893 betraf vor allem die Kommunalfinanzen. Die meisten Städte und Gemeinden lebten bis dahin vor allem von Zuschlägen, die

50 Thier, Steuergesetzgebung, S. 447-449; Mathiak, Das preußische Einkommenssteuergesetz, S. 115 f. und 130 f.; Kassner, Steuerreformer, S. 103-107.

51 Thier, Steuergesetzgebung, S. 886 f.; Kassner, Steuerreformer, S. 114 f. Dies geschah, obwohl der parallel laufende Bochumer Steuerprozess zeigte, dass die von einem Landrat geführte Einschätzungskommission die Einkommen oft um die Hälfte unterschätzt hatte: Adolph Wagner, Die Reform der direkten Staatsbesteuerung in Preußen im Jahre 1891, in: FinanzArchiv 8 (1891), S. 551-810, hier S. 587 f.

52 Wagner, Reform 1891.

53 Adolph Wagner, Statistik des Volks- oder Nationaleinkommens- und -vermögens (Größe, Arten, Verteilung) mit besonderer Verwertung der Steuerstatistik, Berlin 1903, S. 10.

54 Adolph Wagner, Finanzwissenschaft. Ergänzungsheft zum dritten Theil: Specielle Steuerlehre. Die britische und französische Besteuerung in ihrer neuesten Entwicklung und Gestaltung 1886-1896, Leipzig 1896, S. 164.

sie auf die Einkommensteuern erhoben. Die Kommunen konnten zwar auch Zuschläge auf die Realsteuern (vor allem Grund-, Gebäude- und Gewerbesteuer) erheben, machten von dieser Möglichkeit aber wenig Gebrauch. Miquels Plan, der schließlich auch gelang, war, die Einnahmen aus der Einkommensteuer so weit zu steigern, dass er den Kommunen die Realsteuern in Gänze übergeben konnte. Damit war der Grundstein für die noch heute existierende Basis der Kommunalfinanzen in den Realsteuern gelegt. Während in den deutschen Städten bis zur Reform im größten Bundesstaat durchschnittlich etwa achtzig Prozent der Steuereinnahmen aus Zuschlägen zur Einkommensteuer bestanden, sank dieser Anteil rapide auf etwa 55 Prozent ab und verharrte dann bis zum Ersten Weltkrieg auf diesem Niveau.[55] Die Einnahmen aus den Realsteuern stiegen derweil in Preußen stark an, namentlich bei der Gebäudesteuer, die 1891/92 noch 30,8 Millionen Mark erbracht hatte, 1896/97 dann schon auf 52,8 Millionen Mark kam.[56]

Betrachtet man die konkreten Auswirkungen der Reform auf die Steuerzahler, so zeigt sich, dass sich für die breite Mehrheit der Bevölkerung wenig änderte, weil Einkommen bis 900 Mark wie zuvor unversteuert blieben. Hauptgewinner war dank seiner Fürsprecher in den liberalen Parteien der »Mittelstand«, also die untere Mittelschicht oder das Kleinbürgertum, weil die Steuersätze für die Einkommensgruppen direkt oberhalb des steuerfreien Existenzminimums gesenkt wurden. Sowohl die Agrar- wie die Industrieelite hatten dagegen höhere Sätze zu zahlen. Für Einkommen über 100 000 Mark erhöhte sich die Steuerlast um fast 50 Prozent.[57] Andreas Thier hat gezeigt, dass die höheren Einkommen von über 3000 Mark im Vergleich zum Jahr 1872 nach der Reform etwa fünfmal mehr zum Steueraufkommen beitrugen.[58] Man wird also nicht, wie Wehler, den Kern der Reform in der »massive[n] materielle[n] Bevorzugung […] der Großlandwirtschaft und der Großindustrie«[59] sehen können. Für die Großindustriellen stell-

55 Mark Hansmann, Kommunalfinanzen im 20. Jahrhundert. Zäsuren und Kontinuitäten: Das Beispiel Hannover, Hannover 2000, S. 35.

56 Spoerer, Steuerlast, S. 79.

57 Hentschel, Wirtschaft, S. 159, Fn. 16.

58 Thier, Steuergesetzgebung, S. 625.

59 So Hans-Ulrich Wehler, Das Deutsche Kaiserreich 1871-1918, Göttingen 1973, S. 143.

te die Reform auf jeden Fall eine deutliche Höherbelastung dar. Für einige der Superreichen konnte Rudolf Martin in seinen Millionärs-Jahrbüchern nicht nur die Einkommen, sondern auch die tatsächlich gezahlten Steuersätze benennen. Seine Zahlen zeigen, dass für die Topverdiener der offizielle Spitzensteuersatz und der Effektivsteuersatz in eins fielen, was insofern nicht verwunderlich ist, als es noch keinen Grenzsteuersatzmechanismus gab. Sobald ein Einkommen eine bestimmte Grenze überschritt, musste nicht nur für das darüber liegende, sondern für das gesamte Einkommen der erreichte Steuersatz gezahlt werden. Dementsprechend zahlten die Gutverdiener auch real den Spitzensteuersatz von vier Prozent auf das von ihnen deklarierte Einkommen, wie sich am Beispiel des reichsten Mannes in West- und Ostpreußen, Carl Heinrich Ziese, Eigentümer der Danziger Schichau-Werft, belegen lässt.[60] Hinzu kamen in den meisten deutschen Ländern allerdings kommunale Zuschläge auf die Einkommensteuer, das bis zu einer Gesamtbelastung von 10 Prozent führen konnte.[61] So hatte Carl Duisberg, Direktor und Vorstandsmitglied bei der Bayer AG, 1912 ein Einkommen von 571 832 Mark, auf welches er insgesamt eine Einkommensteuer von 53 000 Mark (9,3 Prozent) zahlen musste.[62]

Relativ einhellig betrachteten dagegen insbesondere liberale Zeitgenossen – und in ihrem Gefolge spätere Historiker – die Großlandwirtschaft als Gewinner.[63] Max Weber sah die landwirtschaftliche Elite als Gewinner, vor allem wegen der Möglichkeit des Schuldenabzugs:

60 Rudolf Martin: Jahrbuch des Vermögens und Einkommens der Millionäre in den Provinzen Ost- und Westpreußen, Berlin 1913, S. 26. Siehe auch: Marc Buggeln, Die Debatten um staatliche Zugriffsmöglichkeiten auf den privaten Reichtum. Der Einkommensteuerspitzensatz in Deutschland 1871-1955, in: Vierteljahrschrift für Sozial- und Wirtschaftsgeschichte 105 (2018) 3, S. 337-364, hier S. 341 f.

61 Fritz Neumark: Internationale Entwicklungstendenzen auf dem Gebiete der Einkommensbesteuerung, in: Weltwirtschaftliches Archiv 63 (1949), S. 1-48, hier S. 14.

62 Werner Plumpe, Carl Duisberg 1861-1935. Anatomie eines Industriellen, München 2016, S. 371.

63 Beispielhaft: Christoph Nonn, Das deutsche Kaiserreich. Von der Gründung bis zum Untergang, München 2017, S. 60, der zum wenig überzeugenden Urteil kommt, dass die Reform die Steuerprivilegien der Landwirtschaft nicht antastet und die Industrie belastet, aber zugleich die Vorherrschaft der Landwirtschaft/Konservativen stärkt, weil das Wahlrecht an die Steuerzahlung gekoppelt ist.

> [D]ie Gesetze waren (zufolge der Grundsteuer-Überweisung, die ich für sehr bedenklich gehalten habe) eine Entlastung des (verschuldeten und nun zum Schuldenabzug berechtigten) Großbesitzes, eine Belastung der (weit weniger verschuldeten) mittleren Bauern. Das war doch der Preis, der gezahlt wurde, und daneben die Steuereinschätzung durch den Landrath mit ihren Folgen. Für Belastung des Bürgertums war der agrarische Landtag natürlich gerne zu haben! Trotzdem: Miquel alle Ehre, die seinem genialen Geschick gebührt.[64]

Zentrales Argument für die Behauptung, die Großagrarier hätten von der Steuerreform profitiert, war und ist, dass sie zwar in der Folge mehr Einkommensteuern zu zahlen gehabt hätten, aber bei den nunmehr kommunalen Ertragsteuern dank ihrer lokalen Machtposition sehr viel besser als zuvor gefahren und in einigen Kommunen sogar ganz befreit worden seien. Diese Behauptung ist bisher empirisch nur schwach belegt. Hans Herzfeld ging davon aus, dass die Neuregelung den Landbesitzern eine Steuererleichterung von 40 Millionen Mark gebracht habe.[65] Thomas Nipperdey betont demgegenüber, dass nur in den gemeindefreien Gutsbezirken die Grundsteuer entfiel, und schätzt den Wert dieser Steuersenkung auf 9,8 bis 11,7 Millionen Mark.[66] Der deutliche Anstieg der Kommunalsteuern insgesamt nach der Reform dürfte aber gegen eine allzu große Steuererleichterung sprechen. Die Grund- und Gebäudesteuer erbrachte vor der Reform Einnahmen von 74 Millionen Mark, danach 94 Millionen Mark.[67] Eine genauere Aufschlüsselung zeigt aber, dass der Anstieg fast ausschließlich auf höhere Einnahmen aus der Gebäudesteuer zurückzuführen war und die großen Beträge hier aus den Städten stammten. Die Grundsteuer, die Herzfeld und Nipperdey im Auge hatten, brachte 1891/92 genau die angesprochenen 40 Millionen Mark ein. Sie sank aber nach der Reform im Ertrag nicht ab, sondern erbrachte 1896/96 mit 41,6 Millionen Mark sogar etwas mehr.[68] Auch das lässt eine erhebli-

64 Brief von Max Weber an Gustav Schmoller vom 13.4.1909, in: Max Weber, Gesamtausgabe, Abt. 2, Briefe, Bd. 6: Briefe 1909-1910, Tübingen 1994, S. 97-99, hier S. 98 f.

65 Herzfeld, Miquel, Bd. 2, S. 278. Übernommen wird diese Angabe bei Mark Hallerberg, The Political Economy of Taxation in Prussia, in: Jahrbuch für Wirtschaftsgeschichte (2002) 2, S. 11-34, hier S. 24.

66 Nipperdey, Deutsche Geschichte 1866-1918, Bd. 2, S. 177.

67 Spoerer, Steuerlast, S. 76.

68 Ebd., S. 79.

che Entlastung des Großlandbesitzes durch die Kommunalisierung der Grundsteuer unwahrscheinlich erscheinen. Im Gesamtbild, also unter Einbezug der Einkommensteuer, spricht vieles für eine moderate Mehrbelastung der Agrarier, auch wenn vielleicht einzelne Gutsbesitzer profitierten. Ein diesen Befund relativierendes Caveat ist allerdings angebracht: Was sich durch die Reform nicht veränderte, war das erhebliche Maß an Steuerhinterziehung, die in ländlichen Gemeinden besonders hoch war. Dadurch, dass der Landrat maßgeblich mit der Steuerschätzung betraut blieb, existierten Vetternwirtschaft und die gegenseitige Schonung von Großgrundbesitzern fort.[69]

Es kann kein Zweifel daran bestehen, dass die konservativen Parteien, die aufs Engste mit den Großagrariern verbunden waren, durch das Dreiklassenwahlrecht bis zum Ersten Weltkrieg die bestimmende politische Kraft in Preußen blieben. Fraglich ist indes, ob die Machtposition der landwirtschaftlichen Elite sich bis ins neue Jahrhundert hinein in eine nennenswerte steuerliche Bevorzugung ummünzen ließ. Mark Spoerer hat gezeigt, dass die reichen industrialisierten Rheinprovinzen in der ersten Hälfte des 19. Jahrhunderts im Vergleich zu den Ostprovinzen keinesfalls übermäßig belastet wurden, sondern im Gegenteil die These plausibel erscheint, dass die Industrie bis Mitte des 19. Jahrhunderts deutlich geringere Steuern zahlte als die Landwirtschaft.[70] Allerdings geschah dies nicht als gezielte Industrieförderung, sondern eher weil die Erträge der Industrie anfangs zu gering waren, um viel Steuern einzubringen. Die Idee, mit Steuern Industrieförderung betreiben zu können, existierte praktisch noch nicht.[71] Gegen eine so vorwiegend ökonomische Sichtweise ließe sich aber auch politisch argumentieren, dass aufgrund des preußischen Dreiklassen-

69 Wagner, Bauern, S. 482-487; Peter-Christian Witt, Der preussische Landrat als Steuerbeamter 1891-1918, in: Imanuel Geiss/Bernd Jürgen Wendt (Hg.), Deutschland in der Weltpolitik des 19. und 20. Jahrhunderts, Düsseldorf 1973), S. 205-219, hier S. 217; Franz Meisel, Moral und Technik bei der Veranlagung der preußischen Einkommensteuer, Leipzig 1911, S. 54.

70 Spoerer, Steuerlast, S. 73 f. und 82. Siehe auch: Rudolf Schillings, Die Steuerbelastung gewerblicher Unternehmungen in der preußischen Rheinprovinz in den Jahren 1850-1914, Köln 1986.

71 Ulrich Peter Ritter, Preußische Industrieförderung in frühindustrieller Zeit [1961], in: Otto Büsch/Wolfgang Neugebauer (Hg.), Moderne preußische Geschichte 1648-1947. Eine Anthologie, Berlin 1981, S. 1031-1087, hier S. 1072 f.

wahlrechts die westliche Industrie steuerlich verschont wurde, um ein Wiedererstarken der Liberalen in Landtag und Herrenhaus zu blockieren. In einem System politischer Ungleichheit war systematische steuerlich Gleichberechtigung nicht unbedingt vorgesehen. Dies musste nicht immer zu Lasten der politisch Deklassierten gehen, sondern konnte gerade zu ihren pekuniären Gunsten erfolgen, weil die Befürchtung im Raum stand, dass auf Progression Progress folgen könnte.

In der ökonomischen Betrachtung wird die wachsende Bedeutung der Einkommensteuer ab Mitte des 19. Jahrhunderts als Aufholprozess bei der Besteuerung der dynamischeren Wirtschaftssektoren interpretiert. Allerdings, so Spoerer, blieb das Steuersystem in Preußen bis weit in die Hälfte des 19. Jahrhunderts deutlich regressiver als im demokratischen Württemberg. Der konservative preußische Staat belastete die Unterschichten durch die Klassensteuer und vor allem durch die stark regressive Mahl- und Schlachtsteuer erheblich stärker, als Württemberg dies in Form einiger Verbrauchsteuern tat. Erst die Reformen unter Miquel erhöhten den Progressionsgrad des preußischen Steuersystems deutlich und sorgten in dieser Hinsicht für eine Annäherung an die Verhältnisse in Württemberg. Dass dies mittels eines für die damalige Zeit in seiner technischen Ausgestaltung vorbildhaften Einkommensteuersystems geschah, war nicht zuletzt der Expertise der preußischen Finanzwissenschaftler und namentlich Adolph Wagner zu verdanken.

Die Steuerlast pro Kopf hatte sich in Preußen seit 1857 mehr als verdoppelt, womit sie auch stärker als das Volkseinkommen angewachsen war.[72] Die direkten Steuern trugen zwar zu dieser Entwicklung bei, aber trotz der Miquel'schen Reform hatte sich das Verhältnis zwischen direkten und indirekten Steuern von 1883 bis 1895 wieder zugunsten Letzterer verschoben, weil auf Reichsebene die Zölle und Verbrauchsteuern drastisch erhöht worden waren.

72 Spoerer, Steuerlast, S. 122.

Grafik 8

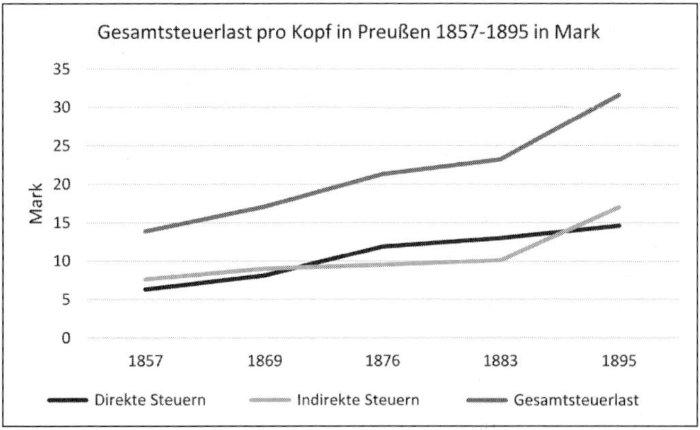

Quelle: Spoerer, Steuerlast, S. 108

75 Prozent der Zensiten in Preußen mussten als »Unbemittelte« keine Einkommensteuer abführen. Die Befreiung der Unterschicht von der Einkommensteuer bildete die Voraussetzung dafür, dass das Gros der Bevölkerung Sozialbeiträge zu zahlen überhaupt in der Lage war und so zum Aufbau der Sozialversicherungen beitragen konnte. Der untere Mittelstand machte weitere 22 Prozent der Steuerträger aus und trug mit einem 30-prozentigen Anteil an der Einkommensteuer bereits eine leicht überproportionale Last. Oberer Mittelstand und Oberschicht stellten in den preußischen Statistiken weniger als 3 Prozent der Zensiten, zahlten aber 70 Prozent der Einkommensteuer. Gegenüber den durchaus beachtenswerten Beiträgen, die die Unterschicht noch Mitte des Jahrhunderts bei der Klassensteuer und der klassifizierten Einkommensteuer abzuführen hatte, und den damals geringeren Sätzen für die Spitzenverdiener zeigt sich hier eine erhebliche Zunahme in der Progressionswirkung der bedeutendsten Personalsteuern.

Tabelle 3:
Ergebnisse der Einkommensteuerveranlagung für das Steuerjahr 1895 in Preußen

	Einkommen in Mark	Zahl der Zensiten in 1.000	v. H. aller Zensiten	Steuer-Betrag in 1.000 M.	v. H. aller Steuer	Einkommen in Mill M.	v. H. aller Einkommen
Unbemittelte Klasse	<900	8.496	75,2	-		4.520	42,4
Untere Mittelstands-Klasse	900 -3.000	2.478	22,0	35.895	30,0	3.311	31,2
Oberer Mittelstands-Klasse	3000 -9500	261,5	2,3	30.426	25,4	1237	11,7
Wohlhabende Klasse	9.500 -100.000	54,7	0,49	37.152	31,0	1.157	10.9
Reiche Klasse	>100.000	2,0	0,02	16.360	13,7	409	3,8
Gesamt		11.293	100	119.833	100	10.634	100

Quelle: Ernst Biedermann, Einkommens- und Vermögensverhältnisse der preussischen Bevölkerung im Zeitraum 1895-1914, in: Zeitschrift des Königlich Preussischen Statistischen Bureaus 58 (1918), S. 60-86, hier S. 67

Während die unteren 97 Prozent der Zensiten immerhin 73,6 Prozent der Einkommen auf sich vereinigen konnten, war ihr Anteil am Vermögen mit 38,1 Prozent deutlich geringer. Die reichsten 3 Prozent besaßen demgegenüber mehr als 60 Prozent des Vermögens.

Tabelle 4:
Vermögen und Einkommen in Preußen im Steuerjahr 1895

	Vermögen in Mill. M.	v. H. des gesamten Vermögens	Einkommen pro Kopf eines Zensiten	Vermögen pro Kopf eines Zensiten
Unbemittelte Klasse	8.154	11,8	520	620
Untere Mittelstands-Klasse	18.160	26,3	1.340	7.300
Obere Mittelstands-Klasse	15.220	21,9	4.720	58.000
Wohlhabende Klasse	20.350	29,4	21.100	370.000
Reiche Klasse	7.030	10,6	204.500	3.520.000
Gesamt	68.918	100	940	6.120

Quelle: Biedermann, Einkommens- und Vermögensverhältnisse, S. 67

Bei diesem obersten Segment machte das Grundvermögen inzwischen weniger als ein Viertel der Einkommen aus, während Kapital- und Gewerbevermögen jeweils bereits mehr als ein Viertel der Einkommen erbrachten. Der große Anteil der Kapitalvermögen zeigt die bedeutende Rolle an, die die Rentiers im Kaiserreich spielten.

Grafik 9

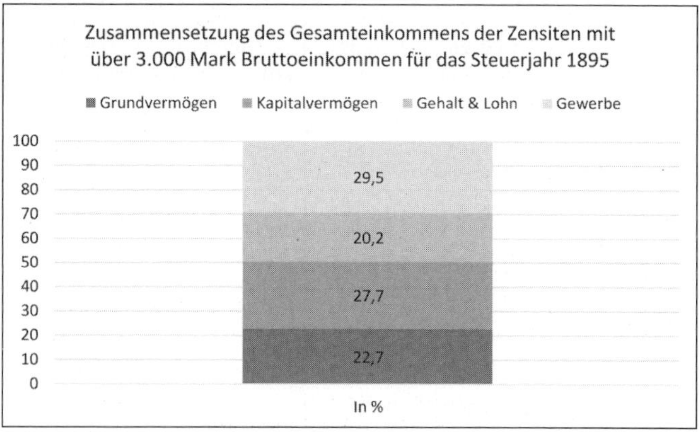

Quelle: Biedermann, Einkommens- und Vermögensverhältnisse, S. 67

Dreiklassenwahlrecht und Steuerreformen in Preußen

Hedwig Richter hat überzeugend argumentiert, dass die Bindung des Wahlrechts an die direkte Steuerzahlung anstatt an den Grundbesitz ein Fortschritt war, weil er die Wahlmöglichkeit von der Standeszugehörigkeit ablöste. Diese Entwicklung begann Anfang des 19. Jahrhunderts in Süddeutschland, erreichte im Zuge der Revolution 1848/49 auch Preußen, während in Pommern der Übergang erst in den 1870er Jahren erfolgte.[73] Die Koppelung des Wahlrechts an die Steuerzahlung in Preußen seit der Einführung des Dreiklassenwahlrechts 1849 brachte es mit sich, dass jede Veränderung der die direkten Steuern betreffenden Gesetze Rückwirkungen auf die Wahlen haben konnte. Bei der kleinen Personalsteuerreform 1872/73 führte man etwa ein steuerfreies Existenzminimum ein, das sechs Millionen preußische Staatsbürger von der Klassensteuer befreite. Die Nutznießer blieben zwar durch einen Zusatzparagrafen wahlberechtigt, aber durch den Rückgang der Steuererträge im

73 Richter, Moderne Wahlen, S. 108-111.

unteren Bereich wurde die Wählerzahl in den ersten beiden Abteilungen reduziert, was den Einfluss der reichsten Steuerzahler stärkte. Eine sozial gerechtere Steuerpolitik führte also unter den Bedingungen des Dreiklassenwahlrechts zu einer Verschärfung der politischen Ungleichheit.[74]

Mit der genannten Sonderregel der Reform von 1872/73 rückte der Gesetzgeber erstmals von dem in der preußischen Verfassung festgeschriebenen liberalen Grundsatz ab, dass nur wählen dürfe, wer auch Steuern zahle. Von dieser Ursprungsidee entfernte man sich in der Folgezeit aus wahltaktischen Erwägungen immer weiter. Als Anfang der 1880er Jahre eine noch größere Gruppe von den Personensteuern befreit wurde, was den Wahlmodus weiter in Richtung einer einseitigen Bevorzugung der Wohlhabenden verändert hätte, beschloss man, die Befreiten weiterhin mit ihren alten Sätzen in der Wahlabteilungsbestimmung zu führen.[75] In der parlamentarischen Debatte schien die Erkenntnis auf, dass man sich mit diesem Vorgehen von einem Paragrafen der Verfassung verabschiedete. Das Problem ließ sich zwar mithilfe juristischer Winkelzüge kaschieren, doch war vielen Beteiligten aufgegangen, dass ein weiterer Umbau des Steuersystems dazu führen konnte, das Dreiklassenwahlrecht grundsätzlich in Frage zu stellen. Diese Erkenntnis stärkte nicht eben den Willen der Parlamentarier und Finanzbeamten, eine eigentlich für notwendig gehaltene umfassende Steuerreform anzugehen.

Trotz aller Nivellierungsparagrafen hatte die Steuerentwicklung dazu geführt, dass die Wahleinteilung Ende der 1880-Jahre noch plutokratischer geworden war.

Tabelle 5:
Die Verteilung der Urwähler in Preußen 1849 und 1888

Jahr	Abteilung 1	Abteilung 2	Abteilung 3
1849	5,0	15,0	79,5
1888	3,6	10,8	85,6

Quelle: Thier, Steuergesetzgebung, S. 887

74 Thier, Steuergesetzgebung, S. 864 f.
75 Ebd., S. 870-879.

Der Anteil der Wähler in den ersten beiden Klassen, die zwei Drittel der Abgeordneten wählten, war von 20 auf unter 15 Prozent gefallen. Als Miquel zu Beginn der 1890er Jahre die grundlegende Steuerreform anging, die nicht zuletzt eine Entlastung der Mittelschicht bei stärkerer Heranziehung der Spitzenverdiener vorsah, drehte sich die politische Diskussion weitgehend um die Frage, wie gleichzeitig verhindert werden könnte, dass sich der plutokratische Charakter des Wahlsystems noch weiter verschärfte. Man einigte sich schließlich auf den Kniff, für die Wahlordnung zukünftig für alle steuerbefreiten Männer einen fiktiven Steuersatz von drei Mark einzusetzen.[76] Allerdings stellte das Zentrum fest, dass diese Summe zu gering war, um in den größeren Städten ein Gegengewicht zu bilden. Deswegen setzte das Zentrum mit Unterstützung der Konservativen und gegen den Widerstand der Nationalliberalen durch, dass in den Städten fortan nicht mehr für alle Wahlbezirke das städtische Gesamtsteuerergebnis maßgeblich war, sondern stattdessen das Steuerergebnis des jeweiligen Wahlbezirks. Die Auswirkungen dieser Modifikation waren ganz erheblich. Denn während man es in Berliner Arbeiterbezirken nun mit einer direkten Steuerzahlung von 12 Mark in die erste Abteilung schaffte, war man im reichsten Berliner Wahlbezirk mit einer Steuerzahlung von 27 000 Mark noch in der dritten Abteilung.[77] Dies hatte zur Folge, dass in den von den Unterschichten dominierten Wahlbezirken nun auch Handwerker und zum Teil auch Facharbeiter in die erste Abteilung aufrücken konnten, wodurch die Dominanz des liberalen Bürgertums in den Stadtparlamenten geschwächt wurde.[78] Alle weiterführenden Anträge, die darauf abzielten, die egalitären Elemente der Steuerreform auch im Wahlrecht stärker zu verankern, scheiterten indes an der restaurativen Koalition aus Großbürgertum und Großgrundbesitz.[79] Erneut zeigten sich diese Kräfte zu sozialen, kaum aber zu politischen Zugeständnissen bereit.

76 Ebd., S. 888-894.

77 Alexander Nützenadel, Taxation, Electoral System, and Citizenship in Nineteenth-Century Germany, in: ders./Christoph Strupp (Hg.), Taxation, State, and Civil Society in Germany and the United States from the 18th to the 20th Century, Baden-Baden 2007, S. 113-125, hier S. 122.

78 Thomas Kühne, Dreiklassenwahlrecht und Wahlkultur in Preußen 1867-1914, Düsseldorf 1994, S. 426; Thier, Steuergesetzgebung, S. 896 f.

79 Ebd., S. 960.

Mit der getroffenen Regelung war jedoch nur ein erster Schritt getan, der den ersten Abschnitt der Steuerreform begleitete. Da im zweiten Schritt die Grund- und Gewerbesteuer zu Kommunalsteuern werden sollten und dadurch aus dem für die Wahleinteilung maßgeblichen Topf an direkten Landessteuern entfernt werden würden, standen weitere Änderungen ins Haus. Der preußische Innenminister Herrfurth wollte vor allem den plutokratischen Tendenzen Einhalt gebieten und schlug deswegen vor, die erste und zweite Abteilung in jedem Wahlbezirk so weit aufzufüllen, bis die ursprünglichen Relationen von 1849 wiederhergestellt, sprich fünf Prozent der Wähler in der ersten Abteilung und die nächsten fünfzehn Prozent in der zweiten Abteilung versammelt wären. Finanzminister Miquel schienen diese Vorschläge jedoch unannehmbar, weil sie aus seiner Sicht die Vorherrschaft von Grundbesitzern und Bürgertum gefährdeten und die Bekämpfung der Sozialdemokratie erschwerten. Er fürchtete, dass durch die Kommunalisierung der Grundsteuer auf lokaler Ebene der Einfluss der Großgrundbesitzer schwinden könnte. Deswegen hielt er fest: »Das Dreiklassensystem will nicht blos der Intelligenz u. Bildung, sondern auch dem Besitz und gerade dem steuerpflichtigen Grund- und Gebäudebesitz sowie dem in gewerblichen Unternehmungen angelegten Kapital einen überwiegenden Einfluß bei Wahlen sichern.«[80] Nachdem er erfolgreich die Ablehnung von Herrfurths Vorschlägen orchestriert hatte und dieser daraufhin zurückgetreten war, schlug Miquel vor, die kommunalisierten Realsteuern fiktiv weiterhin für die Wahlrechtsbemessung zu nutzen, doch das war dann auch den preußischen Konservativen unter dem neuen Innenminister Eulenberg zu viel. Stattdessen stimmten die führenden Fraktionen darin überein, dass gesetzlich festgelegt werden sollte, dass die Realsteuern in ihrer neuen Form trotzdem Teil der Wahlrechtsbemessung bleiben sollten.

Im Abgeordnetenhaus konnte das Zentrum mit seinen Befürchtungen im Hinblick auf einen zu großen Einfluss des Großkapitals in den Großstädten punkten und mit den Deutschkonservativen gegen die Stimmen von Nationalliberalen und Freikonservativen durchsetzen, dass bei der Einkommensteuer nur Steuererträge bis zum Betrag von 2000 Mark für die Wahlrechtseinteilung einbezo-

80 Schreiben von Miquel an Herrfurth vom 23. 11. 1891, zit. nach: ebd., S. 912.

gen wurden. Da die Realsteuern voll zählten, hätte dies eine Bevorteilung der Grund- und Hausbesitzer zuungunsten der großen Kapitaleinkommen bedeutet. Zudem hätte eine solche Regelung den Einfluss der Mittelschichten in den Städten gestärkt. Doch lehnte das Herrenhaus dieses Ansinnen der anderen Kammer entschieden ab. Ähnliche Spannungen zwischen Grund- und Kapitalbesitzern wie im Abgeordnetenhaus traten hier kaum auf, weswegen die Begrenzung der Anrechnung der Einkommensteuerbeiträge ersatzlos gestrichen wurde. Das Abgeordnetenhaus, in der Frage selbst gespalten, akzeptierte dieses Votum. Von einer Machtverlagerung hin zum Herrenhaus kann deswegen aber nicht gesprochen werden.[81]

Wenn das Dreiklassenwahlrecht bei seiner Einführung noch als vergleichsweise progressiv gegolten hatte, so stand es am Ende des 19. Jahrhunderts auf breiter Front in der Kritik, zumal es auch verglichen mit dem allgemeinen Männerwahlrecht für den Reichstag als verzerrendes und ungerechtes System wahrgenommen wurde. Dass die Wahlbeteiligung immer dramatisch unter jener für die Reichstagswahl lag, war Wasser auf die Mühlen der Kritiker. Die Steuersumme, die den Einlass in die beiden höheren Abteilungen sicherte, war zudem in den Provinzen höchst unterschiedlich, was das Problem regional noch weiter verschärfte.

Tabelle 6:
Durchschnittliches direktes Steueraufkommen pro Wahlberechtigten in Goldmark in einigen preußischen Provinzen nach Steuerabteilungen 1898

	Abt. 1	Abt. 2	Abt. 3	Gesamt
Ostpreußen	485	139	15	42
Stadt Berlin	2.739	445	44	124
Brandenburg	635	168	21	56
Posen	395	83	11	32
Rheinprovinz	733	170	24	67
Preußen Gesamt	671	165	21	59

Quelle: Gerhard A. Ritter, Wahlgeschichtliches Arbeitsbuch. Materialien zur Statistik des Kaiserreichs. Zweites Kapitel: Preußen, München 1980, S. 142

81 Spenkuch, Herrenhaus, S. 541; Thier, Steuergesetzgebung, S. 955.

Im reichen Berlin waren die Stimmengewichte extrem ungleich verteilt. Hier bildeten die reichsten 1,5 Prozent die erste, die nächsten 9,5 Prozent die zweite und die restlichen 89 Prozent der Wähler die dritte Abteilung.[82] Doch aller Kritik zum Trotz hielt man in Preußen an der Kopplung des Wahlrechts an die direkte Besteuerung bis 1918 fest und nahm damit in Kauf, dass eine progressive Steuerpolitik politisch geradezu auf eine Oligarchisierung hinauslaufen konnte. Verantwortlich hierfür waren vor allem die konservativen Parteien, die in dieser Frage eine Burgmentalität entwickelten.[83]

Schulden statt Steuern: Die Reichsfinanzen 1891-1906

Während Miquel mit seiner Steuerpolitik in Preußen erfolgreich war, scheiterte er wie zuvor schon Bismarck mit dem Versuch, dauerhafte Grundlagen für eine Konsolidierung der Reichsfinanzen zu schaffen.[84] Miquels Versuche die Tabak- oder Weinsteuer zu erhöhen, scheiterten am Reichstag. Reichstagsabgeordnete von Liberalen, Zentrum und Sozialdemokratie begründeten ihre Ablehnung der Wein- und der Tabaksteuer mit dem regressiven Charakter solcher indirekten Steuern, durch den Geringverdiener über Gebühr belastet würden. Sie forderten stattdessen die Erhöhung direkter Steuern durch die Bundesstaaten, die dann die zusätzlichen Erträge in Form erhöhter Matrikularbeiträge an das Reich abführen sollten, solange sie ihm keine eigenen direkten Steuern zubilligten.[85]

82 Theodor Curti/Alexander Giesen, Das Wahlrecht. Geschichte und Kritik, Frankfurt am Main 1908, S. 52.

83 Daniel Ziblatt sieht darin keineswegs einen Ausdruck der Stärke, sondern vor allem der Schwäche und der geringen Organisiertheit der Konservativen: Daniel Ziblatt, Conservative Parties and the Birth of Democracy, Cambridge 2017, Kapitel 7.

84 Höfer, Föderalismus, S. 113-150; Gerloff, Zoll- und Finanzpolitik, S. 311-321.

85 Gerloff, Zoll- und Finanzpolitik, S. 328.

Tabelle 7:
Ausgabe von Reichsanleihen und Zinsdienst in Millionen Mark 1877-1893

	1877	1886	1893
Bewilligte Reichsanleihen	16,3	486,2	1915,7
Zur Verzinsung erforderliche Bedarfssumme	2,3	18,6	64,9

Quelle: Gerloff, Zoll- und Finanzpolitik, S. 311

Die Gewinner der wechselseitigen Blockade von Bundesrat und Reichstag waren deutsche Rentiers, die sich die Zeichnung der Reichsanleihen mit 4 Prozent Zinsen honorieren ließen. John Hobson hat in seiner Imperialismustheorie das Interesse der Rentierklasse für Großbritannien wie folgt gefasst: Es ist »ein direktes Ziel imperialistischer Finanziers, weitere Schulden zu schaffen, genau wie es ein Ziel des privaten Geldverleihers ist, seine Kunden in pekuniäre Schwierigkeiten hineinzureiten, damit sie erneut Zuflucht bei ihm nehmen müssen. […] Wo flüssiges Kapital ständig im Übermaß vorhanden ist, sind weitere Schulden als finanzielles Ablaßsystem äußerst dienlich.«[86] Der deutsche Fall scheint ähnlich gelagert gewesen sein und folgte damit wohl einem allgemeinen Trend. Die durch die Aufrüstung überall in Europa entstehenden Staatsschulden, gepaart mit dem aus der Industrialisierung entstehenden flüssigen Kapital, trugen jedenfalls dazu bei, dass sich in den am stärksten industrialisierenden Staaten West- und Mitteleuropas Ende des 19. Jahrhunderts eine bedeutende Rentierschicht bildete.

Mitte der 1890er-Jahre profitierten potentielle Anleger allerdings nur mehr wenig von der Pattsituation in Berlin, weil die Reichsregierung durch den einsetzenden robusten Wirtschaftsaufschwung gerettet wurde. Obwohl die Steuern kaum erhöht worden waren, brachte der Boom steigende Staatseinnahmen, durch die sich die zusätzlichen Rüstungsausgaben finanzieren ließen. Das verschaffte dem Reich und den Bundesstaaten für fast zehn Jahre weitgehende Ruhe im Hinblick auf notwendige Einnahmeerhöhungen und damit verbundene Verteilungskämpfe. Erst der Haushalt des

86 John A. Hobson, Der Imperialismus [1903], Köln 1968, S. 113 f. Zur Einordnung Hobsons und seiner Schrift: Gregory Claeys, Imperial Sceptics. British Critics of Empire 1850-1920, Cambridge 2010, Kapitel 3.

Jahres 1900 schloss wieder mit einem geringfügigen Minus. Das Defizit vergrößerte sich indes in den darauffolgenden Jahren, so dass schon 1902 zwischen den Ländern und dem Reich Einigkeit über die Notwendigkeit einer Reichsfinanzreform herrschte. Die Länder betonten, dass sie angesichts ihrer angespannten Haushaltslage höchstens 24 Millionen Mark an Matrikularbeiträgen aufbringen könnten.[87] Wegen eines drohenden stärkeren Aderlasses ergriff Bayern die Initiative und berief ein erstes Treffen der süddeutschen Länder ein, um gemeinsam einen überzeugenden Lösungsvorschlag zu erarbeiten. Der ließ sich aber nicht finden. Die einigende Linie blieb, die Reichsausgaben und damit die Matrikularbeiträge möglichst gering zu halten sowie die Schuldentilgung auszusetzen. Größte Einigkeit herrschte darüber, dass dem Reich keine direkte Steuer und insbesondere keine Reichserbschaftsteuer zugestanden werden dürfe.[88]

Da das Zentrum bei der Reichstagswahl im Juni 1903 Sitze hinzugewonnen hatte und bei der Verabschiedung der Finanzreform als Zünglein an der Waage galt, entschloss sich Reichskanzler Bülow, den bayerischen Staatsrat Freiherrn von Stengel zum Reichsschatzsekretär zu ernennen. Dieser stand als Katholik und Bayer der Zentrumspartei nahe und hatte in Bayern mit der Partei einige Verhandlungen erfolgreich abgeschlossen.[89] Stengel ging davon aus, dass vorerst keine Steuererhöhungen möglich waren, weil der Reichstag die Erhöhungen indirekter Steuern und der Bundesrat die Einführung direkter Reichssteuern ablehnen würde. Deswegen entschloss er sich, fürs Erste auf eine Einschränkung der Franckenstein'schen Klausel zu setzen. Da das Zentrum eine vollständige Abschaffung mit hoher Wahrscheinlichkeit nicht akzeptieren würde, sollte fortan nur noch die Branntweinsteuer unter die Klausel fallen.[90] Im Reichstag zeigte sich, dass die Zustimmung von Konservativen und Nationalliberalen stand, das Zentrum noch schwankte und die anderen großen Parteien ablehnend waren. Die Zustimmung des Zentrums war in dieser Konstellation nicht umsonst zu haben. Die Partei nutzte die Gunst der Stunde, um die Aufhebung

87 Höfer, Föderalismus, S. 161.

88 Ebd., S. 162-166.

89 Peter-Christian Witt, Die Finanzpolitik des Deutschen Reiches von 1903 bis 1913, Lübeck 1970, S. 80 f.

90 Höfer, Föderalismus, S. 179.

des seit dem Kulturkampf bestehenden Verbotsparagrafen gegen die Jesuiten zu erreichen. Zudem setzte sie durch, dass neben den Branntweinabgaben auch die Stempelsteuern in der Klausel verblieben.[91]

Nach der Verabschiedung dieser wenig ambitionierten Vorlage war allen Beteiligten klar, dass sie nur als ein Vorlauf zur eigentlichen Reform anzusehen war, da die Rüstungsausgaben permanent stiegen. Der Reichsschatzsekretär sah zwischenzeitlich einen Bedarf von Steuermehreinnahmen in Höhe von 250 Millionen Mark. Bülow, Stengel und den Länderfinanzministern hatte der Reichstag in der Debatte klargemacht, dass er keiner Reform zustimmen würde, die nur neue oder höhere indirekte Steuern beinhaltete. Eine Mehrheit forderte, dem Reich endlich eine direkte Steuer zuzugestehen. Weite Teile der Presse sekundierten den gewählten Volksvertretern.[92] Viele Bundesstaaten, insbesondere Preußen, Württemberg und Sachsen, lehnten eine an das Reich gehende Erbschaftsteuer zwar prinzipiell ab, da aber als Alternative ein Wehrbeitrag im Raum stand, den die Landesvertreter als potentiellen Einstieg in eine Reichseinkommensteuer noch mehr fürchteten, gab man mit Ausnahme Württembergs die grundsätzliche Ablehnung der Erbschaftsteuer auf. Stengel legte daraufhin einen ersten Entwurf vor, der Mehreinnahmen von 140 bis 160 Millionen Mark vorsah.[93] Von diesen sollte die Erbschaftsteuer 60 Millionen Mark erbringen und der Rest durch höhere indirekte Steuern aufgebracht werden.

Dieser Entwurf fand aber nicht die Zustimmung des preußischen Staatsministeriums. Mit großem Widerwillen stimmte man zwar der Notwendigkeit der Erbschaftsteuer zu, um auf eine Mehrheit im Reichstag hoffen zu können, strich aber die vorgesehene Besteuerung von Ehegatten und Kindern aus dem Entwurf heraus, wodurch sich die erwarteten Einnahmen von 60 auf 40 Millionen Mark reduzierten. Diese Änderung sollte sicherstellen, dass die familiäre Weitergabe des Großgrundbesitzes im Regelfall ohne Steuerbelastung vonstattengehen konnte. Zum Ausgleich schrieb man eine Verdreifachung der Biersteuer und eine Anhebung der

91 Ebd, S. 205.

92 Witt, Finanzpolitik, S. 95.

93 Sowohl für die Ausgaben- wie die Einnahmeseite handelte es sich um sehr grobe Schätzungen, die später dann oft weit von den real benötigten bzw. aufgebrachten Summen abwichen: ebd., S. 103.

Tabaksteuer in den Entwurf hinein. Das konservative Ministerium hatte damit die Elemente der Elitenbesteuerung deutlich reduziert und stattdessen Formen der Massenbesteuerung ins Zentrum gestellt. Zudem wurde auf Anregung der süddeutschen Staaten noch die Forderung nach der Begrenzung der Matrikularbeiträge auf die Höchstsumme von 24 Millionen Mark in den Entwurf aufgenommen. Nach erfolgter Zustimmung des Bundesrats ging der Gesetzentwurf an den Reichstag.[94]

Wenig überraschend stellte sich der Reichstag gegen fast alle dieser Änderungen. Die Festlegung der Matrikularbeiträge lehnten die Parlamentarier als Eingriff in ihr Haushaltsbewilligungsrecht ab. Ebenso wenig mochten sie einer Erhöhung der Tabaksteuer zustimmen, und die vom preußischen Staatsministerium anvisierte verdreifachte Biersteuer wurde zusammengestrichen. Als Ausgleich schlug man aber nicht wiederum die Erbschaftsbesteuerung von Ehegatten und Kindern vor, sondern verlangte eine Beteiligung des Reiches an den Fahrkarteneinnahmen der Staatseisenbahnen.[95]

Die Bundesstaaten zeigten sich äußerst unzufrieden mit den 1906 im Reichstag erzielten Ergebnissen. Der preußische Finanzminister Georg Kreuzwendedich Freiherr von Rheinbaben, den Miquel langfristig als seinen Nachfolger aufgebaut hatte, betrachtete sie als Beweis der Schädlichkeit eines allgemeinen Wahlrechts, das nur dazu führe, dass die Parteien dem gemeinen Volk nach dem Mund reden müssten. Auch Bayern, Sachsen und Württemberg reagierten äußerst verstimmt auf das geringe Entgegenkommen des Reichstags. Stengel bat sie aber, die Ergebnisse so zu akzeptieren, weil das Gesetz andernfalls im Reichstag zu scheitern drohe. Die Bundesstaaten mussten resignierend anerkennen, dass der Reichstag hier am längeren Hebel saß. Eine Ablehnung der Reform hätte zwangsläufig zu dramatisch erhöhten Matrikularbeiträgen geführt, was die Bundesstaaten unbedingt vermeiden wollten. So mussten sie der ungeliebten Reform zustimmen.

Die Reform war, was ihre Ergebnisse betraf, kein großer Wurf, auch wenn die Einnahmesteigerungen immerhin die bedeutendsten seit der Reform 1878/79 darstellten. Anstelle der prognostizierten Mehreinnahmen für 1907 von 180 Millionen Mark spülte sie real le-

94 Ebd., S. 105-114.
95 Ebd., S. 114-132.

diglich 111 Millionen Mark zusätzlich in die Kasse.[96] Besonders enttäuschend waren die Erträge der Erbschaftsteuer, bei der man mit 48 Millionen gerechnet hatte, aber 1907/8 nur 28,2 Millionen Mark einnahm.[97] Beides zeigte, wie wenig die deutsche Finanzverwaltung zu dieser Zeit in der Lage war, die Wirkungen von Steueränderungen zu bemessen. Dennoch war die Reform für das wilhelminische Deutschland von Bedeutung, weil mit ihr die Dauerblockade der Bundesstaaten gegen direkte Reichssteuern durchbrochen war. Die Reform zeigte zudem wie im Brennglas die sich verändernden Machtverhältnisse. Gegenüber der Bismarckzeit hatte der Reichstag deutlich an Macht gewonnen und bot Regierung und Bundesrat die Stirn. Mit dem Schlüssel des Haushaltsrechts gelang es den Reichstagsabgeordneten, den Bundesstaaten und insbesondere dem konservativen Preußen in der Steuerfrage lange Zeit nicht für möglich gehaltene Zugeständnisse abzuringen.

Die kostenintensive Flottenpolitik des Kaisers spielte dabei dem Reichstag in die Hände. Die vormals wichtigste Einspruchsmöglichkeit des Parlaments, die Budgetverweigerung, hatte in Zeiten des Sozial- und Subventionsstaats ihr Drohpotential weitgehend eingebüßt, weil den Parteien nicht an einer Verweigerung dieser Staatsleistungen gelegen sein konnte. Nun aber bedurfte es des Reichstags für die Erhebung oder Erhöhung von Steuern und die Genehmigung von Anleihen, um die hohen Ausgaben zu finanzieren.[98] Die Sozialdemokraten hatten früh erkannt, dass die Finanznot die Bundesstaaten politisch näher an sozialdemokratische Ziele heranrücken lassen könnte. Ihr Fraktionssprecher Eduard David führte aus: »Wir haben gar keinen Grund zu wünschen, daß die Beunruhigung in den Bundesstaaten, welche durch die Reichsfinanzen ausgelöst wird, schwindet, im Gegenteil. [… So] sind die Einzelstaaten dann vielleicht eher geneigt […], an die Einführung direkter Einnahmen für das Reich, direkter Einkommens-, Vermögens- und Erbschaftssteuern zu denken.«[99] Vor allem aber wuchs die Bedeutung des Reichstags. Weder Kanzler noch Bundes-

96 Gerloff, Zoll- und Finanzpolitik, S. 439.

97 Terhalle, Geschichte, S. 284.

98 Andreas Thier, Vom frühkonstitutionellen Steuerbewilligungsrecht zum Haushaltsplan, in: Ulrich Hufeld/Hanno Kube/Ekkehart Reimer (Hg.), Entwicklungslinien der Finanzverfassung, Berlin 2016, S. 5-27, hier S. 19 f.

99 Sitzung des Reichstags am 2. 5. 1904, Reichstagsprotokolle, Bd. 200, S. 2581.

rat konnten in Zeiten angespannter Haushalte noch gegen oder auch nur ohne den Reichstag regieren.[100] Auch die Drohung mit einem Staatsstreich verfing um die Jahrhundertwende weniger als noch zu Bismarcks Zeiten. Ein letzter Staatsstreich-Versuch Kaiser Wilhelms II., der das Ziel hatte, auf Reichsebene das preußische Dreiklassenwahlrecht einzuführen, scheiterte 1904 trotz der Unterstützung des sächsischen und des württembergischen Monarchen am fast geschlossenen Widerstand von Kanzler und einer großen Zahl von Ministern sowie mangelnder Zustimmung selbst in den konservativen Parteien.[101] Dies stärkte das Gewicht der Abgeordneten und der Parteien, die gegenüber Kanzler und Bundesrat zunehmend selbstbewusster auftraten.[102]

Begleitet wurde diese Entwicklung von der Entstehung eines politischen Massenmarktes und eines neuen Gewichts von Presse und Öffentlichkeit insbesondere im Kontext von Wahlen.[103] Freilich zeigten die Auflösung des Reichstags 1906 anlässlich des Nachtragshaushalts für die Kolonien und die Verluste der opponierenden Parteien bei den folgenden Wahlen den Parlamentariern die Grenzen ihres Einflusses auf. Den Möglichkeiten der Reichsregierung, die Öffentlichkeit durch offensive Medienarbeit auf ihre Seite zu ziehen, hatten sie wenig entgegenzusetzen. Frank Oliver Sobich zufolge lassen sich »die Integration des Großteils der Liberalen, die Disziplinierung des Zentrums« sowie der »Beginn der Domestizierung der Sozialdemokratie« weitgehend als Lehre aus dieser Niederlage an der Wahlurne interpretieren.[104]

100 Nipperdey, Deutsche Geschichte 1866-1918, Bd. 2, S. 474 und 493.

101 Karl-Erich Born, Preußen im deutschen Kaiserreich 1871-1918. Führungsmacht des Reiches und Aufgehen im Reich, in: Wolfgang Neugebauer (Hg.), Handbuch der preußischen Geschichte, Band 3, München 2000, S. 15-148, hier S. 121.

102 Margaret Lavinia Anderson, Practicing Democracy. Elections and Political Culture in Imperial Germany, Princeton 2000.

103 Brett Fairbairn, Democracy in the Undemocratic State. The German Reichstag Elections of 1898 and 1903, Toronto 1997.

104 Frank Oliver Sobich, »Schwarze Bestien, rote Gefahr«. Rassismus und Antisozialismus im deutschen Kaiserreich, Frankfurt am Main 2006, S. 13.

Vom Sieg des Großgrundbesitzes zur ersten von Sozialdemokraten mitgetragenen Steueränderung: Die Reichsfinanzen 1909-1914

Im Hintergrund der Auflösung des Reichstags und der anschließenden Neuwahl standen strategische Überlegungen. Die Regierung Bülow sah sich 1906 in ihrer Handlungsfähigkeit zunehmend eingeschränkt, was nicht zuletzt Konflikten zwischen dem Kanzler und der Zentrumspartei geschuldet war. Bülow entschloss sich darum, es über der Frage des Kolonialkriegs in Südwestafrika zum Bruch kommen zu lassen. Für die Reichstagswahl setzte er auf ein Bündnis von Konservativen und Liberalen und einen harten und diffamierenden Wahlkampf gegen das Zentrum. Der Erfolg bei den Wahlen im Januar 1907 gab ihm recht. Im Reichstag ergab sich eine knappe Mehrheit für die beiden konservativen Parteien, die Nationalliberalen und die Linksliberalen. Doch hatte sich Bülow die Zentrumspartei damit zum entschiedenen Gegner gemacht, weswegen mit deren Zustimmung bei für den Kanzler bedeutenden Fragen kaum mehr zu rechnen war.[105]

In der neuen Legislaturperiode stand eine erneute Finanzreform bald weit oben auf der Agenda. Die Reform von 1906 hatte zwar die erste direkte Steuer für das Reich, aber nicht die erhofften Erträge gebracht. Angesichts der rasanten Aufrüstung stand spätestens 1908 fest, dass es neuer Steuererhöhungen bedurfte, um die nun noch ungleich größeren Löcher zu stopfen. Die gigantische Summe von zusätzlich 500 Millionen Mark rief in der Bevölkerung erhebliche Besorgnis hervor und sorgte für einigen Spott in der Presse des Auslands.[106] Für die Liberalen und die links von ihnen stehenden Parteien des Reichstags galt als ausgemacht, dass wenigstens ein Teil des Geldes durch direkte Steuern aufgebracht werden musste. Auch die meisten Finanzwissenschaftler waren der Ansicht, dass zumindest an der Ausweitung der Erbschaftsteuer auf Ehegatten und Kinder kein Weg mehr vorbeiführe.[107] Etliche forderten darüber

105 Christoph Nonn, 12 Tage und ein halbes Jahrhundert. Eine Geschichte des Deutschen Kaiserreichs 1871-1918, München 2020, S. 484-486.

106 Karl Theodor von Eheberg, Die Reichsfinanzreform und die neueste Literatur, in: Zeitschrift für Politik 2 (1909), S. 1-41, hier S. 2.

107 Ebd., S. 23.

hinaus die Einführung einer Reichseinkommensteuer und einer Reichsvermögensteuer.[108] Auch im Militär wurden Befürchtungen laut, das Deutsche Reich könne ohne Reichssteuern im Wettrüsten der Großmächte nicht bestehen. Vizeadmiral a. D. P. Hoffmann schrieb im August 1908 in der *Vossischen Zeitung* einen Artikel mit dem Titel »Die Besteuerung des Reichtums«. Darin hieß es: »Wenn nun für das Reich eine Heeresmacht für notwendig gehalten wird, die jeder Koalition gewachsen ist, wenn wir Anspruch darauf erheben, eine hinreichend starke Kriegsflotte zu unterhalten, müssen wir da nicht verlangen, daß ebenso wie in den großen Nachbarstaaten die großen Vermögen in verschärftem Maße zu den allgemeinen Lasten herangezogen werden?«[109] Auch wenn der Vizeadmiral die steuerliche Beanspruchung in den Nachbarnationen überschätzte, zeigte die unübliche öffentliche Positionierung eines ranghohen Militärs gewisse Besorgnisse im Offizierskorps darüber an, man könne aufgrund eines unzulänglichen Steuersystems beim Wettrüsten ins Hintertreffen geraten.[110]

Stengels erster Entwurf sah vor allem die Abschaffung der im Branntweinsteuergesetz enthaltenen Subventionen (»Liebesgaben«) für die landwirtschaftlichen Brennereien vor. Dieser Schritt war von den liberalen Parteien wiederholt als Voraussetzung für die Erhöhung anderer indirekter Steuern genannt worden. Doch Stengel scheiterte mit diesem Vorhaben am anhaltenden Widerstand des preußischen Finanzministers Rheinbaben und des preußischen Landwirtschaftsministers. Beide erwiesen sich erneut als wenig kompromissbereite Vertreter der preußischen Großgrundbesitzer, die mit aller Macht die ihnen verbliebenen Vorteile verteidigten. Stengel arbeitete daraufhin einen neuen Entwurf aus, der die Erhöhung der Branntwein- und der Tabaksteuer beinhaltete. Als Ausgleich zur Erhöhung dieser indirekten Steuern sah der Entwurf veredelte Matrikularbeiträge vor. Anstatt direkte Reichssteuern einzuführen, sollte ein Teil der von den Bundesstaaten zu zahlenden

108 Als Beispiel: Wilhelm Gerloff, Matrikularbeiträge und direkte Steuern, Berlin 1908.

109 Zitiert nach Eheberg, Reichsfinanzreform, S. 19 f.

110 1912 schrieb auch das vormalige Mitglied des deutschen Generalstabs, Friedrich von Bernhardi, dass die Bereitschaft der deutschen Steuerzahler, ihren Beitrag zur Aufrüstung zu leisten, zu gering sei: Friedrich von Bernhardi, Deutschland und der nächste Krieg, Stuttgart 1913 (6. Auflage), S. 315-324.

Beiträge so gebunden werden, dass sie aus einer neuen progressiven Steuer stammen sollten, die nur die Wohlhabenden traf. Als die regierenden Blockparteien sich nicht auf dieses Programm einigen konnten und der preußische Finanzminister erneut Widerstand ankündigte, trat Stengel zurück.[111]

Die Demontage Stengels, die auch in der Öffentlichkeit nicht unbemerkt blieb, trug nicht eben dazu bei, das Amt des Staatssekretärs des Reichsschatzamtes attraktiv zu machen. So musste Bülow länger suchen, bis er im vormaligen Unterstaatssekretär des Reichspostamtes, Reinhard Sydow, einen willigen Kandidaten fand. Dessen neuer Reformentwurf sah vor, etwa 80 Prozent der erforderlichen Zusatzeinnahmen durch Konsumsteuern aufzubringen. Nur das verbliebene Fünftel wollte er durch eine direkte Steuer aufbringen. Hierzu hatte er sich für die Ausdehnung der Erbschaftsteuer auf Ehegatten und Kinder entschieden.[112] Im preußischen Staatsministerium fanden die indirekten Steuern erwartungsgemäß Zustimmung, während die Erbschaftsteuerpläne beim Finanzminister sowie dem Landwirtschaftsminister auf entschiedene Ablehnung stießen. Da Sydow aber ohne die vorgesehen Änderungen bei der Erbschaftsteuer eine Zustimmung des Reichstags für ausgeschlossen hielt, begnügten sich beide Minister damit, eine Reihe von Ausnahmen ins Gesetz einfügen. Bülow stimmte diesen grundsätzlich zu, schlug aber aus taktischen Erwägungen vor, sie nicht in den Regierungsentwurf aufzunehmen, damit die landwirtschaftlichen Interessenvertreter sie im politischen Prozess selbst erkämpfen konnten. Kaiser und Bundesrat stimmten den Plänen trotz gewisser Bedenken zu.[113]

Selbst die Regierungsparteien weihte man bis zu diesem Zeitpunkt nicht in die neuen Pläne ein. Bülow hielt es für geboten, die politische Öffentlichkeit zunächst durch eine orchestrierte Pressekampagne auf das Reformvorhaben einzustimmen. Er überzeugte Sydow, hierfür Ernst Levy von Halle zu gewinnen, der bisher die erfolgreiche Flottenpropaganda der Reichsmarine koordiniert hatte. Für von Halle richtete man ein sogenanntes Volkswirtschaftliches Büro im Reichsschatzamt ein, das die Vorteile der Reichsfinanzreform in der Presse lancieren sollte. Aus dem kaiserlichen

111 Witt, Finanzpolitik, S. 165-191.

112 Ebd., S. 207-209.

113 Ebd., S. 210-217.

Dispositionsfonds stellte von Bülow dafür 100 000 Mark zur Verfügung, die vor allem dafür verwendet werden sollten, wissenschaftliche Arbeiten anzuregen, die die Reformpläne stützten. Von Halle gelang es, fast alle Größen der Staats- und Finanzwissenschaft für diese Kampagne zu gewinnen, darunter Adolph Wagner, Gustav Schmoller, Lujo Brentano, Gustav Cohn, Georg von Schanz, Julius Wolf, Theodor von Eheberg und Wilhelm Gerloff.[114] Die meisten von ihnen mussten nur alte Schriften leicht umschreiben und um einige freundliche Worte zu den aktuellen Reformplänen ergänzen. Das Gros der Stellungnahmen entsprach Bülows Wunsch, die nationale Bedeutung der Reform zu betonen, ohne steuertechnische Fragen allzu detailliert zu verhandeln. Kritische Nachfragen zu den Ursachen der Finanzmisere und zum Gehalt einzelner Steuervorschläge unterblieben zumeist. Aufgrund dieser Auftragsarbeiten ist das Schriftgut zur Reform von 1909 weit umfangreicher als das zu den vorherigen Reformen. Allerdings vertraten fast alle Wissenschaftler neben den erwünschten Ansichten auch den dem Kanzler weniger genehmen Standpunkt, dass die gegenwärtige Besteuerung im Reich ungerecht sei und bei der Reform unbedingt auch direkte Steuern erhöht werden müssten. Adolph Wagners Postulat der Notwendigkeit steuerlicher Gerechtigkeit hatte sich zur Jahrhundertwende in der deutschen Finanzwissenschaft weitgehend durchgesetzt. Wagner selbst steuerte zur an den Reichstag versandten Regierungsbegründung ein Gutachten bei, in welchem er den sozialethischen Gehalt der Besteuerung hervorhob.[115] Daneben gelang es von Halle auch, einige Industrielle, darunter Werner von Siemens, zu öffentlichen Stellungnahmen zugunsten der Reform zu bewegen.[116]

Noch vor der ersten Lesung des Gesetzentwurfs trafen sich die beiden Vorsitzenden des Bundes der Landwirte mit den Führern der deutsch-konservativen Reichstagsfraktion, um die Positionen zur Schonung des Großgrundbesitzes abzustimmen. Jede Form

114 Ebd., S. 217-226; Krüger, Nationalökonomen, S. 93 f.; Erik Grimmer-Solem, Learning Empire. Globalization and the German Quest for World Status, 1875-1919, Cambridge 2019, S. 465 f.

115 Adolph Wagner, Gutachten zur Kritik der Berechnungen über die finanziellen, namentlich die steuerlichen Belastungen, in: RT, Bd. 250, Nr. 1035 III, S. 114-132.

116 Grimmer-Solem, Learning Empire, S. 468 f.

von Reichseinkommen- oder Reichsvermögensteuer wurde einhellig abgelehnt, ebenso eine Erweiterung der Erbschaftsteuer. Zur Aufbringung der notwendigen Einnahmen rekurrierte man auf die starke Erhöhung der Tabak- und Biersteuer sowie der Börsenumsatzsteuer. Zudem sollte eine Steuer auf Dividenden und ein Reichshandelsmonopol für Petroleum eingerichtet werden. Sollte sich eine direkte Steuer als unabwendbar nötig erweisen, betrachtete man die Einführung einer Kapitalrentensteuer als einzig gangbaren Weg.[117] Letztlich war dies eine klare Absage an die Politik Bülows. Die Position der Großgrundbesitzer hatte sich noch einmal deutlich verhärtet.[118]

Bülow erhielt von befreundeten Konservativen die Warnung, dass er unterliegen würde, wenn er die ganze Reform von der Neuregelung der Erbschaftsteuer abhängig machte. Die Mehrheit der adligen Großgrundbesitzer fürchtete, dass die Ausweitung den Niedergang des Gutsbesitzes erheblich beschleunigen würde. Pierre Bourdieu hat darauf hingewiesen, dass der Adel als soziale Klasse auf dem Prinzip des Hauses und damit auf der Weitergabe von Position und Besitz in der eigenen Blutslinie ruhte.[119] Die deutschen Großgrundbesitzer gingen jedenfalls davon aus, dass mit der geplanten Neuregelung endgültig die Axt an ihre Existenz gelegt würde, die sie durch die stürmische industrielle Entwicklung ohnehin als bedroht ansahen. Sie betonten deswegen immer wieder, dass die Reform den Familiensinn zerstören würde. Adolph Wagner, in vielen Fragen ein Verteidiger agrarischer Interessen, geriet darüber in Rage und sprach von »Phrasen«.[120]

Die erste Lesung im Reichstag fand schließlich am 19. November 1908 statt. Auf die Reden von Bülows und Sydows folgte die

117 Witt, Finanzpolitik, S. 232 f.

118 James N. Retallack, The German Right, 1860-1920. Political Limits of the Authoritarian Imagination, Toronto 2006, S. 354-363, Daniela Gasteiger, Kuno von Westarp (1864-1945). Parlamentarismus, Monarchismus und Herrschaftsutopien im deutschen Konservatismus, Berlin 2018, S. 50.

119 Bourdieu, Über den Staat, S. 448-456. Siehe auch: Eckart Conze, Adeliges Familienbewußtsein und Grundbesitz. Die Auflösung des Gräflich Bernstorff'schen Fideikommisses Gartow nach 1919, in: Geschichte und Gesellschaft 25 (1999), S. 455-479, hier S. 458 f.

120 Adolph Wagner, Lehr- und Handbuch der politischen Ökonomie. Vierte Hauptabteilung: Finanzwissenschaft. Dritter Teil: Spezielle Steuerlehre, 1. Buch: Steuergeschichte vom Altertum bis zur Gegenwart, Leipzig 1910, S. 333.

Entgegnung des Vorsitzenden der konservativen Fraktion, Freiherr von Richthofen-Damsdorf, der klarstellte, dass seine Fraktion die zur Nachlasssteuer erweiterte Erbschaftsteuer grundsätzlich ablehne. Das Zentrum gab zu erkennen, dass es unter Umständen mit den Konservativen stimmen und die Nachlasssteuer ebenfalls ablehnen könne. Die zum Regierungsblock gehörenden Linksliberalen hingegen lehnten die Erhöhung der indirekten Steuern ab und bestanden auf der Nachlasssteuer. Die Nationalliberalen erklärten plötzlich die Nachlasssteuer für nicht ausreichend und verlangten eine Reichsvermögensteuer. Kurzfristig sah es danach aus, dass Zentrum und Konservative schon zu Beginn gemeinsam die Erbschaftsteuer zu Fall bringen könnten, doch konnte die Sprengung des Regierungsblocks vorerst verhindert werden, und die endgültige Entscheidung wurde auf die zweite Lesung vertagt.[121]

Bis dahin agitierten Regierung, Parteien und Interessengruppen in der Öffentlichkeit mit allen Mitteln für ihre jeweilige Position. In diesem Propagandakrieg gelang dem Bund der Landwirte schließlich ein großer Erfolg: Durch dauerhafte antisemitische Invektiven gegen den Propagandachef der Regierung, von Halle, konnte dieser schließlich zum Rücktritt veranlasst werden, weil er sich von Sydow nicht ausreichend beschützt fühlte.[122]

Bülow eröffnete die zweite Lesung mit einer flammenden Rede, die zeigte, dass für ihn alles auf dem Spiel stand. Er präsentierte sich als konservativer Kanzler, der viel für die konservativen Interessen getan habe, aber über den Parteien stehe. Deswegen könne er sich in diesem Fall auch nicht einseitig den Interessen der konservativen Parteien beugen, sondern müsse das Gesamtwohl im Blick haben. Zum Schluss machte er sehr deutlich, dass er bei einer Reform ohne Erbschaftsbesteuerung seinen Rücktritt einreichen würde. Doch es nützte nichts: Die konservativen Parteien, das Zentrum und die dem Zentrum nahestehende Polnische Nationaldemokratische Partei stimmten gegen die Nachlasssteuer; Bülow machte seine Ankündigung wahr und demissionierte. Die neue schwarz-blaue Koalition

121 Grimmer-Solem, Learning Empire, S. 469 f.

122 George W. F. Hallgarten, Imperialismus vor 1914. Die soziologischen Grundlagen der Außenpolitik europäischer Großmächte vor dem Ersten Weltkrieg, 2 Bände, 2. Auflage, München 1963, Bd. 2, S. 149; Witt, Finanzpolitik, S. 280. Von Halle starb drei Tage nach Bülows endgültiger Niederlage: Grimmer-Solem, Learning Empire, S. 477 f.

aus Landwirtschaft und Katholiken verabschiedete schließlich eine Finanzreform, die fast ausschließlich Erhöhungen der indirekten Steuern sowie der Matrikularbeiträge vorsah. Als direkte Steuern können allenfalls einige Steuern auf Dividenden und Börsenhandelsgeschäfte gefasst werden, die aber für die Reichsfinanzen insgesamt materiell geringe Bedeutung hatten. Insbesondere die Talonsteuer, die auf die Ausreichung neuer Zinsen und Dividenden erhoben wurde, erregte aber bei Bankiers und Industriellen großen Ärger und brachte sie endgültig gegen den Bund der Landwirte und die Deutschkonservativen auf.[123]

Die neue Koalition hatte einen großen Sieg errungen und den Großgrundbesitz vollständig vor einem schärferen Zugriff des Staates bewahrt. Politisch erwies sich dieser Sieg aber als kostspielig. Liberale und Bürgertum zeigten sich äußerst verbittert über den unbeirrbaren Egoismus der Großlandwirtschaft. Die bürgerliche Presse schoss sich auf die beiden konservativen Parteien ein und warf ihnen vor, sich aus Geiz einer Beteiligung an den für die Nation essentiellen Rüstungskosten verschlossen zu haben. Als Sammlungsbewegung von Industrie, Handel und Banken gründete sich der Hansa-Bund, dessen Ziel es war, die Propaganda des Bundes der Landwirte nun mit einer ebenso scharfen antifeudalen und antiklerikalen Propaganda zu kontern. Auch wenn der Hansa-Bund in kurzer Zeit über 200 000 Mitglieder werben konnte, blieb er doch weitgehend erfolglos. Die Interessendivergenzen zwischen den verschiedenen Wirtschaftssparten erwiesen sich als zu groß für ein gemeinsames Vorgehen. Insbesondere Vertreter der Schwerindustrie waren dem Bund zwar in der allgemeinen Empörung beigetreten; als die Erregung abflaute, weigerten sie sich jedoch, allzu scharf gegen den langjährigen Bündnispartner in der Zollfrage Position zu beziehen.[124] Deswegen scheint es übertrieben, wenn Rudolf Kroboth die Entscheidung von 1909 als Ausweis unüberbrückbarer steuerlicher Gegensätze zwischen Wirtschaftsbürger-

123 Gerloff, Zoll- und Finanzpolitik, S. 416; Hartmut Kaelble, Industrielle Interessenpolitik in der Wilhelminischen Gesellschaft. Centralverband Deutscher Industrieller 1895-1914, Berlin 1967, S. 132; Fritz Fischer, Krieg der Illusionen. Die deutsche Politik 1911 bis 1914, Düsseldorf 1969, S. 52-61.

124 Siegfried Mielke, Der Hansa-Bund für Gewerbe, Handel und Industrie 1909-1914. Der gescheiterte Versuch einer antifeudalen Sammlungspolitik, Göttingen 1976, insb. S. 83-90; Kaelble, Industrielle Interessenpolitik, S. 181-185.

tum und Großagrariern betrachtet und mit Theodor Eschenburg das Kaiserreich an einem Scheideweg sieht, der eine Richtungsentscheidung erzwang.[125] Diese Entscheidung fiel nicht, und ob ihr Ausbleiben das Reich mittelfristig in eine existentielle Krise geführt hätte, muss aufgrund des Beginns des Weltkrieges unbeantwortet bleiben. Dennoch bleibt es ein Verdienst Kroboths, noch stärker als Peter-Christian Witt die enorme Bedeutung der Reichsfinanzreform für die Zuspitzung der inneren politischen Krise herausgearbeitet zu haben.

In die Reichskanzlei zog nach Bülows Rücktritt der vormalige Staatssekretär des Inneren Theobald von Bethmann Hollweg ein. Der neue Kanzler war als gemäßigter Konservativer zwar zu Reformen bereit, wollte diese aber möglichst im lagerübergreifenden Konsens mit Konservativen, Zentrum und Liberalen und gegebenenfalls auch der Sozialdemokratie erreichen.[126] Nicht nur der Stuhl des Reichskanzlers, sondern auch der des Sekretärs des Reichsschatzamtes musste neu besetzt werden, denn politisch war Sydow nach der Abstimmungsniederlage nicht mehr im Amt zu halten gewesen, weshalb er auf den Posten des Handelsministers wechselte. Sein Nachfolger im Reichsschatzamt wurde Adolf Wermuth, ein bürgerlicher promovierter Jurist und Berufsbeamter, der dort schon seit 1904 als Unterstaatssekretär tätig gewesen war.[127] Wermuth schlug eine andere Linie ein als seine Vorgänger. Als sich abzeichnete, dass es auch nach der Finanzreform schwierig werden würde, den Haushalt auszugleichen, wollte er nicht gleich wieder an der Steuerschraube drehen, sondern versuchte die Reichsfinanzen über eine Begrenzung der Ausgaben zu konsolidieren. Dabei wagte er auch den Konflikt mit den Militärs. In harten Verhandlungen gelang es erstmalig seit 1904, den Heeresspezialetat zu senken und die Zuwachsrate der Marineausgaben deutlich zu verringern.

125 Rudolf Kroboth, Die Finanzpolitik des Deutschen Reiches während der Reichskanzlerschaft Bethmann Hollwegs und die Geld- und Kapitalmarktverhältnisse (1909-1913/14), Frankfurt am Main 1986, S. 40. Mit Verweis auf: Theodor Eschenburg, Das Kaiserreich am Scheideweg. Bassermann, Bülow und der Block, Berlin 1929.

126 Hans-Günter Zmarzlik, Bethmann Hollweg als Reichskanzler, 1909-1914. Studien zu Möglichkeiten und Grenzen seiner innenpolitischen Machtstellung, Düsseldorf 1957; Konrad H. Jarausch, The Enigmatic Chancellor. Bethmann Hollweg and the Hybris of Imperial Germany, New Haven 1973.

127 Adolf Wermuth, Ein Beamtenleben, Berlin 1922.

Allerdings machten die hohen Kosten des Nord-Ostsee-Kanals das Erreichte zunichte, und der Reichshaushalt wuchs weiter. Im Thronbericht an den Kaiser warf Wermuth der Marineverwaltung mangelnde Sparsamkeit vor,[128] und über den Kanzler ließ er sowohl der Heeres- wie der Marineführung mitteilen, dass es 1911 keine Etaterhöhung gegenüber 1910 geben werde. Kriegsminister von Heeringen konnte allerdings beim Kaiser im Mai 1910 eine Erhöhung der Truppenstärke durchsetzen. Wermuth protestierte scharf, konnte diese Niederlage aber nicht abwenden. Bei den Etatverhandlungen für 1911 setzte er dagegen dann wieder manche Streichung im Militärhaushalt durch. Um seine Position zu stärken, arbeitete Wermuth auch den Entwurf einer Reichshaushaltsordnung aus, die die Abläufe der Haushaltsplanung und -verabschiedung verbindlich regeln sollte. Durch die Verschleppungstaktik der anderen Ressorts und schließlich Wermuths Entlassung kam es jedoch nicht zu einer Verabschiedung. Erst die neue Republik gab sich nach dem Weltkrieg eine Haushaltsordnung, die weitgehend auf Wermuths Entwurf beruhte.[129]

Wermuth kämpfte auch nach dem gescheiterten »Panther-Sprung nach Agadir« ungeachtet der durch den Marokkokonflikt ausgelösten Welle nationaler Erregung weiter gegen einen raschen Flottenausbau. Er betonte mehrfach, dass er die Flottennovelle nicht in den Haushaltsentwurf für 1912 einzuarbeiten gedenke, solange die Deckung der Kosten nicht erreicht sei. Er schlug der Marineleitung mehrfach vor, sich deswegen für eine Reichserbschaftsteuer stark zu machen. Letztlich gab aber Bethmann Hollweg dem Druck des Admirals von Tirpitz und des Kaisers nach und gestattete Mitte November die Etatübernahme ohne Deckung. Wermuth reichte daraufhin seinen Rücktritt ein, den Bethmann Hollweg aber wegen der bevorstehenden Reichstagswahlen nicht akzeptierte. Zum Ausgleich gewährte der Kanzler Wermuth ein Mitprüfrecht an den Wehrvorlagen, was zuvor keinem Schatzsekretär zugestanden worden war. Auch dieses neue Vorrecht nutzte Wermuth wo immer möglich zur Beschneidung der Forderungen seitens des Militärs.[130]

Nach der Reichstagswahl 1912, aus der die Sozialdemokratie als deutlicher Gewinner und das Regierungslager mit Verlusten her-

128 Kroboth, Finanzpolitik, S. 114-118; Witt, Finanzpolitik, S. 318.
129 Witt, Finanzpolitik, S. 330-337.
130 Kroboth, Finanzpolitik, S. 119-143.

vorging, stand die Frage der Deckung der Wehrvorlagen sofort im Raum. Wermuth setzte sich hartnäckig dafür ein, die Kosten im Wesentlichen durch eine Ausweitung der Erbschaftsteuer hereinzuholen. Als Bethmann Hollweg auch hier dem Widerstand der Konservativen und des Zentrums nachgab, bot Wermuth erneut seine Demission an, die nun auch akzeptiert wurde.[131]

Bethmann Hollweg erklärte dann vor dem Reichstag, dass er auf die Erbschaftsteuer verzichten würde, um eine Koalition der Bürgerlichen zu ermöglichen. Ein solches Bündnis zu schmieden, erwies sich indes als schwierig, fragte doch der Vorsitzende der Nationalliberalen, warum im Ringen um eine Konsensschaffung immer nur die Konservativen ihren Willen bekämen. Ein Zugeständnis der Konservativen war schließlich die Aufgabe der von den Liberalen seit langem beklagten »Liebesgabe« für Agrarier bei der Branntweinsteuer, die etwa 30 Millionen Mark ausmachte. Die Agrarier setzten aber durch, dass im ersten Jahr 18 Millionen Mark als einmalige Entschädigung an die ihres Privilegs verlustig gegangenen Brennereien gezahlt wurde. Zentrum und Nationalliberale verlangten für die Zustimmung zum Gesamtpaket die rechtsverbindliche Festlegung auf die Einführung einer Form von Besitzsteuer spätestens zum 1. Oktober 1913. Dieses Gesetz, das nach seinen Initiatoren auch als Lex Bassermann-Erzberger bezeichnet wurde, signalisierte ein Abrücken des Zentrums von den konservativen Parteien.[132]

Angesichts einer sich verbessernden Haushaltslage hofften die Konservativen, die Liberalen mit einem materiell wenig ambitionierten Gesetz zufriedenstellen zu können. Die Lage änderte sich allerdings dramatisch, als sich im Oktober 1912 die Niederlage der Türkei im Balkankrieg abzuzeichnen begann. Die Militärführung sah darin eine gravierende Stärkung der französisch-russischen Position, was aus ihrer Sicht eine sofortigen Heeres- und Flottenerweiterung verlangte. Eine entsprechende Wehrvorlage, die alle vorherigen materiell deutlich in den Schatten stellte, traf auf begeisterte Zustimmung aller bürgerlichen Parteien und weiter Teile der bürgerlichen Öffentlichkeit, so dass der Reichstag ihr ohne größere Bedenken zustimmte. Die geplanten Kosten beliefen sich, Stand Februar 1913, auf einen einmaligen Beitrag von 800 Millio-

131 Ebd., S. 153-166.
132 Ebd., S. 167-188; Witt, Finanzpolitik, S. 354.

nen Mark sowie einen zusätzlichen dauerhaften Jahresbetrag von 150 Millionen Mark.[133]

Was die einmal aufzubringende Summe anbelangte, fand sich überraschend schnell eine einvernehmliche Lösung. Sie sollte durch einen einmalig erhobenen Wehrbeitrag aufgebracht werden. Den Beitrag erhob man zum einen auf Vermögen von über 10 000 Mark, die mit einem progressiven Steuersatz von 0,15 bis 1,5 Prozent belastet wurden. Zum anderen besteuerte man Jahreseinkommen von über 5000 Mark mit acht Prozent. Beide Beträge mussten in drei Jahresraten (1913-1915) abgeleistet werden. In den Verhandlungen rechnete das Reichsschatzamt mit einer Einnahme von einer Milliarde Mark, das dann tatsächlich erreichte Aufkommen von 965 Millionen Mark kam dem recht nahe.[134] Die erstaunlich geräuscharme Einführung des Wehrbeitrags ist nur vor dem Hintergrund der als dramatisch verstandenen militärischen Situation zu erklären. Andernfalls hätten die beiden konservativen Parteien vermutlich entschiedenen Widerstand gegen die progressiv gestaltete Vermögensabgabe geleistet, zumal sie durchaus die Gefahr witterten, dass die einmalige Abgabe zum Einstieg in eine dauerhafte Vermögensteuer führen könnte.[135] Allerdings war es im Haushaltsausschuss doch noch zu Streitigkeiten gekommen, weil die dort vorgenommenen Änderungen an der Regierungsvorlage deren progressiven Charakter weiter verstärkten. Man hatte sowohl den Spitzensatz bei der Vermögensabgabe noch einmal heraufgesetzt als auch die im ursprünglichen Entwurf gar nicht vorgesehene Abgabe auf Einkommen erst eingeführt. Dadurch war die Mittelschicht gegenüber der Regierungsvorlage entlastet worden, während die Spitzenverdiener sowie die Vermögenden stärker herangezogen wurden. Diese Beschlüsse trug ein Bündnis aus SPD, Zentrum und Konservativen gegen den Protest der Nationalliberalen, denen missfiel, dass das Unternehmertum nun die Hauptlast der Abgabe zu tragen hatte.[136]

Zur Deckung der dauerhaft aufzubringenden Mehrkosten, die

133 Witt, Finanzpolitik, S. 362.

134 Gerloff, Staatshaushalt, S. 31.

135 Kroboth, Finanzpolitik, S. 253 f. und 257.

136 Ebd., S. 257 f. Ein Nebeneffekt der Wehrabgabe war, dass das Deutsche Reich als einziges Land weltweit vor Kriegsbeginn über umfassende Statistiken zur Vermögensverteilung verfügte; John R. Hicks/Ursula K. Hicks/Laszlo Rostas, The Taxation of War Wealth, Oxford 1941, S. 136.

im Verlauf der Verhandlungen auf fast 190 Millionen Mark jährlich anstiegen, konnten sich die bürgerlichen Parteien schnell auf neue Stempelsteuern sowie eine Rückstellung der Zuckersteuersenkung einigen. Damit war das Loch im Haushalt allerdings erst zur Hälfte gestopft. Um die andere Hälfte, die die in der Lex Bassermann-Erzberger festgehaltene Besitzsteuer erbringen sollte, entbrannte hingegen ein verbissen geführter Kampf. Zur Auswahl standen drei Möglichkeiten: erstens die Ausweitung der Reichserbschaftsteuer auf Ehegatten und Kinder, zweitens eine Vermögenszuwachssteuer, die im Erbfall auch den Erbzuwachs besteuerte, sowie drittens eine Erhöhung der Matrikularbeiträge mit der Verpflichtung der Bundesstaaten, diese durch Einkommen-, Vermögen- oder Erbschaftsteuern aufzubringen. Bethmann Hollweg war von Beginn an sicher, dass die Konservativen die erste Lösung ablehnen würden, hoffte sie aber für die zweite oder dritte Lösung gewinnen zu können. Doch die Mehrheit der Konservativen verweigerte sich sogar der aus ihrer Sicht noch erträglichsten dritten Variante. Ihre Alternativvorschläge beschränkten sich auf Hinweise zur Besteuerung des mobilen Kapitals sowie von Börsengeschäften. Als sich herauskristallisierte, dass die Konservativen jede Form von Erbschaftsteuer wie auch jede andere Ausweitung der direkten Besteuerung abseits des Börsenkapitals ablehnten, einigten sich Zentrum und Liberale auf eine durch das Reich zu erhebende Vermögenszuwachssteuer, die nun auch den Vermögenszuwachs bei Erbschaften für Ehepartner und Kinder besteuerte. Das führte zu scharfen Protesten der konservativen Parteien. Im Reichstag erhielt die neue Steuer im Juni 1913 die Stimmen der liberalen Parteien sowie einen Großteil derer des Zentrums und der Sozialdemokratie. Die Konservativen stimmten geschlossen gegen den Antrag. Der Bundesrat stimmte dem im Reichstag gefundenen Kompromiss schließlich, wenn auch murrend, zu, weil Bethmann Hollweg dringend vor einer Ablehnung warnte. Nur Sachsen verweigerte sich, weil es insbesondere die Vermögenszuwachssteuer vehement ablehnte.[137]

Das Gesetz markierte in mehrerlei Hinsicht einen Wendepunkt der nationalen Steuerdebatte. Das betraf zunächst das politische Kräftefeld. Es handelte sich um das erste Steuergesetz im Deutschen Reich, das gegen die Stimmen der Konservativen und mit der dar-

137 Kroboth, Finanzpolitik, S. 273 f.

um notwendigen Zustimmung der Sozialdemokraten beschlossen wurde. Treffend schreibt Thomas Nipperdey: »Das war, in beiden Hinsichten, eine Sensation.«[138] Einer der führenden Konservativen, Kuno von Westarp, schrieb im Rückblick, dass der »fünfjährige Kampf um die Reichsbesitzsteuer« für die Konservativen »mit einer vollen Niederlage geendet«[139] habe. Eine neue Reichstagsmehrheit hatte sich gegen die langjährige konservative Hegemonie in einer bedeutenden Frage durchgesetzt.[140] Die Entscheidung deutete die Potentiale des demokratischen Gremiums an, doch weitere grundsätzliche Änderungen im Steuer- und Finanzsystem sollten sich erst gegen Ende des Ersten Weltkriegs und dann vor allem nach der Etablierung der Demokratie in Deutschland durchsetzen. Das lag auch daran, dass sich keine feste Reformkoalition aus Liberalen, Zentrum und Sozialdemokratie herausbildete. Stattdessen agitierten die Parteien und Interessengruppen immer wieder vehement gegeneinander. Auch wenn viele Zeitgenossen das Kaiserreich am Rande der Unregierbarkeit sahen, handelte es sich dabei doch eher um eine stabile denn um eine akute Krise.[141]

Für den erstarkenden Reformflügel der SPD stellte das Abstimmungsergebnis einen großen Sieg dar, doch für die Sozialdemokratie insgesamt war es kein ungeteilter Erfolg. Mehrheitlich begrüßte die Reichstagsfraktion den Steuerbeschluss als Einstieg in ein gerechteres Steuersystem. Als Schritt in die richtige Richtung sah sie zudem an, dass die besitzenden Klassen nun stärker zur Rüstungsfinanzierung herangezogen wurden, die bisher vorwiegend durch indirekte Steuern von der Masse der Bevölkerung getragen worden war.[142] Einige Sozialdemokraten glaubten, dass die Reichen nunmehr vor weiterer Aufrüstung zurückschrecken könnten, doch diese Hoffnung wurde enttäuscht. Der linke Flügel der Sozialdemokraten hatte dagegen mehrheitlich gegen das Gesetz gestimmt,

138 Nipperdey, Deutsche Geschichte 1866-1918, Bd. 2, S. 754.

139 Kuno von Westarp, Konservative Politik im letzten Jahrzehnt des Kaiserreichs, Berlin 1935, S. 270.

140 So auch: Hentschel, Wirtschaft, S. 173; Nonn, Kaiserreich, S. 89.

141 Nipperdey, Deutsche Geschichte 1866-1918, Bd. 2, S. 755.

142 Dieter Groh/Peter Brandt, »Vaterlandslose Gesellen«. Sozialdemokratie und Nation 1860-1990, München 1992, S. 131-141; Karl-Heinz Rambke, »Diesem System keinen Mann und keinen Groschen«. Sozialdemokratische Wehrpolitik 1907-1914, Würzburg 1983, S. 141-154; Karl Otto Watzinger, Ludwig Frank. Ein deutscher Politiker jüdischer Herkunft, Sigmaringen 1995, S. 51-53.

weil die neuen, eigentlich begrüßten Steuern der Finanzierung einer abermals verschärften Aufrüstung dienen sollten. Auf dem Parteitag in Jena im September 1913 griff der linke Flügel deswegen die Entscheidung massiv an. Die beiden Hauptredner des Parteitages in der Steuerfrage, Emanuel Wurm und Albert Südekum, verteidigten dagegen das Abstimmungsverhalten der Mehrheit.[143] Ihr Hauptargument war, dass die SPD Arbeitern nicht hätte erklären können, dass sie gegen direkte Steuern gestimmt und damit am Ende wahrscheinlich den Weg zu neuen indirekten Steuern geebnet hätte. Rosa Luxemburg eröffnete ihre Rede mit der Feststellung, dass wohl erstmalig auf einem Parteitag der SPD zu einer innerparteilich strittigen Angelegenheit zwei Vorträge nur die eine Meinung repräsentiert hätten, während der Gegenposition keine entsprechende Redezeit zugestanden worden sei.[144] Sie sprach sich entschieden gegen eine Politik des kleineren Übels aus und sah die kommende Kriegskreditbewilligung bereits in dieser Steuerentscheidung angelegt: »Wenn Sie sich nun auf den Boden des Mehrheitsbeschlusses unserer Fraktion stellen, dann kommen Sie in die Lage, wenn der Krieg ausbricht und wir an dieser Tatsache nichts mehr ändern können und wenn dann die Frage kommt, ob die Kosten durch indirekte oder direkte Steuern zu decken sind, daß Sie dann folgerichtig für die Deckung der Kriegskosten eintreten.«[145] Insbesondere Wurm warf ihr in seiner Entgegnung vor, sich nicht für das Los der Arbeiter zu interessieren und nur die eigenen Prinzipien durchsetzen zu wollen.[146] Der Parteitag billigte schließlich auf seinen Antrag hin mit 336 gegen 140 Stimmen die Entscheidung der Reichstagsfraktion.[147]

Die Debatte zeigte, dass der politische Erfolg für die SPD durchaus teuer erkauft war und für erhebliche Spannungen in der Partei sorgte. Die Diskussion um die Frage, ob man den materiellen Interessen der Arbeiter andere Grundsatzfragen unterzuordnen habe,

143 Die beiden Hauptreden in: Protokoll über die Verhandlungen des Parteitages der Sozialdemokratischen Partei Deutschlands, abgehalten in Jena vom 14. bis 20. September 1913, Berlin 1913, S. 420-479.

144 Ebd., S. 485.

145 Ebd., S. 487.

146 Ebd., S. 508-512.

147 Abstimmungsergebnis: ebd., S. 515. Der Erstentwurf der Leitsätze und die Resolution Wurms: ebd., S. 183-187.

war damit voll entflammt. Und so treffend Luxemburgs Vorhersage auf den ersten Blick wirkt, so wenig überzeugend ist sie auf den zweiten. Denn die SPD stimmte den Kriegskrediten später nicht aufgrund einer damit einhergehenden materiellen Besserstellung der Arbeiterschaft zu, sondern weil sie sich dem nationalistischen Sog nicht zu entziehen vermochte und die Hoffnung hegte, mit dieser Entscheidung als bedeutende Kraft innerhalb des Gesamtgefüges der Nation Anerkennung zu finden.[148] Nicht in Abrede stellen lässt sich indes die Tatsache, dass die SPD 1913 erstmalig einem für die Aufrüstung bedeutsamen Steuerpaket ihre Zustimmung gegeben hatte.

Die konservative Presse schäumte nach der Steuereinigung. Sie sah Deutschland wahlweise auf dem Weg in den Parlamentarismus oder den Sozialismus. Zudem befürchtete man, dass das Reich sich nun zunehmend über die Rechte der Einzelstaaten hinwegsetzen würde. Am schärfsten reagierte der Bund der Landwirte, dessen offizielles Organ gegen die »bedrohlichsten Steuerplünderungen durch die vereinigte rote und goldene Internationale, Sozzen und Hansabündler« wetterte.[149] Während die linksliberale und nationalliberale Presse den Steuerkompromiss und vor allem den Sieg gegen die Konservativen als politischen Erfolg feierten, zeigten sich die ihnen nahestehenden Wirtschaftsverbände weniger begeistert. Der schwerindustrielle Centralverband deutscher Industrieller (CdI) hatte sowohl die Vermögenszuwachssteuer als auch den Wehrbeitrag von Beginn an strikt abgelehnt. Er sah in der Übernahme von direkten Steuern durch den Reichsfiskus das Ende des Bismarck'schen Finanzsystems gekommen und befürchtete wie die Konservativen, dass damit den sozialdemokratischen Umverteilungsabsichten Tür und Tor geöffnet würde.[150] Demgegenüber hatten der von der verarbeitenden Industrie geprägte Bund deutscher Industrieller (BdI)[151] und der Hansabund den einen wie den anderen Vorschlag

148 Wolfgang Kruse, Krieg und nationale Integration. Eine Neuinterpretation des sozialdemokratischen Burgfriedensschlusses 1914/15, Essen 1993; Susanne Miller, Burgfrieden und Klassenkampf. Die deutsche Sozialdemokratie im Ersten Weltkrieg, Düsseldorf 1974.

149 Zit. nach Kroboth, Finanzpolitik, S. 279.

150 Ebd., S. 281.

151 Zum Aufbau von CdI und BdI und den Konflikten zwischen beiden Verbänden: Hans-Peter Ullmann, Interessenverbände in Deutschland, Frankfurt am Main 1988, S. 77-85.

im Regierungsentwurf begrüßt. Sie hielten direkte Reichssteuern für einen geeigneten Weg zur Lösung der Finanzprobleme. Widerstand regte sich in beiden Gremien erst, als der Reichstag beide Programme deutlich progressiver gestaltete, wodurch vor allem Industrie und Handel zusätzlich belastet wurden. Aus beiden Gremien und von vielen Handelskammern kamen nun deutlich ablehnende Reaktionen. Der BdI versuchte gar noch erfolglos, den Wehrbeitrag in der vom Reichstag beschlossenen Form per Telegramm an den Reichskanzler zu verhindern.[152] Die Abänderungen waren im Reichstag durch eine Art antikapitalistische Koalition aus Konservativen, Zentrum und Sozialdemokraten gegen den Protest der Nationalliberalen zustande gekommen.[153] Doch während die nationalliberale Partei im Nachgang den grundsätzlichen Sieg über die Konservativen als wichtiger bewertete als die verschärfte Progression, war dies bei den Wirtschaftsverbänden nicht der Fall. Ihnen verdarb die Erhöhung der von den Spitzenverdienern in der Wirtschaft zu erbringenden Steuern die Freude über die Aufsprengung des blau-schwarzen Steuerkartells.

Die Entscheidung von 1913 stellte nicht nur aufgrund der erschütterten parlamentarischen Kräftekonstellation einen Einschnitt dar, sondern auch in der Steuerpolitik. Sie kehrte die Verteilungswirkungen der bisherigen Reichssteuerreformen um, indem sie die Unterschichten so gut wie gar nicht, die Mittelschichten leicht und die Oberschichten stark belastete. Von den meisten Finanzwissenschaftlern, die inzwischen weitgehend auf Wagners sozialpolitische Linie eingeschwenkt waren, wurde sie daher im Hinblick auf ihre Verteilungswirkung begrüßt. In den ersten Kriegsjahren blockierten Großagrarier und Wirtschaftsbürgertum jedoch weitere Schritte in dieser Richtung, und erst gegen Ende des Krieges und vor allem nach der Gründung der Weimarer Republik setzte sich die 1913 aufscheinende Tendenz in breiter Front durch.

Die Entscheidung für eine die Reichen belastende Reichsfinanzreform bot sich nicht allein aus taktischen politischen Gründen an, sondern vor allem auch deshalb, weil der bisher oft beschrittene Ausweg aus der Haushaltsmisere versperrt war. Die Voraussetzung für den Durchbruch war nach Kroboth der starke Kapitalmangel, der in Deutschland eingetreten war. Hätte die Regierung die Auf-

152 Kroboth, Finanzpolitik, S. 280 f.
153 Ebd., S. 258.

rüstung durch Staatsanleihen auf dem Kapitalmarkt finanzieren können, so wäre sie mit hoher Wahrscheinlichkeit diesen Weg weitergegangen, der ihr bis dato immer wieder die Vertagung einer höheren Besteuerung der Wohlhabenden ermöglicht hatte. Doch 1912/13 bestand kaum noch Hoffnung, Staatsanleihen zu vertretbaren Bedingungen in nennenswertem Umfang ans Publikum zu bringen.[154] Die durch den Kapitalmangel stetig steigenden Zinsen bildeten eine große Gefahr für den Wachstumsprozess in Deutschland.

Einer der führenden deutschen Finanzwissenschaftler, Wilhelm Gerloff, der sich ansonsten für eine stärkere Besteuerung des Besitzes aussprach, beklagte denn auch mit Blick auf die Finanzreform, dass mit der Vermögenszuwachssteuer ausgerechnet eine Form gewählt worden sei, die nun die Kapitalbildung in besonderer Weise erschwere:

> Wer die politische Geschichte dieser Besitzsteuer nicht kennt, dem wird es zum mindesten sonderbar erscheinen, daß gerade das Deutsche Reich, das man das Land der großen Einkommen und der kleinen Vermögen genannt hat, auf diese Steuerreform verfallen mußte. Es ist ja in der Tat fast unbegreiflich, daß in einer so kapitalhungrigen Volkswirtschaft, wie die deutsche es ist, und wo weder große alte Vermögen wie in Großbritannien, noch so viele kleine flüssige Kapitalien wie in Frankreich sich finden, ausgerechnet der Vermögenszuwachs einer Sonderbesteuerung unterworfen wird.[155]

Die neue Steuer traf vor allem das mobile Kapital, welches auch zuvor schon in Form von Wertpapierstempeln das bevorzugte Ziel war, wenn es um direkte Steuern für das Reich ging.

Insgesamt zeigt die Reichsfinanzreform von 1913 aber, dass die Blockade jedweder progressiven direkten Besteuerung, die die Steuerpolitik des Kaiserreichs lange Zeit prägte, nicht unüberwindlich war, sondern sich zumindest unter Druck Reformfenster öffneten. Durch die Neuregelung verschob sich das Gesamtbild der bis dahin stark regressiv wirkenden Reichssteuern zumindest leicht.

154 Ebd., S. 323.

155 Wilhelm Gerloff, Die Reichsfinanzgesetzgebung von 1913, Berlin 1914, S. 68. Siehe auch: Theodor Pistorius, Direkte Zuwachs- und Kriegsgewinnsteuer, in: Handbuch der Finanzwissenschaft, 1. Auflage, Bd. 2, S. 159-179, hier S. 163-166.

Tabelle 8:
Reichseinnahmen 1901 und 1913 in Mio. Mark und Prozent aller Einnahmen

	1901 Mio. M.	1901 %	1913 Mio. M.	1913 %
A. Besitz- & Umsatzsteuern	84,9	6,0	320,3	14,5
A1. Erbschaftsteuer	-	-	46,4	2,1
A2. Wertpapierstempel	70,6	5,0	235,0	10,6
B. Zölle & Verbrauchsteuern	812,1	58,2	1.339,0	60,7
B1. Zölle	478,9	34,3	679,3	30,8
B2. Tabaksteuer	12,0	0,9	54,1	2,5
B3. Zuckersteuer	111,4	8,0	173,8	7,9
B4. Salzsteuer	49,0	3,5	62,4	2,8
B5. Biersteuer	31,1	2,2	130,0	5,9
B6. Branntweinsteuer	129,7	9,3	193,8	8,8
A & B Steuern & Zölle insgesamt	897,0	64,3	1.659,3	75,2
C. Betriebsüberschüsse	57,0	4,1	160,3	7,3
D. Verwaltungseinnahmen	38,9	2,8	143,6	6,5
E. Matrikularbeiträge	15,2	1,1	51,9	2,4
F. Fondseinnahmen	45,5	3,3	-	-
G. Anleihen	332,8	23,9	109,3	4,9
H. Sonstiges	8,0	0,5	81,0	3,1
Gesamt	1.394,4	100,0	2.205,4	100,0

Quelle: Witt, Finanzpolitik, S. 378 f.

Der Anteil der Besitz- und Umsatzsteuern hatte sich innerhalb von zwölf Jahren immerhin mehr als verdoppelt, obwohl die Transaktionsteuer und der Wehrbeitrag hier noch nicht einbezogen sind. Das spiegelt die wachsende Bedeutung des Wertpapierstempels, der vor allem das Wirtschaftsbürgertum belastete. Die von den Großagrariern bekämpfte Reichserbschaftsteuer fiel dagegen bis zum Ausbruch des Krieges kaum ins Gewicht. Sie brachte weniger ein als die Salzsteuer. Deutlich zeigt die Tabelle auch die Probleme bei der Platzierung von Staatsanleihen. Machten diese 1901 noch fast ein Viertel der Einnahmen aus, so war es 1913 nur noch ein Zwanzigstel. Umso wichtiger waren damit die Zölle und die Verbrauchsteuern, die jeweils etwa 30 Prozent der Reichseinnahmen erbrachten.

Steigende Ungleichheit trotz leichter Steuerprogression

Bei nahezu allen Versuchen, die Klassenzugehörigkeit der Einwohner des Kaiserreichs zu bestimmen, spielte neben Angaben zur Berufszugehörigkeit auch die Steuerstatistik eine wichtige Rolle. Insbesondere Wilhelm Gerloff und Johannes Conrad bemühten sich zu Beginn des 20. Jahrhunderts, die Steuerbelastung unterschiedlicher Einkommensgruppen zu ermitteln, wobei jedoch nicht alle Steuern und Zölle erfasst wurden.[156] Den von Wilhelm Gerloff vorgelegten Berechnungen zufolge, die bis heute als die aussagekräftigsten gelten dürfen, führte das gesamtstaatliche Steuersystem 1906 zu folgender Belastung unterschiedlicher Einkommensklassen:

156 Bei Gerloff fehlen bei den indirekten Steuern die einzelstaatlichen und kommunalen Verbrauchsabgaben sowie die Verkehrsteuern, wobei er zu Ersteren aber durchaus Schätzungen vorgelegt hat: Gerloff, Wilhelm, Verbrauch und Verbrauchsteuerbelastung kleiner und mittlerer Einkommen in Deutschland um die Wende des 19. Jahrhunderts, in: Jahrbücher für Nationalökonomie und Statistik 35 (1908), S. 1-44 und 145-172. Bei den direkten Steuern fehlen die Vermögen- und Ertragsteuern, wobei er zu den Vermögensteuern ebenfalls eine Schätzung (s. u.) vorgelegt hat. Bei den Ertragsteuern hielt Gerloff die Frage der Überwälzung für am schwierigsten zu klären. Während einige Finanzwissenschaftler davon ausgingen, dass diese vor allem von den Wohlhabenden getragen wurden, hatte Conrad in einer Studie am Beispiel Halle an der Saale gezeigt, dass die Realsteuern zu erheblichen Teilen, auch durch Pachten und Mieten, von der Mittelschicht getragen wurden, während die Kosten nur bedingt an die Unterschichten überwälzt werden konnten: Johannes Conrad, Zur Finanzreform in Deutschland, in: Jahrbücher für Nationalökonomie und Statistik 36 (1908), S. 610-632.

Grafik 10

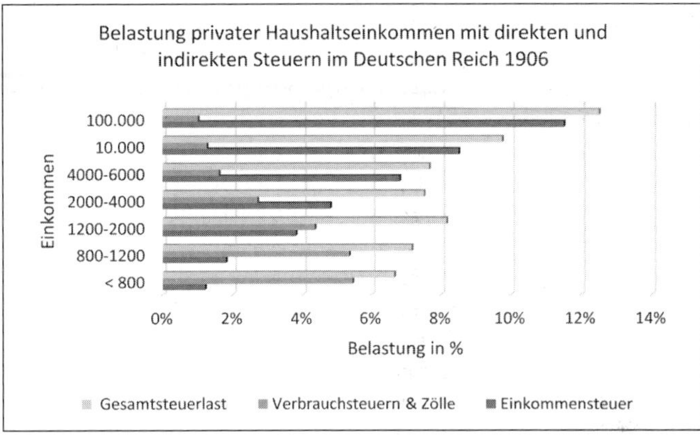

Quelle: Wilhelm Gerloff, Beiträge zur Reichsfinanzreform, in: Jahrbücher für Nationalökonomie und Statistik 37 (1909), S. 433-468, hier S. 456

In den beiden untersten Kategorien fand sich das Gros der städtischen und ländlichen Unterschichten wieder. Der Bereich von 1200 bis 2000 Mark umfasste die obere Unterschicht. Die mittelständischen Durchschnitts- und Spitzenverdienste fanden sich im Bereich von 2000 bis 6000 Mark. Ab etwa 6000 Mark begann die Region der Wohlhabenden, bei über 10 000 Mark ließ sich von Reichtum sprechen.[157] Gustav Schmoller ließ den Mittelstand 1897 bei 1800 Mark beginnen, Adolph Wagner 1904 bei 2100 Mark.[158] Volker Hentschel zog die Grenze für das Jahr 1912 bei 2200 bis 2400 Mark. Zu diesem Zeitpunkt lag ihm zufolge das Jahreseinkommen, das einer vierköpfigen Familie ein Leben jenseits materieller Bedrängnis ermöglichte, bei etwa 1600 Mark.[159]

157 Wehler, Deutsche Gesellschaftsgeschichte, Bd. 3, S. 709-711.

158 Gustav Schmoller, Was verstehen wir unter Mittelstande? Hat er im 19. Jahrhundert zu- oder abgenommen?, Göttingen 1897, S. 157 f.; Adolph Wagner, Zur Methodik der Statistik des Volkseinkommens und Volksvermögens. Mit besonderer Berücksichtigung der Steuerstatistik, in: Zeitschrift des Königlich Preußischen Statistischen Landesamtes 44 (1904), S. 41-122, hier S. 76.

159 Volker Hentschel, Erwerbs- und Einkommensverhältnisse in Sachsen, Baden

Gerloffs Detailberechnungen lassen auch klassenspezifische Muster des Konsums im Kaiserreich deutlich hervortreten. Das einzige hochbesteuerte Produkt, von dem die Unterschicht mehr konsumierte als die Oberschicht, war Salz. Viele teurere Speisen wie insbesondere Fleisch waren von sich aus salzig, anders als das Grundnahrungsmittel der Unterschicht, die Kartoffel, die kaum Salz enthält. Bei Zucker und Kaffee lag der Oberschichtkonsum etwa doppelt so hoch wie jener der Unterschicht, beide Güter hatten sich jedoch auch im Arbeiterhaushalt schon vollständig durchgesetzt. Angehörige der Oberschicht konsumierten durchschnittlich drei- bis viermal so viel Tabak und Alkohol wie die der Unterschicht, die sich einen ausgiebigeren Genuss nicht leisten konnten. Bei den günstigeren Alkoholgetränken und beim Tabak lag die untere Mittelschicht aber schon etwa gleichauf mit der Oberschicht, so dass die Steuern auf diese Produkte auch kaum als Luxussteuern gefasst werden konnten. Die größte klassenspezifische Differenz ergab sich beim Fleischkonsum. Während ein Angehöriger der Unterschicht im Jahr etwa 7 kg (= täglich 25 g) Fleisch aß, waren es bei einem Oberschichtangehörigen 50 kg (= täglich 200 g). Da ein Angehöriger der unteren Oberschicht aber etwa sechsmal so viel verdiente wie ein Unterschichtmitglied, war die Fleischsteuer die einzige proportionale Verbrauchsteuer. Bei allen anderen Verbrauchsteuern zahlte die Unterschicht prozentual mehr von ihrem Einkommen als die Oberschicht.[160]

Gerloff sah deswegen in deutlicher Anlehnung an die Ideale Adolph Wagners eine ungerechte Steuerordnung am Werk, die die Ärmsten zu scharf besteuerte.[161]

Anhand der Gerloff'schen Tabelle zur Belastung verschiedener Einkommensklassen wird unmittelbar klar, warum Industriellenverbände und Großgrundbesitzer traditionell eher eine Erhöhung der Verbrauchsteuern forderten, während Gewerkschaften und Sozialdemokratie die Minimierung der Verbrauchsteuern und Zölle verlangten und auf die Erhöhung der Gewinn- und Personensteuern hinarbeiteten. Wenn die Zahlen die Realität widerspiegeln, könnte man davon sprechen, dass die Forderung nach Steuerge-

und Württemberg vor dem Ersten Weltkrieg (1890-1914), in: Vierteljahrschrift für Sozial- und Wirtschaftsgeschichte 66 (1979) 1, S. 26-73, hier S. 60.

160 Gerloff, Verbrauch.

161 Ebd., S. 172.

rechtigkeit zumindest ansatzweise schon erfüllt war, da dann die reichsten Bürger einen etwa doppelt so hohen Steuersatz entrichtet hätten wie die ärmsten. Bei den Zahlen handelt es sich jedoch um die offiziellen Reichsstatistiken. Zu dieser Zeit war es einem großen Teil der abhängig Beschäftigten bereits kaum noch möglich, Steuern zu hinterziehen, weil den Arbeitgebern zumindest in Preußen ab 1906 bei einem Einkommen von unter 3000 Mark eine generelle Auskunftspflicht für dauerhaft Beschäftigte gegenüber dem Gemeindevorstand auferlegt war.[162] Ähnliche Regelungen waren zuvor bereits in Sachsen und Österreich eingeführt worden. Sie sollten vor allem die Vielzahl von Beschwerden von Geringbesteuerten beenden, die häufig dadurch zustande kamen, dass ein ähnlich verdienender Kollege weniger Steuern zahlen musste.[163] Der preußische Staat erhielt damit nun automatisch Auskunft über das Einkommen eines beträchtlichen Teils der abhängig Beschäftigten, womit ein erster Schritt hin zum Lohnsteuerabzugsverfahren getan war.

Das Erfassungssystem für Erträge aus selbständiger Tätigkeit war dagegen zu diesem Zeitpunkt nur in Ansätzen ausgebildet. Die mit der Reform unter Miquel eingeführte Deklarationspflicht hatte zunächst unerwartete Erfolge verzeichnet. Nach zeitgenössischen Schätzungen verdankten sich von den zusätzlichen Einnahmen durch die Reform in Höhe von 35 Millionen Mark etwa 31 Millionen der verbesserten Veranlagungstechnik. Von diesen wiederum sollen 26 Millionen Mark von Menschen mit einem Einkommen von über 3000 Mark und damit den Besserverdienern gekommen sein.[164] Doch bald richteten sich Unternehmer und andere Bezieher hoher Einkommen in den neuen Gegebenheiten ein und begannen verstärkt, die weiterhin bestehenden Möglichkeiten zur Steuerhinterziehung zu nutzen, zumal diese im Deutschen Reich kaum verfolgt und, wenn überhaupt, nur mit äußerst geringen Strafen geahndet wurde. Schätzungen zeitgenössischer Wissenschaftler

162 Ulrike Metzger/Joe Weingarten, Einkommensteuer und Einkommensteuerverwaltung in Deutschland, Opladen 1989, S. 33.

163 Regierungsrat Maatz, Die Novelle zum preussischen Einkommensteuer- und Ergänzungssteuergesetz, in: FinanzArchiv 23 (1906) 2, S. 116-131, hier S. 125 f.

164 Volker Hentschel, Steuersystem und Steuerpolitik in Deutschland 1890-1970, in: Werner Conze/M. Rainer Lepsius (Hg.), Sozialgeschichte der Bundesrepublik Deutschland. Beiträge zum Kontinuitätsproblem, Stuttgart 1983 S. 256-295, hier S. 268.

über das Ausmaß der Hinterziehungen gingen weit auseinander. Man vermutete, dass fünfzehn bis fünfzig Prozent der Einkommen über 3000 Mark nicht deklariert wurden.[165] Die Einführung der progressiven Einkommensteuer war somit zwar wichtig, weil sie im 20. Jahrhundert einen rasanten Anstieg erfahren sollte, bis zum Ausbruch des Ersten Weltkrieges konnte sie aber nur geringe Umverteilungswirkung entfalten beziehungsweise nicht einmal die negativen Auswirkungen der regressiven Konsumsteuern auffangen. Das einkommensstärkste Zehntel der Bevölkerung konnte denn auch den Zahlen für Preußen zufolge seinen Anteil am Gesamteinkommen von den 1890er-Jahren bis zum Beginn des Ersten Weltkriegs halten, während das oberste Prozent seinen Anteil sogar noch leicht steigern konnte.

Grafik 11

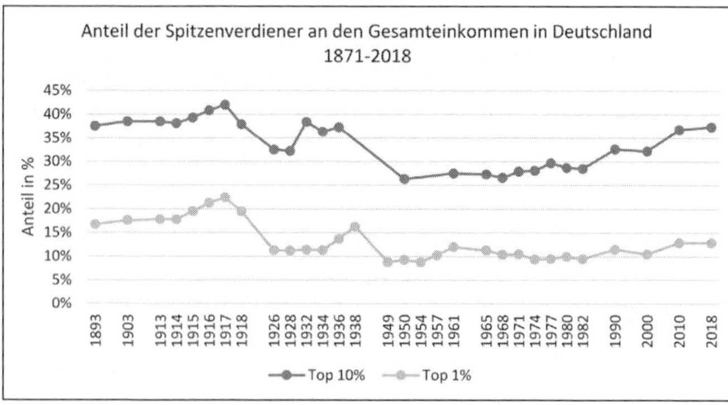

Quelle: Charlotte Bartels, Top Incomes in Germany 1871-2013, in: Journal of Economic History 79 (2019) 3, S. 669-707[166]

Nach Werner Sombart, der ausgehend von der Reichsgewerbe- und der preußischen Einkommensteuerstatistik versucht hat, eine Größenschätzung der unterschiedlichen Klassen in Deutschland vorzunehmen, repräsentiert dieses oberste Prozent die gesamte

165 Ullmann, Steuerstaat, S. 53.

166 Es handelt sich um einen leicht aktualisierten Datensatz, für dessen Überlassung ich Charlotte Bartels herzlich danke.

Oberschicht, die jeweils etwa zur Hälfte aus Adligen und Wirtschaftsbürgern bestand. Dabei handelte es sich laut Sombart ziemlich genau um jene Gruppe, die nach der Einkommensteuerstatistik von 1901 über ein Einkommen von über 12 500 Mark verfügte.[167] Zum Adel zählte Sombart auch die geadelten Bürgerlichen, die er unter dem Begriff der Gentilhommerie fasste, in der nach seinem Dafürhalten auch große Teile des städtischen Patriziats, insbesondere aus der städtischen Verwaltung, aufgegangen waren. Insgesamt befand sich das alte städtische Patriziat um 1900 im Auflösungsprozess. Seine Vertreter verbanden sich entweder mit adligen oder mit wirtschaftsbürgerlichen Partnern, wodurch zwar machtvolle Positionen behauptet werden konnten, die zuvor gepflegte soziale Abschließung aber endete.

In Deutschland führte die Tochter und Alleinerbin des Vermögens von Friedrich Alfred Krupp, Bertha Krupp, kurz vor Ausbruch des Weltkrieges mit einem Vermögen von 283 Millionen Mark die Liste der Superreichen an.[168] Unter den Top 5 in Deutschland war sie die einzige Vertreterin der Industrie. Es folgten drei Vertreter des Hochadels sowie ein Bankier. Fürst Henckel von Donnersmarck brachte es als Zweitplatzierter auf ein Vermögen von 254 Millionen Mark, alle anderen Vermögen lagen deutlich unter der Grenze von 200 Millionen Mark. An der Spitze der versteuerten Einkommen in Deutschland lag 1912 Kaiser Wilhelm II. mit einem Jahreseinkommen von 22 Millionen Mark (5,2 Millionen Dollar). Es folgten Bertha Krupp mit 19 Millionen Mark, Fürst Henckel von Donnersmarck mit 13,145 Millionen Mark und der Herzog von Ujest mit 6,5 Millionen Mark.[169] Trotz eines inzwischen moderat progressiven Steuersystems kam es bis zum Ersten Weltkrieg nicht zu einer Reduktion bei der Einkommensungleichheit.

167 Werner Sombart, Die deutsche Volkswirtschaft im 19. Jahrhundert, dritte, durchgesehene Auflage, Berlin 1913, S. 448.

168 Rudolf Martin, Jahrbuch des Vermögens und Einkommens der Millionäre in der Rheinprovinz, Berlin 1913, S. V.

169 Ebd., S. VI.

Kapitel 5

Steuern und soziale Ungleichheit vor dem Ersten Weltkrieg im internationalen Vergleich

Die grundlegenden Entwicklungslinien des Steuersystems im 19. Jahrhundert

Über das gesamte 19. Jahrhundert hinweg bestand ein enger Zusammenhang zwischen Steuern, Staatsausgaben und Krieg. Die europäischen Staaten waren nach wie vor in vielerlei Hinsicht fiskal-militärische Staaten – schon aus schierer Notwendigkeit, konnte doch ein Zurückfallen im steuerfinanzierten Wettrüsten schlimmstenfalls das Ende des eigenen Staatswesens bedeuten. Insofern befeuerte die beständige Kriegsdrohung fiskalisch-administrative und finanzwissenschaftliche Innovationen. Die europäische Mächtekonkurrenz verlangte bei Strafe des Untergangs, die Entwicklungen in anderen Ländern genauestens zu beobachten, um Innovationen möglichst schnell übernehmen zu können. Die Kriegsgefahr beschleunigte so den innereuropäischen Wissenstransfer.

Wenn es tatsächlich zum Krieg kam, stiegen die Staatsausgaben sofort massiv an, was über kurz oder lang Steuererhöhungen nach sich ziehen musste. Hervorzuheben sind aus steuergeschichtlicher Sicht die Napoleonischen Kriege, der Krimkrieg, der Deutsch-Österreichische sowie vor allem der Deutsch-Französische Krieg, für Großbritannien der Krieg in Südafrika zur Jahrhundertwende. Die nationalen Budgets spiegeln sehr deutlich wider, wer wann an welchen Kriegen beteiligt war. Nach den überaus kostspieligen Napoleonischen Kriegen sank in den meisten europäischen Ländern die Steuer- und Ausgabenquote wieder stark ab. Nach den größeren Kriegen in der zweiten Hälfte des 19. Jahrhunderts war ein solcher Rückgang dagegen kaum noch oder überhaupt nicht mehr zu verzeichnen. Das europäische Wettrüsten ließ eine Lockerung der Steuerschraube in Friedenszeiten nicht mehr zu, hinzu kamen steigende Ausgaben für die Infrastruktur und die Bildungs- und Sozialpolitik.

Fast überall in West- und Mitteleuropa nahm im 19. Jahrhundert die Bedeutung der indirekten Steuern zu. Der Endpunkt dieser Entwicklung war in den meisten industrialisierten Ländern frühestens in den 1890er-Jahren, zumeist erst zu Beginn des 20. Jahrhunderts erreicht. Dass es schließlich zu einer Wende kam, war auf Debatten um Steuergerechtigkeit und sich langfristig verschiebende politische Kräfteverhältnisse zurückzuführen, die letztlich in die Einführung progressiver direkter Steuern mündeten. Der vorherige Anstieg der indirekten Steuern hatte sicher auch mit dem Sieg der Reaktion 1815 und 1848 zu tun, da die Konservativen direkten Steuern in der Regel ablehnend gegenüberstanden. Er war aber auch ganz wesentlich der Struktur des Steuersystems selbst geschuldet. Zu Beginn des 19. Jahrhunderts dominierten bei den direkten Steuern die Realsteuern, wobei fast überall der Grundsteuer eine zentrale Rolle zukam. Deren flächendeckende Einführung war nun gerade kein konservatives Projekt, sondern eines der egalitär denkenden französischen Revolutionäre, denen sie als das ideale Instrument galt, um soziale Gerechtigkeit herzustellen. Für eine agrarisch geprägte Gesellschaft war diese Argumentation auch durchaus stichhaltig, zumal wenn man nach dem Vorschlag der französischen Revolutionäre nur direkte Steuern erhoben hätte. Doch erwies sich die Erhebung der direkten Steuern in Frankreich wie auch überall sonst als zu schwierig und der Staat sah sich mit zu viel Widerstand konfrontiert, als dass sich sein Haushalt allein mit ihnen hätte sichern lassen. Auch in Frankreich führte Napoleon deshalb die indirekten Steuern wieder ein.

Das Grundproblem der Realsteuern in einer sich industrialisierenden Gesellschaft mit wachsender Wirtschaftsleistung bestand darin, dass ihre Erträge im Regelfall nicht im Tempo des allgemeinen Wachstums anstiegen, sondern erst mit neuen Katastererfassungen und Wertberichtigungen, die aber nur alle paar Jahre vorgenommen wurden. Die Zölle und indirekten Steuern hielten dagegen meist mit dem Wirtschaftswachstum Schritt. Bei Wachstumsraten von etwa zwei Prozent des BIP im 19. Jahrhundert in den führenden Industrienationen hieß das, dass die indirekten Steuern und Zölle jährlich ebenfalls um zwei Prozent anstiegen, während der Zuwachs bei den Realsteuern langfristig eher nur ein halbes oder ein Prozent erreichte, und dies auch nur dann, wenn die Katastierung regelmäßig erfolgte. Damit gewannen die indirekten Steuern und Zölle gegenüber den direkten Steuern im Prozess des

Wirtschaftswachstums automatisch an Gewicht, wenn die Regierung nicht mit der Erhöhung Letzterer aktiv gegensteuerte.

Anders verhielt es sich, wenn das Direktsteuersystem stärker auf der Einkommensteuer beruhte. Eine proportionale Einkommensteuer war über die Höhe der Löhne und Gehälter sowie der wirtschaftlichen Erträge recht eng an das Wirtschaftswachstum gekoppelt, eine progressive Einkommensteuer führte durch das Aufrücken von Steuerzahlern in höhere Steuerklassen aufgrund von (teils nur nominalen) Einkommenszuwächsen zur sogenannten kalten Progression und dazu, dass die Steuereinnahmen die allgemeinen Wachstumsraten sogar noch übertrafen. Die direkten Steuern konnten dadurch zum dynamischeren Teil des Steuersystems werden. Mit der Einführung einer progressiven Einkommensteuer in vielen europäischen Staaten zu Beginn des 20. Jahrhunderts veränderte sich daher die langfristige Entwicklungstendenz des Steuersystems grundlegend. Wenn die Politik nicht eingriff oder Wirtschaftskrisen zu Einkommenseinbußen führten, wurde es dank eines inhärenten Mechanismus von sich aus allmählich immer progressiver.

In langfristiger Perspektive kann die Durchsetzung der progressiven Einkommensbesteuerung in ihrer Bedeutung daher kaum überschätzt werden. Völlig zu Recht betrachtet Pierre Rosanvallon sie als eines der drei wesentlichen Elemente, die die Umverteilungsrevolution im 20. Jahrhundert in Gang gesetzt haben.[1] In einigen Staaten wie Großbritannien und dem Deutschen Reich waren die durch sie ausgelösten Veränderungen im Steuersystem schon ablesbar. Doch hieß das bis zum Ersten Weltkrieg lediglich, dass sich die das 19. Jahrhundert prägende regressive Tendenz umkehrte, was zu proportionalen oder bestenfalls leicht progressiven Steuersystemen führte. Die Umverteilungsrevolution wurde erst durch die enormen Entbehrungen des Ersten Weltkriegs in Gang gesetzt. Das wäre jedoch kaum möglich gewesen, wenn sich die Argumente für ein progressives Steuersystem nicht in einigen Ländern bereits vor 1914 weitgehend durchgesetzt hätten. So konnte Bernard Mallet 1913 zu Recht darauf verweisen, dass sich die Idee der progressiven Einkommensbesteuerung in Großbritannien bereits auf ganzer Linie gegen das zuvor herrschende Prinzip der Proportionalität durch-

1 Rosanvallon, Gesellschaft der Gleichen, S. 197.

gesetzt habe.[2] Im Deutschen Reich fand Adolph Wagner mit seiner These der sozialen Funktion der Steuer zunehmend Gehör, die ein klares Bekenntnis zum Progressionsprinzip enthielt. Die Forderungen nach einem sozialeren Steuersystem nahmen im letzten Quartal des 19. Jahrhunderts überall in Westeuropa und den USA deutlich an Fahrt auf. Auch auf politischer Ebene errangen die Sozialreformer schon vor dem Ersten Weltkrieg erste wichtige Erfolge und trugen zur Durchsetzung der progressiven Einkommensteuer bei. Ein weiterer wichtiger Grund für deren Siegeszug war, dass sie sich überall dort, wo sie eingeführt wurde, schnell als äußerst ergiebig erwies, was sie in Zeiten rapide steigender Rüstungskosten bald unentbehrlich scheinen ließ.

Die progressive Einkommensteuer wurde so neben der Sozialversicherung und der Durchsetzung kollektiver Vertretungsrechte der Arbeiterschaft zum zentralen Element der Umverteilungsrevolution, die sich im Rahmen der sozialliberalen Gouvernementalität Bahn zu brechen begann. Im steuerrechtlichen Werkzeugkasten stellte sie das mit Abstand wichtigste Instrument dieser Veränderung dar. Daneben spielte aber auch die Einführung von progressiven Erbschaft- und Vermögensteuern eine wichtige Rolle. In den USA, Großbritannien oder Frankreich wurde zunächst eine Erbschaftsteuer mit progressiven Sätzen eingeführt, während die progressive Einkommensteuer dort erst kurz vor Kriegsbeginn durchgesetzt werden konnte. In Deutschland führte dagegen erst 1899 Sachsen als erster Bundesstaat eine Erbschaftsteuer ein, die die Steuersätze nach der Höhe des Erbes differenzierte.[3] In der Schweiz wiederum sorgten im 19. Jahrhundert in vielen Kantonen vornehmlich progressive Vermögensteuern für eine gewisse Umverteilung.

Vielleicht noch stärker als bei der Einkommensteuer offenbarten sich in der konkreten Ausgestaltung der Erbschaftsteuer die Machtverhältnisse zwischen den gesellschaftlichen Gruppen und vor allem die tieferliegenden, dauerhaft wirksamen symbolischen Ordnungen einer nationalen Gemeinschaft. In Deutschland und namentlich in Preußen erwies sich die Machtposition des adeligen Großgrundbesitzes bis auf weiteres als nicht zu erschüttern. Der

2 Bernard Mallet, British Budgets 1887-88 to 1912-13, London 1913, S. IX.
3 Lieb, Direkte Steuerprogression, S. 111 f.

Adel sah in der Erbschaftsteuer eine weitaus größere Gefahr als in anderen Formen der Besteuerung, weil sie die Axt an die Weitergabe des Grundbesitzes zu legen drohte, auf der die langfristige Absicherung der Position der eigenen Familie beruhte. Dementsprechend liefen die Großgrundbesitzer Sturm gegen die Erbschaftsteuer mit dem Argument, dass sie die familiären Bande zerstören und einem exzessiven Individualismus Vorschub leisten würde. Die Sätze der Erbschaftsteuer blieben deswegen in Deutschland besonders niedrig, und direkte Nachkommen sowie Ehegatten hatten lange Zeit sogar keinerlei Steuer auf Ererbtes zu entrichten.

Völlig anders verlief der Diskurs in den Vereinigten Staaten, wo es keinen adeligen Großgrundbesitz gab. Die USA verstanden sich als Leistungsgesellschaft, in der jeder durch eigene Arbeit und niemand allein aufgrund des Erfolgs vorheriger Generationen an die Spitze gelangen können sollte. Dementsprechend wurden Erbschaften sehr viel stärker als in Deutschland als unverdientes Einkommen betrachtet. Hinzu kam, dass eine langfristige ökonomische Machtkonzentration in den USA Ende des 19. Jahrhunderts zunehmend als Bedrohung der demokratischen Ordnung der Politik verstanden wurde.[4] In Großbritannien verlief die Debatte trotz der starken Machtposition der *landed gentry*, die das Oberhaus dominierte, nicht unähnlich. Seit John Stuart Mill galten hohe Erbschaften unter Liberalen dort als nachteilig für die Demokratie und eine auf dem Prinzip der Konkurrenz beruhende gesellschaftliche Dynamik.[5]

Es kann deswegen kaum verwundern, dass in den beiden liberalen angloamerikanischen Ländern auch die direkten Nachkommen und die Ehegatten zur Erbschaftsteuer herangezogen wurden. Tatsächlich war Deutschland 1913 das einzige Industrieland von Rang, in dem ein allein erbendes Kind unabhängig von der Höhe seiner Erbschaft keine Erbschaftsteuer zahlen musste. In Großbritannien lag der Spitzensatz mit fünfzehn Prozent am höchsten. In Frankreich fielen bis zu 6,5 Prozent an, in den USA und den Niederlanden höchstens 2,5 Prozent. Den deutschen Verhältnissen am nächsten kam Österreich, wo der Höchstsatz bei nur anderthalb Prozent stand.[6]

4 Beckert, Unverdientes Vermögen, insb. S. 326 f.

5 Daunton, Trusting Leviathan, S. 224-255.

6 Arnd Plagge/Kenneth Scheve/David Stasavage (2010) Comparative Inheri-

Soziale Ungleichheit und Wirtschaftswachstum im internationalen Vergleich

Bisher wurde der Vergleich der Steuersysteme vor allem auf Basis der Erträge sowie anhand der Belastung pro Kopf vorgenommen, wofür, weil diese Verfahren in den Jahrzehnten um 1900 üblich waren, publizierte Daten vorliegen. Spätestens seit den 1930er-Jahren hat sich aber der Steuervergleich im Verhältnis zur Wirtschaftskraft durchgesetzt, weil die Frage, welche Belastung eine bestimmte Steuersumme für den einzelnen Steuerzahler bedeutet, natürlich davon abhängt, wie viel er verdient. Die gleiche durchschnittliche Pro-Kopf-Steuerlast bedeutete in den Vereinigten Staaten angesichts der dortigen hohen Einkünfte eine deutlich geringere prozentuale Belastung als im einkommensschwächeren Deutschland. Deswegen gilt es, die wirtschaftliche Entwicklung und ihre Auswirkungen auf die soziale Ungleichheit in den Vergleichsländern in die Überlegungen einzubeziehen.

Um aber mit der sozialen Ungleichheit zu beginnen: Hans-Ulrich Wehlers These der vergleichsweise großen Ungleichheit im Deutschen Kaiserreich vermag nicht zu überzeugen. Alle bisherigen Ergebnisse zur Einkommensverteilung in Deutschland im 19. Jahrhundert deuten darauf hin, dass Deutschland oder zumindest Preußen im europäischen Vergleich überraschend egalitär war. Bereits Colin Clark hat 1951 für Preußen im Jahr 1852 einen Gini-Index von 0,34 errechnet, und Rolf Dumke hat für das Jahr 1850 einen ähnlichen Wert von 0,36 ermittelt.[7] Oliver Grant hat 2005 Ergebnisse für einen längeren Zeitraum vorgelegt:

tance Taxation Database, ⟨http://hdl.handle.net/10079/mkkwhm7⟩ (Zugriff: 10.12.2021), ISPS Data Archive.

7 Rolf Dumke, Income inequality and industrialization in Germany, 1850-1913. The Kuznets hypothesis re-examined, in: Brenner/Kaelble/Thomas (Hg.), Income Distribution, S. 117-148.

Grafik 12

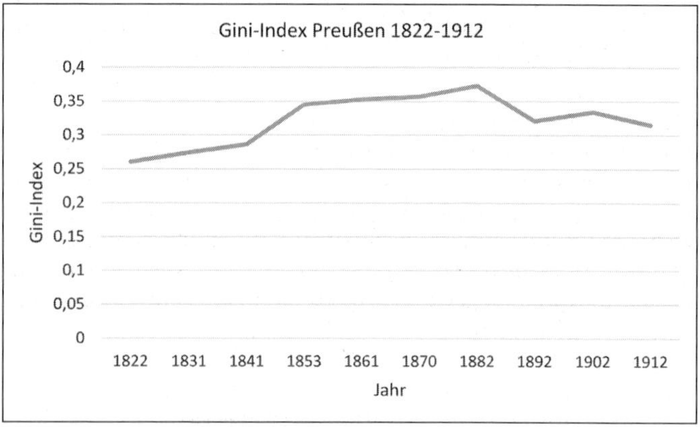

Quelle: Oliver Grant, Migration and Inequality in Germany 1870-1918, Oxford 2005, S. 327-329

Demnach war Preußen um 1820 eine hinsichtlich der Einkommensverteilung recht egalitäre Gesellschaft. Neuere Studien haben gezeigt, dass das lange vorherrschende Bild eines bäuerlichen Lebens am Rande des Existenzminimums in Preußen für weite Teile des Landes schon Anfang des 19. Jahrhunderts nicht mehr der Realität entsprach. Insbesondere die gesetzliche Deckelung der Landrenten sowie die inflationäre Preisentwicklung trugen dazu bei, dass die Agrarerträge nun sehr viel stärker in den Taschen der Bauern und nicht in denen der Großgrundbesitzer landeten.[8] In einem Vergleich mit Österreich, Frankreich, Schottland und Irland kommt Sean A. Eddie zu dem Ergebnis, dass die preußischen Kleinbauern

8 Sean A. Eddie, Freedom's Price. Serfdom, Subjection, and Reform in Prussia, 1648-1848, Oxford 2013, S. 122-128; William W. Hagen, Ordinary Prussians: Brandenburg Junkers and Villagers, 1500-1840, Cambridge 2008, S. 576; William W. Hagen, Der bäuerliche Lebensstandard unter brandenburgischer Gutsherrschaft im 18. Jahrhundert. Die Dörfer der Herrschaft Stavenow in vergleichender Sicht, in: Jan Peters (Hg.), Gutsherrschaft als soziales Modell. Vergleichende Betrachtungen zur Funktionsweise frühneuzeitlicher Agrargesellschaften, München 1995, S. 179-196.

stärker von staatlichen Reformen profitierten als die in den anderen Ländern, was wiederum maßgeblich dazu beitrug, dass die Agrarerträge in Preußen deutlich schneller stiegen als in den Vergleichsländern.[9] Allerdings gab es auch in Preußen erhebliche regionale Unterschiede. Insbesondere im Vormärz stellten die Mittelgebirge, in denen eine Kombination aus dem Erbrecht geschuldeten strukturellen Problemen und schlechter Bodengüte zu mangelnden Erträgen führten, agrarische Krisenregionen dar.[10] Im Zuge der Industrialisierung stieg der Gini-Index für Preußen um über 100 Punkte an und erreichte seinen Höhepunkt bei 0.381-Punkten im Jahr 1891. Im Jahr 1892 fällt er dann rapide auf 0.321-Punkte, um dann zunächst bis 1906 wieder leicht anzusteigen auf 0.340-Punkte und danach langsam zu sinken.

Die Zunahme der Ungleichheit im frühen Industrialisierungsprozess entspricht den Annahmen Simon Kuznets, dessen berühmte Kurve einen regelhaften Verlauf unterstellt, dem zufolge sich die soziale Ungleichheit zu Beginn der Industrialisierung verschärft, um nach Erreichen eines Umschlagpunktes kontinuierlich abzunehmen, was den Weg in die deutlich egalitäreren Verhältnisse einer fortgeschrittenen Industriegesellschaft markiert.[11] Die Arbeit Oliver Grants zeigt dabei, dass der Anstieg der frühen Phase vor allem der Abwanderung der Landbevölkerung in die Städte geschuldet ist, wo die Einkommensungleichheit stärker ausgeprägt war als in ländlichen Gebieten.

9 Eddie, Freedom's Price, S. 316-328.

10 Hölzl, Umkämpfte Wälder, Kapitel V.

11 Simon Kuznets, Economic Growth and Income Inequality, in: American Economic Review 45 (1955), S. 1-28. Dies bestätigt auch: Gunter Lorenzen, The Kuznets Curve: Evidence from Prussia Revisited, in: Weltwirtschaftliches Archiv 120 (1984) 4, S. 764-781. Zur Geschichte der Kurve auch als gute Nachricht für Kapitalismus und Demokratie im Kalten Krieg: Piketty, Kapital, S. 25-31

Grafik 13

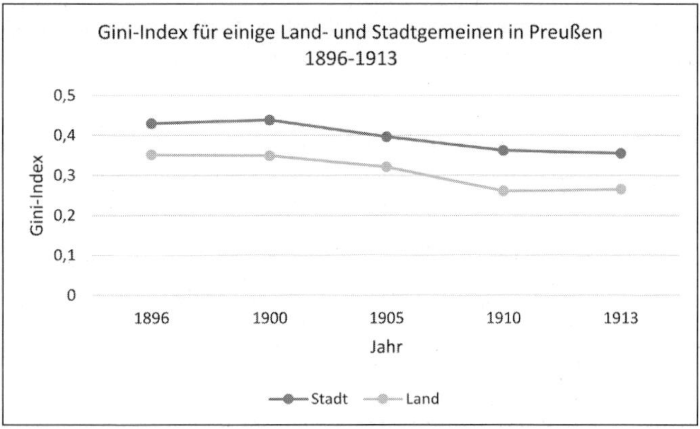

Quelle: Grant, Migration, S. 309

In den großen Städten des Reiches war die Ungleichheit mit Werten zwischen 0.550 und 0.650-Punkten noch sehr viel prononcierter.[12] Zu diesem Ergebnis war schon 1939 der italienische Ökonom Costantino Bresciani-Turroni gelangt,[13] indem er den Gini-Index in preußischen Städten sowohl für Einkommen wie für Besitz für das Jahr 1905 basierend auf einer deutschen Veröffentlichung aus dem Jahr 1907 berechnete.[14] Der Beitrag aus dem Jahr 1907 hatte bereits gezeigt, dass Einkommen und Besitz mit der Größe der Städte zunahmen. Bresciani-Turroni legte nun anhand des Gini-Indexes[15] dar, dass dies auch für die Ungleichheit galt.

12 Grant, Migration, S. 310.

13 Costantino Bresciani-Turroni, Annual Survey of Statistical Data: Pareto's Law and the Index of Inequality of Incomes, in: Econometrica 7 (1939) 2, S. 107-133.

14 Franz Kühnert, Die Ergebnisse der Einkommensteuer- und Ergänzungssteuerveranlagung nach Städtegruppen im Jahr 1905, in: Zeitschrift des Königlich Preussischen Statististischen Bureaus 47 (1907), S. 203-253.

15 Während der 1912 von dem italienischen Statistiker und späteren Faschisten Corrado Gini ausgearbeitete Ungleichheits-Index in Italien, Großbritannien und auch den USA bereits in den 1930er-Jahren häufig genutzt wurde, findet er sich in deutschen Veröffentlichungen vor dem Ende des Zweiten Weltkriegs kaum.

Grafik 14

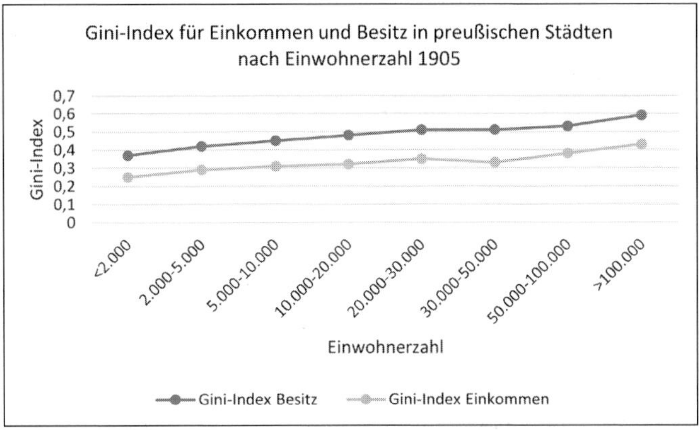

Quelle: Costantino Bresciani-Turroni, Annual Survey of Statistical Data: Pareto's Law and the Index of Inequality of Incomes, in: Econometrica 7 (1939) 2, S. 107-133

Bresciani-Turroni ermittelte zudem, dass in Großbritannien und Preußen 1913 81 beziehungsweise 82 Prozent der Einkommensbezieher unter dem Durchschnittseinkommen lagen, diese Gruppe aber in Preußen 47 Prozent des Gesamteinkommens auf sich vereinte, in Großbritannien hingegen nur 39 Prozent.[16] Schon das deutet auf eine vergleichsweise geringe Einkommensungleichheit in Preußen hin, und ein Vergleich mit den vorhandenen Gini-Indices aus anderen Ländern bestätigt dies.

In den USA lag der Gini-Index bei den Einkommen 1870 in den ländlichen Regionen bei 0.442 und in den urbanen bei 0.591.[17] Auch ein Vergleich mit dem durchschnittlichen Gini-Index der westeuropäischen Staaten zeigt, dass die Einkommensungleichheit in Preußen erheblich unter dem Durchschnitt lag:

16 Bresciani-Turroni, Annual Survey, S. 126.

17 Peter H. Lindert/Jeffrey G. Williamson, Unequal Gains. American Growth and Inequality since 1700, Princeton 2016, S. 174 f.

Grafik 15

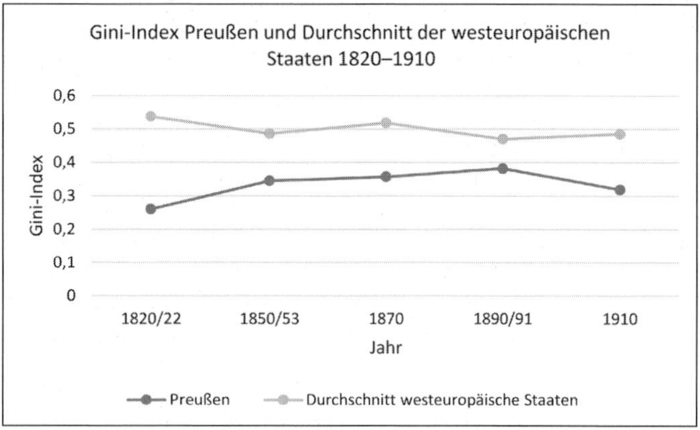

Quelle: Für Preußen: Grant, Migration, S. 327-329; für Westeuropa: Jan Luiten van Zanden/Jörg Baten/Peter Földvari/Bas van Leeuwen, The Changing Shape of Global Inequality 1820-2000. Exploring a new dataset, Utrecht 2011 (CGEH Working Paper No. 1), S. 38.

Großbritannien, Frankreich und die Niederlande wiesen noch deutlich höhere Werte auf als der westeuropäische Durchschnitt. In diesen Ländern hatten die Werte bereits vor dem Einsetzen der industriellen Revolution ein hohes Niveau erreicht, was auf einer starken Ungleichverteilung der Einkommen in der Agrarbevölkerung beruhte. In Großbritannien lag der Gini-Index 1759 bei 0.52, in Frankreich 1788 bei 0.59 und in den Niederlanden 1732 bei 0.61.[18] Wegen der bereits existierenden Ungleichheit hatte keines der drei Länder während der industriellen Revolution einen nennenswerten Anstieg des Gini-Indexes zu verzeichnen, die Werte verharrten vielmehr bis

18 Christian Morrisson/Wayne Snyder, The Income Inequality of France in Historical Perspective, in: European Review of Economic History 4 (2000) 1, S. 59-83, hier S. 70; Robert C. Allen, Class Structure and Inequality During the Industrial Revolution: Lessons from England's Social Tables, 1688-1867, in: Economic History Review (2018) online, S. 1-38, hier S. 23 f.; Lindert/Williamson, Unequal Gains, S. 39; Branko Milanovic, Global Inequality. A New Approach for the Age of Globalization, Cambridge/Mass. 2016, S. 73 & 80.

in die zweite Hälfte des 19. Jahrhunderts auf dem hohen Niveau der vorindustriellen Zeit und begannen erst gegen Ende des 19. Jahrhunderts zu fallen, wobei keines der drei Länder vor Beginn des Ersten Weltkrieges deutlich unter die 0.50-Marke fiel. Es zeigt sich, dass die in Geldeinkommen gemessene ländliche Ungleichheit in Preußen zu Beginn des 19. Jahrhunderts deutlich geringer ausgeprägt war und der während der ersten Phase der Industrialisierung zu beobachtende Anstieg der Ungleichheit im internationalen Vergleich betrachtet moderat blieb, auch wenn die soziale Ungleichheit aufgrund der großen Armut und der schlechten Lebensbedingungen in vielen preußischen Städten und teils auch auf dem Lande bedrückend war.

Da die Gini-Daten nur die Verteilung des Einkommens, nicht aber dessen Höhe angeben, bedarf es für die Bestimmung der Lebensbedingungen in den einzelnen Ländern wie erwähnt noch der Werte für das Bruttoinlandsprodukt pro Kopf. Diese sehen für einige europäische Länder und die USA wie folgt aus:

Tabelle 9:
BIP pro Kopf 1851-1913 (1990 Int. GK$)

	Deutschl.	USA	Großbrit.	Frankr.	Niederl.	Dänemark	Schweiz	Spanien
1851	1.408	1.924	2.451	1.568	2.388	1.661	2.293	1.089
1871	1.817	2.503	3.332	1.899	2.738	1.993	2.930	1.207
1891	2.397	3.467	3.975	2.432	3.159	2.555	4.558	1.654
1913	3.648	5.201	4.921	3.485	4.049	3.912	7.212	2.056

Quelle: Maddison-Project Database 2013, ⟨https://www.rug.nl/ggdc/historicaldevelopment/maddison/releases/maddison-project-database-2013⟩ (Zugriff: 10. 12. 2021)

Tabelle 10:
BIP pro Kopf 1851-1913 (1990 Int. GK$) gewichtet (USA = 1)

	USA	Deutschl.	Großbrit.	Frankr.	Niederl.	Dänemark	Schweiz	Spanien
1851	1.000	0.732	1.274	0.815	1.241	0.863	1.192	0.566
1871	1.000	0.726	1.331	0.758	1.094	0.796	1.171	0.482
1891	1.000	0.691	1.147	0.702	0.702	0.737	1.315	0.477
1913	1.000	0.702	0.946	0.670	0.779	0.752	1.387	0.395

Beim BIP pro Kopf konnten in der zweiten Hälfte des 19. Jahrhunderts die meisten westeuropäischen Länder nicht mit den Vereinigten Staaten mithalten. Großbritannien, Frankreich und die Niederlande fielen langsam hinter die USA zurück, nachdem sowohl Großbritannien als auch die Niederlande um 1850 noch vor den USA gelegen hatten. Die im Niedergang begriffene Kolonialmacht Spanien verlor völlig den Anschluss. Schneller als die USA wuchs von den untersuchten Ländern nur die Schweiz. Deutschland verlor gegenüber den USA immerhin nicht weiter an Boden und hatte recht durchgängig ein um 30 Prozent niedrigeres Bruttoinlandsprodukt pro Kopf.

Die jüngere Ungleichheitsforschung hat aber gezeigt, dass von den Daten des BIP pro Kopf nicht direkt auf die materiellen Lebensbedingungen der Bevölkerung rückgeschlossen werden kann, weil in den Ländern sehr unterschiedliche Preisniveaus und -gefüge herrschten, was erhebliche Kaufkraftunterschiede bei nominal gleichen Einkommen bedeutete.[19] Für die jüngere Zeit (insbesondere ab 1980) erweitert die Ungleichheitsforschung deswegen Berechnungen zum BIP pro Kopf um solche zur sogenannten *power purchasing parity* (PPP), die die jeweiligen Preisniveaus im Land berücksichtigt.[20] Für die Zeit vor dem Ersten Weltkrieg existieren bisher aber kaum entsprechende Daten. Peter H. Lindert und Jeffrey G. Williamson haben jüngst gezeigt, dass, berücksichtigt man das Preissystem, die USA Großbritannien schon um 1700 und nicht erst um 1900 überholt haben, weil das Preisniveau durch die günstigen einheimischen Agrarprodukte in den USA wesentlich niedriger war.[21] Für den Großteil der europäischen Länder liegen aber noch keine neueren Daten vor, der preisadjustierte Index von Leandro Prados de la Escosura aus dem Jahr 2000 gilt noch immer als der diesbezüglich beste Datensatz.

19 In der Schweiz hat die Nutzung unterschiedlicher Indices zu einer Debatte darüber geführt, ob die Schweiz in der zweiten Hälfte des 19. Jahrhunderts arm oder wohlhabend war: Roman Studer, When Did the Swiss Get so Rich? Comparing Living Standards in Switzerland and Europe, 1800-1913, in: Journal of European Economic History 2 (2008), S. 405-454; Béatrice Veyrassat, Wirtschaft und Gesellschaft an der Wende zum 20. Jahrhundert, in: Patrick Halbeisen (Hg.), Wirtschaftsgeschichte der Schweiz im 20. Jahrhundert, Basel 2012, S. 33-81.

20 Milanovic, Global Inequality, S. 12-18.

21 Lindert/Williamson, Unequal Gains.

Für Deutschland sind die sich aus diesen Daten ergebenden Verschiebungen im Verhältnis zu den USA überraschend gering. Zumindest für die Zeit der Agrarschutzzölle hätte man hier negativere Auswirkungen auf das Preissystem erwarten können, doch für 1890 stimmt das preisadjustierte BIP pro Kopf exakt mit dem allein für das BIP pro Kopf ermittelten Unterschied aus dem Jahr 1891 überein. Insgesamt wuchs Deutschland von 1850 bis 1890 sogar schneller als die Vereinigten Staaten und konnte von 1890 bis 1913 in etwa Schritt halten. Deutschland ist dabei das einzige der hier angeführten westeuropäischen Länder, das im untersuchten Zeitraum seine Position gegenüber den USA beim preisadjustierten BIP pro Kopf verbessert. Während Deutschland 1850 noch den schlechtesten Wert der acht in den Vergleich einbezogenen Länder hat, ist es 1913 auf den fünften Platz vorgerückt. Der Abstand gegenüber Großbritannien ist von 362 auf 120 Punkte gesunken.

Für andere Länder ergeben sich durch die Preisbereinigung ganz erhebliche Verschiebungen. Am auffälligsten ist dies für die Schweiz, die 1913 beim nicht angepassten BIP pro Kopf deutlich vor den USA liegt, aber bei Berücksichtigung des bereits um die Jahrhundertwende hohen Preisniveaus nicht nur hinter die USA, sondern sogar hinter Deutschland zurückfällt.

Tabelle 11:
Preisadjustiertes BIP pro Kopf 1850-1913 (USA = 100 Prozent)

	USA	Deutschl.	Großbrit.	Frankr.	Niederl.	Dänemark	Schweiz	Spanien
1850	1.000	0.567	0.929	0.715	0.815	0.714	-	0.568
1870	1.000	0.630	0.937	0.760	0.670	0.720	-	0.562
1890	1.000	0.690	0.867	0.750	0.666	0.701	0.708	0.586
1913	1.000	0.685	0.805	0.745	0.577	0.709	0.664	0.523

Quelle: Leandro Prados de la Escosura, International Comparisons of Real Product, 1820-1990: An Alternative Dataset, Madrid 1998 (Working Paper 98-64 of the Economic History and Institution Series), S. 42

Auch die Niederlande fallen nun gegenüber Deutschland zurück, während Frankreich durch sein niedrigeres Preisniveau Deutschland hinter sich lässt und Spanien aus demselben Grund sehr viel näher heranrückt.

Inwieweit die in Deutschland geringere Ungleichheit die sich gegenüber den USA und Großbritannien aus dem Rückstand beim BIP pro Kopf ergebenden Nachteile im Hinblick auf die Lebensbedingungen der Unterschichten aufwiegen konnte, ist schwer zu beurteilen. Einige Indikatoren sprechen dafür, dass dies höchstens in geringfügigem Maße der Fall war. Der Rückstand zu Großbritannien war beispielsweise beim Reallohn etwa ähnlich hoch wie beim BIP pro Kopf.[22] Auch lagen Deutschland, Österreich und die Schweiz hinsichtlich der durchschnittlichen Körpergröße, die laut Jörg Baten eng mit dem Reallohn korrelierte und daher einen guten Indikator für das Wohlstandsniveau auch der unteren Bevölkerungsschichten bildet, 1910 etwa 2 cm hinter Großbritannien und Skandinavien und gleichauf mit Benelux und Frankreich. Insgesamt lag Europa aber deutlich hinter Nordamerika.[23] Noch gravierender war der deutsche Rückstand bei der Lebenserwartung von Männern um 1900. Die lag in Deutschland bei 40,6 Jahren, während sie in Großbritannien und Frankreich um die 45 Jahre rangierte und bei den skandinavischen Ländern bereits die fünfzig Jahre-Marke überschritten hatte. Der Fall der skandinavischen Länder zeigt jedoch auch, dass ein hohes BIP pro Kopf nicht der allein bestimmende Faktor bei der Lebenserwartung war, sondern daneben das Ausmaß der sozialen Ungleichheit, Hygiene- und Ernährungsstandards sowie das Bildungsniveau eine Rolle spielten.[24] Sogar in Japan, wo die Einkommen damals sehr viel niedriger waren als in Deutschland, lag die Lebenserwartung bei 44 Jahren.[25] Auch wenn Deutschland hier um 1900 gegenüber anderen Industrienationen noch zurücklag, war der Fortschritt über das 19. Jahrhundert doch erheblich gewesen, denn um 1800 hatte die durchschnittliche Lebenserwartung noch bei 30 bis 35 Jahren gelegen.[26]

Auf der anderen Seite der Einkommens- und Vermögensskalen ermöglichte der Wohlstand im 19. Jahrhundert ein längeres Leben

22 Stephen Broadberry / Carsten Burhop, Real Wages and Labor Productivity in Britain and Germany, 1871-1938, in: Journal of Economic History 70 (2010) 2, S. 400-427.

23 Jörg Baten/Matthias Blum, Growing Tall but Unequal: New Findings and New Background Evidence on Anthropometric Welfare in 156 Countries, 1810-1989, in: Economic History of Developing Regions 27 (2012), S. 66-85.

24 Béla Tomka, A Social History of Twentieth-Century Europe, London 2013, S. 26.

25 Osterhammel, Verwandlung, S. 257.

26 Ebd., S. 258.

als in den unteren Schichten. Während die durchschnittliche Lebenserwartung in England um 1850 bei 40 Jahren lag, betrug sie beim Hochadel 60 Jahre. Erst ab der Jahrhundertmitte begann sie ganz langsam auch für die unteren Schichten zu steigen (1900: 45 Jahre), deutlich nach oben wies sie erst in der ersten Hälfte des 20. Jahrhunderts.[27] Ähnlich war die Entwicklung auch in Paris.[28] Die so viel höhere Lebenserwartung des Adels im 19. Jahrhundert erklärt sich vor allem dadurch, dass neue lebenserhaltende Medikamente und Therapien entwickelt wurden, die aber bis auf weiteres für die Allgemeinheit unerschwinglich waren.[29] Auch bei der Kindersterblichkeit zeigten sich gesellschaftliche Unterschiede. Während bei Kindern von Dienstboten und Gesinde in Preußen 1877-1913 eine Säuglingssterblichkeit von 22,5 Prozent festgestellt wurde, lag sie beim Nachwuchs von Beamten und Angestellten unter 10 Prozent.[30]

Bei der Vermögensbildung an der Spitze der sozialen Pyramide zeigten sich im 19. Jahrhundert deutliche Unterschiede zwischen den führenden Nationen. So wuchsen die großen Vermögen in den USA sehr viel schneller an als in Deutschland, allerdings auch rascher als in Frankreich oder Großbritannien. Die reichsten US-Amerikaner verfügten 1860 über ein Vermögen von 25 Millionen Dollar, 1880 waren es 100 Millionen Dollar und 1900 schon eine Milliarde Dollar. Damit war zur Jahrhundertwende der reichste US-Amerikaner 12-mal vermögender als der reichste Europäer (ein englischer Hochadliger).[31] In Deutschland lag Bertha Krupp kurz vor Ausbruch des Weltkrieges mit einem Vermögen von 283

27 Angus Deaton, Der große Ausbruch. Von Armut und Wohlstand der Nationen, Stuttgart 2017, S. 116.

28 Artur Imhof, Die gewonnenen Jahre. Von der Zunahme unserer Lebensspanne seit dreihundert Jahren oder von der Notwendigkeit einer neuen Einstellung zu Leben und Sterben, München 1981, S. 121.

29 Vor 1800 hatte es nur einen geringen Unterschied bei der Lebenserwartung unterschiedlicher Schichten gegeben, weil die Haupttodesursache Infektionskrankheiten waren, vor denen sich auch Reiche kaum zu schützen vermochten.

30 Hartmut Kaelble, Industrialisierung und soziale Ungleichheit. Europa im 19. Jahrhundert – Eine Bilanz, Göttingen 1983, S. 161. Kaelble untersucht hier darüber hinaus auch noch die Ungleichheit in Bezug auf Arbeitsplatz, Ausbildung und Wohnen im Europa des 19. Jahrhunderts.

31 William D. Rubinstein, Wealth and the Wealthy in the Modern World London 1980, S. 18-21; Osterhammel, Verwandlung, S. 327.

Millionen Mark an der Spitze des Reichtums.[32] An der Spitze der US-Vermögen standen Industriemagnaten wie John D. Rockefeller (Öl), Andrew Carnegie (Stahl), Henry Ford (Auto) und Andrew Mellon (Bank), die zumindest zeitweilig ein Vermögen von über 300 Millionen Dollar besaßen, wobei Rockefeller mit etwa einer Milliarde Dollar deutlich vor seinen Konkurrenten lag.[33] Der große Vorsprung der US-Amerikaner bei den großen Privatvermögen erklärt sich vor allem durch den Reichtum an natürlichen Ressourcen (Öl, Eisenerze, Kohle) und die Größe des inländischen Marktes. Keiner der Superreichen in den Vereinigten Staaten hatte sein Vermögen als Agrarkapitalist auf landwirtschaftlichem Besitz aufgebaut, während die Landwirtschaft noch für etwa die Hälfte der vermögendsten Europäer Grundlage ihres Reichtums war, obwohl ihre Bedeutung auch hier seit den 1880er-Jahren langsam zurückging.

Aber auch im innereuropäischen Vergleich zeigen sich deutliche Unterschiede, was die Konzentration des Reichtums angeht. So waren große Einkommen in Preußen und Sachsen viel seltener als in Großbritannien. Der Nationalökonom Adolf Georg Soetbeer hat für das Jahr 1886 gezeigt, dass sich die Einkommen über einer zu versteuernden Summe von 150 Pfund in Großbritannien auf insgesamt 630 Millionen Pfund beliefen, während sie in Preußen nur 105 Millionen Pfund betrugen, was bei etwa 35 Millionen Einwohnern in Großbritannien und mehr als 20 Millionen Einwohnern in Preußen die im Hinblick auf unterschiedliche Bevölkerungszahlen

32 Martin, Jahrbuch Millionäre Rheinprovinz, S. V.

33 Rubinstein, Wealth and the Wealthy; Osterhammel, Verwandlung, S. 327. Rubinsteins Schätzungen sind aber auch bezüglich der amerikanischen Vermögen vergleichsweise hoch. So geht er etwa davon aus, dass die Vermögen von John D. Rockefeller, Henry Ford, Andrew Mellon und Andrew Carnegie um 1900 jeweils über der 500-Millionen-Dollar-Marke lagen. Laut einer biografischen Studie zu Mellon war dieser Mitte der 1920er-Jahre der drittgrößte Einkommensteuerzahler in den USA hinter Rockefeller und Ford, sein Vermögen soll 1929/30 mit 300-400 Millionen Dollar den Höhepunkt erreicht haben: David Cannadine, Mellon. An American Life, London 2006, S. 48 f., 165, 349 und 392. Andrew Carnegie verkaufte sein Unternehmen 1901 für 480 Millionen Dollar an den Bankier J.P. Morgan, was den wesentlichen Teil seines Vermögens bildete. Carnegie errichtete anschließend von seinem Geld viele wohltätige Stiftungen, so dass sein Privatvermögen bis 1911 auf 125 Millionen Dollar geschrumpft sein soll. Für Rockefeller dürfte Rubinsteins Schätzung hingegen ungefähr treffend sein. Er galt um die Jahrhundertwende als erster Milliardär der USA, und bei seinem Tod 1937 soll sein Vermögen 1,5 Milliarden Dollar betragen haben.

zu erwartende Differenz bei weitem übertraf. Soetbeer kam zu dem Ergebnis, dass die große Differenz beim Durchschnittseinkommen zwischen Großbritannien und Preußen im Wesentlichen auf den deutlich höheren Einnahmen der Wohlhabenden in Großbritannien beruhte, während die Unterschiede bei den Unterschichteneinkommen sehr viel geringer seien.[34] Gerade beim Landbesitz war die Ungleichheit in Großbritannien noch wesentlich größer als in Deutschland. In England und Wales besaßen 1873 360 Großgrundbesitzer ein Viertel des Landes, in Schottland gehörten 350 Großgrundbesitzern gar zwei Drittel des gesamten Landes.[35] Karl Helfferich schätzte 1914, dass das deutsche Volksvermögen pro Kopf zwar näher an die Vergleichszahlen der führenden Nationen herangekommen sei, aber immer noch hinter diesen zurückliege:

Tabelle 12:
Volksvermögen pro Kopf in Mark

Deutschland	Frankreich	Großbritannien	USA
4.500-4.900	5.924	5.100-5.800	5.500

Quelle: Karl Helfferich, Deutschlands Volkswohlstand 1888-1913, Berlin 1914, S. 114 f.

Überraschend ist, dass gerade im deutschen Kaiserreich trotz der vergleichsweise geringen Vermögenskonzentration das Mäzenatentum vor dem Ersten Weltkrieg eine ungeahnte Blüte erlebte. In Deutschland waren etwa fünfzig Milliarden Mark in philanthropischen Projekten angelegt, womit man gemessen an der Wirtschaftsleistung noch vor den USA oder Großbritannien lag.[36] Während sich anfangs vor allem Adelige auf diesem Feld tummelten, wurde ihr Engagement schon Ende des 19. Jahrhunderts von dem bürgerlicher Kreise deutlich übertroffen.[37] Die Stiftungen und Schen-

34 Adolf Georg Soetbeer, Zur Einkommensstatistik von Preußen, Sachsen und Großbritannien, nebst Bemerkungen zur Einkommensbesteuerung, in: Vierteljahrschrift für Volkswirtschaft, Politik und Kulturgeschichte (1887) 4, S. 124-154 und (1888) 1, S. 19-45.

35 Rodgers, Atlantic Crossings, S. 35.

36 Thomas Adam, Philanthropy, Civil Society, and the State in German History 1815-1989, Woodbridge 2016, S. 124.

37 Manuel Frey, Macht und Moral des Schenkens. Staat und bürgerliche Mäzene vom späten 18. Jahrhundert bis zur Gegenwart, Berlin 1999.

kungen im Bereich von Kunst, Wissenschaft und Wohlfahrt hatten ein höchst beachtliches Ausmaß angenommen, möglicherweise ein Indiz dafür, dass der von einigen angloamerikanischen Besuchern festgestellte besondere Gemeinschaftssinn der Deutschen, der sich vom gerade für die USA als prägend wahrgenommenen Individualismus absetzte, im späten Kaiserreich auch beim Wirtschaftsbürgertum vorhanden war.[38] Allerdings floss ein nicht unerheblicher Anteil der Gelder in die Wissenschaft, wo sie die Grundlagen für den Erfolg der deutschen Wirtschaft legen halfen; insbesondere die Chemie- und Elektroindustrie hatten ihren Aufstieg zu Weltruf der engen Kooperation mit den Universitäten zu verdanken.[39] Erleichtert wurde das umfangreiche Stiftungswesen durch den Umstand, dass die Steuerbelastung für die Elite vor dem Ersten Weltkrieg vergleichsweise gering war.

Die Höhe der durchschnittlichen Pro-Kopf-Einkommen in den internationalen Vergleich der Steuerbelastung pro Kopf einzubeziehen – ein Schritt, ohne den eine umfassende Beurteilung wie oben dargelegt kaum möglich ist –, verändert das Gesamtbild erheblich. Edwin Seligman hat 1924 erstmalig auch für die Vorkriegszeit entsprechende Zahlen vorgelegt. Während bei einer nicht an die unterschiedlichen Einkommen angepassten Berechnung der Steuerlast Großbritannien und Frankreich knapp vor den USA und weit vor Deutschland an der Spitze liegen, besteuerte Frankreich seine Bevölkerung im Verhältnis zu den Einkommen mit Abstand am stärksten, während die Besteuerung in den USA nun deutlich am niedrigsten lag und Großbritannien und Deutschland das Mittelfeld bildeten.

38 Rodgers, Atlantic Crossings, Kapitel 4 & 5.

39 Eckhardt Fuchs/Dieter Hoffmann, Philanthropy and Science in Wilhelmine Germany, in: Thomas Adam (Hg.), Philanthropy, Patronage and Civil Society. Experiences from Germany, Great Britain, and North America, Bloomington 2004, S. 103-119; Gregory R. Witkowski/Arnd Bauerkämper, German Philanthropy in International and Transnational Perspective, in: dies. (Hg.), German Philanthropy in Transatlantic Perspective. Perceptions, Exchanges and Transfers since the Early Twentieth Century, Cham 2016, S. 1-20, hier S. 4.

Tabelle 13:
Gesamte Steuerbelastung 1913/14 in Prozent des Einkommens pro Kopf

USA	Großbritannien	Frankreich	Deutschland
6,59 %	11,29 %	14,06 %	10,51 %

Quelle: Seligman, Comparative Tax Burdens, S. 143

Zu einem ähnlichen Ranking führte auch der fast zeitgleich mit Seligman unternommene Versuch von Findlay Shirras, die Steuerbelastung als Anteil des Nationaleinkommens zu messen, wobei die Einbeziehung weiterer Länder zeigt, dass die Werte in Japan und Österreich noch höher lagen als in Frankreich.

Grafik 16

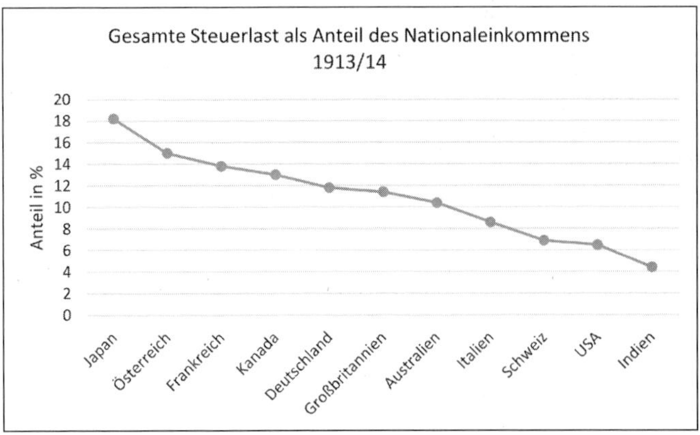

Quelle: G. Findlay Shirras, Taxable Capacity and the Burden of Taxation and Public Debt, in: Journal of the Royal Statistical Society 88 (1925) 4, S. 513-556, hier S. 534

Der internationale Vergleich zeigt, dass gängige Vorstellungen vom Kaiserreich als einer besonders stark von Ungleichheit geprägten Gesellschaft nicht haltbar sind. Die verwandte, gleichfalls in Fachpublikationen kursierende Annahme eines stark regressiven Steuersystems erweist sich ebenso als falsch. Das preußische Steuersystem dürfte spätestens mit den Steuerreformen 1891/93 zumindest bis 1909 progressiver als das britische Steuersystem und deutlich progressiver als das französische Steuersystem gewesen sein. Die Einkommensungleichheit in Preußen – und mit sehr hoher Wahrscheinlichkeit ebenso die im Reich insgesamt – lag deutlich unter jener in Frankreich, Großbritannien und den Niederlanden. Hauptgrund hierfür war ein besonders niedriges Ausgangsniveau der ländlichen Einkommensungleichheit zu Beginn der Industrialisierung. Zudem erreichten die Spitzeneinkommen und -vermögen nicht dieselbe Höhe wie in den USA oder Großbritannien. Demgegenüber konnte die von Rosanvallon ausgemachte Gleichheitsrevolution durch eine neue Steuer- und Sozialpolitik sowie die durchgesetzte Anerkennung von Gewerkschaften eher langfristige Wirkungen entfalten, während sie im Kaiserreich nur geringfügig zur Veränderung der Einkommensverteilung beitrugen. Die nach der Reichsgründung zunächst regressive Steuerlastverteilung hatte sich bis kurz vor Kriegsbeginn zu einer leicht progressiven gewendet. Deren Umverteilungseffekt blieb vorerst begrenzt,[40] aber anders als in Frankreich gab es ihn immerhin. Bedeutsamer für die Lebensbedingungen der unteren Schichten im Kaiserreich war, dass der Staat versuchte, dramatische Formen der Armut, wie sie die Industrialisierung mit sich brachte, abzumildern. Dazu konnte er auch auf die hohen Kommunaleinnahmen zurückgreifen, die es insbesondere den Großstädten ermöglichten, kräftig in den Aufbau der städtischen Infrastruktur und kommunaler Einrichtungen zu investieren. Zudem linderten die von Bismarck eingeführten

40 Ähnlich in der Einschätzung: Albers/Bartels, Phasen, S. 308 f.; Hartmut Kaelble, Mehr Reichtum, mehr Armut. Soziale Ungleichheit in Europa vom 20. Jahrhundert bis zur Gegenwart, Frankfurt am Main 2017, S. 27 f.

Sozialversicherungen die schlimmsten Folgen von Armut, Alter und Krankheit und trugen zur Reduzierung der ökonomischen Ungleichheit bei. Sie galten in vielen anderen europäischen Ländern als vorbildlich. Die eingehenden Sozialbeiträge machten 1913 immerhin 5,5 Prozent des BIP aus.

Grafik 17

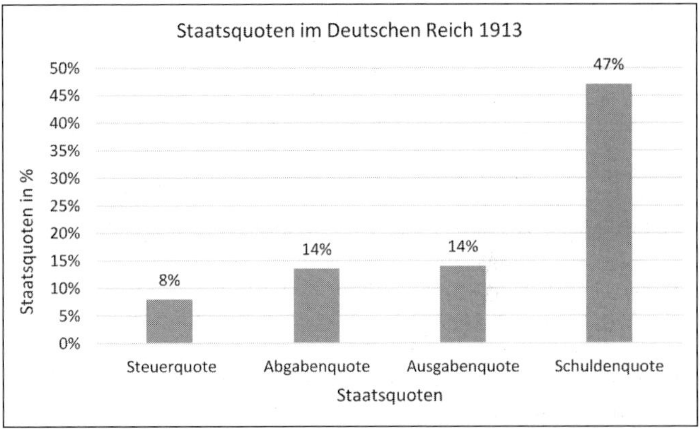

Quelle: Spoerer, Öffentliche Finanzen, S. 104-108

Sowohl die Abgaben- wie die Ausgabenquote lagen im internationalen Vergleich hoch. Trotzdem bleibt festzuhalten, dass der Staat im Kaiserreich noch kein Umverteilungsstaat war.[41] Es ging vor allem darum, die schlimmsten sozialen Probleme zu mildern, nicht zuletzt um der gefürchteten Sozialdemokratie das Wasser abzugraben oder zumindest keinen weiteren Wählerzulauf zu bescheren. Doch auch damit stand Deutschland nicht allein da: Jürgen Osterhammel konstatiert, dass im 19. Jahrhundert weltweit noch kein einziger Staat das Etikett Umverteilungsstaat verdiente.[42]

Auch kamen weder Finanzpolitiker noch -wissenschaftler auf die Idee, mit der Finanzpolitik die wirtschaftliche Konjunktur lenken

41 So auch Fritz Neumark, Die Finanzpolitik in der Zeit vor dem I. Weltkrieg, in: Deutsche Bundesbank (Hg.), Währung und Wirtschaft in Deutschland 1876-1975, Frankfurt am Main 1976, S. 57-112, hier S. 109.

42 Osterhammel, Verwandlung, S. 881.

zu wollen. Die Vorstellung, in einer wirtschaftlichen Flaute durch die Erhöhung der Staatsausgaben das Wachstum anzuregen, existierte praktisch noch nicht.[43] Stattdessen galt Sparsamkeit als wichtigste Tugend für Finanzpolitiker, und dementsprechend wurde in Wirtschaftskrisen meist eine restriktive Ausgabenpolitik gefordert und mitunter auch durchgesetzt. Ebenso blieben Abstimmungsprozesse hinsichtlich der Gestaltung der öffentlichen Finanzen zwischen den drei Gebietskörperschaften des Reiches noch die Ausnahme.[44]

Hinsichtlich der Frage nach einer möglichen Verbindung zwischen Einkommensungleichheit und dem Streben nach Demokratie ergibt sich für Preußen kein eindeutiges Bild. Die Einkommensungleichheit war in den großen Städten am größten, gleichzeitig hatten dort demokratische Parteien und Strömungen den stärksten Zulauf. Auf dem Land wurden Forderungen nach Demokratie dagegen eher in egalitäreren Gemeinden und Regionen laut als in solchen, die von besonderer ökonomischer Ungleichheit geprägt waren. Noch eindeutiger war die Korrelation zwischen der Vorliebe für die Demokratie und der Landverteilung. In den Gemeinden mit sehr hoher Ungleichheit bei der Landverteilung dominierte eindeutig das Festhalten an der Monarchie, weil es den Großgrundbesitzern dort gelungen war, soziale Normen zu etablieren, die antidemokratisch waren. Zugleich besaßen sie durch das Dreiklassenwahlrecht die Macht, stärker demokratische Verfahren zu blockieren. Demgegenüber gab es in den Gemeinden mit mehr egalitärer Landverteilung deutlich mehr Wünsche zum Ausbau demokratischer Verfahren, auch weil in ihnen den Stimmen von Wählern mit mittleren Einkommen größere Bedeutung zukam.[45]

Auch der Zusammenhang zwischen dem Einzug demokratischer Verhältnisse oder zumindest dem Erstarken demokratischer Kräfte und der Einführung von (potentiell) sozial umverteilenden Steuern

43 Plumpe, Wirtschaftskrisen, S. 71; Neumark, Finanzpolitik, S. 109; Kroboth, Finanzpolitik, S. 325. Anders sieht dies Wehler, der beispielsweise Schutzzölle als beabsichtigte antizyklische Konjunkturbeeinflussung betrachtet: Wehler, Deutsche Gesellschaftsgeschichte, Bd. 3, S. 1264.

44 Neumark, Finanzpolitik, S. 109e.

45 Daniel Ziblatt, Does Landholding Inequality Block Democratization? A Test of the ›Bread and Democracy‹ Thesis and the Case of Prussia, in: World Politics 60 (2008) 4, S. 610-641.

ist weniger offensichtlich, als es auf den ersten Blick scheinen mag. Während einige Autoren die kausale Verbindung von Demokratisierung und progressiverer Besteuerung aus der zweiten Hälfte des 20. Jahrhunderts, wie sie etwa bei der Ablösung autokratischer Regime in Spanien, Portugal und Griechenland in den 1970er-Jahren beobachtet wurde, relativ umstandslos ins 19. Jahrhundert zurückprojizieren,[46] erweist sich dieser Zusammenhang für den frühen Zeitraum als komplexer. Für Preußen stellt sich die Frage, warum gerade eine Koalition aus Konservativen und Nationalliberalen 1891/93 eine weltweit beachtete Form der Einkommensbesteuerung einführte, die im internationalen Vergleich zu der Zeit progressiv war, obwohl diese ihre Wähler und Parteigänger auf den ersten Blick überdurchschnittlich belastete. Daron Acemoglu und James Robinson haben darauf hingewiesen, dass es im 19. Jahrhundert mitunter zu einem *trade-off* zwischen dem Abbau von politischer und ökonomischer Ungleichheit kam.[47] Viele Länder, die früh demokratische Elemente in ihrem politischen System etablierten oder stärkten, behielten oft länger ihr herkömmliches Steuersystem bei und verzichteten auf die Einführung einer progressiven Einkommensbesteuerung. Demgegenüber waren es oft eher autokratische Regime, die früh die Einkommensteuer einführten. Acemoglu und Robinson betonen, dass dies insbesondere dort der Fall war, wo die Agrarelite großen Einfluss auf die Politik hatte. Sie erklären das damit, dass sich die Agrarier im Falle der Demokratisierung kaum gegen eine höhere Besteuerung ihres größtenteils eben nicht mobilen Besitzes hätten wehren können, während in der Industrieelite und im Großbürgertum diese Angst aufgrund des mobileren Charakters des gegebenenfalls vom staatlichen Zugriff bedrohten Vermögens weit schwächer gewesen sei. Diese Interpretation scheint mir aber zu sehr von heutigen Gegebenheiten geprägt zu sein. So mobil wie heute war das Kapital im 19. Jahrhundert noch nicht, und die in vielen Ländern sehr entschieden geführten Kämpfe des Bürgertums gegen die Einkommensteuern zeigen, dass hier erhebliche Befürchtungen bestanden.

Überzeugender ist die Argumentation von Isabel Mares und Di-

46 Carles Boix, Democracy and Redistribution, New York 2003.

47 Daron Acemoglu/James A. Robinson, Why Did the West Extend the Franchise? Democracy, Inequality, and Growth in Historical Perspective, in: The Quarterly Journal of Economics 115 (2000) 4, S. 1167-1199.

dac Queralt, die gezeigt haben, dass in nichtdemokratischen Ländern die Einführung progressiver Einkommensteuern um die Jahrhundertwende häufig von Agrareliten vorangetrieben wurde, weil sie vor allem die Industrie belasteten, während die Agrarelite mehr von Boden- und Besitzsteuern zu befürchten hatte.[48] Deutlich schwieriger zu erklären bleibt für das wilhelminische Deutschland deswegen die Zustimmung der Nationalliberalen, denn weite Teile ihrer Wählerschaft und Parteimitglieder belastete die Steuerreform erheblich stärker als zuvor. Ausschlaggebend dürfte der politische Schwenk der Partei weg vom Liberalismus hin zu einer nationalistischen Abwehrfront mit den konservativen Parteien gegen die Sozialdemokratie gewesen sein, für deren Stabilisierung die Partei ein Opfer bringen und etwaige Stimmenverluste in Kauf nehmen musste. Zudem ist zu betonen, dass die Elite in der Tendenz eher dort dazu bereit war, Einkommensteuern zuzulassen, wo ihr das politische System die weitgehende Kontrolle über die Staatsausgaben sicherte, so dass in Deutschland lieber die soziale als die politische Staatsbürgerschaft ausgeweitet wurde. Hinzu kommt Hedwig Richters berechtigter Hinweis, dass für die Durchsetzung der Demokratie weniger das Ausmaß sozialer Ungleichheit als vielmehr der gesellschaftliche Wohlstand in Form von Einkommen und Vermögen relevant war.[49] Hier lagen die USA und Großbritannien 1914 noch deutlich vor Deutschland.

48 Isabela Mares/Didac Queralt, The Non-Democratic Origins of Income Taxation, in: Comparative Political Studies 48 (2015) 14, S. 1974-2009; dies., Fiscal Innovation in Nondemocratic Regimes: Elites and the Adoption of the Prussian Income Taxes of the 1890s, in: Explorations in Economic History 77 (2020), 101340.

49 Hedwig Richter, Demokratie. Eine deutsche Affäre, München 2020, Kapitel 2, Fn. 180.

Teil II

Der Krieg als großer Gleichmacher? Steuerpolitik und militarisierte Gouvernementalität (1914-1918)

Kapitel 6

Steuerscheu und wachsende Ungleichheit

Der Erste Weltkrieg war eine Wasserscheide. Eric Hobsbawm lässt im Jahr 1914 sein kurzes 20. Jahrhundert beginnen, und viele andere vor und nach ihm haben diese Zäsur ebenfalls betont.[1] Für Stefan Zweig versank die alte Welt im und nach dem Krieg und wurde zur Welt von gestern. Das Habsburgische und das Osmanische Reich überstanden den Krieg nicht, das Russische Reich wurde zur Sowjetunion. Auch auf dem Gebiet der Steuerpolitik stellt der Erste Weltkrieg den bedeutendsten Einschnitt im 20. Jahrhundert dar.[2] Die Sätze der Einkommensteuer, aber auch der Erbschaft- und Vermögensteuer stiegen in einigen der kriegführenden Länder dramatisch an. Sie erreichten Höhen, die wenige Jahre zuvor für unmöglich oder für den sicheren Weg in den Sozialismus gehalten worden wären. Kriegsteuern griffen auf die Gewinne der Unternehmen zu. Ebenso veränderte der Erste Weltkrieg die soziale Ungleichheit in Westeuropa und Nordamerika deutlich. Zum ersten Mal seit sehr langer Zeit ging die Einkommens- und Vermögensschere nicht weiter auseinander, sondern begann sich zu schließen. Das war zu einem großen Teil der Kapitalvernichtung im Krieg geschuldet, doch auch die Steuerpolitik spielte eine wichtige Rolle. Zu fragen ist, ob der moderne Massenmobilisierungskrieg diese Entwicklung aufgrund seines spezifischen Charakters nahezu zwangsläufig und gleichsam automatisch hervorbrachte oder ob nicht vielmehr den Diskursen um Steuergerechtigkeit der Vorkriegszeit hierfür entscheidende Bedeutung zukam. Ein Vergleich der Finanzpolitiken der kriegführenden Länder wird zeigen, inwieweit es parallele Entwicklungen gab und wo doch stärker nationale Wege beschritten wurden.

Charles Maier hat betont, dass mit dem Ersten Weltkrieg

1 Eric Hobsbawm, Das Zeitalter der Extreme. Weltgeschichte des 20. Jahrhunderts, München 1994.

2 Eine ähnliche Bedeutung kann höchstens noch dem Ausbruch des Zweiten Weltkriegs zugeschrieben werden.

»Kriegsstaaten auf dauerhafter Basis« entstanden seien.[3] Christopher A. Bayly schlug jüngst vor, die sich im Zuge des Ersten Weltkriegs dabei herausbildenden neuen Techniken des Regierens unter dem Begriff »militarised governmentality« zu fassen.[4] Leider hat er nur wenige Phänomene aufgeführt, die unter dem Begriff zu fassen und als Beleg eines Wandels zu werten wären: die Umwandlung ziviler Polizei in bewaffnete Armeeverbände, das Vordringen einer militärischen Logik in das zivile Gesundheitssystem und die Unterwerfung der Arbeiterschaft unter eine militärische Disziplin. Nicht in den Blick nimmt er aber die Frage, inwiefern sich die Regierungstechnik tatsächlich grundlegend wandelte und wie sich das Verhältnis von militarisierter Gouvernementalität zur bis dato in den industrialisierten Staaten vorherrschenden sozialliberalen Gouvernementalität bestimmen lässt. In der Beantwortung gerade der letzteren Frage liegt aber aus meiner Sicht eine große Chance, die Wandlungen der Regierungstechniken im 20. Jahrhundert genauer zu erfassen.

Unangefochtene Leitwissenschaft der liberalen wie der sozialliberalen Gouvernementalität war die politische Ökonomie. Innerhalb der (sozial-)liberalen Gouvernementalität wurde die Wahrheit über den Preis und den Markt bestimmt, das entscheidende Kriterium zur Beurteilung des sich an dieser Logik orientierenden Regierungshandelns war nicht mehr Recht oder Unrecht, sondern Erfolg oder Misserfolg. Mit dem Wandel zur sozialliberalen Gouvernementalität Ende des 19. Jahrhunderts wurde der individualistische Liberalismus durch kollektive Sicherungsmechanismen ergänzt. Um die Risiken des Kapitalismus abzufedern, schuf die Staatsführung Einrichtungen, die den Einzelnen gegen Gefahren versicherte. Sie versuchte damit, den sozialen Frieden zu sichern, aber auch die Arbeiterschaft arbeitsfähig zu halten.

In der militarisierten Gouvernementalität lag die Wahrheit nicht mehr auf dem Markt, sondern auf dem Schlachtfeld. Nicht der Preis war entscheidend, sondern Sieg oder Niederlage. Gemeinsam war der sozialliberalen und der militarisierten Gouvernementalität,

3 Charles S. Maier, Leviathan 2.0. Die Erfindung moderner Staatlichkeit, in: Emily S. Rosenberg (Hg.), Geschichte der Welt, Bd. 5: 1870-1945. Weltmärkte und Weltkriege, München 2012, S. 33-286, hier S. 201 f. und 273 f.

4 Christopher A. Bayly, Remaking the Modern World 1900-2015. Global Connections and Comparisons, Chichester 2018, S. 44 f.

dass sie sich nicht an Fragen der Legitimität orientierten, sondern am Erfolg. Während zu Beginn des Krieges beide Regierungslogiken – wie in früheren Kriegen auch – nebeneinander bestehen bleiben konnten, führte die umfassende Mobilisierung im Verlauf des Krieges zunehmend zu Spannungen und Entscheidungszwängen. Wenn der Krieg gewonnen werden sollte, musste der Staat viel stärker als zuvor in den Markt eingreifen und dafür sorgen, dass Ressourcen aus dem zivilen Sektor abgezogen und dem militärischen zur Verfügung gestellt wurden. Zur zentralen Frage im Spannungsfeld von sozialliberaler und militarisierter Gouvernementalität wurde in der zweiten Kriegshälfte, inwieweit das »freie Spiel« der wirtschaftlichen Kräfte oder, in Foucaults Diktion, die Wahrheitsfindung über den Preismechanismus zugunsten militärischer Notwendigkeiten ausgesetzt werden sollte. Daneben stellte sich die Frage, ob die immer umfassendere Einbeziehung der Bevölkerung in den Krieg (Volkskrieg) auch zu einer Ausweitung sozialliberaler Gouvernementalität in Form weiterer Risikoabsicherung führte. Auf diese Fragen wird am Beispiel Deutschlands vor allem in der Diskussion der Entwicklungen in der zweiten Kriegshälfte zurückzukommen sein.

Kriegsfinanzierung durch Anleihen oder Steuern? Die Vorkriegsdebatte

Der Erste Weltkrieg führte massive Veränderungen im System der öffentlichen Finanzen bei allen an der Kriegführung beteiligten Nationen herbei, wenn auch zumeist nur Schritt für Schritt und erst im Verlauf des Krieges. Er verursachte so gravierende Kosten, dass der Finanzierungsbedarf des Staates erheblich anwuchs. Das letzte Kriegsbudget erhöhte sich gegenüber dem ersten in Großbritannien um 562 Prozent, im Deutschen Reich um 505 Prozent und in Frankreich um 448 Prozent.[5] Es erwies sich zunehmend als zwingend, die Produktion der Volkswirtschaft deutlich in Richtung des für den Krieg notwendigen Bedarfs umzulenken. Makroökonomisch stan-

5 Hans-Peter Ullmann, Kriegswirtschaft in: Gerhard Hirschfeld/Gerd Krumeich/Irina Renz (Hg.), Enzyklopädie Erster Weltkrieg, 2. Auflage, Paderborn 2004, S. 220-232, hier S. 228.

den für diese Umlenkung vor allem vier Möglichkeiten zur Debatte: die Produktionssteigerung im Rüstungssektor durch die verstärkte Nutzung von Arbeit und Kapital, der Verzicht auf nicht kriegswichtige Investitionen, die Einschränkung des Konsums und die Steigerung der Importe aus dem Ausland.[6] Die beteiligten Nationen gingen in der zweiten Kriegshälfte immer mehr zu einer »totalen« Mobilisierung der Ressourcen über, wobei sie auch in weit höherem Maße als in vorherigen Kriegen in die Wirtschaft eingriffen.

Die Kriegsfinanzpolitik ergänzte die zunehmende Produktions- und Bedarfslenkung. Ihr Ziel war die Übertragung von Kaufkraft privater Haushalte und Unternehmen an den Staat, der die Militärausgaben zu bestreiten hatte. Im Wesentlichen gab es fünf Methoden für die Staaten, den Krieg zu finanzieren. Dies waren: Steuererhöhungen, Kriegsanleihen, die Ankurbelung der Notenpresse, Schuldenaufnahme im Ausland und vorherige Schatzbildung. Über die geeignete Kombination und Gewichtung dieser Instrumente stritten sich Ökonomen und Politiker seit dem 18. Jahrhundert.

Die liberale britische Tradition und insbesondere Adam Smith bevorzugten die Kriegsfinanzierung über Steuereinnahmen. Diese Präferenz begründete Smith vor allem ökonomisch, indem er zwei Hauptargumente ins Zentrum rückte. Erstens sah Smith in der Anleihepolitik die Gefahr mangelnden Kostenbewusstseins und einer dadurch verursachten rücksichtslosen Ausdehnung der Staatsausgaben. Demgegenüber würden die harten politischen Kämpfe um Steuerbewilligungen auch im Krieg das Kostendenken stärken. Zweitens glaubte er, dass die Steuern vor allem den Konsum belasteten, während die Anleihen aus dem Kapital finanziert werden würden. Da er die Kapitalbildung als Motor des Wirtschaftswachstums betrachtete, lehnte er die Anleihefinanzierung weitgehend ab.[7] Letztere Argumentation hatte jedoch 1914 erheblich an Überzeugungskraft verloren, weil das Steuersystem nun deutlich progressiver war als zu Smiths Lebzeiten. Trotzdem gaben die liberalen britischen Ökonomen ihre Präferenz der Steuerfinanzierung nicht auf, auch wenn sie sich nun eher auf Gerechtigkeitsargumente beriefen. 1916 hielt Arthur Cecil Pigou, der sozialliberal gesinnte Be-

6 Carl-Ludwig Holtfrerich, Die deutsche Inflation 1914-1923. Ursachen und Folgen in internationaler Perspektive, Berlin 1980, S. 98.

7 Horst Jecht, Kriegsfinanzen, Jena 1938, S. 26f.

gründer der Wohlfahrtsökonomik,[8] fest, dass die hohen Kosten des laufenden Krieges stärker von den Wohlhabenden getragen werden müssten, weil die Armen sonst Hunger leiden würden. Die zentrale Frage sei aber, ob die Reichen höhere Steuern zahlen oder Anleihen zeichnen sollten. Im Fall hoher Einkommensteuern hätten die Wohlhabenden die Kosten allein zu tragen, im Fall von Zinsen abwerfenden Anleihen würden die Kosten später durch Steuern aufgebracht, an denen die ärmeren Schichten durch die indirekten Steuern beteiligt sein würden. Pigou hielt schon 1916 den Anteil der britischen Steuerfinanzierung für zu gering und plädierte für eine Ausweitung der progressiven Steuern.[9] Stichhaltig war diese Argumentation aber nur, wenn das Steuersystem im Krieg progressiver gestaltet war als danach und die häufig auftretende kriegsbedingte Inflation nicht höher lag als die versprochenen Anleihezinsen. Zumindest Ersteres hielten viele Finanzwissenschaftler zu Beginn des 20. Jahrhunderts für wahrscheinlich, weil im 19. Jahrhundert kriegsbedingte Steuererhöhungen, die auch die Progression verschärften, nach Kriegsende oft wieder zurückgenommen worden waren.

In Deutschland bildete sich ab Mitte des 19. Jahrhunderts eine Argumentationslinie heraus, in der die Anleihefinanzierung nicht als ein nur in der Not zu beschreitender Pfad, sondern als der prinzipiell bessere Weg galt. Den Ausgang bildete auch hier Carl Dietzels *System der Staatsanleihen* von 1855. Wie das Buch insgesamt ein Lob des Staatskredites darstellte, so pries Dietzel die Ausweitung des Staatskredites auch für den Kriegsfall als vorteilhaft. Die Befürchtung Adam Smiths, dass dadurch die Ausgaben stärker steigen könnten als bei einer Steuerfinanzierung, hielt er für unbegründet. Den großen Vorteil des Staatskredites und seiner Gegenfinanzierung über Anleihen sah er darin, dass die Anleihegeber ihr Geld freiwillig gaben, weil er davon ausging, dass die Anleihen nur Geld abzogen, das übrig war, während die Steuer auch dort zugriff, wo es eigentlich anderweitig benötigt wurde. Zudem könne die Belastung der Bevölkerung auf einen längeren Zeitraum gestreckt werden, was sie weniger drückend mache.

8 Ian Kumekawa, The First Serious Optimist. A. C. Pigou and the Birth of Welfare Economics, Princeton 2017.

9 Arthur Cecil Pigou, The Economy and Finance of the War, London 1916, S. 65-82.

Ende des 19. Jahrhunderts galt Dietzels Argumentation in der deutschen Finanzwissenschaft freilich als zu einseitig, auch weil sie die Probleme des Staatskredits vernachlässigte. Einen wesentlichen Beitrag zur Weiterentwicklung der Thematik im Deutschen Reich leistete Adolph Wagner. Dietzels Sicht, wonach der Staatskredit auch im Krieg ein Beitrag zur Bildung des Nationalkapitals sei, wies Wagner als zu weitgehend zurück. Als wichtigen Vorteil der Anleihefinanzierung betrachtete er wie schon Dietzel, dass sich die Belastung dadurch über einen längeren Zeitraum strecken ließ, während ansonsten die Ausgaben für einen großen und länger andauernden Krieg die Kapazität der Gesellschaft überfordern könnten. Im Gegensatz zu Dietzel hielt Wagner die Anleihe aber nicht für das in jedem Fall überlegene Mittel, sondern sah sie vor allem für längere und kostspieligere Kriege als unentbehrlich an. Staatsschatzbildung und Steuererhöhung betrachtete er aber ebenso als geeignete und im Falle kürzerer Kriege auch vorzuziehende Instrumente. Eine Steigerung der Papiergeldausgabe erschien ihm demgegenüber als das ungünstigste Mittel, das nur im Notfall ergriffen werden sollte, weil er deren inflationäre Wirkung fürchtete.[10]

Es muss hier betont werden, dass die Finanzwissenschaftler vor und im Ersten Weltkrieg die Kriegsfinanzierung als rein monetäre Frage verstanden und darum glaubten, dass die Belastungen des Krieges durch Anleihen in die Zukunft verschoben werden könnten, zumal sie lange von einem kurzen Krieg ausgingen. Die sich mit Keynes durchsetzende güterwirtschaftliche Sichtweise argumentierte demgegenüber zu Recht, dass eine Aufschiebung nicht möglich war, weil der Staat dem privaten Konsum Güter entzog und diese für die Kriegführung einsetzte. Die Belastung trat dadurch unmittelbar ein. Eine aufschiebende Wirkung konnte man sich allenfalls von der Einfuhr zusätzlicher Waren auf Kredit erhoffen. Das heißt, dass die Finanzpolitik tatsächlich nur über höchst begrenzte Mittel dafür verfügte, die Kriegslasten in die Zukunft zu verlagern. Die finanzpolitische Grundsatzentscheidung,

10 Adolph Wagner, Die Ordnung des österreichischen Staatshaushalts, Wien 1863. John Maynard Keynes hielt dagegen Anfang der 1930er-Jahre eine vorsichtige Inflationspolitik im Krieg für vorteilhaft, weil sie weniger Widerstand hervorriefe als Steuern und die Unternehmen durch steigende Preise zu höheren Leistungen anregen würde: John Maynard Keynes, A Treatise on Money, London 1930, Kapitel 19.

die im Krieg getroffen werden musste, war daher die, welchen Schichten die finanzielle Last hauptsächlich aufgebürdet werden sollte.[11]

In Deutschland hielt man an der die Tradition der Schatzbildung zur Kriegsfinanzierung länger fest als in Großbritannien. So legte das Deutsche Reich aus den französischen Reparationszahlungen nach dem Krieg von 1870/71 einen Goldschatz von 120 Millionen Mark zurück, der tatsächlich bis 1914 eingelagert blieb, ganz in der Linie der preußischen Kriegsfinanzierung im 18. und 19. Jahrhundert. Großbritannien und Frankreich finanzierten ihre Kriege schon sehr viel früher über Kredite und Steuern, was auch deswegen möglich war, weil sie über einen besser ausgebauten Kapitalmarkt verfügten. Für Gustav Schmoller zeigte sich in der Schatzbildung »am meisten die Eigentümlichkeit der preußischen Finanz im Vergleich mit jener der anderen größeren Staaten«.[12] Schmoller begrüßte diese Eigenheit: »Die Absicht, einen Staatsschatz zu sammeln, nötigt zugleich zu dieser peinlichen Sparsamkeit, ohne die jede Staatsfinanzverwaltung so leicht zur lässigen Verschwendung und zur Korruption führt.«[13] Wirkmächtig war diese Denktradition als eine der Quellen, aus der sich das in Deutschland besonders hoch geschätzte Ideal der Sparsamkeit speiste. Doch nahm sich der gehortete Schatz 1914 angesichts der horrenden Kriegskosten äußerst bescheiden aus,[14] und die Schatzbildung hatte als Instrument der Kriegsfinanzierung in den industrialisierten Nationen ausgedient.

Den unterschiedlichen theoretischen Zugängen zum Trotz setzte sich unter den führenden europäischen Nationen in der zweiten Hälfte des 19. Jahrhunderts die Kriegsanleihe als wichtigstes Mittel zur Finanzierung kostspieligerer Kriege durch. Allerdings blieb in Großbritannien die Steuerdeckung vergleichsweise hoch. Sie betrug im Krimkrieg 53 Prozent und im sehr ausgabenintensiven Krieg in Südafrika immerhin noch 32,5 Prozent, während Deutschland

11 Konrad Roesler, Die Finanzpolitik des Deutschen Reiches im Ersten Weltkrieg, Berlin 1967, S. 153-158.

12 Schmoller, Epochen, S. 175.

13 Ebd.

14 General Wilhelm Groener betonte aber auch nach dem Krieg noch die Bedeutung der Schatzbildung: Wilhelm Groener, Der Weltkrieg und seine Probleme. Rückschau und Ausblick, Berlin 1920, S. 46.

den Krieg 1870/71 nach dem schnellen Verbrauch des Staatsschatzes fast ausschließlich über Anleihen finanziert hatte. Frankreich, Russland, Österreich-Ungarn und die USA hatten ihre Kriege Ende des 19. Jahrhunderts ebenso vor allem durch Kriegsanleihen finanziert.[15] In den meisten Ländern gab es auch in der Aufrüstungsphase vor Beginn des Weltkrieges staatliche Planungen sowie öffentliche Debatten über die Finanzierung eines zukünftigen Krieges. Diese waren jedoch wie die militärische Planung zumeist dadurch gekennzeichnet, dass die Planer davon ausgingen, dass es sich um einen kurzen Krieg handeln würde.[16] Dementsprechend gab es kaum Vorausschätzungen, die den dann real auftretenden Kosten des Ersten Weltkrieges auch nur ungefähr nahekamen. Gleichwohl war etwa den deutschen Planern vergleichsweise früh bewusst, dass die voranschreitende Technisierung des Krieges allein durch die höheren Anschaffungskosten für Material kommende bewaffnete Konflikte erheblich verteuern würden. Schon Ende der 1880er-Jahre war man sich darüber im Klaren, dass der von den französischen Reparationszahlungen abgezweigte und in der Zitadelle Spandau (Juliusturm) gelagerte Reichskriegsschatz für einen Krieg gegen andere Großmächte nicht ausreichen würde. Auf einer Besprechung im April 1891 einigten sich die Regierungsvertreter darauf, dass die Kosten eines solchen Krieges vor allem durch Kreditfinanzierung aufgebracht werden sollten. Die Kredite sollten durch den Aufkauf von Reichsschatzanweisungen durch die Reichsbank bereitgestellt werden. Um das zu gewährleisten, zog man schon zu diesem Zeitpunkt ein zumindest partielles Abgehen vom Goldstandard ins Kalkül. Im Verlauf des Krieges wollte man die Kredite durch die Ausgabe von Kriegsanleihen konsolidieren. Von Steuererhöhungen sprach man dagegen wenig, auch weil diese durch das parlamentarische Verfahren und die notwendige Erhebung als ein zu schwerfälliges Instrument für einen kurzen Krieg galten.

Um die Reichsbank zu unterstützen, sollten im Kriegsfall Darlehenskassen eingerichtet werden. Diese hatte es in Preußen bereits während der Revolution 1848 und während der Einigungskriege

15 Jecht, Kriegsfinanzen, S. 29.

16 Gerd Hardach, Die finanzielle Mobilmachung in Deutschland 1914-1918, in: Jahrbuch für Wirtschaftsgeschichte 56 (2015) 2, S. 359-387, hier S. 362; Daunton, Just Taxes, S. 40.

gegeben. Ihre Funktion war es, die Wirtschaft, aber auch die Bundesstaaten und die Kommunen mit Krediten zu versorgen. Dafür waren sie berechtigt, ein eigenes Zahlungsmittel herauszugeben, die Darlehenskassenscheine, was sie zu einer parallelen Zentralbank machte, weswegen die Kassen auch der Reichsbank unterstellt wurden.[17] Ab 1913 versuchte Deutschland die Gold- und Silberreserven der Reichsbank deutlich zu erhöhen, weil man dies als Ausweis wirtschaftlicher Stärke betrachtete.[18] Dies war einer der gelungeneren Schachzüge der deutschen Kriegsfinanzierung, weil es der Reichsbank dank ihrer Goldvorräte gelang, der Bevölkerung das Gefühl zu geben, dass das Deutsche Reich nach dem Kriegsende zur Goldparität zurückkehren würde, was die Bereitschaft zur Zeichnung von Kriegsanleihen erhöhte.[19] Die deutschen Vorabplanungen stellten keinen Sonderweg dar, sondern verliefen in ähnlichen Bahnen wie die der anderen Regierungen. Überall stand die Ausweitung des Kredites bei der eigenen Zentralbank im Mittelpunkt, mittelfristig sollten Anleihen diese Kredite konsolidieren. Steuererhöhungen hingegen spielten im Voraus nur eine untergeordnete oder gar keine Rolle.[20]

Finanzwissenschaftler und Ökonomen diskutierten hingegen sehr wohl, welche Bedeutung der Steuerpolitik im Kriegsfall zugemessen werden könne. Häufig waren die Beiträge aber vor allem propagandistischer Art. So berechnete etwa Julius Wolf in einem später publizierten Vortrag vor dem Flottenverein in Breslau im April 1914, warum die deutschen Steuerreserven viel größer seien als diejenigen Großbritanniens und warum Deutschland finanziell auf keinen Fall niedergerungen werden könne. Dabei ging er vor allem davon aus, dass die Besteuerung pro Kopf in Großbritannien

17 Leo Feuchtwanger, Die Darlehnskassen des Deutschen Reiches mit Berücksichtigung der entsprechenden Kreditorganisation des Auslands, Stuttgart 1918; Rainer Zilch, Die Reichsbank und die finanzielle Kriegsvorbereitung 1907-14, Berlin 1987, S. 122 f.

18 Zilch, Reichsbank, S. 102-122.

19 Stephen Gross, Confidence and Gold. German War Finance 1914-1918, in: Central European History 42 (2009), S. 223-252.

20 Gerd Hardach, Der Erste Weltkrieg, München 1973, S. 174-182. Sehr umfassend dazu noch während des Krieges, wenn auch in der Analyse stark nationalistisch geprägt: Otto Jöhlinger, Die Finanzwirtschaft unserer Gegner, in: FinanzArchiv 34 (1917) 1, S. 42-108.

viel höher war als in Deutschland, weswegen er dem Reich einen ungleich größeren Spielraum für Steuererhöhungen attestierte. Weiter meinte er, dass insbesondere die Besteuerung der Reichen in Großbritannien schon aufs Äußerste angespannt sei und der Gegner die Steuerschraube hier unmöglich noch fester werde anziehen können.[21] Dabei verzichtete er auf eine Diskussion derjenigen Faktoren, die in Deutschland Steuererhöhungen verhindern könnten, etwa der föderale Staatsaufbau, weswegen sich seine Prognosen bald als falsch erweisen sollten. Allerdings kamen führende britische Finanzwissenschaftler und Statistiker 1912 zu ähnlichen Einschätzungen wie Wolf. Auch sie vermuteten, dass Deutschland aufgrund der aktuell niedrigeren Belastungen die bessere Ausgangsposition für Steuererhöhungen besaß.[22] Die Werte der Staatspapiere an der Londoner Börse sprachen freilich eine andere Sprache: Deutschland musste deutlich höhere Zinsen für seine Staatspapiere zahlen als Großbritannien, während der Abstand zu Frankreich sich in den letzten Monaten vor Kriegsbeginn verringerte. Zwar hatten alle drei Mächte schon im Juli 1914 mehr zu zahlen als drei Jahre zuvor, weil die beschleunigte Aufrüstung die Investoren verunsicherte. Die Werte zeigen aber eben auch, dass die Investoren die Potentiale der deutschen Staatsfinanzen schlechter einschätzten als die der britischen Staatsfinanzen.

21 Julius Wolf, Die Steuerreserven in England und Deutschland. Ein Beitrag zur Frage der »Rüstungsgrenzen« beider Staaten, Stuttgart 1914.

22 Ashley, Financial System, S. 502-504.

Grafik 18

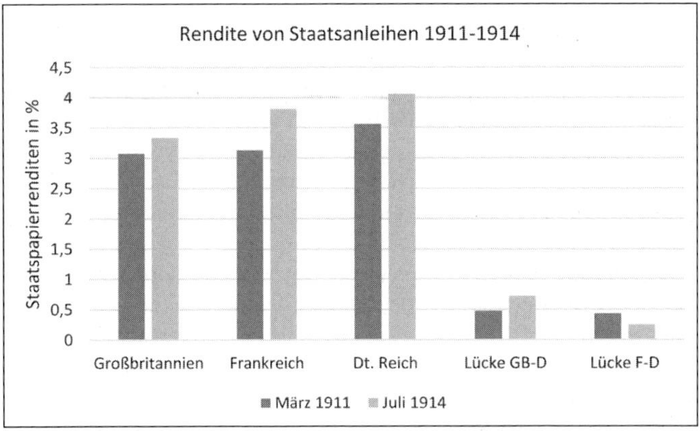

Quelle: Niall Ferguson, The Pity of War, London 1998, S. 131

Während Großbritannien schon 1914 die Steuern deutlich erhöhte, passierte in Deutschland in der Steuerpolitik vorerst nicht viel. Das Reich machte zwar von allen genannten Möglichkeiten der Kriegsfinanzierung Gebrauch, doch in sehr unterschiedlichem Maße. Zunächst einmal bewilligte der Reichstag im August und Dezember 1914 jeweils fünf Milliarden Mark an Krediten.[23] Insbesondere von 1914 bis 1916 war die Gegenfinanzierung dieser Kredite durch Kriegsanleihen sehr erfolgreich.[24]

»Kein Recht auf Bereicherung«: Die Steuergesetzgebung in der ersten Kriegshälfte

Die Reichsführung hoffte anfangs, dank der stark nachgefragten Anleihen auf Steuererhöhungen verzichten zu können. Gleich zu Beginn des Krieges hatte man den Haushalt in einen ordentlichen

23 Walther Lotz, Die deutsche Staatsfinanzwirtschaft im Kriege, Stuttgart 1927, S. 40.

24 Hardach, Finanzielle Mobilmachung, S. 371-373.

und einen außerordentlichen Haushalt aufgeteilt. Im ordentlichen Haushalt befanden sich die Etats der Reichsministerien, während die Etats von Heer und Marine in den außerordentlichen Haushalt verschoben wurden. Ebenso verlagerte man auch die im Krieg steigenden Gehälter von Beamten und Angestellten der Reichsverwaltung in den außerordentlichen Haushalt. Dementsprechend fanden sich die stark steigenden Kriegskosten im außerordentlichen Haushalt, während die Kosten im ordentlichen Haushalt mit Ausnahme eines bedeutenden Kostenpunktes abnahmen. Diese Ausnahme bildeten die Ausgaben für die Reichsschuld. Die Zinslast stieg ab 1915 deutlich an, weswegen auch der ordentliche Haushalt im Kriegsverlauf ansteigende Tendenz zeigte. Die Spitzen des Reiches legten sich dann darauf fest, dass die Kosten des außerordentlichen Haushalts durch Kriegsanleihen beglichen werden sollten, die des ordentlichen Haushalts inklusive der Ausgaben für die Reichsschuld durch Steuern.

Da anfangs der Zinsbedarf nicht groß war, erklärte der Staatssekretär des Reichsschatzamtes Karl Helfferich, ein habilitierter Volkswirt und vormaliger Direktor der Deutschen Bank,[25] der sich im Weltkrieg vom Liberalen zum ultrarechten Nationalisten wandelte, im August 1915 vor dem Reichstag, dass es keine Steuererhöhungen geben werde, weil man den Krieg über Kredite und Anleihen finanzieren könne, die nach dem erwarteten Sieg in Form von Reparationslasten den Verlierern aufgebürdet würden. Er begründete dies damit, dass selbst eine deutliche Erhöhung der Steuern bestenfalls einen kleinen Teil der Kriegskosten decken könnte, weswegen man sich für die vollständige Anleihefinanzierung entschieden habe. Zudem würden die Einkommensteuern bereits durch die Kommunen und zum Teil auch durch die Bundesstaaten beständig erhöht. Die Diskussion um eine Kriegsgewinnsteuer versuchte er zu beenden, indem er betonte, dass deren Einführung erst nach Kriegsende möglich sei, weil erst dann die Gewinne genau beziffert werden könnten.[26]

Die Daten zeigen, dass in den ersten beiden Kriegsjahren vor allem

25 John G. Williamson, Karl Helfferich, 1872-1924. Economist, Financier, Politician, Princeton 1971.

26 Karl Helfferich, Rede zum Nachtrag zum Haushalt für 1915/16 vom 14.8.1915, in: Verhandlungen des Reichstages, 13. Legislaturperiode, 2. Session, Bd. 306, S. 222-229.

die Bundesstaaten durch Einkommensteuererhöhungen ihre Einnahmen verbesserten. Für das Haushaltsjahr 1914/15 stiegen ihre Einnahmen um 38 Prozent, die des Reiches dagegen nur um 13 Prozent.

Grafik 19

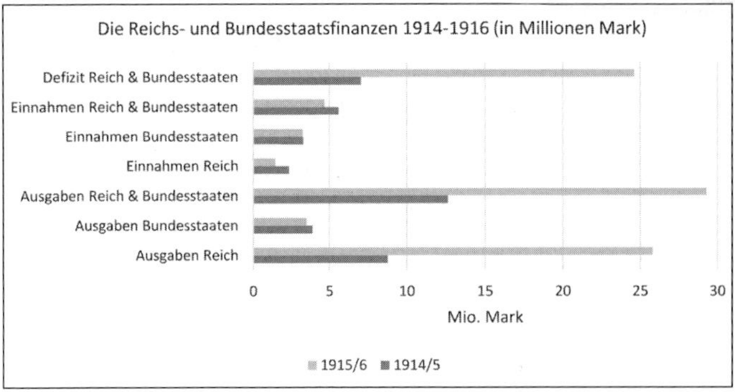

Quelle: Roesler, Finanzpolitik, S. 196-201

Dieser leichte Anstieg bei den Steuereinnahmen des Reichs verdankte sich zu großen Teilen dem Wehrbeitrag, der 1914 637,4 Millionen Mark erbrachte. Da die kriegsbedingten Einschränkungen des Konsums nicht sofort zum Tragen kamen, stiegen in diesem Jahr auch noch die Erträge der Verbrauchsteuern auf Zucker, Salz, Tabak und alkoholische Getränke. Andere Einnahmequellen, vor allem die Zölle, aber auch die meisten Stempelsteuern, sprudelten bereits im Haushaltsjahr 1914/15 deutlich weniger stark als zuvor.[27] Doch dank der sinkenden Kosten und der noch geringen Zinsbelastung schloss der ordentliche Haushalt im Rechnungsjahr 1914 mit einem Überschuss von 219,7 Millionen Mark.[28]

Im folgenden Haushaltsjahr brachen die Reichseinnahmen jedoch ein. Die alliierte Blockade und die Einschränkung des Konsums führten zu einem dramatischen Rückgang der Zolleinnahmen

27 Lotz, Deutsche Staatsfinanzwirtschaft, S. 44 f.

28 Reichsminister der Finanzen (Eugen Schiffer), Denkschrift über »Die Finanzen des Deutschen Reiches in den Rechnungsjahren 1914 bis 1918«, in: Reichstagsprotokolle, Bd. 335, Dok. Nr. 158, S. 99-114, hier S. 100.

sowie bei den Verbrauchs- und Stempelsteuern. Einen Fall ins Bodenlose verhinderten nur der Wehrbeitrag, der 1915 noch einmal 307,8 Millionen Mark erbrachte, sowie die Inflation, die den ans Reich abgelieferten Reichsbankgewinn sowie den Darlehenskassenüberschuss auf 270,4 Millionen Mark erhöhte. Dennoch sanken die Einnahmen um etwa 40 Prozent.[29] Trotzdem schloss der ordentliche Haushalt mit dem nur geringen Fehlbetrag von 22,3 Millionen Mark.

Als sich diese Rückgänge im Sommer 1915 abzeichneten und gleichzeitig offensichtlich war, dass die Zinskosten im nächsten Jahr erheblich steigen würden, mehrten sich die Stimmen, die für eine Erhöhung der Reichssteuern plädierten. Immer vernehmbarer wurde der Ruf nach einer Kriegsgewinnbesteuerung, der sich schließlich auch Helfferich nicht mehr widersetzen konnte. Georg Strutz, Senatspräsident des preußischen Oberverwaltungsgerichts, schrieb: »In der öffentlichen Meinung [...] hat aber der Gedanke der Kriegsgewinnsteuer nachgerade eine Volkstümlichkeit in breiten und politisch, wirtschaftlich und sozial ganz verschiedenartigen Schichten erlangt, wie kaum je eine Steuer.«[30] Vor dem Reichstag führte Helfferich im November 1915 bei der Einbringung eines Gesetzes über vorbereitende Maßnahmen zur Besteuerung der Kriegsgewinne aus: »Die Ueberzeugung von der sittlichen und von der finanziellen Notwendigkeit dieser Steuer ist heute [...] Gemeingut des ganzen deutschen Volkes.«[31] Er hoffte zu diesem Zeitpunkt aber immer noch, die tatsächliche Erhebung der Steuer weitgehend auf die Zeit nach dem siegreichen Kriegsende vertagen zu können.[32] In derselben Sitzung plädierten die Sozialdemokraten dafür, den Wehrbeitrag beizubehalten, doch fand sich dafür keine Mehrheit.[33] Die Reichstagsmehrheit verschärfte stattdessen die Regierungsvorlage zur Kriegsgewinnbesteuerung und nahm die neue Fassung zügig an. Das verabschiedete Gesetz sah vor, dass Erwerbsbetriebe

29 Lotz, Deutsche Staatsfinanzwirtschaft, S. 52 f.

30 Georg Strutz, Das Gesetz über vorbereitende Maßnahmen zur Besteuerung der Kriegsgewinne, in: ZgS 51 (1916), S. 86-94, hier S. 86.

31 Karl Helfferich, Kriegsgewinnsteuer, Rede vom 30. November 1915, in: ders., Reden und Aufsätze aus dem Kriege, Berlin 1917, S. 162-171, hier S. 162.

32 Ebd., S. 164.

33 Reichstagsprotokolle, Bd. 306, S. 497 f.; Richard van der Borght, Die deutschen Kriegssteuergesetze von 1916, in: FinanzArchiv 33 (1916) 2, S. 263-301, hier S. 265 f.

fünfzig Prozent des Mehrgewinns gegenüber einem Durchschnittsgewinn in den letzten fünf Friedensjahren in eine Sonderrücklage einzuzahlen hatten. Damit war zwar die Verwendung als Steuereinnahme noch nicht durchgesetzt, aber Maßnahmen waren ergriffen, die eine solche Nutzung vorbereiteten. Dieses Vorgehen war durchaus unkonventionell, weil erstmalig in der deutschen Steuergeschichte Steuerzahler dazu gezwungen wurden, einen Teil ihrer Einkommen zurückzulegen, ohne dass ersichtlich war, wie die künftige Steuer aussehen, noch, wann sie kommen würde.[34]

Im Dezember 1915 gestand Helfferich vor dem Reichstag ein, dass der Plan für den ordentlichen Haushalt 1916/17 ohne die Erschließung neuer Steuerquellen nicht ins Gleichgewicht kommen könne und unter seiner Führung bereits mehrere neue Steuervorlagen in Bearbeitung seien. Er rechnete mit einer Deckungslücke von 480 Millionen Mark, die er durch neue Steuern zu schließen gedachte. Die dafür notwendigen Gesetze brachte er im März 1916 in den Reichstag ein. Dabei betonte er, dass die neuen Steuern nur dazu dienten, den ordentlichen Haushalt auszugleichen. Weitere Ziele verfolgten sie nicht: »Ich stelle das ausdrücklich fest, weil in der Presse und auch sonst in Unterhaltungen ich der Meinung begegnet bin, ich hätte mich durch die englische Finanzpolitik allzusehr beeindrucken lassen.«[35]

Da die parallel diskutierte Kriegsgewinnsteuer eine direkte und progressive Steuer war und für die Zinsabtragung genutzt werden sollte, handelte es sich bei den nun vorgesehenen Steuererhebungen vor allem um solche im Bereich der Verbrauch- und Verkehrsteuern. Die Regierungsvorlage visierte eine Gesamtsumme von einer halben Milliarde Mark durch vier Maßnahmen an: Tabak- und Zigarettensteuererhöhung, Erhöhung der Postabgaben, Erhöhung des Frachturkundenstempels und Einführung einer Quittungsteuer. Die Sozialdemokraten wollten jede Form von Verbrauchs- und Verkehrsbesteuerung durch direkte Steuern ersetzen, doch fanden sie dafür keine Bündnispartner. Die Reichstagsmehrheit beließ es im Wesentlichen bei den vier von der Regierung benannten Feldern, veränderte aber die Ausgestaltung. Die wesentlichste Ände-

34 Strutz, Gesetz, S. 87.

35 Karl Helfferich, Reichshaushalt 1916, Kriegssteuern und vierte Kriegsanleihe. Rede vom 16. März 1916, in: ders., Reden, S. 192-217, hier S. 196; auch: Reichstagsprotokolle, Bd. 306, S. 768-776.

rung war, dass die begrenzte Quittungsteuer durch eine allgemeine Umsatzsteuer ersetzt wurde. Wirkung zeigte deren Einführung aber eher langfristig, da die Umsatzsteuer erst in der Weimarer Republik erhebliche Erträge erbrachte, während sie für die Kriegsfinanzierung wegen ihres geringen Satzes eher unbedeutend blieb. Hinzu kam, dass ihre Erhebung, die neue Einziehungswege und eine Vielzahl neuer Durchführungsbestimmungen nötig machte, die durch Einberufungen bereits personell ausgedünnten Steuerbehörden überforderte, so dass ein Großteil der eigentlich steuerpflichtigen Transaktionen undeklariert blieb.[36]

Tabelle 14:
Steuererhöhungen laut Regierungsvorlage und Reichstagsbeschluss

	Regierungs-vorlage	**Reichstags-beschluss**
Quittungsteuer/Umsatzsteuer	80-100 Mill. M.	250,0 Mill. M.
Tabak- & Zigarettensteuererhöhung	160,0 Mill M.	130,0 Mill. M.
Abgaben auf Post, Telegrafen- und Fernsprechverkehr	200,0 Mill M.	200,0 Mill. M.
Erhöhter Frachturkundenstempel	80,0 Mill M.	65-70 Mill. M.
Gesamt	520-540 Mill M.	645-650 Mill M.

Quelle: Borght, Kriegssteuergesetze, S. 265 und 267

Im Zentrum der Debatten im Frühjahr 1916 stand aber die Kriegsgewinnsteuer. Schnell herrschte Einigkeit darüber, dass man sowohl die Kriegsgewinne bei Personen als auch bei Gesellschaften besteuern wollte. Helfferich und seine Verwaltung stellten jedoch bald fest, dass »die einwandfreie Feststellung des Begriffs des Kriegsgewinns eine steuertechnische Unmöglichkeit ist«.[37] Deswegen einigte man sich darauf, die Abgabe in diesem Fall als Vermögenszuwachssteuer zu gestalten.

Im bereits durch den Bundesrat gegangenen Regierungsentwurf vom 13. März 1916 war dann von einer »Kriegsvermögenszuwachssteuer« die Rede. Die steuerpflichtigen Personen sollten eine Ab-

36 Roesler, Finanzpolitik, S. 126 f.

37 Helfferich in der Reichstagssitzung am 20. 8. 1915, in: Reichstagsprotokolle, Bd. 306, S. 223.

gabe von dem Vermögenszuwachs entrichten, den sie in der Zeit vom 1. Januar 1914 bis zum 31. Dezember 1916 erreicht hatten. Ausgenommen von der Steuer waren die Vermögenszuwächse durch Erbgang, weil diese durch die Erbschaftsteuer erfasst wurden und insbesondere die konservativen Parteien jede weitere Belastung des Erbes vehement ablehnten. Zudem ließ der Entwurf dem Bürger die Wahl zwischen der Steuerzahlung in bar oder in Form von bereits erworbenen Kriegsanleihen.

Die von der Regierung vorgeschlagenen Sätze waren durchaus beachtlich und gingen weit über die hinaus, die bei bisherigen Steuern gefordert wurden. Trotzdem betrachteten viele Fraktionen im Reichstag sie ob der immensen Kosten des Krieges, der höheren britischen Steuern und der allgemeinen Stimmung gegen Kriegsgewinnler als nicht ausreichend. Für die SPD bezog Wilhelm Keil[38] deutlich Standpunkt gegen die bisherige Anleihefinanzierung. Seiner Meinung nach »wird sich auch das Empfinden unseres Volkes dagegen sträuben, daß der materielle Effekt dieses Krieges darin bestehen soll, daß die einen – eine kleine Minderheit der Bevölkerung – für das Kapital, das sie dem Staate zur Verfügung gestellt haben, reiche Zinserträge einstecken, während der andere, viele größere Teil des Volkes diese Last zu tragen hat«.[39] Explizit forderte er die Orientierung am britischen Beispiel: »Würden wir ebenso wie England durch Kriegsteuern sieben Prozent der Kriegskosten aufgebracht haben, dann wären unsere Kriegsschulden heute 2 ½ bis drei Milliarden geringer, als sie sind.«[40] Ebenso hob er deutlich die Verbindung zwischen den Kriegsopfern und den zu erbringenden materiellen Opfern hervor: »In dieser Zeit, in der Hunderttausende ihr Leben opfern […,] hat niemand ein Recht auf Bereicherung. Wenn der Glücksfall in dieser Zeit dem einzelnen günstig ist, so soll er der Gesamtheit geben, was er gewinnt. Wir wollen ihm nicht nehmen, was er zuvor hatte, aber er soll nicht Gewinne einheimsen auf Kosten der Leidenden.«[41] Dafür seien die bisher anvisierten Sätze zu gering. Zudem bemängelte er, dass der Entwurf, sollte er

38 Zu Keil: Boris Schwitzer, Wilhelm Keil als sozialdemokratischer Finanzpolitiker im Kaiserreich und in der Weimarer Republik, Mannheim 2002.

39 35. Sitzung am 22.3.1916, Reichstagsprotokolle, Bd. 307, S. 781.

40 Ebd., S. 782. Im Laufe der Rede kommt Keil noch öfters und mit vielen Zahlenbeispielen auf den Vergleich mit England zurück.

41 Ebd.

Gesetzeskraft erlangen, vor allem eine Belastung der städtischen Bevölkerung zur Folge haben würde, während die Landwirtschaft kaum herangezogen würde. Keil hielt also die Idee der Kriegsgewinnsteuer für richtig, aber er forderte deutlich höhere Sätze und flankierende weitere Steuererhöhungen, so etwa die Erhöhung der Einkommen- und der Erbschaftsteuer und die Beibehaltung des Wehrbeitrages. Des Weiteren verlangte er, dem Reich endlich direkte Steuern zuzugestehen.

Peter Spahn (Zentrum) stimmte der Idee der Kriegsgewinnsteuer entschieden zu und forderte ebenfalls eine Erhöhung der Sätze. Im Folgenden bezweifelte er allerdings einige von Keil aufgestellte Behauptungen zum Vergleich mit Großbritannien. So meinte Spahn, dass die britischen Bürger verglichen mit den deutschen eben nicht stärker mit direkten, sondern mit indirekten Steuern belastet seien.[42] Allerdings waren die von ihm präsentierten Zahlen weitaus weniger aussagekräftig als die Keils. Spahn sprach sich gegen eine Erhöhung der Erbschaftsteuer im Krieg aus, wobei er sich auf ein Zitat Helfferichs bezog, wonach »man den Tod im Kriege nicht zum Anlaß der Steuer nehmen solle«.[43] Friedrich von Payer von der Fortschrittlichen Volkspartei sprach sich wie Keil gegen die Anhebung der Verbrauch- und Verkehrsteuern aus und verlangte eine stärkere Besteuerung von Einkommen und Besitz, unter anderem durch die Einführung einer Reichsvermögensteuer, die Erhöhung der Erbschaftsteuer und die Beibehaltung des Wehrbeitrags. Die Kriegsgewinnsteuer sei richtig, aber sie ziehe eben nur vielleicht zwanzig Prozent der Besitzenden heran, während die anderen achtzig Prozent der Besitzenden dann zu gering besteuert würden.[44] Gustav Stresemann von den Nationalliberalen verwahrte sich gegen den Vorwurf, die deutsche Industrie entziehe sich ihres Beitrags zur Bewältigung der Kriegskosten. Er betonte stattdessen, dass es weder von den industriellen Verbänden noch vom Hansa-Bund organisierte Proteste gegen die Steuerpläne gebe, obwohl viele Verbandsmitglieder durch sie stark belastet würden. Stresemann bezog sich als einziger Redner nicht nur auf das britische Beispiel, sondern sprach auch über die französische und italienische Steuerpolitik, wobei er sich insbesondere positiv auf die italienische

42 Ebd., S. 795.
43 Ebd.
44 Ebd., S. 798-803

Kriegsgewinnsteuer bezog, weil diese Zwischenhändler höher besteuerte als Erzeuger. Die Erhöhung der Erbschaftsteuer oder die Beibehaltung des Wehrbeitrags lehnte Stresemann vehement ab. Selbst Kuno Graf von Westarp (Deutschkonservative Partei) erkannte in der Debatte das Prinzip der progressiven Besteuerung als gerechtfertigt an: »Auch meine Freunde stehen durchaus auf dem Standpunkt, daß der Besitz die Opfer bringen muß, die für das Vaterland notwendig sind, daß der Reiche entsprechend seiner größeren Leistungsfähigkeit nicht nur dem absoluten Betrage nach mehr, sondern auch einen verhältnismäßig größeren Teil seines Einkommens für die öffentlichen Zwecke hingeben muß.«[45] Dass mit Westarp nun ein Vertreter der Interessen des Großgrundbesitzes das Progressionsprinzip anerkannte, belegt eine deutliche Diskursverschiebung, denn bis weit in die zweite Hälfte des 19. Jahrhunderts wurde die Steuerprogression nur von einer Minderheit der deutschen Parlamentarier und Finanzwissenschaftler vertreten, während sie nun zumindest für die Dauer des Krieges hegemonial, ja nahezu unbestritten war. Westarp schob aber nach, dass die Steuerlast keineswegs allein oder auch nur in erster Linie von den Besitzenden getragen werden könne: »Die Steuerpflicht ist eine allgemeine. Auch der weniger Wohlhabende muß nach Maßgabe seiner Kräfte bereit und gewillt sein, zu den Lasten des Vaterlandes [...] beizutragen.«[46] Letztlich blieb es bei Westarp allerdings bei der formell verkündeten Anerkennung des Progressionsprinzips, während er zugleich fast alle Steuern ablehnte, die dieses Prinzip zur Anwendung gebracht hätten. So wandte er sich entschieden gegen jede Form von Unitarisierung der Steuerpolitik und gegen jede Ausweitung der Vermögens- oder Erbschaftsbesteuerung. Die gegenwärtig vorgesehene Kriegsgewinnsteuer für Individuen lehnte er ab, weil sie eine Vermögenszuwachssteuer sei, die Tüchtigkeit bestrafe. Die Kriegsgewinnsteuer für Gesellschaften könne seine Partei hingegen gerade noch mittragen. Wie auch Stresemann vor ihm hielt er aber die im Regierungsentwurf vorgeschlagenen Sätze für das Äußerste des Vertretbaren. Die Mehrheit des Hauses folgte Stresemann und Westarp darin indes nicht. Sie erhöhte die Sätze bei der Vermögenszuwachssteuer in der 1. Lesung moderat und in der 2. Lesung schließlich deutlich.

45 Ebd., S. 820.
46 Ebd.

Grafik 20

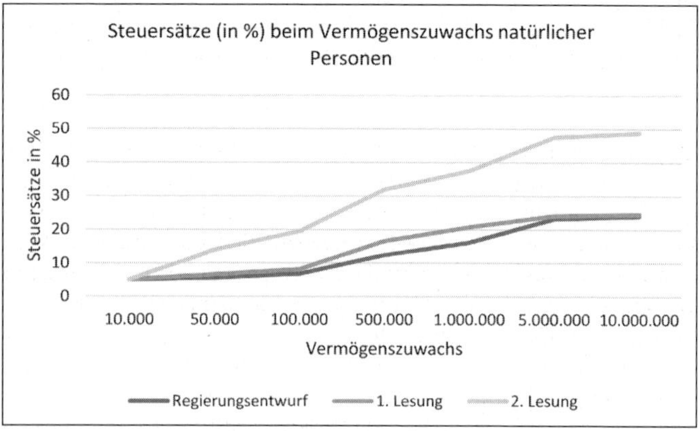

Quelle: Borght, Kriegssteuergesetze, S. 275

Helfferich war davon ausgegangen, dass die beiden Elemente der Kriegsgewinnsteuer zusammen etwa eine Milliarde Mark jährlich mehr an Steuern erbringen würden. Wegen der im Zuge des parlamentarischen Verfahrens erfolgten Satzerhöhungen, aber vor allem weil er die im Deutschen Reich im Krieg erzielten Vermögensgewinne bei weitem unterschätzte, lag er hier deutlich daneben. Die Steuer spülte im Jahr 1917 etwas über vier Milliarden Mark zusätzlich in die Kasse. Demgegenüber erzielten die neuen beziehungsweise erhöhten Verbrauch- und Verkehrsteuern großenteils einen deutlich geringeren Ertrag als erwartet. So erbrachte die Umsatzsteuer 1918 nur etwa 150 000 statt der erwarteten 250 000 Mark. Die Steuerreform des Jahres 1916 geriet so in der Umsetzung sehr viel progressiver, als es die Reichsregierung beabsichtigt hatte.

Noch bevor die Steuergesetze verabschiedet waren, wechselte Helfferich im Mai 1916 als Staatssekretär ins Reichsinnenministerium. Max Weber, der ihn zu diesem Zeitpunkt noch als Liberalen betrachtete, hielt dies für eine falsche Entscheidung: »Daß Helfferich aus dem Schatzamt in das ›Innere‹ gehen will, ist sehr unrecht. Er ist ein Streber. Denn jetzt dürfte er diesen dornigen Posten nicht verlassen. Er hat das Prestige, die weiteren Anleihen zu machen, und nur er. Und ebenso die Steuern. Daß das eine undankbare Aufgabe ist, weiß Jeder. Ich nehme ihm diese Desertion von seinem Posten sehr übel.«[47] Zu Helfferichs Nachfolger ernannte man Anfang Juni 1916 den preußischen Verwaltungsjuristen Siegfried Graf von Roedern.

Mit der sinkenden Hoffnung auf einen militärischen Sieg stiegen die Zweifel an der Bereitschaft der Bevölkerung zur Zeichnung der Anleihen. Da eine Kreditaufnahme bei ausländischen Gläubigern erst recht nicht aussichtsreich erschien, griff das Reich ab 1916 verstärkt auf eine andere Finanzierungsmöglichkeit zurück: Es setzte die Notenpresse in Gang und erhöhte deutlich den Geldumlauf. Das beförderte inflationäre Tendenzen, die zum Teil durch Preisobergrenzen für bestimmte Waren bekämpft wurden. Die Summe des zirkulierenden Geldes stieg von sieben Milliarden Mark im Dezember 1913 auf zwölf Milliarden im Dezember 1916 und dann rapide auf etwa 33 Milliarden Mark im Dezember 1918 an.[48] Neben der Inflation stellte die Verschuldung des Reiches, die im letzten Kriegsrechnungsjahr auf 161 Milliarden Mark angewachsen war, die zweite große finanzielle Hypothek dar, die das deutsche Kaiserreich der neuen deutschen Republik 1919 hinterließ.[49]

Die dramatische Ausweitung des Geldumlaufs stellte die entscheidende Differenz zur Kriegsfinanzierung im 19. Jahrhundert dar. Zwar war man sich der Gefahren dieses Wegs, den Adolph Wagner als den denkbar schlechtesten bezeichnet hatte, wohl bewusst, doch waren die Kriegskosten so enorm, dass keine der kriegführenden Nationen umhinkam, ihn einzuschlagen. In früheren Kriegen hatte die Erhöhung der Geldmenge weitgehend auf der Verschlechterung der Anteile wertvoller Metalle in den Münzen beruht. Die zwischenzeitlich gewachsene Bedeutung des Papiergelds schuf hier völlig neue Möglichkeiten. Von diesen machten die kriegführenden Nationen aber in recht unterschiedlichem Ausmaß Gebrauch: Während sich der Geldumlauf in Großbritannien

47 Max Weber an Marianne Weber vom 16. 5. 1916, in: Max Weber, Gesamtausgabe, Abteilung II, Briefe, Band 9: 1915-1917, Tübingen 2008, S. 419-420, hier S. 419.

48 Carl-Ludwig Holtfrerich, Die deutsche Inflation 1914-1923. Ursachen und Folgen in internationaler Perspektive, Berlin 1980, S. 50 f.

49 Albrecht Ritschl, The Pity of Peace. Germany's Economy at War, 1914-1918 – and beyond, in: Stephen Broadberry/Mark Harrison (Hg.), The Economics of World War I, Cambridge 2005, S. 41-76.

um 111 Prozent erhöhte, waren es in Deutschland 285 Prozent.[50] Die sozialen Auswirkungen dieses Anstiegs waren verheerend. Die Minderung der Kaufkraft traf alle, doch war sie in ihrer Wirkung mit einer Erhöhung der Verbrauchsbesteuerung vergleichbar: Sie entzog denjenigen, die wenig besaßen, einen weit größeren Anteil des frei verfügbaren Einkommens als den Großverdienern. Besonders hart getroffen wurden Sparer und Rentner, die wenig Chancen besaßen, ihre Einkommen so zu erhöhen, dass es mit den steigenden Preisen Schritt hielt.[51] John Maynard Keynes betonte unter dem Eindruck der Erfahrungen während des Weltkriegs 1922 als einer der Ersten, dass die Inflation ähnlich wirke wie eine Steuer, aber eine, für die man ganz ohne Zustimmung durch Parlament und Bevölkerung auskomme.[52]

»England ist uns in seiner Steuerpolitik voraus.« Deutsche Aufholversuche in der zweiten Kriegshälfte

Nach der Verabschiedung des Gesetzespakets im Juni 1916 ruhte die Steuerfrage bis nach der Sommerpause. Doch als man sich mit dem Haushaltsjahr 1917 zu beschäftigen begann und sich zudem für das Jahr 1916 ein Fehlbetrag von über einer Milliarde Mark im ordentlichen Haushalt abzeichnete, flammte die Steuerdiskussion sofort wieder auf. Hauptursache des neuen Haushaltslochs war ein gewaltiger Sprung bei den monatlichen Kosten des Krieges im Herbst 1916. Vom Frühjahr 1915 bis August 1916 hatten die Ausgaben um die Marke von 2 Milliarden Mark pro Monat gependelt. Im September 1916 stiegen sie auf 2,6 und im Oktober schließlich auf über 3 Milliarden Mark.[53]

Im ersten Voranschlag rechnete das Schatzamt deswegen bei weiter steigenden Zinslasten mit einem Fehlbetrag von 1,25 Milliarden Mark im ordentlichen Haushalt. Damit kam auch die Forderung

50 Ullmann, Kriegswirtschaft, S. 230.

51 Ebd., S. 229; Jecht, Kriegsfinanzen, S. 33.

52 John Maynard Keynes, Inflation as a Method of Taxation [1922], in: ders., The Collective Writings of J. M. Keynes, Band 4, London 1971, S. 37-60.

53 Reichsminister der Finanzen (Eugen Schiffer), Denkschrift über »Die Finanzen des Deutschen Reiches in den Rechnungsjahren 1914 bis 1918«, in: Reichstagsprotokolle, Bd. 335, Dok. Nr. 158, S. 99-114, S. 101.

nach direkten Reichssteuern wieder auf den Tisch. Von Roedern hatte sich schon bei einem Treffen mit dem sächsischen Finanzminister Ernst von Seydewitz zu dessen unbedingtem Wunsch nach Beibehaltung der bundesstaatlichen Zuständigkeit für die direkten Steuern prinzipiell zustimmend geäußert und erklärt, »daß er gesonnen sei, die Reichsbedürfnisse, soweit irgend möglich, durch erhöhte und neue indirekte Steuern und durch Monopole herbeizuführen«.[54] Allerdings hatte er hinzugefügt, dass der Reichstag eine direkte Abgabe als Ausgleich fordern werde und er sich dem kaum werde verweigern können. Er wolle nur dafür sorgen, dass diese befristet bleibe. Von Seydewitz fand auch eine befristete direkte Abgabe inakzeptabel und ermahnte von Roedern, mit allen Mitteln eine Neuauflage des Wehrbeitrags zu verhindern, die mit hoher Wahrscheinlichkeit zu einer dauerhaften Reichsvermögensteuer führen würde.

Von Roedern schlug schließlich zur Deckung des erwarteten Fehlbetrags drei Gesetze vor. Das erste betraf die Einführung einer Kohlensteuer, das zweite die Besteuerung des Personen- und Güterverkehrs und das dritte einen Zuschlag zur Kriegsteuer. Der Zuschlag war nur für ein Jahr geplant, die Kohlensteuer auf drei Jahre befristet. Die ersten beiden Gesetze sollten zusätzliche Einnahmen von 805 Millionen Mark erbringen, das letzte 450 Millionen Mark. Insgesamt handelte es sich um eine moderate Steuererhöhung, die abermals nur die Löcher im ordentlichen Haushalt stopfen sollte. Dieses Mal ging vom Reichstag keine entschlossene Initiative aus, die geplanten Steuern deutlich zu erhöhen oder progressiver zu gestalten. Der Kriegssteuerzuschlag traf wie die Kriegsteuer selbst vor allem Wohlhabende. Die Effekte der beiden anderen Maßnahmen waren deutlich schwerer abzusehen. Viele Finanzwissenschaftler rechneten aber damit, dass vor allem das Reich selbst diese Steuern würde aufbringen müssen, weil sie davon ausgingen, dass die Rüstungsindustrie die erhöhten Kohle- und Transportkosten auf die Preise aufschlagen würde, die das Reich zu zahlen hatte.[55] Das Reich brachte also einen Teil der neuen Steuern selbst durch Kriegsanleihen und die Ausweitung der Geldmenge auf. Da die Beförde-

54 Streng vertrauliche Aufzeichnung von Ernst von Seydewitz vom 19.8.1916 über ein Gespräch mit von Roedern am 16.8.1916, in: SLHAD, Bestand 10851, Nr. 5590.

55 Kuczynski, German Taxation, S. 773.

rungsteuer erst im zweiten Halbjahr 1917 in Kraft trat, erreichte sie für 1917 bei weitem nicht den erhofften Ertrag. Zudem sanken die Einnahmen bei einigen anderen Steuern, so dass der Haushalt – obwohl der Kriegsteuerzuschlag 1917 statt der erwarteten 450 Millionen sogar 800 Millionen Mark einbrachte – mit einem Minus von 891,1 Millionen Mark schloss. Die Defizite der Haushaltsjahre 1916 und 1917 glich man letztlich aus, indem man fast die Hälfte der eigentlich für die Schuldentilgung vorgesehenen Einnahmen aus der Kriegsteuer zweckentfremdete.[56]

Die somit geringere Tilgung trug dazu bei, dass die Zinskosten für 1918 weiter deutlich stiegen. Ende 1917 rechnete man für das Folgejahr mit etwa 2,3 Milliarden Mark Zinszahlungen, was ungefähr den gesamten Reichseinnahmen des Jahres 1914 entsprach. Dadurch stiegen die erwarteten Ausgaben des ordentlichen Haushalts von knapp fünf Milliarden Mark (1917) auf 7,3 Millionen Mark (Prognose für 1918) an, weshalb das Schatzamt für 1918 von einem Fehlbetrag von fast 2,9 Milliarden Mark ausging.[57] Diese gewaltige Finanzierungslücke erzwang sehr viel umfassendere Steuererhöhungen als die im Vorjahr beschlossenen. Das konservative Schatzamt setzte in dieser Lage auf eine Mischung aus Erhöhung der Verbrauch- und Verkehrsteuern sowie, als einziges Element der direkten Besteuerung, auf eine erneut befristete Kriegsteuer. Insgesamt bestand das Paket aus zwölf Steuervorlagen.[58]

Von Roedern stellte dieses Programm am 23. April 1918 dem Reichstag vor. Im Gegensatz zu Helfferich betonte er nicht nur die Notwendigkeit, den ordentlichen Haushalt und die Zinsen durch Steuern zu decken, sondern empfahl ein ambitionierteres Vorgehen, um die Schuldentilgung voranzubringen. Auch betonte er deutlich stärker als Helfferich, dass man die Dinge sofort angehen müsse, weil ansonsten für die Nachkriegszeit schwerwiegende Probleme zu befürchten seien, zumal sich größere steuerpolitische Maßnahmen kaum von heute auf morgen umsetzen ließen. Der

56 Reichsminister der Finanzen (Eugen Schiffer), Denkschrift über »Die Finanzen des Deutschen Reiches in den Rechnungsjahren 1914 bis 1918«, in: Reichstagsprotokolle, Bd. 335, Dok. Nr. 158, S. 99-114, hier S. 101.

57 Richard van der Borght, Die deutschen Kriegssteuergesetze von 1918, in: Finanz-Archiv 36 (1919) 1, S. 182-344, hier S. 182.

58 Dies waren die Reichstagsdrucksachen Nr. 1455-1466, in: Reichstagsprotokolle, Bd. 324.

Vergleichsmaßstab blieb für von Roedern Großbritannien, und hier kam er zu einem für einen deutschen Staatssekretär des Schatzamtes überraschend klaren Urteil: »England ist uns in seiner Steuerpolitik voraus.«[59] Er sah dafür zwei Gründe: Zum einen sei Großbritannien als Einzelstaat hier gegenüber dem Reich als Bundesstaat im Vorteil. Zum anderen könne man eben entweder eine umfassende Steuer- oder eine umfassende Anleihepolitik betreiben. Deutschland habe sich für das Zweite entschieden, woraus im Krieg auch kein Nachteil erwachsen sei. Dieser müsse aber in der Nachkriegszeit zwangsläufig entstehen, wenn die höhere Schuldenlast und das geringere Steueraufkommen erst voll zum Tragen kämen. Die Frage sei, wie man jetzt den Vorsprung einholen könne. Nachteilig sei ohne Zweifel, dass das Reich nicht auf die Einkommensteuer zugreifen und auch die Kriegsteuer nur als Vermögens-, nicht aber als Einkommensteuer ausbauen könne. Das bringe im Krieg Probleme mit sich, sei aber letztlich dennoch richtig, weil die Einkommensteuer den Bundesstaaten den Aufbau einer diversifizierten kulturellen Landschaft ermöglicht habe, die Einheitsstaaten abgehe. »Die Dezentralisation auf diesem Gebiete ist nicht nur historisch gewachsen, sie entspricht auch [...] dem deutschen Nationalcharakter.«[60] Darum solle man die Einkommensteuer bei den Bundesstaaten belassen. Diese sollten sich aber baldmöglichst an eine Vereinheitlichung der Einkommensteuer heranwagen. Von Roedern betonte unter Verweis auf den Wehrbeitrag und die Kriegsteuer, dass die direkten Steuern im Krieg stärker gestiegen seien als die indirekten. Zudem habe man für das jetzt vorgeschlagene Steuerpaket auch viele indirekte Steuern in den Blick genommen, die vor allem die Wohlhabenden treffen würden (Börsen-, Wein-, Schaumwein- und Luxussteuer).

Er erwartete von den neuen Steuern stattliche Zusatzerträge: alle Getränkesteuern 1,24 Milliarden Mark, Erhöhung der Umsatzsteuer von einem auf fünf Promille eine Milliarde Mark, Börsensteuer zweihundert Millionen Mark und für die Reichsabgabe auf Postgebühren 125 Millionen Mark. Summa summarum ergäben sich daraus dauerhafte jährliche Mehreinnahmen in Höhe von 2,565 Milliarden Mark. Hinzu komme für das Jahr 1918 noch die zur ein-

59 151. Sitzung des Reichstags vom 23.4.1918, in: Reichstagsprotokolle, Bd. 312, S. 4735.
60 Ebd., S. 4736.

maligen Erhebung vorgeschlagene Kriegsteuer für Gesellschaften im vierten Kriegsgeschäftsjahr, die sechshundert Millionen Mark erbringen sollte, aber gegenüber der vorherigen Regelung nur eine Erhöhung um etwa zweihundert Millionen Mark brachte.[61]

Von Roedern war erkennbar bemüht, seinen Entwurf im Reichstag nach rechts wie nach links abzusichern. Den Konservativen hielt er vor, dass Steuererhöhungen unvermeidlich seien, weil es sonst in der Nachkriegszeit zu schweren Verwerfungen kommen könne. Den Sozialdemokraten und den Sozialliberalen versuchte er zu zeigen, dass die bisherigen Steuererhöhungen im Krieg vor allem die direkten Steuern betroffen hätten und die nun geplanten Erhöhungen indirekter Steuern vor allem Luxusgüter beträfen. Letzteres konnte jedoch nur bedingt überzeugen, denn die erhöhten direkten Steuern waren allesamt zeitlich befristet, während dies bei den in Rede stehenden indirekten Steuern nicht der Fall war. Zudem handelte es sich bei den Getränkesteuern keineswegs um echte Luxussteuern. Die Forschungen des Finanzwissenschaftlers Wilhelm Gerloff hatten gezeigt, dass Wohlhabende zwar mehr alkoholische Getränke konsumierten, aber dies nicht in einem Maße, dass die Steuern dadurch progressiv gewirkt hätten.

Wilhelm Mayer (Zentrum) betonte in der Debatte, dass der Reichstag im Krieg oft über die Vorgaben der Regierung hinausgegangen sei, doch warnte er davor, dies nun ein weiteres Mal zu tun. Zum einen seien die Steuern nun schon sehr hoch, zum anderen würde man damit der für die Zeit nach dem Friedensschluss anvisierten Reichsfinanzreform zu weit vorausgreifen. Entschieden sprach er sich aber gegen eine zu einseitige Belastung des Konsums aus: »So richtig es ist, daß so gewaltige Summen nicht durch die besitzenden Klassen allein aufgebracht werden können, so richtig ist es andererseits, daß bei einer solchen bedeutenden Belastung des Konsums eine entsprechende Belastung des Besitzes nicht fehlen darf.«[62] Die vermöge er in der vorgeschlagenen Regelung nicht zu erkennen, weswegen es die Aufgabe der Reichstagskommission sei, eine stärkere Besitzbesteuerung in die Vorlage einzuarbeiten. Ein gangbarer Weg sei, die Kriegssteuer nicht nur für Gesellschaften, sondern auch für Privatpersonen weiter zu erheben. Das vorge-

61 Borght, Kriegssteuergesetze 1918, S. 184.

62 151. Reichstagssitzung vom 23. 4. 1918, in: Reichstagsprotokolle, Bd. 312, S. 4742.

schlagene Steuerfluchtgesetz hielt er »für ein Netz mit sehr großen Maschen«.[63]

Wilhelm Keil (SPD) betonte, dass es nach Auffassung seiner Partei das Mindeste sei, die laufenden Kosten des ordentlichen Haushalts und den Zinsaufwand durch Steuern zu decken. Besser wäre es jedoch gewesen, schon früher auch einen Teil der Kriegskosten durch Steuern aufzubringen. Im Ausland, besonders in England, aber auch in Frankreich, seien sehr viel größere Anstrengungen in dieser Richtung zu erkennen. Darum forderte er das Schatzamt auf, der Kommission des Reichstags möglichst vollständige Aufstellungen über die Steuerentwicklung im Ausland an die Hand zu geben. Zu bedauern sei, dass viele der nun angekündigten Steuern frühestens in der zweiten Jahreshälfte in Kraft treten könnten, weswegen sie für 1918 auch nur die Hälfte des versprochenen Ertrages bringen könnten, so dass auch bei Umsetzung der neuen Steuervorschläge ein Milliardendefizit verbleibe. Somit werde von den Erträgen der Kriegssteuer nichts mehr für die Schuldentilgung übrig bleiben. Einen Schritt in Richtung künftige Reichsfinanzreform könne das Gesetzespaket aus Sicht der SPD nicht darstellen, weil es jeden Hinweis auf die Besteuerung von Einkommen und Vermögen vermissen lasse, die doch gerade im Mittelpunkt einer solchen Reform stehen müsse. Stattdessen habe Staatssekretär von Roedern ein Bukett aus Verkehr- und Verbrauchsteuern vorgelegt, das nicht den Anforderungen an die soziale Gerechtigkeit entspreche. Warum er dies getan habe? »Der Staatssekretär ist der Gefangene des Bundesrats. Im Bundesrat entscheiden in Steuerfragen nicht Männer, die mitten im Leben stehen, […] sondern es entscheiden dort verknöcherte Bureaukraten.«[64] Und weiter: »Der von den bundesstaatlichen Finanzministern gehütete Grundsatz, daß das Reich keine direkten Steuern erheben dürfe, hat verschuldet, daß die ganze Kriegssteuergesetzgebung des Reichs von Anfang an verpfuscht war.«[65] Das müsse man vor allem Helfferich und den bundesstaatlichen Finanzministern zur Last legen, doch setze sich von Roedern von deren Politik bestenfalls sehr vorsichtig ab. Den gegenwärtigen Gesetzesvorschlag könne der Reichstag so jedenfalls nicht annehmen. Keil forderte stattdessen für die SPD erneut

63 Ebd., S. 4744.
64 Ebd., S. 4747.
65 Ebd., S. 4748.

die Verschärfung der Erbschaftsteuer und die Wiedererhebung des Wehrbeitrags.

Der vormalige konservative Staatssekretär des Schatzamts, Arthur Graf von Posadowsky-Wehner, der nun als parteiloser Abgeordneter im Reichstag saß, stimmte den Forderungen der SPD nach einer stärkeren Vereinheitlichung der Reichsfinanzverwaltung überraschenderweise zu und gab zu Protokoll, dass er sich auch vorstellen könne, die Steuerhebung in Preußen durch eine professionelle Fiskalbürokratie statt durch die Landräte vornehmen zu lassen. Allerdings wandte er sich strikt gegen die Überantwortung der Einkommensteuer ans Reich. Das Gesetz gegen Steuerflucht hielt er für eine richtige Maßnahme, aber wie die Vorredner hielt er die Maschen des Netzes noch für zu groß. Anders als andere Konservative hegte er auch keine Hoffnung mehr, dass das Deutsche Reich seine Kriegskosten auch nur zu einem bedeutenden Teil durch eine Kriegsentschädigung seitens der verfeindeten Staaten würde decken können. Solche Vorstellungen verwies er in das Reich der Fantasie.[66]

Felix Waldstein (Fortschrittliche Volkspartei) schloss sich den Bedenken der SPD und des Zentrums hinsichtlich der allzu einseitigen Ausrichtung des Pakets auf indirekte Steuern an. Seine Partei fordere, »daß bei dieser Gelegenheit endlich an eine gerechte Heranziehung von Besitz und Vermögen, an eine gerechte Heranziehung der Steuerfähigkeit des deutschen Volkes nach Maßgabe seiner wirklichen Leistungsfähigkeit herangegangen werde«.[67] Er erinnerte daran, dass seine Partei schon 1916 die Einbeziehung der Einkommen in die Kriegsgewinnsteuer gefordert habe und dies in der ersten Lesung vom Reichstag auch angenommen, aber unter dem Druck der bundesstaatlichen Finanzminister wieder herausgenommen worden sei. Erst diese Freistellung der Mehreinkommen habe zu der im Reichstag immer wieder kritisierten Zunahme von Verschwendung im Krieg geführt. Deswegen »erheben wir hier in aller Form gegen die bundesstaatlichen Finanzminister die Anklage, daß sie diesen nationalen Schaden und dieses nationale Ärgernis verursacht und herbeigeführt haben, obgleich sie gewarnt worden sind.«[68] Ausnehmen könne er hiervon nur die zweite Kammer in Württemberg, die Reformbereit-

66 Ebd., S. 4757.

67 152. Sitzung am 24. 4. 1918, in: ebd., S. 4762.

68 Ebd., S. 4763.

schaft gezeigt habe. Man müsse jetzt feststellen, dass das Reich ohne direkte Steuern nicht auskomme und deswegen die Steueraufteilung der Veränderung bedürfe. Weiter wies Waldstein darauf hin, dass der Erhöhung der Umsatzsteuer eine konzentrationsfördernde Tendenz innewohne, weil sie auf jeder Veredelungs- und Handelsstufe anfalle, wodurch integrierte Konzerne Steuervorteile erlangten. Die Kommission des Reichstages müsse hierzu Gegengewichte im Gesetz verankern. Die Luxussteuer hielt Waldstein für wenig sinnvoll, weil die Abgrenzung der als Luxus zu bezeichnenden Waren schwer sei und daher immer Elemente von Willkür beinhalten müsse. Deswegen blieb es für ihn dabei, dass Luxus und Reichtum am besten durch direkte Steuern zu erfassen seien. Die Bekämpfung der Steuerflucht hielt er zwar für richtig, aber man müsse auch sagen, dass die damit verbundenen Einschränkungen der Bewegungsfreiheit ins Mittelalter zurückführten.

Hermann Paasche (Nationalliberale) trat dafür ein, den Krieg siegreich zu beenden und dann den Gegnern eine Kriegsentschädigung abzufordern. Als Finanzwissenschaftler müsse er aber die Qualität der Steuergesetze bemängeln. Der alte »Hauptgrundsatz der Finanzwissenschaft, daß man den Schwächeren möglichst schonen solle«, scheine im Krieg nicht mehr zu gelten: »Seit Herr Dr. Helfferich das Reichsschatzamt innegehabt hat, ist der Grundsatz, ganz offen ausgesprochen, wir nehmen Geld, wo wir es kriegen können [...]. Das einzige, was noch wissenschaftlich begründet wird, ist: es da zu nehmen, wo es der Form nach oder sonstwie am leichtesten und bequemsten zu nehmen ist.«[69] Für die Zukunft heiße dies, dass auch die direkten Steuern Teil einer Reichsfinanzreform sein müssten. Auch die Steuerveranlagung müsse vereinheitlicht werden, um Ungerechtigkeiten zu beseitigen:

> Können wir es den Herren in Württemberg verdenken, wenn sie sagen: bei uns wird jeder Bauernhof alljährlich von den kontrollierenden Steuerbeamten daraufhin überprüft, ob der Wert, den er hat, im richtigen Verhältnis zum Wert des steuerpflichtigen Vermögens steht, während in Preußen reiche Besitzer, die ein hochherrschaftliches Leben führen, mit ganz geringen Steuern aus ihrem herrschaftlichen Besitz herangezogen werden? Das kann auf die Dauer, wenn wir Reichssteuern haben, nicht zugelassen werden.[70]

69 Ebd., S. 4769.
70 Ebd., S. 4771.

In die jetzigen Steuervorlagen solle auf jeden Fall noch eine Kriegsgewinnsteuer für Einzelpersonen aufgenommen werden. Bedenken gegen die Umsatzsteuer wegen ihres konzentrationsfördernden Effekts wischte Paasche beiseite, weil wesentlich bedeutendere Kräfte ohnehin in diese Richtung wirkten und die Umsatzsteuer hier kaum ins Gewicht falle. Den Wunsch nach einer Bekämpfung der Steuerflucht könne er nachvollziehen, doch bezweifle er, dass der Gesetzesvorschlag viel Geld einbringen werde, und im Frieden werde er eine Behinderung für deutsche Geschäftsleute darstellen.

Auch Hermann Adolph Christian Dietrich (Deutschkonservative) weigerte sich, die Hoffnung auf eine Kriegsentschädigung aufzugeben. Deswegen hielt er es bis zum Friedensschluss für ausreichend, den ordentlichen Haushalt und die Zinsen durch Steuern zu decken. Alles Weitere solle erst nach Kriegsende entschieden werden. Bei der Frage der jetzigen Belastung könne er sich von Roedern anschließen, der schlüssig vorgeführt habe, dass die direkten Steuern im Krieg erheblich gestiegen seien. Die Vorwürfe von Keil und Paasche gegen die angeblich zu laxe preußische Steuererhebung wies er als unbelegt zurück. Ebenso bestand er darauf, dass die direkten Steuern auch in Zukunft in der Hand der Bundesstaaten verbleiben müssten. Im Übrigen begrüße seine Partei insbesondere die Erhöhung der Börsensteuer.

Eduard Bernstein (USPD) schätzte, dass die Zinskosten sowie die Renten für Kriegsbeschädigte und Kriegshinterbliebene selbst bei einem baldigen Kriegsende auf neun bis zehn Milliarden Mark im Jahr zu veranschlagen seien. Nehme man den laufenden Bedarf des Reiches hinzu, wäre man bei etwa vierzehn Milliarden Mark. Wenn der Reichstag bis zum Friedensschluss damit warten wolle, die Steuern entsprechend heraufzusetzen, so werde die lange Vorlaufzeit im Gesetzgebungsverfahren dazu führen, dass das Reich weitere Schulden in Milliardenhöhe aufnehmen müsse. Und dies seien konservative Schätzungen. Eine Eingabe der Kriegswirtschaftlichen Vereinigung habe deswegen die schnellstmögliche Abzahlung eines möglichst großen Teils der Reichsschulden durch eine Vermögensabgabe und eine durchgreifende Finanzreform gefordert. Diese Vorschläge unterstütze die USPD, die, wie Bernstein betonte, nach wie vor auf dem Boden der Beschlüsse der deutschen Sozialdemokratie zu Fragen der Steuerpolitik stehe. Deswegen fordere sie eine sofortige und sehr viel umfassendere Erhöhung der direkten Steuern.

Die Debatte vermittelt ein gutes Bild von der Positionierung der wichtigsten deutschen Parteien in der Steuerfrage kurz vor Kriegsende. Es zeigt sich, dass sich die Sozialdemokratie mit dem Zentrum und den liberalen Parteien zumindest darüber einig war, dass zukünftig größere Steuergerechtigkeit durch eine stärke Belastung hoher Einkommen und Vermögen erzielt werden sollte. Übereinstimmung herrschte auch darin, dass die Erhebung direkter Steuern kein Vorrecht der Bundesstaaten bleiben dürfe, sondern direkte Reichssteuern eingeführt werden müssten. Diese Parteien besaßen zusammen im Reichstag seit 1912 eine deutliche Mehrheit der Stimmen. Ihre Positionen in Steuerfragen hatten sich einander im Kriegsverlauf weiter angenähert. Das zeigte bereits an, wohin der Weg in der Steuerpolitik führen könnte, wenn es zu einem demokratischen Staat mit Mehrheitswahlrecht kommen würde. Vehement gegen die Mehrheitspositionen argumentierten die Konservativen. Die Einlassungen von Posadowsky-Wehner zeigten aber an, dass die Einigkeit im konservativen Lager an einigen Punkten brüchig geworden war. Zumindest ein Teil der Konservativen war inzwischen zu einer stärkeren Vereinheitlichung der Reichsfinanzverwaltung bereit und auch dazu, sich von der alle Probleme leugnenden Flucht in die Fiktion von der Kriegsentschädigung zu verabschieden.

In der konstitutionellen Monarchie des Kaiserreichs verfügte die Reichstagsmehrheit freilich nicht über die Macht, die gewünschten Änderungen durchzusetzen. Die beiden Staatssekretäre des Schatzamtes, Helfferich und von Roedern, agierten eher im Sinne der Bundesstaaten und brachten dementsprechend konservative Gesetzentwürfe ein. An eine grundlegende Neuordnung des Steuersystems, die dem Reich direkte Steuern zubilligte, war unter diesen Umständen nicht zu denken. So konnte die Reichstagsmehrheit nur dafür sorgen, dass die Steuergesetze progressiver gestaltet und zumindest zeitlich befristete Abgaben auf Besitz und Vermögen erhoben wurden.

Während die politikwissenschaftliche Forschung in der zweiten Hälfte des 20. Jahrhunderts konservativen Parteien tendenziell ein Interesse am Haushaltsausgleich, sozialdemokratischen hingegen eine höhere Bereitschaft zur Schuldenfinanzierung attestiert hat, waren die Rollen im Jahr 1918 andersherum verteilt. Es war mit

Eduard Bernstein gerade ein Vertreter der USPD, der eine Verringerung des Defizits forderte, während sich die Konservativen diesem Ansinnen vehement entgegenstellten und möglichst lange das Vabanque-Spiel weitertreiben wollten, den Krieg aus Anleihen und mithilfe der Notenpresse zu finanzieren und ansonsten illusorische Hoffnungen in eine Kriegsentschädigung durch am Ende besiegte Gegner zu setzen. Die Konservativen wollten um jeden Preis eine ähnlich hohe steuerliche Belastung der Oberschicht vermeiden, wie sie in Großbritannien während des Krieges durchgesetzt worden war.

Schützenhilfe bekamen die sozialdemokratischen und liberalen Parteien mit ihren Forderungen unter anderem vom Bruder Max Webers, dem Nationalökonomen Alfred Weber, der vehement eine schärfere Besteuerung der Millionärseinkommen forderte. Er beklagte wortreich, dass die Progression bei der Einkommensteuer schon bei 50 000 Mark Jahreseinkommen ende und damit Bezieher mittlerer Einkommen prozentual ähnliche Sätze zu zahlen hätten wie Millionäre. Er plädierte deshalb für eine Reichssondereinkommensteuer auf hohe und höchste Einkommen. Den Bedenken der bundesstaatlichen Finanzminister entgegnete er, dass diese zu einer scharfen Besteuerung hoher Einkommen selbst nicht in der Lage seien, weil die nur zur Übersiedlung in einen anderen Bundesstaat mit niedrigeren Sätzen führen würde. Deswegen lasse sich diese Steuerquelle nur von der Reichsebene angehen. Die Finanzminister dürften nicht länger als Bremser auftreten: »Bei dem Vorpostengefecht darüber, das jetzt stattgefunden hat, haben die Finanzminister keine gute Rolle gespielt, und man kann ihnen nur raten, aus der Opposition recht bald in die vormarschierenden Kolonnen überzugehen. Nur so werden sie ihre künftige praktische Mitwirkung an den Problemen noch retten.«[71] Letztlich hatte Weber aber wenig Hoffnung auf deren Wandel, sondern setzte ganz auf den Reichstag: »Es ist höchste Zeit, daß […] mit der Heranziehung nach Leistungsfähigkeit endlich Ernst gemacht wird. Von dieser nationalen Aufgabe sollte der Reichstag jetzt im Kriege nicht lassen. Er wird sich dann ein dauerndes Verdienst in der deutschen Finanzgeschichte erwerben.«[72]

71 Alfred Weber, Das Reich und die Besteuerung der hohen Einkommen, in: Deutsche Politik 3 (1918) 22, S. 680-684, hier S. 684.

72 Ebd.

Nach der ersten Lesung setzte sich die vom Reichstag eingesetzte Kommission detailliert mit den Steuergesetzen auseinander. Angesichts der vorausgegangenen Debatte im Plenum wenig überraschend, verstärkte die Reichstagsmehrheit dort die progressiven Elemente des Pakets. Die wichtigste Änderung war die Ergänzung der Kriegssteuer für Gesellschaften durch eine ebenfalls nur einjährig für das Jahr 1918 zu erhebende Vermögen- und Mehreinkommensteuer für natürliche Personen, die einen Spitzensteuersatz von fünfzig Prozent hatte. Allein diese neue temporäre Steuer sollte einmalig 1,2 Milliarden Mark Mehreinnahmen und damit doppelt so viel einbringen wie die Kriegssteuer für Gesellschaften. Nach der Verabschiedung ging man davon aus, dass das ganze Steuerpaket nun Mehreinnahmen von fast 4,4 Milliarden Mark erbringen würde.[73] Wenig änderte der Reichstag dagegen an den indirekten Steuern. Die meisten Entwürfe blieben im Kern bestehen. Einzig die Erhöhung der Kakao- und Kaffeesteuer lehnten die Parlamentarier ab, doch da die ohnehin nicht allzu sehr ins Gewicht gefallen wäre, reduzierte sich die ursprünglich vorgesehene Gesamtbelastung durch indirekte Steuern dadurch nur unwesentlich.

In der Folge zeigte sich erneut das Unvermögen des Schatzamtes, die Steuereingänge auch nur einigermaßen treffend vorherzusagen.[74] Die beiden Kriegsteuern erbrachten anstatt der erwarteten 1,8 Milliarden schließlich 2,8 Milliarden Mark. Demgegenüber hatte man für die kombinierte Umsatz- und Luxussteuer mit einer Milliarde Mark Mehreinnahmen gerechnet, während real im Rechnungsjahr 1918/19 nur 150,5 Millionen Mark zusätzliche Einnahmen realisiert wurden. Auch die Börsensteuer blieb deutlich hinter den Erwartungen zurück.[75]

Der Reichstag nahm nicht nur Änderungen an den zwölf Vorlagen vor, sondern fügte noch eine dreizehnte hinzu. Diese sah die Errichtung eines Reichsfinanzhofs als oberstes Steuergericht des Reiches sowie eine Reichsaufsicht für Zölle und Steuern vor. Der Finanzhof sollte seine Tätigkeit bereits am 1. Oktober 1918 aufnehmen und sich vorerst auf die Letztentscheidung in die Reichssteuern betreffenden Streitfällen beschränken, doch langfristig war vorgesehen, dass er diese Funktion nach Absprache mit den Bun-

73 Kuczynski, German Taxation, S. 775 f.; Borght, Kriegssteuern 1918, S. 192.

74 So auch schon: Roesler, Finanzpolitik, S. 70 und 120 f.

75 Kuczynski, German Taxation, S. 776-780.

desstaaten für alle Steuerfragen übernähme. Als zweites Element beinhaltete der Gesetzentwurf die Bestimmung, dass die Reichsbevollmächtigten für Steuern und Zölle fortan nicht mehr Landesbeamte, sondern Reichsbeamte sein sollten. Damit legte man den Grundstein für den Aufbau einer Reichsfinanzverwaltung. Diese Regelung stieß auf scharfe Ablehnung bei den bundesstaatlichen Finanzministern, insbesondere der großen Bundesstaaten Preußen, Bayern und Sachsen, und auch der Staatssekretär des Schatzamtes wollte diese Bestimmung gestrichen wissen. Davon ließ sich der Reichstag aber nicht beirren und verabschiedete das Gesetz mit nur geringfügigen Zugeständnissen an die Bundesstaaten. Er legte dabei fest, dass über die Vorlage im Block mit den zwölf anderen Vorlagen im Bundesrat abgestimmt werden musste, weswegen der Staatssekretär schließlich zähneknirschend zustimmte.[76] So weitgehend hatte sich der Reichstag noch nie über grundsätzliche Bedenken der Bundesstaaten hinweggesetzt. Noch vor Kriegsende gab er damit einen ersten wichtigen Anstoß zu einer stärker durch das Reich und den Reichstag bestimmten Steuerpolitik.

Auffällig an den Reichstagsdebatten ist, dass die sozialdemokratischen und liberalen Parteien sowie das Zentrum ihre Forderungen als Ruf nach Steuergerechtigkeit verstanden, die sie, und das ist der entscheidende Punkt, häufig ausdrücklich mit der größeren Leistungsfähigkeit der Wohlhabenden begründeten. Und selbst Konservative akzeptierten nun, dass Vermögende nicht nur proportional, sondern aufsteigend höhere Steuersätze zahlen sollten. Dieser Befund widerspricht der vor allem am britischen und dem US-amerikanischen Steuerdiskurs im Ersten Weltkrieg entwickelten These von Kenneth Scheve und David Stasavage, dass für die Begründung von Steuererhöhungen speziell für Reiche kompensatorische Argumente die zentrale Rolle gespielt haben, namentlich die Forderung, dass Wohlhabende stärker besteuert werden sollten, weil die Unterschichten größere Opfer an der Front brächten und außerdem stärker durch die indirekten Steuern belastet seien.[77] In den Steuerdebatten des Deutschen Reichs lässt sich die Behauptung, die Unterschicht bringe im Krieg ein größeres Opfer, kaum finden. Einzig im Fall der Kriegsgewinnsteuern taucht das Argu-

76 Roesler, Finanzpolitik, S. 118.

77 Scheve/Stasavage, Taxing the Rich, Kapitel 6.

ment auf, dass niemand, der zu Hause arbeitet, während andere sich an der Front opfern, Extraprofite machen dürfe. Die hohe Belastung der Unterschicht mit indirekten Steuern hingegen spielte im Reichstag eine ganz zentrale Rolle. Doch dieses Argument lässt sich in den deutschen Steuerdebatten im Krieg nicht von dem der Leistungsfähigkeit trennen, tauchten doch beide fast immer im Tandem auf: Weil die Unterschichten durch indirekte Steuern belastet waren und weil die Wohlhabenden leistungsfähiger waren, sollte die Oberschicht stärker durch progressive direkte Steuern belastet werden.

Steuerflucht und Steuerhinterziehung

Am Ende des in den Reichstag eingebrachten Steuerpakets stand ein Gesetz gegen die Steuerflucht. Die erheblichen Steuererhöhungen des Ersten Weltkriegs hatten überall dazu geführt, dass die Steuerflucht für wohlhabende Bürger zu einer erwägenswerten Option und damit für die kriegführenden Staaten zu einer ernsthaften Bedrohung geworden war. Die Behörden identifizierten insbesondere die Schweiz und die Niederlande als beliebte Zielorte für flüchtiges Kapital. Das Deutsche Reich bemühte sich, die um sich greifende Steuerflucht einzudämmen. Schon früh im Krieg hatten einzelne Bundesstaaten Regelungen erlassen, wonach Bürger, die ihren Wohnsitz ins Ausland verlagerten, noch zwei Jahre steuerpflichtig blieben. Gegen Kriegsende schien das aber nicht mehr auszureichen, auch weil die Vertreter des Schatzamtes davon ausgingen, dass die Steuern in den neutralen Ländern auch nach Kriegsende erheblich niedriger bleiben würden. Deswegen sah das Gesetz vor, dass vormalige deutsche Bürger nach einer Wohnsitzverlagerung ins Ausland dennoch im Reich für fünf Jahre voll steuerpflichtig bleiben sollten. Damit sich dieser Pflicht niemand entziehen konnte, sollten Deutsche nun längere Auslandsaufenthalte anmelden und als Sicherheit zwanzig Prozent ihres Vermögens hinterlegen. Wer dem nicht nachkam, wurde mit Ausbürgerung und Haft bedroht.[78] Von Roedern ging im Reichstag nur sehr kurz auf das Gesetz ein,

78 Entwurf eines Gesetzes gegen Steuerflucht, in: Verhandlungen des Reichstages, Bd. 324, Anlage Nr. 1466.

dessen Zweck er kurz und bündig so fasste: »Den vollen Ernst dieser Steuerpflicht allen wieder ins Gedächtnis zurückzurufen.«[79]

Die Gedächtnisstütze wurde als notwendig erachtet, weil die Steuerhinterziehung, deren Umfang bereits vor dem Krieg als problematisch gegolten hatte, nach Einschätzung fast aller Reichstagsfraktionen im Krieg weiter zugenommen hatte und wegen der gestiegenen Steuersätze nun auch eine Steuerflucht bedrohlichen Ausmaßes einsetzte. Auch ein im Frühjahr beim Reichsschatzamt eingerichteter, mit Steuerexperten besetzter Finanzbeirat, der Umrisse einer Nachkriegsfinanzordnung entwerfen sollte, befasste sich gleich in der ersten Sitzung mit dem Thema. Die Fachleute waren sich einig, dass die niedrigeren Steuersätze im neutralen Ausland eine ernsthafte Bedrohung darstellten: »Zum Schluss ist in der Sitzung die Gefahr der Abwanderung von Vermögen ins Ausland besprochen worden. Die Gefahr besteht in hohem Maße. Als Abwanderungsländer kommen Skandinavien, die Schweiz und Holland in Betracht. Es werden scharfe Maßnahmen zu ergreifen sein.«[80]

Bevor die weiteren Auseinandersetzungen um das Gesetz untersucht werden, soll anhand konkreter Fallgeschichten ein Blick sowohl auf die Steuermoral und die Hinterziehungspraktiken einzelner Bürger als auch auf die sehr aufschlussreichen Abwägungen und Entscheidungen der damit befassten Behörden geworfen werden. Bei Kriegsbeginn agierten die Behörden bei der Steuereintreibung mit großer Zurückhaltung, weil sie keinen Anlass zur Unzufriedenheit geben wollten. Im sächsischen Potschappel etwa beschloss man, kurzfristig auf mögliche Zwangsmittel zu verzichten:

> Der hiesige Gemeinderat hat am 11. August dieses Jahres allerdings beschlossen, das Betreibungs- und Vollstreckungsverfahren wegen Steuerrückständen gegen Feldzugsteilnehmer und Arbeitslose bis auf weiteres einzustellen, auch insofern, als Staatssteuerrückstände in Frage kamen. Durch diesen Beschluss hat der Gemeinderat lediglich die Absicht verfolgt, während der allgemeinen Erregung, die durch die Mobilmachung hervorgerufen wurde, Zwangsmassnahmen von denjenigen Personen fernzuhal-

79 151. Sitzung vom 23.4.1918, in: Reichstagsprotokolle, Bd. 312, S. 4740.

80 Vertraulicher Bericht eines Mitarbeiters des Sächsischen Finanzministeriums an den Geheimen Rat Dr. Mehnert über die erste Sitzung des Finanzbeirats des Reichsschatzamtes am 4.3.1918, in: Sächsisches Landeshauptarchiv Dresden (SLHAD), 10851, Nr. 5591.

ten, die durch die Mobilmachung besonders betroffen waren. Nachdem sich die Erregung einigermassen gelegt hatte und zwar schon ungefähr vom 20. August dieses Jahres ab, ist das Betreibungs- und Vollstreckungsverfahren wegen aller Steuerrückstände, soweit dies möglich war, hier in alter Weise durchgeführt worden.[81]

So umfasste die Phase des Eintreibungsverzichts zwar nur zehn Tage, aber sie zeigte die Unsicherheit der Behörden. Bereits am 4. August hatte der preußische Finanzminister die Finanzämter zum milden Umgang mit Soldaten aufgerufen: »Bei der Betreibung rückständiger Steuern von den zum aktiven Dienst einberufenen Pflichtigen und bei der Beurteilung der Anträge auf Stundung von fälligen Steuern ist mit den Verhältnissen entsprechendem Entgegenkommen zu verfahren.«[82]

Ebenfalls für Sachsen lässt sich auch zeigen, dass bis 1914 fast ausnahmslos jede Beleidigung von Mitgliedern der Steuereinschätzungskommissionen, die zur Anzeige gebracht wurde, auch zu einem Verfahren führte. Nach Kriegsbeginn ließ das Finanzministerium mehr Milde walten. Man beließ es nun bei einer deutlichen Ermahnung der Delinquenten, »da es in jetziger Zeit, wenn nicht ganz besondere Gründe die Strafverfolgung erforderlich erscheinen lassen, derartige Strafverfahren vermeiden möchte«.[83] Anders sah es aber aus, wenn der Beschuldigte generell als aufsässig galt und es aus Sicht des sächsischen Finanzministeriums am gewünschten Patriotismus im Krieg mangeln ließ, wie ein Mühlenbesitzer in Magwitz: »Bezeichnend für die Denkweise Pastors ist auch eine Äußerung, die er zu der Zeit, als die Russen in Ostpreußen eingefallen waren, auf einer Eisenbahnfahrt in Gegenwart des inzwischen verstorbenen Rittergutsbesitzers Fulda aus Magwitz getan hat und die dahin lautete, es sei ihm ganz egal, ob er Russe oder sonst was würde. Es dürfte hiernach die Rücknahme des Strafantrages kaum am Platze sein.«[84]

81 Gemeindevorstand Potschappel an die Königliche Bezirkssteuereinnahme vom 1.10.1914, in: SLHAD, 10851, Nr. 6676

82 Rundschreiben des preußischen Finanzministers an die Finanzämter vom 4.8.1914, in: ebd.

83 Notiz des Sächsischen Finanzministeriums, Abteilung I vom 14.8.1915 zur Beleidigungsklage gegen den Kaufmann Richard Wenzel (Bischofswerda), in: ebd., Nr. 6617.

84 Bezirkssteuereinnahme Ölsnitz an den Kreissteuerrat im III. Steuerkreis vom 9.8.1918, in: ebd.

Im Sommer 1915 sorgte ein schwerer Fall von Steuerhinterziehung im akademischen Milieu im sächsischen Finanzministerium für Diskussionen. Der Steuerhinterzieher war Prof. Dr. Paul Zweifel, Geheimer Rat und Leiter der Frauenklinik in Leipzig, der 1901/02 auch Rektor der Universität Leipzig gewesen war. Durch seine Angaben für den Wehrbeitrag war aufgefallen, dass Zweifel bis dato die Zinseinkünfte aus seinem beträchtlichen Vermögen nicht deklariert hatte. Hinzu kam, dass die städtische Einschätzungskommission sein Einkommen über Jahre sehr niedrig veranschlagt hatte. Erst ein neuer Vorsitzender der Einschätzungskommission verdoppelte das erwartete Jahresgehalt von Zweifel 1914 von 30 000 auf 60 000 Mark, ohne dass dieser Protest erhob. Nachdem Zweifel erkannt hatte, dass sein Fehlverhalten aufgedeckt worden war, legte er gegenüber dem Finanzamt bislang verstecke Vermögenswerte offen in der Hoffnung, in den Genuss eines sehr großzügigen Generalpardons zu kommen, das der sächsische Staat reuigen Steuersündern damals anbot. Doch deklarierte Zweifel noch immer nicht alle verheimlichten Vermögenswerte, womit die Aussicht auf das Generalpardon verspielt war, als die Steuerfahndung schließlich das gesamte Ausmaß der Hinterziehung aufdeckte. Beim neuen Vorsitzenden der Einschätzungskommission in Leipzig erregte der Fall erheblichen Unmut, den er in für die Strafakten auch in ungewöhnlich ausführlicher Weise zu Protokoll gab. Seine Ausführungen kritisierten nicht nur die Steuerhinterziehung der gesellschaftlichen Elite scharf, sondern auch den staatlichen Umgang mit dem Phänomen. Die Nachprüfung hatte ein hinterzogenes Zinseinkommen von 115 000 Mark ergeben, auf das Steuern in Höhe von 8833 Mark fällig gewesen wären. Der Vorsitzende notierte dazu: »Das dürfte so ziemlich mit das Höchste sein, was bisher bei den direkten Steuern an Hinterziehung dagewesen ist, wenigstens bei ›Nichtkaufleuten‹, und an Kapitalvermögen und Zinseinkommen. Mir persönlich sind sonst keine so großen Hinterziehungen bisher bekannt.«[85] Besonders empörte den Kreissteuerrat, dass Zweifel auch bei der Offenlegung nicht ehrlich gewesen war und die gesellschaftliche Elite offenbar meinte, öffentliche Behörden straflos belügen zu können: »[K]ein Mensch wäre wohl auf den Gedanken gekom-

85 Bericht des Kreissteuerrats im II. Steuerkreis vom 30.8.1915, in: SLHAD, 10851, Nr. 6605. Alle weiteren Zitate zum Fall Zweifel stammen aus diesem Dokument.

men, daß Professor Dr. Zweifel auch in der Vermögenserklärung noch falsche Angaben gemacht hatte. Der Fall zeigt also ebenso wie der Fall Lamprecht,[86] daß selbst den ›Generalbeichten‹ von Steuersündern seitens der Steuerbehörden kein Glauben mehr geschenkt werden kann.« Auch im Stadtrat in Leipzig war die Empörung über das Verhalten groß, so dass Zweifel zur Strafzahlung des achtfachen hinterzogenen Betrages in Höhe 86 440 Mark verurteilt wurde. Die Strafe wäre sogar noch erheblich höher ausgefallen, wenn nicht ein Teil der vorherigen Hinterziehung durch korrekte Nachdeklaration noch unters Generalpardon gefallen wäre, weil sonst die Steuerschulden 26 915 Mark und mithin der Strafbetrag 379 840 Mark betragen hätte. Vor allem aber entging Zweifel einer Gefängnisstrafe, und das Verfahren erregte keine größere öffentliche Aufmerksamkeit, so dass sein Ruf weitgehend intakt blieb und sich bis heute in biografischen Einträgen keine Hinweise auf seine schwere Steuerhinterziehung finden.

Der Ausgang des Verfahrens veranlasste den Kommissionsvorsitzenden dazu, dem abschließenden Sachstandsbericht ein ungewöhnliches Nachwort anzuhängen. Aufgrund seines exzeptionellen Charakters sei es hier umfassend wiedergegeben:

Wenn der Professor Dr. Zweifel dem Finanzministerium einen Betrag von 100 000 M, also reichlich die Summe, den Staat und Stadt Leipzig in den Jahren 1909 bis 1913 durch seine Falschdeklarationen an Steuern eingebüßt haben, zur Weiterleitung ans Rote Kreuz als Sühne für seine Steuerhinterziehungen überweisen würde, würde man sein unverantwortliches, niedriges Handeln in einem milderen Licht ansehen können. Solche mehrfachen Millionäre wie er sollten als Leute, die an der Spitze von Wissenschaft und Gesellschaft stehen, aus dem Generalpardon keine Geschäfte für sich herausschlagen. Mehr als der Mensch zum – und sehr luxuriösen – Leben braucht, hat er doch nicht nötig; diese Erkenntnis sollte Leute mit Vermögen und Einkünften vor übertriebenem, zu den ›tollsten‹ Steuerhinterziehungen führendem Geiz schützen. Wenn ein armer Familienvater, um von seinem kargen Einkommen einige Spar- und Notpfennige für seine Familie zurückzulegen, falsch deklariert, ist das menschlich verständlich und menschlich entschuldbar; bei Leuten die Tausende um Tausende häufen und nach menschlichem Ermessen infolge ihrer gesicherten Position niemals in Not geraten können, ist die Steuerhinterziehung eine Schmach

86 Es handelt sich um den Historiker Karl Lamprecht, der ebenfalls Steuern hinterzogen hatte.

und sollte nicht mit Geldstrafe, sondern mit Gefängnis, Ehrenrechtsverlust und Veröffentlichung des Urteilstenors belegt werden.

Nach der Ansicht des Vorsitzenden musste solches Verhalten langfristig zu sozialen Verwerfungen führen: »Nach meinem Dafürhalten sind große Steuerhinterziehungen gemeingefährliche Verbrechen, keine Vergehen, denn sie führen – namentlich in kleineren Gemeinden – zur Erhöhung des vom Normalsteuergesetz zu erhebenden Prozentsatzes und schädigen dadurch die Gesamtheit der steuerzahlenden Gemeindemitglieder ebenso wie die Gemeinde und den Staat.« Dementsprechend forderte er eine deutliche Verschärfung der bisher äußerst milden Bestrafungspraxis: »Von diesen Gesichtspunkten aus ist die gesetzlich privilegierte, d. h. als Sonderdelikt gesetzlich besonders mild behandelte Steuerhinterziehung noch viel zu wenig beleuchtet worden und ihre Schädlichkeit und Gemeingefährlichkeit im Publikum viel zu wenig erkannt.« Mit diesen Argumenten konnte er jedoch bei der Spitze des sächsischen Finanzministeriums nicht durchdringen. Dort hielt man es für zielführender, wohlhabende Steuersünder weiterhin mittels des Pardons zur Selbstdeklaration zu ermutigen und dem Staat so wenigstens für die Zukunft einen Zugriff auf die volle Steuer für das nun offengelegte Vermögen zu sichern. An Gefängnisstrafen und einer öffentlichen Bloßstellung der gesellschaftlichen Elite bestand seitens der Regierung keinerlei Interesse. Im Gegenteil: Gegen Kriegsende betrachtete die Spitze des sächsischen Finanzministerium Steuerhinterziehung, wie zu zeigen sein wird, sogar zunehmend als patriotische Tat.

Wie erwähnt trat im Kriegsverlauf neben das Problem der Steuerhinterziehung zunehmend das der Steuerflucht ins Ausland. Im Ersten Weltkrieg begann der Aufstieg der Schweiz zum Steuerparadies. Und schon damals gab es Informanten, die den deutschen Behörden die Daten deutscher Steuerhinterzieher offerierten. Im März 1916 schrieb die Zoll- und Steuerdirektion Karlsruhe an das sächsische Finanzministerium: »Ein früherer Angestellter einer Basler Bankanstalt hat uns im vorigen Jahre mitgeteilt, er sei in der Lage, zahlreiche im deutschen Reichsgebiet wohnende Personen zu benennen, die bei dieser Bank Wertpapiere hinterlegt hätten.«[87]

87 Schreiben der Zoll- und Steuerdirektion Karlsruhe an das sächsische Finanzministerium vom 23. 3. 1916, in: ebd.

Gegen eine Beteiligung von acht Prozent an den rechtskräftig eingetriebenen Steuerbeträgen habe er dem badischen Finanzministerium eine Liste mit Steuerhinterziehern übergeben, deren Daten sich als belastbar erwiesen und dem Staat Baden erhebliche Steuermehreinnahmen beschert hätten. Elsass-Lothringen habe inzwischen zu den gleichen Bedingungen ebenfalls eine Liste erhalten. Der Informant biete sich an, auch Sachsen gegen diese Entlohnung eine entsprechende Liste zukommen zu lassen.

Das sächsische Ministerium antwortete: »Für die gefällige Mitteilung vom 23./25. März 1816 sagt das unterzeichnende Min. verbindlichen Dank. Nach den hiesigen Gepflogenheiten bestehen indes Bedenken gegen die Benutzung der angebotenen Auskunftsquelle, das Min. vermag deshalb von dem dankenswerten Anerbieten keinen Gebrauch machen zu können.«

Im Briefentwurf finden sich noch zwei handschriftliche Bemerkungen weiterer Finanzbeamter. Der Erste notierte: »Die Benutzung entlassener Privatbeamter und ihrer Einbrüche für Steuerzwecke, noch dazu gegen Bezahlung (!) gehört bis heute noch nicht zum Rüstzeug der örtlichen Steuerverwaltung!« Der Zweite ergänzte: »Einverstanden! Aber gröslichsten Nutzen dieser Zurückhaltung haben die Steuerhinterzieher, die alles weniger als Schonung verdienen!« Während Baden die offerierten Daten nutzte und Steuerhinterzieher vor Gericht brachte, verzichtete Sachsen freiwillig auf Mehreinnahmen.

Der sächsische Finanzminister interessierte sich gegen Kriegsende immer weniger für die Verfolgung von Steuerhinterziehern. Seine Ablehnung des Steuerfluchtgesetzes von 1918 nimmt die nachgiebige, ja affirmative Haltung konservativer Parteien in der Weimarer Republik gegenüber Steuerflüchtigen vorweg, die mit einer hochgerüsteten nationalen Rhetorik zum Gegenangriff überging. Sie sei daher hier ausführlich zitiert:

Das Gesetz ist überflüssig, wenn die Reichsleitung einen deutschen, die Interessen des deutschen Volkes und der deutschen Volkswirtschaft wahrenden Frieden mit ausreichender Kriegskostenentschädigung zu schließen gewillt ist, denn dann würde die Lage in Deutschland nach dem Kriege annehmbar nicht schlechter als in anderen Ländern werden; dann würden die wirklichen Deutschen auf den Gedanken einer Steuerflucht auch nicht kommen. Nur wenn die Reichsleitung ihre Pflicht gegenüber dem deutschen Volke nicht erfüllt, wenn sie die Interessen der Feinde oder den eitlen

Wahn einer Versöhnung durch Milde, oder den Willen verblendeter oder in fixe Ideen vernarrter Reichstagsabgeordneter höher stellt als das Wohl des deutschen Volkes, wird Steuerflucht drohen. Sie wird dann aber in sehr vielen Fällen durchaus nicht auf ›ehr- und vaterlandsloser Gesinnung‹ (S. 9 der Begründung zum Gesetzentwurf) beruhen, sondern auf dem sehr natürlichen und sehr berechtigten Empfinden, daß es nicht Sache des einzelnen Deutschen, der einen deutschen Frieden gewollt hat, ist, sein Geld und seine und seiner Familie wirtschaftliche Zukunft für die Sünden zu opfern, die die Reichsleitung am deutschen Volke begangen hat.[88]

Der sächsische Finanzminister vertrat also die Auffassung, dass die ihm viel zu liberale Reichsführung aufgrund ihrer Weigerung, weiter auf die Eintreibung der Kriegskosten bei den bald besiegten Feinden zu setzen, Schuld an den hohen Steuern wäre. Dass der Liberalismus Deutschland in den Abgrund getrieben hatte, so die Logik, machte Steuerhinterziehung zur patriotischen Tat.

Das zunehmende Spannungsverhältnis zwischen soziallIberaler und militarisierter Gouvernementalität

Für die ersten beiden Kriegsjahre lässt sich zwar von einem Übergreifen der militarisierten Gouvernementalität in den zivilen Bereich sprechen, aber die staatlichen Eingriffe in die Wirtschaft gingen noch nicht sehr weit. Die deutsche Führung war nicht darauf vorbereitet, welch zentrale Bedeutung wirtschaftliche Fragen in einem großen und andauernden Krieg haben würden. So nahm man etwa eine empfindliche Senkung der für die Kriegsproduktion zentralen Kohleförderung in Kauf, indem man viele Bergarbeiter zum Kriegsdienst einzog. Die Verantwortung für die Organisation der Kriegswirtschaft wurde dann bald einer eilends aus dem Boden gestampften und dem preußischen Kriegsministerium unterstellten Kriegsrohstoffabteilung unter der Führung von Walther Rathenau übertragen. Deren Haupttätigkeit war auf die Beschaffung kriegswichtiger Rohstoffe gerichtet. Da dies über den Markt nicht zu leisten war, errichtete die neue Lenkungsbehörde gegen den Willen der Privatwirtschaft Kriegsrohstoffgesellschaften.

88 Stellungnahme des Sächsischen Finanzministers vom 26. 3. 1918 zum Reichsgesetz gegen Steuerflucht, in: SLHAD, 10851/5625.

Die Unternehmen fügten sich schließlich notgedrungen, weil eine Nichtbeteiligung ihnen den Erwerb von Rohstoffen erschwert oder ganz verunmöglicht hätte. Die zentrale Aufgabe der Gesellschaften war es, für kriegswichtige Rohstoffe bei staatlich fixierten Preisen einen Ausgleich zwischen Angebot und Nachfrage zu schaffen. Dabei diktierte der Staat die Preise aber nicht, sondern handelte sie mit den betreffenden Unternehmen aus.[89]

Auch in die Nahrungsmittelversorgung griff der Staat ein, nachdem im Herbst 1915 erste Mängel aufgetreten waren. Zunächst richtete man im September 1915 eine Zentraleinkaufsstelle für Nahrungsmittelimporte ein. Im Mai 1916 erfolgte die Gründung des Kriegsernährungsamtes, das die inländische Nahrungsmittelproduktion und -verteilung lenken sollte. Vor Ort steuerte die Regierung die Verteilung durch Lebensmittelkarten. Wie bei den industriellen Rohstoffen war man aber in der ersten Kriegshälfte von einer umfassenden Preisregulierung noch weit entfernt.[90]

Im Sommer 1916 versuchte die deutsche Führung durch eine Steigerung der Rüstungsproduktion im Rahmen des Hindenburg-Programms, das Kriegsschicksal zu ihren Gunsten zu wenden. Zukünftig sollte keine Rücksicht mehr auf Finanzierungsfragen genommen werden und die Industrie durch Höchstpreise zu einer erheblichen Produktionssteigerung ermuntert werden, eine Regelung, die auf Anraten und unter enger Beteiligung der Schwerindustrie zustande kam.[91] Gleichzeitig übertrug man die Organisation der Kriegswirtschaft dem neugeschaffenen Preußischen Kriegsamt unter der Leitung von General Groener. Die mit dem Hindenburg-Programm wachsenden Profite der rüstungswirtschaftlichen Großkonzerne sorgten in der zunehmend notleidenden Bevölkerung aber bald für Proteste. Auch Teile der Ministerialbürokratie und der Militärverwaltung standen der Höchstpreispolitik skeptisch bis ablehnend gegenüber.

Mit zunehmender Intensität der Kriegführung versuchten beide, die gesamtgesellschaftliche Mobilisierung voranzutreiben und

89 Regina Roth, Staat und Wirtschaft im Ersten Weltkrieg. Kriegsgesellschaften als kriegswirtschaftliche Steuerungselemente, Berlin 1997; Momme Rohlack, Kriegsgesellschaften (1914-1918). Arten, Rechtsformen und Funktionen in der Kriegswirtschaft des Ersten Weltkriegs, Frankfurt am Main 2001.

90 Ebd.; Roerkohl, Hungerblockade.

91 Feldman, Armee, S. 135 f.

wirtschaftliche Prozesse so weit wie nur irgend möglich auf eine Erhöhung der Kampfkraft auszurichten. Daher schien es ihnen nun auch zunehmend notwendig, sich über die Partikularinteressen der ökonomischen Führungsschicht hinwegzusetzen. Ab Ende 1916 verstärkten sich die interventionsstaatlichen Eingriffe deutlich, weil nur so der Krieg fortführbar erschien. In Teilen der Ministerialbürokratie zirkulierten gemeinwirtschaftliche Reformideen. Im Frühjahr 1917 verdichteten diese sich zu einem von General Groener unterstützten Vorschlag Richard Mertons zu einer umfassenderen Preis- und Profitkontrolle. Das stellte einen Angriff auf die Grundlagen des privatwirtschaftlichen Systems dar und verletzte die Grundprinzipien der sozialliberalen Gouvernementalität. Gegen diese Pläne formierte sich entschiedener Widerstand der Unternehmerschaft, die dem Staatsinterventionismus zunehmend skeptisch gegenüberstand und ihn als »Staatssozialismus« kritisierte. Die Vertreter des Vorschlags mussten zurückstecken. Groener als Hauptzielscheibe der erregten Proteste vor allem schwerindustrieller Kreise wurde schließlich im August 1917, einen Monat nach der Absetzung von Kanzler Bethmann Hollweg, aus dem Kriegsamt entfernt und an die Front versetzt.[92] Eine weitere Diskussion von Mertons Memorandum wurde durch eine scharfe Kritik von Helfferich als Staatssekretär im Innenministerium unterbunden.[93] Auch spätere Versuche der Obersten Heeresleitung, die Unternehmensgewinne einzuschränken, scheiterten.[94] Letzten Endes vermochte sich die militarisierte nicht gegen die sozialliberale Gouvernementalität durchzusetzen.

In anderer Hinsicht schienen militarisierte und sozialliberale Gouvernementalität sich weniger zu reiben. Die Bedingungen des modernen Volkskrieges erforderten eine sehr viel umfassendere Mobilisierung der Bevölkerung als frühere Kriege. Dadurch war freilich auch die Loyalität der Staatsbürger von größerer Bedeutung. Soziale Unruhen, Streiks oder Absentismus konnten demgemäß als Schwächung der militärischen Kampfbereitschaft aufge-

92 Robert B. Armeson, Total Warfare and Compulsory Labor. A Study of the Military-Industrial Complex in Germany During World War I, Den Haag 1964, S. 126-132; Feldman, Armee, S. 390-393.

93 Gerald D. Feldman, The Great Disorder. Politics, Economics and Society in the German Inflation, 1914-1924, New York 1993, S. 70 f.

94 Feldman, Armee, S. 496-498; Feldman, Great Disorder, S. 72 f.

fasst werden, die es nach Möglichkeit zu verhindern galt.[95] Sowohl die militarisierte als auch die sozialliberale Gouvernementalität plädierten deswegen dafür, die Staatsbürger vor den schlimmsten Auswirkungen nicht nur des Kapitalismus, sondern auch des Krieges zu schützen und soziale Sicherungssysteme weiter auszubauen. Doch konnten sich die Vertreter aus Ministerialbürokratie und Industrie, die gemeinsam Modelle eines stärker sozialkorporativen Staats entwickelten, mit ihren Ideen letztlich nicht durchsetzen. Konservativen und Wirtschaftsliberalen war bereits der bestehende Sozialstaat ein Dorn im Auge, sie verweigerten sich einem weiteren Ausbau. Die in Deutschland während des Krieges ergriffenen sozialpolitischen Maßnahmen nehmen sich im Vergleich zu dem, was in Großbritannien oder Frankreich auf den Weg gebracht wurde, äußerst bescheiden aus.[96] Der mangelnde Wille, sich die Proteste der Unter- und Mittelschicht zu Herzen zu nehmen, zeigte sich auch in der halbherzig angegangenen Lebensmittelrationierung. Der Staat sah sich zunehmend außerstande, die Versorgung der Bevölkerung sicherzustellen und den Schwarzmarkt zu unterbinden. Nach Jörn Leonhard »bildete sich weniger eine staatlich dirigierte Zwangswirtschaft als vielmehr eine Mangelökonomie heraus«.[97]

Junkerschaft und Großindustrie stemmten sich während des Krieges noch einmal erfolgreich gegen den Übergang zu einer demokratischeren und sozialeren Gesellschaft. Das preußische Dreiklassenwahlrecht blieb in Kraft, und eine stärker umverteilende Steuerpolitik setzte sich nur in allerersten Ansätzen durch. Ebenso konnten die beiden Gruppen eine umfassende Preisregulierung und eine Aussetzung des Preismechanismus verhindern. Die politischen und sozialen Erwartungen, die in der Unter- und Mittelschicht herrschten, wurden in Deutschland weitgehend enttäuscht. Umso stärker brachen sie sich am Kriegsende Bahn.

95 Kocka, Klassengesellschaft, S. 122.

96 Jörn Leonhard, Die Büchse der Pandora. Geschichte des Ersten Weltkrieges, München 2014, S. 374-383.

97 Ebd., S. 377.

Abenteuerliche »Steuerschwäche des Reiches«? Die Bilanz der Kriegsfinanzen und die Verteilungswirkungen des Krieges

Die sozialdemokratischen wie die liberalen Parteien hatten sich schon während des Krieges über dessen vorrangige Finanzierung durch Anleihen beklagt und ertragreichere direkte Steuern gefordert. Ebenso verurteilten sie, dass das Reich weiterhin vor allem auf indirekte Steuern setzen musste, um zumindest den ordentlichen Haushalt samt Zinskosten decken zu können, womit es eine die Unterschicht stark belastende Steuerpolitik betrieb. Einzig die nur temporär erhobenen Kriegsteuern bildeten hier einen Gegenpol. Die Hauptschuld für die beklagten Defizite sahen sie bei den sich an ihre Alleinzuständigkeit für direkte Steuern klammernden Bundesstaaten sowie bei den Agrar- und Industrieeliten, die diesen Kurs unterstützten.

Die historische Forschung ist dieser Kritik weitgehend gefolgt und hat den unsoliden und unsozialen Charakter des Steuersystems ebenso wie dessen mangelnde Zentralisierung beklagt.[98] Heinz Haller schrieb etwa: »Im Grunde genommen war die Steuerschwäche des Reiches, das die ganze Kriegslast zu tragen hatte, geradezu abenteuerlich.«[99] Bei Hans-Ulrich Wehler heißt es: »Die deutsche Kriegsgewinnsteuer kam viel zu spät, sie blieb auch viel zu gering.«[100] Solche Urteile bedürfen indes eines Vergleichsmaßstabs. Diesen Maßstab können die Finanzierung vorheriger Kriege, die Vorkriegsfinanzen oder die Finanzen anderer Staaten bilden. Im Folgenden soll zuerst die deutsche Situation selbst analysiert werden, bevor dann der Vergleich mit anderen Staaten folgt.

Wenig überraschend ist, dass das Steuer- und Zollsystem auf Reichsebene bis Kriegsende durchgängig stark regressiv erscheint, wenn man nur die auf Dauer gestellten Einnahmen in den Blick nimmt. Hier dominierten zunächst weiterhin die Zölle und dann zunehmend die Verbrauchsteuern das Bild. Progressiven Charakter hatten nur ein Teil der Stempelabgaben sowie die in ihrem Ertrag

98 Ullmann, Steuerstaat, S. 92 f.; Hardach, Erste Weltkrieg, S. 171 f.; Wehler, Deutsche Gesellschaftsgeschichte, Bd. 2, S. 1038

99 Heinz Haller, Die Rolle der Staatsfinanzen für den Inflationsprozeß, in: Deutsche Bundesbank (Hg.), Währung und Wirtschaft, S. 115-156, hier S. 131.

100 Wehler, Deutsche Gesellschaftsgeschichte, Bd. 3, S. 65.

relativ unbedeutende Erbschaftsteuer. Das Bild verändert sich aber deutlich, wenn man die befristet erhobenen Abgaben hinzunimmt. Der Ertrag des Wehrbeitrags übertraf 1914 immerhin die Zolleinnahmen und stellte damit das wirkungsvollste progressive Element dar, das jemals im Steuer- und Zollsystem des Kaiserreichs etabliert wurde. Diese progressive Wirkung blieb auch 1915 erhalten, wenn auch in abgeschwächter Form. Für das Rechnungsjahr 1916 zeigt sich dann wieder ein stark regressives System, weil der Wehrbeitrag weitgehend aus- und die Kriegsabgabe 1916 noch kaum angelaufen war. Im Rechnungsjahr 1917 führte die Kriegsabgabe durch ihren für das Schatzamt überraschend hohen Betrag dazu, dass das Steuer- und Zollsystem auf Reichsebene erstmalig in seinem Gesamtcharakter stark progressiv war. Sie brachte 1917 viermal so viel ein wie die Verbrauchsteuer und damit in etwa das, was die Verbrauchsteuern in den Rechnungsjahren 1914-1918 zusammen erbrachten.

Tabelle 15:
Ordentliche Einnahmen des Reiches nach den Reichshaushaltsrechnungen (Ist-Einnahmen) in Mio. Mark in den Rechnungsjahren 1913-1919

	1913	1914	1915	1916	1917	1918	1919
Umsatzsteuer						150,5	823,4
Verbrauchsteuern	677,7	775,8	516,2	668,8	1.200,2	2.032,8	3.334,8
Zölle	713,1	560,8	359,9	348,3	234,4	133,0	1.088,8
Stempelabgaben	258,8	183,1	167,1	252,8	468,7	510,8	797,2
Abgabe Personen-/ Güterverkehr					64,5	291,6	468,3
Abgabe Post				89,6	146,8	235,7	173,9
Zuwachssteuer	15,3	2,8	0,7	0,5	1,2	0,7	0,5
Wehrbeitrag	0,8	637,4	307,8	19,5	10,4	1,3	
Erbschaftsteuer	46,4	43,6	48,8	65,0	69,8	77,8	87,0
Besitzsteuer					101,5	89,1	76,8
Kriegsabgabe 1916				45,6	4.842,7	791,8	93,2
Kriegsabgabe 1918						1.617,2	1.072,9
Matrikularbeiträge	255,4	51,9	51,9	51,9	51,9	51,9	
Sonstiges[101]		215,7	372,8	580,2	818,0	1.411,0	2.946,7
Gesamt	**2.217,8**	**2.471,1**	**1.825,2**	**2.122,2**	**8.010,1**	**7.395,2**	**10.963,2**

Quelle: Roesler, Finanzpolitik, S. 195 f. Gesamtergebnis für 1913: Reichstagsprotokolle, Bd. 338, S. 614.

101 Vor allem die Gewinnabgabe der Reichsbank und der Darlehenskasse sowie die Ausfuhrabgabe.

Allerdings erwies sich der Umschwung wie erwartet nicht als dauerhaft, weil die progressiven Abgaben befristet waren. 1918 lagen die beiden Kriegsabgaben immerhin noch auf derselben Höhe wie Zölle und Verbrauch- und Umsatzsteuern, 1919 dominierten Letztere wieder eindeutig das Bild, und die Reichseinnahmen hatten wieder einen ähnlich regressiven Charakter wie 1913.

Insgesamt spricht aber viel dafür, dass sich das vor Kriegsbeginn stark regressive Steuer- und Zollsystem des Reiches im Krieg insgesamt zumindest zu einem proportionalen, vermutlich aber sogar zu einem leicht progressiven System entwickelt hat. Entscheidend für die Beurteilung ist die Frage, ob die Kriegsabgaben zu den Steuern zu zählen sind und wer sie letztlich zu tragen hatte. Theo Balderston hat die erste Frage verneint, weil die Kriegsabgaben nicht nur mit Geld, sondern auch mit Kriegsanleihen bezahlt werden konnten. Steuern würden aus dem Einkommen gezahlt, während die Kriegsanleihen, mit denen die Kriegsabgaben nun beglichen wurden, durch Kapital erworben worden seien. Diese Differenz sei wichtig, da Steuern, die vom Einkommen gezahlt wurden, den Konsum reduzierten, während dies bei durch Kapital bezahlte Abgaben nicht der Fall sei.[102] Für die Bekämpfung inflationärer Entwicklungen mag diese Unterscheidung von zentraler Bedeutung sein. Dennoch stellt sie gewiss kein überzeugendes Argument dafür dar, die Kriegsabgaben, nur weil sie eine Vermögenszuwachs- statt eine Einkommensabgabe darstellten, nicht als Steuern zu betrachten, weswegen sie hier als Teil des Steuersystems gefasst werden.

Nimmt man nur die recht eindeutig als regressiv beziehungsweise progressiv zu charakterisierenden Haupteinnahmequellen des Reiches, so standen den regressiven Zöllen sowie den Verbrauch- und Umsatzsteuern mit Gesamteinnahmen von 6980,7 Millionen Mark Wehrbeitrag und Kriegsabgaben mit Einnahmen in Höhe von 8273,7 Millionen Mark gegenüber. Die Triftigkeit dieser Gegenüberstellung hängt allerdings davon ab, wer die Kriegsabgaben letztlich trug. Zumindest bei den unternehmensbezogenen Kriegsbeiträgen wird vermutet, dass die Unternehmen wenigstens einen Teil der Kosten durch höhere Preise überwälzen konnten und insbesondere durch die hohen Preissteigerungen bei Rüstungsgütern

102 Theo Balderston, War Finance and Inflation in Britain and Germany, 1914-1918, in: Economic History Review 42 (1989), S. 222-244, hier S. 225 f.

ein nicht unbedeutender Teil der Abgaben letztlich im Rahmen des außerordentlichen Haushalts vom Reich selbst getragen wurde.[103] Die Vermutung ist nachvollziehbar, aber kaum schlüssig zu belegen, zumal zu den Auswirkungen der Kriegsgewinnbesteuerung in den kontinentaleuropäischen Staaten so gut wie keine Forschungsergebnisse vorliegen.[104] Forschungen zu den angloamerikanischen Kriegsgewinnbesteuerungen gehen aber eher von einer recht geringen Überwälzung aus.[105]

Ein Nachteil war, dass die Ausgestaltung der Kriegsabgaben als Vermögenszuwachssteuer aufgrund ihrer Form dazu anregte, Steuern dadurch zu vermeiden, dass man das Geld sofort verbrauchte. Dies wirkte eher konsumfördernd und dadurch auch preis- und inflationstreibend. Der größte Nachteil der Kriegsabgaben war aber, dass sie unterschiedliche wirtschaftliche Akteure sehr ungleich belasteten. Unternehmen, die schon vor dem Krieg hohe Gewinne verbucht hatten, wurden weniger hart getroffen als aufstrebende Unternehmen. Besitzer von Kapitalvermögen konnten sich der Zahlung leichter entziehen, während Hausbesitzer dazu keine Chance hatten und ihr zusätzliches Vermögen im Wesentlichen inflationsbedingt war. All diese Verwerfungen hätten sich mit einer vom Reich erhobenen Mehreinkommensteuer vermeiden lassen, doch dieser Weg war durch den Widerstand der Bundesstaaten versperrt.

Keinen bedeutenden Beitrag für die Aufbringung des Haushalts leisteten auf Reichsebene die staatseigenen Betriebe. Während sie 1913 immerhin noch einen Gesamtgewinn von 140 Millionen Mark erwirtschafteten, fiel die Bilanz im Krieg durchweg negativ aus. Das Minus bewegte sich zwischen 40 (1915) und 140 Millionen Mark (1917).

Gegen den Widerstand der Bundesstaaten und zum Teil auch des Reichsschatzamtes hatten die sozialdemokratischen und liberalen Parteien sowie das Zentrum dafür gesorgt, dass den Unterschichten nicht die finanzielle Hauptlast des Krieges aufgebürdet wurde. Vor allem ihrer auf die gemeinsame Mehrheit im Reichstag gestützten Politik war es zu verdanken, dass stattdessen die Wohlhabenden er-

103 Roesler, Finanzpolitik, S. 127-130.

104 Als Überblick: Karl Bräuer, Die Besteuerung der Kriegsgewinne in den europäischen Staaten, Stuttgart 1921.

105 Siehe unten.

heblich mehr Abgaben auf Reichsebene zahlen mussten, als sich es sich die Regierungen der großen Bundesstaaten gewünscht hatten. Der Reichstag war stark genug, um zumindest dies durchzusetzen. Allerdings gelang es den für eine progressivere Besteuerung plädierenden Parteien in der Kriegszeit nicht, das von ihnen favorisierte System auf Dauer zu stellen. Hierfür waren die Widerstände in den Bundesstaaten und bei der Reichsleitung, von wo entsprechende Vorlagen hätten kommen müssen, einfach zu stark.[106] Für die weitere Entwicklung erwies es sich aber als entscheidend, dass sich zwischen den genannten Parteien ein stabiler Konsens darüber herausbildete, dass das Reich ein deutlich progressiveres Steuersystem brauche. Denn diese im Krieg geschmiedete Koalition sollte ihre steuerpolitischen Vorstellungen schließlich 1919/20 durchsetzen.

Vor allem von konservativer, aber auch von nationalliberaler Seite wurde in den Steuerdebatten im Reichstag immer wieder vorgebracht, dass aufgrund der steigenden bundesstaatlichen und kommunalen Steuern die Steuerlast in Deutschland dramatisch angestiegen und insgesamt sogar höher sei als in Großbritannien. Die Statistiken aus den Bundesstaaten und den Kommunen sprechen aber eher eine andere Sprache. Relativ eindeutig ist, dass die Einnahmen der Bundesstaaten mindestens bis 1917 eher moderat anstiegen, was sich insofern nachvollziehen lässt, als die Bundesstaaten weniger als das Reich und auch die Kommunen von den kriegsbedingten Mehrkosten betroffen waren. Dagegen nahmen der Steueranteil und insbesondere der Anteil der Einkommensteuer an den Gesamteinnahmen der Bundesstaaten deutlich zu. In absoluten Zahlen verdoppelten sich die Einnahmen aus der Einkommensteuer im Kriegsverlauf. Dabei muss aber berücksichtigt werden, dass ein erheblicher Teil des absoluten Anstiegs durch die Inflation und nicht durch Steuererhöhungen bedingt war und der prozentuale Anstieg erst 1918 erheblich wurde, als die Überschüsse der bundesstaatlichen Betriebe versiegten.

106 Zur Machtposition des Reichstags: Johann Viktor Bredt, Der deutsche Reichstag im Weltkrieg, Berlin 1926, S. 379-381.

Tabelle 16:
Ordentliche Einnahmen der Bundesstaaten 1914-1918 (Rohergebnisse nach den Rechnungen) in Millionen Mark

	1914	1915	1916	1917	1918
Steuern	1.113,4 (34%)	1.027,7 (32%)	1.310,0 (34%)	1.533,8 (35%)	1.985,5 (54%)
Davon: Einkommensteuer	711,5 (22%)	675,5 (21%)	932,8 (24%)	1.167,2 (27%)	1.544,7 (42%)
Betriebe	1.073,1 (33%)	1.168,0 (36%)	1.425,4 (37%)	1.130,1 (26%)	-
Gesamt	**3.272,5**	**3.237,2**	**3.813,9**	**4.326,9**	**3.692,9**

Quelle: Roesler, Finanzpolitik, S. 201

Im Verhältnis zum Reich nahm die Bedeutung der bundestaatlichen Einnahmen bis 1916 zu, erst die großen Kriegssteuereinnahmen sorgten hier für einen Umschwung. Hatten die bundesstaatlichen Einnahmen 1916 fast doppelt so hoch gelegen wie die des Reichs, so kehrte sich das Verhältnis im Folgejahr um.

Tabelle 17:
Ordentliche Einnahmen des Reichs und der Bundesstaaten 1914-1918[107]

	Reich	Bundesstaaten	Reich & Bundesstaaten
1914	2.471,1 (43%)	3.272,5 (57%)	5.743,6
1915	1.825,2 (36%)	3.237,2 (64%)	5.062,4
1916	2.122,2 (35%)	3.813,9 (65%)	5.936,1
1917	8.010,1 (65%)	4.326,9 (35%)	12.337,0
1918	7.395,2 (67%)	3.692,9 (33%)	11.088,1

Für die vor Kriegsbeginn so bedeutenden Kommunalsteuern liegen für die Kriegszeit bisher kaum Daten vor, so dass eine Gesamtbeurteilung der Entwicklung des Steuersystems im Ersten Weltkrieg noch aussteht.[108] Ein stärkerer Anstieg der Steuern als bei den

107 Roesler, Finanzpolitik, S. 196 und 201.

108 Die Datenbasis lässt auch deshalb zu wünschen übrig, weil das Statistische

Bundesstaaten wäre allein deswegen zu erwarten, weil die Kommunen durch einige kriegsbedingte Ausgaben zusätzlich belastet wurden.[109] Hierzu gehörten zusätzliche Verwaltungskosten zur Durchführung der Preiskontrolle und Bewirtschaftung sowie ein Anstieg der Familienunterstützung durch den Verdienstausfall zum Militär einberufener Haushaltsvorstände, der zwar langfristig vom Reich übernommen wurde, aber für unbestimmte Zeit von den Gemeinden vorgestreckt werden musste. Die Kosten bis Kriegsende betrugen etwa 7,2 Milliarden Mark, wovon das Reich bis Kriegsende nur etwa zwei Milliarden Mark an die Gemeinden überwiesen hatte.[110] Das Reich schuldete den Kommunen also etwa fünf Milliarden Mark, die sich diese vor allem durch Kredite bei den Darlehenskassen und den Banken besorgten.

Die von vielen Konservativen behauptete drastische Erhöhung der Gemeindesteuersätze und -zuschläge ist beispielsweise anhand der Zahlen für Köln nicht zu erkennen.

Tabelle 18:
Die erhobenen direkten Gemeindesteuern der Stadt Köln in Prozent des staatlich veranlagten Sollaufkommens in den Rechnungsjahren 1910-1919

	1910	1912	1914	1916	1917	1918	1919
Einkommensteuer	155	155	155	175	175	225	330
Grundsteuer & Gebäudesteuer	152	152	152	152	152	152	210
Grundsteuer in o/oo des gemeinen Werts	2,30	2,30	2,30	2,30	2,30	2,30	3,30
Gewerbesteuer	222	222	222	222	222	267	267
Betriebsteuer	35	35	35	35	35	35	35

Quelle: Statistisches Jahrbuch der Stadt Köln (1920) 8, S. 116

Jahrbuch deutscher Städte nur bis 1916 erschien und dann erst ab 1926 wieder aufgelegt wurde.

109 Karl Gerling, Der Gemeindekriegshaushalt und seine formelle und materielle Ordnung, in: FinanzArchiv 33 (1916) 2, S. 227-238, hier S. 227-229.

110 Reichsminister der Finanzen (Eugen Schiffer), Denkschrift über »Die Finanzen des Deutschen Reiches in den Rechnungsjahren 1914 bis 1918«, in: Reichstagsprotokolle, Bd. 335, Dok. Nr. 158, S. 99-114, hier S. 107.

Hier zeigt sich, dass die anteiligen Hebesätze der Stadt Köln von 1910 bis 1917 abgesehen von einer Anhebung der Einkommensteuer um zwanzig Prozentpunkte im Jahr 1915 konstant blieben. Erst 1918 kam es zu einer signifikanteren Erhöhung der Einkommensteuer um fünfzig und der Gewerbesteuer um 45 Prozentpunkte, größere Sprünge bei der Einkommen- sowie der Grund- und Gebäudesteuer erfolgten dann erst nach Kriegsende. Ähnlich sah es in Hannover aus: Die Zuschläge bei der Gewerbe- und Gebäudesteuer blieben von 1913 bis 1917 konstant bei 165 Prozent, nur der Einkommensteuerzuschlag wurde in diesem Zeitraum von 125 auf 145 Prozent erhöht.[111] Allerdings sollen von 110 preußischen Großstädten im Jahr 1915 bereits die Hälfte ihre Einkommensteuerzuschläge erhöht haben, womit nun in fünfzig Großstädten die Marke von zweihundert Prozent überschritten wurde, was ein Jahr zuvor nur in 36 Großstädten der Fall gewesen war.[112] Deswegen gehörten Köln und Hannover eher zu den Städten mit im Vergleich niedrigen Einkommensteuerzuschlägen.

In den Gesamteinnahmen aus den Gemeindesteuern in Köln spiegelt sich die Politik der Satzerhöhungen wider. Der Anstieg der Einnahmen erfolgte bis 1917 kontinuierlich und relativ moderat. Erst die für 1918 vorgenommenen Reformen erhöhten die Steuereingänge deutlich. Gegenüber dem letzten Vorkriegsjahr hatten sich die Erträge nun verdoppelt. Wie die der Bundesstaaten beruhten auch die Einnahmen der Gemeinden fast ausschließlich auf direkten Steuern. Deren Anteil an den Gemeindesteuern stieg im Krieg auf 94 Prozent. Auch die Bedeutung der Einkommensteuerzuschläge nahm im Krieg kontinuierlich weiter zu. Dementsprechend ist davon auszugehen, dass sich der schon in Vorkriegszeiten progressive Grundzug des Gemeindesteuersystems im Krieg noch einmal verstärkt hat.

111 Hansmann, Kommunalfinanzen, S. 33.

112 Gerling, Gemeindekriegshaushalt, S. 234. Als Großstadt galt damals eine Stadt mit über 20 000 Einwohnern, weswegen sich in der Liste viele Städte befinden, die heute als kleine Mittelstadt gelten würden.

Tabelle 19:
Aufkommen der Gemeindesteuern in Köln 1913-1919 in Mio. Mark

	Einkommensteuer	Grundsteuer	Gebäudesteuer	Direkte Steuern	Indirekte Steuern	Gesamt
1913	13,8 (56 %)	4,9 (20 %)	3,2 (13 %)	22,0 (89 %)	2,8 (11 %)	24,9
1914	14,8 (57 %)	5,2 (20 %)	3,6 (14 %)	23,8 (92 %)	2,2 (8 %)	26,0
1915	15,1 (58 %)	5,4 (21 %)	3,7 (14 %)	24,3 (94 %)	1,5 (6 %)	25,8
1916	17,2 (59 %)	5,5 (19 %)	4,5 (16 %)	27,3 (94 %)	1,8 (6 %)	29,1
1917	21,0 (60 %)	5,5 (16 %)	6,0 (17 %)	32,5 (94 %)	2,2 (6 %)	34,7
1918	32,0 (62 %)	5,6 (11 %)	9,4 (18 %)	47,1 (92 %)	4,2 (8 %)	51,3
1919	65,0 (67 %)	8,1 (8 %)	11,9 (12 %)	85,4 (88 %)	11,5 (12 %)	96,9

Quelle: Statistisches Jahrbuch der Stadt Köln (1920) 9, S. 121

Die Gemeindesteuern bildeten in den meisten Städten und Gemeinden den größten Einnahmeposten, daneben spielten aber auch die städtischen Betriebe und Gebühren eine wichtige Rolle. In Hannover lieferten die Gemeindesteuern in der Mitte des Krieges etwa zwei Drittel der Gesamteinnahmen.

Grafik 21

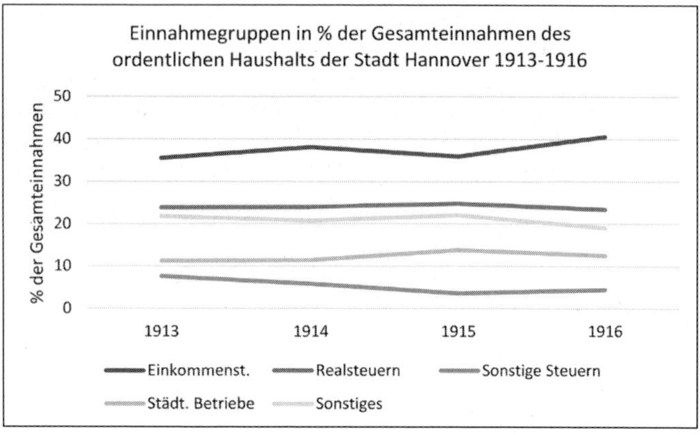

Quelle: Hansmann, Kommunalfinanzen, S. 42

Auch in anderen preußischen Großstädten war der Steueranstieg bis 1915 gering, und erst 1916 gingen die Einnahmen etwas deutlicher über den Vorkriegsstand hinaus. Selbst in einer Rüstungsmetropole wie Essen, deren Industrie enorm vom Krieg profitierte, stiegen die Steuereinnahmen in der ersten Kriegshälfte lediglich von fünfzehn (1914) auf 23 Millionen Mark (1916).[113] In Berlin stiegen die Gemeindesteuereinnahmen von 1914 bis 1917 um etwa fünfzig Prozent.

Tabelle 20:
Einnahmen Gemeindesteuern in Berlin 1914-1917 in Mio. Mark

	Einkommensteuer	Grundsteuer	Gewerbesteuer	Gesamt
1914	41,7 (48%)	28,1 (32%)	12,8 (15%)	86,9
1915	47,7 (51%)	29,1 (31%)	11,7 (13%)	93,5
1916	66,2 (58%)	29,2 (25%)	14,9 (13%)	115,1
1917	75,6 (58%)	29,1 (22%)	19,3 (15%)	131,0

Quelle: Statistisches Jahrbuch der Stadt Berlin 34 (1920) für die Jahre 1915/1919, S. 863 f. und 875

Auch hier kam es zu einem Bedeutungsgewinn der Einkommensteuer, deren Anteil an den Gemeindesteuern um zehn Prozentpunkte stieg, während die wenig dynamischen Einkünfte aus der Grundsteuer anteilig in derselben Höhe verloren.

Im Frühjahr 1918 sammelte der bayerische Finanzminister im eigenen Land und auch in anderen großen Bundesstaaten Daten über die jeweiligen Höchstbelastungen für Spitzeneinkommen durch alle direkten Staats- und Gemeindesteuern. Zweck der Übung war, von Roedern mit Munition für die Steuerdebatte im Reichstag zu versorgen, in der es durch den Verweis auf eine schon jetzt kaum mehr zumutbare Belastung der Spitzenverdiener mit direkten Steuern eine allzu starke weitere Erhöhung direkter Steuern und Abgaben abzuwenden galt. Die Belastung musste also so hoch wie möglich erscheinen. Deswegen wurden für Sachsen geplante, aber noch nicht beschlossene Steueränderungen kurzerhand eingepreist, und auch für Bayern wurde in einer zweiten Zeile die nach einer noch in Planung befindlichen Reform erwartete Belastung präsentiert. Die

113 Kuczynski, German Taxation, S. 771.

größten Manipulationsmöglichkeiten boten aber die Einkommensteuerzuschläge der Gemeinden. Hier behauptete der Text, dass für die landesweiten Berechnungen durchschnittliche Sätze verwendet worden seien. Tatsächlich aber hatte man etwa für Sachsen den Zuschlag von 190 Prozent in Chemnitz als Maßstab gewählt, der nach Einschätzung des sächsischen Finanzministeriums weit über dem Durchschnitt lag. Dementsprechend zeigten die Daten eher die in Gemeinden mit hohen Steuersätzen zu erreichenden Spitzenbelastungen auf.

Grafik 22

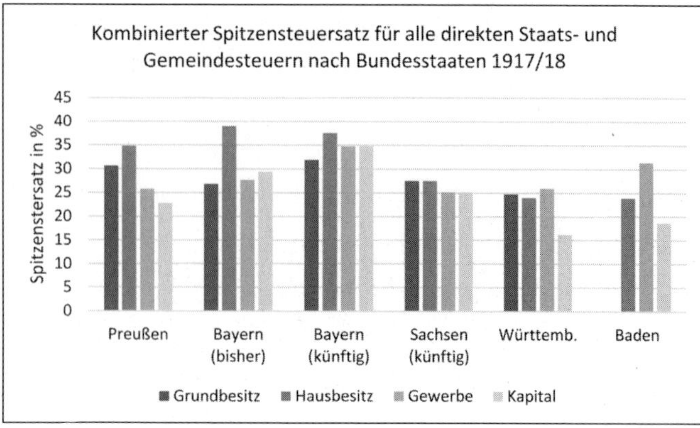

Quelle: Aufstellung des Bayerischen Finanzministeriums vom Frühjahr 1918, in: SLHAD, 10851, Nr. 5591

Die Daten zeigen absolute Spitzenbelastungen, die etwa von 15 bis 40 Prozent reichen. Relativ durchgängig besteuerten Bundesstaaten und Gemeinden Grund- und insbesondere Hausbesitz höher als Gewerbe- und Kapitaleinkommen. Die Ausnahme bildeten die beiden südwestdeutschen Staaten, wo die Gewerbebelastung höher lag. Mit Ausnahme Bayerns war ansonsten überall das Kapitaleinkommen am geringsten besteuert, weil hier andernfalls am ehesten Ausweichbewegungen, sprich ein Transfer in andere Staaten, zu befürchten war. Während in Preußen, Bayern und Sachsen Gewerbe-

und Kapitaleinkommen in ähnlicher Höhe belastet wurden, war die Differenz zugunsten der Kapitaleinkommen in Baden mit fast dreizehn Prozentpunkten sehr groß.

Die Unterschiede zwischen den Einkommensteuersystemen im Norden und Osten Deutschlands und den Realsteuersystemen im Süden hatten sich zwar abgeschwächt, sie waren aber auch am Ende des Krieges noch erkennbar. Die Spitzensätze bei der Einkommensteuer lagen in Preußen und Sachsen, den beiden ersten größeren deutschen Staaten mit einer Einkommensteuer, immer noch deutlich über den süddeutschen Werten.

Grafik 23

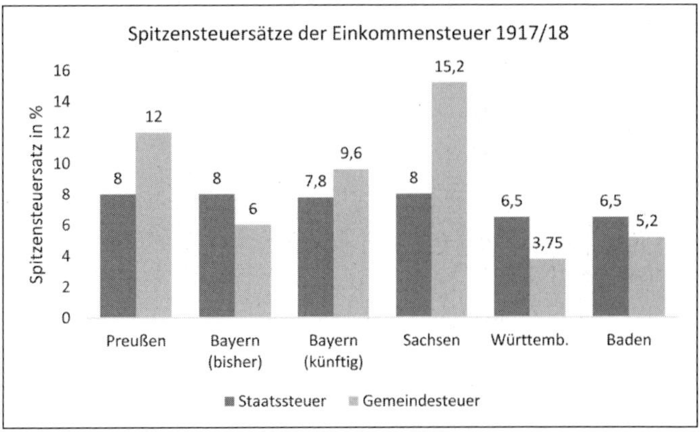

Quelle: Aufstellung des Bayerischen Finanzministeriums vom Frühjahr 1918, in: SLHAD, 10851, Nr. 5591

Zusammenfassend lassen sich für die Entwicklung des gesamtstaatlichen Steuersystems im Ersten Weltkrieg drei zentrale Entwicklungen feststellen: Erstens nahm auf allen drei Gebietsebenen die Bedeutung direkter Steuern und Abgaben zu. Für alle drei Ebenen ist deswegen davon auszugehen, dass das jeweilige Einnahmesystem progressiver wurde. Zweitens nahmen in der zweiten Kriegshälfte vor allem die Reichseinnahmen durch die Kriegsabgaben deutlich zu. Dadurch verschob sich das Verhältnis im Einnahmebereich deutlich zugunsten der höchsten Gebietsebene. Drittens konnten auch nur die Reichseinnahmen mit der Steigerungsrate der Lebenshaltungskosten im Krieg mithalten, während die Einnahmesteigerungen auf bundesstaatlicher Ebene deutlich hinter der inflationären Entwicklung zurückblieben. Bei den Gemeinden war dies vermutlich auch der Fall, wobei eine Klärung der detaillierteren Untersuchung weiterer Fälle vorbehalten bleiben muss.

Grafik 24

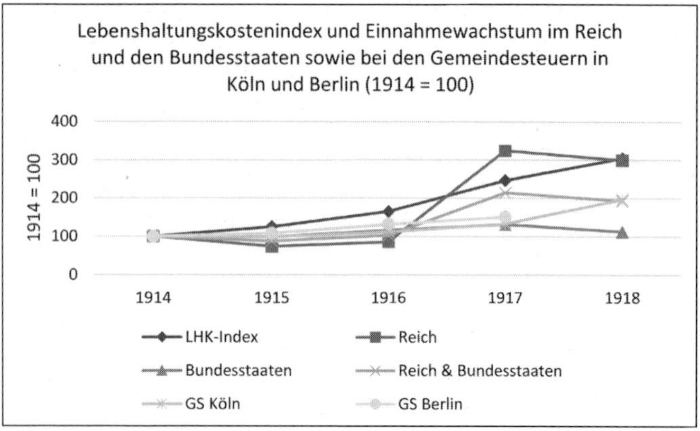

Quelle: Lebenshaltungsindex nach: Ferguson, Pity of War, S. 331. Einnahmeindexierung: Eigene Berechnung basierend auf obigen Tabellen.

Wirtschaftseinbruch und soziale Ungleichheit

Gravierender noch als für das Steuer- und Sozialsystem waren die Auswirkungen des Krieges bis 1918 auf das deutsche Wirtschaftssystem. Der Erste Weltkrieg war ein gewaltiger Werte- und Wohlstandszerstörer, insbesondere in Deutschland. Das Nationaleinkommen war hier bei Kriegsende nach verschiedenen Schätzungen gegenüber 1913 um zwanzig bis fünfzig Prozent gesunken, die jüngsten Annahmen gehen von einer etwa dreißigprozentigen Reduktion aus.[114] Sowohl die Agrar- wie die Industrieproduktion sanken um etwa vierzig Prozent. Die Arbeitsproduktivität sank aufgrund des Abzugs vieler Facharbeiter und der schlechten Ernährungssituation in der gleichen Größenordnung. Kurz: Der Krieg hatte zu erheblichen Wohlstandsverlusten in Deutschland geführt, und der Mehrheit der Deutschen dürfte es 1918 materiell deutlich schlechter gegangen sein als vor Kriegsbeginn.

Umstritten ist dagegen, ob diese Verluste alle gesellschaftlichen Schichten gleichermaßen trafen oder ob bestimmte Gruppen materiell besser, andere schlechter wegkamen. Jürgen Kocka kam 1978 zu dem Ergebnis, dass es in Deutschland während des Krieges vor allem aufgrund von Reallohnverlusten in Teilen der Industrie zu einer Umverteilung von unten nach oben gekommen sei. Seinen Berechnungen zufolge fielen die Reallöhne der männlichen Arbeiterschaft vom Frühjahr 1914 bis Herbst 1918 um 45 Prozent, die der Arbeiterinnen um 38 Prozent.[115] Albrecht Ritschl vertrat hingegen die Einschätzung, dass die Verluste in einigen Sparten durch die Lohnzuwächse in anderen Bereichen, insbesondere in der Rüstungsindustrie, ausgeglichen wurden.[116] Eine jüngere Studie kommt zu dem Ergebnis, dass die Nominallöhne im Durchschnitt zwar deutlich angestiegen, aufgrund der enormen Preissteigerung zumal bei den Nahrungsmitteln insgesamt doch Reallohnverluste zu verzeichnen gewesen seien.[117]

Lange Zeit wurden die Auswirkungen des Krieges auf die soziale Ungleichheit in der Forschung fast ausschließlich anhand der Lohnstatistiken untersucht, während die in der zeitgenössischen Debatte zentrale Frage nach den besonderen Kriegsprofiten der Oberschicht eher spekulativ beantwortet wurde. Kocka bezog sich in seiner Studie nur auf einige Zeitungsartikel, die von einem

114 Ritschl, Pity.

115 Jürgen Kocka, Klassengesellschaft im Krieg. Deutsche Sozialgeschichte 1914-1918, Göttingen 1973, S. 18.

116 Ritschl, Pity.

117 Matthias Blum/Jari Eloranta/Pavel Osinsky, Organization of War Economies, in: 1914-1918-online. International Encyclopedia of the First World War, hg. von Ute Daniel et al., Berlin 2014. ⟨https://encyclopedia.1914-1918-online.net/pdf/1914-1918-Online-organization_of_war_economies-2014-10-08.pdf⟩ (Zugriff: 10. 12. 2021)

Profitanstieg von dreißig Prozent ausgingen. Allerdings handelte es sich bei den dort diskutierten Fällen vor allem um kriegswichtige Betriebe. Eine jüngere Untersuchung auf Basis von Unterlagen zur Unternehmenssteuer sieht die inflationsbereinigten Profite im Jahr 1917 in der Industrie bei nur noch 68 Prozent und im Dienstleistungssektor gar nur bei 51 Prozent der Werte von 1910 bis 1913. Nur in wenigen Industriebereichen wie der Chemie- und der Metallindustrie lagen die inflationsbereinigten Profite 1917 über den Werten von 1910 bis 1913.[118] Ähnlich war das Verhältnis auch bei den Löhnen, wo 1917 nur noch siebzig Prozent des Vorkriegswertes erzielt wurden.[119] Carsten Burhop geht deswegen davon aus, dass Kapital- und Arbeitseinkommen im Krieg in vergleichbarer Größenordnung real verloren.[120]

Inzwischen existieren aber sehr viel breitere Daten zu den Spitzeneinkommen aus Steuerunterlagen. Anhand dieser lässt sich zeigen, wie sich der Anteil der Einkommenselite am Gesamteinkommen verändert hat. Dabei wird erkennbar, dass sich der Anteil der Spitzenverdiener am Gesamteinkommen nahezu unabhängig davon, wie weit man die Gruppe fasst beziehungsweise wie man sie intern differenziert, bis 1917 vergrößert hatte, um dann im Fiskaljahr 1918 aber deutlich gegenüber dem Vorjahr abzufallen. Im Vergleich der Fiskaljahre 1913 und 1918 waren es vor allem noch das oberste Prozent sowie die noch kleineren Spitzengruppen, die Zugewinne verzeichnen konnten. Dagegen büßten die Einkommen der reichsten ein bis fünf Prozent im selben Zeitraum etwa zwei Prozent ihres vormaligen Einkommensanteils ein.

118 Jörg Baten/Rainer Schulz, Making Profits in Wartime. Corporate Profits, Inequality, and GDP in Germany during the First World War, in: Economic History Review 63 (2005) 1, S. 34-56, hier S. 43.

119 Ebd., S. 47.

120 Burhop, Wirtschaftsgeschichte, S. 209.

Tabelle 21:
Einkommensanteile der Spitzenverdiener 1913-1918

	P90-100	P95-100	P99-100	P99.5-100	P.99.9-100	P.99.99-1	P90-95	P95-99
1913	38,5 %	30,4 %	17,8 %	14,4 %	8,1 %	3,1 %	8,1 %	12,6 %
1914	38,1 %	30,2 %	17,8 %	14,4 %	8,2 %	3,2 %	7,9 %	12,5 %
1915	39,3 %	31,9 %	19,5 %	15,9 %	9,2 %	3,7 %	7,4 %	12,4 %
1916	40,8 %	32,8 %	21,3 %	17,7 %	10,3 %	4,1 %	7,9 %	11,5 %
1917	42,0 %	33,6 %	22,4 %	18,7 %	11,0 %	4,5 %	8,4 %	11,1 %
1918	37,9 %	30,0 %	19,5 %	16,0 %	9,2 %	3,7 %	7,9 %	10,6 %
Diff. 13/17	+3,5 %	+3,2 %	+4,6 %	+4,3 %	+2,9 %	+1,4 %	+0,3 %	-1,5 %
Diff 13/18	-0,6 %	+0,4 %	+1,8 %	+1,6 %	+1,1 %	+0,6 %	-0,2 %	-2,0 %

Quelle: Fabian Dell, Top Incomes in Germany throughout the Twentieth Century, in: Atkinson/Piketty (Hg.), Top Incomes, S. 365-425, hier S. 420

Diese Zahlen könnten für Ritschls These sprechen, dass es im Ersten Weltkrieg in Deutschland stärker zu einer Umverteilung innerhalb der Elite gekommen ist, auch wenn es daneben durchaus eine Verschiebung von unten nach oben gab. Allerdings kommt eine neuere längere Datenreihe zu anderen Ergebnissen, denen zufolge auch der Einkommensanteil der oberen zehn Prozent im Krieg deutlich stieg. Diese Berechnungen zeigen sogar, dass 1917 die Anteile sowohl des reichsten Zehntels als auch des reichsten Hundertstels und Tausendstels ein Allzeithoch erreichten mit Werten, die alle anderen für die gesamte Zeit des Kaiserreichs gemessenen deutlich überstiegen.[121] Sie bestätigen damit eher Kockas These von der Umverteilung von unten nach oben im Krieg.[122] Die konservative Reichsregierung sowie die ebenfalls mehrheitlich konservativen Regierungen der großen Bundesstaaten trugen durch ihre Steuerzurückhaltung so dazu bei, dass die Einkommensungleichheit in Deutschland im Krieg zunahm. Da ist es dann überraschend, wenn

121 Bartels, Top Incomes, S. 58.

122 Dagegen zeigen die Perzentiluntersuchungen aber, dass der Einkommensanteil der Spitzenverdiener 1918 gegenüber 1917 abfiel, was vermutlich daran lag, dass die Kriegsabgaben und die erhöhten Einkommensteuerzuschläge nun erstmalig die Kriegsgewinne wirkungsvoll beschnitten.

es bei Hedwig Richter heißt: »Für Arbeiter und Arbeiterinnen machten sich die egalisierenden Effekte des Kriegs zumeist positiv bemerkbar.«[123] Dies ist für Deutschland nicht haltbar, aber auch in einer europäischen Perspektive eine zu generalisierende Aussage.

123 Richter, Demokratie, S. 214.

Kapitel 7

Kriegsfinanzen und Einkommensungleichheit im internationalen Vergleich

Ein Vergleich der Kriegsfinanzierung und der Entwicklung sozialer Ungleichheit im Ersten Weltkrieg

Ein gutes Finanz- und Steuersystem erleichterte es den kriegführenden Nationen, einen so langen und teuren Krieg wie den Ersten Weltkrieg durchzustehen, doch letztlich war der Zustand der öffentlichen Finanzen nicht kriegsentscheidend. Auch Länder wie die Türkei, deren Steuersystem nicht ansatzweise in der Lage war, einen substantiellen Beitrag zur Einbringung der Kosten zu leisten, blieben lange im Krieg. Letztlich fanden sich hier wie überall Wege – sei es der Druck von Banknoten, die Ausgabe von Anleihen oder die vermehrte Kreditaufnahme im Ausland –, die die weitere Kriegführung ermöglichten. Was 1918 ausging oder auszugehen drohte, waren weniger die finanziellen Mittel als die Güter. Als der Krieg begann, galt keineswegs als ausgemacht, dass es so kommen würde. Vielmehr gingen Wissenschaftler wie Politiker 1914 aufgrund der Erfahrung, dass frühere Kriege häufig aus Geldmangel zu Ende gegangen waren, oft von einem ähnlichen Szenario aus. So erklärte der französische Finanzminister Alexandre Ribot dem britischen Kriegsminister Herbert Kitchener bei einem Besuch in Frankreich im November 1914, dass der Krieg spätestens Ende Juli 1915 zu Ende sein werde, weil dann die Finanzmittel erschöpft seien.[1] Auch John Maynard Keynes hoffte im Herbst 1914 noch, dass die umfassende Kreditaufnahme Deutschland schnell in die Inflation treiben und dadurch ein baldiges Kriegsende herbeiführen könnte. Ein Jahr später hatte Keynes diese Vorstellung jedoch aufgegeben. Solange Arbeiter verfügbar seien und Güter produziert würden, sei nicht mit einem Kriegsende wegen einer etwaigen Notenbankinflation

1 Strachan, First World War, S. 816.

zu rechnen.[2] So setzte sich im Verlauf des Ersten Weltkrieges die Erkenntnis durch, dass für die wirtschaftliche Seite der Kriegführung nicht die Staatsfinanzen, sondern die Industrieproduktion der entscheidende Faktor war.

In anderer Hinsicht aber kam den öffentlichen Finanzen enorme Bedeutung zu: Ihre Ausgestaltung entschied mit über das Ausmaß gesellschaftlicher Ungleichheit im Krieg und bestimmte zudem den Handlungsspielraum der Regierung im Frieden. Zugespitzt ließe sich sagen: Das Steuersystem hatte größeren Einfluss darauf, wer den Frieden gewinnen als wer den Krieg verlieren würde.

Ohne Zweifel stellt der Erste Weltkrieg einen Einschnitt in der Geschichte der öffentlichen Finanzen dar. Er wurde zum Auslöser und Beschleuniger eines grundlegenden Wandels in der Staatsfinanzierung. Ohne ihn hätte der Siegeszug progressiver Steuern später und vermutlich mit weit geringeren Sätzen begonnen.[3] Scheve und Stasavage betonen dabei zu Recht, dass die Durchsetzung scharf progressiver Steuern eng mit der Überzeugung verbunden war, dass im Krieg alle, auch die Reichen, Opfer zu bringen hatten. Aber der Krieg brachte diese neue Vorstellung gesellschaftlicher Solidarpflichten nicht allein hervor. Der Diskurs hatte sich in vielen führenden Industrienationen bereits ab den 1890er-Jahren deutlich in Richtung progressive Steuern verschoben und vielerorts waren entsprechende Einkommensteuergesetze schon vor dem Krieg verabschiedet worden. Ohne diesen Vorlauf im ökonomischen Diskurs und der Politik wäre es vermutlich nach 1914 nicht zu einer so progressiven Besteuerung gekommen. Umgekehrt zeigen die Beispiele Deutschland, Österreich-Ungarn und Frankreich, dass sich konservative und liberale Eliten trotz der explodierenden Kriegskosten der Forderungen nach progressiveren Steuern lange Zeit erwehren konnten.

Während das Vorhandensein oder Fehlen demokratischer Beteiligungsrechte vor dem Krieg eine vergleichsweise geringe Rolle für die Höhe und die Progressivität der direkten Steuern gespielt hatte, erwies sich dieser Faktor im Krieg als überaus bedeutsam. Um 1900 lag der durchschnittliche Einkommensteuerspitzensatz in (sieben europäischen und nordamerikanischen) Ländern mit universellem Männerwahlrecht bei 1,4 Prozent, während er in den Ländern ohne

2 Ebd., S. 817.

3 Sehr zugespitzt: Scheidel, Nach dem Krieg, S. 503.

generelles Männerwahlrecht bei 2,9 Prozent lag.[4] Demgegenüber stieg der durchschnittliche Höchstsatz von 1913 bis 1919 in den Demokratien von 3 auf 39 Prozent, während er in den nichtdemokratischen Ländern nur von 5 auf 14 Prozent heraufgesetzt wurde.[5]

Allerdings argumentieren Sara Torregrosa-Hetland und Oriol Sabaté, dass die Inflation die progressiven Wirkungen der Einkommensteuererhöhungen und der Kriegsgewinnsteuern im Weltkrieg auch in Großbritannien, den USA und Schweden erheblich gemindert habe. Grund dafür seien unter anderem auch die nominalen Lohnsteigerungen, durch die viele Angehörige der oberen Unterschicht über die Einkommensteuerfreigrenzen gerutscht seien und erstmalig Einkommensteuern zahlen mussten. Dadurch seien die Umverteilungseffekte der Steuererhöhungen bis 1918 geringer einzuschätzen als bisher angenommen.[6]

Dennoch spricht vieles dafür, dass die deutlichen progressiv gestalteten Steuererhöhungen in den beiden angloamerikanischen Demokratien erhebliche Umverteilungseffekte gezeitigt haben. Eine neue Studie, die die Einkommensungleichheit in Deutschland und Großbritannien u.a. anhand des Gini-Index vergleicht, kommt zu dem Ergebnis, dass das Deutsche Reich mit einem Wert von 0,42 in den Krieg startete, während dieser in Großbritannien mit 0,44 knapp darüber lag. Bis 1918 fiel der britische Index auf unter 0,35, während er in Deutschland über 0,50 stieg.[7] Ebenso kam es in Großbritannien und den USA im Krieg zu einem nicht unbedeutenden Rückgang des Anteils der Superreichen an den Gesamteinkommen, während dieser in Frankreich nur leicht zurückging. In Deutschland wuchs dieser bis 1917 sogar noch stetig an. Auch nach einem leichten Rückgang im Folgejahr durch die nun erst voll wirksam werdenden Kriegsteuern lag der Wert bei Kriegsende noch über jenem von 1914.

4 Scheve/Stasavage, Taxing the Rich, S. 64.

5 Ebd., S. 83 f.

6 Sara Torregrosa-Hetland/Oriol Sabaté, Income Tax and War Inflation: Was the ›Blood Tax‹ Compensated by Taxing the Rich?, 2017 (Working Paper).

7 Maria Gómez-León/Herman de Jong, Distribution Dynamics in Turbulent Times: Income Inequality in Germany and Britain, 1900-1950, Groningen 2017 (GGDC Research Memorandum 170), S. 17.

Tabelle 22:
Entwicklung des Einkommensanteils des obersten Prozents im Ersten Weltkrieg

Dänemark	Frankreich	Deutschland	Niederlande	Schweden	Großbritannien	USA
+ 9,63	-1,05	+4,43	+0,99	-4,59	-2,56	-2,08

Quelle: Piketty/Saez/Zucman, Distributional National Accounts, Appendix Tables II (Distribution), Tabellen TB1 und TC1

Für die USA zeigen neuere Daten jetzt, dass die Abnahme des Anteils um zwei Prozentpunkte vor allem für das Nachsteuereinkommen galt, während das Vorsteuereinkommen fast konstant blieb.[8] Die größte Differenz bestand zwischen den beiden neutralen Ländern Dänemark und Schweden. Hier profitierten die Eliten davon, dass Deutschland zu hohen Preisen Waren aufkaufte. In beiden Ländern führte dies zu Kriegsbeginn zu einem Anstieg des Einkommensanteils der Spitzenverdiener. In Schweden führte die Regierung daraufhin jedoch eine Kriegsgewinnsteuer ein und erhöhte den Einkommensteuerspitzensatz. Dänemark führte zwar auch eine Kriegsgewinnsteuer ein, die bei Kriegsende fast die Hälfte der Steuereinnahmen ausmachte, aber das Steuersystem war insgesamt weniger progressiv als in Schweden.[9] Daher sind auch die Zahlen für die neutralen skandinavischen Länder letztlich als Hinweis auf die Umverteilungswirkung progressiver Steuern zu deuten.

Während im Hinblick auf Verschiebungen der Einkommensverteilung kein eindeutiger Trend auszumachen ist – in drei europäischen Ländern sank der Einkommensanteil des obersten Prozents, in drei anderen fiel er –, fehlt es bei der Vermögensverteilung an ausreichenden Daten, um deren Entwicklung einschätzen zu können. Für die meisten Länder sind die Abstände zwischen den Messpunkten zu groß, um zu bestimmen, ob eine Veränderung im oder erst nach dem Ersten Weltkrieg eintrat. In Dänemark scheint es bis Kriegsende auch bei dem Vermögensanteil des reichsten einen Prozents zu einem Anstieg gekommen zu sein. In Frankreich und

8 Piketty/Saez/Zucman, Distributional National Accounts, Appendix Tables II (Distribution), Tabellen TB1 und TC1.

9 Nils Arne Sørensen, Denmark, in: 1914-1918-online. International Encyclopedia of the First World War, issued by Freie Universität Berlin, Berlin 2014-10-08.

den USA scheint es erst einen Anstieg und dann in der zweiten Kriegshälfte einen leichten Rückgang gegeben zu haben. Nur für die Niederlande, Finnland und die Schweiz legen die vorhandenen Daten relativ eindeutig nahe, dass es im Krieg zu einem Rückgang des Anteils der Topvermögenden kam.[10] Thomas Piketty hat jedoch festgestellt, dass das Kapitalvermögen als Anteil des Nationaleinkommens sowohl in Großbritannien und Frankreich wie in Deutschland im Krieg deutlich abgenommen hat. Betrug der Wert des nationalen Kapitals 1910 in den drei Ländern noch das Sechs- bis Siebenfache des Nationaleinkommens, so war dies bei Kriegsende nur noch das Drei- bis Vierfache. Während es bei den drei Hauptkriegskontrahenten zu einer anteiligen Verringerung von 1913 bis 1919 von 180 (Deutschland) bis zu 425 Prozentpunkten kam, waren zwar auch bei den spät in den Krieg eingetretenen Vereinigten Staaten und bei den neutralen Ländern Schweden und Spanien deutliche Rückgänge von 112 (USA) bis 160 (Schweden) Prozentpunkten zu verzeichnen, die aber doch im Vergleich zu denen in den drei erstgenannten Nationen moderater ausfielen.

Grafik 25

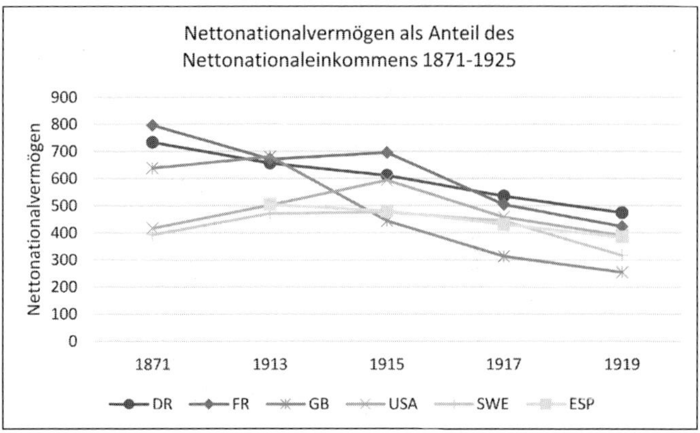

Quelle: World Inequality Database, ⟨https://wid.world/⟩ (Stand: Dezember 2018)

10 Jesper Roine/Daniel Waldenström, Long-Run Trends in the Distribution of Income and Wealth, in: Atkinson/Bourgoignon (Hg.), Handbook, Bd. 2, S. 469-592, hier S. 519-545.

Neben den Zerstörungen durch den Krieg selbst macht Piketty hierfür vor allem den Verlust ausländischer Vermögenswerte – insbesondere für Frankreich war die Weigerung der Sowjetunion, die Kredite des Zarenreiches zu begleichen, dramatisch – und die sehr schwache Sparquote verantwortlich.[11] Während Kriegszerstörungen und der Verlust von Auslandsvermögen vor allem die Wohlhabenden trafen, betraf die niedrige Sparquote breitere Bevölkerungsschichten, weil sich vielerorts auch kleine und mittlere Sparer im Krieg genötigt sahen, ihre Sparguthaben aufzulösen, um trotz der Inflation ihren Lebensstandard halten beziehungsweise das Notwendigste kaufen zu können. Darum musste die Kapitalvernichtung nicht notwendig zu einer Verringerung des Anteils der Top ein Prozent am Gesamtvermögen führen.

Besonders deutlich zeigt sich die kriegsbedingte Kapitalvernichtung, wenn die Entwicklung des Nationalvermögens pro Kopf der erwachsenen Bevölkerung in den Blick genommen wird. In Großbritannien blieb 1919 nur noch ein Drittel gegenüber dem 1913 vorhandenen Nationalvermögen übrig. In Frankreich und Deutschland halbierten sich die Vermögenswerte. Demgegenüber blieben die Rückgänge in den USA, Schweden und Spanien erneut geringer.

Grafik 26

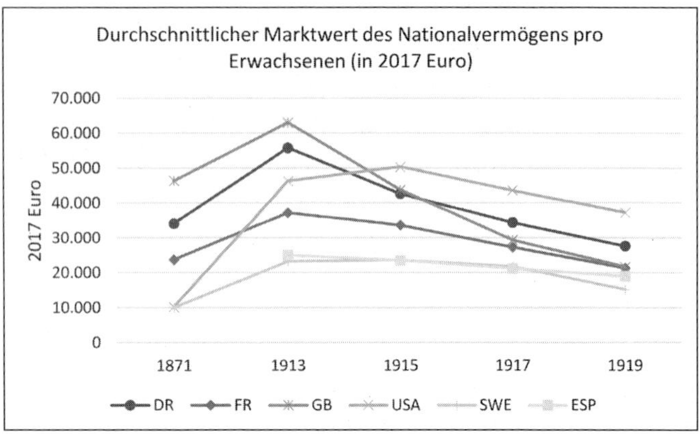

Quelle: World Inequality Database, ⟨https://wid.world/⟩ (Stand: Dezember 2018)

11 Piketty, Kapital, S. 196 f.

Die Tabelle dokumentiert auch den Aufstieg der USA. Zwar hatten die Einkommen in den USA das britische Niveau schon früh im 19. Jahrhundert erreicht, aber beim Aufbau von Vermögen lagen die USA noch deutlich zurück. Sie befanden sich auf einem Niveau mit Schweden und weit entfernt vom britischen oder auch dem deutschen Wert. Auch bei Kriegsbeginn hatten die USA erst drei Viertel des britischen Stands erreicht und selbst gegenüber Deutschland bestand noch ein deutlicher Rückstand. Am Kriegsende lag das Pro-Kopf-Vermögen in den USA indes fast doppelt so hoch wie in Großbritannien.

Der große Gleichmacher?

Insgesamt zeigt sich hinsichtlich der Entwicklung der Einkommens- und Vermögensverhältnisse ein gemischtes Bild. In den beiden angloamerikanischen Ländern und einigen skandinavischen Ländern scheint es – allerdings in unterschiedlichem Maße – zu einer Abnahme der Ungleichheit gekommen zu sein. Demgegenüber hat die Ungleichheit in Deutschland und Dänemark während des Krieges eher zugenommen. Hartmut Kaelble kommt bei der Untersuchung anderer Ungleichheitsdimensionen (Geschlechterrollen, Wohnen, Ernährung, medizinische Versorgung) zu dem Ergebnis, dass die Verhältnisse bestenfalls stabil geblieben, vermutlich aber ungleicher geworden seien.[12] Er urteilt deswegen: »Im Ganzen gesehen war der Erste Weltkrieg dagegen überhaupt keine Zeit der Abmilderung der sozialen Ungleichheit. […] Der Erste Weltkrieg passt daher nicht zu der These, nach der sich im Kapitalismus in den tiefen Krisen von Kriegen soziale Ungleichheit abmildert.«[13] Er argumentiert damit gegen die Thesen von Thomas Piketty, Kenneth Scheve/David Stasavage und Walter Scheidel.

Die entscheidende Frage in diesem Disput ist, welche Entwicklungen man dem Krieg zuschreibt und welche nicht beziehungsweise welchen zeitlichen Horizont man nach Folgen des Kriegs absucht. Festhalten lässt sich, dass es im Krieg selbst nur sehr bedingt zu einer Abmilderung der finanziellen Ungleichheit kam. Bis 1918

12 Kaelble, Mehr Reichtum, S. 36-40.
13 Ebd., S. 40.

wurden jedoch (insbesondere in den angloamerikanischen Ländern) die Sätze bei den Einkommen- und Erbschaftsteuern sowie den Kriegsgewinnsteuern in Höhen getrieben, die noch 1913 nahezu undenkbar gewesen waren. Es spricht wenig für die Annahme, dass ohne den Krieg selbst in einer Zeitspanne von zwanzig Jahren auch nur ähnliche Sätze erreicht worden wären. Von daher kann kaum ein Zweifel daran bestehen, dass der Krieg unmittelbare Auswirkungen auf steuerpolitische Entscheidungen hatte, die dann – notwendigerweise etwas zeitversetzt – maßgeblich zur Reduktion sozialer Ungleichheit beitrugen. Auch die deutsche Steuerreform von 1919/1920 lässt sich als Folge des Krieges verstehen, denn ohne die hohe Staatsverschuldung, die drohenden Reparationen und die hohen britischen Steuersätze hätte die Reform vermutlich eine andere Form angenommen. Schwieriger zu bewerten sind ähnliche Neuregelungen, zu denen es nach Kriegsende in neutral gebliebenen Staaten kam. Sicherlich wären diese Reformen ohne die kriegsbedingten Steuererhöhungen in den angloamerikanischen Ländern anders ausgefallen, doch hatten die neutral gebliebenen Länder weder eine Massenmobilisierung noch kriegsbedingt hohe Staatsschulden zu verkraften. Sie entschieden sich für ähnliche Reformschritte, weil sie die damit verbundenen Gerechtigkeitsvorstellungen teilten. Das spricht dafür, den Krieg nicht zu einseitig zum alles entscheidenden Faktor zu stilisieren, sondern auch die vor dem Krieg geführten Debatten sowie die bis dato durchgesetzten Reformen in ihrer Bedeutung zu ermessen – ohne allerdings die Bedeutung des Krieges für die Reduktion sozialer Ungleichheit so weitgehend zu relativieren, wie Hartmut Kaelble dies tut.

Teil III

Sozialliberale Gouvernementalität unter fragilen Bedingungen: Die Steuerpolitik der Weimarer Zeit (1919-1933)

Kapitel 8

Hyperinflation, Steuerflucht und die Krise sozialdemokratischer Steuerpolitik

Streit um den Steuerstaat: Die wissenschaftliche Debatte um die öffentlichen Finanzen am Ende des Ersten Weltkriegs

Gegen Ende des Ersten Weltkriegs legte die Debatte zwischen Rudolf Goldscheid und Joseph Schumpeter erste Grundlagen für eine noch weiter zu entwickelnde Finanzsoziologie.[1] Goldscheid kritisierte in dieser Debatte die herrschende Finanzwissenschaft massiv und bezeichnete sie als »Steuerrechtfertigungslehre«.[2] Vorderhand stritten Schumpeter[3] und er darüber, wie die für Österreich enormen Kriegslasten nach Beendigung der Kampfhandlungen am besten zu schultern seien. Doch beide holten dafür weit aus und blieben nicht bei den engeren Gegenwartsfragen, sondern untersuchten auch die historischen Entwicklungslinien und vor allem die Frage nach der gesellschaftlichen Bedeutung der Staatsfinanzen. Dabei nahm Goldscheid mit dem Titel seines Buches *Staatssozialismus oder Staatskapitalismus* deutlich Bezug auf die Kontroverse

1 Die Debatte ist deswegen immer wieder aufgegriffen und analysiert worden: Hickel, Einleitung: Krisenprobleme des »verschuldeten Steuerstaats«, in: Goldscheid/Schumpeter (Hg.), Finanzkrise, S. 7-39; Schui, Zum Begriff des Steuerstaats; Huhnholz, Ideengeschichte; ders., Was soll das heißen: »Steuerstaat«?, in: Jahrbuch Ökonomie und Gesellschaft 29 (2017), S. 15-48; Peukert/Prisching, Rudolf Goldscheid; Werner Heun, Die Entwicklung des Steuerstaatskonzepts in theoretischer und tatsächlicher Hinsicht, in: Ute Sacksofsky/Joachim Wieland (Hg.), Vom Steuerstaat zum Gebührenstaat, Baden-Baden 2000, S. 10-21, hier S. 12-15; Klaus-Martin Groth, Die Krise der Staatsfinanzen. Systematische Überlegungen zur Krise des Steuerstaats, Frankfurt am Main 1978, S. 28-37.

2 Rudolf Goldscheid, Staat, öffentlicher Haushalt und Gesellschaft [1926], in: ders./Schumpeter, Finanzkrise des Steuerstaats, S. 253-316, hier: S. 256. Siehe auch: Huhnholz, Ideengeschichte, S. 20.

3 Joseph Schumpeter, Krise des Steuerstaats [1918], in: ders./Schumpeter, Finanzkrise des Steuerstaats, S. 329-379.

zwischen Wagner und von Stein.[4] Von zentraler Bedeutung in der Auseinandersetzung zwischen Goldscheid und Schumpeter war der Begriff des Steuerstaats, der hier erstmalig theoretisch umrissen wurde.[5] In der Begriffsbestimmung lagen die beiden Kontrahenten kaum auseinander. Beide betrachteten den Steuerstaat als Ausdruck einer spezifisch modernen Staatlichkeit, die untrennbar mit der kapitalistischen Marktwirtschaft verknüpft sei, beide setzten dabei die Trennung der politischen von der ökonomischen Sphäre voraus.[6] Der Begriff des Steuerstaats diente mithin der Beschreibung des Beziehungskomplexes zwischen Besteuerung, Demokratie und Kapitalismus. Goldscheid und Schumpeter stimmten weiter darin überein, dass der Staat keine Ansprüche an die Wirtschaft stellen dürfe, deren Höhe das Wirtschaftswachstum gefährde. Unterschiedlich fielen aber die Gefahrenprognosen aus: Während Goldscheid den Steuerstaat als schwachen, von der Wirtschaftselite abhängigen Staat betrachtete, der zu seiner eigenen Reproduktion eher die Massensteuern erhöhen und die Ungleichheit verschärfen würde, sah Schumpeter die Gefahr, dass die Mehrheit der Bevölkerung eine so hohe Besteuerung der Wirtschaft fordern würde, dass die Steuerpolitik letztlich den Übergang vom Kapitalismus zum Sozialismus mit herbeiführen müsse. Diese beiden Bedrohungsszenarien haben bis heute wenig an Aktualität eingebüßt.

Die unterschiedlichen Gefahrenprognosen resultierten aus unterschiedlichen politischen Orientierungen. Goldscheid verlangte die »Repropriation des Staates«,[7] womit gemeint war, dass der Staat zum Unternehmerstaat werden sollte, um sich aus der Abhängigkeit von der Wirtschaftselite zu befreien. Seine Zielvorstellung basierte auf gemeinwirtschaftlichen Ideen, er selbst bezeichnete sein Ideal als »sozial orientierte[n] Staatskapitalismus«.[8] Damit distanzierte er

4 Rudolf Goldscheid, Staatssozialismus oder Staatskapitalismus [1917], in: ders./Schumpeter, Finanzkrise des Steuerstaats, S. 40-252.

5 Es wurde mehrfach darauf hingewiesen, dass der Begriff des Steuerstaats bereits von Albert Schäffle genutzt wurde. Bei ihm kam aber nur der Begriff »Steuerstaatslehre« vor, womit eine Disziplin umrissen wurde, die Staat und Steuern untersuchte. Nach dem Zusammenhang von Steuer- und Wirtschaftssystem und dem politischen Ordnungssystem wurde dort aber nicht explizit gefragt: Schui, Begriff, S. 119, Fn. 33.

6 Ebd., S. 114.

7 Goldscheid, Staatssozialismus, S. 43, ders., Staat, S. 262 f.

8 Goldscheid, Staatssozialismus, S. 70.

sich nicht nur von Adolph Wagner, sondern auch von einigen sozialistischen Vorstellungen der österreichischen Sozialdemokratie, der er ansonsten nahestand.[9] Insbesondere beklagte er die Staatsfeindlichkeit vieler Sozialisten, die sie in dieser Hinsicht den Liberalen ähnlich mache, weswegen Goldscheid Lassalle deutlich näher war als Marx.[10] Im Staatskapitalismus wollte er den Unternehmergeist erhalten,[11] wobei er aber auch Beamte zur Führung von Staatsunternehmen für geeignet hielt, weil »heute schon die Beamtenschaft die tüchtigsten Elemente des Volkes in sich schließt«.[12] Den zeitgenössischen Steuerstaat hielt er zur Lösung der damals drängenden Probleme für völlig ungeeignet. Wenn die Kriegsschulden durch Steuern aufgebracht würden, könnten die Kapitalbesitzer diese auch bei noch so progressiven Steuern letztlich auf die Bevölkerung abwälzen. Deswegen wäre kurzfristig eine Abgabe vom »werbenden Vermögen« notwendig, und zwar etwa in Höhe von einem Drittel des Gesamtvermögens.[13] Das werbende Vermögen ist derjenige Teil des betrieblichen Vermögens, der der eigentlichen Leistungserstellung dient. Goldscheid sah also eine Form der Naturalabgabe vor, die auf eine Teilverstaatlichung von Unternehmen hinauslief.[14] Er umriss das von ihm anvisierte Ausmaß und die konkrete Durchführung der Verstaatlichung allerdings nicht im Detail, sondern sprach von einem Drittel der Vermögen und der »Verstaatlichung der die Lebensnotwendigkeiten des Volkes sichernden Produktionsmittel«.[15] Mit dem besitzenden Staat, so Goldscheid, müsse sich auch die Finanzwissenschaft wandeln, weg von einer Steuerrechtfertigungslehre hin zu »einer Lehre vom öffentlichen Eigentum«.[16]

Sein Kontrahent Joseph Schumpeter kann bei Kriegsende am

9 Zu Goldscheids Biografie: Wolfgang Fritz/Gertraude Mikl-Horke, Rudolf Goldscheid. Finanzsoziologe und ethische Sozialwissenschaft, Wien 2007. Zur biopolitischen Seite der von Goldscheid entwickelten Grundlegung der Menschenökonomie: Ulrich Bröckling, Menschenökonomie, Humankapital. Eine Kritik der biopolitischen Ökonomie, in: Mittelweg 36, (2003) 1, S. 3-22.

10 Goldscheid, Staat, S. 278-280.

11 Goldscheid, Staatssozialismus, S. 162-169.

12 Ebd., S. 171

13 Ebd., S. 89.

14 Helge Peukert, Rudolf Goldscheid: Finanzsoziologie des Steuerstaates, in: ders./Prisching, Goldscheid, S. 11-80, hier S. 21 f.

15 Goldscheid, Staatssozialismus, S. 198.

16 Goldscheid, Staat, S. 314.

besten als undogmatischer Liberaler bezeichnet werden, der theoretisch allerdings fest auf dem Boden der Neoklassik stand.[17] Seine Lehrer Eugen von Böhm-Bawerk und Friedrich von Wieser gehörten zu den bedeutendsten Vertretern der österreichischen Schule der Nationalökonomie. Er hatte zudem früh angelsächsische wie romanische Vertreter der Neoklassik wie Alfred Marshall, Leon Walras oder Vilfredo Pareto gelesen. Schumpeter stimmte mit Goldscheid überein, dass die österreichischen Finanzprobleme bei Kriegsende am besten durch eine Abgabe gelöst werden könnten, weil dadurch auch die Inflation sofort wirksam eingedämmt würde. Allerdings sah Schumpeter nicht wie Goldscheid eine Natural-, sondern eine Kapitalabgabe vor und sprach sich dezidiert gegen die Verstaatlichung von Wirtschaftsunternehmen aus. Zudem sah er den Steuerstaat keineswegs am Ende. Ganz im Gegenteil hieß es bei ihm, dass »sich das System des Steuerstaats bisher allen an ihn gestellten Anforderungen gewachsen gezeigt hat«.[18] Der Steuerstaat war für ihn vorerst die beste Weise, um nun nach dem Krieg die zivile Güterproduktion nicht zu stören, sondern mit zu ermöglichen.[19] Den Staatskapitalismus, wie er Goldscheid vorschwebte, lehnte er ab, worin er sich mit Marx einig wähnte: Marx würde »lachen über jene seiner Jünger, die die ›Verwaltungswirtschaft‹ von heute – das Undemokratischste, das es gibt […] – als Morgenrot des Sozialismus begrüßen«.[20] Für Schumpeter konnte ein »sozialisiertes Gemeinwesen« erst entstehen, wenn die Wirtschaft florierte und ausreichend Kapital vorhanden war: »Ich pflege unserer Bourgeoisie keine Lorbeerkränze zu winden. Allein das, was jetzt nottut, gerade *das* kann sie.«[21] Schumpeter vertraute darauf, dass sich durch das Mehr an Wohlstand auch die soziale Sympathie vermehren und daraus ein »sozialisiertes Gemeinwesen« heraufziehen würde, in dem Privatunternehmen und Steuerstaat nicht mehr benötigt würden: »Über Privatunternehmung und Steuerstaat wächst […] die

17 Zu Schumpeter existiert eine große Zahl an Biografien. Am empfehlenswertesten sind: Richard Swedberg, Joseph A. Schumpeter. Eine Biographie, Stuttgart 1994; Thomas McCraw, Joseph A. Schumpeter. Eine Biografie, Hamburg 2008.

18 Schumpeter, Krise, S. 352.

19 Manfred Prisching, Josef Schumpeter und der Staatskapitalismus, in: Peukert/ders., Goldscheid, S. 81-136, hier S. 110.

20 Schumpeter, Krise, S. 370.

21 Ebd.

Gesellschaft hinaus: Das ist auch sicher.«[22] Diese Prophezeiung hat sich hundert Jahre später noch nicht erfüllt. Recht behielt Schumpeter aber mit seinem Urteil, dass der Steuerstaat robust war und noch manche Herausforderung würde meistern können. Allerdings blieb seine Vision eines (sozial-)liberalen Steuerstaats nach dem Ersten Weltkrieg in Deutschland und Österreich umkämpft, weil auch erhebliche Teile der Eliten die gelenkte Kriegswirtschaft als effektiv erlebt hatten und nur bedingt an die Vorzüge einer liberalen Verkehrswirtschaft glaubten.[23] Die ökonomischen Krisen nach Kriegsende trugen nicht dazu bei, diesen schnell wieder zu beleben.

Das Problem der österreichischen Kriegsschulden vermochte der Steuerstaat vorerst nicht zu lösen, und die geforderte Kapitalabgabe blieb aus. Schumpeter hatte dies schon geahnt: »Nur eine starke Regierung, auf breitester politischer Basis stehend, der Öffentlichkeit imponierend durch reale Macht und persönliches Gewicht, könnte sich an die Aufgabe wagen.«[24] Eine solche Regierung sollte sich in Österreich nicht finden, und so löste man das Problem durch die Inflation, die die Schulden abschmelzen ließ. Leidtragende waren jedoch dabei keineswegs vorwiegend die Kriegsgewinnler, die die Kapitalabgabe hatte treffen sollen, sondern breite Bevölkerungsschichten, insbesondere der sparende Mittelstand. Seit 1920 stellte in Österreich die Christlichsoziale Partei als stärkste Partei den Bundeskanzler. Sie wurde vor allem von der ländlichen Bevölkerung und vom Mittelstand gewählt, handelte mithin gegen die Interessen eines beträchtlichen Teils ihrer Wählerschaft.[25] Die setzte ihre Hoffnung zunehmend in autoritäre Lösungen – eine unheilvolle Entwicklung, wie sie sich in durchaus ähnlicher Form auch in Deutschland zeigen sollte.

22 Ebd., S. 371.

23 Leipold/Huhnholz, Entwicklung, S. 519.

24 Schumpeter, Krise, S. 360.

25 Fritz Weber, Zusammenbruch, Inflation und Hyperinflation. Zur politischen Ökonomie der Geldentwertung in Österreich 1918-1922, in: Helmut Konrad/Wolfgang Maderthaner (Hg.), Das Werden der Ersten Republik. ... der Rest ist Österreich, Wien 2008, Bd. 2, S. 7-32.

Finanzielle Fragilität und politische Instabilität

Deutschland hatte bei Kriegsende ähnliche Probleme wie Österreich. Die alte Ordnung war zerbrochen, die neue erwies sich als instabil. Andererseits war aber ein beeindruckender Wandel zu verzeichnen, denn als die erste deutsche Republik das Licht der Welt erblickte, hatten sich viele Ziele liberaler und sozialdemokratischer Reformer erfüllt. Der Kaiser hatte abgedankt, das Dreiklassenwahlrecht war zugunsten eines allgemeinen Wahlrechts, das nun auch für Frauen galt, abgeschafft. Eine demokratische Verfassung war in Vorbereitung, Sozialdemokraten und Gewerkschaften waren als Verhandlungspartner kaum mehr zu umgehen. Zwar gab es sozialistische Gruppierungen, die weiter gehen und ein Rätesystem errichten wollten, und auf der anderen Seite des politischen Spektrums bereiteten militaristische und faschistische Kräfte den Umsturz vor, aber die Republik konnte sich diesen Bedrohungen zum Trotz vorerst etablieren.

Bei der Wahl zur Nationalversammlung am 19. Januar 1919 errangen die demokratisch gesinnten Parteien einer Links-Mitte-Koalition einen überwältigenden Sieg. Die Koalition aus SPD, linksliberaler DDP und dem katholischen Zentrum (mit Bayerischer Volkspartei) kamen auf 330 von 423 Sitzen. Bei einer Wahlbeteiligung von über 83 Prozent hatte sich eine deutliche Mehrheit des deutschen Volkes für ein sozialliberales Reformprogramm entschieden. Die drei Grundpfeiler der Gleichheitsrevolution – die progressive Einkommensteuer, das Sozialversicherungssystem und die gewerkschaftliche Vertretungsmacht – wollten alle drei Parteien stärken.[26] Die sozialliberale Gouvernementalität hatte sich zuerst einmal auf ganzer Linie durchgesetzt.

Es gab jedoch von Beginn an viele Belastungen, die die junge Demokratie fragil erscheinen ließen. Eines der zentralen Probleme waren die öffentlichen Finanzen, um die es alles andere als gut stand. Die Republik startete mit hohen Schulden, einem enormen Ausgabebedarf etwa durch Zahlungen an demobilisierte Soldaten

26 Die gewerkschaftliche Vertretungsmacht wurde in den folgenden Jahren stark ausgebaut. Das so entstandene Arbeitsrecht mit seinen Formen der Mitbestimmung sowie der staatlichen Garantie der Tarifbeziehung bildete eine Besonderheit, die in ähnlicher Form in der Weimarer Zeit höchstens noch in Österreich und der Tschechoslowakei entstand: Plumpe, Kalte Herz, S. 326f.

und Kriegsversehrte und einem auf diese Herausforderungen nur ungenügend vorbereiteten Steuersystem. Zudem drohten hohe Reparationszahlungen. All dies belastete die Republik in erheblichem Maße und ließ die sozialliberale Gouvernementalität auf tönernen Füßen stehen.

Aber die Misere hatte auch einen großen Vorteil: Alle relevanten Parteien sahen Handlungsbedarf bezüglich des Steuersystems und es herrschte große Einigkeit darüber, dass das Reich stärkeren Zugriff auf die direkten Steuern und insbesondere auf die Einkommensteuer erlangen musste. Die Motive hierfür mochten höchst unterschiedlich sein – während die Sozialdemokraten entsprechende Forderungen seit langem erhoben und mit Hoffnungen auf Umverteilung verbanden, sah die DNVP die finanzpolitische Stärkung des Reichs als Voraussetzung, um ihm im nächsten Krieg zu besseren Chancen zu verhelfen –, in der Sache herrschte überraschendes Einvernehmen. Nur durch den Krieg und die akute Notlage ergab sich die Möglichkeit, den Widerstand der Bundesstaaten gegen umfassende direkte Reichssteuern zu überwinden, der die deutsche Finanzpolitik so lange geprägt hatte. Dadurch konnte ein enormer Konzentrationsprozess in Gang gesetzt werden, der in Frankreich und England längst stattgefunden hatte. Die ökonomische Macht des Staates versammelte sich nun viel stärker in Berlin und sehr viel weniger in München, Dresden, Hamburg oder Stuttgart. Auf der Ebene der öffentlichen Finanzen bildete die Errichtung eines zentralen Reichsfinanzministeriums mit einem großen Beamtenapparat den sichtbarsten Ausdruck dieses Wandlungsprozesses.

Gleichzeitig prägten aber auch die Erfahrungen der militarisierten Gouvernementalität die junge Demokratie. Im Krieg war der ordentliche Vollzug des Haushalts weitgehend ausgesetzt worden, und in der Frühphase der Weimarer Republik verhielt es sich nicht anders. Der Haushaltsplan für 1925 war der erste seit Kriegsbeginn, der den Parlamentariern pünktlich zuging.[27] Bis dahin blieb die deutsche Haushaltspolitik von Interimsbudgets und Maßnahmegesetzen geprägt.[28] Das lag nicht nur an den schwierigen Finanzverhältnissen, sondern auch daran, dass Vertreter von Reichsregie-

27 Stefanie Middendorf, Macht der Ausnahme. Reichsfinanzministerium und Staatlichkeit (1919-1945), Berlin 2022, S. 221.

28 Ebd., S. 98.

rung und Ministerialbürokratie beständig das Gefühl verbreiteten, sie befänden sich in einem Kampf um das Überleben des Staates. Dieses Gefühl rechtfertigte aus ihrer Sicht die Außerkraftsetzung des vorgesehenen Verfahrens, an dessen Stelle Notverordnungen und Ermächtigungen traten.[29] Martin H. Geyer hat betont, dass für die politische Führungsschicht des Kaiserreichs das Gefühl des permanenten Belagerungszustands prägend gewesen sei. Das evozierte ein Bild vom Staat als einer von innen wie außen attackierten Festung.[30] In der Weimarer Republik sei diese Vorstellung von der Idee eines Ausnahmezustandes abgelöst worden, die einer emphatischen Selbstermächtigung zur Wiederherstellung der Ordnung das Wort redete.[31] In der Phase der erfolgreichen Stabilisierung nach der Inflation 1923 geriet diese Stimmung in den Hintergrund, doch zeigte sich in der Weltwirtschaftskrise, dass sie sich sehr schnell reaktivieren ließ.[32] Sie prägte die mentale Disposition vieler Spitzenkräfte in Politik und Ministerialbürokratie, was dazu beitrug, dass der Ausnahmezustand ab 1930 permanent werden konnte.

Die Reformen unter Finanzminister Erzberger

Als am 11. August 1919 die neue Verfassung des Deutschen Reiches verabschiedet wurde, hieß es in Artikel 8: »Das Reich hat ferner die Gesetzgebung über die Abgaben und sonstigen Einnahmen, soweit sie ganz oder teilweise für seine Zwecke in Anspruch genommen werden. Nimmt das Reich Abgaben oder sonstige Einnahmen in

29 Ebd., S. 94 f.; Hans-Dieter Kimmel, Der Belagerungs- und Ausnahmezustand im Deutschen Reich von 1919-1921, Göttingen 1971.

30 Martin H. Geyer, Grenzüberschreitungen. Vom Belagerungszustand zum Ausnahmezustand, in: Stefan Kaufmann/Niels Weber/Lars Koch (Hg.), Erster Weltkrieg. Kulturwissenschaftliches Handbuch, Stuttgart 2014, S. 341-384, hier S. 344. Besonders verbreitet war das Gefühl der Belagerung bei der preußischen Polizei: Alf Lüdtke, »Gemeinwohl«, Polizei und »Festungspraxis«. Staatliche Gewaltsamkeit und innere Verwaltung in Preußen 1815-1850, Göttingen 1982.

31 Geyer, Grenzüberschreitung, S. 370.

32 Martin H. Geyer, What Crisis? Speculation, Corruption, and the State of Emergency during the Great Depression, in: Bulletin of the German Historical Institute Washington, DC, Bd. 55 (2014), S. 9-35; Middendorf, Macht der Ausnahme, S. 374-409.

Anspruch, die bisher den Ländern zustanden, so hat es auf die Erhaltung der Lebensfähigkeit der Länder Rücksicht zu nehmen.« Damit erhielt das Reich die durch den vagen Verweis auf die Rücksichtnahme kaum begrenzte Möglichkeit zur Gesetzgebung im Bereich der direkten Steuern. Die Position des vormaligen Staatssekretärs des Schatzministeriums wurde durch die Umbenennung in Reichsfinanzminister gestärkt, zumal die Weimarer Verfassung die jeweils selbständige und eigenverantwortliche Leitung der Ministerien festlegte und die Position der Minister dadurch vergleichsweise stark war.[33] Die neue Verfassung gewährte dem Finanzminister aber keine besonderen Rechte, etwa Vetorechte gegenüber kostenintensiven Vorhaben anderer Minister, wie sie der preußische Finanzminister seit längerem besaß. Reichsfinanzminister Erzberger versuchte 1919 ein Vetorecht zu erlangen, scheiterte aber am Widerstand seiner Kabinettskollegen. Erst sein Nachfolger, Joseph Wirth, konnte ihnen mit einer Rücktrittsdrohung ein Vetorecht bei kostenverursachenden Haushaltsvorschlägen abtrotzen. Fortan konnte ein Veto des Finanzministers nur von der Kabinettsmehrheit unter Zustimmung des Reichskanzlers aufgehoben werden. Wenn sich Finanzminister und Reichskanzler in der Ablehnung einig waren, konnten sie auch alle anderen Minister gemeinsam nicht überstimmen.[34]

Nachdem seine beiden Vorgänger als Finanzminister, die beiden DDP-Politiker Eugen Schiffer und Bernhard Dernburg, die Vorplanungen für eine große Steuerreform entschieden vorangebracht hatten, blieb es dem Zentrumspolitiker Matthias Erzberger, in seiner kurzen Zeit als Finanzminister vom Juni 1919 bis zum März 1920 eine Anzahl von Steuergesetzen durch das Parlament zu bringen, die zusammengenommen bis heute als bedeutendste Steuerreform der deutschen Geschichte angesehen werden.[35] Dies war auch möglich, weil Erzberger im Gegensatz zur Mehrheit in seiner Partei

33 Christian Waldhoff, Finanzrecht, in: Rüdiger Voigt (Hg.), Aufbruch zur Demokratie. Die Weimarer Reichsverfassung als Bauplan für eine demokratische Republik, Baden-Baden 2020, S. 773-784.

34 Peter-Christian Witt, Reichsfinanzminister und Reichsfinanzverwaltung. Zum Problem des Verhältnisses von politischer Führung und bürokratischer Herrschaft in den Anfangsjahren der Weimarer Republik (1918/19-1924), in: Vierteljahrshefte für Zeitgeschichte 23 (1975) 1, S. 1-61, hier S. 37.

35 Siehe beispielhaft: Alex Möller, Reichsfinanzminister Matthias Erzberger und sein Reformwerk, Bonn 1971.

überzeugter Unitarier war.[36] Erzbergers Leistung lag weniger in der Ausgestaltung der Reform als darin, wie schnell und geschickt er sie dank seiner Energie und Überzeugungskraft durch das Gesetzgebungsverfahren schleuste.[37] Die Reformen brachten gleich drei wesentliche Änderungen des Finanzsystems: eine Neugestaltung des Steuerwesens, des Finanzausgleichs und des Verwaltungsapparates.

Das Gesetz über die Reichsfinanzverwaltung schuf eine einheitliche Finanzverwaltung, die von der Berliner Zentrale aus gelenkt wurde. Dem Reichsfinanzministerium unterstanden fortan 26 Landesfinanzämter mit etwa 1000 Finanzämtern. Damit verfügte die Reichsebene zum ersten Mal seit dem Mittelalter wieder über eine eigenständige Finanzverwaltung.[38] Personell stockte man die Zentrale erheblich auf. Während das vorherige Reichsschatzamt noch 1918 nur 145 Beschäftigte hatte, stieg die Anzahl der im Reichsfinanzministerium Beschäftigten auf 863 (1922) und 990 (1926).[39] Durch die Schaffung der Reichsverwaltung und weitere Regelungen in der Reichsabgabenordnung stellte das Reichsfinanzministerium klar, dass nun alle politischen Stellen und Ämter von der Steuerermittlung ausgeschlossen wurden, so dass etwa die preußischen Landräte hier jeglichen Einfluss verloren.[40] Zudem installierte man den Reichsfinanzhof als letzte Instanz der Finanzgerichtsbarkeit ebenfalls auf Reichsebene.

Im Hinblick auf den Finanzausgleich zwischen Gemeinden, Ländern und Reich schaffte die Reform bei den Steuern das bislang geltende Trennsystem zugunsten eines neuen Verbundsystems ab. Die bedeutendsten Steuern konstruierte man als Gemeinschaftsteuern, deren Einnahmen auf die drei Ebenen verteilt wurden. Dadurch hatten alle drei Ebenen ein Interesse daran, dass die Steuern

36 Heinrich August Winkler, Weimar 1918-1933. Die Geschichte der ersten deutschen Demokratie, München 2018 (5. Auflage), S. 109.

37 Klaus Epstein, Matthias Erzberger und das Dilemma der deutschen Demokratie, Frankfurt am Main 1976, S. 381-383; Stefan Bach/Marc Buggeln, Geburtsstunde des modernen Steuerstaats in Deutschland 1919/1920, in: Wirtschaftsdienst 100 (2020) 1, S. 42-48, hier S. 44.

38 Joe Weingarten, Finanzverwaltung und Gesetzesvollzug. Anforderungen, Probleme und Vorgehen der Steuerverwaltung bei der Anwendung steuerrechtlicher Normen, Opladen 1993, S. 33.

39 Middendorf, Macht der Ausnahme, S. 48 und 190.

40 Metzger/Weingarten, Einkommensteuer, S. 164.

ertragreich waren. Zudem verzahnte man die Ebenen etwas besser als im Kaiserreich, wobei das Reich aber weiterhin nur wenig Durchgriff auf eine mögliche Verschuldungspolitik von Ländern und Gemeinden hatte. Ein Nachteil war, dass die betreffenden Aufteilungssätze beständig nachverhandelt wurden, was ein weiteres Element der Instabilität darstellte.

Grafik 27

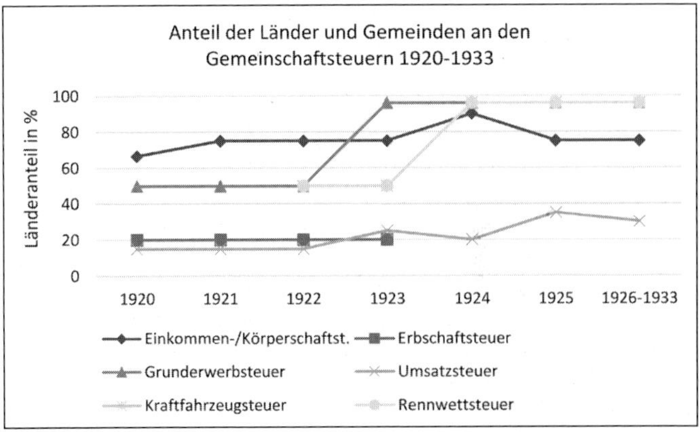

Quelle: Mark Hacker, Gibt es »Gerechtigkeit« in der Steuerpolitik? Der politisch-philosophische Diskurs über Recht und Gerechtigkeit am Beispiel der Entstehung des modernen Einkommensteuerrechts in der Weimarer Republik, Berlin 2013 (Diss. FU Berlin), S. 114

Nicht in das Verbundsystem aufgenommen wurden vor allem die Ertragsteuern, die das zentrale Mittel der Gemeindefinanzierung blieben. Den Widerstand insbesondere der großen süddeutschen Länder zu überwinden, war zweifelsohne die schwierigste Aufgabe, vor die Erzberger sich gestellt sah. Er meisterte sie, indem er einige Zugeständnisse in Fragen der Länderhoheit bei der Steuerverwaltung[41] machte und den reformkritischen Landesfinanzministern

41 Besprechung des Reichsfinanzministers mit Vertretern der Länder am 13. 7. 1919, in: Akten der Reichskanzlei. Weimarer Republik, Das Kabinett Bauer, Bd. 1, S. 106-116.

eine Ernennung zu Landesfinanzamtspräsidenten auf Lebenszeit in Aussicht stellte, sollten sie der Reform zustimmen.[42]

Der Aufbau einer einheitlichen Finanzverwaltung erwies sich in der Praxis als schwierig, weil bis 1919 sehr unterschiedliche Traditionen bei der Steuererhebung vorgeherrscht hatten. Erste Festlegungen traf die »Vorläufige Geschäftsanweisung für die Finanzämter« vom 28. Mai 1921. Darin war ein viergliedriger Aufbau vorgesehen: Vom Amtsleiter zum Gruppenleiter über die Dezernenten (später Sachbearbeiter) zu den Expedienten (später Bezirksbearbeiter). 1925 reduzierte die »Geschäftsordnung für die Finanzämter« die Gliederung auf drei noch heute gültige Ebenen: Finanzvorsteher – Sachbearbeiter – Bezirksbearbeiter. Den Umgang mit den Steuerbürgern regelte man in den Anordnungen kaum, sondern überließ ihn weitgehend eingeübten lokalen Praktiken und Gewohnheiten. Nur hinsichtlich der schriftlichen Kommunikation erfolgten einige Anweisungen, die zeigen, dass es dem Reichsfinanzministerium vor allem um eine zügige und rationelle Aufgabenerledigung ging: »Der schriftliche Verkehr ist in einfachster Weise zu gestalten. Förmliche Einleitungen sind wegzulassen. Vordrucke sind in weitestem Umfange zu benutzen. Auf Einschränkung des Schreibwerks ist Bedacht zu haben. […] Berichte und Schreiben sind in der Ich-(Einzahl-)Form abzufassen. Von mechanischen Hilfsmitteln (Schreibmaschinen, Stempel, Hektographen usw.) ist ausgiebiger Gebrauch zu machen.«[43]

Die neuen Steuergesetze

Im Mittelpunkt der Reform stand aber das Steuerwesen, das vierzehn der insgesamt sechzehn Gesetze betraf. Ein Ziel der Reform war es, ein reichseinheitliches Steuersystem zu schaffen, so dass deutsche Bürger mit gleich hohem Einkommen überall in Deutschland eine ähnlich hohe Last zu tragen hatten. Zum Abbau des hohen Defizits und zur Bezahlung der Reparationen waren auch mehrere einmalige oder nur befristet erhobene Abgaben vorgesehen, darunter jene auf Einkommens- und Vermögenszuwächse im Krieg.

42 Witt, Reichsfinanzminister, S. 48 f.

43 Zit. nach: Weingarten, Finanzverwaltung, S. 53.

Besonders umstritten war aber das »Reichsnotopfer«, das letztlich eine progressiv ansteigende Vermögensteuer mit einem Spitzensatz von 65 Prozent war.[44] Bei den langfristig erhobenen Steuern blieb die im Krieg eingeführte Umsatzsteuer weitgehend unverändert. Die neu eingeführte Kapitalertragsteuer, die als Doppelbesteuerung kritisiert wurde, gehörte zu den umstrittensten Elementen des Gesetzespakets. Ein im Parlament überraschend wenig thematisierter Punkt war die deutliche Erhöhung der Sätze der Erbanfallsteuer sowie der Einführung einer Nachlasssteuer, Reformen, die im Kaiserreich von den Konservativen durchgängig aufs Schärfste bekämpft worden waren. Erstmalig fielen nun auch die Ehegatten und die Kinder unter die Steuerpflicht. Für sie galt ein mit der Höhe der Erbschaft progressiv ansteigender Satz, der von 4 bis 35 Prozent reichte. Für entfernte Verwandte galt ein Höchstsatz von 70 Prozent, der sogar auf 90 Prozent ansteigen konnte, wenn der Empfänger bereits über ein Vermögen von mehr als 100 000 Mark verfügte.[45] Der wichtigste Gesetzentwurf war aber zweifelsohne derjenige zur Einführung der ersten progressiven Einkommensteuer auf Reichsebene. Er sah unter anderem die Erhöhung des Spitzensteuersatzes auf 60 Prozent vor. Bedenkt man, dass der Spitzensatz bei der preußischen Einkommensteuer 1913 bei lediglich 4 Prozent und in den meisten anderen Bundesstaaten auch nicht höher gelegen hatte und dass es im Krieg, wenn überhaupt, nur zu moderaten Steigerungen des Spitzensatzes gekommen war, hätte dies unter normalen wirtschaftlichen Bedingungen die mit Abstand größte Steuererhöhung in der deutschen Geschichte dargestellt. Deutschland folgte damit den angloamerikanischen Staaten, die bereits im Krieg ihre Einkommensteuerspitzensätze in diese Regionen gehievt hatten (Großbritannien 60 Prozent, USA 77 Prozent, Kanada 72 Prozent), wobei in diesen Ländern nach Kriegsende diese Sätze wieder abgesenkt wurden.[46] Bei der ersten Lesung des Einkommensteuergesetzes, das zusammen mit dem Landessteuergesetz und dem Kapitalertragsteuergesetz eingebracht wurde, gab es aus den Regierungsfraktionen aber keine Kritik am Spitzensteuersatz. Stattdessen wurde von Zentrum und DDP eine Anhebung des steuerfreien Existenzminimums von 1000

44 Bach/Buggeln, Geburtsstunde, S. 46 f.; Winkler, Weimar, S. 110.

45 Beckert, Unverdientes Vermögen, S. 270 f.

46 Scheve/Stasavage, Taxing the Rich, S. 78.

auf 1500 Mark gefordert und letztlich auch durchgesetzt, während die SPD überraschenderweise keine Satzänderungen verlangte.[47] Die bürgerlichen Oppositionsparteien DVP und DNVP kritisierten dagegen die hohe Besteuerung des Kapitals, die aus ihrer Sicht langfristig den Arbeitswillen der Unternehmer untergraben müsse. Interessanterweise richtete sich ihre Kritik aber weniger gegen den Spitzensatz der Einkommensteuer als gegen das Notopfer und die Kapitalertragssteuer. Der DNVP-Abgeordnete Adelbert Düringer formulierte seine Kritik dabei ganz in der staatssozialistischen Tradition von Albert Schäffle und Adolph Wagner:

> Den Mammonismus, den sogenannten amerikanischen Kapitalismus, haben wir immer bekämpft, haben meine Freunde auf der rechten Seite des Hauses immer beanstandet. Von der rechten Seite des früheren Reichstages wurden die Wuchergesetze und Börsengesetze beantragt. Wer in einseitigem Fanatismus auch den für unser Wirtschaftsleben unentbehrlichen Kapitalismus zerstört, der untergräbt die stärkeren Wurzeln unseres Wirtschaftslebens und macht dadurch den Sozialismus unmöglich. Das geschieht aber, ob bewußt oder unbewußt, in den neuen Steuergesetzen.[48]

Nicht nur in der NSDAP, sondern auch in der DNVP war die Idee eines nationalen Sozialismus verbreitet, wobei Düringer offensiv vertrat, dass dieser mit dem Kapitalismus zu versöhnen sei.

Im Steuerausschuss und in der zweiten und dritten Lesung des Gesetzes stand dann vor allem der anvisierte direkte Abzug der Lohnsteuer vom Lohn im Mittelpunkt. Insbesondere die DNVP und die DVP lehnten das Vorhaben ab, weil sie dadurch einen zu großen Verwaltungsaufwand auf die Unternehmen zukommen sahen. Auch einige Angehörige der Regierungsparteien waren skeptisch, weil sie in der vorgezogenen Zahlungspflicht der Lohnabhängigen eine deutliche Benachteiligung erblickten. Für die Reform sprachen die erhebliche Verfahrensvereinfachung für die Verwaltung und die Vermeidung von Protesten, zu denen es immer wieder kam, wenn die Steuerbehörden zur Begleichung von Steuerrückständen ganze Wochenlöhne beschlagnahmten. Die Mehrheit der Regierungsfraktionen entschied sich deswegen für den direkten Lohnsteuerabzug, dessen Nachteile sie als nicht so gravierend an-

47 122. Reichstagssitzung vom 5. 12. 1919, in: Reichstagsprotokolle, Bd. 331, S. 3878-3884.

48 123. Reichstagssitzung vom 6. 12. 1919, in: ebd., S. 3889.

sahen, zumal ursprünglich nur ein Teil der abhängig Beschäftigten überhaupt steuerpflichtig gewesen wäre. Damit beschloss die Mitte-Links-Koalition jene Regelung, die bis zum Ende der Inflation zur stärksten Belastung für die abhängig Beschäftigten werden sollte, während die Rechtsparteien diese Änderung ablehnten. Denn die Inflation trieb in der Folgezeit fast alle Normalverdiener über das steuerfreie Existenzminimum, und dadurch, dass sie die Lohnsteuer direkt entrichteten, hatten sie erhebliche Nachteile gegenüber den Einkommensteuerveranlagten, deren Steuerbeträge auf das Einkommen des Vorjahres bei Erreichen der Zahlungspflicht inflationsbedingt erheblich an Wert eingebüßt hatten. Ein ungewollter Effekt der Inflation, den die regierenden Politiker nicht vorhergesehen hatten.

Deutschland war weltweit der erste Staat, der das Verfahren einführte. Als nächster folgte mit weitem zeitlichen Abstand 1933 das faschistische Italien, während die angloamerikanischen Demokratien es erst im Zweiten Weltkrieg etablierten. Aufgrund der nachteiligen Effekte für die Lohnabhängigen in Zeiten der Inflation könnte man annehmen, dass die Einführung andernorts an der Arbeiterbewegung gescheitert wäre, doch das Gegenteil war der Fall. Gerade in den USA und Großbritannien scheiterte ein früherer Übergang zum Lohnsteuerabzug am Widerstand der Industrie, die den damit verbundenen Verwaltungsaufwand scheute. Demgegenüber forderten die Gewerkschaften fast überall den Lohnsteuerabzug, weil es die Arbeiterschaft davon befreite, Geld für die Steuer zurücklegen zu müssen, was häufig nicht gelang und dann zur Verschuldung mit hohen Zinsen führte. Zudem entlastete es viele Arbeiterinnen und Arbeiter von Papierkrieg und dem Kontakt mit den Steuerbehörden.[49] Gleichzeitig war die Einführung aber auch die Voraussetzung dafür, dass die Besteuerung der Geringverdiener vergleichsweise geräuschlos gesteigert werden konnte.

Neben dem direkten Lohnabzug wurden mit dem neuen Einkommensteuergesetz eine Reihe weiterer Änderungen eingeführt, die zum Teil bis heute Bestand haben. Die Einkommensteuer zahl-

49 Isaac William Martin, Working-Class Power and the Taxation of Current Earnings: Danish Pay-As-You-Earn Income Tax in Comparative Perspective, in: Gisela Hürlimann/W. Elliot Brownlee/Eisaku Ide (Hg.), Worlds of Taxation. The Political Economy of Taxing, Spending, and Redistribution since 1945, Cham 2018, S. 73-98.

ten nun nur noch natürliche Personen, so dass Unternehmen fortan die separate Körperschaftsteuer zu entrichten hatten. Für die Festlegung des jährlichen Steuerbetrags zählte nur noch das Einkommen des Vorjahres und nicht mehr das im Durchschnitt mehrerer Jahre erzielte. Jede Form von externer Steuerschätzung wurde abgeschafft. Alle Steuerpflichtigen hatten fortan selbst Steuererklärungen abzugeben. Zudem verschärfte man den 1896 eingeführten Depotzwang, der Halter von Aktien nötigte, diese bei Banken zu deponieren, um die Identität der Eigner festzuhalten. Die Banken waren nun angehalten, diese Daten an die Steuerbehörden zu melden, um die Nichtdeklaration von Kapitaleinkommen zu verhindern.[50]

Eine weitere Neuerung war die Abweichung von der generellen Haushaltsbesteuerung bei Verheirateten. Mit der Novelle vom 24. März 1921 zum Einkommensteuergesetz von 1920 löste man die Einkommen von Ehefrauen, die abhängig beschäftigt in einem nicht dem Ehemann gehörenden Betrieb arbeiteten, aus der Zusammenveranlagung heraus, wodurch sich die Steuerbelastung für Doppelverdienerpaare senkte.[51] In der parlamentarischen Debatte spielte diese gewichtige Änderung indes keinerlei Rolle und wurde noch nicht einmal erwähnt.[52] Allerdings behielt man die Haushaltsbesteuerung in der Einkommensteuer bei, wenn die Frauen im Betrieb des Mannes oder selbständig arbeiteten.[53] In diesem Fall rechnete man beide Einkommen zusammen und legte den Satz der damit erreichten höheren Progressionsstufe zugrunde. Doppelverdienerpaare, die unter diese Regelung fielen, mussten dadurch mehr Steuern zahlen als zwei Einzelverdiener mit vergleichbaren Einkommen. Den Hintergrund für diese Einteilung bildeten die

50 Siegfried Sichtermann, Bankgeheimnis und Bankauskunft. Systematische Darstellung mit besonderer Berücksichtigung der Rechtsprechung und unter Heranziehung ausländischen Rechts, Frankfurt am Main 1957, S. 61-67.

51 § 16 der Novelle zum Einkommensteuergesetz von 1920 vom 24. 3. 1921, in: RGBl (1921), S. 315. Siehe auch: Christine von Oertzen, Teilzeitarbeit und die Lust am Zuverdienen. Geschlechterpolitik und gesellschaftlicher Wandel in Westdeutschland 1948-1969, Göttingen 1999, S. 188.

52 1. Beratung am 22. 1. 1921, 2. Beratung am 19. 3. 1921.

53 1925 wurden auch selbständig tätige Frauen aus der Haushaltsbesteuerung entlassen: Einkommensteuergesetz 1925, § 6 Abs. 3 und § 22 Abs. 4, in: RGBl (1925) I, S. 190 und 194.

damals vorherrschenden Gerechtigkeits- und Familienauffassungen. Während heute eine vielköpfige Familie eher als finanzielle Belastung angesehen wird, galten Großfamilien durch die Möglichkeiten gegenseitiger Unterstützung damals als leistungsstärker, weswegen man davon ausging, dass eine höhere Steuerlast für sie im Einklang mit dem Prinzip der Besteuerung nach Leistungsfähigkeit stand.

Bilanzierend ist festzuhalten, dass die unter Erzberger verabschiedeten Reformgesetze die Grundlage für ein modernes und einheitliches Steuersystem schufen.[54] Ein so tiefgreifender Umbau in so kurzer Zeit konnte nur gelingen, weil die Notsituation angesichts der hohen Verschuldung sowie der drohenden Reparationslasten einen mächtigen Antrieb darstellten, schnell hohe Steuererträge zu generieren. Durch die hohe Geschwindigkeit, mit der die große Zahl an Gesetzen durch den Gesetzgebungsprozess gebracht wurde, waren viele Regelungen mit heißer Nadel gestrickt. Vieles in den Details erwies sich langfristig als nicht tragbar und wurde entsprechend modifiziert. Auch wenn sich viele Vertreter der deutschen Wirtschaft angesichts der hohen Schulden sowie der Reparationsforderungen der Notwendigkeit von Steuererhöhungen sehr wohl bewusst waren, so führte die Reform in Wirtschaftskreisen zu deutlich schärferer Kritik als bei den konservativen Parteien.[55] Den bereits vorhandenen Hass auf Erzberger verstärkte die Reform jedoch erheblich weiter. Erst wurde er vom vormaligen Staatssekretär im Schatzamt und jetzigen DNVP-Reichstagsabgeordneten Karl Helfferich mit Anschuldigungen überzogen. Der von Erzberger angestrengte Beleidigungsprozess endete auch aufgrund eines konservativen Richters zumindest politisch mit einer Niederlage

54 Zu einem Versuch der Analyse der Reform mit dem Gouvernementalitäts-Konzept: Martin Nonhoff/Frieder Vogelmann, Die Normalisierung von Einkommensteuern. Eine Analyse der Einführung der Reichseinkommensteuer 1919/1920, in: Zeitschrift für Diskursforschung 3 (2015) 1, S. 5-28. Die Analyse gerät aber, wie bei vielen Gouvernementalitäts-Studien, zu glatt im Sinne eines rundum gut funktionierenden Staates, der seine Bürger erfolgreich diszipliniert und normalisiert. Völlig aus dem Blick gerät dabei, dass viele Bürger und Arbeiter sich jahrelang für die Erhöhung der Progressionswirkung eingesetzt hatten.

55 Niall Ferguson, Paper and Iron. Hamburg Business and German Politics in the Era of Inflation, 1897-1927, Cambridge 1995, S. 275; Plumpe, Duisberg, S. 373-375.

für ihn.[56] Doch der Hass eskalierte weiter und im August 1921 ermordeten zwei Mitglieder der rechtsextremen Organisation Consul sowie des Freikorps Oberland Erzberger.[57]

Die Finanzpolitik bis zur Hyperinflation 1923

Die SPD-geführte Koalition, die die Steuergesetze auf den Weg gebracht hatte, konnte sich nicht lange halten. Bei der Wahl zum Reichstag im Juni 1920 verloren sowohl die SPD wie auch die DDP über zehn Prozent der Stimmen, während USPD, DVP und DNVP erhebliche Zuwächse verzeichneten. Kapp-Putsch, Ruhraufstand, Steuerreform und Versailler Vertrag hatten dazu geführt, dass die Wähler sich vom linksliberalen Zentrum weg zu den Rändern des politischen Spektrums bewegten. Die klare Dominanz der sozialliberalen Mitte, die die Gründungsphase der Republik geprägt hatte, sollte sich in der Weimarer Zeit nicht mehr einstellen. Es bildete sich schließlich eine bürgerliche Minderheitsregierung aus DDP, Zentrum und DVP, während die SPD die Regierungsbeteiligung verweigerte. Das neue Kabinett sollte sich nicht lange halten, und bis zur nächsten Reichstagswahl 1924 gab es sieben Kabinette mit meist sehr kurzer Amtsdauer. Die politische Instabilität trug dazu bei, dass auf dem Gebiet der Steuergesetzgebung wenig Grundlegendes passierte. Die bedeutendste Veränderung war, dass wesentliche Teile der Erbschaftsteuerreform von 1919 rückgängig gemacht wurden. Die Nachlasssteuer wurde wieder abgeschafft. Zudem halbierte man den Höchstsatz der Erbanfallsteuer bei den nächsten Verwandten, was vor allem erbenden Kindern zugutekam, denn die Ehegatten wurden mit der Reform bis auf wenige Ausnahmen ohnehin wieder ganz steuerfrei gestellt.[58]

Die erste Veranlagung nach den neuen Steuergesetzen zeitigte

56 Norman Domeier, Der Sensationsprozess Erzberger-Helfferich. Die Verquickung politischer und wirtschaftlicher Interessen in der Weimarer Republik, in: Haus der Geschichte Baden-Württembergs (Hg.), Matthias Erzberger. Ein Demokrat in Zeiten des Hasses, Karlsruhe 2013, S. 158-183.

57 Marc Buggeln, 100 Jahre Finanzministerium auf der zentralstaatlichen Ebene, in: Steuer und Wirtschaft 97 (2020), S. 156-163, hier S. 157 f.

58 Beckert, Unverdientes Vermögen, S. 273 f.

nach den Angaben des Statistischen Reichsamtes für das Steuerjahr 1920 (April 1920 - März 1921) folgende Ergebnisse:

Tabelle 23:
Einkommensteuerveranlagung Steuerjahr 1920[59]

Einwohner in Deutschland	**58,1 Mill.**	100 %
- davon subjektiv steuerpflichtig (Veranlagungspflicht)	25,4 Mill.	43,8 %
- davon objektiv steuerpflichtig (mit Steuern veranlagt)	20,8 Mill.	35,7 %
Gesamteinkommen	246,0 Mrd.	100 %
- davon steuerbares Einkommen	233,6 Mrd.	95 %
- Jahressteuer (Steuerschuld vor Ermäßigung)	34,9 Mrd.	15 %
- Steuerermäßigungen	6,3 Mrd.	-18 %
Steuerschuld	28,6 Mrd.	11,6 %

Demnach zahlten 1920 in etwa zwei Drittel der Erwerbstätigen in Deutschland Einkommen- beziehungsweise Lohnsteuern. Im Vergleich zur staatlichen Einkommensteuer, in der im Vorjahr 16,7 Millionen Bürger (27,5 Prozent der Bevölkerung) veranlagt worden waren, hatte sich der Kreis der Lohn- und Einkommensteuerzahler damit um 8,7 Millionen Menschen erhöht. Das zur Zahlung der Kriegsschulden und Reparationen notwendige Mehreinkommen wollte sich das Finanzministerium also nicht nur durch eine schärfere Besteuerung der Wohlhabenden, sondern auch durch eine massive Verbreiterung der Steuerbasis beschaffen.

59 Hacker, »Gerechtigkeit«, S. 175 f.

Tabelle 24:
Lohn- und Einkommensteuerveranlagung Steuerjahr 1920 nach Einkommensgruppen[60]

	Steuerpflichtige		Steuerbares Einkommen		Steuerschuld		Satz
	Überhaupt	%	überhaupt	%	überhaupt	%	%
Insgesamt	25.444.936	100	233.368	100	28.569	100	12,2
<5.000	10.350.713	40,7	25.731	11,0	1.149	4,0	4,5
5.000-14.000	11.469.687	45,1	102.860	44,1	6.817	23,9	6,6
14.000-24.000	2.643.316	10,4	45.716	19,6	3.481	12,2	7,6
24.000-30.000	359.343	1,4	9.585	4,1	906	3,2	9,5
30.000-40.000	248.701	1,0	8.567	3,7	1.079	3,8	12,6
40.000-50.000	119.087	0,47	5.333	2,3	911	3,2	17,1
50.000-60.000	66.182	0,26	3.629	1,6	782	2,7	21,6
60.000-120.000	119.046	0,47	9.737	4,2	2.873	10,1	29,5
120.000-200.000	34.999	0,14	5.390	2,3	2.041	7,1	37,9
200.000-400.000	21.885	0,09	6.037	2,6	2.690	9,4	44,6
400.000-1 Mill.	9.433	0,04	5.572	2,4	2.882	10,1	51,7
1 Mill.-3 Mill.	2.259	0,01	3.440	1,5	1.938	6,8	56,3
3 Mill.-10 Mill.	252	0,001	1.215	0,5	706	2,5	58,0
10 Mill.-20 Mill.	25	0,0001	335	0,1	194	0,7	58,1
>20 Mill.	8	-	221	0,1	118	0,4	53,6[61]

Die Daten legen den Schluss nahe, dass die Einkommensteuer 1920 überaus progressiv war. Das oberste Prozent der Einkommensbe-

60 Statistisches Reichsamt, Die deutsche Einkommensbesteuerung vor und nach dem Kriege, Berlin 1925 (Statistik des Deutschen Reiches Bd. 312), S. 58 (Tabelle 14). Zahlen Spalte 1 in Mark, Spalten 4 und 6 in Mill. Mark. Steuersatz: eigene Berechnung.

61 Den geringeren Satz für die acht am besten Verdienenden gegenüber den beiden davor liegenden Einkommensgruppen erklärte das Statistische Reichsamt dadurch, dass diesen »infolge besonderer Umstände (außerordentliche Waldnutzungen bei Schäden durch höhere Gewalt) eine außergewöhnliche Ermäßigungsvergünstigung nach § 24 E.St.G zufloß«. Statistisches Reichsamt, Einkommensbesteuerung, S. 58.

zieher brachte nach den Angaben des Statistischen Reichsamts fast die Hälfte der Erträge auf, die reichsten 15 Prozent fast drei Viertel, wohingegen die unteren 85 Prozent der Steuerpflichtigen nur gut ein Viertel des Gesamtaufkommens bestritten.[62] Der Staatssekretär im Finanzministerium Johannes Popitz kommunizierte genau diese Zahlen auch nach außen und betonte damit die Progressivität der Einkommensteuer.[63] Hier zeigt sich auch, mit welchen Intentionen die Politiker der Mitte-Links-Koalition die neuen Steuergesetze verabschiedet hatten. Das Bild, das die Regierung mit diesen Zahlen entwarf, war jedoch weitgehend fiktional, wie Peter-Christian Witt zu Recht betont.[64]

Während bei den Löhnen die entsprechenden Steueranteile wie erwähnt schon während des Jahres abgezogen und an den Fiskus überwiesen wurden, erfolgte für das Gros der Einkommensteuerpflichtigen die Veranlagung erst in der zweiten Hälfte des Folgejahrs. In der Zwischenzeit machte sich die Geldentwertung bereits deutlich bemerkbar. Im Dezember 1919 lag die Mark-Dollar-Parität bei 1:50, im Juli 1921 bei 1:77. Die deutsche Währung hatte in anderthalb Jahren international also etwa 50 Prozent an Wert eingebüßt. Jemand, der sein Einkommen erst anderthalb Jahre später versteuern lassen musste, zahlte also de facto 50 Prozent weniger Steuern. Mit voranschreitender Inflation erhöhte sich der Steuervorteil für die Einkommensteuerveranlagten gegenüber jenen, die dem Lohnsteuerabzug unterworfen waren, immer weiter. Wenn einem Einkommensmillionär eine Verzögerung bis zum Januar 1922 gelang, dann zahlte er bei einem Umtauschkurs von 1:192 real nur noch einen Steuersatz wie die Unterschicht. Eine Aufstellung der Eingänge von Einkommensteuern durch Lohnabzug und durch die veranlagte Einkommensteuer vermittelt einen Eindruck davon, wie sehr sich für Letztere die Zahlungen hinauszögern ließen.

62 Hacker, »Gerechtigkeit«, S. 177 und 306.

63 Johannes Popitz, Einkommenssteuer, in: Handwörterbuch der Staatswissenschaften, Bd. 3, 4. Auflage, Jena 1926, S. 400-491, hier S. 446-451.

64 Peter-Christian Witt, Tax Policies, Tax Assessment and Inflation. Towards a Sociology of Public Finances in the German Inflation, 1914-23, in: ders. (Hg.), Wealth and Taxation in Central Europe. The History and Sociology of Public Finance, Leamington Spa 1987, S. 137-160, hier S. 151.

Tabelle 25:
Einkommensteuereingang 1920-1923 in Millionen Mark[65]

	Gesamt	Lohn-steuer-abzug	% von insg.	Veranlagte Einkommen-steuer	% von insg.
FJ 1920/21	10.241	10.241	100	-	-
Juni 1921	1.163	963	83	200	17
Sept. 1921	1.276	653	51	623	49
Dez. 1921	2.763	1.584	57	1.179	43
März 1922	7.816	7.816	43	4.426	57
FJ 1921/22	29.712	15.777	53	13.935	47
Juni 1922	5.821	3.397	58	2.415	42
Sept. 1922	13.851	8.079	58	5.772	42
Dez. 1922	48.053	48.053	82	8.547	18
Jan.-März 1923	387.046	336.580	87	50.466	13
FJ 1922/23	533.441	440.901	83	92.540	17

Neben der Verzögerungstaktik der Steuerpflichtigen bei der Abgabe der Erklärungen spiegeln die Zahlen auch eine Überforderung der vielfach neu errichteten Steuerbürokratie wider. Nach internen Unterlagen des Reichsfinanzministeriums ging ein Großteil der Bescheide für 1920 erst im letzten Quartal 1921 an die Betroffenen, und die wohlhabendsten Einkommensbezieher, deren Veranlagung besonders aufwendig war, erhielten ihre Zahlungsaufforderungen gar erst im zweiten Quartal 1922.[66] Die Mitte-Links-Regierung hatte zwar ein progressives Einkommensteuersystem etabliert, doch kamen dessen Sätze wegen des Handlungsspielraums der Topverdiener sowie der Langsamkeit der Bürokratie und der nicht ausreichend dagegen durchgreifenden Politiker bis zum Ende der Inflation kaum zum Tragen.

In der Inflation verloren jedoch auch viele Umsatzsteuern an Bedeutung, wodurch die Geringverdiener stärker entlastet wurden. Dies betraf vor allem jene Steuern, bei denen der Steuerbei-

65 Witt, Tax Policies, S. 154f.

66 Ebd., S. 155.

trag in fester Höhe für eine feste Menge des betreffenden Gutes bezahlt wurde. So brachten etwa die Salz- und die Zuckersteuer inflationsbedingt kaum noch Erträge. Allerdings bemühte sich der Finanzminister, zumindest die drei wichtigsten Verbrauchsteuern (Umsatz-, Alkohol-/Tabak- und Kohlensteuer) an die Inflation anzupassen. Zudem nahm die Bedeutung der Zölle während der Inflation zu, weil diese als Erstes entsprechend indexiert worden waren. Auf der Seite der direkten Steuern lief vor allem das Notopfer aus. Dadurch kam es im Inflationsprozess insgesamt zu einer Verschiebung hin zu den indirekten Steuern.

Grafik 28

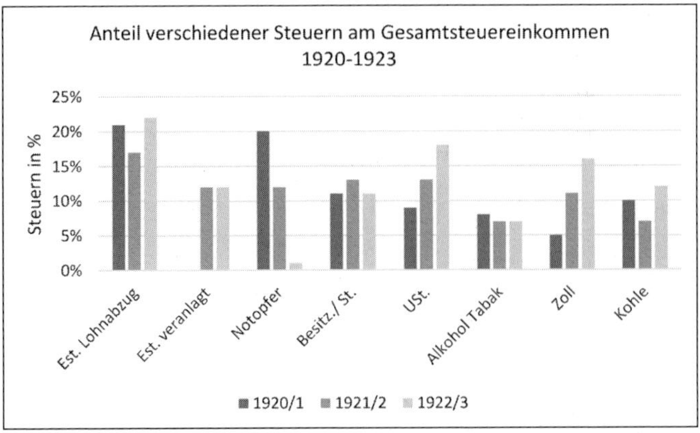

Quelle: Eigene Berechnungen basierend auf den Daten bei: Witt, Tax Policies, S. 156 f.

Weil die oberste Finanzbehörde von der Möglichkeit der Indizierung von Steuern im Inflationsprozess viel zu wenig Gebrauch machte, gelang es auch nicht ansatzweise, mit den Einnahmen die Ausgaben abzudecken. Zwar nahm die Reichsregierung durchaus Einsparungen vor und bei einer inflationsindexierten Rechnung sanken die Haushaltsausgaben relativ stetig, aber dies geschah nicht in einem Maße, um von den Steuereinnahmen gedeckt zu werden.

Grafik 29

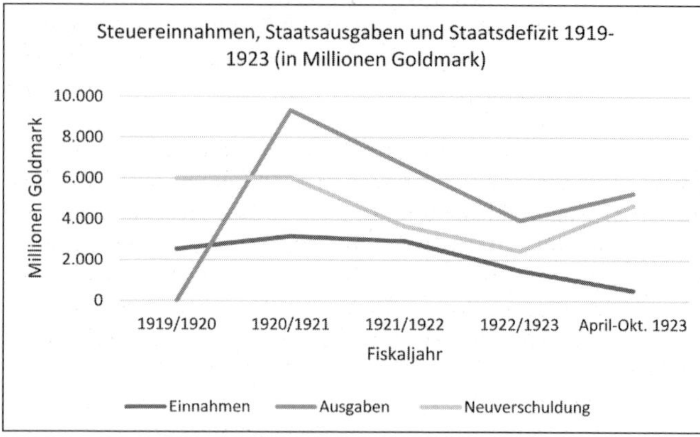

Quelle: Costantino Bresciani-Turroni, The Economics of Inflation. A Study of Currency Depreciation in Post-War Germany [1931], 3. Auflage, Northampton 1968, S. 437 f.[67]

Bei den Ausgaben fällt neben der enormen Belastung durch die Reparationsleistungen insbesondere der Posten der Reichsbahn ins Auge. Während die Eisenbahn in Preußen während des Kaiserreichs hohe Einnahmen generiert hatte, musste das Reich nun Zuschüsse an die Reichsbahn leisten, die sechzehn Prozent seiner Gesamtausgaben ausmachten. Schuld daran war das Versäumnis der Regierung, die Transportkosten an die Inflation anzupassen, was nicht nur die Bevölkerung entlastete, sondern vor allem die Wirtschaft

67 Mit nur leichten Abweichungen: Heinz Haller, Die Rolle der Staatsfinanzen für den Inflationsprozeß, in: Deutsche Bundesbank (Hg.), Währung und Wirtschaft, S. 115-156, hier S. 153. Für die ersten beiden Jahre recht ähnliche, danach aber deutlich abweichende Zahlen, die nach drei Indexen deflationiert wurden, bei: Frank D. Graham, Exchange, Prices, and Production in Hyper-Inflation Germany, 1920-1923, 2. Auflage, New York 1967, Table IV. Ausschließlich nach dem Preisindex deflationierte Ziffern finden sich bei: Steven B. Webb, Fiscal News and Inflationary Expectations in Germany after World War I, in: Journal of Economic History 46 (1986) 3, S. 769-794, hier S. 779.

subventionierte. Das zeigt, dass bei einem stärkeren Sparwillen die Ausgaben durchaus weiter hätten reduziert werden können.

Dass dies nicht der Fall war, lag auch daran, dass sich Anfang der 1920er-Jahre eine große Inflationskoalition bildete, deren Beteiligte aus unterschiedlichen Gründen meinten, dass sie ihre Ziele unter den gegebenen Umständen am besten – sprich möglichst preisgünstig – mit einer inflationären Politik erreichen könnten. In fast allen Lagern hoffte man den Alliierten so zu zeigen, dass Deutschland die Reparationen in der beschlossenen Höhe nicht würde schultern können. Dies traf auch durchaus zu: Die Forderungen von 130 Milliarden Goldmark beliefen sich auf etwa das Zweieinhalbfache des deutschen Sozialprodukts. Eine aus deutscher Sicht akzeptable Abzahlung wäre nur über entsprechende Exportüberschüsse zu erreichen gewesen.[68] Eine Stärkung der deutschen Wirtschaft war aber gegen die französischen Interessen[69] und im hart geführten Kampf um Weltmarktanteile der Nachkriegszeit nicht realisierbar. John Maynard Keynes, der als Experte in Versailles beteiligt war, hatte früh erkannt, dass für Deutschland eine Finanzierung der gewaltigen Summe aus der Substanz inakzeptabel sein würde.[70] Durch die aufgerufene Reparationssumme war ein Dauerkonflikt etabliert, der die folgenden Jahre prägen sollte. Dazu trugen auch die USA bei mit ihrer Weigerung, die den Verbündeten Frankreich und Großbritannien gewährten Kredite zumindest teilweise abzuschreiben, wie dies bis dato bei Kriegsallianzen durchaus üblich war. Auch wegen der eigenen Schulden bestand Frankreich auf den hohen Leistungen aus Deutschland.[71]

Insbesondere das rechte Parteienspektrum in Deutschland betrachtete aktive Steuervermeidung wegen der hohen Reparationsforderungen mitunter als Dienst am Vaterland und unternahm

68 Plumpe, Das kalte Herz, S. 302 f.

69 Zur französischen Position: Robert Boyce, The Great Interwar Crisis and the Collapse of Globalization, London 2012, S. 32-35 und 91-134; David Stevenson, France at the Paris Peace Conference: Addressing Dilemmas of Security, in: Robert Boyce (Hg.), French Foreign and Defence Policy, 1918-1940. The Decline and Fall of a Great Power, London 1998, S. 10-29.

70 John Maynard Keynes, The Economic Consequences of the Peace, London 1919.

71 Harvey E. Fisk, The Inter-Ally Debts. An Analysis of War and Post-War Public Finance 1914-1923, New York 1924, S. 242-260; Robert Self, Britain and the Inter-allied War Debt Settlement. Economic Diplomacy of an Unspecial Relationship 1917-1945, London 2006, S. 15-59.

nichts, um ihr einen Riegel vorzuschieben. Ab 1922 sorgte die massive Kapitalflucht aus Deutschland, deren Ziele vor allem in der Schweiz, den Niederlanden[72] und Großbritannien[73] lagen, bei der auf die deutschen Reparationszahlungen angewiesenen französischen Regierung zunehmend für Verärgerung. Sie versuchte die anderen europäischen Regierungen auf internationalen Konferenzen sowie beim Völkerbund dafür zu gewinnen, die deutschen Auslandskonten zugunsten der Reparationszahlungen zu beschlagnahmen. Damit scheiterte sie jedoch am Widerstand der Regierungen in Den Haag, Bern und London.[74] Vertreter des Londoner Finanzdistrikts hatten schon 1920 verhindert, dass sich diesbezügliche französische Forderungen hinsichtlich deutscher Gelddepots in London durchsetzen konnten.[75] Das Scheitern der Initiativen trug zur Entscheidung der französischen Regierung im Januar 1923 bei, das Ruhrgebiet zu besetzen und ihren Reparationsansprüchen auf andere Weise Geltung zu verleihen.[76]

Der anfangs regierenden Links-Mitte-Koalition ging es vor allem darum, eine Rezession zu vermeiden, wie sie es in den USA und Großbritannien nach dem Abbau der Staatsausgaben gegeben hatte. Ihre Vertreter befürchteten, dass eine steigende Arbeitslosigkeit die politische Legitimation der Regierung untergraben könnte. Wohlhabenden bot die Inflation eine willkommene Möglichkeit, die ihnen auferlegten Steuern im Rahmen der Gesetze deutlich zu reduzieren, und für die Exportindustrie und die deutschen Kaufleute erhöhte der sinkende Außenwert der Mark die Weltmarktchancen deutscher Produkte.

Erst als die inflationäre Politik im zweiten Halbjahr 1923 in eine Hyperinflation mündete, löste sich die Inflationskoalition auf. Doch während bald weitgehende Einigkeit darüber herrschte, dass

72 Zu den Niederlanden als Finanzplatz für Deutschland: Johannes Houwink Ten Cate, Amsterdam als Finanzplatz Deutschlands, in: Gerald Feldman (Hg.), Konsequenzen der Inflation, Berlin 1989, S. 149-179.

73 Großbritannien war vor allem für Firmen als Finanzort interessant, weil Firmen, die ihren Hauptsitz im Ausland hatten, dort nicht besteuert wurden: Ronen Palan/Richard Murphy/Christian Chavagneux, Tax Havens. How Globalization Really Works, Ithaca 2010, S. 112 f.

74 Farquet, Defense, S. 162-176 und 203-208; ders., Capital Flight, S. 546-549.

75 Boyer, Great Interwar Crises, S. 112.

76 Farquet, Capital Flight, S. 548.

der Staatshaushalt schleunigst in Ordnung gebracht werden müsse, entbrannte nun der politische Streit, wie dies am besten geschehen sollte.

Die großen ökonomischen Gewinner der Inflation waren vor allem der Staat und die Landwirtschaft, weil es ihnen gelang, große Teile ihrer Schulden günstig abzubezahlen. Die deutschen Landwirte befreiten sich so von einem Schuldenberg von 17,5 Milliarden Mark.[77] Weitere Gewinner waren einige wenige Industrielle, die die Hyperinflation vorhergesehen, große Kredite aufgenommen und diese in Sachwerte investiert hatten. Die großen Verlierer waren Besitzer von Geld- und Kapitalguthaben, denen es nicht gelang, ihr Vermögen in Sachguthaben umzuwandeln. Dazu zählten auch alle Halter von Kriegsanleihen, die der Staat nun günstig zurückkaufte. Auch Banken als kreditgebende Institutionen hatten unter dem Geldverfall erheblich zu leiden.

Die Hauptverlierer bildeten die Rentiers unter den Top 1 Prozent der deutschen Vermögensbesitzer. Der Anteil der Kapitalerträge am Gesamteinkommen sank von 12,5 Prozent (1913) auf zwei Prozent (1925) ab.[78] Diese Zerstörung des Kapitalbesitzes fand zum großen Teil nicht im Krieg, sondern erst in der Nachkriegsinflation statt. Auch die Steuerdaten sprechen dafür, dass die Top 1 Prozent erhebliche Verluste hinnehmen mussten. Den höchsten Einkommensanteil im Deutschen Reich erzielten die Top 1 Prozent 1917 mit fast 24 Prozent, 1925 hatte sich dieser Anteil halbiert.

Tabelle 26:
Einkommensanteile der Spitzenverdiener 1918-1926[79]

	P90-100	P95-100	P99-100	P99.5-100	P.99.9-100	P.99.99-1	P90-95	P95-99
1918	37,9 %	30,0 %	19,5 %	16,0 %	9,2 %	3,7 %	7,9 %	10,6 %
1926	32,5 %	22,1 %	11,3 %	8,3 %	4,0 %	1,4 %	10,3 %	10,8 %
Diff. 18/26	- 5,4 %	- 7,9 %	- 8,2 %	- 7,7 %	- 5,2 %	- 2,3 %	+2,4 %	+ 0,2 %

77 Wehler, Deutsche Gesellschaftsgeschichte, Bd. 4, S. 280.

78 Holtfrerich, Inflation, S. 267, Tabelle 56.

79 Dell, Top Incomes, S. 420 f. Die aktualisierten Daten in der World Income Database (Dezember 2018) zeigen für 1918 bei den Top 1 Prozent und Top 10 Prozent mit 20,4 Prozent bzw. 39,3 Prozent geringfügig höhere Werte, während die Werte für 1926 nahezu identisch sind.

Auch wenn die wachsende Steuerhinterziehung einen gewissen Beitrag zu diesem Absinken geleistet haben dürfte, so sprechen die Einbrüche auf dem deutschen Aktienmarkt für erhebliche reale Verluste. Schon 1924 hatte Franz Eulenburg geschätzt, dass sich das Verhältnis von Einkommen aus Besitz gegenüber jenem aus Erwerbsarbeit, das vor dem Ersten Weltkrieg bei 3:7 gelegen habe, durch die Inflation in ein Verhältnis 3:17 gewandelt habe. Er folgerte daraus: »Diese Umschichtung betrifft aber nicht eine einzelne Klasse oder gar Berufsgruppe. Vielmehr erstreckt sie sich auf ganz verschiedene Klassen; deren Lebenshaltung ist nun herabgesetzt, ohne daß sie selbst vernichtet oder auch nur deklassiert wären. Wir können von einer Degradierung sprechen, die alle kapitalbesitzenden Personen getroffen hat.«[80]

Wie weitgehend Weltkrieg, hohe Steuern und Inflation die frei zur Verfügung stehenden Geldmittel der Wohlhabenden reduziert hatten, zeigt das Beispiel Carl Duisberg. 1912 hatte er von seinem Einkommen neun Prozent als Steuern an den Staat abgegeben. Seine neben dem hohen Gehalt eingehenden Kapitalgewinne erlaubten es Duisberg, sich stark philanthropisch zu engagieren. 1922 lag seine Steuerlast bei 59 Prozent seines Einkommens.[81] Hinzu kam, dass der Wert seines Aktienpakets, das ihm bis Kriegsmitte hohe Gewinne beschert hatte, nach dem Krieg weit weniger einträglich war. Gegenüber Freunden gab Duisberg zu verstehen, dass das Geld nun im Wesentlichen noch zur Finanzierung des gehobenen Lebensstils ausreichte, aber für mäzenatische Projekte kaum noch etwas zur Verfügung stehe.[82] Damit stand Duisberg nicht allein. Während Deutschland beim Mäzenatentum dem Umfang nach noch 1913 weltweit führend gewesen war, lag es zehn Jahre später weit hinter den USA zurück. Der Niedergang begann bereits im Weltkrieg, denn der deutsche Staat brachte viele Stiftungen dazu, ihr Stiftungskapital in Kriegsanleihen anzulegen. Deren Wertverlust ruinierte viele Stiftungen, andere sahen ihre finanziellen Spielräume empfindlich beschnitten.[83] Hinzu kamen dann nach Kriegsende die hohen Steuern, die die Anhäufung großer Stiftungs-

80 Franz Eulenburg, Die sozialen Wirkungen der Währungsverhältnisse, in: Jahrbücher für Nationalökonomie und Statistik 122 (1924), S. 748-794, hier S. 788.

81 Plumpe, Duisberg, S. 375.

82 Ebd., S. 375-378.

83 Adam, Philanthropy, S. 142-173.

vermögen erschwerten, wobei dies gerade von den Sozialdemokraten auch intendiert war, schließlich sollte die Arbeiterschaft nicht mehr auf Brosamen vom Herrentisch angewiesen sein, sondern soziale Leistungen als ihnen gesetzlich zustehende, steuerfinanzierte Zahlungen des Staates erhalten.

Alberto Alesina hat in Zuspitzung älterer Überlegungen von Charles Maier die Debatte um Inflation oder Deflation in mehreren europäischen Ländern als Kampf zwischen drei Klassen mit unterschiedlichen Interessen gewertet.[84] Die Rentierschicht sei gegen eine Politik des Schuldenschnitts und eine hohe Inflation eingetreten und habe stattdessen die Erhöhung regressiver Steuern zum Abbau der Schulden favorisiert. Die Unternehmerschicht bevorzugte dagegen in der Tendenz die Inflation und gegebenenfalls den Schuldenschnitt gegenüber höheren Steuern. Einigkeit mit den Rentiers bestand nur darin, dass regressive besser als progressive Steuern seien. Die Arbeitnehmer befürworteten den Schuldenschnitt und progressive Steuern, während sie gegenüber hohen Inflationsraten ambivalent waren und regressive Steuern ablehnten. Maier und Alesina kamen für Deutschland zu dem Ergebnis, dass die Arbeitnehmerschaft hier zu stark war, als dass die Kosten des Schuldenabbaus mittels regressiver Steuern auf sie hätten abgewälzt werden können. Deswegen habe sich in Deutschland letztlich eine Koalition aus Arbeitnehmer- und Unternehmerschaft auf Kosten der Rentiers durchgesetzt. In Großbritannien habe sich dagegen eine Koalition von Rentiers und Unternehmern gebildet, deren Deflationspolitik zu Lasten der Arbeitnehmerschaft ging, die unter regressiven Steuern und einer hohen Arbeitslosigkeit litt. Ob eine derart schematisierte Unterscheidung aufrechterhalten werden kann, wird die zukünftige Forschung zeigen müssen, aber daran, dass die Rentiers in Deutschland ein Verlierer der Entwicklung bis 1923 waren, kann kaum Zweifel bestehen.

Carl Ludwig Holtfrerich kam angesichts der Verluste der Rentiers in Deutschland und der daraus resultierenden Verringerung

84 Alberto Alesina, The End of Large Public Debts, in: Francesco Giavazzi/Luigi Spaventa (Hg.), High Public Debt. The Italian Experience, Cambridge 1988, S. 34-79, Charles S. Maier, Recasting Bourgeois Europe. Stabilization in France, Germany, and Italy in the Decade after World War I, Princeton 1975; ders., In Search of Stability. Explorations in Historical Political Economy, Cambridge 1987, S. 187-260.

der Ungleichheit zu einem eher positiven Fazit der Inflation. Er verglich sie mit einem alttestamentarischen Schuldenerlass und folgerte: »Die Karten wurden neu verteilt, das kapitalistische Spiel um Macht, Geld und Besitz konnte – zwar nicht von Anfang an, denn der Sachwertbesitz blieb erhalten, aber mit veränderten Ausgangsbedingungen – wiederaufgenommen werden.«[85]

Die ökonomischen Verteilungswirkungen zwischen den Schichten sind damit zwar treffend beschrieben, aber zu kurz kommt in Holtfrerichs Darstellung, dass die Inflation der Jahre 1919 bis 1923 für die jeweilige Mehrheit in allen Schichten der deutschen Bevölkerung zu Wohlstandsverlusten geführt hat. Zudem brachte die Hyperinflation auch erhebliche politische, kulturelle und soziale Verwerfungen mit sich. Adam Fergusson hat vor allem aus der Sicht britischer Beobachter dargestellt, zu welchen sozialen Dramen die Hyperinflation geführt hat.[86] Bernd Widdig beschreibt mit einem kulturhistorischen Ansatz die Hyperinflation als ein Trauma für die deutsche Gesellschaft. Da Geld ein wichtiges Medium sozialer Kommunikation darstelle, habe seine völlige Entwertung erhebliche Verunsicherung mit sich gebracht. Die Überflutung mit Geldscheinen führte nach Widdig auch dazu, dass die Angst vor der »Vermassung« erheblich an diskursiver Bedeutung gewann.[87]

Geradezu vernichtend wirkte die Inflation auf das bisherige Sozialmodell des deutschen Bildungsbürgertums. Dieses beruhte darauf, dass die Eltern ihren Kindern durch über eigene Einkommen langfristig erworbenen Besitz ein Vollstudium ohne Erwerbsdruck und somit Zeit für eine umfassende Ausbildung aller mentalen, künstlerischen und emotionalen Fähigkeiten gemäß dem Ideal der neuhumanistischen Bildung ermöglichen konnten. Die inflationäre Besitzvernichtung machte dem ein Ende. Die bildungsbürgerlichen Studierenden mussten nun arbeiten, um ihr Studium zu finanzieren, und zielten stärker als zuvor auf frühe und erfolgversprechende Abschlüsse. Franz Eulenbergs Zeitdiagnose ist trotz seines redlichen Bemühens um wissenschaftliche Objektivität die Erschütterung des bildungsbürgerlichen Weltbilds deutlich anzumerken: »Einmal erzeugt das Zurücktreten des Besitzes und das

85 Holtfrerich, Inflation, S. 277.

86 Adam Fergusson, When Money Dies. The Nightmare of the Weimar Collapse, London 1975.

87 Bernd Widdig, Culture and Inflation in Weimar Germany, Sacramento 2001.

Vordringen des Erwerbes naturgemäß eine Abnahme des beschaulichen Daseins und zugleich eine Stärkung des reinen Geschäftsgeistes. [...] Mehr Kräfte müssen statt dem Geiste nunmehr dem Geschäfte dienen. [...] Das kapitalistische Denken im ganzen hat außerordentlich zugenommen und auch Schichten ergriffen, die früher davon frei waren.«[88] Dieser Prozess, der keineswegs friktionslos verlief, trug maßgeblich dazu bei, dass das Bildungsbürgertum zunehmend nationalistisch und republikfeindlich gesinnt war.[89] Auch Edwin Seligman hielt die Inflation in Deutschland für katastrophal. Wenn man die Inflation als Steuer betrachte, dann sei Deutschland in unvergleichlicher Weise belastet:

> Sie ist auch die schlimmste Form der Besteuerung, denn während eine übermäßige Besteuerung normalerweise eine Belastung der individuellen oder sozialen Einkünfte darstellt, hat die gigantische Preisinflation, die in Deutschland seit 1922 stattgefunden hat, nicht nur eine Vernichtung von Einkommen, sondern auch von Kapitalvermögen bedeutet. [E]s steht außer Zweifel, dass das deutsche Volk verarmt ist und dass es durch diese katastrophale Inflation eine Steuerlast erlitten hat, die mit der in jedem anderen Lande nicht zu vergleichen ist.[90]

Die Inflation bleibt deswegen ein zumindest zwiespältiges politisches Mittel. Sie hat zwar in vielen historischen Fällen zur Reduktion der Ungleichheit und zum Abbau von Staatsschulden beigetragen, was Adam Tooze zu dem Vorschlag veranlasst hat, die aktuellen Probleme der Eurozone mit einer Politik der gezielten Inflation zu lösen,[91] doch birgt diese Politikoption zweifelsohne auch erhebliche Risiken. Es besteht die Gefahr, dass bei einer längeren Inflationsphase alle Gesellschaftsschichten auf steigende Preise setzen, woraus eine Inflationsspirale entstehen kann. Thomas Piketty meint zudem, dass die Inflation heute vor allem die Mittelschicht hart treffen würde, während die Top-Einkommensbezieher durch komplexe Anlagestrategien bessere Chancen hätten, ihre negativen Wirkungen zu vermeiden. Piketty kommt deswegen zu dem Schluss,

88 Eulenburg, Soziale Wirkungen, S. 792 f.

89 Wehler, Deutsche Gesellschaftsgeschichte, Bd. 4, S. 294-299.

90 Seligman, Comparative Tax Burdens, S. 145.

91 Adam Tooze, Mehr Geld, in: Süddeutsche Zeitung, 16. 7. 2013, ⟨http://www.sueddeutsche.de/wirtschaft/inflation-gegen-die-krise-mehr-geld-1.1722576⟩ (Zugriff: 23. 2. 15).

dass die Inflation ein äußerst grobes und gefährliches Instrument ist.[92] Viel spricht deswegen dafür, dass sie nur für einen begrenzten Zeitraum ein sinnvolles politisches Mittel bei hoher Verschuldung und nicht erreichbarem oder gewünschtem Schuldenschnitt sein kann. Zudem besteht die Gefahr, dass die durch sie häufig aufkommende Unsicherheit langfristig problematische Folgen hat.

Deutschland jedenfalls fiel durch den Weltkrieg und die Inflation im Wohlstandsniveau erheblich hinter den anderen führenden Industrienationen zurück.

Grafik 30

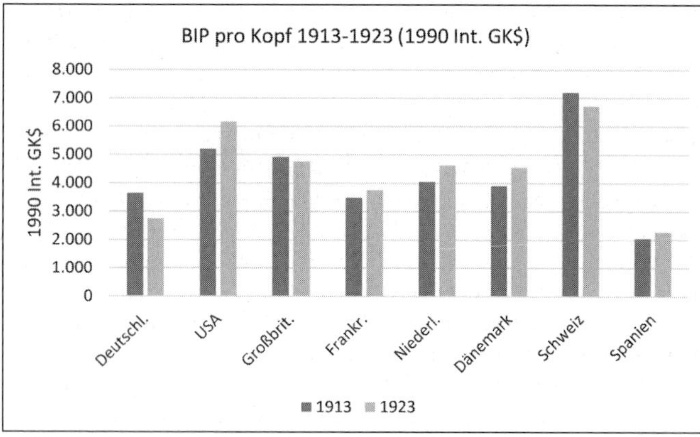

Quelle: Maddison-Project-Database 2013

Gerade gegenüber den USA hatte sich der ohnehin schon beträchtliche Abstand noch einmal mehr als verdoppelt, und auch im internen Vergleich hatten sich die Lebensbedingungen gegenüber dem letzten Vorkriegsjahr deutlich verschlechtert.

92 Piketty, Kapital, S. 605-609 und 743-748.

Die Stabilisierung über Notstandsgesetze und Steuersenkung 1923/24

Im Herbst 1923 nahm sich angesichts der immer rasanteren Inflation schließlich eine Große Koalition unter der Kanzlerschaft von Gustav Stresemann der Sanierung der deutschen Währung an. Einen Plan des DNVP-Abgeordneten und vormaligen Staatssekretärs des Reichsschatzamtes Karl Helfferich modifizierten der SPD-Finanzminister Rudolf Hilferding und der parteilose, aber der DVP nahestehende Ernährungsminister Hans Luther in einer Form, die die Akzeptanz der Regierung fand. Auf dieser Grundlage führte man Mitte November 1923 die deutsche Rentenmark als Zahlungsmittel ein, deren Umlauf begrenzt und durch Sachwerte gedeckt war. Die Mark stabilisierte man bei einem Kurs von 4,2 Billionen pro Dollar. Im Sommer 1924 trat schließlich die Reichsmark die Nachfolge der Mark als deutsches Zahlungsmittel an. Um die Währungssanierung zum Erfolg zu führen, bedurfte es aber der gleichzeitigen Haushaltssanierung. Diese war umso dringlicher, als die Reichsbank die Diskontierung von Schatzanweisungen beendete und der neuen Regierung ausschließlich eine Anschubfinanzierung von einer Milliarde Rentenmark zugestand.[93]

Im Oktober 1924 übernahm Luther das Amt des Finanzministers, um dann im Januar 1925 zum Reichskanzler aufzusteigen. In beiden Positionen verfolgte er einen straffen Konsolidierungskurs. Auf der Ausgabenseite strich er Subventionen für deutsche Firmen. Vor allem aber setzte er den vermutlich radikalsten Bürokratieabbau der neueren deutschen Geschichte durch. Die Personalabbauverordnung vom 27. Oktober 1923 sah die Entlassung von etwa einem Viertel der Beamten sowie aller Angestellten des Reichs vor. Bis März 1924 erfolgten real mindestens 400 000 Entlassungen. Hinzu kam eine Kürzung der Beamtengehälter gegenüber 1913 um etwa 30 Prozent und eine Beförderungssperre. Andreas Kunz sieht in diesen Maßnahmen eine maßgebliche

93 Otto Pfleiderer, Die Reichsbank in der Zeit der großen Inflation, die Stabilisierung der Mark und die Aufwertung von Kapitalforderungen, in: Deutsche Bundesbank (Hg.), Währung und Wirtschaft, S. 157-201, hier S. 182-194.

Ursache für die Distanzierung der Beamtenschaft von der Weimarer Demokratie.[94]

Auf der Einnahmeseite erließ man drei Steuernotverordnungen, die über den Hebel des Notstandsartikels 48 ohne Zustimmung des Reichstages zügig in die Praxis umgesetzt wurden.[95] Sie zeigten die schnelle Reaktivierbarkeit von Ausnahmezustandsregelungen aus der Frühphase der Weimarer Republik. Die ersten beiden Verordnungen schrieben sofortige Steuervorauszahlungen in Goldmark verbindlich vor. Dabei blieben die bisherigen Sätze der meisten Steuern bestehen, lediglich der Umsatzsteuersatz wurde erhöht. Die dritte Verordnung stellte den in der Inflation weitgehend zusammengebrochenen Finanzausgleich zwischen den drei Gebietskörperschaften wieder her. Dafür führte der Finanzminister eine neue Inflationssteuer, die Hauszinssteuer, ein, mit der er Hauseigentum besteuerte. Die Begründung hierfür bot der Umstand, dass die Hausbesitzer durch die Inflation größtenteils ihre Hypotheken günstig abbezahlen konnten, während der Wert ihres Hauses bestehen blieb. Die Länder erhielten die Beträge der Steuer und förderten damit den kommunalen Wohnungsbau. Mit zwölf bis vierzehn Prozent aller Steuereinnahmen in den Jahren 1925-1929 brachte die Steuer erhebliche Beträge. Laut Fritz Terhalle galt sie als die »bestgehaßte aller Steuern«[96], unter anderen weil Hausbesitzer aus der Mittelschicht, die ihr Haus selber nutzten, die Steuer nicht vermeiden konnten, während diejenigen, die mehrere Häuser besaßen, die Steuer zumindest teilweise auf ihre Mieter abwälzten, was mitunter zu erheblichen Mietsteigerungen führte.[97] Die Not-

94 Andreas Kunz, Civil Servants and the Politics of Inflation in Germany 1914-1924, München 1986.

95 Karl-Bernhard Netzband/Hans-Peter Widmaier, Währungs- und Finanzpolitik der Ära Luther 1923-1925, Basel 1964, S. 137-167; Claus-Dieter Krohn, Stabilisierung und ökonomische Interessen. Die Finanzpolitik des Deutschen Reiches 1923-1927, Düsseldorf 1974, S. 38-44; C. Edmund Clingan, Finance from Kaiser to Führer. Budget Politics in Germany, 1912-1934, Westport, CT 2001, S. 37-54; Winkler, Weimar, S. 249 f.

96 Terhalle, Geschichte, S. 306.

97 Ulrike Haerendel, Kommunale Wohnungspolitik im Dritten Reich, München 1999, S. 104-161; Karl-Christian Führer, Betrogene Gewinner? Die deutschen Hausbesitzer und der Streit um den Gewinn aus Inflation und Währungsreform 1923-1943, in: Vierteljahrschrift für Sozial- und Wirtschaftsgeschichte 82 (1995), S. 29-53.

verordnungen bevorteilten insgesamt die Oberschicht, weil sie bei der Erbschaft- und Vermögensteuer die Progression deutlich reduzierten und einige Steuern für hohe Einkommensbezieher abschafften.[98] Sie stellten den Beginn einer Politik dar, mit der man über Steuersenkungen und den Abbau von Steuerverfolgungsmaßnahmen deutsches Kapital aus den Steueroasen zurückzuholen und ausländisches Kapital anzuziehen versuchte.

Die ergriffenen Maßnahmen zeitigten schnell Erfolge. Der erste nachinflationäre Staatshaushalt schloss mit einem Überschuss von 369 Millionen Reichsmark; zählt man die Gewinne der Reichsbank hinzu, kommt man sogar auf 766 Millionen Reichsmark. Den ungewohnten Spielraum nutzte der Finanzminister allerdings, um in skandalträchtiger Weise am Parlament vorbei die Ruhrindustrie mit 556 Millionen Reichsmark üppig für die von der Industrie errechneten Verluste durch die französische Ruhrbesatzung zu entschädigen.[99]

Steuervergleiche in inflationärer Zeit

Noch im Ersten Weltkrieg rekurrierten internationale Vergleiche der Besteuerung vornehmlich auf die Steuerlast pro Kopf. Zweifel am Wert dieser Methode gab es dabei bereits einige, aber erst die Inflation im Krieg und dann vor allem die deutsche Hyperinflation zeigten, wie stark die Aussagekraft dieses Wertes von der Geldwertstabilität abhing.[100] Als Edwin Seligman 1924 die deutsche Steuerbelastung mit der britischen, französischen und US-amerikanischen Last vergleichen wollte, musste er für die Nachkriegsphase kapitulieren.

98 Krohn, Stabilisierung, S. 42.
99 Netzband/Widmaier, Währungs- und Finanzpolitik, S. 258-265.
100 Zur weiteren Kritik am Maßstab: Shirras, Burden of Taxation, S. 517.

Grafik 31

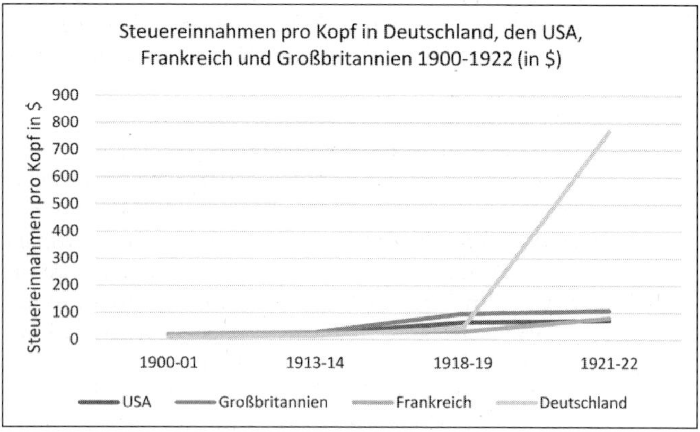

Quelle: Seligman, Comparative Tax Burdens, S. 139

Die für Deutschland errechnete Steuerlast in Dollar zeigt den Widersinn des Werts auf den ersten Blick, denn niemand hätte angenommen, dass die deutsche Pro-Kopf-Steuerbelastung siebenmal so hoch war wie in Großbritannien. Seligman versuchte die Berechnung durch eine Berücksichtigung des veränderten Geldwerts zu retten, doch am Ende hielt er dies unter den gegebenen Umständen für vorerst nicht möglich. Dies war 1924 ein eminent politisches Problem, denn im Dawes-Bericht über die Reparationszahlungen hieß es: »Es ist unbestritten [...], dass das deutsche Volk eine mindestens ebenso schwere Steuerlast zu tragen hat wie die Völker der alliierten Länder.«[101] Insgesamt war man mit dem Niveau der Besteuerung zufrieden, monierte aber: »Wir konnten uns der Schlussfolgerung nicht entziehen, dass die wohlhabenderen Klassen in Deutschland in den letzten Jahren durch das geltende Steuersystem weder in einem Umfang erreicht wurden, der die Besteuerung der arbeitenden Klassen rechtfertigen würde, noch in einem Umfang, der mit der Belastung der wohlhabenderen Klassen in anderen

101 Parliamentary Papers United Kingdom, Reports of the Expert Committees appointed by the Reparations Commissions (Cmd. 2105), 1924, S. 20.

Ländern vergleichbar ist.«[102] Ein deutscher Finanzwissenschaftler antwortete darauf mit der Feststellung, dass internationale Steuerbelastungsvergleiche gegenwärtig nicht akkurat möglich seien und darum immer eine politische Schlagseite hätten und besser unterlassen werden sollten.[103]

Die Reparationsfrage lieferte so einen wichtigen Anlass, sich verstärkt um hochaggregierte Wirtschaftsdaten zu bemühen, die eine bessere Vergleichbarkeit von nationalen Wirtschaften ermöglichen könnten. Hierfür waren die nun einsetzenden Diskussionen um die Berechnung eines Volkseinkommens zentral.[104] Welche wirtschaftlichen Vorgänge konkret in die Berechnung einbezogen werden sollten, war zu diesem Zeitpunkt noch höchst umstritten, so dass aus heutiger Sicht als Volkseinkommen mal das Nettoinlandsprodukt, mal das Nettonationaleinkommen, mal das Bruttoinlandsprodukt, mal das Bruttosozialprodukt oder das Bruttonationaleinkommen berechnet worden sein konnte.[105] In den 1920er-Jahren stritten sich die Ökonomen jedoch nicht nur darüber, welche Vorgänge berücksichtigt werden sollte, sondern vor allem darum, ob die so gewonnenen hochaggregierten Daten überhaupt eine Aussagekraft besaßen. Insbesondere die Historische Schule in Deutschland versprach sich von der Berechnung eines Volkseinkommens keinen großen Erkenntnisgewinn. Sie hielt die Übertragung des Einkommensbegriffs von Individuen auf Kollektive schlicht für unzulässig. Zudem basiere die Volkseinkommensstatistik immer auf Preisen. Diese könnten aber nur den Tauschwert erfassen, während es der Wirtschaftswissenschaft doch um die Ermittlung der substantiellen Werte zu tun sein müsse.[106] Am Ende einer Tagung des Vereins für Socialpolitik in Wien 1926, die sich vor allem mit Fragen der Wirtschaftsstatistik beschäftigt hatte, kam Karl Diehl so zu einem vernichtenden Fazit: »Nach unserer Kritik wird wohl der letzte Rest der Hochachtung gegenüber Versuchen, eine einfa-

102 Ebd., S. 52.

103 Waldemar Holz, Sind internationale Vergleiche steuerlicher Belastungen möglich?, Leipzig 1924.

104 Im Englischen hieß der entsprechende Begriff *national income*, im Französischen *revenue national.*

105 Daniel Speich Chassé, Die Erfindung des Bruttosozialprodukts. Globale Ungleichheit in der Wissensgeschichte der Ökonomie, Göttingen 2013, S. 17.

106 Ebd., S. 70-80.

che Summe für Volkseinkommen und Volksvermögen zu nennen, verschwunden sein.«[107] Da aber eine starke politische Nachfrage nach solcherlei ökonomischen Eckdaten fortbestand, ließ sich die Entwicklung auch in Deutschland nicht gänzlich aufhalten. Seit 1926 begann das Institut für Konjunkturforschung periodische Schätzungen zum Volkseinkommen zu publizieren, und 1932 folgte das Statistische Reichsamt mit einem umfassenden Band zur Volkseinkommensstatistik.[108] Auch in den angloamerikanischen Staaten und in Frankreich gab es Kritik an der Volkseinkommensrechnung, die jedoch meist weniger grundsätzlich ausfiel als in Deutschland.[109]

In etwa zeitgleich mit der Publikation des Dawes-Plans stellte Findlay Shirras den ersten umfassenden Vergleich der Nachkriegssteuersysteme anhand des Anteils von Steuern am Volkseinkommen vor, also jener Methode, die dem Grundansatz nach bis heute zentral geblieben ist, wiewohl das Volkseinkommen inzwischen erst durch das Bruttosozialprodukt und später das Bruttoinlandsprodukt ersetzt wurde.[110] Die Methode erbrachte gerade für Zeiten schwankender Geldwerte ein realistischeres Bild von der Steuerbelastung in unterschiedlichen Ländern als die Pro-Kopf-Methode.

107 Zit. nach ebd., S. 75.

108 Ebd., S. 70.

109 Ebd., S. 80 f.

110 Da das Volkseinkommen im Fall der häufigen Berechnung als Nettonationaleinkommen in Deutschland in der Weimarer Republik geringer war als das Bruttoinlandsprodukt, war der Steueranteil am Volkseinkommen höher als am BIP. Nach Mark Spoerer lagen die Gesamtsteuereinnahmen als Anteil am BIP 1924 bei 14,2 %; Spoerer, Öffentliche Finanzen, S. 104-108. In der zweiten Hälfte des 20. Jahrhunderts hat sich weitgehend das BIP als zentraler Bezugspunkt für nationale Verteilungsrechnungen durchgesetzt. Jüngst haben aber Thomas Piketty u. a. argumentiert, dass das Nationaleinkommen die bessere Bezugsgröße ist, weil die im BIP enthaltene Kapitalabschreibung das Einkommen der Topverdiener aufbläht, obwohl der so hinzukommende Teil im eigentlichen Sinne kein ökonomisches Einkommen darstellt. Dafür sind im Nationaleinkommen die im BIP nicht berücksichtigten Zahlungen aus dem Ausland enthalten, die für die Topverdiener ökonomisches Einkommen sind und bedeutsam sein können: Piketty/Saez/Zucman, Distributional National Accounts, S. 561 f.

Grafik 32

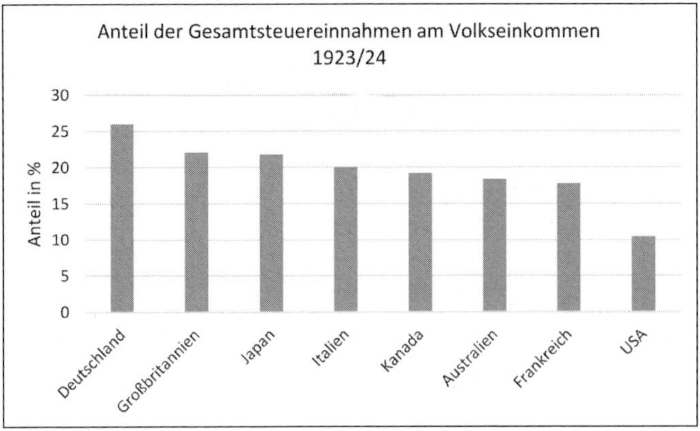

Quelle: Shirras, Taxable Capacity, S. 534 (Shirras betont, dass er Daten für alle Gebietskörperschaften zur Verfügung hatte)

Shirras' Berechnungen zeigten, dass die Steuerbelastung 1923/24 in Deutschland mit Abstand am höchsten war,[111] so dass die Alliierten wenig Grund zum Einspruch hatten, als sie im folgenden Jahr gemindert wurde. Dennoch dürfte die deutsche Abgabenquote auch danach unerreicht geblieben sein, zumal auch die Sozialabgaben hier höher lagen als in den anderen Ländern.[112]

Deutschland war durch die Inflation endgültig zu einem kapitalarmen Land geworden. Für den Staat hatte die Inflation aber den unschätzbaren Vorteil, dass sie seine interne Verschuldung nahezu beseitigt hatte. Im Vergleich mit den Westalliierten gab es hier einen spürbaren Unterschied.

111 Wie haltbar diese Zahl ist, ist aber schwer zu beurteilen, wenn man bedenkt, dass die Inflation im Fiskaljahr 1923/24 ihren Höhepunkt erreicht hatte.

112 Siehe dazu unten.

Grafik 33

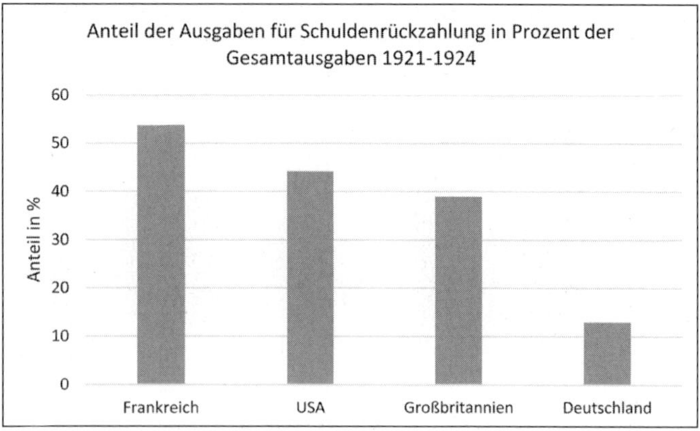

Quelle: Shirras, Burden of Taxation, S. 536

Im Aufbau des Steuersystems unterschieden sich insbesondere das angloamerikanische und das südwesteuropäische Steuermodell im Hinblick auf das Verhältnis von direkten und indirekten Steuern. Während in Großbritannien und den USA ein klares Übergewicht der direkten Steuern gegeben war, dominierten in Frankreich und Italien die indirekten Steuern das Bild. Deutschland lag dazwischen, aber näher an den kontinentaleuropäischen Nachbarn. In Großbritannien und den USA prägten die Einkommen- und die Erbschaftsteuer den progressiven Teil des Systems, während Zölle und Einzelwarensteuern, vor allem jene auf Tabak und Alkohol, die Unterschicht stärker belasteten. In Deutschland und Frankreich war es dagegen neben den Zöllen vor allem die Umsatzsteuer, die Geringverdiener hart traf.

Grafik 34

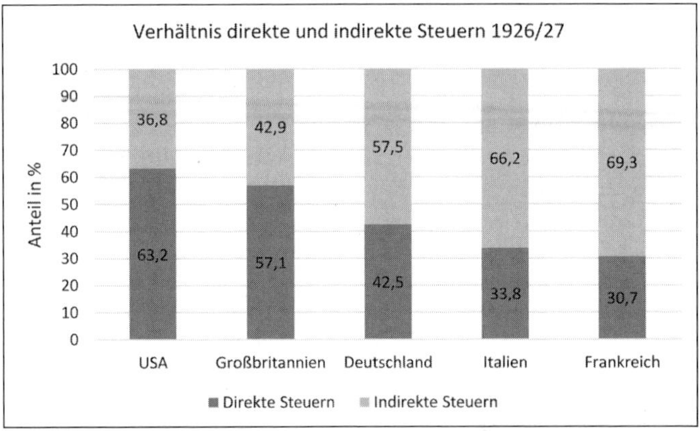

Quelle: Comstock, Taxation, S. 29. Ähnliche Zahlen bei Shirras, Taxable Capacity, S. 533

Eine andere Form der Einteilung nach Steuergruppen zeigt, dass Deutschland dem stark progressiven System Großbritanniens von den hier erfassten kontinentaleuropäischen Ländern am nächsten kam. Österreich hatte aufgrund seines hohen Anteils an indirekten Steuern vermutlich ein noch regressiveres Steuersystem als Frankreich.

Tabelle 27:
Steuergruppen als Anteil an den Gesamtsteuereinnahmen 1926/27

	Einkommen, Ertrag und Vermögen	Vermögens-verkehr	Umsatz	Transport	Verbrauch, Aufwand	Zölle
Belgien 1927	37,5 %	18,4 %	17,5 %	-	16, 3 %	10,3 %
Frankreich 1927	39,9 %	12,0 %	17,3 %	4,0 %	21,8 %	5,0 %
GB 1926/27	65,9 %	3,0 %	-	0,1 %	18,5 %	12,7 %
Österreich 1926	38,6 %	5,2 %	15,7 %	0,2 %	25,4 %	14,8 %
DEU 1926/27	58,0 %	3,3 %	10,0 %	3,9 %	16,2 %	8,6 %

Quelle: Statistisches Reichsamt (Hg.), Finanzen und Steuern, S. 224 und 728 f.

Die große Kompression in Deutschland (1918-1924): Die Anteilsverluste des obersten Prozents im internationalen Vergleich

Da das BIP pro Kopf von 1913 bis 1923 nur in Deutschland so stark zurückgegangen war, während es in den meisten der hier berücksichtigten Nationen gestiegen war und im Fall von Großbritannien und der Schweiz nur leicht abgenommen hatte, spricht viel dafür, dass Deutschland aufgrund des verlorenen Kriegs und der Inflation einen besonders deutlichen Wirtschaftseinbruch hinnehmen musste. Zu prüfen ist, ob er auch die Wohlhabenden stärker als in anderen Ländern traf, wie der enorme Rückgang des Einkommensanteils des obersten Prozents andeuten könnte. Zu prüfen ist, ob Deutschland eines der wenigen Länder war, in denen es von Kriegsende bis Mitte der 1920er-Jahre zu einer großen Kompression kam, die die Ungleichheit bei Einkommen und Vermögen deutlich reduzierte. Das Problem dabei ist, dass für die Einkommens- und Vermögensverteilung dieser Zeit nur für wenige Länder aussagekräftige Daten vorliegen, so dass vorerst nur eine grobe Einschätzung möglich ist.

Für die Entwicklung des Einkommensanteils der Top 1 Prozent und der Top 10 Prozent am Gesamteinkommen liegen nur für fünf Länder für diesen Zeitraum detaillierte Daten vor. Auch für Deutschland stammt der erste für die 1920er-Jahre vorliegende Wert aus dem Jahr 1925, so dass der genaue zeitliche Verlauf des Rückgangs nicht bestimmt werden kann. Neben Deutschland gibt es belastbare Daten bisher nur für Frankreich, Dänemark, Schweden und die USA. Hier zeigt sich, dass von 1917 bis 1925 die Anteile der Top 1 Prozent wie auch der Top 10 Prozent in allen vier europäischen Ländern geschrumpft sind. Eine Halbierung des Anteils der obersten Prozente wie in Deutschland war allerdings nur in Dänemark zu verzeichnen, während der Rückgang in Frankreich moderat ausfiel und die Niederlande etwa in der Mitte zwischen den beiden Extremen rangierten. In den USA war der Wert für die Top 1 Prozent 1925 wieder auf dem Niveau von 1917, während die Top 10 Prozent sogar deutliche Zugewinne zu verzeichnen hatten.

Grafik 35

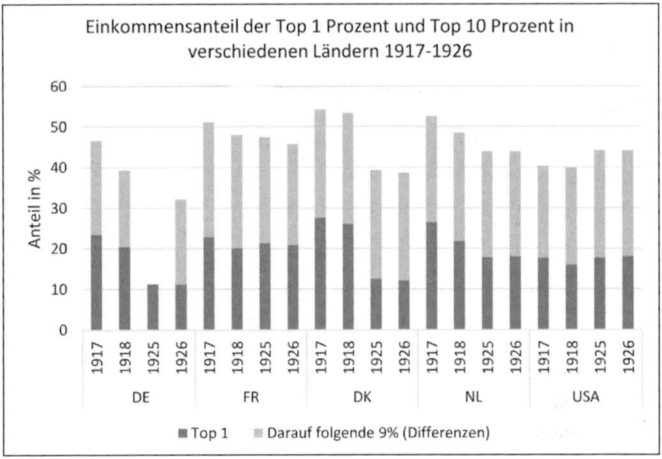

Quelle: World Inequality Database (Stand: Dezember 2018); für die USA: Piketty/Saez, Income and Wage Inequality, S. 176, Tabelle 5A.1.

Am schnellsten erholten sich die Einkommensanteile der Top-Verdiener in den USA, wo der Tiefpunkt 1920 erreicht war und die Werte für die Top zehn Prozent schon 1921 wieder über dem Niveau von 1917 lagen. In Dänemark fand der Rückgang der beiden Anteile vor allem bis 1921 statt, während das Niveau danach auf dem erreichten niedrigen Niveau blieb. Auch in Frankreich war der vorläufige Tiefpunkt 1921 erreicht, anschließend nahm der Einkommensanteil für zwei Jahre wieder zu, um danach wieder leicht zu sinken. In den Niederlanden sank der Anteil dagegen bis 1923 stetig, um erst danach moderat zu steigen.[113]

Für Großbritannien liegen für die Top 1 Prozent erst ab 1937 wieder genaue Angaben vor, während aber für die Top 0,1 Prozent und Top 0,05 Prozent durchgängig Daten vorhanden sind. Diese zeigen beide von Kriegsbeginn an einen relativ stetigen, aber milden Abfall

113 Daten auch aus der World Inequality Database (Stand: Dezember 2018).

bis 1921 mit einem danach folgenden leichten Anstieg.[114] Thomas Piketty hat aus diesen Daten einen ähnlichen Verlauf für die Top 1 Prozent konstruiert.[115] Demnach hätte es einen Rückgang von 21 Prozent (1913) auf 18 Prozent (1922) gegeben, was in etwa den französischen Verhältnissen entspräche.

Bei der anhand des Gini-Koeffizienten ermittelten gesamtgesellschaftlichen Einkommensungleichheit zeigt sich für Großbritannien wie beim Einkommensanteil der Spitzenverdiener ein sofortiger Rückgang bei Kriegsbeginn. Der Wert fällt von etwa 0,45 auf 0,35, wobei der Tiefpunkt schon 1919 erreicht ist und der Rückgang der Ungleichheit sich 1924 schon wieder weitgehend verflüchtigt hat. Demgegenüber steigt die Ungleichheit in Deutschland bis 1917 an und liegt 1919 noch weit über dem Wert von 1913. Erst 1920 setzt hier ein Rückgang ein, der nun freilich massiv ausfällt: vom 1917 erreichten Höchstwert 0,52 sinkt der Wert auf unter 0,35 im Jahr 1925.[116]

Im Groben kann man festhalten, dass es zwar in mehreren der untersuchten Nationen auch in der frühen Nachkriegszeit zu einem (weiteren) Rückgang des Anteils der Spitzenverdiener am Gesamteinkommen kam, dieser aber in Deutschland besonders spät einsetzte und dann sehr viel prononcierter ausfiel als in den meisten Vergleichsländern. Deswegen reduzierte sich die Einkommensungleichheit in Deutschland auch stärker als im Durchschnitt der Untersuchungsländer.

Vieles deutet daraufhin, dass sich in Deutschland der Abwärtstrend auch beim Vermögen länger in die Nachkriegszeit hineinzog als bei den meisten Vergleichsnationen. Nur in Deutschland und Frankreich nahm das Nationalvermögen pro Kopf der erwachsenen Bevölkerung im Zeitraum 1919-1924 noch ab, während in den vier anderen Vergleichsnationen schon ein Wiederanstieg eingesetzt hatte.

114 Anthony B. Atkinson, The Distribution of Top Incomes in the United Kingdom, in: ders./Piketty (Hg.), Top Incomes, S. 82-140, hier S. 93.

115 Piketty, Kapital, Table S9.2 (Online Appendix).

116 Gómez-León/de Jong, Distribution, S. 35, Grafiken A1.8 und A1.9.

Grafik 36

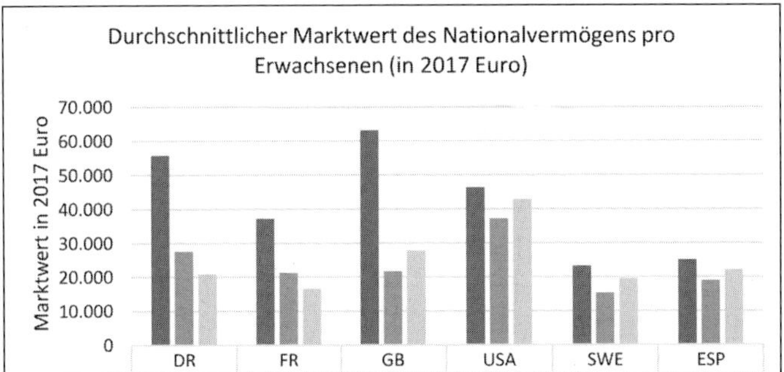

	DR	FR	GB	USA	SWE	ESP
1913	55.799	37.237	63.058	46.314	23.262	25.062
1919	27.649	21.363	21.761	37.267	15.271	19.011
1924	20.843	16.551	27.818	42.912	19.568	22.121

Quelle: World Inequality Database (Stand: Dezember 2018)

Beim Vermögen hatte Deutschland die schwersten Verluste zu tragen. Mehr als 60 Prozent des Pro-Kopf-Nationalvermögens von 1913 waren knapp zehn Jahre später nicht mehr vorhanden. Allerdings bewegten sich die Verluste in Frankreich und Großbritannien in ähnlichen Größenregionen. Demgegenüber waren die Vermögensrückgänge bei den spät in den Krieg eingetretenen USA und den neutralen Ländern Schweden und Spanien sehr viel geringer.

In den meisten kriegführenden Nationen war es zu einer Reduktion der Einkommens- und Vermögensungleichheit und zu einer erheblichen Kapitalvernichtung gekommen. In Deutschland verringerte sich die Ungleichheit in der Nachkriegszeit besonders stark, so dass für die Zeit der Weimarer Republik von einer großen Kompression gesprochen werden kann, während sich der Rückgang der Ungleichheit für die USA als eine temporäre Erscheinung erwies, die bald wieder verschwand. Über die Gründe für die egalisierenden Entwicklungen in Krieg und Nachkriegszeit wird seit längerem debattiert.

Grafik 37

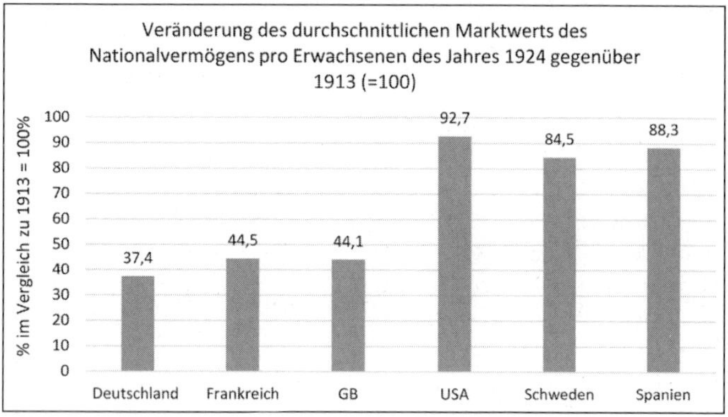

Quelle: World Inequality Database, ⟨https://wid.world/⟩ (Stand: Dezember 2018)

Hartmut Kaelble relativiert wie erwähnt die Bedeutung des Krieges und verweist stattdessen auf die langfristige Ausweitung von Steuersystem, Sozialstaat und Bildungspolitik.[117] Thomas Piketty dagegen hält den Krieg und damit disruptive Einschnitte für zentral: »Der Abbau von Ungleichheiten im Laufe des letzten Jahrhunderts verdankt sich weitgehend den Kriegswirren mit den jähen ökonomischen und politischen Schocks in ihrem Gefolge. Er ist nicht das Ergebnis einer beständigen, ungestörten, von allgemeinen Konsens getragene Entwicklung.«[118] Im Detail machte er für die Vermögensverluste neben den Kriegszerstörungen vor allem den Verlust der ausländischen Vermögenswerte und den Rückgang der Sparquote verantwortlich.[119] Beim Rückgang der Einkommensungleichheit hebt er die »Schlüsselrolle« der progressiven Einkommensteuer hervor.[120] Walter Scheidel nennt vier Gründe für die Verringerung der Ungleichheit: dramatische Steuererhöhungen, Staatsintervention im Wirtschaftsbereich, Verlust an Kapital und Kapitalwert,

117 Kaelble, Mehr Reichtum, S. 43.

118 Piketty, Kapital, S. 362.

119 Ebd., S. 196.

120 Ebd., S. 661.

finanzielle Zusammenbrüche und Ausweitung des Wahlrechts und gewerkschaftlicher Rechte.[121] Diese Gründe sind miteinander verflochten, trug doch etwa die Vergrößerung des Wählerkreises in Deutschland dazu bei, dass 1919 eine linksliberale Koalition an die Macht kam, die die Steuern erhöhte und zu einer interventionistischen Wirtschaftspolitik bereit war. Trotzdem lohnt eine Betrachtung der vier von Scheidel benannten Gründe im Einzelnen.

Weitgehend Einigkeit herrscht darüber, dass die deutlichen Steuererhöhungen einen Beitrag zur Reduktion der Einkommens- und Vermögensungleichheit leisteten. Eine Untersuchung des Einkommensteuerspitzensatzes zeigt, dass diejenigen kriegführenden Nationen, die nicht auf eigenem Gebiet kämpften, sondern ihre Soldaten entsenden mussten, den Spitzensatz am schnellsten und deutlichsten erhöhten. Die Länder, in denen der Krieg ausgetragen wurde, folgten den Erhöhungen meist erst nach Kriegsende. Da der durchschnittliche Satz dort bis 1925 stieg, während er in der ersten Ländergruppe ab 1922 wieder gesenkt wurde, näherten sich die Sätze nun stark an. In der dritten Gruppe der neutralen Länder kam es sowohl im wie nach dem Krieg auch zu Erhöhungen des Spitzensteuersatzes, aber die Werte erreichten hier nie dieselbe Höhe wie in den beiden anderen Ländergruppen. Der Durchschnittswert lag in der ersten Ländergruppe bei 57 Prozent, in der zweiten bei 52 Prozent und in der dritten bei 27 Prozent.[122]

Die Egalisierung ging beispielsweise in Frankreich, Großbritannien, den USA oder auch Schweden mit einer Reduktion der Staatsausgaben einher. In allen vier Ländern sank der Anteil der Staatsausgaben von 1921/1922 bis 1928/1929 relativ konstant. Dies lag aber vor allem am Rückgang der Militärausgaben, während die Sozialausgaben meist konstant blieben oder sogar leicht stiegen.[123]

Die Bedeutung wirtschaftspolitischer Staatsinterventionen zeigt sich besonders deutlich im deutsch-britischen Vergleich für die Nachkriegszeit. Während die deutsche Regierung eine inflationäre Entwicklung förderte, um die Arbeitslosigkeit in Schach zu halten,

121 Scheidel, Nach dem Krieg, Kapitel 5.

122 Herbert Obinger et al., War and Welfare States Before and After 1945. Conclusion and Perspectives, in: ders./Pedersen/Stark (Hg.), Warfare, S. 426-462, hier S. 444, Figur 15.6.

123 Webber/Wildavsky, History of Taxation, S. 450 f.

entschied sich die britische Regierung für einen deflationären Kurs. Die Folge war eine rasch steigende Arbeitslosenquote, die die Verhandlungsposition der Gewerkschaften schnell schwächte. Dementsprechend blieben die Lohnzugewinne gering, was zum Wiederanstieg der Einkommensanteile der Spitzenverdiener beitrug. Demgegenüber sorgte die inflationäre Entwicklung in Deutschland für eine geringe Arbeitslosigkeit, was die gewerkschaftliche Machtposition stärkte und den Arbeitnehmern günstigere Lohnabschlüsse als in Großbritannien verschaffte.[124]

Die Krise sozialdemokratischer Finanz- und Wirtschaftspolitik

Die Weimarer Republik ging mit schweren Belastungen an den Start. Zu der enormen kriegsbedingten Staatsverschuldung gesellten sich bald die nicht minder enormen Reparationsforderungen der Alliierten. Keynes kritisierte zu Recht, dass Deutschland die ihm abverlangten Zahlungen nur hätte erbringen können, wenn die anderen Länder zur großzügigen Aufnahme deutscher Exporte gewillt gewesen wären. Aber das waren sie nicht. Viele Länder hatten im Krieg in bis dato von der deutschen Industrie dominierten Sparten eigene Kapazitäten aufgebaut und schützten diese nun vor der deutschen Konkurrenz. Zwar zahlte Deutschland nur einen geringen Teil der ursprünglich aufgerufenen Summe, aber die politisch-mentalen Folgen der alliierten Forderungen erwiesen sich als schwerwiegend. Sie beförderten auf der konservativ-nationalistischen Seite des Parteienspektrums eine Politik der beständigen Obstruktion. Das Interesse an einem ausgeglichenen Haushalt und ordnungsgemäßer Steuerzahlung sank, weil das Gefühl bestand, dass man damit nur Geld für die vormaligen Kriegsgegner zur Verfügung stellte.

Die ersten Kabinette der Weimarer Republik verfolgten eine dezidiert sozialliberale Politik, wie Deutschland sie bis dato nicht gekannt hatte und bis Ende der 1960er-Jahre nicht wieder erleben sollte. Angeführt von Finanzminister Erzberger, war es der sozialliberal-sozialkatholischen Regierung vorbehalten, das deutsche

124 Gómez-León/de Jong, Distribution.

Steuersystem zu modernisieren. Das neue System hatte einen ähnlich progressiven Charakter wie die schon im Weltkrieg etablierten angloamerikanischen Systeme. Der Spitzensteuersatz der Einkommensteuer lag nun bei 60 Prozent. Zur Erbschaftsteuer zog man erstmalig auch Ehegatten und Kinder heran, wobei der Höchstsatz für diese 35 Prozent erreichen konnte. Für entfernte Verwandte, die wohlhabend waren, konnte der Spitzensteuersatz auf bis zu 90 Prozent steigen. Hinzu kam mit dem »Reichsnotopfer« eine progressive Vermögensteuer mit einem Spitzensatz von 65 Prozent.

Die deutschen Regierungen setzten von 1919 bis 1923 aber vor allem auf ein Programm der Vollbeschäftigung durch Geldmengenausweitung. Dies hatte den Vorteil, dass Deutschland die von fast allen europäischen Industrieländern nach der Inflation des Jahres 1919 im Folgejahr durchlaufene Deflationskrise vermeiden konnte. Der Nachteil war aber, dass durch die Inflation die Steuereingänge gerade der Spitzenverdiener erheblich hinter den Erwartungen zurückblieben. Die Hyperinflation von 1923 sorgte für tiefe Verunsicherung in allen Schichten der deutschen Gesellschaft. Deswegen sind ungeachtet ihrer egalisierenden Verteilungswirkung unterm Strich ihre negativen Auswirkungen zu betonen.

Deutschland war in der Nachkriegszeit mit dem Problem der wirtschaftlichen Instabilität wahrhaftig nicht allein. Die nach der Aufgabe der Goldparität frei flottierenden Wechselkurse sorgten für große Verunsicherung und zum Teil rapide schwankende Wechselkurse. Länder, die die hohe Arbeitslosigkeit mittels hoher Steuersätze und einer Geldmengenausweitung zu reduzieren versuchten, bezahlten diese Politik in der Regel mit einer Kapitalflucht, die ihre Wirtschaft regelrecht auszubluten drohte. Die Schweiz und die Niederlande blieben Niedrigsteuerländer, die von Banken und Regierung zielstrebig zu Steueroasen ausgebaut wurden. Bemühungen insbesondere der französischen Regierung, der Kapitalflucht über internationale Absprachen beizukommen, blieben erfolglos. Großbritannien und die USA setzten nach dem Krieg deswegen bald die hohen Steuersätze des Krieges herab und schufen ihrerseits Angebote für den Kapitalexport.

Viele Länder, die auf Geldmengenausweitung gesetzt hatten, mussten darum Mitte der 1920er-Jahre kapitulieren. Neben Deutschland (1923/24) legten auch Frankreich (1926-1928), Italien (1922-1927), Österreich (1922-1923) und Belgien (1926) Stabilisierungsprogramme auf.[125] Sie beinhalteten stets Senkungen der direkten Steuern und den Verzicht auf scharfe Maßnahmen zur Bekämpfung der Steuerflucht. Auch Steuern auf Finanztransaktionen schaffte man weitgehend ab. Da man zugleich am Ziel eines ausgeglichenen Budgets festhielt, um die Inflation in Schach zu halten, erhöhten die Regierungen die indirekten Steuern und zum Teil auch die Zölle. Zudem kürzten einige Regierungen die Staatsausgaben mitunter in drastischer Form. Die Umverteilungseffekte fielen entsprechend sozial unausgewogen aus: Während die Unter- und Mittelschichten stärker belastet wurden, kamen Kapitalbesitzer und Spitzenverdiener in den Genuss von Entlastungen. Diese Tendenz beförderten viele europäische Länder dadurch weiter, dass sie aufgrund der Gefahren der frei flottierenden Wechselkurse wieder zum Goldstandard zurückkehrten. In den skandinavischen Ländern, vor allem aber in Großbritannien führte dies zu deflationären Tendenzen mit steigender Arbeitslosigkeit und sinkenden Löhnen. Christophe Farquet resümiert deswegen, dass die zweite Hälfte der 1920er-Jahre durch eine Rückkehr zum fiskalischen Konservatismus geprägt war.[126]

Dies stellte die sozialdemokratischen Parteien, die sich nach dem Kriegsende in vielen Ländern Europas auf dem Vormarsch befunden und häufig auch Regierungsverantwortung übernommen hatten, vor erhebliche Herausforderungen. Sie hatten zumeist ein Programm befürwortet oder auch durchgesetzt, das hohe progressive Steuersätze mit einer Geldmengenausweitung verband, um Vollbeschäftigung und hohe Löhne zu schaffen. Die Hyperinflationen erschreckten jedoch auch die Arbeiterschaft und ihre politische Vertretung. In der Folge trugen die meisten sozialdemokratischen Parteien ab Mitte der 1920er-Jahre die Rückkehr zum Goldstandard und zum Teil auch die Stabilisierungsprogramme mit.[127] Doch die häufig damit verbundenen Kosten, sprich die steigende Arbeitslosigkeit und der Rückbau des Sozialstaats, wider-

125 Farquet, Tax Flight, S. 544.

126 Ebd., S. 561.

127 Zur Haltung der SPD zur Stabilisierungspolitik 1923-1925: Heinrich August Winkler, Von der Revolution zur Stabilisierung. Arbeiter und Arbeiterbewegung in der Weimarer Republik 1919 bis 1924, Berlin 1984, S. 605-736; ders., Der Schein der Normalität. Arbeiter und Arbeiterbewegung in der Weimarer Republik 1924 bis 1930, Berlin 1985, S. 246-269.

sprachen den Interessen ihrer Wählerschaft diametral. Ein eigenes Wirtschaftsprogramm zu entwickeln, das nicht inflationär wirkte und trotzdem die Wünsche der eigenen Wähler umzusetzen in der Lage war, gelang kaum. Ein kleinerer Teil der Sozialdemokraten kehrte deswegen zurück zu marxistischen Revolutionshoffnungen. Der Großteil akzeptierte dagegen vorerst die liberale Wirtschaftslehre zur Inflationsbekämpfung und hoffte, innerhalb dieser so viel Sozialreform wie möglich durchzusetzen.[128]

128 Ton Notermans, Money, Markets, and the State. Social Democratic Economic Policies since 1918, Cambridge 2000, S. 42-99.

Kapitel 9

Von der Stabilisierung zum Notstandsregime: Zyklische Finanzpolitik in der Weltwirtschaftskrise

Stabilisierung durch Steuersenkung und Ausgabenkürzung 1925-1929

Nachdem die unmittelbare Inflationskrise überwunden war und Luther sich auf seinen Posten als Reichskanzler konzentrierte, übernahm zunächst der vorherige Ministerialdirektor des Reichsfinanzministeriums Otto von Schlieben für die DNVP den Posten des Reichsfinanzministers. Bereits vor seiner Ernennung hatte der nun zum Staatssekretär im Finanzministerium aufgestiegene Johannes Popitz damit begonnen, eine umfassende Steuerreform zu planen. Popitz verfolgte dabei vor allem zwei Ziele: Erstens sollten einige technische Schwächen der Erzberger'schen Reform behoben werden, was dann auch tatsächlich einen wichtigen Schritt zur weiteren Modernisierung des Steuersystems darstellte. Zweitens sollte die Steuerbelastung der Wirtschaft deutlich abgesenkt werden. Gerade hinsichtlich des letzten Ziels bestand dabei völlige Einigkeit zwischen Popitz, Luther und Schlieben. Popitz hatte hierfür schon vor der Präsentation der Reformpläne im Kabinett Treffen mit dem Reichsverband der Industrie abgehalten, um dessen Interessen umfassend zu berücksichtigen. Heraus kam, wenig überraschend, eine trotz gewisser Zugeständnisse gegenüber Forderungen der SPD und des Zentrums die Wirtschaft stark entlastende Reform. Der Spitzensteuersatz bei der Einkommensteuer sank von 60 auf 40 Prozent, bei der Körperschaftsteuer von 35 auf 20 Prozent. Die Sätze der Vermögen- und Erbschaftsteuersteuer reduzierte man ebenfalls. Bei den Kapitalverkehrsteuern kehrte man zu den Sätzen aus der Zeit vor dem Weltkrieg zurück. Die verhasste Kapitalertragsteuer wurde in die Einkommensteuer eingebaut. Als partiellen Ausgleich für die Steuerverluste erhöhte man die Tabak- und die Biersteuer deutlich. Die Reform führte dementsprechend zu starken Entlastungen in den oberen Einkommensbereichen und einer stärkeren

Belastung bei vielen Beziehern niedriger Einkommen.[1] Nachdem die progressiven Sätze der Steuerreformen von Erzberger zunächst durch die Inflation konterkariert wurden, senkte die bürgerliche Regierungskoalition sie nach der Stabilisierung sofort deutlich ab. Letztlich kamen die stark progressiven Sätze der frühen Reform in der Weimarer Republik daher nie wirklich zur Anwendung.

Flankiert wurde diese Politik von liberal-konservativen Finanzwissenschaftlern, die nun wieder offensiv vertraten, dass Gerechtigkeit in der Finanzwissenschaft keine Kategorie darstelle. Der österreichische Nationalökonom Alfred Amonn etwa kritisierte massiv Adolph Wagners Verwendung des Begriffs. Für Amonn stand fest, dass, verbände man Steuerfragen mit dem Gerechtigkeitsbegriff, diese »zu einem Problem der Ethik gemacht und, wenigstens für den Nationalökonomen, objektiv unlösbar« würden.[2] Fritz Karl Mann, im gleichen Jahr auf den ersten ganz der Finanzwissenschaft gewidmeten Lehrstuhl an der Universität zu Köln berufen, sekundierte: »Mit der Ablehnung des erörterten Leitgedanken wird Wagners Steuersystem ein wesentlicher Teil seines Fundaments entzogen.«[3] Es schien notwendig zu sein, das Denkmal Wagner von seinem Sockel zu stoßen, um sich vom Begriff der Steuergerechtigkeit verabschieden zu können.

Mit der Reform im August 1925 führte man auch das Artefakt ein, das zum zentralen Accessoire der Steuerbürgerschaft avancieren und noch die Bundesrepublik bis ins 21. Jahrhundert begleiten sollte: die Lohnsteuerkarte. Bis dahin hatten Unternehmen bei der Post Steuermarken gekauft, die sie an ihre Angestellten und Arbeiter weiterverkauften, damit diese sie in Steuerbücher einkleben konnten. Seit 1926 wurden die abgezogenen Steuern nun auf Din-A4-Pappkarten festgehalten, die dann am Ende des Steuerjahres an das Finanzamt gingen. Eine weitere wichtige Änderung im

1 Hacker, »Gerechtigkeit«, S. 187-260; Krohn, Stabilisierung, 148-157; Hildemarie Dieckmann, Johannes Popitz, Entwicklung und Wirksamkeit in der Zeit der Weimarer Republik, Berlin 1960, S. 42-58. Die jüngste Popitz-Biografie ist für Fragen der Steuerpolitik leider kaum brauchbar: Anne Nagel, Johannes Popitz (1884-1945), Görings Finanzminister und Verschwörer gegen Hitler, Köln 2015.

2 Alfred Amonn, Zur Frage der steuerlichen Lastenverteilung, in: Jahrbücher für Nationalökonomie und Statistik 123 (1925), S. 165-199, hier S. 167.

3 Fritz Karl Mann, Zur Frage der steuerlichen Lastenverteilung, in: Jahrbücher für Nationalökonomie und Statistik 124 (1926), S. 30-40, hier S. 34.

Zuge der Reform war, dass die Steuerpflicht fortan an den Wohnsitz und nicht mehr an die Staatsbürgerschaft geknüpft wurde. In der Beratung des neuen Gesetzes hatten die Unternehmer gefordert, dass ihre Verwaltungsarbeit beim Lohnsteuerabzugsverfahren zukünftig mit einem Prozent der abgeführten Steuersumme vergütet werden sollte. Staatssekretär Popitz hatte dies jedoch abgelehnt und die Unentgeltlichkeit zum »Nobile officium der Arbeitgeber« erklärt.[4]

Als im Herbst 1925 eine Wirtschaftskrise in Deutschland heraufzog, war gerade Peter Reinhold (DDP) zum neuen Finanzminister einer bürgerlichen Minderheitsregierung ernannt worden. Reinhold setzte im Wesentlichen die Steuersenkungspolitik seines Vorgängers fort; allerdings erfolgten nun auch Absenkungen im Bereich der unteren und mittleren Einkommensgruppen. Zudem griff er verstärkt zum Mittel der Subventionierung von krisengeschüttelten Großbetrieben, aber auch zu vermehrten Ausgaben für Notstands- und Arbeitsbeschaffungsmaßnahmen. Dafür nutzte er partiell auch Anleihen. Fritz Blaich hat dieses Verhalten als erste bewusst antizyklische Finanzpolitik im Deutschen Reich bewertet.[5] Davon kann man aber höchstens in sehr zarten Ansätzen sprechen, da die Ausgaben maßvoll blieben und der Minister an der Lehre vom ausgeglichenen Haushalt festhielt. Trotzdem erregte sein Vorgehen unter anderem bei Heinrich Brüning schärfste Kritik.[6] Reinholds Nachfolger Heinrich Köhler (Zentrum) nahm in der Steuerpolitik wenig Änderungen vor, fuhr aber die Anleihepolitik seines Amtsvorgängers deutlich zurück. In Erinnerung geblieben ist Köhler vor allem durch seine nicht abgesprochene öffentliche Ankündigung, die Beamtenbezüge drastisch erhöhen zu wollen, mit der er Reichskanzler und Kabinett überrumpelte. Die Koalition traute sich nicht, hinter Köhlers Versprechen zurückzugehen, und erhöhte die Beamtenbezüge zähneknirschend um 18 bis 25 Prozent,

4 Klaus-Dieter Drüen, Die Indienstnahme Privater für den Vollzug von Steuergesetzen, Tübingen 2012, S. 141.

5 Fritz Blaich, Die Wirtschaftskrise 1925/26 und die Reichsregierung. Von der Erwerbslosenfürsorge zur Konjunkturpolitik, Kallmünz/Obpf. 1977.

6 Rudolf Morsey, Brünings Kritik an der Reichsfinanzpolitik 1919-1929, in: ders., Von Windthorst bis Adenauer. Ausgewählte Aufsätze zu Politik, Verwaltung und politischem Katholizismus im 19. und 20. Jahrhundert, Paderborn 1997, S. 337-350, hier S. 347.

was zu Mehraufwendungen allein des Reiches im Umfang von 330 Millionen Reichsmark führte. Zudem belastete Köhlers Generosität die anstehenden Reparationsverhandlungen aus deutscher Sicht negativ, weil die Gläubigerstaaten nun von versteckten deutschen Zahlungsreserven ausgingen.[7]

Als 1928 eine große Koalition unter dem SPD-Reichskanzler Hermann Müller und dem erneut zum Finanzminister ernannten Rudolf Hilferding (SPD) antrat, hatte sie von vornherein mit erheblichen Problemen zu kämpfen. Das Zentrum und die DVP hatten sich weit nach rechts bewegt, während sich die SPD unter dem Druck der KPD mitunter weniger kompromissbereit als früher zeigte. Da die Reichsausgaben deutlich gestiegen und hohe Reparationsforderungen zu begleichen waren, standen Finanzierungsfragen sofort im Raum. Im Folgejahr verschärfte sich die finanzielle Situation aufgrund der sich verschlechternden Wirtschaftslage noch erheblich. Eine Einigung zwischen den Koalitionspartnern erwies sich aber als unmöglich. Die DVP forderte vor allem Ausgabenkürzungen im Sozialbereich, die die SPD ablehnte. Die Sozialdemokraten propagierten die Erhöhung direkter Steuern, wogegen die DVP opponierte. Die DVP schlug alternativ die Erhöhung indirekter Steuern, insbesondere der Biersteuer vor, was neben der SPD auch die Bayerische Volkspartei ablehnte. Hilferding trat schließlich im Dezember 1929 gemeinsam mit seinem Staatssekretär Popitz auf Druck der DVP zurück, auch weil die Regierung sich dem Diktat von Reichsbankpräsident Hjalmar Schacht unterwerfen musste, der die Haushaltspolitik als unsolide verurteilt und für das Jahr 1930 eine Erwirtschaftung von 450 Millionen Reichsmark zum Schuldenabbau gefordert hatte. Finanziell klamm war das Reich auch wegen des weitgehenden Scheiterns der Hilferding-Anleihe, die trotz eines stattlichen Zinses von neun Prozent nur 180 statt der erhofften 500 Millionen RM erbracht hatte.[8] Um die Lücke zu

7 Herbert Hömig, Brüning – Kanzler in der Krise der Republik, Paderborn 2000, S. 107-109; Morsey, Brünings Kritik, S. 348 f.

8 Ilse Maurer, Reichsfinanzen und Grosse Koalition. Zur Geschichte des Reichskabinetts Müller (1928-1930), Bern 1973, S. 102-105; Theo Balderston, The Origins and Course of the German Economic Crisis. November 1923 to May 1932, Berlin 1993, S. 171-177; Albrecht Ritschl, Schuldenkrise und Austerität. Die Rolle des Reichswirtschaftsministeriums in der Deflationspolitik 1929-1931, in: Werner Abelshauser et al. (Hg.), Wirtschaftspolitik in Deutschland 1917-1990, Bd. 1, S. 579-636, hier S. 604-611.

füllen, hatte Hilferding ohne Absprache mit der Reichsbank Verhandlungen mit zwei US-Banken sowie dem schwedischen Zündholzkönig Ivar Kreuger aufgenommen, der bald darauf pleiteging und den Freitod wählte. Der angesehene Bankier J. P. Morgan jun., der von der Reichsregierung als Berater der Reichsbahn gewonnen werden sollte, fällte über seine deutschen Verhandlungspartner ein vernichtendes Urteil: »Nach dem, was ich von den Deutschen sehe, sind sie zweitklassige Menschen.«[9]

Nachfolger Hilferdings wurde der DVP-Mann Paul Moldenhauer, der Professor für Versicherungswissenschaft und Aufsichtsratsmitglied der I.G. Farben war. Drei Monate nach Hilferdings Rücktritt zerstritt sich die Regierung schließlich über Fragen der Arbeitslosenversicherung endgültig.[10] Hermann Müller reichte am Abend des 27. März 1930 die Demission des Gesamtkabinetts beim Reichspräsidenten ein. Die letzte Regierung der Weimarer Republik, die sich auf parlamentarische Mehrheiten stützte, war an ihr Ende gekommen.

Bilanz der Finanz- und Sozialpolitik in Deutschland zwischen Hyperinflation und Weltwirtschaftskrise

Wie ist nun die deutsche Finanzpolitik zwischen Inflation und Deflation zu bewerten? Erst 1927, im besten Wirtschaftsjahr der Weimarer Republik, konnte das Pro-Kopf-BIP des letzten Vorkriegsjahres überholt werden. Den höchsten Stand erreichte es im folgenden Jahr, während es 1929 bereits wieder leicht abfiel. Während das BIP pro Kopf damit 1929 nur um etwa zehn Prozent höher lag als 1913, hatte sich die Steuer- und Abgabenquote im gleichen Zeitraum fast verdoppelt. Die Erhöhung der Steuern im Zuge des Krieges und der Steuerreformen von 1919/20 schlug sich also deutlich nieder, und die Steuersenkungen 1924/25 konnten die Gesamtbelastung nicht einmal ansatzweise wieder auf den Vorkriegsstand zurückführen. Die Sozialabgaben machten 1913 und 1925 jeweils knapp über fünf

9 Zit. nach: Stephen A. Schuker, Money Doctors Between the Wars: The Competition Between Central Banks, Private Financial Advisers, and Multilateral Agencies, 1919-39, in: Marc Flandreau (Hg.), Money Doctors. The Experience of International Financial Advising, London 2003, S. 49-77, hier S. 64.

10 Ritschl, Schuldenkrise und Austerität, S. 612-614.

Prozent des BIP aus. Bis 1929 stiegen sie dann aber auf deutlich über sieben Prozent an, und der Streit um diesen Zuwachs sorgte für das Ende der letzten parlamentarischen Mehrheitsregierung.

Tabelle 28:
BIP pro Kopf und Staatsquoten 1913-1929[11]

	BIP pro Kopf	Steuerquote	Abgabenquote	Ausgabenquote	Schuldenquote
1913	3.648	8,0	13,5	14	47,1
1925	3.532	14,2	19,5	20	-
1929	4.051	15,0	22,6	24	23,9

Der Ausgabenanstieg war ganz maßgeblich durch die wachsenden Sozialausgaben bedingt, deren Anteil an den Staatsausgaben sich von 1910 bis 1925 verdreifacht hatte. Zu beachten ist dabei aber, dass in der Aufstellung die sozialen Kriegsfolgelasten auch unter dieser Rubrik geführt wurden. Diese Sozialausgaben, über deren Notwendigkeit im Parlament von links bis rechts weitestgehend Einigkeit herrschte, verschlangen etwa im Rechnungsjahr 1927/28 1600 Millionen Reichsmark,[12] während die umstrittene Arbeitslosenfürsorge demgegenüber 1928/29 nur 700 Millionen Reichsmark benötigte.[13] Ein maßgeblicher Anteil beim Ausbau des Sozialstaates der Weimarer Republik entfiel also auf die sozialen Folgekosten des Ersten Weltkrieges.

Deutschland war damit in puncto Höhe der Sozialausgaben weltweit führend. In einer Aufstellung von Peter H. Lindert, die nur Transfers aus Staatseinnahmen, aber nicht aus den Sozialversicherungen berücksichtigt, lag Deutschland ebenso weit vorn wie in einer neueren Berechnung von Sergio Espuelas, die auch die Sozialausgaben aus den Versicherungen beinhaltet. In beiden Varianten sind die Ausgaben etwa doppelt so hoch wie in Großbritannien und etwa fünfmal so hoch wie in Frankreich.

11 BIP pro Kopf (in 1990 Int. GK$): Maddison-Project-Database 2013; Staatsquoten: Spoerer, Öffentliche Finanzen, S. 104-108.

12 Statistisches Reichsamt (Hg.), Finanzen und Steuern, S. 255.

13 Länderrat des Amerikanischen Besatzungsgebiets (Hg.), Statistisches Handbuch von Deutschland 1928-1944, München 1949, S. 547.

Grafik 38

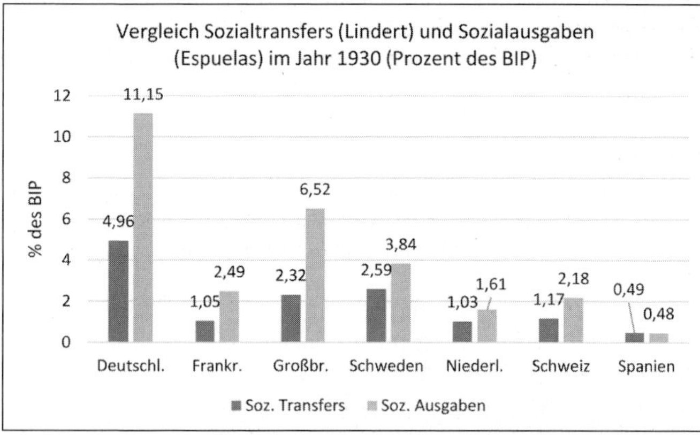

Quelle: Peter H. Lindert, The Rise of Social Spending 1880-1930, in: Explorations in Economic History 31 (1994), S. 1-37, hier S. 10; Sergio Espuelas, The Inequality Trap. A Comparative Analysis of Social Spending between 1880 and 1930, in: Economic History Review 68 (2015) 2, S. 683-706, hier S. 691

Es kann also kaum ein Zweifel daran bestehen, dass der Ausbau des deutschen Sozialstaates in der Weimarer Republik weltweit Maßstäbe setzte. Die anderen führenden nord- und westeuropäischen Länder erreichten einen solchen Stand zumeist erst nach dem Ende des Zweiten Weltkrieges. Neben der bereits zur Zeit des Kaiserreichs herausragenden Bedeutung der »sozialen Frage« sowohl in linken wie in rechten Parteien dürfte für diesen Ausbau auch der Wille verantwortlich gewesen sein, die vereinnahmten Steuergelder lieber im eigenen Land auszugeben als die alliierten Reparationen zu bezahlen. Und es ist auch wenig verwunderlich, dass sich die alliierten Wächter immer wieder über die deutsche Zahlungsmoral und die hohen Staatsausgaben beschwerten.[14]

Bei den restlichen Ausgabepositionen fällt vor allem auf, dass die

14 Philipp Heyde, Das Ende der Reparationen. Deutschland, Frankreich und der Young-Plan 1929-1932, Paderborn 1998, S. 185.

Anteile von Verwaltung und Rüstung gegenüber 1910 jeweils um etwa fünf Prozent gefallen sind. In der Rüstung lag dieser anteilige Rückgang in den Beschränkungen des Versailler Vertrages begründet. Im Bereich der Wirtschaft zeigt sich deutlich die zunehmende Subventionstätigkeit des Staates nach 1925.

Grafik 39

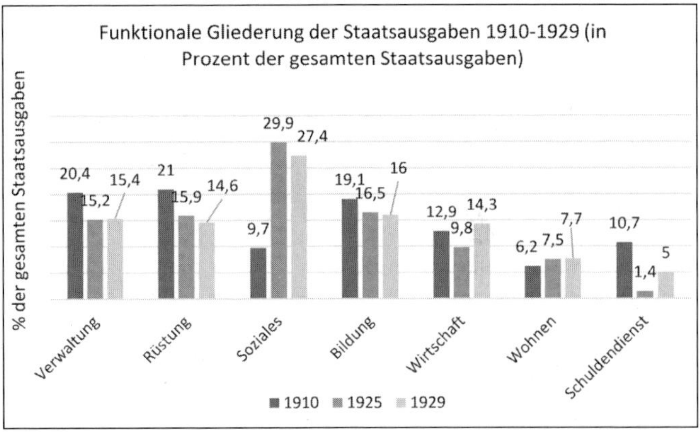

Quelle: Hentschel, Steuersystem, S. 258[15]

Die Reparationsleistungen gemäß dem Dawes-Plan (ab 1923) und dem Young-Plan (ab 1929) machten im Zeitraum 1925-1930 jeweils etwa 20 bis 25 Prozent der deutschen Staatsausgaben aus. Max Hantke und Mark Spoerer haben argumentiert, dass die Reparationsleistungen, die aus dem Budget beglichen wurden – ein großer Teil gedeckt durch Industrie- und Reichsbahnobligationen, die in nicht unerheblicher Höhe von deutschen Steuerhinterziehern im Ausland gezeichnet wurden –, in etwa dieselbe Höhe gehabt hätten, wie das Reich durch die Beschränkung auf ein 100 000-Mann-Heer

15 Bei Mark Spoerer fällt der Vergleich für die Jahre 1913/14 und 1927/28 anders aus, weil die Bereiche unterschiedlich definiert sind. Bei Spoerer verliert das Militär 20 Prozentpunkte, während Soziales und Wohnen jeweils 10 Prozentpunkte dazugewinnen und die Verwaltungskosten anteilig leicht steigen. Spoerer, Evolution, S. 114.

an Militärkosten eingespart habe. Sie meinen damit nachzuweisen, dass die Weimarer Republik vor allem an Fehlern der Innenpolitik gescheitert sei und die Reparationskosten kaum als Begründung herhalten könnten.[16] Letzteres ist in der Tendenz nicht verkehrt, aber die Argumentation übersieht doch zwei wesentliche Punkte. Erstens wäre das Geld bei einem stärkeren Militärausbau im Land geblieben und hätte zum Beispiel für geringere Kosten der Arbeitslosenfürsorge und eine bessere Auslastung der Industrie gesorgt. Zweitens und deutlich wichtiger ist aber, dass die anfänglich noch viel höheren Reparationsforderungen bei vielen deutschen Politikern und Beamten den Willen zur Ordnung des Haushalts erlahmen ließen, weil Ausgabenkürzungen oder eine schärfere Steuereintreibung nur zu einer noch drückenderen Reparationslast geführt hätten. So konnte Deutschland tatsächlich die Reparationslast deutlich senken und zahlte 1924-1930 noch ca. 2400 Millionen Dollar an die Gläubiger, während im gleichen Zeitraum etwa 7000 Millionen Dollar ausländischen Kapitals bzw. von deutschen Steuerhinterziehern aus dem Ausland zurücktransferierte Gelder ins Land flossen.[17]

Beim Blick auf die Einnahmeseite fällt zuerst der überraschend große anteilige Verlust bei der Einkommensteuer gegenüber der Vorkriegszeit ins Auge. Acht Prozentpunkte weniger trug die Einkommensteuer in der zweiten Hälfte der 1920er-Jahre zum Gesamtsteueraufkommen bei als 1913.[18] Die deutliche Erhöhung der Einkommensteuersätze durch die Erzberger'sche Reform hätte etwas anderes erwarten lassen. Lag der Spitzensteuersatz 1913 noch bei vier Prozent, so befand er sich auch nach den Kürzungen 1924 noch bei 40 Prozent. Eine wichtige Rolle dürfte hierbei die zunehmende Steuerflucht gespielt haben, die einsetzte, nachdem die Möglichkeit der Steuerminimierung durch Inflation beendet worden war. Schon Zeitgenossen bemerkten diese Fluchttendenz. Mitunter gaben konservative Großverdiener dies in ihren Kreisen auch offen

16 Max Hantke/Mark Spoerer, The Imposed Gift of Versailles. The Fiscal Effects of Restricting the Size of Germany's Armed Forces, 1924-1929, München 2010 (MPRA Paper No. 20054).

17 Boris Barth, Europa nach dem Großen Krieg. Die Krise der Demokratie in der Zwischenkriegszeit 1918-1938, Frankfurt am Main 2016, S. 136.

18 Dies bemerkte 1929 schon: Fritz Karl Mann, Deutsche Finanzwirtschaft, Jena 1929, S. 28.

zu und adelten ihr Verhalten als Widerstand gegen die alliierten Reparationsforderungen.[19]

Tabelle 29:
Anteil von sieben Steuerquellengruppen am Gesamtsteueraufkommen 1913-1929 (in Prozent des Gesamtsteueraufkommens)

Steuerquellengruppe	1913	1925	1929
Einkommensteuer	30,4	22,5	22,4
Körperschaftsteuer	4,1	1,8	4,1
Umsatzsteuer	-	14,0	7,6
Vermögen- & Vermögenzuwachssteuer	13,2	21,1	22,3
Ertragsteuern	16,3	15,0	16,2
Verbrauch- & Verkehrsteuern	20,2	19,7	19,3
Zölle	15,8	5,8	8,1

Quelle: Hentschel, Steuersystem, S. 273.

Allerdings verband sich mit dem relativen Bedeutungsverlust der Einkommensteuer kein Absinken des Anteils der direkten Besteuerung insgesamt, weil parallel die Vermögens- und Vermögenszuwachsbesteuerung in ähnlicher Höhe anstieg, so dass Einkommens- und Vermögensbesteuerung zusammen in allen drei Untersuchungsjahren zwischen 43,6 und 44,7 Prozent des Gesamtsteueraufkommens ausmachten. Dies liegt aber vor allem daran, dass Hentschel die Hauszinssteuer als Vermögensteuer gewertet hat, während sie seinerzeit eher als Erwerb- oder als Realsteuer gefasst wurde. Wertet man auch die Körperschaftsteuer und die Ertragsteuern als direkte Steuern, so hätte der Anteil der direkten Steuern 1929 bei 65 Prozent gelegen und damit deutlich über dem seinerzeit von Erzberger öffentlich verkündeten Ziel eines sechzigprozentigen Anteils direkter Steuern.[20] Bei gleicher Zählung hätte der Satz

19 Gottfried Feder/August Buckeley, Der kommende Steuerstreik. Seine Gefahr, seine Unvermeidlichkeit, seine Wirkung, München 1922.

20 Matthias Erzberger, Rede in der Nationalversammlung zu Berlin am 3.12.1919, in: ders., Reden zur Neuordnung des deutschen Finanzwesens, Berlin 1919, S. 96-123, hier S. 110f. Erzberger ging dann sogar noch weiter und legte nahe, dass durch einige Zölle und Steuern auf Luxusprodukte die wohlhabenden Kreise 75% der Steuerlast tragen würden.

aber auch 1913 schon bei 63 Prozent gelegen. Fritz Karl Mann hat dies bereits damals als »steuerpolitische Phraseologie« abgetan, die »die Volksgunst zu umschmeicheln« versuche.[21] Häufig bezeichneten linke Politiker die direkten Steuern als Besitzsteuern, wodurch auch die Lohnsteuer zur Besitzsteuer erklärt wurde. Mann, wie auch eine große Zahl anderer Finanzwissenschaftler, hielt die Unterscheidung in direkte und indirekte Steuern dagegen für weitgehend unbrauchbar, zumal sich immer wieder herausgestellt hatte, dass fast alle Steuern zumindest teilweise überwälzbar waren. Gleichwohl hat sich die Unterscheidung bis heute gehalten, wobei aber etwa Bundesfinanzministerium, Eurostat und die OECD jeweils andere Steuern als direkt respektive indirekt werten, weswegen sie zu jeweils anderen Prozentanteilen kommen. Deswegen bleibt eine gewisse Vorsicht gegenüber der problematischen Einteilung angebracht. Freilich bleibt allen Vorbehalten zum Trotz die Absicht des Gesetzgebers bedeutsam, festzulegen, wen eine Steuer erst einmal treffen solle, denn sie schafft für die betreffende Gruppe einen Überwälzungsbedarf, der entweder Arbeit oder Geld kostet. Zudem sind Überwälzungsversuche mit Gefahren verbunden, weil man Käufer oder Mieter durch steuerbedingte Preiserhöhungen ja durchaus verlieren kann, weshalb eine vollständige Überwälzung meist nur unter günstigsten Rahmenbedingungen möglich ist.

Auf der Seite der indirekten Steuern wurde die deutliche Abnahme der Zölle von 1913 bis 1925 durch das starke Anwachsen der erst nach 1913 eingeführten Umsatzsteuer überkompensiert. Ab 1925 zog die Umsatzsteuer aber heftige Kritik sowohl der Unternehmerverbände wie auch der Gewerkschaften auf sich, weswegen ihre Sätze deutlich reduziert wurden. Die Umsatzsteuer verlor deshalb an Bedeutung, während der Anteil der Zölle nun wieder anstieg.

Um die Frage der Steuereinteilung in ihrer Problematik zu veranschaulichen, seien hier zwei weitere Modelle vorgestellt, die genutzt wurden. Das erste geht auf den Finanzwissenschaftler Fritz Karl Mann zurück und lehnt sich im Wesentlichen an die Steuereinteilung seines vormaligen Lehrers Adolph Wagner an. Mann war 1927 auf den ersten rein finanzwissenschaftlichen Lehrstuhl in Deutschland an die Universität Köln berufen worden und darf spätestens seit diesem Zeitpunkt als einer der einflussreichsten

21 Mann, Deutsche Finanzwirtschaft, S. 44.

deutschen Finanzwissenschaftler gelten. Gegen Ende der Weimarer Republik dem liberal-konservativen Lager zuzurechnen, griff Mann in seinen Werken vor allem die Steuerpolitik linker Parteien an, die seiner Meinung nach zu stark auf das fundierte Einkommen Zugriff nahm.[22] Dies verursachte den aus seiner Sicht zentralen Schwachpunkt der deutschen Wirtschaft: die zu geringe Kapitalbildung. Mann war daran gelegen, eine möglichst sachliche Einteilung der Steuergruppen vorzunehmen und eine Politisierung der Steuerpolitik zu erschweren.

Tabelle 30:
Die Anteile der Steuergruppen an den Gesamtsteuereinnahmen 1913-1928

Steuerart	1913/14	1925/26	1926/27	1927/28
A Erwerbsteuern (insg.)	**49,5**	**50,9**	**53,4**	**54,3**
A1 Einkommen- & Körperschaftsteuer	34,4	24,3	24,5	26,0
A2 Grund- und Gebäudesteuer	10,8	8,6	9,3	8,9
A3 Gewerbesteuer inkl. Sondergewerbesteuer	4,4	5,7	5,8	6,4
A4 Hauszinssteuer	-	12,4	13,7	13,0
B Verkehrsteuern	**9,7**	**19,0**	**13,0**	**10,4**
B1 Umsatzsteuer	-	13,9	8,2	7,0
B2 Grunderwerbsteuer inkl. Wertzuwachssteuer	3,6	1,9	1,9	2,2
B3 Vermögensverkehrsteuern inkl. Stempelst.	6,2	3,2	3,0	1,2
C Besitzsteuern	**3,5**	**2,9**	**3,7**	**4,1**
C1 Vermögensteuer	2,0	2,7	3,4	3,5
C2 Erbschaft- und Schenkungsteuer	1,5	0,3	0,3	0,6
D Verbrauchsteuern (inkl. Zölle)	**36,0**	**25,5**	**29,0**	**27,4**

Quelle: Mann, Deutsche Finanzwirtschaft, S. 26.

22 Stefanie Middendorf, Staatsfinanzen und Regierungstaktiken. Das Reichsministerium der Finanzen (1919-1945) in der Geschichte von Staatlichkeit im 20. Jahrhundert, in: Geschichte & Gesellschaft 41 (2015) 1, S. 140-168, hier S. 162 f.; dies., Finanzpolitische Fundamente der Demokratie? Haushaltsordnung, Ministerialbürokratie und Staatsdenken in der Weimarer Republik, in: Tim B. Müller/Adam Tooze (Hg.), Normalität und Fragilität. Demokratie nach dem Ersten Weltkrieg, Hamburg 2015, S. 315-343, hier S. 330. In der Biografie zu Mann wird ganz auf Fragen seiner politischen Positionierung verzichtet: Julia C. Ahrend, Fritz Karl Mann. Ein Pionier der Finanzsoziologie und der Theorie der Parafiski im Schnittfeld deutscher und amerikanischer Wissenschaftskultur, Marburg 2010.

Sichtbar wird hier die große Bedeutung der Hauszinssteuer, die 1927/28 fast den doppelten Ertrag der Umsatzsteuer erbringt. Da Mann sie zu den Realsteuern zählte, sprach er von einem deutlichen Anstieg dieser Steuergruppe. Durch die abweichende Eingruppierung der Hauszinssteuer spielen in Manns Aufstellung die Besitzsteuern eine stark untergeordnete Rolle. Mann sieht hier den Hauptunterschied zum englischen Steuersystem. Während dort die Vermögen- und insbesondere die Erbschaftsteuer große Erträge aus dem Besitz erbrächten, sei das im deutschen System kaum der Fall. Für Mann war die wichtigste Eigenschaft des deutschen Steuersystems der zweiten Hälfte der 1920er-Jahre, dass es scharfen Zugriff auf das fundierte Einkommen nahm. Diese Behauptung machte er auch an der Tatsache fest, dass bis 1925 innerhalb der Lohn- und Einkommensteuer die Lohnsteuer deutlich überwogen habe, während inzwischen die Einkommensteuer mehr Ertrag bringe. Gerade das hielt Mann angesichts des deutschen Kapitalmangels für besonders gefährlich. Er leitete aus seiner Aufstellung die Forderung ab, dass die Erwerbsteuern auf das Niveau von 1913 abgesenkt und die Verbrauchsteuern im Gegenzug wieder auf dieses Niveau angehoben werden sollten. Als alternative Ausgleichsmaßnahme hielt er auch eine schärfere Erbschaftsbesteuerung für gerechtfertigt. Manns Behauptungen zum fundierten Einkommen halten jedoch einem internationalen Vergleich nicht stand. Der Zugriff auf das fundierte Einkommen war in Großbritannien und den USA wesentlich umfassender, und in den USA wurden von den Arbeitseinkommen überhaupt nur 20 Prozent zur Besteuerung erfasst, während der Rest durch hohe Steuerfreigrenzen freigestellt war.[23]

Eine sehr viel schärfer politisierende Einteilung nahm 1928 Jennie Fitzau in ihrer Dissertation vor, deren Ergebnisse später vor allem von der Geschichtswissenschaft der DDR aufgegriffen wurden. Sie teilte die gesamten Steuern in zwei Gruppen ein: jene, die den Besitz, und jene, die die Allgemeinheit träfen.

23 Statistisches Reichsamt (Hg.), Finanzen und Steuern, S. 735 f.

Tabelle 31:
Verteilung der Steuereinnahmen im Haushaltsjahr 1925 (als Anteil am Gesamtsteueraufkommen)

Belastung des Besitzes	**31,3 %**	
Vermögensteuer	4,0 %	3,5
Erbschaftsteuer	0,4 %	0,6
Veranlagte Einkommensteuer	11,8 %	12,0
Abzüge von Kapitalerträgen	1,2 %	
Körperschaftsteuer	2,7 %	4,1
Verkehrsteuern	10,0 %	
Erhöhte Umsatzsteuer	1,2 %	-
Belastung der Gesamtheit	**68,7 %**	**41,8**
Lohnsteuer	20,1 %	10,0
Allgemeine Umsatzsteuer	19,7 %	6,9
Zölle	8,7 %	9,9
Tabaksteuer	9,0 %	6,3
Getränkesteuer	7,2 %	5,4
Zuckersteuer	3,5 %	1,8
Sonstige Verbrauchsabgaben	0,5 %	1,5

Quelle: Jennie Fitzau, Der soziale Gedanke in der deutschen Steuergesetzgebung der Nachkriegszeit unter besonderer Berücksichtigung der Reichsbesteuerung, Kassel 1928 (Diss. Uni Hamburg), S. 36.

Fitzaus Deutung des Steuersystems steht Manns Ergebnissen diametral entgegen. Für sie trug die Allgemeinheit den großen Teil der Steuerlast, während die Besitzenden weniger als ein Drittel der Staatseinnahmen aufbrachten. Von einer starken Belastung des fundierten Einkommens konnte demnach keine Rede sein. Kaum ein Zufall war, dass Fitzau das Jahr 1925 auswählte und die folgenden Jahre dann nicht mehr im gleichen Schema präsentierte. Der DDR-Historiker Manfred Nussbaum bediente sich später desselben Kniffs, indem er genau diese Zahlen für das Jahr 1925 nannte und danach nur noch die Steuersenkungen darstellte, die die Besitzenden betrafen, um so den Eindruck zu erwecken, dass das Steuersystem immer ungerechter wurde.[24]

Fitzaus Zahlen sind aber in vielfacher Hinsicht problematisch. So zahlten natürlich auch die Besitzenden Zölle und Verbrauchsteuern. Insbesondere der scharfe Kampf der Industriellen gegen die Umsatzsteuer lässt zudem daran zweifeln, dass die Industrie in einer Zeit mit teilweise hohen Überkapazitäten dazu in der Lage war, die Steuer durch Preiserhöhungen auf die Verbraucher abzuwälzen. Des Weiteren ist unklar, wo in Fitzaus Aufstellung die Grund-, Gebäude- und Gewerbesteuer verschwinden. Die Hauszinssteuer bleibt auf jeden Fall unberücksichtigt. Da unklar ist, was sich hinter der Kategorie der Verkehrsteuern verbirgt, lässt sich keine ähnliche Aufstellung der Besitzsteuern für andere Jahre vornehmen. Für die Steuern, die die Allgemeinheit belasten, ist dies aber möglich.

Tabelle 32:
Steuern, die die Allgemeinheit belasten, 1925 und 1927/28

Jahr	1925	1927/28
Belastung der Gesamtheit	**68,7 %**	**41,8 %**
Lohnsteuer	20,1 %	10,0 %
Allgemeine Umsatzsteuer	19,7 %	6,9 %
Zölle	8,7 %	9,9 %
Tabaksteuer	9,0 %	6,3 %
Getränkesteuer	7,2 %	5,4 %
Zuckersteuer	3,5 %	1,8 %
Sonstige Verbrauchsabgaben	0,5 %	1,5 %

Quelle: Die Zahlen für 1927/28 gemäß: Statistisches Reichsamt, Finanzen und Steuern, S. 224[25]

24 Manfred Nussbaum, Wirtschaft und Staat in Deutschland während der Weimarer Republik, Berlin (Ost) 1978, S. 136.

25 Ungenau ist nur die Bestimmung der Lohnsteuer. Lohn- und Einkommensteuer erbrachten 1927/28 zusammen 21,8 %. Gemäß den Angaben bei Mann zu deren Verhältnis im Jahr 1927/28 gehe ich davon aus, dass die Lohnsteuer noch etwa 10 % des Gesamtsteueraufkommens erbrachte.

Dies ergibt ein völlig anderes Bild, als Nussbaum es zeichnet. Wenn man die höchst ungenaue Einteilung beibehält, so zeigt sich, dass von 1925 bis 1928 vor allem jene Steuern gesenkt wurden, die laut Fitzau die Allgemeinheit belasteten. Demnach wäre das Steuersystem zum Ende der 1920er-Jahre durch das Absinken der Lohn-, der Umsatz- sowie einiger Verbrauchsteuern erheblich progressiver geworden.

Eine Aufschlüsselung der Steuerzahlungen nach Einkommensgruppen bestätigt diese Annahme.

Grafik 40

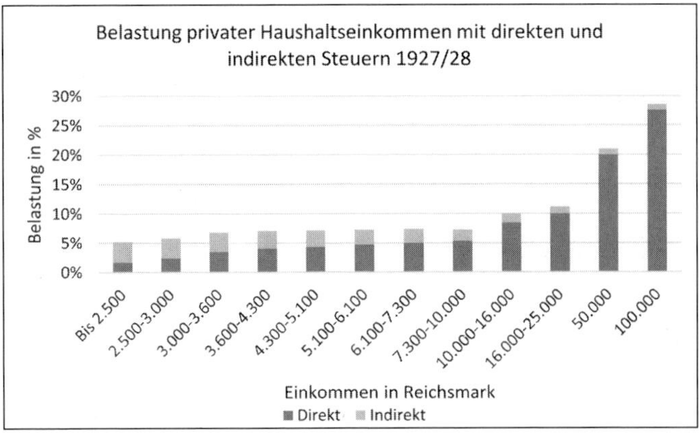

Quelle: Hentschel, Steuersystem, S. 293

Demnach war das Steuersystem 1927/28 nun deutlich progressiver geworden, und die Bezieher höchster Einkommen zahlten prozentual mehr als das Fünffache dessen an Steuern, was Lohnempfänger am anderen Ende der Einkommensskala zu entrichten hatten. Gegenüber dem Steuersystem der Vorkriegszeit hatten sich die Gewichte erheblich verschoben.

Grafik 41

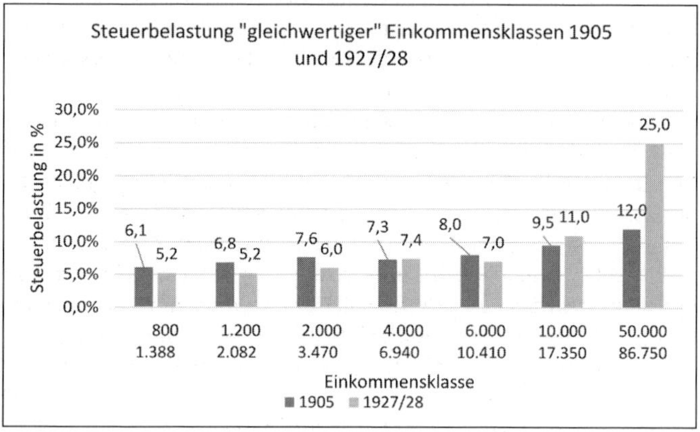

Quelle: Hentschel, Steuersystem, S. 294

Die untersten drei Einkommensstufen zahlten durch den inzwischen verringerten Anteil an Verbrauchsteuern weniger Steuern als in der Vorkriegszeit. Demgegenüber hatte sich der Steuersatz für die Spitzenverdiener mehr als verdoppelt.

Die öffentlichen Finanzen in der Endphase der Weimarer Republik 1929/30-1933: Präsidialkabinette und Weltwirtschaftskrise

Die letzten drei Jahre der Weimarer Republik stellen einen, wenn nicht gar *den* in der Deutung am meisten umkämpften Zeitabschnitt der jüngeren deutschen Geschichte dar. Nicht nur bildet die Geschichte der Weltwirtschaftskrise ab 1929 noch heute einen Untersuchungsgegenstand, der für die Überzeugungskraft wirtschaftswissenschaftlicher Theorien nach wie vor von zentraler Bedeutung ist, darüber hinaus ist mit ihr untrennbar das Scheitern der ersten deutschen Demokratie und die Machtübertragung an die Nationalsozialisten verbunden.

Am Tag nach dem Rücktritt der Großen Koalition unter Reichskanzler Müller ernannte Hindenburg den Zentrumspolitiker Heinrich Brüning zum Kanzler, der aber über keine Reichstagsmehrheit verfügte. Auf Brüning war Hindenburg aufmerksam geworden, weil dieser als Fraktionsvorsitzender des Zentrums ein Junktim durchgesetzt hatte, laut dem seine Partei dem Young-Plan nur zustimmen würde, wenn durch Sparmaßnahmen und Steuererhöhungen das Haushaltsdefizit minimiert würde. Damit griff er die Steuersenkungspläne des damaligen SPD-Finanzministers Hilferding frontal an.[26] Brüning ernannte in kürzester Zeit sein Kabinett, dem abermals auch ein Vertreter der rechtsgerichteten und verfassungsfeindlichen DNVP angehörte. Finanzminister blieb anfangs Moldenhauer, doch nachdem dieser aus Sicht seiner eigenen DVP-Fraktion nicht forsch genug bei Fragen der Finanzierung der Arbeitslosenversicherung vorgegangen war, trat er zurück und Hermann Dietrich (Deutsche Staatspartei), ein Jurist und Berufspolitiker, der seit 1920 im Reichstag saß, übernahm das Amt. Brüning verkündete von Beginn seiner Amtszeit an, dass er auf einen radikalen Sparkurs setze. Sein erstes Sanierungsprogramm scheiterte jedoch im Reichstag, so dass er es nur mittels einer Notverordnung gemäß Artikel 48 der Weimarer Verfassung durchsetzen konnte. Die Reichstagsmehrheit hob die Notverordnung jedoch wieder auf, woraufhin Hindenburg auf Anraten Brünings den Reichstag auflösen ließ und Neuwahlen ankündigte. Zentral für den Beginn des bald auf Dauer gestellten Notstandsregimes waren Haushaltsfragen. Schon vor dem Scheitern im Reichstag hatten Brüning und sein Finanzminister Dietrich geplant, auf dieses Instrument gegebenenfalls zurückzugreifen. Damit kehrte die Notstands- und Ausnahmezustandsrhetorik der frühen Weimarer Republik und des Jahres 1926 zurück; nun allerdings auf Dauer.[27]

Die September-Wahl 1930 endete für Brüning mit einer Niederlage. Die Parteien seiner Koalition hatten deutlich verloren und verfügten nur noch über 23,1 Prozent der Stimmen. Die NSDAP

26 Brüning war schon davor als Sparpolitiker in Erscheinung getreten: Rudolf Morsey, Brünings Kritik an der Reichsfinanzpolitik 1919-1929, in: ders., Von Windthorst bis Adenauer, S. 337-350.

27 Middendorf, Macht der Ausnahme, S. 376-385; Gerhard Schulz, Zwischen Demokratie und Diktatur. Verfassungspolitik und Reichsreform in der Weimarer Republik, Bd. 3, S. 92-104.

hatte erheblich hinzugewonnen, die KPD sich auf hohem Niveau stabilisiert. Die DNVP weigerte sich nun, an der Regierung mitzuwirken. Als Erfolg für sich konnte Brüning aber bald verbuchen, dass sich die SPD zu einem Tolerierungsbündnis bereitfand. Die Sozialdemokraten stimmten in der Folgezeit zwar Brünings Notverordnungen nicht zu, votierten jedoch anschließend auch nicht für deren Aufhebung, so dass Brüning in der Lage war, per Notverordnungen zu regieren. Die SPD ermöglichte ihm das, weil sie bei einer weiteren Neuwahl einen Sieg der extremen Rechten fürchtete.

Das Kabinett Brüning setzte im Folgenden gerade seine wichtigsten Beschlüsse per insgesamt 62 Notverordnungen durch. Das betraf insbesondere das Gebiet der Finanzpolitik, wo Brüning mit vier umfassenden Notverordnungen seine Sparpolitik exekutierte. Die damit verbundene Aushöhlung des Budgetrechts des Parlaments bedeutete einen großen Schritt in Richtung Zerstörung der Demokratie und des Verfassungsstaates.[28] Ausdrücklich begrüßt wurde dies nicht nur von bürgerlichen bis hin zu den rechtsextremen Parteien, sondern auch von konservativen Intellektuellen und von weiten Teilen der Ministerialbürokratie, auch im Reichsfinanzministerium. Finanzstaatssekretär Johannes Popitz, die zentrale Figur des Ministeriums in der Weimarer Republik, der als »Beamtenpolitiker«[29] den Aufbau eines demokratischen Finanzwesens mit vorangetrieben hatte, hatte schon Ende der 1920er-Jahre eine deutliche Einschränkung des Parlamentarismus gefordert. Er wünschte sich stattdessen einen Führerstaat, der die Reichsfinanzen in Ordnung bringen sollte.[30] Carl Schmitt, der eng mit Popitz befreundet war, hatte in mehreren Publikationen vor der Ausdehnung der Staatsfinanzen und dem Wirtschaftsstaat gewarnt.[31] Zudem schrieb er für Brüning eines der Gutachten, die die dauerhafte Anwendung der

28 Middendorf, Macht der Ausnahme, S. 385-409.

29 Florian Meinl, Der Beamtenpolitiker Johannes Popitz, in: Zeitschrift für Ideengeschichte 11 (2017) 1, S. 113-118.

30 Reimer Voß, Johannes Popitz (1884-1945). Jurist, Politiker, Staatsdenker unter drei Reichen – Mann des Widerstands, Frankfurt am Main 2006, S. 70-79; Lutz-Arwed Bentin, Johannes Popitz und Carl Schmitt. Zur wirtschaftlichen Theorie des totalen Staates in Deutschland, München 1972; Middendorf, Staatsfinanzen, S. 162; Middendorf, Macht der Ausnahme, S. 255-261.

31 Middendorf, Staatsfinanzen, S. 161 f.

Notverordnung auch im Budgetrecht für rechtmäßig erklärten.[32] Ein weiteres Ziel Brünings war es, den Fiskalföderalismus durch die finanzielle Austrocknung der Länder und Gemeinden deutlich zu beschränken.[33]

Der Finanzminister und die wichtigsten Beamten im Reichsfinanzministerium unterstützten sowohl die angestrebte Zentralisierung als auch Brünings Sparkurs – zumindest bis zum Sommer 1931 – bedingungslos.[34] Auch weite Teile der Industrie sowie die meisten Vertreter der Wirtschaftswissenschaft hielten den Sparkurs für alternativlos. Man war mehrheitlich der Auffassung, dass eine Gesundung nur durch eine Reduktion des Lohn- und Preisniveaus möglich sei, was deutsche Produkte auf dem Weltmarkt konkurrenzfähiger machen würde. Dass dabei Unternehmen pleitegehen und die Arbeitslosigkeit ansteigen würde, hielt man für unausweichlich und hinzunehmen. Ein weiteres Ziel des Sparkurses war es, dem Ausland zu demonstrieren, dass Deutschland auch bei sparsamster Haushaltsführung nicht in der Lage war, die Reparationen zu zahlen, wodurch man letztlich ein Ende der Zahlungsverpflichtungen zu erreichen hoffte.

Für die öffentlichen Finanzen bedeutete dies auf der Einnahmeseite, dass an weitere Steuersenkungen vorerst nicht mehr zu denken war. Die Steuereinnahmen sollten steigen, um das Haushaltsdefizit zu reduzieren. Das war aber schwierig in einer Zeit, da Unternehmenspleiten und steigende Arbeitslosigkeit die Steuereinnahmen eher senkten. Da man die strauchelnde Wirtschaft möglichst wenig belasten wollte, setzte der Reichsfinanzminister vor allem auf die Erhöhung der indirekten Steuern. Deren Anteil an den Steuereinnahmen stieg von 1929/30 bis 1932/33 um fast zehn Prozentpunkte. Der Rückgang der direkten Steuereinnahmen war auch darauf zurückzuführen, dass die ohnehin hohe Steuerflucht, vor allem in die Schweiz und die Niederlande, mit Einsetzen der Weltwirtschafts-

32 Peter-Christian Witt, Finanzpolitik als Verfassungs- und Gesellschaftspolitik. Überlegungen zur Finanzpolitik des Deutschen Reiches in den Jahren 1930 bis 1932, in: Geschichte und Gesellschaft 8 (1982) 3, S. 386-414, hier S. 414, FN. 83; Middendorf, Macht der Ausnahme, S. 384-386.

33 Hans Mommsen, Staat und Bürokratie in der Ära Brüning, in: Tradition und Reform in der deutschen Politik. Gedenkschrift für Waldemar Besson, Frankfurt am Main 1976, S. 81-137.

34 Middendorf, Macht der Ausnahme, S. 263-276 und 404 f.

krise noch zunahm. Zahlen sind hier erwartungsgemäß schwer zu finden. Für 1935 wird davon ausgegangen, dass Deutsche allein auf Bankkonten in der Schweiz Vermögen in Höhe von 92,8 Millionen Schweizer Franken geparkt hatten.[35] Ein weiteres Beispiel für die mangelnde Steuermoral ist, dass das Statistische Reichsamt 1930 von einem Kapitalexport von fünf Milliarden Reichsmark ausging, aber nur 129 Millionen Mark deklariert wurden.[36]

Grafik 42

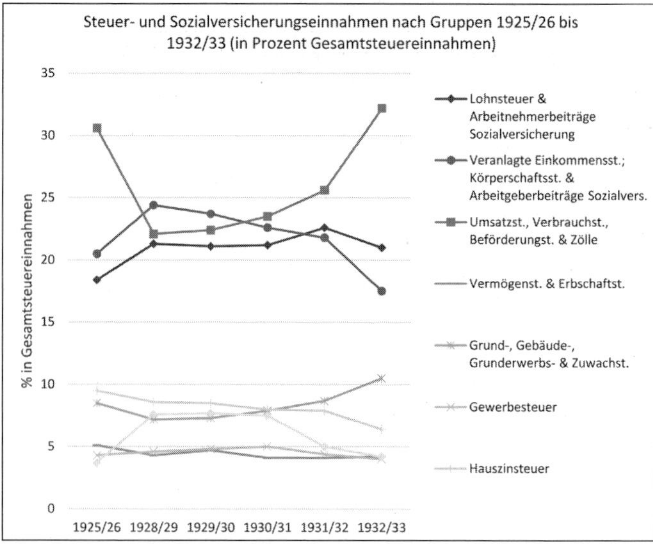

Quelle: Witt, Finanzpolitik als Verfassungs- und Gesellschaftspolitik, S. 404

Trotz der Erhöhung der indirekten Steuern konnten die durch die Wirtschaftskrise bedingten Steuerverluste nicht ausgeglichen werden, so dass die Erträge schrumpften. Zwar sanken dank des strik-

35 Marc Perrenoud, La Place Financière et les Banques Suisses à l'Époque du National-Socialisme, Lausanne 2002, S. 584 f.

36 Farquet, Rise of Swiss Tax Haven, S. 13, FN 46.

ten Sparkurses auch die Ausgaben, doch verminderten sie sich nur etwa im gleichen Tempo wie die Steuern, so dass es bis zur Machtübertragung an die Nationalsozialisten nicht gelang, einem ausgeglichenen öffentlichen Haushalt entscheidend näher zu kommen. Weil das Volkseinkommen noch sehr viel schneller fiel, nahm der staatliche Anteil am Wirtschaftsleben trotz des Sparkurses deutlich zu.[37]

Grafik 43

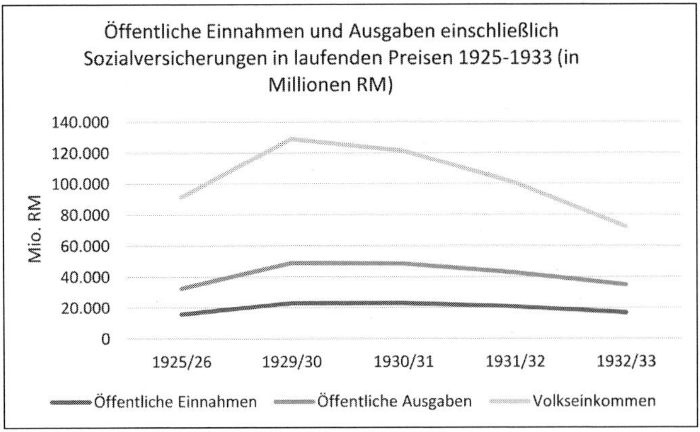

Quelle: Witt, Finanzpolitik als Verfassungs- und Gesellschaftspolitik, S. 393 und 403

Eine Darstellung nach laufenden Preisen führt jedoch dazu, dass man die Einschnitte im Staatshaushalt und den Einbruch der Wirtschaftsleistung überschätzt, denn mit dem Absinken der Preise konnte auch der Staat günstiger einkaufen. Unter Berücksichtigung des Preisniveaus kommt man dann zu dem Ergebnis, dass die

37 Das gleiche Bild zeigen auch neueste Berechnungen der Steuer- und Abgabenquote am BIP. Demnach stieg die Steuerquote von 15,0 (1929) auf 18,1 Prozent (1932) und die Abgabenquote von 22,6 (1929) auf 24,7 Prozent (1932): Thomas Rahlf, Dokumentation zum Zeitreihendatensatz für Deutschland, 1834-2012, in: Historical Social Research (2015), Transition (Online Supplement), 26v1, 1-2064. https://doi.org/10.12759/hsr.trans.26.v01.2015, hier Datentabelle 7.3., S. 501.

Ausgaben von 1929/30 bis 1932/33 nicht etwa um fast 30 Prozent gefallen sind, sondern nur um etwa elf Prozent.

Tabelle 33:
Öffentliche Einnahmen und Ausgaben einschließlich Sozialversicherungen nach Preisen reflationiert 1913-1933 (in Millionen RM)

Jahr	Öffentliche Einnahmen	Öffentliche Ausgaben	NSP/FK Preise 1913	Anteil Ausgaben am NSP/FK
1913/14	8.249	8.245	48.480	16,9 %
1925/26	10.976	11.823	45.515	26,0 %
1929/30	15.068	16.481	53.596	30,8 %
1930/31	15.825	16.797	50.326	33,4 %
1931/32	15.536	15.854	45.223	35,1 %
1932/33	13.720	14.656	41.011	35,7 %

Quelle: Witt, Finanzpolitik als Verfassungs- und Gesellschaftspolitik, S. 396 und 403

Peter-Christian Witt hat deswegen bemerkt, dass möglicherweise auch die Vertreter des deflationären Kurses einer Geldillusion verfallen gewesen seien, weil sie, fixiert auf die laufenden Preise, glaubten, dass sie sehr viel gewaltigere Kürzungen vorgenommen hätten, als dies real der Fall war. Witt kommt dann zu dem Schluss: »Wenn man die geradezu ungeheuerlichen Kosten der Brüningschen Sparpolitik bedenkt, so ist das reale Ergebnis, eine Reduzierung der Ausgaben um ganze 11 v. H. im Haushaltsjahr 1932/33, als die Brüningsche Politik sich voll auswirkte, kaum besonders bemerkenswert.«

So treffend Witts Charakterisierung der Finanzpolitik in vielem ist, scheint mir dieses Urteil dennoch in die Irre zu gehen. Schließlich hat es in Deutschland eine auch nur entfernt ähnlich drastische Haushaltsreduktion im gesamten 20. Jahrhundert nicht gegeben, sieht man vom Rückgang nach dem Ende des Zweiten Weltkrieges ab. Dass sie in eine Zeit fiel, in der sich aufgrund rapide steigender Arbeitslosenzahlen die Sozialausgaben tendenziell ausweiten mussten, macht die Reduktion umso bemerkenswerter. Der Sparkurs war durchaus so radikal wie die Ergebnisse, die er zeitigte.

Die Verteilung auf die Ausgabenbereiche zeigt, dass der Anteil der Sozialausgaben und der Sozialversicherungskosten an den Gesamtausgaben zunächst nicht zurückging. Ihr Anstieg konnte erst 1932/33 gestoppt werden. In den beiden letzten Jahren der Weimarer Republik entfielen auf beide Bereiche zusammengenommen etwa 40 Prozent aller staatlichen Ausgaben. Der einzige Bereich, der von Kürzungen weitgehend verschont blieb, war das Militär, welches von Reichswehrminister Groener mit der Unterstützung des Reichspräsidenten im Kabinett einflussreich vertreten war.[38] Alle anderen Bereiche hatten Ausgabenkürzungen hinzunehmen.

Grafik 44

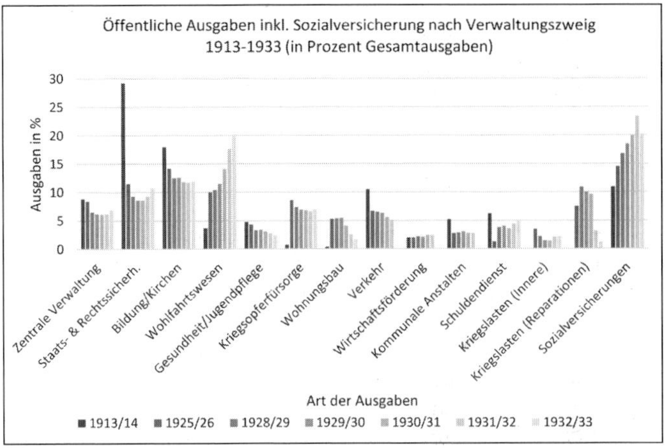

Quelle: Eigene Berechnung, basierend auf den absoluten Zahlen bei: Witt, Finanzpolitik als Verfassungs- und Gesellschaftspolitik, S. 398

Anfang 1931 sah es kurzzeitig so aus, als würden sich die Hoffnungen der Sparpolitiker erfüllen. Die deutschen Exporte hatten deutlich angezogen und in Deutschland gab es erste Anzeichen für eine

38 Middendorf, Macht der Ausnahme, S. 379.

konjunkturelle Erholung.[39] Gemäß den Krisenzyklen der klassischen Nationalökonomie war nun der Aufschwung zu erwarten. Stattdessen brach im Mai 1931 die Österreichische Creditanstalt zusammen, was in ganz Europa Ängste vor einer Finanzkrise auslöste. Auch Brüning befürchtete ein Übergreifen auf deutsche Banken. Um die Unterstützung rechter Parteien für ein neues Sparpaket zu gewinnen, erklärte der Reichskanzler im Juni 1931 die Reparationen öffentlich für »unerträglich«. Dies deuteten ausländische Anleger als Vorzeichen einer deutschen Zahlungsunfähigkeit, wodurch Brünings Worte in einer ohnehin angespannten Lage den Abzug ausländischer Kredite aus Deutschland forcierten.[40] Dies beschleunigte den Konkurs der Nordwolle im Juli 1931, die wiederum ihre Hausbank, die Danatbank, mit in den Abgrund riss.[41] Um den Run auf deutsche Banken zu beenden, setzte die Regierung mehrere Bankfeiertage fest. Die Danatbank fusionierte sie mit der Dresdner Bank, die fortan zu 75 Prozent im Staatsbesitz war. Auch andere deutsche Großbanken gingen kurzzeitig in Staatshand über. Im September entschloss sich die britische Regierung dann, den Goldstandard aufzugeben. Sie löste damit ein Abwertungsrennen unter den Nationen aus, dem Deutschland nicht folgen konnte, weil sich Deutschland in den Reparationsverhandlungen auf das Festhalten am Goldstandard verpflichtet hatte. Damit lösten sich alle deutschen Hoffnungen, durch gesteigerten Export aus der wirtschaftlichen Talsohle zu kommen, innerhalb von vier Monaten auf. Unter veränderten Vorzeichen entspann sich eine grundlegend neue Diskussion darüber, wie die Krise bekämpft werden könnte.

Viele erblickten den Ausweg nun in kreditfinanzierten Arbeitsbeschaffungsprogrammen. Der Erste, der ein solches Programm in den Reichstag einbrachte, war der Steuerexperte und spätere

39 Knut Borchardt, Zwangslagen und Handlungsspielräume in der großen Weltwirtschaftskrise der frühen dreißiger Jahre. Zur Revision des überlieferten Geschichtsbildes, in: ders., Wachstum, S. 165-182, hier S. 169.

40 Gerd Hardach, Weltmarkorientierung und relative Stagnation. Währungspolitik in Deutschland 1924-1931, Berlin 1976, S. 117-143; Carsten Burhop, The Historiography of the 1931 Crisis in Germany, in: Jahrbuch für Wirtschaftsgeschichte (2011) 2, S. 9-28, hier S. 17-19 und 26.

41 Tobias Straumann, 1931. Die Finanzkrise und Hitlers Aufstieg, Darmstadt 2020, S. 163-165.

Staatssekretär im Reichsfinanzministerium Fritz Reinhardt, der für die NSDAP noch vor dem Zusammenbruch der Österreichischen Creditanstalt im Februar 1931 die Nutzung von Reichskreditkassenscheinen zur Arbeitsbeschaffung forderte. Dies verwarfen Vertreter der Regierungskoalition jedoch mehrheitlich mit der auch in der Folgezeit als Hauptargument dienenden Behauptung, ein solches Programm sei inflationär.[42]

Schon vor Reinhardts Auftritt hatte das Reichsarbeitsministerium eine »Gutachterkommission zur Arbeitslosenfrage« (Brauns-Kommission) eingesetzt. Diese legte am 1. Mai 1931 den zweiten und zentralen Teil ihres Gutachtens vor. Darin forderte sie die Einführung staatlicher Arbeitsbeschaffungsprogramme. Statt jedoch wie Reinhardt zur Finanzierung auf inländische Quellen zu bauen, setzte die Kommission auf ausländische Kredite. Diese Hoffnung zerschlug sich nur wenige Tage später.[43]

Mit dem Zusammenbruch der Creditanstalt und der darauffolgenden deutschen Bankenkrise war jede Hoffnung auf neue ausländische Kredite rasch gestorben. Angesichts der sich ausweitenden Krise begannen nun in unterschiedlichen Kreisen der deutschen Gesellschaft massive Zweifel an der Richtigkeit der Austeritätspolitik aufzukommen. Die deutsche Schwerindustrie war im Sommer 1931 über das weitere Vorgehen uneins. Ein Teil forderte vom Kanzler und von Reichsbankpräsident Luther Arbeitsbeschaffungsmaßnahmen durch Kreditausweitung, was dieser als inflationär ablehnte, während unter anderem Paul Reusch auf eine Verschärfung des Deflationskurses pochte.[44] Von Juli bis September erfolgten dann mehrere Eingaben der großen Industrieverbände, die eine Kreditausweitung zugunsten von Arbeitsbeschaffungsprogrammen befürworteten.[45]

Einen Höhepunkt in der Diskussion um Alternativen zum

42 Carl-Ludwig Holtfrerich, Konjunkturpolitik. Vom Beginn der Austerität bis zur sekundären Deflation 1931/32, in: Abelshauser et al. (Hg.), Wirtschaftspolitik in Deutschland 1917-1990, Bd. 1, S. 637-676, hier S. 640-644.

43 Ebd., S. 644-647.

44 Hak-le Kim, Industrie, Staat und Wirtschaftspolitik. Die konjunkturpolitische Diskussion in der Endphase der Weimarer Republik 1930-1932/33, Berlin 1997, S. 105-110.

45 Rainer Meister, Die große Depression. Zwangslagen und Handlungsspielräume der Wirtschafts- und Finanzpolitik 1929-1932, Regensburg 1991, S. 322-326.

Sparkurs stellte die im September 1931 von der Friedrich-List-Gesellschaft einberufene Geheimkonferenz über die Frage nach den Möglichkeiten und Folgen einer Kreditausweitung dar.[46] Die Diskussionsgrundlage bildete ein Ende August erstelltes Papier von Wilhelm Lautenbach, der Referent im Reichswirtschaftsministerium war. Hans Schäffer war von den darin unterbreiteten Vorschlägen so überzeugt, dass er sie Reichsbankpräsident Luther vorlegte. Beide einigten sich darauf, den Vorschlag in einer Geheimkonferenz mit den führenden Fachleuten in Politik, Bürokratie und Wissenschaft zu diskutieren. Lautenbach war Mitglied der Brauns-Kommission gewesen und blieb hinsichtlich der Ausgestaltung der Arbeitsbeschaffung nah an deren Vorschlägen. Zur Finanzierung schlug er, da Auslandskredite nun keine Option mehr darstellten, eine Vorfinanzierung durch kurzfristige Geldmittel wie etwa rediskontfähige Wechsel vor. Damit hatte Lauterbach den Grundsatz entwickelt, dem alle weiteren Arbeitsbeschaffungsprogramme in den 1930er-Jahren in Deutschland folgen sollten. Gleichzeitig forderte Lautenbach schon eine Verstärkung der Autarkiepolitik, um außenwirtschaftliche Gefahren zu reduzieren.[47] Sein Plan konnte sich in der Diskussion jedoch nicht durchsetzen. Ausschlaggebend für sein Scheitern war die ablehnende Haltung Luthers, ohne dessen Unterstützung der Plan nicht durchführbar war.[48] Die Mehrheit der Teilnehmer hielt zwar eine Ausweitung der Arbeitsbeschaffung für den richtigen Weg, doch fürchtete man die Folgen der Kreditausweitung. Es dominierte die Meinung, dass eine offen angekündigte Kreditausweitung mit dem von Lautenbach anvisierten Volumen von 1,5 Millionen Reichsmark im Inland zu massiven Inflationsängsten und im Ausland zu unerwünschten Reaktionen hinsichtlich der Reparationsablösung führen würde. Deswegen empfahl man, den Plan nicht zu veröffentlichen und mit kleineren sechsstelligen Summen Wirkungstests durchzuführen.

Letztlich hielt Brüning an seiner Deflationspolitik fest und ver-

46 Knut Borchardt/Hans Otto Schötz (Hg.), Wirtschaftspolitik in der Krise. Die (Geheim-)Konferenz der Friedrich-List-Gesellschaft im September 1931 über Möglichkeiten und Folgen einer Kreditausweitung, Baden-Baden 1991.

47 Ritschl, Schuldenkrise und Austerität, S. 632.

48 Neben Luther hatten sich vor allem Hilferding und Popitz für eine Fortführung des Deflationskurses bei möglichst ausgeglichenem Haushalt ausgesprochen.

schärfte sie mit einer neuerlichen Notverordnung am 8. Dezember 1931 noch weiter. Mit ihr kürzte man die Beamtengehälter um etwa zehn Prozent, führte eine Reichsfluchtsteuer ein und erhöhte die Umsatzsteuer deutlich von 0,85 auf zwei Prozent. Zudem setzte Brüning einen Preiskommissar ein, der, mit außerordentlichen Vollmachten ausgestattet, die weitere Senkung gebundener Preise vorantreiben sollte. [49] Im Januar 1932 kam es dann mit dem Wagemann-Plan,[50] benannt nach dem Leiter des Statistischen Reichsamtes Ernst Wagemann und dem WTB-Plan des Allgemeinen Deutschen Gewerkschaftsbundes (ADGB)[51] zur Vorlage von zwei weiteren, in der Öffentlichkeit breit diskutierten Vorschlägen zur Kreditausweitung. In der Kabinettsbesprechung zum Wagemann-Plan lehnten die führenden Politiker diesen zwar ab, aber der Reichsfinanzminister ließ intern verlauten, dass an dem Plan manches richtig sei. Dies dürfe man öffentlich aber nicht zugeben, um die nun heimlich begonnene Kreditausweitung nicht zu gefährden.[52] Der ADGB-Plan zielte politisch vor allem darauf ab, die SPD von ihrem taktischen Stillhalten gegenüber Brünings Deflationskurs abzubringen. Die SPD-Spitze sowie ihre Finanzexperten Hilferding und Fritz Naphtali lehnten den Plan aufgrund der ihm aus ihrer Sicht inhärenten Inflationsgefahr und seiner unmarxistischen Geisteshaltung jedoch ab.[53] Daneben befürchtete die

49 Willi Albers, Finanzpolitik in der Depression und in der Vollbeschäftigung, in: Deutsche Bundesbank (Hg.), Währung und Wirtschaft, S. 331-366, hier S. 339.

50 Kim, Industrie, S. 173-183; Wilhelm Grotkopp, Die große Krise. Lehren aus der Überwindung der Wirtschaftskrise 1929/32, Düsseldorf 1954, S. 179-185.

51 Der WTB-Plan war benannt nach seinen drei Haupterstellern: Wladimir Woytinsky, Fritz Tarnow und Fritz Baade. Er trat für eine internationale Anhebung der Preise und ein nationales Programm zur Wirtschaftsbelebung ein. Der ADGB nahm den Plan im April 1932 an: Michael Schneider, Das Arbeitsbeschaffungsprogramm des ADGB. Zur gewerkschaftlichen Politik in der Endphase der Weimarer Republik, Bonn 1975.

52 Vermerk des Ministerialrats Feßler über eine Chefbesprechung wegen des Wagemann-Plans am 29. 1. 1932, in: Akten der Reichskanzlei, Kabinette Brüning I/II, Bd. 3, Dokument Nr. 653.

53 Michael Held, Sozialdemokratie und Keynesianismus. Von der Weltwirtschaftskrise bis zum Godesberger Programm, Frankfurt am Main 1982, S. 109-148; Robert A. Gates, German Socialism and the Crisis of 1929-33, in: Central European History 7 (1974) 4, S. 332-359; Sheri Berman, The Social Democratic Moment. Ideas and Politics in the Making of Interwar Europe, Cambridge/Mass. 1998, S. 192-194.

SPD-Spitze aber nach wie vor, dass ein Sturz Brünings nur zu einer noch weiter rechts stehenden Regierung führen könnte. Dadurch erwies sich die SPD in der Krise als kaum handlungsfähig.

Parallel setzte nun freilich in der Regierung und den Ministerien die Einsicht ein, dass Arbeitsbeschaffungsmaßnahmen vorangetrieben werden müssten. Im Zuge des sich ankündigenden Meinungsumschwungs legte der Finanzminister im April 1932 mit dem sogenannten Dietrich-Plan einen Vorschlag vor, bei dem der Staat der Industrie einen großen Teil der Löhne neu angestellter Arbeitskräfte zahlen sollte. Zu einer Umsetzung kam es aber nicht mehr, weil Hindenburg Brüning Ende Mai 1932 mitteilte, dass er ihm das Mittel der Notverordnung zukünftig verweigern werde, weswegen Brüning mit seinem Kabinett zurücktrat.

Hindenburg ernannte am 1. Juni 1932 auf Anregung Kurt von Schleichers Franz von Papen zum neuen Reichskanzler. Von Papen stammte aus einer westfälischen Adelsfamilie und war aufgrund der Erbfolge für eine Berufssoldatenlaufbahn vorgesehen. Den Beginn des Ersten Weltkriegs erlebte er als Militärattaché der deutschen Botschaft in Washington, ab 1915 diente er an der Westfront und schließlich im Nahen Osten. In der Weimarer Republik begann sich von Papen in der Politik zu engagieren. Für das Zentrum zog er als Abgeordneter in den preußischen Landtag ein und profilierte sich als konservativer Agrarlobbyist. Aufgrund seiner rechtskonservativen Einstellungen überwarf er sich jedoch Mitte der 1920er-Jahre mit der Führungsriege der Partei. Von Papen baute stattdessen ein informelles Netzwerk aus Großagrariern, Wehrmachtsoffizieren und Schwerindustriellen auf, das im Hintergrund erfolgreich auf seine Ernennung hinarbeitete. In sein Kabinett berief er vor allem parteilose Fachminister, von denen etliche adeliger Abstammung waren, so dass sich in der der Regierung kritisch gegenüberstehenden Presse bald die Bezeichnung »Kabinett der Barone« etablierte. Neben den parteilosen Ministern war nur die DNVP im Kabinett mit drei Ministern vertreten. Von Papens erklärtes politisches Ziel war die Errichtung eines »Neuen Staates«, der als autoritäres Präsidialregime konzipiert war. Langfristig hoffte er indes auf die Wiederherstellung der Monarchie. Ein zentraler Schritt hin zur Errichtung eines autoritären Zentralstaates war die Absetzung der preußischen Regierung im Juli 1932, mit der die Sozialdemokratie ihre zentrale Machtposition verlor.[54] Die SPD nahm den »Preußenschlag« weitgehend widerstandslos hin, weil sie andernfalls den Ausbruch eines Bürgerkriegs befürchtete. Für die Durchführung der Reichsreform hatte von Papen Popitz als Minister ohne Geschäftsbereich und kommissarischen Leiter des preußischen Finanzministeriums berufen.[55]

Popitz hatte zuvor für die Studiengesellschaft für den Finanzausgleich und damit letztlich für den Bund zur Erneuerung des Reiches (auch: Luther-Bund) 1931 ein Gutachten zum künftigen Finanzausgleich erstellt.[56] Die Idee zum Bund war 1927 beim Jahrestreffen des Reichsverbandes der Deutschen Industrie (RDI) entstanden. Ludwig Kastl,[57] geschäftsführendes Präsidiumsmitglied des RDI, hatte dort in einem Referat eine umfassende Senkung der Unternehmensteuerlast gefordert, wofür er eine Änderung des Finanzausgleichs ins Spiel brachte. Dieses Ansinnen traf zusammen mit den Interessen, die Doppelstrukturen zwischen Preußen und dem Reich zu beenden und die wesentlichen Strukturen gänzlich auf das Reich zu übertragen.[58] Im Anschluss wurde bei einem Treffen Kastls mit Paul Reusch (Gutehoffnungshütte), Max Warburg (Warburg-Bank), Hans Luther (Reichskanzler a.D.) und Siegfried von Roedern (Ex-Finanzminister, Verband deutscher Reeder) die Gründung eines Büros zur Gründung eines Bundes zur Reichsreform beschlossen. Der Bund wurde am 6. Januar 1928 aus der Taufe gehoben. Den Gründungsaufruf unterschrieb eine große Zahl der Spitzenvertreter der deutschen Industrie.[59] Auf Betreiben des Luther-Bundes wurde 1930 die Studiengesellschaft für den Finanzausgleich gegründet. Den Vorsitz übernahm der ehemalige Finanz-

54 Gerhard Weiduschat, Ein Staatsstreich? Die Reichsexekution gegen Preußen (Preußenschlag vom 20. Juli 1932 und die Folgen), Berlin 2007.

55 Middendorf, Macht der Ausnahme, S. 143 f.

56 Johannes Popitz, Der künftige Finanzausgleich zwischen Reich, Ländern und Gemeinden, Berlin 1932.

57 Ludwig Kastl (1878-1969), im Kaiserreich Kolonialbeamter in Deutsch-Südwestafrika, 1920-1925 Ministerialrat und Leiter der Reparationsabteilung im Reichsfinanzministerium, seit 1925 geschäftsführendes Präsidiumsmitglied des RDI. 1933 wegen seiner jüdischen Herkunft zum Rücktritt gezwungen. Zu Kastl: Philipp Müller, Zeit der Unterhändler. Koordinierter Kapitalismus in Deutschland und Frankreich zwischen 1920 und 1950, Hamburg 2019, S. 41, 79 und 120 FN.

58 Helmut Klaus, Der Dualismus Preußen versus Reich in der Weimarer Republik in Politik und Verwaltung, Godesberg 2006. Zum Bund: ebd., S. 402-405.

59 Zu den Mitgliedern des Bundes: Kim, Industrie, S. 26-29.

minister von Roedern, der sofort seinem vormaligen Untergebenen Popitz die Leitung eines Arbeitsausschusses übertrug, dem Popitz dann später sein Gutachten vorlegte. Der Arbeitsausschuss war mit hohen Beamten und Industriellen besetzt.[60]

Popitz' Gutachten fand viel Beifall, weil es wesentliche Probleme des Finanzausgleichs mit viel verwaltungstechnischem Wissen zu lösen versprach. Aber es entsprach auch eindeutig den Interessen seiner Auftraggeber. Es sah die Senkung mehrerer Steuern vor, die vor allem die Unternehmen belasteten. Gerechnet wurde mit einer Entlastung für Unternehmen im Umfang von 700 Millionen RM und für Hausbesitzer von 300 Millionen RM. Mehrheitlich sollten die damit verbundenen Einnahmeausfälle vom Staat als solche akzeptiert werden, um so die Konjunktur anzukurbeln. Nur ein kleiner Teil (150 Millionen RM) sollte durch die Erhöhung indirekter Steuern (Alkoholsteuern) gegenfinanziert werden. Zudem sollten Sozialausgaben verringert werden, insbesondere durch stärkere Prüfungen bei der Arbeitslosenversicherung. Es überrascht daher nicht, dass dieses Programm in der SPD auf scharfen Widerspruch stieß.[61]

Neben der Begünstigung von Unternehmen und Vermietern zeigten sich weitere starke politische Motive im Gutachten. Vor allem beklagte Popitz durchgängig die »Politisierung der Selbstverwaltung«. Für ihn stellte das Vordringen von Vertretern politischer Parteien in die Gemeindeverwaltungen und das Voranschreiten der Demokratisierung eine Verfallserscheinung dar. Die Produktion öffentlicher Güter wollte er stark einschränken, den öffentlichen Wohnungsbau abschaffen und kommunale Betriebe stärker besteuern. Lob gab es dagegen für die politische Verfassung der Vorkriegszeit, insbesondere für die Preußens. Der Staats- und Verfassungsrechtler Otto Kirchheimer[62] notierte nach der Lektüre

60 Gerhard Schulz, Über Johannes Popitz, in: Der Staat 24 (1985) 4, S. 485-511, hier S. 487, FN 6.

61 Erich Rinner, Die Reform des Finanzausgleichs, in: Die Gesellschaft 9 (1932) 4, S. 336-353. Erich Rinner (1902-1982) war seit 1930 Sekretär der SPD-Reichstagsfraktion. Ab 1933 war er der federführende Herausgeber der Sopade-Berichte. 1940 emigrierte er in die USA, wo er bis zu seinem Tod blieb.

62 Otto Kirchheimer (1905-1965) promovierte 1928 bei Carl Schmitt. Kirchheimer war SPD-Mitglied und 1930-1933 Mitarbeiter der sozialdemokratischen Zeitschrift *Die Gesellschaft*. 1933 emigrierte er über Paris schließlich in die USA. Dort

des Gutachtens: »Aber ist nicht eine Gesellschaftsordnung, die ihre Legitimität nicht aus sich heraus bauen kann, sondern diese mit dem erborgten Glanz einer idealisierten Vergangenheit bestreiten muß, schon vor ihrer Vollendung zum Scheitern verurteilt?«[63] Das Gutachten zeigte für Kirchheimer freilich noch mehr: Für ihn war es Ausdruck der gewachsenen Bedeutung der Bürokratie. Da die Politik zerstritten und nicht mehr koalitionsfähig war, gewann die Bürokratie durch ihre auf Kontinuität angelegten Verfahren und ihr Wissen an Macht: »Sie ist die Trägerin der neuen Legitimität, die die Periode der parlamentarisch-demokratischen Legalordnung ablöst.«[64] Kirchheimer sah aber auch, dass die soziale Basis der Bürokratie zu schmal war, um selbst dauerhaft »die Grundlagen der politischen Einheit des Volkes«[65] garantieren zu können. Hierfür bedurfte es der Verbindung mit einer Partei mit Massenbasis, die schließlich in Form der NSDAP bald die Macht übernehmen sollte. Auch Popitz' Gutachten fand unter Papen keine Umsetzung mehr, aber unter nationalsozialistischer Ägide diente es als Grundlage mehrerer Gesetze und Gesetzesänderungen.[66]

Kurz nach ihrem Zusammentreten gelang es der neuen Papen-Regierung, das von Brüning so zielstrebig angesteuerte Ende der Reparationszahlungen zu erreichen. Auf der Lausanner Konferenz einigte sich Deutschland mit den Alliierten darauf, dass eine einmalige Zahlung von drei Milliarden Goldmark, zu erbringen in fünfprozentigen Obligationen an die Bank für internationalen Zahlungsausgleich in Basel, dieses Kapitel beenden sollte. Da die Obligationen frühestens nach drei Jahren einlösbar waren, hatte Deutschland damit erheblichen finanziellen Freiraum gewonnen, der die politische Handlungsfähigkeit der Regierung deutlich erhöhte.

Bereits die Ernennung des neuen Finanzministers sprach jedoch

arbeitete er unter anderem für das Institut für Sozialforschung und das U.S. Office of Strategic Services (OSS).

63 Otto Kirchheimer, Legalität und Legitimität [1932], in: ders., Politische Herrschaft. Fünf Beiträge zur Lehre vom Staat, Frankfurt am Main 1967, S. 7-27, hier S. 27. Den Titel »Legalität und Legitimität« übernahm Carl Schmitt im September 1932 für einen Aufsatz unter lobendem Bezug auf Kirchheimer.

64 Ebd., S. 26.

65 Ebd.

66 Zur späteren Umsetzung siehe Teil 4.

nicht gerade dafür, dass die Papen-Regierung auf eine expansive Politik der Kreditausweitung einschwenken würde. Finanzminister wurde Lutz Graf Schwerin von Krosigk, der seit der Frühphase der Republik rechtsnationalistische Ideen vertrat und 1919 kurze Zeit für die DNVP als Veranstaltungsredner unterwegs gewesen war. Krosigk war vor seiner Ernennung Leiter der Haushaltsabteilung des Reichsfinanzministeriums gewesen. Spätestens seit 1925 hatte er in dieser Kapazität eine strikte Austeritätspolitik gefordert und ab 1930 den Sparkurs Brünings vorbehaltlos unterstützt.[67]

Krosigk wahrte erst einmal Kontinuität und setzte Mitte Juni eine bereits unter Brüning vorbereitete weitere Spar-Notverordnung in Kraft, die erneut Steuererhöhungen mit Ausgabenkürzungen kombinierte. Mit ihr senkte die neue Regierung die Sozialleistungen um 7,5 Prozent, führte die Salzsteuer wieder ein und schaffte die Freigrenze bei der Umsatzsteuer ab.[68] Die Verordnung enthielt zudem ein ebenfalls bereits von der Vorgängerregierung geplantes Arbeitsbeschaffungsprogramm in der recht bescheidenen Höhe von 135 Millionen Reichsmark. Im Wesentlichen handelte es sich um ein staatliches Bauprogramm, das 50 Millionen für Wasserbau, 60 Millionen für Straßenbau und 25 Millionen für Meliorationen vorsah. Zur Finanzierung sah man Zwischenkredite vor, die später durch Dauerkredite abgelöst werden sollten.[69] Nachdem es zu einer großen Anzahl von Anträgen gekommen war, stockte die Regierung das Programm im September 1932 auf 302 Millionen Reichsmark auf.

Finanziell sehr viel besser ausgestattet war ein von der neuen Regierung entwickeltes Programm, das durch die Kombination von Steuergutscheinen und Neueinstellungsprämien die Konjunktur ankurbeln sollte. Im ersten Teil des Programms erhielten Unternehmen für entrichtete Umsatz-, Gewerbe-, Grund- und Beförderungsteuer Steuergutscheine in Höhe von 40 Prozent – bei der Beförderungsteuer sogar von 100 Prozent – des gezahlten Betrags. Diese konnten von April 1934 bis März 1939 zur Begleichung fäl-

67 Stefanie Middendorf schätzt ihn aber etwas flexibler ein als Finanzminister Dietrich und Staatssekretär Schäffer zuvor: Middendorf, Macht der Ausnahme, S. 296-307.

68 Albers, Finanzpolitik in der Depression, S. 339.

69 Detlev Humann, »Arbeitsschlacht«. Arbeitsbeschaffung und Propaganda in der NS-Zeit 1933-1939, Göttingen 2011, S. 43.

liger Reichssteuern mit einer vierprozentigen Verzinsung in Zahlung gegeben werden. Weil diese Gutscheine lombardfähige Wertpapiere darstellten, die die Unternehmen zur Kreditbeschaffung nutzen konnten, hoffte man mit ihrer Ausgabe eine sofortige Nachfragesteigerung zu erreichen. Für diesen Programmanteil rechnete die Regierung mit einem Steuerverlust von anderthalb Milliarden Reichsmark. Im zweiten Teil des Programms wollte man an Unternehmen, die Mehreinstellungen vornahmen, pro mehrbeschäftigtem Arbeitnehmer Steuergutscheine von 400 RM ausgeben. Hierfür waren insgesamt 700 Millionen RM vorgesehen, wodurch ein Gesamtvolumen von 2,2 Milliarden RM entstand. Damit hätte das Programm immerhin die Höhe von zehn Prozent aller öffentlichen Ausgaben des Haushaltsjahres 1931/32 erreicht. Die Mittel wurden aber nicht im avisierten Umfang abgerufen, weil die Zahl der Neueinstellungen hinter den Erwartungen zurückblieb und die Regierung Schleicher den zweiten Teil des Programms bereits drei Monate nach Verkündigung einstellte. Zudem erwies sich die Maßnahme als Fehlschlag, weil keine Verwendungskontrolle bei der Steuerersparnis vorgesehen war. Die Unternehmen nutzten das geschenkte Geld in der Praxis kaum für Investitionen, sondern vor allem zur Schuldentilgung oder zur Verbesserung der Liquidität. Ökonomisch handelte es sich bei dem Programm nicht um eine Kreditausweitung, sondern um eine Kombination aus Steuersenkung und Zwangsanleihe. Von »deficit spending« konnte dementsprechend nicht die Rede sein. Die Steuergutscheine stellten keine produktive Kreditschöpfung dar, sondern schufen ein Finanzmarktpapier, das wenig Auswirkungen auf das Warengeschäft hatte. Aus diesem Grund hatte Brüning 1931 einen ähnlichen Vorschlag des Schwerindustriellen und DVP-Mitglieds Paul Silverberg 1931 noch abgelehnt.[70] Insofern handelte es sich vielmehr um ein klassisches Programm, mit dem der Staat die Selbstheilungskräfte der Wirtschaft zu stärken suchte.[71] Daneben setzte Papen weitere radikale Kürzungen der Sozialausgaben durch, die sich für die Empfänger staatlicher Unterstützungs-

70 Zu den technischen Details der Steuergutscheine: Ritschl, Deutschlands Krise, S. 181-183.

71 Albers, Finanzpolitik in der Depression, S. 353-355; Albrecht Ritschl, Deutschlands Krise und Konjunktur 1924-1934. Binnenkonjunktur, Auslandsverschuldung und Reparationsproblem zwischen Dawes-Plan und Transfersperre, Berlin 2002, S. 181 f.; Humann, »Arbeitsschlacht«, S. 45-47.

leistungen zu Einbußen von 23 bis 52 Prozent summierten. Wehler hat dies als »symbolische Ruinierung des Sozialstaats« charakterisiert – aus Sicht der Betroffenen war es wohl mehr als das.[72]

Auch wenn die Steuergutscheine keine produktive Kreditschöpfung darstellten und nur begrenzt erfolgreich waren, markierten sie doch einen wichtigen Einschnitt. Sie bildeten den bis dato offensivsten und am klarsten ausgesprochenen Versuch, mit Steuerpolitik Wirtschaftssteuerung zu betreiben. Papen und Krosigk gaben damit den damals immer noch vorherrschenden rein fiskalischen Blick auf die Steuerpolitik explizit auf. Der Leiter des Statistischen Reichsamts, Ernst Wagemann, hob dies in einem Vortrag im Dezember 1932 hervor: »Zum erstenmal in der Finanzgeschichte aller Länder dürfte damit das fiskalische Prinzip von einem neuen Grundsatz überwunden worden sein, den ich als konjunkturpolitisches Prinzip der Steuerwirtschaft bezeichnen möchte.«[73]

Nachdem seine Regierung bei den Wahlen im November 1932 schlecht abgeschnitten hatte und KPD und NSDAP zusammen auf eine Sperrmajorität kamen, plante Papen die Errichtung eines autoritären Systems, in dessen Rahmen der Reichstag mindestens für sechs Monate geschlossen bleiben sollte. Das autoritäre Regime sollte durch die Reichswehr gegen den erwarteten Widerstand von KPD und NSDAP verteidigt werden. Es gelang dem bedrängten Kanzler zunächst, Hindenburg von diesem antidemokratischen Vorhaben zu überzeugen. Reichswehrminister Schleicher demonstrierte jedoch den Kabinettsmitgliedern und dem Reichspräsidenten mit einem Planspiel, dass die Reichswehr nur ungenügend auf die Aufstandsbekämpfung vorbereitet sei, weswegen Hindenburg Anfang Dezember 1932 Papen entmachtete und Schleicher zum neuen Reichskanzler ernannte. Schleichers Politik zielte auf eine Einbindung der Gewerkschaften, die er durch die Rücknahme einiger lohnsenkender Notverordnungen für sich gewinnen wollte. Wirtschaftspolitisch setzte er auf eine stärkere Konjunkturankurbelung, was schon an seiner Berufung Günther Gerekes als »Reichskommissar für Arbeitsbeschaffung« deutlich wurde. Gereke hatte bereits im Juli 1932 einen Plan zur Ausweitung der Arbeitsbeschaffung vorgelegt, der von Papen und Schleicher damals begrüßt

72 Wehler, Deutsche Gesellschaftsgeschichte, Bd. 4, S. 530.
73 Zit. nach Grotkopp, Krise, S. 116.

wurde, aber am Widerstand von Reichsbankpräsident Luther, Wirtschaftsminister Warmbold und Finanzminister Schwerin von Krosigk scheiterte. Im Dezember entwarf Gereke nun einen neuen Plan mit einem Volumen von 600 Millionen Reichsmark, der mit Unterstützung Schleichers auch durchgesetzt wurde. Die Chefs der Reichsbank sowie des Wirtschafts- und Finanzressorts opponierten zwar wiederum, konnten aber lediglich eine Reduktion auf 500 Millionen Reichsmark erreichen.[74] Aufgrund der kurzen Amtszeit von weniger als zwei Monaten entwickelten Schleichers Initiativen freilich keine für ihn vorteilhafte Wirkung. Sein Programm kam den Vorstellungen zahlreicher Reformer sicher näher als das Papens, aber die dafür bereitgestellten Mittel blieben ziemlich begrenzt. Durch die seit 1929 vorgenommenen Steuererhöhungen und Ausgabenkürzungen blieb die Wirkung der staatlichen Finanzpolitik bis Ende 1932 insgesamt krisenverschärfend.[75]

Die Verteilungswirkungen zu Beginn der großen Depression

Während in fast allen Studien zur Inflation auch über deren Verteilungswirkungen räsoniert wird, finden sich überraschend wenig Ausführungen dazu für die große Deflation der 1930er-Jahre (die im Gegensatz zur Inflationszeit auch nicht mit diesem Fachterminus bezeichnet wird, sondern im Regelfall »Große Depression« genannt wird). In der ökonomischen Literatur werden vor allem zwei Verteilungswirkungen benannt. Erstens verlieren Schuldner und gewinnen Kreditgeber, weil die festgelegten Raten und Zinssätze gerade bei langfristigen Verträgen auf der Höhe der Zeit vor der Deflation verbleiben, während das Geld durch den Preisverfall real erheblich an Wert gewinnt. Zweitens wird mit Verlusten für Unternehmer gerechnet, weil davon ausgegangen wird, dass die Preise oft schneller fallen als die Löhne.

74 Humann, »Arbeitsschlacht«, S. 47-51.

75 Raymond L. Cohn, Fiscal Policy in Germany During the Great Depression, in: Explorations in Economic History 29 (1992), S. 318-342, hier S. 340; Jonas D. M. Fisher/Andreas Hornstein, The Role of Real Wages, Productivity, and Fiscal Policy in Germany's Great Depression 1928-1937, in: Review of Economic Dynamics 5 (2002) 1, S. 100-127, hier S. 119.

Da die Schicht der Rentiers, die von Staatspapieren lebten, in der Inflation drastisch reduziert wurde, gab es in Deutschland nur wenige Menschen, die von der Verbesserung der Position der Kreditgeber betroffen waren. Gerade der deutsche Staat verschuldete sich vornehmlich im Ausland oder bei deutschen Steuerhinterziehern, die ihr Kapital im Ausland versteckt hatten, so dass diese zusätzlichen Gewinne aus Deutschland abflossen. Die Banken konnten von der Wertsteigerung der vergebenen Kredite unterm Strich nicht profitieren, weil durch Pleiten viele Kredite nicht zurückgezahlt werden konnten. Insgesamt schuf die Deflation in Deutschland so also kaum Kreditgebergewinne. Dagegen gab es auf der anderen Seite Verlierer in Deutschland. Während die Bauern durch die Inflation kurzfristig von ihren Schulden befreit worden waren, erwiesen sich ihre Produkte weiterhin auf dem Weltmarkt als nicht konkurrenzfähig. Deswegen stieg die Verschuldung der Landwirtschaft nach 1924 schnell wieder an, und die zusätzliche Belastung der verschuldeten Bauern durch die Deflation trug zu deren Radikalisierung im Verlauf der Krise bei.

Die zweite volkswirtschaftliche Annahme bestätigte sich für die deutsche Situation 1929-1933 nicht. Die Besitzeinkommen fielen ähnlich schnell wie die durchschnittlichen Lohn- und Gehaltseinkommen. Der Blick auf die Reallöhne zeigt, dass die Löhne nur bis 1931 etwas langsamer fielen als die Preise, danach aber umso schneller, bedingt auch durch das Vorgehen der Regierung Papen. So lassen sich erst einmal nur wenige – und auch nur anteilsmäßige – Gewinner der Deflation erkennen.

Grafik 45

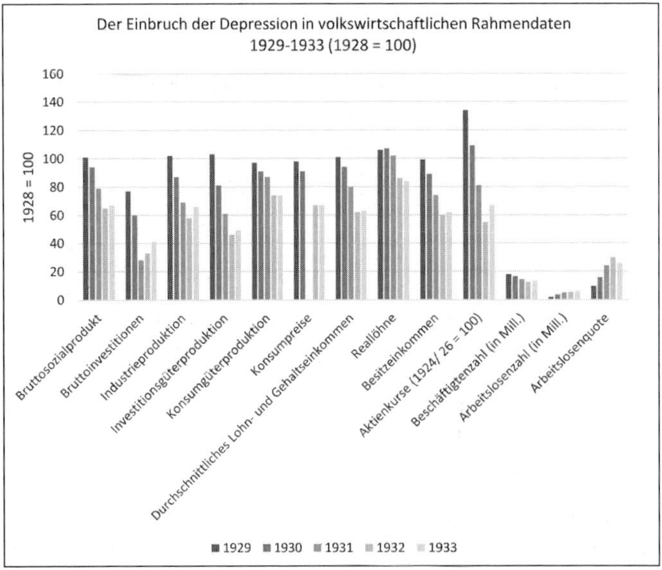

Quelle: Wehler, Deutsche Gesellschaftsgeschichte, Bd. 4, S. 260

Die Verlierer sind dagegen schnell identifiziert: Es sind die Arbeitslosen, weswegen vermutlich auch die Frage der Verteilungswirkungen eine geringere Rolle in der Forschung spielt als bei der Inflation. Fast jeder dritte erwerbsfähige Deutsche war auf dem Höhepunkt der Krise ohne Anstellung. Offene Armut wurde wieder sichtbar und der Hunger kehrte nach Deutschland zurück.[76] Es kam aber zu keiner deutlichen Zunahme der Sterblichkeit in Deutschland. Deren Rate stieg nur von 1928 bis 1929 kurz an, um dann bis 1933 wieder leicht zu fallen.[77]

76 Alf Lüdtke, Hunger in der Großen Depression. Hungererfahrungen und Hungerpolitik am Ende der Weimarer Republik, in: Archiv für Sozialgeschichte 27 (1987), S. 145-176.

77 Jörg Baten/Andrea Wagner, Autarchy, Market Disintegration, and Health. The Mortality and Nutritional Crisis in Nazi Germany, 1933-1937, in: Economics and Human Biology 1 (2003) 1, S. 1-28.

Grafik 46

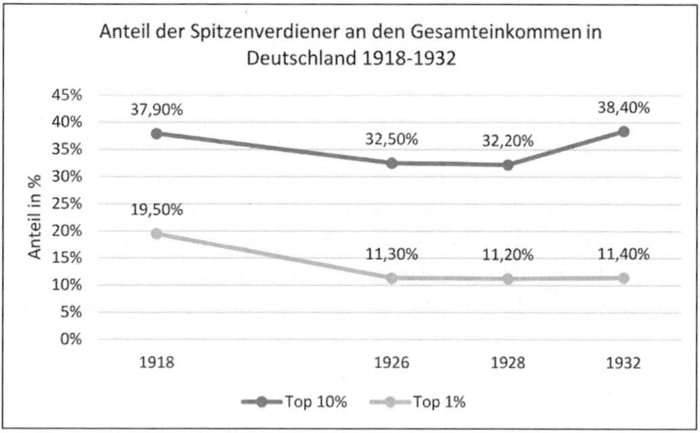

Quelle: Bartels, Top Incomes

Die Entwicklung der Einkommensanteile der obersten zehn Prozent zeigt, dass es doch relative Gewinner in der Depression gab. Nutznießer waren aber gerade nicht die ein Prozent Reichsten, sondern die folgenden neun Prozent im obersten Zehntel. Sie konnten ihren Einkommensanteil gegenüber 1918 um etwa 50 Prozent steigern, während die Top 1 Prozent sich nicht von den Verlusten der Inflation erholen konnten und in etwa auf dem 1926 erreichten Niveau verblieben. Es ist anzunehmen, dass dies vor allem daran lag, dass die hohen Einkommen der Gruppe 90-99 Prozent vergleichsweise stabil blieben beziehungsweise langsamer sanken als das Preisniveau, auch weil die Gruppe nur in geringem Maße von Arbeitslosigkeit betroffen war. Die Einkommen aus Vermögensbesitz und Unternehmertätigkeit gingen dagegen in etwa im Maße des Preisverfalls zurück, weswegen die Top 1 Prozent von der Weltwirtschaftskrise bis Ende 1932 auch anteilsmäßig nicht profitierten.

Wie in der Inflation gab es also auch in der Depression einige relative Gewinner, doch insgesamt führte die Wirtschaftskrise für fast alle Deutschen zu einer Verschlechterung ihrer Situation, nur eben war das für Arbeitslose und Geringverdiener mit deutlich bedrohlicheren Konsequenzen verbunden als für andere.

Die Borchardt-Kontroverse in vergleichender fiskalpolitischer Perspektive

Die zeithistorische Forschung der 1970er-Jahre entwickelte eine zunehmend kritische Sicht auf den Sparkurs der Regierung Brüning. Aus zumeist keynesianischer Perspektive wies man auf wirtschaftspolitische Alternativen hin, die sich geboten hätten, in der Regel durchaus mit dem Unterton, dass Hitler so hätte verhindert werden können. Gegen diese Sicht bezog insbesondere Knut Borchardt Stellung.[78] Er verfolgte dabei zwei Hauptargumente: Erstens schätzte er den Handlungsspielraum der Regierung Brüning als sehr gering ein. Deren Ziel, den Gläubigerstaaten zu zeigen, dass Deutschland die Reparationen nicht würde zahlen können, wäre durch ein expansives Konjunkturprogramm konterkariert worden. Zudem hätte ein Ausgabenprogramm unweigerlich weitverbreitete Inflationsängste wiederbelebt, was zu schwer absehbaren Folgen hätte führen können. Hinzu kam nach Borchardt, dass eine Finanzierung über Auslandskredite ab 1930 kaum noch möglich war, weil die internationalen Zweifel an Deutschlands Zahlungsfähigkeit erheblich zugenommen hatten. Das zweite Argument zielte darauf ab zu zeigen, dass die deutsche Wirtschaft schon vor Ausbruch der Krise nur noch bedingt wettbewerbsfähig war. Borchardt machte hierfür vor allem die nach seinem Dafürhalten zu hohen Löhne verantwortlich, hätten doch die Lohnzugewinne in der zweiten Hälfte der 1920er-Jahre häufig über den Produktivitätsgewinnen gelegen.

In der sich daraus entspinnenden Debatte bestand weitgehend Einigkeit darüber, dass es strukturelle Probleme in der deutschen Wirtschaft bereits vor Ausbruch der Krise gab. Allerdings wurde die von Borchardt vorgenommene Reduktion auf zu hohe Löhne mehrheitlich verworfen. Vielmehr habe es in vielen Wirtschaftsbereichen Überkapazitäten und hohe Kapitalkosten gegeben, weil Unternehmen vor schmerzhaften Anpassungen, wie sie nach dem Auslaufen der Inflationskonjunktur eigentlich angestanden hätten, zurückschreckten. Internationale Vergleichsstudien haben die Skepsis noch verschärft. So kommen Stephen Broadberry und

78 Knut Borchardt, Zwangslagen und Handlungsspielräume in der großen Weltwirtschaftskrise der frühen dreißiger Jahre. Zur Revision des überlieferten Geschichtsbildes, in: ders., Wachstum, S. 165-182.

Carsten Burhop zum Ergebnis: »Durch die vergleichende Betrachtung des Niveaus und der Veränderungsraten sowohl der Reallöhne als auch der Arbeitsproduktivität können wir zeigen, dass die deutschen Industriearbeiter trotz ihrer relativ hohen Produktivität im internationalen Vergleich immer noch schlecht bezahlt wurden.«[79]

Hinsichtlich des Arguments des begrenzten Handlungsspielraumes hat Borchardt deutlich mehr Zustimmung erhalten. Peter-Christian Witt bestätigt, dass es während der Weltwirtschaftskrise eine große Anzahl von Eingaben besorgter Bürger gab, die deren Inflationsängste dokumentieren, auch wenn Witt anders als Borchardt davon ausgeht, dass Brüning diese Ängste zur Durchsetzung des eigenen Programms instrumentalisierte.[80] Eine jüngst vorgebrachte Behauptung bezüglich möglicher französischer Kreditangebote konnte Borchardt überzeugend widerlegen.[81] Insgesamt ist sich die Literatur einig, dass bereits der ausländische Kredit vom Dezember 1930 nur noch unter geradezu demütigenden Bedingungen zu erhalten war.[82] Nach der Bankenkrise wäre eine neuerliche auswärtige Kreditaufnahme nur noch unter politisch kaum zu rechtfertigenden und finanziell schwer tragbaren Bedingungen möglich gewesen, und selbst dann kaum in einer Höhe, die die Probleme tatsächlich gelöst hätte. Borchardt hat zudem darauf hingewiesen, dass auch die weitreichendsten Alternativpläne zumeist von einem Volumen von anderthalb bis zwei Milliarden Reichsmark

79 Stephen Broadberry/Carsten Burhop, Real Wages and Labor Productivity in Britain and Germany, 1871-1938, in: Journal of Economic History 70 (2010) 2, S. 400-427, hier S. 403.

80 Peter-Christian Witt, Die Auswirkungen der Inflation auf die Finanzpolitik des Deutschen Reiches 1924-1935, in: Gerald D. Feldman (Hg.), Die Nachwirkungen der Inflation auf die deutsche Geschichte, 1924-1933, München 1985, S. 43-95; Knut Borchardt, Das Gewicht der Inflationsangst in den wirtschaftspolitischen Entscheidungsprozessen während der Weltwirtschaftskrise, in: ebd., S. 233-260.

81 Paul Köppen, »Aus der Krankheit konnten wir unsere Waffe machen.« Heinrich Brünings Spardiktat und die Ablehnung der französischen Kreditangebote 1930/31, in: Vierteljahrshefte für Zeitgeschichte 61 (2014) 3, S. 349-375; Knut Borchardt, Eine Alternative zu Brünings Sparkurs? Zu Paul Köppens Erfindung französischer Kreditangebote, in: Vierteljahrshefte für Zeitgeschichte 63 (2015) 2, S. 229-240.

82 Harold James, Deutschland in der Weltwirtschaftskrise 1924-1936, Stuttgart 1988, S. 82 f.; Ursula Bachmann, Reichskasse und öffentlicher Kredit in der Weimarer Republik 1924-1932, Frankfurt am Main 1996, S. 211-222.

für Arbeitsbeschaffungsmaßnahmen ausgingen, während er selbst schätzte, dass für einen keynesianischen Multiplikatoreffekt zum Anstoßen der Wirtschaft, den solche Maßnahmen hätten erzielen sollen, etwa 30 Milliarden Reichsmark nötig gewesen wären. Für eine solch umfassende kontrazyklische Intervention fehlte damals (neben dem nötigen Geld) allerdings auch noch die wirtschaftstheoretische Grundlage.[83] Als alternativen Weg hat Holtfrerich noch die Möglichkeit der Abwertung ins Spiel gebracht, die aber einen klaren Bruch der Reparationsverträge dargestellt hätte, wobei unklar gewesen wäre, wie die Alliierten und insbesondere Frankreich auf diesen Schritt reagiert hätten.

Aus heutiger Sicht liegt der Schluss nahe, jede noch so riskante Politik zur Krisenüberwindung als bessere Alternative zu dem zu betrachten, was nach der Machtübertragung an Hitler folgte, aber dies konnte nicht der Denkhorizont der damals Regierenden sein. Die NSDAP war 1930 gerade erst ihrem Status als Splitterpartei entwachsen, und es war völlig unklar, ob diese Partei bei erfolgreicher Krisenüberwindung nicht wieder in der Versenkung verschwinden würde. Sie war jedenfalls zu dem Zeitpunkt gewiss kein Faktor, nach dem man seine Politik ausrichtete, wenn parallel die Gefahren von Staatsbankrott, Inflation oder eines erneuten französischen Einmarsches drohten. Nicht zuletzt wegen der Kontextualisierung durch den aufkommenden Nationalsozialismus sowie die Belastung durch die Reparationen ist die Borchardt-Kontroverse eine fast ausschließlich auf Deutschland bezogene Debatte geblieben. Zwar sind die spezifischen deutschen Bedingungen bedeutsam, aber der international vergleichende Blick vermag doch besser zu zeigen, welche Handlungsoptionen für die Zeitgenossen bestanden.

83 Roman Köster, Die Wissenschaft der Außenseiter. Die Krise der Nationalökonomie in der Weimarer Republik, Göttingen 2011, S. 258-268; Jan-Otmar Hesse/Roman Köster/Werner Plumpe, Die Große Depression. Die Weltwirtschaftskrise 1929-1939, Frankfurt am Main 2014, S. 197.

Die erste Phase der Weltwirtschaftskrise (1929-1933) im internationalen Vergleich – Die Krise in den USA: Hoovers schwankender Kurs

Den besten Vergleichsfall für die frühen 1930er-Jahre stellen die USA dar, weil die Krise dort hinsichtlich des Einbruchs der Wirtschaftsdaten ähnlich gravierende Ausmaße annahm, wohingegen die fiskal- und wirtschaftspolitischen Handlungsmöglichkeiten der Regierung weit weniger beschränkt waren. Ähnlich wie in Deutschland begann der Einbruch als Industrie- und Agrarkrise. 1930/31 glaubte man noch an einen baldigen Wiederaufschwung. Diese Hoffnung beendete aber eine 1931 einsetzende Bankenkrise. Die Arbeitslosenzahlen stiegen dramatisch an, und in vielen ländlichen Regionen kam es zu einer Pleitewelle und einem Höfesterben. Das war politisch besonders brisant, weil die verarmte Landbevölkerung mehrfach medial äußerst wirksame Hungermärsche in die politischen Zentren organisierte.[84]

Präsident in der ersten Phase der Krise war der Republikaner Herbert Hoover, der sich im Ersten Weltkrieg durch die Organisation der Versorgung der Bevölkerung im deutsch besetzten Belgien einen Ruf als Macher erworben hatte. Zudem galt er als hervorragender Wirtschaftsfachmann. Hoover reagierte auf die Krise diametral entgegengesetzt zu Brüning. Er lud die führenden Wirtschaftsvertreter ins Weiße Haus ein und bat sie, die Löhne nicht zu senken, um die Krise nicht zu verschärfen. Er verkündete die Ausweitung staatlicher Bauprojekte, um Arbeitsplätze zu schaffen. Er nahm Steuersenkungen vor, um der Wirtschaft mehr Geld für Investitionen zu lassen. Herbert Stein bemerkte diesbezüglich: »Dass höhere Ausgaben für öffentliche Bauvorhaben ein wirksames Instrument gegen die Arbeitslosigkeit in der Depression sein könnten, war in den 1920er-Jahren eine gängige Meinung, die von Beamten, Geschäftsleuten, Gewerkschaftsführern, Wirtschaftswissenschaftlern und anderen Meinungsführern geteilt wurde.«[85]

Hoovers Ansatz beruhte auf einem in den USA verbreiteten Erfahrungswissen. Eine ökonomische Theorie, die antizyklisches Handeln wissenschaftlich begründete und aktiv forderte, existierte

84 Prasad, Land of too Much, S. 46-53.

85 Herbert Stein, Pre-Revolutionary Fiscal Policy. The Regime of Herbert Hoover, in: Journal of Law & Economics 9 (1966), S. 189-223, hier S. 193.

jedoch auch hier kaum. Dadurch war die Position des Präsidenten angreifbar, sobald sich Kritik an seinem Handeln formierte. Drei weitere Punkte erschwerten die Ausweitung von Hoovers Politik. Erstens blieb die Politik des ausgeglichenen Budgets in den USA beliebt und die Angst vor Inflation groß, so dass mit ansteigender Verschuldung auch mit zunehmender Kritik zu rechnen war; zweitens drohten wegen des Goldstandards bei einer stärkeren Kreditausweitung Goldabflüsse; drittens war die weitgehend unabhängige Federal Reserve Bank (FED) durchaus in der Lage, die Politik der Regierung zu erschweren, wenn nicht gar zu konterkarieren. Anfangs unterstützte die FED zwar den Kurs des Präsidenten durch eine Senkung des Leitzinses, doch schon bald setzten sich im Board der FED die Vertreter einer zurückhaltenden Geldpolitik durch. Vor allem aber weigerte sich die FED, die Geldmenge durch Offenmarkt-Geschäfte zu erhöhen. Ein Versuch der New Yorker FED Ende 1929 wurde von der Washingtoner Zentrale rasch unterbunden. Dies geschah, obwohl die Kreditrückflüsse aus Europa eigentlich eine Kreditausweitung geboten schienen ließen.[86] Hoover selbst betrieb seine Politik nur mit begrenzten staatlichen Mitteln. Insgesamt war er ein Wirtschaftsliberaler, der weitgehend auf freiwillige Lösungen durch die Wirtschaft selbst setzte und staatliche Wirtschaftslenkung nur in Notfällen und auch dann nur im engen Rahmen für sinnvoll hielt.

Hinsichtlich der in der Krise befindlichen Landwirtschaft ließ er aber von diesem Kurs ab und unterzeichnete im Juni 1930 den vom Kongress vorangetriebenen Smoot-Hawley-Tariff, der hohe Schutzzölle auf die Einfuhr der bedeutendsten Agrargüter vorsah. Vertreter der großen Industrien und Banken hatten zuvor erfolglos versucht, Hoover von der Unterzeichnung abzubringen. In der Forschung wird dieser Beschluss zumeist negativ beurteilt, weil die bedeutendste Wirtschaftsmacht damit in der Krise ein frühes Signal zur wirtschaftlichen Abschottung aussendete. Zudem bestehen Zweifel daran, dass der Schutzzoll die Situation der Landwirtschaft deutlich verbesserte, wobei zumindest Eichengreen von positiven

86 Milton Friedman/Anna Schwartz, A Monetary History of the United States, 1867-1960, Princeton 1963, Kap. 7; Barry Eichengreen, Golden Fetters. The Gold Standard and the Great Depression, 1919-1939, Oxford 1992, S. 249-253; Robert L. Hetzel, The Monetary Policy of the Federal Reserve, Cambridge 2008, S. 16-22.

Effekten für die Landwirtschaft sowie kleine und mittlere Industriebetriebe ausgeht und auch Vorteile für die US-amerikanische Textil- und Grundstoffwirtschaft sieht, während führende Industriezweige, etwa die Autoindustrie, Nachteile erlitten hätten.[87]

Hoovers Politik trug dazu bei, dass die Staatsverschuldung von 1929 bis 1931 von einer auf drei Milliarden Dollar anstieg. Der Löwenanteil der damit zur Verfügung stehenden Mittel floss indes nicht in die öffentliche Arbeitsbeschaffung durch Ankurbelung der Bauwirtschaft, sondern wurde in Form von Zuschüssen für das Federal Farm Board zur Unterstützung der Landwirtschaft verwandt. Als die Bankenkrise 1931 die Hoffnung auf eine schnelle Krisenüberwindung zunichtemachte, war es vor allem die FED, die vom Präsidenten eine Kurswende hin zum Haushaltsausgleich forderte. Hauptgrund für diese Forderung war, dass nach dem Abgehen der Briten vom Goldstandard viele Anleger damit rechneten, dass die USA diesem Beispiel bald folgen würden. Die FED erhöhte daraufhin die Zinsen, um das Kapital im Land zu halten, verschärfte aber dadurch die Krise noch.[88] Der Präsident vollzog daraufhin seinerseits die Kehrtwende und verkündete ein Programm der deutlichen Steuererhöhung, auch um nicht die höheren Zinsen bei Kreditneuaufnahmen tragen zu müssen. Ursprünglich enthielten die Vorschläge auch die Einführung einer nationalen Umsatzsteuer, die jedoch am anhaltenden Widerstand der Demokraten scheiterte.[89] Stattdessen kam es dann zu einigen neuen Einzelwarensteuern sowie zur deutlichen Anhebung der Einkommensteuer, die den Spitzensteuersatz von 25 auf 63 Prozent schnellen ließ.[90] Die Amerikaner erlebten in der Folgezeit einen – auch angesichts weiterer

87 Aus neoliberaler Perspektive mit sehr negativem Urteil: Douglas A. Irwin, Peddling Protectionism. Smoot-Hawley and the Great Depression, Princeton 2011. Ausgewogener: Barry Eichengreen, The Political Economy of the Smoot-Hawley-Tariff, Cambridge 1986. Zusammenfassend jetzt: Kiran Klaus Patel, The New Deal. A Global History, Princeton 2016, S. 34-37.

88 Ben Bernanke, Essays on the Great Depression, Princeton 2000, S. 199-221; Friedman/Schwartz, Monetary History, S. 299-419.

89 Jordan A. Schwarz, John Nance Garner and the Sales Tax Rebellion of 1932, in: Journal of Southern History 30 (1964) 2, S. 162-180.

90 Herbert Stein, The Fiscal Revolution in America, Chicago 1969, S. 6-38; ders., Pre-Revolutionary, S. 210-223; Joseph J. Thorndike, Their Fair Share. Taxing the Rich in the Age of FDR, Washington 2013, S. 30-44; W. Elliot Brownlee, Federal Taxation in America, 3. Auflage, Cambridge 2016, S. 119.

Hungermärsche – zunehmend ratlos und abgekämpft wirkenden Präsidenten, der die nächste Wahl mehr verlor, als dass Roosevelt sie gewonnen hätte.[91]

Zusammenfassend lässt sich festhalten, dass Hoover zwar bis Mitte 1931 im Gegensatz zu Brüning eine leicht expansive Politik betrieb. Die eingesetzten Summen blieben aber zu gering und vermochten in der Wirtschaft keinen Multiplikatoreffekt auszulösen. Dies lag auch an der Weigerung der FED, eine stärkere Kreditausweitung voranzutreiben. Als die FED dann aus Angst vor Kapitalabflüssen und Inflation Mitte 1931 die Zinsen erhöhte, ging auch der Präsident zu einer Haushaltskonsolidierungspolitik über. Beides verschärfte nach recht einhelliger Meinung der Forschung die Krise noch. Das Beispiel zeigt, dass auch das Land, das am ehesten die Ressourcen für eine kreditausweitende Politik hätte aufbringen können und das in ähnlichem Ausmaß wie Deutschland von der Krise betroffen war, keine grundlegend andere Politik betrieb als Deutschland. Hoovers frühe Politik ähnelte hinsichtlich der öffentlichen Finanzen eher Papens Politik, während die zweite Hälfte seiner Amtszeit eher Bezüge zu Brünings Sparkurs aufwies. In beiden Ländern gab es zudem starke und vergleichsweise unabhängige Zentralbanken, die in noch stärkerem Maße als die Regierung für einen restriktiven Kurs plädierten.[92]

Großbritannien: Die Labour-Regierung bleibt liberal

In Großbritannien entschieden sich die Wähler im Juni 1929 für eine Labour-Partei, die mit einem expansionistischen Programm angetreten war, um die seit Beginn der 1920er-Jahre hohe Arbeitslosigkeit einzudämmen. Allerdings stellte die Labour-Partei nur eine Minderheitsregierung, weswegen sie auf Unterstützung der Liberalen angewiesen war, die hinsichtlich eines solchen Programms gespalten waren. Die Krise erreichte in Großbritannien nicht dasselbe Ausmaß wie in den USA und Deutschland, auch weil sich das Land

91 Patel, New Deal, S. 49.

92 Gerhard Schulz, Inflationstrauma, Finanzpolitik und Krisenbekämpfung in den Jahren der Weltwirtschaftskrise, 1930-1933, in: Feldman (Hg.), Nachwirkungen, S. 261-295, hier S. 275.

schon länger in einer leichten Deflationssituation befand. Das BIP sank auf dem Höhepunkt der Krise 1931 nur um etwa fünf Prozent. Der Einbruch war insgesamt geringer als jener nach dem Ende des Ersten Weltkriegs, weswegen der Begriff der Großen Depression für Großbritannien mitunter als nicht treffend zurückgewiesen wird.[93] Allerdings stieg die Arbeitslosigkeit vor allem in Nordengland und Wales erheblich an und erreichte in einigen Regionen Quoten von über 30 Prozent. Die Labour-Regierung unter Premierminister Ramsay MacDonald und Schatzkanzler Philip Snowden setzte zu Beginn der Krise auf Steuererhöhungen, die vor allem die Reichen trafen, hielt gegen Kritik an den Sätzen für die von immer mehr Menschen benötigte Arbeitslosenunterstützung fest und legte moderate Arbeitsbeschaffungsprogramme auf. Die wachsende Arbeitslosigkeit führte aber zu steigenden Staatsausgaben und schließlich 1931 in eine Budgetkrise. In der Krise beharrten MacDonald und Snowden auf der bisherigen Politik des Budgetausgleichs. Sie erhöhten die Steuern für fast alle Schichten und kürzten moderat bei den Staatsausgaben.[94] Sie akzeptierten damit die Prioritätensetzung der Nationalbank, wonach die seit dem Ersten Weltkrieg durchgängig hohe Staatsverschuldung nicht weiter steigen sollte. Roger Middleton hat betont, dass das befürchtete Defizit bei drei Prozent des BIP gelegen hätte und damit deutlich niedriger als im selben Jahr in Frankreich, Deutschland oder den USA. Den Verzicht auf ambitioniertere Maßnahmen führt er auf die in Großbritannien besonders ausgeprägte Form der fiskalen Orthodoxie zurück.[95]

Auch ein maßgeblich von Keynes formulierter Bericht der von der Regierung eingesetzten Macmillan-Kommission schlug aufgrund von divergierenden Positionen nur eine moderate Erhöhung der Arbeitsbeschaffungsmaßnahmen vor.[96] Im Komitee der ökonomischen Berater der Regierung (Economic Advisory Council) konnte sich Keynes mit seinen Ideen nicht durchsetzen, statt seiner wurde Hubert Henderson zum bevorzugten Berater von

93 Roger Middleton, British Monetary and Fiscal Policies in the 1930s, in: Oxford Review of Economic Policy 26 (2010) 3, S. 414-441, hier S. 416.

94 Daunton, Just Taxes, S. 142-160; Peter Gourevitch, Politics in Hard Times. Comparative Responses to International Economic Crises, Ithaca 1986, S. 135-140.

95 Middleton, British Monetary, S. 431.

96 Robert Skidelsky, Keynes, Bd. 2: The Economist as Saviour 1920-1937, London 1992, S. 343-362.

Premierminister MacDonald.[97] Robert Skidelsky kam deswegen zu dem Schluss: »Der Schönwetter-Radikalismus der 1920er Jahre [...] war das erste Opfer der Wirtschaftskrise. Überall wurden harte Zeiten mit Sparmaßnahmen beantwortet.«[98] Im Gefolge der österreichischen Bankenkrise nahm im Sommer 1931 der Goldabfluss aus Großbritannien bedrohliche Züge an. Für einen vom Premierminister höchstselbst ausgehandelten Kredit verlangte der Kreditgeber, die J. P. Morgan-Bank, eine Ausgabenkürzung von 70 Millionen Pfund, die in der Labour-Partei keine Mehrheit fand.[99] Daraufhin bildete MacDonald mit den Liberalen und Konservativen eine »Nationale Regierung«, wofür er aus der Labour-Partei ausgeschlossen wurde.[100] Obwohl dieser Wechsel zuerst auf die durch den Kredit mögliche Beibehaltung der Goldparität zielte, entschied sich die neue Regierung überraschend dafür, im September 1931 vom Goldstandard abzugehen. In der Folge sackte das Pfund um etwa 30 Prozent ab, was die Situation für Großbritannien sowie die ans Pfund gekoppelten Dominions und Kolonien deutlich entspannte.[101] Generell wird in der Forschung die frühe Abkehr vom Goldstandard als Hauptgrund dafür betrachtet, dass sich die Krise in Großbritannien nicht doch noch verschärfte. Unter der Labour-Regierung waren gerade die progressiven Steuern erhöht worden. Dies war sicher keine antizyklische Politik, trug aber maßgeblich dazu bei, dass die britische Arbeitslosenunterstützung kaum reduziert wurde und so die Massenkaufkraft nicht weiter beschränkt und der Umverteilungseffekt der staatlichen Finanzpolitik

97 Ebd., S. 363.

98 Ebd., S. 365.

99 Hesse/Köster/Plumpe, Große Depression, S. 88. Insbesondere die vorgesehene Kürzung der Arbeitslosenversicherung wurde von einem Teil der Partei heftig bekämpft: Margaret Weir/Theda Skocpol, State Structures and the Possibilities for »Keynesian« Responses to the Great Depression in Sweden, Britain and the United States, in: Peter Evans/Dietrich Ruschemeyer/Theda Skocpol (Hg.), Bringing the State back in, Cambridge 1999, S. 107-168, hier S. 122.

100 Die Labour-Partei schwenkte danach deutlich nach links und ging vom bisherigen Kurs des Ausgleichs durch steuerliche Umverteilung ab, um fortan eine weitgehende Nationalisierung der Industrie zu fordern. Diese Strategie erwies sich allerdings zumindest kurzfristig als katastrophal: Die Partei erhielt bei der nächsten Wahl statt zuvor 289 nur noch 46 Parlamentssitze. Steinmo, Taxation, S. 113.

101 Eichengreen, Golden Fetters, S. 279-287.

erhöht wurde. Die britische Politik war auf jeden Fall weit weniger deflationär als die von Brüning, aber offensives deficit-spending betrieb man keinesfalls.

Die Dominanz des klassischen Wirtschaftsliberalismus bis 1933

Außer in Großbritannien gab es zu Beginn der Krise auch in Australien eine sozialdemokratisch geführte Regierung, die ebenfalls weitgehend auf einen deflationären Kurs setzte. In Frankreich setzte die Krise anders als in den anderen führenden Wirtschaftsnationen erst Ende 1932 ein, weswegen sich das Land zunächst in Sicherheit wiegte und die Krise ausschließlich als Resultat einer falschen US-Kreditpolitik einordnete. Die skandinavischen Länder folgten durch die enge Anbindung an Großbritannien bereits 1931 dessen Abgehen vom Goldstandard. Doch wie Großbritannien taten sie dies nicht aus freien Stücken, um eine expansive Wirtschaftspolitik zu betreiben, sondern weil ihnen die starken Goldabflüsse keine andere Wahl zu lassen schienen. Wie die Bank of England gingen auch die skandinavischen Notenbanken schrittweise von der Hochzinspolitik ab, wodurch der Wirtschaft günstigere Kredite für Investitionen zur Verfügung standen. Aber diese Schritte erfolgten bis 1933 tastend und mit äußerster Vorsicht. Die Angst vor einer Inflation blieb für Politiker und Notenbanker noch lange ein steter Begleiter.[102] Noch deutlich länger hielten die Schweiz und die Niederlande an dem Glauben fest, dass die Inflationsbekämpfung im Zentrum der Wirtschaftspolitik zu stehen habe. Beide Länder blieben deshalb bis 1936 beim Goldstandard, und auch dann gingen sie nur gezwungenermaßen von ihm ab, als auch Frankreich ihn aufgab.[103]

Keine der führenden Wirtschaftsnationen wählte vor 1933 den Kurs, durch starke Kreditausweitungen die eigene Ökonomie anzukurbeln. Stattdessen waren die Regierungen und Zentralbanken vorrangig damit beschäftigt, die nationale Position im internatio-

102 Tobias Straumann, Rule Rather than Exception: Brüning's Fear of Devaluation in Comparative Perspective, in: Journal of Contemporary History 44 (2009) 4, S. 603-617, hier S. 610-612.

103 Ebd., S. 613 f.

nalen Ringen durch den Aufbau von Schutzwällen zu verbessern. Dies führte schon bis 1933 dazu, dass sich drei auf unterschiedlichen Schutzmechanismen aufbauende Großräume gegenüberstanden. Die dem Goldstandard treu bleibenden Länder setzten vor allem auf die Erhöhung der Zollschranken, die um Großbritannien gruppierte Gruppe von Dominions und Kolonien verbesserte die eigene Position durch das frühe Abrücken vom Goldstandard und eine dadurch ermöglichte Währungsabwertung. Die um Deutschland gruppierten Länder Mittel- und Südosteuropas griffen auf Kapitalverkehrskontrollen und bilaterale Handelsabkommen zurück.[104]

Insbesondere in den USA und Deutschland führte die Krise zur Ausbreitung von Armut und Hunger. Allerdings hatten sich zuvor der Lebensstandard und das System der sozialen Sicherung so weit verbessert, dass es nicht zum Anstieg der Sterblichkeitsrate kam. In den USA ging die Sterblichkeit dank der immer besseren medizinischen Versorgung sogar trotz der Weltwirtschaftskrise noch weiter zurück. Auf die Krise deutet in den Sterblichkeitsstatistiken allenfalls die leichte Zunahme der Suizidraten auf dem Höhepunkt der Depression hin.[105]

Der internationale Vergleich zeigt, dass die Kritik am wirtschaftspolitischen Kurs Brünings in der parochialen deutschen Debatte mitunter zu hart ausgefallen ist. Selbst Keynes fand in Großbritannien bei einem Labour-Regierungschef für die von ihm präferierte Politik kein Gehör, da sowohl in der Wissenschaft wie in der Politik die Skepsis überwog. Auch Keynes selbst hatte die Härte der Wirtschaftskrise lange nicht ernst genommen, wodurch er einen bedeutenden Teil seines Vermögens verlor.[106] In Deutschland lagen die Dinge nicht anders. Schon die Konferenz in Bad Eilsen ist Hinweis genug, dass es erhebliche Widerstände gegen ein nur moderat kreditfinanziertes Arbeitsbeschaffungsprogramm auch jenseits der Reichskanzlei und des Kabinettstischs gab. Ein Teil der Ablehnungsgründe bezog sich auf die für Deutschland spezifischen Gründe, vor allem die Reparationslasten und die inländische Kapitalarmut. Doch der internationale Vergleich legt of-

104 Eichengreen, Golden Fetters, S. 258.

105 David Stuckler et al., Banking Crises and Mortality during the Great Depression: Evidence from US Urban Populations, 1929-1937, in: Journal of Epidemiology and Community Health 66 (2011) 5, S. 410-419.

106 Straumann, 1931, S. 31.

fen, dass auch ohne diese besonderen Erschwernisse umfassende, kreditfinanzierte Arbeitsbeschaffungsprogramme in der Frühphase der Krise kaum wahrscheinlich gewesen wären. Die Angst vor der Inflation war durch die Hyperinflationen nach Kriegsende bis Mitte der 1920er-Jahre fast überall relativ groß. Zudem war der Handlungsspielraum durch die Reparationsverpflichtungen und deren wenig gelungene institutionelle Implementierung in Deutschland geringer als in anderen Ländern.[107]

Brüning konnte, wie alle anderen zeitgenössischen Akteure, nur auf Basis des damals vorhandenen Wissens handeln, und dieses war begrenzt. Die Wirtschaftskrisen des 19. Jahrhunderts waren anders verlaufen als die Große Depression. Die Wirtschaftswissenschaft wusste wenig über umfassende Deflationskrisen, und in Deutschland war der Zustand der Zunft in vielerlei Hinsicht geradezu bedauernswert. Für die 1929 einsetzende Krise existierten deswegen schlicht keine Bewältigungsstrategien abseits des klassischen Rezepts, schon gar keine erprobten. Vielmehr mussten erfolgversprechende Therapien im Verlauf der Krise erst noch gefunden werden, zum einen durch äußerst vorsichtige Trial-and-Error-Verfahren der betroffenen Regierungen, zum anderen durch die Bemühungen der Ökonomen, die Krise zu verstehen und Wege zu ihrer Bewältigung aufzuzeigen. Man kann Brünings Sparpolitik zwar weiterhin als Fehler kritisieren, aber sollte dabei zur Kenntnis nehmen, dass es bis Ende 1932 keine demokratische Regierung gab, die eine entschlossene expansive Politik betrieben hat.

107 Straumann, 1931, S. 213-218.

Teil IV

Militarisierte Gouvernementalität in Friedenszeiten (1933-1939)

Kapitel 10

Hochsteuerpolitik im Zeichen der Aufrüstung

Als Hitler und der NSDAP im Januar 1933 die Macht übergeben wurde, verfügten die Nationalsozialisten über kein umfassendes und inhaltlich konkret ausbuchstabiertes politisches Programm. So waren etwa die außen- oder wirtschaftspolitischen Vorstellungen der Partei wenig klar konturiert. Auch gut informierte Zeitgenossen wussten nur bedingt, was sie in Zukunft von der NSDAP zu erwarten hatten. Eindeutig waren die Feindbilder der Partei: Juden, Sozialismus, Kommunismus, Liberalismus, Parlamentarismus, Demokratie, Gleichberechtigung von Frauen, Pazifismus etc. – all dies galt es zu bekämpfen. Und wenn etwas Hitler und die NSDAP von Anfang an prägte, dann war es die Verherrlichung von Kampf und Gewalt. Das grundlegende Prinzip, das Hitlers gesamte Politik definierte, war der »Lebenskampf«.[1] Aus seiner Sicht galt in der Welt das Recht des Stärkeren und nur der Staatsmann, der zum Einsatz der Gewalt bereit war, würde die Freiheit seines Volkes verteidigen können: »Es gibt auch hier nur das harte ›Entweder-Oder‹. Wer nicht Hammer sein will, ist Amboß. Und da gestehen wir Nationalsozialisten feierlich, daß es unser Wille ist, das deutsche Volk wieder zum Hammer zu machen.«[2]

Aufgrund der Vorstellung vom permanenten Lebenskampf stand die NSDAP für die auf die Spitze getriebene Logik einer militarisierten Gouvernementalität, die mithin noch weiter reichte als

1 Wolfram Wette, Ideologien, Propaganda und Innenpolitik als Voraussetzungen der Kriegspolitik des Dritten Reiches, in: Militärgeschichtliches Forschungsamt (Hg.), Das Deutsche Reich und der Zweite Weltkrieg, Bd. 1, Frankfurt am Main 1989, S. 25-208, hier S. 35. Zur Rolle von Kampf und Gewalt im Faschismus: Klaus Theweleit, Männerphantasien, 2 Bände, Frankfurt am Main 1977; Sven Reichardt, Faschistische Kampfbünde. Gewalt und Gemeinschaft im italienischen Squadrismus und in der deutschen SA, Köln 2002.

2 Dok. 6: Rede von Adolf Hitler »Wir und die Reichswehr – Unsere Antwort an Seeckt und Geßler« auf einer NSDAP-Versammlung in München am 15. 3. 1929, in: Institut für Zeitgeschichte (IfZ) (Hg.), Adolf Hitler. Reden Schriften Anordnungen Februar 1925 bis Januar 1933, 12 Bde., München 1992-1998, Bd. III. 2, S. 45-71, hier S. 57.

jene im Ersten Weltkrieg. Der Krieg war für Hitler nicht bloß die Fortführung der Politik mit anderen Mitteln im Sinne von Clausewitz,[3] sondern das Prinzip von Politik schlechthin und die einzige Möglichkeit, Streitfragen zu klären oder Gegensätze aufzulösen: »Wenn nun auch in Deutschland mancher politische Linker deshalb wieder meinen wird, daß nur Rüstungen zum Kriege führen, so ist in Wirklichkeit doch auch hier wieder der Beweis erbracht, daß Interessengegensätze der Völker nicht eher aufhören, ehe nicht eine militärisch endgültige Entscheidung erfolgt ist.«[4] Während es nach Foucault im Rahmen der liberalen Gouvernementalität die größte Sünde des Herrschers ist, unwissend gegenüber den wirtschaftlichen Gesetzmäßigkeiten zu sein, war das größte Versäumnis für Hitler auch zu Friedenszeiten die Unwissenheit gegenüber dem Militärischen: »Selbst dann bin ich überzeugt, daß es nicht angängig ist, daß der politische Führer nichts vom Militär versteht.«[5]

Der Erste Weltkrieg war die prägende Erfahrung der Führungsriege der NSDAP und der SS.[6] Hitler hatte die umfassende Mobilisierung im Ersten Weltkrieg erlebt und war sich sicher: »Die kommenden Kriege werden Volkskriege im weitesten Umfange des Wortes sein.«[7] Daher konnte sich die Vorbereitung auf kommende Kriege auch nicht darin erschöpfen, nur das Heer militärisch zu erziehen:

Heeres-Institutionen, selbst von bestem militärischen Wert, werden in Zukunft wertlos sein, wenn nicht die dahinterstehenden Völker soldatisch denken und damit zu einem ebensolchen Handeln und ebensolchen Opfern entschlossen sind. Damit ist die Aufgabe des wirklich verantwortungsbewußten Politikers und Staatsmannes nicht mehr die, eine mehr oder weniger gut dressierte Truppe aufzustellen, sondern ein ganzes Volk in den

3 Carl Clausewitz, Vom Kriege, Berlin 1905 (fünfte Auflage), S. 19.

4 Dok. 87: Artikel von Adolf Hitler »Politik der Woche« im Illustrierten Beobachter vom 9. 2. 1929, in: IfZ, Hitler Reden 1925-1933, Bd.III.1, S. 416-421, hier S. 419.

5 Dok. 6: Rede von Adolf Hitler »Wir und die Reichswehr – Unsere Antwort an Seeckt und Geßler« auf einer NSDAP-Versammlung in München am 15. 3. 1929, in: IfZ, Hitler Reden 1925-1933, Bd. III. 2, S. 45-71, hier S. 52.

6 Gerd Krumeich/Anke Hoffstadt/Arndt Weinrich (Hg.), Nationalsozialismus und Erster Weltkrieg, Essen 2010.

7 Dok. 7: Stellungnahme von Adolf Hitler zu einem Ermittlungsverfahren wegen Hochverrats (1929), in: ebd., Bd. III. 2., S. 72-100, hier S. 81.

geistigen Zustand einer unbedingten Wehrwilligkeit und Wehrbereitschaft zu versetzen.[8]

Hitlers Idealvorstellung ging über die einer Militarisierung der Gesellschaft im Sinne einer einseitigen Durchdringung der Gesellschaft durch das Militär hinaus. Sein Ziel war, wie Frank Reichherzer argumentiert hat, das einer Bellifizierung,[9] einer unauflöslichen Verschmelzung von Zivilem und Militärischem unter dem Primat ständiger Kampfbereitschaft. Diese Idee wurde auch in der deutschen Wehrwissenschaft und im faschistischen Italien breit diskutiert.[10]

Die beabsichtigte militärische Durchdringung der Gesellschaft war bei Hitler eine stark von oben gesteuerte dauerhafte Indoktrination. Teilhabe war im Wesentlichen nur dann vorgesehen, wenn die nationalsozialistischen Vorstellungen mitgetragen wurden. Dann konnte Gewalt gegen andere zum Ausdruck der Teilhabe an der Volksgemeinschaft werden.[11] Freilich blieb für Hitler das Militär die zentrale Erziehungsinstitution der männlichen Jugend, ein Gedanke, der den positiven Erfahrungen seiner eigenen Militärausbildung entsprang: »Im Sumpfe einer allgemein um sich greifen-

8 Dok. 3: Artikel von Adolf Hitler »Die Welt um Euch wird in Schande untergehen und unser Staat wird Wirklichkeit«, in: Der SA-Mann vom 5.1.1932, In: ebd., Bd. IV, S. 14-17, hier S. 15 (Hervorhebung im Original).

9 Dementsprechend könnte man für den Nationalsozialismus auch von einer bellifizierten Gouvernementalität sprechen.

10 Frank Reichherzer, »Alles ist Front«. Wehrwissenschaft in Deutschland und die Bellifizierung der Gesellschaft vom Ersten Weltkrieg bis in den Kalten Krieg, Paderborn 2012. Das faschistische Italien belegte durch sein Handeln die These, dass Faschismus Krieg bedeutet. Es war seit Mussolinis Machtantritt der einzige europäische Staat, der praktisch permanent im Kriegszustand war. Es begann mit dem Überfall auf Libyen, dem folgte der Angriffskrieg gegen Abessinien. Nachdem dieser abgeschlossen war, schickte Mussolini Truppen in den spanischen Bürgerkrieg. Kurz nach dessen Ende überfiel Italien im April 1939 Albanien. Auch Mussolini strebte nach einer umfassenden Bellifizierung der Gesellschaft, war damit aber nach Ansicht Wolfgang Schieders nur bedingt erfolgreich: Wolfgang Schieder, Kriegsorientierung im faschistischen Italien, in: ders., Faschistische Diktaturen. Studien zu Italien und Deutschland, Göttingen 2008, S. 99-110. Siehe auch: Miguel Alonso/Alan Kramer/Javier Rodrigo (Hg.), Fascist Warfare, 1922-1945. Aggression, Occupation, Annihilation, Cham 2019.

11 Michael Wildt, Gewalt als Partizipation. Der Nationalsozialismus als Ermächtigungsregime, in: Alf Lüdtke/ders. (Hg.), Staats-Gewalt: Ausnahmezustand und Sicherheitsregimes. Historische Perspektiven, Göttingen 2008, S. 215-240.

den Verweichlichung und Verweibung schossen aus den Reihen des Heeres alljährlich 350 000 kraftstrotzende junge Männer heraus, die in zweijähriger Ausbildung die Weichheit der Jugend verloren und stahlharte Körper gewonnen hatten.«[12]

Hitler und die NSDAP vertraten ein Primat des Politischen, das im Wesentlichen ein Primat des Militarismus und des Rassismus war.[13] Dabei zeigte sich im Nationalsozialismus in aller Deutlichkeit, dass dem Rassismus ein »Phantasma der Differenzierung und Hierarchisierung«[14] innewohnt, das sich sowohl nach außen wie nach innen richten konnte. Die militaristische und rassistische Ausrichtung nationalsozialistischen Regierens führte zu einer Gouvernementalität, deren Ort der Wahrheitsfindung nicht der Markt, sondern der Kampf war. Gegenüber den Vertretern der deutschen Wirtschaft versuchte Hitler, diesen Unterschied herunterzuspielen, indem er darauf verwies, dass doch gerade in der Wirtschaft, wo man von Konkurrenz spreche, schon immer das Prinzip des Kampfes herrsche. Antikapitalismus und Pazifismus seien demgegenüber in ihrer Weigerung, diese Grundbedingung anzuerkennen, gleichzusetzen.[15] Letztlich glaubte Hitler freilich, dass das Schicksal eines Volkes vom Sieg im Krieg abhing, nicht von seinem Erfolg auf den Exportmärkten.

Trotzdem war für Hitler der wirtschaftliche Erfolg nicht unwichtig. Er beobachtete insbesondere 1927/28 aufmerksam den wirtschaftlichen Aufschwung in den USA, den er nicht zuletzt auf die Größe des Landes zurückführte. Wenn Deutschland, wie es für ihn das Ziel sein musste, erfolgreich mit den USA konkurrieren können sollte, so bedurfte es dafür aus seiner Sicht der Herrschaft über weite Teile Kontinentaleuropas.[16] Die Eroberung von »Lebensraum« war seit 1922 ins Zentrum von Hitlers geopolitischer Vi-

12 Adolf Hitler, Mein Kampf, München 1925, S. 297.

13 Ludolf Herbst, Das nationalsozialistische Deutschland 1933-1945. Die Entfesselung der Gewalt: Rassismus und Krieg, Frankfurt am Main 1996.

14 Michael Wildt, Biopolitik, ethnische Säuberung und Volkssouveränität. Eine Skizze, in: Mittelweg 36 (2006) 6, S. 87-106, hier S. 93.

15 Dok. 15: Rede Hitlers vor dem Industrie-Club in Düsseldorf vom 27. 1. 1932, in: IfZ, Hitler Reden 1925-1933, Bd. IV/3, S. 77-110, insb. S. 82 f.

16 Generell zur Bedeutung der USA für das europäische Wirtschaftsraumdenken und imperiale Expansionspläne: Sven Beckert, American Danger: United States Empire, Eurafrica, and the Territorialization of Industrial Capitalism, in: American Historical Review 122 (2017) 4, S. 1137-1170.

sion vom deutschen Wiederaufstieg zur Weltmacht gerückt.[17] Ian Kershaw hat diese Weltsicht als die »primitivste Form des sozialdarwinistischen Imperialismus aus dem 19. Jahrhundert« bezeichnet.[18]

Da Deutschland den letzten Krieg verloren hatte und bei der Rüstung weit zurückgefallen war, würde das deutsche Volk auf vieles verzichten müssen, um militärisch wieder konkurrenzfähig zu werden: »Was den allgemeinen kulturellen Belangen durch eine übermäßige militärische Förderung der Machtmittel des Staates entzogen wird, wird später auf das reichlichste wieder hereingebracht werden.«[19] Erst der Sieg würde den Deutschen den Konsum und ein Leben in Fülle ermöglichen. Dieses sozialpolitische Versprechen eines »sozialen Volksstaats« nach dem »Endsieg«, das nach Kriegsbeginn beständig erneuert wurde, trug zur aggressiven Dynamik des Nationalsozialismus bei.[20]

Bereits eine Woche nachdem Hitler Kanzler geworden war, ergriff er dementsprechend in der Kabinettsitzung das Wort und legte fest, dass sich in den kommenden fünf Jahren alles andere dem Ziel der »Wiederwehrhaftmachung des Volkes« unterzuordnen habe: »Dieser Gedanke müsse immer und überall im Vordergrund stehen.«[21] Auch bei den Arbeitsbeschaffungsmaßnahmen seien möglichst diejenigen Arbeiten zu fördern, die militärischen Wert besäßen.

Die nationalsozialistische Regierung setzte von Beginn an so viele Ressourcen wie möglich zugunsten der Aufrüstung ein. Selten zuvor dürfte eine Gesellschaft von ihrer Regierung im Frieden so umfassend auf einen Krieg vorbereitet worden sein wie die des nationalsozialistischen Deutschlands von 1933 bis 1939.[22] Um dem Primat der Rüstung gerecht zu werden, sollte die Volkswirt-

17 Ian Kershaw, Hitler 1889-1936, Stuttgart 1998, S. 323 f.; Eberhard Jäckel, Hitlers Weltanschauung. Entwurf einer Herrschaft, Stuttgart 1981 (2. Auflage), S. 29-54.

18 Ian Kershaw, Ideologe und Propagandist. Hitler im Lichte seiner Reden, Schriften und Anordnungen 1925-1928, in: Vierteljahrshefte für Zeitgeschichte 40 (1992) 2, S. 263-271, hier S. 270.

19 Dok. 100: Adolf Hitler, Die Südtiroler Frage und das deutsche Bündnisproblem, München 1926, in: IfZ, Hitler, Bd. I. 1, S. 269-293, hier S. 274

20 In dieser Hinsicht stimme ich Götz Aly zu: Aly, Volksstaat, S. 11 f.

21 Akten der Reichskanzlei, Regierung Hitler, Bd. I/1, S. 62 f.

22 Adam Tooze, The Wages of Destruction. The Making and Breaking of the Nazi Economy, London 2006, S. 203-284.

schaft zur Wehrwirtschaft umgestaltet werden.[23] Für die öffentlichen Finanzen bedeutete diese radikale Form der militarisierten Gouvernementalität, dass alle anderen staatlichen Ausgaben der Rüstungsfinanzierung untergeordnet wurden. Diese grundsätzliche Veränderung nahm man auch in der deutschen Finanzwissenschaft zur Kenntnis. Jens Jessen,[24] Ordinarius für Staats- und Wirtschaftswissenschaft an der Handelshochschule in Berlin, notierte 1938, dass man mit den herkömmlichen Begrifflichkeiten der Finanzwissenschaft weiterarbeiten könnte, wenn es denn so wäre, dass die Wehrwirtschaft nur einen kleinen Teil der Staatsausgaben okkupierte:

> Das ist aber gegenwärtig fast in allen Staaten nicht mehr der Fall. Vielmehr ist die Stelle der Staatsfinanzwirtschaft in dem in dieser Art neuen Tatbestand der Wehrwirtschaft in einer Anzahl von Staaten so beherrschend in den Mittelpunkt der Wirtschaftspolitik getreten, daß fast alle Gebiete der Wirtschaft unmittelbar, manche in einschneidendster Weise, betroffen werden – von der in dieser Wehrwirtschaft eingeschlagenen Finanzpolitik und diese von ihr.[25]

Jessen übertrieb insofern, als die beschriebenen Verhältnisse keineswegs in vielen Staaten der Welt herrschten, sondern vornehmlich in wenigen europäischen Staaten und eben insbesondere im nationalsozialistischen Deutschland.

Die nationalsozialistische Regierung richtete alles auf die Aufrüstung aus. Wirtschaftsförderung oder Bekämpfung der Arbeitslosig-

23 Hans-Erich Volkmann, Die NS-Wirtschaft in Vorbereitung des Krieges, in: Militärgeschichtliches Forschungsamt (Hg.), Das Deutsche Reich und der Zweite Weltkrieg, Bd. 1, Frankfurt am Main 1989, S. 211-435, hier S. 248-254.

24 Jens Jessen (1895-1944) war ein Wirtschaftswissenschaftler, der 1930 in die NSDAP eingetreten und seit 1931 in der Wirtschaftspolitischen Abteilung der NSDAP tätig war. Nach der Machtübernahme 1933 wurde er zum Leiter des Kieler Instituts für Weltwirtschaft ernannt. Diesen Posten verlor er 1934, weil er auf Anraten seines Assistenten Otto Ohlendorf, später Leiter einer SD-Einsatzgruppe in der Sowjetunion und ab 1943 stellvertretender Staatssekretär im Reichswirtschaftsministerium, einen Beschwerdebrief über abfällige Aussagen eines Berliner Ministerialrats an NSDAP-Stellen weiterleitete. Es stellte sich heraus, dass der Ministerialrat ein »alter Kämpfer« war und über beste Verbindungen verfügte. Im Krieg schloss Jessen sich dem militärischen Widerstand an und wurde schließlich nach dem gescheiterten Attentat vom 20. Juli 1944 im November 1944 in der Haftanstalt Plötzensee gehängt.

25 Jens Jessen, Wehrwirtschaft und Finanzwirtschaft, in: FinanzArchiv N.F. 5 (1938), S. 1-20, hier S. 2.

keit erkannte man zwar aus pragmatischen Gründen als notwendig an – vor allem, um das zunächst ungesicherte NS-Regime politisch zu stabilisieren –, aber wenn diese in Widerspruch zur Aufrüstung gerieten, war vorhersehbar, welche Priorität die NSDAP-Führung setzen würde. Zugleich gab der hohe Mittelbedarf für die Wiederaufrüstung eigentlich von Beginn an vor, dass an umfassende Steuersenkungen nicht zu denken war. Ganz im Gegenteil mussten Steuererhöhungen geboten erscheinen, auch wenn Hitler vor 1933 einen anderen Eindruck zu erwecken versucht hatte.

Hitler, die NSDAP und die Steuern bis 1933

Als Hitler Ende Januar 1933 zum Reichskanzler ernannt wurde, war vielen Beobachtern unklar, für welches wirtschafts- und finanzpolitische Programm die Nationalsozialisten standen. Im Wahlkampf hatten sich die Nationalsozialisten seit 1931 diesbezüglich darauf konzentriert, die von ihnen geforderten Maßnahmen zur Überwindung der Arbeitslosigkeit zu skizzieren. Nach den ersten einschlägigen Entwürfen von Fritz Reinhardt 1931 war es vor allem das von Gregor Strasser im Mai 1932 im Reichstag vorgestellte Sofortprogramm der NSDAP zur Rettung der Wirtschaft, das die Vorstellungen der Partei zur Überwindung der Krise einer breiteren Öffentlichkeit bekannt machte. Das Programm ähnelte konzeptionell anderen Vorschlägen zur Belebung der Wirtschaft und Bekämpfung der Arbeitslosigkeit, etwa dem WTB-Plan des Allgemeinen Deutschen Gewerkschaftsbundes,[26] ging aber hinsichtlich des avisierten Finanzvolumens deutlich darüber hinaus. Mit Maßnahmen im Gesamtumfang von zehn Milliarden Reichsmark sollten bis zu zwei Millionen Arbeitsplätze geschaffen werden. Da diese vor allem durch Kredite finanziert werden sollten, spielten Steuern kaum eine Rolle in den letzten Wahlkämpfen der NSDAP.[27] Auch aus früherer Zeit finden sich nur wenige programmatische Aussagen zu diesem Thema. Am ehesten gab es solche von Gottfried Feder, doch diese blieben letztlich unberücksichtigt.

Vor dem Hintergrund nationalsozialistischer Schlagworte wie

26 Siehe Teil III, Kapitel 8.

27 So auch: Ralf Banken, Hitlers Steuerstaat. Die Steuerpolitik im Dritten Reich, München 2018, S. 94 f.

»Gemeinnutz geht vor Eigennutz« oder der Idee der »Volksgemeinschaft« ließe sich durchaus vermuten, dass Hitler und die NSDAP steuerliche Umverteilung zum Thema gemacht und propagiert hätten. Götz Aly behauptet ebendies am Beispiel des Staatssekretärs im Reichsfinanzministerium Fritz Reinhardt auch explizit, indem er Reinhardt einen »sozialpolitischen Veränderungswillen« in der Steuerpolitik attestiert, der »zahllose steuerrechtliche Privilegien für Unter- und Mittelschichten« geschaffen habe.[28] Bis 1933 propagierten aber weder Hitler noch Reinhardt eine soziale Steuerpolitik. Im Parteiprogramm der NSDAP findet sich keine Aussage zum Steuersystem, eine Suche in *Mein Kampf* bleibt ebenfalls ohne Ergebnis. Hitler griff das Thema vor 1933 zwar in einer Vielzahl von Reden und Beiträgen auf, verband es aber nicht mit der sozialen Frage und möglichen Umverteilungswirkungen, sondern beklagte vor allem eine zu hohe Belastung der Wirtschaft. Es steht zu vermuten, dass die Forderung nach steuerlicher Umverteilung ihm schon zu deutlich nach Klassenauseinandersetzungen klang und die materiellen Unterschiede innerhalb des deutschen Volkes zu sehr betonte, während es ihm um die Schaffung einer sozialharmonischen Volksgemeinschaft ging, um seine rassistischen und bellizistischen Ziele besser realisieren zu können. Zudem bot freilich die Überhöhung des nationalen Ganzen schon an sich die Möglichkeit, das Postulat der Steuergerechtigkeit zu verabschieden, denn wo Individuen nur als dienende Teile des Ganzen betrachtet wurden, konnten die Gleichheitsansprüche einzelner Gruppen leichter als den Zielen der Ganzheit widersprechend abqualifiziert werden.[29]

Am umfassendsten setzte sich aus dem weiteren Führungskreis der Partei in der Frühphase Gottfried Feder mit Steuerfragen auseinander. Feder, von Beruf Bauingenieur, war in volkswirtschaftlichen Fragen Autodidakt. Nach dem Ende des Ersten Weltkrieges publizierte er 1919 sein Manifest »Zur Brechung der Zinsknechtschaft des Geldes«. Hitler besuchte 1919 ein Seminar Feders. Er zeigte sich begeistert von Feders Vorstellungen, die daher auch Eingang in das NSDAP-Parteiprogramm 1920 fanden. Beim NSDAP-Parteitag 1923 galt Feder als eine Art wirtschafts- und finanzpolitischer Sprecher

28 Götz Aly, Hitlers Volksstaat. Raub, Rassenkrieg und nationaler Sozialismus, Frankfurt am Main 2005, S. 24f.

29 Mann, Steuerpolitische Ideale, S. 345.

der Partei und durfte direkt im Anschluss an Hitler reden. Eine erste umfassende Auseinandersetzung Feders mit der Steuerproblematik findet sich in der gemeinsam mit August Buckeley, einem völkischen Münchener Stadtrat, 1922 veröffentlichten, etwa hundert Seiten umfassenden Broschüre »Der künftige Steuerstreik«. Die Reparationszahlungen sahen sie als Teil des »Gesamtplan[s] der Erringung der Weltherrschaft durch die überstaatliche Finanzgewalt«.[30] Die zentrale Aussage der Broschüre wurde aus der Feststellung abgeleitet, dass im Jahr 1918 das Reich 6,2 Milliarden RM aus Steuern, Zöllen und Gebühren einnahm und 5,9 Milliarden RM für den Zinsendienst ausgab. Damit war für die Verfasser »der Zinsendienst, also der reine Dienst für die Interessen des Geldbesitzers [...,] zur wichtigsten Staatsaufgabe geworden«.[31]

Diese Lage habe sich durch die dem Reich auferlegten Reparationen noch verschlimmert. Nun müsse jeder Deutsche mit seinen Steuern auch noch die Reparationsforderungen zu begleichen helfen. Detailliert zählt Feder die Steuerbelastungen auf, die den Einzelnen treffen. An einem Beispiel wird auch gezeigt, wie die Erträge eines Unternehmers durch eine Vielzahl von Steuern zusammenschmelzen. Feder und Buckeley sahen die soziale Ungerechtigkeit im System:

> Ganz anders sieht sich die Steuerbelastung trotz der scheinbaren Riesenziffern bei den ganz großen Vermögen an. Selbst wenn bei einem Einkommen von 10 Millionen fast 6 Millionen weggesteuert werden, so bleibt eben doch das Rieseneinkommen von 4 Millionen zum Verbrauch und für weitere kapitalistische Transaktionen. [...] Solche Einkommen sind aber nicht die Früchte persönlicher Leistung, sondern sie fließen aus Quellen, die meist rein kapitalistischer oder händlerischer Natur sind.[32]

Aus diesen Überlegungen folgt für die Verfasser aber nicht die Forderung nach Steuererhöhungen für die Reichsten, sondern die nach einer Einstellung des Zinsendienstes, die – wie auch die Betonung der »händlerische Natur« – unüberhörbare antisemitische Untertöne hatte. Dementsprechend betonen die Verfasser, »daß die unerhörte steuerliche Bedrückung einzig und allein der Zinszahlung

30 Gottfried Feder/August Buckeley, Der künftige Steuerstreik. Seine Gefahr, seine Unvermeidlichkeit, seine Wirkung, München 1922, S. 11.

31 Ebd., S. 16.

32 Ebd., S. 40 f.

an das Weltkapital dient«.[33] Da der Staat von sich aus nicht zur Einstellung der Zahlungen bereit sei, sei ein Steuerstreik nötig. Wenn die in der Broschüre vorgetragenen Erkenntnisse ins Allgemeinwissen vordrängen, »dann wird die Wut und Empörung keine Grenzen mehr kennen; und zum allgemeinen Steuerstreik sich verdichten«.[34] Und wenn der komme, »wird der Mechanismus des Staates zusammenbrechen«.[35] Er diene aber letztlich nur der Verhinderung der Ausbeutung durch den Feind. Feder und Buckeley sezierten in ihrer Broschüre das deutsche Steuersystem zwar genauestens, doch freilich nur, um schließlich die Abschaffung von Zinsen auf staatliche Papiere zu fordern. Der Staat sollte ab nun nur noch unverzinsliche Staatspapiere ausgeben oder sich mithilfe der Notenpresse zusätzliche Mittel verschaffen. Ihr radikales Manifest sollte vor allem in seiner wahnhaften antisemitischen Stoßrichtung Umsetzung finden. Die deutschen Juden als Teil des von den Verfassern ausgemachten Weltkapitals wurden aus Deutschland vertrieben oder schließlich ermordet. Allerdings hörte auch das NS-Regime nicht auf, verzinsliche Staatspapiere auszugeben.

Wenn auch Feder/Buckeley in ihrer Broschüre betonten, dass die großen Vermögen geschont worden seien, so war dort von einer konkreten Steuerverteilung zwischen den sozialen Gruppen nicht die Rede. Ein Jahr später äußerte sich Feder dazu jedoch präziser.[36] Sein Hauptthema blieb zwar die Verdammung des Zinses, die für ihn den Ausgangspunkt des verheerenden Dreischritts Zinsen-Steuern-Teuerung darstellten, doch nun formulierte er das Ideal eines nationalsozialistischen Staates, der ganz ohne Steuern auskommen und sich, jedenfalls in Friedenszeiten, ausschließlich durch Einnahmen aus Staatsbetrieben und Geldschöpfung finanzieren sollte.

33 Ebd., S. 59.

34 Ebd., S. 60.

35 Ebd., S. 68.

36 Gottfried Feder, Der deutsche Staat auf nationaler und sozialer Grundlage. Neue Wege in Staat, Finanz und Wirtschaft, München 1923. Dementsprechend völlig fehlleitend ist die Behauptung von Friedrich-Wilhelm Hennig, dass sich bei Feder »keine auf eine systematische Beschäftigung mit Steuerfragen hindeutenden Ausführungen« finden. Vielmehr hat Hennig die beiden entscheidenden Schriften übersehen. Friedrich-Wilhelm Hennig, Die nationalsozialistische Steuerpolitik. Programm, Ziele und Wirklichkeit, in: Eckart Schremmer (Hg.), Steuern, Abgaben und Dienste vom Mittelalter bis in die Gegenwart, Stuttgart 1994, S. 197-212, hier S. 198.

Da ihm aber ein völliger Verzicht auf Steuern erst nach einer Übergangszeit denkbar schien, skizzierte Feder auch die für diese Phase aus seiner Sicht wünschenswerte Steuerpolitik. Dabei favorisierte er direkte und stark progressive Steuern, um die Wohlhabenden überproportional heranzuziehen. Demgegenüber seien die Freigrenzen für Geringverdiener bei der Lohnsteuer deutlich zu erhöhen und kinderreiche Familien wie Staatsbeamte möglichst weitgehend von direkten Steuern zu befreien. Da die unteren Schichten die Hauptleidtragenden der indirekten Steuern seien, sollten diese so gering wie möglich gehalten werden. Umsatzsteuern auf Grundnahrungsmittel müssten abgeschafft werden. Nur auf Genussmittel wie Alkohol und Tabak sowie auf Luxusprodukte sollten nach Bedarf Verbrauchsteuern erhoben werden.[37] Feder entwickelte also ein umverteilungspolitisches Steuerprogramm, welches große Übereinstimmung mit sozialdemokratischen Steuerideen aufwies – von Lassalles Kritik der indirekten Steuern und der Forderung nach mehr direkten Steuern bis hin zu Goldscheids Ruf, den Staat wieder zu einem besitzenden Staat zu machen, der nicht mehr auf Steuereinnahmen angewiesen sei. Daher findet Feder in der steuerpolitischen Ideengeschichte des Finanzsoziologen Fritz Karl Mann auch im Kapitel über den Sozialismus Erwähnung und nicht in jenem über den Faschismus. Dadurch fällt freilich die antisemitische Stoßrichtung von Feders Werk und auch seiner steuerpolitischen Ideen unter den Tisch.[38]

Es gelang Feder indes nicht, Hitler von diesem sozialistisch inspirierten Steuerprogramm zu überzeugen.[39] Bei Hitler finden sich keine Forderungen nach einer gänzlichen Abschaffung der Steuern und auch keine Äußerungen zum Verhältnis von direkten und indirekten Steuern. Hitler nutzte stattdessen in seinen Reden vor dem Ausbruch der Weltwirtschaftskrise 1929/30 im Zusammenhang mit Steuerfragen vor allem drei wiederkehrende Argumentationsfiguren: Erstens betonte er, dass die hohe Steuerlast vor allem auf die Reparationen zurückzuführen sei. Zweitens ging er davon aus, dass das hohe Steuerniveau nur für eine begrenzte Zeit aufrechtzu-

37 Siehe auch die Zusammenfassungen bei Mann, Steuerpolitische Ideale, S. 293-295, und Banken, Hitlers Steuerstaat, S. 98 f.

38 Mann, Steuerpolitische Ideale, S. 293-295.

39 Zu Hitlers inhaltlichen Positionierungen gegenüber Feder am Beispiel von »Mein Kampf« siehe: Othmar Plöckinger, L'influence de Gottfried Feder sur *Mein Kampf*, in: Revue D'Histoire de la Shoah (2018) 1, S. 303-337.

erhalten sei. Besonders vehement wandte er sich gegen die hohe Belastung bäuerlicher Betriebe: »Die Landwirtschaft droht unter den ungeheuerlichen Steuerlasten zusammenzubrechen, ein Hof nach dem anderen vermag die Abgaben nicht mehr aufzubringen, ein Anwesen nach dem andern wird gepfändet.«[40] Wenn er die Bauern ansprach, nutzte Hitler Feders Bild von der Zinsknechtschaft und dessen Drohung mit dem Steuerstreik: »Der Augenblick kommt vielleicht schneller, als manche sich träumen lassen, da das Volk selbst in all seinen Schichten der organisierten Ausbeutung zugunsten der internationalen Hochfinanz auf dem Wege über die Steuereintreibung des Staats ein Ende bereitet und die Verantwortlichen zur Rechenschaft zieht.«[41] Hitler stachelte die Bauern auf, schob die im November 1928 in Schleswig-Holstein von der Landvolkbewegung begangenen Gewalttaten gegen Steuerbeamte[42] aber der Regierung zu: »Was kümmert es die derzeitigen Machthaber, wenn einige kleine Steuereintreiber – die ihre Befehle ausführen – niedergeschlagen werden, wenn ein paar Finanzämter in Flammen aufgehen –, solange sie selbst und ihr System unangetastet bleiben.«[43]

In einer Rede vom März 1928 beklagte er die hohe Belastung der Wirtschaft. Er betonte, dass »die heutige Steuergesetzgebung nur deswegen überhaupt möglich ist, weil die vergangenen Generationen sie nicht zur Anwendung brachten. Denn wenn diese Generationen genau so gewirtschaftet hätten, wie das heute der Fall ist, so wäre längst überhaupt nichts mehr zum Besteuern vorhanden.«[44] Im Februar 1929 sprach Hitler von einer »steuerbolschewistischen Vernichtung unserer Wirtschaftssubstanz«.[45]

40 Dok. 74, Artikel Adolf Hitlers »Bauern, hütet euch vor Provokateuren!«, in: Völkischer Beobachter vom 23./24.12.1928, in: IfZ (Hg.), Hitler Reden 1925-1933, Bd. III.1., S. 369-371, hier S. 369.

41 Ebd.

42 Gerhard Stoltenberg, Politische Strömungen im schleswig-holsteinischen Landvolk 1918-1933. Ein Beitrag zur politischen Meinungsbildung in der Weimarer Republik, Düsseldorf 1962, S. 107-127 und 133.

43 Dok. 74, Artikel Adolf Hitlers »Bauern, hütet euch vor Provokateuren!«, S. 370 f.

44 Dok. 238: »Tageskampf oder Schicksalskampf«. Rede auf einer NSDAP-Versammlung in Karlsruhe am 3. 3. 1928, in: IfZ (Hg.), Adolf Hitler. Reden, Bd. II. 2, S. 717-739, hier S. 721.

45 Dok. 89: »Politik der Woche«. Artikel im Illustrierten Beobachter vom 16. 2. 1929, in: ebd., Bd. III.1., S. 421-426, hier S. 424.

Deutlicher konnte Hitler kaum formulieren, dass er keine steuerliche Umverteilung von oben nach unten im Sinn hatte. Seine öffentlichen Stellungnahmen ließen eher vermuten, dass die NSDAP, käme sie an die Macht, Steuersenkungen herbeiführen würde. Konkrete Vorschläge hierzu machte Hitler indes zumindest anfangs nicht. Im Reichstag verlangte die NSDAP-Fraktion allerdings 1928, die Arbeiterlöhne zu erhöhen, die Steuern für die Industrie zu senken und die Kosten von den Lasten des Dawes-Plans abzuziehen.[46] Die Forderung nach Steuersenkungen war jedoch argumentativ eng mit dem Kampf gegen die verhassten Reparationszahlungen verknüpft und die Vorlage machte nicht deutlich, ob die NSDAP auch nach deren Ende weiterhin für Absenkungen eintreten würde. Aufgrund vieler inhaltlicher Übereinstimmungen mit den italienischen Faschisten hätten Beobachter dies durchaus vermuten können, denn als Mussolini in Italien an die Macht kam, setzte sein erster Finanzminister, Alberto De Stefani, deutliche Steuersenkungen durch.[47]

Drittens ging es Hitler darum, der deutschen Industrie aufzuzeigen, dass Steuerreduzierungen für Unternehmer nicht mit der Absicht zu vereinbaren seien, Deutschland wieder zur Weltgeltung zu führen. In einer Rede im Dezember 1927 formulierte er dies wie folgt:

> Im Gegenstreit der Meinungen schreit nun die deutsche Industrie über die schweren Steuerlasten und sagt: Ja, wenn wir die Steuerlasten und die Soziallasten nicht zu tragen hätten, dann würden wir viel billiger produzieren und doch wieder konkurrenzfähig werden. Darauf geben wir ihnen eine Antwort: Freilich, wenn wir keine Steuerlasten hätten, und wenn wir immer billiger produzieren könnten, um den Engländern das Feld zu nehmen, dann hätten wir eben morgen wieder Krieg.[48]

46 Reichstagsprotokolle, IV. WP 1928, Bd. 423, S. 304-307.

47 Gianni Marongiu, La Politica Fiscal del Fascismo, Lungro di Cosenza 2005, S. 91-148; Maier, Recasting Bourgeois Europe, S. 427. Sie wurden dafür auch von den US-Banken belohnt, die ab 1922 umfangreiche Kredite an italienische Firmen vergaben: Zara Steiner, The Lights that Failed. European International History 1919-1933, Oxford 2005, S. 443 f.

48 Dok. 203: »Volk-Staat-Wirtschaft«. Rede auf einer NSDAP-Versammlung in Hamburg am 10.12.1927, in: IfZ (Hg.), Adolf Hitler Reden 1925-1933, Bd. II.2, S. 570-582, hier S. 579.

Er versuchte also, die Industrie von der Notwendigkeit eines wehrhaften Staates zu überzeugen, der ohne eine steuerfinanzierte Aufrüstung nicht zu haben war.

Nachdem die NSDAP 1928 mit zwölf Mandaten in den Reichstag eingezogen war, begann die deutschlandweite Finanzpolitik eine größere Rolle in Hitlers Reden zu spielen. So griff er 1928/29 immer wieder vehement Finanzminister Rudolf Hilferding an, dem er, begleitet von vielen antisemitischen Invektiven, unter anderem vorwarf, dass er vor dem Ersten Weltkrieg ein entschiedener Gegner indirekter Steuern gewesen sei, nun aber an deren Erhöhung mitwirke.[49] Dies zielte jedoch vordringlich auf tagespolitische Effekte und war daher kaum als programmatische Absage an indirekte Steuern zu verstehen.

Im Juni 1929 errang die NSDAP in Coburg erstmals die absolute Mehrheit im Stadtrat einer deutschen Stadt und stellte dort ab August den Bürgermeister. Die Partei beschloss dort trotz eines defizitären Haushalts gleichzeitig Steuersenkungen und Ausgabenerhöhungen. Nachdem eine konservative bayerische Zeitung dies als »Katastrophenpolitik« gebrandmarkt hatte,[50] fühlte Hitler sich zu einer Stellungnahme gezwungen:

> Die nationalsozialistische Bewegung hat durch ihre Coburger vorbildliche Vertretung den gegenteiligen Weg eingeschlagen. Sie stellt vor aller Welt fest, daß die Gemeinde finanziell sich in einer unhaltbaren Lage befindet. Sie erhebt damit als kleine Zelle die kategorische Forderung, daß neue steuerliche Belastungen gar nicht denkbar sind, solange durch die allgemeine Wirtschaft Milliarden dem deutschen Volk entzogen werden. Sie demonstriert den Irrsinn der Erfüllungspolitik an einem wenn auch kleinen Beispiel in mustergültiger Weise.[51]

49 Dok. 73: Artikel von Adolf Hitler »Politik der Woche«, in: Illustrierter Beobachter vom 22.12.1928, in: IfZ (Hg.), Adolf Hitler Reden 1925-1933, Bd. III.1, S. 363-369, hier S. 366. Auch: Dok. 81: Artikel von Adolf Hitler«Politik der Woche«, in: Illustrierter Beobachter vom 19.1.1929, in: ebd., S. 386-391, hier S. 388.

50 Dok. 111, Artikel von Adolf Hitler »Politik der Wohe« in: Illustrierter Beobachter vom 7.12.1929 in: IfZ (Hg.), Adolf Hitler Reden 1925-1933, Bd. III.2, S. 501-505, hier S. 501, FN 11.

51 Dok. 118: Artikel von Adolf Hitler »Politik der Woche«, in: Illustrierter Beobachter vom 28.12.1929 in: IfZ (Hg.), Adolf Hitler Reden 1925-1933, Bd. III.2, S. 535-538, hier S. 537.

In der Folgezeit betonte Hitler noch häufiger als zuvor, dass die zu hohe Steuerlast vor allem auf die Reparationen zurückzuführen sei. Besonders deutlich kritisierte Hitler, der ein besonderes Faible für Autos hatte, die Steuerpolitik auf dem Gebiet des Kraftfahrzeugwesens:

Dazu kommt weiter infolge dieser Umstände natürlich unsere wahnwitzige Steuergesetzgebung, eine Steuergesetzgebung, die ganze Berufsstände einfach ruiniert und zwar blödsinnig ruiniert. Man muß sich oft fragen, sind diese Menschen, die diese Steuergesetzgebung veranlassen, überhaupt noch vernünftig. Man macht z. B. ein Kraftfahrzeugsteuergesetz, das zwangsläufig die Produktion von Kraftfahrzeugen so eingeschränkt hat, daß dadurch nicht allein viele Zehntausende von Arbeitskräften brotlos sind und Arbeitslosenunterstützung bekommen müssen, sondern auch die deutsche Industrie infolge der verminderten Produktionsmöglichkeit überhaupt nicht mehr in der Lage ist, so billig zu produzieren wie das Ausland, so daß uns in weiterer Folge der Auslandsmarkt mit billigen Wagen überschwemmt, und wieder Zehntausende und Zehntausende von Menschen um das tägliche Brot gebracht werden wegen dieser wahnsinnigen, verrückten Steuerpolitik.[52]

Nur ein einziges Mal, im März 1930, versprach Hitler vor seiner Kanzlerschaft einer gesellschaftlichen Gruppe explizit Steuersenkungen: »Zunächst muß die gegenwärtige drückende Notlage des Landvolkes durch steuerpolitische Erleichterungen und sonstige Maßnahmen gemildert werden.«[53] Vor allem aus antisemitischen Motiven forderte er die Erhöhung von Steuern: »Solange Börse und Warenhäuser nicht genügend besteuert sind, ist jede weitere Steuererhöhung im kleinen ein Verbrechen.«[54]

52 Dok. 21: Rede von Adolf Hitler auf einer NSDAP-Versammlung in München am 9.4.1929, in: IfZ (Hg.), Adolf Hitler Reden 1925-1933, Bd. III.2, S.166-194, hier S.183.

53 Dok. 22: Anordnung »Nationalsozialismus und Landwirtschaft« vom 6.3.1930, in: IfZ (Hg.), Adolf Hitler Reden 1925-1933, Bd. III.3, S.115-120, hier S.118. Die Anordnung war eine von Konstantin Hierl ausgearbeitete Richtlinie, die von Hitler genehmigt und als agrarpolitische Ergänzung zum Parteiprogramm der NSDAP veröffentlicht wurde. Im Völkischen Beobachter erschien ein Bericht zur Anordnung unter dem Titel »Das Agrarprogramm der N.S.D.A.P.«.

54 Artikel von Adolf Hitler »Aufruf an das deutsche Volk: Was haben die alten Parteien versprochen, was haben sie gehalten?«, in: Völkischer Beobachter vom 10.9.1930, in: IfZ (Hg.), Adolf Hitler Reden 1925-1933, Bd. III.2, S.396-407, hier S.406.

Ab Mitte 1930 kannte Hitler, wenn er über Steuern sprach, nur mehr ein einziges Thema: Die Reichsregierung hatte bei der Annahme des Young-Plans, der die Reparationssätze gegenüber dem Dawes-Plan reduziert hatte, Steuersenkungen versprochen, dann aber aufgrund der Wirtschaftskrise doch zu Steuererhöhungen gegriffen. Hitler skandalisierte diesen Umschwung bis zum Ende der Reparationszahlungen ohne Unterlass als Wortbruch.[55]

Alle Aussagen Hitlers zur Steuerpolitik blieben von großer Allgemeinheit. Dies lag darin begründet, dass die NSDAP möglichst für alle wählbar sein sollte, weswegen sie sich selten auf konkrete Programme festlegte und stattdessen auf eine nationalistische und antisemitische Rhetorik setzte. Darüber hinaus verraten Hitlers Aussagen aber auch keine besondere Vertrautheit mit der Materie. Es spricht wenig dafür, dass Hitler sich wirklich für die Steuerpolitik in ihrer Komplexität interessierte und etwa einschlägige Literatur zur Kenntnis nahm. Vor 1933 prangerte er zwar permanent die aus seiner Sicht zu hohen Steuern an, aber er machte fast nie Steuersenkungsversprechen – im Gegensatz zu vielen anderen Parteiführern. Wer Hitlers Reden zuhörte, konnte aus seinen Klagen über zu hohe Steuern zwar den Schluss ziehen, dass die NSDAP für eine Steuersenkung eintrat, Hitler selbst vermied aber klare Festlegungen.

Kaum untersucht ist bisher, inwieweit Hitlers Erklärungen zur Steuerpolitik Anklang bei potentiellen Wählern fanden und inwieweit die NSDAP in den Wahlkämpfen in den Ländern und Kommunen versuchte, sich mit Steuerpolitik zu profilieren. Auf Reichsebene sollte die Bedeutung der Steuerpolitik nicht zu hoch gewichtet werden. Sie war zwar ein Thema, aber stand nicht im Mittelpunkt der NSDAP-Wahlkämpfe. Anders ist dies aber auf Länder- und Kommunalebene. Anthony McElligott hat gezeigt, dass 1929/1930 die NSDAP in Preußen, Baden, Bayern und den Rheinprovinzen mit Steuersenkungen für Mittelstand und Agrarier Wahlkampf betrieb.[56] Insbesondere für Schleswig-Holstein lässt sich zeigen,

55 Als Beispiele: Dok. 53: Rede Adolf Hitlers »Revision der Verträge oder Revision der deutschen Politik« auf einer NSDAP-Versammlung in München am 29.1.1931, in: IfZ (Hg.), Adolf Hitler Reden 1925-1933, Bd. IV.1, S. 180-182; Dok. 20: Aufruf Adolf Hitlers »Nationalsozialisten! Nationalsozialistinnen! Preußen!«, in: Völkischer Beobachter vom 8.8.1931, in: ebd., Bd. IV.2., S. 65-67

56 Anthony McElligott, Rethinking the Weimar Republic. Authority and Authoritarianism, 1916-1936, London 2013, S. 89.

dass die Steuerpolitik in den Wahlkämpfen eine große Rolle spielte und für die Wahlerfolge der NSDAP nicht unwichtig gewesen sein dürfte. Die beiden sozialen Gruppen, die dies vor allem betraf, waren die Bauernschaft und der gewerbliche Mittelstand, die auch einen erheblichen Teil der NSDAP-Wählerschaft stellten.[57] Die Landwirte waren nach der weitgehenden Entschuldung durch die Inflation gegen Ende der 1920er-Jahre aufgrund der dauerhaften Krise der deutschen Landwirtschaft wieder tief in die Verschuldung gerutscht. Dies führte zu umfassenden Forderungen nach Schuldenstundung oder -streichung, aber auch nach Steuersenkungen für die Landwirtschaft. Die daraus entstehende Landvolkbewegung forderte mehrfach zum Steuerstreik auf, was auch in anderen Regionen Norddeutschlands aufgegriffen wurde.[58] Die Landvolkbewegung in Schleswig-Holstein radikalisierte sich bald und griff Finanzbeamte und Finanzämter auch gewaltsam an. Wegen des auf Legalität gerichteten Kurses der NSDAP konnte die Partei diesen gewaltsamen Protest nicht offen unterstützen, doch machte sie sich die Forderungen der Landvolkbewegung zu eigen.[59] Es war kein Zufall, dass Hitler sein einziges Steuersenkungsversprechen gegenüber der Landwirtschaft machte. Die Positionierung der NSDAP in der Steuerpolitik trug dazu bei, dass die Agrarier in großer Zahl

57 Frank Omland, »Die Nordmark steht zu Hitler«. Wählerwanderung und Wählerherkunft der NSDAP in Schleswig-Holstein 1924-1933, in: Informationen zur Schleswig-Holsteinischen Zeitgeschichte 48 (2007), S. 5-67.

58 Unter anderem in Pommern, Ostpreußen, Ost-Hannover und dem Oldenburger Land: Shelly Baranowski, The Sanctity of Rural Life. Nobility, Protestantism, and Nazism in Weimar Prussia, New York 1995, S. 129-144; Klaus Schaap, Die Endphase der Weimarer Republik im Freistaat Oldenburg 1928-1933, Düsseldorf 1978, S. 88-94; Dirk Stegmann, Politische Radikalisierung in der Provinz. Lageberichte und Stärkemeldungen der Politischen Polizei und der Regierungspräsidenten für Osthannover 1922-1933, Hannover 1999, S. 69-94 und 142-177; Wolfram Pyta, Dorfgemeinschaft und Parteipolitik 1918-1933, Düsseldorf 1996, S. 209.

59 Uwe Danker, »Von heute ab zahle ich keine Steuern mehr!«. Steuerstreik, Stadtboykott und Bomben. Die schleswig-holsteinische Landvolkbewegung 1928-1930, in: ders. (Hg.), Die Jahrhundertstory. Flensburg 1998, S. 48-67; Alexander Otto-Morris, »Bauer, wahre dein Recht!«. Landvolkbewegung und Nationalsozialismus, in: Informationen zur Schleswig-Holsteinischen Zeitgeschichte 50 (2008), S. 55-73; Rudolf Heberle, Landbevölkerung und Nationalsozialismus. Eine soziologische Untersuchung der politischen Willensbildung in Schleswig-Holstein 1918-1932, Stuttgart 1963; Stoltenberg, Politische Strömungen.

gegen Ende der Weimarer Republik die NSDAP und nicht mehr die DNVP wählten, die zunehmend nur noch eine Interessenvertretung des ostelbischen Großgrundbesitzes war.[60] Auch der gewerbliche Mittelstand fühlte sich durch Steuern über die Maße belastet, weil das Reich und viele Kommunen in der Weltwirtschaftskrise versuchten, ausbleibende Einkommen- und Körperschaftsteuereinnahmen durch die Erhöhung anderer Steuern auszugleichen. Im Mittelpunkt der Kritik des gewerblichen Mittelstands stand dabei die Bürgersteuer, doch auch gegen Gewerbe- und Hauszinssteuer gab es Proteste.[61] Diese Forderungen machte sich die NSDAP in Schleswig-Holstein zu eigen und betrieb mit ihnen Wahlkampf. Dies zeigt, dass die Steuerpolitik beim Aufstieg der NSDAP in den Ländern eine erhebliche Rolle spielen konnte und eine systematische Untersuchung dieser Frage fruchtbar sein dürfte.

Erste steuerpolitische Debatten und die Finanzierung der Arbeitsbeschaffung 1933/34

Nach der Machtübernahme sah sich Hitler aus bündnispolitischen Überlegungen vorerst genötigt, die drei wichtigsten Posten zur Wirtschaftsbelebung bürgerlichen, eher traditionellen, rechtskonservativen Vertretern anzuvertrauen. Alfred Hugenberg wurde Wirtschaftsminister, Hjalmar Schacht Reichsbankpräsident und Johann Ludwig Graf Schwerin von Krosigk blieb Finanzminister. Insbesondere Hugenberg, aber auch Schacht standen einer kreditfinanzierten, unmittelbar staatlichen Arbeitsbeschaffung skeptisch

60 Wolfram Pyta, Die Weimarer Republik, Berlin 2004, S. 88-91.

61 Peter Wulf. Die politische Haltung des schleswig-holsteinischen Handwerks 1928-1932, Köln 1969, S. 49-58 und 91-98. Generell: Heinrich August Winkler, Mittelstand, Demokratie und Nationalsozialismus. Die politische Entwicklung von Handwerk und Kleinhandel in der Weimarer Republik, Köln 1972, S. 157-182. In Lüneburg, wo das Handwerk anfangs besser durch die Krise gekommen war, setzte eine Radikalisierung hin zur NSDAP erst 1931 ein. Auch hier spielten Forderungen nach Steuersenkung eine wichtige Rolle, und insbesondere Gottfried Feder erwies sich mit seinen Reden zur Geld- und Steuerpolitik als erfolgreicher Agitator beim Handwerk: Claus-Dieter Krohn/Dirk Stegmann, Kleingewerbe und Nationalsozialismus in einer agrarisch-mittelständischen Region. Das Beispiel Lüneburg 1930-1939, in: Archiv für Sozialgeschichte (1977), S. 41-98, hier S. 61-65.

gegenüber. Sie favorisierten die klassisch-liberale Variante von staatlichen Anreizen zur Förderung der Selbstheilungskräfte der Wirtschaft bei geringer Haushaltsbelastung. Für die Durchsetzung der propagierten Arbeitsbeschaffungspläne wurde allerdings vor allem Fritz Reinhardt zuständig, den Hitler am 1. April 1933 zum Staatssekretär im Reichsfinanzministerium ernannte. Bis dahin hatte sich die neue Regierung darauf beschränkt, die bereits unter Hitlers Vorgänger Kurt von Schleicher beschlossene Erhöhung des Sofortprogramms auch in die Tat umzusetzen.[62]

Die erste von der nationalsozialistischen Regierung selbst angestoßene Maßnahme war eine Befreiung aller Neuwagen von der Kraftfahrzeugsteuer im April 1933. Nur wenige Tage nach der Machtübernahme hatte Hitler selbst diesen Schritt in Aussicht gestellt. Auf der Internationalen Automobil- und Motorrad-Ausstellung versprach er der Automobilindustrie eine »allmähliche steuerliche Entlastung«.[63] In seiner Regierungserklärung am 23. März 1933 folgte die Konkretisierung: »Um die Förderung des Verkehrs bis zu einem vernünftigen Ausgleich aller Verkehrsinteressen zu führen, wird schon zu Beginn des kommenden Monats durch eine Reform der Kraftfahrzeugsteuer der erste Schritt getan.«[64] Diese Maßnahme wird bis heute als voller Erfolg gewertet, da die Beschäftigung in der Automobilindustrie allein im Verlauf des Jahres 1933 von 17 000 auf 51 000 Personen anstieg.[65] Die Nationalsozialisten schufen mit der

62 Jürgen Stelzner, Arbeitsbeschaffung und Wiederaufrüstung 1933-1936. Nationalsozialistische Beschäftigungspolitik und der Aufbau der Wehr- und Rüstungswirtschaft, Tübingen 1976 (Diss. Uni Tübingen), S. 61-69; Birgit Wulff, Arbeitslosigkeit und Arbeitsbeschaffungsmaßnahmen in Hamburg 1933-1939. Eine Untersuchung zur nationalsozialistischen Wirtschafts- und Sozialpolitik, Frankfurt am Main 1987, S. 42-48.

63 Rede Hitlers vor der Internationalen Automobil- und Motorrad-Ausstellung in Berlin am 11. 2. 1933, in: Max Domarus, Hitler: Reden und Proklamationen 1932-1945, 4 Bde., Leonberg 1988, Bd. 1, S. 208-209, hier S. 208.

64 Regierungserklärung vom 23. 3. 1933, in: Domarus, Hitler Reden, Bd. 1, S. 229-246, hier S. 233.

65 Richard Overy, War and Economy in the Third Reich, Oxford 1995, S. 88; Mark Spoerer/Jochen Streb, Neue deutsche Wirtschaftsgeschichte des 20. Jahrhunderts, München 2013, S. 105. So auch schon 1935: Fritz Terhalle, Finanz- und steuerpolitische Maßnahmen in Deutschland von Anfang 1933 bis Herbst 1934, in: Jahrbücher für Nationalökonomie und Statistik 141 (1935), S. 570-589, hier S. 585 f. Als kurzen Überblick zum Wachstum der Automobilindustrie im Nationalsozialismus: Mark Spoerer, Die Automobilindustrie im Dritten Reich:

vorrangigen Förderung der Automobilindustrie so ein Erfolgsmodell, das auch in der Bundesrepublik bis heute in Krisensituationen gerne wiederaufgelegt wird.

Im Jahr 1933 beschäftigte sich Hitler intensiver mit der Steuerpolitik als jemals zuvor oder danach. Zum einen standen in den ersten Monaten der NS-Diktatur die Forderungen der Wirtschaft nach Steuersenkung im Raum. Zum anderen avancierte die Steuerpolitik zu einem Mittel der Bekämpfung der Arbeitslosigkeit. Ausgehend von dem ihn besonders interessierenden Bereich der Automobilindustrie entwickelte Hitler allgemeinere Ideen zur Steuerpolitik. Er meinte, dass

> die Regierenden entsprechend der marxistischen Primitivitäts-Theorie auch ihrerseits das Automobil als etwas nicht Notwendiges und damit als etwas Überflüssiges ansahen und demgemäß besteuerten. Ein kapitaler Denkfehler übrigens, aus dem zu ersehen war, wie sehr auch unsere bürgerliche wirtschaftliche Einsicht bereits versagte. Denn die sogenannte Luxusartikel-Besteuerungs-Theorie ist überall dort Unsinn, wo nach aller menschlichen Voraussicht der Luxus ein Allgemeingut zu werden verspricht. Man soll vor allem nicht jene Produktionen besteuern, die noch in der Entwicklung begriffen sind, sondern solche, deren Entwicklung ersichtlich schon als abgeschlossen gelten kann.[66]

Neben der konkreten Zusage an die Automobilindustrie blieb Hitler in seiner Regierungserklärung auf dem Steuergebiet aber so ungefähr wie eh und je: »Die in Aussicht genommene Reform unseres Steuerwesens muß zu einer Vereinfachung der Veranlagung und damit zu einer Verminderung der Kosten und Lasten führen. Grundsätzlich soll die Steuermühle an den Strom und nicht an die Quelle gebaut werden. Im Zuge dieser Maßregeln muß eine Verminderung der Lasten durch Vereinfachung der Verwaltung eintreten.«[67] Mehr als das vage Versprechen einer Lastminderung durch Verwaltungsvereinfachung, das Hitler vermutlich durch eine spätere Reform

Wachstum um jeden Preis?, in: Lothar Gall/Manfred Pohl (Hg.), Unternehmen im Nationalsozialismus, München 1998, S. 61-68.

66 Rede Hitlers zur Eröffnung der Internationalen Automobil- und Motorrad-Ausstellung in Berlin am 15. 2. 1936, in: Domarus, Hitler Reden, Bd. 1, S. S. 576-579, hier S. 576.

67 Regierungserklärung vom 23. 3. 1933, in: Domarus, Hitler Reden, Bd. 1, S. 229-246, hier S. 233.

als erfüllt ansah, enthielt die programmatische Reichstagsrede des neuen Kanzlers nicht.

Damit blieb auch die Frage offen, wie Arbeitsbeschaffungsprogramme finanziert werden sollten. Einen ersten umfassenderen Vorschlag zur Arbeitsbeschaffung erstellte Arbeitsminister Franz Seldte Mitte April. Er war dabei davon ausgegangen, dass es insgesamt fünf bis sechs Milliarden RM brauchen würde, um alle Arbeitslosen wieder in den Wirtschaftsprozess einzugliedern, doch konnte er das erste Programm vorerst nur mit geringeren Mitteln ausstatten.[68] Den Entwurf überarbeitete Reinhardt in Abstimmung mit der Ministerialbürokratie des Finanzministeriums, wobei nur leichte Verschiebungen vorgenommen wurden. Am 31. Mai legte Reinhardt den Entwurf dem Kabinett vor. Dieses akzeptierte ihn nach kontroverser Diskussion. Einzig Wirtschafts- und Landwirtschaftsminister Hugenberg stimmte grundsätzlich gegen das Programm, weil er gegen staatliche Arbeitsbeschaffung war.[69] Einen Tag später trat das Maßnahmenpaket als »Gesetz zur Verminderung der Arbeitslosigkeit« in Kraft.[70] Zentraler Programmteil war das »Erste Reinhardt-Programm«, welches vom Umfang her das bis dato größte Paket zur unmittelbaren Arbeitsbeschaffung durch den Staat darstellte. Es sah eine Milliarde RM für staatliche Baumaßnahmen vor, von denen dann real bis 1936 994,3 Millionen RM ausgegeben wurden.[71]

Daneben enthielt das Gesetz weitere Maßnahmen: Erstens gewährte der Staat, zunächst befristet bis zum Dezember 1934, die Steuerfreiheit für Ersatzbeschaffung im gewerblichen Bereich, wodurch sich Investitionen um 10 bis 45 Prozent verbilligten. Allerdings war die Befreiung an die Bedingungen geknüpft, dass es sich um ein »inländisches Erzeugnis« handelte und durch die Rationalisierung keine Arbeitsplätze abgebaut wurden.[72] Zweitens führte

68 Detlev Humann, »Arbeitsschlacht«. Arbeitsbeschaffung und Propaganda in der NS-Zeit 1933-1939, Göttingen 2011, S. 75.

69 Kabinettsitzung vom 31. 5. 1933, in: Akten der Reichskanzlei, Regierung Hitler, Bd. I/1, S. 530-534, hier S. 532 f.

70 RGBl. I (1933), S. 323-329.

71 Humann, »Arbeitsschlacht«, S. 83. Dort auch die genaue Aufschlüsselung der Kosten unterschiedlicher Bauprogramme.

72 Banken, Hitlers Steuerstaat, S. 264; Humann, »Arbeitsschlacht«, S. 105 f.; Stelzner, Arbeitsbeschaffung, S. 100. Im Januar 1935 verlängerte man die Aktion und

Reinhardt die freiwillige Spende zur Förderung der nationalen Arbeit ein, die steuermindernd wirkte und es sogar erlaubte, Strafen wegen Steuerhinterziehung zu vermeiden. Dadurch sollten auch Kapitalfluchtgelder aus der Schweiz zurückgeholt werden. Real wirkte die häufig direkt vom Lohn abgezogene Spende aber wie eine Lohnsenkung, weswegen Wirtschaftsministerium und Reichsbank bald ihre Abschaffung verlangten, zu der es schließlich auch kam. Die Spendengelder flossen in einen Sonderfonds des Reiches und wurden zur Arbeitsbeschaffung, aber auch zur Aufrüstung verwendet.[73] Drittens wurde ein Ehestandsdarlehen in Form von Bedarfsdeckungsscheinen gewährt, die in Möbel- und Hausratsgeschäften eingelöst werden konnten. Die Maßnahme zielte darauf ab, Paaren die Heirat und die Familiengründung schmackhaft zu machen und dadurch gleichzeitig Frauen aus dem Berufsleben zu nehmen, um Stellen für Männer frei zu machen. Zudem förderte man so die Möbel- und Hausratswirtschaft.[74] Viertens enthielt das Gesetz Anreize zur Überführung weiblicher Arbeitskräfte in die Hauswirtschaft, wofür im Wesentlichen die Einkommensteuer des Arbeitgebers gesenkt wurde, der die Haushaltshilfe als zusätzliches Kind mit entsprechendem Freibetrag geltend machen konnte.[75] Das Paket vom 1. Juni 1933 bildete den Auftakt für die nun einsetzende Propaganda zur »Arbeitsschlacht«.

Wenige Tage zuvor hatte sich Hitler mit führenden Industriellen getroffen, um Themen der Steuerpolitik und der Arbeitsbeschaffung zu erörtern. In seiner einführenden Rede ging er jedoch kaum auf das schon vorliegende Programm ein, sondern skizzierte neue Ideen:

Zwei große Probleme interessieren mich im Augenblick außerordentlich, und ich wäre dankbar, wenn darüber heute die Meinungen geklärt werden könnten: die Wiederherstellung des deutschen Hausbesitzes auf der einen Seite, die Frage der Erbauung von Straßen für das moderne Verkehrsmittel, die Automobilstraßen. Diese beiden Probleme interessieren mich deshalb, weil, wenn sie richtig eingestellt, eine ganze Entwicklung ins Rollen brin-

befreite nun auch kurzlebige Kapitalgüter von der Steuer. Die Vergünstigungen hob man 1936 auf, als man sich der Vollbeschäftigung näherte und inflationäre Tendenzen aufschienen: Erbe, Wirtschaftspolitik, S. 30.

73 Humann, »Arbeitsschlacht«, S. 87-95; Banken, Hitlers Steuerstaat, S. 264.

74 Humann, »Arbeitsschlacht«, S. 118-135.

75 Ebd., S. 136-141, Banken, Hitlers Steuerstaat, S. 264.

gen. Es handelt sich darum, daß man eine Entwicklung einleitet, die sich dann selbst forträgt.[76]

Hitler hatte hier also durchaus treffend die Idee von Multiplikatoreffekten und einer selbsttragenden Entwicklung ausformuliert, die durch staatliche Maßnahmen in Gang gesetzt werden könnten.[77] Während er dies bei der Automobilindustrie bereits in Anfängen erreicht sah, wollte er eine solche Entwicklung nun bei der Bauindustrie anstoßen, die er dafür für besonders geeignet hielt:

Es gibt kein Gewerbe, daß mehr diskreditiert erscheint als das Bauhandwerk, und ich bin der Überzeugung, daß, wenn man einen Weg findet – vielleicht durch eine Kombination durch Steuernachlaß, Vorzugshypothek auf der einen Seite und Zurverfügungstellung einer höheren Milliardensumme auf der anderen Seite –, daß man damit eine gewaltige Ankurbelung unserer Wirtschaft erreichen könnte, viel größer, als sie in den vergangenen Jahren betrieben wurde.[78]

Hitler betonte, dass die für die Autoindustrie ausgegebenen Summen durch die Schaffung von Arbeitsplätzen und die gesparten Summen an Arbeitslosenunterstützung problemlos wieder hereinkämen. Die Industriellen begrüßten diese Idee, die anscheinend im Wesentlichen auf einer Ausarbeitung der Fachgruppe Bauindustrie im Reichsverband der deutschen Industrie beruhte, die kurz zuvor in der Reichskanzlei eingegangen war.[79] Ansonsten klagten die Industriellen vor allem über die zu hohe Steuerlast, die Investitionen erschweren würde. Hitler schlug daraufhin vor, neue Produktionen, die vor allem für den Export ausgelegt wären, gänzlich von der Steuer zu befreien, doch die Industriellen vermochten keinen

76 Dokument Nr. 147: Besprechung mit führenden Industriellen, 29. Mai 1933, 16.15 Uhr, in: AdRk I,1, S. 506-527, hier S. 508.

77 Hitler dürfte der Aufsatz des britischen Ökonomen Richard F. Kahn aus dem Jahr 1931 zu den Multiplikatoreffekten aber nicht bekannt gewesen sein und er sprach auch nicht von diesen. In Deutschland waren aber 1931 durchaus ähnliche Ideen unter Ökonomen verhandelt worden. Gängig waren dabei der auch von Hitler genutzte Begriff der Ankurbelung sowie der von Wilhelm Röpke geprägte Begriff der Initialzündung: Grotkopp, Krise, S. 123-127.

78 Dokument Nr. 147: Besprechung mit führenden Industriellen, 29. Mai 1933, 16.15 Uhr, in: Akten der Reichskanzlei, Regierung Hitler, Bd. I,1, S. 506-527, hier S. 509.

79 Ebd., Anmerkung 8.

neuen und vorrangig auf den Export gerichteten Produktionszweig zu benennen.

In der Kabinettsitzung zwei Tage später wiederholte Hitler seine Vorschläge. Zudem gab er hier die Richtlinie aus, dass die steuerliche Belastung der Wirtschaft in den nächsten fünf Jahren nicht das Niveau von 1932 übersteigen dürfe,[80] während er gegenüber den Wirtschaftsvertretern keine Zusagen dieser Art gemacht hatte. Die intern ausgegebene Richtlinie stellte nur eine ungefähre Orientierungsgröße dar, weil die genaue Belastung der Unternehmen schwer zu errechnen war. Zudem war sie nicht sonderlich ambitioniert angesichts des Umstands, dass die Belastung 1932 vergleichsweise hoch war und die Unternehmen ein ums andere Mal eine deutliche Entlastung forderten.

Da viele der am 1. Juni 1933 beschlossenen Maßnahmen erst 1934 voll wirksam werden konnten und die Befürchtung im Raum stand, dass im Winter die Arbeitslosigkeit wieder ansteigen könnte, arbeitete das Finanzministerium ein weiteres Programm zur Arbeitsbeschaffung aus, das in der Kabinettssitzung vom 19. September 1933 verabschiedet wurde.[81] Im Mittelpunkt stand hierbei die von Hitler angeregte Förderung der Gebäudeinstandsetzung, die als »Zweites Reinhardt-Programm« firmierte und für die fünfhundert Millionen RM zur Verfügung gestellt wurden. Sie enthielt auch die von Hitler angedeutete Absenkung der Hauszinssteuer bei nachweisbaren Reparaturen am Haus. Vor allem aber vergab man Zuschüsse und Zinsbeihilfen, weil dies nach entschiedenerem staatlichen Handeln aussah. Daneben stimmte das Kabinett mit einer Steuerbefreiung beziehungsweise -senkung für neu errichtete Kleinwohnungen und Eigenheime sowie einer Senkung der Grundsteuer für Neuhausbauten zwei weiteren Maßnahmen zur Förderung der Bauwirtschaft zu.[82] Hinzu kamen die Senkung der Grundsteuer und der Umsatzsteuer für die Landwirtschaft, was allerdings nur bedingt als

80 Kabinettsitzung vom 31.5.1933, in: ebd., S. 530-534, hier S. 530. Treffend wiedergegeben bei: Humann, Arbeitsschlacht, S. 74. Ralf Banken interpretiert Hitlers Aussage dagegen dahin, dass dieser gefordert habe, »dass es in den nächsten Jahren keine Steuererhöhung mehr geben dürfe« (Banken, Hitlers Steuerstaat, S. 113), was aber nicht der Fall war.

81 Kabinettsitzung vom 19.9.1933, in: Akten der Reichskanzlei, Regierung Hitler, Bd. I/2, S. 743-748.

82 RGBl. I (1933), S. 651-653.

Arbeitsbeschaffungsmaßnahme gedacht war, sondern vor allem auf die bäuerlichen Steuerproteste reagierte und Hitlers Versprechen einlösen sollte, die Landwirtschaft steuerlich zu entlasten.[83]

Einen Tag nach der Verabschiedung im Kabinett stellte der im Juni 1933 zum Nachfolger Hugenbergs[84] berufene neue Reichswirtschaftsminister Kurt Schmitt, Direktor der Allianz AG und Vorsitzender des Reichsverbands der Privatversicherer, die getroffenen Entscheidungen beim ersten und zugleich letzten Treffen des Generalrats der Wirtschaft den Spitzen der deutschen Wirtschaft vor. Schmitt war auf den Posten gelangt, weil er seit 1931 ein aktiver Unterstützer der NSDAP war und seit 1932 Mitglied des Keppler-Kreises, in dem sich die industriellen Förderer der NSDAP trafen.[85] Schmitt betonte, dass das Kabinett lange über eine generelle Steuersenkung nachgedacht hätte. Doch: »Wir sind der Meinung, daß bei der ungeheuren Last und bei den großen Aufwendungen, die wir ja doch nun auf den Gebieten machen, die ich eben hervorgehoben habe, wir es nicht verantworten können, im Augenblick zu einer erheblichen Steuerherabsetzung zu schreiten. Wir sind vielmehr dazu gekommen, den bereits beschrittenen Weg der Verknüpfung von Steuersenkung und Arbeitsbeschaffung weiter auszubauen.«[86]

Im Verlauf der Besprechung kam es zu einer Auseinandersetzung über die Wirkung des bisher umfassendsten Steuersenkungsprogramms in der Wirtschaftskrise, die Steuergutscheine der Regierung Papen. Der Direktor der Commerz- und Privatbank, Friedrich

83 Humann, »Arbeitsschlacht«, S. 77.

84 Hugenberg war zurückgetreten, weil er auf einer Konferenz in London Kolonien für Deutschland gefordert hatte, was international auf große Ablehnung stieß. Trotz vorheriger Absprache behaupteten nationalsozialistische Kabinettmitglieder danach, dass dies Hugenbergs Privatmeinung sei. Siehe: Anton Ritthaler, Dokumentation: Eine Etappe auf Hitlers Weg zur ungeteilten Macht. Hugenbergs Rücktritt als Reichsminister, in: Vierteljahrshefte für Zeitgeschichte 8 (1960) 2, S. 193-219; John L. Heineman, Constantin von Neurath and German Policy at the London Economic Conference of 1933. Backgrounds to the Resignation of Alfred Hugenberg, in: Journal of Modern History 41 (1969), S. 160-188; Lars Lüdicke, Constantin von Neurath: Eine politische Biografie, Paderborn 2014, S. 337-339.

85 Zu Schmitt: Gerald D. Feldman, Die Allianz und die deutsche Versicherungswirtschaft 1933-1945, München 2001, S. 78-138.

86 Erste Sitzung des Generalrats der Wirtschaft vom 20.9.1933, in: Akten der Reichskanzlei, Regierung Hitler, Bd. I/2, S. 749-805, hier S. 757.

Reinhardt, führte aus: »Ich bin nicht der Meinung, daß Steuersenkungen zu einem unmittelbaren Aufschwung der Wirtschaft führen können. Wir haben das an den Steuergutscheinen gesehen, die in Gegensatz zu dem Zweck, für den sie geschaffen wurden, verwendet wurden, indem die Leute ihre Schulden damit bezahlten. Ein Antrieb zur Wirtschaftsbelebung ging aber von den Steuergutscheinen nicht aus.«[87] Dem widersprach der Vorstandsvorsitzende der Vereinigten Stahlwerke, Albert Vögler, vehement: »Wenn ich eine Randbemerkung von Herrn Reinhardt erläutern darf, so ist er ganz im Irrtum. Keine Belebung war so stark wie die durch Steuergutscheine. In der Wirtschaft zehren wir alle heute noch von den Folgen, die im Oktober/November 1932 durch die Steuergutscheine hervorgerufen worden sind.«[88] Dementsprechend forderten er und andere Industrielle die Neuauflage der Steuergutscheine oder andere generelle Steuersenkungen, doch konnten sie damit die Vertreter der Banken und Versicherungen, die in der Reichsbank und im Reichswirtschaftsministerium wichtige Führungspositionen besetzten, nicht überzeugen. Deren Erfahrungen sprachen dafür, dass die Industrie Steuersenkungen eher für eine Entschuldung als zur Ausweitung der Produktion nutzen würde.[89] Finanzminister Schwerin von Krosigk erkannte abschließend die hohe Belastung der Wirtschaft durchaus an, betonte aber, dass vorerst nur geringe Steuersenkungen möglich wären und dies auch nur dort, wo mit sofortigen Beschäftigungswirkungen zu rechnen sei, denn das Entscheidende sei, mit sinkenden Arbeitslosenzahlen über den Winter zu kommen.[90]

Im Sommer 1934 legte Reinhardt den Entwurf für ein drittes Gesetz zur Verminderung der Arbeitslosigkeit vor. Betriebe sollten für jede Neueinstellung 40 Reichsmark erhalten, wobei die Prämie pro Kind des Neueingestellten um 5 Reichsmark erhöht werden konnte. Wirtschaftsminister Kurt Schmitt und Reichsbankpräsident Schacht hielten wenig von dieser Form der staatlichen Förderung und befürchteten vielfältige Mitnahmeeffekte. Selbst der eigene Minister äußerte sich in der Chefbesprechung skeptisch gegenüber den Plänen. So verabschiedete man nur ein Minimalprogramm, das in wenigen exportorientierten Branchen unter Ausschluss der

87 Ebd., S. 775.
88 Ebd., S. 777.
89 Siehe dazu Teil 3, Kapitel 8.
90 Akten der Reichskanzlei, Regierung Hitler, Bd. I/2, S. 795-797.

Öffentlichkeit ausprobiert wurde. Aufgrund verschiedener Auflagen riefen die Firmen die Mittel kaum ab, und man stellte das Programm bald ein.[91]

Zusätzlich zu den drei Gesetzespaketen und der parallel laufenden Förderung der Automobilindustrie müssen die Aktivitäten von Staatskonzernen und deren zur Bekämpfung der Arbeitslosigkeit aufgewendeten Gelder berücksichtigt werden. Wie schon im Kaiserreich und der Weimarer Republik kam dabei der Reichsbahn herausgehobene Bedeutung zu.[92] Sie gab bis Ende 1934 1,58 Milliarden Reichsmark für diesen Zweck aus. Zudem hielt sie im Winter 1933/34 62 000 Zeitarbeiter, die sie in früheren Jahren saisonbedingt entlassen hätte. Die Reichspost war dagegen immer noch stark geschwächt von der Wirtschaftskrise. Sie konnte bis Ende 1934 nur 76,6 Millionen Reichsmark für Arbeitsbeschaffung zur Verfügung stellen.[93]

Zu berücksichtigen ist schließlich auch der Autobahnbau. In der öffentlichen Propaganda und auch in den Erinnerungen vieler Zeitgenossen spielte der Bau der Autobahnen für die Verringerung der Arbeitslosenzahlen eine große Rolle. Albrecht Ritschl hat zwar darauf hingewiesen, dass die meisten Baumaßnahmen erst 1936 begannen und erst zu dieser Zeit umfassende Mittel bereitgestellt wurden.[94] Er übersieht allerdings, dass schon Ende 1934 immerhin 86 000 Personen für den Autobahnbau eingesetzt waren.[95] Damit trug der Autobahnbau stärker zur Reduzierung der Arbeitslosigkeit bei als die vielgepriesene Expansion der Automobilindustrie, auch wenn die dafür zur Verfügung gestellten Gelder vorerst gering blieben.

91 Humann, »Arbeitsschlacht«, S. 78-81.

92 Zur Reichsbahn: Alfred Gottwaldt, Dorpmüllers Reichsbahn. Die Ära des Reichsverkehrsministers Julius Dorpmüller 1920-1945, Freiburg 2010; Alfred C. Mierzejewski, The Most Valuable Asset of the Reich. A History of the German National Railway, 2 Bde., Chapel Hill 1999/2000; Peter-Christian Witt, Anpassung an die Inflation. Das Investitionsverhalten der deutschen Staatsbahnen/Reichsbahn in den Jahren 1914 bis 1923/24, in: Gerald D. Feldman (Hg.), Anpassung an die Inflation, München 1986, S. 392-432.

93 Stelzner, Arbeitsbeschaffung, S. 96-99; Humann, »Arbeitsschlacht«, S. 102-104.

94 Albrecht Ritschl, Deficit Spending in the Nazi Recovery 1933-1938. A Critical Reassessment, in: Journal of the Japanese and International Economies 16 (2002) 4, S. 559-582, S. 577.

95 Humann, »Arbeitsschlacht«, S. 96.

Ende 1934 lief ein Großteil der staatlichen Ausgabenprogramme zur Arbeitsbeschaffung aus und in den folgenden Monaten finanzierte man nur noch wenige weiterlaufende Programme. Von insgesamt 6,2 Milliarden RM, die für die Arbeitsbeschaffung bereitstanden, waren bis Ende 1934 5,1 Milliarden RM ausgegeben.

Tabelle 34:
Verwendungsbereich der bis Ende 1934 bewilligten Arbeitsbeschaffungsmittel

Verwendungszweck	Mrd. RM
Öffentliche Bauten	1,0
Wohnungsbau	1,3
Verkehrsinvestitionen	
a) Reich	0,2
b) Reichsbahn	1,0
c) Reichspost	0,1
d) Reichsautobahn	0,4
Landwirtschaft	0,4
Konsumförderung	0,1
Förderungsbeträge der RfAA	0,6
Insgesamt	5,1

Quelle: Albers, Finanzpolitik, S. 351

Hauptprofiteur der staatlichen Arbeitsbeschaffung war die Bauindustrie. Während sich 1932 noch über eine halbe Million Bauarbeiter arbeitslos gemeldet hatten, sank diese Zahl bis Ende 1934 auf 184 673.[96]

Ritschl unterschätzt die finanzielle Dimension der Arbeitsbeschaffungsmaßnahmen erheblich, weil er sich in seiner Untersuchung fast ausschließlich auf die Arbeitsbeschaffungswechsel konzentriert. Diese umfassten bis Ende 1934 etwa zwei Milliarden RM. Die gesamten staatlichen Arbeitsbeschaffungsausgaben beliefen sich aber auf 5,1 Milliarden RM. Demgegenüber machten nach Ritschl die Rüstungsausgaben bis März 1935 etwa 4,5 Milliarden

96 Humann, »Arbeitsschlacht«, Tabellenanhang (online), Tabelle Anhang*/11.

aus.[97] Damit stand die direkte Aufrüstung 1934 noch nicht eindeutig im Vordergrund. Während 1933 die Arbeitsbeschaffung den Löwenanteil beanspruchte, hielten sich Arbeitsbeschaffung und Aufrüstung 1934 in etwa die Waage[98] und erst ab 1935 dominierte eindeutig die Aufrüstung. Allerdings verbargen sich in Teilen der Arbeitsbeschaffungsmaßnahmen auch indirekte Rüstungsausgaben, weil viele Projekte, insbesondere die Autobahnen, auch militärstrategische Überlegungen beinhalteten.

Tabelle 35:
Steuerermäßigungen Januar 1933 - September 1934

Eingeführte Maßnahme	Mio. RM
Herabsetzung bzw. Wegfall der Kraftfahrzeugsteuer	100
Steuerbegünstigung bei der Einstellung von Hausgehilfinnen	40
Herabsetzung der landwirtschaftlichen Umsatzsteuer	100
Herabsetzung der landwirtschaftlichen Grundsteuer	100
Herabsetzung der Grundsteuer B	50
Herabsetzung der Beiträge zur Arbeitslosenversicherung	300
Senkung der Umsatzsteuer auf der Großhandelsstufe	100
Ermäßigung Einkommen- & Körperschaftsteuer für Luftschutzinvestitionen	25
Ermäßigung Einkommen- & Körperschaftsteuer für Instandsetzung von Gebäuden	25
Erlass von Steuerrückständen	120
Insgesamt	960

Quelle: Banken, Hitlers Steuerstaat, S. 267

Die in der Tabelle dargestellte Erhöhung der Staatsnachfrage stellte den wirksamsten Teil der unter nationalsozialistischer Führung ergriffenen Maßnahmen zur Bekämpfung der Arbeitslosigkeit dar. Auch wenn es zweifelsohne Mitnahmeeffekte und Förderungsbetrug gab, hatte das Programm Beschäftigungswirkungen. Weniger

97 Siehe Tabelle unten.

98 Dem entspricht auch, dass sich Rüstungsinvestitionen und andere öffentliche Investitionen 1934 in etwa die Waage hielten: Dietmar Petzina/Werner Abelshauser/Anselm Faust, Sozialgeschichtliches Arbeitsbuch III. Materialien zur Statistik des Deutschen Reiches 1914-1945, München 1978, S. 149.

eindeutig sind die Auswirkungen der gewährten Steuerermäßigungen, die laut den Angaben Reinhardts aber ohnehin nur zwölf Prozent des Volumens der Ausgabenerhöhungen umfassten. Positive Wirkungen werden vor allem der Kraftfahrzeugsteuerbefreiung zugeschrieben, während die Entlastung der Landwirtschaft kaum positive Beschäftigungseffekte hervorrief.

Hervorzuheben ist, dass die Steuerpolitik der Jahre 1933 und 1934 kaum umstritten war. Die Nationalsozialisten und ihre konservativen Koalitionspartner waren sich weitgehend einig, dass eine weitere Belastung der Wirtschaft bei hoher Arbeitslosigkeit nicht wünschenswert war. Die steuerliche Förderung der Kraftfahrzeug- und der Bauindustrie erfolgte ohne größere Widersprüche und die steuerliche Entlastung der Landwirtschaft stieß im Kabinett auf große Zustimmung. Ebenso unterstützte keiner der führenden Politiker die Forderung der Industrie nach einer allgemeinen Steuersenkung in der Öffentlichkeit. So herrschte innerhalb der Führungsspitze über die grundlegende Ausrichtung der Steuerpolitik weitgehend Konsens.[99] Auch das am 15. Juli 1933 verabschiedete Gesetz, das den Ländern und Kommunen aus antisemitischen Motiven eine deutlich höhere Besteuerung der Warenhäuser erlaubte, blieb weitgehend unumstritten.[100] Die Steuersenkungen führten dazu, dass die Steuerquote 1934 gegenüber dem Vorjahr um 0,1 Prozent sank, aber bereits 1935 war dank des Wirtschaftsaufschwungs wieder eine Zunahme zu verzeichnen.[101] Letztlich wirkte die Steuerpolitik freilich nur schwach konjunkturfördernd, weil die Entlastungen allzu gering ausfielen, zumal im Vergleich zu den von der Regierung Brüning in der Krise vorgenommenen Erhöhungen der Einkommen- und der Umsatzsteuer, die die Nationalsozialisten eben nicht zurücknahmen.[102]

99 Banken, Hitlers Steuerstaat, S. 104-106.

100 Voß, Steuern, S. 77-81; Ralf Erich Schauer, Die Steuergesetzgebung des Nationalsozialismus als Mittel der Machtpolitik, Frankfurt am Main 2003, S. 72-80.

101 Zu den Zahlen siehe: Rahlf, Dokumentation, Tabelle 7.3., S. 501

102 René Erbe, Die nationalsozialistische Wirtschaftspolitik 1933-1939 im Lichte der modernen Theorie, Zürich 1958, S. 35; Banken, Hitlers Steuerstaat, S. 269-271.

Die internationale ökonomische Debatte: Keynes und viele Vorab-Keynesianer

In Deutschland wurde nach 1945 häufig versucht, »Keynesianer vor Keynes« zu entdecken,[103] wobei mit »vor Keynes« immer vor der Veröffentlichung seiner *General Theory* im Jahr 1936 gemeint war. Freileich hatte Keynes schon zuvor wichtige Bausteine für eine Neuausrichtung der ökonomischen Theorie gelegt. Er war bereits mit der Veröffentlichung seiner Schrift *The Economic Consequences of the Peace* (1919) zu internationaler Berühmtheit gelangt und blieb zu Zeiten der Weimarer Republik neben dem Schweden Gustav Cassel der prominenteste ausländische Ökonom in Deutschland.[104] Insbesondere seine 1930 erschienene *Treatise on Money*, die bereits 1931 unter dem Titel *Vom Gelde* auch auf Deutsch publiziert wurde, spielte für das Verständnis der Weltwirtschaftskrise unter deutschen Ökonomen eine Rolle.[105] In dieser Abhandlung verarbeitete Keynes die Erfahrungen mit monetärer Politik in den 1920er-Jahren. Im Zentrum stand dabei die Frage nach den Ursachen der hohen Arbeitslosigkeit in Großbritannien seit 1921 und den Möglichkeiten ihrer Bekämpfung.[106] Keynes überlegte, wie die Geldpolitik zur Behebung der Arbeitslosigkeit eingesetzt werden könnte. Anders als die Vertreter der neoklassischen Schule setzte er sich nicht nur mit der Gefahr der Inflation, sondern auch der Deflation auseinander. Sein zentraler Punkt, der den Grundpositionen der Neoklassik diametral widersprach, war die scharfe analytische Unterscheidung von Sparen und Investition. Ersteres könne auch Horten oder Spekulieren bedeuten. Wenn in einer Volkswirtschaft mehr gespart als investiert werde, könne das, wie im Großbritannien der 1920er-Jahre geschehen, zur Deflation führen. Die Nationalbank, so Keynes, habe sich darum am Konsumpreisindex zu orientieren und die Geldmenge an diesem auszurichten, um über günstigere Kredite

103 Grotkopp, Große Krise, S. 123-127; Gottfried Bombach (Hg.), Der Keynesianismus, Bd. 2: Die beschäftigungspolitische Diskussion vor Keynes in Deutschland, Berlin 1976; George Garvy, Keynesianer vor Keynes, in: ebd., S. 21-34.

104 Robert Skidelsky, John Maynard Keynes, Bd. 1: Hopes Betrayed 1883-1920, London 1983, S. 376-402; Roman Köster, Vor der Krise. Die Keynes-Rezeption in der Weimarer Republik, in: Mittelweg 36 (2013) 3, S. 32-46, hier S. 36.

105 Ebd., S. 38.

106 John Maynard Keynes, A Treatise on Money, 2 Bde., London 1930.

vermehrte Investitionen zu ermöglichen. Keynes betrachtete die Bankiers 1930 noch als Retter und Lenker der Wirtschaft – ein Vertrauen, das bei ihm im Verlauf der Krise rasch schwand. Seine Hauptforderung zur Überwindung der Depression in der *Treatise* war eine Zinssatzsenkung, dagegen finden sich nur wenige Hinweise auf positive Auswirkungen staatlicher Arbeitsbeschaffungsprogramme.[107]

Für das Verständnis der Krise spielte das Buch vor allem aufgrund der scharfen Kritik Friedrich Hayeks eine Rolle, die die Differenzen zwischen der von Keynes repräsentierten Cambridge School und der von Hayek vertretenen Gruppe der Österreichischen Schule der Nationalökonomie um Ludwig von Mises zutage treten ließ. Der zentrale Punkt der Auseinandersetzung war letztlich Hayeks Überzeugung, dass die von Keynes vorgeschlagene Kreditvermehrung zwangsläufig zu strukturellen Verzerrungen führen und dem künstlich herbeigeführten Aufschwung dann eine umso schwerere Krise folgen müsse. Keynes' Vorschläge zu einer aktiven Konjunkturförderung durch die Nationalbank konnten demgemäß für Hayek bestenfalls kurzfristige Lösungen darstellen, langfristig bezeichnete er sie als eher schädlich.[108]

In Deutschland hatte es bereits während der kurzen Krise 1925/26 Überlegungen zur Ankurbelung des Wirtschaftswachstums durch Arbeitsbeschaffung gegeben. Die deutliche Mehrheit der Ökonomen hielt jedoch am Glauben fest, dass es stabile Konjunkturzyklen gab, die man durchstehen müsse, und dass die Wirtschaft sich letztlich von allein erholen würde. Diese Sicht schien sich, als die Krise ohne nennenswerte staatliche Eingriffe rasch überwunden war, zu bestätigen. Dementsprechend blieb sie auch zu Beginn der Weltwirtschaftskrise 1929 vorherrschend. Erst ab 1931 gewann angesichts der Tiefe und Dauer der Krise die Auffassung an Boden, dass es sich um keine übliche zyklische Krise handelte. Keynes wurde in diesem Zusammenhang jedoch von deutschen Ökonomen nur vereinzelt als Vertreter einer neuen Wirtschaftsauffassung aufgerufen. Keynes' Überlegungen spielten auch deshalb eine vergleichsweise geringe Rolle, weil die bedeutendsten wissenschaftlichen Vertreter

107 Robert Skidelsky, John Maynard Keynes, Bd. 2: The Economist as Saviour 1920-1937, London 1992, S. 318-332.

108 Nicholas Wapshott, Keynes vs. Hayek. The Clash that defined Modern Economics, New York 2011, S. 81-94; Köster, Vor der Krise, S. 38-40.

einer aktiven Konjunkturpolitik in Deutschland gegen eine monetäre Bestimmung des Konjunkturzyklus argumentierten, wie sie Keynes in der *Treatise* noch vertreten hatte.[109] Zu beachten ist ferner, dass zwar in der wirtschaftstheoretischen Debatte durchaus auch unorthodoxe Vorschläge diskutiert wurden, diese es aber in der breiteren Öffentlichkeit und auch in der Geschäftswelt oft noch schwerer hatten als unter Ökonomen.

Im Macmillan-Komitee, einem 1929 von der britischen Regierung eingerichteten und vor allem mit Ökonomen besetzten Ausschuss, der Vorschläge zur Überwindung der Krise ausarbeiten sollte, modifizierte Keynes seinen ursprünglichen Standpunkt. Die Kritik der Bank of England und der Treasury, die im Gegensatz zu Keynes die Möglichkeiten monetärer Politik für begrenzt und mit nachteiligen Nebeneffekten behaftet hielten, brachte Keynes dazu, nach- und umzudenken. Dies führte ihn ein Stück auf den Weg hin zur *Allgemeinen Theorie*, da er die Rettung nun stärker in der Fiskal- als in der Geldpolitik sah. Er forderte dementsprechend auch die Erhöhung von Zöllen zum Schutz der einheimischen Wirtschaft. Dies wurde aber sowohl von der Mehrheit der Ökonomen wie von der Labour Party abgelehnt, die zu diesem Zeitpunkt eindeutig eine freihändlerische Politik vertrat. Keynes gab zu Protokoll, dass dann eine Devaluation unvermeidlich sein würde, was sich schon bald bewahrheiten sollte.[110] Ab 1932 erschienen bereits erste Aufsätze, die Teile der *General Theory* vorwegnahmen. Politisch war Keynes ab 1932 nicht mehr so aktiv, weil für ihn mit der Devaluation der wichtigste Schritt vollzogen und gleichzeitig sein politischer Einfluss gesunken war. 1933 erschien die kleine Schrift *The Means to Prosperity*, die vier ursprünglich in der *Times* publizierte Artikel versammelte. Hier schlug Keynes als Alternative zur Ausgabenexpansion die Steuerkürzung vor. Auch diese hätte einen expansiven Effekt, wenn die Ausgaben beibehalten und die vormals durch Steuern finanzierten Anteile jetzt durch Kreditaufnahme bezahlt würden.[111]

So wichtig diese Vorarbeiten waren, für die ökonomische Theoriebildung markierte erst das Hauptwerk *General Theory* von 1936 einen wirklichen Wendepunkt. Ein solcher war das Werk insbeson-

109 Köster, Vor der Krise, S. 41-43.

110 Skidelsky, Keynes, Bd. 2, S. 343-362.

111 John Maynard Keynes, The Means to Prosperity, London 1933, S. 13-16; Skidelsky, Keynes, Bd. 2, S. 451-454 und 470-475.

dere auch für Fragen der politischen Anwendung ökonomischer Theorien.[112] Keynes richtete sein Hauptaugenmerk nun auf die Nachfragepolitik. Politisch am bedeutsamsten war seine Forderung, dass der Staat in der Depression zu einer Politik der Verschuldung greifen solle, um die Nachfrage auszuweiten und so die Konjunktur anzukurbeln. Im Zentrum der Diskussion stand dabei die Frage nach den Möglichkeiten und dem Nutzen einer Defizitfinanzierung öffentlicher Ausgaben. Vielfach unterstellte man Keynes, dass es ihm einerlei gewesen sei, wofür das Geld ausgegeben würde, und dass sich seiner Logik nach auch Aufrüstung und Kriege ökonomisch vorteilhaft auswirkten. Dabei berief man sich immer wieder auf folgenden Satz: »Das Bauen von Pyramiden, Erdbeben, selbst Kriege mögen dazu dienen, den Reichtum zu vermehren, wenn die Erziehung unserer Staatsmänner in den Grundsätzen der klassischen Wirtschaftslehre etwas Besserem im Wege steht.«[113] Eine solche Interpretation übersieht freilich den ironischen bis zynischen Unterton. Keynes kritisierte hier vor allem die klassische Wirtschaftslehre, die die Sparpolitik in der Deflation rechtfertigte. In seiner Schrift führte er aus, dass er Ausgaben zur Arbeits- und Konsumförderung – und nicht etwa für das Militär – für den besten Weg hielt, weil diese weit größere Multiplikatoreffekte erzeugten, weshalb so schon mit geringen Mitteln Erfolge bei der Arbeitslosigkeitsbekämpfung erzielt werden könnten. Keynes glaubte, dass die von ihm vorgeschlagenen Maßnahmen die Wahrscheinlichkeit von Kriegen deutlich verringern könnten, weil sie die Not im Inland mindern würden, ohne den Konkurrenzkampf zwischen den Nationen anzuheizen.[114]

Keynes' Buch war ein theoretisches Werk, in dem politische Implikationen zwar immer wieder angedeutet, aber nicht umfassend ausgearbeitet wurden. So streute er zwar einzelne Hinweise

112 In Deutschland war die Aufnahme eher zögerlicher als in Großbritannien oder den USA, unter anderem weil man meinte, die Krise aus eigener Kraft und mit eigenen Mitteln gut gemeistert zu haben. Harald Hagemann, Zur frühen Rezeption der General Theory durch deutschsprachige Wirtschaftswissenschaftler, in: ders. et al. (Hg.), Aus gesamtwirtschaftlicher Perspektive. Festschrift für Jürgen Kromphardt, Marburg 2008, S. 71-104.

113 John Maynard Keynes, Allgemeine Theorie der Beschäftigung, des Zinses und des Geldes [1936], Neunte Auflage, Berlin 2002, S. 110.

114 Ebd., S. 322.

zu einer konjunkturgerechten Fiskalpolitik ein, entwickelte daraus aber kein Gesamtsystem fiskalpolitischer Grundsätze.[115] Die Steuerpolitik spielte im Werk insgesamt nur eine sehr geringe Rolle. Mit vereinzelten einschlägigen Aussagen bezog der Autor jedoch klar Stellung. Beispielsweise heißt es: »Wenn die Steuerpolitik als absichtliches Mittel für die gleichmäßigere Verteilung der Einkommen benützt wird, ist ihre Wirkung auf die Zunahme des Hanges zum Verbrauch natürlich größer.«[116] Keynes positionierte sich damit eindeutig zugunsten einer progressiveren Besteuerung: von Steuerkürzungen – wie noch 1933 – war nicht mehr die Rede. In den Schlussfolgerungen des Buches unterstrich er seine Haltung am Beispiel der Erbschaftsteuer:

> Die bestehende Verworrenheit der allgemeinen Anschauung über den Gegenstand wird sehr gut durch die sehr gebräuchliche Ansicht illustriert, daß Erbschaftsteuern für eine Verminderung des Kapitalreichtums des Landes verantwortlich seien. Vorausgesetzt, daß der Staat den Erlös dieser Steuern für seine gewöhnlichen Ausgaben verwendet, so daß Steuern auf Einkommen und Verbrauch entsprechend vermindert oder vermieden werden, ist es natürlich richtig, daß eine Steuerpolitik hoher Erbschaftsteuern die Wirkung hat, den Hang zum Verbrauch im Gemeinwesen zu vermehren. Insofern aber eine Zunahme des zur Gewohnheit gewordenen Hanges zum Verbrauch im allgemeinen (das heißt mit Ausnahmen von Zuständen der Vollbeschäftigung) dazu dienen wird, gleichzeitig die Veranlassung zur Investition zu steigern, ist die gewöhnlich gezogene Folgerung das gerade Gegenteil der Wahrheit.[117]

Da in der *Allgemeinen Theorie* andere Fragen im Mittelpunkt standen, sind die zitierten Aussagen zur Frage der Steuern wenig beachtet worden. Sie sind aber geradezu revolutionär. Bis hierhin hatten Vordenker eines progressiven Steuersystems und auch der Erbschaftsteuer wie Adolph Wagner fast ausschließlich auf die Gebote der sozialen Gerechtigkeit und Chancengleichheit verwiesen, aber nie behauptet, dass bestimmte Steuern die Wirtschaftsleistung steigern könnten. Im Gegenteil hatten sie eher defensiv argumen-

115 Gerhard Colm, Fiscal Policy, in: Seymour E. Harris (Hg.), The New Economics. Keynes' Influence on Theory and Public Policy, New York 1947, S. 450-467, hier S. 462.

116 Keynes, Allgemeine Theorie, S. 82.

117 Ebd., S. 315.

tiert, dass die Steuern nicht so viel Kapital abzögen, dass sie das Wachstum gefährdeten. Keynes nahm dagegen an, dass zumindest Erbschaftsteuern und umverteilende Steuern durch eine Nachfrageausweitung Investitionen und Wirtschaftswachstum generieren könnten. Er begründete dies damit, dass der Staat die Einnahmen aus der Erbschaftsteuer oder anderen umverteilenden Steuern entweder selbst investieren oder etwa über Sozialausgaben an die weniger begüterten Bürger weitergeben würde, die im Vergleich zu den Besteuerten einen höheren Anteil der Summe konsumieren und dadurch Investitionen anregen könnten.

Diese Ansätze griff kurz darauf der polnische Ökonom Michal Kalecki[118] auf und erweiterte sie erheblich. Sehr viel gründlicher als Keynes untersuchte er die Auswirkungen einzelner Steuern auf die Beschäftigung. Dabei kam er zu dem Ergebnis, dass vor allem eine Erhöhung der Umsatzsteuern von Nachteil für das Beschäftigungsniveau sei, weil sie den Konsum bremse. Demgegenüber wirke die Heraufsetzung von Einkommen- und Kapitalsteuern expansiv, weil das auf diese Weise umverteilte Geld letztlich in stärkerem Maße als zuvor in den Konsum fließen würde.[119] Keynes betreute den Auf-

118 Michal Kalecki (1899-1970) entstammte einer verarmten jüdischen Familie in Lodz. Aufgrund der Arbeitslosigkeit seines Vaters blieb es ihm verwehrt, sein Ingenieurstudium zu beenden. Er bildete sich schließlich autodidaktisch in der Wirtschaftswissenschaft fort und wurde erst Wirtschaftsjournalist und dann Mitarbeiter eines polnischen Wirtschaftsforschungsinstituts. Durch ein Rockefeller-Stipendium reiste er 1936 nach Stockholm, London und Cambridge und fand dort Zugang zu zentralen ökonomischen Diskussionskreisen. Dabei zeigte sich, dass Kalecki in seinen bis dato nur auf Polnisch publizierten Beiträgen einige Elemente von Keynes' *General Theory* in ähnlicher Form entwickelt hatte. Im Zweiten Weltkrieg war er Mitarbeiter des Oxford Institute of Statistics. Nach Kriegsende arbeitete er im Beraterstab der Vereinten Nationen in New York. Aufgrund der politischen Verfolgungen in der McCarthy-Ära gab Kalecki seinen Posten auf und kehrte ins nun kommunistische Polen zurück. Dort bekleidete er eine hochrangige Position in der staatlichen Planungskommission. Von diesem Posten trat er zurück, als in Polen im Gefolge des Sechstagekrieges 1968 eine antisemitische Kampagne einsetzte. Zu Kalecki: Jan Toporowski, Michal Kalecki. An Intellectual Biography, 2. Bde., Houndmills 2013-2018.

119 Michal Kalecki, A Theory of the Business Cycle, in: Review of Economic Studies 4 (1936/37) 2, S. 77-97. Deutsche Fassung in: Michal Kalecki, Krise und Prosperität im Kapitalismus. Ausgewählte Essays 1933-1971, Marburg 1987, S. 92-99.

satz als Herausgeber des *Economic Journals* und stimmte Kaleckis Fazit zu.[120]

In der deutschen Finanzwissenschaft hatte man dagegen zu Beginn der 1930er-Jahre ausführlich debattiert, ob Steuern überhaupt in ihrer Wirkung auf das ökonomische Gesamtsystem untersucht werden sollten. Mehrheitlich hielt man dabei an der klassischen Sicht fest, dass Steuern negative Wirkungen hätten, die es so weit wie möglich zu begrenzen gelte. Von großer Bedeutung war der von Julius Landmann[121] auf der Konferenz der List-Gesellschaft in Bad Eilsen gehaltene Vortrag zu Kapitalbildung und Steuersystem. Landmann sah jede Steuer als Produktionshemmnis an und betonte, dass Unterschiede allenfalls darin bestünden, wie groß der Schaden sei.[122] Hans Peter vertrat 1934 die These, dass das Verhältnis von Staat und Bürger kein ökonomisches sei, weswegen der Versuch einer ökonomischen Betrachtung von Fragen der Steuergerechtigkeit grundsätzlich ins Leere laufen müsse.[123] Andere hielten eine solche Position für Tatsachenleugnung. Steuern hätten durchaus ökonomische Wirkungen, die zu untersuchen sich lohne. Zudem gab es staatszentrierte Ökonomen, die überzeugt waren, dass die Staatswirtschaft rationaler als die Privatwirtschaft sei, weswegen auch Steuern produktiv sein könnten. Am weitesten ging Wilhelm Andreae,[124]

120 Nicolò De Vecchi, Keynes on Kalecki's Theory of Taxation. Contents Approved, Method Questioned, in: History of Political Economy 40 (2008) 1, S. 163-182.

121 Julius Landmann (1877-1931) war seit 1910 auf einem Lehrstuhl in Basel für Nationalökonomie. Er war verschiedentlich als Gutachter für die Schweizer Regierung tätig. Seit 1913 stand er in engem Kontakt mit dem Dichter Stefan George und gilt als bedeutendster Ökonom des engeren George-Kreises. 1927 wechselte er ans Institut für Weltwirtschaft nach Kiel. Seit 1925 war ihm jedoch bekannt, dass er an einer unheilbaren Herzkrankheit litt. 1931 nahm er sich das Leben. Siehe: Korinna Schönhärl, Wissen und Visionen. Theorie und Politik der Ökonomen im Stefan-George-Kreis, Berlin 2009.

122 Julius Landmann, Produktionspolitische Gesichtspunkte der Besteuerung, in: Gerhard Colm/Hans Neisser (Hg.), Kapitalbildung und Steuersystem. Verhandlungen und Gutachten der Konferenz von Eilsen, Berlin 1930, Bd. 1, S. 171-189 und 252-264.

123 Hans Peter, Das Problem der Gerechtigkeit und die Theorie der Steuerverteilung, in: FinanzArchiv N.F. 2 (1934) 1, S. 41-59.

124 Wilhelm Andreae (1888-1962) habilitierte sich 1925 in Wien und war anschließend in Graz. 1933 übernahm er eine Professur in Gießen. 1942 versetzte man ihn wegen seiner Zugehörigkeit zum Kreis um Spann aus weltanschaulichen Gründen in den Ruhestand.

ein Schüler Othmar Spanns,[125] der behauptete: »Grundsätzlich spricht die Vermutung für die größere Ergiebigkeit der Staatswirtschaft, insofern diese die gesellschaftlichen Gesamtzwecke als solche verfolgt und ein Kapital höherer Ordnung verwaltet, so daß nicht diese Mehrergiebigkeit, sondern das Gegenteil in den einzelnen Fällen zu beweisen ist.«[126]

Hierbei handelt es sich um eine Umkehrung des herrschenden Dogmas, die in ihrer Radikalität ebenso einseitig ist wie dieses: Während den Neoklassikern jeder Staatseingriff als unproduktiv galt, ging Andreae von einer *per se* segensreichen Wirkung aus. Andreaes Leistung lag darin, dass er durch die dogmatische Umkehrung zu der Frage gelangte, ob nicht schon die Art der Steuereinziehung produktive Wirkungen entfalten könne. Andreae bejahte dies und ging davon aus, dass schon eine richtige Steuererhebung einen Beitrag zur Produktionsförderung leisten könne.[127] Damit setzte er sich nicht nur zur Neoklassik in Widerspruch, sondern auch zu Adolph Wagner, der die sozialen Wirkungen des Steuersystems ebenfalls nur auf der Verwendungsseite sah. So interessant der Gedanke Andreaes war, so wenig hatte er hinsichtlich der praktischen Folgerungen mit dem zu tun, was Keynes und Kalecki wenige Jahre später entwickelten. In Anlehnung an Spanns reaktionäre Ständestaat-Ideen ging es Andreae um die Wiederherstellung einer »richtigen Wirtschaft«. Dabei sollten Bauern und Mittelstand steuerlich entlastet und im Gegenzug die Großindustrie stärker herangezogen werden. Der Autor propagierte zu diesem Zweck eine Abschaffung oder zumindest weitgehende Reduzierung der Einkommensteuer und forderte stattdessen eine sehr viel stärkere Besteuerung nach dem Soll-Ertrag. So liefen Andreaes Vorschläge weniger auf eine Produktivitäts- als auf eine Mittelstands- und Bauernförderung

125 Othmar Spann (1878-1950) war Professor für Nationalökonomie in Wien und in den 1920er-Jahren der auflagenstärkste deutschsprachige Ökonom. Sein Ziel war die Errichtung eines Ständestaats. Vor der Machtergreifung hatte er Kontakte zu Gottfried Feder und anderen führenden Nationalsozialisten und übte einen gewissen Einfluss auf die NSDAP-Parteiprogrammatik aus. Nach der Machtergreifung fiel Spann jedoch bald in Ungnade. Im Gefolge des »Anschlusses« Österreichs verhaftete man ihn, und nach seiner Freilassung versetzten ihn die neuen Machthaber in den Ruhestand.

126 Wilhelm Andreae, Grundlegung einer neuen Staatswirtschaftslehre, Jena 1930, S. 149.

127 Ebd., S. 192.

hinaus. Völlig zu Recht kritisierten schon zeitgenössische Finanzwissenschaftler, dass Soll-Ertragsteuern niemals Erträge bringen würden, die auch nur annährend denen der Einkommensteuer entsprächen.[128]

Andreaes Vorschläge standen in mancher Hinsicht prototypisch für die sich in den autoritär-faschistischen Bewegungen des 20. Jahrhunderts vollziehende Rückbesinnung auf die Steuerideale des 17. Jahrhunderts, wie Fritz Karl Mann herausgearbeitet hat. Kennzeichnend für dieses Denken war die Zurückweisung der seit dem 18. Jahrhundert vorherrschenden naturrechtlich-liberalen Vorstellungen und eine deutliche Skepsis gegenüber der Einkommensteuer, eben weil sie sich nach der individuellen Leistungsfähigkeit bemaß und damit individualisierend wirkte. Demgegenüber lautete die Hauptforderung vieler autoritärer Denker: »Die Steuerlast müßte nach dem organischen Verhältnis des Einzelnen zur Gesamtheit geregelt werden.«[129] Dies entsprach den Vorstellungen vieler Nationalsozialisten und fand zumindest in der steuerlichen Entlastung der Landwirtschaft einen gewissen politischen Ausfluss, doch für einen weitergehenden Umbau war der Finanzbedarf der Rüstung viel zu hoch.

Detailliertere Untersuchungen zur Produktivwirkung von Steuern legten Hero Moeller und Sven Helander vor.[130] Beide beschränkten sich aber auf das Gebiet der Warensteuern. Helander glaubte, dass eine Produktionserhöhung bei gleichbleibendem Verbrauch möglich wäre: »Alle die produktionsfördernden Wirkungen, die von Steuern ausgehen können, gehören hierher.«[131] Als Beispiel hierfür nannte er die Materialsteuer auf Zucker, die zur Verbesserung der Zuckerfabrikation geführt habe. Für alle anderen Steuern diskutierte auch Helander nur die Gefahr der Überschreitung der Belastungsgrenzen, nicht aber etwaige positive Wirkungen. Seine

128 Lautmann, Produktionspolitische Gesichtspunkte; Karl Bräuer, Wege und Ziele der Finanzwissenschaft. Gedanken zu einer »neuen« Staatswirtschaftslehre, in: FinanzArchiv 47 (1930) 2, S. 535-592; Horst Jecht, Grundlegung der neuen Staatswirtschaftslehre, in: Jahrbücher für Nationalökonomie und Statistik 80 (1931) 4, S. 524-539, hier S. 535 f.

129 So pointiert: Mann, Steuerpolitische Ideale, S. 335.

130 Sven Helander (1889-1970) war ein schwedischer Nationalökonom, der seit 1928 eine Professur an der Handelshochschule Nürnberg innehatte.

131 Sven Helander, Grenzen der Besteuerung, in: FinanzArchiv 48 (1931) 1, S. 157-205, hier S. 169.

Überlegungen zu Warensteuern waren im Übrigen keineswegs neu. Schon Adolph Wagner hatte behauptet, dass die deutsche Rübenbesteuerung systematisch den technischen Fortschritt befördert habe.[132] Wilhelm Röpke betonte indes, dass die deutsche Rübensteuer einer der seltenen Fälle darstelle, in denen der Steuerzahler durch eine Produktionsausweitung seine Steuerbelastung wieder erwirtschaftet habe.[133] Es lässt sich festhalten, dass zwar auch in Deutschland hinsichtlich der produktiven Wirkungen von Steuern zumindest von Andreae ähnliche Fragen gestellt wurden wie von Keynes und Kalecki, die gegebenen Antworten jedoch nicht entfernt die gleiche Qualität erreichten.

War die nationalsozialistische Wirtschafts- und Finanzpolitik 1933/34 protokeynesianisch?

Die Frage, ob sich der NS-Wirtschaftsaufschwung einer protokeynesianischen Intervention verdankte, ist insbesondere seit den 1970er-Jahren viel diskutiert worden. Sie bleibt bis heute politisch aufgeladen, weil der (Post-)Keynesianismus vielen als einzige ernsthafte Alternative zur (neo-)liberalen Wirtschaftsdoktrin gilt. Zum einen argumentierten liberale und konservative Ökonomen schon früh, dass New Deal, Bolschewismus und Nationalsozialismus zu ähnlichen Wirtschaftskonzepten gegriffen hätten, womit der Keynesianismus in die Nähe von Staatswirtschaft oder gar Zentralverwaltungswirtschaft gerückt wird.[134] Zum anderen werteten einige Anhänger von Keynes die Erfolge der nationalsozialistischen Arbeitslosigkeitsbekämpfung als Nachweis für die Richtigkeit seiner Lehren.

Adam Tooze hat in seinem Standardwerk zur NS-Wirtschaftsgeschichte die Auffassung vertreten, die nationalsozialistische Beschäftigungspolitik sei keineswegs keynesianisch gewesen. Sein

132 Wagner, Finanzwissenschaft, 4. Teil, Leipzig 1901, S. 677.

133 Wilhelm Röpke, Finanzwissenschaft, Berlin 1929, S. 98.

134 Friedrich Hayek, Der Weg zur Knechtschaft, Zürich 1943; Schumpeter, Capitalism, Socialism, and Democracy, New York 1942. Eine Tendenz zur Gleichsetzung der Steuerpolitik der späten 1920er- und 1930er-Jahre in Italien, Deutschland, der Sowjetunion, Großbritannien und den USA ist trotz mancher Nuancierungen erkennbar bei: Mann, Steuerpolitische Ideale, S. 350-353.

Hauptargument ist, dass die NS-Politik nicht die aus Keynes' Sicht zentralen Multiplikatoreffekte für den Konsum erzeugt habe und auch gar nicht darauf abgezielt habe.[135] Dies stimmt zumindest für die Kraftfahrzeugindustrie nicht, weil Hitler hier sehr wohl auf Multiplikatoreffekte hoffte, weshalb Toozes eindeutiges Urteil zumindest im Detail überprüft werden muss. Zudem vertraten einige Keynesianer, darunter auch enge Vertraute von Keynes, schon früh eine andere Ansicht als Tooze. Joan Robinson meinte etwa: » Hitler hatte bereits ein Mittel gegen die Arbeitslosigkeit gefunden, bevor Keynes die Ursachen der Arbeitslosigkeit erklärt hatte.«[136] Von den deutschen Wirtschaftshistorikern hat insbesondere Werner Abelshauser auf die beachtlichen Erfolge der deutschen Arbeitsbeschaffung verwiesen und den Schluss gezogen: »Das NS-›Wirtschaftswunder‹ nahm die ›Keynesianische Revolution‹ im kapitalistischen Wirtschaftssystem experimentell vorweg.«[137] Tooze und Abelshauser bilden so die beiden extremen Pole der Debatte.

In etwas längerer Betrachtung spricht einiges dafür, dass in der deutschen Fachdiskussion der Weimarer Republik sowie der Frühphase des Nationalsozialismus eine besondere Empfänglichkeit zumindest für Teile von Keynes' Lehre geherrscht haben könnte. Knut Borchardt hat gezeigt, dass die Vorbehalte, die die Jüngere Historische Schule gegenüber der Neoklassik hatte, in vielen Punkten der Kritik entsprachen, die Keynes in seiner *Allgemeinen Theorie* formulierte.[138] Borchardt drückt seine Verwunderung wie folgt aus: »Es ist eine für mich einstweilen nicht aufklärbare Paradoxie, warum ein englischer Nationalökonom, der in allen eben genannten Punkten exakt der Meinung der Deutschen gewesen ist, zu dem

135 Adam Tooze, The Wages of Destruction. The Making and Breaking of the Nazi Economy, London 2006, S. 64 f. und S. 698 FN 80.

136 Joan Robinson, The Second Crisis of Economic Theory, in: American Economic Review 62 (1972) 1/2, S. 1-10, hier S. 8.

137 Werner Abelshauser, Kriegswirtschaft und Wirtschaftswunder. Deutschlands wirtschaftliche Mobilisierung für den Zweiten Weltkrieg und die Folgen für die Nachkriegszeit, in: Vierteljahrshefte für Zeitgeschichte 47 (1999) 4, S. 503-538, hier S. 512. Ähnlich auch: ders., Germany, S. 125 f.

138 Knut Borchardt, Anerkennung und Versagen. Ein Jahrhundert wechselnder Einschätzungen von Rolle und Leistung der Volkswirtschaftslehre in Deutschland, in: Reinhard Spree (Hg.), Geschichte der deutschen Wirtschaft im 20. Jahrhundert, München 2001, S. 200-221, hier S. 212 f.

Jahrhundert-Helden des Faches hat aufsteigen können«,[139] während andererseits die Jüngere Historische Schule in den meisten neueren Lehrbüchern zur Geschichte der Wirtschaftswissenschaft »als herausragendes Beispiel für einen scheinbaren Irrweg der Nationalökonomie«[140] firmiert. Der Grund hierfür dürfte unter anderem darin zu suchen sein, dass viele Exponenten der deutschen Lehrrichtung explizit eine scharfe Kapitalismuskritik formulierten, während es Keynes immer um die Reform des Kapitalismus ging. Der von ihr propagierte Antikapitalismus und Antiliberalismus machte die Jüngere Historische Schule für den Nationalsozialismus anschlussfähig, für einen weltweiten Siegeszug nach Ende des Zweiten Weltkriegs war sie damit weniger prädestiniert.[141] Avraham Barkai geht noch weiter. Ihm zufolge hat »die staatswirtschaftliche Tradition nicht nur bei der Herausbildung der praktizierten Methoden, sondern auch bei der Bestimmung der ideologischen Zielsetzungen [des Nationalsozialismus; M.B.] eine nicht zu unterschätzende Rolle gespielt. Sie hat auch das Ihrige dazu beigetragen, die wirtschaftspolitischen Maßnahmen des nationalsozialistischen Regimes theoretisch akzeptabel und ›salonfähig‹ zu machen.«[142] Als Beispiel für den ideologischen Einfluss der Staatswissenschaften auf Teile der NSDAP sieht Barkai etwa, dass Gregor und Otto Strasser sich häufig mit Werner Sombart trafen, den sie als Diskussionspartner schätzten, und dass beide mit den Schriften von Gustav Schmoller und Adolph Wagner vertraut waren.[143]

Ungeachtet der Frage nach möglichen Einflüssen bestimmter wirtschaftswissenschaftlicher Denkrichtungen auf Strömungen oder ideologisch-programmatische Positionen (innerhalb) des Nationalsozialismus ist im Blick zu behalten, dass die deutsche Nationalökonomie in sehr viele verschiedene Schulen gespalten war, die eine Vielzahl teils unorthodoxer Ideen entfalteten. So muss es

139 Ebd., S. 213.

140 Ebd., S. 207.

141 Wolfgang Hock, Deutscher Antikapitalismus. Der ideologische Kampf gegen die freie Wirtschaft im Zeichen der großen Krise, Frankfurt am Main 1960; Claus-Dieter Krohn, Wirtschaftstheorien als politische Interessen. Die akademische Nationalökonomie in Deutschland 1918-1933, Frankfurt am Main 1981.

142 Avraham Barkai, Das Wirtschaftssystem des Nationalsozialismus. Ideologie, Theorie, Politik 1933-1945, Frankfurt am Main 1988, S. 112.

143 Ebd., S. 101.

nicht wundern, dass von den vielen einzelne Ideen, die Keynes ins Spiel brachte, einige vom einen oder anderen deutschen Forscher der Weimarer Zeit in ähnlicher Weise formuliert worden waren. Da die Nationalsozialisten 1933/34 durchaus bereit waren, die Ideen dieser Reformer aufzugreifen, kam es ohne Zweifel zu einer Intensivierung der staatlichen Konjunkturförderung, die freilich nicht auf eine systematische und dauerhafte Ankurbelung des Konsums abzielte, wie es Keynes' zentraler Idee entsprochen hätte. Die Förderung der Automobilindustrie und vor allem der Bauindustrie entfaltete allerdings durchaus produktionssteigernde Wirkung über die Grenzen dieser Branchen hinaus. Eine Untersuchung des Statistischen Reichsamtes versuchte sogar schon 1933, diese Multiplikatoreffekte zu berechnen. Rainer Fremdling und Reiner Staeglin betonen, dass die Methode der Untersuchung tatsächlich spätere keynesianische Berechnungsweisen vorwegnahm.[144] Aus dem so bezeugten Interesse an bestimmten Auswirkungen der Maßnahme eine dahinterstehende ausformulierte politische Absicht schlussfolgern zu wollen, wäre allerdings gewagt: Zwar ging es Hitler und den führenden Nationalsozialisten darum, die Produktion auszuweiten, aber gleichzeitig sollten spätestens ab 1934 die dadurch eigentlich ausgelösten Sekundäreffekte auf den Konsum und private Investitionen in die Konsumgüterindustrie in Grenzen gehalten werden, um die Ressourcen stattdessen für die Aufrüstung zu nutzen.[145]

Die NS-Steuerpolitik hatte von Beginn an nur geringe konsumfördernde Wirkung und war überwiegend darauf abgestellt, dem Konsum keine allzu starken Impulse zu liefern.[146] Damit verfolgte

144 Rainer Fremdling/Reiner Staeglin, Work Creation and Rearmament in Germany 1933-1938 – A Revisionist Assessment of NS-Economic Policy Based on Input-Output Analysis, Berlin 2015 (DIW Discussion Paper 1473), S. 14.

145 Erbe, Wirtschaftspolitik, S. 162; Mark Spoerer, Demontage eines Mythos? Zu der Kontroverse über das nationalsozialistische ›Wirtschaftswunder‹, in: Geschichte und Gesellschaft 31 (2005) 3, S. 415-438, hier S. 425 f.; Christoph Buchheim, Die Wirtschaftsentwicklung im Dritten Reich. Mehr Desaster als Wunder. Eine Erwiderung auf Werner Abelshauser, in: Vierteljahrshefte für Zeitgeschichte 49 (2001) 4, S. 653-664, hier S. 658 f.; Overy, Nazi Economic Recovery, S. 31.

146 Fritz Blaich, Die Grundsätze nationalsozialistischer Steuerpolitik und ihre Verwirklichung im Dritten Reich, in: Friedrich-Wilhelm Hennig (Hg.), Probleme der nationalsozialistischen Wirtschaftspolitik, Berlin 1976, S. 99-117, hier S. 99 f.; Erbe, Wirtschaftspolitik, S. 30.

die deutsche Regierung einen gänzlichen anderen Plan als Keynes, der ja zur Überwindung der Krise auf ein demokratisches Programm durch Stärkung der Konsumenten setzte. In diesem Punkt ist Tooze zuzustimmen.

Auch hinsichtlich der Wirtschaftspolitik ist sein Urteil im Grundsatz zutreffend. Insgesamt setzten die Nationalsozialisten überschaubare, im internationalen Vergleich aber dennoch beachtliche finanzielle Mittel ein, um einen selbsttragenden Wirtschaftsaufschwung herbeizuführen.[147] Die aufgewendeten Summen hätten das gesteckte Ziel von sich aus vermutlich nicht erreicht, sie waren aber durchaus geeignet, den ohnehin einsetzenden, von den meisten Wissenschaftlern auf die zweite Hälfte des Jahres 1932 datierten Konjunkturaufschwung zu unterstützen und die Arbeitslosigkeit zu senken.[148] Die Neuverschuldung stieg infolge der damit verbundenen Ausgaben zwar an, hielt sich aber verglichen mit der, die man gegen Ende der 1930er-Jahre zur Finanzierung der Aufrüstung in Kauf nahm, in überschaubaren Grenzen. Es fand auch keine Umverteilung zugunsten der Konsumenten statt, sondern zugunsten der Unternehmer und des Staates.[149] Eine wichtige Rolle spielten zudem die unterschiedlichen Zwangs- und Pflichtarbeitsprogramme, mit denen 1933 anderthalb Millionen Arbeitslose aus der Statistik entfernt wurden, wobei die Entlohnung der Dienstverpflichteten so gering war, dass sie eher geringe konsumfördernde Wirkung hatte. Zudem handelte es sich bei vielen zu verrichtenden Aufgaben um ökonomisch wenig sinnvolle Tätigkeiten.[150]

Die Wirtschaftsentwicklung in Deutschland war spätestens ab 1935 durch eine wenig konsumentenfreundliche Rüstungskon-

147 Zur Berechnung der Multiplikatoreffekte der staatlichen Programme: Fremdling/Staeglin, Work Creation.

148 Zum Umschwungspunkt in der zweiten Hälfte 1932 zusammenfassend: Reinhard Spree, About the Relative Efficiency of the Nazi Work Creation Programs, München 2004 (Munich Discussion Paper 2004-15), S. 8-13.

149 Albrecht Ritschl, Hat das Dritte Reich wirklich eine ordentliche Beschäftigungspolitik betrieben?, in: Jahrbuch für Wirtschaftsgeschichte (2003) 1, S. 125-140, ders., Deficit; Christoph Buchheim, Das NS-Regime und die Überwindung der Weltwirtschaftskrise in Deutschland, in: Vierteljahrshefte für Zeitgeschichte 56 (2008), S. 381-414; Spoerer, Demontage, S. 425.

150 Humann, »Arbeitsschlacht«, S. 290-592; Kiran Klaus Patel, »Soldaten der Arbeit«. Arbeitsdienste in Deutschland und den USA 1933-1945, Göttingen 2003, S. 408; Spree, Efficiency, S. 20.

junktur geprägt, deren Multiplikatoreffekt sehr gering war. Für die Frühphase 1933/34 lassen sich zwar solche Effekte konstatieren, aber auch diese blieben im Hinblick auf Konsum und private Investitionen im internationalen Vergleich relativ gering, weil die deutsche Regierung sie bewusst einschränkte.[151] Auch ist es irrig, die Entwicklung ab 1934/35 als Rüstungs- oder Militärkeynesianismus zu charakterisieren.[152] Sinnvoll wäre das nur, wenn die Rüstungsproduktion der Wirtschaftsförderung und Konsumsteigerung hätte dienen sollen und das Reichsfinanzministerium oder andere zivile Ressorts in der Lage gewesen wären, die Rüstungsausgaben zu lenken. Beides war aber gerade nicht der Fall.[153] Die einseitige Förderung der Rüstungsindustrie brachte enorme Verzerrungen, die viele zeitgenössische Betrachter früh kommen sahen. So schrieb Michal Kalecki: »Daß die Rüstung das Rückgrat der faschistischen Vollbeschäftigung darstellt, hat einen tiefgreifenden Einfluß auf ihren Charakter. […] Dies erzeugt eine Ressourcenknappheit, die dazu führt, daß der Konsum geringer ausfällt, als er bei Vollbeschäftigung sein könnte.«[154] Die historische Forschung hat gezeigt, dass dieses Urteil treffend ist. Trotz Vollbeschäftigung kam es kaum zur Konsumsteigerung. Die Versorgungssituation der deutschen Bevölkerung blieb unter dem Vorkrisenniveau der Weimarer Republik.[155] Zudem stiegen die Lebenshaltungskosten schneller, als die amtliche Statistik festhielt, weswegen die Reallöhne noch geringer waren als lange angenommen. Die Reallöhne der abhängig Beschäftigten blieben so auch im Rüstungsboom trotz gestiegener Arbeitszeit unter dem Höchststand der Weimarer

151 Costantino Bresciani-Turroni, The ›Multiplier‹ in Practice: Some Results of Recent German Experience, in: Review of Economics and Statistics 20 (1938) 2, S. 76-88, hier S. 78 und 84; Thomas Balogh, The National Economy of Germany, in: Economic Journal 48 (1938), S. 461-497, hier S. 464; Erbe, Wirtschaftspolitik, S. 162-167; Overy, Nazi Economic Recovery, S. 41.

152 Wie z. B. Abelshauser, Germany: Guns, S. 169.

153 So auch: Michiyoshi Oshima, Von der Rüstungsfinanzierung zum Reichsbankgesetz 1939, in: Jahrbuch für Wirtschaftsgeschichte 1 (2006), S. 177-217, hier S. 185.

154 Kalecki, Krise, S. 238 f.

155 Andrea Wagner, Die Entwicklung des Lebensstandards in Deutschland zwischen 1920 und 1960, Berlin 2008, insb. S. 163-167; dies./ Jörg Baten, Mangelernährung, Krankheit und Sterblichkeit im NS-Wirtschaftsaufschwung (1933-1937), in: Jahrbuch für Wirtschaftsgeschichte 44 (2003) 1, S. 99-123.

Republik.[156] In summa betrieb das nationalsozialistische Regime zwar eine Politik, die Keynes wegen ihrer konjunkturellen Anreize ökonomisch immerhin für sinnvoller hielt als die andernorts herrschende Austeritätspolitik, doch war sie weit davon entfernt, seine wirtschaftspolitischen Grundüberzeugungen zu beherzigen.[157] Vor allem lief sie völlig konträr zu seiner Forderung, in der Krise das Spardiktat aufzugeben und den Konsum anzuregen. Spätestens 1934 setzte die deutsche Regierung aber auf Sparförderung und Konsumbeschränkung. Ebenso sprach sich Keynes für eine Politik des billigen Geldes aus, während Schacht die Zinsen hochhielt und in dieser Hinsicht eine sehr restriktive Politik betrieb.[158] Dementsprechend kann die deutsche Arbeitsbeschaffungspolitik 1933-1934 insgesamt kaum als protokeynesianisch bezeichnet werden.

Die deutsche Wirtschaftspolitik in der Zeit von 1933 bis 1935 war insofern konjunkturausgleichend, als die Ausgabenausweitung und die Verschuldung den Aufschwung unterstützten. Sie war es aber ab 1936 nicht mehr, als die Vollbeschäftigung nahezu erreicht war und aus konjunktureller Sicht durch die weitere Ausgabensteigerung bei zunehmender Verschuldung eine Überhitzung bewusst in Kauf genommen wurde.[159] Konjunkturgerechtigkeit[160] war aus Sicht der Nationalsozialisten keine fiskalpolitische Tugend. Sie fand dementsprechend keine Beachtung mehr, als sie nicht mehr mit

156 Rüdiger Hachtmann, Lebenshaltungskosten und Reallöhne während des »Dritten Reiches«, in: Vierteljahrschrift für Sozial- und Wirtschaftsgeschichte 75 (1988), S. 32-73; André Steiner, Zur Neuschätzung des Lebenshaltungskostenindex für die Vorkriegszeit des Nationalsozialismus, in: Jahrbuch für Wirtschaftsgeschichte (2005) 2, S. 129-152; Spoerer, Demontage, S. 427-430.

157 Ähnlich: Harold James, What is Keynesian about Deficit Financing? The Case of Interwar Germany, in: Peter Hall (Hg.), The Political Power of Economic Ideas. Keynesianism across Nations, Princeton 1989, S. 231-262.

158 Overy, Nazi Economic Recovery, S. 50.

159 Erbe, Wirtschaftspolitik, S. 162.

160 Als »konjunkturgerecht« galt eine Steuer- und Finanzpolitik, die versuchte, konjunkturelle Schwankungen für die Zwecke des Fiskus auszugleichen, aber keine weiter reichenden gesamtwirtschaftlichen Ziele verfolgte. Demgegenüber bezeichnete die konjunkturausgleichende Steuer- und Finanzpolitik eine antizyklische Politik, die darauf abzielte, die konjunkturellen Schwankungen beim Volkseinkommen auszugleichen. Gemeint war eine Fiskalpolitik, »die im Aufschwung Entbehrliches abschöpft und beim Rückgang das Fehlende ergänzt.« Reinhard Schaeder, Steuerpolitik und Wirtschaftslenkung, in: Zeitschrift für die gesamte Staatswissenschaft 102 (1942) 1, S. 59-77, hier S. 71.

den Erfordernissen des primären Aufrüstungsziels in Einklang gebracht werden konnte.

Nationalsozialistisch sprechen: Die deutsche Finanzwissenschaft und das Gemeinwohl

Während es für die Zeit vor und nach der nationalsozialistischen Diktatur Literatur zur Entwicklung der Finanzwissenschaften gibt, ist die Positionierung von deren Vertretern in den Jahren 1933 bis 1945 nahezu vollständig unerforscht. In der Weimarer Zeit standen viele Lehrstuhlinhaber im Bereich der Finanzwissenschaften in der Tradition der Jüngeren Historischen Schule. Der Angriff auf diese Schule war hier weniger intensiv als in der allgemeinen Wirtschaftswissenschaft, allerdings waren Kritik und Angriffe auch hier deutlich spürbar. Gestützt wurde die Position der Historischen Schule dadurch, dass viele ihrer Vertreter in den Ministerien saßen und die von ihr geforderte Kenntnis von rechtlichen und historischen Entwicklungen sich in der turbulenten Zeit der Weimarer Republik durchaus als hilfreich erwies.[161] Ab 1933 dominierten nach Herausgeberwechseln bei den wichtigsten nationalökonomischen Zeitschriften, darunter auch bei den beiden für die Finanzwissenschaft zentralen Publikationsorganen, dem *FinanzArchiv* und der *Zeitschrift für die gesamte Staatswissenschaft*, wieder die Vertreter der Jüngeren Historischen Schule das Feld.[162] Bemerkenswerterweise führte dies dazu, dass die konkrete Steuergesetzgebung dort nach 1933 weit weniger ausführlich kommentiert wurde als in früheren Jahrgängen. Die bedeutendsten Abhandlungen zur Steuerpolitik von 1933 bis 1939 fanden sich nun in den *Jahrbüchern für Nationalökonomie und Statistik* und stammten allesamt aus der Feder von Fritz Terhalle (1889-1962). Terhalle war ein Schüler Adolf Webers und seit 1922 Inhaber des Lehrstuhls für Nationalökonomie und Finanzwissenschaft an der Universität Hamburg. Ab Oktober 1929

161 Karl Häuser, Finanzwissenschaften der zwanziger Jahre und das Ende der Historischen Schule, in: Heinz Rieter (Hg.), Deutsche Finanzwissenschaft zwischen 1918 und 1939, Berlin 1994, S. 143-165; Köster, Wissenschaft der Außenseiter, S. 51-60.

162 Hauke Janssen, Nationalökonomie und Nationalsozialismus. Die deutsche Volkswirtschaftslehre in den dreißiger Jahren, Marburg 2000, S. 181-196.

übernahm er zudem die Leitung des Hamburger Weltwirtschaftsarchivs. Aus dieser Funktion entließen ihn im April 1933 die Nationalsozialisten, um einen verdienten Mitarbeiter der Auslandsorganisation der NSDAP, Bernhard Stichel, auf dem gutdotierten Posten unterzubringen.[163] Im November 1933 unterschrieb Terhalle das Bekenntnis deutscher Professoren zu Adolf Hitler. 1934 wechselte er auf einen Lehrstuhl an die Ludwig-Maximilians-Universität München. Seine Kommentare sind auch deshalb von Interesse, weil er nach Kriegsende als bayerischer Finanzminister (1945/46), Mitgründer des Ifo-Instituts und erster Leiter des Wissenschaftlichen Beirats des Bundesfinanzministeriums zu einem der bedeutenden Finanzwissenschaftler und -politiker der jungen Bundesrepublik aufstieg. Allerdings beschränkte sich Terhalle oft auf eine deskriptive Darstellung steuerlicher Maßnahmen und blieb sehr vorsichtig in ihrer Bewertung.

Viele Anhänger der Jüngeren Historischen Schule sahen grundsätzliche Übereinstimmungen zwischen ihren Vorstellungen und dem Programm des Nationalsozialismus. Sie meinten in der nationalsozialistischen Formel »Gemeinnutz geht vor Eigennutz«, die als Punkt 24 Eingang in das Parteiprogramm der NSDAP gefunden hatte und die der Staatssekretär der Reichskanzlei, Hans-Heinrich Lammers, 1934 als das zentrale »Glaubensbekenntnis des Nationalsozialismus« bezeichnet hatte, beste Anschlussmöglichkeiten an das eigene Hauptziel, die Lösung der sozialen Frage, zu erkennen.[164] Dementsprechend fand die Formel bald Verbreitung in der volks- und finanzwirtschaftlichen Literatur.[165] Enno Becker, der Verfasser der Reichsabgabenordnung von 1919 und ab 1922 Senatspräsident am Reichsfinanzhof in München, betonte 1933, dass das Steuerrecht die beste Handhabe biete, die Formel »Gemeinnutz geht vor Eigennutz« in die Tat umzusetzen.[166] Unter Juristen und Staatsbeamten

163 Karl Heinz Roth, Ökonomie und politische Macht. Die »Firma Hamburg« 1930-1945, in: Angelika Ebbinghaus/Karsten Linne (Hg.), Kein abgeschlossenes Kapitel. Hamburg im »Dritten Reich«, Hamburg 1997, S. 15-176, hier S. 147, FN 63.

164 Voß, Steuern, S. 29. Siehe auch: Michael Wildt, »Gemeinnutz geht vor Eigennutz«. Ein kurzer Nachtrag zur Hohmann-Rede, in: Mittelweg 36, 13 (2004) 1, S. 88-92.

165 Janssen, Nationalökonomie, S. 501.

166 Siehe: Michael Droege, Gemeinnützigkeit im offenen Steuerstaat, Tübingen 2010, S. 47.

entspann sich sogar eine Debatte darüber, ob die Formel als Teil des Parteiprogramms unmittelbare Rechtskraft besitze. Da die Staatsführung sich hierzu nicht explizit äußerte, blieb dies umstritten.[167] Eine spezifisch nationalsozialistische Kodifizierung dieses Gedankens kam schließlich erst mit der Gemeinnützigkeitsverordnung aus dem Jahr 1941 zustande.[168] In der Ausbildung künftiger Lenker der nationalsozialistischen Wirtschaft fand die Formel aber schon zuvor Eingang. So hieß es in den vom Erziehungsministerium herausgegebenen Richtlinien für das wirtschaftswissenschaftliche Studium: »Steigerung aller völkischen Kräfte zur höchsten Leistung ist das Ziel. Gemeinnutz vor Eigennutz die Losung.«[169]

Viele Vertreter der Jüngeren Historischen Schule in den Finanzwissenschaften sahen die Zeit gekommen, den von Adolph Wagner[170] vertretenen sozialpolitischen Standpunkt in der Steuerpolitik nachhaltig zur Geltung zu bringen. Viele Autoren feierten Wagner nun als einen Ahnherrn nationalsozialistischer Politik. Besonders deutlich formulierte diesen Gedanken der ungarische Ökonom Ákos von Navratil: »Es fällt nicht schwer, zwischen den Lehrsätzen der Kathedersozialisten und der heutigen nationalen und sozialen Bewegung des Deutschtums gewisse Zusammenhänge zu finden. Der bedeutendste Vertreter jener Schule, der unvergeßliche Adolph Wagner, könnte heute jedenfalls so manche wirtschafts- und sozialpolitische Lehre des Nationalsozialismus als Verwirklichung seiner

167 Hans-Detlef Heller, Die Zivilrechtsgesetzgebung im Dritten Reich, Münster 2015, S. 102.

168 Droege, Gemeinnützigkeit, S. 49.

169 Reichsministerium für Wissenschaft, Erziehung und Volksbildung, Richtlinien für das Studium der Wirtschaftswissenschaften vom 2.5.1935, abgedruckt in: Kilian Peter Schultes, Die Staats- und Wirtschaftswissenschaftliche Fakultät der Universität Heidelberg 1934-1946, Heidelberg 2010, S. 669-670, hier S. 669.

170 Wagner war zwar Mitgründer des Vereins für Socialpolitik und anfangs bekennender Kathedersozialist und auch ein anfänglicher Befürworter der Berufung Schmollers nach Berlin, doch überwarf er sich bald sowohl mit dem Verein für Socialpolitik wie mit Schmoller, dem Kopf der Jüngeren Historischen Schule. Inhaltlich vertrat Wagner eine stärkere Trennung von allgemeingültiger Theorie und historischen Beispielen, während die Jüngere Historische Schule eine solche Aufspaltung nicht für sinnvoll hielt. Gleichzeitig befand sich Wagner aber hinsichtlich seiner sozialpolitischen Ziele weitgehend in Übereinstimmung mit Schmoller, weswegen Anhänger der Jüngeren Historischen Schule gerade in diesem Bereich oft positiv Bezug auf Wagner nahmen.

eigenen Ideen begrüßen.«[171] Die Ziele der NS-Wirtschafts- und Fiskalpolitik fasste er wie folgt: »Jeder staatliche Eingriff in die Wirtschaft bezweckt letzten Endes die Verbesserung der Lebensbedingungen, die Hebung der Lebensweise der Bevölkerung. Der heutige Staat dient diesem Endzweck durch Erzwingung einer gleichmäßigeren, gerechteren Einkommensverteilung.« Das hielt zwar den Fakten nicht stand, weil der Lohnstopp und die Aufrüstungsgewinne viel stärker wogen als die bejubelten steuerpolitischen Umverteilungsmaßnahmen, entsprach aber dem, was auch viele deutsche Finanzwissenschaftler zu sehen meinten.

Der Tübinger Privatdozent Hans Peter betonte 1934: »Man kann nicht zugleich eine gerechtere Besteuerung verlangen und die zufällige Einkommensverteilung im Wesentlichen unberührt lassen wollen. Dieser Fehler dürfte seine zureichende soziologische Ursache haben. Er stammt aus einer Zeit, in welcher das Eigentum in jeder Form noch fast ausschließlich als ein Recht und weniger als eine Verpflichtung gegenüber der Allgemeinheit empfunden wurde.«[172] Man könnte dies als Äußerung eines nationalsozialistischen Ökonomen verstehen, der die Zeit des Liberalismus als abgelaufen betrachtete und mit der Allgemeinheitsverpflichtung auf die Formel »Gemeinnutz geht vor Eigennutz« anspielte. Tatsächlich war der Verfasser von 1922 bis 1927 SPD-Mitglied gewesen, und 1935 sowie noch einmal 1938 wurde ihm aus politischen Gründen der Zugang zur Professur verwehrt.[173] So wechselte er 1939 ins Reichswirtschaftsministerium und später ins Arbeitswissenschaftliche Institut der Deutschen Arbeitsfront, wo er zur ökonomischen Stabilisierung der Kriegswirtschaft beitrug.[174] Peter steht exemplarisch

171 Ákos von Navratil, Die Berichtigung der Einkommensverteilung und ihre Mittel (Steuer-, Preis- und Geldpolitik), in: FinanzArchiv N.F. 5 (1938) 2, S. 161-204, S. 162.

172 Hans Peter, Das Problem der Gerechtigkeit und die Theorie der Steuerverteilung, in: FinanzArchiv N.F. 2 (1934) 1, S. 41-59, hier S. 59.

173 Andrea Albrecht, »Wissenschaftliches Rüstzeug«. Zur Produktion volkswirtschaftlichen Wissens unter den Bedingungen nationalsozialistischer Herrschaft am Beispiel von Hans Peter (1898-1959), 2010, Online-Publikation: ⟨http://fheh.org/images/fheh/material/albrechthpeter1.pdf⟩ (Zugriff: 10. 12. 2021) (Forschungsstelle Historische Epistemologie und Hermeneutik, Humboldt-Universitaet zu Berlin); Janssen, Nationalökonomie, S. 600.

174 Karl Heinz Roth, Intelligenz und Sozialpolitik im »Dritten Reich«. Eine metho-

dafür, wie etliche Finanzwissenschaftler versuchten, ihre favorisierten Ansichten und Ziele durch die Verpackung in nationalsozialistische Sprachformen für die neuen Machthaber attraktiv erscheinen zu lassen. Gerade in der Frühphase nach der Machtübernahme, als das Feld noch wenig sortiert war und eine gewisse Unklarheit über das wirtschaftliche Programm herrschte, prägte dies viele Beiträge der Fachzeitschriften. Nationalsozialistisch zu sprechen, konnte sich durchaus lohnen beziehungsweise war häufig genug eine notwendige Voraussetzung des Erfolgs – wenn auch bei weitem keine hinreichende, da es der NSDAP nahestehende Ökonomen gab, die solche taktischen Zugeständnisse und Anbiederungsversuche leicht durchschauten, so dass Peters Ambitionen auf eine Berufung trotz allem enttäuscht wurden.

Versuche von Ökonomen, den Kurs der neuen Regierung mitzubestimmen, konzentrierten sich ab 1934 auf die Debatte um eine große Steuerreform. Adolf Lampe,[175] ein Wirtschaftsliberaler aus dem Freiburger Kreis um Walter Eucken, machte dabei den Auftakt. Er schlug ein Steuersystem vor, das ausschließlich auf der Ein-

disch-historische Studie am Beispiel des Arbeitswissenschaftlichen Instituts der Deutschen Arbeitsfront, München 1993, S. 195.

175 Lampe (1847-1948) war ein Schüler Adolf Webers und hatte ab 1926 eine außerordentliche Professur an der Universität Freiburg inne. Er hatte schon 1927 ein Konzept des »produktiven Interventionismus« entworfen, in dem er dem Staat empfahl, in die Anpassung der Löhne an die Marktlage einzugreifen. Dies geschah vor allem, weil Lampe die Löhne für zu hoch und die Gewerkschaften für zu stark hielt. Rüther sieht in diesem Konzept eine Vorwegnahme »wesentlicher Elemente der Leistungswettbewerbstheorie« (Daniela Rüther, Der Widerstand des 20. Juli auf dem Weg in die soziale Marktwirtschaft. Die wirtschaftspolitischen Vorstellungen der bürgerlichen Opposition gegen Hitler, Paderborn 2002, S. 42). Wie viele Wirtschaftsliberale, für die darum auch der Begriff autoritäre Liberale treffend ist, begrüßte Lampe das Papen-Regime, »weil es zum entschlossenen Angriff gegen unsere Wirtschaftsnot« übergegangen sei (Rüther, Widerstand, S. 76). Im Rahmen der Aktion Gitter verhaftete die Gestapo Lampe im September 1944. Lampe hatte an den Arbeiten der Freiburger Gruppe zur Entwicklung einer Nachkriegsordnung mitgearbeitet, in denen ein autoritärer Liberalismus propagiert wurde, bei dem der »Irrglaube« des Parlamentarismus scharf abgelehnt und eine wirtschaftlich gebildete »Notabelnschicht« als ausschließlicher Träger des Machtstaats vorgesehen war (Karl Heinz Roth/Angelika Ebbinghaus, Rote Kapellen – Kreisauer Kreise – Schwarze Kapellen. Neue Sichtweisen auf den Widerstand gegen die NS-Diktatur 1938-1945, Hamburg 2004, S. 62 f.). Er überlebte den Krieg, starb aber schon 1948.

kommensteuer beruhen sollte. Dafür berief er sich auf die Regierungserklärung vom März 1933 und insbesondere die Bemerkung Hitlers, dass die »Steuermühle an den Strom und nicht an die Quelle gebaut werden«[176] sollte. Lampe verband seine Forderungen mit einer scharfen Kritik an der vorherigen Steuerpolitik: »Man besinnt sich nach zwei Jahrzehnten der Irrungen und Wirrungen darauf, daß dem Willen nach sozialer Gerechtigkeit nicht nur *auch*, sondern *gerade* in einem wirtschaftlich durchdachten Steuersystem Wirkungsfeld gegeben ist.«[177] Dies zeigt, dass Lampe davon ausging, dass die neuen Machthaber sich das Ziel der sozialen Gerechtigkeit auf die Fahnen geschrieben hätten, weil er von sich aus eher auf diese Bezugnahme verzichtet hätte. Deutlich wird aber auch, dass soziale Gerechtigkeit ein so unpräzises und inhaltlich unbestimmtes Schlagwort war, dass es fast jeder für seine Vorschläge reklamieren konnte. Bei allen sprachlichen Anpassungen blieb aber zugleich klar, was für Lampe im Mittelpunkt stand, namentlich das »wirtschaftlich durchdachte Steuersystem«, gepaart mit einer scharfen Ablehnung jeder Form der Vermögensbesteuerung, die er mit Verweis auf Adam Smith begründete.[178] Er hatte seit 1932 immer wieder für eine Kombination aus Steuersenkung und Kreditschöpfung geworben, denn seine Grundidee verlangte auch eine Reduktion der Steuereinnahmen. Lampe hielt, was die Ausgaben anging, auch 1934 noch eisern am Austeritätsprinzip fest: »Sicher ist aber, daß bei rückläufiger Wirtschaftsentwicklung unter allen Umständen eine Drosselung der öffentlichen Ausgaben im Rahmen des Erträglichen versucht werden muß.«[179]

Die erste Kritik an Lampes Vorschlägen formulierte Rolf Fricke,[180] der in Leipzig Schüler von Ludwig Pohle[181] gewesen war,

176 Siehe dazu unten.

177 Adolf Lampe, Reine Theorie der Finanzreform, in: FinanzArchiv N.F. 2 (1934) 2, S. 218-280, hier S. 219.

178 Ebd., S. 227.

179 Ebd., S. 229.

180 Rolf Fricke, Die Problematik der direkten Einkommensbesteuerung als Grundlage künftiger Finanzreform. Eine Auseinandersetzung mit Adolf Lampe, in: FinanzArchiv N.F. 2 (1934) 3, S. 393-418. Rolf Fricke (1896-1988) habilitierte sich 1927 und 1930 erst in der Volkswirtschafts- und dann in der Betriebswirtschaftslehre. Ab 1933 außerplanmäßiger Professor in Marburg, ab 1936/37 Lehrstuhlvertreter an der TH Karlsruhe, wo er ab 1939 dann Ordinarius für Volkswirtschaftslehre wurde. 1940 Eintritt in die NSDAP. Nach dem Krieg konnte

einem Neoklassiker und scharfen Gegner der Jüngeren Historischen Schule. Fricke hatte sich ab Mitte der 1920er-Jahre vor allem der Konjunkturtheorie und Fragen der Arbeitsbeschaffung zugewandt. In der Arbeitslosigkeit sah Fricke 1931, noch ganz dem neoklassischen Paradigma verhaftet, »nicht eine Folge der freien Marktwirtschaft, sondern eine Folge allzu bürokratischer und kollektivistischer Bindungen«.[182] Er lobte deswegen Brünings Politik, die er in einer Zeit, in der die Zahl der Befürworter des Liberalismus in vielen Parteien im Schwinden begriffen war, als hoffnungsvolles Zeichen von dessen Stärke interpretierte.[183] Fricke passte sich 1933 schnell und erfolgreich den neuen Gegebenheiten an. Lampe warf er nun vor, dass er sich an veraltete »liberalistische« Konzepte klammere. Er sah, dass »die Eignung der direkten Einkommensteuer als Zentrum eines öffentlich-rechtlichen Steuersystems mehr und mehr in Frage gestellt wird, und daß deshalb diese Steuerreform ihrem Wesen nach der im Absterben begriffenen liberalistischen Ideologie angehört«.[184] Auf der sprachlichen Ebene vollzog Fricke damit eine Abkehr von bisher vertretenen Auffassungen. Interessant ist seine historische Begründung. Er betonte, dass die Einkommensteuer die Bürger auf besondere Weise in die Pflicht nahm, weshalb die Steuerzahler an sie berechtigterweise sehr hohe Ansprüche stellten: »Bei der direkten Einkommensteuer sind die Vertrauensansprüche um ein Vielfaches gesteigert, weil der Zensit bei ihrer Festsetzung in hervorragendem Maße zur Mitwirkung berufen ist. Deshalb muß sich die herrschende Mehrheit der Einkommensteuerzahler in dem Glauben befinden, daß diese Steuer in ihren inneren Grundlagen gerecht, in ihren Steuersätzen tragbar und in ihrer steuerlichen Wirtschaftlichkeit zweckmäßig ist.«[185] Fricke glaubte, dass die Mehrheit der Steuerzahler dies im Kaiserreich noch so empfunden habe, weil die Ansprüche auf faire und angemessene Behandlung noch nicht so stark ausgeprägt gewesen seien.

er sich entlasten, so dass er bis zur Verrentung seine Position weiter bekleiden konnte.

181 Janssen, Nationalökonomie, S. 602.

182 Rolf Fricke, Die Ursachen der Arbeitslosigkeit in Deutschland. Die Arbeitslosigkeit – ein internes Problem der deutschen Wirtschaft, Berlin 1931, S. 69 f.

183 Ebd., S. 28 f.; Köster, Wissenschaft der Außenseiter, S. 300.

184 Fricke, Problematik, S. 394.

185 Ebd., S. 402.

Inzwischen habe sich dies aber geändert, und gleichzeitig hätten sich immer größere Konzerne gebildet, die sich immer besser ihren Verpflichtungen entziehen könnten. Fricke glaubte, dass sich diese Entwicklungen nur zum Teil würden zurückdrehen lassen. Seine folgenden Ausführungen blieben indes wirr und wenig überzeugend. Letztlich liefen sie nicht auf die Forderung nach Abschaffung der Einkommensteuer hinaus, sondern mündeten in ein Plädoyer für ein sowohl aus direkten wie indirekten Steuern bestehendes System. Wie Lampe betonte auch Fricke nun die große Bedeutung des Gerechtigkeitsprinzips, dessen Förderung ihm nun auf einmal auch weitreichende Eingriffe des Staates zu rechtfertigen schien. Mit seiner Hauptforderung nach einer Stärkung der indirekten Steuern im Steuersystem blieb Fricke freilich ganz im Hauptstrom bisheriger neoklassischer Auffassungen.[186]

Die zweite Kritik stammte von Otto Pfleiderer und war im Tonfall sachlich und argumentativ.[187] Die dritte Kritik an Lampe formulierte Folkert Wilken, ein Anhänger der Lehren Rudolf Steiners.[188] Wilken stimmte Lampe zunächst darin zu, dass die Einkommensteuer eine tragende Säule des Steuersystems sein müsse, weil sie im Gegensatz zu den indirekten Steuern sicht- und spürbar sei, wodurch sich die Besteuerten ihrer bewusst werden könnten. Wilken wandte sich denn auch weniger gegen den konkreten Inhalt von Lampes Vorstoß als vielmehr gegen die Art seiner Beweisführung und Methoden. Grundlage für Wilkens Vorstellungen war, dass Staat und Wirtschaft im Mittelalter organisch vereint gewesen seien, sich aber dann zunehmend getrennt hätten. Nun gelte es, die

186 1935 forderte er, eine von ihm in Kartellsteuer umbenannte Umsatzsteuer zur Grundlage der Finanzreform zu machen: Rolf Fricke, Die Kartellsteuer (Umsatzsteuer) als Grundlage der Finanzreform, in: FinanzArchiv N.F. 3 (1935), S. 131-165.

187 Otto Pfleiderer, Steuersystem und volkswirtschaftlicher Kreislauf. Kritische Anmerkungen zu Adolf Lampes »Reiner Theorie der Finanzreform«, in: FinanzArchiv N.F. 2 (1934) 3, S. 419-446.

188 Folkert Wilken (1890-1981) wurde 1929 außerordentlicher Professor für Nationalökonomie in Freiburg. Seit 1923 war er Mitglied der Anthroposophischen Gesellschaft. 1936 erhielt er den Ruf auf ein Ordinariat in Dresden. Dieses wurde ihm 1939 aufgrund seiner Mitgliedschaft in der 1935 verbotenen Anthroposophischen Gesellschaft wieder entzogen. Wilken lehrte bis Kriegsende dann als Privatdozent in Freiburg. Nach dem Krieg rehabilitierte man ihn, und er erhielt eine Professur an der Universität Freiburg.

organische Beziehung zwischen beiden so weit wie möglich wiederherzustellen. Dazu sei Lampes Vorgehen nicht angetan:

> eine solche reine ökonomische Theorie annulliert den Menschen, ignoriert das Geistesleben, eliminiert die gesamte politisch-rechtliche Wirklichkeit und fingiert das Abstraktum eines Wirtschaftssystems, in dem ausschließlich aus persönlichen Interessen gehandelt wird und in der Form, daß überall alle mit allen konkurrieren, d. h. sich bekämpfen. Es ist unwahrscheinlich, daß Reformvorschläge, die aus einer solchen Theorie für die Praxis gemacht werden [...,] heilsam wirken können.[189]

Abschließend hieß es: »Die wahre Erdengestalt von Wirtschaft und Staat ergibt sich aber nicht aus einem Durchrationalisieren ihrer äußeren Erscheinungen, sondern nur aus der Erfassung und Verwirklichung ihrer Geistgestalten. Reformen haben nur den Sinn, die Erdenwirklichkeit menschlicher Taten nach Urbildern zu gestalten, die nur in übersinnlichen Wirklichkeiten durch ein lebendig gewordenes, freies Denken erfaßt werden können.«[190] So nebulös und esoterisch wie Wilkens Schlussforderungen blieben auch seine Reformvorstellungen. Auch wenn die Kritik von Fricke und Wilken unterschiedlich gelagert war, stimmten sie doch in ihrer Skepsis gegenüber der Einkommensteuer überein. Diese Skepsis war ein Zug der Zeit, der auch bedeutendere Denker an der Zukunft der Einkommensteuer zweifeln ließ. So ging Joseph Schumpeter schon zu Beginn der Weltwirtschaftskrise davon aus, dass die Vorherrschaft der Einkommensteuer bald zu Ende gehen würde, weil nur ein nicht in die Wirtschaft intervenierender Staat seine Einnahmen vor allem auf eine Steuer gründen könne, »die nur nach der Größe des individuellen Einkommens und weder nach dessen Quellen noch dessen Verwendung fragt«.[191] Die Krise werde aber einen intervenierenden Staat hervorbringen.

Im hier dargestellten Disput wirkte die von Roman Köster für die Weimarer Zeit konstatierte Heterogenität der deutschen Nationalökonomie fort. Dogmatisch auf ihrem eigenen System beharrende Kreise von Wissenschaftlern griffen Vertreter anderer Gruppen

189 Folkert Wilken, Organische Finanzreform, in: FinanzArchiv N.F. 3 (1935) 1, S. 77-121, hier S. 120.

190 Ebd., S. 121.

191 Joseph Schumpeter, Ökonomie und Soziologie der Einkommensteuer, in: Der deutsche Volkswirt IV, S. 380-385 (20. 12. 1929).

scharf an und verurteilten deren Vorstellungen häufig in Bausch und Bogen. Rechthaberei war entsprechend verbreitet und der intellektuelle Horizont mancher Debatte beschränkt. Daneben dürfte aber auch die zu dieser Zeit noch weitgehend offene Positionierung der NSDAP bei ihrer gleichzeitigen Bereitschaft zum Ausschluss als nicht-nationalsozialistisch erkannter Auffassungen dazu geführt haben, dass Lampe in zwei sehr ausführlichen Erwiderungen vor allem auf die Anwürfe von Fricke und Wilken einging.[192]

Für wissenschaftliche Fragen zur Steuerpolitik sind seine Repliken von geringem Wert. Vielmehr zeigen sie, was zum damaligen Zeitpunkt sagbar war und wie sich liberale Positionen bei gleichzeitiger Verleugnung des Liberalismus rechtfertigen ließen. In der Antwort auf Fricke heißt es:

Reine Wirtschaftstheorie geht von der Annahme aus, daß ›freie Konkurrenz‹ herrscht. [...] ›Frei‹ ist [...] ein Wettbewerb, der unter striktem Ausschluß jeden Machtprinzips einzig und allein auf dem Leistungsprinzip basiert. Die Rechtsordnung sichert solche Freiheit. Daß der viel berufene ›Nachtwächterstaat‹ zu diesem Werk nicht befähigt wäre, steht außer Frage. Er wäre Spielball mächtiger Interessengruppen. Gedacht ist also ein starker unabhängiger, der wirtschaftlichen Leistung unbehinderte Entfaltung gewährender Staat. Die Konstruktion der ›reinen Theorie‹ ist mithin weit davon entfernt, ›liberalistisch‹ zu sein![193]

Tatsächlich hatte eine Mehrzahl der liberalen Ökonomen in der Weimarer Zeit den Glauben an den Parlamentarismus verloren und schon vor der Machtübernahme der Nationalsozialisten einen starken Staat gefordert, so dass Lampe in dieser Hinsicht nicht zur Heuchelei gezwungen war. Sehr viel heikler war für ihn die Haltung zum Liberalismus. Er war sich zwar dessen Schwächen bewusst und sah an einigen Stellen Revisionsbedarf, blieb aber doch letztlich ein Wirtschaftsliberaler. »Liberalismus« bezeichnete in der nationalsozialistischen Ideologie freilich eine Gegnerposition, so dass eine Selbstbeschreibung als Liberaler auf jeden Fall zu völli-

192 Im Folgenden setze ich mich nur mit der Antwort auf Fricke auseinander, weil diese für die hier interessierenden Fragen gehaltvoller ist, während die Antwort an Wilken eher den Versuch einer neoklassischen Belehrung eines Esoterikers darstellt.

193 Adolf Lampe, Verteidigung der Einkommenssteuer, in: FinanzArchiv N.F. 2 (1934) 4, S. 619-638, hier S. 620.

gem Einfluss- und vermutlich auch zum Stellenverlust geführt hätte. Dementsprechend ging es nun für Lampe darum, die aus seiner Sicht ohnehin revisionsbedürftigen Elemente als die Kernpunkte liberaler Ideologie erscheinen zu lassen, um sie dann verwerfen zu können, und gleichzeitig die ihm wesentlichen Elemente wie das Konkurrenz- und Leistungsprinzip als kompatibel mit dem Nationalsozialismus herauszustreichen.

Für das Auszuscheidende entwickelte Lampe eine Gegnerfigur, die er nicht den Liberalen, sondern den »Liberalisten« nannte und zu dessen Kennzeichnung er mehrfach Gottfried Feder zitierte. Neben dem »Nachtwächterstaat« verabschiedete er dann vor allem die Harmonielehre der »Liberalisten«, der zufolge bei freier Konkurrenz immer die besten Marktergebnisse erzielt werden würden, weswegen staatliches Eingreifen nur schädlich sein könne. Lampe konzedierte hier entgegen der liberalen Grundauffassung, dass dies keineswegs immer der Fall sei, weswegen in bestimmten Fällen staatliche Regulierung geboten sein könne. Im Folgenden mühte er sich, Frickes Behauptung zu widerlegen, dass die Einkommensteuer eine liberale Steuer sei, die sich vor allem in konkurrenzwirtschaftlich organisierten Staaten durchgesetzt habe: »Es gibt nun aber keine Steuer, die nachdrücklicher in das ›private‹ Leben der Einzelwirtschaften eingriffe – als die Einkommensteuer, mithin gibt es auch keine Abgabeform, die dem Liberalismus ferner stünde.«[194] Und weiter: »Der nationalsozialistische Staat hat alle Veranlassung, die Einkommensteuer als geradezu idealen Prüfstein der individuellen Opferbereitschaft für Zwecke der Gesamtheit anzuerkennen. [...] Geht Gemeinwohl vor Eigennutz, dann muß Hinterziehung von Steuern als Diebstahl gegenüber dem Staat mit schärfsten Ehrenstrafen und jedenfalls strenger bestraft werden als betrügerische Handlungen gegen einzelne.«[195] Diese Forderung nach härteren Strafen für Steuerhinterziehung war eher ungewöhnlich für einen Liberalen, aber sie ließ sich inhaltlich dadurch rechtfertigen, dass Steuerhinterzieher sich einen illegitimen Wettbewerbsvorteil verschafften, was Lampe als Wettbewerbsverzerrung ablehnte. Hier befand er sich dann in weitgehender Übereinstimmung mit dem, was die Nationalsozialisten als praktische Politik betrieben. Weiter schrieb Lampe:

194 Ebd., S. 623.
195 Ebd., S. 625

> Von alledem abgesehen, erfüllt die unverdeckte Mittelbeschaffung im autoritären Staat eine wertvolle Funktion, insofern spürbare Steuerzugriffe den Vorzug haben, gegebenenfalls öffentliche Kritik an der Finanzgebarung rechtzeitig und nachdrücklich herauszufordern. Das Wissen um solche Stimmungs-Imponderabilien wird gerade für eine von keinerlei parlamentarischen ›Gefahren‹ bedrohte Staatsführung als gewichtiger Hemmschuh wirksam sein gegenüber einer menschlich nur allzu begreiflichen Unternehmungslust aktivistischer Politiker.

Die Passage hat es in sich: Sie verrät, dass Lampe, der letztlich auf Steuersenkungen, mindestens aber auf Steuerbegrenzung hoffte, auf der Suche nach Mechanismen zur Ausgabenbegrenzung war, um »aktivistische Politiker« im Zaum zu halten. Man mag bezweifeln, dass er die Disposition der NS-Führung treffend einschätzte, wenn er hoffte, dort Verbündete gegen solche Politiker zu finden. Lampes Text spricht aber dafür, dass er noch 1935 an die Existenz von Spitzenpolitikern glaubte, denen diese Denkweise vertraut war. Ebenso scheint es taktisch wenig geschickt zu sein, den politischen Führungsspitzen eine bestimmte Steuer mit dem Argument nahezulegen, dass diese den größten Widerstand hervorrufen werde. Aus Sicht der Regierung dürfte das kaum eine zwingende Begründung gewesen sein, sondern eher für den Ausbau indirekter Steuern gesprochen haben. Im abschließenden Absatz diente sich Lampe dem Regime explizit an, indem er die Mühlen-Metapher der Regierungserklärung noch einmal ausdrücklich lobte. Diese »zeugte von tiefer Einsicht und ruft jeden finanzwissenschaftlichen Theoretiker auf zu ernsthafter Mitarbeit an einem großen Werk«.[196]

Mit Lampe und Fricke versuchten zwei Liberale mit konkurrierenden Positionen, den neuen Machthabern das von ihnen jeweils bevorzugte Modell nahezubringen, indem sie es als möglichst antiliberal beschrieben, sich also bemühten, Werte umzudeuten, um politische Effekte zu erzielen. Die Regierung ihrerseits ließ freilich keinerlei Interesse an einer steuerpolitischen Grundsatzentscheidung erkennen, sondern nutzte weiterhin alle eingeführten Steuern.

196 Ebd., S. 636.

»Die Steuergesetze sind nach nationalsozialistischer Weltanschauung auszulegen.« Steuerpolitik von Mitte 1934 bis Mitte 1936

Während die ersten Steuermaßnahmen Erleichterung für die deutsche Wirtschaft schaffen und dadurch der Ankurbelung des Arbeitsmarktes dienen sollten, rückten ab Mitte 1934 andere Zielsetzungen in den Mittelpunkt. In einer Rede vom Juni 1934 vor der Akademie für Deutsches Recht kündigte Finanzstaatssekretär Fritz Reinhardt eine baldige umfassende und nationalsozialistische Steuerreform an, die dann am 16. Oktober 1934 verabschiedet wurde. Mit ihr reformierte man eine Vielzahl vorhandener Steuergesetze sowie die Reichsabgabenordnung. Im Gesamtergebnis sollte die Reform laut Reinhardt weitgehend aufkommensneutral sein. Von der von Feder 1923 propagierten langfristigen Abschaffung der Steuern nahm Reinhardt explizit Abschied. In seiner Begründung der neuen Steuergesetze hieß es: »Ohne Steuern kein Staat und ohne Staat keine Daseins- und Entwicklungsmöglichkeit des Volkes, der Familie und der Einzelpersonen.«[197] Nach außen verkaufte Reinhardt die Reform als einen steuerpolitischen Umschwung im Geiste des Nationalsozialismus, was für einzelne Aspekte auch durchaus zutraf. Weite Teile brachten indes eher moderate Änderungen des Weimarer Steuersystems, die vor allem in der Finanzbürokratie selbst entwickelt worden waren.

Im Mittelpunkt der Außendarstellung stand eine aus Sicht der Nationalsozialisten wünschenswerte Umverteilung unter den Steuerzahlern. Den vom Volumen her wichtigsten Posten bildeten die deutlich erhöhten Kinderfreibeträge bei der Einkommensteuer, die durch die Erhöhung der Sätze für Ledige offiziell ausgeglichen, aufgrund der deutlich höheren Zahl von Ledigen im Vergleich zu Großfamilien aber vermutlich sogar überkompensiert wurden. Die daraus resultierende Steuerdifferenz zwischen einem Ledigen und einem Vater von zwei Kindern war nun enorm.[198]

197 Fritz Reinhardt, Die neuen Steuergesetze, Berlin 1934, S. 2.

198 Voß, Steuern, S. 86-88; Schauer, Steuergesetzgebung, S. 90-92; Banken, Hitlers Steuerstaat, S. 279-282

Grafik 47

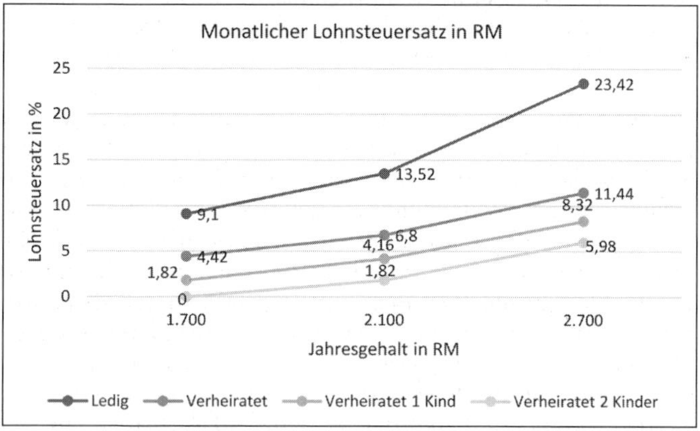

Quelle: C. W. Guillebaud, The Economic Recovery of Germany from 1933 to the Incorporation of Austria in March 1938, London 1939, S. 192

Allein schon die Heirat halbierte den Steuersatz. In der untersten Steuerklasse musste ein verheirateter Vater mit einem Kind nur noch zwanzig Prozent der Lohnsteuer eines Ledigen an den Staat abgeben. In der höchsten hier genannten Kategorie zahlte der Vater zweier Kinder 25 Prozent des Satzes, der für Ledige galt. Das schuf gerade für Arbeiter starke Anreize zur Heirat und Familiengründung. Bevölkerungspolitische Erwägungen gewannen damit in der Steuerpolitik deutlich an Gewicht. Gleichzeitig nahm die Steuerreform die in der Weimarer Republik eingeführte getrennte Veranlagung von Ehefrauen, die diese in abhängiger Beschäftigung in einem nicht dem Ehemann gehörenden Betrieb erzielten, wieder zurück. Ab 1935 galt wieder ausnahmslos das Prinzip der Zusammenveranlagung von Ehegatten.[199] Das erhöhte die Einkommensteuer für ein doppeltverdienendes Ehepaar zwar, doch wurde dieser Effekt wegen der neuen Vergünstigungen für Verheiratete nur für wenige spürbar. Gleichwohl betonte Reinhardt, die Zusammen-

199 Maria Wersig, Der lange Schatten der Hausfrauenehe. Zur Reformresistenz des Ehegattensplittings, Opladen 2013, S. 106; Einkommensteuergesetz vom 16. 10. 1934, in: RGBl. I, S. 1005.

veranlagung bekämpfe das Doppelverdienertum zumindest in den Arbeitsfeldern, die auch für Männer attraktiv waren. Demgegenüber förderte man steuerlich die Beschäftigung von Frauen in jenen Arbeitsfeldern, die als typisch weiblich betrachtet wurden.

Für das Steuerrecht hatte § 1 des Steueranpassungsgesetzes überragende Bedeutung. Hier hieß es: »Die Steuergesetze sind nach nationalsozialistischer Weltanschauung auszulegen.«[200] Aus der Reichsabgabenordnung strich man rechtsstaatliche Elemente und setzte an deren Stelle das Führerprinzip. Ein Großteil der Änderungen war aber wenig ideologisch aufgeladen. Mehrheitlich handelte es sich um von der Verwaltung seit längerem geforderte Verfahrensvereinfachungen und -verbesserungen. Daneben modifizierte man die vor 1933 von der NSDAP immer wieder kritisierte Bürgersteuer. Diese war in der Weimarer Republik als von den Kommunen erhobene Kopfsteuer eingeführt worden, also eine Steuer, die unabhängig vom Einkommen jeden Bürger mit dem gleichen Betrag und dementsprechend die unteren Schichten deutlich stärker belastete. Die NSDAP hatte immer wieder die Abschaffung dieser Steuer gefordert, konnte sich nun aber aufgrund des hohen Finanzbedarfs nicht dazu durchringen, wobei hier die Proteste des Deutschen Städtetages und der Kommunen eine wichtige Rolle spielten.[201] Stattdessen erhöhte man nur die Freigrenzen und gestaltete die Steuer mit vierzehn reichseinheitlichen Steuerklassen progressiv aus. Dadurch gewann sie den Charakter einer gemeindlichen Einkommensteuer, auch wenn sie weniger progressiv war als die eigentliche Einkommensteuer.[202]

Größere Bedeutung für die Staatseinnahmen hatte die Neufassung des Körperschaftsteuergesetzes, durch die nun öffentliche Versorgungsbetriebe, Kreditanstalten, Versicherungsvereine und Genossenschaften in die Besteuerung einbezogen wurden. Bereits im Juli 1934 war das Gesetz über die Umwandlung von

200 Zit. nach Voß, Steuern, S. 94. Zur Formel: Michael Stolleis, Gemeinwohlformeln im nationalsozialistischen Recht, Berlin 1974, S. 282-286; Werner Högemann, Das deutsche Steuerrecht unter dem Einfluß des Nationalsozialismus (1933-1945), Münster 1993 (Diss. Uni Münster), S. 58-68; Schauer, Steuergesetzgebung, S. 82-86.

201 Paul-Moritz Rabe, Die Stadt und das Geld. Haushalt und Herrschaft im nationalsozialistischen München, Göttingen 2017, S. 178 f.

202 Voß, Steuern, S. 88 f.; Schauer, Steuergesetzgebung, S. 101 f.

Kapitalgesellschaften erlassen worden, das die Umwandlung von Aktiengesellschaften, Kommanditgesellschaften und GmbHs in Personengesellschaften steuerfrei stellte. Damit sollte die Zahl der Eigentümerunternehmen vergrößert, der gewerbliche Mittelstand gestärkt und gleichzeitig das »anonyme Kapital« bekämpft werden.[203]

Da es sich bei den im Gesetzespaket von 1934 gebündelten Maßnahmen um die umfassendste Steuerreform unter dem Nationalsozialismus gehandelt hat, lässt sich bereits jetzt festhalten, dass die NS-Führung keine ausgeprägte eigene Idee von einem spezifisch nationalsozialistischen Steuersystem besaß. Im Wesentlichen behielt sie pragmatisch die vor 1933 eingeführten Steuern bei und passte sie lediglich neuen Verwaltungsbedürfnissen an, so dass es auch nicht überraschen muss, dass viele seit 1933 eingeführte Steuerparagrafen später in der Bundesrepublik Bestand haben sollten. Gleichwohl lassen einige wesentliche Veränderungen doch einen nationalsozialistischen Charakter erkennen, etwa die Ersetzung demokratischer durch autoritäre Elemente, die Stärkung bevölkerungspolitischer Zielsetzungen und die steuerliche Besserstellung von Personengesellschaften. Vor allem aber stellte die Nutzung des Steuersystems als Instrument der Ausbeutung und Schikanierung der jüdischen Bevölkerung eine drastische Wendung dar, insbesondere durch die veränderte Anwendung der Reichsfluchtsteuer, von der unten die Rede sein wird.

Bis Mitte 1936 verzichtete das NS-Regime auf nennenswerte Steuererhöhungen. Die Steuereinnahmen stiegen dank der anziehenden Wirtschaftskonjunktur ohnehin. Zudem steigerte das Finanzministerium die Einnahmen durch eine Ausweitung der Steuerfahndung, den Ausbau der Betriebsprüfungen, die Aufweichung des Steuergeheimnisses und die Androhung hoher Strafen bei Verstößen. Diese Entwicklung begann mit dem am 12. Juni 1933 erlassenen Gesetz gegen den Verrat der deutschen Volkswirtschaft. Der Reichsfinanzminister hatte einen ersten Entwurf im Mai ins Kabinett eingebracht. Schwerin von Krosigk verlangte darin, dass Steuerhinterziehung mit schwersten Strafen bis hin zur Todesstrafe belangt werden sollte. In der Erläuterung zum Entwurf hieß es: »Es ist erforderlich, daß man die Dinge beim rechten Namen nennt:

203 Schauer, Steuergesetzgebung, S. 92-95; Banken, Hitlers Steuerstaat, S. 283-285; Voß, Steuern, S. 89 f.

wer sich der Kapital- und Steuerflucht schuldig macht, begeht wirtschaftlichen Landesverrat, solcher kann und darf, vom Standpunkt des Volksganzen betrachtet, nicht milder behandelt werden als militärischer Landesverrat. [...] Es wird zu empfehlen sein, als Höchststrafe die Todesstrafe festzusetzen.«[204] Aufgrund von Bedenken Hitlers hinsichtlich der außenpolitischen Wirkung einer solchen Ankündigung beließ man es schließlich bei der Androhung langer Haftstrafen. Wer Vermögenswerte im Ausland vorsätzlich verschwieg, hatte eine Zuchthausstrafe von mindestens drei Jahren zu gewärtigen; bei fahrlässigen Verstößen betrug die Mindeststrafe ein Jahr Zuchthaus.[205] Von Feders antigouvernementaler Position war hier rein gar nichts mehr zu erkennen, vielmehr setzte die militarisierte Gouvernementalität ganz auf ein hartes Durchgreifen. Wie in anderen Bereichen auch eröffnete der Nationalsozialismus der Bürokratie auch im Finanzwesen ganz neue Möglichkeiten, die eigene Effizienz durch den Verzicht auf Rücksichtnahmen und menschliches Handeln zu steigern. Er war damit zudem erfolgreich: zumindest in der Schweiz führte das Gesetz zu einem starken Rückgang deutscher Einlagen.[206]

Um die Bekämpfung der Steuerflucht besser zu koordinieren, gründete man ebenfalls im Juni 1933 die Zentrale Nachrichtenstelle beim Landesfinanzamt Berlin, die sich allerdings schon bald vor allem auf die Verfolgung jüdischer Bürger konzentrierte.[207] Die Steuerreform vom Oktober 1934 führte die Tendenz fort, in dem sie die Einspruchsrechte der Bürger deutlich einschränkte. Gleichzeitig beschränkte man die Möglichkeiten des Reichsfinanzhofs gegenüber der Finanzverwaltung.[208] Darüber hinaus wurde die bis dahin übliche und nicht unwichtige Beteiligung von Laien in den Steuerausschüssen weitgehend abgeschafft. Fortan entschied der

204 Zit. nach: Banken, Hitlers Steuerstaat, S. 263.

205 Gesetz gegen Verrat der Deutschen Volkswirtschaft vom 12. Juni 1933, in: RGBl. I (1933), S. 360-363.

206 Barbara Bonhage/Hanspeter Lussy/Marc Perrenoud, Nachrichtenlose Vermögen bei Schweizer Banken. Depots, Konten und Safes von Opfern des nationalsozialistischen Regimes und Restitutionsprobleme in der Nachkriegszeit, Zürich 2001, S. 65-80.

207 Banken, Hitlers Steuerstaat, S. 335.

208 Schauer, Steuergesetzgebung, S. 84-86; Frank Paul Giese, Abgabenordnung im Dritten Reich. Rechtsentwicklung und -entartung im Steuerverfahren und allgemeinen Steuerrecht, Frankfurt am Main 1998, S. 97 f.

Leiter eines Finanzamtes über die Berufung von Laien, denen statt des bisherigen Stimmrechts nur noch eine beratende Funktion zugestanden wurde.[209]

Zusätzlich verschärfte das Ministerium sukzessive die Zulassungsverfahren von Steuerberatern und ehrenamtlichen Kräften in den Steuerveranlagungsausschüssen und bei Gericht, um den Einfluss steuerrechtlicher Laien noch weiter zurückzudrängen und Fachleuten mit der Möglichkeit des Zulassungsentzugs drohen zu können. Die Maßnahme diente ursprünglich dem Ausschluss jüdischer Steuerberater, wurde aber schnell auf alle Antragsteller ausgedehnt, um die Durchgriffsmöglichkeiten der Finanzbürokratie zu erhöhen.[210] Zudem begannen die Finanzämter verstärkt bei diversen Organisationen Umsatzlisten von Mitgliedern oder Kunden anzufordern. Dagegen wehrten sich einige der angeschriebenen Institutionen, doch Ralf Banken geht davon aus, dass die Finanzbürokratie in den meisten Fällen schließlich die gewünschten Angaben erhielt.[211] Diese Einschränkungen bürgerlicher Rechte basierten letztlich auf einer neuen Rechtsauffassung, nach der die Steuerzahlung nicht mehr im Rahmen des Rechtsverhältnisses zwischen Bürger und Staat, sondern als unbedingte Pflicht der »Volksgenossen« gegenüber der Gemeinschaft zu verstehen war: »denn daß dem Staat grundsätzlich alles Einkommen für die Zwecke einer dem völkischen Leben dienenden Führung zur Verfügung steht, ist heute zur Selbstverständlichkeit geworden«.[212]

Auch die Öffentlichkeit bezog man verstärkt in die Bekämpfung der Steuerhinterziehung ein, indem man Steuerstrafsachen vermehrt über die Presse publik machte und dazu überging, Listen säumiger Steuerzahler zu veröffentlichen. Die Betroffenen wurden eine Woche vorab informiert und erhielten die Chance, bei sofortiger Begleichung der Steuerschuld von der Liste genommen zu werden. Die Liste diente nicht nur der öffentlichen Bloßstellung, den auf ihr verzeichneten Steuerschuldnern drohten handfeste Nach-

209 Voß, Steuern, S. 97.

210 Banken, Hitlers Steuerstaat, S. 315-324.

211 Ebd., S. 327.

212 So formulierte es der Ökonom Reinhard Schaeder in seinem Habilitationsvortrag an der Universität Göttingen im Juli 1939 (Schaeder, Steuerpolitik, S. 76). Schaeder war nach dem Krieg ab 1953 Ordinarius für Volkswirtschaftslehre und 1954/55 Rektor der Verwaltungshochschule Speyer.

teile. So konnten Unternehmer etwa von öffentlichen Aufträgen ausgeschlossen werden, denn die konnte ab 1935 nur bekommen, wer eine Unbedenklichkeitserklärung des Finanzamtes vorlegte. Ebenfalls ab 1935 waren die Finanzämter auch angehalten, Steuerstrafsachen an die Polizei zu melden. Bei Zwangseintreibungen und Pfändungen ging man schon seit 1933 schärfer vor.[213]

Gleichzeitig intensivierte man die Steuerfahndung erheblich. In mehreren Landesfinanzämtern gründeten die Steuerfahnder Arbeitskreise, um sich gegenseitig über erfolgversprechende Fahndungsmethoden zu unterrichten. Das Reichsfinanzministerium sorgte für eine personelle Aufstockung der Steuerfahndung, was eine Ausdehnung der Kontrollen und auch der unangemeldeten Sondersteuerprüfungen ermöglichte. Auch gegenüber den Unternehmen erhöhte man die Kontrolltätigkeit und legte Bewertungsfragen wesentlich strenger aus als zuvor.[214]

In der kommunalen Praxis blieben den Beamten erhebliche Spielräume bei der Verfolgung von Steuerhinterziehung und beim Eintreiben von Steuerrückständen. Gerade die Einziehungsämter beschrieben ihre Tätigkeit selbst als soziale Aufgabe und betonten ihre Konzilianz gegenüber Schuldnern, die in finanziellen Engpässen steckten. Tatsächlich lassen sich auch in der Praxis viele Beispiele dafür finden, dass Beamte einen Ermessensspielraum nutzten, um Steuerschuldnern entgegenzukommen und ärmeren Bürgern kleine Beträge zu erlassen. Gleichwohl geben viele Anweisungen beredt davon Ausdruck, dass ab 1933 eine verschärfte Eintreibung von Steuerrückständen begann. Die Reichsregierung belohnte dies, indem sie etwa Gemeinden mit höheren Eintreibungsraten 1934 bei den Reichsüberweisungen zum Ausgleich von Ausfällen bei der Bürgersteuer mit höheren Beiträgen bedachte.[215]

Gerade in der Einschränkung der Einspruchsrechte zeigte sich der spezifische Charakter der Diktatur. Die Frage ist, inwiefern diese Auffassung und die damit verbundene schärfere Gangart spezifisch nationalsozialistisch oder spezifisch bürokratisch waren. In den Sopade-Berichten wurden die Neuentwicklungen auf dem Steuergebiet mehrfach als »Diktatur der Bürokratie« bezeichnet.[216]

213 Ebd., S. 327-332; Ullmann, Steuerstaat, S. 154f.

214 Banken, Hitlers Steuerstaat, S. 332-336 und 339-343.

215 Rabe, Stadt, S. 227-234.

216 Deutschland-Berichte der Sozialdemokratischen Partei Deutschlands (Sopade)

Es waren weniger die Forderungen von NSDAP-Würdenträgern, die hier umgesetzt wurden, als vielmehr langgehegte Wünsche der Finanzbürokratie, die nun unter den Bedingungen der Diktatur Erfüllung fanden. Viele NSDAP-Funktionäre und auch Hitler wetterten zwar immer wieder gegen die Bürokratie, doch de facto gaben sie ihr immer neue Machtmittel an die Hand. Im Fall der intensivierten Steuerfahndung erwies sich dieses Vorgehen wohl als sehr erfolgreich. Jedenfalls spricht vieles dafür, dass sie die Erträge steigerte und größere Steuerehrlichkeit erzwang.

Außenpolitisch erwies sich die Verhinderung der Steuerflucht als komplizierter. Durch die Devisenbewirtschaftung wurde die Steuerflucht zwar zusätzlich erschwert, aber das NS-Regime konnte den angestrebten Informationsaustausch mit der Schweizer Regierung im Rahmen des unterzeichneten Doppelsteuerabkommens von 1934 nicht durchsetzen. Berlin priorisierte gute Wirtschaftsbeziehungen und die Nutzung des Schweizer Finanzplatzes und ließ die Forderung nach Datenaustausch schließlich fallen, weil die Schweiz wenig Willen zum Entgegenkommen zeigte.[217]

Steuerfreistellungen der nationalsozialistischen Elite und Flucht aus dem Budget

Während sich die einfachen Bürger immer enger im Griff der Finanzbürokratie befanden, kam es am anderen Ende der Einkommensskala bald zur Ausbreitung von Korruption sowie zu umfangreichen Vergünstigungen und Steuerbefreiungen, die an die feudalen Steuerprivilegien von Adel und Klerus erinnern. Hitler selbst wurde hier zum Trendsetter. Nachdem er Reichskanzler geworden war, stiegen die Verkaufszahlen von *Mein Kampf* dramatisch an, was dem Autor äußerst stattliche Einkünfte bescherte. Obwohl sein Gehalt als Reichskanzler bereits steuerfrei gestellt worden war, weil Hitler versprochen hatte, es an einen Fond für die »Gefallenen der Bewegung« aus den Reihen der SA und der SS zu spenden, blieb

1934-1940, hg. von Klaus Behnken, 7 Bände, Salzhausen 1980, hier Bd. 2 (1935), S. 1339 f. und Bd. 3 (1936), S. 125 f., 936 und 946-948.

217 Christophe Farquet, La Défense du paradis fiscal suisse avant la seconde guerre mondiale: une histoire internationale, Neuchâtel 2016, S. 342-353; Farquet, Rise Swiss Tax Haven, S. 23.

der zu zahlende Steuerbetrag erheblich. Hatte Hitler 1932 auf ein Nettoeinkommen von 64 639 RM Einkommensteuer in Höhe von 12 130 RM entrichtet, stiegen seine Einnahmen 1933 auch ohne das Kanzlergehalt auf 1,2 Millionen RM an. Sein Einkommen hatte sich also nahezu verzwanzigfacht. Hitler gehörte damit zu den Spitzenverdienern in Deutschland und hätte laut seines Steuerbescheids nun 297 005 RM an Einkommensteuer zu zahlen gehabt. Hitlers für die Finanzen zuständiger Adjutant Julius Schaub erwirkte daraufhin bei Finanzstaatssekretär Fritz Reinhardt, dass die Hälfte von Hitlers Einkommen steuerfrei gestellt wurde, mit der Begründung, dass dieser Anteil für professionelle Aufwendungen benötigt werde. Doch auch die verringerte Steuersumme war Hitler noch zu hoch. Nach erneuter Vorsprache seines Adjutanten bei Reinhardt stellte das Reichsfinanzministerium Hitler schließlich steuerfrei. Hitler zahlte, nach dem er Reichskanzler geworden war, keinen Pfennig Einkommensteuer mehr.[218] Dies nahmen sich nach und nach auch andere NS-Größen zum Vorbild. Begünstigt wurde die Steuervermeidung durch Anweisungen des Reichsfinanzministeriums aus den Jahren 1937 und 1939, wonach die Steuererklärungen von Reichsministern und NSDAP-Reichsleitern nur noch von den Finanzämtern Berlin-Mitte und München-Nord bearbeitet werden durften. Nach den Angaben des ehemaligen Vorstehers des Finanzamtes Berlin-Mitte machte Joseph Goebbels etwa vierhunderttausend Reichsmark seiner Einnahmen steuerfrei, indem er unbelegt zwanzig Prozent seines Einkommens als Betriebsausgaben angab. Albert Speer sparte dank einer persönlichen Befreiung von der Gewerbesteuerpflicht jährlich etwa fünfzehn bis zwanzigtausend Reichsmark. Hermann Göring deklarierte nur geringe Einnahmen, etwaige Nachfragen des Finanzamtes wurden durch das Ministerium untersagt. Auf sein Jahresgehalt von 15 795 RM als preußischer Ministerpräsident zahlte er nur 190 RM Steuern. Nach dem Tod von SA-Chef Viktor Lutze fand das Finanzamt ein Vermögen von fast vierhunderttausend Reichsmark vor, welches dieser dem Finanzamt verschwiegen hatte. Großadmiral Erich Raeder verschwieg die Zinseinnahmen, die er durch seine im April 1941 erhaltene üppige Dotation von 235 000 RM zusätzlich hatte.[219]

218 Oron James Hale, Adolf Hitler: Taxpayer, in: American Historical Review 60 (1955) 4, S. 830-842.

219 Erich Bandekow, Über steuerliche Korruptionsfälle von Reichsministern,

Nicht nur die Spitzen von Staat und Partei profitierten von systematischen Begünstigungen. Auf nachgeordneten Verwaltungsebenen befleißigte man sich vor allem einer klientelistischen Ausgabenpolitik. Insbesondere »alte Kämpfer«, aber auch verdiente NSDAP-Funktionäre, Beamte und Künstler konnten mit umfangreichen Dotationen rechnen. In München schätzte eine Kommission 1946, dass von 1933 bis 1945 etwa 25 Millionen Reichsmark aus der Stadtkasse an die Partei, ihre Unterorganisationen sowie einzelne Personen geflossen waren.[220] Eine quantitative Studie zeigt zudem, dass dort, wo die NSDAP hohe Wahlergebnisse erzielte, 1933/34 die Ausgaben für Arbeitsbeschaffung besonders hoch waren, auch um verdienten Parteigenossen ein Auskommen zu verschaffen.[221]

Noch ein weiteres Charakteristikum absolutistischen Haushaltsgebarens erlebte im Nationalsozialismus seine Wiederkehr: die Unwilligkeit der Herrscher, einen übersichtlichen Gesamthaushalt zu führen, der alle geplanten Einnahmen und Ausgaben nachvollziehbar machte. Absolutistische Herrscher ließen sich nur ungern in die Karten schauen und operierten deswegen oft mit Sonderfonds und Geheimbudgets.[222] Auch im Nationalsozialismus setzte früh die Flucht aus dem Budget ein. Das Reichswehr- und das Reichsluftfahrtministerium entledigten sich schon 1933 des Zwangs, genaue Haushaltspläne aufzustellen. Sie erhielten Globalzuweisungen, für deren Verwendung sie dem Reichsfinanzministerium nur begrenzt rechenschaftspflichtig waren. Auch Partei und SS standen trotz erheblicher Zuwendungen aus dem Haushalt außerhalb der Kontrolle des Finanzministeriums. Zudem liefen weite Teile der Arbeits-

Reichsleitern usw., in: BAK, Kleine Erwerbungen 544; Frank Bajohr, Parvenüs und Profiteure. Korruption in der NS-Zeit, Frankfurt am Main 2001, S. 62-69, Banken, Hitlers Steuerstaat, S. 235-249.

220 Rabe, Stadt, S. 315.

221 Stephan E. Maurer, Voting Behavior and Public Employment in Nazi Germany, in: Journal of Economic History 78 (2018) 1, S. 1-39. Im Detail zeigt dies: Detlev Humann, ›Alte Kämpfer‹ in der neuen Zeit. Die sonderbare Arbeitsvermittlung für NS-Parteigänger nach 1933, in: Vierteljahrschrift für Sozial- und Wirtschaftsgeschichte 98 (2011) 2, S. 173-194; ders., Verwahranstalten mit Fantasiegehältern? Die Hilfswerklager der SA für ›alte Kämpfer‹, in: Vierteljahrschrift für Sozial- und Wirtschaftsgeschichte 97 (2010) 4, S. 425-436.

222 Eindrucksvoll am Beispiel Ludwigs XIV.: Jacob Soll, The Reckoning. Financial Accountability and the Making and Breaking of Nations, London 2014, S. 87-100.

beschaffungsfinanzierung durch die Sonderwechsel außerhalb des Haushalts.[223] Das Finanzministerium verlor so unterm Strich trotz seiner Aufstockung und der Zentralisierung der staatlichen Finanzen mehr an Macht, als es neu hinzugewann. Dass wesentliche Ausgabenbereiche seinem Zugriff entzogen waren, begrenzte empfindlich die Möglichkeit, eine eigenständige Finanzpolitik zu treiben.

Steuererhöhungen und Kriegsfinanzdebatten (Mitte 1936 - Ende 1937)

Seit der Regierungsübernahme kreiste Hitlers Denken vor allem um die Sicherstellung der Wiederaufrüstung, auch wenn daneben anfangs die Arbeitsbeschaffungsmaßnahmen breiten Raum einnahmen. Von Beginn an hatte er klargestellt, dass er die Rüstungsanstrengungen so wenig wie nur möglich durch finanzielle Zwänge eingeschränkt sehen wollte. Bereits mit einem Beschluss vom 4. April 1933 ermächtigte das Kabinett die Reichswehr zur autonomen Haushaltsgestaltung, so dass diese mit dem Reichsfinanzminister nur noch über Globalsummen verhandeln, aber wie erwähnt keine detaillierten Haushaltsaufstellungen mehr vorlegen musste. Schwerin von Krosigk wurde angewiesen, die Aufrüstung notfalls ohne Rücksicht auf Haushaltsausgleich und Budgetrecht mit allen Mitteln zu fördern.[224] In den Worten Michael Geyers erhielt die Armeeführung die »volle ›Souveränität‹« über die Rüstung, denn diese »wurde aus dem Staatsgeschäft ausgesondert und der Reichswehr anheimgestellt«.[225]

Reichsbankpräsident Schacht hatte der Wehrmacht in auf diesen Kabinettbeschluss folgenden Verhandlungen eine Gesamtsumme von 35 Milliarden RM für eine achtjährige Aufrüstungsphase zugesagt.[226] Diesen Zusagen folgend finanzierte die Reichsbank die Rüstung zu Beginn vor allem durch eine Kreditausweitung und

223 Ullmann, Steuerstaat, S. 143-145.

224 Michiyoshi Oshima, Die Bedeutung des Kabinettsbeschlusses vom 4. April 1933 für die autonome Haushaltsgebarung der Wehrmacht, in: FinanzArchiv N.F. 38 (1980) 2, S. 193-235.

225 Michael Geyer, Deutsche Rüstungspolitik 1860-1980, Frankfurt am Main 1984, S. 140.

226 Ebd.

die Mefo-Wechsel, ein Finanzierungsinstrument in Form eines Wechselkredits, das die für die Aufrüstung in Kauf genommene Verschuldung zu verschleiern half.[227] Doch spätestens ab 1935 hielt Schacht auch Steuererhöhungen sowie Ausgabenkürzungen bei den zivilen Ressorts für unausweichlich, um die Aufrüstung sicherzustellen. Schon vor seiner im Mai 1935 erfolgten Berufung zum Generalbevollmächtigten für die Kriegswirtschaft setzte er zu Beginn des Jahres mehrere Ausschüsse ein, die über notwendige Maßnahmen im Falle eines Krieges beratschlagen sollten. Hierzu gehörte auch ein Unterausschuss zu Löhnen und Gehältern, der wiederum einen Arbeitsausschuss zu Spitzengehältern, Höchsteinkommen und Kriegsgewinnbesteuerung einsetzte. Dieser Arbeitsausschuss entwickelte sich zum zentralen Gremium, in dem Fragen der Besteuerung im Krieg verhandelt wurden. Bereits in der ersten Sitzung präsentierte das Reichsfinanzministerium einen umfassenden Plan zum Umbau des Steuersystems im Kriegsfall. Dieser sah vor, dass durch Steuererhöhungen und neue Steuern ein jährliches Zusatzaufkommen von 7,75 Milliarden RM erzielt werden sollte, eine Summe, die in etwa den regulären Steuereinnahmen des Finanzjahres 1935/36 entsprach. Das Finanzministerium ging davon aus, dass damit etwa ein Drittel der Kriegskosten aufgebracht werden könnten, während die übrigen zwei Drittel durch Anleihen zu decken seien. Man zielte also auf eine sehr viel höhere Steuerabdeckung als im Ersten Weltkrieg ab, trotzdem sollten Anleihen erneut das wichtigste Mittel der Kriegsfinanzierung darstellen.

Die geplante Verschiebung der Gewichte entsprach den Lehren, die selbst Karl Helfferich nach dem Ende des Ersten Weltkriegs aus der Krise der Staatsfinanzen gezogen hatte. Helfferich betonte freilich immer, dass er seine Politik, die Erhebung von Kriegsteuern so lange wie möglich hinauszuzögern und damit die Finanzierungsfrage letztlich auf später zu vertagen, nach wie vor für richtig hielt. Nur besondere Schwierigkeiten hätten Deutschland nach dem Krieg daran gehindert, die Steuern in ähnliche Höhen zu treiben wie Großbritannien.[228] Die bedeutendste wissenschaftliche Ab-

227 Barkai, Wirtschaftssystem, S. 156-158; Tooze, Wages, S. 54; Boelcke, Kosten, S. 18-20.

228 Karl Helfferich, Der Weltkrieg, Bd. 2: Vom Kriegsausbruch bis zum uneingeschränkten U-Bootkrieg, Berlin 1919, S. 153-168; ders. Das Geld, Leipzig 1923, S. 211.

handlung Mitte der 1930er-Jahre zu einer zukünftigen Kriegsfinanzierung kam zu deutlich präziseren Aussagen. Rolf Fricke, außerplanmäßiger Professor für Volkswirtschaftslehre an der Universität Marburg, kam zu dem Ergebnis, dass angesichts der deutschen Erfahrungen eine zu starke Inflation unbedingt vermieden werden müsse. Sein zentrales Ergebnis war, dass »auf das Mittel einer tiefgreifenden Vermögensbesteuerung einfach deshalb nicht verzichtet werden [kann], weil der Krieg die schwerste Form der Zerstörung materieller volkswirtschaftlicher Werte darstellt und deshalb die übrigen Finanzierungsmöglichkeiten einfach nicht ausreichen, den dringendsten öffentlichen Bedarf sicherzustellen«.[229]

Der Vertreter des Finanzressorts, Ministerialrat Kurt Zülow, betonte, im Ministerium habe man sich von dem Gedanken leiten lassen, dass niemand am Krieg gewinnen solle. Allzu große Einkommenszuwächse dürfe man daher nicht zulassen. Das vorgestellte Programm setzte auch tatsächlich auf den deutlichen Ausbau progressiver, direkter Steuern, wie es diesem Grundsatz entsprach. So sah das Finanzministerium vor, dass bei Einkommen von mehr als 30 000 RM im Krieg sämtliche Einkommensteuerzuwächse weggesteuert werden sollten. Hinsichtlich der Vermögensteuer war man im Ministerium ähnlicher Ansicht wie Fricke und plante eine Erhöhung von einem halben auf fünf Prozent. Auch den Spitzensatz der Körperschaftsteuer wollte man von zwanzig auf sechzig Prozent anheben. Auf die Einkommen- und Lohnsteuer wollte man einen Kriegszuschlag von fünfzig Prozent erheben. Aufsichtsratsvergütungen sollten komplett vom Staat vereinnahmt werden. Die genannten Maßnahmen hätten durchweg vor allem die Wohlhabenden belastet. Auf jegliche Anhebung von Verbrauch- und Umsatzsteuern, die die Unterschicht härter getroffen hätte, wollte man verzichten. Einzig die vorgesehene Besteuerung von Einkommen aus Mehrarbeit von dreißig Prozent hätte vor allem eine Belastung der unteren Einkommensgruppen bedeutet.[230]

Die Vorschläge trafen jedoch auf schärfsten Widerspruch des Reichswirtschaftsministeriums. Die vorgesehene Wegsteuerung von Gehaltszuwächsen hielt man dort für leistungshemmend. Die deutliche Anhebung der Vermögensteuer kritisierte das Wirt-

229 Rolf Fricke, Kriegsfinanzierung, in: FinanzArchiv N.F. 3 (1935), S. 543-587, hier S. 546.

230 Banken, Hitlers Steuerstaat, S. 140 f.

schaftsressort als gefährlich, weil ein erheblicher Teil des Vermögens in Form von Immobilien und Hypotheken fest angelegt sei und eine Verflüssigung unabsehbare Folgen haben könne. Auch die gesonderte Besteuerung von Einkommen aus Mehrarbeit hielt man für keine gute Idee, da dadurch die Arbeitsbereitschaft sinken könne. Vor allem diese letzte Befürchtung teilten auch die Vertreter des Arbeitsministeriums und des Oberkommandos der Wehrmacht (OKW).

Aufgrund der massiven Kritik präsentierte das Finanzministerium im Januar 1936 neue Vorschläge. Diese sahen deutlich erhöhte Kriegszuschläge auf die Einkommen- und Körperschaftsteuer, die Einführung einer Mehreinkommensteuer, eine Kriegsvermögensabgabe von zehn Prozent und eine nahezu vollständige Wegsteuerung von Kriegsgewinnen vor. Doch auch mit diesem neuen Programm waren die anderen Ministerien nicht einverstanden. Daraufhin legte das Reichsfinanzministerium im August 1936 einen weiteren Plan vor, der jedoch weitgehend auf dem ersten beruhte, allerdings mit reduzierten Anhebungen der Sätze, dem Verzicht auf die Wegsteuerung von Einkommenszuwächsen bei Einnahmen von über 30 000 RM und der Ergänzung um eine Mehreinkommensteuer. Doch auch dieses im Aufkommen schon geminderte Steuerpaket stieß noch auf Bedenken. Das Reichswirtschaftsministerium hielt auch den nun bei der Vermögensteuer vorgesehenen Satz von vier Prozent noch für deutlich zu hoch, während das Arbeitsministerium die starke Belastung der Arbeiterschaft durch die Mehreinkommensteuer beklagte. Positiv aufgenommen wurden der weitgehende Verzicht auf die Erhöhung von Umsatz- und Verbrauchsteuern sowie auf die umfassenden Zuschläge auf die Einkommen- und Körperschaftsteuer.[231]

Da die Aufstellungen des Finanzministeriums allen Beteiligten vor Augen führten, welche Belastungen es für die Bevölkerung mit sich bringen würde, ein Drittel der vermuteten Kosten eines kommenden Krieges durch Steuern aufzubringen, begannen erste Diskutanten bald, von der zu Beginn der Verhandlungen weitgehend konsensualen Festlegung auf einen höheren Steueranteil als im vergangenen Weltkrieg abzurücken. Ein Vertreter des Kriegsministeriums schlug vor, die Kriegskosten vor allem durch Kreditausweitung

231 Ebd., S. 142 f.

auf dem Weg der gesteuerten Inflation aufzubringen.[232] Keine Rolle spielte bis 1938 die Idee, dass möglicherweise besetzte Gebiete einen Teil der Kriegskosten tragen könnten. Dies lag auch daran, dass Deutschland im Ersten Weltkrieg keine systematische wirtschaftliche Ausnutzung der besetzten Gebiete betrieben und die Debatten um eventuelle Kriegsentschädigungen besiegter Staaten im Reichstag für viel Streit gesorgt hatten.[233] Erst als mit der »Rest-Tschechei« ein vorwiegend von einer nichtdeutschen Bevölkerung bewohntes Gebiet unter deutsche Verwaltung geriet, begann man erste Pläne für die Nutzung besetzter Gebiete zu entwickeln.[234]

Im Frühjahr 1937 legte das Finanzministerium einen ausgearbeiteten Gesetzentwurf auf Basis der nun bereits seit zwei Jahren geführten Debatte vor. Das zusätzliche jährliche Steuervolumen war darin von ursprünglich vorgesehenen 7,75 Milliarden Reichsmark auf etwa 5 Millionen Reichsmark reduziert worden. Es waren vor allem das Kriegsministerium, die Reichsbank und das Reichsfinanzministerium, die auf möglichst hohe Steuern pochten, doch die Mehrheit der Ressorts stemmte sich gegen die anfänglich derart ausgeweitete Steuererhebung.[235] Im neuen Vorschlag lag der Spitzensatz der Vermögensteuer nur noch bei 2 Prozent, die Zuschläge waren für die Einkommensteuer auf 50 und für die Körperschaftsteuer auf 66,6 Prozent festgesetzt worden. Dazu kamen eine Steuer von 8 Prozent auf Lohnmehreinkommen und Sätze von 30 bis 100 Prozent für die Besteuerung sonstiger Einkommenszuwächse im Krieg. Obwohl das Programm nun auf weitgehende Zustimmung stieß, wurde es nicht vom Kabinett verabschiedet, sondern verschwand ohne finale Festlegung vorerst in den Schubladen.[236]

Während die Diskussion über die Kriegsteuern lief, ergaben sich durch die Aufrüstung schon deutlich vor Kriegsbeginn wachsende Finanzierungslücken. Im Oktober 1935 verkündete Reichskriegsminister von Blomberg, dass die Aufrüstung noch einmal beschleunigt werde und fiskalische Maßgaben dabei keine Rolle spielen dürf-

232 Ebd., S. 144.
233 Jürgen Kilian, Krieg auf Kosten anderer. Das Reichsministerium der Finanzen und die wirtschaftliche Mobilisierung Europas für Hitlers Krieg, München 2017, S. 50.
234 Ebd., S. 54.
235 Ebd., S. 45.
236 Banken, Hitlers Steuerstaat, S. 144 f.

ten.[237] Um die finanziellen Folgen zu verschleiern, verbot Hitler fortan die Publikation des Reichshaushalts.[238] Gleichzeitig wuchsen auch die Ansprüche der zivilen Ministerien. Die Volkswirtschaftlich-Statistische Abteilung der Reichsbank ging im Februar 1936 von einem Defizit von 4 Milliarden RM im ordentlichen Haushalt für das Fiskaljahr 1936/37 aus. Zur Schließung der Lücke und Abdeckung eines Teils der neuen Rüstungsausgaben schlug sie eine deutliche Steuererhöhung vor. Beim Durchgang durch die Steuern stellte man allerdings fest, dass die Belastung durch alle direkten Steuern aus Sicht der Reichsbank bereits hoch war, weswegen man eher die Erhöhung von Umsatz- und Verbrauchsteuern empfahl. Ähnlich wie das Reichswirtschaftsministerium favorisierte auch die Reichsbank also eine stärkere Belastung der unteren Schichten, während man die Wirtschaft von weiteren Steuererhöhungen verschonen wollte. Letztlich einigte sich Schacht mit dem Reichsfinanzministerium darauf, die Lücke vor allem durch eine Laufzeitverlängerung der Mefo-Wechsel zu schließen. Auf steuerlichem Gebiet beschränkte man sich dagegen auf die Erhöhung der Körperschaftsteuer, die zusätzliche Einnahmen von 400 bis 500 Millionen Reichsmark erbringen sollte, also letztlich nur 10 Prozent des erwarteten Defizits. Schacht ließ sich auf diese Maßnahme ein, weil die Gewinne der Kapitalgesellschaften rapide stiegen und eine weitere Stärkung ihrer Selbstfinanzierungsfähigkeit nicht vordringlich war.[239]

Eine Lösung der Finanzprobleme stellte die Körperschaftsteuererhöhung zweifellos nicht dar. Dementsprechend war das Finanzministerium in der Folgezeit unablässig auf der Suche nach Möglichkeiten zur Erhöhung der Einnahmen. So führte man 1937 eine Wehrsteuer, die einen fünfzigprozentigen Aufschlag auf die Einkommensteuer für nicht zum Wehrdienst Einberufene bedeutete, sowie eine Wandergewerbesteuer ein, die jedoch beide zunächst nur geringe Einnahmen generierten. Alle weiteren Steuerpläne scheiterten am Widerstand der anderen Ministerien. Im Gegenzug richtete das Finanzministerium an die anderen Ressorts immer wieder

237 Michael Geyer, Aufrüstung oder Sicherheit. Die Reichswehr in der Krise der Machtpolitik 1924-1936, Wiesbaden 1980, S. 455; Oshima, Bedeutung, S. 193.

238 Banken, Hitlers Steuerstaat, S. 113.

239 Ebd., S. 116f.

Appelle zur Sparsamkeit, die jedoch häufig wirkungslos blieben.[240] Im September 1937 gelang es immerhin, den vorläufigen Stopp aller zivilen Bauvorhaben durchzusetzen. Da das Finanzministerium weder neue Steuern noch eine Begrenzung der Ausgaben erreichen konnte, blieben nur Maßnahmen wie die Ausdehnung der Steuerfahndung, die Streichung von Steuerbegünstigungen und die Beschränkung der Einspruchsrechte, um Zugewinne zu erzielen.[241]

Dies führte zu einer Konzentration der Behörde auf die Suche nach neuen Einkünften. Demgegenüber blieben andere grundsätzliche Reformversprechen, etwa bei der Bürgersteuer oder der Hauszinssteuer, vorerst unbearbeitet. Als einzige grundsätzliche Neuerung der Jahre 1936/37 wurde im Dezember 1936 die Realsteuerreform verabschiedet, die einen wesentlichen Beitrag zur Zentralisierung des Steuersystems leistete.

Die Zentralisierung der öffentlichen Finanzen

Eine wesentliche Erkenntnis aus dem Ersten Weltkrieg war, dass eine ganz an den jeweils aktuellen militärischen Erfordernissen ausgerichtete Kriegsfinanzierung nur gelingen konnte, wenn das Reich auf den größten Teil der Steuereinnahmen zugreifen konnte und ihm zeitraubende Verhandlungen mit den Ländern erspart blieben. Hinzu kam, dass die NSDAP den Föderalismus ohnehin grundsätzlich durch die Umstellung von Ländern auf Gaue einschränken wollte, wodurch althergebrachte Ländertraditionen und Länderrecht untergraben werden sollten.

Nach der Verkündung des Vierjahresplans beschleunigte das NS-Regime die zuvor nur mit halber Kraft betriebene Zentralisierung deutlich. Von großer Bedeutung war hierbei die Realsteuerreform vom Dezember 1936.[242] Diese entzog den Ländern die ihnen

240 Ebd., S. 120 f.

241 Eine gewisse Entlastung durch höhere Einnahmen brachten daneben Zugewinne aufgrund der anhaltenden Rüstungskonjunktur.

242 Fritz Terhalle, Die Realsteuerreform vom 1. Dezember 1936, in: Jahrbücher für Nationalökonomie und Statistik 145 (1937), S. 664-698; Hansmann, Kommunalfinanzen, S. 130-146; Rüdiger Voigt, Die Auswirkungen des Finanzausgleichs zwischen Staat und Gemeinden auf die kommunale Selbstverwaltung von 1919 bis zur Gegenwart, Berlin 1975, S. 104-106; Voß, Steuern, S. 98-101; Giese, Abgabenordnung, S. 106-109; Schauer, Steuergesetzgebung, S. 108-111.

bisher zugewiesenen Besteuerungsrechte, wodurch die anvisierte Auflösung der Länder zugunsten der von der Reichsregierung favorisierten Gaustruktur vorbereitetet wurde. Die Grund- und die Gewerbesteuer wies man allein den Gemeinden zu und setzte damit die von Miquel 1893 in Preußen eingeführte Regelung nun für das ganze Reich durch. Gleichzeitig hob man die bestehenden sechzehn unterschiedlichen Landesgewerbesteuern auf und traf eine reichseinheitliche Regelung. Gemäß der Weimarer Verfassung wäre das Reich nicht befugt gewesen, Gesetze über Länder- und Gemeindesteuern zu erlassen, doch darüber ging das Reichsfinanzministerium einfach hinweg. Damit standen fortan 98 Prozent des deutschen Steueraufkommens unter Reichsrecht.[243]

Während die Länderfinanzen durch diese Umgestaltung an den Rand der Bedeutungslosigkeit gerieten, stiegen die Gemeindesteuereinnahmen in der Folge erheblich an. Insbesondere die dank des Rüstungsbooms stark wachsenden Gewerbesteuereinnahmen sorgten für gute Gesamterträge. Die kamen den Kommunen allerdings kaum zugute wegen zweier den Finanzausgleich betreffender Gesetzesänderungen vom Februar 1935 und März 1936, den sogenannten Plafondgesetzen, mit denen das Reich konjunkturbedingte Steuermehreinnahmen ausschließlich für sich selbst vorbehielt und aus dem Finanzausgleich herausnahm. 1938 zog das Reich zudem die Biersteuer und einen Teil der Grunderwerbsteuer an sich.[244]

Schon das Realsteuergesetz ging auf Überlegungen zurück, die der damals noch kommissarische preußische Finanzminister Johannes Popitz in einem Gutachten 1931/32 entwickelt hatte.[245] Ein weiterer, noch sehr viel bedeutsamerer Schritt zur Umsetzung seiner Überlegungen gelang Popitz mit dem Preußischen Finanzausgleichsgesetz vom 10. November 1938, dessen Ziel es war, die Steuerkraftunterschiede zwischen den Gemeinden stärker als zuvor auszugleichen. Dafür installierte Popitz ein komplexes System von Schlüssel- und Bedarfszuweisungen.[246] Ein Ausgangspunkt war,

243 Terhalle, Realsteuerreform, S. 664.

244 Hansmann, Kommunalfinanzen, S. 132, Rabe, Stadt, S. 201-203; Banken, Hitlers Steuerstaat, S. 461.

245 Johannes Popitz, Der künftige Finanzausgleich zwischen Reich, Ländern und Gemeinden, Berlin 1932. Vgl. Hansmann, Kommunalfinanzen, S. 130

246 Dieses System war stark am britischen *Local Government Act* von 1929 angelehnt.

dass der Ausgabenbedarf von Gemeinden mit der Größe überproportional anstieg, weswegen die Zuweisungen auch nach Gemeindegrößen gestaffelt wurden. Auf diese Weise sollten Industriestädte, die geringe Realsteuereinnahmen, aber ein rasches Bevölkerungswachstum aufwiesen, mit zusätzlichen Einnahmen versorgt werden. Das Gesetz wurde später auch von bundesrepublikanischen Wissenschaftlern fast einhellig gelobt und bildete die Grundlage für den kommunalen Finanzausgleich in der Bundesrepublik.[247]

Insgesamt stieg dadurch der Anteil des Reiches an den Staatseinnahmen von weniger als der Hälfte (1934/35) auf fast drei Viertel (1939/40). Hauptleidtragende waren die Länder, deren Einnahmeanteil deutlich unter zehn Prozent fiel, aber auch der kommunale Anteil verringerte sich bis Kriegsbeginn nahezu um die Hälfte. In Reichsmark ausgedrückt verdoppelte sich das Steueraufkommen deutscher Großstädte von 1933 bis 1939 jedoch.[248]

Grafik 48

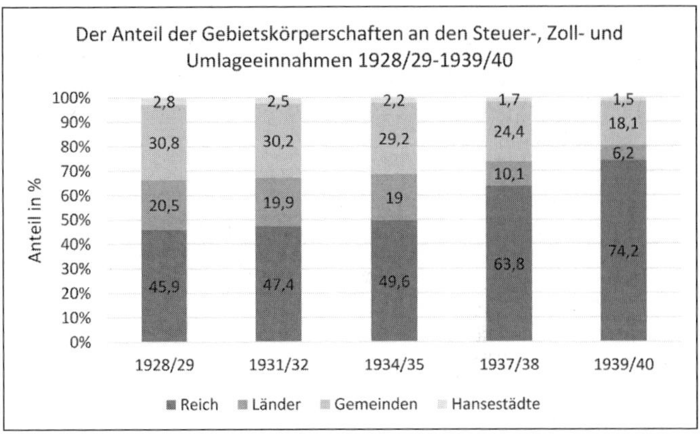

Quelle: Länderrat, Statistisches Handbuch, S. 541[249]

247 Voigt, Auswirkungen, S. 108-112; Hans-Erich Hornschu, Die Entwicklung des Finanzausgleichs im Deutschen Reich und in Preußen von 1919 bis 1944, Kiel 1950, S. 112-123; Hansmann, Kommunalfinanzen, S. 130 f.

248 Ebd., S. 135.

249 Das Verhältnis auf der Ausgabenseite entwickelte sich in ähnlicher Form. 1938

Damit erreichte Deutschland zwar bei den besonders ergiebigen direkten Steuern noch lange nicht den französischen Zentralisierungsgrad, konnte in dieser Hinsicht aber zumindest fast zu Großbritannien aufschließen. Besonders augenfällig wird die tiefgreifende Veränderung verglichen mit den Verhältnissen vor dem Ersten Weltkrieg. Deutschland hatte sich steuertechnisch von einem Föderal- zu einem Zentralstaat gewandelt, der sich nun deutlich von den stärker föderalistischen Systemen in der Schweiz und den USA unterschied.

Grafik 49

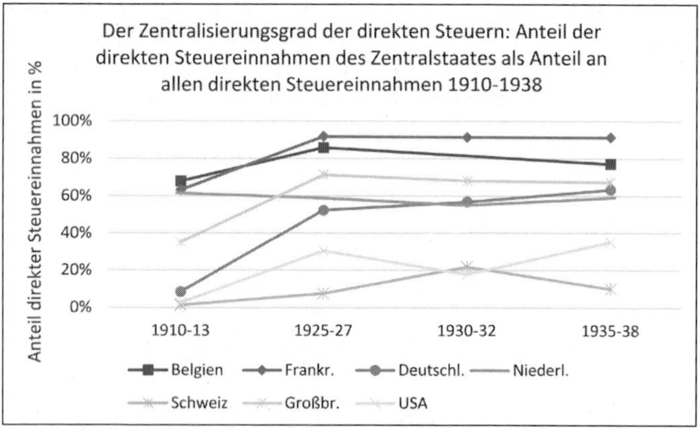

Quelle: Farquet, Swiss Tax-Haven, S. 8

Mindestens ebenso bedeutsam für die kommunalen Haushalte wie die Veränderungen in der Steuerpolitik waren jene in der Kreditpolitik. Bereits in der Weltwirtschaftskrise war den Kommunen der Zugang zum Kreditmarkt erheblich erschwert worden. Eine Bewilligung war nur für außerordentlichen Bedarf vorgesehen. Die Gemeinden hofften allerdings, mit der nach 1933 recht zügig ein-

war das Verhältnis zwischen den drei Ebenen dort 79/7,5/13,5. Siehe: Suphan Andic/Jindrich Veverka, The Growth of Government Expenditure in Germany Since the Unification, in: FinanzArchiv N.F. 23 (1964) 2, S. 169-278, hier Tabelle A8, S. 246. Weitere Tabellen und Grafiken zu den Länder- und Gemeindefinanzen: Banken, Hitlers Steuerstaat, S. 474-482.

tretenden Verbesserung ihrer Finanzen wieder Zugangsmöglichkeiten zu erhalten. Auch deswegen betrieben viele Gemeinden eine Politik des Haushaltsausgleichs und der Entschuldung. Kämmerer legten daher großen Wert auf die Präsentation schwarzer Zahlen. Doch mit der Verschärfung des Aufrüstungstempos erschwerte die Reichsregierung stattdessen den Zugang zu Krediten weiter. Um nicht bei in Zukunft anstehenden größeren Investitionen chancenlos zu sein, begannen viele Städte und Gemeinden Rücklagen zu bilden. Insgesamt sparten die Kommunen von März 1936 bis März 1939 eine Milliarde RM an Rücklagen an.[250] Dies konnten städtische Kämmerer nach außen als verantwortungsvolle Haushaltspolitik verkaufen, doch letztlich lebten die Städte von ihrer Substanz, weil sie ihre Infrastruktur kaum noch instand halten konnten und ein gewaltiger Investitionsstau entstand. Die Rücklagenbildung war letztlich ein öffentlich-kommunales Pendant zum »Eisernen Sparen« der Bevölkerung: ein mangels Alternativen durchgeführtes Zwangssparen zugunsten der Rüstungsanstrengungen.[251]

Liquiditätskrise im Rüstungsboom (1938 bis Kriegsbeginn)

Ab Mitte 1938 schlitterte das nationalsozialistische Regime in seine bis dahin schwerste Krise. Eine Haushalts- und Liquiditätskrise führte zu erregten Diskussionen in der Reichsregierung. Reichsbankpräsident Schacht malte das Gespenst der Zahlungsunfähigkeit an die Wand, auch wenn die zu keinem Zeitpunkt unmittelbar drohte, weil die Devisenreserven immer noch für mindestens sechs Monate ausgereicht hätten.[252] Im Streit um das weitere Tempo der Aufrüstung trennte sich die nationalsozialistische Führung schließ-

250 Daneben mussten sich die deutschen Gemeinden mit mehr als 3000 Einwohnern im Herbst 1938 anteilig an der Aufbringung einer Reichsanleihe in Höhe von 500 Millionen RM beteiligen. Horst Matzerath, Nationalsozialismus und kommunale Selbstverwaltung, Stuttgart 1970, S. 364

251 Rabe, Stadt, S. 240-258.

252 Albrecht Ritschl, Die deutsche Zahlungsbilanz 1936-41 und das Problem des Devisenmangels vor Kriegsbeginn, in: Vierteljahrshefte für Zeitgeschichte 39 (1991), S. 103-123, hier S. 112; Ralf Banken, Edelmetallmangel und Großraubwirtschaft. Die Entwicklung des deutschen Metallsektors im »Dritten Reich« 1933-1945, Berlin 2009, S. 241.

lich bis zum Frühjahr 1939 von einem Großteil der verbliebenen konservativen Politiker, insbesondere von Reichsbankpräsident Schacht.

Die Führung des Reichsfinanzministeriums hatte bereits im Herbst 1937 befürchtet, im kommenden Jahr in erhebliche Schwierigkeiten zu geraten, weil die Finanzierung der Aufrüstung durch die Mefo-Wechsel im April 1938 auslaufen sollte und eine alternative Deckung der weiter steigenden Rüstungskosten nicht in Sicht war. Der Einmarsch in Österreich und dessen Eingliederung in das Reich führte der Reichsbank zwar durch die österreichischen Gold- und Devisenreserven in Höhe von etwa 1,2 bis 1,4 Milliarden RM kurzfristig Liquidität zu,[253] doch die Kosten der Eingliederung ließen die Ausgaben gleichfalls erheblich steigen.[254] Da Hitler noch im Frühjahr 1938 die Auseinandersetzung mit der Tschechoslowakei zu suchen begann, verlangte er eine weitere Rüstungssteigerung.[255] Adam Tooze zufolge erreichte der Anteil der Militärausgaben am Nationalprodukt damit eine Höhe, die niemals zuvor in einer kapitalistischen Ökonomie in Friedenszeiten erklommen worden war.[256] Dementsprechend schwierig gestaltete sich die Lage des Finanzministers und des Reichsbankdirektors. Schwerin von Krosigk und Schacht einigten sich schließlich darauf, die auslaufenden Mefo-Wechsel durch lombardfähige, mit drei Prozent verzinste Lieferschatzanweisungen mit halbjährlicher Fälligkeit zu ersetzen. Beiden war klar, dass sie sich damit nur kurzfristig Luft verschaffen konnten und spätestens Anfang 1939 eine längerfristige Lösung würden finden müssen.[257]

Die Steuerabteilung des Ministeriums bemühte sich, die Lücken zumindest teilweise durch neue Steuern und Steuererhöhungen zu schließen. Im Februar hatte man einige Vergünstigungen in der Einkommensteuer abgeschafft und unter anderem die Bewertungsfreiheit für kurzfristige Wirtschaftsgüter und die Abzugsfähigkeit der Kirchensteuer erheblich eingeschränkt.[258] Am einträglichsten

253 Banken, Edelmetallwirtschaft, S. 263.

254 Banken, Hitlers Steuerstaat, S. 124.

255 Tooze, Wages, S. 253; Oshima, Bedeutung, S. 207 f., Geyer, Rüstungsbeschleunigung, S. 129.

256 Tooze, Wages, S. 255.

257 Boelcke, Kosten, S. 26-31; Kopper, Schacht, S. 321-328.

258 Voß, Steuern, S. 107.

war erneut die Anhebung der Körperschaftsteuer, deren Spitzensatz nun auf 35 Prozent (ermäßigt 17,5 Prozent) stieg. Diese Maßnahmen trafen im Kabinett auf keinen Widerstand.[259] Während in den Kriegssteuerdebatten die Erhöhung der Verbrauchsteuern abgelehnt worden war, griff das Ministerium nun auch zu diesem Mittel. In vielen einzelnen Akten hob man einzelne kleinere Verbrauchsteuern im Wochen- und Monatsabstand an.[260] Die Maßnahmen waren aber nicht dazu angetan, die Situation kurzfristig zu verbessern. Stattdessen spitzte sich die Krise weiter zu. Schwerin von Krosigk schrieb deswegen Anfang September 1938 einen Brief an Hitler, in dem er von den hohen finanziellen Belastungen berichtete und vorsichtig vor einer eventuell drohenden Zahlungsunfähigkeit des Reiches warnte.[261] Selbst Oberst Kurt Drews vom Wehrwirtschaftsstab des OKW äußerte im Oktober 1938 Befürchtungen wegen der inflationären Wirkung der Rüstungsaufträge und empfahl höhere Steuern sowie eine Koordination bei der Vergabe der Wehrmachtsaufträge.[262] Auch wenn Göring und Hitler immer den absoluten Vorrang der Rüstung betonten, hatte die Liquiditätskrise zweifelsohne Rückwirkungen auf den Rüstungssektor. Um den Import notwendiger Rohstoffe zu gewährleisten, sah sich Deutschland gezwungen, mehr Stahl zu exportieren. Im November 1938 erfuhr die Wehrmachtsführung, dass ihre Stahlzuteilung im folgenden Jahr von zuletzt 530 000 Tonnen auf etwa 300 000 Tonnen absinken würde. Dies kam insbesondere für das Heer einem Schock gleich, weil damit ein Teil der Aufrüstungspläne vorerst zur Makulatur wurde.[263] Wie Jonas Scherner gezeigt hat, führte die Krise dazu, dass kurzfristig eine Stagnation der Rüstung in die Breite eintrat, während die Rüstung in die Tiefe, sprich die Investitionen in die Rüstungsindustrie, weitgehend aufrechterhalten wurden.[264] Damit dürfte die These endgültig widerlegt sein, dass Deutschland

259 Ebd., S. 106; Banken, Hitlers Steuerstaat, S. 126.

260 Ebd., S. 297; Voß, Steuern, S. 102.

261 Oshima, Bedeutung, S. 209; Geyer, Rüstungsbeschränkung, S. 124; Banken, Hitlers Steuerstaat, S. 127; Tooze, Wages, S. 271-273.

262 Geyer, Rüstungsbeschleunigung.

263 Tooze, Wages, S. 302.

264 Jonas Scherner, ›Armament in Depth‹ or ›Armament in Breadth‹? German Investment Pattern and Rearmament during the Nazi Period, in: Economic History Review 66 (2013) 2, S. 497-517.

sich schon in der Aufrüstungsphase auf eine Blitzkriegswirtschaft konzentriert hätte.

Göring versuchte die finanzielle Situation dadurch zu entspannen, dass er im Gefolge der Ermordung des deutschen Botschafters in Paris am 9. November 1938 der als jüdisch etikettierten Bevölkerung im Reich eine Vermögensabgabe in Höhe von einer Milliarde Reichsmark auferlegte. Die Umsetzung überließ er aber dem Finanzministerium, das damit vor der Frage stand, auf welche Art die Summe einzutreiben war. Das Ministerium entschied sich schließlich für eine zwanzigprozentige Vermögensabgabe, weswegen auch das Vermögensteuerreferat die Koordinierung übernahm. Die Vermögensabgabe besserte zwar 1939 die Finanzsituation, doch ganz kurzfristig waren die Erfolge nicht spürbar, weil es dauerte, bis die verbliebenen zumeist wenig liquiden Vermögensbestände verkauft waren. Bis Ende März 1939 hatte das Finanzministerium aber die Hälfte der Summe eingetrieben.[265] Letztlich brachte die Ausraubung der jüdischen Bevölkerung, von der unten noch ausführlich die Rede sein wird, dem Reich bei weitem nicht genug ein, um es aus der Krise zu befreien. Die Einnahmen aus der Vermögensabgabe machten nur etwa fünf Prozent der Reichssteuereinnahmen aus.[266] Zudem hatte Schacht Hitler darauf hingewiesen, dass die Abgabe Nebenwirkungen habe und der Ausgabe von Reichsanleihen schade, denn die jüdischen Besitzer sahen sich gezwungen, ihre Staatsanleihen zu verkaufen, und fielen als Käufer neuer Reichsanleihen aus. Auch dadurch konnte die vierte Tranche von Reichsanleihen des Jahres 1938 nicht mehr vollständig am Markt untergebracht werden.[267] Die Folge war, dass das Reichsfinanzministerium Anfang Dezember ein Kassendefizit von zwei Milliarden Reichsmark konstatierte. Schwerin von Krosigk teilte Schacht deshalb mit, dass das Reich sich nicht an die Vereinbarung halten könne, die Mefo-Wechsel im Januar 1939 in Reichsmark abzulösen. Schacht verweigerte dem Finanzminister daraufhin einen gewünschten Überbrückungskredit von hundert Millionen Reichsmark, und kurz darauf weigerte er sich gegenüber Reichswirtschaftsminister Funk,

265 Christiane Kuller, Bürokratie und Verbrechen. Antisemitische Finanzpolitik und Verwaltungspraxis im nationalsozialistischen Deutschland, München 2013, S. 151-167; Banken, Hitlers Steuerstaat, S. 526-540.

266 Tooze, Wages, S. 279.

267 Kopper, Schacht, S. 276 und 290; Oshima, Bedeutung, S. 210.

neue Anleihen zu emittieren. Schacht verlangte schließlich in einem persönlichen Gespräch mit Funk am 27. Dezember 1938 einen finanz- und wirtschaftspolitischen Kurswechsel mit einer gebremsten Aufrüstung und einer solideren Finanzierung. Hitler erhielt das von Schacht skizzierte Programm schließlich am 7. Januar 1939 als Denkschrift des Reichsbankdirektoriums. Er weigerte sich jedoch, das Tempo der Aufrüstung zu drosseln. Nachdem ihm Funk und Reinhardt die weitere Finanzierung der beschleunigten Aufrüstung garantierten, entließ Hitler Schacht und ernannte Funk nun auch zum Reichsbankpräsidenten.[268]

Funk setzte zur Überwindung der Liquiditätskrise alle Reserven der Reichsbank ein, vergab einen großen Betriebskredit an das Reich und nahm nun vermehrt Reichswechsel in den eigenen Bestand auf. Das Reichsfinanzministerium reagierte ähnlich und gab nach der Entlassung Schachts größere Mengen an unverzinslichen Schatzanleihen heraus.[269] Zudem erhöhte man bei den Steuermaßnahmen noch einmal die Schlagzahl. Im Februar 1939 trat das Einkommensteuer-Änderungsgesetz in Kraft, durch das erstmalig seit 1933 offen eine Erhöhung der Einkommensteuer verkündet wurde, die aufgrund des Haushaltsengpasses sogar rückwirkend für das Jahr 1938 galt. Dabei wurden die Steuersätze für Unverheiratete um 12,5 Prozentpunkte und bei Verheirateten, deren Ehe seit mindestens fünf Jahren kinderlos war, um 6,25 Prozentpunkte angehoben. Hinzu kam die Abschaffung weiterer Vergünstigungen, darunter die nun vollständige Beendigung der Abzugsfähigkeit der Kirchensteuer und der Vergünstigungen für die Beschäftigung von Haushaltsgehilfinnen.[270] Vier Wochen später stellte der Finanzminister der Öffentlichkeit den Neuen Finanzplan vor.[271] In dessen Zentrum stand die Ausgabe von Steuergutscheinen, die einen unverzinsten Vorgriff auf später zu erwartende Steuereinnahmen darstellten. Das Reich, die NSDAP und andere öffentlich-rechtliche Körperschaften verpflichtete das Gesetz, Leistungen von Privatunternehmen zu vierzig Prozent durch die neuen Steuergutscheine zu bezahlen. Die

268 Banken, Hitlers Steuerstaat, S. 130-133; Boelcke, Kosten, S. 20; Kopper, Schacht, S. 324 f.; Tooze, Wages, S. 298 f.

269 Banken, Hitlers Steuerstaat, S. 134.

270 Voß, Steuern, S. 107 f.

271 Fritz Terhalle, Der »Neue Finanzplan«, in: Jahrbücher für Nationalökonomie und Statistik 149 (1939), S. 682-699 Tooze, Wages, S. 299 f.

Unternehmen durften die Scheine ab sieben Monate nach Erhalt zur Begleichung ihrer Steuerschuld nutzen. Im Fall der Ausgabe durch Länder und Kommunen bedeutete dies finanztechnisch, dass das Reich vorübergehend Mittel von diesen übertragen bekam. Im Fall der Ausgabe des Reiches kamen die Steuergutscheine einer zusätzlichen Kreditschöpfung gleich.[272] Das zweite Element des Neuen Finanzplans war die Einführung einer Mehreinkommensteuer, die in der Diskussion um die Kriegsteuern zuvor bereits mehrfach auf dem Tisch gelegen hatte, letztlich aber stets an Einsprüchen namentlich des Reichsarbeitsministeriums gescheitert war. Mit ihr wurde jener Einkommensbetrag, sowohl von Personen wie Körperschaften, der höher als im Vorjahr lag, mit dem Satz von dreißig Prozent besteuert, was trotz eines Freibetrags von 1200 RM auch Arbeiterhaushalte betreffen konnte.[273] Insgesamt gelang es dem Reich durch die ausgeweitete Kreditschöpfung, die Eingänge der Vermögensabgabe jüdischer Bürger, Zugänge aus den Länder- und Kommunenhaushalten sowie steigende Steuereinnahmen, die Liquiditätskrise im Sommer 1939 weitgehend zu überwinden.[274]

Die zunehmende Haushaltsnot und die nach dem Einmarsch ins Sudetenland keineswegs gesunkene Kriegsgefahr führten dazu, dass ab November 1938 die im Frühjahr 1937 vorerst ad acta gelegte Kriegsteuerdiskussion wieder an Fahrt aufnahm. Ein Mitarbeiter des Statistischen Reichsamts, Otto Barbarino, hielt bereits im Vorfeld der Sitzung des Kriegssteuerausschusses vom 25. November 1938 fest, dass die gegenwärtig geplanten Steuererhöhungen nicht ansatzweise für die Kriegsfinanzierung hinreichen würden. Die in den bisherigen Plänen dominierende Finanzierung über Anleihen hielt er ob des angespannten Kapital- und Geldmarkts ebenfalls für wenig aussichtsreich. Das wesentliche Mittel müsse deswegen die inflatorische Kreditausweitung sein. Barbarino forderte gleichwohl flankierend wesentlich stärkere Steuererhöhungen, schon um zu verhindern, dass die Zahlungsmittelausweitung in eine unkontrollierte Preissteigerung mündete, und weil mit den Steuern die erzielten Mehreinnahmen durch Preissteigerung abgeschöpft werden könnten.[275] Doch in der Sitzung wurden eher

272 Terhalle, »Neue Finanzplan«, S. 684-694; Voß, Steuern, S. 109 f.

273 Terhalle, »Neue Finanzplan«, S. 694-696; Voß, Steuern, S. 110 f.

274 Banken, Steuerstaat, S. 135.

275 Ebd., S. 147 f. Vgl. auch die bald darauf publizierte Fassung: Otto Barbarino,

die altbekannten Vorbehalte gegen einzelne Steuern ventiliert, als dass es zu einer Ausweitung der geplanten Steuermehreinnahmen gekommen wäre. Im Mai 1939 versandte der Staatssekretär des Reichswirtschaftsministeriums Hans Posse seine Vorschläge zur Kriegsfinanzierung. Diese enthielten unter anderem eine stärkere Erhöhung der Lohnsteuer als in den bisherigen Plänen des Finanzministers. Auf einer Besprechung von Staatssekretären am 30. Mai 1939 trafen Posses Vorschläge darum auf schärfsten Widerspruch aus dem Arbeitsministerium, das darin nach der bereits vorgesehenen Verschärfung der Arbeitsgesetzgebung eine zweite Benachteiligung der Arbeiterschaft sah, die man nicht mitzutragen gewillt war. Stattdessen verkündete das Arbeitsministerium das Junktim, dass es die verschärfte Arbeitsgesetzgebung im Kriegsfall nur erlassen werde, wenn das Kabinett parallel ein Kriegsteuergesetz verabschiedete, dass mindestens so progressiv wie der letzte Vorschlag des Reichsfinanzministeriums war.[276] Im Juli 1939 legte Fritz Reinhardt darum für das Finanzministerium noch einmal einen neuen Finanzierungsvorschlag vor, der neben den bisher konsensualen Erhöhungsvorschlägen noch die Ausgabe weiterer Steuergutscheine und die Erhebung eines Wehrbeitrags von 25 Prozent auf Einkommen und Gewinne vorsah.[277] Dies stieß jedoch auch auf wenig Gegenliebe, und so wurde, als der Krieg dann kam, letztlich der Kriegsteuerentwurf des Finanzministeriums vom Frühjahr 1937 mit leichten Modifikationen verabschiedet. Eine weiter gehende Erhöhung der Steuern, wie sie das Finanzministerium ursprünglich geplant hatte, scheiterte zum einen daran, dass die meisten Ministerien der Meinung waren, dass die Steuern bereits in der Vorkriegszeit sehr hoch waren und eine weitere Belastung zu Unzufriedenheit und Leistungsverweigerung in der Bevölkerung führen könne. Zum anderen blockierten sich die Ministerien aber auch dadurch, dass sie sich als Vertreter unterschiedlicher Interessengruppen verstanden. Während das Reichswirtschaftsministerium und die Vierjahresplanbehörde sich gegen eine stärkere Belastung der Unternehmen aussprachen, verwahrten sich vor

Steuerpolitik im Kriege, in: Jahrbücher für Nationalökonomie und Statistik 150 (1939), S. 664-687.

276 Banken, Hitlers Steuerstaat, S. 148. Zur Haltung des Arbeitsministeriums: Recker, Sozialpolitik, S. 26-34.

277 Banken, Hitlers Steuerstaat, S. 149 f.

allem das Reichsarbeitsministerium und das OKW gegen eine weitere Steuererhöhung, die die Arbeiterschaft treffen würde.

Steuern als Mittel von Benachteiligung und Verfolgung

Während die Besteuerung der Volksgenossen hoch umstritten war, erzeugten die Maßnahmen, denen deutsche Bürger ausgesetzt waren, die von den Nationalsozialisten als Juden stigmatisiert wurden, wenig Reibung im Regierungsapparat. Die Vermögensabgabe war dabei die schärfste und kurzfristig ertragreichste finanzielle Verfolgungsmaßnahme. Doch erste Maßnahmen, die jüdische Deutsche auf dem Gebiet der Steuern diskriminierten, hatte das Regime bereits 1933 ergriffen. Man zwang sie, aus den Steuerveranlagungsausschüssen und der ehrenamtlichen Tätigkeit bei Finanzgerichten auszuscheiden. Zudem wurden »Juden« nicht mehr als Steuerberater zugelassen.

Die wichtigste finanzielle Benachteiligung der jüdischen Bevölkerung in den ersten Jahren der NS-Herrschaft beruhte aber auf einem Gesetz, das schon in der Weimarer Republik erlassen worden war und ursprünglich einen ganz anderen Zweck verfolgt hatte. Eine Reichsfluchtsteuer hatte die Finanzverwaltung bereits am Ende des Ersten Weltkriegs durchgesetzt, doch die wurde 1925 suspendiert. Die finanziellen Nöte in der Weltwirtschaftskrise führten aber dazu, dass die Regierung Brüning am 8. Dezember 1931 eine neue Reichsfluchtsteuer verabschiedete. Sie sah vor, dass deutsche Bürger, die ihren Wohnsitz ins Ausland verlagern wollten, beim Verlassen des Landes eine Abgabe von 25 Prozent ihres Vermögens zu leisten hatten. Dies galt allerdings nur für Wohlhabende, die entweder ein Vermögen von mindestens 200 000 RM oder ein Jahreseinkommen von über 20 000 RM vorzuweisen hatten. Das Gesetz zielte mithin darauf ab, Vermögende daran zu hindern, ihr Geld ins Ausland zu transferieren und durch die Wohnsitzverlagerung den deutschen Finanzbehörden dauerhaft vorzuenthalten.[278] In der Praxis erwiesen sich die Bestimmungen als schwer durchführbar, weil die Behörden zumeist erst nach erfolgter Auswanderung von ihr Kenntnis erhielten und es dann kaum noch möglich war, die

278 Dorothee Mußgnug, Die Reichsfluchtsteuer 1931-1953, Berlin 1993, S. 11-29.

Steuerschuld einzutreiben. Dementsprechend debattierte man in den Finanzämtern über die Einrichtung von Überwachungsdiensten und eine engere Zusammenarbeit mit den Passämtern.

Das Gesetz war mit zeitlicher Befristung angenommen worden und besaß, als Hitler zum Reichskanzler ernannt wurde, noch Gültigkeit bis Ende 1934. Mit Dienstantritt der nationalsozialistischen Regierung setzte eine erste Welle jüdischer Auswanderung aus Deutschland ein. Die Frage, ob diese Emigranten die Reichsfluchtsteuer zu zahlen hatten, stellte sich schnell. Das Finanzministerium forderte generell die Steuer ein, wenn die entsprechenden Vermögens- oder Einkommenswerte erreicht wurden. Dagegen klagten einige jüdische Bürger. Sie argumentierten, dass sie schließlich nicht aus steuerlichen Gründen auswanderten, sondern weil ihnen die Arbeitsmöglichkeit in Deutschland genommen worden sei. Manche nahmen Bezug auf einen Erlass des Wirtschaftsministeriums, in dem es hieß, dass die Auswanderung von »Nichtariern« im »deutschen Interesse« liege. Das Finanzministerium konzedierte das Interesse zwar intern durchaus, weigerte sich aber, dies als ausreichend zu betrachten, um auf die Steuererhebung zu verzichten. Der Reichsfinanzhof schloss sich letztlich der Meinung des Finanzministeriums an, mit der geradezu paradoxen Begründung, dass »Rassezugehörigkeit« im Steuerverfahren keine Rolle spielen dürfte.[279] Dem Finanzministerium und dem Finanzhof war dabei klar, dass sie die von der Reichsregierung erwünschte Auswanderung dadurch eher erschwerten, aber für sie gingen fiskalische Erwägungen vor.

Im Mai 1934 verlängerte die Reichsregierung die Geltungsdauer der Reichsfluchtsteuer und verschärfte in diesem Zuge zugleich den Zugriff des Fiskus. Die Vermögensfreigrenze wurde von 200 000 auf 50 000 RM abgesenkt, und bei der Einkommensgrenze von 20 000 RM galt nun nicht mehr das Haupteinkommen als entscheidend, sondern das Gesamteinkommen aller Familienmitglieder.[280] Damit hatte man den Kreis der Betroffenen erheblich erweitert. Das Problem für den Fiskus blieb aber dasselbe wie in der Weimarer Republik: Die Beamten, hieß es, erführen nur selten vorab von

279 Martin Friedenberger, Fiskalische Ausplünderung. Die Berliner Steuer- und Finanzverwaltung und die jüdische Bevölkerung 1933-1945, Berlin 2008, S. 74.
280 Kuller, Bürokratie, S. 192; Mußgnug, Reichsfluchtsteuer, S. 30 f.

einer bevorstehenden Ausreise. Kurzfristig gelang es dem Finanzministerium mit Unterstützung des Innenministeriums im April 1933, Sichtvermerke in Pässen eintragen zu lassen, doch nur wenige Monate später wurden die Visa auf Druck des Auswärtigen Amts, das außenpolitische Friktionen befürchtete, wieder abgeschafft. Das Reichsfinanzministerium beschloss daraufhin, die Sache in die eigenen Hände zu nehmen und Beobachtungsstellen einzurichten, die frühzeitig ermitteln sollten, welche jüdischen Deutschen ihre Auswanderung planten, um dann bei den Passbehörden eine Sperrung der Pässe der Betroffenen bis zur Entrichtung der Steuer zu erwirken.

Zu diesem Zweck verfügte die Steuerabteilung des Reichsfinanzministeriums die Einrichtung einer Zentralen Nachrichtenstelle beim Landesfinanzamt Berlin, die mit einem allgemein gehaltenen Auftrag zur Sammlung von Material über Steuerhinterziehung und Kapitalflucht versehen wurde, sich aber letztlich fast ausschließlich auf die Ausspähung jüdischer Auswanderer konzentrierte. Sie fasste die wichtigsten Entwicklungen in Rundschreiben zusammen, die breit in die Reichsfinanzverwaltung versandt wurden. Zudem pflegte die Nachrichtenstelle engen Kontakt mit Strafverfolgungsbehörden.[281] Früh bemühte man sich vielerorts darum, Daten von anderen Verwaltungseinheiten, aber auch von Arbeitgebern oder Banken übermittelt zu bekommen. Damit stieß man zu Beginn oft an Grenzen, weswegen bald Bemühungen einsetzten, die Informationsbeschaffung gesetzlich zu regeln. Im Steueranpassungsgesetz vom Oktober 1934 verankerte man für alle Behörden, Notare und Immobilienkäufer die Pflicht, das Finanzamt über Grundstücksverkäufe zu informieren. Grundbucheintragungen bedurften fortan einer steuerlichen Unbedenklichkeitserklärung durch das Finanzamt.[282]

Ab 1935 begann man Reichsfluchtsteuerstellen in den Finanzämtern einzurichten, die sich im Wesentlichen auf die Ausspionierung jüdischer Bürger konzentrierten. Als Vorbild diente dabei die am 1. Oktober 1935 errichtete Mannheimer Reichsfluchtstelle. Deren Leiter gelang es, eine enge Kooperation mit den Lokalbehörden und der NSDAP-Kreisleitung aufzubauen, mit deren Hilfe sich innerhalb kurzer Zeit eine Liste mit sechstausend Mannheimer

281 Friedenberger, Fiskalische Ausplünderung, S. 97-106; Kuller, Bürokratie, S. 113-116; Banken, Hitlers Steuerstaat, S. 498 f.

282 Ebd., S. 497.

Juden erstellen ließ, von denen man sechshundert für besonders ausreisewillig hielt. Bis Jahresende schaffte die Stelle es, zweihundert Auswanderungsfälle festzustellen und darüber zwei Millionen Reichsmark einzunehmen.[283] Erfolge wie dieser wurden auch über das Reichsfinanzministerium verbreitet, was dazu führte, dass bald in vielen Finanzämtern Reichsfluchtstellen eingerichtet wurden. In Berlin existierten im Frühjahr 1938 in 26 von 35 Finanzämtern solche Stellen. Sie gehörten zu den ersten Verwaltungseinheiten, die gezielt der Beobachtung und Verfolgung jüdischer Bürger dienten.[284]

Die intensivierte Überwachung und die Ausweitung der Steuerpflicht brachten den Finanzbehörden erhebliche Mehreinnahmen gegenüber den Anfangszeiten der Reichsfluchtsteuer. Während im Finanzjahr 1933/34 etwa 37000 allermeist jüdische Auswanderer für Einnahmen von insgesamt 17,6 Millionen Reichsmark sorgten, mussten 1936/37 etwa ein Drittel weniger Auswanderer ziemlich genau das Vierfache der Summe aufbringen. Die Einnahmen pro Kopf stiegen damit von 500 Reichsmark auf etwa 2800 Reichsmark – ein Beleg dafür, dass es nun sehr viel schwieriger war, der Beraubung durch den Fiskus durch eine heimliche Ausreise zu entgehen, denn die Herabsetzung der Freigrenzen hätte ja ein deutliches Absinken der Pro-Kopf-Beträge erwarten lassen. Als die Auswanderung 1938 mit etwa 40000 und 1939 mit etwa 78000 Menschen neue Höhepunkte erreichte, waren die Mechanismen bereits so eingespielt, dass in den Finanzjahren 1938/39 und 1939/40 zusammen über eine halbe Milliarde Reichsmark an Einnahmen aus der Reichsfluchtsteuer verbucht werden konnten. Insgesamt erbrachte die Reichsfluchtsteuer von 1933 bis 1945 etwa 940 Millionen Reichsmark und damit fast genauso viel wie die Vermögensabgabe.[285] Zusammengerechnet konnten die Finanzbehörden mit diesen beiden Mitteln den deutschen Juden ein Vermögen von etwa 2 Milliarden Reichsmark entziehen.

Noch wichtiger als die Steuergesetzgebung und -fahndung war für die restlose Ausplünderung der jüdischen Auswanderer allerdings die Devisengesetzgebung.[286] Axel Drecoll hat dies am Beispiel

283 Kuller, Bürokratie S. 109-113 und 196-199; Friedenberger, Fiskalische Ausplünderung, S. 79-83; Banken, Hitlers Steuerstaat, S. 504-506.

284 Kuller, Bürokratie, S. 196.

285 Banken, Hitlers Steuerstaat, S. 509.

286 Ralf Banken, Das nationalsozialistische Devisenrecht als Steuerungs- und Dis-

eines vormaligen Münchener Chefarztes gezeigt. Dieser verfügte 1938 noch über ein Vermögen von nicht ganz 300 000 RM. Hiervon musste er 47 000 RM für die »Judenvermögensabgabe« aufbringen und 40 000 RM für die Reichsfluchtsteuer. Vom restlichen Vermögen von 200 000 RM fielen 96 Prozent beim Umtausch in Devisen an den Staat. Die restlichen 4 Prozent beschlagnahmte der Fiskus nach der Ausbürgerung des Chefarztes. Sein Grundbesitz wurde eingezogen und vom Oberfinanzpräsidenten an private Bieter verkauft. Ein vormals wohlhabender Mann kam durch das Wirken des deutschen Staates so völlig mittellos in der Fremde an.[287] Demgegenüber hatten 1933 viele Auswanderer noch einen erheblichen Teil ihres Vermögens mit sich nehmen können.

Gegenüber den Devisenbeschränkungen, der Reichsfluchtsteuer und der Vermögensabgabe spielte die Benachteiligung bei den regulären Steuern vom Umfang her für die jüdischen Deutschen eine vergleichsweise geringe Rolle. Sie war aber ein Gradmesser dafür, wie weit die nationalsozialistische Regierung meinte gehen zu können und wie sehr ihr daran gelegen war, nach außen den Schein der Rechtsstaatlichkeit aufrechtzuerhalten. Denn vor einer offenen rassistischen Benachteiligung in der Steuerpolitik schreckte das Regime lange zurück, weil es mit Gegenreaktionen ausländischer Regierungen rechnete. Dementsprechend kam es in den ersten Jahren der NS-Herrschaft vor allem dort zur Benachteiligung, wo sie ohne gesetzliche Regelung möglich war, sprich bei den Ermessensentscheidungen. Hier scheint sich aufgrund von Andeutungen der Leitungsebene und der Eigeninitiative vor Ort zunehmend die Praxis durchgesetzt zu haben, dass bei jüdischen Bürgern möglichst wenig Ermessensspielraum zugunsten des Steuerzahlers gewährt wurde. Erleichtert wurde das den Finanzämtern dadurch, dass die Widerspruchsrechte in Steuersachen allgemein deutlich eingeschränkt wurden und die Finanzgerichte, landete ein Streitfall doch bei ihnen, zumeist gegen die jüdischen Bürger entschieden.[288]

kriminierungsinstrument 1933-1945, in: ders./Johannes Bähr (Hg.), Die Wirtschaftssteuerung durch Recht im Nationalsozialismus, Frankfurt am Main 2006, S. 121-236; Kuller, Bürokratie, S. 201-242.

287 Axel Drecoll, Der Fiskus als Verfolger. Die steuerliche Diskriminierung der Juden in Bayern 1933-1941/42, München 2009, S. 1.

288 Michael Schmitt, Der Reichsfinanzhof und seine Rechtsprechung in steuerlichen Angelegenheiten jüdischer Bürger 1933-1945, Münster 2017; Johann Hein-

Mit den Möglichkeiten der steuerlichen Benachteiligung jüdischer Bürger begann sich das Finanzministerium dezidierter ab 1935 auseinanderzusetzen. Den Hintergrund bildeten die pogromartigen Übergriffe auf jüdische Deutsche im Sommer 1935, durch die sich die Reichsregierung veranlasst sah, darüber nachzudenken, wie die Judenverfolgung auf gesetzlichem Wege beschleunigt werden könnte, um im Vorfeld der Olympischen Spiele gewaltförmige Ausschreitungen und damit ein negatives Bild in der Weltpresse möglichst zu vermeiden. Zu diesem Zweck fand im Finanzministerium am 20. August 1935 eine Chefbesprechung mit Minister und Staatssekretären statt, die Götz Aly treffend als »antisemitische[s] Brainstorming«[289] bezeichnet hat. In dieser Runde trug man nicht nur zusammen, wie man bereits bisher die Gesetze gegen jüdische Steuerbürger anwandte, sondern vor allem, welche verschärfenden Maßnahmen in Zukunft denkbar wären.[290] In den konkreten Vorschlägen ging der Leiter des Einkommensteuerreferats, Walter Blümich, am weitesten. Er glaubte zwar, dass eine Streichung der Kinderermäßigungen für jüdische Deutsche außenpolitisch schädlich sei, hielt aber höhere Einkommensteuertarife für »Nicht-Arier« für möglich, obwohl dies eine offensichtliche Diskriminierung dargestellt hätte.[291] Doch auch andere Vorschläge, wie etwa die, den jüdischen Kultusgemeinden ihren Status als öffentlich-rechtliche Institutionen zu entziehen oder jüdische Bürger stärker zur Vermögensteuer heranzuziehen, wären öffentlich als Diskriminierung wahrgenommen worden. Viele weitere Vorschläge bemühten sich eher darum, durch unscheinbare Justierungen in Gesetzen und Verfahrensvorschriften den Handlungsspielraum der Finanzbeamten in Auslegungsfragen weiter auszudehnen, die ihn dann zum Nachteil jüdischer Bürger nutzen sollten. In der Generaldiskussion lehnte mit dem Leiter des Referats Vermögen- und Erbschaftsteuer, Walter Kühne, ein hoher Ministerialbeamter eine von antisemitischen Motiven geleitete Neuausrichtung des Steuersystems ziem-

rich Kumpf, Der Reichsfinanzhof und seine Rechtsprechung in steuerlichen Angelegenheiten von Juden, in: Martin Friedenberger et al. (Hg.), Die Reichsfinanzverwaltung im Nationalsozialismus, Bremen 2002, S. 143-185.

289 Aly, Volksstaat, S. 23.

290 Kuller, Bürokratie, S. 144-151; Drecoll, Fiskus, S. 166 f.; Friedenberger, Ausplünderung, S. 158-160.

291 Kuller, Bürokratie, S. 148.

lich unverblümt ab, weil sie das Steuerrecht nur weiter komplizieren und erhebliche zusätzliche Kontrolle erfordern würde.[292] Hintergrund war, dass die Finanzämter 1935 nur bei eingetragenen Mitgliedern von jüdischen Gemeinden relativ zweifelsfrei davon ausgehen konnten, die Akte eines »Juden« in den Händen zu halten, während sie dies bei konfessionslosen oder zum Christentum konvertierten Menschen, die die Nationalsozialisten nach den damals freilich noch recht unscharfen Festlegungen als »Juden« gefasst hätten, zumeist nicht wissen konnten.[293] Auch andere Referatsleiter befürchteten zusätzlichen Kontrollaufwand, waren aber letztlich bereit, diesen zu betreiben. Am schärfsten äußerte sich hier der Leiter des Umsatzsteuerreferats, Detlef Herting, der sich dafür aussprach, jüdische Bürger in einzelnen Fällen sofort und auch im Widerspruch zur geltenden Rechtslage zu benachteiligen, weil dies letztlich eine politische Frage sei.[294]

Doch Schacht überzeugte Hitler im Herbst 1935, dass eine offene wirtschaftliche und finanzielle Benachteiligung der jüdischen Deutschen die wirtschaftliche Position Deutschlands weiter schwächen könnte, weswegen Hitler sich letztlich gegen eine Implementierung solcher Maßnahmen aussprach.[295] Erst nach der Ermordung des Landesgruppenleiters der NSDAP-Auslandsorganisation in der Schweiz, Wilhelm Gustloff, durch den jüdischen Studenten David Frankfurter wurde Forderungen nach einer Verschärfung der Diskriminierung wieder lauter und das Finanzministerium griff die entwickelten Vorschläge wieder auf. Ein von Fritz Reinhardt im Januar 1937 eingebrachter Vorschlag, allen jüdischen Steuerpflichtigen einen 20- bis 25-prozentigen Zuschlag auf die Einkommen- und Vermögensteuer aufzuerlegen, wurde aufgrund von Bedenken Görings wegen der schwierigen Devisenlage des Reiches vorerst zurückgestellt.[296] Stattdessen begann das Finanzministerium mit der Implementierung vieler der kleineren angedachten Maßnahmen. Zuerst verabschiedete man eine Steuerpflicht für Heirats- und Geburtshilfen, die jüdische Deutsche in Anspruch nahmen. Bald da-

292 Ebd., S. 146.

293 Friedenberger, Fiskalische Ausplünderung, S. 165 f.

294 Kuller, Bürokratie, S. 148.

295 Friedenberger, Fiskalische Ausplünderung, S. 160; Banken, Hitlers Steuerstaat, S. 519.

296 Friedenberger, Fiskalische Ausplünderung, S. 162 f.

rauf folgte die Abschaffung von Steuerermäßigungen für jüdische Kinder in den Lohnsteuerdurchführungsrichtlinien, die dann in ähnlicher Fassung am 1. Februar 1938 auch ins Einkommensteuergesetz eingefügt wurde.[297] Zwar blieb die fiskalische Wirkung des Gesetzes gering, weil nur etwa zwanzig Prozent der jüdischen Deutschen im Mai 1938 noch berufstätig waren.[298] Aber im Hinblick auf die Verschärfung der antisemitischen Diskriminierung war es eine Änderung von potentiell erheblicher Tragweite, da nun bestimmt werden musste, welches Kind »jüdisch« war. Die Finanzämter gingen hier aber den pragmatischen Weg und strichen die Ermäßigung vor allem dort, wo der Nachweis durch die Zugehörigkeit zur jüdischen Gemeinde einfach war. Der Leiter der Steuerabteilung des Finanzministeriums schlug ergänzend vor, gegebenenfalls dort zu streichen, wo der Name jüdisch klinge.[299] Es folgten 1938/39 noch weitere Benachteiligungen in der Einkommen-, Umsatz- und Vermögensteuer. Daneben verschärfte das Ministerium ab 1938 auch die Besteuerung jüdischer Institutionen.[300] Fiskalisch war all dies im Vergleich zu den drei großen Maßnahmen von geringer Bedeutung. Es zeigte sich aber, dass die deutsche Regierung ab 1937 und insbesondere ab 1938 keine Rücksicht mehr auf ausländische Proteste nahm und nun zur offenen Diskriminierung jüdischer Bürger in den Gesetzestexten überging.

Die steuerliche Diskriminierung jüdischer Bürger zeigt, dass Ernst Fraenkels lange Zeit die Forschung befruchtende Unterscheidung von Normen- und Maßnahmenstaat[301] auch ihre problematischen Seiten hat, weil mitunter der Schnitt zwischen beiden zu scharf gerät.[302] Denn die schwerwiegendsten Nachteile resultierten zu Beginn aus der Reichsfluchtsteuer, die zweifellos dem Normenstaat zuzuordnen war. Neben der Reichsfluchtsteuer waren es bis 1937 vor allem Auslegungsmöglichkeiten, die auch vorher Teil des

297 Banken, Hitlers Steuerstaat, S. 520; Kuller, Bürokratie, S. 167.

298 Banken, Hitlers Steuerstaat, S. 522.

299 Friedenberger, Fiskalische Ausplünderung, S. 165 f., Banken, Hitlers Steuerstaat, S. 522; Kuller, Bürokratie, S. 168 f.

300 Ebd., S. 170-174; Banken, Hitlers Steuerstaat, S. 523 f.

301 Michael Wildt, Die politische Ordnung der Volksgemeinschaft. Ernst Fraenkels »Doppelstaat« neu betrachtet, in: Mittelweg 36, 12 (2003) 2, S. 45-61.

302 So schon: Drecoll, Fiskus, S. 186; Christiane Kuller, Finanzverwaltung und Judenverfolgung. Die Entziehung jüdischen Vermögens in Bayern während der NS-Zeit, München 2008, S. 7.

Normenstaats waren, die zur rassistischen Benachteiligung genutzt wurden, ohne dass die Beamten das Gefühl haben mussten, von der geltenden Gesetzeslage abzuweichen. Sie legten sie eben »nur« extrem einseitig aus. Die fiskalische Verfolgung bis 1937 geschah im Wesentlichen durch einen sich transformierenden und radikalisierenden Normenstaat. Fraenkel sah dies allerdings selbst auch so: »Da die Juden zu dieser Zeit noch mehr oder minder in das kapitalistische System des Dritten Reiches integriert waren, hätte die strikte Anwendung maßnahmestaatlicher Methoden eine Störung des normalen Wirtschaftslebens bedeutet.«[303] Erst der sich sukzessive verschärfende Ausschluss der deutschen Juden aus dem Wirtschaftsleben machte den Übergang zum Maßnahmenstaat möglich. Allerdings war das Festhalten am Normenstaat auch auf äußeren Druck zurückzuführen. Als sich die deutsche Regierung um die Reaktionen des Auslands nicht mehr scherte, weil sie immer mehr zum machtpolitischen Vabanquespiel überging, fielen bei der Judenverfolgung auch bald die noch verbliebenen Schranken des Normenstaats. Zwar camouflierte sich der Maßnahmenstaat zum Teil noch durch die Verabschiedung von Gesetzen als Normenstaat, doch die jüdische Bevölkerung stand nun weitgehend außerhalb jeder Norm. Oder in den Worten Fraenkels: »Seit 1938 stehen die Juden nicht mehr unter Fremdenrecht, sie stehen außerhalb des Rechts.«[304] Nur wer zur Volksgemeinschaft gehörte, war Teil des Normenstaats und konnte Rechte beanspruchen, wobei auch diese stark begrenzt wurden, doch »außerhalb der Gemeinschaft gelten Macht, Kampf und Vernichtung«[305] und eben nicht das Recht.

Aufrüstung, Staatsausgaben und Verschuldung 1933-1939

Die Höhe der Rüstungsausgaben und dafür nötigen Einnahmen trugen ihren Teil zur Verschärfung der finanziellen Verfolgung bei. Die Rüstungsabgaben stiegen ab 1934 kontinuierlich und dominierten spätestens ab 1935 den Staatshaushalt. Die genaue Bezifferung

303 Ernst Fraenkel, Der Doppelstaat. Recht und Justiz im »Dritten Reich« [1941], Frankfurt am Main 1984, S. 120.

304 Ebd., S. 127.

305 Ebd., S. 172.

ihres Anstiegs ist ein vieldebattiertes Thema. Es liegt eine Vielzahl von Schätzungen dazu vor. Sie variieren auch danach, welche Ausgabenposten der Rüstung zugeschlagen werden. Für die Zeit von 1933 bis 1939 bewegen sich die Schätzungen für die Gesamtheit der Rüstungsausgaben von 34 Milliarden RM (Hjalmar Schacht) und 74 Milliarden RM (Jürgen Kuczynski). Während diese beiden Extremwerte wenig überzeugend sind, bewegt sich die Mehrzahl der Berechnungen im Rahmen von 40 bis 52 Milliarden Reichsmark, wobei eher der obere Bereich dieses Spektrums realistisch erscheint.

Grafik 50

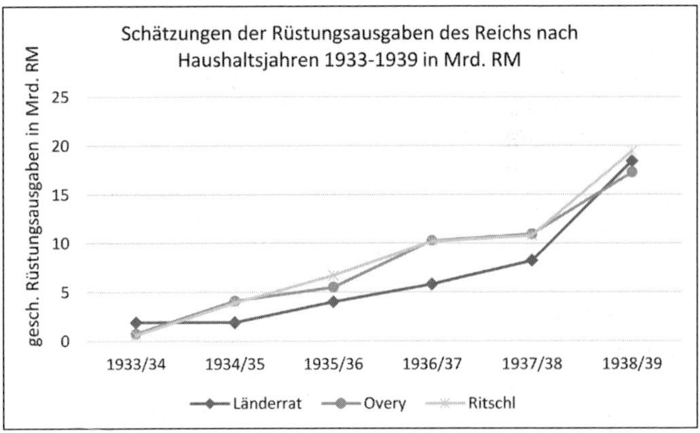

Quelle: Länderrat, Statistisches Handbuch, S. 555; Overy, War and Economy, S. 203; Ritschl, Deficit (Fassung 2000), S. 38[306]

1938 machten die Rüstungsausgaben vermutlich bereits 55 Prozent der Staatsausgaben und 20 Prozent des Volkseinkommens aus.

306 Noch mehr Schätzungen aus der Literatur zusammengetragen bei: Werner Abelshauser, Germany: Guns, S. 133-138; Humann, »Arbeitsschlacht«, S. 722 f.

Tabelle 36:
Reichsausgaben und Volkseinkommen in Mrd. RM sowie Militärquote (in Prozent des Volkseinkommens) 1934-1938

	Ausgaben	Davon: Wehrmacht	Volksein-kommen	Militär-quote
1934	10,37	4,09	48,95	8,3
1935	12,84	5,48	55,34	9,9
1936	17,68	10,27	62,09	16,5
1937	19,95	10,96	69,88	15,7
1938	31,42	17,24	87,00	19,8

Quelle: Willi A. Boelcke, Die Kosten von Hitlers Krieg. Kriegsfinanzierung und finanzielles Kriegserbe in Deutschland 1933-1948, Paderborn 1985, S. 51; Ralf Banken, Es war überhaupt kein Finanzproblem! Die Kriegsfinanzierung des Dritten Reiches 1939-1945, in: Andreas Hedwig (Hg.), Finanzpolitik und Schuldenkrisen 16.-20. Jahrhundert, Marburg 2014, S. 197-220, hier S. 200[307]

Ein zentrales Manko bezüglich der öffentlichen Finanzen des Dritten Reichs besteht aus Sicht der Forschung darin, dass jede weitere Form der Aufschlüsselung der Haushaltsausgaben nach Bereichen abseits der Rüstung fehlt. Diese Angaben existieren zwar für die Länder- und Gemeindeebene,[308] aber wegen deren sinkender Bedeutung lassen sich daraus keine Schlüsse für das Gesamtbild ziehen.

Eine grobe Vorstellung lässt sich anhand der Zahlen zur staatlichen Investitionspolitik gewinnen. Dabei zeigt sich, dass die Investitionen außerhalb des Rüstungsbereichs 1938 noch nicht wieder das Niveau von 1928 erreicht hatten. Die sektorale Aufteilung der öffentlichen Investitionen in vier Unterkategorien ergibt, dass nur die Ausgaben im Verkehrsbereich durch die großen Investitionen in den Autobahnbau 1938 das Vorkrisenniveau überstiegen, während

307 Eine Berechnung der Militärquote nach den BIP-Werten von Spoerer/Ritschl und den Rüstungsausgaben nach Ritschl käme für 1935 und 1938 zu fast identischen Werten, während die Werte für 1934, 1936 und 1937 etwa 2-3 Prozentpunkte niedriger wären.

308 Andic/Veverka, Government Growth.

die in den Bereichen Öffentliche Verwaltung und Versorgungsbetriebe etwa dreißig Prozent darunter lagen. Dramatisch war der Einbruch im staatlichen Wohnungsbau. In den Jahren 1932-1938 wurde zusammen nur so viel investiert wie allein im Jahr 1928. Dass dieser Sektor gegenüber den anderen so stark abfiel lag darin begründet, dass in den anderen drei Bereichen auch rüstungsrelevante Ausgaben zu Buche standen, während der Wohnungsbau für die Aufrüstung keine Funktion hatte.

Tabelle 37:
Rüstungsausgaben und öffentliche Investitionen 1928-1938 in Mill. RM

	1928	1932	1933	1934	1935	1936	1937	1938
A Rüstung (Wehrmacht)	827	620	720	3.300	5.150	9.000	10.850	15.500
B Öff. Investitionen	6.413	1.970	2.430	3.460	3.890	4.220	4.620	5.530
B1 Verkehr	2.234	850	1.238	1.694	1.876	2.144	2.400	3.376
B2 Öff. Verwaltung	1.830	800	810	1.200	1.400	1.400	1.420	1.200
B3 Versorgungsbetriebe	1.023	218	200	289	390	500	600	700
B4 Wohnungsbau	1.330	150	185	275	220	175	200	250
Rüstung in % der öffentlichen Investitionen	12,9	31,5	29,6	96,2	132,4	213,3	234,8	280,3

Quelle: Petzina/Abelshauser/Faust, Sozialgeschichtliches Arbeitsbuch III, S. 149

Daneben finden sich bei Willi A. Boelcke Zahlen für den Anstieg der Kosten bei einzelnen Ministerien von 1934 bis 1938. Sie zeigen, dass die Aufrüstung nicht die alleinige Ursache der Kostenexplosion war, sondern daneben auch die innere Stabilisierung der NS-Herrschaft durch den rasanten Ausbau des Polizei- und Justizapparats erhebliche Summen verschlang. Ebenso erforderten Devisenbewirtschaftung und Außenhandelskontrolle einen stetigen Ausbau der Wirtschaftsbürokratie.

Tabelle 38:
Reichsressorts mit starken Ausgabesteigerungen von 1934 bis 1938 (1934 = 100)

	Reichspräsident, Führer, Reichskanzler	Reichsjustizministerium	RM Ernährung	RM Wirtschaft	RM Inneres
1938	1.822,2	4.042,2	459,9	391,6	2.751,2

Quelle: Boelcke, Kosten, S. 29

Durch die Entscheidung, rasch und umfassend aufzurüsten, entschieden sich die Nationalsozialisten fast zwangsläufig auch für eine Erhöhung des Staatsanteils und einen Anstieg der zentralen volkswirtschaftlichen Quoten. Die Steuerquote stieg von 1932 bis 1938 um fünf Prozentpunkte und erreichte mit 23 Prozent schon in der Vorkriegszeit einen Höhepunkt, der weit über dem so heftig bekämpften Maß der Weimarer Zeit lag und der auch in der Bundesrepublik nur selten und dann geringfügig überboten werden sollte. 1937 lag die Steuerquote vermutlich erstmalig in der deutschen Geschichte über zwanzig Prozent.

Grafik 51

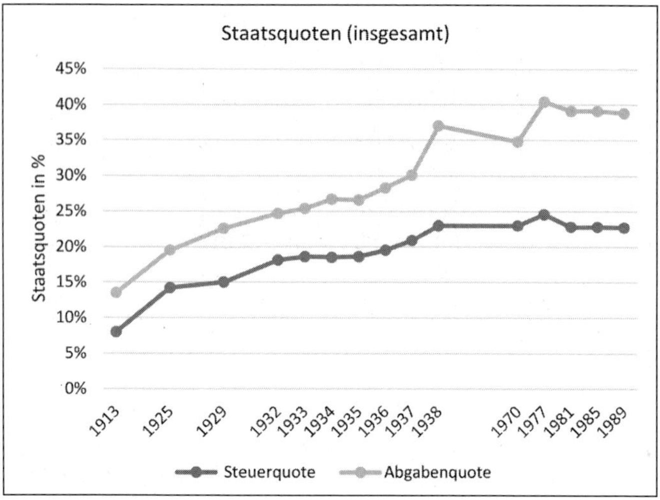

Quelle: Spoerer, Öffentliche Finanzen, S. 104-108

Noch dramatischer war der Anstieg der Abgabenquote um mehr als zwölf Prozentpunkte in sechs Jahren. Damit hatte Deutschland seinen bereits 1930 bestehenden großen Vorsprung vor allen anderen Nationen in puncto Sozialausgaben weiter ausgebaut. Der NS-Staat war für Volksgenossen ohne Zweifel ein Sozialstaat, allerdings einer, der seine Kontroll- und Überwachungsmöglichkeiten erheblich ausbaute.

Die dank des Rüstungsbooms sprudelnden Steuereinnahmen hielten aber mit dem Wachstum der Ausgaben lange Zeit Schritt. Trotz der massiven Aufrüstung lag die Schuldenquote 1938 sogar niedriger als 1932. Die nationalsozialistische Regierung konnte in den ersten beiden Finanzjahren sogar Überschüsse erzielen, und die Steuerabdeckung lag noch bis 1936/37 relativ hoch. Erst für das letzte Vorkriegsfinanzjahr kann von einer dramatischen Unterdeckung gesprochen werden.

Grafik 52

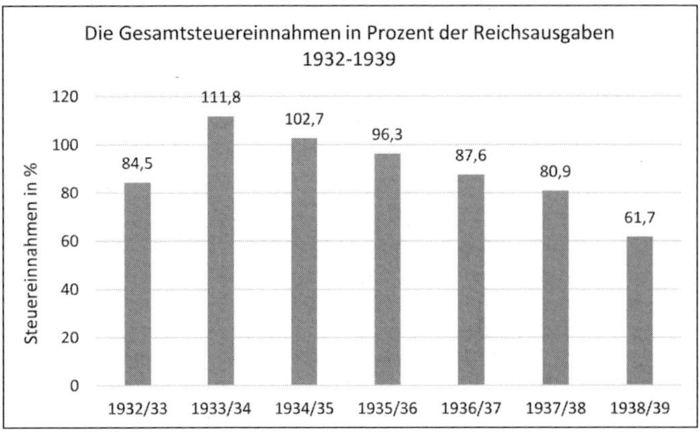

Quelle: Banken, Hitlers Steuerstaat, S. 42

Die deutliche Erhöhung der Steuer- und Abgabenquote kann angesichts der Aufrüstung nicht überraschen. Die Frage ist allerdings berechtigt, warum das NS-Regime diese vergleichsweise problemlos durchsetzen konnte, hatten doch die Industrie und auch die bürgerlichen Rechtsparteien schon die deutlich geringere Belastung in der Weimarer Republik massiv bekämpft. Und auch der amtierende Finanzminister Schwerin von Krosigk trat in der Weimarer Zeit als Verfechter von Haushaltskürzungen und einer entschiedenen Sparpolitik auf. Sicherlich ließ die nationalsozialistische Terrorpolitik manchen Kritiker lieber schweigen, doch für die nahezu komplette Inexistenz des Steuerwiderstandes und nur ansatzweise vorhandene Forderungen nach mehr Haushaltsdisziplin dürften andere Gründe maßgeblich gewesen sein. Der polnische Ökonom Michal Kalecki sah 1943 folgenden Zusammenhang:

> Der Mythos der ›gesunden Staatsfinanzen‹ wird im Faschismus nicht gebraucht. Seine Aufgabe wäre es ja zu verhindern, daß der Staat eine auf mangelndem Vertrauen beruhende Wirtschaftskrise durch Staatsausgaben bekämpft. In der Demokratie weiß man nicht, wie die nächste Regierung aussehen wird. Im Faschismus gibt es keine nächste Regierung. Das Unbehagen an den Ausgaben des Staates, sei es für öffentliche Investitionen oder für den privaten Konsum, wird dadurch überwunden, daß sich die Staatsaufgaben auf die Rüstung konzentrieren. Daß ›Arbeitsdisziplin‹ und ›politische Stabilität‹ selbst in der Vollbeschäftigung gewährleistet bleiben, dafür sorgt schließlich die ›Neue Ordnung‹, die von der Unterdrückung der Gewerkschaften bis zum Konzentrationslager reicht. Der wirtschaftliche Druck, den die Arbeitslosigkeit ausübt, wird ersetzt durch politischen Druck.[309]

Damit sind drei entscheidende Punkte benannt, die die bürgerlichen Eliten bewogen, auf Steuerprotest und Forderungen nach mehr Haushaltsdisziplin weitgehend zu verzichten: Erstens bestanden die Gefahren von Kommunismus und Sozialdemokratie vorerst nicht mehr, was der Industrie Geld und Sorgen sparte, zweitens befürwortete insbesondere die Wirtschaftselite mehrheitlich die Aufrüstung, zumal sie vielen Unternehmen stattliche Gewinne bescherte, und drittens gelang es mittels des Terrors weitgehend, die Arbeitsdisziplin trotz Konkurrenzmangels auf dem Arbeitsmarkt hochzuhalten, wodurch der Industrie erhebliche Gewinne ermöglicht wurden. Hinzu kamen die Verschärfung von Einschüchterung und Verfolgung und vielleicht auch die aus Sicht vieler Bürger bedeutenden außenpolitischen Erfolge des NS-Regimes.

309 Michal Kalecki, Politische Aspekte der Vollbeschäftigung, in: ders., Krise und Prosperität, S. 235-241, hier S. 238 f.

Steuersystem und soziale Ungleichheit in der Vorkriegszeit

Hinsichtlich der sozialen Schichtung setzten sich in der Zeit von 1933 bis 1939 im Wesentlichen bereits zuvor begonnene Prozesse fort, zum Teil beschleunigten sie sich. Insbesondere ging die Zahl der Selbständigen immer schneller zurück, bei gleichzeitiger Zunahme der Angestellten und Beamten.

Tabelle 39:
Erwerbspersonen mit Angehörigen ohne Hauptberuf nach sozialer Stellung 1882-1939

		Davon waren…											
		Selbständige			Mithelfende Familie			Beamte/ Angestellte			Arbeiter		
Jahr	In Mill.	In Mill.	vH	1882 =100	In Mill.	vH	1882 =100	In Mill.	vH	1882 =100	In Mill	vH	1882 =100
1882	38,3	14,7	38,5	100	1,7	4,5	100	2,8	7,4	100	19,0	49,6	100
1895	43,5	15,0	34,4	102	1,9	4,3	108	4,7	10,9	167	21,9	50,4	115
1907	51,1	13,8	26,9	93	3,9	7,6	224	7,2	14,1	254	26,2	51,3	138
1925	57,4	12,0	20,9	82	5,6	9,8	323	11,0	19,1	386	28,8	50,2	151
1933	57,1	11,3	19,8	77	5,5	9,6	316	10,5	18,5	371	29,7	52,1	157
1939	59,3	9,6	16,2	65	5,9	9,8	336	12,1	20,4	425	31,7	53,6	167

Quelle: Wirtschaft und Statistik, (1940) 16, S. 336

Die deutliche Abnahme an Selbständigen ist vermutlich darauf zurückzuführen, dass Landwirte und Handwerker mit geringem Einkommen in der Weltwirtschaftskrise keine Möglichkeit besaßen, eine andere Anstellung zu finden. Mit der anziehenden Wirtschaft und dem Ausbau des Staatsapparates fanden dann aber viele von ihnen Beschäftigung als Angestellte, Beamte oder Arbeiter. Der Zugewinn betrug bei den Angestellten 1,15 Millionen und bei den Beamten 390 000 Personen.[310] Die von den Nationalsozialisten propagierte Handwerkspolitik erwies sich schnell als Chimäre. Die Konzentration auf die Aufrüstung förderte die Großindustrie und nicht das Handwerk. Von 1933 bis 1939 mussten 180 000 Hand-

310 Wirtschaft und Statistik (1940) 16, S. 337.

werksbetriebe schließen.[311] Stattdessen wuchs der von den Nationalsozialisten häufig kritisierte Bürokratieapparat erheblich an. Nicht nur die genannten neuen Beamten ließen ihn anschwellen, auch etwa die Hälfte der hinzugewonnenen Angestellten war beim Staat beschäftigt.[312] Der Ausbau betraf sowohl bei den Beamten als auch bei den Angestellten vor allem die mittleren und unteren Dienstränge. Vielerorts bedeutete er den sozialen Aufstieg früher NS-Anhänger aus der Unterschicht. Hier lag das Zentrum der sozialen Mobilität von 1933 bis 1939, die insgesamt etwa 1,8 Millionen Erwerbstätigen eine Positionsverbesserung gebracht hatte.[313]

Doch diese Aufstiegsmobilität führte insgesamt keineswegs dazu, dass die deutsche Gesellschaft in der Einkommensverteilung egalitärer wurde. Dazu waren die Gewinne der Selbständigen und Großkonzerne durch die Aufrüstung zu groß, während der Lohnstopp gleichzeitig verhinderte, dass die Arbeiterschaft aus der Vollbeschäftigung deutliche Lohnzugewinne erzielen konnte. Dementsprechend wuchsen die Einnahmeanteile des obersten Prozents und Promilles ab 1936 erheblich. Sie erreichten zwar auch 1938 noch nicht die Höhe von 1918, aber gegenüber 1926 hatten sie deutlich zugenommen.

Die Ungleichheit der Primäreinkommen nahm von 1933 bis 1939 deutlich zu. Das lag auch daran, dass die Lohnempfänger in diesen Jahren zwar mehr arbeiteten als in der Krise, aber der reale Wochenverdienst auch 1938 noch unter dem Niveau von 1929 lag.[314] Demgegenüber nahmen die Realeinkommen der Unternehmer im gleichen Zeitraum um 130 Prozent zu.[315] Dadurch sank die Lohnquote trotz der wachsenden Zahl abhängig Beschäftigter von 60 (1933) auf 55,6 Prozent (1938).[316] Die großen Unternehmensgewinne sorgten auch dafür, dass die in der Weltwirtschaftskrise deutlich geschrumpften Vermögen der reichsten Deutschen nach 1933 wieder anzusteigen begannen.[317]

311 Wehler, Deutsche Gesellschaftsgeschichte, Bd. 4, S. 708.

312 Ebd., S. 725.

313 Ebd. S. 772.

314 Hachtmann, Lebenshaltungskosten, S. 70.

315 Wehler, Deutsche Gesellschaftsgeschichte, Bd. 4, S. 722.

316 Ebd.

317 Ralf Banken, Durch Weltwirtschaftskrise und Rüstungsboom. Die Entwicklung der großen Vermögen 1928-1940 in Deutschland, in: Eva Maria Gajek/

Grafik 53

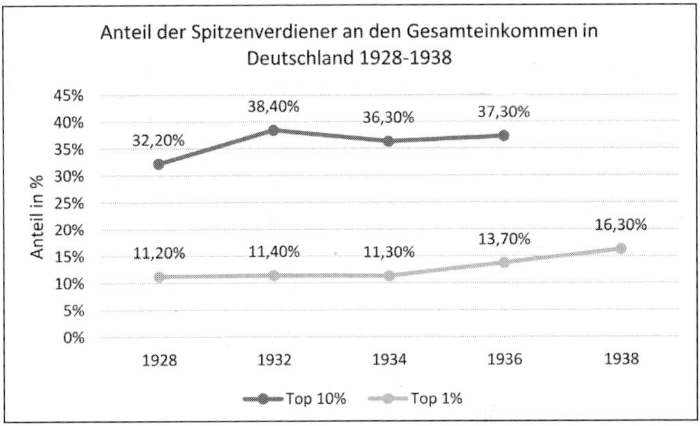

Quelle: Bartels, Top Incomes

Schon der Blick auf die Verteilung der Primärkommen zeigt: Den NS-Staat als »Umverteilungsstaat par excellence«[318] zu bezeichnen, wie Götz Aly es tut, geht völlig an der Realität vorbei, es sei denn, man meinte eine Umverteilung von unten nach oben. Bevor wir tiefer in die Diskussion von Alys These im Lichte der Steuerpolitik und der Erträge einzelner Steuern einsteigen, scheinen mir zur allgemeinen Einordnung noch weitere grundsätzliche Einwände oder zumindest skeptische Anmerkungen angebracht. Hitlers Vorstellungen einer Umverteilung innerhalb Deutschlands reduzierten sich vor allem auf die Vertreibung und schließlich Ermordung der jüdischen Bevölkerung und die Aufteilung ihres Besitzes zugunsten des deutschen Staates und der Volksgenossen. Daneben hegte er nur wenige und nicht eben konkrete Vorstellungen etwa zur Förderung des Bauerntums, des Mittelstands sowie kinderreicher Familien, die zumindest ansatzweise im Steuersystem umgesetzt wurden. Weitergehende Umverteilungsvorstellungen hatte Hitler

Anne Kurr/Lu Seegers (Hg.), Reichtum in Deutschland. Akteure, Räume und Lebenswelten im 20. Jahrhundert, Göttingen 2019, S. 289-312.

318 Götz Aly, Hitlers Volksstaat, Notiz zum Klassencharakter des Nationalsozialismus, in: ders., Rasse und Klasse. Nachforschungen zum deutschen Wesen, Frankfurt am Main 2003, S. 230-244, hier S. 242.

nicht. Begriffe wie soziale Gerechtigkeit und Steuerumverteilung finden sich in seinen Reden nicht. Eine schnelle Situationsverbesserung für die deutsche Unterschicht war nur im Rahmen der Bekämpfung der Arbeitslosigkeit vorgesehen. Die sollte sich freilich zumindest vorerst noch nicht einmal in einer Steigerung des Konsums niederschlagen, da das nur der Aufrüstung Ressourcen entzogen hätte. Eine materielle Besserstellung der deutschen Unterschicht hielt Hitler erst nach einem siegreichen Krieg für möglich. Sie sollte auf der Ausbeutung und Beherrschung besetzter Gebiete beruhen. Langfristige Pläne für einen Aufstieg durch Bildung gab es – abgesehen von der Ausbildung der eigenen Parteikader unter anderem in den Ordensjunkerburgen – dagegen nicht. Die nationalsozialistische Regierung investierte weder in die Schul- noch in die Hochschulbildung. Die Studentenzahlen halbierten sich von 1933 bis 1939, ähnlich verlief die Entwicklung sogar an den Ingenieurfachschulen.[319] Die soziale Durchlässigkeit der höheren Schulen und der Hochschulen erhöhte sich nicht, und die Regierung ergriff auch keinerlei Maßnahmen, um mehr Schülern aus den Unterschichten einen höheren Bildungsabschluss zu ermöglichen.[320] Der Aufstieg der deutschen Unter- und Mittelschichten sollte durch Raubkrieg und nicht durch Bildung erfolgen.[321]

Die Entwicklung der Primäreinkommen dokumentiert wie beschrieben vor allem eine Verschiebung von unten nach oben. Aly thematisiert sie in seinem Buch vom Volksstaat allerdings kaum und sie ist auch nicht Grundlage seiner These. Ihm geht es vielmehr um die Umverteilung durch das Sozial- und das Steuersystem. So behauptet er, dass Reinhardt Steuerpolitik zugunsten der Unter- und Mittelschicht betrieben hätte.[322] Doch über die Aufzählung vieler einzelner Maßnahmen geht seine Darstellung kaum hinaus, einen Überblick über die Auswirkungen des Steuersystems insgesamt enthält sie nicht. Der ist aber unerlässlich, will man dessen Umverteilungswirkung beurteilen.

Die Steuereinnahmen übertrafen 1935/36 erstmals wieder die bis dato höchste Summe des Haushaltsjahres 1928/29. Der Anstieg war

319 Wehler, Deutsche Gesellschaftsgeschichte, Bd. 4, S. 787.

320 Ebd., S. 774f.

321 Hier ist Götz Alys These von der Bedeutung des Raubkriegs für die Volksgemeinschaft ganz zuzustimmen.

322 Aly, Volksstaat, S. 24f.

vor allem auf Zugewinne bei den Einkommen- und Vermögensteuern sowie bei der Umsatzsteuer zurückzuführen.

Grafik 54

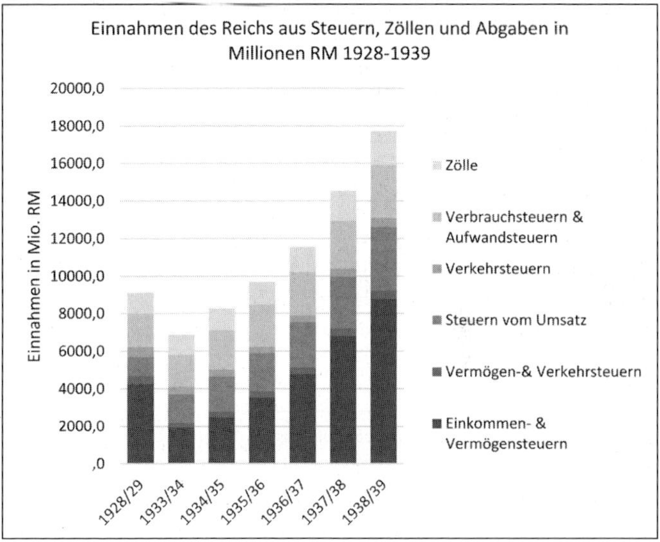

Quelle: Länderrat, Statistisches Handbuch, S. 558

Prozentual hatte sich der Anteil der Einkommen- und Vermögensteuern von der Machtübernahme bis Kriegsbeginn fast verdoppelt. Der Blick zurück auf die Zeit vor der Weltwirtschaftskrise zeigt jedoch, dass damit nur knapp der Anteil aus dem Jahr 1928/29 übertroffen wurde, so dass vom Mix der Steuerarten her weitgehend von einer Rückkehr zum Vorkrisenstatus gesprochen werden kann, die stärker durch das Wirtschaftswachstum bedingt war als durch eine politische Entscheidung für progressive Steuern. Während das Verhältnis der direkten zu indirekten Steuern und Zöllen sowohl 1928/29 wie 1938/39 bei etwa 50:50 lag, hatten die indirekten Steuern und Zölle 1933/34 zwischenzeitlich einen Anteil von etwa 68 Prozent erreicht.

Tabelle 40:
Anteile der verschiedenen Einkommensquellen an den Gesamteinnahmen 1928-1939 in Prozent

	Einkommen- & Vermögensteuern	Vermögensverkehrsteuern	Steuern vom Umsatz	Verkehr-Steuern	Verbrauch- & Aufwandsteuern	Zölle
1928/29	46,7	4,9	11,0	5,9	19,5	12,1
1933/34	28,3	3,5	22,1	5,8	25,0	15,5
1938/39	49,6	2,6	18,9	2,7	16,0	10,3

Quelle: Länderrat, Statistisches Handbuch, S. 558

Der Blick auf die drei wichtigsten der Einkommen- und Vermögensteuern zeigt jedoch, dass innerhalb der Steuergruppen wichtige Verschiebungen stattgefunden hatten.

Grafik 55

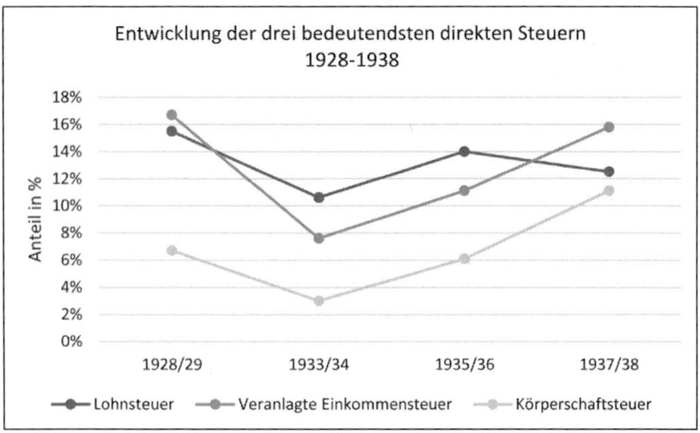

Quelle: Länderrat, Statistisches Handbuch, S. 556; Guillebaud, Economic Recovery, S. 281

Die Lohnsteuer hatte an Bedeutung verloren, während sich der Anteil der veranlagten Einkommensteuer von der Machtübernahme bis 1937/38 verdoppelt und ihr Ertrag gar mehr als vervierfacht hatte. Noch deutlicher war der Anstieg der Körperschaftsteuereinnahmen. Während ihr Anteil an den Gesamtsteuereinnahmen sowohl 1928/29 wie 1933/34 etwa neun Prozent hinter dem Anteil der Lohnsteuer lag, hatte sich dieser Abstand 1937/38 auf einen Prozentpunkt verkürzt. Das Steuersystem war dadurch nicht nur gegenüber 1933, sondern auch gegenüber der Zeit vor der Weltwirtschaftskrise progressiver geworden. Und dies, obwohl die Erhöhungen der Einkommensteuer bis 1938 sehr moderat waren und zu einem erheblichen Teil durch die Vergünstigungen bei Heirat und Kindern wieder ausgeglichen wurden.

Grafik 56

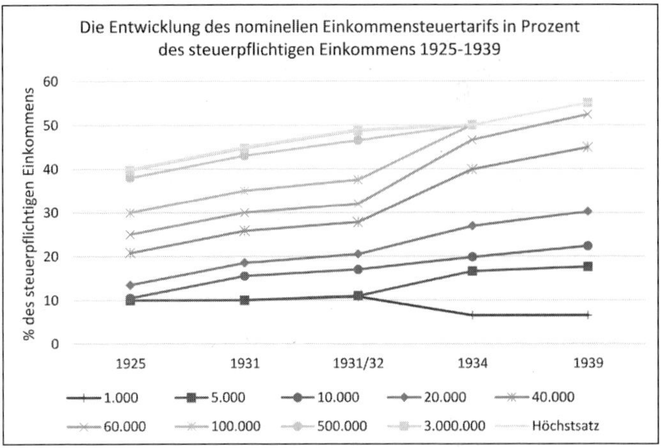

Quelle: Petzina/Abelshauser/Faust, Sozialgeschichtliches Arbeitsbuch III, S. 152

Dagegen ist der deutliche Anstieg der Körperschaftsteuer auch dem Willen und Handeln der Regierung zuzuschreiben, die hier deutliche Satzerhöhungen vornahm.

In den großen Gesamtdarstellungen zum Nationalsozialismus spielt die Steuerpolitik praktisch keine Rolle. Insofern hat Aly mit seinem Buch, das dem Thema erheblichen Raum widmet, Neuland betreten. Zu prüfen bleibt allerdings, ob seine zu Kapitelüberschriften erhobenen Behauptungen von der »Steuermilde für die Massen« und der »Steuerhärte gegen die Bourgeoisie« treffend sind und wie sich die Steuerpolitik auf einzelne soziale Gruppen auswirkte. Eine Gruppe, die von einer deutlichen Steuersenkung profitierte, waren die Bauern: 1932/33 zahlten sie etwa neun Prozent Steuern auf ihre Verkaufserlöse, 1936/37 nur noch fünf Prozent.[323] Ansonsten kamen vor allem verheiratete Paare mit mindestens zwei Kindern in den Genuss einer reduzierten Steuerlast. Fast alle anderen Gruppen hatten hingegen erheblich mehr Steuern zu zahlen, so etwa auch ledige Arbeitnehmer. Schon dieser Befund spricht gegen die These von der »Steuermilde für die Massen«. Hinzu kam, dass die neue Regierung einige nahezu obligatorische Abgabenpflichten einführte, die Geringverdiener besonders belasteten. Hierzu gehörte der Mitgliedsbeitrag für die Deutsche Arbeitsfront ebenso wie Spenden an das Winterhilfswerk.[324]

Mit den hohen Einnahmen finanzierte der nationalsozialistische Staat weniger den Ausbau des Sozialstaats als vielmehr die Aufrüstung. Zwar ließ man die wesentlichen Pfeiler des Weimarer Sozialstaats unangetastet und ergänzte ihn noch mit einzelnen Maßnahmen, etwa mit Zuschüssen für Mütter und Kinder, Sonderleistungen für kinderreiche Familien und die Einbeziehung von Handwerkern in die Renten- und Krankenversicherung; dennoch gab die nationalsozialistische Regierung 1939 unterm Strich nur sechs Prozent des Bruttosozialprodukts für die Sozialpolitik aus, während dieser Wert 1929 bei neun Prozent gelegen hatte.[325] Allerdings gewann zugleich die Sozialversicherung weiter an Bedeutung.

Das progressive Steuersystem und das in einzelnen Punkten weiter ausgebaute Sozialsystem lassen vermuten, dass es durchaus zu einer Umverteilung kam und die verfügbaren Einkommen gleichmäßig verteilter waren als die Primäreinkommen. Der Effekt dürfte aber bestenfalls ähnlich hoch zu veranschlagen sein wie in der Weimarer Zeit. Da die Primäreinkommensverteilung aber wie erwähnt deutlich ungleicher war als 1928, als die Wirtschaftseinkommen der

323 James, Deutschland in der Weltwirtschaftskrise, S. 341.

324 Rüdiger Hachtmann, Industriearbeit im »Dritten Reich«. Untersuchungen zu den Lohn- und Arbeitsbedingungen in Deutschland 1933-1945, Göttingen 1989, S. 154-160; Banken, Hitlers Steuerstaat, S. 380-389.

325 Wehler, Deutsche Gesellschaftsgeschichte, Bd. 4, S. 789.

Weimarer Zeit ihren Höhepunkt erreichten, spricht viel dafür, dass zehn Jahre später auch die verfügbaren Einkommen eher ungleicher verteilt waren als 1928. Hierauf deutet auch die von Mark Spoerer errechnete Verteilung der verfügbaren Einkommen auf Selbständige, abhängig Beschäftigte und den Staat hin.

Grafik 57

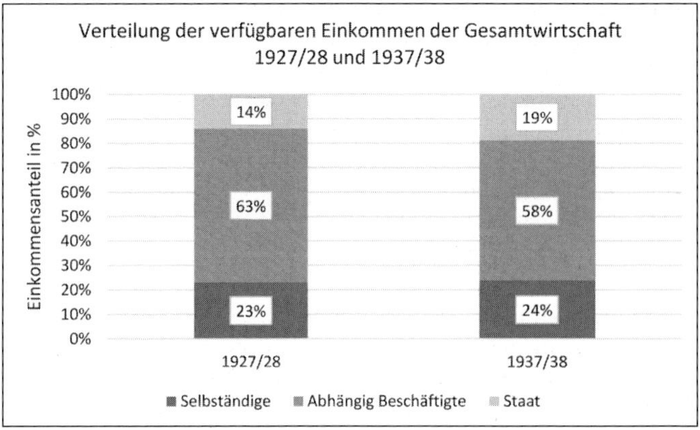

Quelle: Spoerer, Demontage, S. 426

Während also der Anteil der Selbständigen an allen Beschäftigten von 1928 bis 1938 wie oben dargestellt um etwa vier Prozentpunkte gesunken war, hatte sich ihr verfügbares Einkommen um einen Prozentpunkt erhöht. Demgegenüber war der Beschäftigungsanteil der abhängig Beschäftigten um vier Prozentpunkte gestiegen, ihr verfügbares Einkommen jedoch um fünf Prozentpunkte gefallen. Gegenüber 1927/28 konnten die abhängig Beschäftigten auch nach Steuern und Sozialausgaben 1937/38 anteilig auf weniger verfügbares Einkommen zurückgreifen. Ihr Anteil hatte sich zugunsten der Einkommen aus Gewinnen und Vermögen, vor allem aber zugunsten der staatlichen Rüstungsausgaben deutlich reduziert. Der von Aly genutzte Begriff der »Gefälligkeitsdiktatur« scheint angesichts dieses Umstands kaum angebracht.

Diese wachsende Ungleichheit führte aber keineswegs zu einem großen Maß an Missstimmung. Die entscheidenden Referenzpunkte für die Wahrnehmung weiter Teile der nichtjüdischen Bevölkerung blieb die Überwindung der Wirtschaftskrise und der Arbeitslosigkeit. Weil die Nationalsozialisten am Umschwungspunkt am Ende der Krise an die Macht kamen, konnten sie es sich erlauben, den Konsum und die Lohnzuwächse der abhängig Beschäftigten zu beschränken und die Ungleichheit wachsen zu lassen, ohne dass dies der weitgehenden Zufriedenheit der Mehrheit der deutschen Bevölkerung einen Abbruch tat.[326] Zwar kam es in den Krisen 1935 und 1938 verstärkt zu Lohnkämpfen, Streiks und einer Zunahme des Absentismus,[327] doch ernsthaft bedrohliche Ausmaße nahmen diese nicht an, was auch daran zu erkennen ist, dass Hitler in dieser Zeit nicht gegen die Steuererhöhungen protestierte. Das tat er erst nach der Kriegswende 1942/43, weil er nun ernsthaft um die Zufriedenheit der Bevölkerung besorgt war.

326 Fabian Wahl, Die Entwicklung des Lebensstandards im Dritten Reich. Eine glücksökonomische Perspektive, in: Jahrbuch für Wirtschaftsgeschichte 54 (2013) 1, S. 89-110.

327 Timothy W. Mason, Arbeiterklasse und Volksgemeinschaft. Dokumente und Materialien zur deutschen Arbeiterpolitik, Opladen 1975; Günter Morsch, Arbeit und Brot. Studien zur Lage, Stimmung, Einstellung und Verhalten der deutschen Arbeiterschaft 1933-1936/37, Frankfurt am Main 1993; ders., Streiks im »Dritten Reich«, in: Vierteljahrshefte für Zeitgeschichte 36 (1988) 4, S. 649-689; Michael Schneider, Unterm Hakenkreuz. Arbeiter und Arbeiterbewegung 1933 bis 1939, Bonn 1999, S. 684-765.

Kapitel 11

Rezessionsbekämpfung, Aufrüstung und Steuerpolitik im internationalen Vergleich

Große Depression, Steuern und soziale Ungleichheit im Vergleich

Die Große Depression war ein globalhistorisches Ereignis, das überall auf der Welt Spuren hinterließ.[1] Der Vergleich verschiedener nationaler Umgangsweisen mit dieser tiefen ökonomischen und sozialen Krise hat sich auf Industriestaaten konzentriert, weil hier aufgrund des gesellschaftlichen Reichtums bessere Möglichkeit bestanden, die Krise durch staatliche Investitionen und Defizitfinanzierung zu überwinden. Nur industrielle Länder konnten durch gezielte konjunkturelle Impulse gegensteuern und Wohlfahrtsprogramme zur Milderung der sozialen Kosten auflegen.[2] Der Vergleich zeigt jedoch, dass auch in diesen Ländern bestenfalls vorsichtig mit staatlichen Arbeitsbeschaffungsprogrammen und einer Ausweitung der Staatsverschuldung experimentiert wurde. Ein Land, das tatsächlich eine keynesianische Politik *avant la lettre* verfolgt hätte, hat es nicht gegeben. Am ehesten orientierten sich noch die skandinavischen Länder an Ideen, wie sie (auch) Keynes vertrat.

Die Krise stärkte das Denken in nationalen Kategorien. Der Nationalstaat war der zentrale Ort des Kampfes gegen die Depression. Es setzte infolgedessen ein verstärkter Kampf um nationale Vorteile in der internationalen Wirtschaftspolitik ein. Dabei trat neben die verstärkt nationale Ausrichtung der Wirtschaftspolitik der Versuch führender Regionalmächte, größere, zusammenhängende Wirtschaftsräume zu schaffen. Um für eventuelle Auseinandersetzungen gerüstet zu sein, aber auch um sich wirtschaftliche Vorteile gegen-

1 Dietmar Rothermund, The Global Impact of the Great Depression, 1929-1939, London 1996; Thilo Albers/Martin Uebele, The Global Impact of the Great Depression, London 2015 (LSE Economic History WP 218).

2 Michael Mann betont, dass Rumänien das einzige nichtindustrialisierte Land war, das zumindest ansatzweise ein Sozialprogramm zur Milderung der Krise auf die Beine gestellt hatte: Mann, Sources, Bd. 3, S. 289.

über anderen Ländern zu verschaffen, versuchten alle Großmächte, ihre Kolonien und/oder die sie umgebenden Länder stärker an sich zu binden, mit ihnen privilegierte Handelsbeziehungen herzustellen und gleichzeitig den Einfluss anderer Großmächte in dieser Sphäre zurückzudrängen.[3] Gegenüber dieser nationalistischen Tendenz blieben die ernsthaften Bemühungen des Völkerbunds um internationale Lösungen, insbesondere bei der Bekämpfung der Arbeitslosigkeit, weitgehend erfolglos.[4] Allerdings führte die hektische Suche nach der besten nationalen Lösung parallel auch zu einem intensiven internationalen Austausch. Noch mehr als ohnehin schon entsandten Regierungen Kommissionen ins Ausland, und die Krisenprogramme anderer Länder wurden intensiv studiert.[5]

Mit seinen Bemühungen zur Überwindung der Krise stand Deutschland hinsichtlich der Bekämpfung der Arbeitslosigkeit im internationalen Vergleich bis 1939 gut da. Die Reduktion um sechzehn Prozentpunkte innerhalb des kurzen Zeitraums von 1932 bis 1938 war weltweit einmalig, wobei zu beachten ist, dass das nationalsozialistische Deutschland stärker als andere Länder darum bemüht war, Arbeitslose aus der Statistik verschwinden zu lassen, weshalb es hier vermutlich höhere Dunkelziffern als in anderen Ländern gab. Wenig Zweifel bestehen aber daran, dass 1938 in Deutschland praktisch Vollbeschäftigung herrschte.

Nicht nur die Reduzierung der Arbeitslosigkeit konnte sich sehen lassen, auch hinsichtlich des Wachstums der preisindizierten Wirtschaftsleistung pro Kopf bestanden die Deutschen den Vergleichstest. Demnach hatte man den Rückstand gegenüber den USA deutlich verkürzen können und lag erstmalig fast gleichauf mit Großbritannien. Zudem hatte Deutschland die nord- und westeuropäische Konkurrenz hinter sich gelassen, wobei aber zu betonen ist, dass dies zu einem nicht unbeträchtlichen Teil an der Preisregulierung in Deutschland lag, die die Inflation unterdrückte, während diese beispielsweise in Großbritannien sehr hoch war.

3 Patricia Clavin, The Failure of Economic Diplomacy. Britain, Germany, France and the United States, 1931-36, Houndmills 1996.

4 Patricia Clavin, Securing the World Economy. The Reinvention of the League of Nations, 1919-1946, Oxford 2013, S. 47-123.

5 Patel, New Deal, S. 15 f.; Rodgers, Atlantic Crossings, S. 409-484.

Grafik 58

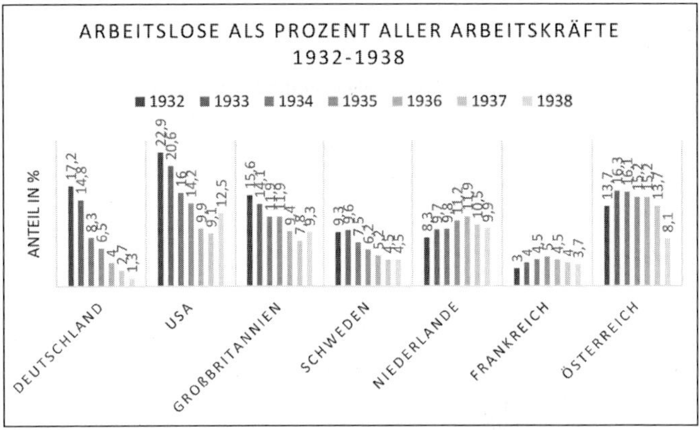

Quelle: Grytten, Economic Policy and Labour Markets, S. 14

Tabelle 41:
Relatives BIP pro Kopf 1913-1938 (preisbereinigt)

	DEU	USA	GB	FRA	NL	DK	SUI	SPA	RUS	JAP
1913	0.685	1.000	0.805	0.745	0.577	0.709	0.664	0.523	0,358	0,345
1929	0.586	1.000	0.724	0.591	0.578	0.673	0.709	0.467	-	0,374
1938	0.837	1.000	0.868	0.619	0.670	0.751	0.799	0.315	-	0,385

Quelle: Leandro Prados de la Escosura, International Comparisons of Real Product, 1820-1990: An Alternative Dataset, Madrid 1998 (Working Paper 98-64 of the Economic History and Institution Series), Tabelle 6

Beim Verzicht auf die Preisindizierung sahen die Wachstumsraten in Deutschland allerdings relativ ähnlich aus wie jene in den USA und Großbritannien.[6] Es zeigt sich auch, wie weit zwei kommende Weltmächte, Japan und die Sowjetunion, im Wohlstand pro Kopf noch immer nicht nur hinter den USA, sondern auch hinter Westeuropa zurücklagen, auch wenn ein Aufholprozess längst eingesetzt hatte. In der Sowjetunion steigerte sich durch die Industrialisierung

6 Ritschl, Deficit Spending, S. 562

das Durchschnittseinkommen pro Kopf von knapp über 35 Prozent (1930) auf über 50 Prozent (1935) der Durchschnittseinkommen von Großbritannien, Frankreich und Deutschland.[7]

Das Wirtschaftswachstum und der unbedingte Wille zur Aufrüstung trugen dazu bei, dass das Steueraufkommen in Deutschland im Vergleich 1938 sehr hoch war. Nach einer Aufstellung der Reichsbank lag Deutschland bei den Einnahmen aus Steuern, Zöllen und Abgaben als Anteil am Volkseinkommen nun auch deutlich vor Großbritannien.

Grafik 59

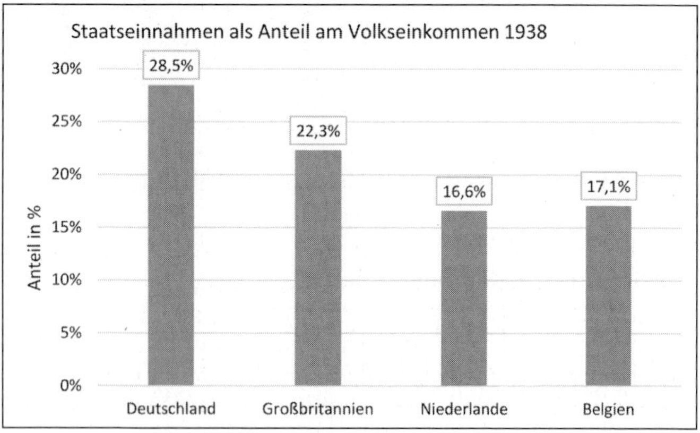

Quelle: Banken, Hitlers Steuerstaat, S. 390

In einer weiteren Aufstellung von Colin Clark für die Jahre 1937-1939 stimmen die Werte für Großbritannien und Belgien nahezu überein. Die Aufstellung bietet darüber hinaus weitere Vergleichsländer.

7 Filip Novokmet/Thomas Piketty/Gabriel Zucman, From Soviets to Oligarchs: Inequality and Property in Russia, 1905-2016, Cambridge/Mass. 2017 (NBER Working Paper 23712), Graphik 1b.

Grafik 60

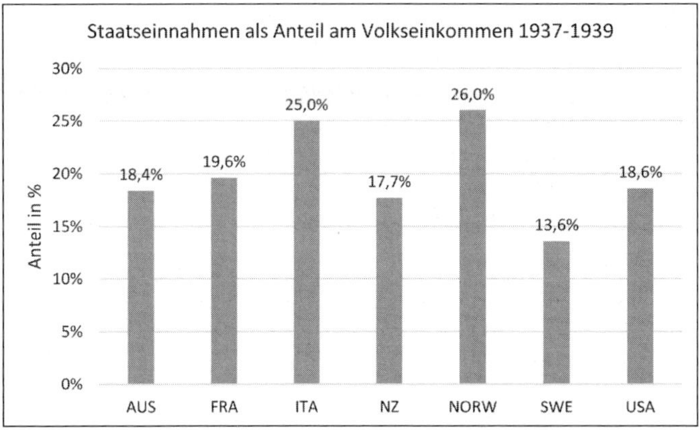

Quelle: Clark, Public Finance, S. 378 f.

Es spricht also vieles dafür, dass Deutschland 1938 weltweit zumindest mit an der Spitze der Steuerbelastung lag. Gegenüber den westlichen Hauptkontrahenten im Krieg verfügte man über einen Vorsprung in der Mittelaufbringung durch Steuern von über fünf Prozentpunkten gegenüber Großbritannien und von fast zehn Prozentpunkten gegenüber Frankreich und den USA. Durch die deutliche Zentralisierung der Einnahmen hatte man einen Nachteil gegenüber Frankreich und Großbritannien aus dem Ersten Weltkrieg weitgehend wettgemacht. Einzig die Sowjetunion lag in der anteiligen Steuerbelastung seiner Bevölkerung noch deutlich vor Deutschland. Im Jahr 1937 betrug dort das Netto-Nationalprodukt 292 Milliarden Rubel, während die Staatseinnahmen bei 107 Milliarden Rubel lagen.[8] Die Abgabenquote lag demzufolge bei 36,6

8 Abram Bergson, Soviet National Income and Product in 1937, in: Quarterly Journal of Economics 64 (1950) 2, S. 208-241, hier S. 232. Als Überblick zur Steuerpolitik in der Sowjetunion mit der Nennung der entsprechenden Literatur: Marc Buggeln, Wie wichtig sind progressive Steuern für die Demokratie? Besteuerung und Enteignung der ökonomischen Eliten in Demokratie und Diktatur im 20. Jahrhundert, in: Archiv für Sozialgeschichte (2021), S. 115-160, hier S. 121-130.

Prozent.[9] Damit standen der sowjetischen Staatsführung trotz des weit geringeren Wohlstands ausreichende Mittel zur Verfügung, um schnell erhebliche Ressourcen in die Aufrüstung umzuleiten.

Der Vergleich mit den anderen Ländern zeigt auch, welche gesellschaftlichen Einkommensgruppen die Last der Steuern in stärkerem Maße zu tragen hatte.

Tabelle 42:
Direkte Steuern in Prozent des Lohn- und Gehaltseinkommens einer Familie mit drei Kindern 1935/36[10]

Länder	Einkommen in Pfund										
	100	150	225	335	500	750	1.125	1.675	2.500	10.000	50.000
BEL	1,2	1,9	3,0	4,4	6,4	7,6	9,7	11,6	14,3	22,3	24,7
GB	-	-	-	-	1,2	5,7	9,8	13,0	17,2	36,1	54,7
FRA	-	-	0,3	0,7	2,0	2,9	4,2	7,3	10,9	23,5	29,2
DEU	-	0,9	3,2	3,6	4,9	7,8	11,2	16,9	23,2	44,3	44,0
NL	0,6	1,9	3,9	5,9	8,1	10,1	12,5	15,1	17,5	30,7	40,9
NORW Land	9,1	11,9	14,1	15,9	17,7	20,5	23,1	25,9	28,8	40,7	58,0
NORW Stadt	-	0,9	2,8	6,0	9,0	11,0	12,9	14,2	15,5	18,4	18,7
SWE Land	3,4	7,4	9,9	12,4	14,1	15,8	17,7	19,8	21,6	29,8	37,3
SWE Stadt	1,3	2,9	5,2	7,2	9,0	10,6	12,7	14,9	17,0	25,8	33,8
SUI	-	0,2	1,4	3,3	5,4	8,0	10,9	14,5	18,1	20,9	21,1
USA	-	-	-	-	-	0,1	2,0	3,7	6,1	19,9	53,2

Quelle: Clark, Public Finance, S. 382

Die Probleme und möglichen Schieflagen des hier präsentierten Vergleichs sind trotz der geleisteten Währungsumrechnung zahlreich. Es liegen nur die Daten für eine Familie mit drei Kindern vor.

9 Es ist zu betonen, dass sowohl die Einkommen der Kolchosen wie der staatseigenen Betriebe außerhalb des Budgets geführt wurden und nicht in der Steuerquote enthalten sind.

10 Im Original mit schwedischen Kronen als Währung: (SOU) 1936, Nr. 18: Undersökningar, Tabelle 30, S. 104; In der Berechnung wurde für die Landes- und Kommunalsteuern jeweils die größte Metropole gewählt.

Durch die hohen Freibeträge für Kinder wären die Steueranteile in Deutschland im Vergleich mit den anderen Ländern bei einem Alleinstehenden höher gewesen. Dafür wird andererseits hier nur das Lohn- und Gehaltseinkommen berücksichtigt, während etwa in Großbritannien Kapitaleinkommen schärfer besteuert wurden, weswegen Großbritannien bei den Spitzensteuersätzen bei einer realistischen Einkommenszusammensetzung in den beiden höchsten Kategorien deutlich höher gelegen hätte. Zudem bedeuten gleiche Einkommen bei unterschiedlichen Nationaleinkommen, dass national jeweils andere Gruppen betroffen waren. So dürfte das Oberklasseeinkommen in Schweden etwa da begonnen haben, wo in den USA die Mittelklasseeinkommen einsetzten.

Grafik 61

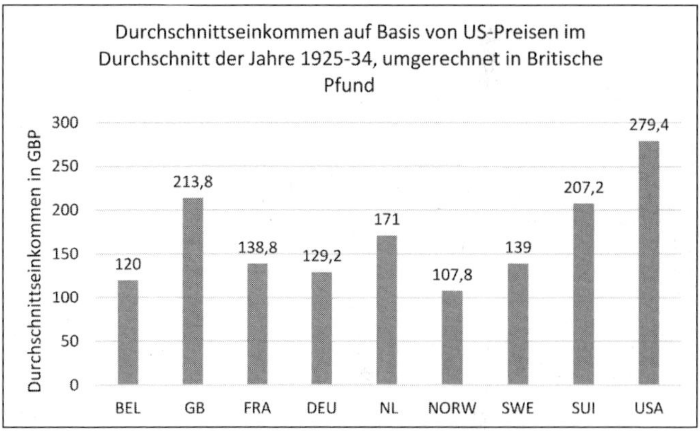

Quelle: Colin Clark, Internationaler Vergleich der Volkseinkommen, in: Weltwirtschaftliches Archiv 47 (1938), S. 51-76, hier S. 60

Hier zeigt sich, dass das Durchschnittseinkommen in den USA, Großbritannien und Frankreich gar nicht mit direkten Steuern belastet wurde. Allerdings wurde diese Steuerentlastung der unteren Schichten in Großbritannien und noch stärker in Frankreich durch die hohen indirekten Steuern wieder wettgemacht. In den Vereinigten Staaten war das Ausmaß der indirekten Steuern dagegen stark unterschiedlich, weil es vor allem in der Verantwortung der Bundesstaaten und der Gemeinden lag. Deutschland besteuerte knapp über dem Durchschnittseinkommen schon stärker, aber in städtischen Gemeinden Schwedens oder in den Niederlanden waren die Sätze höher.

Am schärfsten war die Besteuerung der Durchschnittseinkommen im ländlichen Schweden und Norwegen. Hier zeigt sich, wie hoch die Realsteuern die ländliche Gesellschaft belastet haben und dass es Zeit brauchte, bis die städtische Besteuerung ähnliche Höhen erreichte. Schweden war hier bereits ein Schritt weiter vorangeschritten als Norwegen, wo die direkten Steuern auf dem Land noch sehr hoch und in der Stadt sehr niedrig waren.

An der Spitze lag Deutschland bei der zweit- bis vierthöchsten Einkommensklasse. Die obere Mittelklasse und der untere und mittlere Teil der Oberschicht hatten im internationalen Vergleich eine schwere Last zu tragen. Bei den absoluten Spitzeneinkommen war die Besteuerung dann aber in den USA und Großbritannien am schärfsten. Insgesamt gehörten jedoch alle deutschen Einkommensgruppen international zu den vergleichsweise hoch mit direkten Steuern belasteten Gruppen, was freilich nicht überraschen kann, da Deutschland ja die höchste Steuerquote aufwies.

Diese hohe Belastung ermöglichte es Deutschland, sich bei den Militärausgaben Großbritannien und den USA anzunähern. Hinzu kam, dass die nationalsozialistische Regierung das Land viel stärker als die westlichen Alliierten schon vor dem Kriegsausbruch in Richtung Kriegswirtschaft umgestellt hatte. So lag der Anteil der Militärausgaben am Nationaleinkommen in Deutschland (und auch in Japan) in den letzten Jahren vor Kriegsausbruch höher als in Großbritannien oder Frankreich und deutlich höher als in den USA.

Grafik 62

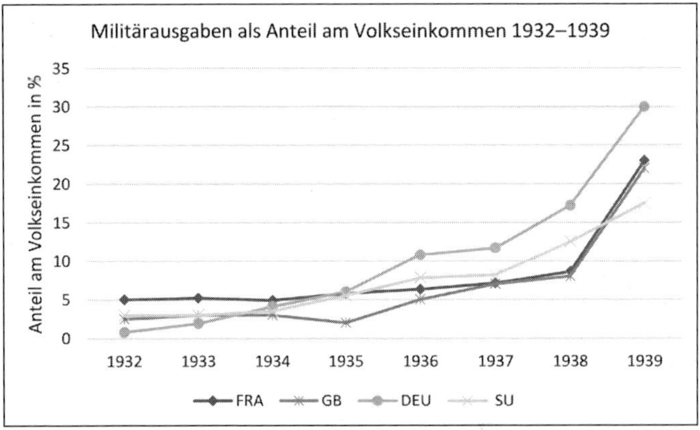

Quelle: Richard Overy, The Origins of the Second World War, London 2017 (4. Auflage), Table 4.1., S. 54

In Japan lagen die Militärausgaben bei 24 Prozent (1938) und 22 Prozent (1939) des Bruttoinlandsprodukts.[11] In den USA lagen die Militärausgaben in den beiden Jahren dagegen nur bei knapp über einem Prozent des Bruttosozialprodukts.[12] Aufgrund der Größe und des Reichtums der Vereinigten Staaten erwies sich der kleine Militäranteil in absoluten Zahlen indes als überaus beachtlich. Bei der kostspieligen Marinerüstung waren die USA schon in den 1930er-Jahren durchgängig die führende Macht.

11 Akira Hara, Japan: Guns Before Rice, in: Harrison (Hg.), Economics WW II, S. 224-267, hier: S. 257.

12 Hugh Rockoff, The United States: From Ploughshares to Swords, in: Harrison (Hg.), Economics WW II, S. 81-121, hier S. 83.

Grafik 63

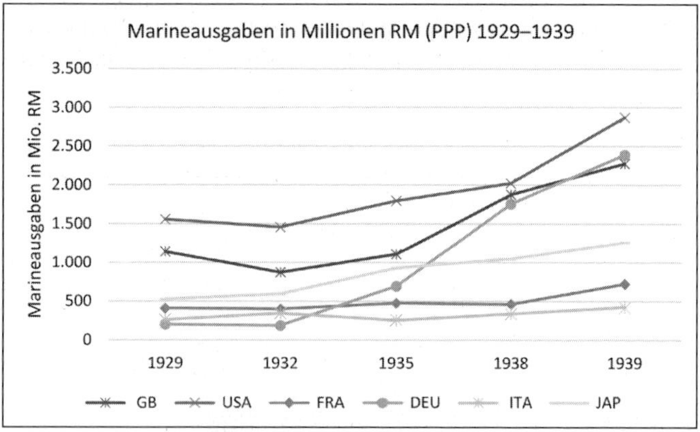

Quelle: Tooze, Making, S. 251

Im Zeitraum von der Weltwirtschaftskrise bis zum Kriegsbeginn hatten die Vereinigten Staaten so viel in die Navy investiert wie Deutschland und Japan zusammen. Allerdings verfügten sie bei Kriegsbeginn über eine insgesamt sehr kleine Armee, die weltweit nach der Truppenstärke nur auf Platz 18 der Rangliste stand. Deutsche Diplomaten und Militärbeobachter rechneten deswegen damit, dass es mehrere Jahre dauern würde, bis die USA in einem Krieg einen entscheidenden Machtfaktor würden darstellen können.[13]

Bei der anderen sehr kostspieligen Waffengattung, der Luftwaffe, sah die deutsche Situation gegenüber den USA und Großbritannien besser aus, denn Deutschland lag hier 1938 und 1939 in der produzierten Menge vorne. Die Zahlen für die Vereinigten Staaten vermitteln zudem insofern einen falschen Eindruck, weil der Großteil der US-Produktion nach Frankreich und Großbritannien geliefert wurde. Die US-Luftwaffe verfügte bei Kriegsbeginn nur über etwa 1700 zum Teil veraltete Flugzeuge und eine Truppe von

13 Richard Overy, Die Wurzeln des Sieges. Warum die Alliierten den Zweiten Weltkrieg gewannen, Reinbek 2002, S. 246-249.

20 000 Mann.[14] Dagegen stellte die Sowjetunion vor Kriegsbeginn bereits mehr Flugzeuge her als Deutschland. Allerdings lag den militärischen Experten zufolge der technische Standard der Flugzeuge sowjetischer Bauart weit hinter dem der Maschinen aus der führenden deutschen und britischen Produktion zurück.

Grafik 64

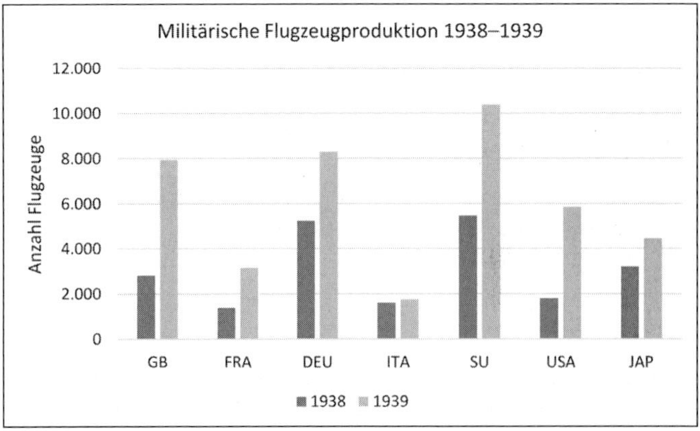

Quelle: Richard Overy/Andrew Wheatcroft, The Road to War, London 1999 (2. Auflage), Appendix, Table II, S. 369

Wie bereits im Ersten Weltkrieg erwiesen sich die Finanzen nicht als wesentlicher beschränkender Faktor im Rüstungswettlauf. Die limitierenden Faktoren waren vielmehr industrielle Kapazität, Arbeitskräfte/Soldaten und Rohstoffe. Ernsthafte finanzielle Schranken traten nur dort auf, wo die aufrüstenden Nationen für die Kriegsproduktion auf auswärtige Rohstoffe angewiesen waren. Hierfür benötigte man entweder Devisen oder musste im Gegenzug selbst Waren exportieren. Beides war aber bei ständig sich steigernder Aufrüstung dauerhaft schwer zu leisten, und sowohl Deutschland wie auch Frankreich und Großbritannien gerieten hier schon vor Kriegsbeginn in Schwierigkeiten, allerdings ohne

14 Ebd., S. 246.

dass der Punkt erreicht worden wäre, an dem entscheidende Rohstoffe nicht mehr gekauft werden konnten.[15]

Dies scheint mir der entscheidende Punkt zu sein, den viele Studien, die sich mit den Finanzen und der Kriegswirtschaft der nationalsozialistischen Regierung beschäftigen, verfehlen. Oftmals wiederholen sie die Kritik Schachts, der befand, dass die deutsche Aufrüstung zu schnell vor sich gegangen sei und Deutschlands wirtschaftliche und finanzielle Kraft überstrapaziert habe. So schreibt etwa Ralf Banken, das generelle Strukturproblem des Reichs sei gewesen, »dass Hitler und die NS-Führung von einem schrankenlosen politischen Allmachtswahn erfasst waren und ihre finanzpolitischen Möglichkeiten völlig überschätzten«.[16] Aber Hitler hatte die deutsche Finanzkraft keineswegs falsch eingeschätzt, sondern aus dem Ersten Weltkrieg den richtigen Schluss gezogen, dass es, wenn man den Krieg wollte, letztlich nur darum ging, möglichst viele Rüstungsproduktionsstätten zu errichten und damit so viel Kriegsgerät und so viel Munition wie nur irgend möglich zu produzieren, um beim Kriegsbeginn im Vorteil zu sein. Gegen eine gegnerische Allianz, deren dauerhafte materielle Überlegenheit schon 1933 offenkundig war, konnte überhaupt nur dann eine Chance bestehen, wenn man radikaler als alle anderen die verfügbaren Mittel für die Aufrüstung einsetzte. Dies taten Hitler und die deutschen Eliten so erfolgreich, dass sie selbst und auch ein Großteil der britischen und amerikanischen Militärführung im Sommer 1941 glaubten, dass Deutschland den Krieg schon gewonnen habe. Vor allem die so unwahrscheinliche wie überraschende Verlagerung der sowjetischen Kriegsindustrie hinter den Ural und ihre schnelle Wiederaufrichtung im asiatischen Teil des Landes waren es, die dies verhinderten. Hinzu kam die rapide Umstellung der amerikanischen Industrie von Zivil- auf Kriegsproduktion. Richard Overy hat eindrucksvoll dargelegt, dass es nicht allein die materielle Überlegenheit der Alliierten war, die den Krieg entschieden hat, sondern eben auch Strategie, Moment und Wille von großer Bedeutung waren. Nur einige richtige Entscheidungen der sowjetischen, amerikanischen und britischen Führung verhinderten, dass der 1939 noch unwahrscheinliche, 1941 aber in greifbare Nähe gerückte Triumph des deutschen

15 Overy, Origins, S. 57-59.

16 Banken, Hitlers Steuerstaat, S. 618.

Militärs verhindert werden konnte.[17] Deswegen scheiterten Hitler und die ihm großenteils folgenden deutschen Eliten eben nicht, weil sie finanziell unverantwortlich handelten, sondern wegen ihres Entschlusses, einen Revanchekrieg gegen die Sieger des Ersten Weltkriegs anzuzetteln und mit allen Mitteln gewinnen zu wollen.

Wer schneller aufrüsten will als seine Gegner, wird auf jeden Fall den privaten Konsum einschränken müssen. Schon deshalb ist es höchst unwahrscheinlich, dass die nationalsozialistische Regierung die Steigerung des Konsums der Unterschichten vorangetrieben oder vor dem siegreichen Ende des geplanten Krieges auch nur gewollt haben könnte. Insofern traf Görings internes Bonmots dass es in Deutschland »Kanonen statt Butter« gebe, durchaus den Kern, und »Kanonen und Butter« war eben nur in sehr engen Grenzen möglich. Sicher war der nationalsozialistischen Regierung wie der Militärführung schon im Interesse einer festen »Heimatfront« daran gelegen, dass die deutsche Bevölkerung nicht noch einmal im Krieg eine schwere Hungersnot erleiden musste, aber das Konsumniveau lag in Deutschland 1939 noch immer niedriger als 1929.[18]

Nicht zwangsläufig war hingegen, dass die Aufrüstung mit höherer Ungleichheit einhergehen würde. Tendenziell führte die erhöhte Militärproduktion zu einem Anstieg der Unternehmereinkommen, die vor allem im obersten Hundertstel der Gesellschaft einen wesentlichen Teil des Gesamteinkommens ausmachten. Dementsprechend war es wahrscheinlich, dass eine verstärkte Aufrüstung dort zu höheren Einkommen führte. Allerdings hätte die Annäherung an die Vollbeschäftigung unter anderen Umständen, als sie im Nationalsozialismus herrschten, auch die Verhandlungsposition der Arbeiterschaft in der Kriegsindustrie verbessert und dadurch die Unternehmensgewinne durch höhere Lohnabschlüsse begrenzt. Gerade dies verhinderte aber der Lohnstopp in Deutschland. Da die anderen Länder nicht so agierten, kann es kaum überraschen, dass der Anteil der Top 1 Prozent in der Vorkriegszeit der nationalsozialistischen Regierung in Deutschland weltweit am stärksten anstieg.

17 Overy, Wurzeln des Sieges.

18 Abelshauser, Germany: Guns, S. 147 f.; Wagner, Entwicklung; Hachtmann, Lebenshaltungskosten, S. 58-63.

Grafik 65

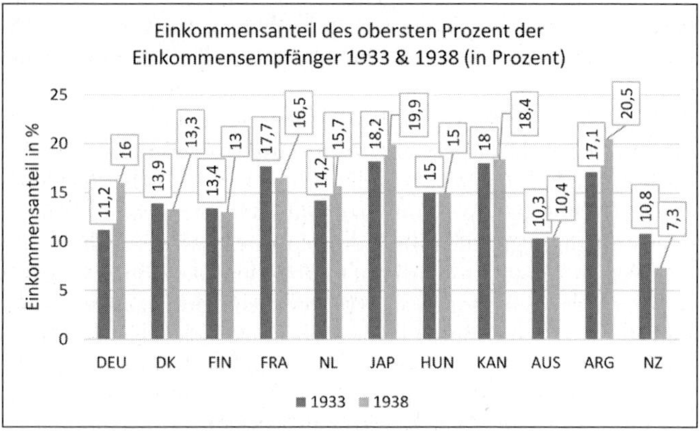

Quelle: ⟨www.wid.world⟩ (Zugriff 8. 2. 2019)[19]

Für Großbritannien liegt bisher nur für 1937 eine Vergleichszahl für den Einkommensanteil des obersten Prozents vor: 17 Prozent. Mehr Daten existieren aber für die einkommensstärksten 0,1 Prozent. Hier findet sich eine leichte Abnahme von 6,7 (1933) auf 6,6 (1938) Prozent.[20] Für die USA zeigt sich im Vergleichszeitraum ein Rückgang der Top 1 Prozent von 15,8 (1933) auf 14,7 (1938) Prozent.[21] Es zeigt sich also, dass der Einkommensanteil der Top 1 Prozent in Deutschland bei der Machtübernahme der Nationalsozialisten im weltweiten Vergleich relativ niedrig lag, dann aber rasant an-

19 Für manche Länder ergeben diese neuesten Daten mitunter sehr große Abweichungen zu jenen in den beiden Top-Incomes-Bänden, die von Anthony B. Atkinson und Thomas Piketty herausgegeben wurden. Besonders evident ist dies im Fall Japan, wo für die Top 1 Prozent Werte von 8,25 (1933) und 7,1 (1937) angegeben werden: Chiaki Moriguchi/Emmanuel Saez, The Evolution of Income Concentration in Japan, 1886-2005: Evidence from Income Statistics, in: Atkinson/Piketty, Top Incomes. A Global Perspective, S. 76-170, hier S. 160, Tabelle 3C. 2. Hier erscheinen die neuen Werte deutlich realistischer.

20 Antony B. Atkinson, The Distribution of Top Incomes in the United Kingdom, in: Atkinson/Piketty (Hg.), Top Incomes, S. 82-140, hier S. 93.

21 Piketty/Saez, Income and Wage Inequality, S. 176.

stieg und wieder ähnliche Höhen wie in den USA, Frankreich, den Niederlanden und Großbritannien erreichte. Es spricht also viel dafür, dass die nationalsozialistische Regierung in der Vorkriegszeit für eine deutliche Umverteilung zugunsten der Spitzenverdiener sorgte. Da die Steuerbelastung für die Top-Einkommen in den USA und Großbritannien höher lag als in Deutschland, dürften auch die Nachsteuerergebnisse kaum in eine andere Richtung deuten. Am niedrigsten lag der Einkommensanteil der Top 1 Prozent, wie nicht anders zu erwarten, in der Sowjetunion. Während deren Anteil an den Gesamteinkommen im zaristischen Russland 1905 noch 18 Prozent betragen hatte, fiel der Wert bis 1927 auf knapp unter 4 Prozent und stieg bis 1934 auch nur leicht darüber. Auch die Werte für die Top 10 Prozent lagen weit unter den westeuropäischen Werten.[22] Die rapide Industrialisierung veränderte in der Sowjetunion die nach der Oktoberrevolution politisch herbeigeführte größere Egalität also kaum wieder, auch wenn Stalin im Rahmen der Industrialisierungsbemühungen auch auf eine stärkere Lohnspreizung nach Leistungskriterien setzte.

Profitierende Elite im nationalsozialistischen Hochsteuerland

Deutschland besaß gegenüber den mutmaßlichen Gegnern in einem zukünftigen Krieg einen großen Vorteil: Das Ziel der Regierungspolitik stand seit 1933 unumstößlich fest. Hitler wollte eine möglichst schnelle und umfassende Aufrüstung erreichen. Dieses zentrale Ziel bestimmte auch die deutsche Fiskalpolitik. Auf der Ausgabenseite galt es den zivilen Verbrauch einzuschränken, um einen möglichst großen Teil der Ressourcen für die Aufrüstung mobilisieren zu können. Auf der Einnahmeseite war, trotz anderweitiger Andeutungen vor 1933, an umfassende Steuersenkungen nicht zu denken. Anfangs stiegen durch den Wirtschaftsaufschwung die Steuern automatisch, ab 1936 begann das NS-Regime die Steuersätze deutlich zu erhöhen. Da die direkten Steuern stärker als die indirekten stiegen, verstärkte sich der Umverteilungseffekt des Steuersystems. Allerdings belastete das Regime die Unterschicht

22 Novokmet/Piketty/Zucman, From Soviets to Oligarchs, Graphiken 8a-c.

durch die steigenden indirekten Steuern schwer. Da Löhne und Gehälter durch den Lohnstopp kaum zulegen konnten, während die Unternehmensgewinne enorm stiegen, reichten die gegensteuernden Wirkungen des Steuersystems nicht annähernd aus, um die wachsende Ungleichheit zu stoppen. Nirgendwo sonst wuchs der Einkommensanteil der Top 1 Prozent von 1933 bis 1938 so schnell wie im nationalsozialistischen Deutschland. Hitlers Reich war eher ein Eliten- als ein Volksstaat. Die Unterschicht wurde derweil vertröstet. Ein materiell besseres Leben mit wachsenden Konsummöglichkeiten sollte ihr erst nach dem Verzicht zugunsten der Aufrüstung am Ende des siegreichen Krieges zukommen. Die Mehrheit der Deutschen musste wegen der Aufrüstung mit einem Lebensstandard zurechtkommen, der hinter jenem der Aufschwungphase der Weimarer Republik zurückblieb. Die Proteste dagegen hielten sich jedoch in Grenzen, weil die Situation sich gegenüber der Depression mit hoher Arbeitslosigkeit für die meisten verbessert hatte, vor allem aber, weil die Gewerkschaften verboten worden waren und bei Protestbekundungen oder gar Arbeitsniederlegungen gewalttätige Repression drohte.

Ein eigenes Steuersystem entwickelten die Nationalsozialisten nicht. Das ihnen eigentlich verhasste Erzberger'sche Steuersystem wurde weitgehend beibehalten. Viele der bedeutendsten Veränderungen stammten aus dem Finanzministerium und waren darauf ausgelegt, das Weimarer Steuersystem aus Sicht der Beamten effizienter zu gestalten. Spezifisch nationalsozialistisch war an der großen Mehrzahl der Gesetzesänderungen wenig. Zwar gab es auch Veränderungen, die weltanschaulich bedingt waren. Hierzu gehörte der Versuch, mit Steuern Bevölkerungspolitik zu betreiben, etwa durch erhöhte Kinderfreibeträge. Allerdings betrieb das demokratische Frankreich eine solche Politik schon länger. Ein wichtiges deutsches Alleinstellungsmerkmal war die drastische Verschärfung der Steuerfahndung und des Steuerstrafrechts. Neben dem hohen Geldbedarf durch die Aufrüstung war hierfür der generelle Trend zur Ausweitung exekutiver Befugnisse seit 1933 entscheidend, der dadurch begründet war, dass die Nationalsozialisten der Bürokratie seit langem erwünschte Zugriffsrechte gewährten, die ihr unter demokratischen Verhältnissen verwehrt geblieben waren. Auf steuerlichem Gebiet wurde das härtere Durchgreifen auch dadurch möglich, dass die Steuerzahlung nicht mehr als Rechtsverhältnis zwischen Bürger und Staat, sondern als unbedingte Pflicht der »Volksgenossen« gegenüber der Gemeinschaft verstanden wurde. Explizit nationalsozialistisch war selbstredend die sich im Zeitverlauf verschärfende steuerliche Benachteiligung und Verfolgung jüdischer Bürger.

Von großer Bedeutung für die Staatsfinanzen war, dass die Steuern ab 1935 weiter erhöht wurden und kurz vor Kriegsbeginn erstmalig in der deutschen Geschichte eine Steuerquote von über zwanzig Prozent erreicht war. Die militarisierte Gouvernementalität forderte einen hohen Tribut. Da die Aufrüstung wichtiger war als geordnete Haushaltsführung, hatte die nationalsozialistische Regierung von Anfang an kaum weltanschaulich bedingte Probleme mit einer höheren Verschuldung. Mit einer konjunkturorientierten Fiskalpolitik hatte dies aber wenig zu tun. Die zusätzlichen Ausgaben für die Aufrüstung entsprachen 1933/34 eher zufällig dem, was zum Konjunkturverlauf passte. Als die Daten ab 1936 auf eine Konjunkturüberhitzung hindeuten, bremste das NS-Regime den Ausgabenanstieg aber keinesfalls ab, sondern verschärfte diesen noch.

Die Politik der europäischen Nachbarn Großbritannien, Frankreich und Schweden war höchst unterschiedlich. In Großbritannien blieb man in der Krise unbeirrt klassisch liberal bei Haushaltsüberschüssen, um Schulden abzuzahlen. In Frankreich wechselten Regierungen und entsprechend auch die Programme einander häufig ab. Besonders einschneidend war der Wechsel von Lavals Austeritätspolitik hin zur angekündigten Hochsteuer- und Aufrüstungspolitik der Volksfrontregierung. Letztere scheiterte jedoch weitgehend an der fortgesetzten Kapitalflucht der Vermögenden. In Schweden gelang es dagegen der Sozialdemokratie, die in moderaten Schritten vorgenommene Steueranhebung durch ein korporatistisches Abkommen zwischen Gewerkschaften und Unternehmerverbänden abzusichern. Obwohl der schwedische Finanzminister Wigforss sich deutlich vom Ziel eines kurzfristigen Haushaltsausgleichs verabschiedete, kam es so zu keiner Kapitalflucht, sondern im Gegenteil zu steigenden Investitionen. In den USA verzichtete Roosevelt zwar de facto auf einen ausgeglichenen Haushalt, er tat dies aber im Unterschied zu Wigforss, ohne es öffentlich zu betonen. Die Skepsis gegenüber einem solchen Schritt war in der regierungskritischen amerikanischen Bevölkerung weit größer, während viele US-Ökonomen eine solche Politik einforderten. Zudem war an eine ähnliche Übereinkunft zwischen Kapital und Arbeit wie in Schweden in den USA nicht zu denken. Die Sowjetunion wurde von der Weltwirtschaftskrise kaum tangiert. Hier zeigte sich, wie ein industrieller Nachzügler durch einen starken Staat einen rasanten wirtschaftlichen Entwicklungs- und Aufholprozess in Gang setzen konnte. Die Sowjetregierung besteuerte ihre ohnehin wenig wohlhabende Bevölkerung sehr viel schärfer als jeder andere Staat. Die Steuereinnahmen, die vor allem der ländlichen Bevölkerung abgerungen wurden, ermöglichten dem Staat umfassende Investitionen zuerst in die Schwer- und dann in die Rüstungsindustrie. Stalin und seine Gefolgschaft setzten diese Politik mit äußerster Gewalt gegen die eigene Bevölkerung durch. Gleichzeitig war die Sowjetunion trotz ihres regressiven Steuersystems durch die Politik der Verstaatlichung und der Verdienstbeschränkung im Hinblick auf die Einkommen der egalitärste Staat Europas.

Teil V

Die Gouvernementalität des Vernichtungskriegs – Finanzpolitik im Zweiten Weltkrieg (1939-1945)

Kapitel 12

Die deutsche Kriegsfinanzpolitik 1939-1945

Nationalsozialismus bedeutete von Anfang an Krieg. 1939 war es so weit: Die territorialen Expansionsbestrebungen der deutschen Führung lösten den Zweiten Weltkrieg aus. Schon der kurze Feldzug gegen Polen und die daran anschließende Besatzungspolitik nahmen in Ansätzen bereits den Charakter eines Vernichtungskrieges an. Dörfer wurden abgebrannt, die polnische Intelligenz getötet oder interniert und die jüdische Bevölkerung ghettoisiert, ermordet oder in die sowjetische Besatzungszone vertrieben. Deutschland führte nicht nur einen Krieg gegen das Militär, sondern auch gegen die Zivilbevölkerung anderer Länder, insbesondere in Ost- und Südosteuropa. Die führenden Nationalsozialisten hatten sich schon in der Weimarer Republik einen Krieg vorgestellt, an dessen Ende nur siegreiche Völker in Freiheit leben konnten, während unterlegene Völker ausgerottet oder versklavt würden. Dementsprechend dominierte eine Alles-oder-nichts-Mentalität. Die Nationalsozialisten setzten alles auf einen Krieg, an dessen Ende nur ein »totaler« Sieg oder eine »totale« Niederlage stehen konnte.[1]

Es ist nicht verwunderlich, dass der Zweite Weltkrieg unter diesen Bedingungen in allen kriegführenden Staaten noch weit umfassender in das Leben der Zivilbevölkerung eingriff, als es der Erste Weltkrieg getan hatte. Der Krieg wurde für viele Menschen tatsächlich zu einem allumfassenden Krieg. Da aufgrund der Art der deutschen Kriegsführung auch für die Gegner alles auf dem Spiel stand, sahen sie sich ebenfalls gezwungen, weite Teile des Lebens einer militarisierten Gouvernementalität zu unterwerfen. Am wenigsten war dies in den USA der Fall, die selbst nicht von einer Invasion bedroht waren und im Krieg einen steilen Wirtschaftsaufschwung erlebten. Doch selbst dort wurden umfassende Preiskontrollen eingeführt und die Steuern erreichten ein Niveau an staatlicher Intervention, welches noch eine Generation zuvor undenkbar gewesen wäre und als unvereinbar mit dem Kapitalismus gegolten hätte.

1 Victor Klemperer hat »total« als eines der Schlüsselwörter des Nationalsozialismus bezeichnet: Klemperer, LTI, S. 334.

Sehr viel mehr noch gilt das für Großbritannien, das 1940 kurz vor einer Invasion durch das nationalsozialistische Deutschland stand. Damit gewann auch in den liberalen Kernländern die militarisierte Gouvernementalität erheblich an Bedeutung. Stärker als im Ersten verstanden sich im Zweiten Weltkrieg mehrere der Hauptkriegsstaaten ausdrücklich als Gegner des politischen Liberalismus. Sowohl in der Sowjetunion als auch im nationalsozialistischen Deutschland ebenso wie in Italien und Japan waren die juristischen sowie die politischen Staatsbürgerrechte erheblich beschnitten oder gänzlich suspendiert worden. Damit waren wesentliche Elemente sozialliberaler Gouvernementalität aufgegeben worden. Doch es gelang diesen Ländern nicht, eine stabile eigene Gouvernementalität aufzubauen. Mit Blick auf den Sozialismus hatte Foucault dies bereits betont: »Ich glaube jedoch, daß es keine autonome sozialistische Gouvernementalität gibt. Es gibt keine Regierungsrationalität des Sozialismus.«[2] Ähnliches würde Foucault vermutlich auch über den Nationalsozialismus gesagt haben. Dabei betrachtete er sowohl den Stalinismus wie auch den Faschismus als moderne Entwicklungen, die ohne die moderne Gouvernementalität nicht denkbar gewesen wären, wobei sie insbesondere deren sozialdisziplinierende Elemente auf die Spitze trieben: »Man kann nicht leugnen, dass der Faschismus und der Stalinismus in vielerlei Hinsichten nur eine Reihe von Mechanismen weiterführten, die in den sozialen und politischen Systemen des Westens bereits existierten. Schließlich sind die Großparteien, die Entwicklung des Polizeiapparates, die Existenz von Repressionstechniken wie den Arbeitslagern eine Erbschaft, die sich in der Tat in den liberalen westlichen Gesellschaften herausgebildet hatte und die der Stalinismus und der Faschismus nur anzutreten brauchten.«[3] Beide Regime verstanden sich zwar als Gegner des politischen Liberalismus, nutzten aber gleichzeitig Elemente liberaler und sozialliberaler Gouvernementalität. Foucault vertrat keine Totalitarismustheorie, sondern betonte auch die Unterschiede, die trotz ähnlicher disziplinärer Techniken zwischen den beiden Regimen bestanden.[4]

2 Foucault, Geburt der Biopolitik, S. 134 f.

3 Michel Foucault, Die analytische Philosophie der Politik (Vortrag), in: ders., Schriften, Bd. 3, S. 675-694, hier S. 676.

4 Michel Foucault, Gespräch mit Ducio Trombadori, in: ders., Schriften, Bd. 4, S. 51-118, hier S. 114.

Der Sowjetstaat war für Foucault »ein hyperadministrativer Staat, in dem zwischen Gouvernementalität und der Verwaltung gewissermaßen eine Verschmelzung [...] herrscht«.[5] Eine so klare Charakterisierung der Gouvernementalität im Faschismus findet sich bei Foucault nicht. In Anlehnung an Christopher Bayly würde ich argumentieren, dass sich das nationalsozialistische Deutschland – wie auch das faschistische Italien – einer militarisierten Gouvernementalität verschrieben hatte. Dabei handelte es sich nicht um eine auf Stabilität oder Permanenz ausgerichtete Form der Gouvernementalität, sondern um eine, die auf den Gesellschaftszustand des Krieges hin ausgerichtet war. Der Staat und die Regierungstechniken befanden sich im Fluss und mussten ständig dem Bedarf von Aufrüstung und Krieg angepasst werden. Dies schuf eine besondere Unberechenbarkeit und Labilität, die jedoch nicht nur zu Zerfallserscheinungen führten, sondern auch zu einer erheblichen Elastizität, die politische Energien schaffen konnte.[6] Rüdiger Hachtmann hat diese Entwicklung mit dem Terminus »neue Staatlichkeit« umschrieben.[7] Mir scheint jedoch der Begriff der militarisierten Gouvernementalität der treffendere zu sein. Die Fluidität der damit benannten Regierungsweisen hatte auch Foucault erkannt. Den deutschen Ordoliberalen, die den Nationalsozialismus als unbeschränkte Ausdehnung der Staatsmacht interpretierten, hielt er entgegen, dass die nationalsozialistische Weltanschauung eigentlich antistaatlich gewesen sei, weil in ihr das Volk die Grundlage alles Rechts war, die Verwaltung als hinderlich galt und stattdessen die Führungsrolle der Partei und Hitlers betont wurde.[8] Das schuf an manchen Stellen Flexibilität, auch wenn der Nationalsozialismus in der Praxis die Macht der Verwaltung ausdehnte, sie aber eben

5 Foucault, Geburt der Biopolitik, S. 135.

6 Rüdiger Hachtmann, Elastisch, dynamisch und von katastrophaler Effizienz – zur Struktur der Neuen Staatlichkeit im Nationalsozialismus, in: Sven Reichardt/Wolfgang Seibel (Hg.), Der prekäre Staat. Herrschen und Verwalten im Nationalsozialismus, Frankfurt am Main 2011, S. 29-74, hier S. 36.

7 Ebd.

8 Foucault, Geburt der Biopolitik, S. 161. Antistaatlich war die NS-Weltanschauung für Foucault aus dem Blickwinkel liberaler Gouvernementalität, in der der Verwaltung und dem Recht ein Eigengewicht gegenüber der Regierung zugestanden wurde. Der absolutistische Staat, in dem der Wille des Herrschers als Grundlage alles Verwaltungshandelns galt, war kein Antistaat, sondern nur eben kein moderner Staat.

gleichzeitig dem Führerwillen unterstellte. Es wird zu prüfen sein, inwieweit das nationalsozialistische Deutschland in der Lage war, mit diesem Regierungsstil seine Finanzen kriegsfähig zu halten.

In der Missachtung juristischer und politischer Bürgerrechte trafen sich das nationalsozialistische Deutschland und die stalinistische Sowjetunion. In ihrem Verhältnis zum Kapitalismus und zur privaten Kapitalakkumulation war dies aber nicht der Fall. In der Sowjetunion war es zur Verstaatlichung der Industrie und zur umfassenden Bürokratisierung des Wirtschaftslebens gekommen. Demgegenüber kam es im nationalsozialistischen Deutschland zur Reprivatisierung einiger im Rahmen der Weltwirtschaftskrise verstaatlichter Unternehmen (Banken, Schifffahrt, Schwerindustrie). Zur Verstaatlichung kam es vor allem dann, wenn private Investitionen dort ausblieben, wo sie der Staat im Rahmen der Aufrüstung für nötig hielt (z. B. die Reichswerke Hermann Göring). Der Umgang mit sozialer Ungleichheit zeigte in den beiden Systemen in der Vorkriegszeit diametral entgegengesetzte Entwicklungen: Während die Sowjetunion im Hinblick auf Einkommen und Vermögen zur egalitärsten Gesellschaft Europas wurde, nahm die Einkommens- und Vermögensungleichheit unter dem Nationalsozialismus erheblich zu.

Götz Aly hat aber gerade für die Kriegszeit eine Vielzahl von Steuermaßnahmen in Deutschland ausgemacht, die insbesondere die Reichen trafen. Bei Aly heißt es: »Zu keinem Zeitpunkt der NS-Herrschaft fand eine Gesetzesdebatte statt, die zu einer nur annähernd vergleichbaren Belastung der Arbeiterschaft geführt hätte. Vielmehr dokumentiert sich […] das Prinzip, den materiell besser Gestellten auch einen deutlich höheren Anteil der Kriegslasten aufzubürden.«[9] Aly übersieht freilich, dass sich besagtes Prinzip bereits im Ersten Weltkrieg in den meisten kriegführenden Ländern durchgesetzt hat und auch im Zweiten Weltkrieg für viele Länder galt. Daher muss sich gerade im Vergleich mit den anderen kriegführenden Nationen erneut zeigen, inwieweit Alys Behauptungen eines besonderen egalisierenden Charakters der nationalsozialistischen Steuer- und Einkommenspolitik eine tragfähige Grundlage haben. Ein Ergebnis sei hier vorweggenommen: Es waren erneut die angloamerikanischen Demokratien, die den Reichtum im Krieg besonders scharf besteuerten.

9 Aly, Volksstaat, S. 81.

Schnelle Belastungserhöhung, dann Hoffnung auf den Sieg 1939-1941

Anders als vor dem Ersten Weltkrieg gingen weder die Militärs noch die Finanzplaner im Vorfeld des Zweiten Weltkrieges von einem kurzen Waffengang aus. Sie kalkulierten stattdessen die Kosten für einen langen und finanziell durchgängig äußerst aufwendigen Krieg. Dabei konnten sie auf die Erfahrungen aus dem Ersten Weltkrieg zurückgreifen und versuchen, dort begangene Fehler zu vermeiden. Das NS-Regime hatte schon im Vorfeld des Krieges die Steuern deutlich erhöht. Ein bedeutender Teil der Aufrüstungskosten war durch Steuern gedeckt. Zudem kamen Vertreter der befassten Ministerien schon seit 1935 immer wieder mit der Wehrmachtsführung zu Beratungen über die Kriegsfinanzierung zusammen. Wegen unterschiedlicher Vorstellungen darüber, welche gesellschaftlichen Gruppen stärker belastet werden sollten, brachten diese Zusammenkünfte zwar nicht immer schnell umsetzbare Ergebnisse, aber bei Kriegsbeginn lagen umfassende Konzepte zur Finanzierung des Krieges vor.

Mit Kriegsbeginn ging die Gesetzgebungskompetenz in Steuerfragen an den Ministerrat für Reichsverteidigung über. Dieser erließ am 4. September 1939 die Kriegswirtschaftsverordnung, die auch Abschnitte zur Steuerpolitik beinhaltete. Am selben Tag erging eine Durchführungsbestimmung zum Einkommensteuerzuschlag im Krieg. Beide neuen Bestimmungen beruhten wesentlich auf den Vorschlägen des Finanzministeriums in den Diskussionen um Kriegsteuern seit 1935. Das bedeutendste Element darin war ein Zuschlag von fünfzig Prozent auf die Einkommensteuer. Dieser wurde fällig, wenn das Einkommen 2400 RM überstieg. Der Zuschlag unterlag aber der doppelten Einschränkung, dass er fünfzehn Prozent des Einkommens nicht überschreiten durfte und die gesamte Einkommensteuerschuld bei einem Satz von 65 Prozent gedeckelt war. Daneben kam es zur deutlichen Erhöhung der Verbrauchsteuern auf Alkohol und Tabak. Das Finanzministerium erwartete durch die neuen Bestimmungen ein Steuermehraufkommen von fünf Milliarden RM, also eine Steigerung um etwa dreißig Prozent. Zudem mussten die Länder und Gemeinden einen Kriegsbeitrag an das Reich abführen. Das betraf die Länder mit 15 Prozent ihres Anteils an der Einkommen-, Körperschaft- und Umsatzsteuer und die Gemeinden mit 2,5 bis 10 Prozent der Grund-, Gewerbe- und Bürgersteuer. Mit der Kriegswirtschaftsverordnung verbot man zudem sämtliche Zuschläge für Mehr-, Sonntags-, Feiertags- und Nachtarbeit.[10]

Das Zuschlagsverbot sorgte für erhebliche Verstimmung in der Arbeiterschaft. Nach den Berichten der Industrie griff der Absentismus um sich, und vielerorts wurde eine Verminderung der Arbeitsleistung registriert, weil Arbeiter und ganze Belegschaften das Tempo drosselten. Dies führte dazu, dass die Deutsche Arbeitsfront (DAF) und die Reichsgruppe Industrie gemeinsam die Rücknahme des Verbots forderten, weil es jeden Leistungsanreiz zerstöre. Da auch aus der NSDAP und dem OKW zunehmend kritische Stimmen zu vernehmen waren, wurde das Verbot am 27. November 1939 gekippt.[11] Auch die vom Finanzministerium daraufhin geforderte Besteuerung der wiedereingeführten Zuschläge mit dem Kriegszuschlag auf die Einkommensteuer war in dieser Stimmung nicht durchsetzbar.[12]

Derweil hatte die Reichsbank Fritz Reinhardts Schätzung von fünf Milliarden mehr Steuereinnahmen überprüft. Ihrer Kalkulation nach war schon brutto lediglich auf Mehreinnahmen von 3,2 bis 3,8 Milliarden RM zu hoffen, die sich netto wegen zu erwartender kriegsbedingter Steuerausfälle vermutlich nur auf etwa 2 Milliarden RM zusätzliche Steuereinnahmen belaufen würden. Gleichzeitig rechnete die Reichsbank damit, dass aufgrund der Warenrationierung etwa zwölf Prozent der Einkommen keine zu kaufenden Waren mehr gegenüberstehen würden. Sie stellten aus Sicht der Zentralbanker überschüssige Kaufkraft dar, die es im Interesse der Preis- und Währungsstabilität abzuschöpfen gelte.[13] Diese Lücke zwischen den verfügbaren Einkommen und dem zum Kauf stehenden Warenangebot sollte sich in Deutschland im Krieg noch deutlich vergrößern.

Hitler hielt die dadurch entstehenden Probleme allerdings für beherrschbar und begegnete der Haltung, dass die Politik hier

10 RGBl. 1939 I, S. 1609-1616; Manfred Oertel, Die Kriegsfinanzierung, in: Eichholtz, Deutsche Kriegswirtschaft, Bd. 3, S. 682-738, hier S. 696 f.; Voß, Steuern, S. 112 f.; Banken, Hitlers Steuerstaat, S. 304 f.

11 Recker, Sozialpolitik, S. 44-52.

12 Banken, Hitlers Steuerstaat, S. 154.

13 Ebd., S. 154 f.

wirtschaftliche Gegebenheiten zu berücksichtigen habe, mit einem gewissen Unwillen. In einer Runde im Führerhauptquartier belehrte er laut Protokoll die Anwesenden wie folgt: »Inflation entsteht nicht schon dadurch, dass mehr Geld in den Handel kommt, sondern nur dann, wenn der einzelne für eine gleichbleibende Leistung plötzlich mehr an Zahlung verlangt. Hier muss man eingreifen. Das habe ich auch Schacht erst klarmachen müssen, dass die erste Ursache des Gleichbleibens unserer Währung das KZ ist; die Währung bleibt, wenn jeder gepackt wird, der mehr fordert!«[14] Hitler gedachte also, dem Primat der Politik mit allen Mitteln zur Durchsetzung zu verhelfen und der Inflation mit Reglementierungen wie Preisstopp und Bewirtschaftung (wie sie auch andernorts eingeführt wurden) beizukommen und letztlich durch Terror Einhalt zu gebieten. Der politische Erfolg konnte aus seiner Sicht nicht auf der Beachtung irgendwelcher ökonomischer Gesetzmäßigkeiten beruhen, sondern war letztlich eine Frage des politischen Willens.

Die Folge der Nachberechnung der Steuereinnahmen war, wie nicht anders zu erwarten, dass die Diskussion um Kriegsteuern erneut aufflammte. Dabei ging es schnell wieder um die zentrale Frage, ob die Masse der Steuerzahler oder die Topverdiener sowie die Unternehmen die Hauptlast der Steuererhöhung tragen sollten. Die Front der Gegner einer höheren Besteuerung der Arbeiterschaft aus DAF, Reichsarbeitsministerium und OKW wurde nun von Hitler, Goebbels und Bormann gestärkt, die sich sorgten, dass noch höhere Steuern die Stimmung der Arbeiter gegen den Krieg und die NSDAP kippen lassen könnten. Demgegenüber argumentierten Reichsbank, Reichswirtschaftsministerium und der Preiskommissar, dass die Belastung der Unternehmen das vertretbare Maß schon erreicht habe. Hermann Göring ging als Leiter der Vierjahresplanbehörde noch weiter und forderte gar eine Steuerentlastung für hohe Einkommen. Diese Frontenbildung blockierte jede Form der Konsensfindung. Als der schnelle Sieg über Frankreich absehbar wurde, gab das Reichsfinanzministerium vorerst die Versuche auf, Steuern weiter zu erhöhen. Bis Ende 1942 fanden keine weiteren Grundsatzdiskussionen über Steuererhöhungen

14 So Hitler am 15.10.1941, in: Werner Jochmann (Hg.), Monologe im Führerhauptquartier 1941-1944. Die Aufzeichnungen Heinrich Heims, Hamburg 1980, S. 87 f.

mehr statt.[15] Die einzige nennenswerte Steuererhöhung bis dahin war ein Kriegszuschlag auf die Körperschaftsteuer von 25 Prozent, der im August 1941 durchgesetzt wurde. Möglich war dieser, weil die Körperschaftsteuer in der Kriegswirtschaftsverordnung außen vor geblieben war und das Finanzministerium die für ihre nachholende Anpassung nötige Zustimmung von Reichswirtschaftsminister Funk gegen Zugeständnisse in anderen Fragen erwirken konnte.[16]

Wie schon im Ersten Weltkrieg hoffte die deutsche Führungsspitze darauf, dass ein bedeutender Teil der deutschen Kosten am Ende eines siegreichen Krieges von den besiegten Staaten getragen würde.[17] Das Finanzministerium ging 1940 davon aus, dass alleine Frankreich, Großbritannien und Belgien bei einem Friedensschluss 45 Milliarden RM an das Reich zu überweisen hätten.[18] Bei dieser Prognose schien es wenig sinnvoll zu sein, die deutsche Bevölkerung mit weiteren Steuern zu belasten, zumal keine Aussicht auf eine Einigung im Dauerstreit um die Belastungsverteilung bestand.

Diese Perspektive kam der Denkweise Hitlers, für den alle wirtschaftlichen Fragen letztlich von der großen Frage nach Sieg oder Niederlage abhingen, entgegen. Dass für die Wirtschaft die Grenzen der Belastbarkeit erreicht sein könnten, ja dass es solche Grenzen überhaupt geben könnte, ließ er nicht gelten. Die Wirtschaft war auf Gedeih und Verderb in das militärische Vabanque-Spiel eingebunden und konnte sich deswegen aus Hitlers Sicht den Kosten der Aufrüstung nicht entziehen:

Schacht sei immer wieder zu ihm gekommen mit der Behauptung, dass sich aus der deutschen Wirtschaft höchstens Beträge von jährlich 1,5 Mrd. für Aufrüstungszwecke herausziehen ließen, wenn die Wirtschaft nicht zusammenbrechen solle. Heute, nachdem man der Wirtschaft das Hundertfache entzogen hat, arbeite sie nach wie vor auf Hochtourenzahl. Gerade bei diesem Krieg müsse man sich immer wieder vor Augen halten, dass beim Verlust sowieso alles im Buddel sei. Wir müssen deshalb alle unsere Bemühungen rücksichtslos an die Parole ›Sieg‹ setzen. Wenn wir siegten, spielten die für Wehrmachtszwecke ausgegebenen Milliarden überhaupt keine Rolle. Denn sie würden allein schon durch die Erzvorräte abge-

15 Banken, Hitlers Steuerstaat, S. 157-166.
16 Voß, Steuern, S. 113; Banken, Hitlers Steuerstaat, S. 166 f.
17 Kilian, Krieg, S. 66-73.
18 Banken, Hitlers Steuerstaat, S. 168.

golten, die im russischen Raum im letzten Jahr in unsere Hand gefallen seien.[19]

In Hitlers kühner Vorstellung waren es mal unermessliche Rohstoffschätze des Ostens, mal Industriebetriebe oder Entschädigungszahlungen des Westens, die zur Begleichung der deutschen Kriegskosten vornehmlich herangezogen werden sollten. Wegen dieser ermutigenden Zukunftsaussichten erschienen ihm höhere Steuern nicht vonnöten zu sein. Das Problem, wie die Kosten vorerst aufzubringen waren, war damit freilich nicht vom Tisch.

Sparen statt Anleihen: Kreditausweitung 1939-1941

Auf Kriegsanleihen zurückzugreifen, die das wichtigste Finanzierungsmittel in der Frühphase des Ersten Weltkrieges gewesen waren, schied aus Hitlers Sicht aus. Er wollte mit diesem Verzicht vor allem vermeiden, dass die Anleiheausgabe zu einer Art Volksabstimmung über die deutschen Siegeschancen wurde.[20] Zudem hatte die letzte, wenig erfolgreiche Anleihe vor Kriegsausbruch kaum Anlass zur Hoffnung gegeben, dass auf diesem Weg noch viel zu gewinnen wäre.[21] Bei der Erläuterung der Kriegswirtschaftsverordnung betonte Fritz Reinhardt am 9. September 1939 daher öffentlich, dass an Kriegsanleihen nicht gedacht sei.[22]

Statt die offene und für den Zeichner klar ersichtliche Form der Mittelbeschaffung zu wählen, ging man deswegen zur verdeckten Kriegsfinanzierung über. Die Grundlage hierfür bildete das Gesetz über die Deutsche Reichsbank vom 15. Juni 1939, das die Reichsbank direkt der Befehlsgewalt Hitlers unterstellte. Vor allem aber wurden alle Vorschriften aufgehoben, die die Geldschöpfungsmög-

19 Hitler beim Tischgespräch am 12. 4. 1942, in: Henry Picker, Hitlers Tischgespräche im Führerhauptquarteier 1941-1942, Stuttgart 1977, S. 217.

20 James, What is Keynesian?, S. 248; Aly, Volksstaat, S. 332.

21 Tooze, Wages, S. 295 f.; Oshima, Bedeutung, S. 207-210; Banken, Hitlers Steuerstaat, S. 129 f. Allerdings zeigte sich bei der letzten öffentlichen Ausschreibung im Reich im November 1939 schon wieder ein anderes Bild. Die öffentliche Emission von 500 Millionen RM 4,5-prozentiger auslösbarer Schatzanweisungen der Deutschen Reichsbahn war innerhalb des ersten Tages überzeichnet. Es zeigte sich hier eine hohe Flüssigkeit auf dem Kapitalmarkt: Oertel, Kriegsfinanzierung, S. 706.

22 Terhalle, Geschichte, S. 320.

lichkeiten der Reichsbank einschränkten.[23] Am 12. September 1939 wurde der Finanzminister im Rahmen des Haushaltsnachtrags für das Jahr 1939 ermächtigt, 15 Milliarden Reichsmark als Kredit aufzunehmen. Damit begann die Schuldenfinanzierung des Krieges.[24]

Die Kreditfinanzierung erfolgte in den ersten beiden Kriegsjahren ohne großen Verwaltungsaufwand in einem dauerhaft laufenden Verfahren, das erst mal keine Obergrenze kannte. Der Großteil der ausgegebenen Papiere brachte die Reichsbank bei Banken, Sparkassen, anderen Kreditinstituten oder Versicherungen unter, ohne dass dies einer breiten Öffentlichkeit bekannt wurde. Zu unterscheiden war dabei zwischen den mittel- und langfristigen Anleihen der fundierten Reichsschuld, die im Reichsschuldenbuch vermerkt wurde, sowie der schwebenden Reichsschuld in Form kurzfristiger Kredite.

Bei den mittel- und langfristigen Anleihen handelte es sich vor allem um Anleihen und verzinsliche Schatzanweisungen. Der Zinssatz für die Papiere betrug bei Kriegsbeginn 4,5 Prozent, 1940 noch 4 und ab 1941 dann nur noch 3,5 Prozent. Gleichzeitig dehnte das Reich die Laufzeiten der Anleihen aus. Lag diese zu Beginn noch bei fünf Jahren, gab es in der zweiten Kriegshälfte vermehrt Papiere mit Laufzeiten von zwanzig Jahren und mehr. Die schrittweise Verschlechterung der Bedingungen war möglich, weil das Reich Banken, Sparkassen und Versicherungen praktisch dazu zwang, ihre Mittel in Reichspapieren anzulegen, da es keine Alternativen gab. Auch Länder und Gemeinden waren gehalten, mit 75 Prozent ihrer Rücklagenfonds Reichsanleihen oder Schatzanweisungen zu zeichnen.[25]

Aufgrund der hohen finanziellen Anforderungen des Krieges gewannen kurzfristige Kredite im Kriegsverlauf eine immer größere Bedeutung, weil der Kapitalmarkt immer weniger in der Lage war, die benötigten Summen aufzubringen. Die beiden wichtigsten Formen kurzfristigen Kredits waren unverzinsliche Schatzanweisungen und Reichswechsel. Die unverzinslichen Schatzanweisungen hatten eine Laufzeit von 3 bis 20 Monaten und einen Zinssatz von 2,5 bis

23 Karl-Heinrich Hansmeyer/Rolf Caesar, Kriegswirtschaft und Inflation (1936-1948), in: Deutsche Bundesbank (Hg.), Währung und Wirtschaft, S. 367-429, hier S. 395-398; Abelshauser, Kriegswirtschaft, S. 518.

24 Oertel, Kriegsfinanzierung, S. 704.

25 Ebd., S. 705-709.

3 Prozent. Die Reichswechsel waren dagegen schon nach 90 Tagen fällig bei einem Zinssatz von 2,125 bis 2,75 Prozent.[26]

Die Hauptlast der deutschen Kriegskosten trugen die deutschen Sparer. Deutsche Finanzinstitute hielten einen großen Teil der Staatsschuld, wobei insbesondere die Sparkassen von großer Bedeutung waren. Durch massive Werbung und abnehmende Konsummöglichkeiten waren die Einlagen dort im Zeitraum von 1939 bis 1941 von 2,6 auf 14,5 Milliarden RM angestiegen.[27] Der Erfolg hing auch von der Fiktion der Freiwilligkeit des Sparens ab, weswegen das Propagandaministerium den Zeitungen im Januar 1940 verboten hatte, über die etwaige Einführung eines Zwangssparens zu spekulieren.[28]

Trotz des beachtlichen Anstiegs der Spareinlagen war das NS-Regime darum bemüht, die Gefahr von Abhebungen einzudämmen. Für die frühe Kriegsphase lässt sich anhand von Daten der Kreissparkasse Köln eine Abhängigkeit der Höhe der Sparguthaben von den Kriegsereignissen zeigen. Während nach dem Kriegsausbruch und den Kriegserklärungen durch Frankreich und Großbritannien die Sparguthaben deutlich zurückgingen, stiegen sie nach der polnischen Kapitulation wieder an.[29] Um die Sparanstrengungen der Bevölkerung gegen Anflüge von Pessimismus zu sichern, bot das NS-Regime im Herbst 1941 mit dem »Eisernen Sparen« eine besonders begünstigte Sparform an. Arbeitnehmer konnten fortan einen Teil ihrer Einkünfte direkt auf Konten des »Eisernen Sparens« überweisen lassen. Der Vorteil für die Sparer war, dass nicht nur die üblichen Zinsen gezahlt, sondern die Beträge von der Lohnsteuer befreit wurden. Von Nachteil war indes, dass das Geld festlag und das Konto erst zwölf Monate nach Kriegsende gekündigt werden konnte.[30] Trotz massiver Werbung schlossen nur 1,8 Millionen von

26 Ebd., S. 709-713.

27 Sheldon Garon, Beyond our Means. Why America Spends While the World Saves, Princeton 2012, S. 195.

28 Aly, Volksstaat, S. 328.

29 Carsten Brodesser, Sparen während der Zeit des Nationalsozialismus. Ein Kapitel aus der »geräuschlosen Kriegsfinanzierung« unter besonderer Berücksichtigung der Sparkassen, Frankfurt am Main 2011 (Diss. Uni Frankfurt am Main), S. 266 f.

30 RGBl. I 1941, S. 664-666 und 705-709; Philipp Kratz, Sparen für das kleine Glück, in: Götz Aly (Hg.), Volkes Stimme. Skepsis und Führervertrauen im Nationalsozialismus, Frankfurt am Main 2006, S. 59-79, hier S. 73-77; Oertel, Kriegsfinanzierung, S. 717.

24 Millionen Lohn- und Gehaltsempfängern einen entsprechenden Sparvertrag ab. Im Herbst 1944 machten diese Spareinlagen bei den Sparkassen nur 1,76 Prozent aller Spareinlagen aus.[31] Kritiker hatten schon vorab moniert, dass für Bezieher kleiner Einkommen die lange Festlegung ein Ausschlussgrund sein würde. Sie vermuteten, dass deswegen die steuerlichen Vorteile nur den Besserverdienenden zukommen würden, wofür zudem ein hoher Verwaltungsaufwand zu treiben wäre. Diese Kritik fand aber bei der Leitung des Finanzministeriums kein Gehör.[32] Auch aus diesem Grund scheint es mir überzogen zu sein, die geringe Sparsumme als mangelndes Vertrauen gegenüber dem NS-Regime zu verstehen.[33] Vielmehr, so scheint es, wollten die Arbeitnehmer ihr Geld griffbereit haben und hielten deswegen an den herkömmlichen Sparformen fest. Die auf den normalen Konten liegenden Geldummen stiegen konstant weiter an.[34]

Das überraschende und bisher übersehene Faktum ist, dass das Konzept des »Eisernen Sparens« in weiten Teilen Keynes' Vorschlag zur Kriegsfinanzierung aus dem Jahr 1940 entsprach. Keynes hatte für Großbritannien vorgeschlagen, Teile der Löhne der Arbeiterklasse bis zum Kriegsende fest anzulegen, um eine Inflation zu vermeiden. Zugleich, so seine Überlegung, könne man die Arbeiterschaft auf diese Weise von den Zinsen im Krieg profitieren lassen. Zudem sollte dadurch bei Kriegsende ausreichend Geld für Konsum bereitstehen, um eine Depression beim Übergang zur Friedenswirtschaft zu vermeiden.[35]

31 Kratz, Sparen, S. 75 und 77.

32 Banken, Hitlers Steuerstaat, S. 168.

33 Kratz, Sparen, S. 78.

34 Brodesser, Sparen, S. 269-275.

35 John Maynard Keynes, How to Pay for the War. A Radical Plan for the Chancellor of the Exchequer, London 1940. Keynes' erster Artikel zum Thema war noch vor dem Erscheinen in der Times (14./15. 11. 1939) in Deutschland am 7. 11. 1939 von der Frankfurter Zeitung publiziert worden: Skidelsky, Keynes, Bd. 3, S. 53. Siehe dazu auch den Abschnitt zu Großbritannien weiter unten.

Die Steuerpolitik nach dem Überfall auf die Sowjetunion (1941-1945)

Das Ende des deutschen Vormarsches vor Moskau und die sowjetische Gegenoffensive im Winter 1941 beendeten jede deutsche Hoffnung darauf, dass die Sowjetunion schnell besiegt werden könnte. Ein langer, verlustreicher und teurer Krieg war dadurch nahezu unausweichlich geworden. In der Folge baute das NS-Regime die Organisation der Kriegswirtschaft grundlegend um. Der neue starke Mann, der die möglichst weitgehende Umstellung der gesamten Wirtschaft auf einen langen Krieg federführend vorantreiben sollte, war Albert Speer als Minister für Bewaffnung und Munition.[36]

Ab dem Sommer 1942 regten sich im Reichsfinanzministerium und der Reichsbank wieder vermehrt Stimmen, die bezweifelten, dass die vorwiegende Finanzierung des Krieges über Kredit auf die Dauer gutgehen könnte. Sie plädierten deswegen für Steuererhöhungen, um überschüssige Kaufkraft abzuschöpfen. Zunächst verfiel man aber auf die Idee, nicht die Steuern zu erhöhen, sondern durch den dauerhaften Verzicht auf die Erträge einer Steuer hohe einmalige Ablösezahlungen einzustreichen. Die Gebäudeentschuldungsteuer oder Hauszinssteuer bestand seit 1923 und belastete Hausbesitzer erheblich. Die Vereinigungen der Hausbesitzer bekämpften die Steuer deswegen seit langem. Die Nationalsozialisten hatten ihre Abschaffung schon mehrfach in Aussicht gestellt, die Steuer dann aber doch beibehalten. Mit jährlichen Einnahmen von 800 Millionen RM war sie Anfang der 1940er-Jahre die einzig verbliebene einträgliche Ländersteuer. Per Verordnung vom Ende Juli 1942 wurde die Steuer zum 1. Januar 1943 abgeschafft. Stattdessen mussten die Hausbesitzer einmalig den zehnfachen Jahresbetrag ihrer Steuerschuld an das Reich überweisen. Zahlbar war der Abgeltungsbeitrag bis zum Jahresende 1942; für alle später eingehenden Zahlungen waren zusätzlich 4,5 Prozent Zinsen fällig.[37] Die eingenommenen etwa acht Milliarden RM standen dem Reich

36 Dietrich Eichholtz, Geschichte der deutschen Kriegswirtschaft, Bd. 2: 1941-1943, Berlin 1985, S. 41-117; Walter Naasner, Neue Machtzentren in der deutschen Kriegswirtschaft 1942-1945, Boppard am Rhein 1994, S. 163-196.

37 Verordnung über die Aufhebung der Gebäudeentschuldungsteuer vom 31. 7. 1942, in: RGBl. I 1942, S. 501-503; Oertel, Kriegsfinanzierung, S. 701 f.; Banken, Hitlers Steuerstaat, S. 172

Anfang 1943 zur Verfügung, aber nicht dauerhaft und alleine. Zum einen musste der entsprechende Ausfall durch jährliche Überweisungen an die Länder kompensiert werden, zum anderen war der Abgeltungsbetrag, verteilt auf die nächsten fünf Jahre, zur Hälfte bei der Ermittlung des steuerbaren Einkommens abzugsfähig.[38] Dennoch konnte der Reichsfinanzminister auf diese Weise kurzfristig erhebliche zusätzliche Einnahmen verbuchen, die 1942/43 etwa ein Fünftel der Steuereinnahmen ausmachten.

Diesem Schachzug verdankte das Reichsfinanzministerium seinen letzten nennenswerten Erfolg im Streben nach höheren Steuereinnahmen. Die Geschichte der letzten drei Kriegsjahre ist, was die Steuerpolitik angeht, schnell erzählt: Das Finanzministerium entwickelte, oft unterstützt von der Reichsbank, Vorschläge, um höhere Steuereinnahmen zu generieren, vermochte diese aber nicht durchzusetzen. Zum einen verhinderte der Streit darüber, welche gesellschaftliche Gruppe stärker belastet werden könnte, weiterhin eine Konsensfindung, zum anderen aber entwickelte die NSDAP-Spitze einen zunehmenden grundsätzlichen Widerwillen gegen Steuererhöhungen. Insbesondere Goebbels wies immer wieder darauf hin, dass Steuererhöhungen einen Stimmungsumschwung in der Bevölkerung hervorrufen könnten. Mit seinen Befürchtungen stieß er bei Hitler und Bormann häufig auf offene Ohren. Zunehmend von Bedeutung war das Argument, dass angesichts der exorbitanten Höhen der Ausgaben selbst eine drastische Anhebung der Steuern keinen substantiellen Beitrag zur Verkleinerung des Schuldenbergs mehr würde leisten können.[39] Daher kam es in der zweiten Kriegshälfte zu keiner bedeutsamen Steuererhöhung mehr. Dementsprechend deckten die Steuereinnahmen zum Kriegsende hin nur einen immer geringeren Anteil der Ausgaben. Die Gewichte verschoben sich immer weiter in Richtung Kreditfinanzierung und Notenpresse.

38 Terhalle, Geschichte, S. 322.

39 Banken, Hitlers Steuerstaat, S. 170-182.

Grafik 66

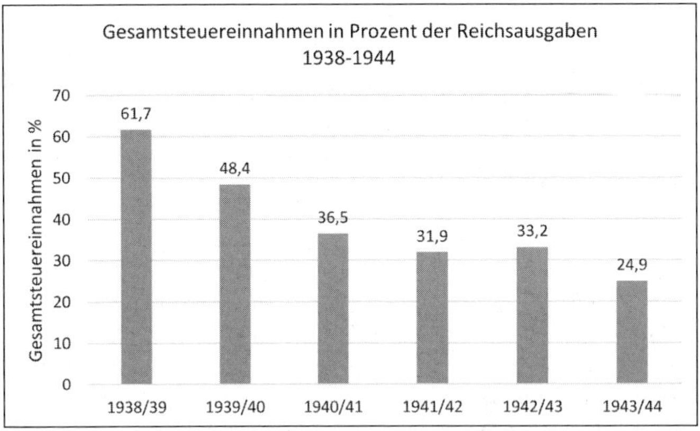

Quelle: Banken, Hitlers Steuerstaat, S. 42

Sparen, Kreditausweitung und Notenbankumlauf bis Kriegsende

Adam Tooze hat die These aufgestellt, dass das System der »geräuschlosen« Kreditfinanzierung bis 1943 problemlos funktioniert habe. Nach der Niederlage in Stalingrad hätten sich die eingezahlten Beträge verringert.[40] Am bisher einzigen genauer untersuchten Beispiel der Kontenbewegungen bei der Kreissparkasse Köln bestätigt sich dieser Verlauf indes nicht. Vielmehr zeigt sich, dass die Sparbeträge bis zum Ende des Jahres 1944 anstiegen und danach weitgehend konstant blieben.[41] Auch die aggregierte Spareinlagenentwicklung aller deutschen Sparkassen stieg von 55,5 Milliarden Reichsmark im März 1943 auf 61,9 Milliarden Reichsmark im September 1943.[42] Der Anstieg hielt auch bis Ende 1944 an:

40 Tooze, Wages, S. 644. Ähnlich auch: Aly, Volksstaat, S. 336.
41 Brodesser, Sparen, S. 269-275.
42 Ebd., S. 272.

Grafik 67

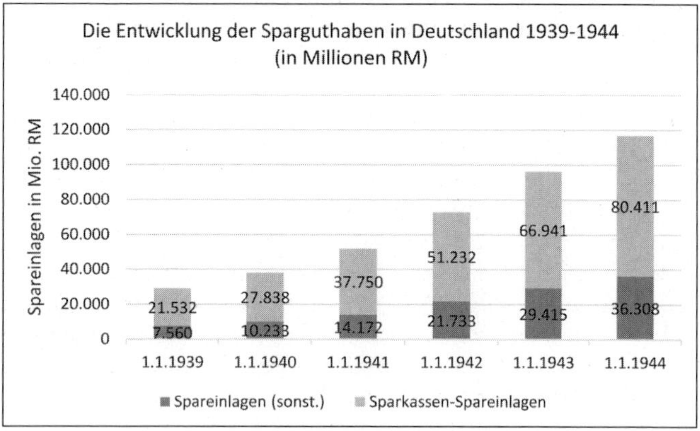

Quelle: Deutsche Bundesbank (Hg.), Deutsches Geld- und Bankwesen in Zahlen 1876-1975, Frankfurt am Main 1976, S. 18 und 102

Ähnlich war dies auch bei der zum DAF-Konzern gehörenden Bank der deutschen Arbeit, die 1942 auf Platz drei unter den deutschen Großbanken vorgestoßen war.[43] Das Rüstungsministerium stellte Berechnungen an, denen zufolge von Kriegsbeginn bis Ende 1943 etwa 150 Milliarden RM an Kaufkraftüberschuss aufgelaufen waren.[44] Bei einem Anstieg der Spareinlagen von 1939 bis 1943 um 67 Milliarden RM hieße dies, dass etwa die Hälfte des Kaufkraftüberschusses zu Spareinlagen gemacht wurde.

Zwar zeigen die Stimmungsberichte des SD, dass in der Bevölkerung die Zweifel an der Wertstabilität der Reichsmark spätestens ab 1942 deutlich wuchsen,[45] aber ebenso schwanden alternative Verwendungsmöglichkeiten des Geldes. Das Warenangebot

43 Rüdiger Hachtmann, Das Wirtschaftsimperium der Deutschen Arbeitsfront 1933-1945, Göttingen 2012, S. 145 f.

44 Jonas Scherner, Bericht zur deutschen Wirtschaftslage 1943/44. Eine Bilanz des Reichsministeriums für Rüstung und Kriegsproduktion über die Entwicklung der deutschen Kriegswirtschaft bis Sommer 1944, in: Vierteljahrshefte für Zeitgeschichte 55 (2007) 3, S. 499-546, hier S. 544.

45 Aly, Volksstaat, S. 336 f.

schrumpfte immer weiter. Schließlich war das Geld selbst auf dem Schwarzmarkt kaum noch etwas wert, stattdessen florierte der Naturalientausch. Zudem hielten die drakonischen Strafandrohungen viele vom Schwarzmarkt fern.[46] So blieb ein Großteil der deutschen Bevölkerung dabei, mangels eines entsprechenden Warenangebots nicht ausgegebenes Geld auf Sparkonten anzulegen. Weil Alternativen fehlten, stellten, anders als in der ersten Kriegshälfte, einschneidende Ereignisse wie die Landung in der Normandie oder die Einnahme der nahegelegenen Stadt Aachen im Oktober 1944 für die Einleger der Kreissparkasse Köln keinen Grund mehr dar, Geld abzuheben.[47] Es spricht deswegen wenig dafür, die hohe deutsche Sparrate »als Folge des Grundvertrauens in die Führungskunst Hitlers« zu werten, wie Aly es tut.[48] Die Stimmungsberichte legen nahe, dass dies bei einem erheblichen Teil der Bevölkerung Ende 1944 nicht mehr der Fall war, aber deswegen hoben viele Menschen ihr Geld trotzdem nicht vom Sparkonto ab.

Allerdings zahlten die Menschen in den letzten Monaten insgesamt nicht mehr Geld auf die Sparkonten ein. Ab dem Herbst 1944 begannen viele, ihre Löhne und Gehälter zu Hause zu horten.[49] Dies führte dazu, dass sich der Notenbankumlauf ab September 1944 noch einmal deutlich erhöhte.

46 Malte Zierenberg, Stadt der Schieber. Der Berliner Schwarzmarkt 1939-1950, Göttingen 2008; Stefan Mörchen, Schwarzer Markt. Kriminalität, Ordnung und Moral in Bremen 1939-1949, Frankfurt am Main 2011.

47 Brodesser, Sparen, S. 269-275.

48 Aly, Volksstaat, S. 335.

49 Ebd., S. 337.

Grafik 68

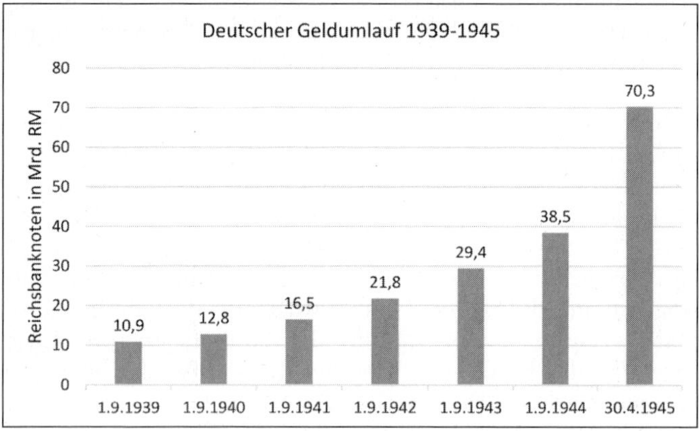

Quelle: Boelcke, Kosten, S. 107

Während zu Beginn des Krieges die langfristige Verschuldung dominiert hatte und sich dann bis Mitte 1942 kurzfristige und langfristige Verschuldung zumindest noch die Waage hielten, nahm in den letzten drei Kriegsjahren das Übergewicht der kurzfristigen Verschuldung immer weiter zu.

Bei Kriegsende belief sich die innere Verschuldung auf eine Gesamtsumme zwischen 385 und 400 Milliarden Reichsmark.[50] Der wachsende Schuldenberg führte bald zu einem deutlichen Anstieg der Zinszahlungen, der den Haushalt spürbar belastete, denn das NS-Regime bediente, Gottfried Feders Wunsch nach der Brechung der Zinsknechtschaft zum Trotz, seine Schulden ordnungsgemäß, um den Kreditzyklus aufrechtzuerhalten.

50 Oertel, Kriegsfinanzierung, S. 712; Boelcke, Kosten, S. 102.

Grafik 69

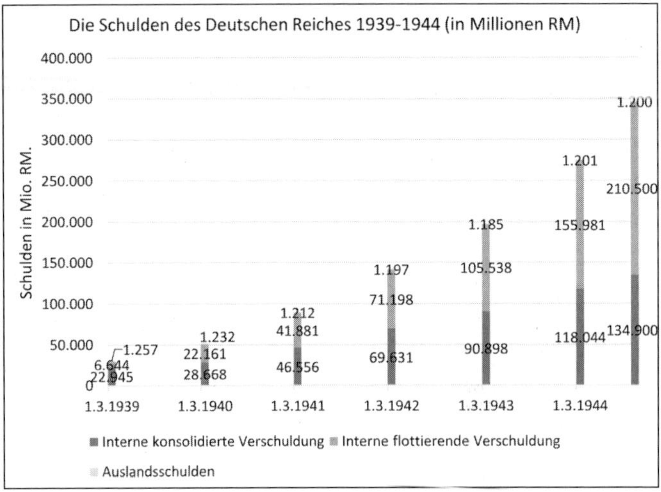

Quelle: League of Nation, Statistical Yearbook 1942-44, S. 268

Grafik 70

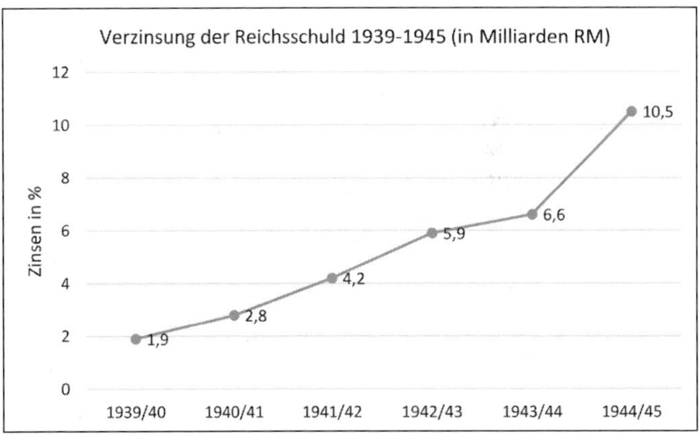

Quelle: Länderrat, Statistisches Handbuch, S. 555

Bereits 1943/44 machten die Zinszahlungen zehn Prozent der ordentlichen Einnahmen aus. Das entsprach dem Gesamtertrag der Körperschaftsteuer. Die regulären Einnahmen konnten trotz der bis 1942 ansteigenden Steuereinnahmen nicht entfernt mit den explosiv ansteigenden Rüstungsausgaben mithalten, so dass ihr Anteil an den Gesamtausgaben immer weiter abfiel. Ähnlich wie 1918 stand das Deutsche Reich bei Kriegsende am Rand des Staatsbankrotts und zudem vor dem Problem einer erheblichen inflationären Geldentwicklung.

Grafik 71

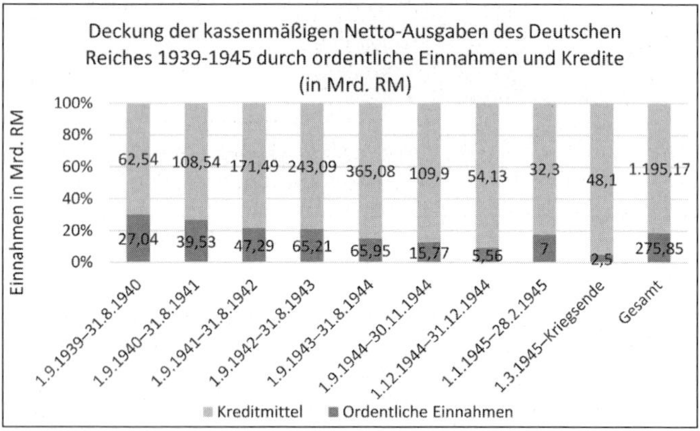

Quelle: Boelcke, Kosten, S. 100

Die sich immer deutlicher abzeichnende militärische Niederlage führte nicht nur dazu, dass viele Deutsche ihre Löhne in den letzten Kriegsmonaten nicht mehr zur Bank brachten, sondern bewog auch die Sparkassen, den Ankauf weiterer Staatspapiere zu verweigern.[51] Dementsprechend musste die Reichsbank nun verstärkt selbst einspringen, wodurch die Kredite dann direkt durch die Notenpresse finanziert wurden. Für Ende September 1944 existiert eine Aufstellung, wer die Reichsschuldpapiere im Inland hielt:

51 Aly, Volksstaat, S. 337 f.

Grafik 72

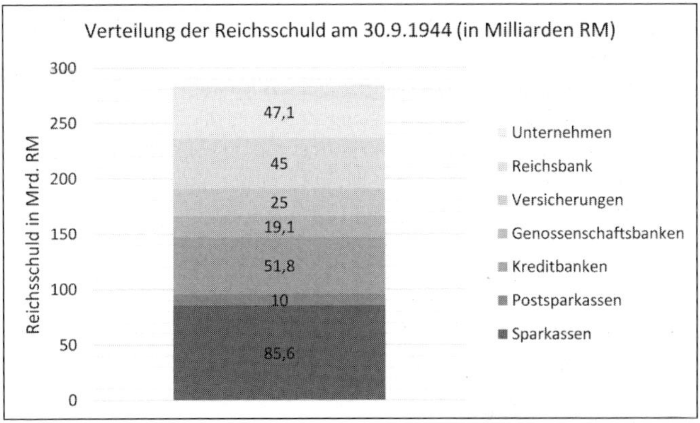

Quelle: Ludolf Herbst, Der Totale Krieg und die Ordnung der Wirtschaft. Die Kriegswirtschaft im Spannungsfeld von Politik, Ideologie und Propaganda 1939-1945, Stuttgart 1982, S. 412

Dies zeigt die überragende Bedeutung der Sparkassen, die im Herbst 1944 30 Prozent der Reichsschuld hielten. Die genaue Verteilung der Reichsschuld bei Kriegsende ist bisher nicht bekannt. In der Forschung werden aber zumindest folgende Daten genannt: Die Verbindlichkeiten des deutschen Staates gegenüber den Geschäftsbanken seien auf 110 Milliarden RM gestiegen, während es den Sparkassen gelungen sei, ihr Engagement auf 54 Milliarden RM zu reduzieren, und die Versicherungen weiterhin Werte im Umfang von 25 Milliarden RM gehalten hätten.[52]

Die fiskalische Ausplünderung der besetzten Gebiete

Etwaige besetzte Gebiete spielten bei Besprechungen über die Finanzierung eines Krieges bis Kriegsbeginn praktisch keine Rolle. In Hitlers Vorstellung nahmen sie bis dahin vor allem als Rohstofflie-

52 Hansmeyer/Caesar, Kriegswirtschaft, S. 405; Aly, Volksstaat, S. 330.

feranten und mögliches Ansiedlungsgebiet für deutsche Landwirte einen Platz ein. Erst mit der Besetzung der »Rest-Tschechei« im Frühjahr 1939 taten sich grundlegende Fragen auf, weil erstmalig ein Gebiet unter deutsche Herrschaft fiel, welches mehrheitlich nicht von Angehörigen der deutschen Volksgruppe bewohnt wurde. Hitler erklärte Böhmen und Mähren zwar nach dem Einmarsch zu einem Teil des Reiches, aber anders als das Sudetenland wurde das Protektorat Böhmen und Mähren nicht durch eine formale Annexion vollständig in das Reichsgebiet eingegliedert und behielt eine Art Zwischenstatus zwischen annektiertem und besetztem Gebiet.[53]

Ein entscheidender Schritt für die Einbeziehung besetzter Gebiete in die Kriegsfinanzierung erfolgte dann im Zuge des Siegs über Frankreich im Sommer 1940. Mit den Niederlanden, Belgien und großen Teilen Frankreichs hatte Deutschland stark industrialisierte und wohlhabende Gebiete unter seine Kontrolle gebracht. Zudem festigte sich damit die deutsche Vormachtstellung in Kontinentaleuropa. In der Folge begannen die deutschen Führungsspitzen Pläne dafür zu entwickeln, wie sie diese kontinentale Machtstellung ökonomisch zu nutzen gedachten. Ende Juni 1940 ernannte Göring als Chef der Vierjahresplanbehörde Wirtschaftsminister Walther Funk zum verantwortlichen Minister für die wirtschaftliche Neuordnungsplanung. Funk wiederum ernannte den stellvertretenden Leiter der Außenhandelsabteilung des Reichswirtschaftsministeriums, Gustav Schlotterer, zum Planungskoordinator.[54]

Am 22. Juli 1940 stellte Funk einer großen Ministerrunde den nach etwa einmonatiger Planung erreichten Stand vor. Zentral war für das Wirtschaftsministerium die Währungsfrage. Hier hatte man sich dafür entschieden, keine gesamteuropäische Währung einzuführen, sondern die Reichsmark als Leitwährung durchzusetzen. Mit Ausnahme des Protektorats und der Niederlande strebte man auch keine sofortige Währungsunion mit den besetzten Gebieten an. Der wesentliche Grund hierfür war, dass sich so der Banknotenumlauf in den besetzten Gebieten steigern ließ, ohne dass eine

53 Kilian, Krieg, S. 129-154.

54 Marc Buggeln, Währungspolitik für den europäischen Großraum. Die Diskussion der nationalsozialistischen Wirtschaftsexperten über ein zukünftiges europäisches Zahlungssystem, in: Beiträge zur Geschichte des Nationalsozialismus (2002) 18, S. 41-75. Zu Schlotterer: ebd., insb. S. 51 FN 34.

etwaige Inflation direkt auf das Reich zurückwirken würde. Eine Geldmittelerhöhung war deswegen zu erwarten, weil die deutschen Behörden planten, erhebliche Gütermengen aus den besetzten Gebieten ins Reich einzuführen, ohne diese gleich zu bezahlen. Grundlage hierfür war, dass Deutschland mit vielen Ländern seit der Weltwirtschaftskrise den gegenseitigen Handel über bilaterale Clearingkonten abrechnete. Dabei schrieb man die ins jeweils andere Land gelieferte Waren auf dem Clearingkonto gut, bezahlt wurden sie aber nicht direkt und nicht mit harter Währung. Ziel war es, die Konten durch gegenseitige Lieferung auszugleichen. Die Exporteure bezahlten die jeweilige einheimische Notenbank, die die Clearingkonten verwaltete. Wenn ein Land mehr exportierte als importierte, hatte dies zur Folge, dass der Geldumlauf im Exportüberschussland durch die Auszahlung an den Exporteur stieg, während gleichzeitig das Warenangebot durch den Export gesunken war. Dementsprechend war es volkswirtschaftlich gesehen eher unvorteilhaft, unter diesem System große Exportüberschüsse zu erzielen, so dass Interesse daran entstand, Waren aus dem anderen Land zu importieren.

Schlotterer erkannte die Möglichkeiten des Clearingsystems für die im Sommer 1940 erreichte deutschen Machtstellung. Dieses ließ sich für die wirtschaftliche Ausbeutung der Nachbarstaaten nutzen, ohne es allzu offensichtlich nach Raub aussehen zu lassen. Mithilfe dieses Systems ließen sich ganz legal Waren aus den besetzten Gebieten der deutschen Kriegswirtschaft zuführen, ohne gleich dafür zu bezahlen. Die Exporteure erhielten ihr Geld über die Clearingkonten und hatten ein hohes Interesse an weiteren Lieferverträgen. Die Leidtragenden waren die staatlichen Finanzen und letztlich die Bürger der besetzten Gebiete, da so eine inflationäre Entwicklung in Gang gesetzt wurde. Auch wenn Schlotterer immer wieder den partnerschaftlichen und gesetzlich korrekten Umgang mit den betroffenen Ländern anmahnte, beruhte das System auf Macht und (der Androhung von) Gewalt. Seine eigenen internen Ausführungen lassen an Deutlichkeit nichts zu wünschen übrig:

> Es steht fest, daß wir eine Anzahl von Ländern so in der Zange haben, daß wir sie bezüglich der Verrechnung vor ein ernstes Problem stellen müssen. Wir haben uns in Dänemark und Norwegen auf den Standpunkt gestellt, daß die Salden des Verrechnungsverkehrs keine Rolle mehr spielen. Die Staaten verfügen eben über ein Guthaben in Berlin und können dafür ja

Ware kaufen; verloren sind diese Beträge nicht. Unsere Tendenz geht nun dahin, die europäischen Staaten mit List, Tücke und vielleicht Gewalt dahin zu bringen, ihre Waren nach Deutschland zu verkaufen und ihre Salden, wenn sie entstehen, in Berlin stehen zu lassen. [...] Wir wissen nicht, wie weit wir mit diesen Ideen durchdringen werden. Bei den besetzten Ländern dürfte das klar gehen.[55]

Die Ausbeutung der besetzten Gebiete durch den Clearingverkehr lag in der Verantwortung des Reichswirtschaftsministeriums und der Reichsbank. Auf der Sitzung am 22. Juli meldete sich aber auch Reichsfinanzminister Krosigk zu Wort, um für seinen Zuständigkeitsbereich ebenfalls Forderungen gegenüber dem besetzten Europa zu artikulieren, die auf ein System der staatlichen Schutzgelderpressung hinausliefen:

In den besetzten Gebieten wird aus den dortigen Einwohnern keine Armee unterhalten. Dies zwingt zu der Folgerung, daß diese Länder angemessene Zuschüsse für die Übernahme des militärischen Schutzes an uns zu zahlen haben, zugleich auch um eine gleichmäßige Belastung zu erreichen und die entsprechende Entwicklung des Lebensstandards zu sichern. Damit hängt die Frage der Kriegsentschädigung zusammen. Er ist ebenfalls der Auffassung, daß man die Fehler von Versailles vermeiden, aber andererseits die Gegner nicht zu billig wegkommen lassen darf.[56]

Wirtschaftsminister Funk pflichtete Krosigk bei und fügte hinzu, dass die Steuerbelastung im deutschen Besatzungsgebiet dieselbe Höhe wie in Deutschland erreichen müsse.[57]

Damit waren die beiden zentralen Maßnahmen umrissen, mit denen die besetzten Gebiete in den folgenden fünf Jahren maßgeblich zur deutschen Kriegsfinanzierung beitragen sollten. Erstens legte die deutsche Politik den Nachbarländern hohe Besatzungskosten auf, die im Regelfall deutlich über dem lagen, was das deutsche Militär vor Ort benötigte. Die französische Verwaltung rechnete bereits 1940 aus, dass die ihr auferlegten Besatzungskosten zum Unterhalt einer Armee von 18 Millionen Soldaten ausgereicht

55 Aktenvermerk von Dr. Wolff über eine »Besprechung im Reichswirtschaftsministerium über Fragen der künftigen Gestaltung der Einfuhr«, in: Archiv der Handelskammer Hamburg, 94.A.1.59, Bd. 5, Bl. 1-12, hier Bl. 3f.

56 Chefbesprechung im Reichwirtschaftsministerium vom 22.7.1940, in: BAB, R 2/230, hier S. 9f. des Dokuments.

57 Ebd., S. 10.

hätten. Die realen Kosten der deutschen Besatzungsarmee hätten demnach bestenfalls fünf Prozent der in Rechnung gestellten Beträge ausgemacht.[58] Die Deutschen nutzten den Begriff letztlich nur, weil gemäß der Haager Konvention Besatzungskosten als legitim galten. Zweitens baute das Deutsche Reich mittels der Clearingkonten systematisch Defizite gegenüber den anderen Ländern auf. Ein drittes Element war im Juli 1940 auch längst beschlossen: Die Wehrmachtssoldaten erhielten in den besetzten Gebieten Reichskreditkassenscheine, mit denen sie vor Ort bezahlen konnten. Diese wurden von den nationalen Notenbanken der Stationierungsländer vorfinanziert und von der Reichsbank später ausgeglichen. Einen Teil der Scheine löste die Reichsbank jedoch nicht ein, wodurch weitere Zwangskredite zugunsten des Deutschen Reichs entstanden.

Diese Politik verstärkte in den besetzten Gebieten inflationäre Tendenzen ganz erheblich. Aus deutscher Sicht war eine kontrollierte Inflation durchaus gewollt, doch eine Hyperinflation galt es unbedingt zu vermeiden, weil sie die geregelte Ausbeutung des besetzten Gebietes erschwert hätte. Deswegen befürwortete die deutsche Besatzungsverwaltung Steuererhöhungen, da diese den besten Weg darstellten, um überschüssige Kaufkraft abzuschöpfen. Die Forderung von Funk, die Steuerbelastung auf das deutsche Niveau anzuheben, war aber doch zu ambitioniert, um dem Finanzministerium ernsthaft als Ziel dienen zu können. Allein schon die begrenzten personellen Ressourcen machten das unmöglich. Im besetzten Europa waren insgesamt nur etwas mehr als 1000 deutsche Finanzbeamte im Einsatz, davon fast 500 im Generalgouvernement.[59] Das Berliner Ministerium konnte seine Steuerpolitik also nicht alleine durchsetzen, sondern war überall auf die Kooperation der einheimischen Finanzverwaltung angewiesen, ohne die eine geordnete finanzielle Abschöpfung nicht möglich gewesen wäre.

Aufgrund seiner Abhängigkeit von der Kooperationsbereitschaft

58 Hein Kleman/Sergei Kudryashov, Occupied Economies. An Economic History of Nazi-Occupied Europe, 1939-1945, London 2012, S. 203 f.

59 So die Angaben von Jürgen Kilian bei seinem von Alexander Nützenadel verlesenen Vortrag auf der Tagung »Staatsfinanzen. Perspektiven auf die europäischen Erfahrungen des 20. Jahrhunderts« im Oktober 2018. Siehe meinen Tagungsbericht: ⟨https://www.hsozkult.de/conferencereport/id/tagungsberichte-7939⟩ (Zugriff: 10. 12. 2021).

der ausländischen Finanzverwaltungen verzichtete das Reichsfinanzministerium weitgehend darauf, umfassende Steuerreformen zu oktroyieren. In den meisten besetzten Ländern behielt man das vorgefundene Steuersystem bei. Das zentrale Mittel, um die Einnahmen zu steigern, waren Steuersatzanhebungen. Ausnahmen bildeten die beiden besetzten Gebiete, für die die Devisengrenze aufgehoben wurde: das Protektorat Böhmen und Mähren sowie die Niederlande. Das Protektorat bot einen Sonderfall, weil es weitgehend annektiert wurde. Dementsprechend wurde in Prag auch eine eigene Oberfinanzdirektion errichtet, und im Oberfinanzpräsidium Prag arbeiteten schließlich 2200 Personen direkt für den deutschen Fiskus, also weit mehr als in allen anderen besetzten Gebieten zusammen.[60] In mehreren Schritten führte das Reichsfinanzministerium im Protektorat das deutsche Steuersystem ein. 1940 passte man zunächst die Verbrauchs- und Umsatzsteuern an das deutsche Vorbild an, erst 1943 folgte die Einführung der verwaltungsaufwendigeren Einkommen- und Körperschaftsteuer.[61]

Für die Niederlande stellte das Statistische Reichsamt eine für ein Land mit recht hohem Nationaleinkommen vergleichsweise geringe Steuerbelastung fest. Dementsprechend machte man dort erhebliche Reserven aus. Bedingt war das niedrige Belastungsniveau dadurch, dass in den 1930er-Jahren mehrere Steuerreformen im Parlament gescheitert waren. Auch in diesem Fall entschied sich das Reichsfinanzministerium in Abstimmung mit der Besatzungsverwaltung für eine weitgehende Anpassung an das deutsche Steuersystem. Als vorteilhaft erwies es sich hier, dass das niederländische Steuersystem dem deutschen deutlich ähnlicher war als das des Protektorats. Dementsprechend formte man in den Niederlanden sehr viel schneller auch die direkten Steuern um. Den Beginn machte schon im Juli 1940 die Körperschaftsteuer inklusive Kriegszuschlag. Noch im Herbst 1940 folgten die Erhöhung der Grundsteuer auf das deutsche Niveau und die Einführung der Wertzuwachssteuer. Den größten Aufwand verlangte die Einführung der Lohn- und der Umsatzsteuer gemäß deutschem Recht. Diese erfolgte zum 1. Januar 1941. Anschließend erhöhte das Finanzministerium die Verbrauchsteuersätze. Im Mai 1941 war die Anpassung der Einkom-

60 Kilian, Krieg, S. 135.
61 Ebd., S. 136 f.

mensteuer abgeschlossen und schließlich galt ab dem Januar 1942 die neue Gewerbesteuer. Damit war die vollständige Umformung des niederländischen Steuersystems Anfang 1942 nach nur anderthalb Jahren intensiver Reformtätigkeit abgeschlossen.[62] Die Reformen ließen sich deshalb ohne größere Probleme durchführen, weil sie von der niederländischen Finanzverwaltung weitgehend unterstützt wurden. Diese sah in ihnen eine Chance zur Modernisierung, die durch die zuvor gescheiterten Reformen lange blockiert gewesen war. Der Präsident der niederländischen Nationalbank, Leonardus Trip, gab nach Kriegsende sogar zu Protokoll, dass die Abschaffung des Parlaments durch die deutschen Besatzer es ihm ermöglicht habe, seine langgehegten Steuerideen endlich durchzusetzen.[63] Als Folge der beschriebenen Steuerreformen erhöhte sich der Anteil der Steuereinnahmen am Volkseinkommen deutlich.

Grafik 73

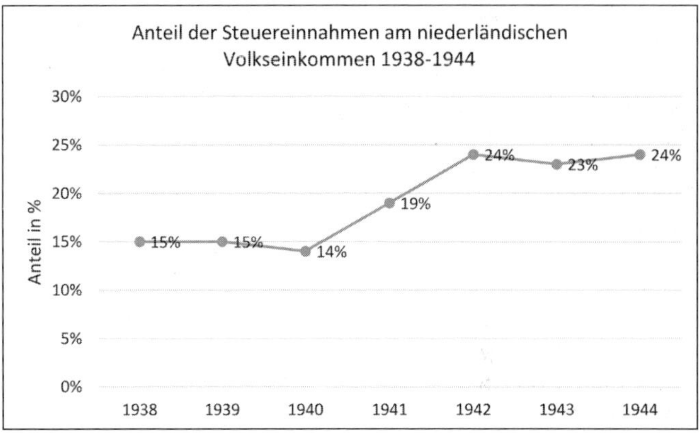

Quelle: Kleman, Developments, S. 109

62 Ebd., S. 215-217.

63 Hein Kleman, Financial and Monetary Developments in the Occupied Netherlands, 1940-1945, in: Hans Otto Frøland/Mats Ingulstad/Jonas Scherner (Hg.), Industrial Collaboration in Nazi-Occupied Europe, London 2016, S. 89-114, hier S. 107; ders./Kudryashov, Occupied Economies, S. 227 f.

Damit lag aber der Steueranteil am Volkseinkommen auch in den Niederlanden trotz der Reformen, die Reichsfinanzminister Krosigk als vorbildlich bezeichnete,[64] noch weit unter dem deutschen Niveau.

Weniger zufrieden als mit den Steuerreformen war die niederländische Verwaltung dagegen mit den hohen Besatzungskosten, die sie immer wieder, freilich ohne großen Erfolg, zu begrenzen suchte. So konnten auch die gestiegenen Steuern nicht mit den erhobenen Besatzungskosten mithalten.

Grafik 74

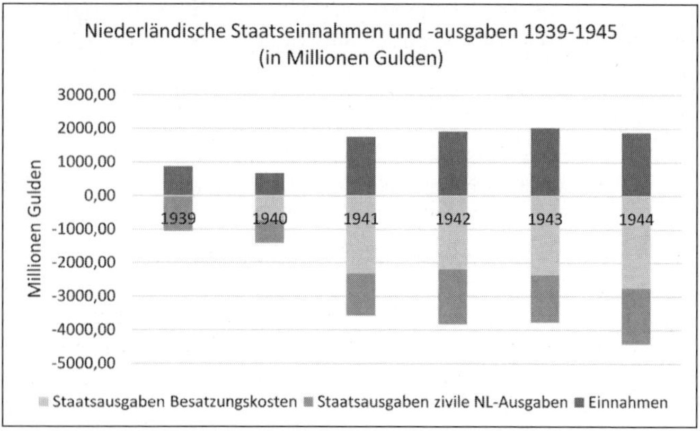

Quelle: Quelle: Jaap Barendregt/Hans Visser, Towards a New Maturity, 1940-1990, in: Marjolein 't Hart/Joost Jonker/Jan Luiten van Zanden (Hg.), A Financial History of the Netherlands, Cambridge 1997, S. 152-194, hier S. 154

Die Einkünfte überstiegen zwar ab 1941 die zivilen Staatsausgaben, doch zur Abdeckung der Besatzungskosten konnten die Budgetüberschüsse nur einen kleinen Teil beitragen. Dementsprechend stieg das Defizit beständig an. Insgesamt verteilte sich die Finanzierung der Besatzungslasten auf folgende Quellen:

64 Kilian, Krieg, S. 218.

Grafik 75

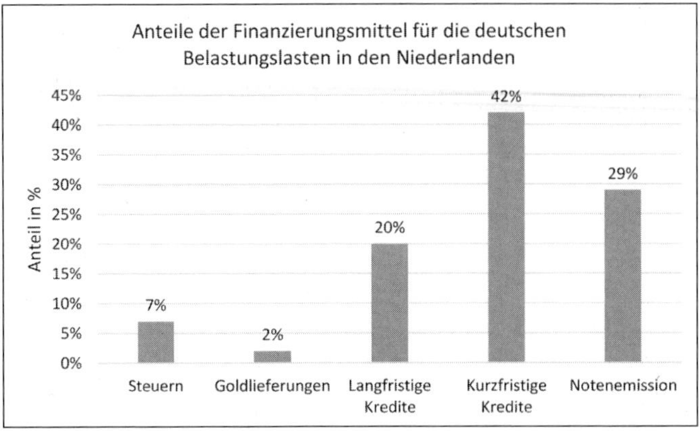

Quelle: Kilian, Krieg, S. 220

Es dominierten die kurzfristigen Kredite und die Neuemission von Banknoten.

Das Beispiel Frankreich zeigt, dass die Frage der Steuerreform ganz wesentlich vom Willen der einheimischen Finanzbürokratie abhing. Während die niederländische Finanzverwaltung die Steuerreformen aktiv mitbetrieb, verweigerte die Finanzbürokratie in Vichy-Frankreich jede grundlegende Steuerreform. Die deutschen Behörden hatten ähnliche Reformschritte wie in den Niederlanden vorgeschlagen, doch als die französische Seite dies ablehnte, versuchten die deutschen Stellen nicht, die Reformen gegen diesen Widerstand zu implementieren. Stattdessen erhöhte man die Sätze der bestehenden Steuern.[65]

Betrachtet man die absoluten Zahlen, so entsteht der Eindruck, dass die deutsche Steuerpolitik in den besetzten Gebieten überaus erfolgreich war. Fast überall verdoppelten sich demnach im Lauf der Besatzungszeit die Steuereinnahmen.

65 Kleman/Kudryashov, Occupied Economies, S. 228 f.

Tabelle 43:
Steuereinnahmen der besetzten Gebiete in Millionen der jeweiligen Landeswährung 1939-1944

	1939	1940	1941	1942	1943	1944
Protektorat	9.853	11.095	14.054	16.288	15.125	
General-gouvernement		863	1.557	1.982	2.650	
Norwegen[66]	530	855	1.081	1.213	1.226	
Niederlande	659	786	1.114	1.582	1.485	1.505
Belgien	9.500	7.447	12.300	13.800	15.200	8.000 (1. HJ)
Frankreich		56.100	63.500	78.200	102.000	100.100
Serbien			1.104[67]	4.406	5.061	4.951[68]
Kroatien				8.900	15.300	

Quelle: Killian, Krieg, S. 137, 168, 197, 201, 219, 237, 271, 283 und 290

Berücksichtig man jedoch die Geldentwertung in den besetzten Ländern, nehmen sich die Zuwächse sehr viel bescheidener aus. Hier und da schrumpften die realen Erträge sogar.

In Belgien betrugen die Steuereinnahmen des Jahres 1944 preisbereinigt nur noch die Hälfte jener des Jahres 1938. In Frankreich und den Niederlanden konnten bis 1943 nicht unbedeutende Mehreinnahmen erzielt werden, die aber 1944 weitgehend von der Inflation aufgefressen wurden. Nur in Norwegen gelang es der deutschen Verwaltung erheblich höhere Erträge einzufahren als die heimische Steuerbehörde vor Besatzungsbeginn.

66 In Norwegen gezählt in Rechnungsjahren. Hier wird das Rechnungsjahr 1939/40 für 1939 gezählt usw.

67 Nur Juni bis Dezember 1941.

68 Nur Voranschlag.

Grafik 76

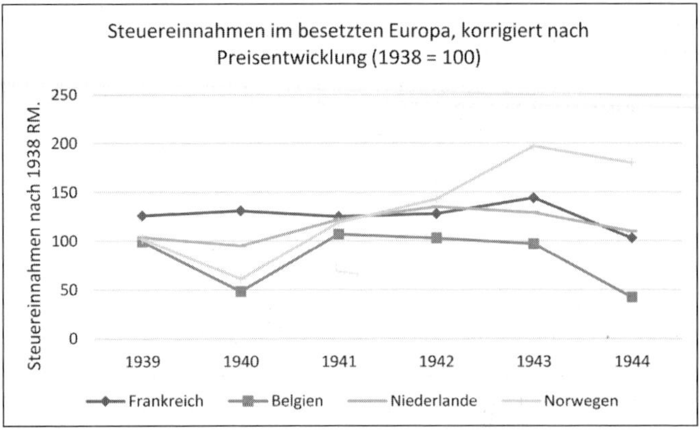

Quelle: Kleman/Kudryashov, Occupied Economies, S. 230

Vor allem die Besatzungskosten stellten für die besetzten Länder eine enorme Belastung dar. Sie machten 94 Prozent der monetären Gesamtleistung des Auslands für die deutsche Kriegswirtschaft aus. Die Clearingguthaben und die nicht eingelösten Kreditkassenscheine waren demgegenüber von untergeordneter Bedeutung.[69] Wenn man die Besatzungskosten auf die Bevölkerung pro Kopf umlegt, so zeigt sich das unterschiedliche Belastungsniveau in den besetzten Ländern deutlich.

Aus dem besetzten Osteuropa war an Geldleistungen für die deutschen Besatzer aufgrund des niedrigen Einkommensniveaus wenig herauszuholen. Hier bildeten Rohstoffe und Millionen ins Deutsche Reich verschleppte Zwangsarbeiter den Hauptbeitrag zur deutschen Kriegswirtschaft. Ähnlich waren die Verhältnisse im vormaligen Jugoslawien. Einen überraschend hohen finanziellen Beitrag vermochten die deutschen Besatzer demgegenüber Griechenland abzupressen, der pro Kopf fast an den Belgiens heranreichte, obwohl das dortige Volkseinkommen sehr viel höher lag. Den mit Abstand höchsten Pro-Kopf-Beitrag hatte Norwegen zu zahlen.

69 Kilian, Krieg, S. 395.

Dafür mussten aber nur sehr wenige Norweger Zwangsarbeit im Deutschen Reich leisten.

Grafik 77

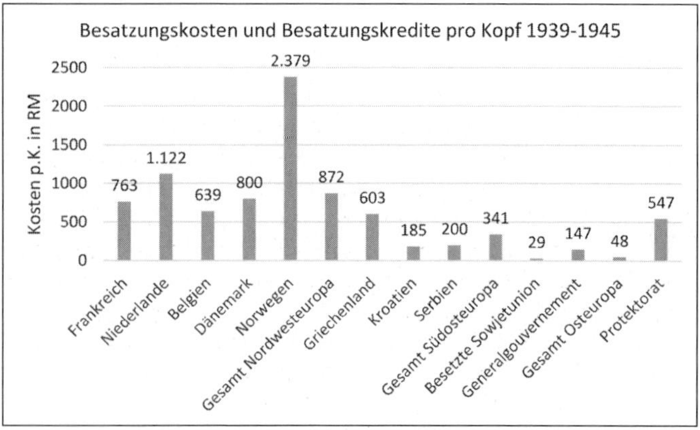

Quelle: Kleman/Kudryashov, Occupied Economies, S. 202

Die deutsche Kriegsfinanzierung und ihre Verteilungswirkungen

Nachkriegsaussagen des letzten Reichsfinanzministers Schwerin von Krosigk zufolge wurden etwa 55 Prozent der gesamten Kriegskosten durch Kreditaufnahme des Staates aufgebracht, während die ordentlichen inländischen Einnahmen 33 Prozent und Transfers aus dem Ausland, vor allem also Besatzungskosten und Clearingschulden, etwa 12 Prozent beitrugen.[70] Götz Aly hat die Größenverhältnisse radikal umgedreht mit der Behauptung, dass das Ausland zwei Drittel der deutschen Kriegskosten aufgebracht habe. Zu diesem Ergebnis konnte er aber nur kommen, indem er unter anderem

70 Lutz Graf Schwerin von Krosigk, Wie wurde der Zweite Weltkrieg finanziert?, in: o.V., Bilanz des Zweiten Weltkrieges. Erkenntnisse und Verpflichtungen für die Zukunft, Oldenburg 1953, S. 313-328.

die deutsche Kreditaufnahme als rein virtuell auffasste und davon ausging, dass die Kredite eine noch nicht realisierte Belastung dargestellt hätten, die erst mit der Währungsreform 1948 für die deutschen Sparer zu einem realen Verlust geführt hätten. Adam Tooze hat demgegenüber zu Recht argumentiert, dass sich die Kriegskosten innerhalb eines Landes nicht in die Zukunft verschieben ließen, sondern dass die deutschen Sparer die Folgen der Kredite in Form des ihnen durch sie abverlangten Konsumverzichts sofort tragen mussten.[71] Selbst auf dem Höhepunkt der Ausbeutung der besetzten Gebiete im Jahr 1942 hätten diese nur 25 Prozent der deutschen Kriegskosten getragen.[72] In dieser Streitfrage hat sich bisher niemand auf Alys Seite geschlagen. Es herrscht allgemeine Einigkeit, dass die gesparten Beiträge eine reale Belastung für die Deutschen darstellten. Der Anteil der besetzten Gebiete an den deutschen Kriegskosten lag demnach in etwa in der von Tooze genannten Höhe, damit aber auch erheblich über dem von Krosigk genannten Anteil. Neuere Forschungen haben die genaue Zusammensetzung und Höhe der Beiträge inzwischen präzisiert. So kommen Kleman und Kudryashov bei ihren regional beziehungsweise nach dem rechtlichen und administrativen Status besetzter Gebiete differenzierenden Berechnungen zu Ergebnissen, die im Gesamtbild mit denen von Tooze übereinstimmen:

Die besetzten Gebiete trugen demnach 22,6 Prozent, von Deutschland bloß abhängige Länder 5,9 Prozent zu den deutschen Kriegskosten bei. Zu deutlich geringeren Werten kommt Jürgen Kilian. Der Anteil der besetzten und der von Deutschland in anderer Form abhängigen Länder an den Gesamteinnahmen des Reichs lag demnach knapp unter 20 Prozent.

71 Adam Tooze, Einfach verkalkuliert, in: taz Magazin Nr. 7613 vom 12.3.2005; (⟨http://www.taz.de/pt/2005/03/12/a0289.nf/text.ges,1⟩; Zugriff: 15.6.2019); ders., Doch falsch gerechnet – weil falsch gedacht, in: taz 16.3.2005 ⟨http://www.taz.de/!634818/⟩; Zugriff: 15.6.2019).

72 Tooze, Einfach verkalkuliert. Tooze bezieht sich dabei auf: Mark Harrison, Resource mobilization for World War II: The U.S.A., U.K., U.S.S.R., and Germany, 1938-1945, in: Economic History Review 41 (1988) 2, S. 171-192, hier S. 184.

Grafik 78

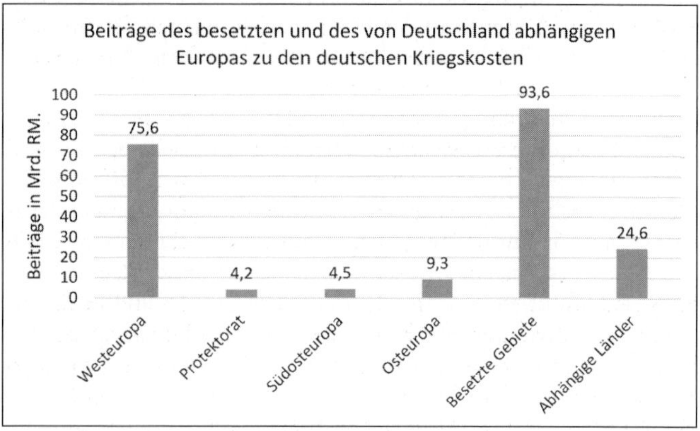

Quelle: Kleman/Kudryashov, Occupied Economies, S. 105

Grafik 79

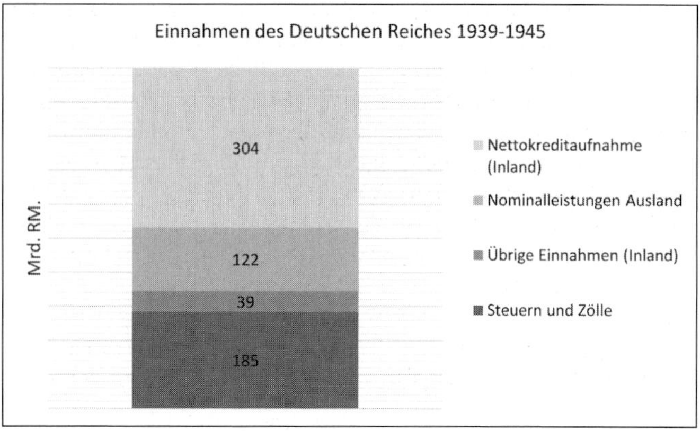

Quelle: Kilian, Krieg, S. 402

Blickt man allein auf die Wehrmachtausgaben, so trugen die Nominalleistungen des Auslands nahezu exakt 30 Prozent zu deren Aufbringung bei. Der Anteil der Steuereinnahmen an den Gesamteinnahmen des Reichs lag mit 28,4 Prozent deutlich über den Vergleichswerten aus dem Ersten Weltkrieg.

Was die Aufteilung der Steuereinnahmen auf unterschiedliche Einkommensgruppen betrifft, so vertritt Aly für die Kriegszeit seine schon erörterte These, dass die Politik des nationalsozialistischen Deutschlands von Steuermilde gegen die Massen und Steuerhärte gegenüber der Bourgeoisie geprägt gewesen sei. Aly führt dafür als Beweise Erhöhungen von Gewinnsteuern und Zuschläge auf die Körperschaftsteuern an, die die Spitze trafen, während er für die andere Seite der Einkommensskala auf manche Ablehnung der vom Reichsfinanzministerium vorgeschlagenen Erhöhungen regressiver Steuern verweist.[73] Er bleibt freilich erneut die absoluten Zahlen schuldig, die ein Gesamtbild der Besteuerung ergeben würden. Ebenso fehlt jeder Hinweis auf die Entwicklung der Primäreinkommen und der Unternehmensgewinne, die für die Beurteilung der sozialen Ungleichheit – und damit der Frage, welchen Verhältnissen oder Trends eine steuerliche Umverteilung gegenzusteuern hätte – von zentraler Bedeutung sind.

Schon mit seinen Einschätzungen zur Wirkung einzelner Steuern liegt Aly zum Teil daneben. So stellte die Abschlagszahlung für die Hauszinssteuer keineswegs eine einseitige Belastung wohlhabender Hausbesitzer dar,[74] sondern ist als ein komplexerer Eingriff zu verstehen. Die Steuer ging bis dato in den Preis des Hauses ein. Sie verringerte dadurch den Wert des Vermögens der Hausbesitzer. Durch die Ablösung erhöhte sich nun das Immobilienvermögen der Hausbesitzer, während sich ihr liquides Geldvermögen reduzierte. Im Regelfall dürfte dies für die Hausbesitzer von Vorteil gewesen sein, weil sie sich für ihr Bargeld sowieso nur noch wenig kaufen konnten. Zudem verlor das Geld zunehmend an Wert, final dann mit der Währungsreform 1948, während dies beim Immobilienvermögen nicht der Fall war.[75] Schon kurzfristig wurde die

73 Aly, Volksstaat, S. 66-86.

74 Ebd., S. 79 f.

75 Karl Christian Führer, Mieter, Hausbesitzer, Staat und Wohnungsmarkt. Wohnungsmangel und Wohnungszwangswirtschaft in Deutschland 1914-1960, Stuttgart 1995, S. 226-230; ders., Betrogene Gewinner, S. 50-53.

Belastung durch den Abgeltungsbetrag dadurch abgemildert, dass seine Zahlung, wie oben beschrieben, teilweise auf das steuerbare Einkommen angerechnet wurde.

Ein Blick auf die Steuereingänge insgesamt bestätigt allerdings auf den ersten Blick Alys Thesen. Es waren vor allem die progressiven Einkommen- und Vermögensteuern, deren Anteil am Gesamtaufkommen weiter wuchs, während die Bedeutung der regressiven Umsatzsteuern und Zölle abnahm.

Tabelle 44:
Anteile der verschiedenen Einkommensquellen an den Gesamteinnahmen 1938-1944 in Prozent

	Einkommen- & Vermögensteuern	Vermögensverkehrsteuern	Steuern vom Umsatz	Verkehrsteuern	Verbrauch- & Aufwandsteuern	Zölle
1938/39	49,6	2,6	18,9	2,7	16,0	10,3
1943/44	58,9	1,0	11,0	2,1	15,6	1,7

Quelle: Länderrat, Statistisches Handbuch, S. 558

Bei den bedeutendsten direkten Steuern stieg zwar auch der Anteil der Lohnsteuer, doch die Zuwächse bei der veranlagten Einkommensteuer und der Körperschaftsteuer waren deutlich höher, so dass vieles für eine stärkere Umverteilungswirkung des Steuersystems spricht.

Aly hat vor allem die steigende Körperschaftsteuer als Beleg für die Steuerhärte gegen die Bourgeoisie angeführt.[76] Tatsächlich stieg der Steuersatz von 30 (1940/41) auf 37,5 (1941/42) und schließlich auf 48,75 Prozent (1942/43) an.[77] Während der Steuersatz von 1939/40 bis 1943/44 um etwa 50 Prozent zunahm, verdoppelten sich die Steuereingänge. Dies spricht dafür, dass auch die Vorsteuergewinne gestiegen sind, was zu den höheren Steuereingängen beitrug. Hierauf deutet auch die Forschung hin, die Aly geflissentlich ignoriert hat. Dietrich Eichholtz hat gezeigt, dass das vom Speer-Ministerium eingeführte Festpreissystem die Unternehmensgewinne

76 Aly, Volksstaat, S. 78 f.
77 Eichholtz, Kriegswirtschaft, Bd. 2, S. 568.

förmlich explodieren ließ.[78] Er geht davon aus, dass die Gewinne der Rüstungsfirmen im Krieg gegenüber den ohnehin schon hohen Gewinnen aus der Aufrüstungsphase noch einmal um siebzig bis achtzig Milliarden Reichsmark anwuchsen.[79] Hinzu kam, dass der Staat vor allem die Rüstungsindustrie großzügig mit Investitionskrediten und Subventionen unterstützte. Ebenso gewährte er bei einem Engagement in den besetzten Gebieten Steuernachlässe.[80] Mark Spoerer spricht deswegen davon, »dass die Vorsteuergewinne der Unternehmen zumindest bis 1942/43 viel stärker anstiegen, als durch höhere Körperschaftsteuersätze und Kriegsgewinnsteuern abgeschöpft werden konnte«.[81] Hierfür spricht auch, dass der Investmentboom in der deutschen Industrie erst 1943 seinen Höhepunkt erreichte.[82]

Grafik 80

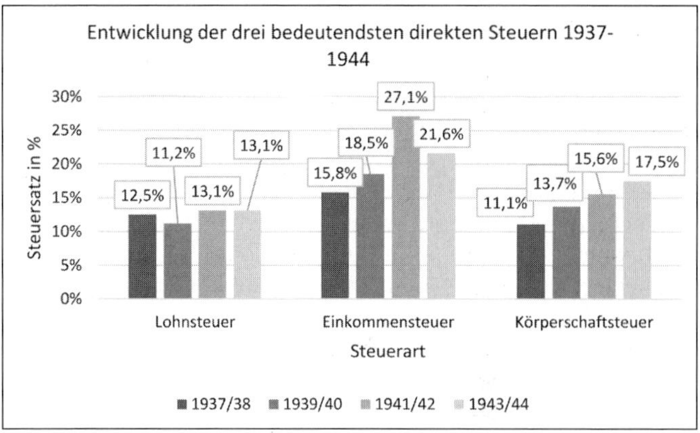

Quelle: Länderrat, Statistisches Handbuch, S. 556

78 Ebd., S. 513-531; Tooze, Wages, S. 566.
79 Eichholtz, Kriegswirtschaft, Bd. 2, S. 569.
80 Ebd., S. 521-529.
81 Mark Spoerer über Götz Aly, Hitlers Volksstaat, in: H-Soz-Kult 26. 5. 2005, ⟨http://hsozkult.geschichte.hu-berlin.de/rezensionen/2005-2-143.pdf⟩ (Zugriff: 10. 12. 2021). Siehe auch: Spoerer, Scheingewinne, insb., S. 89-92 und 118-121 sowie den Anhang.
82 Tooze, Wages, S. 442.

Im Einzelfall konnte es auch zu beträchtlichen Steuernachlässen kommen. Herausragendes Beispiel dafür ist der Krupp-Konzern, dessen Leitung über einen guten Kontakt zu Hitler verfügte. Da der Firmenpatriarch Gustav Krupp inzwischen über siebzig Jahre alt und nicht bei bester Gesundheit war, befürchtete die Familie, bei dessen Tod erhebliche Erbschaftsteuern zahlen zu müssen. Das Konzern- und Privatvermögen, das 1933 noch 260 Millionen RM betragen hatte, war inzwischen auf etwa eine Milliarde RM angewachsen. Bei einem Erbschaftsteuerfall ohne Abzüge wären damit etwa vierhundert Millionen RM Steuern fällig gewesen. Das Reichsfinanzministerium errechnete, dass selbst bei einer Umwandlung in eine Einzelfirma und der Nutzung aller Steuerlücken mindestens 120 Millionen RM fällig werden würden. Hitler unterzeichnete im November 1943 mit der sogenannten Lex Krupp ein eigenes Reichsgesetz, damit der Krupp-Konzern, der sich »in [seiner] Art einzige Verdienste um die Wehrkraft des deutschen Volkes« erworben hatte, von der Steuer verschont blieb.[83] Krupp wurde zugestanden, »ein Familienunternehmen mit besonders geregelter Nachfolge zu errichten«.[84] Der Reichsminister der Finanzen wurde ermächtigt, in Absprache mit dem Chef der Reichskanzlei die Abgaben im Fall eines Übergangs der Inhaberschaft eigenständig zu regeln.[85]

Auch die Einkommensteuersätze nahmen bei den oberen Einkommensgruppen im Kriegsverlauf stärker zu als in den unteren Einkommensgruppen, und im untersten Bereich ist sogar ein geringfügiger Rückgang der Steuerbelastung zu konstatieren.

83 Erlass des Führers über das Familienunternehmen der Firma Fried. Krupp vom 12.11.1943, in: RGBl. 1943 I, S. 655.

84 Ebd.

85 Eichholtz, Kriegswirtschaft, Bd. 2, S. 528 f.; Harold James, Krupp: Deutsche Legende und globales Unternehmen, München 2011, S. 214-216.

Grafik 81

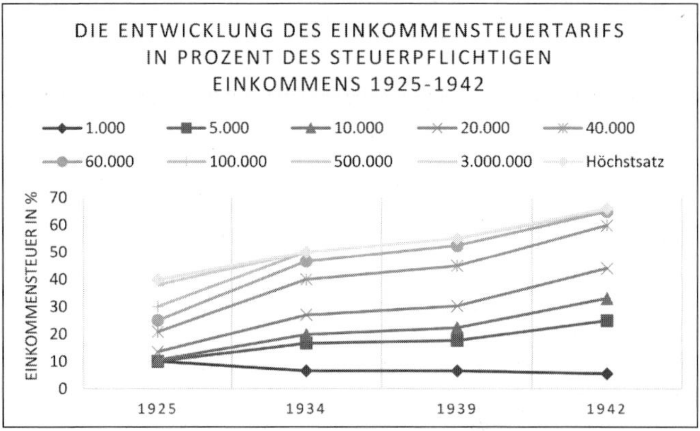

Quelle: Petzina/Abelshauser/Faust, Sozialgeschichtliches Arbeitsbuch III, S. 153

Aly betont, dass auch deswegen die Deutschen im Krieg über mehr Geld als in den letzten Friedensjahren verfügt hätten.[86] Seine Darstellung legt nahe, dass es dem Gros der Bevölkerung im Krieg mindestens so gut gegangen sei wie zu Kriegsbeginn. Doch die entscheidende Frage ist viel eher, ob man sich von dem verfügbaren Geld auch etwas kaufen konnte, und falls ja, zu welchem Preis.[87] Die Daten zeigen hier, dass der Konsum seit Kriegsbeginn deutlich rückläufig und bis 1944 um fast ein Drittel gegenüber 1938 gefallen war.

86 Aly, Volksstaat, S. 327.
87 So auch: Tooze, Wages, S. 647.

Grafik 82

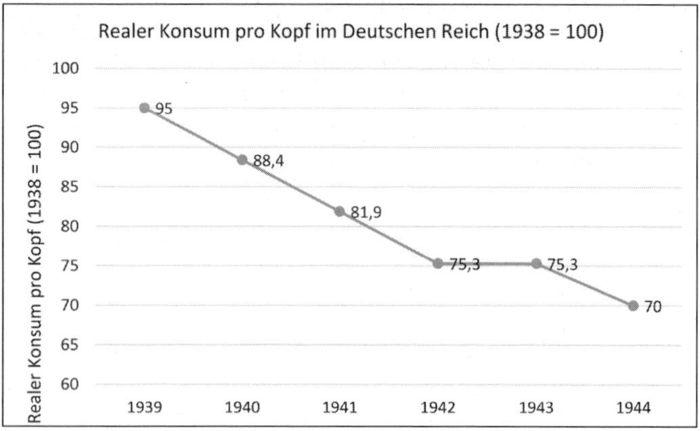

Quelle: Overy, War and Economy, S. 278

Im Vergleich zum Ersten Weltkrieg ging es der deutschen Bevölkerung zweifelsohne gut, und kein »Volksgenosse« musste im Reich bis kurz vor Kriegsende Hunger leiden. Aber trotz umfassender Aneignungen von Waren in den besetzten Gebieten sank der Lebensstandard im Reich. Schon 1949 schrieb Arthur Lewis: » Bis 1936 war Deutschland eines der am besten ausgerüsteten Länder der Welt. [...] Sein Volk hätte einen hohen Lebensstandard haben können; stattdessen war es das einzige Land, in dem der Lebensstandard auf einem niedrigen Niveau stabilisiert war.«[88] Ein amerikanischer Korrespondent nannte das Leben in Berlin 1939 durchweg spartanisch.[89] Richard Overy sprach für die Kriegsphase von einem Versuch des Regimes, die Konsummöglichkeiten eines möglichst großen Teil der Bevölkerung auf ein Niveau knapp oberhalb des Existenzminimums zu beschränken.[90]

Weckt schon dieser Befund erhebliche Zweifel an Alys Betonung der sozialpolitischen Erfolge des NS-Regimes, so muss letztlich vor allem der internationale Vergleich über die Validität von

88 William Arthur Lewis, Economic Survey 1919-1939, London 1953, S. 96 f.

89 Overy, Wurzeln des Sieges, S. 259.

90 Overy, War and Economy, S. 281.

Alys Schlussfolgerungen entscheiden.[91] Handelte es sich bei den konstatierten Entwicklungen um Spezifika, die sich aus der nationalsozialistischen Volksgemeinschaftsideologie erklären lassen, oder kam es in anderen kriegführenden Nationen mit einer gänzlich anderen ideologischen Ausrichtung zu ähnlichen Maßnahmen? Wie stand es um die Umverteilungswirkungen deutscher Steuerpolitik im internationalen Vergleich?

91 Diesen bisher weitgehend unterlassen zu haben, ist die Schwäche vieler ansonsten oft überzeugender Kritiken an Alys Thesen.

Kapitel 13

Vergleich der Kriegsfinanzen der Großmächte 1939-1945

Keine besonders ausgeprägte Reichenbesteuerung in Deutschland

Im Jahr 1940 führte das Statistische Reichsamt einen Vergleich der Steuerbelastung von Arbeitseinkommen in sieben europäischen Ländern durch. Neben Deutschland untersuchte man die Verhältnisse in Großbritannien, Frankreich, Belgien, Dänemark, Norwegen und den Niederlanden. Die Recherchen ergaben, dass ein verheirateter Arbeiter oder Angestellter mit einem vergleichsweise hohen Jahresgehalt von dreitausend Reichsmark und zwei Kindern im Deutschen Reich die höchste Einkommensteuer zu entrichten hatte. Auch für die niedrigste Einkommensgruppe von bis zu tausend Reichsmark lag der Steuersatz in Deutschland am höchsten. Bei den Steuern auf dazwischenliegende niedrige Einkommen von 1500 bis 2500 RM rangierte Deutschland zwar nicht an der Spitze, aber immer noch vor den meisten anderen Staaten. Bei den mittleren Einkommen verfügten Dänemark und Norwegen die höchste Belastung, gefolgt von Deutschland. Bei den Spitzeneinkommen war die Belastung 1940 in Deutschland am höchsten.[1] Von einer besonderen Steuermilde gegenüber den Massen kann für das Deutsche Reich zumindest für 1940 nicht die Rede sein. Ganz im Gegenteil war die Belastung für Arbeitnehmer im europäischen Vergleich hoch, was gleichzeitig aber auch für die Spitzenverdiener galt.

Dies änderte sich im Kriegsverlauf deutlich. Nachdem Großbritannien und die USA ihre Steuern nach Kriegsbeginn anzuheben begonnen hatten, war dort schon 1941 die Belastung der absoluten Spitzenverdiener weitaus stärker als im Reich, während die Belastung der Geringverdiener in Deutschland nach wie vor höher lag.

1 Banken, Kriegsfinanzierung, S. 392f.

Grafik 83

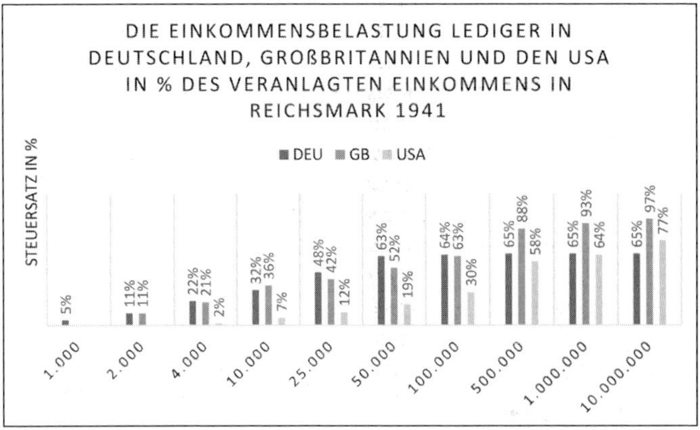

Quelle: Eigene Berechnung aufgrund der gültigen Steuergesetze

Dieser Trend sollte sich noch weiter verstärken. Während der Spitzensatz der Einkommensteuer in Deutschland 1938 noch über dem Durchschnittssatz von 47,9 Prozent für elf später am Krieg beteiligte Länder mit Massenmobilisierung gelegen hatte, lag er 1944 satte zehn Prozentpunkte unter diesem Durchschnittssatz, der auf 75 Prozent geklettert war.[2]

In Großbritannien, den USA und Kanada stiegen die Spitzensätze im Kriegsverlauf auf über 90 Prozent. Selbst im nicht militärisch am Krieg beteiligten Schweden lag der Spitzensatz höher als in Deutschland. In den USA erreichte der effektiv gezahlte Steuersatz bei einem Einkommen von über einer halben Million Dollar die zuvor und seither nie erreichte Marke von fast 90 Prozent. Der Anteil der Einkommensteuer an den Einnahmen des Bundesstaates stieg von 16 auf über 50 Prozent an.[3] Großbritannien führte eine Kriegsprofitsteuer von 100 Prozent ein, von der nur 20 Prozent nach Kriegsende an die Firmen zurückgezahlt werden sollten. Die Einkommen-, Kriegsprofit- und Erbschaftsteuer machten im Verei-

2 Scheve/Stasavage, Taxing the Rich, S. 84.
3 Brownlee, Federal Taxation, S. 147.

nigten Königreich bei Kriegsende über 60 Prozent der Einnahmen eines dadurch insgesamt überaus progressiven Steuersystems aus.[4]

Grafik 84

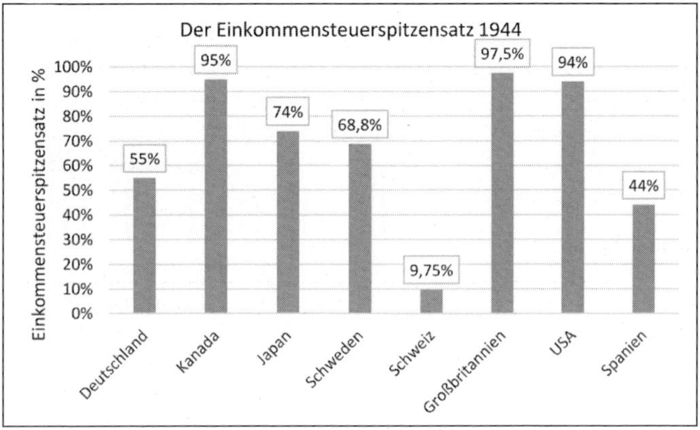

Quelle: Federica Genovese/Kenneth Scheve/David Stasavage, Comparative Income Taxation Database (2016), Stanford, CA, Stanford University Libraries, ⟨http://data.stanford.edu/citd⟩ (Zugriff: 10. 12. 2021)

Die stärkere Besteuerung der Wohlhabenden war also keine der nationalsozialistischen Volksgemeinschaftsideologie geschuldete deutsche Besonderheit, sondern entsprach voll und ganz dem steuerpolitischen Trend, der in den meisten maßgeblich am Krieg beteiligten Nationen herrschte. Deutschland etablierte früher als andere Länder ein stark progressives Steuersystem, weil es seine Ressourcen früher und umfassender für den Krieg zu mobilisieren begann. Im Krieg zogen andere Länder aber nach, und vom deutschen System ging keine im internationalen Vergleich irgendwie auffällige Umverteilungswirkung mehr aus. Vieles spricht dafür, dass sowohl das britische wie auch das amerikanische Steuersystem die Wohlhabenden bei Kriegsende stärker belasteten.[5]

4 Daunton, Just Taxes, S. 176-195.

5 Zu diesem Urteil kam schon kurz nach Kriegsende: Horst Jecht, Probleme der Einkommensteuerreform, Göttingen 1948, S. 36 f.

Noch eindeutiger als für die Einkommensteuer ist der Befund für die Erbschaftsteuer. Wenn man die Wohlhabenden besonders stark hätte belasten wollen, dann wäre gerade diese Steuer ein geeignetes Instrument gewesen. Doch die nationalsozialistische Regierung nahm an dem Spitzensatz, der den nächsten Verwandten im Erbfall abverlangt werden konnte, während ihrer gesamten Herrschaftszeit keinerlei Änderung vor. In vielen anderen Ländern stiegen die Sätze dagegen erheblich an. Auch hier nahmen die USA und Großbritannien eine Vorreiterrolle ein, doch auch eine so konservative Gesellschaft wie die Japans verlangte Erben viel mehr ab, als es Deutschland tat.

Grafik 85

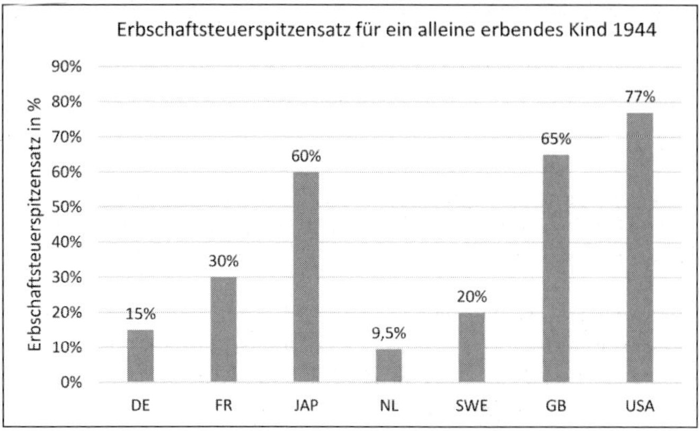

Quelle: Arnd Plagge/Kenneth Scheve/David Stasavage, Comparative Inheritance Taxation Database (2010), ⟨http://hdl.handle.net/10079/mkkwhm7⟩ (Zugriff: 10.12.2021) ISPS Data Archive

Deutschland konnte in den ersten Kriegsjahren durch den frühen Ausbau des Steuerstaats einen vergleichsweise hohen Anteil seiner Kriegskosten aus Steuermitteln decken. Aber in den letzten beiden Kriegsjahren gelang ihm dies von den wichtigsten kriegführenden Nationen am schlechtesten.

Tabelle 45:
Der Anteil der Steuereinnahmen (in %) an den Kriegsausgaben im internationalen Vergleich 1939-1945

	DEU	Japan	USA	GB	UdSSR
1939/40	48,5	-	-	40,5	60,7
1940/41	36,4	27,8	-	35,0	57,6
1941/42	32,1	29,2	23,2-37,3	42,4	-
1942/43	34,1	32,3	20,2-28,0	46,3	33,9
1943/44	23,3	29,8	36,3-46,2	48,8	44,1
1944/45	17,7	27,7	35,0-46,3	50,8	41,3

Quelle: Max Lanter, Die Finanzierung des Krieges. Quellen, Methoden und Lösungen seit dem Mittelalter bis Ende des Zweiten Weltkrieges 1939 bis 1945, Luzern 1950, S. 102, 119, 134, 144 und 149; Banken, Hitlers Steuerstaat, S. 54

Es kann also festgehalten werden, dass das polykratische Regierungssystem und vor allem die Dominanz der militarisierten Gouvernementalität in Deutschland die öffentlichen Finanzen im Zweiten Weltkrieg noch stärker ruinierten als in den anderen Ländern. Nirgendwo sonst setzte man alles auf den militärischen Sieg. Für Hitler stand fest, dass sich im Falle eines Sieges alle finanziellen Probleme auf Kosten der Besiegten lösen lassen würden. Ein seinerseits besiegtes Deutschland hingegen war aus seiner Sicht ohnehin dem Untergang geweiht, und ob man nun mit geordneten oder ungeordneten Finanzen unterging, spielte keine Rolle. Das Finanzministerium und ökonomische Experten, die anders über mögliche Nachkriegsszenarien dachten, konnten ihren Bedenken kaum Gehör verschaffen. Vielleicht steckt in dieser ausschließlichen Orientierung auf den militärischen Sieg auch eine Erklärung für die Mobilisierungskraft des NS-Regimes. Die deutsche Führung weckte Emotionen für das eine über allem stehende Ziel. Die Alliierten waren zwar auch auf den Sieg fixiert, aber die britische oder US-amerikanische Regierung diskutierten parallel auch schon über die Frage, ob Plan A, B oder C in die Zukunft führen sollte, weil sie sich langfristig verantwortlich für ihre Bürger und die Kontinuität des Staatswesens fühlten. Zumindest die führenden Politiker der Alliierten ließen sich in ihren wichtigen Entscheidungen während des Krieges stärker von rationalen Erwägungen leiten, auch wenn es ihnen gleichzeitig wichtig war und durchaus auch gelang, die Bürger emotional für den Kampf gegen den Nationalsozialismus zu mobilisieren.

Wie sehr Deutschland alles auf die militärische Karte setzte, zeigt sich auch beim Anteil der Kriegsausgaben am gesellschaftlichen Einkommen. Im Jahr 1943 machten die Kriegsausgaben des Deutschen Reiches etwa 71 Prozent des Nettonationaleinkommens aus. Das war ein sehr viel höherer Wert als bei allen anderen kriegführenden Mächten einschließlich der stalinistischen Sowjetunion, in der die Zivilausgaben ebenfalls drastisch beschnitten wurden.

Grafik 86

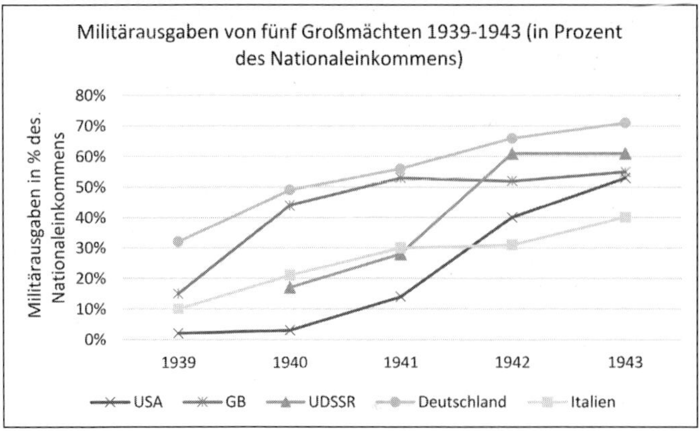

Quelle: Harrison, Accounting for War, S. 126

Der Grund hierfür zeigt sich aber in den Bruttoinlandsprodukten der Großmächte. Hier wird ersichtlich, dass die Achsenmächte dem Wirtschaftspotential der Alliierten seit dem Kriegseintritt der USA hoffnungslos unterlegen waren.

Grafik 87

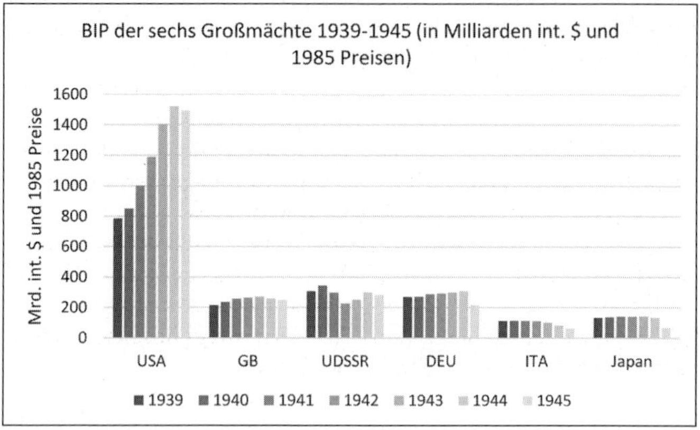

Quelle: Harrison, Accounting for War, S. 124

Nur die wesentlich umfassendere Nutzung des Wirtschaftspotentials für militärische Zwecke brachte einen Sieg für Deutschland kurzfristig in greifbare Nähe. Langfristig waren die Chancen für einen Erfolg der Achse aber sehr gering.

Krieg und Keynesianismus

Abschließend ein Wort zum Verhältnis von Krieg und Keynesianismus: In vielen Studien namentlich für Großbritannien und die USA wird festgestellt, dass erst die Mobilisierung für den Krieg hohe Arbeitslosenraten beseitigt habe. Oft wird dies mit dem Hinweis verbunden, dass mit höheren Staatsausgaben ein solcher Effekt schon früher hätte erzielt werden können. Dieses Argument vermag jedoch nur bedingt zu überzeugen. Erstaunlich oft wird dabei übersehen, dass auch der Einzug von Millionen von Männern zum Militärdienst die Quote drückte. Diese waren damit zwar nicht arbeitslos, aber auch nicht produktiv eingesetzt. Mit Kriegsende stellte sich dann häufig wieder das Problem, für die demobilisierten Soldaten Arbeitsplätze zu finden, was durch die gleichzeitige Notwendigkeit der Umstellung der Wirtschaft von Kriegs- auf Zivilbedarf nicht eben erleichtert wurde. Darum kam es in vielen Ländern nach dem Krieg zu Anpassungskrisen. Es ist eben nicht beliebig, in was der Staat investiert. Aufrüstung und Krieg verschoben die Probleme häufig nur in die Zukunft, wo sie oft mit gleicher Wucht erneut auftraten. Zweifelsohne wäre es daher nicht nur unter jedem anderen Blickwinkel, sondern auch aus ökonomischer Sicht besser, wenn der Staat in zivile Projekte investierte, solange keine Kriegsgefahr besteht. Aber auch hier ist der Erfolg keineswegs vorprogrammiert. Unproduktive Staatsausgaben können effektlos verpuffen. Von daher sind die Konzentration auf einen produktiven Einsatz der Staatsausgaben und auf mögliche Multiplikatoreffekte, wie sie Keynes schon damals angemahnt hat, keineswegs obsolet, sondern nach wie vor von entscheidender Bedeutung.

Teil VI

Verordneter Sozialliberalismus? Die Steuerpolitik in den westlichen Besatzungszonen (1945-1948/49)

Kapitel 14

Die alliierte Hochsteuerpolitik

Im Mai 1945 hatte Deutschland ein zweites Mal einen Weltkrieg verloren. Die Deutschen trugen die Verantwortung für Zerstörungen ungekannten Ausmaßes in weiten Teilen Europas, und durch den Massenmord an den europäischen Juden sowie an KZ-Häftlingen und durch die brutale Besatzungspolitik hatten sie sich moralisch diskreditiert. Viel weitgehender als nach der ersten Niederlage wurde ihnen deswegen ihr künftiges politisches Schicksal aus der Hand genommen. Die alliierten Siegermächte besetzten das Land und entschieden vorerst über dessen Zukunft.

Von zentraler Bedeutung war dabei die Haltung der USA, die aufgrund ihrer ökonomischen Potenz die einflussreichste bzw. durchsetzungsstärkste der Siegermächte war. 1944 verlangte die US-Bevölkerung vor allem wegen des Überfalls auf Pearl Harbor einen harten Frieden für Japan, während sie gegenüber Deutschland moderater gestimmt war. Die Regierung und insbesondere Roosevelt vertraten jedoch die umgekehrte Position. Erst nach der Befreiung von Bergen-Belsen, Buchenwald und anderer Konzentrationslager durch Truppen der Westalliierten wurde auch in der amerikanischen Bevölkerung der Ruf nach einer harten Bestrafung Deutschlands lauter.[1] 1945 und Anfang 1946 entfaltete die vom vormaligen Finanzminister Morgenthau angeführte Kampagne für einen harten Frieden in der amerikanischen Öffentlichkeit große Wirkung. Sie verlor aber im Laufe des Jahres 1946 zunehmend an Einfluss und Überzeugungskraft.[2] Demgegenüber gewann in der US-Besatzungsverwaltung die wirtschaftliche Abteilung an Gewicht, die sich für einen schnellen Wiederaufbau der deutschen Wirtschaft einsetzte, weil diese als unentbehrliches Zentrum für den europäischen Wirtschaftsprozess betrachtet wurde. Im Rahmen der Truman-Doktrin vom März 1947, mit der sich die USA

1 Steven Casey, Cautious Crusade: Franklin D. Roosevelt, American Public Opinion, and the War Against Nazi Germany, Oxford 2001, S. 162-226.

2 Steven Casey, The Campaign to Sell a Harsh Peace for Germany to the American Public, in: History 90 (2005), S. 62-92.

der Eindämmung des Kommunismus verschrieb, erlangte dieses Argument erhebliches Gewicht, galt doch eine funktionierende westeuropäische Wirtschaft als Voraussetzung für das Erreichen des strategischen Ziels.

In der Steuerpolitik entschieden sich die Alliierten 1945/46 für eine Politik, die man durchaus als Akt der Bestrafung interpretieren konnte, was auch viele Deutsche taten. Zwar ließ man das deutsche Steuersystem weitgehend unangetastet, erhöhte aber die Steuersätze deutlich. So stieg der Spitzensatz der Einkommensteuer auf 95 Prozent. Die Körperschaft- und die Erbschaftsteuer wurden ebenfalls deutlich angehoben. Die hohen Sätze, zumal die Spitzensätze, waren tatsächlich als Belastung für die deutsche Wirtschaftselite gedacht, ohne deren aktive Mitwirkung die deutsche Kriegspolitik nicht möglich gewesen wäre. Ausschlaggebend für ihre Einführung war indes, dass die Alliierten – wiederum insbesondere die USA – ihrer jeweiligen Bevölkerung damit ein gut sichtbares Signal senden konnten: Die deutschen Kriegsverlierer hatten in noch in höherem Umfang als sie selbst die Kriegskosten zu tragen. Zudem sollten die hohen Steuersätze zum Budgetausgleich beitragen und damit sowohl unnötige Besatzungskosten vermeiden helfen als auch die Inflation im Zaum halten.

Die deutsche Wirtschaftsverwaltung und die Industrie machten seit 1946 mobil gegen die hohen Steuersätze, die, so das Argument, den Willen zu Arbeit und Leistung einschränken und dadurch verhindern würden, dass die deutsche Wirtschaft wieder in Schwung komme. Doch auch als die westlichen Alliierten von ihren Bestrafungsplänen zunehmend abrückten und die Ingangsetzung der Wirtschaft zum vorrangigen Ziel erklärten, blieben sie gegenüber den von deutscher Seite geforderten Steuersenkungen skeptisch. Dies zeigt, dass hinter den verordneten hohen Steuersätzen nicht allein der Wille zur Bestrafung stand. Vielmehr hielt die Mehrzahl der amerikanischen wie britischen Ökonomen damals ein stark progressives Steuersystem für vorteilhaft für die wirtschaftliche Entwicklung.

Viele der amerikanischen Experten, die in der Finanzabteilung der Militärverwaltung arbeiteten oder diese berieten, waren Exponenten und Unterstützer der Steuererhöhungen im New Deal und in der Kriegszeit gewesen. Insgesamt fand die Grundidee eines progressiven Steuersystems insbesondere bei keynesianisch orientierten

Ökonomen breite Zustimmung. Führende US-Finanzwissenschaftler wie Richard A. Musgrave, Carl Shoup oder Alvin Hansen hatten – wenn auch in deutlich unterschiedlichem Maße – keynesianische Ideen aufgenommen und befürworteten den Einsatz des Steuersystems sowohl zur Schaffung einer egalitäreren Einkommens- und Vermögensverteilung als auch zur Wirtschaftssteuerung.[3] Doch selbst ein Vertreter der Neoklassik und selbsternannter Libertärer wie Henry C. Simons, den Georg Stigler als Kronprinz der Chicagoer Ökonomen-Schule bezeichnet hat,[4] war seit den 1930er-Jahren ein vehementer Befürworter einer stark progressiven Einkommensteuer als zentraler Säule des Steuersystems.[5] Diese Position war zwar unter den Neoklassikern keineswegs unumstritten, zeigt aber, wie weit die Zustimmung bis ins wirtschaftsliberale Lager hineinreichte.

Wichtigstes Ziel der US-Wirtschaftspolitik, auf das sich progressive, liberale und konservative Politiker*innen und Ökonom*innen einigen konnten, war nach Kriegsende die Vollbeschäftigung. Die Rückkehr hoher Arbeitslosenzahlen galt es um fast jeden Preis zu vermeiden. Während man hierbei in den 1930er-Jahren fast ausschließlich auf eine entsprechende staatliche Ausgabenpolitik gesetzt hatte, traten mit dem Siegeszug der *Fiscal Policy* zunehmend

3 Richard A. Musgrave et al., Public Finance and Full Employment, Washington 1945; Richard A. Musgrave/Tun Thin, Imcome Tax Progression, 1929-1948, in: Journal of Political Economy 56 (1948), S. 498-518; Carl Shoup/Roy Blough/Mabel Newcomer, Facing the Tax Problem. A Survey of Taxation in the United States and a Program for the Future, New York 1937; Alvin Hansen, Fiscal Policy and Business Cycles, New York 1941. Als Überblick: Ajay K. Mehrotra, From Seligman to Shoup: The Early Columbia School of Taxation and Development, in: W. Elliot Brownlee/Eisaku Ide/Yasunori Fukagai (Hg.), The Political Economy of Transnational Tax Reform. Tax Shoup Mission to Japan in Historical Context, Cambridge 2013, S. 30-60; Malcolm Rutherford, The Instutionalist Movement in American Economics, 1918-1947. Science and Social Control, Cambridge 2011, S. 299 und 307 f.

4 George J. Stigler, Henry Calvert Simons, in: Journal of Law & Economics 1, 5 (1974), S. 1-5, hier S. 1. Rob Van Horn und Philip Mirowski unterstrichen später diese Charakterisierung: dies., The Rise of the Chicago School of Economics and the Birth of Neoliberalism, in: Philip Mirowski/Dieter Plehwe, The Road from Mont Pèlerin. The Making of the Neoliberal Thought Collective, Cambridge/Mass. 2009, S. 139-178, hier S. 139 f.

5 Henry C. Simons, Personal Income Taxation. The Definition of Income as a Problem of Fiscal Policy, Chicago 1938; ders., Federal Tax Reform, Chicago 1950.

auch die Steuern als wirtschaftliches Lenkungsinstrument in den Fokus.[6] Eine wichtige Rolle spielte dabei der aus dem nationalsozialistischen Deutschland geflohene Finanzwissenschaftler Gerhard Colm, der seit 1940 der leitende ökonomische Analyst des Budget-Büros im Weißen Haus war. Colm trug maßgeblich zum Employment Act von 1946 bei, der die neue Bedeutung der Steuerpolitik für die Aufrechterhaltung einer hohen Beschäftigungsquote reflektierte und dem Präsidenten ein neues wirtschaftliches Beratungsgremium, das Council of Economic Advisers, zur Seite stellte. Präsident Truman berief Colm 1946 zu einem der ersten Mitglieder des Gremiums.[7] *Fiscal Policy* avancierte in den USA im Zuge der sich herausbildenden neoklassischen Synthese, die die keynesianische Makroökonomie mit der neoklassischen Mikroökonomie zu verbinden suchte, zu einem zentralen Politik- und Debattenfeld. Der Begriff bezeichnete dabei jenen Teil der Finanzpolitik, in dem mit Mitteln der Steuer- und Ausgabenpolitik konjunktur- und wachstumspolitische Ziele erreicht werden sollten.[8]

Im Rahmen der Besatzungspolitik versuchten die US-Ökonomen nun das neu entwickelte System der *Fiscal Policy* als zentrales Element sozialliberaler Gouvernementalität nach Deutschland und auch nach Japan zu exportieren. In Japan versuchte eine Mission unter Führung des Columbia-Ökonomen Carl Shoup, das dortige Steuersystem grundlegend umzubauen und zu modernisieren. Ähnliche Missionen von US-Finanzwissenschaftlern wurden nach dem Vorbild der Shoup-Mission später in Länder Afrikas und La-

6 Musgrave, Full Employment; Gerhard Colm, Maintaining High Level of Production and Employment: Technical Requirements, in: American Political Science Review 39 (1945), S. 1126-1137. Herbert Stein betonte aber, dass die meisten Finanzwissenschaftler in den 1940er-Jahren den Steuern noch wenig Beachtung bei der Wirtschaftssteuerung schenkten und dies in den USA erst in den 1950er-Jahren Allgemeingut wurde: Stein, Fiscal Revolution, S. 186 f.

7 Wolfram Hoppenstedt, Gerhard Colm, Leben und Werk (1897-1968), Stuttgart 1997, S. 271 und 346.

8 Gerhard Colm schlug vor, in Deutschland für Fiscal Policy den Begriff der »Ordnungsfinanz« zu nutzen: Gerhard Colm, Haushaltsplanung, Staatsbudget, Finanzplan und Nationalbudget, in: HdF, 2. Auflage, Bd. 1, S. 519-536, hier S. 534. Dieser Vorschlag setzte sich aber nicht durch, stattdessen avancierte der amerikanische Terminus unübersetzt zu einem Zentralbegriff der deutschen Finanzwissenschaften in den 1950er und 1960er-Jahren.

teinamerikas entsandt.[9] In Deutschland blieb der Reformeifer hingegen vergleichsweise beschränkt und es kam vor allem zu den erwähnten Steuersatzerhöhungen. Vor diesem Hintergrund stellt sich die Frage, welche Ziele die Besatzungspolitik mit Letzteren verfolgte, in einem weiteren Kontext. Ging es der US-amerikanischen Besatzungspolitik tatsächlich vor allem darum, mit den hohen Steuern eigene Aufwendungen für Deutschland gering zu halten und der heimischen Bevölkerung zu demonstrieren, dass die Deutschen die Last für den verlorenen Krieg weitgehend selbst tragen mussten? Oder war das Ziel, eine in den USA seit den 1930er-Jahren weit ausgebaute sozialliberale Gouvernementalität, die unter anderem auf einer stärkeren vertikalen Umverteilung durch progressive Steuern beruhte, dauerhaft auch in Deutschland zu etablieren?

Die Situation im besetzten Deutschland 1945-1948

Die Debatten um die Steuerpolitik der Besatzungsmächte erfolgten vor dem Hintergrund einer gesellschaftlichen Notsituation, in der sich die Mehrheit der deutschen Bevölkerung vermutlich wenig für Steuerpolitik interessierte. Die unmittelbare Nachkriegszeit war durch Mangel und Kriegszerstörungen geprägt. Viele besaßen kein intaktes Dach über dem Kopf. Noch 1949 fehlten in den Westzonen fast fünf Millionen Wohnungen. Während die Lebensmittelrationen noch im Frühjahr 1945 teils bei etwa 2000 kcal pro Kopf gelegen hatten, galt für die amerikanische und britische Besatzungszone zunächst ein Zielwert von nur 1550 kcal. In den ersten Nachkriegswintern sowie auf dem Höhepunkt der Ernährungskrise im Frühjahr 1947 wurde selbst dieser niedrige Wert bei den tatsächlichen Zuteilungen teilweise dramatisch unterschritten und erst nach der Währungsreform dauerhaft erreicht bzw. übertroffen.[10] Die Lebensmittelversorgung erfolgte vor allem über die Ausgabe

9 Brownlee/Ide/Fukagai (Hg.), Political Economy.

10 Günter J. Trittel, Hunger und Politik. Die Ernährungskrise in der Bizone (1945-1949), Frankfurt am Main 1990; Rainer Gries, Die Rationen-Gesellschaft. Versorgungskampf und Vergleichsmentalität: Leipzig, München und Köln nach dem Kriege, Münster 1991, S. 146-322; Gabriele Stüber, Der Kampf gegen den Hunger, 1945-1950. Die Ernährungslage in der britischen Zone Deutschlands, insbesondere in Schleswig-Holstein und Hamburg, Neumünster 1984, S. 113-180.

von Marken, die zum Kauf begrenzter Mengen zu festgesetzten Preisen berechtigten. Demgegenüber war für die Mehrheit der Bevölkerung zusätzliche Nahrung mit Geld kaum zu bezahlen. Noch 1947 kostete ein Kilo Butter 230 Mark auf dem Schwarzmarkt, was etwa dem Monatslohn eines Facharbeiters entsprach.[11] Infolge der durch die Wirtschafts- und Finanzpolitik im Krieg herbeigeführten Inflation hatte das Geld teilweise seine Funktionen verloren. Für einen erheblichen Teil der Bevölkerung diente es vor allem zur Bezahlung der staatlich regulierten Miete sowie der Zuteilungen, weitere Lebensmittel oder Konsumgegenstände ließen sich damit kaum erwerben, so dass es nicht zu den vordringlichsten Problemen in den unteren Schichten gehörte, wenn die aufzubringende Steuersumme anstieg.

Auf der anderen Seite der Vermögens- und Einkommensskala konnten die reichsten deutschen Familien ihren Besitz an Produktivvermögen, auf dem ihre ökonomische und soziale Stellung maßgeblich beruhte, zwar weitgehend behalten; ursprüngliche Pläne der Alliierten, die eine Beschlagnahmung oder Nutzung für Reparationen vorgesehen hatten, wurden in den Westzonen bald aufgegeben bzw. nur zu einem sehr kleinen Teil umgesetzt. Doch taten sich bei der Verwandlung des Sachvermögens in Einkommen bis 1947 große Schwierigkeiten auf, weil die Wirtschaftsleistung 1946 bei nur 33 Prozent des Wertes von 1936 lag und auch 1947 nur auf 44 Prozent anstieg.[12] Die Spitzenverdiener erzielten dementsprechend weit geringere Einkommen als im Krieg. Hinzu kam, dass Aktien und Staatsschuldpapiere erheblich an Wert eingebüßt hatten, was das verfügbare flüssige Kapital auf Unternehmerseite deutlich begrenzte.

Die Rentierschicht war in Deutschland durch die Inflation 1923 schwer getroffen worden und hatte sich unter den Bedingungen der Weltwirtschaftskrise und im Nationalsozialismus kaum regenerieren können. Inflation und Wertvernichtung am Ende des Zweiten Weltkriegs führten ihre Vermögensverhältnisse an einen neuen Tiefpunkt. Während der Vermögensbesitz in Deutschland 1870 noch etwa 700 Prozent des jährlichen Volkseinkommens betragen hatte, hatte sich diese Quote bis zum Ende der Weimarer Republik bereits halbiert. 1946 war er mit weniger als 250 Prozent 1946 auf

11 Wehler, Gesellschaftsgeschichte, Bd. 4, S. 952.
12 Ebd., S. 972.

einem Allzeittief angelangt.[13] Dies stellte allerdings keine deutsche Besonderheit dar, vielmehr zeitigte der Zweite Weltkrieg in anderen Ländern Europas ähnliche Folgen. Auch in Großbritannien und Frankreich lag die Quote unter 300 Prozent.[14] Hier spielte auch der Verlust von Auslandskapital, welches in den Kolonien angelegt gewesen war, eine große Rolle.[15]

Insbesondere die Aktienwerte waren durch die vom nationalsozialistischen Deutschland herbeigeführten kriegerischen Zerstörungen in Europa auf einen historischen Tiefstand gesunken. Doch auch die Politik trug erheblich zur Kapitalreduktion bei. Mietpreisbremsen, wie sie in vielen Ländern Europas während des Krieges eingeführt worden waren, ließen die Mieten und mit ihnen die Immobilienwerte unter den Bedingungen der Inflation ebenfalls auf ein Rekordtief fallen.[16] In den USA sank die Vermögensbesitz-Quote vom Höchststand kurz vor der Weltwirtschaftskrise von über 500 Prozent des jährlichen Volkseinkommens bis knapp unter 400 Prozent im Jahr 1950, aber der Fall war bei weitem nicht so tief wie in Europa.

Dic Zahl derer, die von ihrem Vermögen leben konnten, ohne dafür viel tun zu müssen, dürfte in Deutschland 1949 auf einem sehr niedrigen Stand gelegen haben. Zwar waren die Sachwertbesitzer im Rennen um Geld und Besitz zweifelsohne im Vorteil, aber ohne eigene Bemühungen und Anstrengungen konnte sich dieser Vorteil unter den gegebenen Bedingungen schnell als nichtig erweisen. Zudem gab es außer den Sachwerten materiell wenig zu vererben. Das jährliche Gesamtvolumen der Erbschaften sank von etwa 16 Prozent des Nationaleinkommens kurz vor dem Ersten Weltkrieg auf etwa zwei Prozent des Nationaleinkommens im Jahr 1960 ab.[17] Auch dies verstärkte für die Oberschicht die Notwendigkeit, für den Lebensunterhalt zu arbeiten.

In Deutschland wie in Frankreich gelang es nun erstmalig

13 Piketty, Kapital, Grafik 4.1., S. 188.

14 Ebd., S. 196.

15 Piketty, Kapital und Ideologie, S. 354.

16 Piketty, Kapital, S. 199.

17 Ebd., S. 566. In Frankreich sank das Erbvolumen von 25 Prozent des Nationaleinkommens am Vorabend des Ersten Weltkriegs auf etwa vier bis fünf Prozent des Nationaleinkommens im Jahr 1950. In Großbritannien lag der Anteil 1950 immerhin noch bei acht Prozent. Ebd., S. 527 und 566.

Menschen ohne nennenswerten Kapitalbesitz, dank eines hohen Einkommens in das reichste ein Prozent der Bevölkerung vorzustoßen, wo bis dato Aktien-, Immobilien- und Landbesitzer unter sich geblieben waren. Für 60-jährige, die im Krieg ihr Vermögen verloren hatten, bestanden nur noch geringe Chancen, dieses wiederaufzubauen. Der Weg zum Reichtum führte in den 1950er- und 1960er-Jahren in Deutschland vor allem über hohe Arbeitseinkommen. Während Manager um 1900 nur geringe Chancen hatten, in die Vermögensregionen der Unternehmensbesitzer und Rentiers vorzustoßen, war dies nach dem Ende des Zweiten Weltkriegs der Fall. Piketty hat festgestellt, dass in Frankreich in den 1950er-Jahren für kurze Zeit im obersten Prozent der Einkommenspyramide die Arbeitseinkommen bedeutender waren als die Vermögenseinkünfte. In Deutschland dürfte dies ähnlich gewesen sein.[18] Piketty spricht deswegen vom Übergang von der Rentier- zur Managergesellschaft.[19]

Zusammengefasst lässt sich konstatieren, dass die Unterschicht 1946/47 erheblichen Mangel litt, die Unternehmer ihr Produktivvermögen nur in begrenztem Maße zur Gewinngenerierung nutzen konnten und die Rentiers große Teile ihres Vermögens verloren hatten. Offensichtliche Profiteure des Nationalsozialismus und des Krieges gab es 1946/47 hingegen kaum noch. Die Vorteile, die die Modernisierung des Produktionsapparates durch Aufrüstung und Krieg für Firmeneigner und teilweise auch für Manager mit sich bringen konnte, wurden erst sichtbar, als Anfang der 1950er-Jahre der Korea-Boom einsetzte. In der frühen Besatzungszeit standen dagegen fast alle Deutschen, wie schon nach dem Ersten Weltkrieg, ökonomisch schlechter da als vor 1939.

Alliierte Steuersatzerhöhungen und deutsche Reaktionen

Die Kriegsniederlage führte auch zu einem vorübergehenden Stillstand in Fragen des Umgangs mit den öffentlichen Finanzen. Zwar blieben die lokalen Finanzämter weitgehend bestehen und in ihrer Funktionsfähigkeit intakt, aber nach dem Ende der Zentralbehörde

18 Ebd., S. 369.
19 Ebd., S. 363.

fehlte es an einer politischen Entscheidungsinstanz. Die Alliierten mussten sich erst über das weitere Vorgehen in der Finanzpolitik verständigen. In den ersten Monaten dominierten deswegen Dezentralisierung und Improvisation das Geschehen.[20] In der US-Besatzungszone reorganisierte man das Finanzwesen auf Länderebene, wodurch ein föderalistisch-demokratisches System entstand. Die Briten hingegen bauten einen zentralistischen Besatzungsapparat auf, in dem Zentralämter für die gesamte Zone als Lenkungsgremien agierten, und hofften, mittelfristig eine oberste Finanzbehörde für das besetzte Deutschland insgesamt zu errichten. Dieser Plan konnte sich aber nicht gegen das föderalistische Konzept durchsetzen, zumal neben den Amerikanern auch Franzosen und Sowjets Letzterem zuneigten, da es ihnen mehr Handlungsmacht in ihrer jeweiligen Besatzungszone ließ.[21]

Im Frühjahr 1946 einigten sich die Alliierten schließlich auf ein einheitliches Steuersystem, das in allen vier Zonen gelten sollte. Die Grundlage hierfür bildeten die Kontrollratsgesetze 12 bis 15 sowie 17, die im Februar 1946 verabschiedet wurden.[22] Diese bestätigten weitgehend die Fortgeltung der bestehenden deutschen Steuergesetze, führten aber zu deutlichen Satzerhöhungen bei allen wesentlichen Steuern. Hierin lässt sich eine Anpassung an die im Krieg etablierten hohen Sätze der angelsächsischen Systeme erkennen. Insbesondere lag der neue deutsche Spitzensteuersatz bei der Einkommensteuer genau einen – symbolisch bedeutsamen – Prozentpunkt höher als der in den USA geltende Spitzensteuersatz.

Hieran wird offenbar, welch große politische Bedeutung dem Spitzensteuersatz der Einkommensteuer beigemessen wurde. Lag er hoch, so demonstrierte man der Bevölkerung damit, dass die Wohlhabenden in größerem Maße zu den öffentlichen Finanzen beitrugen als die weniger Begüterten. Der für die Deutschen festgesetzte

20 Ullmann, Steuerstaat, S. 177.

21 Gunther Mai, Der Alliierte Kontrollrat in Deutschland 1945-1948. Alliierte Einheit – deutsche Teilung?, München 1995, S. 261.

22 Peter Bühner, Die Einkommenssteuer in den drei Besatzungszonen der West-Alliierten (1945-1949). Ein Beitrag zur Effizienz des Systemgedankens im Steuerrecht, Köln 1990, S. 84-98; Klaus Franzen, Die Steuergesetzgebung der Nachkriegszeit in Westdeutschland (1945-1961), Bremen 1994, S. 27-29. Von insgesamt 62 Kontrollratsgesetzen betrafen immerhin 19 das Steuer- und Gebührenwesen: Mai, Alliierte Kontrollrat, S. 75, FN. 13.

Spitzensatz diente indes wie erwähnt den Alliierten vornehmlich als Signal an die heimische Öffentlichkeit.[23]

Grafik 88

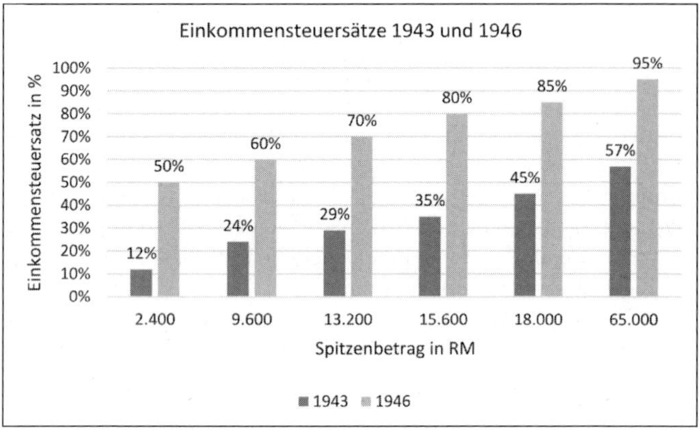

Quelle: Horst Jecht, Probleme der Einkommensteuer-Reform, Göttingen 1948, S. 40

In der britischen Zone deklarierten 1946 zumindest 6000 Einkommensbezieher ein Einkommen von über 50 000 DM. In einem Einkommensbereich von 25 000 bis 50 000 DM und damit immerhin bei einem Steuersatz von immerhin 85 Prozent befanden sich in der britischen Zone etwa 2000 Lohnsteuerzahler und 15 000 Einkommensteuerzahler.[24] Zudem setzten die Besatzer fast alle vorher gültigen Steuervergünstigungen außer Kraft, so dass diejenigen, die

23 Dass es den Besatzungsmächten daneben auch um die Generierung von Einkommen und den Ausgleich des Budgets ging, zeigte sich drei Monate später. Mit den Kontrollratsgesetzen 26 bis 30 erhöhte man die Sätze der regressiven Verbrauchsteuern auf Tabak, Alkohol, Essig, Bier, Zündhölzer und Zucker ebenfalls deutlich.

24 Jens van Scherpenberg, Öffentliche Finanzwirtschaft in Westdeutschland 1944-1948. Steuer- und Haushaltswesen in der Schlußphase des Krieges und der unmittelbaren Nachkriegsjahre, Frankfurt am Main 1984, S. 526-529. Die Zahl der zur Lohnsteuer veranlagten Personen ist in der letzteren Angabe nicht enthalten.

ein hohes Einkommen angaben, zumeist auch hohe Sätze zu entrichten hatten.[25]

Grafik 89

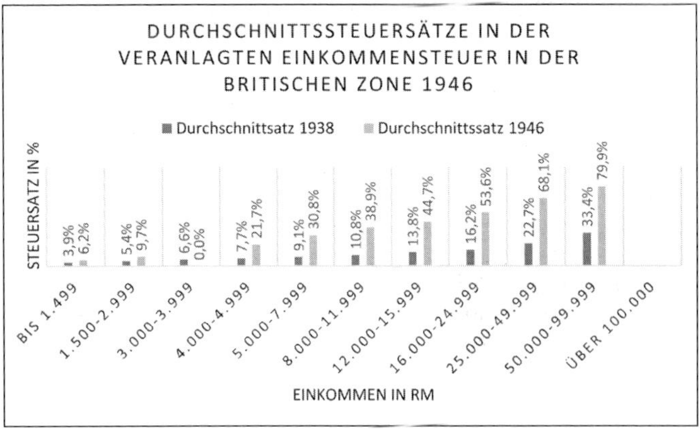

Quelle: Scherpenberg, Öffentliche Finanzwirtschaft, S. 529

Während sich für die unteren 50 Prozent derjenigen, die zur Einkommensteuer veranlagt wurden, der Steuersatz gegenüber 1938 in etwa verdoppelt hatte, zahlte die obere Hälfte fast den dreifachen Satz. Die damalige Spitzengruppe entrichtete durchschnittlich einen effektiven Steuersatz von ziemlich genau 80 Prozent. Dies ist ein Wert, wie er weder vorher noch nachher in der deutschen Geschichte jemals auch nur annähernd erreicht wurde. Allerdings bezieht er sich wohlgemerkt nur auf das angegebene Einkommen. Alle deutschen Parteien waren sich aber einig, dass in der Besatzungszeit die Steuerhinterziehung der Einkommenselite endemische Ausmaße erreichte, so dass der Effektivsteuersatz hinsichtlich des realen Einkommens außer bei einigen Steuerehrlichen deutlich niedriger gelegen haben dürfte.[26]

Besonders deutlich fiel auch die Anhebung des Erbschaftsteuerspitzensatzes für die engsten Familienangehörigen aus. In Deutsch-

25 Franzen, Steuergesetzgebung, S. 34.
26 Scherpenberg, Öffentliche Finanzwirtschaft, S. 344 f.

land waren hohe Steuersätze auf ererbtes Vermögen bisher nur entfernten bzw. gar nicht mit dem Verstorbenen Verwandten auferlegt worden. Für diese konnte der Satz auf bis zu 70 Prozent ansteigen, während er für Ehefrauen und Kinder von 1925 bis 1945 konstant bei 15 Prozent gelegen hatte. Die Alliierten hoben diese Differenzierung auf. Der 1934 verabschiedete Satz für die Steuerklasse V galt nun für alle Steuerklassen. Der Spitzensteuersatz betrug bei hohen Erbschaften von über zehn Millionen Reichsmark auch für nächste Verwandte 60 Prozent.[27] Selbst damit lag man aber noch deutlich unter den Sätzen in den USA (77 Prozent) und Großbritannien (75 Prozent). In der vormaligen Differenz zeigt sich ein ganz wesentlicher Unterschied zwischen dem deutschen und dem angelsächsischen System: Die deutsche Steuerpolitik hatte sich aufgrund ihrer konservativen Präferenz für familiäre Statuserhaltung über den Generationenwechsel hinweg nie zu einer scharfen Erbschaftsbesteuerung für enge Verwandte durchringen können, während man in den beiden liberaleren Ländern proklamierte, dass sich jede Generation ihren Reichtum selbst erarbeiten sollte, statt sich auf den Lorbeeren der vorausgegangenen auszuruhen.[28]

Die erste Veranlagung 1946/47 führte zum von kaum jemandem erwarteten Ergebnis eines ausgeglichenen Haushalts. Für alle vier Zonen zusammengenommen standen sowohl auf der Einnahmen- wie Ausgabenseite 29 Milliarden RM zu Buche. Allerdings waren die Differenzen zwischen den Zonen erheblich. Die amerikanische und die sowjetische Zone wiesen deutliche Überschüsse auf, während die französische und die britische Zone defizitär wirtschafteten.[29]

Bei deutschen Politikern, Unternehmern und Finanzwissenschaftlern stießen die alliierten Steuergesetze auf mehr oder minder harsche Kritik. In deren Mittelpunkt standen die neuen Höchstsätze, die insbesondere von Unternehmern, aber auch von Finanzwissenschaftlern als konfiskatorisch bezeichnet wurden.[30] Durchgängig warben darum deutsche Politiker und Spitzenbeamte seit

27 Ronny Grundig, Vermögen vererben. Politiken und Praktiken in der Bundesrepublik und Großbritannien 1945-1990, Göttingen 2022, S. 33-44; Beckert, Unverdientes Vermögen, S. 270-275.

28 Beckert, Unverdientes Vermögen.

29 Ullmann, Steuerstaat, S. 180.

30 Jutta Muscheid, Die Steuerpolitik in der Bundesrepublik Deutschland 1949-1982, Berlin 1986, S. 27 f.; Bühner. Einkommensteuer, S. 169-173.

Mitte 1946 für baldige Satzsenkungen. Als die alliierten Vertreter der Westzonen den deutschen Verwaltungsstellen im Frühjahr 1948 signalisierten, dass dem Wirtschaftsrat noch vor der Währungsreform die Steuerhoheit übertragen werden sollte, ging die deutsche Seite sofort daran, ein umfassendes Steuersenkungsprogramm auszuarbeiten. Die fertigen Pläne stießen jedoch sowohl bei der französischen wie auch bei der amerikanischen Militärbehörde auf entschiedenen Widerstand. Man teilte den deutschen Stellen mit, dass sie doch noch kein entsprechendes Gesetz erlassen könnten, sondern alle Änderungen zunächst als Kontrollratsgesetz erfolgen müssten, damit sie auch in der französischen Zone Geltung erlangten. Während fast alle rechtlichen Änderungen, die eine Stärkung der deutschen Rechtstradition darstellten, akzeptiert wurden, erhöhte das alliierte Spitzengremium die von den deutschen Stellen vorgesehenen Sätze um durchschnittlich 20 Prozent, womit das Kontrollratsgesetz Nr. 64 vom 22. Juni 1948 gerade im oberen Einkommensbereich nur eine sehr moderate Kürzung brachte, während es im unteren und mittleren Einkommensbereich zu durchaus spürbaren Entlastungen kam.

Grafik 90

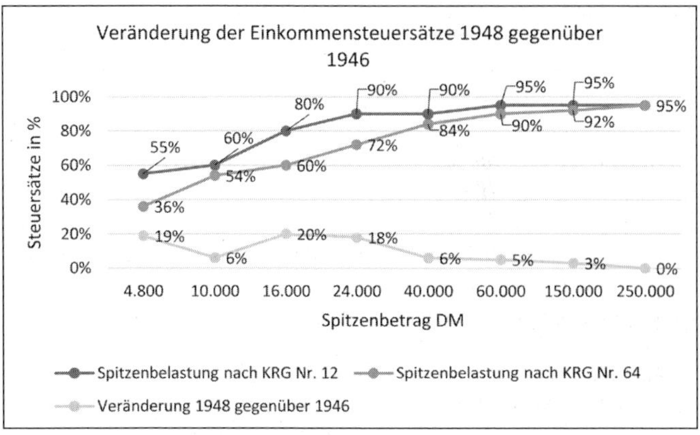

Quelle: Bühner, Einkommensteuer, S. 272

Zudem genehmigten die Alliierten die Wiedereinführung erster Steuer- und Sondervergünstigungen, die besonders für Spitzenverdiener interessant waren. Zu nennen ist etwa § 7a EStG, der die Abschreibungsfreiheit für abnutzbare bewegliche Wirtschaftsgüter im Jahr der Anschaffung und im darauffolgenden Jahr von bis zu 50 Prozent der Anschaffungs- und Herstellungskosten ermöglichte, sowie eine deutliche Ausweitung der abzugsfähigen Sonderausgaben in § 10 EStG.[31]

»I am not convinced at all«: Die Sicht zweier US-Finanzwissenschaftler*innen in der Besatzungsverwaltung

Am Beispiel zweier Vertreter*innen in der Finanzverwaltung der US-Militärbehörde soll gezeigt werden, wie die Skepsis gegenüber weiterreichenden Steuersenkungen begründet war. Mabel Newcomer, geboren 1892, war eine der führenden US-Finanzwissenschaftlerinnen ihrer Zeit. Sie hatte in Stanford studiert und war 1917 bei Seligman an der Columbia-Universität promoviert worden. Sie gehörte dort zur Schule der Institutionen-Ökonomie und wurde später durch den Keynesianismus und den *Fiscal-Policy*-Ansatz nur leicht beeinflusst.[32] Seit 1926 war sie Professorin am Vassar College. Sowohl im New Deal wie auch während des Zweiten Weltkriegs hatte sie das US-Finanzministeriums in Fragen der Finanzpolitik beraten. Im Dezember 1946 ging sie für zehn Monate als zentrale Beraterin in Steuerfragen zur Finanzabteilung der US-Militärverwaltung in Berlin. Schon bald nach ihrer Ankunft sah sie sich mit den deutschen Forderungen nach Steuersenkung konfrontiert. Im Januar schrieb sie an ihre Universitätskolleg*innen: »Die Deutschen versuchen uns einzureden, dass es die Steuern sind, die den Arbeitswillen schwächen, aber ich bin davon überhaupt nicht über-

31 Van Scherpenberg, Öffentliche Finanzwirtschaft, S. 355-361; Bühner, Einkommenssteuer, S. 197 f.; Christoph Buchheim, Die Währungsreform 1948 in Westdeutschland, in: Vierteljahrshefte für Zeitgeschichte (1988), S. 189-231, hier S. 215 f.

32 Mehrotra, Seligman, S. 46 f.

zeugt.«[33] Auch später blieb sie gegenüber den Segnungen der Steuersatzsenkung bei direkten Steuern skeptisch. Sie konzedierte zwar, dass die Steuerquote in Deutschland nun höher war als in den USA und Großbritannien – Newcomer ging von einer Steuerquote am Nationaleinkommen von 36 Prozent in Deutschland, 32 Prozent in Großbritannien und 28 Prozent in den USA aus –, glaubte aber nicht, dass die Antwort darauf in einer Senkung ausgerechnet der Einkommensteuersätze liegen könne. Untersuchungen der Militärregierung belegten in ihren Augen, dass die Erhöhungen bei den indirekten Steuern stärker ins Gewicht fielen als jene bei den direkten Steuern. Den Erhebungen zufolge war der Anteil direkter Steuern am Gesamtsteueraufkommen von 56 auf 51 Prozent gesunken, die Belastung von Geringverdienern mithin deutlich gestiegen. Deswegen sollte eine Steuersenkung zumindest nicht in erster Linie der Oberschicht zugutekommen. Zudem befürchtete Newcomer, dass in der bestehenden Situation der Knappheit eine Steuersenkung eher der Inflation als der wirtschaftlichen Belebung Vorschub leisten könnte. Sie betonte mit Verweis auf die Erfahrungen von 1923, dass unbedingt alles vermieden werden müsse, wodurch die ohnehin grassierende Inflation durch unausgeglichene Haushalte weiter angeheizt würde.[34] Sie sprach sich deswegen dafür aus, nur dort Steuern zu senken, wo dadurch eine Wirtschaftsbelebung relativ gesichert zu erwarten sei.[35]

Walter W. Heller folgte Newcomer im September 1947 als steuerpolitischer Berater der US-amerikanischen Militärregierung für Deutschland. 1948 stieg er zum Leiter der Abteilung für interne Finanzen auf. Heller, Jahrgang 1915, hatte an der Universität Madison-Wisconsin studiert und war dort 1942 in jungen Jahren zum Professor für Wirtschaftswissenschaften ernannt worden. Bevor er nach Deutschland ging, arbeitete er ab 1942 als Berater im US-Finanzministerium. Heller war Keynesianer und Anhänger der *Fiscal Policy*.[36] Er wurde später dafür bekannt, dass er Präsident Kenne-

33 Vassar Miscellany News vom 15.1.1947.

34 Es handelte sich weitgehend um eine verdeckte Inflation, weil die meisten Preise offiziell nach wie vor eingefroren waren.

35 Mabel Newcomer, War and Postwar Developments in the German Tax System, in: National Tax Journal 1 (1948), S. 1-11. Newcomers Beitrag war als erster Artikel des neugegründeten *National Tax Journals* außerordentlich prominent platziert.

36 James Edward Ross Hillyer, Promoting Keynesian Liberalism. Walter W. Heller

dy zur Steuersenkung überredete, um die Wirtschaft anzukurbeln. Erste Erfahrungen mit diesem Instrument der fiskalischen Konjunkturförderung machte er in Deutschland. Anders als Newcomer stand Heller der von deutscher Seite geforderten Absenkung der Steuersätze aufgeschlossen gegenüber. Er hielt sie für notwendig, um die Effekte der Währungsreform abzufedern und so das Sparen und Investitionen zu fördern. Allerdings war er gegen eine Absenkung der Spitzensteuersätze. Vor allem aber forderte er, hier wieder durchaus im Einklang mit der deutschen Seite und auch mit Lucius D. Clay, einen sofortigen Lastenausgleich durch eine Kapitalabgabe, um die Vorteile der von den Kriegsschäden verschonten Sachwertbesitzer gegenüber jenen mit Kriegsverlusten auszugleichen.[37] Im Hinblick auf die Finanzwissenschaft empfand er es als großen Unterschied zwischen den USA und Deutschland, dass kaum jemand auf deutscher Seite sich mit der Frage beschäftigte, wie mit Steuern der Wirtschaftsprozess gestaltet und gelenkt werden könnte. Die in den USA vieldiskutierte *Fiscal Policy* war in Deutschland, sieht man von US-amerikanischen Finanzexperten wie Heller ab, in den 1940er-Jahren noch weitgehend ein Fremdwort. Im Rückblick auf die Zeit in der Besatzungsverwaltung beklagte er sich 1951, dass die deutsche Politik seit 1948 durchgängig antikeynesianisch gewesen sei.[38]

Die Währungsreform im Juni 1948: Der Vorteil des Sachwertbesitzes

Die Einführung der D-Mark bildete einen scharfen Schnitt, und ohne sie hätte die Steuerreform vermutlich nicht in der beschriebenen Form stattgefunden. Der Währungsschnitt befreite die im Vereinigten Wirtschaftsgebiet zusammengefassten Westzonen auf einen Schlag vom größten Teil ihrer inneren Schulden. Bereits

and US Economic Policy, 1933-1987, London 2017 (Ph.D. University College London).

37 Walter W. Heller, Tax and Monetary Reform in Occupied Germany, in: National Tax Journal 2 (1949), S. 215-231.

38 Walter W. Heller, Economic Policy and Political Equilibrium in Post-War Germany, in: Hans J. Morgenthau (Hg.) Germany and the Future of Europe, Chicago 1951, S. 58-76, hier S. 66.

während der Endphase des Krieges waren unter anderem Ludwig Erhard und Günther Keiser zu dem Schluss gekommen, dass eine reguläre Verzinsung und Abzahlung der Schuld eine zu schwere Last für einen künftigen deutschen Staat darstellen würde.[39] Erhard schlug bereits in einer Denkschrift im Frühjahr 1944 einen scharfen Währungsschnitt vor, bei dem allerdings die abgeschöpften Geldeinheiten in Reichsschuldtitel umgewandelt, aber für längere Zeit nicht bedient werden sollten.[40] Die Denkschrift hatte Erhard in enger Absprache mit der Reichsgruppe Industrie verfasst, die ihn in dieser Zeit auch maßgeblich finanzierte.[41] Vor allem Günther Keiser, der Leiter der Statistischen Abteilung der Wirtschaftsgruppe Privates Bankgewerbe, hielt dagegen, dass Erhards Plan sozial unausgewogen sei. Er forderte, die Reform stärker auf die Auslösung eines Nachfrageschubs auszurichten, um etwaige Proteste gegen die Enteignung der Sparer zu verhindern.[42] Die Vorschläge Erhards wurden von verschiedenen Arbeitskreisen um die Reichsgruppe Industrie bis Kriegsende weiter präzisiert. Sie stellten die wichtigsten und einflussreichsten Planungen für eine Währungsreform von deutscher Seite dar.[43] Ihr maßgeblicher Verfasser, Erhard, leitete 1947 die Expertenkommission Sonderstelle Geld und Kredit in der bizonalen Verwaltung der Finanzen, die wesentlich an der Vorbereitung der Währungsreform beteiligt war. Kurz vor deren Umsetzung stieg Erhard im März 1948 zum Direktor der Verwaltung für Wirtschaft des Vereinten Wirtschaftsgebietes auf und damit in die zentrale Position, um die Reform wirtschaftspolitisch zu flankieren. Die SPD hielt den Währungsschnitt ebenfalls für erforderlich.

39 Herbst, Totale Krieg, S. 383-452; Ludolf Herbst, Krisenüberwindung und Wirtschaftsordnung. Ludwig Erhards Beteiligung an den Wirtschaftsplanungen am Ende des Zweiten Weltkriegs, in: Vierteljahrshefte für Zeitgeschichte 25 (1977), S. 304-340.

40 Ludwig Erhard, Kriegsfinanzierung und Schuldenkonsolidierung. Faksimiledruck der Denkschrift von 1943/44 mit Vorbemerkungen von Ludwig Erhard, Theodor Eschenburg, Günter Schmölders, Frankfurt am Main 1977.

41 Karl Heinz Roth, Das Ende eines Mythos. Ludwig Erhard und der Übergang der deutschen Wirtschaft von der Annexions- zur Nachkriegsplanung (1939 bis 1945). Teil II: 1943 bis 1945, in: 1999. Zeitschrift für Sozialgeschichte des 20. und 21. Jahrhunderts 14 (1999), S. 92-123, hier S. 93.

42 Roth, Ende II, S. 95.

43 Michael Brackmann, Vom totalen Krieg zum Wirtschaftswunder. Die Vorgeschichte der westdeutschen Währungsreform 1948, Essen 1993, S. 151-178.

Sie verlangte aber, dass vorher die Arbeitslosigkeit möglichst weitgehend beseitigt werden sollte, damit nach der Währungsreform nicht zu viele Arbeitnehmer auf Wohlfahrtsunterstützung angewiesen wären.[44] Diese Forderung konnte im Juni 1948 zumindest als weitgehend erfüllt gelten, waren doch zu dem Zeitpunkt offiziell nur mehr etwa 400 000 Menschen arbeitslos, was einer Arbeitslosenquote von etwa 2 Prozent entsprach.[45]

Den entscheidenden Entwurf für die Währungsreform erstellte aber ein Expertenteam der US-Militärregierung. Mit der Ausarbeitung betraut wurden zwei deutsch-jüdische Emigranten, Gerhard Colm und Raymond Goldsmith, die vor der Erstellung eines Gutachtens viele deutsche Experten befragten, darunter viele, die an den Planungen der Reichsgruppe Industrie mitgewirkt hatten.[46] Der im Mai 1946 vorgelegte Plan enthielt nicht nur konkrete Regelungen für die Währungsumstellung, sondern auch Eckdaten für einen Lastenausgleich. Dieser sollte durch eine 50-prozentige Vermögensabgabe sowie eine Vermögenszuwachsabgabe auf in den Jahren von 1935 bis 1946 neu gebildetes Kapital finanziert werden. Der sogenannte Colm-Dodge-Goldsmith-Plan[47] bildete die Grundlage für die Diskussionen der Alliierten über die Währungsumstellung. Nachdem die Sowjets aus diesen Verhandlungen ausgestiegen waren, einigten sich die drei Westalliierten im Kern auf die Vorlage, verlangten allerdings, den vorgesehenen Lastenausgleich den deutschen Stellen zu überlassen, die bis zum 31. Dezember 1948 einen entsprechenden Plan vorlegen sollten. Diese Forderung ging auf Einsprüche aus dem US-Kriegsministerium zurück, während der Militärgouverneur der amerikanischen Besatzungszone, Lucius D. Clay, auch beim Lastenausgleich am Colm-Dodge-Goldsmith-Plan

44 Viktor Agartz, Sozialistische Wirtschaftspolitik, in: Protokoll des SPD-Parteitages vom 9.-11. 5. 1946 in Hannover, S. 76.

45 Edgar Wolfrum, Die geglückte Demokratie. Geschichte der Bundesrepublik Deutschland von ihren Anfängen bis zur Gegenwart, Stuttgart 2006, S. 78; Werner Abelshauser, Wirtschaft in Westdeutschland 1945-1948. Rekonstruktion der Wachstumsbedingungen in der amerikanischen und britischen Zone, Stuttgart 1975, S. 100-113.

46 Hoppenstedt, Colm, S. 190-205. Von britischer Seite war Findlay G. Shirras an den Arbeiten beteiligt.

47 Gerhard Colm/Joseph Dodge/Raymond Goldsmith, Plan for the Liquidation of War Finance, abgedruckt in: ZGS (1955), S. 204-243. Joseph Dodge war der engste Berater von Lucius D. Clay in Finanzfragen.

festhalten wollte. Clay hielt einen baldigen Ausgleich der unterschiedlich verteilten Kriegslasten für notwendig, um die zu errichtende Demokratie in Deutschland nicht durch offensichtliche Ungerechtigkeiten zu belasten. Im Pentagon sah man dagegen in der vorgesehenen Kapitalabgabe eine Bedrohung für das Privateigentum. Etliche Beamte witterten daher im vorgesehenen Lastenausgleich Sozialismus und betonten, dass die USA als einzige nichtsozialistische Besatzungsmacht[48] eine solche Politik auf jeden Fall verhindern müssten oder zumindest nicht aktiv mitbetreiben dürften.[49]

Eine Gruppe um Erhard verfasste mit dem »Homburger Plan«[50] in Kenntnis des alliierten Plans ein Alternativszenario. Dieses enthielt ebenfalls die Forderung nach einem Lastenausgleich, wie ihn die führenden deutschen Parteien befürworteten. Der dafür unterbreitete Finanzierungsvorschlag entsprach weitgehend den amerikanischen Vorstellungen. Umstritten zwischen den deutschen Parteien waren vor allem die Kriterien der Verteilung. Während die SPD für eine Verteilung der Gelder nach sozialen Gesichtspunkten und ohne Berücksichtigung des vorherigen Besitzes eintrat, schwebte der CDU und der FDP ein quotaler Ausgleich vor, also Zahlungen, die proportional zur Höhe der erlittenen Schäden festzulegen waren.[51] Nach ihrer internen Einigung zogen die Alliierten die deutschen Sachverständigen hinzu, auch um sie die juristischen Details der Gesetzesvorschläge ausarbeiten zu lassen. Obwohl die wesentlichen Entscheidungen für die Alliierten nicht mehr verhandelbar waren, gelang es der deutschen Delegation, im

48 Frankreich und Großbritannien galten einigen Beamten zu dem Zeitpunkt schon als sozialistisch.

49 Michael L. Hughes, Shouldering the Burden of Defeat. West Germany and the Reconstruction of Social Justice, Chapel Hill 1999, Kapitel 3; ders., Lastenausgleich unter Sozialismusverdacht. Amerikanische Besorgnisse 1945-1949, in: Vierteljahrshefte für Zeitgeschichte 39 (1991), S. 37-53, hier S. 40-43.

50 Hans Möller, Zur Vorgeschichte der Deutschen Mark. Die Währungsreformpläne 1945-1948, Tübingen 1961, S. 477-503; Arne Weick, Homburger Plan und Währungsreform. Kritische Analyse des Währungsreformplans der Sonderstelle Geld und Kredit und seiner Bedeutung für die westdeutsche Währungsreform von 1948, St. Katharinen 1998.

51 Rüdiger Wenzel, Die große Verschiebung? Das Ringen um den Lastenausgleich im Nachkriegsdeutschland von den ersten Vorarbeiten bis zur Verabschiedung des Gesetzes 1952, Stuttgart 2008, S. 34-42.

Zuge der endgültigen Ausfertigung noch einige bedeutende Veränderungen durchzusetzen.[52]

Am Sonntag, dem 20. Juni 1948 kam es dann zur Währungsreform. Die Bürger erhielten pro Kopf beziehungsweise pro Haushaltsvorstand gegen die Abgabe von 40 Reichsmark 40 D-Mark. Am folgenden Tag erlosch die Gültigkeit aller Reichsmark-Notenscheine. Innerhalb einer Woche mussten alle natürlichen und juristischen Personen mit Ausnahme der Geldinstitute ihr altes Bargeld bei den Tauschstellen der Abwicklungsbank auf ein Konto einzahlen, anderweitig verfiel das Geld. Neben dem ersten Auszahlungsbetrag wurden weitere 20 RM im ersten Monat in 20 DM Bargeld erstattet. Für den Restbetrag erhielten die Einzahler am Ende eines komplizierten Berechnungsverfahrens für 100 RM im Regelfall 6,50 DM ausgezahlt. Demgegenüber wurden Schulden von Privatpersonen im Verhältnis 1:10 übertragen. Hätte ein Bürger also bei einer Bank 10 000 RM Schulden und gleichzeitig 10 000 RM Guthaben gehabt, so hätte er danach 1000 DM Schulden und 650 DM Guthaben gehabt. Mit der Währungsumstellung wurden über 90 Prozent des alten Reichsmarkvolumens aus dem Verkehr gezogen. Laufende Verbindlichkeiten wie Löhne, Renten und Mieten stellte man im Verhältnis 1:1 um. Das Gleiche galt für Aktien. Schuldverschreibungen, Hypotheken, Prämienreserven von Versicherungen und Bausparguthaben wandelte das Gesetz im Verhältnis von 1:10 um. Am härtesten kam es aber für die Besitzer öffentlicher Anleihen der Regierung, denn diese wurden für wertlos erklärt, so dass der deutsche Staat seiner inneren Schulden ledig war. Laut Werner Abelshauser wurde damit »der schärfste Währungsschnitt der deutschen Geschichte« vollzogen.[53] Ohne Zweifel trug die Währungsreform dazu bei, dass der Schwarzmarkt an Bedeutung verlor und die Industrieproduktion merklich anzog.[54]

Die Umverteilungswirkung der Währungsreform war eindeutig:

52 Hoppenstedt, Colm, S. 227-237, Eckard Wandel, Die Entstehung der Bank deutscher Länder und die deutsche Währungsreform 1948. Die Rekonstruktion des westdeutschen Geld- und Währungssystems 1945 bis 1949 unter Berücksichtigung der amerikanischen Besatzungspolitik, Frankfurt am Main 1980, S. 106-118.

53 Abelshauser, Deutsche Wirtschaftsgeschichte, S. 125.

54 Albrecht Ritschl, Die Währungsreform von 1948 und der Wiederaufstieg der westdeutschen Industrie. Zu den Thesen von Mathias Manz und Werner Abelshauser über die Produktionswirkungen der Währungsreform, in: Vierteljahrshefte für Zeitgeschichte 33 (1985), S. 136-165.

Sie war von Vorteil für alle, die unter dem nationalsozialistischen Regime und in der Zeit der Besatzung in der Lage gewesen waren, ihre Verdienste in Sachwerte zu investieren, oder sich erlauben konnten, Waren zu horten. Dies waren vor allem die Unternehmer und Firmeneigner. Die größten Verlierer waren die Halter von öffentlichen Anleihen, aber insgesamt waren die Sparer Benachteiligte der Reform, was große Teile der Mittel- und Unterschicht betraf, weil diese gegen Kriegsende ihr Geld kaum noch für Käufe verwenden konnten und zum Sparen gezwungen waren.

Werner Plumpe konstatiert: »Der ausschlaggebende Punkt war dabei, daß sich nach der Währungsreform die gesamte staatliche Wirtschaftspolitik völlig unter den Primat der Förderung der Kapitalbildung stellte, dem die Preis-, Lohn- und Steuerpolitik zugeordnet wurde.«[55] Die Mehrheit der Wirtschaftswissenschaftler*innen betrachtete die Überwindung eines konstatierten Kapitalmangels als wesentliche Grundvoraussetzung für die Ingangsetzung der deutschen Wirtschaft. Hierin lag eine wichtige Intention der Währungsreform und auch der sie begleitenden Wirtschafts- und Steuerpolitik. Insofern war 1948 eine Richtungsentscheidung von gesellschaftspolitischem Gewicht gefallen. Auch Werner Abelshauser spricht der Währungsreform erhebliche Langzeitwirkung zu: »Die Ungleichheit in der Behandlung der Vermögen mochte angesichts der allgemeinen Not des Jahres 1948 noch unerheblich erscheinen; für die in den sechziger Jahren immer stärker kritisierte Einkommens- und Vermögensverteilung war sie jedoch grundlegend.«[56]

Keine Kapitalabgabe: US-amerikanische Änderungswünsche zum Lastenausgleich

Um die im Währungsgesetz formulierte Forderung nach einer gesetzlichen Regelung des Lastenausgleichs bis Jahresende umzusetzen, konstituierte sich im August 1948 eine Kommission in Bad Homburg, die das Gesetz vorbereiten sollte. Sie kam jedoch bald zu dem Ergebnis, dass der vorgesehene umfassende Lastenausgleich in

55 Werner Plumpe, Vom Plan zum Markt. Wirtschaftsverwaltung und Unternehmerverbände in der britischen Zone, Düsseldorf 1987, S. 279.

56 Abelshauser, Deutsche Wirtschaftsgeschichte, S. 125.

dieser kurzen Zeit nicht in Gesetzesform zu bringen war. Deswegen entschloss man sich, vorerst nur ein erstes Gesetz vorzubereiten, das sich allein an sozialen Gesichtspunkten orientierte und zuvörderst die Not der Vertriebenen und Kriegsgeschädigten lindern sollte. Die wesentlichen Elemente bei der Auszahlung der Soforthilfe waren Unterhalts- und Hausratshilfen sowie Wohnungsbau- und Arbeitsplatzdarlehen. Aufgebracht werden sollte die dafür benötigte Summe vor allem durch eine Abgabe von zwei bis drei Prozent auf das Grundvermögen. Besonders umstritten war eine Abgabe von vier Prozent auf das normale Vorratsvermögen der Betriebe und von 15 Prozent auf branchenfremde oder nichtgewerbliche Vorräte, was auf die Bestrafung des verbotenen, aber nur schwer zu unterbindenden »Hortens« abzielte.[57]

Der entsprechende Gesetzesvorschlag wurde rechtzeitig bei den Alliierten eingereicht und sowohl die britischen und französischen Behörden wie auch Clay signalisierten ihre prinzipielle Zustimmung. Für Verzögerung sorgte indes die Forderung, das Grundvermögen von alliierten Staatsbürgern in Deutschland von der Heranziehung für die Finanzierung der Soforthilfe auszunehmen. Hier musste die deutsche Seite schließlich nachgeben.[58] Zudem erhob auch das US-Kriegsministerium Einspruch. Minister Kenneth Claiborne Royall beharrte auf der Ablehnung jeglichen Lastenausgleichs unter alliierter Oberhoheit. Er verwahrte sich deswegen gegen jegliche Erwähnung des Begriffs Lastenausgleich im Gesetz. Ebenso war er ein entschiedener Gegner jeder Art von Kapital- und Vermögensabgaben, die er als Bedrohung des Privateigentums betrachtete. Deswegen forderte er, dass statt von einer Vermögensabgabe von einer Sondersteuer auf Besitz gesprochen werden sollte. Da es hier lediglich um die Nomenklatur ging und keine grundlegenden inhaltlichen Änderungen gefordert wurden, akzeptierten die deutschen Stellen das Ansinnen schließlich, um das Gesetzge-

57 Lutz Wiegand, Der Lastenausgleich in der Bundesrepublik Deutschland 1949-1985, Frankfurt am Main 1992, S. 55-137; Wilhelm Conrad, Ein Jahr Soforthilfegesetz, in: FinanzArchiv NF 12 (1950/51), S. 487-520; Manfred Kittel, Stiefkinder des Wirtschaftswunders. Die deutschen Ostvertriebenen und die Politik des Lastenausgleichs (1952 bis 1975), Düsseldorf 2020, S. 42-47; Reinhold Schillinger, Der Entscheidungsprozess beim Lastenausgleich 1945-1952, St. Katharinen 1985, S. 141 f.

58 Wenzel, Verschiebung, S. 60 f.

bungsverfahren nicht noch weiter zu verzögern. Statt Lastenausgleichsgesetz hieß das Werk nun »Gesetz zur Milderung dringender sozialer Notstände«. Im Sprachgebrauch setzte sich aber die Bezeichnung »Soforthilfe« durch, weil die Vermögensabgabe nun in Soforthilfeabgabe umbenannt worden war. Damit hatte man zwar den beanstandeten Begriff der Vermögensabgabe vermieden, den der Abgabe jedoch beibehalten, weil nach deutschem Verständnis keine Steuer vorlag.[59] Von 1949 bis 1952 brachte die Soforthilfe die Summe von 6,7 Milliarden DM auf, von denen bis zum Inkrafttreten des Lastenausgleichsgesetzes 1952 bereits 6,2 Milliarden DM ausgezahlt worden waren.[60] Der Großteil der Ausgaben floss mit 2,4 Milliarden DM in den sozialen Wohnungsbau und 2,2 Milliarden DM in Unterhaltshilfen.[61]

59 Hughes, Shouldering, Kapitel 4; ders., Lastenausgleich, S. 48-51.
60 Wiegand, Lastenausgleich, S. 77 und 136.
61 Kittel, Stiefkinder, S. 45.

Kapitel 15

Deutsche Umkehrbemühungen 1948/1949

Steuerermäßigung statt Steuersatzreduktion 1948/49

Im Gefolge der von der sowjetischen Seite im Juni 1948 begonnenen Berlinblockade prüften die deutschen Stellen die Beschaffung zusätzlicher Finanzmittel zur Unterstützung West-Berlins. Der bizonale Wirtschaftsrat erließ schließlich im November 1948 ein Gesetz für eine »Notopfer Berlin« genannte Abgabe. Diese war zweigeteilt: Zum einen wurde ein Zusatzporto für jede Postkarte und Brief von 2 Pfennig erhoben, zum anderen gab es Zuschläge auf die Einkommen- und Körperschaftsteuer. Für Haushalte wurde damit bei der Lohn- und Einkommensteuer eine proportionale Zusatzsteuer in Höhe von 1 DM je angefangenen 100 DM Einkünften fällig. Lediglich für Einkommen unter 6000 DM trat eine Ermäßigung auf 60 Pfennig pro 100 DM ein. Körperschaften wurden mit 1,20 DM je 100 DM Einkommen belastet, wobei auch für kleinere Körperschaften ein monatlicher Mindestsatz von 20 DM galt. In der frühen Bundesrepublik wurden die Sätze noch erhöht. Willi Albers, der die umfangreichste Untersuchung zur Verteilungswirkung des Notopfers durchgeführt hat, betont dessen regressiven Charakter. Geringverdiener mussten 1948/49 durch das Notopfer etwa 14 Prozent mehr Lohnsteuer zahlen, während Spitzenverdiener nur 1,3 Prozent mehr Einkommensteuer tragen mussten.[1]

Nachdem die Alliierten im Sommer 1948 die von deutscher Seite geforderte Absenkung der Steuersätze verhindert hatten, machte die Verwaltung für Finanzen im Winter 1948/49 einen neuen Vorstoß. Sie legte den Alliierten einen Gesetzesvorschlag vor, der exakt dieselben Steuersätze wie die deutschen Vorschläge vom Sommer enthielt, ergänzt um Regelungen für eine großzügige Steueramnestie, die man für notwendig hielt, um die Steuerehrlichkeit wiederherzustellen. Die Alliierten lehnten jedoch sowohl die Tarifreduktion wie auch die Steueramnestie ab. Daraufhin legten die deutschen

1 Willi Albers, Das Notopfer Berlin und die Steuerreform, in: Gewerkschaftliche Monatshefte (1955), S. 151-156, hier S. 152.

Stellen den Alliierten einen weiteren Gesetzentwurf vor, der vor allem Steuerermäßigungen enthielt. Die Alliierten kritisierten den Entwurf als »Stückwerkgesetzgebung«, genehmigten ihn aber schließlich, so dass der Wirtschaftsrat mit den Stimmen von CDU/CSU und FDP gegen die Stimmen der SPD die Regelungen als das »Zweite Gesetz zur vorläufigen Neuordnung der Steuern« im April 1949 verabschiedete. Im Wesentlichen enthielt das Gesetz neue Steuer- und Sonderermäßigungen, die die Investitions- und Spartätigkeit anregen sollten. § 7a EstG, der die Abschreibungsmöglichkeiten für bewegliche Wirtschaftsgüter regelte, wurde erheblich erweitert. Ein neu eingefügter § 7b EStG erlaubte hohe Absetzungen bei der Errichtung privater Wohnungsgebäude, wodurch der Hausbau im kriegszerstörten Deutschland gefördert werden sollte. Der ebenfalls neu eingefügte § 7c erlaubte Steuerermäßigungen für Wirtschaftsgebäude. § 7d ermöglichte hohe Abschreibungen bei neu angeschafften Schiffen, um die darniederliegende deutsche Werftindustrie zu fördern. Die in § 10 geregelten Möglichkeiten des Sonderausgabenabzugs erweiterte man noch einmal erheblich. Als Kernstück des Gesetzes galt aber der neu eingefügte § 32a EStG, der erhebliche Vergünstigungen für die nicht entnommenen Gewinne von Unternehmen brachte, was die Selbstfinanzierung von Unternehmen ungemein erleichterte. Im Kern handelt es sich bei dem Gesetz um den Versuch, den Unternehmen und den Besserverdienenden durch Steuerermäßigungen eine ähnliche Steuererleichterung zu verschaffen, wie dies ansonsten bei der angedachten Tarifreduktion der Fall gewesen wäre. Alle Beteiligten waren sich einig, dass der gewählte Weg wesentlich schlechter war als der über die Tarifreduktion, den die Alliierten einstweilen blockiert hatten. Die neuen Ermäßigungen kamen ähnlich Begüterten in unterschiedlichem Maße zugute, führten also zu neuen Schieflagen. Das Gesetz, das rückwirkend zum 1. Januar 1949 in Kraft trat, galt darum als befristete Notlösung.[2] Es prämierte das Sparen und zudem Investitionen in Bereichen, in denen diese besonders dringlich benötigt wurden, was es aus Sicht von Henry Wallich zu einer der »Triebkräfte« des bald einsetzenden Wachstumsprozesses machte.[3]

Die Daten zur Steuererhebung 1949 zeigen, dass es den deut-

2 Bühner, Einkommenssteuer, S. 212-220; Franzen, Steuergesetzgebung, S. 67-71.

3 Henry C. Wallich, Triebkräfte des deutschen Wiederaufstiegs, Frankfurt am Main 1955, S. 151-153.

schen Stellen schon vor der Gründung der Bundesrepublik gelungen war, die effektive Steuerbelastung auch in den Spitzengruppen erheblich zu senken.

Tabelle 46:
Einkommensteuerveranlagung 1949

Einkommens-gruppe DM	Steuerpflichtige		Einkommen		Steuerschuld		
	Anzahl	vH	Mill DM	vH	Mill DM	vH	vH Eink.
0-1.200	231.840	8,7	177,4	1,4	3,9	0,1	2,2
1.200-2.400	706.096	26,5	1.281,5	10,4	39,0	1,3	3,0
2.400-3.800	608.995	22,8	1.783,7	14,0	93,5	3,2	5,2
3.800-4.800	375.129	14,1	1.539,2	12,1	131,6	4,6	8,6
4.800-8.000	225.551	8,5	1.198,9	9,4	148,1	5,2	12,4
8.000-9.000	283.916	9,9	1.906,2	15,0	358,1	12,5	18,8
9.000-20.000	196.213	7,4	2.439,2	19,1	759,5	26,5	31,1
20.000-50.000	47.156	1,8	1.345,9	10,6	670,0	23,4	49,8
50.000-100.000	6.298	0,2	420,1	3,3	265,8	9,3	63,3
Über 100.000	2.696	0,1	643,2	5,0	398,4	13,9	61,9
Zusammen	**2.663.690**	**100**	**12.735,3**	**100**	**2.807,9**	**100**	

Quelle: Wirtschaft und Statistik 5 (1953) 4, S. 178

Während die Topverdiener 1946 noch einen Effektivsatz von etwa 80 Prozent zahlten, lag dieser nun sehr viel niedriger bei 62 Prozent.

Keine Erziehung zu Demokratie und Kapitalismus

Mit einem Spitzensteuersatz von 95 Prozent bei der Einkommensteuer und von 60 Prozent auch für direkte Angehörige bei der Erbschaftsteuer schufen die Alliierten 1946 ein Steuersystem, dass die Spitzeneinkommen und -vermögen so scharf besteuerte wie nie zuvor oder danach in der deutschen Geschichte. Doch die unter den Westalliierten tonangebende US-Besatzungsverwaltung, in deren Dienst sich viele New-Deal-Ökonom*innen befanden, schuf dieses sehr progressive Steuersystem letztlich nicht, weil sie eine stärkere Umverteilung von Einkommen und Vermögen für eine Voraussetzung für die Erziehung der Deutschen zu Demokratie und Kapitalismus hielt, obwohl manche Beteiligte durchaus Sympathien für eine solche Umverteilungsperspektive hegten. Im Vordergrund jedoch stand in der Frühphase der Besatzung erstens der Wunsch, dass die Deutschen die Kosten für die Besatzungsverwaltung selbst aufbrachten und die USA möglichst wenig eigene Mittel einsetzen mussten. Zweitens ging es darum, der eigenen Bevölkerung zu zeigen, dass die deutschen Kriegsverlierer genauso hohe Steuern zahlen mussten wie sie selbst. Ab 1947 zielte die Politik der US-Besatzungsverwaltung aufgrund des sich abzeichnenden Kalten Krieges zunehmend auf eine Förderung des deutschen Wirtschaftswachstums, welches als Voraussetzung dafür galt, die westeuropäische Wirtschaft in Gang zu setzen und als Bollwerk gegen den Kommunismus aufzubauen. Die deutschen Forderungen nach Steuersenkungen zur Ankurbelung der Konjunktur, die seit 1946 durchgängig erhoben wurden, fanden deswegen spätestens 1948 mehr Gehör. Eine Senkung der Spitzensteuersätze lehnten die drei westlichen Besatzungsmächte wegen der einem solchen Schritt zugeschriebenen Symbolkraft freilich ab. Immerhin ließen sie es jedoch zu, dass durch Steuerermäßigungen die Steuerbemessungsgrundlage für Unternehmen und die deutsche Wirtschaftselite, und damit die effektive Steuerlast, deutlich reduziert wurde.

Erst 1951 verfassten zwei führende Vertreter der *Fiscal Policy*, Richard Abel Musgrave und Alvin Hansen, im Auftrag der US-Regierung ein Gutachten, dass eindringlich für eine umverteilende Steuerpolitik zur Herstellung von mehr sozialer Gerechtigkeit in der Bundesrepublik warb. Doch die Bundesregierung hatte zu diesem Zeitpunkt schon erheblich an Autonomie gewonnen. Sie war an einer solchen Politik des sozialen Ausgleichs nicht interessiert und verfolgte vielmehr das Ziel, die hohen Spitzensteuersätze auf das aus Weimarer Zeiten bekannte Niveau abzusenken.[4]

4 Siehe dazu das folgende Kapitel.

Teil VII

Die umkämpfte ordoliberale Gouvernementalität. Steuerpolitik für ein Export-Spar-System (1949-1966)

Kapitel 16

Der deutsche Ordoliberalismus und die Gerechtigkeit des Marktes

Fritz Schäffer, der erste Finanzminister der Bundesrepublik Deutschland, müsste eigentlich im Ahnenkabinett der CDU/CSU einen besonderen Platz einnehmen, kann er doch als eine Art Urvater der »schwarzen Null« gelten. Schäffer, ein erfahrener katholischer CSU-Politiker, betrieb von 1949 bis 1957 eine radikal auf den Haushaltsausgleich gerichtete Politik. Unermüdlich pochte er auf Sparsamkeit, eine defizitfinanzierte Ausgabenpolitik keynesianischer Prägung oder die Inflation hielt er für Teufelszeug. Als Finanzminister gehörte er zu den Schöpfern eines Export-Spar-Systems, welches die Bundesrepublik zum Teil bis heute prägt. Dass Schäffer heute einer breiten Öffentlichkeit dennoch kaum bekannt ist, liegt unter anderem daran, dass die deutschen Wirtschaftsverbände und die Vertreter des Ordoliberalismus seine Politik ablehnten. Ihnen hatte Schäffer es zu verdanken, dass Adenauer ihm das Amt des Finanzministers 1957 entzog.[1]

So bleibt Ludwig Erhard das Gesicht des wirtschaftlichen Erfolgs und auch der weitgehenden finanziellen Solidität der jungen Bundesrepublik Deutschland. Zudem hatte Erhard maßgeblichen Anteil daran, dass sich ab 1949 der Begriff der »Sozialen Marktwirtschaft« etablierte, bis heute die zentrale Leitvorstellung bundesdeutscher Wirtschafts- und Finanzdebatten. Erhard, ein Gründungsmitglied des zentralen neoliberalen Thinktanks, der Mont Pèlerin Society, agierte dabei im engen Verbund mit ordoliberalen Wirtschaftswissenschaftlern. Da in den angelsächsischen Ländern, aber auch in Frankreich oder Italien in der Nachkriegszeit keynesianische oder stärker planwirtschaftliche Ansätze die Wirtschaftspolitik dominierten, hat der deutsche Ordoliberalismus seit den

1 Siehe auch die eher verhaltene Würdigung des damals amtierenden Finanzministers anlässlich von Schäffers 100. Geburtstag: Gerhard Stoltenberg, Fritz Schäffer und die Finanzpolitik des Bundes 1949-1957, in: Peter Claus Hartmann/Otto Altendorfer (Hg.), 100 Jahre Fritz Schäffer. Politik in schwierigen Zeiten, Passau 1988, S. 45-54.

1980er-Jahren viel Aufmerksamkeit erhalten, weil ihm eine zentrale Rolle für die Ideengeschichte des Neoliberalismus zugeschrieben wurde.[2]

Hier soll der Fokus auf der Frage liegen, wie der Ordoliberalismus über öffentliche Finanzen, Steuerpolitik und Umverteilung dachte und welche Auswirkungen dies auf die bundesrepublikanische Politik hatte. Prägten die ordoliberalen Vorstellungen die Politik in der frühen Bundesrepublik? Führte der Wirtschaftsaufschwung schon früh zum von Ulrich Beck beschriebenen »Fahrstuhleffekt«, der alle Schichten in gleichem Maße emporhob, oder profitierten einige Gruppen stärker oder früher als andere? Welche Auswirkungen hatten die von den Alliierten durchgesetzten hohen Steuersätze und wie ging die deutsche Politik mit ihnen um? Haben wir es mit einer Westernisierung der öffentlichen Finanzen zu tun oder griff die bundesrepublikanische Politik eher auf ältere deutsche Traditionen der Finanzpolitik zurück?

Der deutsche Ordoliberalismus in Theorie und Praxis

Eine zentrale Rolle in der Debatte um den Ordoliberalismus spielt die Interpretation Michel Foucaults, der ihm als Entwicklungsstufe zwischen Liberalismus und Neoliberalismus eine eigenständige Position eingeräumt hat. Während bis dahin ein Bild vom Ordoliberalismus als gebändigter Liberalismus vorherrschte, der dem Staat mehr Rechte zubilligte als der klassische Liberalismus,[3] konzipierte Foucault das Verhältnis der beiden anders. Für Foucault prägt den klassischen Liberalismus die klare Trennung von Markt und Staat.

2 Hinzu kommt, dass es nach der europäischen Staatsschuldenkrise und deren Management durch die EU eine Debatte darum gibt, ob die EU unter deutscher Vorherrschaft eine ordoliberale Politik betrieben hat: Thomas Biebricher/Ralf Ptak, Soziale Marktwirtschaft und Ordoliberalismus zur Einführung, Hamburg 2020, S. 226-250; Josef Hien/Christian Joerges, Das aktuelle europäische Interesse an der ordoliberalen Tradition, in: Leviathan 45 (2017), S. 459-493; Joshua Rahtz, The Soul of the Eurozone, in: New Left Review (2017) 104, S. 107-131.

3 Jan-Otmar Hesse, »Der Staat unter der Aufsicht des Marktes«. Michel Foucaults Lektüren des Ordoliberalismus, in: Susanne Krasmann/Michael Volkmer (Hg.), Michel Foucaults »Geschichte der Gouvernementalität« als Paradigma der Sozialwissenschaften. Internationale Beiträge zu Rezeption und Anschlüssen, Bielefeld 2007, S. 213-237, hier S. 222.

Historisch gesehen sei damit dem Markt die Aufgabe zugefallen, den Staat zu beschränken. Das Handlungsfeld des Staates sei im Denken des Liberalismus ein anderes als das der Wirtschaft und funktioniere nach anderen Mechanismen. Im Ordoliberalismus sieht Foucault dann die Auffassung hervortreten, dass der Staat den Markt herstellen und garantieren solle. Der Markt war nun nicht mehr wie bei den klassischen Liberalen etwas naturgesetzlich Entstandenes, sondern er musste aktiv geschaffen werden, aber anschließend setzte er seinerseits staatlichem Handeln Grenzen. Pointiert formuliert Foucault das Verhältnis so: »[E]s soll sich vielmehr um einen Staat unter der Aufsicht des Marktes handeln als um einen Markt unter der Aufsicht des Staates.«[4]

Relativ einig ist sich die Forschung inzwischen darin, dass die Geburtsstunde des Ordoliberalismus in der Weltwirtschaftskrise schlug.[5] Viele vormalig klassische Liberale sahen den Staat gefordert, in den Markt einzugreifen, um marktwirtschaftliche Prinzipien wiederherzustellen, die ihrer Ansicht nach in der Weimarer Republik verloren gegangen waren. Auf den Punkt brachte diese Vorstellung Alexander Rüstow[6] mit seiner Forderung nach einem »liberalen Interventionismus«, der zum »Eingreifen in genau der entgegengesetzten Richtung, als in der bisher eingegriffen worden ist, nämlich nicht entgegen den Marktgesetzen, sondern in Richtung Marktgesetzen, nicht zur Aufrechterhaltung der alten, sondern zur Herbeiführung des neuen Zustandes«[7] führen sollte. Der Wunsch nach dem Staatseingriff führte viele vormals liberale Ökonomen dazu, autoritäre Regierungsformen zu fordern und den Parlamen-

4 Foucault, Geburt der Biopolitik, S. 168.

5 Dieter Haselbach, Autoritärer Liberalismus und soziale Marktwirtschaft. Gesellschaft und Politik im Ordoliberalismus, Baden-Baden 1991, S. 25-39; Ralf Ptak, Vom Ordoliberalismus zur Sozialen Marktwirtschaft. Stationen des Neoliberalismus in Deutschland, Wiesbaden 2004, S. 30-43; Amemiya Akihiko, Neuer Liberalismus und Faschismus. Liberaler Interventionismus und die Ordnung des Wettbewerbs, in: Jahrbuch für Wirtschaftsgeschichte 49 (2008), S. 173-196. Der Begriff Ordoliberalismus ist indes jüngeren Datums. Ich skizziere mithin im Folgenden zunächst Entwicklungen eines Ordoliberalismus *avant la lettre*.

6 Zu Rüstow: Kathrin Meier-Rust, Alexander Rüstow – Geschichtsdeutung und liberales Engagement, Stuttgart 1993.

7 Alexander Rüstow, Aussprache, in: Franz Boese (Hg.), Deutschland und die Weltkrise, München/Leipzig 1932, S. 62-69, hier S. 64 f. Siehe auch: Abelshauser, Deutsche Wirtschaftsgeschichte, S. 95.

tarismus abzulehnen. Rüstow und Walter Eucken[8] orientierten sich dabei stark an Carl Schmitts Argumentation von der parlamentarischen Demokratie als schwacher Regierung, die den Ansprüchen von Interessengruppen nahezu machtlos ausgeliefert sei.[9] Viele Ordoliberale unterstützten das Papen-Regime oder priesen die Vorzüge des italienischen Faschismus. Alfred Müller-Armack hielt den italienischen Faschismus für das Vorbild eines handlungsfähigen Staates.[10] Wilhelm Röpke war von den späteren Ordoliberalen bis 1933 noch am ehesten seinen liberal-demokratischen Auffassungen treu geblieben,[11] doch vollzog auch sein Denken im Verlauf der 1930er-Jahre einen gewissen Wandel. Knut Borchardt meinte deswegen, dass der Ordoliberalismus einen Staat bevorzuge, an dessen Spitze der »wohlwollende Diktator« stand.[12] Ein Grund dafür war, dass in der Weltwirtschaftskrise der verstärkte Wirtschaftsnationalismus mit seinen Zollschranken der Hauptfeind der neuen Liberalen geworden war. Dies hieß nicht, dass die Ordoliberalen die Demokratie ablehnten, sondern dass sie ein funktionales Verhältnis zu ihr hatten. Wenn sie nicht in der Lage war, Welthandel zu ermöglichen und die freie Marktwirtschaft zu schützen, war es aus ihrer Sicht besser, die Demokratie aufzugeben und ein autoritäreres Regime zu akzeptieren.

Die Machtübertragung an die Nationalsozialisten hatte unterschiedliche Folgen für die Gründungsväter des Ordoliberalismus. Rüstow und Röpke gingen ins türkische Exil.[13] Die Mehrheit blieb

8 Zu Eucken: Lüder Gerken (Hg.), Walter Eucken und sein Werk. Rückblick auf den Vordenker der sozialen Marktwirtschaft, Tübingen 2000.

9 Walter Eucken, Staatliche Strukturwandlungen und die Krisis des Kapitalismus, in: Weltwirtschaftliches Archiv 36 (1932), S. 297-321. Siehe auch Patricia Commun, Les Ordolibéraux. Histoire d'un libéralisme à l'allemande, Paris 2016, S. 75-77.

10 Alfred Müller-Armack, Entwicklungsgesetze des Kapitalismus. Ökonomische, geschichtstheoretische und soziologische Studien zur modernen Wirtschaftsverfassung, Berlin 1932, S. 126 f.; Ptak, Ordoliberalismus, S. 44-56.

11 Jens Hacke, Existenzkrise der Demokratie. Zur politischen Theorie des Liberalismus in der Zwischenkriegszeit, Berlin 2018, S. 351.

12 Knut Borchardt, Die Konzeption der Sozialen Marktwirtschaft in heutiger Sicht, in: Ottmar Issing (Hg.), Zukunftsprobleme der Sozialen Marktwirtschaft, Berlin 1981, S. 33-53, hier S. 47.

13 Meier-Rust, Rüstow, S. 59; Götz Aly, Wilhelm Röpke gegen Volk und Führer. Liberale Kritik am nationalen Sozialismus, in: ders., Volk ohne Mitte. Die Deutschen zwischen Freiheitsangst und Kollektivismus, Frankfurt am Main 2015,

aber in Deutschland und arrangierte sich in der einen oder anderen Form mit den neuen Machthabern. Insbesondere im Freiburger Kreis um Walter Eucken, Erwin von Beckerath, Franz Böhm und Adolf Lampe entwickelten sich unter den neuen politischen Verhältnissen Zukunftsvorstellungen, in denen dem totalen Staat als Garant einer marktwirtschaftlichen Ordnung eine wichtige Rolle zukam. Da die Mehrheit der Bevölkerung sich nicht wie rationale Wirtschaftsbürger verhalte, bedürfe es eines Staates, der mit diktatorischen Mittel künstlich wieder marktwirtschaftliche Verhältnisse herzustellen in der Lage sei – eine Marktwirtschaft des »Als-ob«. Bis Anfang der 1940er-Jahre blieb dabei der Nationalsozialismus das System, in dem die Freiburger Ökonomen ihre Ordnungsvorstellungen umzusetzen hofften.[14] Erst mit der sich abzeichnenden Kriegsniederlage setzte ein vorsichtiger Distanzierungsprozess ein. Doch auch in ihren Neuordnungsplanungen von 1944/45 lehnten die Freiburger jegliche Zugeständnisse an den »Irrglauben« des Parlamentarismus und sozialpolitische Wohltaten für die Unterschicht rigoros ab und propagierten einen von einer »Notabelnschicht« getragenen Machtstaat. Nach Eucken sollte dessen leitendes Personal aus den »ordnenden Potenzen«, Staat, Wissenschaft und Kirche, stammen. Insgesamt war der Ordoliberalismus von einem emphatischen Begriff der Elite – auch der politischen – geprägt.[15]

Diese Position bekräftigten die Freiburger auch noch 1946 in einem Gutachten, das einen schnellen und umfassenden Währungsschnitt forderte.[16] Sie traten für eine Steuerentlastung der Unternehmer und eine steuerliche Mehrbelastung der Unter- und Mittelschicht ein. Die radikale Ablehnung jeder sozialpolitischen Abfederung bei der Durchsetzung der Marktwirtschaft wurde von

S. 109-137; Hans Jörg Hennecke, Wilhelm Röpke. Ein Leben in der Brandung, Stuttgart 2005, S. 89-98. Ferner zu Röpke: Patricia Commun/Stefan Colev (Hg.), Wilhelm Röpke (1899-1966). A Liberal Political Economist and Conservative Social Philosopher, Cham 2018.

14 Tribe, Strategies of Economic Order, S. 212; Ptak, Ordoliberalismus, S. 89.

15 Biebricher/Ptak, Soziale Marktwirtschaft, S. 49 und 213 f. Damit stand der Ordoliberalismus im Gegensatz zur Virginia School um James Buchanan, die in Staatsbediensteten und Politikern vor allem »rent seekers« sah.

16 Gutachten der Arbeitsgemeinschaft Beckerath, Währungsordnung = Wirtschaftsordnung, Dokument 47 (I/1946), in: Christine Blumenberg-Lampe (Hg.), Der Weg in die Soziale Marktwirtschaft. Referate, Protokolle, Gutachten der Arbeitsgemeinschaft Erwin von Beckerath 1943-1947, Stuttgart 1986, S. 507-527.

den beiden anderen Strömungen des Ordoliberalismus 1946 so nicht mehr formuliert. Als diese gelten der am stärksten in die praktische Politik drängende Flügel um Erhard und Müller-Armack auf der einen Seite und die sich stärker um eine geistes- und sozialwissenschaftliche Rechtfertigung der Marktwirtschaft bemühende Richtung um die Emigranten Röpke und Rüstow, von denen jener zunehmend konservative Positionen vertrat,[17] dieser eher soziallibérale.[18]

Vom politischen Flügel des Ordoliberalismus interessiert hier nun vor allem Alfred Müller-Armack, der mit der »Sozialen Marktwirtschaft« einen Leitbegriff schuf, hinter dem sich in der frühen Nachkriegszeit die Ordoliberalen sammeln konnten und der sich auch in der Öffentlichkeit – anders als die etwa zeitgleich aufkommende sperrige Bezeichnung Ordoliberalismus – als überaus anschlussfähig erwies. Müller-Armack hatte, wie erwähnt, gegen Ende der Weimarer Republik den italienischen Faschismus als ein nachahmenswertes Modell betrachtet und im Frühjahr 1933 den Antrag auf Mitgliedschaft in der NSDAP gestellt. Bald nach Kriegsende trat er der CDU bei. Wie viele andere frühe CDU-Mitglieder interpretierte er den Nationalsozialismus nun vor allem als fehlleitende Ersatzreligion und das eigene Mittun in der Terminologie religiöser Verirrung.[19] Die Abkehr vom Nationalsozialismus hatte sich in dieser Sicht vor allem in einer stärkeren Beachtung christlicher Werte zu erweisen, die folgerichtig in Müller-Armacks Denken fortan eine große Rolle spielten. Auch seine Konzeption der Sozialen Marktwirtschaft trug eine protestantisch-lutherische Prägung.[20]

17 Röpkes 1964 publizierte Rechtfertigung des südafrikanischen Apartheid-Regimes zeigt, dass das Denken des einstmals Liberalen gegen Ende seines Lebens immer stärker autoritäre und rassistische Züge annahm: Wilhelm Röpke, Südafrika. Versuch einer Würdigung, in: Schweizer Monatshefte 44 (1964) 2, S. 97-112; Quinn Slobodian, The World Economy and the Color Line. Röpke, Apartheid, and the White Atlantic, in: German Historical Institute Bulletin 10 (2014), S. 61-87.

18 Alexander Rüstow. Zwischen Kapitalismus und Kommunismus, Godesberg 1949.

19 Alfred Müller-Armack, Jahrhundert ohne Gott. Zur Kultursoziologie unserer Zeit, Münster 1948.

20 Zu diesen protestantischen Wurzeln des Ordoliberalismus gehört auch, dass viele seiner Vertreter nicht, wie der klassische Liberalismus, das Individuum als zentrale Kategorie führten, sondern das theologisch aufgeladene Prinzip der Person: Philip Manow, Ordoliberalismus als ökonomische Ordnungstheologie, in: Le-

Noch bis Mitte 1948 war der Begriff freilich kaum verbreitet und Ludwig Erhard sprach bis dahin durchgängig von einer freien Marktwirtschaft. Erst als Erhard im Nachgang der Währungsreform mit dem Leitsätzegesetz die Preise freigab und sich dagegen massiver Protest regte, der schließlich im Generalstreik vom 12. November 1948 gipfelte, gelang es Müller-Armack, Erhard vom Begriff der Sozialen Marktwirtschaft zu überzeugen. Erhard verwendete ihn erstmalig im August 1948 im Zuge seiner Bemühung, ein Misstrauensvotum der SPD gegen ihn abzuwehren.[21]

Den entscheidenden Durchbruch für den Begriff »Soziale Marktwirtschaft« stellte seine prominente Platzierung in den Düsseldorfer Leitsätzen der CDU im Juli 1949 dar, denen als Wahlprogramm zur ersten Bundestagswahl hohe Bedeutung zukam. Federführend bei der Formulierung des wirtschaftspolitischen Absatzes war Franz Etzel, der sich dabei allerdings bis ins Detail mit Erhard abstimmte.[22] In den Leitsätzen wurden Müller-Armacks sozial-religiös unterlegte Vorstellungen aufs Engste mit dem Leistungswettbewerb der Freiburger Schule verschweißt.[23]

An den Universitäten verlor der Ordoliberalismus seit den frü-

viathan 29 (2001), 2, S. 179-198, hier S. 193. Siehe auch: Nils Goldschmidt, Die Geburt der Sozialen Marktwirtschaft aus dem Geiste der Religion, in: Michael S. Aßländer/Peter Ulrich (Hg.), 60 Jahre Soziale Marktwirtschaft. Illusionen und Reinterpretationen einer ordnungspolitischen Integrationsformel, Bern 2009, S. 27-44; Bernhard Löffler, Religiöses Weltbild und Wirtschaftsordnung – Zum Einfluss christlicher Werte auf die Soziale Marktwirtschaft, in: Hans Zehetmair (Hg.), Politik aus christlicher Verantwortung, Wiesbaden 2007, S. 110-124; Haselbach, Autoritärer Liberalismus, S. 142-147. Der Begriff des »Ordo« verweist freilich eher auf den ebenfalls großen Einfluss der katholischen Tradition auf den Ordoliberalismus: Franz Josef Stegmann/Peter Langhorst, Geschichte der sozialen Ideen im deutschen Katholizismus, in: Helga Grebing (Hg.), Geschichte der sozialen Ideen in Deutschland, Essen 2000, S. 599-866, hier S. 716-720; Hermann-Josef Große Kracht, »Nichts gegen die Soziale Marktwirtschaft, denn das ist verboten« (Konrad Adenauer). Sondierungen zur religiösen Tiefengrammatik des deutschen Wirtschafts- und Sozialmodells im Anschluss an Alfred Müller-Armack und Oswald von Nell-Breuning, in: ethik und gesellschaft (2010), S. 1-55.

21 Uwe Fuhrmann, Die Entstehung der »Sozialen Marktwirtschaft« 1948/49. Eine historische Dispositivanalyse, Konstanz 2017, S. 231-308.

22 Zur Vor- und Entstehungsgeschichte der Leitsätze: Hans-Peter Schwarz, Adenauer. Der Aufstieg, 1876-1952, Stuttgart 1986, S. 600-607.

23 Düsseldorfer Leitsätze vom 15.7.1949, S. 1.

hen 1950er-Jahren eher an Boden. Vor allem einige Schüler Euckens hielten die Fahne innerhalb des Faches hoch, doch auch in der Bundesrepublik orientierte sich der wissenschaftliche Mainstream, dem internationalen Trend folgend, zunehmend am neoklassischen und am keynesianischen Denken.[24] Der Einfluss der Ordoliberalen in der frühen Bundesrepublik verdankte sich vielmehr ihren Kontakten zu den führenden Politikern. Erhard und sein Staatssekretär Müller-Armack, selbst dem ordoliberalen Ansatz verpflichtet, förderten die Mitstreiter umfassend. Dementsprechend viele Ordoliberale fanden Aufnahme in den Wissenschaftlichen Beirat des Bundeswirtschaftsministeriums, von wo aus sie im Verbund mit der Ressortspitze der Wirtschafts- und Finanzpolitik ihren Stempel aufdrückten.

»Nachlassen der Antriebskräfte«: Ordoliberalismus und Steuerpolitik

Die großen Figuren des Ordoliberalismus haben sich nur selten explizit mit den öffentlichen Finanzen auseinandergesetzt. Im Zentrum des ordoliberalen Denkens stand der Staat als Rahmensetzer für das Wirtschaftssystem, deutlich seltener rückten etwaige produktive Funktionen des Staates für die Wirtschaft in den Fokus. Hinsichtlich des Umgangs mit den öffentlichen Finanzen dürfte sich der Ordoliberalismus nur begrenzt vom klassischen Liberalismus unterschieden haben. Wie dieser erkannte auch er eine gewisse Berechtigung der Steuererhebung an, um öffentliche Güter zur Verfügung zu stellen, aber je größer der Staatsanteil wurde, als umso schädlicher galt er. Ein klassisches Beispiel hierfür bietet das von Adenauer 1950 bei Röpke in Auftrag gegebene Gutachten zur Unterstützung von Erhards Wirtschaftspolitik. Röpke schreibt: »Man kann die Quote der staatlichen Beanspruchung nicht über einen bestimmten Prozentsatz des Nationalprodukts hinaustreiben, ohne dass Folgen entstehen, die das Ordnungs- und Antriebssystem der Marktwirtschaft in wachsendem Maße beeinträchtigen. [...] Es ist kaum zweifelhaft, daß auch in Deutschland dieser kritische

24 Alexander Nützenadel, Stunde der Ökonomen. Wissenschaft, Politik und Expertenkultur in der Bundesrepublik 1949-1974, Göttingen 2005, S. 43 f.

Punkt der öffentlichen Finanzwirtschaft längst erreicht und überschritten ist.«[25]

Am weitesten in die sozialliberale Richtung wiesen die Vorstellungen Alexander Rüstows, der gleiche Startbedingungen für alle postulierte und die Ungleichheit qua Geburt aufgrund der Vererbung von Besitz als feudal-plutokratische Tradition angriff. Seine Pläne für eine scharfe Erbschaftsbesteuerung[26] standen im Einklang mit den Vorstellungen vieler angloamerikanischer Liberaler, aber im stark konservativ geprägten deutschen Ordoliberalismus riefen sie Abwehr hervor. So kritisierten Röpke, Edith Eucken-Erdsiek und Hans Ilau seine Vorschläge massiv,[27] weshalb diese keine Resonanz zu erzeugen vermochten.[28]

Der bedeutendste dem Ordoliberalismus nahestehende Finanzwissenschaftler der frühen Bundesrepublik war Günter Schmölders.[29] Im Hausblatt der Ordoliberalen, *Ordo*, veröffentlichte er 1950 einen grundlegenden Aufsatz zum Zusammenhang von Steuersystem und Wettbewerbsordnung. Darin erklärte er, dass »die Art der Aufbringung öffentlicher Mittel durch die Besteuerung [...] das zentrale Problem der Wirtschaftsverfassung geworden«[30] sei. Die hohen Steuersätze in der Bundesrepublik führten aus seiner Sicht zu einem »steuerlich bedingte[n] Nachlassen der Antriebskräfte des erwerbswirtschaftlichen Handelns«.[31] Schmölders forderte deswegen eine umfassende Senkung der Steuersätze.[32]

Während bei den deutschen Ordoliberalen zumeist die Forde-

25 Ebd.
26 Rüstow. Kapitalismus, S. 52 f. Ähnlich wie John Stuart Mill war er aber skeptisch gegenüber einer progressiven Besteuerung von Einkommen und Vermögen: Alexander Rüstow, Grundsätze moderner Steuerpolitik, Köln 1958 (Vortrag am Deutschen Industrieinstitut am 14. 7. 1958).
27 Haselbach, Autoritärer Liberalismus, S. 335 f.
28 Beckert, Unverdientes Vermögen, S. 276.
29 Zu Schmölders siehe jetzt: Korinna Schönhärl, Steuerzahlverhalten quantifizieren. Die Entwicklung von Messmethoden und ihre politische Dimension am Beispiel von Günter Schmölders' Erfassung der Steuermoral, in: Jahrbuch für Wirtschaftsgeschichte 62 (2021), S. 473-503; Rüdiger Graf, Of Alcohol, Apes and Taxes. Günter Schmölders and the Reinvention of Economics in Behavorial Terms, in: Journal of the History of Economic Thought 43 (2021), S. 564-586.
30 Günter Schmölders, Steuersystem und Wettbewerbsordnung, in: Ordo 3 (1950), S. 135-171, hier S. 136.
31 Ebd., S. 145.
32 Ebd., S. 170.

rung nach einer Reduktion der Steuersätze im Mittelpunkt stand, war die Kritik der angelsächsischen Neoliberalen und der österreichischen Schule der Nationalökonomie häufig schärfer und grundlegender.[33] Sie richtete sich ganz prinzipiell gegen die Idee der progressiven Besteuerung. Friedrich August Hayek schrieb zu Beginn der 1950er-Jahre, »daß das ganze Prinzip der Steuerprogression, seinem Wesen nach, verderblich ist, ein Irrtum, der aus verschiedenen Gründen fast unvermeidlich zur Zerstörung des marktwirtschaftlichen Systems führt«.[34] Einen Beweis für diese apodiktische Behauptung musste er schuldig bleiben, da es noch nirgends zu einer Zerstörung einer Marktwirtschaft durch progressive Steuern gekommen war. Deswegen beschränkte sich Hayek ansonsten darauf zu behaupten, dass das Prinzip moralisch falsch sei, weil damit die Mehrheit einer Minderheit hohe Steuersätze auferlege und damit den Anreiz, Unternehmer werden zu wollen, zerstören könne. Er kritisierte, dass hohe Einkommensteuern den Aufstieg findiger Unternehmer zu Reichtum verhinderten und so der ererbte Reichtum auf lange Sicht an der Spitze der Vermögenspyramide verbleiben würde. Im Gegensatz zu klassischen Liberalen wie John Stuart Mill verstand Hayek dies aber nicht als Plädoyer für höhere Vermögen-

33 Als Beispiel kann Frank Chodorov genannt werden, ein libertärer Vertreter der Alt-Right-Bewegung, der nicht nur die progressive Besteuerung, sondern die Einkommensteuer insgesamt für die Wurzel alles Bösen hielt und eine Revolution gegen diese forderte. Falls diese ausbliebe, würde sich die USA wahlweise Nazi-Deutschland oder dem kommunistischen Russland angleichen: Frank Chodorov, The Income Tax. Root of all Evil, New York 1954. Das Buch wurde vom US-amerikanischen Mises Institute mehrfach wiederaufgelegt, zuletzt 2019. Das Vorwort hatte der Gouverneur von Utah, J. Bracken Lee, verfasst, der ebenfalls ein scharfer Gegner der Einkommensbesteuerung war. 1955 kündigte er an, den Teil seiner Einkommensteuer zurückzuhalten, den die Zentralregierung für auswärtige Hilfe ausgab: Huret, American Tax Resisters, S. 193-196. Siehe auch: Isaac William Martin, Rich People's Movements. Grassroots Campaigns to Untax the One Percent, New York 2013, S. 104-109.

34 Friedrich August Hayek, Die Ungerechtigkeit der Steuerprogression, in: Schweizer Monatshefte 32 (1952/1953) 8, S. 508-517, hier S. 508. Der Finanzwissenschaftler Kurt Schmidt kam 1957 in einem Beitrag für *Ordo* zu einer ähnlichen Einschätzung wie Hayek und betonte, dass »von einer (hohen) Progressivbesteuerung tatsächlich Wirkungen ausgehen, die […] eine Transformation der Marktwirtschaft herbeizuführen vermögen«, und zwar in »eine zentralverwaltungswirtschaftliche Ordnung«: Kurt Schmidt, Zur ordnungspolitischen Problematik der Progressivbesteuerung, in: Ordo 9 (1957), S. 217-229, hier S. 228 f.

steuern, sondern als eines für die Abschaffung progressiver Steuern, auch weil für ihn soziale Ungleichheit eine zentrale Antriebsfeder der Marktwirtschaft darstellte. Darum hielt er, anders als Röpke, der in seinem Gutachten eine Korrektur der Einkommensverteilung durch das Steuersystem für begründbar hielt,[35] einen solchen Eingriff für grundsätzlich falsch.

Der Ordoliberalismus erlangte in der frühen Nachkriegszeit vor allem im Zuge des politischen Aufstiegs Ludwig Erhards erheblichen Einfluss. Doch inwieweit prägten ordoliberale Ideen die konkrete Steuerpolitik in der Bundesrepublik? Gab es so etwas wie eine ordoliberale Gouvernementalität, die in der konkreten Politik sichtbar wurde? Oder begab sich der junge Staat in der Steuerpolitik auf einen langen Weg nach Westen, kam es zu einer Amerikanisierung, die mit der Übernahme des dort vorherrschenden Konsensliberalismus verbunden war? Zuletzt muss auch ein christdemokratisches Ideenbild als mögliche prägende Kraft im Feld der öffentlichen Finanzen in Betracht gezogen werden, was auf Ähnlichkeiten mit christdemokratischen Nachbarländern verweisen würde.

35 Auch Eucken hatte sich mehrfach positiv zur Steuerprogression und einer mäßigen Einkommensumverteilung geäußert: Lüder Gerken/Andreas Renner, Die ordnungspolitische Konzeption Walter Euckens, in: Gerken (Hg.), Eucken, S. 1-47, hier S. 20.

Kapitel 17

Spitzensatzsenkung und eine Politik der »geschlossenen Hand«: Fritz Schäffer (1949-1957)

Am Anfang war die Unsicherheit: Als die Bundesrepublik Deutschland das Licht der Welt erblickte, war ihre politische und wirtschaftliche Zukunft schwer vorhersehbar, und für viele ihrer Bewohner*innen wirkte die Zukunft bedrohlich. Deutschland war 1949 noch kein Subjekt der internationalen Politik, sondern in vielen Fragen ein Objekt der Debatten.[1] Der heraufziehende Ost-West-Konflikt hatte sich in Deutschland mit der Berlin-Blockade vom Juni 1948 bis Mai 1949 erstmals in aller Deutlichkeit manifestiert und die drei westlichen Besatzungszonen stärker als zuvor an die Westalliierten gebunden. Wie die Einbindung in ein westliches Bündnissystem genau aussehen könnte, war aber noch weitgehend ungeklärt, und insbesondere in der SPD gab es viele Stimmen, die eine Westbindung um den Preis der staatlichen Teilung ablehnten. Doch auch in der CDU vertrat etwa Jakob Kaiser die Idee der Aussöhnung zwischen Ost und West. Innenpolitisch konnte der neue Staat ebenfalls nicht souverän agieren, das Besatzungsstatut von 1949 unterwarf das Handeln der Bundesregierung in zentralen Politikbereichen der Kontrolle durch die Alliierte Hohe Kommission (AHK). Eckart Conze nannte die Bundesrepublik im Jahr 1949 deswegen »eine Art Protektorat mit halbkolonialem Status«.[2]

Auch die soziale und wirtschaftliche Situation war 1949 alles andere als rosig. 9,4 Millionen Flüchtlinge und Vertriebene, 3,4 Millionen Kriegssachgeschädigte und 1,5 bis 2 Millionen Kriegsbeschädigte verlangten in unterschiedlichem Maße nach Ausgleich, Unterbringung und Arbeitsplätzen. Viele von ihnen lebten in großer Armut. Es fehlte in der bombengeschädigten Bundesrepublik an ausreichendem Wohnraum. Zudem hatte die Umstellung auf die D-Mark dazu geführt, dass wenig produktive Stellen von Unternehmern nun nicht mehr weiter finanziert wurden, wodurch die

1 Eckart Conze, Die Suche nach Sicherheit. Eine Geschichte der Bundesrepublik Deutschland von 1949 bis in die Gegenwart, München 2009, S. 48.

2 Ebd., S. 54.

Arbeitslosenzahl von 400 000 (Mitte 1948) auf über zwei Millionen (Februar 1950) anstieg.

Hinzu kam ein hohes Außenhandelsdefizit, denn den dringend benötigten Einfuhren von Lebensmitteln und Rohstoffen standen nur deutlich geringere Exporte gegenüber.[3] Dieses Defizit stieg auch dadurch weiter an, dass die Bundesrepublik im Herbst 1949 den von den Alliierten festgelegten Dollarkurs von 1 Dollar zu 3,30 DM deutlich auf 1 Dollar zu 4,20 DM abwertete. Das sollte unter anderem den deutschen Export fördern, erhöhte aber vorerst die Verschuldung, weil sich die aktuell noch dominierenden Einfuhren verteuerten.[4] Damit begann eine Politik der tendenziellen Unterbewertung der eigenen Währung, an der die Bundesregierung lange festhielt, auch weil man »die Ausfuhr wie in Zeiten des Merkantilismus als nationale Tat feierte«.[5] Gleichzeitig war die Bundesrepublik durch die Kriegsverluste ein kapitalarmes Land. Zwar stand durch den Aufbau neuer industrieller Kapazitäten in der Aufrüstungsphase und während des Krieges ein modernisierter Produktionsapparat zur Verfügung, der durch Kriegsschäden und Demontagen nur in begrenzten Umfang betroffen war, aber für die Umstellung auf die zivile Produktion und deren Ingangsetzung brauchte es doch Investitionen.

Durch die Abtrennung von der sowjetischen Zone und die sich verfestigende Trennung von Ost und West hatten sich auch die wirtschaftlichen und damit zugleich die politischen Gewichte verschoben. In der bundesrepublikanischen Politik verfügten die ehemaligen ostdeutschen Junker, die bis dato in der deutschen Politik eine bedeutende Rolle gespielt hatten, kaum noch über Einfluss. Die Abtrennung der ostdeutschen Agrargebiete stärkte daher den Einfluss der Industrie; die Bundesrepublik war von Beginn an in noch viel stärkerem Maße ein Industrieland, als es das Deutsche Reich in der Weimarer Zeit bereits gewesen war. Die Abtrennung vom osteuropäischen und südosteuropäischen Markt forcierte eine stärkere Konzentration auf westeuropäische und nordameri-

3 Abelshauser, Deutsche Wirtschaftsgeschichte, S. 84-89.

4 Allerdings werteten auch andere europäische Länder zu diesem Zeitpunkt ihre Währung gegenüber dem Dollar ab, was den erhofften Effekt in den meisten Ländern zumindest stark abschwächte: Muscheid, Steuerpolitik, S. 35 f.

5 Knut Borchardt, Die Bundesrepublik Deutschland, in: Gustav Stolper (Hg.), Deutsche Wirtschaft seit 1870, Tübingen 1966, S. 253-333, hier S. 309.

kanische Märkte. Damit musste ein wichtiges Ziel der deutschen Wirtschafts- und Finanzpolitik sein, konkurrenzfähige Exportprodukte für diese Märkte zur Finanzierung der deutschen Importe zu schaffen. Begünstigt wurde dies dadurch, dass die traditionell für eine Hochzollpolitik plädierenden Großagrarier an Einfluss verloren hatten und die Förderung der Landwirtschaft Mitte der 1950er-Jahre von einer Schutzzoll- auf eine Subventionspolitik umgestellt werden konnte.[6] Dies ermöglichte es Deutschland und insbesondere Ludwig Erhard, sich für eine Politik des Zollabbaus starkzumachen, die für die deutsche Exportwirtschaft vorteilhaft war.

Der zukünftige Finanzminister stand angesichts der wirtschaftlichen und sozialpolitischen Probleme vor großen Aufgaben. Er musste erhebliche Mittel für den Wiederaufbau und die Besatzungskosten aufbringen, ohne die kapitalarme deutsche Exportwirtschaft durch eine hohe Steuerlast zu schwächen. Gleichzeitig fiel eine Finanzierung des Wiederaufbaus durch Staatsverschuldung als Möglichkeit weitgehend aus, weil die Alliierten eine Schuldenpolitik ablehnten und weil diese in der deutschen Bevölkerung Ängste vor einer erneuten Nachkriegsinflation hätte wecken können. Bevor es aber zum politischen Streit der Parteien darüber kommen konnte, mit welchem finanzpolitischen Konzept diese Probleme angegangen werden sollten, mussten sich die deutschen Parteien mit den Alliierten über die grundsätzlichen Rahmenbedingungen für die künftige Finanzpolitik einigen. Dies geschah im Zuge der Verhandlungen über das Grundgesetz.

Die Verhandlungen um die Finanzverfassung im Grundgesetz

Finanzfragen spielten auf dem Weg zur Verabschiedung des Grundgesetzes eine zentrale Rolle. Im Mittelpunkt stand dabei die Frage nach den Rechten der verschiedenen staatlichen Ebenen bei der Einnahmeerzielung. Für Theodor Eschenburg stellte dies das »umstrittenste Problem«[7] der Verhandlungen über das Grundgesetz

6 Zoltán Jákli, Vom Marshallplan zum Kohlepfennig. Grundrisse der Subventionspolitik in der Bundesrepublik Deutschland 1948-1982, Opladen 1990, S. 79-95.

7 Theodor Eschenburg, Jahre der Besatzung 1945-1949, Wiesbaden 1983, S. 497.

überhaupt dar. Unter den deutschen Parteien favorisierten CDU und CSU eine föderale Lösung mit weitgehender Finanzhoheit der Länder, während SPD und FDP für eine zentralistische Lösung mit entsprechend umfassender Zuständigkeit des Bundes eintraten.[8] Beim Ringen um eine Lösung profitierte die CDU/CSU davon, dass von Beginn an relativ klar war, dass die Alliierten zur föderalistischen Lösung tendierten.

Nach langem Ringen fand eine Kompromisslösung den Weg ins Grundgesetz. Dessen Bedeutung für die Finanzpolitik der Bundesrepublik Deutschland ist kaum zu überschätzen. Die im Grundgesetz fixierte Finanzverfassung war zentralistischer als die des Kaiserreichs, jedoch föderalistischer als die der Weimarer Republik. Im Gegensatz zur Weimarer Verfassung formulierte das bundesdeutsche Finanzverfassungsrecht keine bzw. so gut wie keine wirtschaftlichen oder sozialen Zielvorstellungen. Gerade im Finanzabschnitt (§ 105-115 GG) beließ man es weitgehend bei formalen Bestimmungen, die offenließen, wie Steuergerechtigkeit juristisch auszulegen wäre. Beim Finanzverfassungsrecht handelte es sich »ausschließlich um Normen des formellen Verfassungsrechts«.[9] Immerhin war das Grundgesetz die erste deutsche Verfassung, die überhaupt einen gesonderten Finanzabschnitt aufwies.[10] Im Zentrum standen dabei in erster Linie Steuer- und in zweiter Linie Haushaltsfragen.[11]

§ 105 legte fest, dass der Bund die alleinige Gesetzgebung über Zölle und Finanzmonopole und eine konkurrierende Gesetzgebung über die meisten Steuern besaß. Alle Bundesgesetze über Steuern, an deren Aufkommen Bund und Länder beteiligt waren, bedurften jedoch der Zustimmung durch den Bundesrat. § 106 hielt fest, dass vor allem Zölle sowie Verbrauch- und Umsatzsteuern dem Bund zufließen sollten. Die Einkommen- und Vermögensteuern sollten dagegen vor allem an die Länder gehen, der Bund konnte allerdings einen Anteil an diesen einfordern. Des Weiteren wurde hier relativ

Ähnlich: Michael F. Feldkamp, Der Parlamentarische Rat 1948-1949. Die Entstehung des Grundgesetzes, Göttingen 2019 (überarbeitete Neuausgabe), S. 95.

8 Ebd, S. 94.

9 Klaus Vogel/Christian Waldhoff, Grundlagen des Finanzverfassungsrechts. Sonderausgabe des Bonner Kommentars zum Grundgesetz (Vorbemerkungen zu Art. 104a bis 115 GG), Heidelberg 1999, S. 1.

10 Ebd., S. 5.

11 Paul Kirchhof, Besteuerungsgewalt und Grundgesetz, Frankfurt am Main 1973.

vage die mögliche Notwendigkeit eines Länderfinanzausgleichs erwähnt.

Im Grundgesetz entkoppelte man, auch aufgrund der alliierten Vorgaben, die Hoheit über die Steuergesetzgebung von der über den Steuerertrag wie auch über die Steuerverwaltung. Dabei fielen alle Einkommen- und Vermögensteuern in die Länderverwaltung. Die Länder kamen dadurch in den Besitz zentraler statistischer Daten, die sie nicht mit dem Bund teilen mussten. Dementsprechend lagen die wichtigsten Statistiken zur Einkommens- und Vermögenlage jeweils nur in den Ländern vor, während der Bund selbst keine exakten Statistiken zum privaten Reichtum in Deutschland in der Hand hatte. Die Verfolgung von Steuerhinterziehung fiel ebenfalls weitgehend in die Zuständigkeit der Länder, die sich dieser Aufgabe in höchst unterschiedlichem Maße widmeten und die Steuerfahndung entsprechend personell sehr unterschiedlich ausstatteten. An beiden Punkten, dem mangelnden Überblick des Bundes und der uneinheitlichen Vorgehensweise, übte insbesondere die SPD scharfe Kritik; ihre Anläufe, hier eine Änderung herbeizuführen, scheiterten jedoch immer am Widerstand der Länder.

Während die Steuerverwaltung bei vielen wichtigen Steuern in Länderhoheit überging, lag die Steuergesetzgebungshoheit weitgehend beim Bund. Diese Beschränkung der Länderautonomie war nicht zuletzt dadurch mitbegründet, dass mit § 72 GG der »Wahrung der Einheitlichkeit der Lebensverhältnisse« im Bundesgebiet anders als in anderen föderal verfassten Staaten Verfassungsrang zukam. Von hier ausgehend entwickelte sich zunehmend das Verständnis, dass auch die Steuerbelastung im Bundesgebiet einheitlich zu sein habe. Dadurch ist dem Steuerwettbewerb zwischen den Ländern weitgehend ein Riegel vorgeschoben; anders als etwa in der Schweiz oder in den USA konnten sich in der Bundesrepublik keine regionalen Steueroasen entwickeln.[12]

12 Christian Waldhoff, Verfassungsrechtliche Vorgaben für die Steuergesetzgebung im Vergleich Deutschland – Schweiz, München 1997; Renzsch, Finanzverfassung und Finanzausgleich, S. 12 und 61. Höpker-Aschoff hatte seine Ablehnung von unterschiedlichen Steuersätzen vor allem damit begründet, dass es ansonsten zu unerwünschten Industrieverlagerungen kommen könnte. Die einzige größere Variationsmöglichkeit ergibt sich demnach bei der kommunalen Gewerbesteuer, die einen gewissen Steuerwettbewerb ermöglicht, aber nicht zur Bildung umfassender Steueroasen führt.

Die Parteiprogramme zur ersten Bundestagswahl 1949

Die zentralen hier interessierenden Streitpunkte zwischen den Parteien im Vorfeld der Bundestagswahl 1949 lagen nicht im Feld der Finanz-, sondern dem der Wirtschaftspolitik.[13] Es ging dabei vor allem um die Frage, wie stark in dieser die Planelemente sein und ob Industrien verstaatlicht werden sollten – und wenn ja, welche. In der CDU, wo zunächst die Vertreter der katholischen Soziallehre die Diskussion dominiert hatten, verschob sich die Programmatik mit den im Juli 1949 formulierten Düsseldorfer Leitsätzen deutlich in die wirtschaftsliberale Richtung. Dennoch blieben der Arbeitnehmer- und der kirchliche Flügel in der CDU zumindest so stark, dass das Ahlener Programm von 1947 offiziell in Kraft blieb und das neue sozialpolitische Programm auch Elemente der katholischen Soziallehre umfasste.[14] In ähnlichen Bahnen und ähnlicher Konstellation verlief die Diskussion auch innerhalb der CSU.[15] Die FDP unterstützte Erhards ordoliberale Politik, die nichts von Verstaatlichung hielt und staatliche Planelemente auf ein Minimum beschränken wollte.

Die SPD unter Kurt Schumacher berief sich ausdrücklich auf Karl Marx und gab als Ziel die Errichtung einer sozialistischen Wirtschaftsverfassung aus. Sie propagierte eine demokratisch legitimierte staatliche Wirtschaftsplanung und die Verstaatlichung zumindest der Grundstoffindustrien. Im Grundsatzreferat von Viktor Agartz zur sozialistischen Wirtschaftspolitik auf dem ersten SPD-Parteitag 1946 hieß es: »Über den Umfang, über die Richtung und über die Verteilung der Produktion darf zukünftig nur noch der demokratische Rechtsstaat entscheiden. An die Stelle privatkapitalistischen Gewinnstrebens hat die staatliche Planung zu treten

13 Annette Koch-Wegener, Der Bundestagswahlkampf 1949 von CDU und SPD im Zeichen der Sozialen Marktwirtschaft, in: Nikolaus Jackob (Hg.), Wahlkämpfe in Deutschland. Fallstudien zur Wahlkampfkommunikation 1912-2005, Wiesbaden 2007, S. 97-111. Daneben spielten konfessionelle Fragen eine große Rolle: Thomas Mergel, Propaganda nach Hitler. Eine Kulturgeschichte des Wahlkampfs, Göttingen 2010, S. 310-315. Ich konzentriere mich im Folgenden auf die Positionen der CDU/CSU, der SPD sowie der FDP. Die Vorstellungen der anderen im Bundestag vertretenen Parteien kamen langfristig nicht zum Tragen.

14 Udo Wengst, Die CDU/CSU im Bundestagswahlkampf 1949, in: Vierteljahrshefte für Zeitgeschichte 34 (1986), S. 1-52.

15 Alf Mintzel, Die CSU. Anatomie einer konservativen Partei 1945-1972, Opladen 1975, S. 202.

als Hauptregulator der neu zu errichtenden Wirtschaft.«[16] Gleichzeitig waren die Sozialdemokraten aber entschiedene Befürworter des Welthandels, vor allem aus der Erfahrung heraus, dass der Zollprotektionismus der späten Weimarer Krisenjahre einen drastischen Anstieg der Lebensmittelpreise bewirkt hatte.[17]

Für alle drei Parteien spielte die Steuer- und Finanzpolitik gegenüber diesen wirtschaftspolitischen Grundsatzfragen bis zur Gründung der Bundesrepublik eine untergeordnete Rolle. In der SPD kam es auf den Parteitagen bis 1949 zu keinerlei Diskussion über diese Fragen, und auch der Wahlaufruf 1949 nahm keinen Bezug auf das Thema. Ähnlich sah es im Ahlener Programm der CDU von 1947 aus. Dagegen enthielten die Düsseldorfer Leitsätze, in denen die Partei 1949 ihr wirtschafts- und sozialpolitisches Programm für die anstehende Wahl vorstellte, eine kurze, aber klare Positionierung: »Wir fordern eine umfassende Steuerreform insbesondere durch Abbau der geltenden Steuertarife in allen Stufen und durch Vereinfachung des gesamten Steuerwesens.«[18] Während die beiden großen Sammlungsparteien sich in ihrer Parteiprogrammatik und in den Aufrufen zum Bundestagswahlkampf kaum mit der Steuerpolitik beschäftigten, war dies bei der FDP deutlich anders. Im Programm für die Bundestagswahl, das im Juni 1949 auf dem 2. Parteitag in Bremen verabschiedet wurde, finden sich umfangreiche und detaillierte Forderungen für die künftige Steuerpolitik. Einleitend hieß es im »Bremer Aufruf«: »Das heutige Steuersystem ist trotz allen, von uns in ihrer Bedeutung anerkannten Veränderungen des letzten Jahres immer noch nicht geeignet, unsere politischen und wirtschaftspolitischen Zielsetzungen zu unterstützen. Es macht den Wert der Arbeit und des Ertrages fragwürdig und verhindert so Mehrleistung und Produktionssteigerung.«[19] Ähnlich wie die Ordoliberalen beschränkte sich die FDP nicht auf die zentrale Forderung nach einer Steuersenkung, sondern verlangte eine konjunkturorientierte Steuerpolitik.

16 Viktor Agartz, Sozialistische Wirtschaftspolitik, in: SPD-Parteitag vom 9. bis 11.5.1946 in Hannover, S. 61f.

17 Ebd., S. 73.

18 Düsseldorfer Leitsätze vom 15.7.1949, Punkt 12.

19 Bremer Plattform der FDP vom 11./12.6.1949, Beschluss Nr. 13 zur Steuerreform. ⟨https://www.freiheit.org/sites/default/files/uploads/2017/03/03/1949bremerplattform.pdf⟩ (Zugriff: 10.12.2021).

Die Bundestagswahl 1949 machte die CDU/CSU mit 31,2 Prozent der Stimmen zur stärksten Kraft, gefolgt von der SPD mit 29,2, der FDP mit 11,9, der KPD mit 5,7, der Bayernpartei mit 4,2 und der DP mit 4 Prozent. Adenauer formte, gegen Widerstände auch in der eigenen Partei, eine bürgerliche Koalitionsregierung mit der FDP und der DP als Partner. Die beiden wichtigsten Kabinettsposten für die Wirtschafts- und Finanzpolitik besetzte die Fraktionsgemeinschaft von CDU/CSU mit Fritz Schäffer (CSU) als Finanzminister und Ludwig Erhard (parteilos, aber für die CDU) als Wirtschaftsminister selbst.

Die Regierungserklärung und die Positionierung von Finanzminister Schäffer

Die schwierige Wirtschaftslage bestimmte in erheblichem Maße die Sicht auf die Aufgaben, die den öffentlichen Finanzen in der frisch gegründeten Bundesrepublik zugeschrieben wurden. Auch wenn die Nationalsozialisten 1933/34 kurzfristig Steuern für wirtschaftspolitische Ziele eingesetzt hatten, war die deutsche Steuerpolitik bis 1945 doch weitgehend fiskalisch gedacht und geprägt gewesen. Dies änderte sich nach 1949 grundlegend. Zwar waren fiskalische Erwägungen nach wie vor von Bedeutung, doch wurden daneben bei steuerpolitischen Entscheidungen nun häufiger wirtschaftspolitische Argumente angeführt. Bereits die erste Regierungserklärung Adenauers im September 1949 wies hier den Weg: »Die Finanzpolitik muß einen Teil der allgemeinen Staatspolitik, insbesondere der Wirtschaftspolitik bilden. Die Förderung der Kapitalbildung, und zwar sowohl der Bildung von Sparkapital wie von Betriebskapital, wird unser vordringlichstes Ziel sein. […] Eine verstärkte Kapitalbildung hängt von der Erfüllung zweier Voraussetzungen ab: von einer Herabsetzung der Steuertarife und der Wiedergewinnung des Vertrauens der Sparer.«[20] Adenauer schloss sich damit den vielen Stimmen an, die die Kapitalarmut in Deutschland als bedeutendstes Hindernis für den Wirtschaftsaufschwung betrachteten und in diesem Zusammenhang die alliierte Steuerpolitik als äußerst hinderlich kritisierten.

20 Regierungserklärung, in: BT-Plenarprotokoll 1/5 vom 20.9.1949, S. 25.

Adenauer machte sich damit die Argumente vieler Finanzwissenschaftler zu eigen, die davon ausgingen, dass die hohen Einkommensteuersätze ineffizientes Verhalten in der Wirtschaft förderten, weil aus Angst vor den hohen Steuern mehr investiert würde, als wirtschaftlich geboten war. Die wirtschaftspolitische Zielsetzung war klar: Man wollte Kapitalbildung, Investitionen und Sparen fördern, während der Konsum möglichst auf das Notwendigste beschränkt bleiben sollte. Der Aufschwung sollte also nicht durch eine keynesianische Nachfragestimulierung erreicht werden, sondern durch die von den Ordoliberalen gepredigte Enthaltsamkeit und Sparsamkeit, die als einzig gangbarer Weg zur Überwindung der Kapitalarmut angesehen wurde. Die Politik zielte auf die Etablierung eines Export-Spar-Systems.[21] Hinsichtlich wirtschaftlicher Gefahren ging Adenauer in der Regierungserklärung von einer zweiseitigen Bedrohung aus und skizzierte gleichzeitig ein Mittel zur Lösung: »Die Gefahren einer Deflation sind ebenso groß wie die einer Inflation. Im jetzigen Stadium ist eine aktive Konjunkturpolitik nötig.«[22]

Der erste Finanzminister der Bundesrepublik, Fritz Schäffer, war ein katholischer Konservativer. Als Bayer war er an sich ein entschiedener Vertreter des Föderalismus. Von den Interessengruppen stand er außer der Kirche vor allem dem Handwerk und der Bauernschaft nahe, während er sich gegenüber der Großindustrie mitunter skeptisch äußerte. Schäffer teilte die in der Regierungserklärung skizzierte wirtschaftspolitische Zielsetzung für die Finanzpolitik. Bei der Einbringung des Gesetzes betreffs der angekündigten Einkommensteuertarifsenkung im Bundestag betonte er, dass dieses »das Ziel habe, den Sparwillen und die Kapitalbildung der deutschen Volkswirtschaft zu stärken«.[23] Ebenso gehe es darum, »die Investitionstätigkeit zu fördern und damit die Wettbewerbsfähigkeit der deutschen Volkswirtschaft zu stärken«.[24]

Während Adenauer die Gefahren von Deflation und Inflation

21 Ähnlich: Daniel Mertens, Erst sparen, dann kaufen? Privatverschuldung in Deutschland, Frankfurt am Main 2015, insb. S. 135-141; Lukas Haffert, War Mobilization or War Destruction? The Unequal Rise of Progressive Taxation Revisited, in: Review of International Organisations 14 (2019) 1, S. 59-82

22 Regierungserklärung, in: BT-Plenarprotokoll 1/5 vom 20. 9. 1949, S. 26.

23 Rede Fritz Schäffer vom 11. 1. 1950, BMF (Hg.), Haushaltsreden. Die Ära Schäffer 1949-1957. Dokumente, Hintergründe, Erläuterungen, Bonn 1992, S. 55-75, hier S. 55.

24 Rede Fritz Schäffer vom 9. 11. 1950, in: ebd., S. 80-112, hier S. 102.

als gleichrangig betrachtet hatte, stand bei Schäffer die anti-inflationäre Politik deutlich im Vordergrund. Dabei mobilisierte er auch christliche Vorstellungen und scheute nicht das moralische Urteil, wenn er etwa die Inflation als eine »Sünde« und »Verbrechen an der Zukunft«[25] bezeichnete. Seine Kabinettskollegen versuchte er auf diese Politik zu verpflichten: »Die Bundesregierung ist aufgerufen, den Damm gegen jede inflatorische Politik zu bilden.«[26] Sich selbst inszenierte er als zu allem entschlossenen Streiter und teilte etwa dem *Spiegel* auf die Frage nach einer möglichen Inflation mit: »Nur über meine Leiche.«[27]

Bei Schäffer nahm die Inflationsangst zum Teil doktrinäre Ausmaße an. Er hielt eisern daran fest, dass der Haushaltsausgleich jährlich zu geschehen habe, weil jeder defizitäre Haushalt der Inflation Vorschub leiste. Dementsprechend blieb er stets skeptisch gegenüber der Idee, die öffentlichen Finanzen als Mittel der Konjunkturpolitik einzusetzen, weitergehende keynesianische Vorstellungen eines *deficit spending* lehnte er vehement ab.[28] Schäffer bekannte sich also zwar zur wirtschaftspolitischen Ausrichtung der Finanzpolitik und trug die entsprechenden Ziele der Regierungserklärung mit, blieb aber doch letztlich ein klassischer Fiskalist. Wenn es hart auf hart kam, dann stand für ihn der Haushaltsausgleich an erster Stelle. Als solcher betrieb er, wie *DIE ZEIT* es auf den Punkt brachte, eine »Politik der geschlossenen Hand«[29].

Die Steuersenkung 1950

Während Schäffers ersten Dienstmonaten stand der Versuch im Vordergrund, die in der Regierungserklärung angekündigten Satzreduzierungen in eine Form zu bringen, die die Alliierten nicht blockieren würden. Um der alliierten Blockadehaltung argumentativ etwas entgegensetzen zu können, hatte man im Finanzministerium intensiv die britischen und US-amerikanischen Steuersätze studiert. Das Ergebnis war eindeutig: Das deutsche System war 1949 das am

25 Ebd., S. 104.
26 Ebd., S. 81.
27 Spiegel Nr. 13 vom 26.3.1952, S. 9-14, hier S. 14.
28 Rede Schäffer vom 22.1.1954, S. 233 f.
29 Artikelüberschrift in: ZEIT vom 2.4.1953

schärfsten zugreifende Steuermodell in der Welt, weil hohe Progressionssätze bei viel niedrigeren Einkommensstufen einsetzten. Der Clou des deutschen Vorgehens war es nun, eine Reduktion auf jene Sätze zu fordern, die denen des britischen Systems entsprachen, welches zu dem Zeitpunkt das zweitschärfste Einkommensteuermodell der Welt war.[30] Dies bedeutete für die unteren Einkommensstufen eine Reduktion, die in etwa den geforderten Sätzen vom Juni 1948 entsprachen. Für den mittleren und den unteren Teil der oberen Einkommen fiel die Entlastung dagegen nun höher aus als 1948 anvisiert, weil das britische System sich hier als nicht so progressiv herausgestellt hatte, wie deutsche Stellen es lange eingeschätzt hatten. Der Wermutstropfen aus Sicht der deutschen Regierung war, dass bei dieser Vorgehensweise der Spitzensteuersatz für die absoluten Topverdiener nicht gesenkt werden konnte, weil dieser in Großbritannien bei 95 Prozent lag.

Trotz dieses taktischen Geschicks legte die Alliierte Hohe Kommission im April 1950 ein Veto gegen das Gesetz ein. Aufgrund des von deutscher Seite gut belegten Vergleichs konnte man nun aber nicht mehr behaupten, dass die geplanten Änderungen den progressiven Ansatz des deutschen Steuersystems insgesamt zu stark verwässern würden. Die Alliierten argumentierten stattdessen, dass die Absenkungen zu Steuerverlusten und einem Haushaltsdefizit führen würden, in welchem Falle die Alliierten mit Krediten einspringen müssten, wozu sie aber nicht bereit waren.[31] In Deutschland sorgte diese Intervention für einen Aufschrei von Politik, Wirtschaft und Presse.[32]

Doch die drohende Krise konnte schnell dadurch beigelegt werden, dass Finanzminister Fritz Schäffer anbot, die Steuerverluste durch die Einführung von Luxussteuern zu minimieren.[33] Tags zu-

30 Dies wurde im ins Parlament eingebrachten Gesetzentwurf auch klar als Begründung für die Satzhöhen so formuliert: Bundestagsdrucksache 1/307, S. 12.

31 Schreiben der Alliierten Hohen Kommission vom 20.4.1950, in: BAK, B 126/11676, Mappe 4, Bl. 59. In einem Vorabgespräch hatten Vertreter der Hohen Kommission allerdings bereits im November 1948 angedeutet, dass Steuerreduzierungen in ihren Heimatländern nicht vermittelbar wären, in: ebd., Mappe 1, Bl. 47 f.

32 Beispielhaft: Schreiben von Fritz Berg (BDI) an Adenauer vom 26.4.1950, in: BAK, B 136/602, Bl. 191.

33 Denkschrift des Bundesministers der Finanzen an die Alliierte Hohe Kommission vom 25.4.1950, in: BAK, B 126/11676, Mappe 4, Bl. 85.

vor hatte Adenauer nach Rücksprachen mit den Alliierten und dem CDU-Fraktionsvorstand dem Minister diese Linie vorgeschlagen.[34] Da den drei Westalliierten zu diesem Zeitpunkt nicht an einer Ausweitung der Krise gelegen war und Luxussteuern in den beiden angloamerikanischen Steuersystemen eine wichtige Rolle spielten, gaben sie nun ihr Veto auf und genehmigten die Satzabsenkungen.[35] Damit war der deutschen Regierung ein erster umfassender Durchbruch gelungen, und die Steuersätze fielen sogar unter die im Juni 1948 vorgesehenen Sätze. Die Belastung der Spitzeneinkommen bei der Einkommensteuer blieb zwar immer noch relativ hoch, konnte aber durch Sonder- und Steuervergünstigungen, die vor allem dem obersten Zehntel der Einkommensbezieher zugutekamen, reduziert werden.

Grafik 91

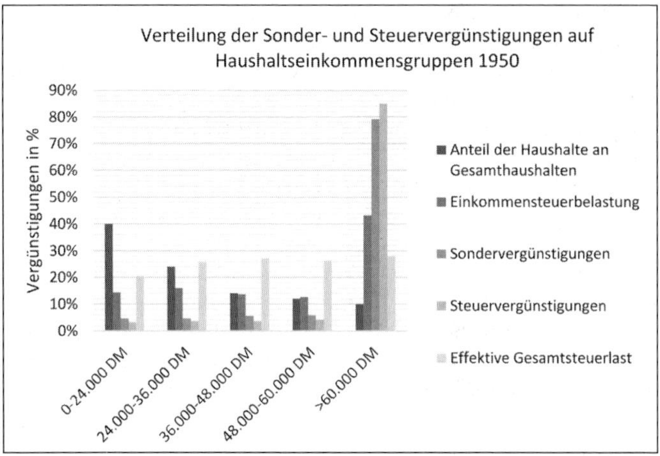

Quelle: Karl W. Roskamp, Capital Formation in West Germany, Detroit 1965, S. 213

34 Brief Adenauer an Schäffer vom 24.4.1950, in: BAK, N 1168/38, Bl. 4.
35 Schreiben der Alliierten Hohen Kommission vom 28.4.1950, in: BAK, B 126/11676, Mappe 4, Bl. 80.

Die hohe Belastung mit regressiven Umsatz- und Verbrauchsteuern bei abnehmender Einkommensteuerbelastung dürfte dazu geführt haben, dass der Progressionscharakter des Steuersystems gegenüber der Besatzungszeit abnahm. Ganz verloren ging er freilich nicht. Während die Unterschicht (hier die unteren zwei Fünftel der Haushalte gemessen am Einkommen) eine effektive Gesamtsteuerlast von knapp über zwanzig Prozent trug, lag die durchschnittliche Belastung bei der Mittel- und Oberschicht zwischen 25,7 und 27,9 Prozent, wobei die Unterschiede zwischen dem obersten Zehntel und der Mittelschicht aber sehr gering ausfielen und sich im mittleren Einkommensbereich teils sogar regressive Effekte zeigten.

Das den Alliierten gemachte Zugeständnis blieb gegenüber den Satzsenkungen von geringer Bedeutung. Adenauer setzte sich zwar für die in den Vorgesprächen mit den Alliierten formulierte Idee ein, doch die Mehrheit des CDU-Fraktionsvorstands sprach sich anders aus.[36] Die Bundesregierung belegte deswegen letztlich nur einige wenige Güter mit Luxussteuern, zudem waren deren Sätze so gering, dass nicht ansatzweise Einnahmen in Höhe der vorgenommenen Steuerreduktion erzielt wurden.[37]

Keine große Steuerreform, aber Spitzensatzsenkungen und Investitionsförderung 1951-1953

In der zweiten Hälfte des Jahres 1951 ging die Koreakrise zunehmend in den Koreaboom über, von dem insbesondere die Bundesrepublik profitierte.[38] Die Arbeitslosenzahlen begannen zu sinken, die Löhne und Einkommen stiegen nun schneller als die Preise. Das Wirtschaftswachstum und der Exportanstieg führten zu sprudelnden Steuereinnahmen und zu Außenhandelsüberschüssen, was dem Finanzminister das Leben erleichterte. Die steigenden Steuereinnahmen verschafften Schäffer den nötigen Spielraum, um die anvisierten Steuersatzsenkungen für Spitzenverdiener und Unter-

36 Abteilungsleiter IV an den Bundesminister der Finanzen vom 17.5.1951 betr. Heutige Besprechung im Vorstandszimmer der CDU-Fraktion, in: BAK 126/51531 (unpaginiert).

37 Franzen, Steuergesetzgebung, S. 108-111.

38 Volker Hentschel, Ludwig Erhard, Ein Politikerleben, Berlin 1998, S. 210f.

nehmen anzugehen. Stets in Sorge, dass zu weitgehende Reduktionen den Haushalt gefährden könnten, agierte er indes betont vorsichtig. Aus Sicht vieler Vertreter der deutschen Wirtschaft ging die Absenkung der Steuerlast denn auch zu langsam vonstatten, weswegen die Kritik an Schäffer zunahm. Einen ersten Reformschritt brachte das in der Öffentlichkeit wenig beachtete Erbschaftsteuergesetz von 1951. Mit diesem senkte Schäffer den Spitzensteuersatz für direkte Nachkommen und Ehegatten (Steuerklasse I) von 60 auf 38 Prozent. Zudem erfolgte eine Erhöhung der Steuerfreigrenze von 10000 auf 20000 DM. Ungewöhnlich war, dass die Regelung rückwirkend eingeführt wurde und für alle Erbschaften nach dem 31.12.1948 galt.[39] Damit war ein erster Schritt weg von den hohen Erbschaftsteuern getan, die die Alliierten 1946, hierin angloamerikanischen Vorstellungen folgend, in ganz Deutschland eingeführt hatten, und zurück in Richtung der deutschen Tradition der langfristigen Erhaltung familiärer Vermögen.

Im Juni 1951 verabschiedete der Bundestag mehrere Steuergesetze. Eines hatte die steuerliche Exportförderung zum Ziel. Es erlaubte die Bildung steuerfreier Rücklagen für bis zu zehn Jahre und gewährte Steuerprämien von ein bis drei Prozent als Abzug bei Exportgewinnen. Während das Bundesfinanzministerium das Gesetz später als wesentlichen Beitrag zum Exportanstieg feierte, vertraten Finanzwissenschaftler*innen eher die Meinung, dass das Gesetz solchen Unternehmen, die ohnehin exportiert hätten, Zusatzgewinne verschaffte.[40] Das Einkommensteuergesetz 1951 schränkte dagegen als Ausgleich zu den 1950 durchgesetzten Steuersatzabsenkungen einige der seit 1948 gewährten Abzugsmöglichkeiten ein. Allerdings hatte der Bundestag im legislativen Verfahren Schäffers ursprünglich ambitioniertere Pläne beschnitten, weil nach den wortführenden Vertretern der CDU/CSU-Fraktion die zuvor gewährten Steuererleichterungen nicht ausreichend gewesen waren.

Ein wesentliches Problem, welches durch die Steuersparmöglichkeiten der Unternehmen entstanden war, bildete deren hohe Selbstfinanzierungsrate.[41] Dies hatte zur Folge, dass gerade diejenigen, die hohe Steuern zu zahlen durchaus in der Lage gewesen wären, entlastet wurden. Über diese sozialpolitischen Bedenken

39 Grundig, Vermögen vererben, S. 49 f.
40 Muscheid, Steuerpolitik, S. 50.
41 Ebd., S. 34 und 48.

setzte sich die Bundesregierung hinweg, weil sie die Kapitalbildung für wichtiger erachtete als eine verteilungsgerechte Steuerpolitik.[42] Doch gab es daneben auch wirtschaftspolitisch motivierte Kritik am Kurs der Regierung. Gepaart mit den hohen Steuersätzen führten die Steuerabschlagsmöglichkeiten dazu, dass Unternehmen zum Kapazitätsausbau neigten, auch wenn die Absatzmärkte eine Produktionssteigerung nicht unbedingt hergaben. Politiker wie Wirtschaftswissenschaftler forderten deswegen eine Einschränkung der Selbstfinanzierung. Stattdessen sollten Unternehmen dazu gebracht werden, ihre Investitionen über den Kapitalmarkt zu finanzieren, weil dies unrentable Investitionen deutlich einschränken würde.[43]

Aus diesen Diskussionen ging schließlich das Kapitalmarktgesetz hervor. Während öffentliche Papiere, die zur Finanzierung des sozialen Wohnungsbaus dienten, ganz steuerfrei gestellt wurden, unterwarf man andere förderungswürdige Kapitalanlagen einer dreißigprozentigen Kapitalertragssteuer. Aktienbesitz blieb aber von dieser Behandlung ausgeschlossen und der höheren Einkommen- und Körperschaftsteuer unterworfen. Die Folge war, dass Schäffer auf dem Kapitalmarkt für eine Bundesanleihe zugunsten des sozialen Wohnungsbaues problemlos 500 Millionen Mark einsammeln konnte, während kaum Interesse an Unternehmensaktien bestand. Das Gesetz wurde zwar vom Kreditgewerbe begrüßt, weil es die Kapitalmarkteinnahmen der Branche ausdehnte, aber von den deutschen Wirtschaftsverbänden entschieden abgelehnt. BDI und DIHT sahen in ihm ein Staatsfinanzierungsprogramm mit unübersehbaren planwirtschaftlichen Elementen. Zudem fürchteten sie, dass Schäffer ihnen die steuerbegünstigte Selbstfinanzierung weiter einschränken könnte, ohne dass im Gegenzug der Erwerb von Aktien gefördert wurde.[44] Der Wirtschaft galt Schäffer fortan als »Aktienfeind«, und ihre Verbände machten von nun an gezielt Stimmung gegen ihn.[45]

42 Borchardt, Bundesrepublik, S. 263.

43 Zu diesem Zeitpunkt finanzierten die Unternehmen etwa drei Fünftel aller Anlageinvestitionen aus eigenen Gewinnen: ebd., S. 288.

44 Zum Scharnberg-Ausschuss und dem Kapitalmarktförderungsgesetz: Thorsten Beckers, Kapitalmarktpolitik im Wiederaufbau. Der westdeutsche Wertpapiermarkt zwischen Staat und Wirtschaft 1945-1957, Stuttgart 2014, S. 255-300.

45 »Der Aufstand der Aktionäre« in: Spiegel 12/1953 vom 17. 3. 1953.

Auf die Kritik aus der Industrie reagierte Schäffer mit der »kleinen« Steuerreform im Juni 1953 dadurch, dass er einen gespaltenen Körperschaftsteuersatz einführte. Während der Spitzensatz für einbehaltene Gewinne bei 60 Prozent lag, wurde derjenige für ausgeschüttete Gewinne auf 30 Prozent abgesenkt, so dass die Versteuerung der Dividenden auf Aktien nun den anderen Kapitalanlagen, für die eine dreißigprozentige Kapitalertragsteuer zu zahlen war, angenähert wurde. Im Mittelpunkt der Reform stand aber erneut die Tarifsenkung bei der Einkommensteuer. Es erfolgte eine einheitliche Absenkung des Steuersatzes auf allen Stufen um 15 Prozent. Der Eingangssteuersatz lag fortan bei zehn Prozent; vor allem aber war mit diesem Schritt endlich die seit fünf Jahren angestrebte Reduktion des Spitzensteuersatzes von 95 auf 80 Prozent erreicht.[46] Daneben hob man den Grundfreibetrag an und führte einen zusätzlichen Altersfreibetrag ein, wodurch viele Steuerzahler*innen aus der Einkommensteuerpflicht herausfielen. Im Gegenzug zu diesen Erleichterungen wurde ein Teil der Sondervergünstigungen eingeschränkt oder abgeschafft. Da die Regierung den von der SPD geforderten Arbeitnehmerfreibetrag ablehnte, profitierten die mittleren und hohen Einkommen überproportional stark von der Reform.[47] Allerdings brachten die im Juni und August 1953 beschlossenen Absenkungen der Verbrauchsteuersätze auf Tabak, Kaffee und Tee auch Erleichterung für untere Einkommen, so dass schließlich für alle Schichten vor der Bundestagswahl im September noch Steuererleichterungen verabschiedet worden waren.

Daraus ergab sich ein nach wie vor progressives Steuersystem. Die Gehälter der Arbeiter und Angestellten waren zwar deutlich stärker durch Sozialbeiträge und indirekte Steuern belastet als die Einkommen Selbständiger, doch dies wurde durch deren stärkere Belastungen bei der Einkommens- und Vermögensbesteuerung mehr als ausgeglichen.

46 Zu einem Überblick über die Absenkung der Steuersätze nach Einkommensgruppen von 1949 bis 1953: Muscheid, Steuerpolitik, S. 62.

47 Ebd., S. 57 f.

Tabelle 47:
Die relative Belastung (in %) von 3-Personen-Haushalten durch einzelne Steuergruppen sowie Sozialversicherungsbeiträge 1954

Status	Rentn.	Arbeiter		Angestellte		Selbständige		
Bruttoeinkommen (in 1.000 DM/Jahr)	2,4	3,0	6,0	8,4	12	30	120	1000
Einkommen- und Kirchensteuer	-	-	4,5	7,8	12,9	23,6	37,1	52,5
Arbeitnehmer Sozialbeiträge	3,8	11,8	11,8	13,2	9,6	5,7	1,4	0,2
Arbeitgeber Sozialbeiträge (Anfall)	2,8	2,6	2,5	2,4	2,3	1,6	0,7	0,2
Umsatzsteuer und Zölle	8,7	7,8	7,3	6,7	6,3	4,3	1,7	0,4
Sonstige Produktionssteuern	5,7	5,4	5,2	4,9	4,7	2,5	1,1	0,3
Genussmittelsteuern	1,3	1,4	1,6	1,7	1,8	1,2	0,5	0,1
Vermögen- und Grundsteuer	-	-	-	-	-	8,4	11,1	9,1
KfZ- & Versicherungsteuern	-	-	-	-	-	0,4	0,1	
Gesamt	22,1	29,0	31,6	36,7	36,6	46,3	53,6	62,7
Gesamt ohne Sozialbeiträge	15,5	14,6	17,3	21,1	24,7	39,0	51,5	62,3

Quelle: Gerhard Zeitel, Die Steuerlastverteilung in der Bundesrepublik Deutschland, Tübingen 1959, Appendix 31b

Erfolg und Misserfolg einer Vermögensabgabe: Der Lastenausgleich 1952

Da mit dem Soforthilfegesetz 1948 ein erster Ausgleichsmechanismus für Kriegsschäden etabliert worden war, beschäftigte die Frage nach einer endgültigen Regelung die bundesrepublikanische Öffentlichkeit zunächst nur am Rande.[48] Erst durch die vehementen

48 Schillinger, Entscheidungsprozeß, S. 155; Benjamin Härte, Der Lastenausgleich im Spiegel der zeitgenössischen deutschen Presse 1949 bis 1979, Bonn 2010 (Diss. Universität Bonn), S. 138.

Forderungen der Vertriebenenverbände kam das Thema wieder auf die Tagesordnung. Klar war von Beginn an, dass der zu regelnde Lastenausgleich nur Vertriebene, Kriegssachgeschädigte, Flüchtlinge aus der SBZ/DDR, Evakuierte und Inflations- und Währungsgeschädigte betreffen sollte und nicht etwa KZ-Häftlinge, Zwangsarbeiter oder ehemalige deutsche Juden und Jüdinnen. Anders als bei diesen war auch nicht in erster Linie der Staat nach dem Staatshaftungsrecht für die Wiedergutmachung zuständig, sondern die »nationale Solidargemeinschaft«[49] oder, wie es das Bundesverfassungsgericht 1969 fasste, die deutsche »Schicksalsgemeinschaft«.[50] Bundesfinanzminister Schäffer machte hier von sich aus aber nur bedingt Unterschiede gegenüber anderen Ausgleichsansprüchen und betrieb auch in Fragen des Lastenausgleichs eine Politik, die zusätzliche Ausgaben als Bedrohung des Wirtschaftswachstums betrachtete. Er wollte die jährlichen Lastenausgleichszahlungen deswegen auf 1,5 Milliarden DM begrenzen, was nur durch massive Gegenwehr des wichtigsten Vertriebenenfunktionärs in der CDU, Linus Kather,[51] verhindert werden konnte.[52]

Der Hauptstreitpunkt in der Diskussion um das Gesetz betraf die Frage, ob sich die Entschädigungen an der Schadenshöhe oder am aktuellen sozialen Bedarf der Betroffenen orientieren sollten. Während die Vertriebenenverbände, der Wirtschaftsflügel der CDU/CSU und die FDP für den quotalen Ausgleich im Verhältnis

49 Michael Schwartz, Vertriebene und Umsiedlerpolitik. Integrationskonflikte in den deutschen Nachkriegs-Gesellschaften und die Assimilationsstrategien in der SBZ/DDR 1945 bis 1961, München 2004, S. 21.

50 BVerfGE 27, 253 (270), Beschluss des 1. Senats v. 3.12. 1969 (»Kriegsfolgeschäden«), ⟨https://www.servat.unibe.ch/dfr/bv027253.html⟩ (Zugriff: 10.12.2021).

51 Kather (1893-1983) war von 1949 bis 1958 Vorsitzender des Zentralverbands vertriebener Deutscher und dann des Bundes vertriebener Deutscher. Er verließ 1954 aus Protest gegen die aus seiner Sicht mangelnde Berücksichtigung Vertriebener in der Politik der Bundesregierung die Union und trat in die GB/BHE ein. 1969 kandidierte er als Parteiloser für die NPD und beteiligte sich in den folgenden Jahren in verschiedenen rechtsextremen Organisationen am Protest gegen die Ostpolitik der sozialliberalen Bundesregierung: Michael Schwartz, Funktionäre mit Vergangenheit. Das Gründungspräsidium des Bundes der Vertriebenen und das »Dritte Reich«, München 2013, S. 565f.

52 Kittel, Stiefkinder, S. 41-56; Christoph Henzler, Fritz Schäffer 1945-1967. Eine biographische Studie zum ersten bayerischen Nachkriegs-Ministerpräsidenten und ersten Finanzminister der Bundesrepublik Deutschland, München 1994, S. 333-349.

zum Schaden eintraten, plädierten die SPD und der Arbeitnehmerflügel der CDU/CSU für einen sozialen Ausgleich im Sinne einer Lebenslagenrestitution.[53] In der Finanzwissenschaften präferierte man in der Tendenz eine Befürwortung des sozialen Ausgleichs, weil dies die schwierige Integration der Vertriebenen besser befördern könne.[54] Zudem sei eine exakte Berechnung der Schäden nur schwer möglich und sehr aufwendig. Am Ende wurde ein Kompromiss erzielt. In den ersten Jahren sollten die Zahlungen vor allem nach dem sozialen Bedarf ausgezahlt werden, später dann quotale Entschädigungen für bis dahin berechnete Kriegsschäden folgen. In den Worten Willi Albers' wurde dadurch der Entschädigung nach vorne die Vorfahrt vor der Entschädigung nach rückwärts gewährt.[55] Das hieß, dass mit der Auszahlung von Unterhaltshilfen, Entschädigungsrenten und Aufbaukrediten sofort begonnen wurde. Die Hauptentschädigung, die anteilige Erstattung früheren Vermögens, begann dagegen erst 1957. Für die Gruppe der höchsten Vermögen war der Anteil der Rückerstattung ursprünglich auf zwei Prozent des Einheitswerts von 1935 festgesetzt worden, aufgrund der durch das Wirtschaftswachstum steigenden staatlichen Einnahmen erhöhte man diesen Anteil 1961 auf 6,5 Prozent.[56] Ein früh entschädigter vormaliger Gutsbesitzer, dessen Vermögen nach Einheitswert taxiert wurde, erhielt für ein geschätztes Vermögen von 6,35 Millionen DM einen Ausgleichsbetrag von 172 000 DM (7 Prozent).[57] Dementsprechend gab es unter den Vertriebenen in der Bundesrepublik anteilig deutlich weniger Millionäre als im bundesdeutschen Durchschnitt. Eine volle Entschädigung wurde nur für

53 Die Konfliktsituation aus Sicht eines sozialdemokratischen Ökonomen: Gerhard Weisser, Die Gesetzgebung über den Lastenausgleich. Bemerkungen zu ihrer Geschichte und kritische Analyse ihrer Grundgedanken, in: FinanzArchiv 16 (1955/56), S. 62-80, hier S. 68-72. Siehe auch: Matthias Müller, Die SPD und die Vertriebenen-Verbände 1949-1977. Eintracht, Entfremdung, Zwietracht, Münster 2002, S. 46-56.

54 Erste und Zweite Entschließung zu Fragen des Lastenausgleichs vom 2. 8. 1950 und 22./23. 10. 1951, in: BMF (Hg.), Der Wissenschaftliche Beirat beim Bundesministerium der Finanzen. Entschließungen, Stellungnahmen und Gutachten von 1949 bis 1973, Tübingen 1974, S. 6-9.

55 Willi Albers, Der Lastenausgleich. Rückblick und Beurteilung, in: FinanzArchiv 47 (1989), S. 272-289, hier S. 275.

56 Kittel, Stiefkinder, S. 615-618.

57 Ebd., S. 15.

Vermögen bis 800 Reichsmark gewährt. Für die große Mehrheit der Vertriebenen waren diese Regelung vorteilhaft, da etwa 70 Prozent der Vertriebenen kein Grundeigentum besaßen. Von den übrigen 30 Prozent der Vertriebenen verfügten vier Fünftel über ein Vermögen von unter 20000 Reichsmark, das anteilig noch vergleichsweise hoch entschädigt wurde. Vor allem für die reichsten sechs Prozent unter den Vertriebenen, die diese Grenze überschritten, kam es zu massiven Vermögensverlusten.[58] Insgesamt erkannte die Regierung schließlich Verluste von 62 Milliarden DM bei den Vertriebenen, 36 Milliarden bei Währungsreformgeschädigten, 27 Milliarden bei Luftkriegsgeschädigten und fünf Milliarden bei Evakuierten an.[59]

Die Aufbringung der Mittel erfolgte hauptsächlich über eine Vermögensabgabe in Höhe von 50 Prozent des Vermögens am Stichtag der Währungsreform. Daraus könnte der Eindruck entstehen, dass alle Vermögenden die Hälfte ihres Vermögens eingebüßt hätten, doch dies entsprach nicht der Wirklichkeit. Die Ausgestaltung des Gesetzes sah vor, den Vermögensbesitzern niedrige Einheitswerte und sehr großzügige Freibeträge anzurechnen sowie Abzugsmöglichkeiten für eigene Schäden zuzubilligen, um ihr anrechenbares Vermögen zu minimieren. Zudem war eine bis ins Jahr 1979 gestreckte Ratenzahlung vorgesehen. Knut Borchardt schätzt, dass die tatsächliche Belastung im Regelfall bei 10 bis 20 Prozent des Vermögens lag.[60] Ergänzt wurde die Vermögensabgabe durch eine Hypotheken- und Kreditgewinnabgabe. Zudem erklärte sich der Staat bereit, in der Phase auslaufender Einkünfte aus der Vermögensabgabe mit Zahlungen einzuspringen.[61]

Die Vermögensabgabe erzielte bis 1969 30,7 Mrd. DM, die Hypothekenabgabe 7,5 Mrd. DM und die Kreditgewinnabgabe 1,5 Mrd. DM. Ob die Belastung der Vermögenden damit hoch oder niedrig lag, ist umstritten. Der sozialdemokratische Ökonom Gerhard Weisser beklagte schon 1955 viel zu niedrige Einnahmen. Jährliche Einnahmen von unter zwei Milliarden DM bedeuteten, dass die Vermögensabgabe weniger einbrachte als etwa die Tabaksteuer. Die zu zahlenden Beträge waren damit so niedrig, dass die Vermögenden sie aus ihren Einnahmen und nicht aus ihrem Ver-

58 Ebd.

59 Wiegand, Lastenausgleich, S. 199-358

60 Borchardt, Bundesrepublik, S. 318.

61 Zur Einnahmeseite insgesamt: Wiegand, Lastenausgleich, S. 138-198.

mögen bezahlen konnten. Weisser hielt deswegen den Begriff der Sollertragsteuer für treffender als den der Vermögensabgabe.[62] Eine stärkere Beteiligung des Lastenausgleichsfonds wäre vor allem über den noch auszuhandelnden Anteil an der Vermögensteuer möglich gewesen. Doch hier setzten die Länderfinanzminister 1955 und 1957 relativ restriktive Bedingungen durch, die den Anteil der Vermögensteuer, die dem Lastenausgleich zugutekam, bei 25 Prozent deckelten.[63] Manfred Kittel bilanziert deswegen, dass letztlich kein »Lastenausgleich auf Augenhöhe« stattgefunden habe.[64]

Dagegen zeigen neue wirtschaftswissenschaftliche Studien, dass der Lastenausgleich die großen westdeutschen Vermögen substantiell belastete. Der Lastenausgleich senkte den Anteil des obersten Prozents am Gesamtvermögen weit stärker ab als die Kriegszerstörungen.

Tabelle 48:
Effekte von Kriegszerstörungen und Lastenausgleich auf den Vermögensanteil des reichsten Prozents am Gesamtvermögen privater Haushalte in der Bundesrepublik

	Betroffenes Vermögen als % Nationaleinkommen	Betroffenes Vermögen als % Privatvermögen	Effekt auf Top 1 %-Anteil
Kriegszerstörung	33 %	11 %	-2,2 %
Lastenausgleich	15-19 %	9-11 %	-5,5 %

Quelle: Thilo Albers/Charlotte Bartels/Moritz Schularick, The Distribution of Wealth in Germany 1895-2018, Bonn 2020 (EconTribute Policy Brief 001)., S. 21, Table 4

Die Geschichtswissenschaft hat den Lastenausgleich insgesamt mehrheitlich als Erfolg beschrieben. Hans-Ulrich Wehler bezeichnet den Lastenausgleich gar als die »mit großem Abstand imponierendste Leistung« der Wiederaufbauphase und einen »Höhepunkt der frühen bundesrepublikanischen Erfolgsgeschichte«.[65] Andere sahen in ihm den entscheidenden Schritt zur Integration der Ver-

62 Weisser, Gesetzgebung, S. 77.
63 Kittel, Stiefkinder, S. 458-506.
64 Ebd., S. 615.
65 Wehler, Gesellschaftsgeschichte, Bd. 5, S. 259 f.

triebenen.[66] Ohne den Lastenausgleich wäre zudem die langsame Abkehr der Vertriebenen vom Irredentismus und Revanchismus kaum möglich gewesen.[67] Richard Hauser betont, dass der Lastenausgleich seit den 1950er-Jahren sowohl auf der Aufbringungs- wie auf der Leistungsseite sehr viel stärker vom Prinzip der Solidarität geprägt gewesen sei als spätere Bemühungen zur Bewältigung von Verwerfungen im Rahmen der deutschen Wiedervereinigung.[68] Zwar darf man sich den Lastenausgleich beileibe nicht als harmonischen Prozess vorstellen, die Verteilung der Leistungen war hoch umkämpft und zudem entstanden durch die Transferleistungen mitunter auch neue Vorurteile gegenüber Vertriebenen bzw. wurden alte Klischees wieder virulenter.[69] Am positiven Gesamturteil über die vergleichsweise solidarische Form der Lastenumverteilung ändert dies aber wenig.[70]

Die große Steuerreform 1954: Die umfassendste Steuersatzsenkung der deutschen Geschichte

Während die Union 1949 nur knapp zwei Prozentpunkte vor der SPD gelegen hatte, wuchs dieser Vorsprung 1954 auf mehr als 16 Prozentpunkte, vor allem durch erhebliche Zugewinne der CDU/CSU, aber für die SPD waren eigene Stimmverluste und der Wahlausgang ein schwerer Schlag. Bundeskanzler Adenauer wie auch die Minister Schäffer und Erhard gingen gestärkt aus der Wahl hervor.[71] In seiner Regierungserklärung hielt sich Adenauer anders als bei seinem Amtsantritt vier Jahre zuvor im Hinblick auf Ver-

66 Wiegand, Lastenausgleich, S. 385.
67 Albers, Lastenausgleich, S. 297 f.
68 Richard Hauser, Zwei deutsche Lastenausgleiche – Eine kritische Würdigung, in: Vierteljahreshefte zur Wirtschaftsforschung 80 (2011), S. 103-122, hier S. 103.
69 Carl-Jochen Müller, Die Lasten des Ausgleichs. Gesetzesvollzug zwischen Gleichheitspostulat und kommunalen Heterogenitäten. Das Beispiel Mannheim, in: Paul Erker (Hg.), Rechnung für Hitlers Krieg. Aspekte und Probleme des Lastenausgleichs, Heidelberg 2004, S. 141-158, hier S. 156 f.
70 Auch in international vergleichender Perspektive: Thomas Piketty, Une Bréve Histoire de l'Égalite, Paris 2021, Kapitel 6.
71 Henzler, Schäffer, S. 464-474; Hans-Peter Schwarz, Adenauer. Der Staatsmann 1952-1967, Stuttgart 1991, S. 111.

sprechungen zur Steuerreform zurück, obwohl von verschiedener Seite Forderungen nach einer umfassenden Steuerreform an die Regierung herangetragen wurden. Adenauer folgte nun stärker der vorsichtigen Diktion Schäffers: »Sie [die Regierung; M. B.] muß allerdings betonen, daß jede Steuerreform, die eine Minderung der Steuerlasten zum Ziel hat, nur unter der Voraussetzung durchgeführt werden kann, daß die finanzielle Ordnung im Staatshaushalt trotzdem aufrechterhalten bleibt und jede Gefährdung der Währung durch steigende schwebende Verschuldung unterbleibt.«[72] Dies vertrug sich eher schlecht mit dem von Adenauer ebenfalls angekündigten umfassenden Sozialprogramm. Im Vorlauf der Regierungserklärung und bei den Koalitionsverhandlungen war es aber über Schäffers Forderungen hinsichtlich einer nur begrenzten Steuerreform und der Fortsetzung der Politik der geschlossenen Hand zu erheblichen Streitigkeiten in der Regierungskoalition und insbesondere innerhalb der CDU gekommen. Den Auftakt bildete dabei ein Zeitungsartikel Erhards, in dem dieser die bisherige Steuerpolitik Schäffers als viel zu zaghaft kritisierte und forderte, sie mit »Stumpf und Stiel« auszurotten. Ein »Beibehalten der bisherigen Steuerpolitik wäre das Ende des wirtschaftlichen Aufbaus in der Bundesrepublik Deutschland«, warnte Erhard.[73] Schäffer war über Erhards Äußerungen so erbost, dass er Adenauer veranlasste, an Erhard zu schreiben und ihm zu untersagen, sich ohne Absprache mit dem Fachminister zur Steuerpolitik einzulassen.[74]

Neben den Haushaltsfragen stand die grundlegende Steuerreform ganz im Mittelpunkt der ersten Monate von Schäffers zweiter Amtsperiode. Dabei hielt Erhard den Druck auf Schäffer hoch. Erhard war überzeugt, dass öffentliche Äußerungen notwendig waren, hätten doch »die Erfahrungen der letzten Zeit deutlich ge-

72 Regierungserklärung Adenauers, in: 3. BT-Sitzung vom 20. 10. 1953, S. 11-22, hier S. 16 (C).

73 Rede Erhards vor dem deutschen Chemietag in Hamburg am 16. 9. 1953, in: BAK B 102/9088. Schäffer erfuhr von den Äußerungen durch einen Brief von Ministerialdirektor Oeftering, der ihm einen Bericht über die Rede in der FAZ vom 17. 9. 1953 übersandte: Schreiben Oeftering an Schäffer vom 17. 9. 1953, in: BAK, N 1168/36, Bl. 27.

74 Brief von Adenauer an Erhard vom 17. 9. 1953, in: BAK, N1168/36, Bl. 36. Auch abgedruckt in: Adenauer, Rhöndorfer Ausgabe: Konrad Adenauer, Ludwig Erhard und die Soziale Marktwirtschaft, bearbeitet von Holger Löttel, Paderborn 2019, S. 426 f.

nug erwiesen […], daß das schließlich das einzige Mittel ist, das Finanzministerium zu Maßnahmen […] zu bewegen«.[75] Der erste Entwurf zur Steuerreform wurde im Kabinett erstmalig am 6. März 1954 behandelt. Erhard forderte dabei, die Spitzensätze jeweils um fünf Prozentpunkte weiter zu senken, als dies das Finanzministerium vorschlug (Einkommensteuer statt auf 55 auf 50 Prozent, Körperschaftsteuer statt auf 45 auf 40 Prozent).[76]

Wenige Tage nach der Kabinettssitzung sandte Erhard einen umfassenden Bericht über die Wirtschaftslage an den Kanzler, in dem er sich aber vor allem mit der Steuerreform beschäftigte. Erhard warf Schäffer vor allem die Benachteiligung der Aktie und die zu geringen Steuersatzsenkungen vor. Das Schreiben endete mit den Worten: »Aus all den hier dargelegten Gründen wird die Steuersenkung zu *der* zentralen Frage von schicksalhafter Bedeutung für das wirtschaftliche und soziale Sein unseres Volkes.«[77] Auch die Wirtschaftsverbände, einzelne Wirtschaftsinstitute oder der Bund der Steuerzahler forderten sofortige umfassendere Tarifsenkungen.[78] Finanzwissenschaftler*innen und einige Bundestagsabgeordnete kritisierten stärker, dass der Entwurf des Finanzministers nicht die angekündigte grundlegende Steuerreform sei.[79] Hierfür fehle es

75 Schreiben Erhard an Robert Pferdmenge vom 22.9.1953, zit. nach: Adenauer, Rhöndorfer Ausgabe: Soziale Marktwirtschaft, S. 427.

76 Dies hatte Erhard Schäffer auch bereits in einer tags zuvor stattgefundenen Besprechung mitgeteilt. Siehe die Aufzeichnung dazu in: BAK, B 126/6204.

77 Bericht von Ludwig Erhard »über die wirtschaftliche Lage und die Entwicklungsmöglichkeiten« vom 13.2.1954, abgedruckt in: Adenauer Rhöndorfer Ausgabe: Soziale Marktwirtschaft, S. 435-454, hier S. 454. Hervorhebung im Original.

78 Johannes Bähr/Christopher Kopper, Industrie, Politik, Gesellschaft. Der BDI und seine Vorgänger 1919-1990, Göttingen 2019, S. 233-237; Ifo-Schnelldienst vom 18.3.1954; Karl Bräuer (Präsident des Bundes der deutschen Steuerzahler), Kein Meilenstein der Steuergeschichte, in: Spiegel 13/1954 vom 23.3.1954.

79 Für die viel weitgehenderen Vorstellungen zur Reform siehe die Gutachten des Wissenschaftlichen Beirats des Bundesfinanzministeriums: Bericht über eine Organische Steuerreform vom 14.2.1953, in: BMF (Hg.), Wissenschaftlicher Beirat, S. 10-93, sowie der vom Bundesrat eingesetzten Troeger-Kommission: Heinrich Troeger (Hg.), Diskussionsbeiträge des Arbeitsausschusses für die große Steuerreform, Stuttgart 1954. Zu den Bundestagsabgeordneten auch aus den Regierungsparteien beispielhaft den Redebeitrag von August Neuburger, dem Vorsitzenden des Arbeitskreises »Finanz- und Steuerfragen« der CDU/CSU-Bundestagsfraktion, bei der ersten Lesung im Bundestag: 29. Sitzung des 2. Bundestags am 20.5.1954, S. 1334.

insbesondere an einer Neuregelung der Umsatzsteuer, deren Systematik von vielen Seiten als konzentrationstreibend kritisiert wurde.

Die Berechnung der Einkommensteuersätze sollte indes grundlegend reformiert werden und fortan nach einem mathematischen Formeltarif erfolgen. Diesen Ansatz durchkreuzte jedoch der Bundestag, weil er die Steuerbelastung für die Mittelschicht und die untere Oberschicht für zu hoch hielt und deswegen eine Entlastung für Einkommen bis 40 000 DM und einen Plafond bei 55 Prozent für Einkommen über 61 400 DM vorsah, was eine zusätzliche Steuerentlastung bedeutete. Die Reform beinhaltete zudem eine stärkere Förderung für kinderreiche Familien, da die Steuerfreibeträge ab dem dritten Kind stark erhöht wurden. Insbesondere die FDP setzte einen Freibetrag für Einkünfte aus freier Berufstätigkeit von bis zu fünf Prozent (aber höchstens 1200 DM) durch, während der von der SPD eingebrachte Antrag für einen ähnlichen Freibetrag für Arbeitnehmer abgelehnt wurde. Da die Satzreduktionen nun erheblich waren, konnte Schäffer diesmal die Streichung vieler Sondervergünstigungen durchsetzen, wobei der Bundestag allerdings erneut einige Streichungen revidierte.

Bei der Körperschaftsteuer blieb der gespaltene Satz erhalten; einzig der Spitzensatz auf einbehaltene Gewinne wurde von 60 auf 45 Prozent abgesenkt, während der Spitzensatz für ausgeschüttete Gewinne bei 30 Prozent blieb. Der Finanzwissenschaftler Horst Jecht, der vor allem mittelständische Interessen vertrat, kritisierte, dass der gespaltene Satz ausschließlich den Aktiengesellschaften zugutekomme.[80] Er biete deswegen einen Anreiz zur Umwandlung von Personal- in Kapitalgesellschaften und gehöre zumindest langfristig abgeschafft. Demgegenüber betonten die Befürworter, dass der gespaltene Satz so lange notwendig sei, wie die Aktie am Kapitalmarkt steuerlich benachteiligt werde.[81]

Die Erbschaftsteuer, die bereits 1951 reduziert worden war, wurde nun noch weiter gesenkt, so dass die Sätze wieder weitgehend identisch mit jenen des Jahres 1934 waren. Der von den Alliierten 1946 zur Grundlage für alle Steuerklassen genommene Satz der Steuerklasse V des Jahres 1934 galt nun ab 1955 wieder nur für

80 Horst Jecht, Die Bundessteuerreform 1954. Kritischer Rückblick auf ihre wichtigsten Ergebnisse, in: FinanzArchiv N.F. 16 (1955) 1, S. 31-53, hier S. 41 f.

81 BDI-Jahresbericht 1954/55, S. 137.

Steuerklasse V, während alle näheren Verwandten zu deutlich geringeren Sätzen herangezogen wurden.[82]

Grafik 92

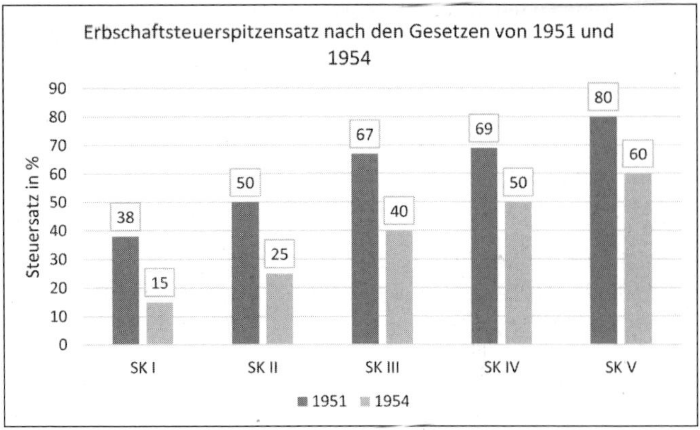

Quelle: Wilhelmine Dreissig, Die finanz- und steuerpolitische Entwicklung in der Bundesrepublik im Jahre 1954, in: FinanzArchiv NF 16 (1955/56), S. 161-185, hier S. 165

Die verfügbaren Zahlen über die durch die Reform zu erwartenden Entlastungen gehen auf Berechnungen des Bundesfinanzministeriums zurück, das immer bestrebt war, diese Effekte als möglichst groß zu präsentieren. Es ging davon aus, dass der im März vorgelegte Gesetzentwurf eine Entlastungswirkung bei den Steuern für das Haushaltsjahr 1955 von 2,3 Milliarden DM gehabt hätte. Für das schließlich verabschiedete Gesetz, in dem insbesondere der Bundestag weitere Entlastungen eingefügt hatte, kalkulierte Schäffer mit einem Einnahmeverlust von 3,2 Milliarden DM. Zähle man noch die Wirkungen der Steuerreform des Jahres 1953 hinzu, liege die Entlastung 1955 bei 3,9 Milliarden DM. Wegen des rapiden Wirtschaftswachstums rechnete Schäffer aber trotzdem mit einem Anstieg der Steuereinnahmen von 37 (1954) auf 38 Milliarden DM (1955).[83]

82 Grundig, Vermögen vererben, S. 49-52.

83 Zahlen nach Jecht, Bundessteuerreform, S. 34 f.

Insgesamt brachte die »Große« Steuerreform 1954 keine grundsätzliche Veränderung der Steuersystematik. Mit ihr nahm der Gesetzgeber aber die bis heute umfassendste Steuersatzsenkung der deutschen Geschichte vor. Für die Steuerklasse III/1 sank der Satz für alle Steuerzahler*innen in einer Größenordnung zwischen 32 und 37 Prozent.[84] Gegenüber den Sätzen von 1949 sank der Satz für alle Einkommensgruppen um mehr als 40 Prozent.

Tabelle 49:
Einkommensteuersatzreduktion durch die Steuerreform 1954 gegenüber 1949 (Einkommen nach Abzug der Sonderausgaben und Werbungskosten)

2.001	4.001	6.001	10.001	20.001	40.001	60.001	100.001	1.000.001
100 %	52,5 %	43,5 %	46,1 %	48,3 %	47,8 %	48,5 %	48,7 %	40,7 %

Quelle: Bundeshaushaltsbericht 1955, S. 165.

Dies ist in etwa vergleichbar mit den Einkommensteuersenkungen von Margaret Thatcher und Ronald Reagan zu Beginn der 1980er-Jahre, die als Initialzündung für die Neoliberalisierung des Steuersystems gelten. In der Bundesrepublik Deutschland fand eine ähnliche Reform bereits ein Vierteljahrhundert früher statt, ohne dass die Reform in ähnlicher Weise in Erinnerung geblieben wäre. Finanzminister Schäffer handelte hierbei auch unter erheblichem öffentlichen Druck, der nicht zuletzt durch ständige Einwürfe des ordoliberalen Wirtschaftsministers Erhard und seiner Berater sowie seiner Anhänger im Bundestag, der »Brigade Erhard«, erzeugt wurde.

Die Reform zeigte auch, dass in der Bundesrepublik Deutschland in Finanz- und Wirtschaftsfragen keine einseitige Politik der Westernisierung betrieben wurde. Gerade in der Steuerpolitik orientierte sich die Regierung häufig eher an den deutschen Traditionen als am britischen oder amerikanischen System. Nirgendwo zeigte sich dies so deutlich wie bei der Erbschaftsteuer. Die in den USA und Großbritannien üblich gewordene hohe Belastung mit Erbschaftsteuern auch bei direkten Verwandten, die liberalen Grundsätzen folgend darauf zielte, unverdientes Einkommen und Vermögen hoch zu belasten und es jeder Generation zur Aufgabe zu

84 Ebd., S. 39.

machen, sich ihr Einkommen und Vermögen selbst zu verdienen, hatte in Deutschland wenig Anhänger*innen. Dementsprechend wurde die alliierte Reform der Erbschaftsteuer von 1946, die auch nahe Verwandte im Erbfall hoch belastete, sogleich schrittweise wieder zurückgenommen, als dies ab 1950 möglich war; innerhalb von vier Jahren war man weitgehend zum deutschen Erbschaftsteuergesetz von 1934 zurückgekehrt. Wenn direkte Verwandte existierten, konnten in Deutschland fortan wieder auch hohe Vermögen über Generationen mit einer relativ geringen Belastung durch die Erbschaftsteuer weitergegeben werden. Während in Deutschland so vermutlich seit mindestens 50 Jahren die gleichen Familien an der Spitze der Vermögenspyramide stehen, wandelte sich das Bild in den USA sehr viel grundlegender. Das deutsche System legt hohen Wert auf Statuskonservierung und Sicherheit, das US-amerikanische auf Dynamik und Risiko.

Der »Juliusturm« und die Epoche der »Schwarzmalerei« – der Anfang vom Ende Finanzminister Schäffers

Das Haushaltsjahr 1953 wurde mit einem positiven Saldo abgeschlossen, der Überschuss betrug 1,6, Milliarden DM. Schäffer rechnete in den Koalitionsverhandlungen 1953 jedoch für den Haushalt des Folgejahrs wieder mit einem Defizit. Er plädierte deswegen für eine sparsame Haushaltspolitik und stemmte sich gegen viele Ausgabenwünsche.[85] Doch letztlich wies der Abschluss für 1954 ein Plus von 2,8 Milliarden DM aus, der für 1955 gar eines von 3,6 Milliarden DM. Diese Kassenüberschüsse kamen zum einen dadurch zustande, dass Schäffer immer mit den niedrigsten Steuervorausschätzungen arbeitete, um die Ausgaben gering zu halten, wodurch es am Ende des Jahres deutliche Steuermehreinnahmen zu verzeichnen gab. Das von den Wirtschaftsverbänden finanzierte Institut für Finanzen und Steuern sprach deshalb davon, dass unter Schäffer die Epoche der »Schwarzmalerei« ausgebrochen sei.[86] Zum anderen fielen die Ausgaben geringer aus als erwartet, weil die Besatzungsmächte ihre Besatzungskosten verspätet geltend machten

85 Vgl. zu den Verhandlungen BAK, B 136/571, Bl. 143-182.
86 »Der Wolf ist tot«, in: Spiegel 44/1957 vom 29.10.1957.

und 1955 schließlich der Aufbau der Bundeswehr nicht so rasch voranschritt wie geplant.[87]

Schäffers Politik der Haushaltsüberschüsse rief bald scharfe Kritik hervor. In Anspielung auf den Turm der Zitadelle Spandau, in dem das Deutsche Reich nach 1871 die in Gold geleisteten französischen Reparationszahlungen eingelagert hatte, warf man ihm eine »Juliusturm-Politik« vor,[88] also die Stilllegung von Ressourcen, welche besser zur Förderung des Wirtschaftswachstums hätten genutzt werden können. Des Weiteren werde durch die Fondsbildung der Kapitalmarkt geschwächt und die Gefahr des Zinsanstiegs heraufbeschworen. Zudem glaubten Ökonomen nicht, dass sich per Hortung echte Reserven bilden ließen.

Die Kritik wurde immer lauter, auch in den Parteien der Regierungskoalition. In einer Rede vor der Jahresversammlung des BDI in Köln-Gürzenich am 23. Mai 1956 kritisierte Adenauer eine Diskontsatzerhöhung der Bank deutscher Länder, weil er fürchtete, diese könnte die Konjunktur abwürgen. Schäffer und Erhard hatten sich zuvor auf die Seite der Bank deutscher Länder gestellt und wurden deshalb von Adenauer in der Rede auch angegriffen. Da sich aber die Presse weitgehend gegen Adenauer stellte, musste dieser im Hinblick auf die Diskontsatzerhöhung bald zurückrudern.[89] Adenauers Kritik an Schäffer war aber auch gegen dessen rigide Sparpolitik gemünzt. Die graue Eminenz, die die Kritik an Schäffer im Hintergrund koordinierte, war Paul Binder, der im CDU-Bundesausschuss für Wirtschaftspolitik den Unterausschuss für Steuern und Finanzen leitete.[90] Er brachte im Juni 1956 den Vorsitzenden des Bundesausschusses, Franz Etzel, der seit 1952 Ers-

87 Henzler, Schäffer, S. 395-420.

88 Wilhelm Pagels, Der »Juliusturm«. Eine politologische Fallstudie zum Verhältnis von Ökonomie, Politik und Recht in der Bundesrepublik, Hamburg 1979 (Diss. Universität Hamburg); Henzler, Schäffer, S. 505-519; Nikolaus Adami, Die Haushaltspolitik des Bundes von 1955 bis 1965, Bonn 1970, S. 55-66.

89 Simon Mee, Central Bank Independence and the Legacy of the German Past, Cambridge 2019, S. 149-191; Daniel Koerfer, Kampf ums Kanzleramt. Erhard und Adenauer, Berlin 1998, S. 119-130; Hentschel, Erhard, S. 243-263.

90 Zum Bundesausschuss: Hans-Hermann Lutzke, Der Beitrag Franz Etzels zur Wirtschaftspolitik. Zur Geschichte des Bundesausschusses für Wirtschaftspolitik der CDU, in: Alfred Müller-Armack/Herbert B. Schmidt (Hg.), Wirtschafts- und Finanzpolitik im Zeichen der sozialen Marktwirtschaft. Festgabe für Franz Etzel, Stuttgart 1967, S. 123-184.

ter Vizepräsident der Hohen Behörde der Europäischen Gemeinschaft für Kohle und Stahl war und als der Schwerindustrie des Ruhrgebiets nahestehend galt,[91] dazu, einen Brief an Adenauer zu schreiben, in dem er die Politik Schäffers scharf kritisierte und dessen Ablösung forderte.[92] Die Kritik verschärfte sich weiter, als die Haushaltsüberschüsse durch die Regierungskoalition zur Finanzierung wachsender sozialpolitischer Ausgaben und insbesondere der grundlegenden Rentenreform 1957 genutzt wurden, die wegen ihrer dynamischen Form eine Epochenzäsur markierte und vom Wirtschaftsflügel der Union bekämpft worden war.[93]

Binder konzentrierte sich auf die Organisation des ersten Wirtschaftstags der CDU, der am 18. Juli 1957 in Frankfurt am Main stattfand. Er lud dafür aus seiner Partei nur ausgesprochene Kritiker des Finanzministers ein. Vor allem aber gelang es ihm, den CSU-Vorsitzenden Hanns Seidel, der deutlich industrienäher war als Schäffer, als Redner zu gewinnen. So ließ sich unterstreichen, dass die Unterstützung für Schäffer in der CSU keineswegs einhellig war. Viele Beiträge diskreditierten Schäffers Politik als verkappte Sozialisierung und betonten, dass die öffentliche Vermögensbildung aus Steuerüberschüssen zugunsten der privaten Kapitalbildung auf ein Mindestmaß reduziert werden müsse.[94]

Im Nachgang zu dieser Tagung drängten Binder und andere wirtschaftsnahe CDU-Vertreter Etzel dazu, sich als Finanzminister ins Rennen zu bringen, weil Adenauer möglicherweise an Schäffer

91 Nützenadel, Stunde, S. 266.

92 Schreiben von Etzel an Adenauer vom 4. 6. 1956, in: BAK, NL Etzel, N 1254/84.

93 So Hans Günter Hockerts, Der deutsche Sozialstaat. Entfaltung und Gefährdung seit 1945, Göttingen 2011, S. 71. Siehe auch ders., Sozialpolitische Entscheidungen in Nachkriegsdeutschland. Alliierte und deutsche Sozialversicherungspolitik 1945 bis 1957, Stuttgart 1980; Cornelius Torp, Gerechtigkeit im Wohlfahrtsstaat. Alter und Alterssicherung in Deutschland und Großbritannien von 1945 bis heute, Göttingen 2015, S. 67-108.

94 Die künftige Wirtschafts- und Finanzpolitik der CDU/CSU. Auszüge aus den Grundsatzreferaten vor dem Wirtschaftstag der CDU/CSU am 18. Juli 1957 in Frankfurt/Main, hg. vom Bundesausschuß der CDU für Wirtschaftspolitik und vom Wirtschaftsbeirat der Union e.V., 1958, mit Referaten von F. Etzel, F. Hellwig, A. Pickert, P. Binder, H. Lünendonk, H. Seidel und L. Erhard. Die Broschüre findet sich auch im Nachlass Schäffers zusammen mit einem Brief eines befreundeten Wirtschaftswissenschaftlers, der die dort formulierte Kritik für Schäffer zusammenfasste: BAK, Nachlass Schäffer, N 1168/51, Bl. 44-74.

festhalten könnte, wenn sich keine Alternative böte.[95] Etzel zögerte zunächst, weil er mit der Leitung eines möglicherweise neu zu schaffenden Europaministeriums liebäugelte.[96] Doch er ließ sich überreden, aus den Frankfurter Vorträgen ein Memorandum für die zukünftige Finanzpolitik zusammenzustellen, welches ihm als Basis für ein Programm diente, das er schließlich an Adenauer übersandte.[97]

Anfang Oktober legte dann Curt Becker, Textilindustrieller, Mitgründer der CDU in Mönchengladbach 1945 und seit 1950 Mitglied im Präsidium des BDI, in einem Telefonat mit Etzel nach: »Ich sagte Herrn Etzel, daß die Herren Pickert, Dr. Adenauer jr. und Dr. Neuenhofer mit mir der Meinung seien, er solle das Finanzministerium übernehmen. Herr Etzel frug, ob der BDI schon in die Verhandlungen eingegriffen hätte. Ich sagte ihm, daß das Präsidium in seiner letzten Sitzung beschlossen hätte, sich in die Regierungsbildung nicht einzumischen. Ich würde aber sofort mit Herrn Berg und Herrn Stein sprechen.«[98] Ob BDI-Präsident Fritz Berg oder BDI-Hauptgeschäftsführer Gustav Stein danach doch noch intervenierten, ist bisher nicht bekannt, aber Becker war die Personalie offenkundig so wichtig, dass er eine sofortige Benachrichtigung der beiden leitenden Köpfe des BDI für geboten hielt. Becker teilte Etzel auch mit, »daß die FAZ heute morgen (10. Oktober 1957) auf meine Veranlassung als mögliche Nachfolger Schäffers die Herren Franz Etzel, Flecken, Binder, Schultze-Schlutius, Eckhardt und Wellhausen genannt hätte. Ich hatte das veranlaßt, damit die These der FAZ neutralisiert wird, nach der Herr Schäffer abzulehnen, aber ein geeigneter Nachfolger nicht vorhanden sei.«[99]

Die vom Wirtschaftsflügel der CDU orchestrierte Kampagne gegen Schäffer konnte aber nur deshalb erfolgreich sein, weil die CSU-Führung nicht mehr hinter Schäffer stand und weil Adenauer von Schäffer persönlich wie politisch genug hatte. Dies führte letzt-

95 Binder an Etzel vom 8.8. und 17.8.1957; Pickert an Etzel vom 5.8.1957, Kramer an Etzel vom 6.8.1957, alle in: BAK, N 1254/151.

96 Yorck Dietrich, Eigentum für Jeden. Die vermögenspolitischen Initiativen der CDU und die Gesetzgebung 1950-1961, Düsseldorf 1996, S. 273.

97 Etzel an Schiettinger vom 16.8.1957, in: BAK, N 1254/151.

98 Vermerk Curt Beckers über ein Telefonat mit Etzel am 10.10.1957, in: ACDP, NL Becker, 1-162, 052/8.

99 Ebd.

lich dazu, dass Adenauer Schäffer auf den Posten des Justizministers abschob und Franz Etzel zum Finanzminister ernannte.[100]

Ein Fiskalist unter Ordoliberalen: Bilanz der Ära Schäffer

Fritz Schäffer wurde von der wirtschafts- und ordoliberalen Gruppe um Ludwig Erhard aus dem Amt gejagt. Dabei herrschte in vielen Punkten zwischen Schäffer und seinen Gegnern Übereinstimmung. Erhard und die Mehrzahl der Ordoliberalen sahen in der Bekämpfung der Inflation eine der wichtigsten, wenn nicht gar die wichtigste Aufgabe der Finanz- und Wirtschaftspolitik. Und dafür hätte sich schwerlich ein entschiedenerer Streiter finden lassen als Schäffer. Während bei der Bundesbank hier eher das kühle Kalkül dominierte, dass der möglichst geringe Preisanstieg im Inland den wesentlichen Vorteil hatte,[101] dass die deutsche Industrie ihre Exportprodukte günstiger anbieten konnte, schien Schäffer – und mitunter auch Erhard – mit fast religiöser Inbrunst gegen die Inflation zu kämpfen.

Schäffer und Erhard – die Ordoliberalen waren hier allerdings uneins – stimmten auch in der weitgehenden Ablehnung einer keynesianischen Konjunkturpolitik und in einer gewissen Skepsis gegenüber den Interessenvertretern der Großindustrie überein. Doch trotz dieser Gemeinsamkeiten waren die Erhard nahen Politik- und Wirtschaftskreise am Ende immer deutlicher gegen Schäffer eingestellt. Verantwortlich hierfür war erstens Schäffers steuerliche Besserstellung staatlicher Papiere auf dem Kapitalmarkt. Zweitens und insbesondere war es seine Politik der Haushaltsüberschüsse, die den Minister zum Ziel der Attacken machten. Der Hauptkritikpunkt war, dass die Thesaurierung der Überschüsse eine weitere Form der Verstaatlichung darstelle, die dem Privatsektor Mittel entzog. Später bestätigte sich zudem die Befürchtung,

100 Henzler, Schäffer, S. 566-578; Schwarz, Adenauer Staatsmann, S. 353-355; Koerfer, Kanzleramt, S. 176-181; Jürgen Domes, Bundesregierung und Mehrheitsfraktion. Aspekte der Verhältnisse der Fraktion der CDU/CSU im zweiten und dritten Bundestag zum Kabinett Adenauer, Köln 1964, S. 64-73. Vgl. auch: »Der Wolf ist tot«, in: Spiegel 44/1957 vom 29. 10. 1957.

101 Borchardt, Bundesrepublik, S. 284.

dass die stillgelegten Gelder für den Ausbau des Sozialstaats verwendet werden könnten.

Auch in der Ausrichtung der Steuerpolitik – Vorrang der Satzsenkung bei den direkten Steuern – herrschte zwischen Schäffer, Erhard und den Ordoliberalen weitgehende Einigkeit. Doch hätten Röpke, Erhard und die Wirtschaftsverbände gern noch schnellere und umfassendere Steuersenkungen gesehen. Aus heutiger Perspektive freilich kann die Absenkung der Einkommensteuersätze um mehr als 40 Prozent bei allen Einkommensstufen innerhalb von fünf Jahren als die bisher umfassendste Steuersenkung der jüngeren deutschen Geschichte bezeichnet werden. Zumindest in dieser Hinsicht ähnelt die skizzierte Politik den Reformen, mit denen Thatcher und Reagan etwa 25 Jahre später den Umschwung zu einer neoliberalen Steuerpolitik einläuteten.

Doch es gab auch gravierende Unterschiede. Im Gegensatz zu Reagan konnte Schäffer sich die Steuersenkung ohne Gegenfinanzierung leisten. Weil das Wirtschaftswachstum so kräftig war, kam es in Deutschland nicht wie später in den USA zum Anstieg der Staatsverschuldung. Die mit den hohen Wachstumsraten einhergehenden höheren Löhne und Einkommen brachten viele Steuerzahler in der progressiven Einkommensteuer in höhere Steuerklassen, was dazu führte, dass die Steuereinnahmen in den 1950er-Jahren noch stärker wuchsen als das Sozialprodukt. Nach den erheblichen Steuersenkungen 1953/54 galt dies nicht für die Jahre 1954 und 1955, doch bereits 1956 überholten die Steuereinnahmen wieder das Sozialproduktwachstum.

Dies führte dazu, dass Schäffer nicht nur Haushaltsdefizite vermied, sondern sogar Überschüsse produzierte. Während Reagan später die Notwendigkeit von Sozialkürzungen mit der hohen Staatsverschuldung zu begründen suchte, bildeten Schäffers Haushaltsüberschüsse eine wichtige Grundlage für die Durchsetzung der Rentenreform 1957.

Grafik 93

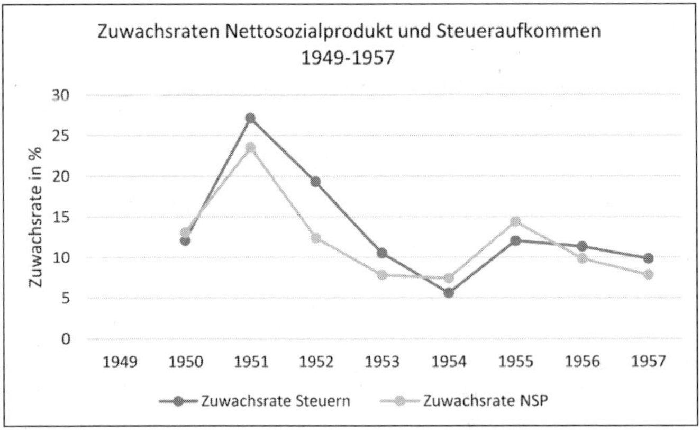

Quelle: Zeitel, Steuerlastverteilung, S. 17

So half Schäffer gegen seinen eigenen Willen zum Ende seiner Amtsperiode doch noch einer Reform mit auf den Weg, die vor allem den bisherigen Verlierern seiner Politik zugutekam. Denn darüber, dass Schäffers Steuer- und Haushaltspolitik vorrangig den Spitzenverdienern und Vermögenden Vorteile brachte, herrscht große Einigkeit in der Forschung.[102] Die Proteste gegen diese Politik hielten sich aber in Grenzen, weil das Wirtschaftswachstum schichtübergreifend zu deutlichen Einkommenszugewinnen führte, so dass der von Ulrich Beck beschriebene Fahrstuhleffekt einzusetzen begann. Dieser ermöglichte die mehrheitliche Zustimmung der bundesrepublikanischen Bevölkerung zu der verfolgten

102 Frederick G. Reuss, Fiscal Policy for Growth Without Inflation. The German Experiment, Baltimore 1963, S. 279; Roskamp, Capital Formation, S. 240-250; Wallich, Mainsprings, S. 47; Muscheid, Steuerpolitik, S. 65; Peter Lohse, Die Berücksichtigung finanzwissenschaftlicher Vorstellungen in der deutschen Steuerpolitik, Frankfurt am Main 1968 (Diss. Uni Frankfurt), S. 267. Zeitgenössische Kritik aus sozial-christlicher Perspektive: Paul Jostock, Das Sozialprodukt und seine Verteilung, Paderborn 1955. Aus SPD-Sicht: Heinrich Deist, Der Weg zu einer gerechten Vermögensverteilung, in: Die neue Gesellschaft 7 (1960) 6, S. 427-439.

Export-Spar-Politik, obwohl die Topverdiener von ihr noch mehr profitierten als andere Einkommensschichten und ihr Anteil am Gesamteinkommen anstieg.[103]

Der Fahrstuhleffekt führte zwar dazu, dass die unteren Schichten sich einen bisher den Mittelschichten vorbehalten Konsumstandard leisten konnten, aber die soziale Schere der Einkommens- und Vermögensverteilung ging eher weiter auf, als dass es zu der von Schelsky behaupteten Nivellierung kam.[104] Seine breite Resonanz dürfte Schelskys Schlagwort der nivellierten Mittelstandsgesellschaft eher gefunden haben, weil es dem damaligen Gefühl entsprach, dass es aufwärts ging und damit vielleicht neue Harmonie einkehren könnte.[105] Insofern traf die harte Kritik von Ralf Dahrendorf, in der Vorstellung einer nivellierten Gesellschaft klinge das nationalsozialistische Konzept der Volksgemeinschaft an,[106] vor allem auf die öffentliche Aufnahme des Schlagworts zu, während Schelsky selbst die nivellierte Gesellschaft weder als Ideal noch als konfliktlos beschrieb.[107] Das sah auch Dahrendorf, doch warf er Schelsky vor, durch die Behauptung einer real nicht vorhandenen Aufstiegs-

103 Zu den entsprechenden Zahlen siehe Grafik 97, S. 689 in diesem Buch.

104 Helmut Schelsky, Wandlungen der deutschen Familie in der Gegenwart. Darstellung und Deutung einer empirisch-soziologischen Tatbestandsaufnahme, Dortmund 1953. Später als Antwort auf seine Kritiker: ders., Die Bedeutung des Klassenbegriffs für die Analyse unserer Gesellschaft, in: Jahrbuch für Sozialwissenschaft 12 (1961), S. 237-269.

105 Hans Braun, Helmut Schelskys Konzept der nivellierten Mittelstandsgesellschaft und die Bundesrepublik der 1950er-Jahre, in: Archiv für Sozialgeschichte 29 (1989), S. 199-223; Jens Hacke, Der Intellektuelle und die Industriegesellschaft. Arnold Gehlen und Helmut Schelsky in der frühen Bundesrepublik, in: Harald Bluhm/Walter Reese-Schäfer (Hg.), Die Intellektuellen und der Weltlauf. Schöpfer und Missionare politischer Ideen in den USA, Asien und Europa nach 1945, Baden-Baden 2006, S. 233-258; Clemens Albrecht, Reflexionsdefizit der Sozialstrukturanalyse? Helmut Schelsky und die »nivellierte Mittelstandsgesellschaft«, in: Alexander Gallus (Hg.), Helmut Schelsky – Der politische Anti-Soziologe. Eine Neurezeption, Göttingen 2013, S. 86-99.

106 Ralf Dahrendorf, Gesellschaft und Demokratie in Deutschland, München 1968, S. 143; Gerhard Schäfer, Der Nationalsozialismus und die soziologischen Akteure der Nachkriegszeit: am Beispiel Helmut Schelskys und Ralf Dahrendorfs, in: Michaela Christ/Maja Suderland (Hg.), Soziologie und Nationalsozialismus, Berlin 2014, S. 119-161, hier S. 149.

107 Bernhard Löffler, Rahmenbedingungen, in: BMAS (Hg.) Geschichte der Sozialpolitik in Deutschland seit 1945, Bd. 4: 1957-1966, Baden-Baden 2007, S. 1-85, hier S. 35 f.

mobilität für Angehörige der Unterschichten zu dieser Aufnahme beizutragen: »Die schichtenlose Gesellschaft liefert die Ideologie, die die äußere Seite der fehlenden Gleichheitschancen in Deutschland verdeckt.«[108]

108 Dahrendorf, Gesellschaft, S. 142.

Kapitel 18

Gab es eine zweite Phase der Sozialen Marktwirtschaft? Mittelstandsförderung und Ausgabesteigerungen unter wirtschaftsliberalen Finanzministern (1957-1966)

In den ersten Jahren der Bundesrepublik Deutschland hatten Adenauer und die CDU/CSU den Schwerpunkt auf die Durchsetzung der Marktwirtschaft und die außenpolitische Festschreibung der Westbindung gelegt. Die SPD vertrat demgegenüber eine stärker planwirtschaftliche Konzeption und hielt am Ziel einer möglichst baldigen Wiedervereinigung fest. Als die CDU/CSU 1957 allein die Regierung bilden konnte, hatte sie sich in diesen beiden zentralen Streitpunkten endgültig durchgesetzt. Auch die SPD akzeptierte diese Weichenstellungen zunehmend. Insbesondere wandelte sie sich mit dem Godesberger Programm zu einer Befürworterin der Marktwirtschaft. Diese Kursänderung der Sozialdemokratie führte auch zu einem Prozess der inhaltlichen Annäherung der beiden großen Volksparteien.

Wirtschaftspolitisch hatte sich die Bundesregierung in den ersten Jahren stark auf die Überwindung des Kapitalmangels und die Ankurbelung volkswirtschaftlichen Wachstums konzentriert. Von diesem Export-Spar-Programm profitierte insbesondere die Großindustrie. Ihr kam ein Großteil der Steuer- und Sondervergünstigungen zugute und sie erhielt zur Förderung des Exports bevorzugt knappe Rohstoffe zugeteilt. Demgegenüber fanden die mittelständische Industrie und insbesondere der Mittelstand[1] zwar in den

1 Bis Anfang der 1960er-Jahre dominierte in den öffentlichen Debatten der Bundesrepublik der ältere Begriff des Mittelstands, der dann zunehmend vom Begriff der Mittelschicht abgelöst wurde. Da in den Regierungsdokumenten der frühen 1960er-Jahre auch mehrheitlich der Mittelstandsbegriff verwendet wurde, wird dem auf den folgenden Seiten weitgehend gefolgt. Zur Begrifflichkeit: Werner Conze, Mittelstand, in: Otto Brunner/Werner Conze/Reinhart Koselleck (Hg.), Geschichtliche Grundbegriffe, Bd. 4, Stuttgart 1978, S. 49-92; Dagmar Hilpert,

Programmen der großen Parteien in Deutschland prominente Erwähnung, aber im Vergleich zur Großindustrie profitierten sie schwächer vom Wirtschaftsaufschwung. So kamen viele mittelständische Betriebe unter den Bedingungen der Kapitalknappheit nur schwer an Kredite. Dadurch setzte sich der wirtschaftliche Konzentrationsprozess fort und die Zahl der Betriebe in Deutschland nahm ab.[2] Die Verbände des Mittelstands hatten sich zu Beginn der 1950er-Jahre diesem Trend vor allem propagandistisch entgegengestemmt mit einer klassisch-ständischen Ideologie, nach der Handwerker keine Kapitalisten seien, sondern ihre Arbeit liebten und der Gemeinschaft dienten. Wiewohl diese Selbstpräsentation bei den Parteien durchaus auf Resonanz stieß, ließ sich mit ihr letztlich kein politischer Gewinn erzielen.[3]

Mitte der 1950er-Jahre setzte darum ein Umdenken bei führenden Köpfen des Mittelstands ein. Man nahm die liberale Diktion Erhards auf und forderte mehr Marktgerechtigkeit und die Beseitigung von Gesetzen, die den Konzentrationsprozess beförderten. Kleine und mittlere Industriebetriebe sowie Handwerk und Handel wurden als wesentliche Elemente einer funktionierenden Marktwirtschaft präsentiert, die allein dazu in der Lage seien, die Tendenz zur Oligopolbildung zu bekämpfen. Mit dieser Politik suchte der klassische Mittelstand nun stärker den Schulterschluss mit der klein- und mittelständischen Industrie. Voraussetzung eines solchen Bündnisses war ein Verzicht auf die überkommene Stände-Ideologie und die Betonung konvergierender Interessen insbesondere gegenüber der Großindustrie. Diese Politik erwies sich beispielsweise in der CDU/CSU-Bundestagsfraktion als relativ erfolgreich, wo die Gruppe der Mittelstandsvertreter ab Mitte der 1950er-Jahre an Einfluss gewann.[4] So kann es auch nicht verwundern, dass

Wohlfahrtsstaat der Mittelschichten? Sozialpolitik und gesellschaftlicher Wandel in der Bundesrepublik Deutschland (1949-1975), Göttingen 2012, S. 16-20.

2 Abdolreza Scheybani, Handwerk und Kleinhandel in der Bundesrepublik Deutschland. Sozioökonomischer Wandel und Mittelstandspolitik, München 1996, S. 24-87 und 507; Ursula Beyenburg-Weidenfeld, Wettbewerbstheorie, Wirtschaftspolitik und Mittelstandsförderung 1948 - 1963, Stuttgart 1992, S. 161-165; Heinrich August Winkler, Stabilisierung durch Schrumpfung. Der gewerbliche Mittelstand in der Bundesrepublik, ders., Liberalismus und Antiliberalismus. Studien zur politischen Sozialgeschichte des 19. und 20. Jahrhunderts, Göttingen 1979, S. 145-159.

3 Scheybani, Handwerk, S. 502 f.

4 Ebd., S. 498.

Adenauer in der Regierungserklärung 1957 die gesellschaftliche und wirtschaftliche Bedeutung der »Mittelklasse« deutlich hervorhob.[5]

Diese stärkere Berücksichtigung mittelständischer Belange, die zu dem Zeitpunkt noch wesentlich solche des nationalen Marktes waren, führte aber keineswegs zu einer Abkehr vom Export-Spar-Modell. Dessen Grundzüge blieben vielmehr handlungsleitend, und der Exportanteil am Bruttosozialprodukt stieg von 9 (1950) auf 17 (1960) und 23 Prozent (1970).[6] Die Außenhandelsabhängigkeit war damit schon in den 1960er-Jahren weit stärker, als sie im Kaiserreich jemals gewesen war. Aber durch den Erfolg der bisherigen Politik blieben nun mehr Platz und Mittel für die Probleme und Wünsche des Mittelstands.

Die Zusammensetzung des Kabinetts in der dritten Wahlperiode verhieß eine noch entschiedenere wirtschaftsfreundliche und ordoliberale Ausrichtung der Politik als in den beiden vorherigen Wahlperioden. Mit Ludwig Erhard, Franz Etzel und Hermann Lindrath (Bundesminister für den wirtschaftlichen Besitz des Bundes) gehörten ihm drei Minister an, die für wirtschaftsliberale Positionen standen. Dagegen stellten die CDU-Sozialausschüsse statt drei nur noch einen Minister.[7]

Doch auch bei einigen Ordoliberalen kam die Kritik an der zunehmenden Konzentration der Wirtschaft und den überproportional hohen Einkommens- und Vermögenszugewinnen an der Spitze durchaus an. Besonders eingehend beschäftigte sich Alfred Müller-Armack mit diesen Fragen, die er mit der Einleitung einer zweiten Phase der Sozialen Marktwirtschaft lösen wollte. Müller-Armack übernahm dieses Schlagwort allerdings von Finanzminister Etzel. Dieser hatte es erstmalig bei seinem Referat auf dem Frankfurter Wirtschaftstag verwendet. Dem Kanzler stellte Etzel sein finanzpolitisches Programm, wie der *Spiegel* berichtete, auch als

5 Regierungserklärung 1957, in: 3. Sitzung des Dritten Bundestags vom 29. 10. 1957, S. 19 (C-D).

6 Peter Kielmannsegg, Das geteilte Land. Deutschland 1945-1990, München 2004, S. 476.

7 Dietrich, Eigentum, S. 277 f., die Rede ist von Arbeitsminister Theodor Blank. Hans-Peter Schwarz ordnete noch einen zweiten Minister, den für gesamtdeutsche Fragen zuständigen Ernst Lemmer, zumindest dem Umfeld der Sozialausschüsse zu: Hans-Peter Schwarz, Die Ära Adenauer. Epochenwechsel 1957-1963, Stuttgart 1989, S. 26.

»Wirtschaftsprogramm der zweiten Phase der Sozialen Marktwirtschaft« vor, was bei Adenauer auf Zustimmung gestoßen sein soll.[8] Etzel hatte dabei vor allem eine breitere Streuung des Eigentums im Sinn.[9] Müller-Armack baute das dem Schlagwort zugrundeliegende Konzept in der zweiten Hälfte der Legislaturperiode jedoch erheblich aus und forderte eine bildungs- und gesellschaftspolitische Erweiterung der bisherigen sozialen Marktwirtschaft. Insbesondere die bessere Ausbildung möglichst vieler Menschen hielt er für die Förderung von Aufstiegsmobilität für zentral.[10] Erhard hielt von den neuen Ideen seines Staatssekretärs freilich wenig, weil sie ihm zu sehr nach staatlichem Eingriff in die Wirtschaft klangen.[11] So kamen Müller-Armacks Vorstellungen allenfalls in Ansätzen zum Tragen. Die Regierung setzte bei der Bekämpfung der wachsenden Ungleichheit stattdessen vor allem auf die Förderung einer breiteren Streuung des Eigentums, die durch die steuerliche Begünstigung bestimmter von den Unter- und Mittelschichten genutzter Spar- und Anlageformen erreicht werden sollte.[12]

Eine andere Möglichkeit wäre ein weiterer Ausbau des Sozialstaates gewesen, der mit der Rentenreform gerade erst begonnen hatte. Doch die umfassende Kritik an der Reform sowohl von liberaler wie von konservativer Seite führte Adenauer dazu, in der Regierungserklärung vor dem »Abgleiten in einen totalen Versorgungsstaat«[13] zu warnen.[14] In der verkündeten Regierungspolitik

8 »Der Wolf ist tot«, in: Spiegel 44/1957 vom 29.10.1957.

9 Siehe sein Referat auf dem Frankfurter Wirtschaftstag 1957, sowie: Gerhard Stoltenberg, Wendepunkte. Stationen deutscher Politik 1947 bis 1990, Berlin 1997, S. 112 f.

10 Alfred Müller-Armack, Die zweite Phase der Sozialen Marktwirtschaft. Ihre Ergänzung durch das Leitbild einer neuen Gesellschaftspolitik (1960), in: ders., Wirtschaftsordnung und Wirtschaftspolitik. Studien und Konzepte zur Sozialen Marktwirtschaft und zur europäischen Integration, Freiburg 1966, S. 267-291; Bernhard Löffler, Soziale Marktwirtschaft und administrative Praxis. Das Bundeswirtschaftsministerium unter Ludwig Erhard, Stuttgart 2002, S. 110-121.

11 Karl Georg Zinn, Soziale Marktwirtschaft. Idee, Entwicklung und Politik der bundesdeutschen Wirtschaftsordnung, Mannheim 1992, S. 48 f.

12 Siehe unten.

13 Regierungserklärung 1957, in: 3. Sitzung des Dritten Bundestags vom 29.10.1957, S. 21 (A).

14 Hans Günter Hockerts betont, dass die bürgerlichen Parteien in Frankreich und Großbritannien Ende der 1950er-Jahre ähnlich argumentierten: Hans Günter Hockerts, Die Entwicklung vom Zweiten Weltkrieg bis zur Gegenwart, in: Peter

stellte der Sozialstaatsausbau also keineswegs ein Ziel dar, auch wenn es insbesondere im Arbeitnehmerflügel der Union zahlreiche Befürworter*innen einer solchen Politik gab.

Im Schatten Schäffers: Der schwierige Start des neuen Finanzministers Franz Etzel

Die Presse und insbesondere die Wirtschaftspresse bereitete dem neuen Finanzminister einen freundlichen Empfang.[15] Inhaltlich hatte Etzel mit seinem Adenauer übersandten Memorandum ein zukünftiges finanzpolitisches Programm skizziert.[16] Im Zentrum stand eine neue Sparpolitik, die, anders als diejenige unter Schäffer, nicht das staatliche, sondern das private Sparen anregen und dadurch den Kapitalmarkt in Schwung bringen würde. Ziel war eine neue Eigentumspolitik, die vor allem dem Aufbau von Vermögen in der Mittelschicht dienen sollte. Hierfür sollten neue steuerliche Vergünstigungen für Sparverträge und andere Formen privater Kapitalbildung geschaffen werden.

Im Gegensatz zu seinen Ankündigungen – Etzel hatte auf dem Frankfurter Wirtschaftstag öffentlich gefordert, dass Deutschland wieder ein »Volk von Eigentümern« werden müsse – war ein Fokus auf die Mittelschichten in seinem Konzeptpapier allerdings nur bedingt zu erkennen. Hier präsentierte er vor allem die klassischen Forderungen der Wirtschaftsverbände nach einer weiteren Steuersatzsenkung mit einem Spitzensatz der Einkommensteuer von höchstens fünfzig Prozent, Steuervereinfachung, einer Beseitigung der Kapitalertragsteuer, der Streichung des Notopfers Berlin für die Körperschaftsteuer, der steuerlichen Begünstigung privater Unternehmen beim Aufbau finanzieller Reserven und dem Wegfall von

A. Köhler/Hans F. Zacher (Hg.), Beiträge zu Geschichte und aktueller Situation der Sozialversicherung, Berlin 1983, S. 141-166, hier S. 154.

15 Dietrich, Eigentum, S. 276.

16 »Der Wolf ist tot«, in: Spiegel 44/1957 vom 29. 10. 1957. Siehe auch: Yorck Dietrich, Franz Etzel als Finanzpolitiker, in: Historisch-politische Mitteilungen 2 (1995), S. 173-187, hier S. 182; Fritz Hellwig, Adenauers Verhältnis zu Wirtschaft und Gesellschaft, in: Hans Pohl (Hg.), Adenauers Verhältnis zu Wirtschaft und Gesellschaft, Bonn 1992, S. 88-111, hier S. 100.

Steuerbegünstigungen für öffentliche Unternehmen. Etzel nannte dies »eine Änderung der Steuerpolitik unter Verzicht auf soziale Vorurteile [gemeint: gegen Unternehmer; M. B.] und wirtschaftswidriges fiskalisches Denken«.[17] Daneben enthielt das Programm in seinen einführenden Bemerkungen auch ungewöhnliche Forderungen. So verlangte Etzel eine gleichzeitige Verabschiedung von Steuer- und Haushaltsgesetzen und eine Reihe von Maßnahmen, die dem Haushaltswachstum einen Riegel vorschieben sollten. Zudem formulierte er zwei Forderungen, die ansonsten eher von der SPD erhoben wurden: Er verlangte die Einführung einer Bundesfinanzverwaltung und einen stärkeren Einbezug mittel- und langfristiger Planungen in die Haushaltsaufstellung (vierjährige Vorausschau). Dies entsprach in gewisser Weise den Vorstellungen sowohl der Vertreter großer Kapitalgesellschaften als auch der Gewerkschaften. Beide Interessengruppen sprachen sich in der Regel für einen stärkeren Zentralismus und längerfristige politische Planung aus, weil sie glaubten, dass die von ihnen vertretenen Gruppen davon profitieren könnten. Es waren dagegen vor allem die mittelständische Industrie sowie der klassische Mittelstand, die sich dem entschieden entgegenstellten, weil sie der Auffassung waren, dass ihre Interessen stärker berücksichtigt werden würden, wenn die finanziellen Entscheidungen vor Ort bzw. in der Region fielen.

Adenauer war gegenüber Etzels Programm und seiner engen Anlehnung an Forderungen der Industrie skeptisch. Deswegen bat Kanzleramtschef Hans Globke den Finanzwissenschaftler Horst Jecht um ein Gutachten zu Etzels Papieren. Da Jecht allerdings nicht mitgeteilt wurde, wer der Verfasser des Papiers war und wer seine Kritik zu sehen bekommen sollte, formulierte er seine Kritik eher vorsichtig.[18] Ein Mitarbeiter des Bundeskanzleramtes spitzte die Kritik Jechts darum für Adenauer zu. Nach Jecht war die Ausarbeitung zu sehr auf ein finanzpolitisches Ziel fixiert: die Förderung des Kapitalmarktes. Um diese zu erreichen, würden zu-

17 Etzel überreichte Adenauer zwei Papiere mit den Titeln »Finanzpolitische Vorschau« (7 Seiten) und »Wirtschafts-, Finanz- und Steuerpolitik« (3 Seiten), in: BAK, B 136/7151. Eine wichtige Basis für die Papiere bildete Schiettingers und Hellwigs Zusammenstellung »Steuer- und Finanzprogramm des Frankfurter Wirtschaftstages«, in: BAK, Nachlass Etzel, N 1254/171.

18 Schreiben Jecht an Globke vom 1. 10. 1957, an das seine Kritik an Etzels Papier angehängt ist, in: BAK, B 136/7151.

dem vorwiegend untaugliche Mittel vorgeschlagen, nämlich die weitere Förderung der Selbstfinanzierung der Unternehmen und eine unrealistische Beschneidung öffentlicher Ausgaben. Drei bedeutende Ziele würden dagegen nicht berücksichtigt oder durch die angedachten Maßnahmen sogar gefährdet: »a) Die Aufgabe der Sicherung eines stabilen volkswirtschaftlichen Wachstums. […] b) Die finanzpolitische Förderung einer echten Gesundung des Mittelstandes. Davon ist ebenso wenig die Rede wie c) von der Förderung der Eigentumsbildung breiter Schichten.«[19] Als Fazit hielt der Bearbeiter des Kanzleramts fest: »Bei diesem Gesamtbild erweckt die ›Finanzpolitische Vorschau‹ den Eindruck, als habe sie fast nur recht kurzfristige Interessen der Industrie im Auge.«[20]

In der Regierungserklärung versprach der Bundeskanzler wie bereits 1949 »eine echte Steuer- und Finanzreform«,[21] doch wie diese aussehen sollte, ließ Adenauer ganz im Ungefähren. Die künftige Wirtschafts- und Finanzpolitik skizzierte er ebenfalls nur sehr vage. Ins Zentrum stellte er dabei, dass sich die Wirtschaft nicht weiter konzentrieren und auf immer weniger Großbetriebe reduzieren sollte. Handwerk, Handel, Gewerbe und Landwirtschaft würden gleichermaßen gebraucht und müssten darum allesamt durch das Wirtschaftsministerium gefördert werden. Als wichtige Mittel dafür nannte er die »Schaffung von Kapital« und die »Streuung des Besitzes«.[22] Grundlage für alles sei aber die Stabilisierung des volkswirtschaftlichen Wachstums. Dafür sollte die Spartätigkeit gefördert und eine Volksaktie eingeführt werden. Insgesamt war dies die bis dahin am wenigsten konkrete Regierungserklärung Adenauers. Koalitionsverhandlungen, in denen inhaltliche Eckpunkte ausgehandelt worden wären, hatte es nicht gegeben, und die CDU/CSU nutzte die sich durch die Alleinregierung bietende Möglichkeit, sich vorerst wenig festzulegen. Laut Yorck Dietrich entsprach das vage Regierungsprogramm im Wesentlichen den von Etzel und

19 Notiz Kaplan zur »Finanzpolitischen Vorschau«, in: ebd.

20 Ebd.

21 3. Sitzung des Dritten Bundestags vom 29.10.1957, S.19 (A). Dies wurde dem Bundeskanzler in der Wahlperiode von der Opposition vorgehalten. Siehe etwa den Beitrag von Freiherr von Stamm-Kuhlmann (FDP) zum Steueränderungsgesetz 1960, in: 155. Sitzung des Dritten Bundestags vom 20.4.1961, S.8919 (B).

22 Ebd., S.19 (D).

dem Frankfurter Wirtschaftsprogramm skizzierten Vorstellungen.[23] In Kenntnis von Jechts Gutachten ist diese Interpretation jedoch nicht haltbar. Vielmehr standen jene drei Punkte im Zentrum von Adenauers Programm, die nach Jecht in Etzels Ausführungen fehlten: volkswirtschaftliche Wachstumspolitik, Mittelstandsförderung und Eigentumsbildung für breite Schichten.

Für diese Deutung spricht auch die Tatsache, dass Adenauer nach der Regierungserklärung bei Jecht ein Gutachten zur zukünftigen Finanzpolitik in Auftrag gab, aus dem dann über das nächste Jahr schließlich drei Gutachten wurden.[24] Als Ausweis des Vertrauens des Bundeskanzlers in seine finanzpolitischen Planungen kann Etzel dies kaum interpretiert haben. Allerdings sollten die Unterschiede, die zwischen Etzels erstem Programmentwurf und Adenauers respektive Jechts Zielsetzung bestanden, auch nicht überbetont werden. Etzel wird Adenauers Kritik der Wirtschaftskonzentration nicht geteilt haben, aber Mittelstandsförderung und eine Eigentumsbildung für breitere Schichten ließen sich sehr wohl mit seinen Vorstellungen verbinden.

Etzel schien sich im Ministeramt erst orientieren zu müssen, weswegen der Eindruck entstand, dass er die angekündigte Steuerreform zugunsten des Kapitalmarkts nicht entschieden vorantrieb. Dies führte nun auch zu Kritik aus jenen Kreisen, die ihn ins Amt gedrängt und gehievt hatten. Anfang Dezember forderte ihn der aus der Schwerindustrie stammende Konsul Albrecht Pickert,[25] ein langjähriges Mitglied des Wirtschaftsbeirats der CDU und ein entschiedener Anhänger des südafrikanischen Apartheids-Regimes, in einem Brief zu schnellem Handeln auf: »Unser Steuersystem muß mit der Kapitalfeindlichkeit brechen. Die Kapital- und Eigentumsbildung sind unser Schicksal. Schon wird davon gesprochen, frühestens 1959 seien Maßnahmen technisch durchführbar. Das wäre wesentlich mehr als eine große Enttäuschung. Es kommt nicht auf

23 Dietrich, Eigentum, S. 280.

24 Siehe dazu BAK, B 136/1069.

25 Albrecht Pickert war nach dem Krieg Geschäftsführer der durch den Bau vieler Rheinbrücken bekannten Firma Hein, Lehmann & Co. aus Düsseldorf. Er wechselte später als Geschäftsführer zu den Schmöle-Metallwerken mit Sitz im Sauerland. Von 1965 bis 1970 war er Vorsitzender der »Deutsch-Südafrikanischen Gesellschaft« (DSAG), der zentralen industriellen Lobby-Organisation für die Zusammenarbeit mit dem Apartheid-Regime.

Perfektionismus an, sondern darauf, daß schnell im Wichtigsten etwas geschieht.«[26]

Die Förderung der Hausfrauenehe: Die Steuerreform 1958

Nach dem Jahreswechsel verstärkte sich der Druck auf Etzel, die Vorlage eines neuen Steuergesetzes zu beschleunigen, noch weiter. Der Hauptgrund hierfür war, dass das Bundesverfassungsgericht am 17. Januar 1957 die bisherige Form der Ehegattenbesteuerung als nicht verfassungskonform bewertet hatte, weil Ehepaare nach diesem Verfahren höher besteuert wurden als zwei Alleinstehende und sich dies nach Ansicht des Gerichts nicht mit dem im Grundgesetz festgeschriebenen Schutz der Ehe vereinbaren ließ. Das Bundesfinanzministerium wurde von dieser Entscheidung völlig überrascht. Es hatte damit gerechnet, dass seine bisherige Argumentation, wonach das gemeinsame Wirtschaften in der Ehe Kostenvorteile bringe, die eine höhere Steuer rechtfertigten, Bestand haben würde.[27]

Die Bundesregierung verabschiedete für das Jahr 1957 eine Übergangslösung, die den Steuerpflichtigen die Wahl zwischen getrennter Veranlagung sowie vollständiger oder eingeschränkter Zusammenveranlagung ließ. Der Steuerausfall durch dieses Optionsmodell wurde auf über eine Milliarde DM pro Jahr taxiert.[28] Für das Steuerjahr 1958 sollte nun schnellstmöglich eine endgültige Regelung gefunden werden. Dies geschah schließlich im Rahmen eines umfassenden Reformpakets, welches aus fünf Gesetzen bestand. Im Mittelpunkt standen erneut Veränderungen in der Einkommensteuer. Die vorgenommenen Tarifsenkungen sahen dabei auf den ersten Blick weniger einschneidend aus als bei der Reform 1954, aber in der Kombination mit der Einführung des Splittings bedeuteten sie erneut erhebliche Steuerausfälle.

Der Kernpunkt der Reform lag in der Entscheidung über die zukünftige Form der Ehegattenbesteuerung, die in ihren Grundzügen

26 Schreiben Pickert an Etzel vom 9.12.1957, in: ACDP, NL Becker, 1-162, 052/8.

27 Wersig, Lange Schatten, S. 110 und 121 f.

28 Schreiben des Bundesfinanzministers an den Staatssekretär im Bundeskanzleramt vom 13.5.1957, in: BAK, B 126/22804, Ordner 2, Bl. 96

heute noch besteht und dementsprechend erhebliche Langzeitwirkung entfaltet hat. Als ernsthafte Alternativen wurden damals drei Möglichkeiten ins Auge gefasst: eine komplette Individualbesteuerung der Ehepartner, ein Splitting-Verfahren oder ein sogenanntes veredeltes Splitting, dass die Vorteile des Splitting-Verfahrens für hohe Einkommen beschränkt.[29] Die Individualbesteuerung hätte den Vorteil gehabt, dass mit ihr formal alle unabhängig von ihrem Geschlecht in gleicher Weise nach Einkommenshöhe besteuert worden wären. Doch die Mehrheit im Wissenschaftlichen Beirat des Bundesfinanzministeriums und im Ministerium selbst sowie etwa auch der DGB lehnten dieses Verfahren ab, weil es Paare mit Lohneinkommen gegenüber solchen mit Einkünften aus selbständiger Tätigkeit benachteiligte, denn nur für Letztere bestand die Möglichkeit, ihre Einnahmen zu gleichen Teilen auf die Ehepartner aufzuteilen und so ihre Steuerbelastung zu minimieren.[30] Das Finanzministerium befürchtete deswegen hohe Steuereinbußen bei den Topverdienern. Allein schon wegen dieser verteilungspolitischen Argumente hatte die Individualbesteuerung keine Chance. Sie wurde aber darüber hinaus auch von konservativen Kreisen und den Kirchen bekämpft, die als Folge eine aus ihrer Sicht unerwünschte vermehrte Arbeitsaufnahme von Ehefrauen befürchteten. Das Finanzministerium hatte in einem Entwurf von 1955 gar die steigende Erwerbsquote von Ehefrauen für steigende Scheidungsraten in Deutschland verantwortlich gemacht.[31] Für eine getrennte Veranlagung traten vor allem die Frauenverbände, die FDP, der Bund der Steuerzahler und die Wirtschaftsverbände ein, doch sie konnten sich argumentativ nicht durchsetzen.[32]

Damit war die Entscheidung für die Einführung eines Split-

29 Muscheid, Steuerpolitik, S. 78.

30 Stellungnahme zur Neuordnung der Ehegattenbesteuerung vom 1.4.1958, in: Wissenschaftlicher Beirat beim BMF (Hg.), Wissenschaftlicher Beirat, S. 147-154, hier S. 148. Zur Position des DGB siehe Schreiben des DGB-Bundesvorstands an den Bundesfinanzminister vom 31.10.1957, in: BAK, B 126/22805, Ordner 2, Bl. 80, sowie den Artikel des Referenten für finanz- und steuerpolitische Fragen im Wirtschaftswissenschaftlichen Institut (WWI) der Gewerkschaften: Günther Pehl, Veredeltes Splitting als künftige Grundlage der Ehegattenbesteuerung?, in: Wirtschaftswissenschaftliche Mittelungen 9 (1957), S. 3-8.

31 Wersig, Lange Schatten, S. 113.

32 Bund der Steuerzahler, Einzeldarstellung Nr. 29: Ehegattenbesteuerung, Stuttgart 1956; Wersig, Lange Schatten, S. 117-120.

ting-Verfahrens gefallen. Beim Splitting wurden die Gesamteinnahmen eines Paares durch zwei geteilt, so dass beide Partner dasselbe Einkommen zur Steuer veranlagten. Durch den progressiven Einkommensteuersatz brachte dies vor allem Vorteile, wenn das gemeinsame Einkommen hoch war und sich die Höhe der individuellen Einkommen deutlich unterschied. Die größten Gewinner beim Splitting waren dementsprechend Haushalte, in denen der eine Partner ein hohes Einkommen hatte und der andere gar keines. Allerdings galt dies nicht für die absoluten Spitzeneinkommen, weil der Splitting-Vorteil wegfiel, wenn das zusammengelegte Einkommen doppelt so hoch war wie der Satz, ab dem die höchste Progressionsstufe erreicht war, weil dann auch für die aufgeteilten Einkommen jeweils der Spitzensteuersatz fällig wurde.

Die durch das Splitting herbeigeführte Besserstellung einkommensstarker Einverdienerehen wurde insbesondere von den Gewerkschaften und der SPD kritisiert, aber auch der Wissenschaftliche Beirat des Bundesfinanzministeriums hielt diesen Effekt für unerwünscht. Die Kritiker plädierten für eine Begrenzung des Splitting-Effekts, z. B. durch eine Regelung, wonach ab einer bestimmten Einkommenshöhe die Aufteilung nicht hälftig, sondern nach einem 60:40-Schlüssel vorgenommen werden sollte. Das Finanzministerium stand dem Vorschlag eher skeptisch gegenüber, weil der Splitting-Vorteil vorerst ohnehin nur wenigen Paaren zugutekam und eine weitere Einschränkung Zweifel am Sinn der ganzen Regelung hätte wecken können. Mit dem Splitting-Tarif wurde die neue Steuerklasse IV eingeführt. Sie hatte zur Folge, dass beide Ehepartner bei einer Arbeitsaufnahme der Ehefrau in die Steuerklasse IV eingestuft wurden. Während bis dahin dem Ehemann alle Freibeträge in der Steuerklasse III gutgeschrieben und die Verdienste der Ehefrau in Steuerklasse I hoch besteuert wurden, fand nun eine gleichmäßige Aufteilung der Grund- und Kinderfreibeträge auf die beiden Ehepartner statt. Damit stellte sich im Regelfall ein Zugewinn beim Nettoeinkommen der Frau und ein Verlust beim Nettoeinkommen des Mannes ein.

Nachdem der Grundsatzentscheid für ein Splitting ohne Einschränkung gefallen war, wurde der Einkommensteuertarif so umgebaut, dass für Ehepaare mit unterschiedlichsten Einkommen eine ähnliche Entlastung und eine Besserstellung gegenüber Unverheirateten eintrat. Diese Besserstellung sollten im Bereich der niedrigen und mittleren Einkommen vor allem Freibeträge und insbesondere die Erhöhung der Kinderfreibeträge gewährleisten. Um die Bevorteilung Gutverdienender durch das Splitting auszugleichen, entschied man sich, die Steuersätze für mittlere Einkommen deutlicher zu senken als die für Spitzenverdiener und die Steuerfreigrenze deutlich auf 1680 DM anzuheben. Letzteres hatte zur Folge, dass mindestens zwei Millionen vormalige Lohn- und Einkommensteuerzahler aus der Besteuerung herausfielen.

Um die Steuerveranlagung zu vereinfachen, wurde die Proportionalzone, für die ein Steuersatz von zwanzig Prozent galt, auf Einkommen bis 8000 DM erweitert. Für das Jahr 1958 ging das Finanzministerium davon aus, dass 95 Prozent der Einkommensteuerzahler in dieser Zone lagen, für die sich dann auch kein Splitting-Vorteil ergab.[33] Nur fünf Prozent der Einkommensteuerpflichtigen fielen dagegen in die Progressivzone mit steil ansteigenden Steuersätzen. DGB und SPD kritisierten diese Ausweitung der Proportionalzone bis hinein in den Bereich hoher Einkommen als ungerecht und als Aushöhlung des Prinzips der Steuerprogression, doch auch in diesem Fall änderten die Lohn- und Einkommenszuwächse der nächsten Jahre das Bild schnell wieder. Auch für die Spitzeneinkommen sank der Steuersatz; der Spitzensatz der Einkommensteuer wurde von 58 weiter auf 53 Prozent reduziert.

Neben der Reform der Ehegatten- und Einkommensbesteuerung waren zwei weitere Elemente des Gesetzespakets von besonderer Bedeutung. Erstens veränderten sich die Körperschaftsteuersätze. Die Reform senkte den Satz für ausgeschüttete Gewinne von 30 auf 15 Prozent, während gleichzeitig der Satz für einbehaltene Gewinne leicht auf 47 Prozent angehoben wurde. Zudem führte man eine degressive Eingangsstufe für die Besteuerung einbehaltener Gewinne für Erträge unter 50 000 DM ein, die nur für personenbezogene Kapitalgesellschaften galt. Dies wurde von Finanzwissenschaftler*innen als Förderung des Mittelstands anerkannt, galt aber steuersystematisch als verfehlt, weil eine auf personenbezogene Kapitalgesellschaften beschränkte Vergünstigung kaum zu rechtfertigen war.[34]

Zweitens brachte das Gesetzespakt mit dem Sparprämiengesetz eine Sparförderung mit sich, die insbesondere auf die staatliche

33 Lohse, Berücksichtigung, S. 213.

34 Ebd., S. 218 f.; Muscheid, Steuerpolitik, S. 97.

Unterstützung des Sparens von Beziehern mittelhoher Einkommen zielte. Damit nahm das Ministerium die Kritik auf, dass bisher fast nur die Spitzenverdiener von der staatlichen Sparförderung profitiert hätten. Diese wurde nun durch Prämienhöchstbeträge gekappt.[35]

Die Steuerreform von 1958 sollte sich als die für lange Zeit letzte grundlegende Reform der Einkommensteuer erweisen, eine Umgestaltung vergleichbarer Tragweite fand in der alten Bundesrepublik nicht mehr statt. Sie markierte den Endpunkt eines siebenjährigen Prozesses, in welchem der Einkommensteuerspitzensatz von 95 auf 53 Prozent abgesenkt worden war. Bis zum Jahr 2000 verblieb der Einkommensteuerspitzensatz in Deutschland stabil in einem sehr engen Korridor von 53 bis 56 Prozent. Die Reform war zudem deshalb von bleibender Bedeutung, weil sie mit dem Splitting jene Form der Ehegattenbesteuerung etablierte, auf der bis heute die Privilegierung der gutsituierten Alleinverdienerehe fußt. Neben der Einkommensteuerreform hatte vor allem das Sparprämiengesetz größere Bedeutung, weil es für lange Zeit den Weg des steuergeförderten Sparens für kleine und mittlere Einkommen wies.

Die Gesamtverteilungswirkung der Reform lässt sich bis heute kaum abschätzen. Etzel kalkulierte, dass mit diesem Gesetzespaket zu der bereits 1957 wegen der Aufgabe der Zusammenveranlagung eingetretenen Einnahmeminderung von 1,33 Milliarden DM nun weitere Einnahmeausfälle von 840 Millionen DM für das Jahr 1958 hinzukommen würden. Davon gingen 400 Millionen DM auf das Konto des Sparprämiengesetzes, 350 Millionen DM auf die Tarifsenkungen in Einkommen- und Körperschaftsteuer und 90 Millionen auf die Kapitalverkehr- und die Vermögensteuer.[36] Wie sich dies auf der anderen Seite in Form von Steuererleichterungen auf die gesellschaftlichen Gruppen verteilte, ist bisher kaum abzuschätzen, so dass vor allem der Weg über die Reaktion der jeweiligen Interessenverbände einen Eindruck davon geben kann, welche Verteilungseffekte erwartet wurden.

35 Dietrich, Eigentum, S. 336-365.

36 Rede Etzel, in: 17. Sitzung des Dritten Bundestags am 13. 3. 1958. Siehe auch die genaue Aufschlüsselung: BT-Drs. 3/260-264 zu: Vorbemerkung der Bundesregierung zu den Steuerreformgesetzen 1958. Die Einnahmeausfälle bei der Kapitalverkehr- und Vermögensteuer kamen vor allem durch die Reduzierung der Steuersätze bei der Gesellschaftsteuer zustande.

Die Einführung des Splittings bevorteilte vor allem den unteren Teil der Oberschicht, weswegen es vor allem der Mittelstand war, der die Maßnahme begrüßte,[37] während die großen Industrieverbände die getrennte Veranlagung bevorzugt hätten. Für Arbeitnehmer brachte das Splitting keine Vorteile, so dass der DGB für eine Einschränkung seiner Effekte plädierte. Die höchsten Einkommen profitierten vor allem von der Senkung des Spitzensteuersatzes um fünf Prozentpunkte. Die Vorteile der unteren und mittleren Einkommensgruppen resultierten vor allen Dingen aus der Anhebung der Freigrenze und der Erhöhung der Freibeträge.

Die Änderungen bei der Körperschaftsteuer stießen auf ein geteiltes Echo. Während die Absenkung des Satzes für ausgeschüttete Gewinne von allen Wirtschaftsverbänden begrüßt wurde, kam vom BDI deutliche Kritik an der Erhöhung des Satzes für einbehaltene Gewinne, die auf die Erschwerung der Selbstfinanzierung der Industrie abzielte. Dies wurde von ordoliberalen Ökonomen zum Zwecke einer Erhöhung der betriebswirtschaftlichen Effizienz gefordert, stieß aber auf entschiedenen Widerstand bei der Industrie. Während die Verbände die leichte Satzerhöhung bei der Körperschaftsteuer noch zähneknirschend hinnahmen, führten sie gegen die Große Aktienrechtsreform, die die Selbstfinanzierung noch entschiedener einschränken sollte, einen ähnlich hartnäckigen Abwehrkampf wie gegen Erhards Kartellgesetzgebung. Und ähnlich wie beim Kartellgesetz gelang es der Industrie auch hier, den Regierungsentwurf weitgehend zu entkernen, so dass das Gesetz kaum noch das leisten konnte, wofür es die Regierung vorgesehen hatte.[38] Im Gegensatz zum BDI begrüßten die mittelständischen Unternehmer die Satzerhöhung bei der Körperschaftsteuer, weil die Annäherung von deren Spitzensatz an jenen der Einkommensteuer die als ungerecht empfundene Bevorteilung von Kapital- gegenüber Personengesellschaften reduzierte. Die Einführung eines degressiven Satzes in der Körperschaftsteuer kam vor allem kleinen und mittleren Industriebetrieben zugute.

Das Sparprämiengesetz förderte vor allem untere und mittlere Einkommensgruppen. Nach Zahlen für 1963 waren 72 Prozent der Prämiensparer Arbeitnehmer.[39] Die Verabschiedung des Gesetzes

37 Beyenburg-Weidenfeld, Wettbewerbstheorie, S. 260 f.

38 Dietrich, Eigentum, S. 305-309.

39 Ebd., S. 350.

gründete auf einem Kompromiss zwischen dem Arbeitnehmer- und dem Wirtschaftsflügel der CDU/CSU. Die frühen vermögenspolitischen Initiativen des Arbeitnehmerflügels, die auf betriebliches Miteigentum und einen Investivlohn abzielten, hatte der Wirtschaftsflügel als gefährliche Eingriffe in die Unternehmensautonomie entschieden abgelehnt. Die steuerliche Sparförderung hielt er zwar für ein überflüssiges, aber immerhin vergleichsweise ungefährliches Instrument der Vermögensförderung bei Arbeitnehmern.[40] Die Interessenvertreter des alten Mittelstands, insbesondere die Handwerksverbände, sowie Erhard und die FDP hatten das Gesetz, in dem sie einen unnötigen staatlichen Dirigismus bei den Sparformen sahen, massiv bekämpft. Hier kam also ein Gesetz zustande, das auf einem Kompromiss zwischen den großen Wirtschaftsverbänden und den Gewerkschaften beruhte, den aber vor allem der alte Mittelstand ablehnte. Die Hauptgewinner der neuen Sparförderung waren freilich die Sparkassen, bei denen die Mehrheit der Arbeitnehmer*innen ihr Geld anlegte. Dagegen ist umstritten, inwieweit das Gesetz die Vermögensbildung in den niedrigen und mittleren Einkommensgruppen tatsächlich beförderte, weil es Arbeitnehmerhaushalte auf niedrigverzinste Sparanlagen verwies, die zudem besonders inflationsgefährdet waren.[41] Allerdings ist an die Vorgeschichte der Sparförderung zu erinnern. Eine sehr einseitige Verteilung der Vermögenszugewinne hatte zu massiver Kritik geführt, so dass sich die Bundesregierung hier zum Handeln gedrängt gesehen hatte. Der Finanzwissenschaftler Carl Föhl schätzte 1958, dass es seit Gründung der Bundesrepublik zu einem privaten Vermögenszuwachs von 120 Milliarden DM gekommen war. Zwei Drittel davon entfielen auf den Substanzzuwachs der Unternehmen durch Selbstfinanzierung. Das verbliebene Drittel, so Föhl, sei ebenfalls vor allem durch Ersparnisse aus ausgeschütteten Dividenden und Zinseinkommen zustande gekommen, die vor allem von Menschen an der Spitze der Vermögenspyramide erzielt wurden.[42] Im Lichte dessen wäre schon ein etwas weniger einseitiger Aufwuchs der Vermögen als ein Erfolg der Sparprämiengesetzgebung zu bewerten.

40 Ebd., S. 426-429.

41 Ebd., S. 412-425.

42 Carl Föhl, Über die Möglichkeit einer Beeinflussung der Vermögensbildung und ihrer Verteilung, in: FinanzArchiv N.F. 19 (1958/59), S. 132-156.

Im Gegensatz zu den Reformen unter Schäffer zielte diejenige Etzels, wie von Adenauer gefordert, explizit auf eine Stärkung des Mittelstands. Die Reform setzte mehrere Forderungen des Mittelstands um und wurde von diesem daher auch mehrheitlich begrüßt. Allerdings kann nicht von einer durchgängigen Bevorzugung mittelständischer Belange in der Steuerpolitik der dritten Wahlperiode gesprochen werden, dafür ist die Sparförderung ein zu gewichtiges Gegenbeispiel. Vor allem aber gelang es Etzel vor seinem Ausscheiden aus dem Kabinett nach der Bundestagswahl 1961 nicht mehr, die grundlegende Reform der Umsatzsteuer auf den Weg zu bringen. Die Abkehr vom Brutto-Allphasenmodell, bei dem jede Transaktion im Produktions- und Verteilungsprozess besteuert wurde, was einen Kaskadeneffekt zuungunsten der Endfertigungsbetriebe und des Einzelhandels hervorrief, war aber seit langem das Hauptanliegen des Mittelstands.[43]

Steuerklasse V:
Die politische Ökonomie der Hausfrauisierung

Die Reform der Ehegattenbesteuerung hatte weitreichende gesellschaftliche Folgen, die von Regierung, Parlament und Finanzministerium zum Teil nicht vorhergesehen worden waren. Insbesondere hatte man die Zahl der bereits in Teilzeit arbeitenden Ehefrauen unterschätzt. Ebenso wenig hatte man anscheinend damit gerechnet, dass die Einführung der neuen Steuerklasse IV, die gegenüber Arbeitgeber*innen und Mitarbeiter*innen der lokalen Finanzämter eine Offenlegung der bisher nicht öffentlich kommunizierten Arbeitsverhältnisse von Ehefrauen mit sich brachte, die Lohnarbeit von Frauen einschränken könnte. Doch viele Ehemänner wollten nicht in die Lohnsteuerklasse IV wechseln, da dies ihrem Arbeitgeber signalisiert hätte, dass sie nicht mehr der Alleinernährer ihrer Familie waren – ein Bild, an dem sie entgegen der Realität festhalten wollten. Zudem brachte die Gleichstellung beider Ehepartner hinsichtlich der Freibeträge in der Lohngruppe IV mit sich, dass sich die Nettoverdienste der Ehepartner annäherten, was innerfamiliär männliche Dominanzansprüche in Frage stellte.[44]

43 Beyer-Weidenfeld, Wettbewerbstheorie, S. 278-294.

44 Oertzen, Teilzeitarbeit, S. 195 f.

In anderen Fällen waren negative finanzielle Effekte ausschlaggebend. In der Steuerklasse IV verfiel für eine geringverdienende Ehefrau der Freibetrag auf ihr Einkommen, während zuvor ihrem Mann in der Steuerklasse III beide Freibeträge zugutegekommen waren, so dass die geringfügige Beschäftigung von Frauen nun sogar zu Einkommensverlusten führen konnte. Die Folge war, dass nach dem 1. September 1958 überraschend viele Frauen ihre Anstellung kündigten und künftig nicht mehr arbeiten wollten. In einigen Wirtschaftszweigen, die besonders auf Heim- und Teilzeitarbeit angewiesen waren, führte dies zur Bedrohung der Geschäfte. Nach Protesten aus der Wäscherei- und der Konservenbranche schuf das Bundesfinanzministerium schnell Abhilfe mit einer Neuregelung, die eine Übertragung des nicht genutzten Freibetrags an den Ehemann ermöglichte.[45]

Damit war aber das Problem, dass Männer eine Erwerbstätigkeit ihrer Frauen ablehnten, weil sie nicht die Steuerklasse wechseln wollten, noch nicht behoben. Der Deutsche Industrie- und Handelstag (DIHT) mahnte eine Lösung an, bei der sich durch den Nebenverdienst der Frauen nichts am Steuerstatus der Männer änderte. Diesem Vorschlag folgte das Finanzministerium. Das Einkommen geringfügig verdienender Frauen sollte künftig steuerlich wie ein zweites Einkommen des Hauptverdieners behandelt werden. Hierfür wurde eine neue Steuerkarte geschaffen, die zunächst, da für verheiratete Frauen konzipiert, als »F-Karte« bezeichnet wurde. In dem damit ermöglichten Modell verblieben alle Freibeträge beim Mann, der weiterhin in Steuerklasse III veranlagt wurde. Erste Versuche 1960 erwiesen sich aus Sicht von Arbeitgebern und Finanzministerium als erfolgreich, so dass die Steuerkarte F für 1961 öffentlich angekündigt wurde. Sie fand ungeteilte Zustimmung in der deutschen Presse. Die Steuerkarte F blieb bis 1964 erhalten und wurde dann unter Beibehaltung der Grundidee, den Lohn der Ehefrau steuerlich als zweites Einkommen des Alleinverdieners zu behandeln, in die neue Steuerklasse V überführt. In der Aufteilung auf die Steuerklassen III und V war das Einkommen der Ehefrau einer hohen Besteuerung unterworfen, während der Verdienst des Mannes steuerlich stark begünstigt wurde. Dementsprechend war die Differenz der Nettoeinkommen bei der Aufteilung III/V deutlich

45 Ebd., S. 196.

größer. Auf diese Weise wurde der Status des Mannes als Hauptemährer der Familie durch die staatliche Steuerpolitik erheblich gestützt. Dies zeigt, dass die Durchsetzung der Arbeitstätigkeit von Ehefrauen in der Bundesrepublik nur unter Wahrung des symbolischen und ökonomischen Status des Ehemannes als Alleinernährer möglich war.[46]

Erstaunlich ist, dass sich daran trotz der Veränderungen im gesellschaftlichen Verständnis der Geschlechter und trotz aller Gleichheitspostulate bis heute wenig geändert hat. 2019 waren immer noch 89 Prozent der Steuerpflichtigen in der Klasse V weiblich und die Kombination der Steuerklassen III/V war nach wie vor häufiger als die Kombination IV/IV, obwohl Letztere heute bei der Eheschließung automatisch vergeben wird und die Kombination III/V eigens beantragt werden muss.[47] Ein besonderer Nachteil für Frauen ist dabei, dass Lohnersatzleistungen nach dem Nettolohn berechnet werden und dementsprechend auch das Arbeitslosengeld bei Verdiensten in Steuerklasse V geringer ausfällt. Im Jahr 2015 lag der Anteil von Frauen beim Bezug von Lohnersatzleistungen nach Verdiensten in Steuerklasse V bei 93 %.[48]

Der finanzpolitische Weg der SPD nach Godesberg

Die Wahlniederlage von 1957 führte in der SPD zu Diskussionen über die Strukturen und den bisherigen Kurs der Partei wie auch der Bundestagsfraktion. Den Reformern um Carlo Schmid, Fritz Erler und Herbert Wehner gelang es 1958, den mächtigen geschäftsführenden Vorstand abzusetzen. An seine Stelle trat ein elfköpfiges Präsidium, dem vor allem Mitglieder der Bundestagsfraktion angehörten, was die Macht der Fraktion gegenüber der Parteizentrale stärkte.[49] Helmut Schmidt, der 1957 in den Fraktionsvorstand auf-

46 Ebd., S. 202-209.

47 Ulrike Spangenberg/Gisela Färber/Corinna Späth, Mittelbare Diskriminierung im Lohnsteuerverfahren. Auswirkungen der Lohnsteuerklassen auf Nettoeinkommen und Lohnersatzleistungen, Düsseldorf 2020 (WP Forschungsförderung HBS No. 190), S. 26 und 38.

48 Ebd., S. 13.

49 Vgl. Christoph Meyer, Herbert Wehner. Biographie, München 2006, S. 212-225; Peter Lösche/Franz Walter, Die SPD. Klassenpartei – Volkspartei – Quotenpartei,

rückte und ein Jahr später auch Mitglied im SPD-Parteivorstand wurde, unterbreitete 1958 grundsätzliche Vorschläge zur Reform der Fraktionsarbeit. Er forderte, dass diese sich stärker auf sachliche Schwerpunkte konzentrieren und darüber die Hauptlinien der künftigen SPD-Politik herausarbeiten solle, anstatt sich wie bisher in der kleinteiligen Beratung in den Ausschüssen zu verrennen.[50]

Auf dem Gebiet der Steuer- und Finanzpolitik bewirkten diese Forderungen zunächst wenig. Dies änderte sich erst, als Willy Brandt zum Kanzlerkandidaten der SPD gekürt wurde und Alex Möller als Fachmann für die öffentlichen Finanzen in sein Wahlkampfteam holte.[51] Möller (1903-1985) war Eisenbahn-Gewerkschafter und schon seit 1922 SPD-Mitglied. Nach Gestapohaft 1933 wechselte er in die Versicherungsbranche und stieg bis 1944 zum stellvertretenden Vorstand der Karlsruher Lebensversicherung AG auf. Nach Kriegsende trat er 1946 wieder in die SPD ein und wurde zum Vorstandsvorsitzenden der Versicherung. Als Brandt ihn rief, war Möller Oppositionsführer in Baden-Württemberg.[52]

In der Folge gestaltete Möller den finanzpolitischen Teil des Wahlprogramms maßgeblich mit.[53] Bereits die erste Erwähnung von Steuern im Programm war für die SPD, bei der die Steuer- und

Darmstadt 1992, S. 184-192; Kurt Klotzbach, Der Weg zur Staatspartei. Programmatik, praktische Politik und Organisation der deutschen Sozialdemokratie 1945 bis 1965, Bonn 1982, S. 401–431; Harry Nowka, Das Machtverhältnis zwischen Partei und Fraktion in der SPD. Eine historisch-empirische Untersuchung, Köln 1972, S. 68 f.

50 Zit. nach: Wolfgang Hölscher, Einleitung, in: ders. (Bearb.), Die SPD-Fraktion im Deutschen Bundestag. Sitzungsprotokolle 1957-1961, Düsseldorf 1993, S. XI-LXXXVI, hier: S. XLVII.

51 Klotzbach, Staatspartei, S. 510.

52 Michael Kitzing, Der »Manager der Heusteigstraße«. Der Beitrag Alex Möllers zur Entstehung und Konsolidierung des Südweststaates, in: Markus Raasch/Tobias Hirschmüller (Hg.), Von Freiheit, Solidarität und Subsidiarität – Staat und Gesellschaft der Moderne in Theorie und Praxis, Berlin 2013, S. 710-737; ders., Alex Möller, Generaldirektor, Parlamentarier, Minister, in: Zeitschrift für die Geschichte des Oberrheins 158 (2010), S. 513-538; Gabriele Metzler, Alex Möller, in: Reinhold Weber/Ines Mayer (Hg.), Politische Köpfe aus Südwestdeutschland, Stuttgart 2006, S. 321-331.

53 Spiegel-Gespräch mit dem SPD-Finanzexperten Alex Möller, in: Spiegel, 13. 9. 1961, Nr. 38. Zum SPD-Wahlkampf 1961 vgl. Harold Kent Schellenger Jr., The SPD in the Bonn Republic. A Socialist Party Modernizes, Den Haag 1968, S. 176-183.

Finanzpolitik bislang eine eher untergeordnete Rolle gespielt hatte, ungewöhnlich: »Die neue Bundesregierung wird die Leistungsfähigkeit der Selbständigen stärken. Steuerliches Unrecht muß beseitigt werden.«[54] An anderer Stelle hieß es: »Die Umsatzsteuer muß wettbewerbsneutral sein. Sie darf nicht Großunternehmen gegenüber den kleinen und mittleren Betrieben begünstigen.«[55] Dies waren neue Töne: Die SPD, die sich in der Steuerpolitik bisher ausschließlich für die Arbeitnehmer stark gemacht hatte, gerierte sich nun als Anwalt der Selbständigen sowie kleiner und mittlerer Unternehmen. Das Thema der Umsatzsteuer war dafür klug gewählt, weil die bisherige Form der kaskadenhaften Umsatzsteuer Konzentrationstendenzen Vorschub leistete, was von kleinen und mittleren Betrieben seit langem kritisiert wurde. Gleichzeitig tat sich die CDU/CSU mit der auf europäischer Ebene diskutierten Mehrwertsteuer schwerer als die SPD, obwohl der Bundesverband der Deutschen Industrie (BDI) sich seit 1960 für diese ausgesprochen hatte.[56]

Im sozialdemokratischen Wahlprogramm wurden klare Festlegungen im Hinblick auf die Steuerpolitik getroffen: »Wir werden die Vermögen- und Erbschaftsteuer für die Riesenvermögen (die Millionenvermögen) gestaffelt erhöhen. Große Spekulationsgewinne sollen der Einkommensteuer unterliegen. Die derzeitige ungewöhnliche Begünstigung großer anonymer Gesellschaften bei der Körperschaftsteuer wird abgeschafft, und bei der Einkommensteuer ist für Großeinkommen über 100 000 DM eine stärkere Progression einzuführen. Auf der anderen Seite sind die Freibeträge bei den kleinen und mittleren Vermögen zu erhöhen, bei der Lohnsteuer sollen die Freibeträge für Werbungskosten und Sonderausgaben erhöht werden.«[57]

Die SPD, die bisher eher ein ambivalentes Verhältnis zu den Großkonzernen gepflegt hatte, auch weil diese als Teil einer an

54 Das Regierungsprogramm der SPD. Außerordentlicher Kongress der SPD, Bonn 28.4.1961, S. 28.

55 Ebd., S. 29.

56 Walter Hahn, Steuerpolitische Willensbildungsprozesse in der Europäischen Gemeinschaft. Das Beispiel der Umsatzsteuer-Harmonisierung, Frankfurt am Main 1988, S. 139 f.

57 Das Regierungsprogramm der SPD. Außerordentlicher Kongress der SPD, Bonn 28.4.1961, S. 29.

sich begrüßenswerten Zentralisierung angesehen wurden und die Arbeiterschaft in der Großindustrie weit stärker gewerkschaftlich organisiert war, vollzog mit dem Wahlprogramm von 1961 auch in dieser Hinsicht eine Wende. Zwar wurden die wirtschaftliche Bedeutung der Großindustrie und ihre Leistungsfähigkeit gelobt, aber weiter hieß es: »Großunternehmen sind jedoch der Versuchung der Macht ausgesetzt, die sie nicht selten auf Kosten der Selbständigen und der Konsumenten mißbrauchen.«[58] Da die Stimmen aus der klassischen Arbeiterschaft nicht ausreichten, um an die Regierung zu kommen, versuchte die SPD nun gezielt, Stimmen aus dem Angestellten- und Selbständigenmilieu zu gewinnen.[59] Dafür versprach sie sowohl der Unter- wie der Mittelschicht Steuerentlastungen, während höhere Lasten nur auf »Riesenvermögen«, »Großeinkommen«, »Spekulationsgewinne« und »Großkonzerne« zukommen sollten.[60] Damit die breite Bevölkerung verstand, dass sie verschont bleiben sollte, gab man außerdem konkrete Vermögens- und Einkommensgrenzen an, ab welchen die Mehrbelastung erst greifen sollte.[61] Mit dem Wahlprogramm von 1961 holte die SPD mithin auf finanzpolitischem Gebiet jene programmatische Verschiebung nach, die sie auf wirtschaftspolitischem Feld bereits 1959 mit dem Godesberger Programm vollzogen hatte.[62] Sie strebte

58 Ebd., S. 28.

59 Diese Entwicklung war allerdings nicht gänzlich neu, sondern hatte auf anderen Sachgebieten bereits deutlich früher eingesetzt. Vgl. Michael Prinz, Wandel durch Beharrung. Sozialdemokratie und »neue Mittelschichten«, in: Archiv für Sozialgeschichte 29 (1989), S. 35-73.

60 So die Wortwahl im SPD-Wahlprogramm: ebd., S. 29.

61 Aus Sicht der Großindustrie war dies sicher kein begrüßenswertes Steuerprogramm. Als Karl Schiller auf einer Wirtschaftstagung in Essen im Oktober 1963 verkündete, dass die SPD ihr negatives Verhältnis zu den Verbrauchsteuern überprüfen müsse, wurde er dafür von der SPD-Fraktion, unter anderem von Möller, scharf kritisiert. Allerdings hielten Möller und Deist insgesamt fest, dass die Tagung für die SPD ein großer Erfolg gewesen sei: Fraktionssitzung vom 15. 10. 1963, Bl. 4-7; Klotzbach, Staatspartei, S. 541. Torben Lütjen betont, dass Schillers Rede von der bürgerlichen Presse gefeiert und als Beleg für die endgültige Ankunft der SPD in der Marktwirtschaft betrachtet wurde: Torben Lütjen, Karl Schiller (1911-1994), »Superminister« Willy Brandts, Bonn 2007, S. 181.

62 Zum Wandel des Sprachgebrauchs in der SPD nach dem Godesberger Programm vgl. Arnold Svensson, Anspielung und Stereotyp. Eine linguistische Untersuchung des politischen Sprachgebrauchs am Beispiel der SPD, Opladen 1984, S. 161-202.

nun offensiv den Wandel von einer Arbeiter- hin zu einer Volkspartei an.[63]

Gleichzeitig orientierte sie sich nunmehr endgültig am Keynesianismus. Im Mittelpunkt der Wirtschafts- und Finanzpolitik stand fortan der keynesianische Produktivismus,[64] der ein geregeltes und stetiges Wirtschaftswachstum anstrebte, notfalls unterstützt durch staatliche Eingriffe. Paradigmatisch findet sich dies schon im Vortrag des Hamburger Wirtschaftssenators Karl Schiller am 28. Februar 1953 bei der Wirtschaftspolitischen Tagung der SPD in Bochum, der den programmatischen Titel »Produktivitätssteigerung und Vollbeschäftigung durch Planung und Wettbewerb« trug.[65] In seinem Vortrag prägte Schiller die Formel »Wettbewerb so weit wie möglich, Planung so weit wie nötig«.[66] Mit dieser Formulierung markierte er zu dieser Zeit zweifellos den äußersten marktwirtschaftlichen Flügel seiner Partei, aber er stand dort keineswegs alleine. Wichtige Wirtschaftspolitiker der SPD, wie z.B. Hermann Deist, unterstützten Schiller. Dieser vertrat einen Kurs, der den Keynesianismus mit neoklassischen Elementen verband (neoklassische Synthese), aber selbst vor ordoliberalen Anleihen nicht zurückschreckte.[67]

Das Dogma der Steuersenkung: die Ägide der FDP-Finanzminister (1961-1966)

Die Bundestagswahl 1961 brachte der CDU/CSU keine weitere absolute Mehrheit, weswegen die Unionsparteien mit der FDP koa-

63 Im Godesberger Programm heißt es: »Die Sozialdemokratische Partei ist aus einer Partei der Arbeiterklasse zu einer Partei des Volkes geworden.« Godesberger Programm 1959, S. 26.

64 Oliver Nachtwey, Marktsozialdemokratie. Die Transformation von SPD und Labour Party, Wiesbaden 2009, S. 101.

65 Karl Schiller, Produktivitätssteigerung und Vollbeschäftigung durch Planung und Wettbewerb, in: Wirtschaftsdienst 33 (1953), S. 283-293.

66 Ebd., S. 285. Zur Einbettung des Vortrags vgl. Matthias Hochstätter, Karl Schiller – eine wirtschaftspolitische Biographie, Hannover 2006, S. 88-92; Lütjen, Schiller, S. 133-150.

67 Michael Held, Sozialdemokratie und Keynesianismus. Von der Weltwirtschaftskrise bis zum Godesberger Programm, Frankfurt am Main 1982, S. 139; Hochstätter, Schiller, S. 15 und S. 83.

lierten. Die SPD gewann mit Kanzlerkandidat Brandt mehr als vier Prozentpunkte hinzu und sah sich in ihrem neu eingeschlagenen Weg bestätigt. Da Etzel nicht mehr als Finanzminister zur Verfügung stand, musste das Amt neu vergeben werden. Erstmalig fiel nach den Koalitionsverhandlungen das Amt der FDP zu, die dies als großen Erfolg feierte.[68] Hans-Peter Schwarz geht indes davon aus, dass Adenauer den Verzicht auf das Ressort bewusst arrangiert hatte, weil das Ministerium wegen der steigenden Verteidigungs- und Sozialausgaben zum Sparen gezwungen sein würde. Die FDP hatte im Wahlkampf dennoch ihrer Klientel etliche kostenintensive Vergünstigungen in Aussicht gestellt. Dies schien Adenauer eine Konstellation zu sein, in der die Führung des Finanzministeriums wenig politische Lorbeeren versprach.[69]

Der neue Finanzminister Heinz Starke, der nur bis zum geschlossenen Rücktritt der FDP-Minister wegen der Rolle von Franz Josef Strauß in der *Spiegel*-Affäre 1962 im Amt blieb, konnte in dieser kurzen Zeit kaum Reformen auf den Weg bringen. Nachfolger Starkes wurde nach Beilegung der Regierungskrise Rolf Dahlgrün (ebenfalls FDP),[70] Justitiar der Phoenix Gummiwerke AG in Hamburg-Harburg und ein enger Mitarbeiter des Vorstandsvorsitzenden, Otto A. Friedrich. Ein wichtiges Verdienst Dahlgrüns war es, dass er ein zentrales Steuerreformprojekt auf den Weg brachte, das schon lange der Umsetzung harrte: den vom Mittelstand geforderten Wechsel von der Allphasenumsatzsteuer zur Mehrwertsteuer.

Während Dahlgrüns erste beiden Jahre von einer wechselhaften Wirtschaftslage gekennzeichnet waren, setzte 1964 ein umfassender Aufschwung ein. Gleichzeitig zeichnete sich die Bundestagswahl 1965 bereits am Horizont ab, weshalb Dahlgrün nun unbedingt die seit langem versprochenen Steuersenkungen umsetzen wollte. Das Problem war nur, dass sich diese Politik nicht gut mit einer überhitzten Konjunktur und einem Haushaltsdefizit vertrug. Der Wissenschaftliche Beirat des Ministeriums kritisierte darum Dahlgrüns Pläne und sah im Gegenteil Gründe, die Steuereinnahmen eher zu erhöhen.[71] Gleichzeitig versuchte der neue Wirtschafts-

68 Koerfer, Kampf, S. 633.

69 Schwarz, Adenauer Staatsmann, S. 698.

70 Dahlgrün war 1933 in die NSDAP eingetreten.

71 Gutachten: Folgerungen aus der konjunkturellen Lage für die Steuerpolitik vom 4.7.1964, in: BMF (Hg.), Wissenschaftliche Beirat, S. 320-326.

minister Kurt Schmücker (CDU), sich die Zuständigkeit für eine koordinierte Konjunkturpolitik zu sichern, auch um das Finanzministerium auf eine gemeinsame Politik verpflichten zu können. Doch Dahlgrün wehrte dieses Ansinnen im Kabinett ab.[72] Stattdessen setzte er die geplante Steuersenkung durch. Der Schwerpunkt des Steueränderungsgesetzes 1964 lag auf der Einkommensteuer. Den proportionalen Eingangssteuersatz senkte Dahlgrün von 20 auf 19 Prozent. Im Mittelpunkt stand aber die Beseitigung des sogenannten Mittelstandsbauches, der das relativ zügige Ansteigen der Progression beim Überschreiten der Einkommensgrenze von 8000 DM bezeichnete. Dahlgrün flachte den Progressionsverlauf für Einkommen bis zu 78 000 DM deutlich ab. Um nicht der reinen Mittelstands-Klientelpolitik bezichtigt zu werden, führte er zudem den von der SPD seit langen Jahren erfolglos geforderten Arbeitnehmerfreibetrag ein.[73]

Die Steuerreduzierungen führten dazu, dass sich die Lücke zwischen Einnahmen und Ausgaben im Haushalt 1965 weiter vergrößerte. Nach der Bundestagswahl 1965 setzte die christlich-liberale Koalition unter Erhard, der Adenauer zwei Jahre zuvor als Kanzler nachgefolgt war, zunächst ihre Arbeit fort. Dahlgrün, weiterhin im Amt des Finanzministers, stand nach der Wahl vor einem noch schwierigeren Haushaltsjahr 1966. Um sich dem Haushaltsausgleich zumindest anzunähern, setzte das Kabinett eine öffentlich als »Streichquartett« bezeichnete Ministerrunde ein, die vor allem Ausgaben kürzen sollte. Ihm gehörten neben Dahlgrün Wirtschaftsminister Schmücker, Wissenschaftsminister Gerhard Stoltenberg sowie der Bundesratsminister Alois Niederalt an.[74] Das Quartett einigte sich im November 1965 auf die Streichung oder Streckung von Ausgaben in Höhe von etwa sieben Milliarden DM. Maßnahmen zu einer nennenswerten Steigerung der Einnahmen wurden hingegen nicht verabredet. Neben einer Tariferhöhung bei der Bundesbahn war nur eine Anhebung der Schaum- und Branntweinsteuer vorgesehen, die regressiven Charakter hatte.[75] Im Frühjahr 1966

72 Nützenadel, Stunde, S. 289.

73 Lohse, Berücksichtigung, S. 237 f.

74 Da es gerade auch um Streichungen im Sozialbereich ging, kam im März 1966 noch der Bundesminister für Arbeit und Sozialordnung Hans Katzer hinzu.

75 Kabinettvorlage des Bundesfinanzministers vom 2. 11. 1965, in: BAK, B 136/2005; sowie: Kabinettsitzung am 2. 11. 1965.

begannen sich die Konflikte über die zukünftige Steuer- und Haushaltspolitik zwischen den beiden Regierungsparteien langsam zuzuspitzen. In der Union und namentlich in ihrem Arbeitnehmerflügel wuchs der Unwillen über die Sozialkürzungen.[76] Demgegenüber blieb die FDP bei ihrem Nein zu Steuererhöhungen. Der Vorsitzende der FDP-Bundestagsfraktion, Freiherr von Kühlmann-Stumm, ließ Erhard schriftlich wissen, dass die FDP diese in der Union diskutierte Alternative zu den Ausgabenkürzungen keinesfalls mitzutragen bereit sei.[77]

Im Gesamtbild vermittelte die Regierung nicht den Eindruck, als würde sie das Problem energisch angehen.[78] Hinzu kam, dass die deutsche Wirtschaft in eine Abschwungphase geriet. Auch Erhard schien es nun an Rezepten zu fehlen, um einen neuen Wirtschaftsaufschwung herbeizuführen. Jegliche Form von staatlicher Defizitfinanzierung lehnte er in seinen Erklärungen als planstaatlich ab, nicht zuletzt, weil er die Inflation nach wie vor für das gefährlichere Wirtschaftsproblem hielt.[79] Doch andererseits führte die Regierungspolitik zu einer Defizitfinanzierung. So wirkte Erhard zunehmend als aus der Zeit gefallen, während die SPD-Forderungen nach einer wirtschafts- und finanzpolitischen Globalsteuerung, die dem Mitte der 1960er-Jahre herrschenden Common Sense der Wirtschaftswissenschaften entsprachen, modern erschienen.[80]

Über den Sommer verhärtete sich der Streit zwischen den Regierungsparteien weiter. Die FDP lehnte jede Form von Steuererhöhung kategorisch ab, während Unionsvertreter über unterschiedliche Möglichkeiten von Steuererhöhungen debattierten. Ende Oktober kam es zum Bruch. Die FDP-Bundestagsfraktion lehnte einen im Kabinett gefundenen Kompromiss, der als letztes Mittel zur Bekämpfung der Haushaltsnot auch Steuererhöhungen

76 Hans-Peter Ullmann, Das Abgleiten in den Schuldenstaat. Öffentliche Finanzen in der Bundesrepublik von den sechziger bis zu den achtziger Jahren, Göttingen 2017, S. 45 f.

77 Schreiben Freiherr von Kühlmann-Stumm an den Bundeskanzler vom 10. 3. 1966, in: BAK, B 136/3271, Bl. 450 f.

78 Nützenadel, Stunde, S. 295-302.

79 Ulrich Herbert, Geschichte Deutschlands im 20. Jahrhundert, München 2014, S. 780.

80 Nützenadel, Stunde, S. 303-306; Jan-Otmar Hesse, Wirtschaft als Wissenschaft. Die Volkswirtschaftslehre in der frühen Bundesrepublik, Frankfurt am Main 2010, S. 288-303.

zuließ, ab und zog ihre Minister zurück. Die Regierungskoalition von CDU/CSU und FDP unter Bundeskanzler Erhard war damit an Steuer- und Haushaltsfragen gescheitert.[81]

Die SPD als Mahner für eine bessere Steuer- und Haushaltspolitik (1961-1966)

Die Zugewinne bei der Bundestagswahl 1961 bestärkten die SPD im eingeschlagenen Reformkurs, der innerparteilich nun deutlich weniger in Frage gestellt wurde. Zugleich gewannen führende Persönlichkeiten in Partei und Fraktion den Eindruck, dass der Weg an die Macht nur über eine Große Koalition mit der CDU/CSU führen könne, weswegen die Angriffe auf die Regierungsarbeit weniger scharf ausfielen und die Suche nach Schnittmengen mit der Union an Bedeutung gewann.[82]

In Finanz- und Steuerfragen wurde der Wechsel hin zu einer Politik, die sich an den Eckpunkten des Wahlkampfprogramms 1961 orientierte, auch dadurch unterstützt, dass Alex Möller in den Bundestag eingezogen war. [83] Möller plädierte dort durchgängig für mehr Gespräche zwischen Regierung und Opposition und für eine engere Zusammenarbeit. Hinsichtlich eines etwaigen Umbaus des Steuersystems erkannte er große Übereinstimmungen zwischen der CDU/CSU und der SPD: »Ich will darauf verzichten, den früheren Bundesfinanzminister [Franz Etzel, MB] und seine Erklärungen auf dem CDU-Parteitag im April 1961 zu zitieren, darf aber zur Beruhigung der CDU/CSU-Fraktion ausdrücklich hinzufügen, daß wir uns bezüglich der Neuordnung des Steuersystems in wesentlichen Punkten mit den Konzeptionen durchaus befreunden könnten, die

81 Zu den letzten Tagen der Koalition und den Gründen ihres Scheiterns: Klaus Hildebrand, Von Erhard zur Großen Koalition 1963-1969, Stuttgart 1984, S. 218-240; Erich Mende, Von Wende zu Wende 1962-1982, München 1986, S. 210-264; Hentschel, Erhard, S. 869-898.

82 Klotzbach, Staatspartei, S. 495-532; Michael Hereth, Die parlamentarische Opposition in der Bundesrepublik Deutschland, München 1969, S. 128-130. Zum Feld der Wirtschafts- und Finanzpolitik vgl. Nützenadel, Stunde, S. 287 f.

83 Zu seinem Wahlkampf in Heidelberg vgl. Bernhard Vogel/Peter Haungs, Wahlkampf und Wählertradition. Eine Studie zum Bundestagswahlkampf 1961, Wiesbaden 1965.

der damalige Herr Bundesfinanzminister auf dem CDU-Parteitag im April 1961 in Köln insbesondere aus gesellschaftspolitischen Gründen vorgetragen hat.«[84] Etzel hatte in seiner Rede stark das soziale Element der sozialen Marktwirtschaft betont und daraus abgeleitet, dass der Staat überall zum Eingriff verpflichtet sei, wo Freiheit missbraucht werde. Er forderte zudem von Großunternehmen, sich nicht am kurzfristigen Gewinn, sondern am volkswirtschaftlichen Ganzen in langer Sicht zu orientieren.[85] Gerade diese Orientierung am volkswirtschaftlichen Ganzen und das Postulat eines gestaltenden Staates, der vor Eingriffen nicht zurückscheut, wurde von Möller begrüßt. Etzels Rede zeigt auch an, dass die SPD sich nicht nur aus taktischen Erwägungen an die CDU/CSU anschmiegte. Vielmehr gewann zu Beginn der 1960er-Jahre in beiden Volksparteien eine Planungseuphorie an Boden, die davon ausging, dass der Staat durch den vorausschauenden Einsatz von Lenkungsmitteln größere Wirtschafts- und Finanzkrisen zu vermeiden in der Lage sei.[86] Dies schuf größere Gemeinsamkeiten zwischen den beiden Volksparteien, als sie in den 1950er-Jahren bestanden hatten. Zudem setzte sich in der SPD wie in Teilen der Presse aufgrund von weiteren Erfolgen bei Landtagswahlen die Auffassung durch, dass das Sterben der älteren Generation und das Nachrücken jüngerer Generationen ins Wahlalter langfristig für die SPD sprach. Das Nachrichtenmagazin *Spiegel* prägte die Formel vom »Genossen Trend«, der in eine eindeutige Richtung weise.[87]

Im Verlauf der Wahlperiode begann Möller, sich in der für die SPD eher ungewöhnlichen Rolle eines sparsamen Mahners gegenüber einer zu ausgabenfreudigen Bundesregierung zu präsentieren. Er kritisierte Anfang 1964 scharf, dass die Ausgaben der Bundes-

84 Ebd., S. 1090 (B).

85 Franz Etzel, Solide Finanzen – gesunde Wirtschaft, in: 10. Bundesparteitag der CDU in Köln am 24.-27.4.1961, S. 164-168.

86 Michael Ruck, Ein kurzer Sommer der konkreten Utopie. Zur westdeutschen Planungsgeschichte der langen 60er Jahre, in: Axel Schildt/Detlef Siegfried/Karl Christian Lammers (Hg.), Dynamische Zeiten. Die 60er Jahre in den beiden deutschen Staaten, Hamburg 2000, S. 362-401; Gabriele Metzler, Konzeptionen politischen Handelns von Adenauer bis Brandt. Politische Planung in der pluralistischen Gesellschaft, Paderborn 2005, S. 130-260; Herbert, Geschichte, S. 805-809.

87 »Genosse Trend«, in: Spiegel 45/1964 vom 3.11.1964

regierung deutlich schneller stiegen als das Bruttosozialprodukt.[88] Möller hob hervor: »Wir Sozialdemokraten haben uns in diesem Bundestag redlich abgemüht zu verhindern, daß sich die Koalitionsmehrheit in einer finanzwirtschaftlichen Sackgasse festrennt.«[89] Er selbst hatte, um eine aus seiner Sicht zu starke Verschuldung zu verhindern, schon in der Debatte um den Haushalt 1963 für die SPD einen Antrag eingebracht, der eine dreijährige vorausschauende Übersicht über die Entwicklung der Bundesfinanzen forderte.[90]

Möller war auch dafür verantwortlich, die finanzpolitischen Vorstellungen der Sozialdemokraten für den Bundestagswahlkampf 1965 zu umreißen.[91] Dabei betonte er erneut, dass die öffentlichen Ausgaben besorgniserregend schnell wuchsen, und warf der Regierung vor, diese Ausgaben seien »gedeckt durch Methoden, die sowohl von der SPD als auch von der Fachwelt als bedenklich bezeichnet wurden«.[92] Um dem Nachdruck zu verleihen und die fiskalpolitische Glaubwürdigkeit der SPD zu unterstreichen, zog die sozialdemokratische Bundestagsfraktion auf Möllers Initiative hin in einem öffentlichkeitswirksamen Schritt alle eigenen Gesetzentwürfe, die eine Ausgabensteigerung zur Folge gehabt hätten – Vorhaben in einem Gesamtvolumen von 2,6 Milliarden DM –, in einer Bundestagssitzung 1965 zurück.[93] Im Weiteren versuchte Möller zu zeigen, dass das Regierungsprogramm der SPD auf finanzielle Solidität ausgerichtet war. Die Steuerquote sollte konstant, das öffentliche Ausgabenwachstum im Rahmen des Produktivitätsfortschritts bleiben. Der Schwerpunkt bei den Ausgaben sollte im

88 Rede Möller, in: Deutscher Bundestag, 4. Wahlperiode, 9.1.1964, Protokoll 106. Sitzung, S. 4849-4859, hier: S. 4851.

89 Ebd., S. 4854.

90 Alex Möller, Genosse Generaldirektor, Düsseldorf 1978, S. 292.

91 Fraktionssitzung vom 6.4.1965, S. 4; FN 15. Abgedruckt in: BUNDESTAGSWAHL 1965, Abschnitt »Erklärungen der SPD-Regierungsmannschaft« unter »Vorbelastung für den Bundeshaushalt 1966«; ferner in: TATSACHEN UND ARGUMENTE. Erklärungen der SPD-Regierungsmannschaft unter »Finanzpolitik«. Vgl. auch Klotzbach, Staatspartei, S. 592.

92 TATSACHEN UND ARGUMENTE, Abschnitt »Finanzpolitik«, S. 2. Zur Haushaltssituation 1965 vgl. Ullmann, Steuerstaat, S. 191; ders., Schuldenstaat, S. 41; Hentschel, Erhard, S. 850-857; Hildebrand, Erhard, S. 135 f.

93 Rede Möller, in: Deutscher Bundestag, 4. Wahlperiode, 26.2.1965, Protokoll 170. Sitzung, S. 8447-8459, hier: S. 8458. Vgl. auch Möller, Genosse Generaldirektor, S. 296.

Investitionsbereich liegen, um die Produktivität als Grundlage des Wohlstands weiter zu steigern. Möller präsentierte die SPD so als die finanziell solidere Partei als die CDU/CSU unter Kanzler Erhard.[94] Auch wenn in der Debatte damals noch nicht so häufig wie heute das Vorbild der schwäbischen Hausfrau bemüht wurde, so schien der langjährige baden-württembergische Landtagsabgeordnete ihm nachzueifern.

Bei der Bundestagswahl 1965 konnte die SPD zwar erneut um drei Prozentpunkte zulegen, aber für einen Regierungswechsel reichte dies vorerst nicht. Die SPD setzte im September 1966 einen »Sonderarbeitskreis Stabilität« unter Leitung von Karl Schiller und Möller ein, um konjunkturpolitische Maßnahmen zu planen.[95] Die Kombination aus aufziehender Wirtschaftskrise und dem von Möller immer wieder angeprangerten Haushaltsdefizit führte schließlich im Oktober 1966 zum Ende der CDU/CSU-FDP-Koalition. In der SPD-Fraktionssitzung vom 4. Oktober 1966 zur Vorabsprache der Debatte zum Haushaltsplan 1967 hatte Wehner gefordert: »Erhard müsse gestellt werden.«[96] Dies gelang auch. Die CDU/CSU-Minderheitenregierung bestand nur wenige Tage, und Erhard erklärte Anfang November seine Bereitschaft zum Rücktritt.[97] Der Beginn einer neuen Ära kündigte sich an.

94 Parallel argumentierte der 1965 nach Bonn gekommene Karl Schiller, dass der Regierung Erhard jeglicher Kompass in der Wirtschaftspolitik fehle, während er für eine antizyklische Wirtschaftspolitik zur Abfederung der sich andeutenden Krise plädierte: Lütjen, Schiller, S. 204-206.

95 155. Fraktionssitzung vom 20. 9. 1966, in: Heinrich Potthoff (Bearb.), Die SPD-Fraktion im Deutschen Bundestag. Sitzungsprotokolle 1961-1966, 2. Halbband: 1964-1966, Düsseldorf 1993, S. 942-950, hier: S. 945 f.; Schanetzky, Ernüchterung, S. 85; Nützenadel, Stunde, S. 294.

96 156. Fraktionssitzung vom 4. 10. 1966, in: Heinrich Potthoff (Bearb.), Die SPD-Fraktion im Deutschen Bundestag. Sitzungsprotokolle 1961-1966, 2. Halbband: 1964-1966, Düsseldorf 1993, S. 954.

97 Hentschel, Erhard, S. 882–898; Klaus Schönhoven, Wendejahre. Die Sozialdemokratie in der Zeit der Großen Koalition 1966-1969, Bonn 2004, S. 51-54. Für Klaus Hildebrand markierte der Sturz Erhards das Ende der Nachkriegszeit: Hildebrand, Erhard, S. 160-170.

Gab es einen ordoliberal-bundesrepublikanischen Sonderweg in der Steuerpolitik 1949-1966?

Mit Ludwig Erhards Abtritt ging die große Epoche des Ordoliberalismus in Deutschland endgültig zu Ende. Ohne den politisch schwergewichtigen Förderer ihrer Ideen begann der Einfluss ordoliberaler Wirtschaftswissenschaftler*innen, der schon zuvor abgenommen hatte, rasch weiter zu erodieren. Freilich war dieser Bedeutungsverlust nicht allein dem Rückzug Erhards geschuldet, sondern auch der Tatsache, dass sich dessen wirtschaftspolitische Konzepte in den letzten krisenhaften Monaten seiner Kanzlerschaft nicht bewährt zu haben schienen.

In Erinnerung geblieben ist Erhard in Deutschland bis heute dennoch als Vater des »Wirtschaftswunders« und der sozialen Marktwirtschaft. Die hohen Wachstumsraten der Nachkriegszeit dienen gerade in einigen wirtschaftswissenschaftlichen Publikationen als Beleg für die Erfolge der Wirtschaftspolitik Erhards und damit auch des Ordoliberalismus.[98] Die wirtschaftshistorische Forschung steht dieser Erzählung indes spätestens seit der grundlegenden Arbeit von Ludger Lindlar 1997 skeptisch gegenüber.[99] Lindlar hat gezeigt, dass diejenigen europäischen Länder, die 1945 durch die Auswirkungen des Zweiten Weltkriegs nur noch über um die 60 Prozent des BIP von 1938 verfügten, von 1945 bis 1960 einen Nachholprozess mit Wachstumsraten von sieben bis neun Prozent durchliefen, während in den skandinavischen Ländern das BIP von 1938 bis 1945 etwa konstant blieb und danach Wachstumsraten von drei bis vier Prozent erreicht wurden.[100] Zu den Ländern mit sehr hohen Wachstumsraten

98 Herbert Giersch/Karl-Heinz Paqué/Holger Schmieding (Hg.), The Fading Miracle: Four Decades of Market Economy in Germany, Cambridge 1992; Holger Schmieding, West Germany's Economic Reforms of 1948. The Lessons for Central and Eastern Europe Today, in: Herbert Giersch (Hg.), Towards a Market Economy in Central and Eastern Europe, Wiesbaden 1991, S. 23-53; Milton Friedman, Vorwort zur deutschen Ausgabe, in: ders., Kapitalismus und Freiheit, Stuttgart 1971, S. 13-18.

99 Ludger Lindlar, Das mißverstandene Wirtschaftswunder. Westdeutschland und die westeuropäische Nachkriegsprosperität, Tübingen 1997; Mark Spoerer, Wohlstand für alle? Soziale Marktwirtschaft, in: Thomas Hertfelder/Andreas Rödder (Hg.), Modell Deutschland, Göttingen 2007, S. 28-43; Wehler, Gesellschaftsgeschichte, Bd. 5, S. 48-53.

100 In den angloamerikanischen Ländern, wo das BIP von 1938 bis 1945 gewachsen

zählten neben der Bundesrepublik auch Italien und Frankreich, die eine völlig andere Wirtschaftspolitik betrieben und trotzdem ähnliche Erfolge aufwiesen.[101] Gemeinsam war diesen Ländern, dass sie Demokratien waren oder wurden, leistungsfähige Institutionen, gute Schulen und qualifizierte Arbeitskräfte besaßen, mithin günstige Rahmenbedingungen, die wegen des Krieges nicht zum Tragen kommen konnten, aber nach 1945 die Voraussetzung für den wirtschaftlichen Aufholprozess darstellten.[102]

Doch auch wenn die unmittelbare Bedeutung der ordoliberalen Ideen für das starke Wirtschaftswachstum in der frühen Bundesrepublik nicht allzu hoch veranschlagt werden sollte, kann andererseits kaum Zweifel daran bestehen, dass die ordoliberalen Vorstellungen im bundesdeutschen Gesellschaftssystem Spuren hinterließen, die mitunter weit über Erhards Kanzlerschaft hinausreichten. Hierzu gehört das hohe Maß an Verrechtlichung im deutschen Wirtschaftssystem. Vor allem aber entwickelte die starke Fokussierung auf ein Export-Spar-System nachhaltige Wirkung. Diese wurde noch verstärkt durch die wirtschaftspolitischen Ziele der Begrenzung der Inflation und der tendenziellen Unterbewertung der Mark. Insbesondere die von der Bundesbank nachhaltig geförderte Angst vor der Inflation scheint aus Sicht anderer Europäer die deutsche Politik bis heute zu prägen.

Doch die Frage, die hier vor allem interessiert, ist, ob der Ordoliberalismus ein eigenes System der öffentlichen Finanzen hervorbrachte. Gab es ein ordoliberales Steuersystem, das sich markant von jenem der Nachbarländer unterschied, oder waren die Unterschiede marginal, weil ähnlich wie beim Wirtschaftswachstum ähnlich verlaufende wirtschaftliche Prozesse eine stärkere Prägekraft hatten als wirtschaftspolitische Ideen? Fand eine Westernisierung der öffentlichen Finanzen statt? Oder waren erkennbare Unterschiede durch ganz andere Ideen begründet? Und welche Umverteilungswirkungen brachte das frühe bundesdeutsche Wirtschafts- und Finanzsystem hervor?

war, konnten von 1945 bis 1960 Wachstumsraten von 1,5 bis drei Prozent erzielt werden: Lindlar, Wirtschaftswunder, S. 31.

101 Thomas Bittner, Das westeuropäische Wirtschaftswachstum nach dem Zweiten Weltkrieg. Eine Analyse unter besonderer Berücksichtigung der Planification und der Sozialen Marktwirtschaft, Münster 2001.

102 Plumpe, Kalte Herz, S. 410 f.

Diese Fragen lassen sich nur durch den Vergleich mit anderen Ländern beantworten. Als Erstes fällt hierbei die radikale Absenkung des Einkommensteuerspitzensatzes in der Bundesrepublik Deutschland auf, wie es sie in diesem Zeitraum in keinem vergleichbaren Industrieland gegeben hat. Der Spitzensatz sank in der Bundesrepublik zwischen 1949 und 1966 um 42 Prozentpunkte. Die zweithöchste Absenkung erfolgte in den USA mit 12 Prozentpunkten (in Italien war der Spitzensatz zwischenzeitlich von 93 auf 68 Prozent gefallen, aber bald darauf wieder angestiegen). Deutschland besaß 1966 einen der niedrigsten Einkommensteuerspitzensätze unter den führenden Wirtschaftsnationen der Welt.

Grafik 94

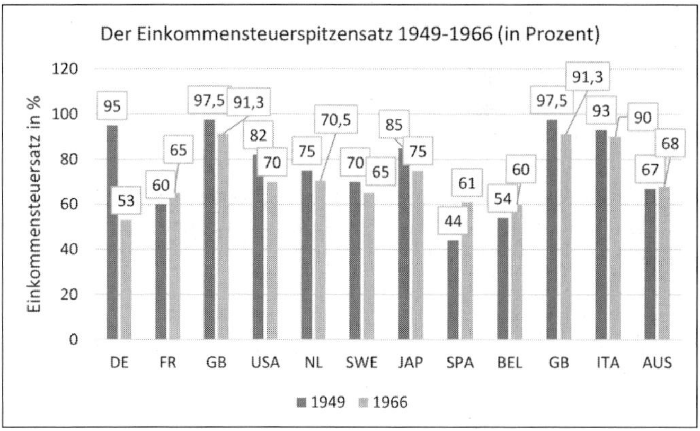

Quelle: Scheve/Stasavage, Income Taxation Top Rates

In der frühen Bundesrepublik kam es also unter den Forderungen Ordoliberaler, die Steuern bestenfalls für ein notwendiges Übel hielten, zu einer ähnlich radikalen Spitzensteuersatzsenkung wie der in den USA und Großbritannien in den 1980er-Jahren, die heute als Startschuss für das Zeitalter neoliberaler Steuerreformen betrachtet wird. Real fielen die Entlastungen, die die Satzsenkungen für die Spitzenverdiener brachten, keineswegs immer so gewaltig aus, wie es nach außen erschien, wenn gleichzeitig Steuervergünstigungen für diese abgebaut wurden. Dies war in der Bundesrepublik der

Fall gewesen, weswegen den Wirtschaftsverbänden die aus heutiger Sicht größte Steuersatzsenkung in der deutschen Geschichte noch nicht weit genug ging. Dennoch brachte sie den Spitzenverdienern unbestreitbar erhebliche Vorteile.

Neben realen Einsparungen für Spitzenverdiener und Unternehmen hatten die Ordoliberalen ebenso wie später die Neoliberalen auch den Kommunikationswert des Spitzensatzes im Blick. Die Satzreduktion sollte öffentlich kommunizieren, dass Leistung sich wieder lohnte. Diejenigen, die viel verdienten, sollten von ihrem Einkommen mindestens die Hälfte behalten können, und dies sollte jedem sofort ersichtlich sein und darum nicht erst über der Öffentlichkeit weitgehend unbekannte Steuervergünstigungen gewährleistet werden. Wirtschaftlicher Erfolg, so die Kernbotschaft Erhards, Etzels und auch Schäffers an die Öffentlichkeit, sollte und musste sich in privatem Wohlstand niederschlagen.

Da die Ordoliberalen Steuern als Übel betrachteten, taten sie des Weiteren wenig, um Steuerflucht und Steuerhinterziehung zu bekämpfen. Diese Haltung spielte eine erhebliche Rolle, weil sich in der Erhebungspraxis entscheidet, wie es am Ende um die reale Steuerbelastung insgesamt und um die Verteilungswirkung der Steuern bestellt ist. Dass eine wachsende Zahl deutscher Spitzenverdiener und Unternehmer ihre Einkommen in der Schweiz oder in Luxemburg vor dem Fiskus in Sicherheit brachte, quittierten Bundeskanzleramt und Bundesfinanzministerium aber mit bestenfalls mäßigem Interesse. Die Bekämpfung der Steuerflucht blieb so in der ordoliberalen Ära weitgehend eine Sache der Länder. Die SPD forderte zwar ein ums andere Mal ein entschiedeneres Vorgehen, doch die Bundesregierung tat lange Zeit praktisch gar nichts. 1962 gelang es der SPD im Bundestag durchzusetzen, dass die Bundesregierung Bericht über »Wettbewerbsverfälschungen« durch »zwischenstaatliche Steuergefälle« erstatten musste.[103] Als die Regierung den Bericht nach mehr als zwei Jahren schließlich vorlegte, offenbarte dieser vor allem ihre Unkenntnis: »Über das Ausmaß der Einkommens- und Vermögensverlagerungen und die damit verbundene Minderung des deutschen Steueraufkommens lassen sich – abgesehen von ganz allgemeinen Schätzungen – kei-

103 26. BT-Sitzung in der vierten Wahlperiode vom 12.4.1962.

ne näheren Angaben machen.«[104] Die Bundesregierung musste bei ihren Recherchen zwar realisieren, dass die Zahl der steuerlich begünstigten Basisgesellschaften in der Schweiz allein in den letzten vier Jahren von 2000 (1958) auf 4460 (1962) angestiegen war. Aber übereilen wollte man nichts: »Es dürfen aber dabei keine Maßnahmen getroffen werden, die den berechtigten Interessen der deutschen Außenwirtschaft entgegenstehen. Auch muß der Grundsatz der Freizügigkeit des Personen- und Kapitalverkehrs gewahrt bleiben. Es ist deshalb notwendig, alle Möglichkeiten genau zu prüfen und die verschiedenen Gesichtspunkte sorgfältig gegeneinander abzuwägen, wenn eine ausgeglichene, die bestehenden Mißstände wirksam treffende Lösung gefunden werden soll.«[105] Da kann es nicht überraschen, dass bis zum Rücktritt Erhards auf diesem Feld von Seiten der Bundesregierung wenig geschah.

Doch auch hier lässt sich nur im Vergleich beurteilen, ob die Bundesrepublik aus dem Rahmen fiel, ob sich also die Bundesregierung in diesen Fragen durch ein besonderes Desinteresse auszeichnete oder Steuerhinterziehung auch für die Regierungen anderer großer Industrienationen Mitte der 1960er-Jahre eher ein Randthema darstellte. Zunächst ist festzuhalten, dass in den 1960er-Jahren die Qualität der verfügbaren Statistiken zunahm. Mit der Einführung und stetigen Verbesserung der Nationaleinkommensberechnung wurde es nun möglich, das Ausmaß der Steuerhinterziehung und die Umverteilungswirkung der Steuern verlässlicher zu berechnen als in der ersten Hälfte des Jahrhunderts. Allerdings bestanden trotz aller Vereinheitlichungsversuche der OECD zahlreiche nationale Unterschiede bei den statistischen Erhebungsmethoden, so dass der Vergleich der Steuersysteme schwierig und voller Unschärfen blieb.

Aufschlüsse darüber, welches Einkommen dem Finanzamt illegal vorenthalten wurde und welches Einkommen legal nicht versteuert werden musste, bietet der Dreischritt vom Volkseinkommen über das der Finanzverwaltung zur Kenntnis gebrachte Einkommen hin zum zu versteuernden Einkommen. Die Differenz zwischen dem Volkseinkommen und den der Finanzverwaltung zur Kenntnis gebrachten Einnahmen gibt einen Eindruck von der il-

104 BT-Drucksache IV/2412 vom 23.6.1964, S. 10.
105 Ebd., S. 12.

legalen Steuerhinterziehung. Die Differenz zwischen dem gemeldeten Einkommen und dem zu versteuernden Einkommen zeigt hingegen, Einkommenanteile welcher Höhe auf legalem Wege der Besteuerung entgingen. Dabei zeigen sich erheblich Unterschiede zwischen den vier größten westlichen Industrienationen. In Frankreich war die Steuerhinterziehung gewaltig. Mehr als 60 Prozent des Volkseinkommens wurden der Finanzverwaltung gar nicht erst zur Kenntnis gebracht. Dafür gab es aber kaum legale Möglichkeiten, das dem Finanzamt bekannt gewordene Einkommen vor der Versteuerung weiter zu reduzieren. In der Bundesrepublik entging dagegen nur etwa ein Viertel der Einkommen dem Wissen des Finanzamts, während die Anteile in den USA und Großbritannien noch deutlich niedriger lagen. Allerdings sind die Werte für Großbritannien nur sehr bedingt aussagekräftig, weil hier die Steuerstatistiken die Grundlage für die Berechnung des Volkseinkommens darstellten, während diese in den anderen Ländern nach einem Produktionszensus erfolgte, der im Regelfall ein deutlich höheres Volkseinkommen auswies als die Steuerstatistiken.[106] Dafür waren die legalen Abzugsmöglichkeiten in Großbritannien erheblich. Nur die Hälfte des dem Finanzamt bekannten Einkommens war schließlich auch zu versteuern. Bei aller statistischen Unschärfe deutet viel darauf hin, dass es den USA Ende der 1960er-Jahre am besten gelang, das Volkseinkommen zur Besteuerung heranzuziehen.

106 Willi Albers, Umverteilungswirkungen der Einkommensteuer, in: ders. (Hg.), Öffentliche Finanzwirtschaft und Verteilung II, Berlin 1974, S. 69-144, hier S. 90.

Grafik 95

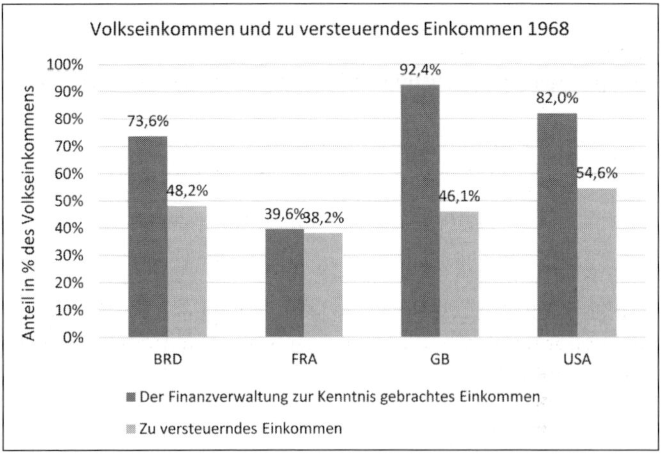

Quelle: Albers, Umverteilungswirkungen, S. 89

Die Frage, in welchen Bereichen Steuern besonders hinterzogen wurden, besaß hohe politische Brisanz. De facto waren die Möglichkeiten der Steuerhinterziehung in der Bundesrepublik sehr unterschiedlich verteilt. Da die Lohnsteuer direkt vom Arbeitslohn abgezogen wurde, blieb abhängig Beschäftigten vor allem der Weg in die Schwarzarbeit, um Steuern zu umgehen. Bei den Gewerbebetrieben waren dahingegen die Möglichkeiten der Steuerumgehung aufgrund der umfassenden Dokumentationspflichten vergleichsweise gering. Das hatte für das Finanzamt den Vorteil, dass diese beiden großen Bereiche, die für etwa 84 Prozent des Bruttosozialprodukts verantwortlich zeichneten, gut erfassbar waren. Bei den vier anderen Einkunftsarten wurden durchgängig weniger als 50 Prozent der Einkommen steuerlich erfasst. Besonders verbreitet war die Steuerhinterziehung in der Landwirtschaft, wo nur knapp über 15 Prozent der erzielten Einkommen auch versteuert wurden.[107]

107 Siehe dazu: Karl-Heinrich Hansmeyer, Finanzielle Staatshilfen für die Landwirtschaft, Tübingen 1963.

Nur im Bereich der Kapitalvermögen ging ein erheblicher Anteil der steuerlich nicht erfassten Einkommen auf legale Abzugsmöglichkeiten zurück, in den anderen Fällen (Landwirtschaft, Selbständige, Vermietung) handelte sich fast durchgängig um Steuerhinterziehung (Kategorie »Unaufgeklärt«).

Tabelle 50:
Anteile der steuerlich erfassten Einkommen nach Einkunftsart in der Bundesrepublik 1968 (in Mrd. DM)

Einkunftsart	Sozialprodukt	Einkommensbesteuerung	Unaufgeklärt	Anteil steuerlich erfasst
Land & Forst	14,3	2,2	9,1	15,7%
Gewerbebetrieb	84,3	68,9	10,0	81,7%
Selbständig	32,3	11,2	21,1	34,7%
Nicht-Selbständig	264,6	216,1	15,0	81,7%
Kapitalvermögen	12,3	3,7	3,8	30,1%
Vermietung	9,3	4,2	5,1	45,2%
Sozialprodukt	417,0	306,3	64,1	73,6%

Quelle: Albers, Umverteilungswirkung, S. 100

Der Vergleich mit den USA legt nahe, dass dem deutschen Fiskus durch das mangelnde Interesse der unionsgeführten Bundesregierungen unter Adenauer und Erhard an einer wirksamen Bekämpfung der Steuerhinterziehung beachtliche Einnahmen entgangen sind Gerade für die Einkommen aus selbständiger Wirtschaftstätigkeit und aus Kapitalvermögen hatten die US-amerikanischen Steuerbehörden Verfahren entwickelt, die das hohe Ausmaß an Steuerhinterziehung deutlich reduzierten, während die Quoten bei Landwirtschaft und Vermietung auch nur leicht über den bundesdeutschen Werten lagen.

Grafik 96

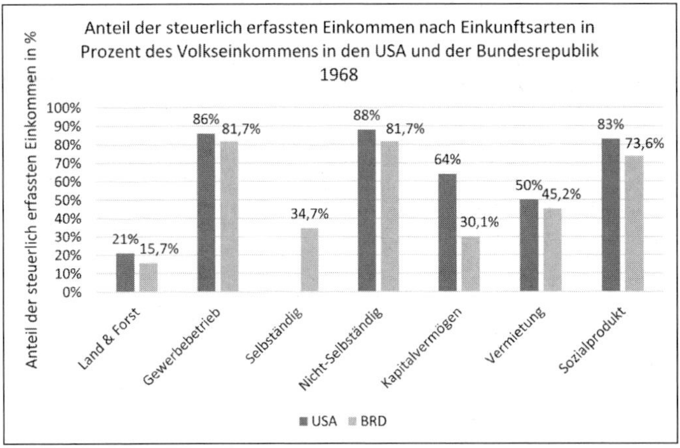

Quelle: Albers, Umverteilungswirkung, S. 95 und 100

Ein gewisser Ausgleich der umfassenden Steuerhinterziehung durch Landwirte und Selbständige sowie Kapitalbesitzer wurde aus Sicht der Lohnabhängigen in Deutschland durch Steuerabzüge, insbesondere durch Freibeträge erreicht. Sie kamen nun, anders als die Steuer- und Sondervergünstigungen um 1950, nicht mehr vor allem den oberen Einkommensschichten zugute, sondern gerade den unteren. Während durch Abzüge niedrige Löhne und Einkommen um bis zu 62 Prozent entlastet wurden, sank der Wert mit steigenden Einkommen relativ linear und endete im obersten Segment bei acht Prozent.[108] Ein noch größeres Ausmaß erreichten solche systematischen Steuererleichterungen in den USA, was Christopher Howard als versteckten Wohlfahrtsstaat beschrieben hat.[109] Auch in Deutschland waren bestimmte wohlfahrtsstaatliche Förderungen besser in ihrer versteckten Form durchzusetzen. Gerade unter einer liberal-konservativen Regierung ließen sich wohlfahrtsstaatliche Ziele oft eher durch Steuersenkung als durch Transferzahlungen

108 Albers, Umverteilungswirkung, S. 137.
109 Christopher Howard, The Hidden Welfare State. Tax Expenditures and Social Policy in the United States, Princeton 1997.

Tabelle 51:
Umverteilungswirkung der öffentlichen Finanzen bei den Erwerbseinkommen 1960

	Haushalte		Brutto-einkommen		Direkte Steuer		Sozialabgaben	
Eink.-Oberg.	In 1.000	%	Mio. Mark	%	Mio. Mark	% von Sp. 4	Mio. Mark	% von Sp.4
6.000	502	4,0	2.075	1,2	49	2,4	390	18,8
7.200	1.045	8,4	6.891	3,8	219	3,2	1.431	20,7
8.400	1.144	9,2	8.923	4,9	336	3,8	1.829	20,5
9.600	1.314	10,6	11.832	6,4	506	4,3	2.398	20,2
12.000	2.114	17,0	22.837	12,2	1.140	5,0	4.320	18,9
15.000	2.201	17,6	29.650	16,1	1.832	6,2	5.502	18,6
18.000	1.525	12,3	25.090	13,7	1.921	7,6	3.636	14,5
24.000	1.438	11,6	30.111	16,4	2.844	9,4	3.788	12,6
>24T	1.132	9,1	46.281	25,3	7.991	17,3	3.036	6,6
Insg.	12.415	100	183.690	100	16.793	9,2	26.330	14,3

Quelle: Hentschel, Steuersystem, S. 289, basierend auf Klaus Dieter Schmidt/Ursula Schwarz/Gerhard Thiebach, Die Umverteilung des Volkseinkommens in der Bundesrepublik Deutschland, 1955 bis 1960, Tübingen 1965, S. 171-175 und 206

erreichen. Wenn die FDP seit Ende der 1970er-Jahre häufig davon sprach, dass besser Subventionen und Steuerermäßigungen gekürzt als Steuern erhöht werden sollten, dann hatte sie insbesondere diesen Bereich im Auge.

Für die Bundesrepublik – wie für andere Länder – zeigt sich, dass ein erheblicher Teil des Volkseinkommens dem Zugriff des Fiskus entweder durch Steuerhinterziehung entging oder aufgrund politischer Beschlüsse entzogen war. Für die Jahre 1955 und 1960 liegt eine sehr umfassende Berechnung über das Volkseinkommen und dessen Veränderung durch Steuern, Sozialabgaben und Transfers vor. Der Historiker Volker Hentschel hat auf Grundlage dieser Daten eine Tabelle erstellt, in der die Umverteilungswirkung der öffentlichen Finanzen für das Jahr 1960 sichtbar wird. Dabei hat er allerdings die Renteneinkommen eliminiert und nur die Umverteilungswirkung für die Erwerbseinkommen, die der Steuerbehörde zur Kenntnis gebracht wurden, ermittelt. Die Bruttoeinkommen

Transfers		Verfügbares Einkommen		Indirekte Steuern		Verbrauchs-einkommen		Einkommens-schichtung (kumuliert)	
Mio. Mark	% von Sp. 4	Mio. Mark	%	Mio. Mark	% von Sp.3	Mio. Mark	% von Sp. 3	brutto	netto
298	14,3	1.934	1,3	373	18,0	1.561	75,2	1,2	1,3
422	6,1	5.663	3,7	1.104	16,0	4.559	66,2	5,0	5,0
488	5,5	7.246	4,8	1.413	15,8	5.833	65,3	9,9	9,7
806	6,8	9.734	6,4	1.898	16,0	7.836	66,2	16,3	16,0
1.688	7,3	19.065	12,6	3.680	16,1	15.421	67,4	28,5	28,3
2.434	8,2	24.750	16,3	4.777	16,1	19.973	67,4	44,6	44,3
1.538	6,1	21.080	13,9	4.005	16,0	17.075	67,4	58,3	58,0
1.688	5,6	25.167	16,6	4.607	15,3	20.560	68,1	74,7	74,5
1.538	3,3	36.802	24,4	4.995	10,8	31.797	68,3	100,0	100,0
10.900	5,9	151.441	100	26.852	14,6	124.615	68,7		

machten 1960 mit achtzig Prozent noch einen höheren Anteil des Volkseinkommens aus als 1968,[110] was dafür spricht, dass die Steuerhinterziehung in diesem Zeitraum deutlich zugenommen hat.

Es zeigt sich, dass der Staat etwa ein Drittel des Bruttoeinkommens 1960 für sich beanspruchte. Doch trotz dieses beachtlichen Staatsanteils blieb die Umverteilungswirkung im Hinblick auf unterschiedliche Einkommensgruppen sehr gering. Die Brutto- und die Nettoeinkommensschichtung unterschieden sich kaum.

Bei den einzelnen Elementen zeigt sich das erwartete Bild. Während die direkten Steuern und die Transfers einen progressiven Charakter hatten, war die Umverteilungswirkung der indirekten Steuern und der Sozialabgaben regressiv. Insgesamt ergab sich unter Berücksichtigung der Sozialabgaben ein Gesamtsystem der öffentlichen Finanzen, das sogar einen leicht regressiven Charakter hatte.

110 ⟨https://de.statista.com/statistik/daten/studie/1064718/umfrage/entwicklung-des-volkseinkommens-bundesrepublik/⟩ (Zugriff: 10.12.2021).

Nur die unterste Einkommensgruppe, die nur vier Prozent der Erwerbseinkommen ausmachte, verlor weniger Geld an den Staat als die Gruppe der neun Prozent mit den höchsten Bruttoeinkommen. Insgesamt gesehen mussten die unteren und mittleren Einkommen einen höheren prozentualen Anteil an den Staat abtreten als die Oberschicht.

Tabelle 52:
Prozentualer Anteil von Steuern, Sozialabgaben und Transfers am Bruttoeinkommen nach Einkommensgruppen 1960

Einkommensobergrenze	Direkte Steuern	Indirekte Steuern	Steuern gesamt	Sozialabgaben	Steuern & Sozialabgaben	Transfers	Gesamt	Ges. ohne Sozialabgaben
6.000	- 2,4	-18,0	-20,4	-18,8	-39,2	+14,3	-24,9	- 6,1
7.200	- 3,2	-16,0	-19,2	-20,7	-39,9	+ 6,1	-33,8	-13,1
8.400	- 3,8	-15,8	-19,6	-20,5	-40,1	+ 5,5	-34,6	-14,1
9.600	- 4,3	-16,0	-19,3	-20,2	-39,5	+ 6,8	-32,7	-12,5
12.000	- 5,0	-16,1	-21,1	-18,9	-40,0	+ 7,3	-32,7	-13,8
15.000	- 6,2	-16,1	-22,3	-18,6	-40,9	+ 8,2	-32,7	-14,1
18.000	- 7,6	-16,0	-23,6	-14,5	-38,1	+ 6,1	-32,0	-17,5
24.000	- 9,4	-15,3	-24,7	-12,6	-37,3	+ 5,6	-31,7	-19,1
>24T	-17,3	-10,8	-28,1	- 6,6	-34,7	+ 3,3	-31,4	-24,8
Insg.	- 9,2	-14,6	-23,8	-14,3	-38,1	+ 5,9	-32,2	-17,9

Klammert man indes die Sozialabgaben aus, die für die unteren und mittleren Einkommen die Hauptbasis für die spätere Rente bilden sollten, während die Oberschicht private Vorsorge treiben musste, um ihr Einkommen über die Erwerbsphase hinaus stabil zu halten, ergibt sich ein anderes Ergebnis. Nun zeigt sich ein progressives Steuer- und Transfersystem, das sehr niedrige Abgaben für die unterste Einkommensschicht vorsah (6,1 Prozent), dann eine relativ gleichbleibende Belastung von den unteren bis hin zu den mittleren Einkommen der Mittelschicht (13,1-14,1 Prozent) und eine stärker steigende progressive Belastung mit dem Erreichen der oberen Mittelschicht (bis zu 24,8 Prozent). Die staatlichen Transferzahlungen spielten hierfür eine große Rolle. Für die Entwicklung der effektiven Gesamtsteuerbelastung zeigt sich, dass die Belastung der untersten Einkommen in den 1950er-Jahren konstant geblieben war, die Belastung der mittleren Einkommen leicht abgenommen und die Belastung der obersten zehn Prozent um zwei Prozentpunkte zugenommen hatte. Letzteres überrascht angesichts der umfassenden Satzsenkungen bei der Einkommensteuer. Es ist zu vermuten, dass dieser Effekt vor allem durch steigende Einkommen und das damit verbundene Aufrücken in die höchsten Progressionsstufen hervorgerufen wurde. Für das oberste Prozent dürfte die Steuerbelastung dagegen effektiv abgenommen haben.

Auch die bestenfalls überschaubare Progressionswirkung der öffentlichen Finanzen trug damit dazu bei, dass die Ungleichverteilung der Einkommen in der Bundesrepublik bis 1965 zunahm. Insbesondere der Anteil der absoluten Spitzeneinkommen im obersten Prozent nahm von 1949 bis 1961 deutlich zu, während derjenige der obersten zehn Prozent der Einkommen eher moderat anstieg.

Grafik 97

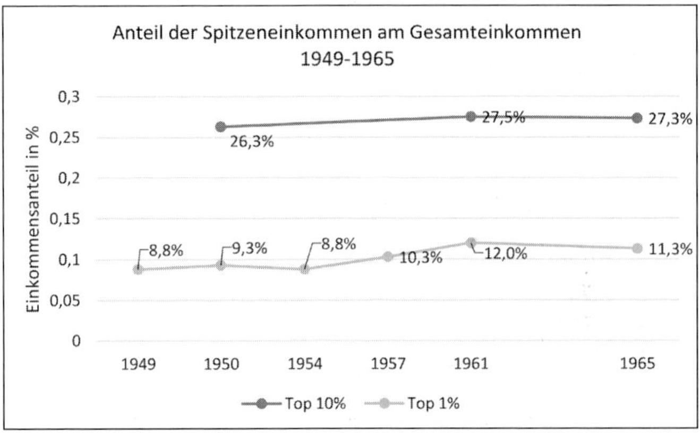

Quelle: Charlotte Bartels, Top Incomes in Germany 1871-2013, in: Journal of Economic History 79 (2019) 3, S. 669-707

Im internationalen Vergleich bildete Deutschland mit den relativen Zugewinnen im obersten Prozent der Einkommen eher die Ausnahme. Parallelen gab es vor allem mit dem anderen Weltkriegsverlierer Japan. Sowohl in der Bundesrepublik wie in Japan war der Anteil des obersten Hundertstels am Gesamteinkommen in der unmittelbaren Nachkriegszeit besonders gering. Er stieg dann aber permanent, womit Deutschland und Japan 1961/62 direkt hinter den USA lagen. Anders als in Deutschland und Japan fiel der Anteil der Topsegmente in Frankreich, Großbritannien, den USA und den Niederlanden seit 1949 relativ durchgängig.

Tabelle 53:
Anteil der Top 1 Prozent am Gesamteinkommen 1949-1966

	1949	1950/51	1953/54	1957	1961/62	1965/66
BRD	8,8 %	9,3 %	8,8 %	10,3 %	12,0 %	11,3 %
GB	13,9 %	13,2 %	11,7 %	10,5 %	10,2 %	10,3 %
SWE	12,4 %	11,9 %	11,2 %	11,1 %	10,8 %	10,5 %
FRA	10,3 %	10,8 %	11,1 %	11,3 %	11,1 %	10,8 %
USA	15,8 %	16,0 %	14,0 %	13,6 %	12,8 %	12,9 %
NL	-	11,9 %	11,8 %	10,3 %	10,4 %	9,3 %
JAP	8,9 %	8,6 %	9,2 %	9,6 %	11,2 %	9,2 %

Quelle: ⟨https://wid.world/country/germany/⟩ (Zugriff 14. 6. 2021)

Im internationalen Vergleich zeigt sich somit, dass die Spezifik der ordoliberalen Gouvernementalität im Hinblick auf soziale Ungleichheit und öffentliche Finanzen darin lag, dass in der Bundesrepublik die Steuersätze bei den direkten Steuern und insbesondere der Einkommensteuerspitzensatz deutlich reduziert wurden, was dazu beitrug, dass der Anteil des obersten Prozents am Gesamteinkommen deutlich zunahm, während er in den meisten Vergleichsländern stark zurückging. Während Deutschland 1949 noch den niedrigsten Anteil aufgewiesen hatte, lag dieser 1966 nur in den USA noch höher. Die von den Ordoliberalen geforderte Unternehmergesellschaft wurde staatlicherseits durch Steuerermäßigungen befördert.

Erhellend ist der internationale Vergleich auch im Hinblick auf ein weiteres insbesondere von den Unionsparteien bzw. den unionsgeführten Bundesregierungen ausgegebenes politisches Ziel, das einer Gesellschaft von Haus- und Wohnungseigentümern. Hier zeigt sich, dass die Bundesrepublik im OECD-Vergleich auf den hinteren Plätzen liegt. Mit einem Anteil von unter 30 Prozent in den 1960er-Jahren und von unter 50 Prozent (2015) rangierte sie gerade im Vergleich mit den angloamerikanischen Ländern am unteren Ende der Skala der OECD-Länder.[111] Grund hierfür war erstens, dass der durch die Kriegszerstörungen bedingte immense Bedarf an möglichst schnell zu errichtendem neuen Wohnraum zu einem guten Teil durch Wohngesellschaften gedeckt wurde.[112] Allerdings darf dieser Effekt nicht allzu hoch gewichtet werden, weil auch in den beiden weit weniger kriegszerstörten deutschsprachigen Ländern, Österreich und der Schweiz, die Hausbesitzerquote einen sehr ähnlichen Verlauf wie in der Bundesrepublik nahm. Zweitens führten die starken Steuervergünstigungen bei Hausbesitz und Vermietungen dazu, dass der Besitz mehrerer Häuser bzw. Wohnungen für Spitzenverdiener und Vermögende attraktiv war.[113] Drittens trugen die in Deutschland nach der Inflation 1923 besonders ausgeprägten Vorbehalte gegenüber dem Schuldenmachen dazu bei, dass Unter- und Mittelschichtenhaushalte in der frühen Bundesrepublik vor einer Kreditaufnahme zum Zweck des Erwerbs von Wohneigentum zurückschreckten.[114] So dominierten in der Bundesrepublik die staatlich unterstützten Bausparverträge, während in den angloamerikanischen Ländern der Hausbau viel

111 Sebastian Kohl, Homeownership, Renting and Society. Historical and Comparative Perspectives, London 2017, S. 7

112 Der Anteil des privaten Wohnungsbaus in Deutschland lag 1935 bei 75 Prozent, fiel bis Mitte der 1950er-Jahre auf etwas über 50 Prozent und näherte sich trotz der seit Mitte der 1950er-Jahre vorangetriebenen Privatisierungspolitik erst Mitte der 1960er-Jahre wieder der Marke von 70 Prozent an. In den USA lag die Quote in den 1950er-Jahren bei fast 100 Prozent, während sie in Frankreich und Großbritannien noch niedriger lag als in der Bundesrepublik: Timothy Blackwell/Sebastian Kohl, The Origins of National Housing Finance Systems. A Comparative Investigation into Historical Variations in Mortgage Finance Regimes, in: Review of International Political Economy 25 (2017) S. 49-74, hier S. 65; Führer, Mieter, S. 398 f. zu den Auseinandersetzungen um staatliche und private Wohnungsbauförderung in der frühen Bundesrepublik; Günther Schulz, Wiederaufbau in Deutschland. Die Wohnungsbaupolitik in den Westzonen und der Bundesrepublik von 1945 bis 1957, Düsseldorf 1994, S. 255-314.

113 Kohl, Homeownership, S. 7; Hilpert, Wohlfahrtsstaat, S. 271-298.

114 Garon, Beyond Our Means, S. 369 f.

stärker über den Kapitalmarkt finanziert wurde.[115] Die in der Bundesrepublik seit Mitte der 1950er-Jahre geforderte Privatisierung des Wohnungsmarkts entsprach so zwar den ordoliberalen Zielen, aber die »Eigentümer-Gesellschaft« blieb im Hinblick auf die Hausbesitzquote auch wegen der ordoliberalen Vorliebe für das Sparen weit hinter den Zahlen in den angloamerikanischen Ländern zurück.

Die Herausbildung von vier Steuer-Welten?

Auch wenn die Entwicklung der frühen Bundesrepublik durch die sehr umfassende Senkung der Steuersätze international hervorsticht, kann davon keineswegs ein deutscher Sonderstatus im Hinblick auf das Steuersystem insgesamt abgeleitet werden. Für eine solche Beurteilung spielt neben der Höhe verschiedener Steuersätze insbesondere der Steuermix eine Rolle.

B. Guy Peters hat kurz nach Gøsta Esping-Andersens Buch über die drei Welten des Wohlfahrtsstaats versucht, eine ähnliche Typologie für die Einnahmeseite zu entwickeln. Er machte anhand der Steuerdaten von 22 OECD-Ländern für das Jahr 1965 vier Gruppen aus: 1. die angloamerikanische Gruppe (USA, Großbritannien, Australien, Neuseeland, daneben aber auch Japan und die Schweiz), die sich durch vergleichsweise hohe Besitz- und Unternehmensteuern, etwas höhere Einkommensteuern und recht niedrige Umsatzsteuern auszeichnet; 2. die skandinavische Gruppe (Dänemark, Schweden, Norwegen, Finnland), die hohe Einkommen- und Umsatzsteuern, aber geringe Unternehmensteuern favorisiert; 3. eine unter der Bezeichnung »Breite Basisbesteuerung« zusammengefasste Gruppe, die von Österreich, den Niederlanden, Spanien und der Bundesrepublik gebildet wird und die sich durch eine umfangreiche Nutzung aller wichtigen Steuerarten auszeichnet; 4. eine südeuropäische Gruppe (Frankreich, Italien, Portugal, Griechenland), die mit Steuerflucht rechnet und deshalb stark auf die Umsatz- und Verbrauchsteuern setzt.[116]

115 Blackwell/Kohl, Origins.

116 B. Guy Peters, The Politics of Taxation. A Comparative Perspective, Cambridge 1991, S. 58-64. Eine ähnliche Einteilung nach Ländern findet sich auch bereits bei: Arnold J. Heidenheimer/Hugh Heclo/Carolyn Teich Adams, Comparative

Uwe Wagschal hat 2005 dieselbe Frage wie Peters für den Zeitraum von 1965 bis 2000 unter Rückgriff auf eine größere Zahl von Steuervariablen untersucht. Die Ergebnisse seiner Clusteranalyse stimmen hinsichtlich der Typenbildung und Zuordnung weitgehend mit denen von Peters überein. Jedoch nutzt Wagschal neben geografischen Charakterisierungen auch politische, zudem gruppiert er einzelne Länder anders ein. So ordnet er Frankreich dem zentraleuropäischen/christdemokratischen und Spanien dem südeuropäischen/peripher-residualen Typ zu. Letzterem wäre der Clusteranalyse nach auch Norwegen zuzurechnen, aber Wagschal zählt es im Folgenden trotzdem zum skandinavischen/sozialdemokratischen Steuertyp, weil »anderweitige Gründe« dafür sprächen.[117] Indem sie alle Länder für den gesamten Zeitraum von 1965 bis 2000 dauerhaft einem Typ zuordnet, erweckt Wagschals Analyse den Eindruck einer extremen Konstanz in der Steuerpolitik. Wagschal behauptet, dass dieses Bild für die Zeit von 1965 bis 2000 durchaus zutreffe, aber im Detail wird dies im Buch nur für die 1990er-Jahre gezeigt.[118]

Unterzieht man seine Behauptung anhand der Daten für 1965 einer Prüfung, so zeigt sich, dass die Herausbildung der genannten Typen zwar in Ansätzen bereits erkennbar ist, die entsprechenden Merkmale aber für einige Länder noch wenig ausgeprägt und manche Einteilungen fraglich sind. Das skandinavische/sozialdemokratische Cluster zeigt sich schon recht deutlich ausgebildet. Es weist (Sozialversicherungsbeiträge nicht mit einberechnet) die höchsten Steuerquoten auf, hohe Quoten bei der Einkommensteuer und Konsumsteuer und niedrige Quoten bei Besitz- und Körperschaftsteuern. Auch bei den Sozialversicherungsbeiträgen ergeben sich niedrige Quoten, weil ein größerer Teil der Sozialversicherungen über Steuern finanziert wird.

Das liberal-konservative Cluster erkennt man vor allem am hohen Anteil der Besitzsteuern. Auch demnach gehören die Schweiz und Japan 1965 noch nicht in dieses Cluster, das bei Peters als angloamerikanische Gruppe gefasst ist, zumal beide Länder auch

Public Policy. The Politics of Social Choice in America, Europe, and Japan, New York 1990, Chapter 6.

117 Uwe Wagschal, Steuerpolitik und Steuerreformen im internationalen Vergleich. Eine Analyse der Ursachen und Blockaden, Münster 2005, S. 107 f.

118 Ebd., S. 115.

insgesamt noch eine deutlich niedrigere Steuerquote als der Rest des Clusters aufweisen. Großbritannien und Irland könnte man aufgrund des hohen Besitzsteueranteils zum Cluster rechnen, aber Großbritannien wirkt im Gesamtbild eher wie eine Mischung aus dem sozialdemokratischem und dem christdemokratischem Typ.

Der christdemokratisch/zentraleuropäische Typ zeichnet sich vor allem durch seinen hohen Anteil an Sozialversicherungsbeiträgen aus, weswegen Italien eigentlich in dieses Cluster gehören würde, aber ansonsten über eine deutlich niedrigere Steuerquote verfügt als der Rest des Clusters. Diese liegt aber immer noch weit über dem Durchschnitt des residual-peripheren Clusters, dem für 1965 nur Spanien, Portugal und Griechenland zugeordnet werden können.

Tabelle 54:
Welten der Besteuerung 1965

	Steuerrate inkl. SV	Steuerrate exkl. SV	Est/ BIP	KSt/ BIP	SV/ BIP	Besitz-st./BIP	Konsum-st./BIP
SUI	17,5	14,9	5,8	1,3	2,6	1,7	6,0
USA	24,7	21,4	7,8	4,0	3,3	3,9	5,6
JAP	18,2	14,2	3,9	4,0	4,0	1,5	4,8
Frau	25,7	24,3	5,8	3,8	1,4	3,7	10,4
GB	30,4	25,7	10,1	1,3	4,7	4,4	10,1
AUS	21,0	21,0	7,2	3,4	0	2,4	7,3
NZ	24,1	24,1	9,5	5,0	0	2,8	6,7
SWE	33,4	29,2	16,2	2,0	4,0	0,6	10,4
FIN	30,4	28,3	10,1	2,5	2,1	1,2	12,9
NOR	29,6	26,1	11,7	1,1	3,6	0,9	12,2
DK	30,0	28,8	12,7	1,4	1,1	2,4	12,4
BEL	31,1	21,3	6,4	1,9	9,8	1,2	11,6
DEU	31,6	23,1	8,2	2,5	8,5	1,8	10,4
NL	32,8	22,7	9,1	2,6	10,1	1,4	9,4
ÖST	33,9	25,4	6,8	1,8	8,4	1,3	12,7
FRA	34,1	22,4	3,6	1,8	11,6	1,5	13,1
ITA	25,5	16,8	2,8	1,8	8,7	1,8	10,1
SPA	14,7	10,5	2,1	1,4	4,2	0,9	6,0
GRE	13,8	12,2	1,2	0,3	5,6	1,7	8,7
POR	15,9	12,4	-	-	3,5	0,8	7,6
IRL	24,9	23,3	4,2	2,3	1,6	3,8	13,1
OECD	**25,5**	**20,9**	**7,0**	**2,2**	**4,6**	**1,9**	**9,6**

Quelle: OECD Revenue Statistics 1965-2008, Paris 2009

Die Bundesrepublik schlagen Peters und Wagschal übereinstimmend dem zentraleuropäischen/christdemokratischen Steuertyp zu. Dies entspricht auch meinen Ergebnissen. Die deutliche Steuersatzsenkung als Besonderheit der ordoliberal geprägten bundesrepublikanischen Politik ergab sich auch durch die Besatzungssituation. In der frühen bundesdeutschen Steuerpolitik kam es nicht zu einer Westernisierung im Sinne einer Anpassung an den angloamerikanischen Weg. Die wesentlichen Elemente angloamerikanischer Steuerpolitik, die von den Alliierten mit den hohen Steuersätzen, gerade auch bei der Erbschaftsteuer, eingeführt wurden, baute die christdemokratisch dominierte Bundesregierung zügig wieder ab. Damit kehrte sie wieder auf den Pfad der bisherigen deutschen Steuerpolitik zurück. Im Weiteren verfolgte sie eine in mancher Hinsicht ähnliche Steuerpolitik wie die christdemokratisch geprägten Nachbarländer. Dies spricht gegen eine allzu starke Betonung ordoliberal-bundesdeutscher Besonderheiten auf dem Feld der Steuerpolitik. Diese Spezifik könnte deswegen eher in der entschlossenen Ausrichtung auf ein Export-Spar-System gepaart mit einer besonderen Betonung anti-inflationärer Politik liegen, doch wäre zu prüfen, inwieweit dies nicht auch die christdemokratisch dominierten Nachbarländer prägte.

Teil VIII

Aufstieg und Niedergang sozialliberaler Gouvernementalität (1966-1982): Die SPD und die Steuergerechtigkeit

Kapitel 19

Von der Ordnungs- zur Prozesspolitik

Das sozialdemokratische Jahrzehnt

Mit Willy Brandt als Bundeskanzler besetzte die SPD nach 17 Jahren Opposition und drei Jahren Juniorpartnerschaft in einer Großen Koalition erstmals die zentrale Machtposition im bundesdeutschen politischen System. Mit dem Godesberger Programm hatte sie sich zehn Jahre zuvor stärker als die beiden anderen Parteien die Verwirklichung sozialer Gerechtigkeit auf die Fahnen geschrieben. Doch was bedeutete dies konkret? Inwiefern wollte die SPD eine Abkehr vom ordoliberal-christdemokratisch geprägten Staats- und Wirtschaftsmodell erreichen? Zielten ihre Vorstellungen auf eine stärkere Anpassung an das von Gøsta Esping-Andersen als »sozialdemokratisch« gefasste Wohlfahrtssystem in Skandinavien ab?

Letzteres kann klar verneint werden. Die SPD hegte nicht den Plan, das deutsche System stärker auf steuerfinanzierte Sozialleistungen umzustellen, sondern hatte sich spätestens mit dem Volksversicherungsplan des Jahres 1965 auf eine Beibehaltung des Sozialversicherungsmodells festgelegt. Zudem gab die Partei die noch im Godesberger Programm vorgesehene Gewährung einer teils steuerfinanzierten Mindestrente bei zu geringen Beitragszahlungen auf.[1] Damit unternahm die SPD keinen Versuch zur Dekommodifizierung des Wohlfahrtsstaates, also zur Abkopplung der Sozialleistungen von den am Markt erzielten Einkommen, die Esping-Andersen als das zentrale Element des skandinavischen Weges herausgearbeitet hat.[2]

Während es auf der wohlfahrtsstaatlichen Seite ein skandinavisches Alternativmodell gab, für welches sich die SPD bewusst nicht entschied, gab es ein solches auf der Steuerseite nicht. In vielen Bereichen ähnelten sich das deutsche und das schwedische Steu-

1 Winfried Schmähl, Sicherung bei Alter, Invalidität und für Hinterbliebene, in: BMAS (Hg.), Geschichte der Sozialpolitik in Deutschland seit 1945, Bd. 4: 1957-1966, Baden-Baden 2007, S. 297-372, hier S. 362-367; Torp, Gerechtigkeit, S. 176 f.

2 Gøsta Esping-Andersen, The Three Worlds of Welfare Capitalism, Princeton 1990.

ersystem Mitte der 1960er-Jahre. Die Abgabenquote war ähnlich hoch, wobei jedoch in Schweden der Steueranteil höher und der Sozialversicherungsabgabenanteil geringer war als in der Bundesrepublik. Innerhalb des Steuersystems war der markanteste Unterschied, dass der Anteil der Einkommensteuer am BIP in Schweden doppelt so hoch lag wie in der Bundesrepublik (16 zu 8 Prozent), während der Anteil der Besitzsteuern am BIP in der Bundesrepublik dreimal höher lag als in Schweden (1,8 zu 0,6 Prozent).[3] Eine Umsteuerung weg von der Besitz- und hin zu einem höheren Anteil der Einkommensteuer lag aber weder im Interesse der SPD noch hätte dies allein einen grundlegenden Wandel des bundesdeutschen Steuersystems ausgemacht.

So blieb die SPD in grundlegenden Fragen bei Positionen, die sie spätestens seit 1949, in vielem aber schon seit dem 19. Jahrhundert auszeichneten. Um soziale Gerechtigkeit zu erzielen, sollten Verbrauchsteuern gesenkt, Einkommensteuerfreibeträge erhöht und die Spitzensteuersätze der direkten Steuern ebenfalls erhöht werden. Mit dem Godesberger Programm war zudem die Entlastung der Mittelschicht in den Fokus sozialdemokratischer Politik gerückt. Zusätzlich trat die SPD weiterhin für eine Zentralisierung staatlicher Aufgaben ein. Das seit 1949 verfolgte Ziel einer Bundesfinanzverwaltung hatte sie zwar aufgrund des Widerstands der Länder zwischenzeitlich aufgegeben, ihre Pläne für eine Finanzreform beinhalteten jedoch nach wie vor eine Stärkung der Bundesebene. Auch hatte sie seit 1949 sehr viel entschiedener als die CDU/CSU und die FDP eine Bekämpfung der Steuerhinterziehung gefordert. Insgesamt zielte das steuerpolitische Programm der Sozialdemokraten vor allem auf eine progressivere Gestaltung des existierenden bundesrepublikanischen Steuersystems, ohne aber dessen Tektonik etwa durch die Einführung neuer Steuern oder die Abschaffung alter von Grund auf zu ändern.

Mit dieser Zielrichtung stand die SPD jedoch vor dem, was der Soziologe Oliver Nachtwey als »sozialdemokratisches Akkumulationsdilemma«[4] bezeichnet hat. Weil die Steuereinnahmen vom Wirtschaftswachstum abhingen, bedurfte eine umverteilende Sozialpolitik als Voraussetzung der Sicherstellung ausreichender

3 Die Anteile der Körperschaft- sowie der Verbrauchsteuern am BIP rangierten in beiden Ländern in etwa in gleicher Höhe.

4 Nachtwey, Marktsozialdemokratie, S. 59.

Möglichkeiten zur »Kapitalakkumulation« – also einer florierenden Wirtschaft, die den Kuchen möglichst groß macht, bevor er verteilt wird. Dieser Zusammenhang war den historischen Akteuren selbstredend bewusst. Bereits Rudolf Goldscheid hatte am Ende des Ersten Weltkriegs eine gefährliche Abhängigkeit des Steuerstaats von den Kapitalbesitzern erkannt und befürchtet, dass der Ausbau des Steuerstaats nur durch die Mehrbelastung breiter Schichten zu haben wäre. Als Alternative dazu oder Ergänzung des Steuerstaats hatte er den Unternehmerstaat propagiert, der Einnahmen aus eigener wirtschaftlicher Tätigkeit erzielte. Dies war nach Kriegsende mit den umfassenden Sozialisierungsvorschlägen noch ansatzweise im Programm der SPD enthalten gewesen, und auch in bürgerlichen Kreisen gab es viele Befürworter, vor allem in der Union, so kam etwa auch der Vergesellschaftungs-Artikel 15 ins Grundgesetz. Doch der Siegeszug der »Sozialen Marktwirtschaft« und die Konfrontation mit den staatswirtschaftlichen Systemen des Ostblocks im Kalten Krieg stellten diese Ideen schnell ins Abseits. Mit dem Godesberger Programm verabschiedete sich die SPD weitgehend von ihren gemeinwirtschaftlichen und staatswirtschaftlichen Traditionen. Das revidierte sie auch in ihrer Regierungszeit nicht, als mit der Neuen Linken und den neuen sozialen Bewegungen ähnliche Konzepte unter neuem Gewand entstanden.[5]

Damit war ein starkes Wirtschaftswachstum die unhintergehbare Voraussetzung für den gewünschten Zuwachs an sozialer Gerechtigkeit und Wohlfahrt. In dieser Perspektive erschien es sinnvoll, den Markt durch eine wissenschaftlich fundierte staatliche Rahmensetzung so effizient wie möglich zu gestalten. Die theoretische Grundlage hierfür lieferte die keynesianische Makroökonomik, die sich in Deutschland erst in den 1960er-Jahren auf breiter Basis durchsetzen konnte,[6] während sie in den USA, Großbritannien und Frankreich die wirtschaftspolitischen Debatten schon seit Kriegsende sehr viel stärker geprägt hatte. Auf finanzpolitischem Gebiet waren es nun die keynesianisch geprägten Ansätze der »Fiscal Policy«, die die Poli-

5 Handschuhmacher, Privatisierung, S. 103-212

6 Christopher S. Allen, The Underdevelopment of Keynesianism in the Federal Republic of Germany, in: Peter A. Hall (Hg.); The Political Power of Economic Ideas: Keynesianism across Nations, Princeton 1989, S. 263-289; Hesse, Wirtschaft, S. 288-303; Tim Schanetzky, Die große Ernüchterung. Wirtschaftspolitik, Expertise und Gesellschaft in der Bundesrepublik 1966 bis 1982, Berlin 2007, S. 56-80.

tik stärker zu bestimmen begannen.[7] Sie zielten auf die makroökonomische Steuerung der Volkswirtschaft durch eine abgestimmte staatliche Steuer-, Haushalts- und Schuldenpolitik, um dadurch stetiges Wirtschaftswachstum ohne Krisen zu gewährleisten. Da der Keynesianismus der Inlandsnachfrage entscheidendes Gewicht beimaß, gegenüber dauerhaften Exportüberschüssen hingegen skeptisch war,[8] könnte man erwarten, dass die SPD in der Regierung eine Abkehr vom Export-Spar-Modell anstrebte. Doch tat sie dies?

Als die SPD 1969 mit Willy Brandt erstmals den Bundeskanzler stellen konnte, verbanden damit nicht wenige Parteimitglieder die Hoffnung, dass die neue Regierung eine stärker umverteilende Steuerreform durchsetzen würde. Bis dato verfügbare Studien hatten gezeigt, dass die bisherige Politik wenig an der vorhandenen Einkommensungleichheit und gar nichts an der noch sehr viel größeren Vermögensungleichheit geändert hatte.[9] Die Steuerreform sollte deswegen zeigen, dass die langjährige SPD-Forderung nach sozialer Gerechtigkeit auch in die Tat umgesetzt wurde. Doch die Parteispitze lehnte deutliche Spitzensatzerhöhungen bei der Einkommen-, Erbschaft- oder Vermögensteuer ab. Eine Steuerreformkommission der Partei, geleitet von Entwicklungsminister Erhard Eppler, sprach sich für moderate Satzerhöhungen aus. In einem *Spiegel*-Gespräch betonte Eppler: »Wir machen keine Aktion Volksbeglückung.«[10] Hatte sich die SPD, nachdem sie im Godesberger Programm das Ziel einer sozialistischen Vergesellschaftung der Produktionsmittel aufgegeben hatte, nun – nachdem sie in Regierungsverantwortung gelangt war – auch von einer sozialdemokratischen Reformpolitik der Umverteilung durch Steuern verabschiedet oder wollte Eppler nur die Öffentlichkeit beruhigen mit der Botschaft, dass die Partei um die Grenzen einer solchen Politik wusste?

Auf einer grundsätzlichen Ebene lässt sich konstatieren, dass sich

7 Beispielhaft: Fritz Neumark, Wirtschafts- und Finanzprobleme des Interventionsstaates, Tübingen 1961; Heinz Haller et al. (Hg.), Theorie und Praxis des finanzpolitischen Interventionismus. Fritz Neumark zum 70. Geburtstag, Tübingen 1970.

8 Beispielhaft: Keynes, Allgemeine Theorie, S. 322.

9 Als Überblick über die verfügbaren Studien: Johann-Hinrich Mönning, Würdigung ausgewählter Besteuerungsgrundsätze auf der Grundlage einer entfalteten sozialpolitischen Konzeption, Göttingen 1976 (Diss. Universität Göttingen), S. 313-376.

10 Interview mit Erhard Eppler, in: Spiegel, 28.6.1971, S. 29.

die von der SPD vertretene sozialliberale Gouvernementalität von der ordoliberalen Gouvernementalität durch eine stärkere Orientierung am Ziel sozialer Gerechtigkeit unterschied und dass diese aktiv durch eine stärkere staatliche Lenkung des Wirtschaftsprozesses hergestellt werden sollte. Auch der Ordoliberalismus kannte zwar staatliche Eingriffe, aber diese zielten auf eine Sicherstellung der Grundlagen des Marktprozesses (»Ordnungspolitik«), nicht aber auf eine interventionistische Berichtigung von Marktergebnissen (»Prozesspolitik«). Die SPD knüpfte im Hinblick auf ihre Gerechtigkeitsvorstellungen an den Sozialliberalismus der Weimarer Jahre an, verfügte nun aber mit dem Keynesianismus und zeitgenössischen strukturpolitischen Konzepten über eine Wirtschaftsprogrammatik, die diese Ziele ökonomisch zu begründen half. Dies war seinerzeit anschlussfähig an den wirtschaftswissenschaftlichen Mainstream und die Interessen der Technokratie, während der traditionelle Ordoliberalismus oder der ständische Klientelismus in der wirtschaftspolitischen Programmatik in Teilen der CDU/CSU und der FDP zunehmend altbacken anmutete. Auch war die Gewichtung der gesamtwirtschaftlichen Ziele in der SPD zumindest bis 1973 eine andere als im Ordoliberalismus. Paradigmatisch steht dafür Helmut Schmidts Interviewäußerung drei Wochen nach seinem Amtsantritt als Finanzminister: »Mir scheint, daß das deutsche Volk – zugespitzt – 5 Prozent Preisanstieg eher vertragen kann als 5 Prozent Arbeitslosigkeit.«[11] Dies entsprach dem unter Mainstream-Ökonomen verbreiteten Glauben, dass es nur eine hohe Inflation oder eine hohe Arbeitslosigkeit geben könne, nicht aber beides gleichzeitig – ein Glaube, der in der kurz darauf einsetzenden Stagflation beerdigt werden musste, was stark zur Krise der dominierenden keynesianischen Leitbilder beitrug.[12] Vor allem aber entschied sich Schmidt für geringe Arbeitslosigkeit als vorrangiges Ziel, während Ordoliberale immer der Preisstabilität den Vorrang gegeben hätten.

11 Interview mit Helmut Schmidt am 27. Juli 1972 in: SZ vom 28. Juli 1972, S. 8.

12 John Hicks – ein Ökonom und prominenter Vertreter des Keynesianismus – wies in Vorlesungen im April 1973 darauf hin, dass die Allgemeine Theorie, die für den Umgang mit Deflation entwickelt worden war, keine Lösung für das Problem steigender Inflation und insbesondere für die Kombination aus hoher Inflation und hoher Arbeitslosigkeit bot, die im klassischen Keynesianismus unmöglich schien: John R. Hicks, The Crisis in Keynesian Economics, Oxford 1974.

Doch bestand in den 1960er- und 1970er-Jahren freilich auch im keynesianischen Mainstream erhebliche Skepsis gegenüber der Inflation wegen ihrer erwarteten Verteilungswirkung. Keynesianische und nachfrageorientierte Ansätze gingen zu dieser Zeit davon aus, dass die Unternehmer die Gewinner der Inflation sein würden.[13] Demgegenüber folgten klassische und angebotsorientierte Ansätze der These, dass die Gewerkschaftsmitglieder in der Inflation von einer machtvollen Interessenspolitik ihrer Organisationen profitieren würden.[14] In beiden Fällen handelte es sich eher um vorurteilsbasierte Vermutungen, denn empirische Forschungen zur Verteilungswirkung von Inflationen gab es damals kaum. Diese setzten erst Anfang der 1980er-Jahre ein und kamen dann zu sehr viel differenzierteren Ergebnissen, die zeigten, dass keine der gesellschaftlichen Großgruppen eindeutig von der Inflation profitierte, sondern dass es vor allem zu Verschiebungen innerhalb der Großgruppen kam, die viel mit den unterschiedlichen Möglichkeiten zur Adaption an die Geldentwertung zu tun hatten. Relativ eindeutig war, dass Gläubiger und Sparer zu den Verlierern gehörten.[15] Dies erklärte in gewisser Weise auch die besondere Inflationsangst in Deutschland, denn hier besaßen, den Bedingungen des Export-Spar-Modells geschuldet, viele Bürgerinnen und Bürger Sparkonten, die besonders schlecht gegen die Inflation geschützt waren. Hinzukamen die Inflationserfahrungen am Ende der beiden Weltkriege, die – wenn auch wirtschaftlichen und sozialen Folgen der Deflation Anfang der 1930er-Jahre weit katastrophaler gewesen waren – einen bleibenden Eindruck in Deutschland hinterlassen hatten. Schmidt hatte sich dementsprechend mit seinem Satz, der ihm noch lange vorgehalten werden sollte, weit aus dem Fenster gelehnt. Allerdings sprach aus Sicht der SPD viel für Schmidts Schwerpunksetzung. Denn wenn die SPD eine Umverteilung zugunsten der Arbeitnehmer betreiben und den Sozialstaat ausbauen wollte, hatte eine moderate Inflation ihre Vorteile. Die Forschung attestierte ihr eine eher nivellierende Wirkung auf die Einkommensverteilung.[16] Allerdings fanden sich die möglichen Verlierer der Inflation insbe-

13 Dieter Fricke, Verteilungswirkungen der Inflation, Baden-Baden 1981, S. 29-56.
14 Ebd., S. 57-87.
15 Ebd., S. 368.
16 Ebd., S. 364.

sondere im selbständigen und unselbständigen Mittelstand,[17] was für eine Partei, die eine Volkspartei zu sein beanspruchte, durchaus problematisch sein konnte.

Es können wenig Zweifel daran bestehen, dass der Wandel von der ordoliberalen zur sozialliberalen Gouvernementalität maßgeblich von der SPD vorangetrieben worden ist. Doch als sich die von SPD-Wirtschaftsminister Karl Schiller 1966 initiierte antizyklische Konjunkturpolitik bei der Überwindung der ersten kleineren Wirtschaftskrise seit Langem offenbar gut bewährte, übernahmen auch weite Teile der CDU/CSU und der FDP Elemente keynesianischer Wirtschaftspolitik. Zugleich betonten sowohl die Union wie die Freien Demokraten Ende der 1960er- und Anfang der 1970er-Jahre so stark wie selten die Orientierung am Ziel sozialer Gerechtigkeit. Die FDP kritisierte in ihren Freiburger Thesen die zunehmende Konzentration des Kapitals in wenigen Händen als Bedrohung der Freiheit und der Menschlichkeit. Die CDU/CSU forderte unter dem Stichwort »neue Armut« ein Sozialprogramm, dass die Vorstellungen der SPD im Hinblick auf seine materielle Ausstattung teils noch übertraf. Bevor wir uns der sozialliberalen Steuer- und Finanzpolitik zuwenden, soll der gesellschaftliche und politische Hintergrund ausgeleuchtet werden.

Führungskrise oder Krise des Liberalismus? Die gesellschaftspolitische Signatur der 1970er-Jahre

Die Zeit der Kanzlerschaft Willy Brandts stellte den Höhe- und Endpunkt einer Politik dar, die auf die Herstellung einer »Gesellschaft der Gleichen« (Rosanvallon) ausgerichtet war. Dieses zentrale Ziel moderner Gesellschaften, die in den Worten von Andreas Reckwitz das »Allgemeine« prämierten, wurde befördert und begleitet durch Prozesse der Rationalisierung und Formalisierung. In der »Gesellschaft der Gleichen«, die zugleich eine fordistische Gesellschaft war, hatte die Schule die Aufgabe, möglichst viele Subjekte mit denselben Grundkompetenzen auszustatten und sie zu sozial angepassten Persönlichkeit zu erziehen.[18] Doch der wachsen-

17 Ebd., S. 367.

18 Andreas Reckwitz, Das hybride Subjekt. Eine Theorie der Subjektkultur von der bürgerlichen Moderne zur Postmoderne, Berlin 2020 (überarbeitete Neuauflage,

de Wohlstand beförderte spätestens seit dem Ende der 1960er-Jahre Individualisierungsprozesse, die nicht zuletzt durch ein Mehr an Freizeit und neue Konsummöglichkeiten befeuert wurden.

Daniel T. Rodgers hat die 1970er-Jahre als das »Zeitalter des Bruchs« bezeichnet, das gekennzeichnet war durch eine Bewegung weg von Konzepten des nationalen Konsenses, geregelter Märkte und der Verantwortung der Bürger hin zu einem fluideren Verständnis von Zugehörigkeiten und Identitäten, engeren Definitionen von kollektiver Verantwortung und der Zurückdrängung von Klassensolidarität zugunsten multipler Identitäten. Wie Rodgers es ausdrückt, wichen Solidarität und kollektive Institutionen einem stärker individualisierten Verständnis der menschlichen Natur, das auf Wahlmöglichkeiten, Handeln, Leistung und Begehren beruht. Starke Metaphern der Gesellschaft wurden von schwächeren verdrängt.[19] Es entstanden erste Ansätze zu einer »Gesellschaft der Singularitäten« (Reckwitz), in der das Besondere und Einzigartige mehr Gewicht als das Allgemeine erlangen sollte.[20] In Ansätzen hatten sich diese Entwicklungen bereits abgezeichnet, als Willy Brandt Bundeskanzler wurde. Doch breiter wahrgenommen und diskutiert wurden sie erst, als mit der Wirtschaftskrise 1973 das Ende der hohen Wachstumsraten einsetzte und Ronald Inglehart 1977 den Wandel hin zu postmateriellen Werten ausrief.[21] Reckwitz sieht als Träger der Gesellschaft der Singularitäten vor allem eine aufkommende neue Mittelschicht, die sich unter anderem durch hohe Bildungsabschlüsse auszeichnete.[22] Diese in der Entstehung

Erstausgabe 2006), S. 282-442; ders., Die Gesellschaft der Singularitäten. Zum Strukturwandel der Moderne, Berlin 2017, S. 27-48.

19 Daniel T. Rodgers, Age of Fracture, Cambridge/Mass. 2011, S. 15-40.

20 Reckwitz, Gesellschaft der Singularitäten. Theoretisch an frühere Arbeiten von Reckwitz vor allem zum »hybriden Subjekt« angelehnt, hat Sven Reichardt gezeigt, wie stark dies bereits die linksalternativen Vorstellungen der 1970er-Jahre prägte: Sven Reichardt, Authentizität und Gemeinschaft. Linksalternatives Leben in den siebziger und achtziger Jahren, Berlin 2014.

21 Ronald Inglehart, The Silent Revolution. Changing Values and Political Styles among Western Publics. Princeton 1977. Siehe dazu: Andreas Rödder/Wolfgang Elz (Hg.), Alte Werte – Neue Werte. Schlaglichter des Wertewandels, Göttingen 2008; Bernhard Dietz/Christopher Neumaier/Andreas Rödder (Hg.), Gab es den Wertewandel? Neue Forschungen zum gesellschaftlich-kulturellen Wandel seit den 1960er Jahren, München 2014.

22 Andreas Reckwitz, Auf der Suche nach der neuen Mittelklasse – Replik auf Nils Kumkar und Uwe Schimank, in: Leviathan 49 (2021) 1, S. 33-61.

begriffene Klasse nahm in den 1970er-Jahren vor allem über die Jusos Einfluss auf die SPD, doch gab es zwischen der nach wie vor von Arbeitern und Angestellten geprägten Partei und den Neueinsteigenden durchaus Reibungen, weswegen sich Ende der 1970er- und Anfang der 1980er-Jahren viele Angehörige der neuen Mittelschichten von der SPD ab- und den Grünen zuwandten, wodurch der SPD im linken Parteispektrum erstmals seit mehr als 20 Jahren wieder ernsthafte Konkurrenz entstand.[23]

Im Bereich der öffentlichen Finanzen führte die Krise dazu, dass die Steuereinnahmen nicht mehr so üppig sprudelten wie vorausgesagt und die Finanzierung einiger der geplanten Regierungsmaßnahmen zum Problem wurde. Nach Jahren der Wohlfahrtsstaatsexpansion ging es nun um Stabilisierung, Konsolidierung und sogar um die Begrenzung von Sozialausgaben. Zudem schien die in der Krise einsetzende Stagflation wichtigen Elementen der herrschenden keynesianischen Theorien zuwiderzulaufen, insbesondere der mit der Phillips-Kurve[24] verknüpften Behauptung, dass Inflation und eine hohe Arbeitslosigkeit einander ausschließende Phänomene seien. Sowohl die Unionsparteien wie die FDP wandten sich deswegen Mitte der 1970er-Jahre vom Keynesianismus ab und orientierten sich wieder stärker an ordo- oder neoliberalen Vorstellungen, die den Schwerpunkt auf eine Angebotspolitik legten. Auch in der SPD regten sich Zweifel am Keynesianismus, wodurch die Partei in ihrer wirtschaftspolitischen Ausrichtung an Kontur verlor. Da die Wirtschaftswissenschaften seit dem Wandel zur modernen Gouvernementalität zur Leitwissenschaft aufgestiegen waren, hatte die Krise des traditionellen Keynesianismus umfassende gesellschaftliche Folgen. Sie war verbunden mit einer wachsenden Skepsis gegenüber der Makroökonomie und quantitativen Ansätzen sowie der Vorhersagbarkeit wirtschaftlicher Prozesse und ihrer Ergebnisse. Die Folge war, dass die Steuerbarkeit des Wirtschafts-

23 Zur Verbindung von Wahlentscheidung und Bildungsabschluss sowie ökonomischem Status: Fabian Kosse/Thomas Piketty, Electoral Cleavage and Socioeconomic Inequality in Germany, 1949-2017, in: Amory Gethin/Clara Martinez-Toledano/Thomas Piketty (Hg.), Political Cleavages and Social Inequalities. A Study of Fifty Democracies, 1948-2020, Cambridge/Mass. 2021, S. 136-149.

24 Eine von dem britischen Ökonomen Alban Phillips 1958 erstmalig publizierte Grafik, die den Zusammenhang von Preisniveau und Arbeitslosenquote veranschaulicht.

prozesses durch staatliche Akteure zunehmend in Zweifel gezogen wurde. Im Zuge der breiten Rezeption »angebotsökonomischer« Leitbilder auch aus dem angelsächsischen Raum (»supply-side economics«) wurden Forderungen artikuliert, dass der Staat seine Rolle wieder darauf beschränken solle, einen effizienten institutionellen Rahmen für die Märkte zu schaffen, wohingegen er sich aller Versuche zur Nachfragesteuerung und wirtschaftlichen Feinsteuerung zu enthalten habe. Damit geriet das Planbarkeitsparadigma in die Krise. Die ordo- und neoliberalen Traditionen der deutschen Wirtschaftswissenschaft erlebten eine schnelle Renaissance.

So sahen konservative Politikwissenschaftler, in Deutschland insbesondere Wilhelm Hennis und Peter Graf Kielmannsegg, die wachsenden Staatsausgaben als ein Grundproblem westlicher Demokratien, das zu deren Unregierbarkeit führen könne. Sie konstatierten eine Führungskrise, die durch eine entschieden zugreifende politische Führung behoben werden müsse. Stark beeinflusst von der neoliberalen Public-Choice-Theorie, diagnostizierten sie eine Anspruchsinflation gegenüber dem Staat und eine Herrschaft der Verbände, womit sie insbesondere die Gewerkschaften meinten.[25] Einig waren sich fast alle Autoren eines von Hennis, Kielmannsegg und Ulrich Matz herausgegebenen Sammelbandes, dass man in der Bundesrepublik mittlerweile eher zu viel Demokratie gewagt habe und eine Stärkung der Exekutive erforderlich sei.[26] Ziel dieser liberal-konservativen Gruppe war es, die Handlungsfähigkeit des Staates durch eine Beschränkung seiner Aufgaben und insbesondere durch eine Reduzierung staatlicher Umverteilungspolitik zu erhöhen. Folgerichtig verbanden sie ihre Diagnose der Anspruchsinflation mit der Forderung nach der Beschränkung oder gar dem Ende des Wohlfahrtsstaates. Michel Foucault sprach davon, »daß im Umkreis von Keynes, im Umkreis der interventionistischen Wirtschaftspolitik [...], alle diese Interventionen [gemeint sind

25 Peter Graf Kielmannsegg, Legitimationsprobleme politischer Systeme. Opladen 1976. Die deutsche Diskussion war inspiriert von der internationalen Diskussion, insbesondere von Michel Crozier und Samuel Huntington, die in einem Bericht für die Trilaterale Kommission bereits 1975 ähnliche Thesen aufgestellt hatten: Michel J. Crozier/Samuel P. Huntington/Joji Watanuki, The Crisis of Democracy. Report on the Governability of Democracies to the Trilateral Commission, New York 1975.

26 Wilhelm Hennis/Peter Graf Kielmannsegg/Ulrich Matz (Hg.), Regierbarkeit. Studien zu ihrer Problematisierung. 2 Bände. Stuttgart 1977 und 1979.

staatliche Eingriffe in die Wirtschaft; M.B.] etwas herbeigeführt haben, was man eine Krise des Liberalismus nennen kann«.[27] Grégoire Chamayou hat jüngst darauf hingewiesen, dass die Gesellschaft in diesem Diskurs nicht per se als unregierbar galt, sondern nur mehr in der Form, in der sie bisher regiert worden war. Da sich die Gesellschaft verändert habe, müssten neue Formen des Regierens gefunden werden, so rekonstruiert Chamayou die propagierte Sichtweise – und geht dabei davon aus, dass dieser Diskurs stark von den großen US-amerikanischen Konzernen gelenkt wurde.[28]

Die Schriften der Gruppe um Hennis waren aber auch eine Reaktion auf eine der SPD-Linken nahestehende Gruppe um Jürgen Habermas und Claus Offe, die bereits kurz vor Einsetzen der Wirtschaftskrise nicht vor einer Führungs-, sondern vor einer Legitimationskrise der bundesdeutschen Demokratie gewarnt hatte.[29] Mit dem Terminus »Spätkapitalismus« legten sie nahe, dass ein baldiges Ende des Kapitalismus absehbar sei, wobei die staatliche Finanzpolitik eine wichtige Rolle spielte. Anders als dogmatische Marxisten, die davon ausgingen, dass die staatliche Sozialpolitik der Aufrechterhaltung des Kapitalismus diene, betonte Offe, dass es völlig unklar sei, ob die Staatsorganisation den marktgesteuerten Verwertungsprozess stütze oder vielmehr in Frage stelle. Wie Foucault tendierte Offe eher zu letzterer Ansicht und vermutete, dass das politisch-administrative System sich in der kapitalistischen Marktgesellschaft zunehmend »als ein Fremdkörper entpuppt«.[30] Er glaubte denn auch nicht, dass die prognostizierte Fiskalkrise durch einen Steuerprotest der Arbeiterschaft hervorgerufen würde, sondern vermutete, dass die notwendige Steigerung der Steuereinnahmen die Möglichkeiten des Kapitals zur Gewinnerzielung radikal begrenzen und zur Systemkrise führen könne. Auch Habermas erwartete, dass die Erhöhung von Steuern einen Investitionsstreik

27 Foucault, Geburt der Biopolitik, S. 105 f.

28 Grégoire Chamayou, Die unregierbare Gesellschaft. Eine Genealogie des autoritären Liberalismus, Berlin 2019, S. 8 f.

29 Armin Schäfer, Krisentheorien der Demokratie. Unregierbarkeit, Spätkapitalismus und Postdemokratie, in: Der moderne Staat 2 (2009), S. 159-183; Marc Buggeln, Ein bisschen Theorie und wenig Empirie: Die öffentlichen Finanzen als Thema der bundesrepublikanischen Politikwissenschaft (1949-1989), in: Politische Vierteljahresschrift (2018) 1, S. 13-36.

30 Claus Offe, Strukturprobleme des kapitalistischen Staates. Frankfurt am Main 1972, S. 37.

des Kapitals auslösen könne.[31] Beide hielten die Fiskalkrise aber für wahrscheinlich beherrschbar. Sie sahen vielmehr eine Legitimations- bzw. Motivationskrise drohen. Sie zweifelten daran, dass die Empfänger der staatlichen Leistungen sich mit diesen begnügen würden, sondern vermuteten, dass die Mehrheit der Gesellschaft irgendwann nicht länger bereit sein werde, die Nachteile des Kapitalismus weiter zu erdulden. Der Kapitalismus werde weniger an ökonomischen Gesetzmäßigkeiten als an der Unzufriedenheit der Menschen scheitern, eine Ansicht, die vor allem unter dem Eindruck der umfangreichen »wilden« Streiks in der Bundesrepublik Ende der 1960er- und Anfang der 1970er-Jahre entstand.[32] Diese Voraussage sollte sich zwar nicht bewahrheite, spielte aber in den Diskussionen der SPD eine prominente Rolle.

Habermas und Offe kritisierten weniger den Staat als kapitalistische Marktprozesse, doch freilich regte sich nicht nur auf der konservativen und neoliberalen Seite Kritik an der ausgreifenden staatlichen Politik, auch in der radikalen Linken stand die kritische Auseinandersetzung mit der Rolle des Staates in den 1970er-Jahren im Mittelpunkt der Theoriebildung und politischer Diagnosen. Der demokratische Staat erschien dabei weniger als Bollwerk gegen die unbändigen Kräfte des Marktes, sondern vielmehr als autoritärer Staat, als Erfüllungsgehilfe der Kapitalistenklasse und als repressive Sozialisationsmaschine.[33] Die Flut von Angriffen drängte den demokratischen Leviathan in die Defensive. Sogar in den inzwischen stark etatistisch geprägten europäischen Arbeiterparteien

31 Jürgen Habermas, Legitimationsprobleme im Spätkapitalismus, Frankfurt am Main 1973, S. 75. Diese Idee griff Wolfgang Streeck dann wieder auf: Streeck, Gekaufte Zeit, S. 49.

32 Peter Birke, Wilde Streiks im Wirtschaftswunder. Arbeitskämpfe, Gewerkschaften und soziale Bewegungen in der Bundesrepublik und Dänemark, Frankfurt am Main 2007; Lutz Raphael, Jenseits von Kohle und Stahl. Eine Gesellschaftsgeschichte Westeuropas nach dem Boom, Berlin 2018, S. 152-169.

33 Axel Schildt, Medien-Intellektuelle in der Bundesrepublik, Göttingen 2020, S. 760-783; Rodgers, Age of Fracture, S. 77-110; Reichardt, Authentizität, S. 875; Luc Boltanski/Ève Chiapello, Der neue Geist des Kapitalismus, Konstanz 2003, S. 235-260; Dominik Geppert/Jens Hacke (Hg.), Streit um den Staat. Intellektuelle Debatten in der Bundesrepublik 1960-1980, Göttingen 2008; Richard Heigl, Das Unbehagen am Staat. Staatskritik bei Wolfgang Abendroth und Johannes Agnoli, in: Christoph Jünke (Hg.): Linkssozialismus in Deutschland. Jenseits von Sozialdemokratie und Kommunismus?, Hamburg 2010, S. 171–185.

wuchs das Gefühl, dass bestimmte staatliche Eingriffe, die die Menschen in die Lage versetzen sollten, ihre eigenen Entscheidungen zu treffen, monolithische und bürokratische Systeme hervorbrachten, die die persönliche Freiheit tendenziell einschränkten. Damit setzte ein Wandel der Vorstellung dessen ein, was einer Demokratie zugrunde liegt: nicht mehr die Gleichheit und die Souveränität des Volkes standen im Vordergrund, sondern die individuelle Freiheit. Dies musste zu Reibungen mit einigen traditionell stärker auf Gleichheit ausgerichteten Gruppen in der SPD, insbesondere dem Gewerkschaftslager, führen.

Gleichzeitig läutete die Krise auch den Abschied von der alten Industriearbeitergesellschaft ein, und der Wandel hin zur Dienstleistungsgesellschaft begann sich abzuzeichnen.[34] Die SPD hatte sich zwar seit dem Godesberger Programm als Volkspartei verstanden, doch wurde sie Ende der 1960er-Jahre immer noch überdurchschnittlich stark von Industriearbeiterinnen und -arbeitern und insbesondere von gewerkschaftlich Organisierten gewählt. Von daher traf die Krise der Industriearbeit die SPD härter als die anderen Parteien.

Wie ging die SPD mit dieser Kritik am Keynesianismus und am Staat um? Inwiefern führte die Krise 1973 zu einem grundlegenden Wandlungsprozess in den Vorstellungen der SPD, gerade auch im Hinblick auf die öffentliche Finanzpolitik? Diese Fragen lassen sich durch eine genauere Analyse der staatlichen Steuer- und Finanzpolitik klären.

Zwischen sozialer Symmetrie und Konjunkturförderung: Die Große Koalition 1966-1969

Der Sturz Ludwig Erhards und das Zerwürfnis zwischen den Unionsparteien und der FDP führte die SPD nach 17 Jahren Opposition erstmalig in bundesdeutsche Regierungsverantwortung. Doch mit welcher der beiden Parteien die SPD koalieren würde, war, als Erhard zurücktrat, noch unklar. Alex Möller war als finanzpolitischer Kopf der Partei Teil jener SPD-Gruppe, die Sondierungsgespräche mit der FDP und der CDU/CSU führte. Er favorisierte eigentlich

34 Raphael, Jenseits, S. 35-91.

eine Koalition mit der FDP, doch in der von ihm geführten Untergruppe für die öffentlichen Finanzen zeigten sich unüberbrückbare Differenzen mit den Freien Demokraten, nicht zuletzt, weil diese Steuererhöhungen weiterhin strikt ablehnten. Deswegen unterstützte Möller schließlich die Entscheidung der SPD-Fraktion für eine Große Koalition, der schließlich der Parteirat folgte.[35] Möller hoffte, sich mit seinem Einsatz für das Amt des Finanzministers zu empfehlen. Als der Posten aufgrund der Koalitionsarithmetik und der SPD-Entscheidung für Karl Schiller als Wirtschaftsminister stattdessen an Franz Josef Strauß ging, zeigte sich Möller tief enttäuscht. Am 8. Dezember 1966 kündigte er Helmut Schmidt und Willy Brandt den Verzicht auf seine Ämter an.[36] Nur geduldiges Zureden von Brandt und Möllers engem Freund Schmidt konnte ihn letztlich umstimmen.[37] Schmidt stieg 1967 nach dem Tod Fritz Erlers zum Fraktionsvorsitzenden auf und Möller wurde mit der Verantwortung für Wirtschafts- und Finanzpolitik zu seinem wichtigsten Stellvertreter. Beide gehörten später zum Kreßbronner Kreis, dem seit Januar 1968 wöchentlich stattfindenden Treffen der wichtigsten Koalitionspolitiker, in dem versucht wurde, die Koalitionsprobleme auf Spitzenebene zu lösen.[38]

Auf dem Gebiet der öffentlichen Finanzen standen in der Großen Koalition drei Themen im Vordergrund. Erstens ging es um die Überwindung des von Möller immer wieder angeprangerten Haushaltsdefizits. Zweitens hatte die SPD in der Opposition eine Re-

35 Möller, Genosse Generaldirektor, S. 304-312; Schönhoven, Wendejahre, S. 54-78; Meyer, Wehner, S. 294-298; Joachim Samuel Eichhorn, Durch alle Klippen hindurch zum Erfolg. Die Regierungspraxis der ersten Großen Koalition (1966-1969), München 2009, S. 35-42. Aus CDU-Sicht: Philipp Gassert, Kurt Georg Kiesinger 1904-1988. Kanzler zwischen den Zeiten, München 2006, S. 498-516, zu Möller: ebd., S. 726. Zur Debatte in der Fraktion, ob die SPD in die Große Koalition gehen sollte: 166. Fraktionssitzung vom 26./27. 11. 1966, in: Heinrich Potthoff (Bearb.), Die SPD-Fraktion im deutschen Bundestag: Sitzungsprotokolle 1961-1966, 2. Halbband, Düsseldorf 1993, S. 1029-1070.

36 Schreiben Möller an Schmidt, das in Kopie auch an Willy Brandt ging, 8. 12. 1966, Bundesarchiv Koblenz, N 1369 Möller, Nr. 451.

37 Schreiben Brandt an Möller vom 12. 12. 1966, in: ebd. Siehe auch: Bettina Tüffers, Einleitung, in: Die SPD-Fraktion im Deutschen Bundestag. Sitzungsprotokolle 1966-1969, Düsseldorf 2009, S. XI-LXII, hier S. XXXIV. Zur Freundschaft Möller–Schmidt vgl. Alex Möller, Tatort Politik, München 1982, S. 376-398.

38 Eichhorn, Klippen, S. 169-193; Tüffers, Einleitung, S. LI; Gassert, Kiesinger, S. 577-579.

form der Finanzverfassung gefordert, unter anderem mit dem Ziel, die Finanzkraft der Kommunen zu stärken.[39] Da für diese Reform eine Verfassungsänderung mit Zweidrittelmehrheit erforderlich war, bot die Große Koalition hier eine einmalige Möglichkeit zur Durchsetzung. Drittens kam es 1966 zur ersten Wirtschaftskrise in der Bundesrepublik nach etwa 15 Jahren ununterbrochenen hohen Wirtschaftswachstums. Dadurch traten Fragen nach der Nutzung des finanzpolitischen Instrumentariums zur Konjunkturbelebung in den Vordergrund.[40] Insbesondere der von Möller konstatierte Konsolidierungsbedarf sorgte aber auch für Unmut in der Fraktion, weil er der nun erstmalig in Regierungsverantwortung agierenden SPD enge Grenzen bei der Umsetzung eigener Programme setzte.

Der Kassensturz der neuen Regierung indes führte zur Erkenntnis, dass das Haushaltsloch noch größer war als vermutet. Dies hatte zur Folge, dass der neue Bundeskanzler Kiesinger in seiner Regierungserklärung überraschend scharf mit der Haushaltspolitik der Erhard-Regierung abrechnete, wofür er viel Beifall aus der SPD-Fraktion erhielt.[41] Daneben wurde aber auch deutlich, dass sich die Große Koalition auch und zumal in der Finanz- und Wirtschaftspolitik als Reformbündnis verstand, das lange liegengebliebene Probleme angehen wollte.[42] In den Koalitionsgesprächen hatte man sich darauf verständigt, dass die Haushaltssanierung vor allem durch den Abbau von Subventionen und Steuervergünstigungen erreicht werden sollte. Die SPD stimmte in schwierigen Verhand-

39 Die Forderung findet sich bereits im Wahlkampfprogramm von 1961. Vgl. auch: Alex Möller, Der Finanzausgleich als Grundlage eigenständiger Gemeindepolitik, in: Die Neue Gesellschaft 10, 1963, S. 371-376.

40 Muscheid, Steuerpolitik, S. 118-123. Finanzpolitische Stabilisatoren wurden auch in das Gesetz zur Förderung der Stabilität und des Wachstums der Wirtschaft eingebaut: Nützenadel, Stunde, S. 308-316; Alex Möller/Christoph Böckenförde, Gesetz zur Förderung der Stabilität und des Wachstums der Wirtschaft und Art. 109 Grundgesetz. Kommentar unter besonderer Berücksichtigung der Entstehungsgeschichte, Hannover 1968.

41 Deutscher Bundestag, 5. Wahlperiode, 13. 12. 1966, Protokoll 80. Sitzung, S. 3656-3665; Schönhoven, Wendejahre, S. 131 f.; Ullmann, Schuldenstaat, S. 98; Nützenadel, Stunde, S. 307 f. Alex Möller empfand die Regierungserklärung als »eine volle Rechtfertigung der von mir in der Opposition vertretenen Grundsätze und Zielsetzungen der öffentlichen Finanzwirtschaft«; Möller, Tatort Politik, S. 352; Möller, Genosse Generaldirektor, S. 316-320.

42 Schanetzky, Ernüchterung, S. 81.

lungen schweren Herzens einer Erhöhung der Tabak- und Mineralölsteuer zu, die als Verbrauchsteuern die Geringverdiener besonders belasteten. Die CDU/CSU machte ihrerseits auch auf Hinwirken Schillers den Weg für eine antizyklische Finanzpolitik frei, indem sie die Bundesbank zur Aufgabe der Zinsrestriktionen bewegte, die zuvor den Handlungsspielraum eingeschränkt hatten.[43] Noch vor dem Jahreswechsel gelang die Verabschiedung des Finanzplanungs- und Steueränderungsgesetzes.

Damit waren die akut notwendigen Maßnahmen ergriffen, und die Fachpolitiker der Regierung entwickelten ein neues wirtschaftspolitisches Instrumentarium zur Krisenbekämpfung. Im Mittelpunkt stand hierbei das Gesetz zur Förderung der Stabilität und des Wachstums der Wirtschaft (kurz: Stabilitätsgesetz), das schließlich am 6. Juni 1967 verabschiedet wurde. Dieses beruhte zwar auf einem bereits von der Regierung Erhard erarbeiteten Entwurf,[44] erhielt jedoch durch die von Wirtschaftsminister Schiller vorgenommenen Änderungen eine völlig neue Ausrichtung. Während Erhards Vorlage auf die Abkühlung einer überhitzten Konjunktur gezielt hatte und vor allem antiinflationär ausgerichtet gewesen war, sollte das Gesetz in Schillers Entwurf sowohl der Konjunkturdämpfung wie auch der Bekämpfung einer Rezession dienen können. Anders als Erhard ging es Schiller um eine konzertierte und umfassende Förderung des Wirtschaftswachstums.[45]

Erhard hatte seinem Fokus auf die Währungsstabilität entsprechend vordringlich auf geldpolitische Mittel gesetzt, wohingegen Schiller fiskalpolitische Eingriffe bevorzugte. Im Zentrum seiner Gesetzesvorlage stand die Schaffung von Möglichkeiten, die Ein- und Ausgabenpolitik aller Gebietskörperschaften zu koordinieren. Ganz im keynesianischen Sinne sollte die Regierung damit in die Lage versetzt werden, die gesamtwirtschaftliche Nachfrage konjunkturgerecht zu steuern. Das Gesetz verpflichtete alle Gebietskörperschaften auf eine antizyklische Haushaltspolitik, die in der Hochkonjunktur bremsen und in der Rezession stärker investieren sollte.

Auf der haushaltspolitischen Seite sollte in der Hochkonjunktur Kaufkraft durch eine Konjunkturausgleichsrücklage oder durch

43 Vgl. Schönhoven, Wendejahre, S. 132.

44 Zum Entwurf und der Debatte um ihn: Nützenadel, Stunde, S. 283-295 und 299-302.

45 Ebd., S. 309; Muscheid. Steuerpolitik, S. 124 f.

die Abzahlung von Krediten stillgelegt werden. Zudem konnte die Kreditaufnahme öffentlicher Haushalte beschränkt werden. In der Krise sollte dagegen die Konjunkturrücklage schnell verausgabt und die Kreditaufnahme gesteigert werden. Der Steuerpolitik kam die Aufgabe zu, die private Nachfrage zu lenken. In der Rezession sah man Steuerrückstellungen oder -erleichterungen bei der Einkommens- und Körperschaftssteuer vor. Im Boom konnten die Einkommen- und Körperschaftsteuer kurzfristig um zehn Prozent erhöht und Sonderabschreibungen für Investitionen ausgesetzt werden.[46]

Das Gesetz formulierte vier Ziele: 1) Stabilität des Preisniveaus, 2) hoher Beschäftigungsgrad, 3) außenwirtschaftliches Gleichgewicht und 4) stetiges und angemessenes Wirtschaftswachstum. Damit umfasste das sogenannte »magische Viereck« einige der bedeutendsten wirtschafts- und sozialpolitischen Ziele, die aber keineswegs leicht aufeinander abzustimmen waren. Mit der Festlegung auf ein außenwirtschaftliches Gleichgewicht war eine Kritik der großen Exportüberschüsse unter dem bisherigen Export-Spar-System verbunden, wie sie von einigen Partnerländern schon länger formuliert wurde. An der stark antiinflationären Ausrichtung der bundesdeutschen Wirtschafts- und Finanzpolitik hielt die Regierung insbesondere auf Wunsch der Unionsparteien indessen fest.

Die besondere Bedeutung des Gesetzes lag darin begründet, dass es erhebliche Eingriffe in die Finanzautonomie insbesondere der Länder und Kommunen gestattete. Zudem schränkte es das Steuererhebungsrecht des Parlaments ein, denn da bei der Konjunktursteuerung Eile geboten war, konnten künftig viele Maßnahmen per Verordnung auf den Weg gebracht werden. Die Mehrheit der Maßnahmen blieb sogar ohne ausdrückliche Zustimmung von Bundestag und Bundesrat in Kraft, solange keine der beiden Kammern Widerspruch einlegte.

Eine weitere Neuerung brachte das Gesetz, indem es erstmalig Bund und Länder auf eine wirtschaftspolitische Zielsetzung festlegte: die Gewährleistung eines gesamtwirtschaftlichen Gleichgewichts. Diese erhielt über eine Verankerung des Stabilitätsgesetzes im § 109 des Grundgesetzes sogar Verfassungsrang. Ebenfalls in

46 Woldemar Koch, Die finanzpolitischen Mittel des Stabilisierungsgesetzes, in: Alfred Ott (Hg.), Fragen der wirtschaftlichen Stabilisierung, Tübingen 1967, S. 38-55.

§ 109 GG wurde die »Mittelfristige Finanzplanung« geregelt. Diese verpflichtete Bund und Länder darauf, ihre Haushalte für die nächsten fünf Jahre vorauszuplanen, um im Bedarfsfall bereits formulierte Pläne vorziehen oder verschieben zu können.[47]

Trotz der umfangreichen staatlichen Durchgriffsrechte stieß das Gesetz bei seiner Verabschiedung auf ein überwiegend positives Presseecho, weil selbst überzeugte Ordoliberale es als Fortschritt in der Krisenbekämpfung gegenüber dem Lavieren Erhards in den vorangegangenen Jahren empfanden.[48] Als Neuerung honoriert wurde, dass die Steuerpolitik nicht nur wie bisher in einige gezielte Wirtschaftsbereiche hineinwirken sollte, sondern dass der staatlichen Steuer- und Haushaltspolitik erheblicher Einfluss auf den gesamten Wirtschaftsprozess zugestanden wurde – der auch entsprechend genutzt werden sollte.[49] Die führenden deutschen Finanzwissenschaftler, die sich zur »Fiscal Policy« bekannten, waren geradezu begeistert. Fritz Neumark bezeichnete das Stabilitätsgesetz als das fortschrittlichste und umfassendste Gesetz, das es zu dem Zeitpunkt auf dem Gebiet der fiskalischen Konjunktursteuerung in der Welt gab.[50] Diese enthusiastische Äußerung des ansonsten eher nüchternen Neumark war keineswegs ein Ausreißer, sondern gab die Stimmung der Bundesrepublik wieder. Nachdem in der zweiten Jahreshälfte der wirtschaftliche Aufschwung einsetzte, »lebte [man] damals in Bonn in dem stolzen Bewußtsein, im weltweiten Vergleich an der Spitze zu liegen – nämlich unter der sachverständigen Führung des brillanten Karl Schiller, der John Maynard Keynes aktualisiert hatte –, im Maße des überhaupt Menschenmöglichen, des ökonomisch Machbaren, auf der Höhe der Zeit zu leben«.[51]

In dieser überschwänglichen Selbstüberschätzung übersah man weitgehend, dass in den USA oder Frankreich, in denen bereits deutlich länger mit keynesianischer Wirtschaftspolitik gearbeitet

47 Rüdiger Zuck, Verfassungsrechtliche Probleme des Stabilitätsgesetzes, in: JuristenZeitung 22 (1967), S. 694-698.

48 Nützenadel, Stunde, S. 313 f.

49 Karl-Heinrich Hansmeyer, Neue Ziele der Steuerpolitik?, in: Finanzrundschau 22 (1967), S. 145-147; Muscheid, Steuerpolitik, S. 129 f.

50 Fritz Neumark, Steuer- und Ausgabevariation im Dienste der Stabilitätspolitik, in: Volkswirtschaftliche Korrespondenz der Adolf Weber Stiftung 6 (1967) 5, S. 2. Ähnlich: Werner Ehrlicher, Deutsche Finanzpolitik 1949-1975, in: Wirtschaftsdienst 54 (1974) 5, S. 239-244, hier S. 243.

51 Arnulf Baring, Machtwechsel. Die Ära Brandt–Scheel, Stuttgart 1982, S. 136.

worden war, bereits ein elaborierter Diskurs zu den Defiziten und Problemen dieser Politik geführt wurde. Auch in Deutschland ließ die Kritik am Gesetz nicht lange auf sich warten. Schwerer als die seit Mitte der 1970er-Jahre aufkommende Kritik der Monetaristen wogen diejenigen Stimmen, die monierten, dass einige der neuen Instrumente nicht angewendet wurden oder wenig Wirkung entfalteten. Gar nicht erst zur Anwendung kamen vor allem jene Maßnahmen, die größere verteilungspolitische Wirkung entfaltet hätten. So kam die als konjunkturdämpfende Maßnahme vorgesehene zehnprozentige Anhebung der Einkommen- und Körperschaftsteuer nie zum Einsatz.[52] Auch die gewünschte Abstimmung zwischen den Gebietskörperschaften erwies sich als schwierig.[53] Zudem stellten sich die von vielen befürchteten Zielkonflikte ein. Die Fortführung der antiinflationären Politik sorgte dafür, dass das Preisniveau weiterhin deutlich stabiler war als bei den wichtigsten Handelspartnern. Dies erhöhte die deutsche Wettbewerbsfähigkeit weiter und führte 1967 und 1968 mit 16,7 und 18,4 Milliarden DM zu neuen Rekorden des Außenhandelsüberschusses.[54] Von einem außenwirtschaftlichen Gleichgewicht war die Bundesrepublik unter der Großen Koalition also entgegen deren Zielsetzung weit entfernt, aber anders als in der Wiederaufbauphase der 1950er-Jahre stieß dies nun bei den Partnerländern auf scharfe Kritik und auf Forderungen nach einer Aufwertung der D-Mark. Andere Teile des Gesetzes bewährten sich hingegen sehr wohl. Zumindest im Bund gelang es, in Boomphasen eine Rücklagenpolitik durchzusetzen. Zudem gesteht zumindest ein Teil der Literatur dem Gesetz zu, einen Beitrag zur Überwindung der Krise von 1966/67 geleistet zu haben.[55]

Nachdem das Stabilitätsgesetz im Juni 1967 verabschiedet worden war, berieten Anfang Juli die SPD-Parteigremien über die mittelfristige Finanzplanung bis 1971 und über Maßnahmen zur

52 Allerdings wurde 1970/71 ein Konjunkturzuschlag und 1973/74 ein Stabilitätszuschlag erhoben.

53 Karl-Heinz Hansmeyer, Erfahrungen mit dem Stabilitätsgesetz, in: Wirtschaftsdienst 57 (1977) 12, S. 607-612.

54 Baring, Machtwechsel, S. 140.

55 Muscheid., Steuerpolitik, S. 129; Werner Ehrlicher, Deutsche Finanzpolitik seit 1945, in: Vierteljahrschrift für Sozial- und Wirtschaftsgeschichte 81 (1994) 1, S. 1-32, hier S. 15.

Konjunkturförderung. Parteivorstand, Parteirat und Kontrollkommission hatten sich auf zehn Punkte geeinigt, nach denen der Erfolg des Programms beurteilt werden müsse.[56] Bereits die ersten drei Punkte zeigten, dass die wirtschaftliche wie die haushaltspolitische Situation nach wie vor als bedrohlich eingeschätzt wurden: »1. Ordnung der Staatsfinanzen und zugleich Bekämpfung der Rezession. 2. In allen Bereichen der Gesellschaft und Wirtschaft seien Opfer unvermeidlich. 3. Der Haushaltsausgleich darf nicht ausschließlich von der Einnahmeseite her erreicht werden; auf der Ausgabenseite sind Kürzungen herbeizuführen.«[57] In der bis dahin längsten Kabinettssitzung der bundesrepublikanischen Geschichte vom 4. bis 6. Juli 1967 einigte sich die Regierung auf ein Reformprogramm und die Umrisse der mittelfristigen Finanzplanung. Finanzminister Strauß hatte mit Unterstützung von Wirtschaftsminister Schiller, Bundesratsminister Carlo Schmid (SPD) und Schatzminister Kurt Schmücker (CDU) eine umfassende Streichliste zusammengestellt, die allerdings in weiten Teilen der SPD, aber auch beim CDU-Arbeitsminister Hans Katzer auf Widerspruch stieß. Am Ende fielen die Streichungen um zwei Milliarden DM niedriger aus als vorgesehen. Eine von Strauß geplante Steueranhebung wurde nach Kritik von Seiten Schillers um eine halbe Milliarde DM im Volumen reduziert. Die von Strauß und Schiller geplante Anhebung der Mehrwertsteuer von zehn auf elf Prozent stieß wiederum auf die Kritik der SPD. Sie wurde erst genehmigt, als parallel dazu eine Ergänzungsabgabe für Besserverdienende beschlossen wurde. Das hierdurch gewonnene Geld sollte von Schiller für die Auflage eines Konjunkturprogramms genutzt werden.[58]

Einen Tag nach Ende der Kabinettsitzung stellte Alex Möller deren Ergebnisse der Fraktion vor. Er betonte, dass die SPD-Verhandlungsgruppe in den Beratungen gegenüber der CDU/CSU in den letzten Tagen viel erreicht habe.[59] Auch wenn in der SPD viele eine Erhöhung des Einkommensteuerspitzensatzes als beste Lösung

56 SPD-Pressemitteilung Nr. 291/67 vom 30. 6. 1967, URL: ⟨http://library.fes.de/cgi-bin/pdpdf.pl?d=9&f=380&l=382⟩ (Zugriff: 10. 3. 2021).

57 24. Fraktionssitzung vom 7. 7. 1967, in: Die SPD-Fraktion im Deutschen Bundestag. Sitzungsprotokolle 1966-1969, Düsseldorf 2009, S. 187.

58 Ullmann, Schuldenstaat, S. 104-106 und S. 110-115; Hildebrand, Erhard, S. 289-292; Schönhoven, Wendejahre, S. 145-149.

59 Zur Debatte in der CDU/CSU-Fraktion vgl. Ullmann, Schuldenstaat, S. 115.

ansähen, so brächte diese nur 150 Millionen DM Mehreinnahmen, von denen wiederum nur 50 Millionen an die Bund gingen, während die jetzt geplante Ergänzungsabgabe dem Bund 700 Millionen DM eintragen würde.[60] Der Haken sei, dass die SPD im Gegenzug eine Erhöhung des Mehrwertsteuersatzes akzeptieren müsse, die sie eigentlich ablehne, weil sie prozyklisch wirke.[61] Die Rechnung Möllers, wonach das Verhandlungsergebnis insgesamt ausgewogen sei, war aber nur in der kurzfristigen Perspektive überzeugend: Denn während die Ergänzungsabgabe die Wohlhabenden einmalig belastete, war die bisher von der SPD vor allem wegen ihrer regressiven und weniger wegen ihrer prozyklischen Wirkungen kritisierte Mehrwertsteuererhöhung auf Dauer angelegt.

In der Fraktionsdebatte betonte Möller, dass sich die Bundesrepublik »in der schwierigsten wirtschafts- und finanzpolitischen Situation seit ihrer Gründung befinde«.[62] Er erachtete den Konjunktureinbruch als so gefährlich, dass man der konjunkturpolitischen Belebung der Wirtschaft gegenwärtig Vorrang vor dem von ihm zuvor vehement geforderten Haushaltsausgleich einräumen müsse. In der SPD-Fraktion gab es Stimmen, denen weitere Steuererhöhungen lieber waren als Haushaltskürzungen. Schiller antwortete: »Jede Steuererhöhung wirke kontraktiv.«[63] Damit machte sich Schiller den generellen liberalen Vorbehalt gegen jede Form von Steuererhöhung zu eigen. Überraschend war die apodiktische Einlassung auch, weil sich die SPD bereits auf eine Ergänzungsabgabe geeinigt hatte, auf die sich das Verdikt des Ministers dann wohl auch erstrecken musste. Der ÖTV-Vorsitzende Heinz Kluncker lag nicht ganz falsch, als er Schiller bei einer DGB-Bundesausschusssitzung als »Neoliberalen mit sozialem Einschlag« charakterisierte.[64] Schiller selbst beschrieb sein Leitbild als Verknüpfung der »keyne-

60 Rede Alex Möller vor der Fraktion am 7.7.1967, in: SPD-Fraktion Sitzungsprotokolle 1966-1969, S. 195-202, hier: S. 200 f.

61 Ebd. S. 199.

62 24. Fraktionssitzung vom 7.7.1967, in: ebd., S. 189.

63 Ebd.

64 DGB-Bundesausschusssitzung vom 2.11.1967, zit. nach Schönhoven, Wendejahre, S. 341. Die Verwendung des Begriffs Neoliberale war für 1967 ungewöhnlich, bezog sich aber auf die von deutschen Ordoliberalen eine Zeitlang selbst genutzte Bezeichnung. Zu den Verbindungslinien Schillers zum Ordoliberalismus: Heiko Körner, Walter Eucken – Karl Schiller: Unterschiedliche Wege zur Ordnungspolitik, Freiburg 2005.

sianischen Botschaft« mit dem »Freiburger Imperativ«, also als eine Mischung aus Ordo- und Sozialliberalismus.[65] Der erreichte Kompromiss setzte sich durch und wurde verabschiedet. In der Öffentlichkeit stieß die Einigung aber vorwiegend auf Kritik, weil das Haushaltsdefizit hoch blieb. Zudem erwies sich die mittelfristige Finanzplanung als nur bedingt taugliches Mittel, um die finanzpolitischen Probleme in den Griff zu bekommen. Die Länder und Gemeinden ließen sich nur eingeschränkt auf eine so langfristige Planung festlegen.[66]

Auch in der von der SPD gewünschten Reform der kommunalen Finanzen[67] zeigte sich schnell die eigenständige Positionierung der SPD-Ministerpräsidenten und der von ihnen vertretenen Länder. Die Finanzreform entwickelte sich sowohl in der SPD wie auch in der CDU/CSU zu einem Kampf innerhalb der Parteien zwischen Bundespartei und den Landesparteien. Die von der SPD-Bundespartei gewünschte Zentralisierung der Finanzen und die anvisierte größere Zahl von Gemeinschaftsaufgaben von Bund und Ländern stieß bei den SPD-Ministerpräsidenten auf Widerstand. Gerade der hessische Ministerpräsident Georg-August Zinn verweigerte sich hartnäckig, da er in den Maßnahmen eine Beschränkung des Handlungsspielraums der Länder sah. Die Vorlagen der Bundesregierung scheiterten im Bundesrat, und erst ein im Vermittlungsausschuss ausgearbeiteter Kompromissvorschlag, der nur einige wenige Gemeinschaftsaufgaben definierte, fand schließlich Zustimmung in der Länderkammer.[68]

65 Karl Schiller, Konjunkturpolitik auf dem Weg zu einer Affluent Society, Kiel 1968, S. 7. Schiller hatte im Juli 1966 einen Vortrag am ordoliberalen Walter-Eucken-Institut gehalten: Karl Schiller, Preisstabilität durch globale Steuerung der Marktwirtschaft, Tübingen 1966.

66 Ullmann, Schuldenstaat, S. 115-125; Werner Abelshauser, Deutsche Wirtschaftsgeschichte seit 1945, München 2004, S. 411.

67 1966 legte die in der vorherigen Wahlperiode eingesetzte Kommission ihr Gutachten vor. Vgl. Gutachten über die Finanzreform in der Bundesrepublik Deutschland, hg. von der Kommission für die Finanzreform, Stuttgart 1966.

68 Renzsch, Finanzverfassung, S. 209-260; Eichhorn, Klippen, S. 244-271; Ernst Heinsen, Der Kampf um die Große Finanzreform, in: Rudolf Hrbek (Hg.), Miterlebt – Mitgestaltet. Der Bundesrat im Rückblick, Stuttgart 1989, S. 187-223; Schönhoven, Wendejahr, S. 333-339; Ullmann, Steuerstaat, S. 194 f.; Nützenadel, Stunde, S. 334 f.; Möller, Genosse Generaldirektor, S. 339-345. Franz Josef Strauß bezeichnete in einer Festschrift für Alex Möller die Finanzreform als Übergang vom kooperativen Fiskalföderalismus zum bürokratischen Zentralföderalismus:

Auch wenn die Konjunktur und das Haushaltsdefizit im Mittelpunkt die Debatte bestimmten, ging es beim Thema Steuern und Abgaben doch immer auch um Verteilungsfragen, wie etwa der Streit um die Mehrwertsteuer und die Ergänzungsabgabe zeigt. Ins Zentrum rückte dabei nun auch ein von Karl Schiller geprägter Begriff. Schiller hatte Erhards Konzept der Formierten Gesellschaft jenes der Mündigen Gesellschaft gegenübergestellt. Zielte Erhards Begriff in Schillers Auslegung auf eine Gesellschaft, in der gesellschaftliche Gruppen bei der Umsetzung von durch den Staat definierten Gemeinwohlzielen eingebunden wurden, definierten die Bürger in Schillers Mündiger Gesellschaft die Ziele gemeinschaftlich selbst. Ein wesentliches Element dieses Willensbildungsprozesses war die »konzertierte Aktion«, bei der sich Staat, Unternehmerverbände und Gewerkschaften über die zukünftige Politik verständigten.[69] Im Februar 1967 gestand Schiller im Bundestag ein, dass seine Konjunkturpläne bisher vor allem den Unternehmen geholfen hätten, sich dies aber ändern müsse: »Ich darf alle in diesem Hause darauf hinweisen, daß die Vertreter der Gewerkschaften bei der konzertierten Aktion die gesamtwirtschaftliche Einsicht gehabt haben und diese Maßnahmen, die in der ersten Runde also den Unternehmungen zugute kommen – Sonderabschreibungen z. B. –, objektiv zur Kenntnis genommen haben. Ich sage das deswegen, damit nicht vergessen wird, daß eines Tages, wenn wir den Aufschwung haben […], es für die staatlichen Maßnahmen notwendig sein wird […], eine soziale Symmetrie in den wirtschafts- und finanzpolitischen Maßnahmen herzustellen.«[70] Im Kommuniqué zur zweiten Konzertierten Aktion fand sich dann bereits eine Definition des neuen Leitbilds. Danach sollte der Begriff der Mündigen Gesellschaft dafür stehen, dass »bei allen wirtschafts- und finanzpolitischen Maßnahmen immer wieder scharf überlegt

Franz Josef Strauß, Die Finanzreform 1969. Vom kooperativen zum bürokratischen Zentralföderalismus, in: Robert Schwebler (Hg.), Jahre der Wende, 1968-1978: Bestandsaufnahme eines Jahrzehnts. Alex Möller zum 75. Geburtstag, Karlsruhe 1978, S. 43-53.

69 Andrea Rehling, Konfliktstrategie und Konsenssuche in der Krise. Von der Zentralarbeitsgemeinschaft zur Konzertierten Aktion, Baden-Baden 2012, S. 341-435; Schanetzky, Große Ernüchterung, S. 94-100; Nützenadel, Stunde, S. 316-320.

70 Deutscher Bundestag, 5. Wahlperiode, 17. 2. 1967, Protokoll 95. Sitzung, S. 4330 (D). Kurze Bemerkungen zu Schillers Einführung des Begriffs bei: Hildebrand, Erhard, S. 288; Baring, Machtwechsel, S. 137 f.

[wird], ob nur eine Gruppe belastet oder begünstigt wird und ob man nicht auf andere Dinge und andere Gruppen Rücksicht nehmen müsse«.[71] Da es in diesem Fall um die eingeforderte Berücksichtigung der Interessen der Arbeiterschaft ging, stieß der Begriff im Unternehmerlager auf deutliche Kritik: Das soziale Leben sei von Grund auf asymmetrisch und diese Asymmetrie die Grundlage des Leistungsstrebens, das gefördert und nicht behindert werden sollte. Daher sei der Begriff, der der Vorstellungswelt des staatlichen Kollektivismus entstamme, abzulehnen.[72]

Doch übersahen die Unternehmer mit dieser Kritik weitgehend, dass Schillers Begriff sich auch zu ihren Gunsten wenden und, wenn er sich in der SPD durchsetzen ließe, eine Abkehr von viel weitreichenderen Umverteilungsvorstellungen bedeuten konnte. Schillers Begriff zielte nicht auf grundsätzliche Gleichheit in der Gesellschaft, sondern eher auf eine Stabilisierung der Unterschiede. Schiller wollte mit ihm die Einkommen der abhängig Beschäftigten an die Gewinn- und Leistungsentwicklung der Unternehmen anpassen, aber keineswegs den Anteil der Lohneinkommen am Bruttoinlandsprodukt deutlich erhöhen.

Die SPD für Stabilität und Ordnung in den Staatsfinanzen: Der Wahlkampf 1969

Karl Schiller und Alex Möller als profilierte Vertreter der SPD in der Großen Koalition trugen maßgeblich dazu bei, dass sich die sozialdemokratische Politik nach außen als erfolgreich präsentieren ließ. Doch die SPD strebte nach mehr: Sie wollte den Kanzler stellen und richtete ihr Wahlprogramm auf dieses Ziel aus. Im Zentrum des Programms stand die Verbindung von Aufbruch und Fortschritt

71 Zit. nach: Helmut Siekmann, Institutionalisierte Einkommenspolitik in der Bundesrepublik Deutschland. Gesetzliche Regelung und bisherige Praxis, München 1985, S. 53.

72 Martin Wengeler, »Der alte Streit ›hier Marktwirtschaft, da Planwirtschaft‹ ist vorbei.« Ein Rückblick auf die sprachlichen Aspekte wirtschaftspolitischer Diskussionen, in: Georg Stötzel/ders. (Hg.) Kontroverse Begriffe. Geschichte des öffentlichen Sprachgebrauchs in der Bundesrepublik Deutschland, Berlin 1995, S. 35-92, hier: S. 70. Siehe auch: Thomas Niehr, Schlagwörter im politisch-kulturellen Kontext. Zum öffentlichen Diskurs in der BRD von 1966 bis 1974, Wiesbaden 1993, S. 236-251.

mit Sicherheit.[73] Gerade in der Wirtschafts- und Finanzpolitik präsentierte sich die SPD als Partei der Sicherheit. In der knappen Einleitung fasste sie ihre Erfolge in der Großen Koalition mit den Slogans »Unsere Wirtschaft floriert wieder«, »Die Deutsche Mark ist eine der härtesten Währungen der Welt« und »Die Staatsfinanzen sind in Ordnung« zusammen.[74] Das klang nicht nach dramatischen Reformen, sondern nach einem Programm für wirtschaftliche Stabilität. Auch in den weiteren Ausführungen fand sich an vielen Stellen eine solche Betonung. So hieß es etwa zum Kampf gegen die Inflation: »Die Stabilität des Preisniveaus wird mit allen zur Verfügung stehenden Mitteln gegen innere und äußere Gefahren verteidigt.«[75] Selbst der Steuer- und Finanzabschnitt endete mit einem Sicherheitsversprechen: »Gesunde Finanzen sind die Grundlage eines gesunden Staates. Wir werden sie weiter sichern.«[76] Alle diese Garantien hätten so auch in den Wahlprogrammen von CDU/CSU oder FDP hätten stehen können. In den Details der Steuerpolitik zeigten sich dann doch Unterschiede: Die SPD versprach hier die Verdoppelung des Arbeitnehmerfreibeitrags und gleichzeitig die Anhebung des Tarifs der Erbschaftsteuer für Großvermögen sowie die Einschränkung von Abzugsmöglichkeiten bei der Vermögensteuer. Damit hatten sich die Sozialdemokraten auf eine höhere Belastung großer Vermögen festgelegt. Bei der Einkommensteuer blieb die SPD hingegen vage und kündigte nur die Überprüfung der Spitzensätze an.[77] Insgesamt zielte die SPD weiterhin darauf ab, eine Steuerpolitik zu betreiben, die für Unter- wie Mittelschicht attraktiv war.

Im Zentrum des Wahlkampfes stand dann die Währungspolitik. Die hohen Außenhandelsüberschüsse sorgten im Ausland für Kritik, und die Bundesbank unterstütze nun Forderungen nach einer Aufwertung der D-Mark. Insbesondere Finanzminister Strauß verweigerte sich diesem Ansinnen, weil er großen Schaden für die deutsche Exportwirtschaft befürchtete. Nachdem die Suche nach

73 Zum Wahlkampf 1969 vgl. Schönhoven, Wendejahre, S. 579-665; Faulenbach, Sozialdemokratisches Jahrzehnt, S. 49-59; Gassert, Kiesinger, S. 698-702.

74 Regierungsprogramm der SPD 1969, beschlossen auf dem Außerordentlichen Parteitag der SPD am 17. April 1969 in Bad Godesberg, S. 4.

75 Ebd., S. 7.

76 Ebd., S. 10.

77 Ebd., S. 9.

einer Ersatzlösung mit einer steuerlichen Förderung von Importen und Belastung von Exporten gescheitert war, schlug sich Schiller und damit letztlich die SPD auf die Seite der Aufwertungsbefürworter, die im Interesse der Gesamtwirtschaft und nicht vorrangig der Exportwirtschaft argumentierten. Strauß und mit ihm dann auch Kanzler Kiesinger blieben hingegen bei ihrer Gegnerschaft zur Aufwertung. Die Debatte erlaubte es der SPD, sich im Wahlkampf als eigenständige Kraft und nicht als Juniorpartner in der Großen Koalition zu präsentieren, wobei Schiller sich erfolgreich gegenüber Strauß profilierte.[78]

Das Gesamtpaket des Wahlprogramms erwies sich als erfolgreich. Die SPD gewann genügend Stimmen hinzu, um trotz Verlusten der FDP den Koalitionspartner wechseln zu können. In der sozialliberalen Koalition konnte die SPD mit Willy Brandt zum ersten Mal den Bundeskanzler stellen. Zudem gelang es ihr, die beiden wichtigsten Stellen im Kabinett für die Wirtschafts- und Finanzpolitik zu besetzen. Karl Schiller blieb Wirtschaftsminister und dem finanzpolitischen Sprecher der SPD-Bundestagsfraktion, Alex Möller, gelang die Krönung seiner Karriere: Er wurde Finanzminister.

Reformaufbruch und Steuerreformversprechen (1969-1972)

Mit der Wahl Willy Brandts zum Bundeskanzler im Jahr 1969 verbanden sich vielfältige Hoffnungen. Die SPD hatte den Wahlkampf mit dem Motto »Wir schaffen das moderne Deutschland« geführt und präsentierte sich nach der erfolgreichen Wahl mit ihrem neuen Bündnispartner, der FDP, offensiv als Reformkoalition unter dem Slogan »Mehr Demokratie wagen«.[79] Die von Schiller versprochene Aufwertung der D-Mark um 8,5 Prozent erfolgte schon einen Tag vor der Regierungserklärung am 28. Oktober 1969. Auch im ersten Punkt des wirtschafts- und finanzpolitischen Sofortprogramms

78 Baring, Machtwechsel, S. 139-147.

79 Faulenbach, Sozialdemokratische Jahrzehnt, S. 49-76; Baring, Machtwechsel, S. 166-196; Wolfgang Jäger, Die Innenpolitik der sozialliberalen Koalition 1969-1974, in: Karl Dietrich Bracher/Wolfgang Jäger/Werner Link (Hg.), Republik im Wandel 1969-1974. Die Ära Brandt, Stuttgart 1986, S. 15-26.

wurde eine »graduelle Umorientierung des Güterangebots auf den Binnenmarkt«[80] und damit ein Abschied von der stark ausgeprägten Exportorientierung in Aussicht gestellt. Im Hinblick auf die Steuerpolitik kündigte Brandt eine umfassende Steuerreform an, deren Reichweite er aber zugleich einschränkte: »Wir haben nicht die Absicht, bestehende Vermögen durch konfiskatorisch wirkende Steuern anzutasten.«[81] Er versprach zudem, die Ergebnisse der Steuerreformkommission abzuwarten und die Steuerlastquote des Jahres 1969 nicht zu erhöhen. Über die Zielrichtung und die Schwerpunkte der Steuerreform schwieg Brandt sich aber weitgehend aus. Als einziges Ziel gab er an, dass die Steuerreform helfen werde, »das Verfassungsgebot zur Schaffung des sozialen Rechtsstaates«[82] zu erfüllen. Damit deutete der Kanzler zumindest an, dass er dieses Gebot als bislang nur bedingt verwirklicht betrachtete und die geplante Reform mithin die Komponente der sozialen Gerechtigkeit stärken werde. Als steuerpolitische Sofortmaßnahme kündigte er die Verdoppelung des Arbeitnehmerfreibetrags an, was er als »Akt der sozialen Symmetrie« bezeichnete.[83] Gleichzeitig sollte die Ergänzungsabgabe für das Jahr 1970 nur noch von den höchsten Einkommensgruppen erhoben werden und Ende 1970 dann ganz wegfallen.[84]

Die CDU/CSU propagierte zu Beginn ihrer Oppositionszeit nicht einseitig Steuersenkungen, sondern dachte noch ganz im Sinne einer keynesianischen Konjunktursteuerung und bemühte sich, der Regierung auf diesem Feld Schwächen nachzuweisen. So berichtete Rainer Barzel auf einer Fraktionssitzung im Januar 1970:

Die Wahrheit ist, daß sie [die sozialliberale Koalition, M.B.] die Steuern zu senken beabsichtigt, obwohl dies in die Konjunkturlandschaft nicht paßt und obwohl dies Geld dringend für andere Anstrengungen gebraucht würde. [...] Wir haben vorige Woche auf der Pressekonferenz erklärt, es sei offensichtlich der Regierung nicht gelungen, ihre Koalitionsverabredung

80 Regierungserklärung vom 28.10.1969, 6. Wahlperiode, 5. Sitzung, S. 22 (B).

81 Ebd., S. 24 (B).

82 Ebd.

83 Ebd., S. 24 (C).

84 Beide Sofortmaßnahmen waren von der SPD im Wahlkampf bereits angekündigt worden: Uwe Karl Preusker, Politiksteuerung durch allgemeine Wahlen. Untersucht anhand einer Fallstudie über das Zustandekommen des Einkommensteuerreformgesetzes vom 5. August 1974, Köln 1979, S. 38.

durchzusetzen, nämlich zum 1.7. die Steuern zu senken. In diese Falle ist Alex Möller sofort gelaufen und hat gesagt: ›Natürlich bleibt es bei dem Vorhaben.‹ Er werde es rückwirkend in Kraft setzen. Das heißt: diese Milliarde ist noch zusätzlich auf dem Tisch.[85]

Letztlich beugte sich die Regierung der Argumentation der Opposition und verschob beide Maßnahmen aus konjunkturpolitischen Gründen. Sie wurden erst 1975 mit dem Einkommensteuerreformgesetz in Kraft gesetzt. Franz Josef Strauß kritisierte das als »Wählertäuschung«.[86]

Die Kanzlerschaft Brandts verband sich für den linken Parteiflügel der SPD mit der Hoffnung, dass sich im Rahmen der Reformen auch eine umverteilende Steuerpolitik durchsetzen ließe, die durchschnittlich entlohnte Arbeitnehmer entlasten, Unternehmer und Spitzenverdiener hingegen stärker in die Pflicht nehmen würde. Führende Wirtschaftspolitiker der eigenen Partei sowie der Koalitionspartner FDP standen diesem Ansinnen jedoch skeptisch gegenüber. Sie verwiesen darauf, dass angesichts des beachtlichen Wirtschaftswachstums allein schon durch die kalte Progression sprudelnde Einnahmen zu erwarten seien, mit denen sich die anvisierten Ausgabenprogramme auch ohne ein Anziehen der Steuerschraube finanzieren ließen. Finanzminister Möller bremste die Reformbestrebungen aus, indem er Brandt verkünden ließ, zunächst das Gutachten der von seinem Vorgänger Franz Josef Strauß eingesetzten Steuerreformkommission abwarten zu wollen, obwohl ihm bewusst war, dass die konservativ dominierte Kommission kein für die neue Koalition akzeptables Konzept vorlegen würde.[87]

Allerdings hatte Möller schon 1969 eine Arbeitsgruppe im Ministerium eingerichtet, die eigene Konzepte für eine Steuerreform entwarf.[88] Am 29. Januar 1970 kündigte er an, dass die Reform in

85 ACDP, 08-001-1021/1. Schon bei Brandts Regierungserklärung hatte Barzel in dem Moment, als Brandt von solider Finanzpolitik sprach, dazwischengerufen: »Aber vorweg erst einmal die Steuern senken! Das ist dann solide!«, in: Deutscher Bundestag, 6. WP, 5. Sitzung am 28.10.1969, S.24.

86 77. BT-Sitzung vom 25.1.1974, S.4910.

87 Peter Grottian, »Thematisierungs- und Dethematisierungsstrategien des Staats anhand der Steuerreform«, in: Rolf Richard Grauhan/Rudolf Hickel (Hg.), Krise des Steuerstaates? Widersprüche, Perspektiven, Ausweichstrategien, Opladen 1978, S.76-91. Zu Möllers Sicht auf den Steuerreformprozess: Möller, Genosse Generaldirektor, S.459-470.

88 Preusker, Politiksteuerung, S.38.

drei Schritten erfolgen sollte, die alle noch für die aktuelle Legislaturperiode vorgesehen waren. Kurz darauf teilte die Steuerreformkommission Möller aber mit, dass sich ihr Gutachten um ein halbes Jahr verzögern und erst zum Jahresende vorliegen würde.[89] Im April 1970 versuchte Möller, die Steuerreform durch die engere Einbindung wissenschaftlicher Expertise weiter voranzutreiben. Er ernannte Heinz Haller, Professor an der Universität Zürich, zum Staatssekretär im Finanzministerium und beauftragte ihn, alle Arbeiten zur Vorbereitung der Steuerreform zu koordinieren. Haller war Mitglied der Steuerreformkommission und des Wissenschaftlichen Beirats des Bundesfinanzministeriums sowie Verfasser des damaligen Standardwerks über die Steuerpolitik, in welchem er diese in der keynesianischen »Fiscal Policy« verankerte.[90] Zuvor hatte der Wissenschaftliche Beirat des Ministeriums öfters geklagt, dass seine Stimme im Ministerium zu wenig Gehör fand. Indem Möller nun ein Mitglied des Gremiums zum zentralen Verantwortlichen für das wichtigste Reformwerk des Ministeriums erhob,[91] kommunizierten er und die SPD öffentlichkeitswirksam, dass die Regierung auf die Wissenschaft zu hören bereit war bzw. sich auf der Höhe von deren Diskussion befand. Trotz der Berufung Hallers gab es an der Parteibasis weiter Zweifel, ob Möller die Reformen entschieden genug vorantrieb. Die Befürworter einer umfassenden Steuerreform konnten sich aber auf dem SPD-Parteitag in Saarbrücken 1970 mit einem Antrag durchsetzen, dass es im Folgejahr einen ganz der Steuerfrage gewidmeten außerordentlichen Parteitag geben sollte. Zu dessen Vorbereitung berief die SPD eine Steuerreformkommission unter Leitung Erhard Epplers ein.[92]

Trotz des vorläufigen Verzichts auf Steuererhöhungen bekam die FDP erhebliche Proteste aus der deutschen Wirtschaft zu hören. So berichtete ein Mitarbeiter von Wolfgang Mischnick 1971 von der Vollversammlung des Handwerkskammertags, dass man dort die SPD auf dem Weg in den Sozialismus sehe und der FDP nicht zutraue, sie dabei aufzuhalten. Weiter betonte der Schreiber, dass die

89 Ebd., S. 40.

90 Heinz Haller, Die Steuern. Grundzüge eines rationalen Systems öffentlicher Abgaben, Tübingen 1964.

91 »Linie der Gerechtigkeit«, in: Spiegel 16/1970 vom 12. 4. 1970.

92 Zur Eppler-Kommission: Faulenbach, Sozialdemokratische Jahrzehnt, S. 221 f.; Preusker, Politiksteuerung, S. 42 f.

CDU/CSU dies ausnutze: »Die Verunsicherung der Wirtschaft wird seitens der Opposition über ihren starken Einfluß in den Verbänden bis zum Extrem getrieben.«[93] Daraus folgerte er, dass die FDP der Mittelschicht einerseits klarmachen müsse, dass mit der FDP kein Weg in den Sozialismus, aber andererseits nur mit der SPD die Durchsetzung liberaler Kernforderungen gegen Konservative möglich sei. Insgesamt solle deswegen nicht nur die Abwehr des Sozialismus betont werden, sondern es müssten auch die Ziele und Erfolge der eigenen Politik klar herausgestrichen werden.

Für Unruhe sorgte im Januar 1971 ein Papier mit dem Titel »Informationen zu Steuerfragen«, das Alex Möller in die SPD-Bundestagsfraktion reichte. Aus diesem ging hervor, dass die Steuerquote nicht nur entgegen dem Versprechen in der Regierungserklärung nicht gestiegen, sondern sogar gesunken war. Das Papier deutete darauf hin, dass dies unter anderem darin begründet lag, dass Unternehmen und Spitzenverdiener ihre Steuerzahlung hinausschoben. Mehrere Fraktionsmitglieder verlangten von Möller, dass dieser Praxis ein Riegel vorgeschoben und das Personal der Finanzämter aufgestockt werden müsse.[94] Möller zog den Zorn der Fraktion auf sich, weil er in dem Papier angemerkt hatte, die Steuerharmonisierung auf EWG-Ebene verlange, dass der Spitzensteuersatz in der Bundesrepublik nicht wesentlich höher liegen dürfe als in den anderen EWG-Ländern. Hans Apel hielt diese Argumentation für politisch katastrophal, weil nur in den Niederlanden ein höherer Spitzensatz galt, was im Endeffekt bedeute, dass eine Erhöhung gar nicht möglich sei.[95] Möller verteidigte sich, das Papier sei als reine Information gedacht und die Frage des Spitzensteuersatzes müsse selbstredend politisch entschieden werden.[96] Am Ende der Diskussion sprach sich Karl Schiller wieder einmal vehement gegen Steuererhöhungen aus. Der Rückgang der Steuerquote sei dadurch bedingt, dass die Gewerbesteuerzahlung wegen der Finanzreform auf 1969 vorgezogen worden sei, weswegen die Steuerquote 1969 gemessen am Normalverlauf zu hoch und 1970 zu niedrig sei, was

93 Brief Hübners an Mischnick und Mertes vom 26. 11. 1971, in: ADL, A 40/403.

94 49. Fraktionssitzung vom 19. 1. 1971, in: Sven Jüngerkes (Bearb.), Die SPD-Fraktion im Deutschen Bundestag. Sitzungsprotokolle 1969-1972, 1. Halbband: Oktober 1969 bis Mai 1971, S. 350-381, hier: S. 354-378.

95 Ebd., S. 364.

96 Ebd., S. 365.

sich aber schon im kommenden Jahr automatisch wieder ausgleichen werde. Zudem habe die Regierung für 1971 gerade Ruhe an der Steuerfront versprochen, und es sei kaum opportun, dem gleich eine Drohung mit Steuererhöhungen für 1972 hinterherzuschicken.[97] Dem widersprach in der Fraktion nun niemand mehr. Anscheinend vermochte Schillers erhebungstechnische Begründung der abgesunkenen Steuerquote größere Überzeugungskraft zu entfalten als Möllers Verweis auf die Nachbarländer und den europäischen Einigungsprozess.

Die Bekämpfung der Steuerflucht: Die Lex Horten 1972

Während sich die Steuerreformdebatte hinzog, ließen sich im Kampf gegen die Steuerhinterziehung, den zu intensivieren die SPD ebenfalls seit langem forderte, trotz einiger Schwierigkeiten schneller gewisse Erfolge verbuchen. Während die CDU/CSU und die FDP unter Erhard in dieser Frage weitgehend untätig geblieben waren, hatten insbesondere einige SPD-regierte Länder immer wieder auf das Problem hingewiesen und auf Abhilfe gedrungen. Vor allem der hessische Finanzminister und spätere Ministerpräsident Albert Osswald hatte 1965 mehrfach gedroht, dass Hessen ein Gesetz in den Bundesrat einbringen werde, wenn das Bundesfinanzministerium nichts unternehme.[98] Doch selbst die Große Koalition mit ihrem CSU-Finanzminister Strauß legte bei diesem Thema keine Eile an den Tag.

Demgegenüber machte sich Alex Möller ab 1969 daran, Steuerflucht und Steuerhinterziehung durch die Schließung von Gesetzeslücken zu erschweren. Hierzu plante er ein eigenes Außensteuergesetz und betrieb eine Neuverhandlung des Doppelsteuerabkommens mit der Schweiz, dem Hauptaufnahmeland für deutsche Steueroptimierer und -hinterzieher. Die öffentliche Debatte zum Thema war vom Fall des Kaufhausunternehmers Helmut Horten bestimmt. Dieser hatte seinen Hauptwohnsitz 1968 in die Schweiz (Tessin) verlegt. Wenig später wandelte er seinen Kauf-

97 Ebd., S. 376 f.
98 FAZ vom 21.5. und 25.8.1965.

hauskonzern von einer GmbH in eine AG um und verkaufte seine Anteile für mehr als 745 Millionen DM. Gemäß den Tessiner Steuergesetzen fiel auf diese Transaktion eine Steuer von lediglich einer Million Franken an.[99] Wäre Horten noch in Deutschland wohnhaft gewesen, hätte er hingegen rund 261 Millionen DM Steuern zahlen müssen, die die nordrhein-westfälischen Finanzbehörden auch von ihm verlangten. Auf sein Angebot an Möller und später an dessen Nachfolger im Amt des Finanzministers Schiller, den Hauptteil seines Vermögens nach seinem Tod in eine Stiftung mit Sitz in Düsseldorf fließen zu lassen, wenn im Gegenzug der deutsche Fiskus auf seine Forderungen verzichten würde, ließ sich weder der eine noch der andere ein.[100] Der Bundesfinanzhof entschied in der Tendenz für Horten, der letztlich nur etwa zehn Prozent seiner Veräußerungsgewinne abführen musste.[101] In der Presse kursierte gar die Behauptung, dass Horten mehr als eine Milliarde DM Gewinn gemacht und möglicherweise überhaupt keine Steuern darauf zu zahlen (gehabt) habe.[102] Dementsprechend groß war die Empörung, was die FDP mit dazu bewog, sich nicht gegen das Gesetz zu sperren. Allerdings trotzten die Liberalen dem großen Koalitionspartner erhebliche Zugeständnisse ab. Sie setzten eine Schonfrist von drei Jahren durch, in der Steuerflüchtige ihr Kapital straffrei nach Deutschland zurückführen konnten. Vor allem aber verhinderte die FDP, dass das Gesetz rückwirkend galt, wie die SPD es vorgesehen hatte. Damit gingen alle, die nach dem Regierungsantritt der sozialliberalen Koalition aus Angst vor höheren Steuern ihren Wohnsitz in ein Niedrigsteuerland verlegt hatten, wie Helmut Horten[103]

99 In der Schweiz löste der Fall Horten auch eine Debatte über die Steuerprivilegien reicher Ausländer aus: »Heil Dir«, in: Spiegel 44/1971 vom 24.10.1971. Siehe zu den Steuerdebatten in der Schweiz in den 1970er-Jahren: Gisela Hürlimann, Swiss Worlds of Taxation. The Political Economy of Fiscal Federalism and Tax Competition, in: Buggeln/Daunton/Nützenadel (Hg.), Political Economy, S. 83-104, hier S. 86-93.

100 »Für die Gesundheit«, in: Spiegel 22/1972 vom 21.5.1972.

101 Zusammenfassung des Falls Horten durch Staatssekretär Böhme vom 20.8.1979, in: Nachlass Alex Möller, Nr. 1649.

102 »Jagd auf die Horten-Millionen«, in: ZEIT 51/1970 vom 18.12.1970. So auch noch der Artikel »Sicheres Gespür«, in: Spiegel 48/1984 vom 25.11.1984.

103 Der *Spiegel* mutmaßte 1984, dass die Freundschaft Hortens mit dem FDP-Vorsitzenden Walter Scheel, Vizekanzler und Außenminister im Kabinett Brandt, zur Verhinderung der Rückwirkungsklausel beigetragen habe. Die von Horten

straffrei aus und mussten im Regelfall auch keine oder nur geringe Steuern nachzahlen.

Das schließlich verabschiedete Gesetz hatte zum Ziel, fünf der wichtigsten Wege zur Steuerumgehung so weit als möglich zu blockieren. Erstens wurde festgelegt, dass für Transaktionen zwischen einander nahestehenden Personen oder innerhalb von Firmengruppen Preise zu gelten hatten, die sich an denen orientierten, die auf dem freien Markt zu erzielen gewesen wären. Dadurch sollten Gewinnverschiebungen in Länder mit niedrigeren Steuersätzen erschwert werden, eine Praxis, die sich damals noch auf ein überschaubares Ausmaß beschränkte, seither aber – so viel sei hier angemerkt – enorm an Bedeutung gewonnen hat, ohne dass das Außensteuergesetz dies entscheidend eindämmen konnte. Zweitens sollten Privatpersonen beim Umzug in ein Land mit niedrigen Steuersätzen für die Dauer von zehn Jahren in umfassenderem Maße als bisher in der Bundesrepublik steuerpflichtig bleiben. Dies galt unter anderem für einkommensteuerpflichtige Zins- und Dividendeneinnahmen. Doch auch für die Erbschaft- und Vermögensteuer wurde eine Verlängerung der Steuerpflicht beschlossen. Drittens blieb der Verkauf von Aktien eines deutschen Unternehmens bei einem Wegzug des Aktienbesitzers für zehn Jahre in Deutschland steuerpflichtig, womit das Schlupfloch, das Horten genutzt hatte, künftig verschlossen war. Viertens konnten ausländische Tochtergesellschaften fortan in einzelnen Fällen besteuert werden, wenn sich mehr als 50 Prozent der Anteile in Händen von in Deutschland unbeschränkt steuerpflichtigen Bürgern befanden. Dies zielte insbesondere darauf ab, den Boom bei der Errichtung von Basisgesellschaften in der Schweiz abzubremsen. Fünftens konnten im Ausland errichtete Familienstiftungen zur deutschen Steuer herangezogen werden, wenn Familienmitglieder zu mehr als 50 Prozent anfalls- oder bezugsberechtigt waren.[104] Die Bundesregierung rechnete durch das Gesetz mit etwa 500 Millionen Mark Mehreinnahmen.[105]

geleistete Sechs-Millionen-Spende für die FDP am Nikolaustag 1983 wirkte da für das Nachrichtenmagazin wie ein spätes Dankeschön: »Sicheres Gespür« in: Spiegel 48/1984 vom 25.11.1984.

104 Gesetz zur Wahrung der steuerlichen Gleichmäßigkeit bei Auslandsbeziehungen und zur Verbesserung der steuerlichen Wettbewerbslage bei Auslandsinvestitionen, in: BGBl (1972) 98, S. 1713-1724.

105 »Bonn bremst die Steuerflucht ins Ausland«, in: FAZ vom 1.7.1971, S. 13.

Für den Erfolg des Gesetzes war es wichtig, dass es gelang, mit der Schweiz als beliebtestem Steuerparadies wohlhabender Bundesbürger[106] ein Doppelbesteuerungsabkommen zu erzielen, das die im Außensteuergesetz vorgesehene zusätzliche Besteuerung zuließ und die Steuerflucht sowie die Gründung von Basisgesellschaften zur unternehmerischen Steuerverlagerung eindämmte. Verhandlungen über ein solches Abkommen hatten bereits unter der Regierung Erhard eingesetzt, aber die Schweiz hatte sich gegenüber Finanzminister Dahlgrün hinsichtlich der deutschen Wünsche unnachgiebig gezeigt.[107] Erst nachdem sie sich zwischenzeitlich zu Doppelbesteuerungsabkommen unter anderem mit den USA und Großbritannien gezwungen gesehen hatte,[108] rückte die Schweiz auch gegenüber der Bundesrepublik von ihrer Blockadehaltung ab. Dennoch unterstellte der Schweizer Verhandlungsführer Kurt Locher, Direktor der Eidgenössischen Steuerverwaltung, der Bundesrepublik auch nach der Einigung noch eine »Steuerflucht-Psychose«.[109] Ein im August 1971 ausgehandeltes Abkommen konnte in Deutschland am 5. September 1972, also drei Tage vor Verabschiedung des Außensteuergesetzes, ratifiziert werden. Die Schweiz stimmte mit dieser Vereinbarung zu, dass Basisgesellschaften, die nur der Thesaurierung von Einkommen oder Vermögen dienten, vom deutschen Staat besteuert werden konnten. Allerdings mussten die deutschen Steuerbehörden mit Schweizer Auskunftshilfe nachweisen, dass die Gesellschaft keine echten wirtschaftlichen Aktivitäten unterhielt, ansonsten blieben die Steuerprivilegien erhalten. Weiter stimmte die Schweiz zu, dass aus Deutschland in die Schweiz migrierende Staatsbürger noch fünf Jahre der vollen deutschen Steuer unterworfen werden konnten.[110] Demgegenüber gelang es Deutschland nicht, die gewünschte Sockelbesteuerung

106 Christophe Farquet, The Swiss Tax Haven, the Bretton Woods System Crisis and the Globalisation of Offshore Finance, in: Buggeln/Daunton/Nützenadel (Hg.), Political Economy, S. 126-148.

107 »Dahlgrün erntet Mißfallen«, in: FAZ vom 5. 2. 1965, S. 29.

108 »Schweizer Banken unter Beschuß«, in: FAZ vom 19. 12. 1968, S. 13. Zur internationalen Debatte um die Schweizer Steueroase zu Beginn der 1970er-Jahre: Farquet, Swiss Tax Haven, S. 133-137.

109 »Weniger Steuerkunden für die Schweiz« in: FAZ vom 6. 9. 1971, S. 16.

110 Gesetz zum Doppelbesteuerungsabkommen mit der Schweiz vom 5. 9. 1972, in: BGBl (1972) Teil II, Nr. 56, S. 1021-1033.

für Lizenzen und Darlehenszinsen durchzusetzen. Ebenso lehnte die Schweiz abseits der Basisgesellschaften eine Erweiterung ihrer Auskunftspflicht gegenüber Deutschland entschieden ab.[111] Die konfrontative Haltung der Schweiz erklärt sich nicht nur durch das einträgliche Geschäft mit den hohen Zuflüssen aus Deutschland, sondern lag auch in der Person des Schweizer Finanzministers Nello Celio begründet. Dieser war selbst in einer Anwaltsgemeinschaft tätig, die im Tessin viele Basisgesellschaften vertrat und die auch Horten beim Umzug in die Schweiz beraten hatte.[112]

Grafik 98

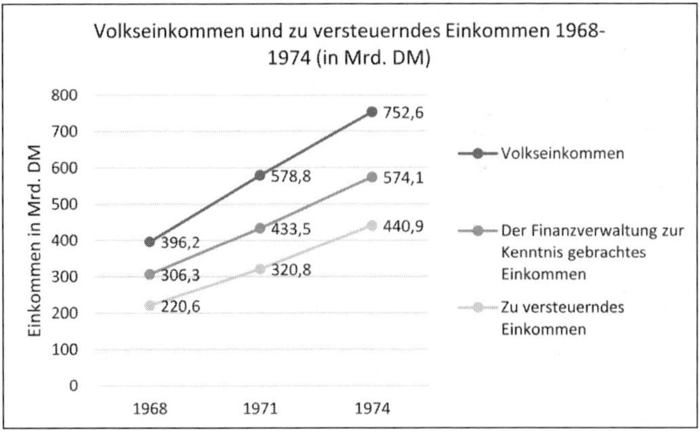

Quelle: Quelle: Transfer-Enquete-Kommission, Das Transfersystem in der Bundesrepublik Deutschland, Stuttgart 1981, S. 100.

Wie erfolgreich das Außensteuergesetz und das Doppelbesteuerungsabkommen mit der Schweiz waren, ist nicht einfach zu beurteilen. Das Außensteuergesetz hatte international einen gewissen Vorbildcharakter, so erließen etwa Belgien und Frankreich in den

111 »Bonn will ›Steuerflucht‹ in die Schweiz bremsen«, in: FAZ vom 29.5.1970, S. 17.

112 Notiz Unterabteilungsleiter Debatin vom 24.9.1970, in: BAK, Nachlass Alex Möller, N 1369/1648.

folgenden Jahren ähnlich ausgerichtete Gesetze.[113] Kritik zog vor allem der im Verhältnis zum bescheidenen Ertrag hohe Verwaltungsaufwand für Bürger, Unternehmen und Finanzverwaltung auf sich.[114] Demgegenüber betonte die Finanzverwaltung indes, dass die entscheidende Wirkung des Gesetzes nicht in den Erträgen, sondern in der Vorbeugung zu sehen sei.[115] Zwar erschwerte das Gesetz einige bis dahin sehr einfache Wege der Steuerumgehung, aber es vermochte nicht, Steuerflucht und Steuerhinterziehung deutlich zu beschränken, sondern bestenfalls deren weitere Zunahme zu begrenzen.

Der Anteil des der Finanzverwaltung zur Kenntnis gebrachten Einkommens nahm von 1971 (75, 2 Prozent) bis 1974 (76,3 Prozent) nur geringfügig zu, so dass das Außensteuergesetz die Steuerehrlichkeit bestenfalls leicht erhöhen konnte. Dagegen nahm der Anteil des zu versteuernden Einkommens deutlich – von 55,4 auf 58,6 Prozent – zu, was aber vor allem daran lag, dass durch die Lohnsteigerungen und die Inflation mehr Menschen ihr Einkommen versteuern mussten.

»Grenzen der Belastbarkeit erproben«: Der Fortgang der Steuerreformdiskussion 1971/72

Die von Strauß eingesetzte Steuerreformkommission legte ihr Gutachten mit neunmonatiger Verspätung schließlich am 30. März 1971 vor. Sie schlug darin eine deutliche Verschiebung von den direkten zu den indirekten Steuern vor, was vor allem durch Satzsenkungen bei den direkten Steuern sowie durch die Anhebung der Mehrwertsteuer von 11 auf 15,5 Prozent erreicht werden sollte. Der Reformvorschlag hätte so die Oberschicht steuerlich entlastet und die unteren Schichten stärker belastet.[116] Dies stand im diametralen Gegensatz zu den bisherigen Ankündigungen der neuen Regierung, und so kritisierte Möller das Gutachten gegenüber der Presse und

113 Farquet, Swiss Tax Haven, S. 136.

114 Franz Wassermeyer, Erfahrungen mit dem Außensteuergesetz von 1972, in: Hansmeyer (Hg.), Staatsfinanzierung im Wandel, S. 573-591.

115 Ebd., S. 576.

116 Bundesministerium für Wirtschaft und Finanzen (Hg.), Gutachten der Steuerreformkommission 1971, Bonn 1971.

leitete einen Tag später dem Kabinett seine Gegenvorschläge zu, die eine Anhebung der Mehrwertsteuer um allerhöchstens ein Prozent sowie die Anhebung des Einkommensteuerspitzensatzes auf 56 Prozent und die Erhöhung der Erbschaftsteuersätze bei großen Vermögen vorsahen. Zudem sollten die einkommensabhängigen Kinderfreibeträge in der Einkommensteuer abgeschafft und die Kinderförderung weitgehend auf die Auszahlung des Kindergelds beschränkt werden.[117] Durch Möllers Rücktritt im Mai 1971, von dem unten die Rede sein wird, verzögerte sich aber die Verhandlung im Kabinett. Dieses legte schließlich am 9./10. Juni 1971 in einer 16-stündigen Aussprache die Eckwerte der künftigen Steuerreform fest. Das Papier trug neben Möllers Handschrift deutlich die der Freien Demokraten.[118] So setzte die FDP die Einführung eines Anrechnungsverfahrens für ausgeschüttete Gewinne in der Körperschaftsteuer durch und eine Senkung des Vermögensteuersatzes für natürliche Personen von 0,8 Prozent auf 0,7 Prozent. Im Nachgang der Kabinettsitzung erklärte der neue Finanzminister Karl Schiller, der zugleich Wirtschaftsminister blieb, dass es sich um »eines der bedeutendsten und umfassendsten Reformvorhaben […] der deutschen Nachkriegsgeschichte« handele. Er betonte, dass damit »soviel soziale Gerechtigkeit wie irgend möglich« erreicht werden solle.[119] Wie Möller verstand Schiller die Reform vor allem als verteilungspolitisch begründet.

Die Eppler-Kommission legte im Vorfeld des Parteitags ein Papier vor, das eine moderate Erhöhung einiger Steuersätze für Spitzenverdiener mit einer starken Entlastung durchschnittlich verdienender Arbeitnehmer verband.[120] Sie argumentierte dabei im Sinne Keynes' und Kaleckis, dass eine höhere Steuerbelastung großer Einkommen und Vermögen wachstumsfördernd sei: »Wer die Spitzensätze der Einkommensteuer, der Vermögensteuer und der Erbschaftsteuer anhebt und zugleich durch Erhöhung der Freibeträge das Eigentum breiter Schichten fördert und stützt, stärkt den Wettbewerb und damit die Wachstumsfähigkeit unserer Volks-

117 »Steuerreform. Viel geht nicht«, in: Spiegel 15/1971 vom 5.4.1971.

118 Kabinettsitzung vom 9.6.1971; Preusker, Politiksteuerung, S. 54f.

119 Presse- und Informationsamt der Bundesregierung, Bulletin Nr. 95 vom 23.6.1971, S. 994.

120 Vorstand der SPD (Hg.), Vorschläge der Steuerreformkommission beim Parteivorstand der SPD, Bonn 1971.

wirtschaft.«[121] Die Kommission war sich durchaus bewusst, dass die Anhebung der Spitzensteuersätze im Hinblick auf das Verhältnis von Ertrag und Aufwand nicht unbedingt die effektivste steuerpolitische Maßnahme darstellte; sie hielt sie aber gesellschaftspolitisch für notwendig: »Daß die Erhöhung der Spitzensätze keine bedeutenden Steuermehreinnahmen bringt, ist kein Argument gegen eine stärkere Belastung der Spitzeneinkommen und Vermögen. Die Kommission hält dies schon deshalb für unerläßlich, weil die Gruppen der Bezieher niedriger Einkommen bisher und auch in Zukunft zur Erfüllung öffentlicher Aufgaben in einem beträchtlichen Ausmaß beitragen müssen. Durch die stärkere Besteuerung der großen Einkommen erübrigt sich nicht die Besteuerung der kleinen. Aber sie wird dadurch erträglicher und akzeptabler.«[122] Soziale Gerechtigkeit und gesellschaftliche Akzeptanz standen für die SPD somit im Zentrum der Reform. Weitreichenden Ambitionen nach Umverteilung erteilte Eppler aber eine Absage: »Wir machen keine Aktion Volksbeglückung.«[123] Damit lag die SPD-Kommission in vielen Punkten noch in der Nähe von Möllers Vorschlägen, aber weiter entfernt von den Eckwerten. Der Hauptunterschied war, dass die Eppler-Kommission vorschlug, das Gesamtsteueraufkommen zu erhöhen, während der Regierungsvorschlag aufkommensneutral war und bei den direkten Steuern sogar Einnahmeverluste einkalkulierte, die durch eine einprozentige Anhebung der Mehrwertsteuer ausgeglichen werden sollten.[124] Auch ansonsten setzte sich das Papier der Kommission deutlich von den im Kabinett vereinbarten Eckwerten ab. Zu seinen Punkten zählte eine Erhöhung des Einkommensteuerspitzensatzes auf 60 Prozent, die Ablehnung der Anrechenbarkeit bei der Körperschaftsteuer, eine Begrenzung des Ehegattensplittings für Einkommen über 40 000 DM und die Einführung höherer Kindergeldsätze.[125]

Auf dem eigens anberaumten Parteitag, der vom 18. bis 20. November 1971 in Bonn stattfand, trug die SPD ihre innerparteiliche Kontroverse unter Beobachtung der Öffentlichkeit aus. Erhard Eppler begründete die Notwendigkeit von Steuererhöhungen mit

121 Ebd., Einleitung (unpaginiert).

122 Ebd.

123 Interview mit Erhard Eppler, in: Spiegel, 28. 6. 1971, S. 29.

124 Preusker, Politiksteuerung, S. 51 f.

125 Ebd., S. 57.

dem Hinweis, dass die Lebensqualität der Bürger zunehmend von den Leistungen der öffentlichen Haushalte abhänge, deren Finanzierung daher einer soliden Grundlage bedürfe.[126] Eppler sprach sich im Namen der Kommission für eine Erhöhung des Spitzensteuersatzes bei der Einkommensteuer auf 60 Prozent aus, was vier Prozentpunkte über den Regierungsplänen lag.[127] Eine Mehrheit der Delegierten folgte Eppler und votierte – nachdem ein Großteil des SPD-Vorstandes bereits abgereist waren – am Ende des Parteitages für eine Erhöhung auf 60 Prozent. Noch erbitterter wurde um die Körperschaftsteuer gestritten. Willy Brandt betonte in der Diskussion, dass man eine Kuh, die man melken wolle, in guter Verfassung halten müsse.[128] Damit artikulierte er klar das »sozialdemokratische Akkumulationsdilemma«. Der Parteilinke und Landesvorsitzende von Schleswig-Holstein Jochen Steffen wollte dies jedoch nicht gelten lassen und hielt dem Vorsitzenden entgegen, dass es notwendig sei, »die Grenzen der Belastbarkeit zu erproben«,[129] wenn man eine strukturverändernde Politik betreiben wolle, die eine Annäherung der Einkommensverhältnisse von Arbeit und Kapital zum Ziel habe. Die steuerpolitischen Beschlüsse des Parteitags zeugten von der Stärke des linken Flügels an der Basis. Freilich wollte nur eine kleine Minderheit der Delegierten umfassende Strukturreformen, den meisten ging es um die Einlösung des Versprechens von mehr sozialer Gerechtigkeit. Die Mehrheit orientierte sich an den Vorschlägen der Eppler-Kommission, allerdings ging sie bei den Sätzen der Erbschaft- und Vermögensteuer noch über diese hinaus. Insgesamt hätten die Umsetzung der Vorschläge eine Erhöhung der Steuereinnahmen um etwa 9,5 Milliarden DM bedeutet.[130]

Die SPD-Spitzengremien waren keineswegs gewillt, auf die Linie des Parteitagsbeschlusses einzuschwenken. Stattdessen orientierten sie sich weiterhin an den im Bundesfinanzministerium erarbeiteten Eckpunkten. In einer Sitzung der Bundestagsfraktion

126 Zur engen Verbindung mit Kenneth Galbraiths Thesen zum privaten Reichtum bei öffentlicher Armut vgl. Ullmann, Schuldenstaat, S. 29.

127 Parteivorstand der SPD, Außerordentlicher Parteitag 1971, S. 171–177; Faulenbach, Sozialdemokratische Jahrzehnt, S. 221 f.

128 Parteivorstand der SPD, Außerordentlicher Parteitag 1971, S. 348.

129 Ebd., S. 344.

130 Preusker, Politiksteuerung, S. 63-67; Faulenbach, Sozialdemokratische Jahrzehnt, S. 223.

gut zwei Wochen später fand der Parteitagsbeschluss nur in einer Randbemerkung Erwähnung, als es um Angriffe der CDU/CSU auf die Steuerpolitik der SPD ging.[131] Das heißt aber nicht, dass die SPD-Bundestagsfraktion eine Umverteilungspolitik ablehnte. Sie hoffte vielmehr, das Versprechen auf soziale Gerechtigkeit durch Wirtschaftswachstum einlösen zu können, welches automatisch zu mehr Steuereinnahmen führen würde, die dann wiederum den Ausbau des Wohlfahrtsstaats ermöglichen sollten. Die deutliche Erhöhung der progressiven Steuern schienen einer Mehrheit der SPD-Abgeordneten das Wirtschaftswachstum aber zu gefährden, weswegen sie zu moderaten Anhebungen tendierten. Die Hauptkritik in der SPD-Fraktion wie auch aus der FDP war im folgenden Frühjahr, dass sich die Reform immer weiter verzögerte.[132] Insbesondere als Heinz Haller aufgrund eines Zerwürfnisses mit Minister Schiller von seinem Amt als Staatssekretär zurücktrat, warfen Walter Scheel, Hans-Dietrich Genscher und Helmut Schmidt dem Finanzminister vor, die Reform mutwillig zu verschleppen. Die FDP war nicht zuletzt deshalb ungehalten, weil die Erhöhung der Erbschaftsteuer noch vor der vorgezogenen Bundestagswahl verabschiedet wurde, während die vorgesehenen Entlastungen bei der Einkommen- und Körperschaftsteuer kaum noch vor der Wahl in Kraft treten konnten.[133] Erst als Schiller mit Rücktritt drohte und feste Daten für die Vorlage der Gesetzentwürfe nannte, beruhigte sich die Lage wieder. Deutlich wurde dabei, dass die Reform der Einkommen- und Körperschaftsteuer nicht mehr zum bisher angedachten Termin am 1. Januar 1974 zu realisieren war. In der Sondersitzung der SPD-Fraktion zum Stand der Steuerreform warf Schiller Haller vor, ihr »Verhältnis mit Brief vom Matterhorn gelöst« zu haben, und betonte, dass er »von Anfang an die Auffassung vertreten [habe], daß an die Stelle des Angestellten Haller [...] ein richtiger, beamteter Staatssekretär [...] zu treten habe«.[134] Der Versuch der Verwissenschaftlichung der Finanzpolitik war damit vorerst kläglich gescheitert.

131 80. Fraktionssitzung vom 7.12.1971, in: SPD-Fraktion Sitzungsprotokolle 1969-1972, 2. Halbband, S. 900.

132 88. Fraktionssitzung vom 29.2.1972, in: ebd., S. 1077 f.

133 »Schiller. Dieser Kerl«, in: Spiegel 11/1972 vom 5.3.1972.

134 Rede Schillers in der 89. SPD-Fraktionssitzung vom 3.3.1972, in: SPD-Fraktion Sitzungsprotokolle 1969-1972, 2. Halbband, S. 1092 f.

Der außerordentliche Parteitag der SPD in Bonn vom November 1971 ermöglichte es der FDP, sich als Stimme der Vernunft zu präsentieren.[135] So legte sich auch der Arbeitskreis (AK) II »Finanzen« der FDP-Bundestagsfraktion im Februar 1972 darauf fest, dass es vorerst keine Steuererhöhungen mehr geben solle, die die Wirtschaft belasten könnten.[136] Dies war in erster Linie ein deutlicher Wink an die eigene Klientel im Vorfeld der anstehenden Wahlen, und die FDP blieb mehrheitlich zu Kompromissen mit der SPD bereit, was immer wieder zu Kritik vom Wirtschaftsflügel der Partei führte. Nach dem gescheiterten Misstrauensvotum gegen Brandt 1972, das die Union nach der Ratifizierung der Ostverträge anstrengte, verlor die FDP unter anderem mit dem Unternehmensberater Gerhard Kienbaum, der aus der Partei austrat und dem neuen Bundestag nicht mehr angehörte, auch einen ihrer profiliertesten Wirtschaftsvertreter.[137]

Trotz der Kritik am SPD-Steuerparteitag hatte sich FDP stärker als jemals in ihrer Geschichte in Richtung eines sozialen Liberalismus bewegt.[138] Mit den Freiburger Thesen gab sich die FDP im Oktober 1971 ein neues Grundsatzprogramm, das in seinen Grundzügen schon in der Oppositionszeit von 1966 bis 1969 erarbeitet worden war.[139] Das Programm enthielt ein klares Bekenntnis zur Notwendigkeit des Staates für eine menschenwürdige Gesellschaft und eine scharfe Kritik an der Konzentration von Reichtum:

Wo Ziele liberaler Gesellschaft durch den Selbstlauf der privaten Wirtschaft nicht erreicht werden können, […] bedarf es gezielter Gegenmaßnahmen des Staates mit den Mitteln des Rechts. Freiheit und Recht sind nach unseren geschichtlichen Erfahrungen bedroht durch die Tendenz zur Akkumulation von Besitz und Geld, die die Reichen immer reicher werden läßt […]. Dem freien Selbstlauf überlassen, müssen eben diese negativen

135 Faulenbach, Sozialdemokratische Jahrzehnt, S. 220-224.

136 Sitzung des AK II (Finanzen) vom 29. 2. 1972, in: ADL, A 40/403. Siehe auch den unmittelbaren Kommentar von Liselotte Funcke, in: fdk, Pressedient der FDP vom 22. 11. 1971.

137 Preusker, Politiksteuerung, S. 75.

138 Günter Verheugen, Der Ausverkauf. Macht und Verfall der FDP, Hamburg 1984, S. 49-66; Jürgen Dittberner, Die FDP. Geschichte, Personen, Organisation, Perspektiven. Eine Einführung, Wiesbaden 2010, S. 280 f.

139 Andreas Morgenstern, Die FDP in der parlamentarischen Opposition 1966-1969. Wandel zu einer »Reformpartei«, Marburg 2004.

Tendenzen, bei aller ungebrochenen Leistungsfähigkeit, dessen [des Wirtschaftssystems; M. B.] Menschlichkeit am Ende zerstören.[140]

Die scharfe Kritik an gesellschaftlicher Ungleichheit lief aber nicht auf eine Ablehnung des Kapitalismus, sondern auf dessen Reform hinaus. Ziel der FDP war ein »effektiver und humaner Kapitalismus«.[141]

Das Scheitern zweier SPD-Finanzminister

Wesentlich heftiger als in der Steuerpolitik waren für die Bundesregierung und insbesondere die SPD die Auseinandersetzungen in der Haushaltspolitik. Sie verschliss darüber ihre beiden langjährig führenden Wirtschafts- und Finanzpolitiker, denn sowohl Alex Möller als auch Karl Schiller traten im Streit um die Haushaltpolitik zurück. Möller betonte zum Abschluss seiner ersten Rede als Finanzminister in der Debatte um Brandts Regierungserklärung,[142] dass er weiterhin auf eine solide Haushaltspolitik setzen werde: »Und ich bitte das ganze Hohe Haus, davon überzeugt zu sein, daß es mir wirklich ernst ist, wenn ich mich in nächster Zeit bemühen werde, die Solidität unserer Finanzpolitik nicht in Zweifel kommen zu lassen.«[143] Eine Ankündigung, für die er nicht nur den Beifall der Regierung, sondern auch von Abgeordneten der CDU/CSU bekam. Während ihm die Einhaltung dieses Versprechens für den Haushalt 1971 noch halbwegs gelang,[144] zeigten sich zu Beginn des Jahres 1971 zunehmend größere Deckungslücken für den Haushalt 1972. Die Sparvorschläge, die Möller daraufhin skizzierte, stießen auf massiven Widerstand in gleich mehreren großen Ministerien und insbesondere bei Verteidigungsminister Helmut Schmidt, wes-

140 Karl-Hermann Flach/Werner Maihofer/Walter Scheel (Hg.): Die Freiburger Thesen der Liberalen, Hamburg 1972, S. 65.

141 Ebd., S. 16.

142 Zu Möllers eigener Sicht auf die Rede: Möller, Genosse Generaldirektor, S. 419-434.

143 Deutscher Bundestag, 6. Wahlperiode, 30. 10. 1969, Protokoll 7. Sitzung, S. 144 (C).

144 Ullmann, Schuldenstaat, S. 127-146; Baring, Machtwechsel, S. 648 f.; Gerard Bökenkamp, Das Ende des Wirtschaftswunders: Geschichte der Sozial-, Wirtschafts- und Finanzpolitik in der Bundesrepublik 1969-1998, Stuttgart 2010, S. 15-17.

wegen Möller am 13. Mai 1971 zurücktrat.[145] Brandt reagierte darauf mit der Zusammenlegung von Wirtschafts- und Finanzministerium unter dem neuen Superminister Schiller. Bedenken aus der Fraktion gegen diesen Schritt wischte ausgerechnet der mit Schiller persönlich verfeindete Schmidt[146] vom Tisch, indem er den Kanzlervorschlag als alternativlos bezeichnete.[147]

Da das Kabinett nicht gleich den nächsten Minister in die Verzweiflung treiben konnte, war Schiller mit seinen Kürzungsvorschlägen für den Haushalt 1972 deutlich erfolgreicher als Möller zuvor. Doch schon für den Haushalt 1973 galt dies nicht mehr und Schiller hatte es genauso schwer wie zuvor Möller, sich gegen die Kabinettskollegen durchzusetzen. Als Schiller kurz nach dem gescheiterten Misstrauensantrag gegen Willy Brandt im April 1972 in der Kabinettsitzung am 16. Mai das Gespenst eines Staatsbankrotts an die Wand malte, um den Druck auf die Minister zu erhöhen, stieß er mit seinen Ausführungen auf scharfe Ablehnung, auch weil solche Worte als Offenbarungseid verstanden werden konnten, den man vor den Wahlen tunlichst vermeiden wollte. Schiller reagierte auf die Kritik mit einer Offensive und verschickte seine Ausführungen schriftlich an 131 Adressaten, womit er sie öffentlich machte. Dies vereinte das Kabinett gegen Schiller, so dass es ihm in einer folgenden Sitzung mit der Einführung von Devisenkontrollen, die Schiller vehement abgelehnt hatte, bloßstellte. Schiller erklärte daraufhin am 29. Juni 1972 seinen Rücktritt und Helmut Schmidt übernahm die Rolle als Superminister.[148] Der neue Minister nahm gleich Abstand von der Ausrichtung des Stabilitätsgesetzes, welches den Schwerpunkt der Konjunkturpolitik auf die Fiskalpolitik gelegt hatte. Schmidt erklärte demgegenüber, dass deren Möglichkeiten dafür begrenzt seien und er stärker auf die Geldpolitik zur

145 Baring, Machtwechsel, S. 653-656; Ullmann, Schuldenstaat, S. 149 f.; Bökenkamp, Ende, S. 18; Jäger, Innenpolitik, S. 48; Möller, Genosse Generaldirektor, S. 482–487.

146 Schmidt war in den 1950er-Jahren in Hamburg persönlicher Referent bei Schiller gewesen, wobei die beiden des Öfteren aneinandergeraten waren. Vgl. Lütjen, Schiller, S. 126-132.

147 63. Fraktionssitzung vom 13. 5. 1971, in: SPD-Fraktion Sitzungsprotokolle 1969-1972, 1. Halbband, S. 618-622.

148 Lütjen, Schiller, S. 299-346; Baring, Machtwechsel, S. 660-676; Ullmann, Schuldenstaat, S. 151-160; Faulenbach, Sozialdemokratische Jahrzehnt, S. 263; Jäger, Innenpolitik, S. 50-52.

Erreichung wirtschaftlicher Stabilität setzen werde. Das Handelsblatt sprach daraufhin von einer »Kapitulation der Fiscal Policy«.[149]

Für die SPD erwies sich die Steuer- und Haushaltspolitik in der ersten Wahlperiode der sozialliberalen Regierung durchweg als schwieriges Terrain. In der Haushaltspolitik waren es vor allem die Minister der ausgabenstarken Häuser, die Möllers und Schillers Sparkurs pulverisierten. Demgegenüber gab es kein starkes Machtzentrum in der Partei, das sich für umfassende Steuerreformen einsetzte, so dass sich hier die Steuerskepsis von Schiller und Möller durchsetzen konnte. Die Folge war, dass die Einnahmen immer weniger mit dem Wachstum der Ausgaben mithalten konnten und die Staatsverschuldung rapide anzusteigen begann – vor allem nachdem ab 1973 mit der »Ölkrise« Strukturkrisen und Wachstumsschwäche offenbar wurden, die das schnelle Ende der »Trente Glorieuses« und des »Wirtschaftswunders« einleiteten.

Die Steuerreform 1975

Aufgrund des vorgezogenen Bundestagswahlkampfs ruhten spätestens seit dem September 1972 die Arbeiten an der Steuerreform. Im Wahlkampf hielt die FDP an den im Kabinett verabschiedeten Eckwerten fest, während die SPD zu ihren Vorstellungen für die Einkommen- und Körperschaftsteuer auch auf die Ergebnisse ihres Parteitages verwies, um gegenüber ihrer Wählerschaft ein stärkeres Eintreten für soziale Gerechtigkeit zu demonstrieren.[150] Nach der für beide Parteien erfolgreichen Wahl und der Neuauflage der Koalition war es an der Zeit, Stand und Zukunft der Steuerreform zu besprechen. Bis hierhin hatte die Koalition nur das Erste Steuerreformgesetz (Abgabenordnung) und einen Teil des Zweiten Steuerreformgesetzes (einheitswertabhängige Steuern) in den Bundestag eingebracht, und auch diese waren noch nicht verabschiedet worden. Der zweite Teil des Zweiten Steuerreformgesetzes, der mit der Einkommen- und Körperschaftsteuer das Kernstück der Reform bildete, war noch nicht im Bundestag eingegangen und bei der Vorbereitung des Dritten Steuerreformgesetzes (Verkehr- und

149 Ullmann, Schuldenstaat, S. 277.
150 Preusker, Politiksteuerung, S. 77f.

Verbrauchsteuern) war man noch weit von einer tauglichen Vorlage entfernt.[151]

Nach der Wahl blieb Schmidt Finanzminister, während das Wirtschaftsministerium nun an Hans Friderichs (FDP) ging. Anders als seine beiden Vorgänger Alex Möller und Karl Schiller verfügte Schmidt über eine solide Hausmacht in der SPD, wodurch er allzu hohe Erwartungen auf der Ausgabenseite etwas dämpfen konnte. In Sachen Steuerreform kündigte er an, dass er die Reform der Einkommen- und Körperschaftsteuer zum Jahresbeginn 1976 unter Dach und Fach bringen wolle.

Doch die öffentliche Diskussion um die Inflation durchkreuzte diese Pläne. Die Inflation hatte 1972 mit 5,5 Prozent den bisher höchsten Wert in der Geschichte der Bundesrepublik erreicht. Entsprechend schneller stiegen auch die Löhne, und immer mehr Arbeitnehmer rückten in die Progressionszone der Einkommensteuer auf. Eine spätere Berechnung des ifo-Instituts kam zum Ergebnis, dass der Anstieg der Lohnsteuereinnahmen zu 44 Prozent durch das Aufrücken in höhere Progressionsstufen bedingt gewesen sei.[152] Die CDU/CSU forderte daher ab Mitte 1973, dass die Lohn- und Einkommensteuersätze für untere und mittlere Stufen sofort gesenkt werden müssten.

Dies war ein Thema, an dem die SPD nicht vorbeischauen konnte, da es auch von den Gewerkschaften immer wieder vorgebracht wurde. Daher fand sie sich schnell bereit, die Tarifreform der Einkommensteuer von 1976 auf 1975 vorzuziehen. Auch die FDP erklärte bald ihr Einverständnis, da sie sich von einer früheren Entlastung Auftrieb für den Bundestagswahlkampf 1976 erhoffte.

Anders als zu Beginn ihrer Regierungszeit verfügte die sozialliberale Koalition nun aber über keine Mehrheit im Bundesrat mehr, so dass eine Einigung mit der CDU/CSU notwendig war. Die Unionsparteien erklärten sich bereit, die Spitzensatzerhöhung bei der Einkommensteuer mitzutragen. In der Plenardebatte des Bundestags erinnerte einer ihrer Sprecher ausdrücklich daran, dass auch die CDU/CSU im letzten Wahlkampf einen Spitzensteuersatz von 56 Prozent gefordert habe.[153] Die Union war darum bemüht,

151 Ebd., S. 81.

152 Ebd, S. 44.

153 Dies war der spätere Parlamentarische Staatssekretär im Bundesfinanzminis-

die von der SPD erhobene Behauptung zu entkräften, sie betreibe Politik für »Großverdiener«. Stattdessen warf sie nun ihrerseits der SPD vor, mit der geplanten Neuregelung entgegen ihren Wahlversprechen die Steuern für kleine und mittlere Unternehmen zu erhöhen, statt hier für Entlastung zu sorgen. Das zeigt, dass sich die Unionsparteien den in der ersten Hälfte der 1970er-Jahren breit geführten Gerechtigkeitsdebatten nicht verweigern konnten, sondern eigene Akzente beim Thema soziale Gerechtigkeit zu setzen versuchten. Im Zuge ihres nach dem Verlust der Regierungsmacht eingeschlagenen programmatischen Erneuerungsprozesses war die CDU dabei, sich als »moderne Volkspartei der Mitte« zu positionieren.[154] Das beinhaltete die Weiterentwicklung der Sozialen Marktwirtschaft in der »Arbeitnehmergesellschaft«, was dazu führte, dass man der Spitzensteuersatzerhöhung und den vor allem von der SPD ins Feld geführten Gerechtigkeitsargumenten eine gewisse Plausibilität zuerkannte.

Bis zur Einigung über die Feinheiten der Reform im Vermittlungsausschuss sollte es aber trotzdem noch dauern. Im Vorfeld der Landtagswahlen in Niedersachsen im Juni 1974 betonten alle drei Parteien die eigenen Positionen und zeigten sich wenig kompromissbereit. Erst nach der Wahl kam es dann zu einer raschen Einigung im Vermittlungsausschuss.[155] Dort engagierte sich die CDU/CSU sehr wohl für »Großverdiener«. Sie setzte mit ihrer Bundesratsmehrheit eine deutliche Anhebung des Höchstbetrages für abzugsfähige Sonderausgaben durch, von der vor allem die Spitzenverdiener profitierten, was aber in der Öffentlichkeit weit weniger bekannt wurde als die Satzerhöhung.[156] Für die wirklichen Spitzenverdiener mit einem Einkommen von über einer Million DM gab es kaum Möglichkeiten, vom hohen Steuersatz für ihr zu versteuerndes Einkommen herunterzukommen.[157] Umso wichtiger war es für

terium unter Gerhard Stoltenberg, Hansjörg Häfele: Deutscher Bundestag, 7. Wahlperiode, 5.6.1974, Protokoll 104. Sitzung, S. 6979.

154 Beule, Auf dem Weg, S. 317-333.

155 Preusker, Politiksteuerung, S. 102-106.

156 Muscheid, Steuerpolitik, S. 151. Zur großen Bedeutung der Sonderausgabenausweitung für die Verringerung der Steuerbasis der Topverdiener: Gustavo Corneo, The Rise and Likely Fall of the German Income Tax 1958-2003, in: CESifo Economic Studies 51 (2005) 1, S. 159-186, hier S. 170.

157 Aufgrund dessen gewannen riskantere Möglichkeiten der Steuervermeidung wie etwa das Bauherrenmodell an Bedeutung. Gerade bei stärkerer Inflation

sie, das zu versteuernde Einkommen durch die Geltendmachung von Sonderausgaben und Werbungskosten zu senken. Kurzfristig war darum für die SPD durch die Spitzensatzerhöhung wenig gewonnen. Langfristig zeigte die Maßnahme aber durchaus Wirkung, weil der Höchstbetrag für Sonderausgaben nicht automatisch an die Inflation angepasst wurde.

1974 war mit der Einkommensteuerreform das Kernstück der Reform verabschiedet worden und die neuen Regeln traten ab dem 1. Januar 1975 in Kraft. Im Nachgang zeigte sich, nicht ungewöhnlich für eine umfangreiche Neuregelung, dass einige Gruppen, die der Gesetzgeber bei der Reform nur bedingt im Auge gehabt hatte, über Gebühr be- oder entlastet wurden. Daher prägte zunächst die Schlechterstellung mancher Gruppen die öffentliche Debatte. Zu diesen Verlierern zählten u.a. Soldateneltern, Verwitwete mit Kindern, Sozialrentner mit Kindern, ausländische Arbeitnehmer aus Nicht-EG-Ländern, Steuerzahler über 50 und berufstätige Ehepaare in der Steuerklasse IV. Viele dieser Benachteiligten mussten jedoch nur vorerst höhere Steuern zahlen und bekamen am Ende des Jahres über den Lohnsteuerausgleich eine sehr viel größere Summe an Steuern zurück als früher. Dies führte dazu, dass die anfänglich verbreitete Unzufriedenheit mit der Reform im Wahljahr 1976 einer vermehrten Zustimmung wich.[158]

Das Einkommensteuergesetz war zwar der bedeutendste Teil der Steuerreform, aber nicht der einzige und auch nicht der erste. Bereits im Frühjahr 1974 war die Reform der Vermögen-, Erbschaft- und Grundsteuer verabschiedet und rückwirkend zum 1. Januar 1974 in Kraft gesetzt worden.[159] Insbesondere die vorgenommene Anhebung der Erbschaftsteuersätze war erheblich:

konnte es sich rentieren, die sofort abzugsfähigen Kosten bei Bauinvestitionen möglichst hochzuschrauben, um sie beim Einkommen eines Topverdieners als steuerliche Verluste abzugsfähig zu machen. Vielfach erwiesen sich diese Modelle aber durch Eingreifen des Finanzministeriums oder die Entstehung einer regionalen Immobilienüberkapazität als nicht rentabel.

158 Preusker, Politiksteuerung, S. 106-110.

159 Zur Diskussion um die Erbschaftsteuer: Grundig, Vermögen, S. 119-140.

Grafik 99

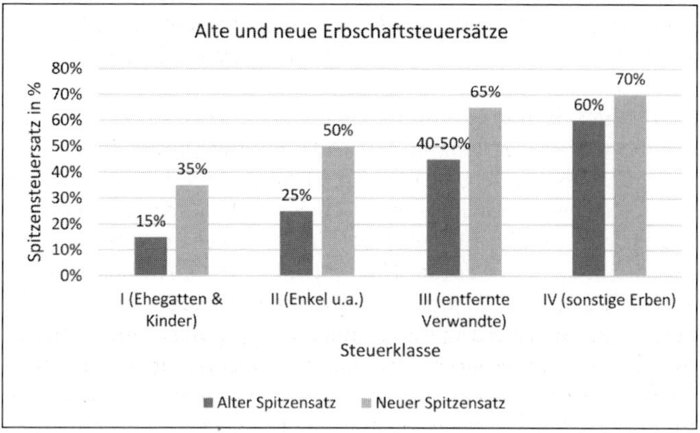

Quelle: BMF, Finanzbericht 1974, Bonn 1973, S. 46

Die Grundsteuer brachte, weil nun vor allem auf Druck des Bundesverfassungsgerichts endlich die schon 1964 ermittelten neuen Einheitswerte zur Anwendung kamen, Mehreinnahmen von 800 Millionen Mark.

Demgegenüber war die als erster Teil des Pakets im Bundestag eingebrachte neue Abgabenordnung im parlamentarischen Prozess steckengeblieben. Sie wurde schließlich wie die Körperschaftsteuerreform erst 1977 verabschiedet. Die anfangs ebenfalls vorgesehene Reform der Verkehr- und Verbrauchsteuern ging die sozialliberale Koalition schließlich gar nicht mehr an. Auch ursprünglich vorgesehene Reformen zur Vereinfachung der Einkommensteuer kamen nicht mehr zur Umsetzung.

Bilanz der Steuerreform

Angesichts dieser Bilanz kann es nicht verwundern, dass nicht nur die Opposition, sondern auch viele Finanzwissenschaftler*innen der sozialliberalen Regierung vorhielten, dass das Geleistete kaum die angekündigte »große« Steuerreform darstellte.[160] Weitgehend einhellig wurde zudem moniert, dass die versprochene Steuervereinfachung ausgeblieben war. Doch hier interessiert mehr, welche haushalts-, wirtschafts- und verteilungspolitischen Folgen die Reform hatte.

Haushaltstechnisch bereitete die Einkommensteuerreform 1975 Probleme, da neben der von der SPD gewünschten Entlastung der unteren Einkommen die vom Koalitionspartner FDP erstrittene Entlastung mittlerer Einkommen ebenfalls zu Buche schlug. Zudem schmälerte die von der CDU/CSU durchgesetzte Sonderausgabenregelung die Mehreinnahmen durch die Verschärfungen für höhere Einkommen. Noch problematischer war, dass die angekündigte Gegenfinanzierung durch Steuerermäßigungs- und Subventionsabbau – insbesondere von der FDP vielfach gefordert, aber selten umgesetzt[161] – ausblieb.[162] Von Aufkommensneutralität oder gar von Steuermehreinnahmen, wie sie die Eppler-Kommission gefordert hatte, konnte keine Rede sein. Vielmehr führte die Reform zu einer Steuerentlastung von 18 Milliarden DM – immerhin 1,5 Prozent des BIP. Dadurch stieg die Staatsverschuldung deutlich und lag weit über dem, was in den Ansätzen der mittelfristigen Finanzplanung vorgesehen gewesen war.[163]

Die historische Einordnung der Reform im Hinblick auf verteilungs- und wirtschaftspolitische Fragen ergibt ein widersprüchliches, von konkurrierenden Politikzielen und unterschiedlichen zeitlichen Perspektiven geprägtes Bild. Peter Grottian hat argumentiert, dass die größten Chancen für eine gerechtere Steuerpolitik nicht, wie die Mehrheit der Politologen meinte, in den Zeiten der Hochkonjunktur (1969-1971/72) bestanden, sondern durch die dann folgende Wirtschaftskrise eher noch stiegen. Umverteilende Steuerreformen hätten in der damaligen Zeit nur dann Realisierungschancen gehabt, wenn sie mit konjunktur- und arbeitsmarkt-

160 Preusker, Politiksteuerung, S. 114-118.

161 Ralf Ahrens, Der Interventionsstaat auf dem Rückzug? Industriepolitik im Bundeswirtschaftsministerium von Friderichs bis Bangemann, in: Bösch/Hertfelder/Metzler (Hg.), Grenzen des Neoliberalismus, S. 213-238.

162 Muscheid, Steuerpolitik, S. 157.

163 Eberhard Wille, Finanzplanung am Scheideweg. Resignation oder Neubesinnung?, in: FinanzArchiv N.F. 35 (1976) 1, S. 66-99, hier S. 81.

politischen Begründungsstrategien unterlegt waren.[164] In der Tat versuchte die Regierung, die lange Zeit eine aufkommensneutrale Reform geplant hatte, die tatsächliche Steuersenkung bei der Verabschiedung als konjunkturgerecht zu verkaufen. Dies vermag inhaltlich aber schon deshalb nicht zu überzeugen, weil steuerliche Konjunkturpolitik sich temporärer Steuermaßnahmen hätte bedienen müssen, die beim Wechsel der Konjunktur wieder außer Kraft gesetzt worden wären. Doch die Steuersenkungen waren permanent, weswegen sie zwar 1974 durchaus konjunkturgerecht waren, aber langfristig ins strukturelle Defizit führten.[165] Gegen Grottians These spricht außerdem, dass die Konjunkturförderung in der Debatte um die Steuerreform praktische keine Rolle spielte. Insbesondere die führenden Vertreter der SPD stellten immer wieder die verteilungspolitische Begründung der Reform in den Mittelpunkt. Auch die FDP trug diese Argumentation mit. Zudem hatte die Koalition die Reform auf den Weg gebracht, bevor sich in Deutschland Krisentendenzen breitgemacht hatten. Die Eckwerte stammten aus dem Jahr 1971 und die Vorverlegung der Reform war im Herbst 1973 beschlossene Sache, während die Wirtschaftskrise in der Bundesrepublik erst 1974 spürbarer wurde.

Die sozialliberale Regierung betrieb zwar von 1969 bis 1974 durchaus eine konjunkturell begründete Steuerpolitik, aber diese fand abseits der auf Permanenz angelegten Steuerreform statt. 1970/71 und 1973 versuchte sie eine Konjunkturüberhitzung jeweils durch zwei zeitlich befristete Maßnahmen abzuwenden: einen Konjunkturzuschlag und eine Aussetzung der degressiven Abschreibung von Investitionen. Als 1974 die Wirtschaftskrise in der Bundesrepublik einsetzte, hoffte die Regierung die Investitionsneigung durch eine 7,5-prozentige Investitionszulage zu steigern, die bis Ende Juni 1975 beantragt werden konnte. Dies war zugleich ihre letzte konjunkturelle Steuermaßnahme und mit einem Volumen von 6,8 Milliarden DM die umfassendste steuerliche Einzelmaßnahme zur Wirtschaftsförderung in der Zeit der sozialliberalen Regierung.[166]

Die Gesetze 1974 und 1975 waren die letzten und vermutlich auch die einzigen Steuerreformen in der Geschichte der Bundes-

164 Peter Grottian, Reduziertes Wachstum als Chance für Steuerreformen?, in: ders. (Hg.), Folgen reduzierten Wachstums für Politikfelder, Opladen 1981, S. 107-131.

165 Ehrlicher, Deutsche Finanzpolitik seit 1945, S. 18 f.

166 Muscheid, Steuerpolitik, S. 158-164.

republik, die vornehmlich mit verteilungspolitischen Argumenten begründet und als notwendige Schritte zu mehr sozialer Gerechtigkeit präsentiert wurden. Zusammen mit einigen anderen Gesetzen wie dem neuen Bundesausbildungsförderungsgesetz (BAFÖG) und der Rentenreform dokumentieren sie den Anspruch der sozialliberalen Regierung, mehr soziale Gerechtigkeit zu schaffen. Auch die Union trug dieses Grundkonzept mit und erteilte den Gesetzen im Bundesrat ihre Zustimmung. Wichtig an ihnen war der Versuch, Steuerermäßigungen abzuschaffen und durch Subventionen und Transfers zu ersetzen, denn von Steuerermäßigungen profitierten im Regelfall die höheren Einkommensgruppen am stärksten, während Subventionen und Transfers besser nach sozialen Belangen gestaffelt werden konnten bzw. für niedrigere Einkommensbezieher von größerer Bedeutung waren. Deutlich zeigt sich dieser Zusammenhang in der Abschaffung der Kinderermäßigung in der Einkommensteuer durch den Kinderfreibetrag bei gleichzeitiger Erhöhung des Kindergeldes.

Grafik 100

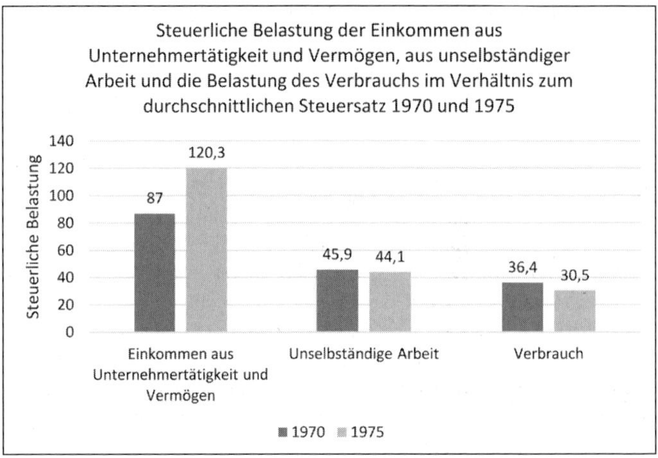

Quelle: Quelle: Otto Roloff, Der eigennützige Staat in der Konfliktgesellschaft. Studien zur politischen Ökonomie des staatlichen Budgets, Marburg 2001, S. 273

Die Steuerreformen verschoben die Belastungen auch real. Während die steuerliche Belastung von Unternehmen und Vermögenseinkommen stark anstieg, sanken jene für Arbeit und Konsum leicht. Allerdings blieben die Auswirkungen auf die soziale Ungleichheit moderat.

Dies lag auch an der steuerskeptischen FDP sowie an der Bundesratsmehrheit der CDU/CSU, die die Möglichkeiten umverteilender Steuerpolitik stark einschränkte. Doch selbst in der SPD-Spitze hoffte man bis 1975, ein Mehr an sozialer Gerechtigkeit ohne Erhöhung der Steuerquote erreichen zu können. Man glaubte, dass die hohen Wachstumsraten anhalten und die Finanzierung der ausgabenrelevanten Reformprogramme ohne Steuererhöhung möglich sein würde. Darum setzte auch die SPD auf aufkommensneutrale oder sogar entlastende Reformen und nicht auf eine Erhöhung der Steuerquote, wie sie der Wissenschaftliche Beirat des Bundesfinanzministeriums 1972 für möglich und wünschenswert gehalten hatte.[167] So verpasste die SPD vielleicht eine Möglichkeit, die nach dem Ende des Booms nicht wieder kommen sollte.

167 Gutachten zur Finanzierung eines höheren Staatsanteils am Sozialprodukt vom 3. 6. 1972, in: Wissenschaftlicher Beirat beim Bundesministerium der Finanzen, Entschließungen, Stellungnahmen und Gutachten 1949-1973, S. 535-570.

Kapitel 20

Die Wirtschaftskrise 1973 und das Ende der finanziellen Leichtigkeit

Im Hinblick auf die öffentlichen Haushalte kann die Zeit von 1949 bis 1973 als eine Ära der einfachen Finanzen bezeichnet werden.[1] Die Steuersätze befanden sich nach dem Ende des Zweiten Weltkrieges sowohl in Deutschland als auch in den USA, Großbritannien oder Frankreich auf einem Allzeithoch. Als dann Anfang der 1950er-Jahre der fast 20 Jahre währende starke Wirtschaftsaufschwung einsetzte, führte dies zu sprudelnden Staatseinnahmen, ohne dass dafür Steuererhöhungen notwendig gewesen wären. Ganz im Gegenteil: Die Steuereinnahmen stiegen in Deutschland trotz mehrfacher umfassender Steuersenkungen. Der Grund hierfür lag in der »kalten Progression« bei den Einkommensteuern. Während die Zuwächse bei der Umsatz- bzw. Mehrwertsteuer recht eng an das Wachstum des BIP gekoppelt waren, stiegen die Erträge aus der progressiven Einkommensteuer durch das Aufrücken von Steuerzahlern in höhere Progressionsstufen stärker an als das Wirtschaftswachstum. In der Regel war in der frühen Bundesrepublik damit zu rechnen, dass mit jedem Anstieg des BIP um einen Prozentpunkt der Einkommensteuerertrag um etwa 1,4-1,6 Prozent wuchs. Bei einem jährlichen Wirtschaftswachstum von fünf Prozent ergab sich also ein Einnahmeanstieg von sieben bis acht Prozent bei den Einkommensteuern. Damit ließen sich umfassende Ausgabenprogramme finanzieren, ohne die Bürger mit der öffentlichen Verhandlung eventueller Steuererhöhungen aufzuschrecken. Gleichzeitig wurde das Steuersystem auf diese Weise automatisch progressiver und die direkten Steuern gewannen an relativem Gewicht, wenn die Politik nicht gegenlenkte. In einem solchen System konnten die Regierenden alle paar Jahre die Einkommensteuersätze senken und trotzdem weiterhin schnell wachsende Staatseinnahmen verbuchen.

Diese Ära der einfachen Finanzen kam in allen führenden OECD-Nationen ab 1973 langsam an ihr Ende. Der Ölschock in

1 In Anlehnung an: W. Elliot Brownlee (Hg.), Funding the Modern American State, 1941-1995. The Rise and Fall of the Era of Easy Finance, Cambridge 1996.

diesem Jahr war durch eine politische Krise ausgelöst worden, wurde aber schnell zu einer Wirtschaftskrise, als die Mitglieder der Organisation erdölexportierender Länder (OPEC) beschlossen, die Ölversorgung einzuschränken, was zu einem drastischen Anstieg der Rohölpreise führte. Billiges Öl hatte Massenmotorisierung, moderne Logistik und Heizsysteme befeuert und war zu einem wichtigen Motor für die beeindruckenden Wachstumsraten in den westlichen Ländern geworden und damit auch zu einem Stabilisator demokratischer Systeme.[2] Nun verschärften die Energiepreiserhöhungen die beginnende Wirtschaftskrise, die in vielen westlichen Ländern bereits zu spüren war, erheblich.[3] Die meisten führenden OECD-Länder rutschten zum ersten Mal seit Jahren in eine Rezession. Der Ölpreisanstieg führte zu einem dramatischen Anstieg sowohl der Produktionskosten der Industrie und auch der Energiekosten der privaten Haushalte und trug zu einem Rückgang des Konsums außerhalb des Energiesektors bei. In den meisten westlichen Ländern stellte sich die Krise als schwierige und ungewohnte Gemengelage aus hohen Inflationsraten, sinkender Produktion, steigender Arbeitslosigkeit und Zahlungsbilanzdefiziten dar. Damals hofften die meisten Politiker*innen, dass es sich um einen vorübergehenden Rückschlag handelte, von dem sich die Wirtschaft bald erholen würde, aber heute wissen wir, dass die erste Ölkrise das Ende des langanhaltenden Nachkriegs-Booms markierte und dass der Westen die hohen Wachstumsraten der 1950er- und 1960er-Jahre seitdem nie wieder erreicht hat. In Westeuropa betrug das Wachstum des BIP pro Kopf von 1950 bis 1973 im Jahresdurchschnitt 4,1 Prozent, von 1973 bis 1997 hingegen nur noch 1,8 Prozent.[4] Wir wissen

2 Timothy Mitchell, Carbon Democracy. Political Power in the Age of Oil, New York 2011.

3 Jens Hohensee, Der erste Ölpreisschock 1973-74. Die politischen und gesellschaftlichen Auswirkungen der arabischen Erdölpolitik auf die Bundesrepublik und Westeuropa, Stuttgart 1996; Stefan Göbel, Die Ölpreiskrisen der 1970er Jahre. Auswirkungen auf die Wirtschaft von Industriestaaten am Beispiel der Bundesrepublik Deutschland, der Vereinigten Staaten, Japan, Großbritanniens und Frankreichs, Berlin 2013; Karen R. Merrill, The Oil Crisis of 1973-1974, Boston 2007.

4 Angus Maddison, Die Weltwirtschaft. Eine Millenniumsperspektive, Paris 2004, S. 296. Siehe auch: Niall Ferguson, Introduction: Crisis, What Crisis? The 1970s and the Shock of the Global, in: ders./Charles Maier/Erez Manela/Daniel J. Sargent (Hg.), The Shock of the Global. The 1970s in Perspective, Cambridge/Mass. 2010, S. 1-22, hier S. 9.

heute auch, dass diese Verlangsamung eher eine Normalisierung war, da die Wachstumsraten des Booms beispiellos waren und viele der wirtschaftlichen und institutionellen Faktoren, die das »europäische Wunder« möglich gemacht hatten – vom Technologietransfer bis hin zu den Arbeitsbedingungen und Arbeitsbeziehungen –, nicht länger gegeben waren oder in ihrer Wirkung nachließen.[5] Vor allem aber war es der Rückgang der Arbeitsproduktivität, die in fast identischer Höhe wie das Wirtschaftswachstum abnahm, der das Nachlassen des Wachstums begründete.[6] Doch der Erwartungshorizont der Akteure in den frühen 1970er Jahren war von der Dauererfahrung des Booms geprägt, und sie reagierten, als ob eine Rückkehr zum Wachstum nur eine Frage der Zeit oder umsichtigen staatlichen Handelns sei.

Das Ende des Bretton-Woods-Systems stellte eine weitere große Herausforderung dar, wenn auch eine, der damals weit weniger Aufmerksamkeit geschenkt wurde, obwohl ihre langfristigen Auswirkungen nicht minder bedeutsam waren. Am 15. August 1971 setzte Präsident Richard Nixon die Konvertierbarkeit des US-Dollars in Gold aus. Alle Versuche der Folgezeit, ein neues System gebundener Wechselkurse zu etablieren, scheiterten, was eine grundlegende Veränderung des internationalen Finanzgefüges nach sich zog.[7] Bei ihrem Treffen vom 11. bis 14. März 1973 einigten sich die Vertreter der Länder der Europäischen Gemeinschaft darauf, das System der festen Wechselkurse aufzugeben und ihre Währungen floaten zu lassen. Dies bedeutete das endgültige Aus des weltweiten Wechselkurssystems der Boom-Ära. Das Bretton-Woods-Regime hatte auf dem Wunsch basiert, die Wechselkurse zu stabilisieren und gleichzeitig den einzelnen Ländern eine aktive interne Geldpolitik zu ermöglichen. Diese beiden Ziele ließen sich nur miteinander vereinbaren, indem man die Kapitalbewegungen als Reaktion auf unterschiedliche Zinssätze einschränkte, die ansonsten den festen

5 Nicholas Crafts/Gianni Toniolo, Postwar Growth: An Overview, in: dies. (Hg.), Economic Growth in Europe since 1945, Cambridge 1996, S. 1-37; Barry Eichengreen, The European Economy since 1945. Coordinated Capitalism and Beyond, Princeton 2007, Kapitel 7 und 9; Plumpe, Wirtschaftskrisen, S. 99.

6 Maddison, Weltwirtschaft, S. 147. Maddison nennt als weitere Gründe einen Rückgang der Geburtenrate und die durch die steigende Arbeitslosigkeit hervorgerufene Unterauslastung der Produktionskapazitäten.

7 Francis J. Gavin, Gold, Dollars, and Power. The Politics of International Monetary Relations, 1958-1971, Chapel Hill 2004.

Wechselkurs unter Druck setzen würden – das sogenannte Währungstrilemma. Der in Bretton Woods gefundene Kompromiss geriet durch die wachsende Freiheit des Kapitalverkehrs nach der Konvertierbarkeit der Währungen im Jahr 1958, die Entstehung des Eurodollar-Markts und die Lockerung der Kapitalverkehrskontrollen in den 1970er-Jahren unter Druck.[8] Diese Veränderungen führten zu Spannungen innerhalb des Bretton-Woods-Systems und trugen im Verbund mit dauerhaften Handelsungleichgewichten zu dessen Untergang bei. In der Folge gewannen die Zentralbanken ein erhebliches Maß an Autonomie und Einfluss. Gleichzeitig schränkte der größere Spielraum für Kapitalbewegungen zwischen den Ländern deren Unabhängigkeit in der Steuerpolitik ein, denn wenn ein Land eine Politik verfolgte, die aus Sicht der Märkte zu umverteilend oder zu kostspielig war, musste es nun sehr viel stärker Kapitalflucht befürchten.[9]

Der Zufluss von Ölgeldern aus den OPEC-Ländern und der Aufstieg des Eurodollar-Markts legten wiederrum den Grundstein für das moderne System des Finanzkapitalismus. Der Aufstieg des Eurodollar-Markts erweiterte auch die Möglichkeiten der Steuerhinterziehung und trug zum Wachstum der Steueroasen bei.[10] Außerdem verlieh das neue Phänomen der Stagflation – wirtschaftliche Stagnation trotz hoher Inflationsraten – der (neo-)liberalen Kritik an der keynesianischen Regierungspolitik neue Überzeugungskraft, die zügig die Mainstream-Ökonomik eroberte – gerade

8 Benjamin Braun/Arie Krampf/Steffen Murau, Financial Globalization as Positive Integration. Monetary Technocrats and the Eurodollar Market in the 1970s, in: Review of International Political Economy 28 (2021) 4, S. 794-819; Catherine R. Schenk, The Origins of the Eurodollar Market in London 1955-1963, in: Explorations in Economic History 35 (1998), S. 221-338.

9 Harold James, International Monetary Cooperation since Bretton Woods, Oxford 1996, S. 205-346; Barry Eichengreen, Vom Goldstandard zum EURO. Die Geschichte internationaler Währungssysteme, Berlin 2000, S. 174-195.

10 Vanessa Ogle, Archipelago Capitalism. Tax Havens, Offshore Money, and the State, 1950s-1970s, in: American Historical Review 122 (2017), S. 1431-1458; dies., ›Funk Money‹. The End of Empires, the Expansion of Tax Havens, and Decolonization as an Economic and Financial Event, in: Past & Present 249 (2020), S. 213-249; Farquet, Swiss Tax Haven; Gabriel Zucman, Steueroasen. Wo der Wohlstand der Nationen versteckt wird, Berlin 2014, S. 33-35; Ronen Palan/Richard Murphy/Christian Chavagneux, Tax Havens. How Globalization Really Works, Ithaca 2010, S. 134 f.

auch in Deutschland, wo sie an die ordoliberalen Traditionen anknüpfen konnte.[11]

Aufgrund geringerer Wachstumsraten waren die Steigerungen der Steuereinnahmen im Vergleich zur Boomphase gering. Da die Ausgaben in fast allen Bereichen weiterhin mit gleicher Rate stiegen, waren die Regierungen zunehmend auf Kredite angewiesen, um ihren finanziellen Verpflichtungen nachzukommen. Begünstigt wurde dies durch die Ölgelder der exportierenden Länder in den westlichen Bankensystemen, insbesondere auf den Eurodollar-Märkten, wodurch Kredite Mitte der 1970er Jahre deutlicher günstiger wurden.[12] Die ehemals niedrige Staatsverschuldung in den wohlhabenden OECD-Ländern stieg stetig an und die Inflationsraten erreichten mitunter sehr hohe Werte, die im Durchschnitt der Jahre 1973-1983 in den meisten OECD-Ländern über zehn Prozent lagen, während Deutschland mit knapp unter fünf Prozent den niedrigsten Wert aufwies.[13]

In der Stagflationskrise gestaltete sich auch die bis dahin erfolgreiche Zusammenarbeit zwischen sozialdemokratischen Regierungen und Gewerkschaften zunehmend schwieriger. Wenn die Regierungen eine allzu hohe Inflation vermeiden wollten, mussten sie die Gewerkschaften zu einer betont moderaten Lohnpolitik überreden.[14] In der Bundesrepublik schränkten die Gewerkschaften 1974 ihre Lohnforderungen zwar etwas ein, nahmen aber 1975 wieder eine aggressivere Haltung an. Die unabhängige Bundesbank reagierte mit einer starken Erhöhung des Zinssatzes,[15] und da die

11 Charles Maier, »Malaise«. The Crisis of Capitalism in the 1970s, in: Ferguson et al. (Hg.), Shock of the Global, S. 25-48, hier S. 27-32; Michael Bruno/Jeffrey D. Sachs, Economics of Worldwide Stagflation, Cambridge, Mass. 1995; Alan S. Blinder, Economic Policy and the Great Stagflation, New York 1979.

12 Laura Rischbieter, Risiken und Nebenwirkungen. Internationale Finanzstrategien in der Verschuldungskrise der 1980er Jahre, in: Geschichte & Gesellschaft 41 (2015), S. 465-493, hier S. 468-471.

13 Maddison, Weltwirtschaft, S. 150.

14 Fritz W. Scharpf, Sozialdemokratische Krisenpolitik in Europa, Frankfurt am Main 1987.

15 Inga Rademacher, One State, One Interest? How a Historic Shock to the Balance of Power of the Bundesbank and the German Government Laid the Path for Fiscal Austerity, in: Review of International Political Economy (2021), Online first, S. 1-23, hier S. 14 f. Zur Politik der Bundesbank Mitte der 1970er-Jahre jetzt mit der These, dass sie vor allem das deutsche Exportmodell aufrechterhalten

SPD/FDP-Regierung nicht bereit war, sich mit der Bundesbank anzulegen, akzeptierte sie deren Antiinflationspolitik. Die Folge war eine steigende Arbeitslosigkeit. Dies zwang die Gewerkschaften in der Folge, zu moderateren Forderungen zurückzukehren, um einen unvermeidlichen und noch dramatischeren Anstieg der Arbeitslosigkeit zu vermeiden.[16]

Eine kurze Rolle rückwärts: Entlastung der Unternehmen und Erhöhung der Mehrwertsteuer

Mit dem Aufstieg Helmut Schmidts zum Bundeskanzler war Hans Apel (SPD) im Mai 1974 neuer Finanzminister geworden. Als dieser hatte er die Einkommensteuerreform noch durch den Vermittlungsausschuss zu navigieren. Eine seiner ersten Aufgaben war es dann, die der FDP als Ausgleich für die Einkommensteuerreform zugesagte Körperschaftsteuerreform auf den Weg zu bringen.

Im Juni 1976 konnte die Reform verabschiedet werden. Ab 1977 stieg damit der Spitzensatz der Körperschaftsteuer von 51 auf 56 Prozent und damit auf die gleiche Höhe wie der der Einkommensteuer. Dadurch galten Kapital- und Personengesellschaften nun als steuerlich gleichbehandelt, was der Regierung Schmidt national wie international viel Lob von Finanzwissenschaftlern einbrachte und andere Länder wie etwa Neuseeland und Australien zu ähnlichen Reformen veranlasste.[17] Ermöglicht wurde diese Satzanhe-

wollte, weshalb die Bundesbank als ein Vorreiter des Neoliberalismus anzusehen sei: Julian Germann, Unwitting Architect. German Primacy and the Origins of Neoliberalism, Stanford 2021. Vertreter der Bundesbank betonten dagegen, dass die Bundesbank bereits seit 1949 eine Politik der Geldwertstabilität betrieben habe und dies auch von Anfang an ihr staatlicher Auftrag sei, ihnen lediglich nach dem Ende von Bretton Woods neue Möglichkeiten offenstanden: Otmar Emminger, D-Mark, Dollar, Währungskrisen, Stuttgart 1986, S. 439; Helmut Schlesinger, Zehn Jahre Geldpolitik mit einem Geldmengenziel, in: Wolfgang Gebauer (Hg.), Öffentliche Finanzen und monetäre Ökonomie, Frankfurt am Main 1985, S. 123-147, hier S. 129 und 135. Siehe auch: Heinz-Peter Spahn, Bundesbank und Wirtschaftskrise. Geldpolitik, gesamtwirtschaftliche Finanzierung und Vermögensakkumulation der Unternehmen 1970-1987, Regensburg 1988.

16 Scharpf, Sozialdemokratische Krisenpolitik, S. 165-177; Ullmann, Schuldenstaat, S. 278.

17 Steffen Ganghof, Wer regiert in der Steuerpolitik? Einkommensteuerreform

bung durch die gleichzeitig verabschiedete Einführung eines Anrechnungssystems bei der Einkommensteuer, die die FDP gefordert hatte. Bisher waren Kapitalgesellschaften bei der Ausschüttung betrieblicher Gewinne gegenüber Personalgesellschaften im Nachteil gewesen, weil für den Anteilseigner nicht nur die Einkommensteuer auf den Gewinn fällig wurde, sondern auch der ermäßigte Körperschaftsteuersatz für ausgeschüttete Gewinne von 15 Prozent. Diese Praxis wurde durch die Reform beendet, fortan wurden dem Anteilseigner die bereits auf dem ausgeschütteten Gewinn lastenden Steuern bei der Einkommensteuer angerechnet. Insgesamt wogen der höhere Satz und die neue Anrechnungsformel einander in etwa auf, so dass die Reform weitgehend aufkommensneutral blieb. Weil sie die Gleichbehandlung unterschiedlicher Unternehmensformen verwirklichte, wurde sie von Vertretern der Kapitalgesellschaften trotz der Satzerhöhungen mehrheitlich begrüßt.[18]

Im Oktober 1976 gelang es der sozialliberalen Koalition trotz erheblicher Stimmenverluste vor allem der SPD an die CDU/CSU, an der Macht zu bleiben. Im Rahmen der Koalitionsverhandlungen fiel der Entschluss, eine Transfer-Enquete-Kommission einzusetzen, die das ganze Transfer- und Steuersystem untersuchen sollte.[19] Als Helmut Schmidt im Dezember 1976 die Regierungserklärung abgab, hatte sich die wirtschaftliche Situation gegenüber den Krisenjahren 1974 und 1975 deutlich gebessert, aber in vielen Partnerländern galt die Situation noch als wenig stabil, weswegen die Bundesregierung aufgrund der deutschen Exportabhängigkeit mit einer gewissen Skepsis in die Zukunft blickte. Daher hatte die Regierung in ihren Koalitionsverhandlungen selbst über eine Zurückstellung der für 1977 geplanten Rentenerhöhung debattiert. Der daraufhin losbrechende Proteststurm hatte sie jedoch zur sofortigen Aufgabe dieses Gedankens bewogen und Schmidt veranlasst, seine Regierungserklärung mit einer Entschuldigung zu eröffnen.[20] Zum

zwischen internationalem Wettbewerb und nationalen Verteilungskonflikten, Frankfurt am Main 2004, S. 62-66 und 133.

18 Muscheid, Steuerpolitik, S. 166-168. Siehe auch die Zusammenfassung eines Vortrags von BDI-Präsident Hans-Günther Sohl durch einen Mitarbeiter des Bundeskanzleramtes, in dem Sohl die Körperschaftsteuerreform lobt: Notiz vom 8. 11. 1976, in: ASD, Helmut-Schmidt-Archiv, 1/HSAA007307.

19 Koalitionsbeschluss vom 10. 12. 1976, in: BAK, B 136/22041.

20 Regierungserklärung vom 16. 12. 1976, 5. BT-Sitzung, S. 31-52, hier S. 31 f. Siehe auch Faulenbach, Jahrzehnt, S. 486-490.

zentralen Ziel der kommenden Legislaturperiode erklärte er die Bekämpfung der in der Krise deutlich angestiegenen Arbeitslosigkeit, weswegen die Regierung bereits im November ein neues Arbeitsmarktprogramm auf den Weg gebracht hatte.[21]

Für die Finanzpolitik betonte Schmidt, dass die Regierung zur Bekämpfung der Krise eine antizyklische Defizitpolitik betrieben habe, aber angesichts der Konjunkturaufhellung nun zu einer Konsolidierungspolitik übergehen werde, wobei eine leichte Neuverschuldung weiterhin tragbar sei. In der Steuerpolitik hatte sich die Regierung in den Koalitionsverhandlungen auf ein detailliertes Programm für ein Steueränderungsgesetz 1977 geeinigt. Langfristigere Pläne zu umfassenden Steuerreformen wurden hingegen nicht mehr erörtert.[22] Dies hieß für den Rest der Legislaturperiode, dass man die wirtschaftliche Entwicklung abwartete, um dann ad hoc die Steuerpolitik darauf abzustimmen.[23] Kerngedanke des geplanten Steueränderungsgesetzes war es, durch die Erhöhung der Mehrwertsteuer eine Senkung der Steuerlast für Unternehmen und Familien zu ermöglichen. Für die Unternehmen betraf dies insbesondere die Zurücknahme der Erhöhung der Sätze bei der Vermögensteuer sowie Ermäßigungen bei der Gewerbesteuer.[24] Die SPD-Basis protestierte lauthals gegen die Vermögensteuersenkung und die Mehrwertsteueranhebung, stieß aber auf taube Ohren. Die Regierung hielt an den festgelegten Eckwerten fest.[25]

Die CDU/CSU kritisierte vor allem, dass die Erhöhung der Mehrwertsteuer nicht der aktuellen konjunkturellen Lage gerecht werde. Insgesamt war die Steuerpolitik der Regierung jedoch ab 1975 nur schwer angreifbar. Den Anstieg der Steuereinkommen bewirkte weiterhin vor allem die kalte Progression, die vom Bundesrat aus nicht effektiv attackiert werden konnte. Als Gegenmittel korrigierte die Regierung die Einkommensteuer mehrfach leicht nach

21 Regierungserklärung vom 16.12.1976, S. 32 f.

22 Koalitionsgespräche vom 6. und 7.12.1976, in: ASD, Helmut-Schmidt-Archiv, 1/HSAA009372.

23 Ähnlich mit der Betonung des Vorrangs der Haushaltskonsolidierung: Süß, Keynesianischer Traum, S. 128.

24 Regierungserklärung vom 16.12.1976, S. 37 f.

25 Siehe die Koalitionsgespräche im ersten Halbjahr 1977, bei denen es in fast jeder Sitzung immer auch um das Steueränderungsgesetz ging: ASD, Helmut-Schmidt-Archiv, 1/HSAA009373.

unten und nahm im Einzelfall noch Umschichtungen hin zu den indirekten Steuern vor. Häufig begrüßte die deutsche Wirtschaft die entsprechenden Vorschläge, und auch die CDU/CSU fand diese Politik prinzipiell richtig, so dass eine Ablehnung den eigenen Wählern schwer zu erklären war. So blieb den Unionsparteien nur, stärkere Steuersenkungen zu fordern, doch dies hatte wenig Drohpotential. Bis Ende der 1970er-Jahre hielten auch weite Teile der Union die Erhöhung der Schuldenaufnahme infolge der Wirtschaftskrise für berechtigt, so dass etwa Strauß noch 1977 im Bundestag Finanzminister Apel zugestand, dass die Kreditneuaufnahme notwendig gewesen sei.[26]

Grafik 101

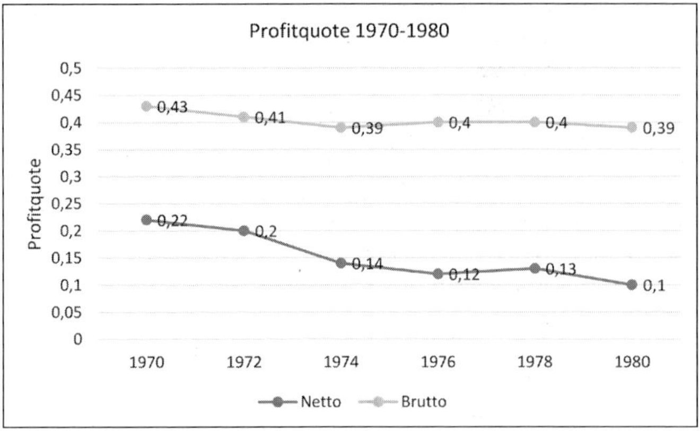

Quelle: Helga Ostendorf, Dilemma Staatsverschuldung, Berlin 1987, S. 187.

Das verabschiedete Steuergesetz enthielt Steuerentlastungen in Höhe von jeweils etwa zwei Milliarden Mark für Familien und Unternehmen. Bei Letzteren erbrachte die Vermögensteuersatzsenkung drei Viertel davon. Ein wichtiger Schwerpunkt der Steuer-

26 Deutscher Bundestag, 8. WP, 46. Sitzung am 5. 10. 1977, S. 3476. Siehe auch: Werner Abelshauser, Nach dem Wirtschaftswunder. Der Gewerkschafter, Politiker und Unternehmer Hans Matthöfer, Bonn 2009, S. 440.

reform zielte damit auf die Verbesserung der Angebotsseite, um die Investitionstätigkeit der Unternehmen anzuregen. Der Hintergrund war, dass nun auch ein Teil der SPD-Führung glaubte, mit den vorherigen Steuerreformen die Unternehmensgewinne zu stark beschnitten zu haben. Tatsächlich machte sich bei der Netto-Profitquote ein deutlicher Abwärtstrend bemerkbar, während die Brutto-Profitquote weitgehend stabil blieb. Demzufolge hatten veränderte Steuern und Abgaben die Unternehmensgewinne erheblich reduziert.

Die Entlastungen wurden durch die Erhöhung der Mehrwertsteuer um einen Prozentpunkt gegenfinanziert, wobei die Bundesregierung ursprünglich einen Anstieg von zwei Prozentpunkten vorgesehen hatte, aber vom CDU/CSU-dominierten Bundesrat zu einer Halbierung gebracht worden war.[27] Die Mehrwertsteuererhöhung brachte insbesondere für Kinderlose eine Verschlechterung, weil sie nicht in den Genuss der Entlastungen für Familien kamen, was für viel Kritik an den Regierungsparteien sorgte. Deswegen und auch, weil die Konjunktur sich erneut einzutrüben begann, schob die Regierung noch 1977 das »Gesetz zur Steuerentlastung und Investitionsförderung« hinterher, das umfangreiche Erleichterungen für alle Einkommensschichten brachte. Seine zentralen Elemente waren die Einführung eines Tariffreibetrags, die Erhöhung des Grundfreibetrags und die Anhebung des Weihnachtsfreibetrags, die zusammen für eine Entlastung von 9,4 Milliarden DM sorgten.[28] Mit diesem Gesetz verabschiedete sich die Regierung vom zuvor eingeschlagenen Konsolidierungskurs und setzte ihre Hoffnung erneut auf eine Investitionsförderung, diesmal über die Nachfrageseite.[29] Sie setzte sich damit über eine Empfehlung des Sachverständigenrats hinweg, der in seinem Jahresgutachten betont hatte, dass die Investitionsförderung über die Angebotsseite deutlichen Vorrang haben müsse.[30] Sie wurde dabei jedoch auch von ihren Partnerländern angetrieben. Diese forderten von der wirtschaftlich vergleichsweise gut dastehenden Bundesrepublik, die Nachfrage zu steigern, um Importe anzuziehen und damit anderen Staaten den

27 Ullmann, Schuldenstaat, S. 232. Den reduzierten Steuersatz erhöhte die Regierung um einen halben Prozentpunkt.

28 Muscheid, Steuerpolitik, S. 169-171.

29 Faulenbach, Jahrzehnt, S. 578.

30 Ullmann, Schuldenstaat, S. 233.

Wirtschaftsaufschwung zu ermöglichen, anstatt durch Angebotspolitik die ohnehin gute Wettbewerbsposition weiter zu verbessern.[31] Allerdings hätte sich die deutsche Regierung kaum gegen ihre innere Überzeugung auf eine solche Politik verpflichten lassen, sie lavierte in dieser Zeit vielmehr permanent zwischen angebots- und nachfrageorientierten Maßnahmen zur Krisenbekämpfung.

In seiner Haushaltsrede kritisierte Apel auch andere Länder, die aus seiner Sicht zu wenig gegen die Inflation taten, und hob hervor: »Sie haben deshalb heute eine hohe Arbeitslosigkeit, denn Inflation führt schlußendlich zur Arbeitslosigkeit.«[32] Für diese öffentliche Abkehr des SPD-Finanzministers vom Zitat seines Amtsvorgängers, der lieber Inflation als Arbeitslosigkeit akzeptieren wollte, erhielt Apel, wie das Protokoll vermerkte, »demonstrativen Beifall« der CDU/CSU. Er hatte sich damit von einem keynesianischen und nachfragedeterminierten Inflationsverständnis verabschiedet und sich zu einer angebotsdeterminierten Erklärung der Inflation bekannt.[33]

Im November 1977 rückte die FDP programmatisch von der keynesianischen Konjunktursteuerung ab und wandte sich der Angebotspolitik zu. Dieser Wechsel vollzog sich eher schleichend und damit langsamer als beispielsweise innerhalb der Bundesbank oder des Sachverständigenrats.[34] In den Kieler Thesen mit dem Titel »Wirtschaft im sozialen Rechtsstaat« vom November 1977, die gegenüber den sozialliberalen Freiburger Thesen aus dem Jahr 1971 den Rückschwenk zur Dominanz wirtschaftspolitischer Fragestellungen in der Partei bedeutete, hieß es bezüglich der Globalsteuerung: »Alle Erfahrungen sowohl in der Hochkonjunktur als auch in der Rezession sprechen dafür, daß die traditionelle Vorstellung von einer Konjunktursteuerung durch antizyklische Gestaltung der öffentlichen Haushalte nicht realistisch ist.« Die Maßnahmen hätten immer zu langsam und deswegen »durchweg prozyklisch gewirkt. Mehr konjunkturpolitische Effizienz ist deshalb von einer stetigen Haushaltspolitik zu erwarten.« Nur bei ernsthafteren Krisen wollte

31 Siehe die Haushaltsrede von Hans Apel vom 4.10.1977, in: BT-Protokoll, 8. WP, 45. Sitzung, S. 3458.

32 Ebd.

33 Dieter Fricke, Verteilungswirkungen der Inflation, Baden-Baden 1981, S. 119-123.

34 Schanetzky, Große Ernüchterung, insb. S. 178-183; Ullmann, Schuldenstaat, S. 276-284.

man an der Globalsteuerung festhalten: »Bei erheblichen und anhaltenden Störungen des gesamtwirtschaftlichen Gleichgewichts bleibt der antizyklische Einsatz der öffentlichen Haushalte notwendig.«[35] Damit hielt sich die FDP viele Wege offen, da es eine Frage der politischen Beurteilung blieb, wann die »erheblichen und anhaltenden Störungen« gegeben waren. Dennoch setzte die FDP aber nunmehr eindeutig auf eine Reduktion der keynesianischen Konjunkturpolitik verpflichteter Staatseingriffe.

Die Angst vor einer deutschen Steuersenkungspartei und die Steuerreformen 1978/79

Unter dem Eindruck von Erfolgen der dänischen Steuerprotestpartei von Mogens Glistrup, die 1973 zur zweitstärksten Fraktion im dänischen Parlament geworden war und die auch bei den Wahlen 1975 und 1977 große Erfolge erzielte, setzte auch in Deutschland die Diskussion um die mögliche Gründung einer Steuerprotestpartei ein. Der Präsident des Bundes der Steuerzahler, Wilhelm Haubrichs, und der Vorsitzende der Deutschen Steuergewerkschaft, Hermann Fredersdorf, hatten am 16. Mai 1978 in einem gemeinsamen Appell Forderungen zur Vereinfachung des Steuersystems formuliert. Bei der Begründung vor der Presse brachte Fredersdorf den Gedanken auf, eine Steuerpartei für die Bundestagswahl 1980 zu gründen.[36] In einem Fernsehinterview sagte er: »Wenn sich bei den etablierten Parteien gar nichts bewegt, dann scheint es mir notwendig zu sein, sie zu bewegen.«[37] Er gehe davon aus, dass eine solche Partei zehn Prozent der Stimmen erreichen würde. In den Folgetagen nutzte er insbesondere die *Bild*-Zeitung, um seine Ideen weiter zu propagieren. Eine Schlagzeile lautete: »FDP wird sterben, wenn wir kommen.« Das Bundeskabinett sah sich gezwungen, sich

35 FDP (Hg.), Kieler Thesen, beschlossen auf dem 28. Ordentlichen Bundesparteitag der F.D.P. vom 6. bis 8. November 1977 in Kiel, Bonn 1977, These 9, S. 31, in: ADL, Druckschriftenbestand, Signatur D1-135. Online unter: ⟨https://www.freiheit.org/sites/default/files/2019-10/1977kielerthesen.pdf⟩ (Zugriff: 10. 12. 2021).

36 »Revolutionärer Aufstand«, in: Spiegel 21/1978 vom 22. 5. 1978, S. 118-120.

37 Zitiert nach dem Schreiben des Referats 44 über Abteilungsleiter und Staatssekretär im Bundeskanzleramt an den Bundeskanzler vom 2. 6. 1978, in: BAK, B 136/14809.

mit dem Vorgang zu beschäftigen, und das Bundesfinanzministerium reagierte mit einer Pressemitteilung.[38]

Am 1. Mai 1979 gründete das vormalige SPD-Mitglied Fredersdorf dann die Bürgerpartei (BPa), deren Hauptanliegen Steuersenkungen waren.[39] In einem Interview mit dem *Spiegel* betonte er, dass die Parteigründung vor allem für die FDP eine Gefahr sei: »Bei den Liberalen geht es um die Existenz. Die anderen werden erschreckt sein, aber die sterben deswegen nicht.«[40] Die CSU sah in der neuen Partei zeitweilig einen Bündnispartner und gab gegenüber dem *Spiegel* zu Protokoll, dass sie über eine gemeinsame Wahlliste nachdenke. Die ersten Querelen in der Bürgerpartei sowie die Ernennung von Franz Josef Strauß zum Kanzlerkandidaten der Unionsparteien führten jedoch rasch zu einer Distanzierung bei der CSU.[41] Die Bürgerpartei erreichte bei der Bundestagswahl 1980 lediglich 0,03 Prozent der Stimmen. Die *ZEIT* erkannte treffend, dass das Problem der Partei auch im Naturell ihres Gründers lag: »Er ist kein Tribun wie Glistrup, kein Rebell wie Poujade. Wer ihn kennt, findet ihn sympathisch und schrecklich normal. Seine Eloquenz ist begrenzt. Er ist ein Temperament in grauem Flanell mit dicker Hornbrille und Eigenheim im Westerwald.«[42] Allerdings zeigten spätere Forschungen, dass das Potential einer Steuerprotestpartei in der Bundesrepublik relativ gering war, weil in Deutschland die offen sichtbaren direkten Steuern im Vergleich eher niedrig waren und das Sozialversicherungssystem statuskonservierend wirkte.[43] Auch wenn die Partei bei allen weiteren Wahlen erfolglos blieb, war sie doch nicht vollständig unbedeutend. Die gesamte deutsche Presselandschaft hatte die Gründung der Partei ausführlich begleitet und alle Parteien fühlten sich aufgefordert, Stellung zu deren Zielen zu beziehen.

Insbesondere in der FDP stieg die Unruhe beträchtlich an. Die

38 Ebd.

39 Hermann Fredersdorf, Die Partei der Steuerzahler, Bonn 1978.

40 Interview mit Hermann Fredersdorf, in: Spiegel 24/1978 vom 12.6.1978, S. 41-44, hier S. 44.

41 »Schräge Vögel«, in: Spiegel 30/1979 vom 23.7.1979, S. 25-27.

42 »Alles eine Nummer zu groß« in: ZEIT vom 4.5.1979.

43 Die Bundesrepublik hatte im Tax/Welfare-Backlash-Score bei Wilensky 0 von 5 möglichen Punkten, so dass erfolgreiche Proteste für ihn äußerst unwahrscheinlich zu sein schienen: Harold L. Wilensky, Rich Democracies. Political Economy, Public Policy, and Performance, Berkeley 2002, S. 381.

Partei legte bald ein umfassendes Steuersenkungspaket vor, das Steuererleichterungen im Wert von mehr als 25 Milliarden DM vorsah.[44] Sie ergänzte dies zudem um vermögenspolitische Vorschläge. Liselotte Funcke, die langjährige FDP-Vorsitzende des Finanzausschusses des Bundestages, äußerte Bedenken: »Frau Funcke hält es für bedenklich, wenn die SPD neben den steuerpolitischen Vorschlägen nun auch noch mit vermögenspolitischen Vorschlägen der FDP konfrontiert würde, die den Vorschlägen der CDU/CSU näher lägen.«[45] Doch fanden viele der Vorschläge nach einigen Kompromissen seitens der Liberalen schließlich auch beim sozialdemokratischen Koalitionspartner Zustimmung, so dass eine weitere Steuersenkung beschlossen wurde. Dies zeigt auch, dass innerhalb der FDP bis zum Ende der 1970er-Jahre Steuersenkungen politisch deutlichen Vorrang vor einer Haushaltskonsolidierung hatten, auch und gerade beim Wirtschaftsflügel der FDP:

> Frau Hamm-Brücher erklärt, sie werde ebenfalls nicht mitabstimmen, da sie das ganze Steuerpaket für ein großes Wahlgeschenk halte; statt dessen hätte man damit besser den Schuldenabbau finanziert. Diese Argumentation nannte Graf Lambsdorff absurd, denn es gelte, dem Bürger zurückzugeben, was ihm als Übersteuerung zu viel abgenommen worden sei.[46]

Da die Angriffe der Bürgerpartei vor allem der Steuerbelastung der Bürgerinnen und Bürger und nicht der Unternehmen galten und die Gewerkschaften weiter gegen die steigende Lohnsteuerbelastung protestierten,[47] richtete sich das Ende 1978 verabschiedete Steueränderungsgesetz 1979 nun wieder vorrangig auf Entlastungen bei der Lohn- und Einkommensteuer, zumal 1980 die nächste Bundestagswahl anstand.

Das Zentrum des Gesetzes bildeten die Erhöhung des Grundfreibetrags und die Beseitigung des erst 1975 eingeführten Tarifsprungs bei der Lohn- und Einkommensteuer. Diese beiden Maßnahmen verursachten Mindereinnahmen in Höhe von 10,6 Milliarden DM. Die Wirtschaft entlastete der Gesetzgeber durch die Abschaffung

44 Abelshauser, Nach dem Wirtschaftswunder, S. 440 f.

45 Fraktionssitzung am 20. 6. 1978, in: ADL, A 49/19.

46 Fraktionssitzung am 4. 7. 1980, in: ADL, A 49/26.

47 Nach Angaben des Finanzministeriums war inzwischen die Hälfte aller Lohnsteuerzahlenden in den Progressionsbereich aufgerückt: Bundesministerium der Finanzen, Finanzbericht 1980, Bonn 1979, S. 144.

der Lohnsummensteuer und die Erhöhung des Freibetrags bei der Gewerbeertragsteuer immerhin auch mit etwa 2,8 Milliarden DM. Zur Gegenfinanzierung erhöhte die Regierung erneut die Mehrwertsteuer um einen Prozentpunkt, was Mehreinnahmen von 6,5 Milliarden DM erbrachte und damit etwa die Hälfte der Steuererleichterungen gegenfinanzierte.[48] Erneut gewährte die Regierung also trotz wachsender Schulden Steuersenkungen. Sie konnte dies nach außen aber gut als Teil ihres auf dem Weltwirtschaftsgipfel in Bonn im Juli 1978 gegebenen Versprechens verkaufen, sich zur Wachstumslokomotive der Weltwirtschaft zu machen und nachfragesteigernde Maßnahmen zu ergreifen, die mindestens die Höhe von einem Prozent des Bruttosozialproduktes erreichen sollten.[49]

Als die Konjunktur Mitte 1979 wieder anzuziehen begann, einigte sich die Koalition auf ein weiteres Steuersenkungsprogramm, welches nach der Bundestagswahl umgesetzt werden sollte. Es sah wiederum vorrangig die Entlastung der Bürgerinnen und Bürger und nicht der Unternehmen vor. Im November legte sie sich auf Entlastungen in einem Volumen von 13 Milliarden DM fest. Die Verbesserung bei den Sonderausgaben kam insbesondere den hohen Einkommen zugute und machte 3,6 Milliarden DM aus. Demgegenüber kamen die Verlängerung der Proportionalzone (6,1 Milliarden DM), die Berücksichtigung von Kindererziehungskosten (2,1 Milliarden DM) und die Anhebung des Weihnachtsfreibetrags (1,4 Milliarden) vor allem den unteren und mittleren Einkommen

48 Muscheid, Steuerpolitik, S. 171-179.

49 Faulenbach, Jahrzehnt, S. 499-501; Abelshauser, Nach dem Wirtschaftswunder, S. 442 f. Zur Rolle Schmidts bei den Weltwirtschaftsgipfeln: Johannes von Karczewski, »Weltwirtschaft ist unser Schicksal«. Helmut Schmidt und die Schaffung der Weltwirtschaftsgipfel, Bonn 2008. Zum Bonner Gipfel und der deutschen Gipfel-Regie: Robert D. Putnam/Randall C. Henning, The Bonn Summit of 1978. A Case Study in Coordination, in: Richard N. Cooper (Hg.), Can Nations Cooperate? Washington, D.C. 1989, S. 12-140. Gleichzeitig vertrat die Bundesregierung nach außen einen antiinflationären Standpunkt und lehnte die deutlich expansiveren Vorschläge der britischen Regierung entschieden ab: ebd., S. 42. Schmidt betrachtete die Politik der Wachstumslokomotive 1979 als gescheitert und vertrat international fortan entschieden einen harten antiinflationären Kurs, der sich in großer Übereinstimmung mit der Bundesbank befand: Laurent Warlouzet, Governing Europe in a Globalizing World. Neoliberalism and Its Alternatives Following the 1973 Oil Crisis, London 2018, S. 142. Inga Rademacher macht dafür auch die Drohung der Bundesbank mit Zinssatzerhöhungen gegenüber Schmidt verantwortlich: Rademacher, One State, S. 15 f.

zugute.[50] Vor dem Hintergrund der Diskussion um eine Steuerpartei war dieses Gesetz vor allem darauf ausgelegt, den Wählerinnen und Wählern zu demonstrieren, dass die Steuerlast sinken solle. Darum hielt die Regierung auch dann noch an dem Gesetz fest, als sich bald darauf die wirtschaftlichen Rahmenbedingungen dramatisch verschlechterten. Es wurde schließlich im August 1980, zwei Monate vor der Wahl, verabschiedet.[51]

Das Ende der problemlosen Verschuldung: Die zweite Ölkrise und der Volcker-Schock

Die Grundkonstellation in der Finanzpolitik blieb von Mitte bis gegen Ende der 1970er-Jahre unverändert. Bei der SPD wie bei der FDP herrschte nur ein bedingter Sparwillen, weshalb die staatlichen Ausgaben weiter stiegen. Da viele Stammwähler beider Parteien durch das Aufrücken in die Progressionszonen der Lohn- und Einkommensteuer stärker belastet wurden, beschränkte sich die Regierungspolitik bei den direkten Steuern weitestgehend auf Steuersenkungen. Zum Ausgleich erhöhte man dann die Mehrwert- oder die Mineralölsteuer. Vor allem aber stiegen die Sozialbeiträge. Insgesamt führten die Steuersenkungen bei stagnierender Konjunktur und stetigem Ausgabenwachstum dazu, dass Einnahmen und Ausgaben immer stärker auseinanderklafften und das Staatsdefizit bis Mitte der 1970er-Jahre deutlich von 32 (1970) auf 65 Milliarden Mark (1975) anstieg. Als Anteil am Anfang der 1970er-Jahre noch stark gestiegenen BIP sah der Anstieg von 17,8 auf 23,6 Prozent aber moderat aus und so erschien dies der Regierung bis 1979 als nicht allzu problematisch.[52]

Hatten die erste Ölkrise 1973 und der Untergang des Bretton-Woods-Systems es den OECD-Ländern schwer gemacht, eine keynesianische Wirtschaftspolitik zu verfolgen und niedrige Arbeitslosigkeit mit einer Umverteilungspolitik zu verbinden, so machte die zweite Ölkrise diese Politik nahezu unmöglich, zumal zum Anstieg der Ölpreise noch der Volcker-Schock trat. Als die

50 Ullmann, Schuldenstaat, S. 312 f.; Muscheid, S. 181-183; Helga Ostendorf, Dilemma Staatsverschuldung, Berlin 1987, S. 280 f.

51 Ullmann, Schuldenstaat, S. 316 f.

52 Datenbank Stefan Bach, Steuer- und Abgabenquoten nach VGR.

OPEC-Länder 1979 den Ölpreis verdreifachten, waren die Folgen fast die gleichen wie 1973: hohe Inflation, steigende Arbeitslosenzahlen, sinkende Produktion und Defizite in der Zahlungsbilanz.[53] Doch Paul Volcker, auf Vorschlag von Präsident Carter neuer Vorsitzender der US-Notenbank, beschloss, zumindest eine dieser Folgen mit Nachdruck zu bekämpfen: die Inflation.[54] Die Federal Reserve war bereits im Herbst 1978 auf den monetaristischen Kurs der Bundesbank eingeschwenkt, indem sie den Zinssatz anhob. Doch als die zweite Ölkrise in den USA ausbrach, erhöhte die Fed in der zweiten Hälfte des Jahres 1979 erneut den Zinssatz.[55]

Angesichts der nach dem Ende des Bretton Woods-Systems sehr viel größeren Freiheit der Kapitalmärkte mussten alle anderen westlichen Länder dem amerikanischen Beispiel folgen und die Zinsen ebenfalls anheben, wenn sie dringend benötigtes Kapital nicht an die USA verlieren wollten. Aus der Bundesrepublik flossen 1980 etwa 19 Milliarden DM ins Ausland ab.[56] Die hohen Zinsen machten es nun für die Staaten sehr teuer, ihre Wirtschaft durch staatliche Ausgaben auf der Basis von Krediten anzukurbeln. Ein zweites Problem war, dass die hohen Zinssätze den Anreiz zu industriellen Investitionen verringerten. Wenn Investoren eine hohe Rendite aus Finanzanlagen erzielen konnten, warum sollten sie dann in westlichen Ländern mit mäßigen Wachstumsraten, erheblicher Unsicherheit über den weiteren Verlauf der Wirtschaft und geringer Rentabilität in Infrastruktur und Immobilien investieren? Dies zwang die Staaten förmlich in einen Unterbietungswettlauf,

53 Frank Bösch, Zeitenwende 1979. Als die Welt von heute begann, München 2019, S. 305-332; Fiona Venn, The Oil Crisis, London 2002, S. 21-29.

54 Julian Germann argumentiert, dass Volcker auch wegen der die antiinflationären Politik der Bundesregierung und der Bundesbank und deren Verweigerung einer gemeinsamen reflationären Politik zu dieser Entscheidung gekommen sei: Germann, Unwitting Architect, S. 138-163.

55 Dies löste Schockwellen in den hochverschuldeten Entwicklungsländern aus und führte zu einer internationalen Schuldenkrise: Rischbieter, Risiken; Adam Tooze/Stefan Eich, The Great Inflation, in: Anselm Doering-Manteuffel/Lutz Raphael/Thomas Schlemmer (Hg.), Vorgeschichte der Gegenwart: Dimensionen des Strukturbruchs nach dem Boom, Göttingen 2016, S. 173-196; Tim Barker, Das Blut der anderen. Der Volcker-Schock und die Folgen, in: Merkur (2019) 7, S. 5-18; Jeffry A. Frieden, Debt, Development, and Democracy. Modern Political Economy and Latin America, 1965-1985, Princeton 1991.

56 Abelshauser, Nach dem Wirtschaftswunder, S. 521.

um durch niedrigere Steuern, Steuererleichterungen oder Subventionen Investoren anzulocken und so die Wirtschaft am Laufen und die Arbeitslosigkeit möglichst niedrig zu halten.[57]

Der Volcker-Schock und das etwa zeitgleich erschienene Buch von Meinhard Miegel und Kurt Biedenkopf, das die Schuldenpolitik der Bundesregierung massiv kritisierte, führten zu einem Wandel bei den Unionsparteien.[58] Fortan attackierte die Opposition in zunehmender Schärfe die Staatsverschuldung.[59] Wie diese reduziert werden sollte, wollte die Union aber tunlichst der Regierung überlassen. Nachdem die CDU 1980 umfangreiche Sparmaßnahmen vorgeschlagen hatte, waren ihre Umfragewerte eingebrochen. Nach dieser Lektion diskutierte man zwar in der CDU/CSU-Fraktion weiter intern über mögliche Kürzungsbereiche im Falle eines Regierungswechsels, doch trug man davon fortan nur noch wenig in die Öffentlichkeit. Als in der Fraktion erneut Kürzungsvorschläge zur Sprache kamen, warnte Helmut Kohl vor dem Hintergrund der früheren Erfahrungen noch einmal nachdrücklich davor, öffentlich konkrete Sparmaßnahmen zu propagieren.[60]

Spätestens seit 1978 reagierte die CDU/CSU auch auf jede Steuererhöhung mit Widerstand. Insbesondere in der Debatte um die Erhöhung der Mehrwertsteuer mehrten sich jene Stimmen, die Steuererhöhungen generell ablehnten, auch wenn sich dieser rigiden Haltung nicht alle anschließen mochten. Kohl betonte 1978 in einer Fraktionssitzung: »Wir sind die Steuersenkungspartei – das muß deutlich werden.«[61] Dabei konkurrierte die CDU/CSU mit der FDP, die dieses Label seit den 1960er-Jahren immer wieder für sich beansprucht hatte.

57 Scharpf, Sozialdemokratische Krisenpolitik, S. 294-314.

58 Kurt Biedenkopf/Meinhard Miegel, Die programmierte Krise. Alternativen zur staatlichen Schuldenpolitik, Stuttgart 1979. Siehe dazu auch: Ullmann, Schuldenstaat, S. 268-271.

59 Ullmann, Schuldenstaat, S. 275-300; ders., Die Expansionskoalition. Akteure und Aktionen in der bundesdeutschen Schuldenpolitik der 1970er-Jahre, in: Geschichte und Gesellschaft 41 (2015), S. 394-417, hier S. 415. Zur Entwicklung der deutschen Schuldenquote im 20. Jahrhundert: Marc Hansmann, Vor dem dritten Staatsbankrott? Der deutsche Schuldenstaat in historischer und internationaler Perspektive, München 2012, S. 13.

60 Protokoll der CDU/CSU-Fraktionssitzung vom 1.2.1982, in: ACDP, 08-001-1066/1.

61 Fraktionssitzung vom 14.11.1978, in: ACDP, 08-001-1054/1.

Der Übergang zur Konsolidierung: Die letzten zwei Jahre der sozialliberalen Koalition

Finanzminister Hans Matthöfer (SPD) hatte den Wahlkampf 1980 mit einem klaren Stabilisierungsprogramm betrieben. Auch er hielt die Grenze des Vertretbaren bei der Staatsverschuldung für überschritten und versprach eine Politik der Konsolidierung, die mit Einsparungen verbunden sein würde.[62] In einem SPD-internen Papier betonte er aber gleichzeitig, dass der Staat weiterhin für die Stützung von Nachfrage und Wachstum verantwortlich sei. Wenn das Wachstum unter die Marke von 2,5 Prozent zu fallen drohe, müsse der Staat eingreifen, weil sonst die Arbeitslosigkeit zu stark einsteigen würde. Hier sprach Matthöfer deswegen nur von einer Politik der »relativen Konsolidierung«.[63]

Trotz schwieriger Debatten um die hohe Staatsverschuldung und die Auswirkungen der Ölkrise gelang es der sozialliberalen Koalition, ausreichend Stimmen für die Fortsetzung der Zusammenarbeit zu gewinnen, was aber weniger an der Überzeugungskraft ihres eigenen Programms als vielmehr an der Unbeliebtheit des Kanzlerkandidaten der Union, Franz Josef Strauß, außerhalb Bayerns gelegen haben dürfte. In der Regierungserklärung gab sich Schmidt optimistisch. Ungeachtet der Verluste von etwa 30 Milliarden DM aufgrund des gestiegenen Ölpreises und eines 1979 erstmals seit Jahrzehnten aufgetretenen Leistungsbilanzdefizits stehe die Wirtschaft der Bundesrepublik im internationalen Vergleich gut da. In diesem Zusammenhang pries er auch das Steuerentlastungsgesetz 1981 als weise Vorausschau der Regierung, welches nun konjunkturpolitisch genau richtig in der Krise den Bürgern Kaufkraft geben und so die Nachfrage ankurbeln werde.[64] In der Steuerpolitik kündigte Schmidt die Erhöhung der Mineralöl- und der Branntweinsteuer an, betonte aber, dass deren Erträge im Vergleich zu den Entlastungen gering seien. In der Haushaltpolitik versprach er eine Begrenzung der Neuverschuldung auf 27 Milliarden DM, was der Höhe des Vorjahres entsprach.

62 Abelshauser, Nach dem Wirtschaftswunder, S. 445-458.

63 Hans Matthöfer, Grundzüge sozialdemokratischer Wirtschafts- und Finanzpolitik in den 80er-Jahren (undatiert, Sommer 1980), in: ASD, Depositum Hans Matthöfer, Nr. 130.

64 Regierungserklärung vom 24. 11. 1980, 9. WP, 5. Sitzung, S. 32 (B).

Doch dieses Versprechen stand schon bald ernstlich in Frage. Die deutsche Wirtschaft rutschte ab Mitte 1980 langsam tiefer in die Krise, die sich 1981/1982 – wie in fast allen OECD-Ländern – zur Rezession auswuchs. Dies führte gegenüber den weit optimistischeren Prognosen zu Steuermindereinnahmen und zu einem Anstieg der Sozialausgaben. Um die Neuverschuldung im Rahmen zu halten, schienen nun Ausgabenkürzungen unvermeidlich zu sein. Gleichzeitig forderten die Gewerkschaften angesichts der Wirtschaftskrise ein umfassendes Konjunkturprogramm. Doch das lehnte Finanzminister Matthöfer mit der Begründung ab, dass die letzten Konjunkturprogramme zu wenig Wirkung gezeigt hätten. Zudem fehlten ihm die Mittel, um solch ein Programm zu finanzieren.[65] Diese Positionierung trieb einen Keil zwischen die SPD und die Gewerkschaften und führte insbesondere bei der IG Metall und der ÖTV zu entschiedenen Protesten gegen die Regierung.[66]

Gelang es Matthöfer, den Haushalt 1981 noch einigermaßen innerhalb des vorher abgesteckten Rahmens zu halten, so drohte aufgrund der weiterhin schlechten Wirtschaftsentwicklung der Haushalt 1982 mit einer sich anbahnenden Neuverschuldung von 46 Milliarden DM aus dem Ruder zu laufen. Matthöfer formulierte in Abstimmung mit dem Bundeskanzler ein Programm, das die Neuverschuldung um 20 Milliarden DM verringern sollte. Dies sollte durch eine Beschränkung der sozialen Leistungen bei der Arbeitsförderung (9,8 Milliarden DM), Haushaltskürzungen (3,3 Milliarden DM), die Erhöhung von Verbrauchsteuern (2,4 Milliarden DM), den Abbau von Steuervergünstigungen (1,5 Milliarden DM) und eine Erhöhung der Gewinnabführung der Bundesbank erreicht werden. Dieses Programm, das vor allem die unteren und mittleren Einkommensgruppen belastete, stieß in der SPD-Fraktion auf viel Kritik. Um es sozial ausgeglichener zu gestalten, verlangten Teile der Fraktion die Einführung einer Ergänzungsabgabe für höhere Einkommen, deren Erträge für die Auflage eines Konjunkturprogramms verwendet werden sollten. In den Koalitionsgesprächen reduzierten sich die Festlegungen für die Absenkung der Neuverschuldung auf 12,2 Milliarden DM, die Matthöfer durch Verhandlungen über Kürzungen mit einzelnen Ministern noch um

65 Ullmann, Schuldenstaat, S. 325-327.

66 Abelshauser, Nach dem Wirtschaftswunder, S. 469-478.

2,9 Milliarden DM erhöhen sollte. Die Verhandlung über die Ergänzungsabgabe wurde vorerst vertagt.

Schon dieses Verhandlungsergebnis wurde in der FDP weit zufriedener aufgenommen als in der SPD. Doch der CDU/CSU gelang es dann im Bundesrat, vor allem die FDP-Vorschläge beizubehalten und gleichzeitig einige der SPD-Vorschläge zu kippen. Im Endeffekt kam es zu einem Gesetz, das starke Kürzungen im Sozialbereich, aber kaum Streichungen im Subventionsbereich umfasste, der von der FDP verteidigt worden war. Von verteilungspolitischen Ideen, wie sie die sozialliberale Koalition zu ihren Anfangszeiten formuliert hatte, schien diese Regierungspolitik nun meilenweit entfernt zu sein.[67] Dies erhöhte in der SPD-Fraktion die Frustration und verstärkte dort den Wunsch nach einer umverteilenden Steuerpolitik. Die Forderung nach der Ergänzungsabgabe wurde immer lauter, auch wenn sich viele nur zu bewusst waren, dass diese auf harten Widerstand in der FDP stoßen und selbst im Falle einer Einigung mit dem Koalitionspartner von den Unionsparteien im Bundesrat verhindert werden würde. Es mehrten sich die Stimmen in der SPD-Fraktion, die nunmehr wenig im sozialdemokratischen Sinn agierende Koalition zu beenden.

Finanzminister Matthöfer bemühte sich deswegen, ein Steuerpaket zu packen, das von der Opposition nicht aufgeschnürt werden konnte. Sein Vorschlag zielte auf eine dramatische Erhöhung der Mineralölsteuern, um damit den Import von Öl zu verteuern. Mit den Einnahmen gedachte er den Ausbau weniger energieintensiver Verfahren zu fördern und so einen Beitrag zum Umweltschutz zu leisten – wobei allerdings die Gefahr bestand, dass der Energiebedarf dann aus Kohle oder Atomkraft gewonnen würde. In der SPD stieß Matthöfers Plan auf Kritik, weil er das Autofahren und Heizen für untere Einkommensschichten zu stark verteuern könne. Marktwirtschaftlich orientierte Kritiker betonten dagegen, dass unklar sei, ob der Ölpreis bei seinem Hoch bleiben würde. Bei einer Senkung des Ölpreises könnten sich die geförderten Ersatzinvestitionen als nicht rentabel erweisen. Zudem war wegen der Volatilität des Ölpreises nicht absehbar, wie stabil die Steuereinnahmen sein würden, was eine unkalkulierbare Unsicherheit für die Haushaltsplanung mit sich brächte. Matthöfer war über das Scheitern seines

67 Muscheid, Steuerpolitik, S. 187.

Plans tief gekränkt. Der Plan war – aus Sicht Werner Abelshausers zu visionär für seine Zeit[68] – politisch klug, insofern er für FDP und CDU/CSU wenig Möglichkeiten zur einseitigen Förderung der eigenen Klientel geboten hätte. Auch die Idee einer umweltpolitisch motivierten Steuerpolitik war innovativ. Doch kam es in der Tat bald zum Absinken des Ölpreises, was Matthöfers Plan schwer geschadet hätte.

Die Bundesregierung entschied sich stattdessen dafür, im Rahmen der »Operation 82« weitere Kürzungen in Höhe von zehn Milliarden DM vorzunehmen, unter anderem bei der Bundesanstalt für Arbeit, dem Kindergeld und der Sparförderung, außerdem die Verbrauchsteuern zu erhöhen (3,3 Milliarden Mehreinnahmen) und gleichzeitig die Wirtschaft mit einer Investitionszulage (4 Milliarden DM) und der Erhöhung der degressiven Abschreibung (2 Milliarden DM) zu fördern. Das Programm kam gegen den Widerstand von Finanzminister Matthöfer zustande: »Aber was von den Koalitionsspitzen vereinbart worden war, nämlich eine Investitionszulage, finanziert durch eine Erhöhung der Mehrwertsteuer, war bei unausgenutzten Kapazitäten und mangelnder Massenkaufkraft, also bei einer rezessiven Nachfragelücke, wie sie bei uns bestand, nach meiner Überzeugung nicht nur ökonomisch unsinnig, sondern – angesichts der restriktiven Geldpolitik der Bundesbank und der Kürzungen in den öffentlichen Haushalten – konterproduktiv.«[69] Die keynesianisch orientierte Finanzwissenschaftlerin Jutta Muscheid stimmte mit Matthöfer in dieser Beurteilung völlig überein.[70] Die Bundesregierung war in der Rezession 1981 zu einer Angebotspolitik übergegangen, die die Investitionswilligkeit der Unternehmen durch Steuererleichterungen anregen sollte. Erneut sorgte dies für erhebliche Unruhe in der SPD, während die eigenen Erfolge in der FDP nicht das Gefühl beseitigten, dass die Koalition mit der SPD vor dem Ende stehe.

68 Abelshauser, Nach dem Wirtschaftswunder, S. 516-527.

69 »Diensttagebuch« Matthöfer vom 3.2.1982, in: ASD, Depositum Matthöfer, Nr. 0404.

70 Muscheid, Steuerpolitik, S. 189.

Das Lambsdorff-Papier und das Ende der sozialliberalen Ära

Ein von Wirtschaftsminister Otto Graf Lambsdorff am 9. September 1982 verfasstes Papier über die zukünftige Ausrichtung in der Finanz- und Wirtschaftspolitik führte schließlich zum endgültigen Bruch der Koalition.[71] Ein Teil der Forschung geht davon aus, dass dies durchaus einkalkuliert war.[72] In beiden Regierungsfraktionen war jedenfalls der Wille zum Kompromiss aufgebraucht. Steuerpolitisch enthielt das Papier wenig Neues. Lambsdorff forderte unter anderem, die inflationsbedingten Gewinne bei der progressiven Einkommensteuer durch Steuersenkung an die Bürger zurückzugeben. Einer ausgleichenden Erhöhung an anderer Stelle erteilte er eine Absage. Weiter wiederholte die FDP ihre alte Forderung nach Abschaffung der Gewerbesteuer, was aber immer und bis heute am Widerstand sowohl von SPD wie CDU/CSU scheiterte. Wirkliches Konfliktpotential mit der SPD barg vor allem die Forderung nach partieller Entlastung gewerblich genutzten Vermögens von der Vermögensteuer.[73] Einen Scheidungsgrund stellte das Papier aus Sicht der SPD weniger wegen seiner steuerpolitischen Ausführungen dar als vielmehr wegen einiger Vorschläge zur Kürzung im Sozial- und Bildungsbereich sowie deshalb, weil es ausdrücklich die Verbilligung der Arbeit zum Ziel erklärte und damit klar Front gegen die Gewerkschaften bezog.

Am 17. September 1982, dem letzten Tag der sozialliberalen Koalition, trafen sich Kanzler Schmidt und Wirtschaftsminister Lambsdorff zu einem Abschiedsgespräch. Lambsdorff fragte Schmidt, warum er sein Konzept als Widerspruch zu sozialliberaler Politik ansehe:

71 Zum Ende der SPD/FDP-Koalition: Joachim Scholtyseck, Die FDP in der Wende, in: Historisch-Politische Mitteilungen 19 (2013), S. 197-220; Martin H. Geyer, Rahmenbedingungen: Unsicherheit als Normalität, in: ders. (Hg.): Geschichte der Sozialpolitik in Deutschland seit 1945, Band 6: 1974-1982 Bundesrepublik Deutschland. Neue Herausforderungen, wachsende Unsicherheit, Baden-Baden 2008, S. 1-109, hier S. 105-109; Faulenbach, Sozialdemokratische Jahrzehnt, S. 738-755.

72 Conze, Suche, S. 510 f.; Müller/Potthoff, Kleine Geschichte der SPD, S. 270-273.

73 Otto Graf Lambsdorff, Konzept für eine Politik zur Überwindung der Wachstumsschwäche und zur Bekämpfung der Arbeitslosigkeit, vom 9. 9. 1982. Online unter: ⟨https://www.nachdenkseiten.de/upload/pdf/lambsdorff_papier_1982.pdf⟩ (Zugriff: 10. 12. 2021).

Der Bundeskanzler antwortet, daß er den Widerspruch in zwei zentralen Punkten sehe: 1. In dem fehlenden Bemühen um soziale Ausgewogenheit. In diesem Zusammenhang sei die Formulierung ›Keine Verschärfung der Mitbestimmung‹ ein Schlüsselwort. 2. In der Abweichung vom Jahreswirtschaftsbericht, die in dem Vorschlag liege, sowohl die konjunkturbedingten Mehrausgaben als auch die konjunkturbedingten Mindereinnahmen überwiegend durch Einsparungen im Transferbereich und nicht durch Kreditaufnahme zu finanzieren. Eine solche Politik sei in der gegenwärtigen, zur Depression tendierenden Wirtschaftslage falsch; das sei reine Deflationspolitik, die er, der Bundeskanzler, nicht vertreten könne.[74]

Lambsdorff bestritt demgegenüber jede Abweichung vom Jahreswirtschaftsbericht und betonte, dass die FDP-Fraktion seine Kreditfinanzierung noch zu üppig fand. In Sachen Mitbestimmung habe er eine andere Meinung als der Kanzler; er sehe diese vorwiegend als Investitionshindernis. Schmidt hob hervor, dass er dies als »Tendenz zu Reaganscher supply-side-Politik« betrachte. Auch für Schmidt lag das Trennende also nicht in der Steuerpolitik, sondern in unterschiedlichen Auffassungen hinsichtlich der Ausgabenseite sowie der Mitbestimmungspolitik. Dort wähnte er Lambsdorff und die FDP auf dem Weg zur Wirtschaftspolitik des neuen US-Präsidenten, die die SPD entschieden ablehnte. Damit lag Schmidt nicht falsch, denn mit dem Lambsdorff-Papier stand die FDP einer neoliberalen Wirtschaftspolitik zumindest weit näher als die Mehrheit in den Unionsparteien.[75]

Aufstieg und Niedergang sozialliberaler Gouvernementalität in der Bundesrepublik

Die SPD verzichtete in den Jahren der sozialliberalen Koalition, als sie erstmals den Bundeskanzler stellen konnte, nicht gänzlich darauf, ihre Vorstellungen von sozialer Gerechtigkeit in die Tat umzusetzen. Sie glaubte diese aber vor allem durch den Ausbau des Sozialstaats im Windschatten eines stetigen Wirtschaftswachstums erreichen zu können. Umverteilende Steuerreformen wurden zwar anvisiert, aber nur sehr vorsichtig angegangen, weil die führenden

74 Aufzeichnung des Gesprächs zwischen Schmidt und Lambsdorff vom 17.9.1982, in: ASD, Nachlass Helmut Schmidt, 1/HSAA009385.

75 Beule, Weg, S. 492-495.

Finanz- und Wirtschaftspolitiker der SPD sie als wachstumsgefährdend betrachteten. Als der Glaube an stetiges Wirtschaftswachstum durch staatliche Leitplanung mit der Wirtschaftskrise 1973 langsam zu schwinden begann, wählte die Regierung den Ausweg der höheren Staatsverschuldung zur Finanzierung des sozialpolitischen Ausgabenprogramms. Die zweite Ölkrise 1979 und der globale Anstieg der Zinssätze (Volcker-Schock) führte diese Finanzpolitik in die Krise, an der schließlich die sozialliberale Koalition zerbrach.

Bemerkenswert ist, dass der von Rudolf Goldscheid befürchtete Marsch in den Lohnsteuerstaat unter SPD-Kanzlern nicht gestoppt, sondern unvermindert fortgeführt wurde. Der Anteil der Lohnsteuer am Gesamtsteueraufkommen stieg von 12 (1960) auf 23 Prozent (1970) und schließlich 31,5 Prozent (1981).[76]

Grafik 102

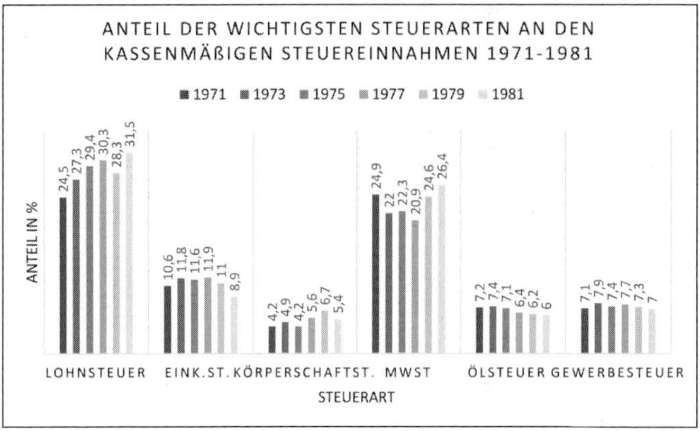

Quelle: Ostendorf, Dilemma, S. 291

Die Erfolge gewerkschaftlicher und auch sozialdemokratischer Politik, die Lohnabhängige in höhere Einkommensklassen aufrücken ließen, führten dazu, die Grundlagen sozialdemokratischer Steuerideen in Frage zu stellen. Zwischen 1949 und Mitte der 1960er-Jahre

76 Bökenkamp, Ende, S. 178.

lagen die meisten Wähler unter der Schwelle, in der die progressiven Steuersätze griffen, und viele Lohnabhängige zahlten gar keine Lohnsteuern. Somit profitierten sie von den öffentlichen Ausgaben, ohne bei den direkten Steuern stark belastet zu werden, weswegen ihre Zustimmung zu stark progressiv steigenden Einkommensteuersätzen hoch gewesen sein dürfte. Als die Löhne stiegen und die Steuerschwellen nur wenig erhöht wurden, mussten mehr und mehr Wähler Lohnsteuern zahlen und viele hatten immer höhere Sätze in Kauf zu nehmen. Das ließ die Unterstützung für eine scharfe direkte Besteuerung in der Arbeitnehmerschaft schwinden, weshalb in den 1970er-Jahren in den Gewerkschaften erstmals Forderungen nach einer linearen Einkommensteuersenkung laut wurden.

Der Marsch in den Lohnsteuerstaat war keine bewusste Politik der SPD, sondern Ergebnis der kalten und warmen Progression. Die Reformen 1974/1975 senkten zwar die Steuerbelastung der unteren und mittleren Einkommensschichten und erhöhten die Steuerbelastung der oberen Einkommensschichten, aber mit den Absenkungen in den unteren Bereichen konnte nur ein kleiner Teil der zuvor durch die kalte Progression gewonnenen Mehreinnahmen an die Bürgerinnen und Bürger zurückgegeben werden. Anderweitig wäre die Finanzierung der geplanten Reformvorhaben und des Ausbaus des Sozialstaats kaum zu leisten gewesen. Allerdings blieb die Steuerquote insgesamt konstant, da Verbrauchsteuern und Vermögensteuern sanken. Ersteres entlastete auch die unteren Einkommensgruppen.

Das entsprach freilich nicht der in der keynesianischen Fiskaltheorie vorgesehenen Wirkungsweise steigender Steuereinnahmen in der Inflation. Diese hatte sie als »built in flexibility« des Steuersystems gerechtfertigt, davon ausgehend, dass Inflation vor allem in Phasen der Hochkonjunktur auftrete und der Staat die zusätzlichen Einnahmen für Mehrausgaben in Krisenzeiten zurücklegen könne. Doch in den 1970er-Jahren trat die Inflation auch in Krisenzeiten auf und der Staat legte in der Hochkonjunktur nur noch selten Geld zurück. Deswegen nahmen nun Forderungen zur Indexierung des Steuersystems anhand der Inflationsraten zu.[77]

Nimmt man die Effekte der kalten Progression heraus, so zeigt

77 Richard A. Musgrave, Der gegenwärtige Stand der Theorie der Besteuerung, in: FinanzArchiv 39 (1981), S. 29-43, hier S. 33.

sich, dass die Steuergesetzgebung der sozialliberalen Regierung die Belastung der Lohnarbeitseinkommen senkte und die Belastung der Kapitaleinkommen erhöhte.

Grafik 103

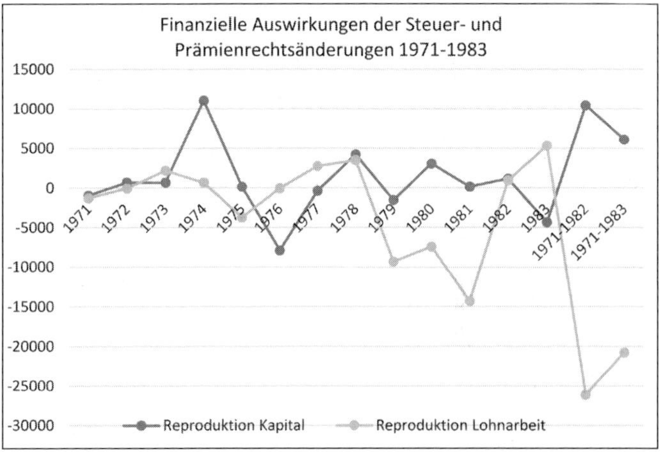

Quelle: Ostendorf, Dilemma, S. 270-284[78]

Das konnte aber nicht verhindern, dass die Belastung der Lohnsteuereinkommen unter der sozialliberalen Regierung insgesamt gesehen deutlich zu- und die der Kapitaleinkommen leicht abnahm, was wiederum daran lag, dass die Effekte der kalten Progression die Lohneinkommen deutlich stärker trafen.

78 Die Mehrwertsteuer wurde beiden Seiten zugerechnet, Verbrauchsteuern der Lohnseite, ebenso die Lohnsteuer, während die veranlagte Einkommensteuer der Kapitalseite zugeordnet wurde.

Grafik 104

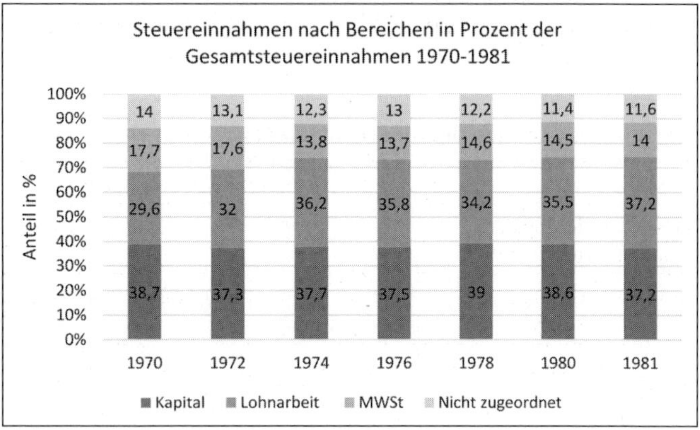

Quelle: Ostendorf, Dilemma, S. 161

Im Detail fällt auf, dass die mehrfache Anhebung des Mehrwertsteuersatzes, zu der sich die SPD/FDP-Regierung nach der ersten Ölkrise gezwungen sah, den Anteil der indirekten Steuern am Gesamtaufkommen nicht etwa deutlich erhöhte, sondern lediglich den durch die kalte Progression hervorgerufenen Effekt der Verlagerung zu den direkten Steuern ausgleichen konnte. Zudem fand auch nach Einsetzen der Krise 1973 eine Entlastung auf der Unternehmensseite nur in sehr moderater Form statt. Gerade auf diesem Feld brachte der Regierungswechsel 1982 einschneidende Veränderungen. Die Steuerbelastung der Unternehmen wurde mit der Ernennung Helmut Kohls zum Kanzler zügig verringert.[79]

Keynesianische Politik als Reaktion auf die Krisen 1973 und 1979 betrieb die sozialliberale Regierung nur sehr bedingt. Die Investitionen der Gebietskörperschaften folgten weitgehend dem Trend des Bruttosozialprodukts. Zudem war die aus Sicht der Sozialdemokratie zentrale Bekämpfung der Arbeitslosigkeit nur bedingt

79 Otto Roloff, Der eigennützige Staat in der Konfliktgesellschaft. Studien zur politischen Ökonomie des staatlichen Budgets, Marburg 2001, S. 248-255.

erfolgreich. Der rapide Anstieg der Arbeitslosenquote, der auch der Politik der Bundesbank geschuldet war, konnte zwar nach 1975 wieder leicht reduziert werden, doch die zweite Ölkrise machte diese Erfolge schnell wieder zunichte.

Tabelle 55:
Grunddaten der wirtschaftlichen Entwicklung 1971-1981

	1971	1973	1975	1977	1979	1981
BSP (Veränderungsrate, Preise von 1976)	3,2	4,6	-1,6	2,8	4,0	-0,2
Anlageinvestitionen (VÄR, Preise 1976)	6,2	-0,2	-4,9	3,8	7,3	-3,8
Arbeitslosenquote	0,8	1,2	4,7	4,5	3,8	5,5
Investitionen der Gebietskörperschaften (VÄR)	8,2	3,7	-1,0	0,4	14,3	-4,6
Zinssätze Dreimonatsgeld (je November)	6,8	13,6	4,1	4,2	9,7	11,1

Quelle: Ostendorf, Dilemma, S. 285 und 288 f.

Während die Regierung bis Mitte der 1970er-Jahre auf Expansion setzte und die Staatsquoten deutlich anstiegen, steuerte sie gegen Ende der 1970er-Jahre auf einen moderaten Konsolidierungskurs um, der zu einem leichten Rückgang der Quoten führte.

Grafik 105

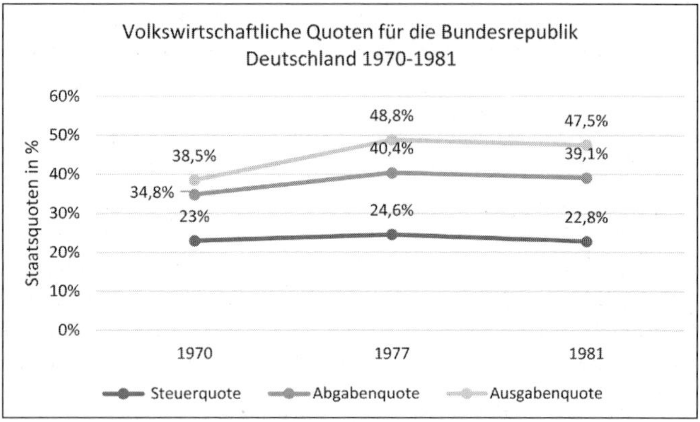

Quelle: Spoerer, Öffentliche Finanzen, S. 104-108

Ein echter Schwenk hin zu einem ernsthaften Konsolidierungskurs, so ist zu betonen, erfolgte indes erst 1981 und damit kurz vor dem Ende der sozialliberalen Regierung. Während durch die Reform 1974/75 die Steuerquote erhöht wurde, betrieb die Regierung danach vorrangig eine Steuersenkungspolitik, die dazu führte, dass die Steuerquote 1981 nahezu identisch mit der von 1970 war. Allerdings waren die Sozialabgaben ebenfalls bis Mitte der 1970er-Jahre deutlich gestiegen und wurden dann bis zum Ende der sozialliberalen Koalition kaum wieder gesenkt, so dass die Abgabenquote 1981 etwa fünf Prozentpunkte höher lag als 1970. Mit dem deutlich rapideren Anstieg der Ausgabenquote konnte jedoch auch die Abgabenquote nicht mithalten. So kam es zum Wandel von einem leichten Einnahmeplus 1970 hin zu einer Neuverschuldungsquote von 3,9 Prozent (1981). Dem schon zeitgenössisch geäußerten und von Wolfgang Streeck jüngst wieder betonten Befund, dass die sozialliberale Regierung den Weg in den Schuldenstaat gewählt hat, ist schwer zu widersprechen. Wolfgang Streeck hat dabei zu Recht darauf aufmerksam gemacht, dass beim Schuldenmachen sehr viel stärker als beim Erzielen von Einnahmen, sprich in der Steuerdebatte, die verteilungspolitische Dimension staatlicher Politik aus dem Blickfeld geriet und kaum thematisiert wurde.[80] Allerdings blieb die bundesdeutsche Verschuldung im internationalen Maßstab vergleichsweise niedrig, auch weil die öffentliche Meinung in Deutschland bis weit in linksbürgerliche und sozialdemokratische Milieus hinein einer weitreichenderen Verschuldungs- und Inflationspolitik entgegenstand, wozu die Bundesbank mit umfassender Öffentlichkeitsarbeit beitrug.[81] Die Geldpolitik der Bundesbank blieb weiterhin stark auf Geldwertstabilität ausgerichtet. Die SPD beugte sich dem und versuchte nicht, zur Bekämpfung der Arbeitslosigkeit eine stärker inflationäre Politik durchzusetzen, wie das Zitat von Helmut Schmidt, in dem er eher Inflation als Arbeitslosigkeit akzeptieren wollte, vermuten lassen könnte. Dies stieß aber nur im linken Flügel der Partei und insbesondere bei den Jusos auf Kritik. Der damalige Juso Olaf Scholz kritisierte scharf, dass die »Bundesregierung [...] die Vollbeschäftigung zugunsten der Geldwertstabilität als Ziel Nr. 1 sozialdemokratischer Wirtschafspolitik aufgegeben«[82] habe.

Die Politik der Bundesbank bedeutete aufgrund der im internationalen Vergleich niedrigen Inflationsraten in der Tendenz eine Stütze für das Export-Spar-Modell, doch nach dem Ende des Bretton-Woods-Systems ab 1973 passten sich die Wechselkurse schneller an und die Unterbewertung der D-Mark wurde schneller ausgeglichen. Zudem reagierte die sozialliberale Bundesregierung teilweise auf die Kritik der Partnerländer an den deutschen Exportüberschüssen und ließ sich 1977 zu einem expansiven Staatshaushalt drängen, um durch verstärkte Importe als Wachstumslokomotive zu fungieren. Dies führte dazu, dass es 1979 erstmals seit den 1950er-Jahren wieder zu einem Leistungsbilanzdefizit kam. Das Export-Spar-Regime aufrechtzuerhalten, hatte unter der sozialliberalen Regierung nicht mehr oberste Priorität, aufgegeben wurde es indes nicht: Die Rolle als Lokomotive der europäischen Konjunktur sollte die Bundesrepublik nach Ansicht der Koalition keinesfalls dauerhaft spielen.

Mag die Bilanz der sozialliberalen Koalition auch in vielerlei Hinsicht gemischt erscheinen, so lassen sich gewisse Erfolge auf dem für die SPD zentralen Feld der sozialen Gerechtigkeit nicht

80 Streeck, Gekaufte Zeit, S. 109-117.

81 Mee, Central Bank, S. 252-313.

82 Günter Beling/Olaf Scholz, Juso-Kongress 1981 – Auftrag zur Linkswendung, in: spw 4 (1981) 12, S. 97-102, hier S. 98.

übersehen. Der Anteil des obersten Prozents am Gesamteinkommen, der zwischen 1949 und 1965 um etwa zweieinhalb Prozentpunkte angestiegen war, ging unter der sozialliberalen Regierung um fast zwei Prozentpunkte wieder zurück. Gleichzeitig stieg allerdings der Anteil des obersten Zehntels bis 1977 weiter an und erfuhr erst in der zweiten Ölkrise einen leichten Rückgang.

Grafik 106

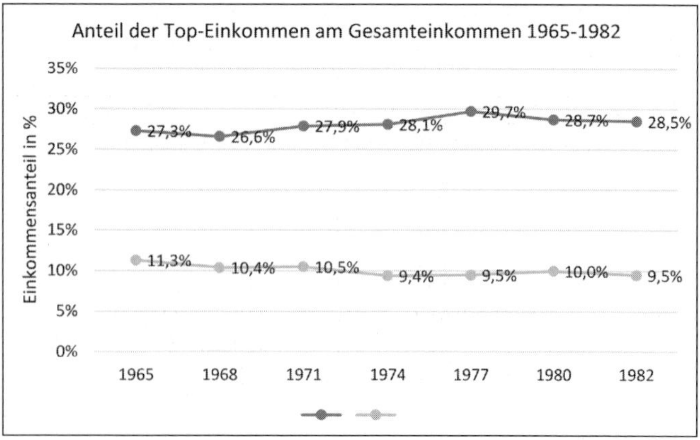

Quelle: Charlotte Bartels, Top Incomes in Germany 1871-2013, in: Journal of Economic History 79 (2019) 3, S. 669-707

Allzu weit reichte der Wandel jedoch nicht, wie auch der Gini-Koeffizient für die Einkommen zeigt, der von 1950 bis 1975 sehr konstant blieb.

Tabelle 56:
Gini-Koeffizient des Einkommens privater Haushalte in der Bundesrepublik 1950-1975

1950	1955	1960	1964	1968	1970	1975
0,396	0,384	0,380	0,380	0,387	0,392	0,388

Quelle: Gerhard Göseke/Klaus-Dietrich Bedau, Verteilung und Schichtung der Einkommen der privaten Haushalte 1950-1975, Berlin 1974, S. 95.

Die Konzentration in der Vermögensverteilung nahm ab, aber ebenfalls nur leicht. Der Anteil des obersten Prozents am Reinvermögen war von 1966 bis 1972 zwar relativ stark gesunken, legte danach aber wieder zu. Die starke Konzentration beim Betriebsvermögen änderte sich nicht wesentlich, während sie beim Kapitalvermögen abnahm. Dass es überhaupt zu relativen Verlusten für die Reichsten gekommen war, lag vor allem an der Zunahme der Bedeutung der sonstigen Vermögen am Gesamtvermögen (Versicherungen etc.), das wesentlich egalitärer verteilt war.

Grafik 107

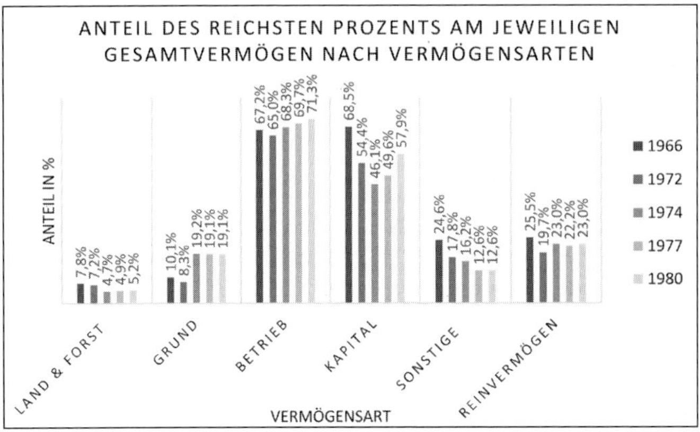

Quelle: Dietmar Baron, Die personelle Vermögensverteilung in der Bundesrepublik Deutschland und ihre Bestimmungsgründe, Frankfurt am Main 1988, S. 184-188

Auch wenn die Erfolge sozialliberaler Gouvernementalität nicht überbetont werden sollten, hatte sich in der Bundesrepublik doch eine Gesellschaft herausgebildet, die vergleichsweise egalitäre Verhältnisse, wie sie zuvor nur vorübergehend durch große Vermögensverluste im Krieg herbeigeführt worden waren, in friedlichen Verhältnissen stabilisiert hatte. Zugespitzt kann das deutsche Modell der sozialliberalen Gouvernementalität als eine sozialdemokratisch-technokratische Weiterentwicklung der christdemokratisch-ordoliberalen Modelle der frühen Bundesrepublik gefasst werden. Dabei wurden die konservativen Modelle bei Familie und sozialen Sicherungssystemen bestenfalls moderat liberalisiert. Die sozialliberale Erweiterung des vorherigen Modells fand sich stärker bei Modellen arbeitszentrierter Teilhabe, dem Ausbau der Bildung und einer moderaten Umverteilungspolitik. Dieses von Brandt, Schiller, Scheel und Schmidt verkörperte Modell moderater Modernisierung kam bei den neuen Mittelschichten, aufstiegsorientierten Kleinbürgern und dem gehobenen Facharbeitermilieu gut an und sicherte Mehrheiten für einen Kurs, der soziale Ungleichheit bekämpfen wollte. In den 1970er-Jahre kam es so zur bisher weitgehendsten Annäherung an eine Gesellschaft der Gleichen.

Den vorläufigen Endpunkt dieser Annäherung bildeten sie, weil an mehreren Stellen die Bedingungen für sozialliberale Modelle zu erodieren begannen. Das Ende des Bretton-Woods-Systems verschob die Gewichte von demokratischen Regierungen hin zu dem Legitimitätsdruck stärker enthobenen Zentralbanken sowie den Kapitalbesitzern. Zudem erleichterte das Ende der Devisen- und Kapitalverkehrskontrollen die Steuerhinterziehung wie auch legale Formen des Kapitalabflusses in den Eurodollar-Markt und bot den Wohlhabenden damit die Möglichkeit des Exits aus dem umverteilenden Steuerstaat. Das Außensteuergesetz setzte dagegen zwar ein Zeichen, konnte aber die Bewegung nicht stoppen.

Die steigende Arbeitslosigkeit erhöhte die Sozialausgaben vor allem für die unteren Einkommensgruppen. Damit wuchs die Gefahr, dass die Bezieher mittlerer Einkommen angesichts steigender Lasten zu dem Schluss kommen könnten, dass ihre Steuergelder ihnen selbst nicht mehr im proportionalen Maße zugutekämen. Dieses Verständnis bildete aber eine wichtige Basis für die Zustimmung der Mittelschichten zu progressiven Steuern.

Probleme sozialdemokratischer Umverteilungspolitik seit 1973 im Vergleich

Andere sozialdemokratische Parteien in Europa mussten im Hinblick auf die Steuerpolitik ähnliche Erfahrungen wie die SPD machen. Viele traten nach wie vor mit Programmen an, die noch dezidierter Umverteilung versprachen, sahen sich aber angesichts der

Wirtschaftseinbrüche im Gefolge der Ölpreisschocks von 1973 und 1979 gezwungen, Abstriche von diesen Programmen zu machen oder sie gar ganz aufzugeben.

Ein Beispiel für einen solchen Umschwung in der Steuerpolitik bietet die Labour-Regierung in Großbritannien von 1974 bis 1979. Die Labour-Partei war im Wahlkampf 1974 mit dem Versprechen aufgetreten, eine Vermögensteuer einzuführen. Doch nach der Regierungsübernahme zogen sich die Verhandlungen darüber hin. Als die britische Wirtschaft immer tiefer in die Krise geriet und Großbritannien schließlich 1976 den IWF um einen Kredit bitten musste,[83] war das Schicksal der Steuer besiegelt. Sie wurde nicht implementiert. Danach zeigte die Labour-Regierung keinen Willen mehr, die soziale Ungleichheit im Land zu bekämpfen, sondern konzentrierte sich ganz darauf, das Wirtschaftswachstum zu fördern. Dafür versuchte sie, die Sozialausgaben zu beschneiden.[84] Auch im Steuersystem wurden die Anreize für Investitionen schon unter Labour erhöht. Dies geschah nicht, weil sich die Partei von ihren Vorstellungen zur sozialen Gerechtigkeit verabschiedet hätte, sondern weil zumindest die Parteiführung eine Politik, die der Effizienz den Vorrang gab, für alternativlos hielt.

Wie eng der Spielraum für eine keynesianische Wirtschafts- und Finanzpolitik durch die Veränderungen der wirtschaftlichen Rahmenbedingungen geworden war, zeigt sich noch deutlicher am französischen Beispiel. Als 1981 François Mitterrand nach langen Jahren konservativer Vorherrschaft in Frankreich zum Präsidenten gewählt wurde, betrieb er zunächst eine klassisch keynesianisch-sozialdemokratische Politik. Im Angesicht einer hohen Inflation und steigender Arbeitslosigkeit wählten die französischen Sozialisten den Weg staatlicher Konjunkturankurbelung. So wurden 100 000 neue Stellen im öffentlichen Dienst geschaffen und Mindestlöhne, Renten sowie Kinder- und Wohngeld um 20 bis 50 Prozent angehoben.[85] Gleichzeitig verstaatlichte die Regierung weitere Indus-

83 Douglass Wass, Decline to Fall. The Making of British Macro-Economic Policy and the 1976 IMF Crisis, Oxford 2008.

84 Zu den Grenzen dieser Politik: Coline Thain/Maurice Wright, The Treasury and Whitehall. The Planning and Control of Public Expenditures 1976-1993, Oxford 1995.

85 Mark I. Vail, Recasting Welfare Capitalism. Economic Adjustment in Contemporary France and Germany, Philadelphia 2010, S. 60 f.; Vivien A. Schmidt,

trieunternehmen, so dass schließlich dreizehn der zwanzig größten französischen Firmen in Staatshand waren.[86] Als Finanzierungsmaßnahme führte die neue Regierung 1981 rückwirkend für das Steuerjahr 1980 eine Solidaritätssteuer von 25 Prozent für Einkommen über 100 000 Francs ein.

Dieser Kurs führte zum Anstieg der Inflation und des Staatsdefizits sowie zu einer Kapitalflucht aus Frankreich, die eine dreimalige Abwertung des Francs zur Folge hatte. Die französische Regierung stand schließlich im März 1983 vor der Alternative, entweder ihre Wirtschaftspolitik beizubehalten und sich damit aus dem Europäischen Währungssystem zu verabschieden oder aber einen Gegenkurs einzuschlagen.[87] Mitterrand entschied sich für Letzteres, was zum Ausstieg der Kommunisten aus der Regierung führte, die in der Folge eine rigide Sparpolitik verfolgte.[88] In der Literatur wird die französische Entwicklung der Jahre 1981 bis 1983 als Beleg dafür betrachtet, dass eine stark umverteilende Politik nach dem Zusammenbruch von Bretton Woods wegen des sukzessiven Wegfalls der Kapitalverkehrsbeschränkungen und der Zunahme der internationalen Verflechtung kaum noch möglich war, weil andernfalls massive Kapitalflucht und der Verlust der Konkurrenzfähigkeit im internationalen Wettbewerb drohten.[89]

From State to Market. The Transformation of French Business and Government, Cambridge 1996, S. 107 f.; Douglas E. Ashford, Governmental Responses to Budget Scarcity: France, in: Policy Studies Journal 13 (1985) 3, S. 517-525, hier S. 518.

86 Peter Hall, Governing the Economy. The Politics of State Intervention in Britain and France, New York 1986, S. 194.

87 David Cameron, Exchange Rate Politics in France. The Regime-Defining Choices of the Mitterrand Presidency, in: Anthony Daley (Hg.), The Mitterrand Era. Policy Alternatives and Political Mobilization in France, New York 1996, S. 56-82.; Jeffrey Frieden, Making Commitments: France and Italy in the European Monetary System 1979-1985, in: ders./Barry Eichengreen (Hg.), The Political Economy of European Monetary Integration, Westview 2001, S. 25-46; Timothy B. Smith, France in Crisis. Welfare, Inequality and Globalization since 1980, Cambridge 2004, S. 104 f.

88 Ashford, Governmental Responses, S. 519; Schmidt, State, S. 110-113.

89 Hall, Governing, S. 196; Scharpf, Sozialdemokratische Krisenpolitik, S. 330.

Soziale Ungleichheit unter sozialliberaler Gouvernementalität

Einige Säulen sozialliberaler Gouvernementalität waren somit zwar bis zum Ende der 1970er-Jahre gefallen oder bedenklich ins Wanken geraten, doch der neoliberale Um- oder Rückbau des bis dahin aufgebaute Steuer- und Wohlfahrtsstaates hatte noch kaum begonnen. So lagen die Einkommensteuerspitzensätze Ende der 1970er-Jahre nach wie vor relativ hoch, wobei die Bundesrepublik mit einem Spitzensatz von 56 Prozent unter den OECD-Ländern Ende der 1970er-Jahre im unteren Bereich angesiedelt war.

Tabelle 57:
Einkommensteuerspitzensätze 1978

GB	ITA	JAP	NL	USA	ÖST	FRA	SWE	DEU	DK
83 %	78 %	75 %	72 %	70 %	62 %	60 %	58 %	56 %	44 %

Quelle: Scheve/Stasavage, Income Taxation Database

Bei der Erbschaftsteuer waren die Unterschiede beim Spitzensteuersatz für ein allein erbendes Kind erheblich ausgeprägter. Hier war der Spitzensteuersatz in den angloamerikanischen Ländern mit liberaler Tradition sowie in Japan, das sich daran orientierte, am höchsten. Diesen hohen Sätzen angenähert hatte sich Schweden. Im OECD-Mittelfeld lagen Deutschland, Italien und Dänemark, wo die Sätze aber bereits weniger als die Hälfte des britischen Satzes ausmachten, während andere westeuropäische Länder Sätze von unter 20 Prozent besaßen.

Tabelle 58:
Erbschaftsteuerspitzensätze für ein allein erbendes Kind 1978

GB	JAP	USA	SWE	DEU	ITA	DK	FRA	NL	ÖST
75 %	75 %	70 %	65 %	35 %	33 %	32 %	20 %	17 %	15 %

Quelle: Scheve/Stasavage, Inheritance Taxation Database

Die Aufgabe von Plänen zur schärferen Besteuerung der Spitzeneinkommen und -vermögen hatte zumeist zur Folge, dass die Belastung der unteren und mittleren Einkommen mit direkten Steuern und Sozialversicherungsbeiträgen deutlich anstieg, weil nur so der Wohlfahrtsstaat zu finanzieren war. Der von Goldscheid schon zu Beginn der 1920er-Jahre vorausgesagte Marsch in den Lohnsteuerstaat fand in den führenden OECD-Nationen in den 1970er-Jahren auf breiter Basis statt. Allerdings zeigten sich dabei auch deutliche Unterschiede. In den skandinavischen Ländern war die Lohnsteuerbelastung einer durchschnittlichen Einverdienerfamilie mit zwei Kindern mit Abstand am höchsten. Das lag zwar auch daran, dass die dortigen Sozialversicherungssysteme zu einem guten Teil durch Steuern finanziert wurden, doch lag auch die kombinierte Belastung aus Lohnsteuer und Sozialversicherungsbeiträgen in Schweden mit Abstand am höchsten. Vergleichsweise hoch war die Belastung durch die Steuer auch in Großbritannien und den USA, während die meisten mittel- und westeuropäischen Länder eine geringe Lohnsteuer, aber hohe Sozialversicherungsbeiträge aufwiesen. Frankreich, wo die Einkommensteuerbelastung von Durchschnittsverdienern mit Kindern noch 1979 extrem gering war, stellt einen Sonderfall dar. Die Unter- und Mittelschichten zahlten hier nach wie vor kaum direkte Steuern, sondern vor allem indirekte Steuern und Sozialbeiträge. Auch in Japan war die Einkommensteuerbelastung der Durchschnittsverdiener sehr niedrig, was auch daran lag, dass das japanische System der direkten Steuern stark auf Unternehmensteuern beruhte.

Diese gestiegene Lohnsteuerbelastung hatte sich auch durch die hohen Inflationsraten ergeben. Die Folge der hohen Lohnzuwächse im Rahmen der Inflation führte zum Aufrücken in die Progressionsstufen (»kalte Progression«). Die Steuerbelastung wuchs zum Teil schneller als die Einkommen. Je nach Stärke der Inflation und der Progression der Lohnsteuer ergaben sich unterschiedliche relative Einkommensverluste, die insbesondere in Großbritannien ein erhebliches Maß annahmen.

Grafik 108

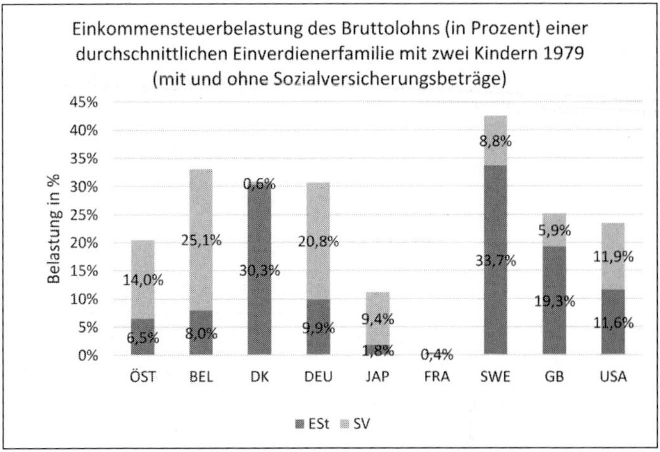

Quelle: OECD, Taxing Wages, Paris 1999, S. 338 und 340

Grafik 109

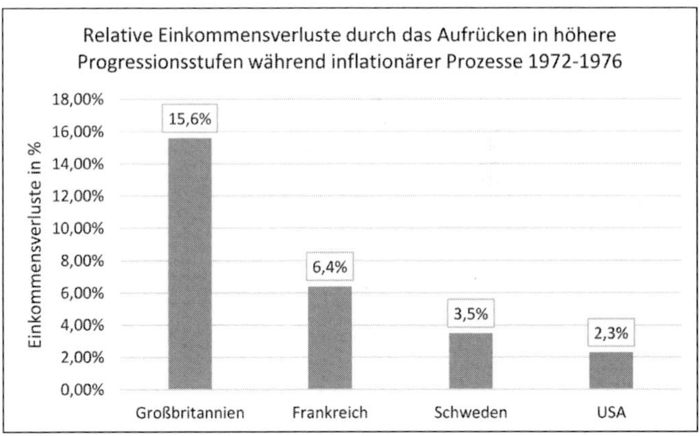

Quelle: Heidenheimer/Heclo/Adams, Comparative Public Policy, New York 1990, S. 185

Der internationale Vergleich zeigt ferner deutlich, dass die Reduktion des Anteils der Spitzeneinkommen am Gesamteinkommen in den 1970er-Jahren keine bundesdeutsche Besonderheit war, sondern ganz dem Trend in den OECD-Nationen entsprach. Mit Ausnahme Japans, das allerdings Mitte der 1960er-Jahre auch den niedrigsten Wert verzeichnete, sank der Einkommensanteil des obersten Prozents in allen hier gezeigten OECD-Nationen. Noch weit stärker als in der Bundesrepublik sank er in den Niederlanden und Frankreich, die in den 1970er-Jahren die meiste Zeit über von liberal-konservativen Regierungen geführt wurden. Von daher wurde der Trend hin zu einer Gesellschaft der Gleichen durch eine recht konsensuale sozialliberale Gouvernementalität ermöglicht, der auch konservative bzw. christdemokratische Regierungen folgten. Der Ausbau des Sozialstaats und die Beschränkung von Einkommensungleichheiten wurden als Ziele bis Anfang der 1970er-Jahre von christdemokratischen, liberalen und sozialdemokratischen Parteien im Grundsatz geteilt. In der Tendenz setzten sozialdemokratische Regierungen aber stärker auf direkte Steuern, während konservative Regierungen Sozialversicherungsbeiträge und indirekte Steuern, vor allem die Mehrwertsteuer, bevorzugten.[90]

Ebenso erreichte der Anteil des obersten Prozents am Gesamtvermögen in den wenigen Ländern, für die hierzu Daten vorliegen, Ende der 1970er-Jahre den niedrigsten Stand seit dem Beginn solcher Erhebungen Anfang des 19. Jahrhunderts. Zu Beginn des 19. Jahrhunderts hatte er dort um die 50-Prozent-Marke gelegen; bis 1980 hatte sich dieser Wert in den vier Untersuchungsländern um mehr als die Hälfte reduziert.

Weiter sank er allerdings nicht mehr, sondern begann in allen vier Ländern danach wieder zu steigen.

90 Heidenheimer/Heclo/Adams, Comparative Public Policy, S. 192.

Grafik 110

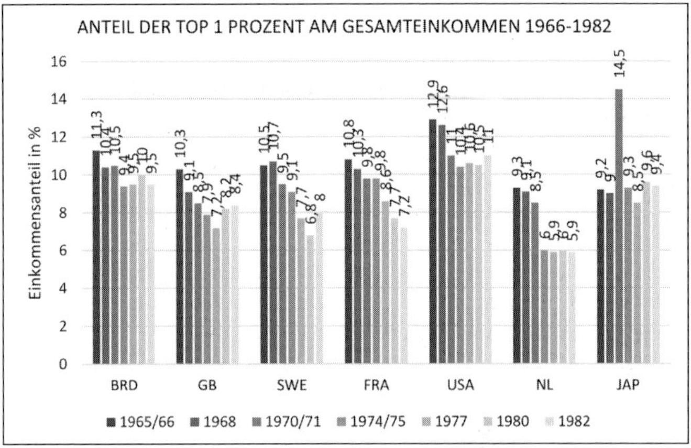

Quelle: ⟨https://wid.world⟩ (Zugriff 4. 8. 2021)

Grafik 111

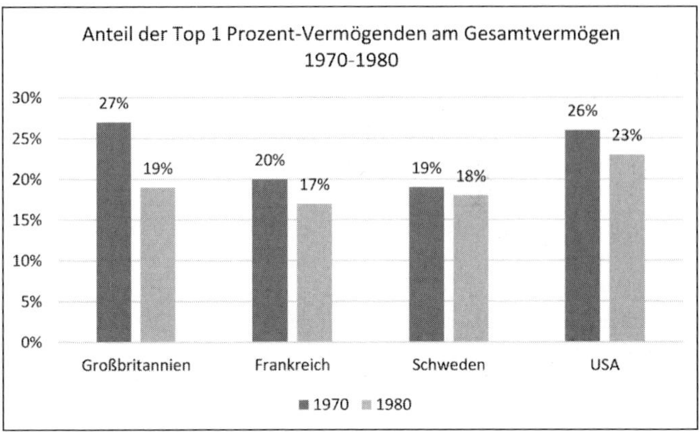

Quelle: FRA/GB und USA: ⟨https://wid.world⟩ (Zugriff 9. 9. 2021); SWE: Piketty, Kapital, S. 459

Weitere Ursachen für die Abnahme der Einkommensungleichheit neben der staatlichen Umverteilungspolitik lagen in Entwicklungen auf dem Arbeitsmarkt und sowie bei der Ausbildung der Arbeitskräfte. Peter Lindert und Geoff Williamson haben drei Gründe besonders hervorgehoben: erstens die Zunahme der Bedeutung einkommensstarker Sektoren, insbesondere der Industrie oder moderner Dienstleistungsbranchen, für die Gesamtwirtschaft, zweitens die Abnahme des Reservoirs an ungelernten Arbeitskräften, die dadurch teurer wurden; und drittens die Verbesserung der Qualifikation der Arbeitskräfte.[91] Diese Entwicklung ergab sich aber nicht ausschließlich durch Marktgesetze, sondern sie wurde vom Staat durch eine Vollbeschäftigungs- und eine umfassende Bildungspolitik entscheidend gefördert.

Hinzu kamen der Ausbau der Steuerprogression und des Sozialstaats, was ebenso zum Abbau der Ungleichheit beitrug. Diese Entwicklung hatte ihren Ursprung in vielen Ländern bereits im Zweiten Weltkrieg genommen. Sie setzte sich in Westeuropa und Nordamerika danach fort und verstärkte sich teils noch, und zwar relativ unabhängig davon, ob sozialdemokratische oder konservative/christdemokratische Regierungen an der Macht waren. Allerdings waren es die skandinavischen Länder, die über die längste Zeit seit 1945 sozialdemokratisch regiert wurden, die zu den egalitärsten Ländern der OECD-Welt wurden.

Die Krise der Regierbarkeit der 1970er-Jahre war vor allem eine Krise der Spitzenverdiener, die nicht mehr so leicht in der Lage waren wie früher, die Ansprüche der Mehrheit abzuwehren. Dementsprechend sank ihr Anteil am Gesamteinkommen, während die Forderungen von Politik und Gesellschaft an sie immer weiter zu wachsen schienen. Die Reichsten der Reichen klagten, dass die Gesellschaft durch die Ansprüche der Mehrheit unregierbar geworden sei. Sie waren es, die mit Steuerflucht und Investitionen im Euro-Dollar-Markt dazu beitrugen, dass das Bretton-Woods-System scheiterte und eine erste wichtige Säule der sozialliberalen Gouvernementalität wegbrach. In den 1980er-Jahren gerieten dann auch die hohen Sätze bei den direkten Steuern sehr viel schärfer als zuvor ins Visier der Kritik.

91 Peter H. Lindert/Jeffrey G. Williamson, Growth, Equality and History, in: Explorations in Economic History 22 (1985), S. 341-377.

Teil IX

Vom Gleichheitsversprechen zur Effizienz: Der langsame Aufstieg neoliberaler Gouvernementalität seit den 1980er-Jahren

Kapitel 21

Erst Schuldenabbau, dann Steuersenkung: Die Fiskalpolitik der christlich-liberalen Koalition (1982-1989)

»Neoliberalismus« ist seit den 1990er-Jahren zu einer umfassenden Bezeichnung für ein breites Bündel ökonomischer Ideen und damit verbundener gesellschaftlicher Entwicklungen sowie zu einem politischen Kampfbegriff avanciert. Entsprechend vage und umstritten ist die Bedeutung des Begriffs. Weitgehend klar ist nur, dass in seinem heutigen Gebrauch zumeist eine Kritik des aktuellen Kapitalismus mitschwingt und Befürworter einer kapitalistischen Marktwirtschaft sich selbst nur selten als »neoliberal« bezeichnen.

Von Bezugspunkten und Unterschieden zwischen dem deutschen Ordoliberalismus und dem historischen Neoliberalismus angelsächsischer Provenienz sowie der Österreichischen Schule der Nationalökonomie war in Kapitel 16 die Rede. Die Geburtsstunde eines negativ konnotierten Neoliberalismus-Begriffs schlug in den 1970er-Jahren, als lateinamerikanische Intellektuelle die marktliberale Deregulierung in Chile unter dem Diktator Pinochet und angeleitet von US-Ökonomen unter der Führung von Milton Friedman mit diesem Terminus kritisierten.[1]

Trotz seiner heute geradezu inflationären Verwendung gibt es überraschend wenige Versuche, den Begriff zu definieren. Michel Foucault hat schon 1979 auf eine Differenz zwischen klassischem Liberalismus und Neoliberalismus hingewiesen. Seine zentrale These: Der US-amerikanische Neoliberalismus habe die Logik des Marktes zum allgemeinen Stil des Denkens erhoben, der sowohl für die Regierung wie die Regierten handlungsleitend sein sollte; diese Denkfigur finde sich weder im Liberalismus noch im Ordoliberalismus.[2] Wendy Brown fasst in Anschluss an Foucault den Neoliberalismus als »eine eigentümliche Form der Vernunft, die alle Aspekte

1 Taylor C. Boas/Jordan Gans-Morse, Neoliberalism. From New Liberal Philosophy to Anti-Liberal Slogan, in: Studies in Comparative International Dvelopment 44 (2009) 2, S. 137-161.

2 Foucault, Geburt der Biopolitik, S. 305.

des Lebens in ökonomischen Begriffen faßt«.[3] Sie nennt ihn eine Form der Regierungsrationalität (»governing rationality«) und sieht in ihm weniger eine ökonomische Praxis als eine Denkweise, die auf alle Gesellschaftsbereiche übergreift.

Chantal Mouffe und Ernesto Laclau betonen, dass im Anschluss an Hayek der neoliberale Diskurs zu einer rein negativen Freiheitsdefinition gekommen sei: »Dieser Versuch einer Rückkehr zur traditionellen Konzeption von Freiheit, die als Nichteinmischung in das Recht unbeschränkter Aneignung und in die Mechanismen der kapitalistischen Marktwirtschaft charakterisiert wird, ist darum bemüht, jede ›positive‹ Konzeption von Freiheit als potentiell totalitär zu diskreditieren.«[4]

Andere Definitionsversuche in Bezug auf den Neoliberalismus orientieren sich enger an den sozioökonomischen Zusammenhängen. David Harvey definiert Neoliberalismus als »eine Theorie politökonomischer Praktiken, die behauptet, dass menschliches Wohlergehen am besten vorangetrieben wird, wenn individuelle unternehmerische Freiheiten und Fähigkeiten liberalisiert und durch ein institutionelles Setting unterstützt werden, das durch starke Eigentumsrechte, freie Märkte und freien Handel gekennzeichnet ist«.[5] Auch Adam Tooze vertrat jüngst eine solche Interpretation des Neoliberalismus: » In Wirklichkeit war der Neoliberalismus immer radikal pragmatisch. Seine wahre Geschichte war die einer Reihe von staatlichen Interventionen im Interesse der Kapitalakkumulation.«[6]

Häufig wird die engere, politökonomische Auffassung vom Neoliberalismus mit einer klassenanalytischen Betrachtung verbunden. So verstehen Gérard Duménil und Dominique Lévy und im Anschluss an sie auch David Harvey den Neoliberalismus als ein Projekt zur Wiederherstellung der Macht der Oberschicht oder der besitzenden Klasse.[7] In den Worten von Duménil und Lévy:

3 Wendy Brown, Die schleichende Revolution. Wie der Neoliberalismus die Demokratie zerstört, Berlin 2015, S. 15.

4 Ernesto Laclau/Chantal Mouffe, Hegemonie und radikale Demokratie. Zur Dekonstruktion des Marxismus, Wien 2000, S. 215.

5 David Harvey, A Brief History of Neoliberalism, Oxford 2005, S. 2.

6 Adam Tooze, Has Covid ended the Neoliberal Era?, in: The Guardian vom 2. 9. 2021.

7 Gérard Duménil/Dominique Lévi: Capital Resurgent. Roots of the Neoliberal Revolution, Cambridge/Mass. 2004; Harvey, Brief History, S. 40-45.

»Neoliberalismus ist der Ausdruck des Wunsches einer Klasse kapitalistischer Eigentümer und der Institutionen, in denen ihre Macht konzentriert ist, die wir kollektiv ›Finanz‹ nennen, die alten Einnahme- und Machtpositionen der Klasse wiederherzustellen, die seit der Großen Depression und dem Zweiten Weltkrieg zusammengeschrumpft waren.«[8]

Zusammengefasst heben die Definitionen zwei wesentliche Punkte hervor. Erstens wird der Neoliberalismus als eine marktliberale Weltanschauung verstanden, die ihre Prinzipien auf weite gesellschaftliche Bereiche angewendet wissen will und Freiheit nur negativ zu fassen vermag. Zweitens profitiere von der neoliberalen Politik ökonomisch die Oberschicht – insbesondere die Besitzer großer Vermögen – als Nutznießer staatlicher Maßnahmen, die von Politiker*innen mit dem Hinweis auf globale Konkurrenz und die Notwendigkeit von Wirtschaftswachstum zur Erhöhung der allgemeinen Wohlfahrt gerechtfertigt werden.

Neoliberale und neokonservative Staats- und Steuerkonzepte

Hobbes' Leviathan wird seit dem Siegeszug liberaler Gouvernementalität selten in einem positiven Licht gesehen, sondern symbolisiert gemeinhin einen bedrohlichen, allzu mächtigen Staat. In der ersten Hälfte des 20. Jahrhunderts waren es aber vor allem diktatorische Staaten, die als Leviathan betrachtet wurden. Erst ab den späten 1960er-Jahren gewann in den neoliberalen Grundströmungen eine Sicht auch des demokratischen Staates als Leviathan an Boden. Einer der prominentesten Vertreter dieser Ansicht war James M. Buchanan (1919-2013), Nobelpreisträger für Wirtschaftswissenschaften (1986) und Mitentwickler des Public-Choice-Ansatzes der Virginia-Schule, einer der wichtigsten Schulen des US-Neoliberalismus. 1975 hatte er einen Gegenentwurf zu John Rawls' *Theory of Justice* (1971) vorgelegt, in dem er die Bürger zu einem Aufstand gegen den Staat aufrief.[9] Zusammen mit seinem Schüler Geoffrey Brennan legte Buchanan 1980 sein Grundlagenwerk zur Steuerpoli-

8 Duménil/Lévy, Capital, S. 1 f.

9 James M. Buchanan, Die Grenzen der Freiheit. Zwischen Anarchie und Leviathan, Tübingen, Mohr 1984 (engl. Original 1975).

tik vor.[10] Die beiden Autoren kritisierten darin die Normvorstellung, dass die Regierung und Verwaltung durch selbstlose Politiker und Beamte geführt werden, die sich um das öffentliche Interesse kümmerten. Vielmehr neigten Politiker und Bürokraten dazu, die Steuereinnahmen zu erhöhen und mehr auszugeben, als Wähler und Steuerzahler letztlich finanzieren wollen.[11] Aufgrund der Unzulänglichkeiten des »public choice« war es Buchanans und Brennans Idee, die Steuereinnahmen zu begrenzen, um unnötige Staatsausgaben zu vermeiden, insbesondere für Sozialausgaben. Um dies zu erreichen, drängten sie auf eine gesetzliche Beschränkung der Staatsverschuldung sowie auf einen stärkeren Steuerwettbewerb sowohl zwischen den Nationalstaaten als auch innerhalb dieser auf der Ebene der Bundesstaaten, um die Macht des Zentralstaats einzuschränken und die öffentlichen Ausgaben durch eine Stärkung des Steuerföderalismus zu reduzieren, damit der Wettbewerb zwischen den Zuständigkeitsebenen den Leviathan einschränkt. Sie zeichneten das Bild eines durch seine umfassenden Mängel charakterisierten Staats. Hierin deutete sich ein Paradigmenwechsel in der Fiskaltheorie an, denn die bisher dominierenden Theorien hatten die Rolle des Staates als Problemlöser hervorgehoben, während er in der Public-Choice-Theorie zum Kern des Problems wurde.[12]

Der neokonservative Soziologie Daniel Bell vertrat ähnliche Positionen. Bell war wie sein enger Freund Irving Kristol in den 1940er-Jahren Unterstützer einer sozialdemokratischen Politik gewesen. Spätestens in den 1960er-Jahren wechselten beide ins liberal-konservative Lager, insbesondere weil sie die Politik der Demokratischen Partei als zu nachgiebig gegenüber der Sowjetunion betrachteten, aber auch als Reaktion auf die Studentenunruhen und ihre Befürchtung, dass die linksliberale Politik zur Unregierbarkeit der Gesellschaft führen würde.[13] Zusammen gründeten die

10 Geoffrey Brennan/James M. Buchanan, Besteuerung und Staatsgewalt. Analytische Grundlagen einer Finanzverfassung, Hamburg 1988 (engl. Original 1980).

11 Sie lehnten sich damit an die italienische Elitesoziologie von Gaetano Mosca und Vilfredo Pareto an: Isaac William Martin /Ajay K. Mehrotra/Monica Prasad, The Thunder of History. The Origins and Development oft he New Fiscal Sociology, in: dies. (Hg.), New Fiscal Sociology, S. 1-27, hier S. 8 f.

12 Richard A. Musgrave, The Role of the State in Fiscal Theory, in: International Tax and Public Finance 3 (1996), S. 247-258.

13 Justin Vaïsse, Neoconservatism. The History of a Movement, Cambridge/Mass. 2011, S. 110-148; John Ehrman, The Rise of Neoconservatism. Intellectuals and

beiden 1965 die Zeitschrift *The Public Interest*, welche, begleitet von ihrem später gegründeten Schwesterblatt *The National Interest*, zu einem Flaggschiff des Neokonservatismus wurde.[14] In einem Aufsatz über die öffentlichen Finanzen in *The Public Interest* aus dem Jahr 1974 schrieb Bell: »[D]as neue Feld des Klassenkampfes ist der Steuerkonflikt.«[15] Für ihn hatten die Unter- und die untere Mittelschicht den Wohlfahrtsstaat gekapert und mit Forderungen überzogen. Zu deren Erfüllung zwängen sie den Staat, die Oberschicht und die obere Mittelschicht übermäßig mit Steuern zu belasten. Dadurch sei das absolute und für den Liberalismus unhintergehbare Recht auf Privateigentum eingeschränkt worden. Einer solchen Politik müssten in Zukunft stärker Grenzen, auch juristischer Art, gesetzt werden. Die Gewichte müssten zugunsten der Wachstumsförderung und weg vom sozialen Konsum verschoben werden, wobei Steuersenkungen ein Mittel sein könnten. In dem das Heft eröffnenden Artikel hatte sich Irving Kristol vor allem gegen die in den USA als besonders hoch erachteten Unternehmensteuern gewandt.[16] Im Vergleich zu den neoliberalen Angriffen Buchanans war die neokonservative Kritik an der Steuerpolitik und am Wohlfahrtsstaat Mitte der 1970er-Jahre allerdings moderat. So lehnten Kristol und Bell den Wohlfahrtsstaat keineswegs generell ab. Im Zentrum ihrer Forderungen stand, dass der Staat zwar für Chancengleichheit sorgen, aber keine Gleichheit der Ergebnisse im *pursuit*

Foreign Affairs 1945-1994, New Haven 1995, S. 33-62; Jacob Hamburger/Daniel Steinmetz-Jenkins, Why did Neoconservatives Join Forces with Neoliberals? Irving Kristol from Critic to Ally of Free-Market Economics, in: Global Intellectual History 6 (2021) 2, S. 215-230, hier S. 221.

14 1973 hatte der Politologe Michael Harrington das Magazin *The Public Interest* und insbesondere Kristol und Bell einer scharfen Kritik unterzogen und dabei erstmalig den Terminus »neokonservativ« verwendet: Michael Harrington, The Welfare State and Its Neoconservative Critics, in: Dissent (1973), S. 435-454. Auch in den liberalen Medien setzte sich der Begriff dann zunehmend durch. Irving Kristol bekannte daraufhin 1976 in einem *Newsweek*-Artikel dazu, ein Neokonservativer zu sein, betonte aber, dass Daniel Bell sich immer noch als konservativer Sozialdemokrat verstehe: Irving Kristol, What Is A Neoconservative?, abgedruckt in: Irving Kristol, The Neoconservative Persuasion. Selected Essays, 1942-2009, New York 2011, S. 148-150.

15 Daniel Bell, The Public Household. On ›Fiscal Sociology‹ and the Liberal Society, in: The Public Interest (1974) 37, S. 29-68.

16 Irving Kristol, Taxes, Poverty, and Equality, in: The Public Interest, (1974) 37, S. 3-28.

of happiness und zumal in der Einkommensverteilung herbeiführen solle, weswegen auch der Wohlfahrtsstaat beschränkt werden müsse. Das von Kritikern ausgemachte konservative Element dieser Argumentation war, dass Kristol und andere sich ausdrücklich gegen jede Form der Regierungspolitik aussprachen, die auf eine Veränderung der Gesellschaft zielte. Vielmehr habe die Regierung die Veränderungen der Gesellschaft lediglich zu begleiten und es sollten und würden viele bisher gefundene Wege auch in Zukunft ihre Gültigkeit behalten.[17]

Allerdings näherten sich die Neokonservativen den Neoliberalen auch aus taktischen Gesichtspunkten zunehmend an.[18] Und so war es Kristols *The Public Interest*, die 1978 den Artikel des Wirtschaftsjournalisten Jude Wanniski abdruckte, der die Laffer-Kurve popularisierte.[19] Wanniskis Erzählung zufolge hatte der Angebotsökonom Arthur Laffer diese zwei Beratern von Präsident Gerald Ford, Dick Cheney und Donald Rumsfeld, 1974 in einem Restaurant auf einer Serviette skizziert. Die Laffer-Kurve soll zeigen, dass ab einer gewissen Höhe der Einkommensteuersätze eine weitere Erhöhung nicht zu Mehr-, sondern zu Mindereinnahmen führe, weil sich der Steuerwiderstand verstärkt. Wanniski bemühte sich, diese Formel zu popularisieren, um mit ihrer Hilfe nahezulegen, dass die Steuern in den USA eine kritische Höhe bereits überschritten hätten, weshalb eine Steuersenkung höhere Einnahmen verspreche.

Neben der hohen Steuerlast kritisierten Neoliberale wie Neokonservative auch die steigende Staatsverschuldung. Zwei Monetaristen, Allan Meltzer[20] und Scott Richard, argumentierten 1981, dass die Steuern inzwischen so hoch seien, dass sie kaum noch weiter erhöht werden könnten, ohne dass es zu Protesten kommen müsse.[21]

17 So schon: Harrington, Welfare State.

18 Zu den ideologischen Unterschieden zwischen Neokonservativen und Neoliberalen in den 1970er-Jahren, die sich dann aber insbesondere bei praktischen Fragen zunehmend abschwächten: Hamburger/Steinmetz-Jenkins, Neoconservatives.

19 Jude Wanniski, Taxes, Revenues and the »Laffer Curve«, in: The Public Interest (1978) 4 (Winter), S. 3-16.

20 Allan Meltzer gehörte in den 1980er-Jahren zu den Wirtschaftsberatern von Präsident Ronald Reagan und war von 2012 bis 2014 Präsident der Mont Pèlerin Society.

21 Allan Meltzer/Scott Richard, A Rational Theory of the Size of Government, in: Journal of Political Economy 89 (1981) 5, S. 914-927.

Die Politik sei diesem Konflikt ausgewichen und zu einer systematischen Erhöhung der Staatsschulden übergegangen, die politisch keine Kosten verursache, weil die Rechnung erst nachfolgende Generationen zu tragen hätte. Auch wenn dem damals bereits entgegengehalten wurde, dass durch staatliche Investitionen die Lebensgrundlagen zukünftiger Generationen verbessert werden: Das Generationenargument wird bis heute häufig gegen Staatsschulden in Anschlag gebracht. Meltzer und Richard führte dies – wie auch Brennan und Buchanan – zur Forderung einer verfassungsrechtlich verankerten Schuldenobergrenze,[22] eine der ersten klassischen neoliberalen Forderungen, die an Hayeks Vorstellungen von der Beschränkung staatlicher Handlungsmacht im Bereich der öffentlichen Finanzen durch das Recht anschloss. Brennan und Buchanan entwickelten ein solches Programm der rechtlichen Einhegung nicht nur für die Staatsschulden, sondern auch für die Steuerpolitik.

Wenn von neoliberalen Staats- und Steuerkonzepten gesprochen wird, so muss auch festgestellt werden, dass sich auch bei Vertreter*innen des alten ökonomischen Mainstreams des Keynesianismus und der neoklassischen Synthese ab Mitte der 1970er-Jahre der Blick auf die Steuerpolitik veränderte. Da sich mit der Wirtschaftskrise 1973 die staatlichen Handlungsspielräume wegen der gesunkenen Wachstumsraten verringerten, beschäftigten sich auch sozialliberal geprägte Finanzwissenschaftler*innen zunehmend mit Fragen nach der Effizienz der bisherigen Steuerpolitik.[23]

In jenen Jahren entstand die Optimalsteuer-Theorie (»optimal taxation«), die stark von der angelsächsischen neoklassischen Wohlfahrtsökonomik geprägt war. Diese war stärker mikroökonomisch und an mikrofundierten gesamtwirtschaftlichen Gleichgewichten orientiert und in ihrer Operationalisierung recht aufwendig. In ihren Berechnungen wurden zwar auch Stabilisierungs- und vor al-

22 Brennan/Buchanan, Besteuerung, S. 130-135.

23 Siehe dazu auch die Selbstkritik von Richard Musgrave, in der er 1981 schreibt, dass die Anhänger der Fiscal Policy, wie Neumark und auch er selbst, ihren Schwerpunkt sehr stark auf Gerechtigkeitsfragen gelegt und Effizienzfragen zu stark vernachlässigt hätten: Musgrave, Gegenwärtige Stand, S. 35. Bei Heinz Haller und Fritz Neumark gab es allerdings unter der Begrifflichkeit des »rationalen Steuersystems« auch in den 1960er-Jahren schon Überlegungen zur Effizienz: Heinz Haller, Die Steuern. Grundlinien eines rationalen Systems öffentlicher Abgaben, Tübingen 1964.

lem Verteilungsziele berücksichtigt, der Effizienzgedanke trat aber deutlich stärker in den Vordergrund. Am Ende standen zumeist Resultate, die mit neoliberalen Steuervorschlägen kompatibel waren, weil die Effizienzberechnungen im Regelfall zum Ergebnis kamen, dass hohe oder ungünstige Steuern Produktion und Wachstum reduzieren. So beschrieben mehrere Studien hohe Steuersätze (über 50 Prozent) bei direkten Steuern sowie jegliche Steuern auf Kapitalerträge als ineffektiv. Deswegen forderten Verfechter der Theorie die Senkung der hohen Steuersätze, die durch Streichung von Steuerermäßigungen ausgeglichen werden sollte (»tax rate cut cum base broadening«). Generell wurde festgehalten, dass Konsumsteuern weniger Verzerrungen von wirtschaftlichen Entscheidungen und damit Effizienzverluste produzierten als direkte Steuern, weswegen einige Vertreter auch eine stärkere Verlagerung des Steuersystems in Richtung Mehrwertsteuer forderten.[24]

Mit der stärkeren Betonung der Effizienz ging eine Fokussierung auf die Wachstums- und Investitionsförderung einher. Da Investitionen aber gemeinhin von Beziehern hoher Einkommen oder Vermögenden getroffen werden, zielten die meisten Vorschläge auf deren steuerliche Entlastung. Dies lief den Vorstellungen von Steuergerechtigkeit diametral zuwider. Während es für die Keynesianer darum ging, Effizienz und Gerechtigkeit optimal auszutarieren, gaben die Neoliberalen der Effizienz den Vorrang. Für sie löste das als Folge einer effizienteren Steuerpolitik zu erwartende Wirtschaftswachstum alle Gerechtigkeitsprobleme.[25]

In der Bundesrepublik war die Finanzwissenschaft in den frühen 1970er-Jahren noch stark von der keynesianischen »Fiscal Policy« geprägt, wofür etwa der Doyen der deutschen Finanzwissenschaften, Fritz Neumark, stand. Zwar verschoben sich auch hier die Gewichte weg vom Keynesianismus, doch vollzog sich dieser Wandel

24 Johan Christensen, The Power of Economists within the State, Stanford 2017, S. 29-40. Als Beispiele für damalige Beiträge: Anthony B. Atkinson/Joseph E. Stiglitz, The Design of Tax Structure. Direct versus Indirect Taxation, in: Journal of Public Economics 6 (1976) 1-2, S. 55-75; Peter A. Diamond/James A. Mirrlees, Optimal Taxation and Public Production, in: American Economic Review 61 (1971), S. 8-27 und 261-278. Die Ergebnisse bis in die 2000er-Jahre zusammenfassend: N. Gregory Mankiw/Matthew Weinzierl/Danny Yagan, Optimal Taxation in Theory and Practice, in: Journal of Economic Perspectives (2009), S. 147-182.

25 Musgrave, Gegenwärtige Stand, S. 34-38.

später und etwas langsamer als in den USA, wo auch die Dominanz formal-mathematischer Methoden weiter vorangeschritten war.[26] So blieben in der finanzwissenschaftlichen Steuerlehre die Einflüsse von Neumark und Musgrave bedeutend, wobei diese schrittweise ihre Positionen stärker in Richtung Angebotsökonomik verschoben, da auch für sie die seit 1973 auftretenden Krisen Probleme der sozialdemokratischen Gouvernementalität und des christdemokratischen Wohlfahrtsstaates offenbarten. Der Wandel kann deutlich an der führenden Zeitschrift, dem *FinanzArchiv*, nachvollzogen werden, das bis in die 1980er-Jahre von qualitativen Texten beherrscht wurde, bei der sich dann aber eine zunehmende Dominanz quantitativer Beiträge herausbildete. In Verbindung mit dem Einfluss des traditionellen, weiterhin latent wirksamen Ordoliberalismus führte dies dazu, dass die Angebotsökonomik auch in der bundesdeutschen Finanzwissenschaft seit Mitte der 1970er-Jahre auf fruchtbaren Boden fiel. Sie setzte sich innerhalb eines Jahrzehnts als Mainstream durch und firmierte hierzulande unter dem Terminus »Neue Finanzwissenschaft«.[27] Dieser Wandel wurde dadurch erleichtert, dass in der deutschen Volkswirtschaftslehre die neoklassische Synthese und nicht der Postkeynesianismus dominierte und damit die Unterschiede zur Angebotsökonomik weniger prononciert waren.

Neben der klassischen Finanzwissenschaft spielten noch zwei andere Fachrichtungen eine große Rolle für die neoliberale Wende in der wissenschaftlichen Befassung mit der Steuerpolitik: das Steuerrecht und die betriebliche Steuerwirtschaftslehre. In Deutschland war es vor allem die um den Steuerrechtswissenschaftler Klaus Tipke entstandene »Kölner Schule«, der unter anderem Joachim Lang, Gerd Rose, Klaus Vogel und Johanna Hey angehören, die ein ähnliches Programm der Begrenzung politischer Handlungsspielräume

26 Siehe die Lehrbücher: Robin W. Boadway/David E. Wildasin, Public Sector Economics. Boston 1984 (2. Auflage); Richard W. Tresch, Public Finance. A Normative Theory, Plano/Texas 1981; Anthony B. Atkinson/Joseph E. Stiglitz, Lectures on Public Economics, London 1980.

27 Als einflussreicher Überblick zweier Vertreter der »Neuen Finanzwissenschaft«: Wolfram F. Richter/Wolfgang Wiegard, Zwanzig Jahre ›Neue Finanzwissenschaft‹, in: Zeitschrift für Wirtschafts- und Sozialwissenschaften 113 (1993) S. 169-224 und 337-400. Als Kritik eines Vertreters der klassischen Finanzwissenschaft: Achim Truger, Die neue Finanzwissenschaft zwischen Realitätsferne und Irrelevanz der Annahmen, Frankfurt am Main 1998.

in Steuerfragen durch das Recht verfolgte und auch maßgeblich zu gewissen Erfolgen dieser Auffassung vor dem Bundesverfassungsgericht beitrug.[28] Die Grundideen, die die Schule prägen sollten, hatte Tipke dabei schon in den 1970er- und frühen 1980er-Jahren entwickelt, aber die Schärfe seiner Kritik an der Politik und die Reichweite der vorgesehenen Reformen nahmen im Lauf der Zeit zu. Tipke und Lang sahen in der Politik und der Finanzverwaltung eine Ansammlung »kreativer Chaoten«,[29] die zur Schaffung eines einheitlichen und konsistenten Steuerrechts schlicht nicht in der Lage seien. Deswegen setzten sie zunehmend darauf, das Bundesverfassungsgericht dazu zu nutzen, um die Politik – »die Machtwalter«, die für Tipke oft eine »Stimmenfang-Steuerpolitik« betreiben – zu zwingen, auf die Steuerrechtswissenschaftler – »die Ideenwalter« – zu hören.[30]

Auch dieser Ansatz hatte einen methodologischen Individualismus zur Grundlage, der den Vorrang individueller Bedürfnisse betonte.[31] Zentral ging es der Kölner Schule um die Herstellung von Steuergerechtigkeit im Sinne von konzeptueller Konsistenz in der Zumessung von Steuerbelastungen. Anders als Hayek waren die meisten Vertreter der Kölner Schule keine dogmatischen Kritiker der Steuerprogression und der Umverteilung mithilfe von Steuern.[32] Allerdings hätten die meisten der von ihnen propagierten Vorschläge zur Steuerreform eine deutliche Senkung der Progressionswirkung des deutschen Steuersystems zur Folge gehabt.[33]

Um eine gleiche Belastung der Einkommen nach dem Prinzip

28 Klaus Tipke, Über Steuergesetzgebung und parlamentarische Demokratie (Besprechung von Hayeks Recht, Gesetzgebung und Freiheit), in: Steuer und Wirtschaft 60 (1983), S. 1-9.

29 So Lang in einem *Spiegel*-Beitrag, der dann auch diesen Titel erhielt: Spiegel 50/1994 vom 11. 12. 1994.

30 Klaus Tipke, Die Steuerrechtsordnung, 3 Bände, Köln 1993, Bd. 1, S. X; ders., Ein Ende dem Einkommensteuerwirrwarr!? Rechtsreform statt Stimmenfangpolitik, Köln 2006, S. 7.

31 Olaf Köppe, Neoliberale Steuerrechtslehre und Bundesverfassungsgericht, in: Kritische Justiz 32 (1999) 1, S. 15-31; Alexander Leipold, Steuervermeidung und liberale Steuertheorie. Ein Beitrag zum konzeptionellen Wandel von Besteuerungsgrundsätzen nach 1945, in: Zeitschrift für Politische Theorie 11 (2020) 2, S. 273-290.

32 Tipke/Lang, Steuerrecht, S. 333, Rz. 8. 2.

33 Beispielhaft: Joachim Lang et al., Kölner Entwurf eines Einkommensteuergesetzes, Köln 2005.

der Steuergerechtigkeit zu gewährleisten, unterteilte Tipke das Einkommen in einen disponiblen und einen indisponiblen Teil. Für ihn gehörte zum indisponiblen Teil nicht nur das zum eigenen Überleben notwendige Mindestmaß, sondern auch Unterhaltszahlungen an die eigenen Kinder.[34] Diese wollte er von der Besteuerung ausgenommen wissen. Das Bundesverfassungsgericht hatte eine solche Deutung 1976 noch ausgeschlossen, übernahm sie aber seit Mitte der 1980er-Jahre zunehmend, spätestens seit der Heidelberger Steuer- und Staatsrechtslehrer Paul Kirchhof Richter in Karlsruhe wurde.[35] Die ersten Urteile des Bundesverfassungsgerichts, die Tipkes Vorstellungen zur Steuergerechtigkeit und dem zugrunde zu legenden Einkommensbegriff übernahmen, betrafen den Grundfreibetrag und die Anerkennung von Unterhaltszahlungen.[36] Sie kamen vor allem der Unter- und Mittelschicht zugute. Im Jahr 1995 beschränkte das Bundesverfassungsgericht allerdings unter Verweis auf diesen Begründungszusammenhang auch den politischen Spielraum bei der Vermögensteuer und legte zudem fest, dass die Belastung der Topverdiener mit direkten Steuern die Grenze von 50 Prozent nicht überschreiten dürfe, ein Urteil, das der CDU/CSU-FDP-Koalition eine willkommene Vorlage für den Verzicht auf die Erhebung der Vermögensteuer lieferte.

Die Leistung von Tipke und seinen Schüler*innen war es, im zuvor rein juristisch bestimmten Steuerrecht auch ökonomischen Prinzipien Geltung zu verschaffen und die Steuergesetze in Teilen konsistenter zu gestalten. Generell trug die Kölner Schule maßgeblich dazu bei, ein für die »Gesellschaft der Singularitäten« passendes Steuersystem zu entwerfen, indem sie das Individuum und dessen besondere Leistung ins Zentrum stellten, die steuerlich möglichst geschont werden sollte. Besonders deutlich zeigte sich dies in Tipkes und Langs Vorschlag, die gesamte Steuererhebung auf Konsumsteuern umzustellen: »Soll jedoch die Gesellschaft möglichst freiheitlich und individualistisch [...] konzipiert sein [...], dann hat der Staat abzuwarten, bis der Bürger konsumiert. [...] Dadurch wird das Steuersystem spar- und investitionsfreundlich; es lässt die Bildung privaten Wohlstands zu, belohnt ökonomische Tüchtigkeit

34 Tipke/Lang, Steuerrecht, S. 342, Rz. 8.42.

35 Köppe, Neoliberale Steuerrechtslehre, S. 20-22.

36 Klaus Tipke, Bundesverfassungsgericht und Unterhaltsabzug, in: Steuer und Wirtschaft 62 (1985), S. 76-79.

und Vorsorge für die Zukunft.«[37] Dass damit die Progressivität des Steuersystems spürbar gesunken wäre und die Vermögenskumulation an der Spitze der Pyramide deutlich zugenommen hätte, war aus Sicht der Autoren irrelevant. Hinter den individuellen Ansprüchen hatte das Gemeinwohl zurückzutreten. Das Sozialstaatsprinzip und die Grundrechte als soziale Teilhaberechte spielten in den Argumenten der Kölner Schule eine geringe Rolle und wurden als Begründung für weiterreichende Forderungen nach Steuergerechtigkeit zurückgedrängt.[38]

Deutlich früher und eindeutiger als die Steuerjuristen präsentierte sich der Ökonom Dieter Schneider als Anhänger des Neoliberalismus. Schneider stieg damit spätestens in den 1980er-Jahren zum Doyen der betriebswirtschaftlichen Steuerlehre in der Bundesrepublik auf.[39] 1982 griff er auf einer Tagung des Vereins für Socialpolitik Hayeks Plädoyer für eine stärkere Ausrichtung der öffentlichen Haushalte an privatwirtschaftlichen Effizienzkriterien auf. Er sprach davon, dass die sozialliberale Regierung »eine weitreichende politisch-gesellschaftliche Missachtung des Strebens nach Wirtschaftlichkeit« zu verantworten habe.[40] Demgegenüber empfahl er in Anlehnung an den Chicagoer Wirtschaftswissenschaftler Ronald Coase, sich von der Einheitlichkeit der Rechtsauslegung zu verabschieden und diese stärker an Effizienzkriterien auszurichten (Opportunitätskosten-Ansatz).[41] 1985 sprach er sich dafür aus, die Steuervermeidung für Unternehmen zum vorrangigen Erkenntnisinteresse der betriebswirtschaftlichen Steuerlehre auszurufen, wobei er den Begriff der Steuervermeidung freilich als diskreditierend ablehnte und es vorzog, stattdessen von einer »vernünftigen Steuerausweichung« zu sprechen, wie sie letztlich alle Steuerpflichtigen betrieben.[42] Diese aktive Steuervermeidungs- und Steuer-

37 Klaus Tipke/Joachim Lang (Hg.) Steuerrecht, 24. Auflage, Köln 2020, S. 91, Rz. 3.59.

38 Köppe, Neoliberale Steuerrechtslehre, S. 29.

39 Leipold, Steuervermeidung.

40 Dieter Schneider, Öffentliche Einnahmen und Unternehmensrisiko, in: Karl-Heinrich Hansmeyer (Hg.), Staatsfinanzierung im Wandel. Berlin 1983, S. 63–79, hier S. 68.

41 Ebd., S. 67.

42 Dieter Schneider, Steuergerechtigkeit durch Regelungen gegen Steuervermeidung – ein Gefangenendilemma« des Steuerrechts, in: Steuer und Wirtschaft 62 (1985) 4, S. 345-355, hier S. 345.

minimierungspolitik prädestinierte ihn dann nach 1990 dafür, die osteuropäischen Steuersysteme nach neoliberalen Kriterien neu zu gestalten.

Zur Verbreitung neoliberaler Standpunkte in der Bundesrepublik trug zudem maßgeblich bei, dass die beiden bis heute einflussreichsten Lehrbücher der Finanzwissenschaft Ende der 1980er-Jahre/Anfang der 1990er-Jahre entstanden sind. Beide weisen eine starke neoliberale Prägung auf.[43] Das mit Abstand am häufigsten zitierte Lehrbuch stammt von Charles B. Blankart und ist eindeutig dem Public-Choice-Ansatz von Buchanan verpflichtet.[44]

Wie sahen, bei allen Unterschieden im Detail, die Grundforderungen neoliberaler Steuerpolitik aus? Vor allem hielten die Neoliberalen dafür, dass die Steuerpolitik möglichst wenig in Marktprozesse eingreifen und so weit wie möglich wettbewerbsneutral gestaltet sein solle. Progressive direkte Steuern standen folglich zumeist im Zentrum der Kritik, unisono wurde die Senkung ihrer Spitzensätze gefordert. Dabei sollte insbesondere die Belastung von Kapital und Unternehmen gesenkt werden, um die Spar- und Investitionstätigkeit anzuregen. Um Verzerrungen durch inkonsistente Besteuerungsregeln zu verringern, sollten die Bemessungsgrundlagen verbreitert und möglichst entscheidungsneutral konzipiert werden, die breitere Steuerbasis zugleich die Steuermindereinnahmen verringern. Die notwendigen Staatseinnahmen sollten aber ohnehin vornehmlich durch indirekte Steuern und dabei vor allem Konsumsteuern aufgebracht werden. In der Tendenz bedeutet dies eine stärkere Besteuerung der Faktoren Arbeit und Konsum, während der Faktor Kapital steuerlich entlastet wird. In der Summe liefen neoliberale Steuerpläne auf eine Stärkung der Angebotspolitik und eine Absenkung der Steuerprogression wie der Steuerquote hinaus. Eine Politik, von der insbesondere die Besserverdienenden profitieren würden – und tatsächlich auch in den folgenden Jahrzehnten profitiert haben.[45]

43 Leipold, Steuervermeidung.

44 Blankart gehörte längere Zeit dem Wissenschaftlichen Beirat der AfD an, trat aber nach der Abwahl Bernd Luckes 2015 aus.

45 Monica Prasad, The Politics of Free Markets. The Rise of Neoliberal Economic Policies in Britain, France, Germany, and the United States. Chicago 2006, S. 8-14; Steinmo, Taxation & Democracy, S. 156-192; Duane Swank, Tax Policy in an Era of Internationalization. Explaining the Spread of Neoliberalism, in: Inter-

Im Folgenden wird analysiert, wann und inwieweit es hierzulande und in anderen OECD-Ländern zu einer neoliberalen Wende in der Steuerpolitik kam. War die Bundesrepublik bereits in den 1980er-Jahren neoliberal geworden oder fand diese Wende erst nach der Einheit statt? Wie sah die Entwicklung in anderen Ländern aus? Kam es zu einer neoliberalen Konvergenz in der Steuerpolitik und zu einem »race to the bottom«?

Die Fiskalpolitik der christlich-liberalen Koalition

Helmut Kohl, der Bundeskanzler der neuen CDU/CSU-FDP-Koalitionsregierung, deklarierte den Regierungswechsel 1982 zum Beginn einer »geistig-moralischen Wende« und versprach eine in vielerlei Hinsicht ähnlich dramatische Abkehr vom Vorherigen wie Ronald Reagan und Margaret Thatcher.[46] Im Bereich der Finanzen entsprach dem die Ankündigung sowohl einer Reduzierung des Haushaltsdefizits als auch einer großen Steuerreform mit deutlichen Steuersenkungen.[47] Die Regierung Kohl hatte nach ihrer Ernennung im Oktober 1982 etwa ein halbes Jahr Zeit, um das Wahlvolk bis zu den Neuwahlen im März 1983 von der Notwendigkeit der Wende zu überzeugen. Dabei konzentrierte sie sich auf die Reduzierung der als hoch empfundenen Haushaltsdefizite, die 1981 3,9 und 1982 3,4 Prozent des BIP erreicht hatten, sowie der aufgrund der historischen deutschen Erfahrungen als bedrohlich

national Organization 60 (2006) 4, S. 847-882; Steffen Ganghof, Die Konvergenz von Steuersystemen. Zur Rolle von Modernisierungs- und Globalisierungsprozessen, in: Katharina Holzinger/Helge Jörgens/Christoph Knill (Hg.), Transfer, Diffusion und Konvergenz von Politiken, Wiesbaden 2007, S. 407-429; Philipp Genschel, Globalization, Tax Competition, and the Welfare State, in: Politics & Society 30 (2002) 2, S. 245-275; Lukas Hakelberg/Thomas Rixen, Is Neoliberalism Still Spreading? The Impact of International Cooperation on Capital Taxation, in: Review of International Political Economy 4 (2020), S. 1-27; Lars Döpking, Rise of the Neoliberal State in Spain (im Erscheinen).

46 Die folgenden Unterkapitel von Kapitel 21 beruhen in Teilen auf: Marc Buggeln, Steuern nach dem Boom. Die Öffentlichen Finanzen in den westlichen Industrienationen und ihre gesellschaftliche Verteilungswirkung, in: Archiv für Sozialgeschichte 52 (2012), S. 47-90.

47 Roland Sturm, Die Wende im Stolperschritt – eine finanzpolitische Bilanz, in: Göttrik Wewer (Hg.), Bilanz der Ära Kohl, Opladen 1998, S. 183-200, hier S. 183 f.

empfundenen Inflationsrate von über 5 Prozent. Die Bekämpfung der Inflation wurde auch von den Wählern als vordringlich angesehen, obwohl Haushaltsdefizit wie Inflationsrate im Vergleich der OECD-Staaten noch eher moderat waren und jeweils unter dem Durchschnitt lagen. Die Koalition verständigte sich schnell auf ein erstes Kürzungsprogramm. Die Absenkungen trafen vor allem den Sozialbereich: Beim Arbeitslosengeld verringerte man für die Mehrzahl der Bezieher den Zahlungszeitraum, bei den Rentnern führte man Krankenversicherungsbeiträge ein und erste Medikamente wurden aus der Erstattungspflicht der Krankenkassen herausgenommen.[48] Innerhalb der Koalition zeigte sich schon hier eine Frontenbildung, die bei Finanzfragen noch häufig auftreten sollte: Die kleinen Koalitionspartner FDP und CSU begrüßten die Kürzungen, während sie im Arbeitnehmerflügel der CDU um Heiner Geißler und Norbert Blüm auf massive Kritik stießen. Zum Ausgleich stimmten FDP und CSU einer Investitionshilfeabgabe für Besserverdienende zu, die die Liberalen gegenüber der SPD jahrelang blockiert hatten und der sie auch jetzt nur zustimmten, weil eine Rückzahlbarkeitsklausel es ihnen ermöglichte, das Gesicht zu wahren. Zudem wurde die Erhöhung der Mehrwertsteuer um 1 Prozent zum 1. Juli 1983 festgelegt, eine Maßnahme, die die CDU in der Opposition hartnäckig bekämpft hätte.[49]

Gegenüber den Streichungen und Konsolidierungsbemühungen spielte die Idee von Steuersenkungen im Wahlkampf 1983 eine vergleichsweise geringe Rolle. Im Gegenteil schwenkte die CDU im Januar 1983 auf die Forderung um, die Erträge der Investitionsabgabe doch dauerhaft einzubehalten.[50] Nach der Wahl im März 1983 gab es einige Stimmen in der CDU, die diesen Umschwung als wichtigen Beitrag zum großen Wahlerfolg feierten.[51] Doch weil die FDP in der Aufkündigung der ursprünglichen Vereinbarung einen *casus belli* sah, gab Kohl in den Koalitionsverhandlungen schließlich nach und verzichtete auf eine Rückzahlung der Abgabe. Stattdessen einigte man sich auf den Kompromiss, die Abgabe drei statt zwei Jahre lang zu erheben und die zinslose Rückzahlung von vier auf

48 Zohlnhöfer, Globalisierung, S. 313.
49 Bökenkamp, Ende, S. 213-220.
50 Protokoll der CDU/CSU-Fraktionssitzung vom 20. 1. 1989, S. 2 f., in: ACDP, 08-001, 1070/1.
51 Protokoll der CDU/CSU-Fraktionssitzung vom 23. 3. 1989, S. 31, in: ebd. 1070/2.

sieben Jahre zu strecken. Die Finanzexperten der CDU/CSU-Fraktion hatten schnell ausgerechnet, dass diese Maßnahmen dem Bundeshaushalt in etwa die gleichen Zugewinne bescheren würden wie eine nicht zurückzahlbare zweijährige Abgabe. Dennoch regte sich in der CDU/CSU-Fraktion deutliche Kritik gegen diese Einigung. Insbesondere der Arbeitnehmerflügel betrachtete sie als Einknicken gegenüber dem kleinen Partner und sahen die Glaubwürdigkeit der Partei gefährdet.[52] Letztlich war am Koalitionsbeschluss aber von der Fraktion nicht mehr zu rütteln.[53]

Mit der Investitionshilfeabgabe betraf zwar der Hauptstreitpunkt bei den Koalitionsverhandlungen die Einnahmeseite, insgesamt jedoch dominierten die Kürzungspläne auf der Ausgabenseite weiterhin die Regierungspolitik. Die Hauptziele blieben die Senkung der Inflationsrate und die Haushaltskonsolidierung. Mitte Mai einigte sich die Bundesregierung dann auf die Sparvorschläge. Es blieb bei der schon in der Koalitionsvereinbarung festgelegten Summe von 6,5 Milliarden DM. Mit 5,1 Milliarden musste das Bundesministerium für Arbeit und Sozialordnung unter Norbert Blüm die Hauptlast tragen. Die Planungen sahen die Reduzierung des Arbeitslosen-, Schlechtwetter- und Kurzarbeitergeldes für Kinderlose von 68 auf 63 Prozent und der Arbeitslosenhilfe von 58 auf 56 Prozent des letzten Nettoeinkommens vor.[54] Wie schon im Haushalt 1983 dominierte auch in dem für 1984 die Konsolidierung der Ausgabenseite. Auf der Einnahmeseite zeichnete sich die Regierungspolitik in der Anfangszeit durch Zurückhaltung aus. Man tat wenig und nahm durch die kalte Progression erheblich mehr Steuern ein.[55]

Anders als Thatcher und Reagan hatte Kohl das Glück, dass er erst in die Regierungsverantwortung gelangte, als die Rezession in den meisten Industrieländern zu Ende ging. Auch die deutsche Wirtschaft schwenkte 1983 auf einen zunächst langsamen, sich 1984

52 Vgl. die Beiträge der Abgeordneten Clemens, Link und Müller in der Fraktionssitzung am 23.3.1983, in: ACDP, 08-001-1070/2.

53 Im November 1984 erklärte das Bundesverfassungsgericht die Abgabe für verfassungswidrig und es erfolgte deren Rückzahlung.

54 Bericht Stoltenberg in der CDU/CSU-Fraktionssitzung am 17. Mai 1983, in: ACDP, 08-001-1070/2.

55 Hans-Peter Ullmann, Der deutsche Steuerstaat. Geschichte der öffentlichen Finanzen, München 2005, S. 206f.; Wirsching, Abschied, S. 266; Zohlnhöfer, Globalisierung, S. 310-313; Bökenkamp, Ende, S. 232f.

aber beschleunigenden Wachstumskurs ein. Hinzu kam, dass die Regierung vom hohen Dollar-Kurs profitierte. Nicht nur förderte das relative Absinken des DM-Kurses den deutschen Export, auch der Bundesbankgewinn stieg dank hoher Dollar-Reserven an. Dies trug wesentlich zur deutlichen Senkung der Neuverschuldung bei. Zudem zeigte sich die Bundesbank von der neuen Regierungspolitik schnell überzeugt und senkte den Diskontsatz bis zum März 1984 stufenweise von 7 auf 4 Prozent ab, was die Investitionsbereitschaft verstärkte.[56] Mit diesen Erfolgen im Rücken verzichtete die Regierung in der zweiten Hälfte der Legislaturperiode auf größere Kürzungen im Sozialbereich. Auch Finanzminister Gerhard Stoltenberg gab im *Spiegel* im Frühjahr 1985 zu Protokoll: »Die Zeit der Kürzung von Leistungsgesetzen ist vorbei.«[57] Nachdem sich die ersten Erholungszeichen zeigten, schwenkte die Regierung auf eine Politik der Steuerentlastung um.

Im Dezember 1983 forderte die FDP investitions- und leistungssteigernde Tarifsenkungen bis spätestens zum Jahresbeginn 1986.[58] Einen wichtigen Grund für die Terminierung bildete das Datum der nächsten Bundestagswahl im Januar 1987; eine Tarifsenkung erst zum 1.1.1987 hätte bis zur Wahl kaum noch Wirkung entfalten können. Rasch schloss sich die CSU an.[59] Am 21. Februar 1984 traf sich die Koalitionsrunde, um über die Steuerpläne zu sprechen. Man konnte sich aber nur auf das beabsichtige Entlastungsvolumen von etwa 25 Milliarden DM einigen.[60] Am 23. März berichtete die *ZEIT*, dass die Reform nach Aussage des Finanzministers in zwei

56 Jeremy Leaman, The Political Economy of Germany under Chancellor Kohl and Schröder. Decline of the German Model?, New York 2009, S. 43-47; Gerhard Stoltenberg, Wendepunkte, S. 282; Rainer Roth, Das Kartenhaus. Staatsverschuldung in Deutschland, Frankfurt am Main 1998, S. 177. Besonders stark betont die Rolle der Bundesbank beim Sturz von Helmut Schmidt sowie die dann recht positive Haltung gegenüber der neuen CDU/CSU-FDP-Regierung: David Marsh, Die Bundesbank. Geschäfte mit der Macht, München 1992, S. 222-235. Stärker aus der Sichtweise der Bundesbank: Wolfgang Kitterer, Öffentliche Finanzen und Notenbank, in: Deutsche Bundesbank (Hg.), Fünfzig Jahre Deutsche Mark, München 1998, S. 199-256, hier S. 226-234.

57 Spiegel vom 25.2.1985, S. 26.

58 Wirtschaftswoche vom 25.11.1983, S. 26; FR vom 22.12.1983.

59 Spiegel vom 5.12.1983, S. 32. Im Januar 1984 bestätigte die CSU dies nochmal nachdrücklich: ACDP Pressearchiv, dpa-Meldungen vom 16. und 19.1.1984.

60 Wirsching, Abschied, S. 273.

Stufen erfolgen müsse: 1986 die Familienentlastung und 1988 die Tarifentlastung. Für die Hälfte der vorgesehenen Entlastung verlangte Stoltenberg zudem eine Gegenfinanzierung durch Steuererhöhungen an anderer Stelle. Seiner Ansicht nach würden sich Subventionskürzungen in hinreichender Höhe nicht durchsetzen lassen. Deswegen müsse man zusätzlich einzelne Verbrauchsteuern oder die Mehrwertsteuer anheben. Falls dies nicht gewollt sei, müsse das Entlastungsvolumen geringer ausfallen.[61] Stoltenbergs zentrales Ziel blieb also die Haushaltskonsolidierung. Am 2. April 1984 verteidigte er seine Pläne in der großen Koalitionsrunde. Die Sitzung erwies sich jedoch für ihn als Debakel. Insbesondere die Vertreter von CSU und FDP lehnten sowohl eine Gegenfinanzierung durch Steuererhöhungen als auch die Zweiteilung der Reform entschieden ab. Stoltenberg musste schließlich akzeptieren, dass eine Koalitionskommission eingesetzt wurde, die prüfen sollte, ob die Reform nicht in einem Schritt und mit ausschließlicher Gegenfinanzierung durch Subventionsabbau möglich wäre.[62]

Die CDU blieb hierbei innerlich zerstritten. Während die Bundestagsfraktion zu einer Reform in einem Schritt tendierte, forderten die CDU-Ministerpräsidenten, gegen deren Veto im Bundesrat sich eine Reform im Zweifelsfall nicht hätte durchsetzen lassen, eine Reform in zwei Schritten oder eine stärkere Gegenfinanzierung.[63] Eine Koalitionsrunde im Mai befand die lange Liste mit vorgeschlagenen Subventionsstreichungen als noch ungünstiger als eine Mehrwertsteuererhöhung, woraufhin man weitere Entscheidungen vertagte.[64] Erst am 20. Juni konnten sich die Koalitionsvertreter schließlich auf einen Kompromiss einigen, der es ermöglichte, die Eckdaten noch im Juli im Kabinett zu verabschieden. Die drei Fraktionen trafen sich mit den CDU-Ministerpräsidenten etwa in der Mitte: Es kam zur von den Ministerpräsidenten gewünschten Zweiteilung der Reform auf die Jahre 1986 und 1988, dafür verzichtete man auf eine Gegenfinanzierung. Beim Entlastungsvolumen

61 ZEIT vom 23.3.1984, S. 25.

62 Bökenkamp, Ende, S. 252; Spiegel vom 9.4.1984, S. 23 f.

63 CDU/CSU-Fraktionssitzung am 3.4.1984 und am 2.5.1984, in: ACDP, 08-001-1072/1.

64 Spiegel vom 7.5.1984, S. 28 f.; Bökenkamp, Ende, S. 253. Zudem erhielten die Länder für zwei Jahre einen höheren Anteil der Einnahmen der Mehrwertsteuer zugesagt: Bökenkamp, Ende, S. 256.

einigte man sich auf 18,7 Milliarden DM (ungefähr 1 Prozent des BIP 1986), eine Summe, die etwa in der Mitte zwischen den zehn bis zwölf Milliarden DM der Ministerpräsidenten und den ursprünglichen Vorstellungen der Koalition lag. 6,6 Milliarden hiervon entfielen auf die erhöhten Kinderfreibeträge, die im Gegensatz zum von der vorherigen SPD/FDP-Koalition bevorzugten Kindergeld die Wohlhabenden eindeutig bevorteilte.[65]

Diese erste große Steuerentlastungsdebatte zeigte, dass die koalitionsinternen Probleme nicht in unterschiedlichen Vorstellungen von der Art der Entlastung lagen. Als problematisch erwies sich vielmehr die für eine umfassende Steuersenkung notwendige Gegenfinanzierung. Die Ministerpräsidenten wollten die Haushalte der Länder nicht übermäßig belasten. Dementsprechend stimmten sie tendenziell für eine behutsame Nettoentlastung und beharrten im Falle einer größeren Bruttoentlastung auf einer entsprechenden Gegenfinanzierung. Für diese stand entweder eine Erhöhung indirekter Steuern oder ein Subventionsabbau zur Auswahl. Insbesondere die FDP und der Arbeitnehmer- sowie der Mittelstandsflügel der CDU lehnten aber die Erhöhung indirekter Steuern tendenziell ab und favorisierten den Subventionsabbau. Wenn jedoch konkrete Streichvorschläge benannt wurden, sank die Zustimmung schnell, weil es nur wenige Subventionen gab, die einseitig an die Großindustrie flossen und nicht auch den Arbeitnehmern oder dem Mittelstand zugutekamen. Und eine Streichung von Agrarsubventionen war für die Unionsparteien nicht akzeptabel; ein Problem, das auch in der zweiten Legislaturperiode für erheblichen Streit in der Koalition sorgen sollte.

Die komplexe Materie der Steuerreform, die zudem für alle Bevölkerungsgruppen und fast alle Interessengruppen von entscheidender Bedeutung war, förderte durch die Vielheit der Stimmen die

65 Rudolf Hickel/Jan Priewe, Finanzpolitik für Arbeit und Umwelt. Zur Kritik der Angebotslehre und Globalsteuerung, Köln 1989, S. 111 f.; Dieter Vesper, Steuern, Staatsausgaben und Umverteilung, in: Prokla 25 (1995) 2, S. 165-192, hier S. 172. Zur Reform 1986 als Trendwende weg von einer immer progressiveren Einkommensbesteuerung: Giacomo Corneo, The Rise and Likely Fall of the German Income Tax 1958-2005, in: CESifo Economic Studies 51 (2005) 1, S. 159-186. Dagegen betont Werner Ehrlicher, dass die Reform 1986 vor allem den kleineren und mittleren Einkommen zugutegekommen wäre: ders., Finanzpolitik seit 1945, in: Eckart Schremmer (Hg.), Steuern, Abgaben und Dienste vom Mittelalter bis zur Gegenwart, Stuttgart 1994, S. 213-247, hier S. 237.

Tendenz dazu, die Fragen im kleinsten Kreis der wichtigsten Politiker zu entscheiden und den Bundestagsfraktionen dann eher die Ergebnisse zu präsentieren, als sie umfassend am Entscheidungsprozess zu beteiligen. Gerade in der Steuerpolitik setzte sich so eine zunehmende Informalisierung des Politikprozesses durch.[66]

Sozialneid-Vorwurf statt Gleichheitsversprechen: Der Wandel im Framing der Steuerdebatten

In den Bundestagsdebatten um die Steuerreform 1986/88 wurde von der CDU systematisch der Vorwurf des Sozialneides erhoben. Sie wandte sich damit in ungewohnt aggressiver Form gegen Forderungen der Opposition, die Prinzipien der sozialen Gerechtigkeit zu beachten. Der Kampfbegriff »Sozialneid« war damals noch recht jung. 1981 hatte der Sachverständigenrat in eher kritischer Perspektive vermerkt, dass im Zuge der Reagan'schen Steuerreform Neidvorwürfe der Abwehr von Argumenten gedient hätten, die die Steuerreform als ungerecht bezeichneten, weil sie die Wohlhabenden stärker entlastete als andere. Im Bundestag fiel der Begriff, der für die Unionsparteien – nicht aber für die FDP – zu einer prägenden Vokabel ihrer Bemühungen um eine Delegitimierung der Kritik an den Steuerreformen der konservativ-liberalen Regierung avancieren sollte, erstmals 1982. Helmut Kohl, damals noch Oppositionsführer, brachte ihn wenige Tage vor dem Machtwechsel in seiner Antwort auf eine Erklärung von Bundeskanzler Schmidt zur Lage der Nation in Anschlag: »Wir brauchen nicht den Sozialneid als ein Hilfsaggregat des Sozialismus. Wir brauchen mehr Miteinander und nicht mehr Gegeneinander.«[67] Schon früh prägte Kohl damit die Vorstellung vom Sozialneid als von Sozialisten gezielt angestacheltes Gefühl der Missgunst, das die Gesellschaft zu spalten drohe. Für ihn war es nicht die soziale Ungleichheit, die das Trennende schuf, sondern der Neid der Minderbegünstigten auf die Besserverdienenden, den die SPD mit sinistren Absichten ausnutzte.

66 Jürgen Gros, Politikgestaltung im Machtdreieck Partei, Fraktion, Regierung. Zum Verhältnis von CDU-Parteiführungsgremien, Unionsfraktion und Bundesregierung 1982-1989 an den Beispielen der Finanz-, Deutschland- und Umweltpolitik, Berlin 1998; Wirsching, Abschied, S. 276.

67 Bundestags-Plenarprotokolle 9. WP, 111. Sitzung am 9. 9. 1982, S. 6769 (C).

Als dann in der Debatte über die Steuerreform 1986/88 die SPD deren soziale Unausgewogenheit monierte, war es insbesondere Finanzminister Stoltenberg, der den Angriff mit dem Sozialneid-Vorwurf konterte: »Sie bieten wirklich – ich muß Ihnen das nach dieser Rede und auch nach diesen Attacken hier durch Zwischenfragen sagen – keine Alternative, sondern nur Schlagworte des Sozialneids, mit dem Sie auf die Dauer keine Wahlen gewinnen können.«[68] Ihm sekundierte Heiner Geißler, der Bundesminister für Jugend, Familie und Gesundheit, indem er der SPD eine »Strategie des Sozialneides« vorwarf.[69] Hier zeigte sich die Absicht der CDU, von der SPD angestoßene Debatten um soziale Gerechtigkeit fortan mit dem Vorwurf des Sozialneides zu kontern.

Dementsprechend ungehalten reagierte in der Steuerdebatte 1986 die SPD. Der vormalige SPD-Finanzminister Hans Apel ging Stoltenberg in einer Aussprache über die Finanzpolitik des Bundes für die kommenden Jahre scharf an: »Und, Herr Kollege Stoltenberg: Ungerechtigkeit ist das Prinzip Ihrer Finanzpolitik. [...] Und lassen Sie mich eine ganz persönliche Bemerkung anfügen: Besonders betroffen bin ich, wenn Sie als praktizierender Christ vom Sozialneid reden. [...] Ich finde es unglaublich, wenn ein praktizierender Christ – und der ist Herr Stoltenberg – so über die sozial Schwächsten und über unseren Kampf für mehr soziale Gerechtigkeit redet.«[70] Stoltenberg blieb bei seinem Vorwurf, präzisierte aber den Adressaten: »Ich habe mehrfach vor dem Appell an den Sozialneid gewarnt. Aber diese Warnung galt nicht, wie Sie unterstellt haben, den sozial Schwachen, sondern sie galt Funktionären der SPD, die nach meiner Meinung auf diesem Gebiet Schlimmes anrichten.«[71] Stoltenberg malte damit das Bild einer harmonischen Gesellschaft, die von sozialistischen Hetzern untergraben wurde. Eine Strategie, zu der die CDU fortan recht verlässlich griff, wenn ihr eine ungerechte Steuerpolitik vorgeworfen wurde. Damit stand die CDU nicht allein da, sondern sie folgte einer Politik, die von Reagan und der republikanischen Partei zuvor angewandt worden

68 Bundestags-Plenarprotokolle, 10. WP, 141. Sitzung vom 24.5.1985, S.10461.

69 Ebd., S.10484. Ähnlich äußerte sich in der Debatte der Steuerreform 1990 dann der Vorsitzende der CDU/CSU-Bundestagsfraktion, Alfred Dregger, in: Bundestags-Plenarprotokolle 11. WP, 87. Sitzung am 23.6.1988, S.5836.

70 Bundestags-Plenarprotokolle, 10. WP, 227.Sitzung am 9.9.1986, S.17607.

71 Ebd., S.17623.

war. Auch Margaret Thatcher in Großbritannien oder Michael Gorbatschow in der Sowjetunion gingen in den 1980er-Jahren zu einer Rhetorik über, die besagte, dass die bis in die 1970er-Jahre im Rahmen der Systemkonkurrenz gemachten Versprechen auf mehr Wohlstand und mehr Gleichheit nur bedingt einzuhalten waren und den Staat überforderten.[72]

Die ersten Forderungen nach Spitzensteuersatzsenkung

Bei dieser ersten großen Steuerdebatte der CDU/CSU-FDP-Koalition hatte die Senkung des Spitzensteuersatzes keine Rolle gespielt. Man beschloss vielmehr den Rückbau der kalten Progression durch die Anpassung der Steuerstufen an die gestiegenen Gehälter. Einen ersten Versuchsballon hinsichtlich einer Spitzensteuersatzsenkung startete die FDP im Frühjahr 1985. Der Abgeordnete Hans Gattermann forderte vor dem Deutschen Industrie- und Handelstag eine Senkung unter die 50 Prozent-Marke. Das Presseecho war aber so verheerend, dass die FDP im Wahlkampf weitgehend darauf verzichtete, eine Entlastung der Spitzeneinkommen zu propagieren.[73] Stattdessen forderte sie permanent eine umfassende Steuersenkung, die allen zugutekommen sollte. FDP-Generalsekretär Helmut Haussmann bemühte sich, den Begriff »Steuersenkungspartei FDP« zu etablieren.[74] Inhaltlich legte das FDP-Präsidium im Juli 1985 die Grundzüge seines Reformkonzeptes für den Wahlkampf fest.[75] Dieses sah eine Bruttoentlastung von 45 Milliarden DM vor, von denen 25 Milliarden DM durch Subventionskürzungen gegenfinanziert werden sollten – eine gigantische Summe (2,2 des BIP 1986), gerade ein Jahr zuvor war die Zusammenstellung einer Streichungsliste im Umfang eines Drittels davon gescheitert. Erneut äußerte sich die CSU ganz ähnlich wie die FDP.[76] Auch die CDU wollte nicht zurückstehen und präsentierte ein Entlastungskonzept mit einem

72 Fritz Bartel, The Triumph of Broken Promises. The End of the Cold War and the Rise of Neoliberalism, Cambridge/Mass. 2022.

73 Bökenkamp, Ende, S. 261.

74 ZEIT vom 9. 8. 1985

75 Bökenkamp, Ende, S. 257.

76 Siegfried Friebe, Stand des steuerpolitischen Programms der CDU/CSU-FDP-Koalition, in: Deutsche Steuerzeitung 74 (1986), S. 322-329.

noch viel größeren Gesamtvolumen von 60 Milliarden DM. Damit setzte sie auf die Magie der großen Zahl, denn die Reformidee war nicht ganz so radikal, wie sie auf den ersten Blick wirkte, weil die Senkungen bis 1995 gestreckt werden sollten. Die *ZEIT* bezeichnete den Vorschlag trotzdem als »Ausflug ins ökonomische Wunderland«.[77] Innerhalb der CDU versuchte der Wirtschaftsflügel im Wahlkampf 1986 eine Debatte über die Senkung des Spitzensteuersatzes durchzusetzen. Eine Pressekonferenz des Vorsitzenden des Bundesfachausschusses Wirtschaft, Jürgen Westphal, wurde aber kurzfristig von CDU-Generalsekretär Geißler verhindert, was Westphal zum Rücktritt veranlasste.[78] Fortan war von einer Senkung des Spitzensteuersatzes von den Koalitionsparteien im Wahlkampf wenig zu hören. Stattdessen betonten Union und FDP die Erfolge bei der Haushaltssanierung und den ersten Schritten zur Senkung der Steuerlast, denen in Zukunft noch weit größere folgen sollten. Die SPD schwenkte kurz vor der Wahl auf diese Linie ein und plädierte nun ihrerseits für Steuerentlastungen von 20 bis 25 Milliarden DM, die vor allem der Unter- und Mittelschicht zugutekommen sollten. Diese Forderung stellte für die SPD ein Novum dar und markiert eine bemerkenswerte Abkehr von ihrer Positionierung in früheren Wahlkämpfen.

Flugbenzin und andere PR-Desaster: Das Scheitern Stoltenbergs

Die Wahl im Januar 1987 bestätigte die Koalition. Allerdings verlor die CDU/CSU gegenüber der FDP und auch der SPD an Stimmen, was sofort zu gegenseitigen Schuldvorwürfen zwischen Heiner Geißler und Franz Josef Strauß führte. So war die zweite Legislaturperiode von Beginn an von weit stärkeren Auseinandersetzungen geprägt. Zum zentralen Feld der Kämpfe entwickelte sich schnell die Finanzpolitik. Als der Koalitionsausschuss zwei Wochen nach der Wahl erstmals über die Steuerreform debattierte, traten die Differenzen sofort zutage. Stoltenberg propagierte einen progressiv-linearen Tarif mit moderaten Entlastungen, der zum Teil durch eine Mehrwertsteuererhöhung finanziert werden sollte. FDP und

77 ZEIT vom 27.12.1985, S.25.
78 Spiegel vom 24.3.1986, S.19ff.

CSU sprachen sich gegen Letztere aus, forderten umfangreichere Steuersenkungen und nun vor allem auch eine Senkung des Spitzensteuersatzes. Dies stieß wiederum im CDU-Präsidium auf erbitterten Widerstand.[79] Die *ZEIT* sprach von einem »fiskalischen Glaubenskrieg«.[80] CSU und FDP sprachen offen davon, Kohl am 11. März nicht zum Kanzler zu wählen. Dieser kündigte seiner Partei daraufhin an, die Vertrauensfrage zu stellen, wenn sie sich nicht zur Senkung der Spitzensteuersätze bereitfände. Diese erstmalige Drohung Kohls mit seinem Rücktritt zeigte Wirkung und führte Anfang März zum Durchbruch: Die CDU stimmte nun der Senkung des Einkommensteuerspitzensatzes von 56 auf 53 Prozent zu.[81]

Ebenso heiß diskutiert wurde der Umgang mit den Unternehmensteuern. Die Bundesrepublik hatte 1977 das von Steuerexperten gelobte Vollanrechnungsverfahren eingeführt, dass eine weitgehende Integration der Körperschaftsteuer in die Einkommensteuer vorsah und darauf beruhte, die Spitzensätze von Einkommen- und Körperschaftsteuer auf dieselbe Höhe zu setzen. Dadurch wurden Kapital- und Personalgesellschaften gleich behandelt, wenn die Personengesellschafter hohe Einkommen erzielten, und Anreize für einen Wechsel der Gesellschaftsform reduziert. Mit der Anhebung des Spitzensteuersatzes der Körperschaftsteuer auf 56 Prozent hatte sich die Bundesrepublik damals immer noch unter dem Durchschnittswert der reichen OECD-Länder befunden. Mit den Veränderungen in den USA und Großbritannien, denen viele kleinere europäische Länder zügig folgten, wurde eine erste Runde im Steuersenkungswettlauf bei den Unternehmen- und Kapitaleinkommensteuern eröffnet. Dadurch ergab sich hier ein Handlungsdruck, der deutlich stärker als bei der Einkommensteuer war. Die Diskussion in der schwarz-gelben Koalition 1987 gestaltete sich insofern schwierig, als ein Großteil der Experten und auch der Beamten des Finanzministeriums an der Gleichsetzung der Sätze festhalten wollte, eine stärkere Senkung des Einkommensteuersatzes aber aufgrund des Widerstands in der CDU nicht durchsetzbar war. Als Kompromiss beschloss man, den Körperschaftsteuerhöchstsatz auf 50 Prozent zu senken und damit um drei Prozentpunkte stärker als den Einkommensteuerspitzensatz. Man hoffte, dass diese Differenz so gering

79 Zohlnhöfer, Wirtschaftspolitik, S. 85-87.

80 ZEIT vom 13. 2. 1987, S. 22.

81 Wirsching, Abschied, S. 278; Bökenkamp, Ende, S. 273f.

war, dass sie keinen Anreiz zur Umwandlung von Personalgesellschaften in Aktiengesellschaften oder GmbHs bieten würde.

Die beiden Spitzensteuersatzsenkungen bildeten die am heftigsten umstrittenen Punkte bei der Entlastungsdiskussion, sie machten aber nur einen kleinen Teil der beschlossenen Steuermindereinnahmen aus. Die Koalition einigte sich auf ein Bruttoentlastungsvolumen von 44,4 Milliarden DM, von den 19 Milliarden durch Subventionsabbau gegenfinanziert werden sollten. Den größten Anteil an den Mindereinnahmen hatte die Einführung des linear-progressiven Tarifs mit 23,7 Milliarden DM, der vor allem die mittleren Einkommen entlastete. Hiervon sollten 5,2 Milliarden DM schon 1988 an die Bürger gegeben werden, um die sich eintrübende Konjunktur anzukurbeln. Um der sozialen Symmetrie willen beschloss die Koalition zum Ausgleich für die Spitzensteuersatzsenkung auch eine Eingangssteuersatzsenkung um drei Prozentpunkte. Für den Bund schlug dies mit einer Einnahmeminderung von sieben Milliarden DM deutlich stärker zu Buche als die Spitzensteuersatzsenkung, weil der Kreis der Betroffenen sehr viel größer war.

Die Einigung kam aufgrund der Streitigkeiten in der Öffentlichkeit nicht gut an. Zudem hatte die Koalition die größte Aufgabe noch vor sich, denn man hatte in den Verhandlungen jede Konkretisierung vermieden, wie die geplante Gegenfinanzierung durch die Streichung von Subventionen in Höhe von 19 Milliarden DM aussehen sollte. In die Regierungserklärung ließ Stoltenberg insbesondere die Begriffe »Stabilitätspolitik« und »Geldwertstabilität« hinzufügen, die Wolfgang Schäuble in seinem Erstentwurf vergessen hatte, die aber für den Finanzminister das Zentrum seiner Politik darstellten.[82]

Ein Erfolg für den Finanzminister war es dann, dass im Sommer trotz einigen Koalitionsstreits über die Steuerpolitik nichts von den Verhandlungen über die zur Gegenfinanzierung erwünschten Subventionskürzungen nach außen drang. Die Streichungsliste erstellte eine fünfköpfige Koalitionsgruppe. Sie umfasste offiziell eine Gegenfinanzierung in Höhe von 17 Milliarden DM.[83] Anfang

82 Schreiben Stoltenberg an Kohl vom 16.3.1987, in: ACDP, Nachlass Stoltenberg, I-626-096/1.

83 Real handelte es sich eher um Kürzungen in der Höhe von 14 Milliarden DM, weil in der Liste auch ohnehin auslaufende Maßnahmen aufgeführt wurden: OECD-Wirtschaftsbericht Deutschland 1989, S. 91.

Oktober 1987 stimmte die Koalitionsrunde den Vorschlägen weitgehend zu. Vor der CDU/CSU-Bundestagsfraktion betonte Stoltenberg am 13. Oktober: »Wir haben damit einen Überraschungserfolg errungen. Dies haben uns unsere politischen Gegner und journalistischen Begleiter nicht zugetraut.«[84]

Die beschlossenen Maßnahmen trafen sowohl die Arbeitnehmer als auch Unternehmen und Selbständige spürbar. Auf der Arbeitnehmerseite standen die Aufhebung der Steuerfreiheit von Lohnzuschlägen zu Sonntags-, Feiertags- und Nachtarbeit sowie die Zusammenfassung mehrerer Freibeträge zu einem einheitlichen Arbeitnehmerfreibetrag im Mittelpunkt. Von beiden Seiten kritisierte man die Streichung der Steuerfreiheit der Belegschaftsrabatte, insbesondere der Jahreswagenrabatte. Für die Wirtschaft negativ zu Buche schlugen schärfere Abschreibungsbedingungen, eine höhere Besteuerung von betrieblichen Pkws, die auch privat genutzt wurden, und restriktivere Vorgaben für die Geltendmachung von Bewirtungskosten. Hinzu kam die Ankündigung der Einführung einer Quellensteuer auf Kapitalerträge in Höhe von zehn Prozent.[85]

Bundeskanzler Kohl prophezeite in der Fraktionssitzung, dass diese Beschlüsse Protest hervorrufen würden, und bat die Parteifreunde, standhaft zu sein.[86] In der Fraktionssitzung selbst stieß vor allem die Quellensteuer auf Bedenken: »Ich [war; M.B.] tief entsetzt, als das Wort Quellensteuer aus dem Mund eines CDU-Mannes kam. […] Wir wissen ja alle, daß wir diese Steuer seit Jahren bekämpft haben, durch mehrere Wahlkämpfe bekämpft haben. Und wir haben sie bezeichnet als das Teufelswerk der Sozialisten.«[87] Die Fraktion einigte sich, dass das Wort Quellensteuer vermieden und besser von einer kleinen Kapitalertragsteuer gesprochen werden sollte. Zudem wollte man die Unterschiede gegenüber den SPD-Plänen betonen, die einen Satz von 25 Prozent vorgesehen und keine Anonymität zugesichert hätten. Die jetzige Koalition plante dagegen, dass die Banken die Kapitalertragsteuer ohne Zuordnung zu den Anlegern an den Staat überweisen sollten und die Belasteten diese gegebenenfalls mit ihrer Einkommensteuer verrechnen

84 CDU/CSU-Fraktionssitzung am 13.10.1987, in: ACDP, 08-001-1083/1, S. 8.

85 Hickel/Priewe, Finanzpolitik, S. 129-133; Zohlnhöfer, Wirtschaftspolitik, S. 91.

86 CDU/CSU-Fraktionssitzung am 6.10.1987, in: ACDP, 08-001-1083/1, S. 5.

87 Redebeitrag des Abgeordneten Schulhoff in der CDU/CSU-Fraktionssitzung am 13.10.1987, in: ebd., S. 17.

können sollten. Schwerer als die Vorbehalte gegenüber dem Begriff Quellensteuer wogen Bedenken in der Fraktion, dass die Steuer eine Kapitalflucht auslösen könnte. Stoltenberg zufolge hatte die einzige Indiskretion in der Planungsphase, nämlich die Vorabverkündung einer möglichen Quellensteuer, schon zu ersten Fluchttendenzen geführt.[88] Doch inzwischen zeichne sich eine Beruhigung ab. Kohl, Stoltenberg und andere betonten in der Sitzung, dass die Steuer eine Frage der Gerechtigkeit sei. Schon 1983 hatte der Rechnungsprüfungsausschuss festgestellt, dass es in Deutschland etwa 80 Milliarden DM Zinseinkünfte geben müsste, davon aber nur 20 Milliarden DM bei der Steuererklärung angegeben würden. Inzwischen sei die Summe der Zinserträge auf etwa 100 Milliarden DM angestiegen, die Steuerehrlichkeit habe sich indes nicht verbessert. Da Arbeitnehmer keine Möglichkeit hätten, ihr Gehalt zu verbergen, sei es ein Gebot der Fairness, nun auch die Kapitalbesitzer zur Erfüllung ihrer Steuerpflicht anzuhalten. Dies galt auch als geboten, weil man damit rechnete, dass das Bundesverfassungsgericht der Tatenlosigkeit der Bundesregierung nicht mehr lange zusehen würde. Stoltenberg betonte zudem, dass in der Mehrheit der EG-Mitgliedsstaaten bereits Quellensteuern mit höheren Sätzen erhoben wurden.[89] Auf die Ankündigung dieses Maßnahmenbündels folgte der erwartete Protest. Der Bankenverband lief gegen die Quellensteuer Sturm und DGB wie BDI kritisierten die ihre jeweilige Klientel betreffenden Kürzungen scharf. Das Finanzministerium organisierte zur Kanalisierung des Unmutes öffentliche Anhörungen, die aufgrund der großen Nachfrage zu dreitägigen Sitzungen in der Bonner Beethovenhalle führten, bei denen die Verbände ihre Widersprüche den Mitarbeitern des Ministeriums erläutern konnten.[90]

Die Probleme der Koalition verschärften sich noch weiter, als die Haushaltssituation im Herbst zunehmend bedrohlich wurde. Im November 1987 musste Stoltenberg vor der Fraktion berichten, dass nach dem Einbruch an der Wall Street auch der deutsche Aktienmarkt in den letzten zwei Tagen um 15 Prozent eingebrochen

88 Redebeitrag Stoltenberg auf der CDU/CSU-Fraktionssitzung am 13.10.1987, in: ebd., S. 14.

89 Beiträge Kohl und Stoltenberg auf der CDU/CSU-Fraktionssitzung am 13.10.1987, in: ebd.

90 Stoltenberg, Wendepunkte, S. 300.

sei. Zudem sei aufgrund der rapiden Talfahrt des Dollars unsicherer geworden, mit welchem Bundesbankgewinn zu rechnen sei. Er gehe derzeit noch von einem Defizit von 28 bis 29 Milliarden DM für 1987 aus. Die Haushälter der Fraktion wiesen aber bereits darauf hin, dass die Neuverschuldung sogar in Richtung 40 Milliarden DM treiben könnte.

Als Stoltenberg im Januar 1988 im Bundestag eingestehen musste, dass die Neuverschuldung die 40-Milliarden-DM-Grenze vermutlich sogar noch überschreiten würde, sprach die SPD davon, dass der Finanzminister das Parlament systematisch über Risiken belogen habe und die Steuerreform unter diesen Umständen unverantwortlich sei. Als Stoltenberg vor der CDU/CSU-Fraktion erklären musste, dass eine Erhöhung indirekter Steuern nun wohl unvermeidlich sei, mehrten sich in der Fraktion die Bedenken wegen der Öffentlichkeitswirkung.[91]

In der Folge begannen auch die CDU/CSU-Ministerpräsidenten Position zu beziehen. Lothar Späth kritisierte die Kürzung bei den Belegschaftsrabatten und Nachtschichtzuschlägen. Noch schärfer im Ton ließ sich Franz Josef Strauß ein, der die Reform als »schlampige Arbeit« bezeichnete und viele »Teufeleien« im Detail sah, was das Bundesfinanzministerium zu einer Presseerklärung veranlasste, in der sie die Vorwürfe zurückwies.[92] Späth und Strauß drohten zudem mit einem Veto im Bundesrat.[93] Die Verabschiedung der Reform stand damit nach wie vor in Frage. Als im Koalitionsgespräch am 22. März 1988 die Gegensätze erneut aufbrachen, explodierte Kohl, wie die *FAZ* erfuhr, und erklärte, dass er zurücktreten werde, wenn man sich nicht auf der Stelle auf das Programm einige. Wieder setzte sich der Kanzler damit durch.[94] Allerdings hielten die Koalitionspartner in einer Notiz noch wenige ungeklärte Punkte fest.

Einer dieser Punkte betraf die von Franz Josef Strauß geforderte Befreiung von kleinen privaten Flugunternehmen und Privatfliegern von der Flugbenzinsteuer, die bald in die Koalitionseinigung

91 CDU/CSU-Fraktionssitzung vom 12.1.1988, in: ACDP, 08-001-1084/1.

92 Presseerklärung des BMF vom 18.2.1988, in: ACDP, 08-001-786/6.

93 Zum Bundesrat und den Bundesländern als Vetospieler: Manfred G. Schmidt, Das politische System Deutschlands. Institutionen, Willensbildung und Politikfelder, München 2011, S. 200-223; Wagschal, Steuerpolitik, S. 212-220.

94 FAZ vom 23.3.1988.

übernommen wurde.[95] Als die Regierung im Juni verkündete, dass sie zur Stopfung der Haushaltslöcher die indirekten Steuern, unter anderem die Mineralölsteuer, erhöhen würde, geriet die Flugbenzinbefreiung unweigerlich ins Zentrum der öffentlichen Diskussion. Die häufig beklagte soziale Schieflage der Reformen ließ sich nun daran veranschaulichen, dass das Benzin für alle Autofahrer und die vielen Berufspendler verteuert wurde, während man gleichzeitig die begüterten Privatflieger für ihre Vergnügungen von Steuern entlastete.

Der Druck der Öffentlichkeit auf die drei Parteien der Regierungskoalition nahm in den folgenden Tagen beständig zu. Auf dem Bundesparteitag der CDU in Wiesbaden führte dies dazu, dass mehrere Abgeordnete, nachdem Kohl, Stoltenberg und Dregger abgereist waren, einen Antrag gegen die Flugbenzinbefreiung einbrachten und dieser mit großer Mehrheit angenommen wurde.[96] Die CSU bestand aber trotz aller Kritik auf der Beibehaltung der Regelung und drohte damit, sonst die ganze Reform platzen zu lassen. [97]

Als sich die CDU/CSU-Fraktion zwei Tage vor der Abstimmung über das Gesetz wieder zur Sitzung traf, hatte die Stimmung den Tiefpunkt erreicht.[98] Die SPD hatte für die Frage des Flugbenzins die namentliche Abstimmung beantragt, und viele Abgeordnete wollten nicht mit ihrem Namen für diese Regelung stehen. Die Presse ging zu diesem Zeitpunkt von 18 Verweigerern in der CDU/CSU-Fraktion aus.[99] In keiner anderen Sitzung zeigten sich die Bundestagsabgeordneten so sehr verbittert über die Führungskräfte der Regierungskoalition. Der CDU-Abgeordnete und Kölner Bürgermeister Heribert Blens äußerte: »Wenn Sie hier in der Fraktion eine geheime Abstimmung machen zu diesem Punkt, dann werden schätzungsweise 80 bis 90% dieser Fraktion diese Sache ablehnen. (Beifall).« Er warnte, dass sich die Berichterstattung weiter auf die-

95 Dazu insbesondere Gros, Politikgestaltung, S. 184-193.

96 36. Bundesparteitag der CDU, Niederschrift, Wiesbaden 13.-15. Juni 1988, Bonn 1988.

97 CDU/CSU-Fraktionssitzung am 21. 6. 1988, in: ACDP, 08-001-1086/1, S. 3.

98 Bernhard Gotto, Enttäuschung in der Demokratie. Erfahrung und Deutung von politischem Engagement in der Bundesrepublik Deutschland während der 1970er und 1980er Jahre, Berlin 2018, S. 276.

99 Welt vom 22. 6. 1988, S. 1.

ses Thema einschießen werde. Wo die Schuld dafür lag, erschien ihm eindeutig: »Da ist nicht diese Fraktion schuld, sondern da sind die schuld, die versuchen, mit allen Mitteln gegen den eindeutigen Willen der Fraktion diese Sache durchzusetzen. Da liegt die Verantwortung für das, was kommt.«[100] Trotzdem bekannte sich die Mehrheit der Fraktion zur Steuerreform und plädierte dafür, die Flugbenzinregelung dafür in Kauf zu nehmen. In der FDP sah die Stimmungslage nicht viel besser aus. Auch hier rechnete die Presse mit acht bis zehn Gegenstimmen.[101]

Bei der Abstimmung im Bundestag gab es von Seiten der Koalition zwar einige Nein-Stimmen und Enthaltungen, doch die nötige Stimmenmehrheit wurde knapp erreicht.[102] Damit war für die Regierungskoalition zwar das Schlimmste überstanden, aber die Reform noch nicht verabschiedet. Nun war die Runde der föderalen Vetospieler gekommen, unter denen sich der niedersächsische Ministerpräsident Ernst Albrecht von der CDU hervortat. In einem Interview am 20. Mai drohte er, dass Niedersachsen gegen die Reform stimmen werde, wenn seine Forderungen nicht erfüllt würden.[103] Da die Koalition auf die Stimmen aller CDU-Länder angewiesen war, bestand dringender Handlungsbedarf. Bei einem Treffen im Kanzlerbungalow mit Kohl, Schäuble und Stoltenberg ließ Albrecht sich seine Zustimmung durch das Versprechen zur Einrichtung eines Strukturfonds für die finanzschwachen Länder in Höhe von 2,54 Milliarden DM abkaufen, von dessen Summe etwa ein Viertel an Niedersachsen ging.[104] Daraufhin konnte das Gesetz am 8. Juli den Bundesrat passieren.

Der fast anderthalbjährige Kraftakt vom Koalitionsvertrag bis zur Verabschiedung hatte der Regierungskoalition viel Ansehen gekostet. Laut einer Infras-Umfrage der ARD erachteten nur noch 19 Prozent der Befragten die CDU/CSU als kompetent in Finanzfragen. Nach einer Emnid-Umfrage rechneten 75 Prozent der Befragten damit, dass es ihnen nach der Reform finanziell schlechter

100 CDU/CSU-Fraktionssitzung am 21.6.1988, in: ACDP, 08-001-1086/1, S. 7f.

101 Ebd.

102 Die Abstimmungslisten finden sich in: ACDP, 08-001-688/2.

103 Wolfgang Renzsch, Föderale Finanzbeziehungen im Parteienstaat. Eine Fallstudie zum Verlust politischer Handlungsmöglichkeiten, in: Zeitschrift für Parlamentsfragen 20 (1989), S. 331-345, hier S. 340f.

104 Stoltenberg, Wendepunkte, S. 302.

gehen würde. Und auch bei den Unternehmen rechneten 30 Prozent mit negativen Folgen und nur 25 Prozent mit Zugewinnen, während die große Mehrheit unschlüssig war.[105] In der Presse setzte sich zunehmend das Bild einer von den Koalitionsparteien selbst zerredeten Reform durch.[106] Die Bundesregierung und das Bundesfinanzministerium versuchten darum nun, ihr politisches Ansehen mit einer massiven Imagekampagne aufzubessern.

Zwei der unbeliebtesten Bestandteile des Reformpakets entfernte die Regierung im Nachhinein wieder. Im Herbst 1988 hob man, auch weil Franz Josef Strauß inzwischen verstorben war, die Flugbenzinsteuerbefreiung für die Privatfliegerei auf. Für die Einnahmen und auch hinsichtlich der internationalen Auswirkungen war jedoch die zweite Veränderung wesentlich bedeutsamer. Nach der Kabinettsumbildung im April 1989, im Zuge derer der im Rahmen der CDU-internen Machtkämpfe als wichtigster Rivale Kohls gehandelte Stoltenberg vom Finanz- ins wenig einflussreiche Verteidigungsministerium versetzt wurde, war es die erste Tat des neuen CSU-Bundesfinanzministers Theo Waigel, die Quellensteuer wieder abzuschaffen.[107] Dass die Initiative hierzu von der CSU ausging, war insoweit wenig überraschend, als diese seit der Ernennung Strauß' zum Ministerpräsidenten zunehmend Steuerhinterzieher protegiert hatte. Das ging so weit, dass der bayerische Finanzminister selbst wohlhabende Steuerbürger, unter anderem Franz Beckenbauer und Gerd Müller, mit Hinweisen versorgte, wie sie ihr Geld in der Schweiz in Sicherheit bringen könnten, während pflichttreue Steuerbeamte mit Degradierung und Mobbing rechnen mussten.[108]

Für die Bundesrepublik hatte die Entscheidung insofern nur kurzfristige Bedeutung, als – wie schon bei der Einführung vermutet – das Bundesverfassungsgericht zwei Jahre nach der Aufhebung urteilte, dass das Prinzip der gleichmäßigen Besteuerung verletzt sei

105 Bökenkamp, Ende, S. 289.

106 Gotto, Enttäuschung, S. 261.

107 Patrick Horst, Haushaltspolitik und Regierungspraxis in den USA und der Bundesrepublik, Frankfurt am Main 1995, S. 259.

108 Wilhelm Schlötterer, Macht und Missbrauch. Franz Josef Strauß und seine Nachfolger. Aufzeichnungen eines Ministerialbeamten, Köln 2009; Hans Woller, Gerd Müller: oder Wie das große Geld in den Fußball kam, München 2019.

und der Bund zum 1. Januar 1993 eine Kapitalertragsteuer von 30 Prozent einführen müsse. International erwies sich Waigels Tat aber als verheerendes Signal. Nach der Einführung in der Bundesrepublik hatte es in der EG nur noch vier Länder ohne Quellensteuer gegeben, auf denen entsprechend ein erheblicher Druck lastete. Mit dem deutschen Rückzieher waren die Chancen auf eine Vereinheitlichung zunichtegemacht. Stoltenberg war der Auffassung, dass sogar Luxemburg kurz vor der Zustimmung gestanden habe, und in seinen Memoiren bemerkt er süffisant: »Nirgendwo wurde im Jahr darauf die Kehrtwendung in der deutschen Gesetzgebung so begrüßt wie im benachbarten Großherzogtum.«[109]

Insgesamt hatte wegen dieser zweiten großen Steuerreform die Regierungskoalition erheblich an öffentlichem Ansehen eingebüßt. Alle Wahlprognosen liefen noch Mitte 1989 auf einen großen Erfolg der SPD bei der Bundestagswahl 1990 hinaus. Die Öffnung der innerdeutschen Grenze veränderte jedoch alles. Die Querelen der Steuerreform traten hinter die weltgeschichtlichen Ereignisse zurück, die die Basis für den dritten Wahlerfolg der Koalition legten.

Wandel und Kontinuität in der bundesdeutschen Steuerpolitik

In der Bilanz der CDU/CSU-FDP-Koalition bis zur Deutschen Einheit kann festgehalten werden, dass eine Senkung der Steuer- und Abgabenquote erreicht wurde. Diese fiel allerdings minimal aus und war deutlich geringer als die, die sozialliberale Koalition für die Jahre seit 1977, dem Jahr der höchsten Steuer- und Abgabenquote, hatte vorweisen können. Die staatliche Ausgabenquote konnte ebenfalls gesenkt werden. Hierzu trug auch das Wirtschaftswachstum bei, das ab 1988 wieder merklich anzog. Dadurch konnten der gesamte öffentliche Haushalt einschließlich der Sozialversicherungen zum ersten Mal seit Anfang der 1970er Jahre wieder ausgeglichen werden. Auch die Staatsverschuldung stabilisierte sich in Relation zum Sozialprodukt auf einem im internationalen Vergleich moderaten Niveau .[110]

109 Stoltenberg, Wendepunkte, S. 307.

110 Zur Entwicklung der Schuldenquote siehe die Grafiken bei: Ullmann, Abgleiten in den Schuldenstaat, S. 255; Mark Spoerer, Öffentliche Finanzen, in: Tho-

Grafik 112

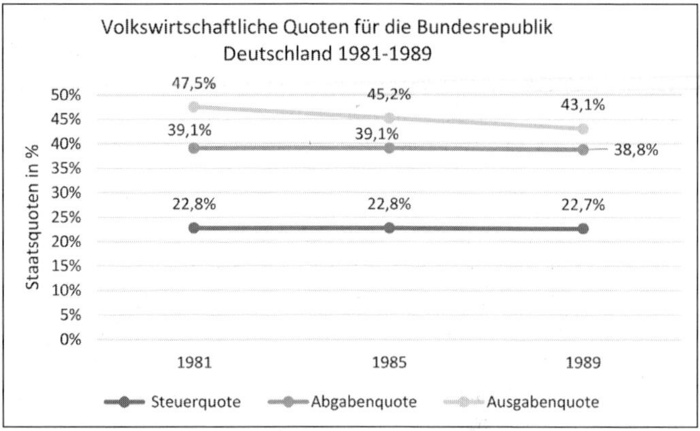

Quelle: Spoerer, Öffentliche Finanzen, S. 104-108

Vor allem die CDU war in der Finanzpolitik um eine gewisse soziale Symmetrie bemüht, während CSU und FDP für eine deutlichere Entlastung zugunsten der Unternehmen und Spitzenverdiener plädierten. Innerhalb der CDU verweigerte nicht nur der Flügel um Blüm und Geißler diesem Kurs die Zustimmung, sondern auch Helmut Kohl stand ihm eher skeptisch gegenüber.

Auch darum blieb die Zunahme gesellschaftlicher Ungleichheit in den 1980er-Jahren im Vergleich zu den USA oder Großbritannien in der Bundesrepublik moderat. Allerdings wendete sich der Trend der 1960er- und 1970er-Jahre, der die Einkommensverteilung in der Bundesrepublik egalitärer gemacht hatte, hin zu einer leichten Zunahme der bereits bestehenden Ungleichheit. Dies war nicht nur durch die Senkung der Einkommensteuer bedingt, sondern auch durch die verringerte Besteuerung von Unternehmens- und Kapitalgewinnen, vor allem aber durch die zunehmende Ungleichheit beim Markteinkommen und die anhaltend hohe Arbeitslosigkeit.

mas Rahlf (Hg.), Deutschland in Daten. Zeitreihen zur Historischen Statistik, Bonn 2015, S. 102-113, hier S. 112.

Grafik 113

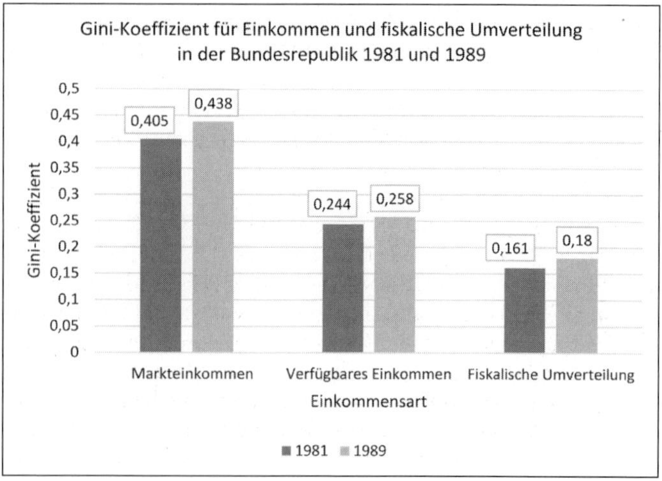

Quelle: David K. Jesuit/Vincent A. Mahler: Fiscal Redistribution in Comparative Perspective: Recent Evidence from the Luxembourg Income Study (LIS) Data Centre, in: Buggeln/Daunton/Nützenadel (Hg.), Political Economy, S. 177-198

Vergleicht man die Finanzpolitik der sozialliberalen mit jener der nachfolgenden konservativ-liberalen Koalition, so findet sich in der Literatur häufig betont, dass bereits unter Kanzler Schmidt in einigen Bereichen Konsolidierungsbemühungen einsetzten und diese unter Kohl eher moderat verstärkt wurden.[111] Für die Steuerquote ist unter der SPD-FDP-Koalition ein leichter Anstieg festzustellen, der aber schon ab 1977 gestoppt wurde. Vieles spricht in dieser Sicht dafür, den Regierungswechsel nicht als allzu große Wende in der Finanzpolitik zu betrachten und die Kontinuitäten im Regierungshandeln nicht zu übersehen. Betrachtet man jedoch die Verteilungswirkungen der von beiden Koalitionen vorgenommenen Steueränderungen, zeigen sich die politischen Prioritäten

111 Ullmann, Steuerstaat, S. 205 f.; Werner Abelshauser: Deutsche Wirtschaftsgeschichte seit 1945, München 2004, S. 446-449.

doch recht deutlich. Während die Belastungen mit Lohn- und Verbrauchsteuern in den ersten Jahren der sozialliberalen Regierung sanken, wurden Gewinne aus Unternehmenstätigkeit sowie Vermögen höher besteuert. Die nachfolgende CDU/CSU-FDP-Regierung drehte diese Entwicklung um und führte die Belastungen bis 1989 wieder in die Nähe der Ausgangssituation von 1969.[112] Dadurch verminderte sich die Progressionswirkung des bundesdeutschen Steuersystems in den 1980er-Jahren.

Im Detail fällt auf, dass sich die SPD-FDP-Regierung zwar nach der ersten Ölkrise gezwungen sah, die Lohn- und Verbrauchsteuersätze wieder anzuheben, eine Entlastung auf der Unternehmensseite jedoch weitgehend ausblieb. Gerade auf diesem Feld vollzog sich nach dem Regierungswechsel auch ein grundlegender Politikwechsel. Die Steuerbelastung der Unternehmen wurde nun zügig verringert. Die hierfür immer wieder ins Feld geführte Begründung, dass dadurch Investitionen und Arbeitsplätze geschaffen würden, erwies sich aber nur bedingt als stichhaltig, denn die Arbeitslosenzahlen stiegen zunächst weiter. Erst Ende der 1980er-Jahre zog das Wachstum merklich an, was auch zu einer moderaten Abnahme der Arbeitslosenquote führte.

Es gab also nach 1982 sehr wohl eine Wende in der Steuer- und Finanzpolitik. Diese zeigte sich weniger in den volkswirtschaftlichen Basisquoten für die öffentlichen Finanzen als in den Veränderungen bei den Be- und Entlastungswirkungen der Steuern für unterschiedliche soziale Gruppen. Ob dies aber eine Kennzeichnung der neuen Regierungspolitik als »neoliberal« rechtfertigt, ist zweifelhaft. In vielem handelte es sich nach der etwa zehnjährigen Hochphase des Keynesianismus in Deutschland, der in dieser Zeit auch in der FDP und der CDU/CSU erheblich an Einfluss gewonnen hatte, eher um eine Zurückbesinnung auf die Werte des klassischen Liberalismus, der katholischen Soziallehre und des Ordoliberalismus.[113] Helmut Kohl stellte sich mit seiner Berufung auf die soziale

112 Roloff, Der eigennützige Staat, S. 248-255.

113 Ähnlich: Martin Werding, Gab es eine neoliberale Wende? Wirtschaft und Wirtschaftspolitik in der Bundesrepublik Deutschland ab Mitte der 1970er Jahre, in: Vierteljahrshefte für Zeitgeschichte 56 (2008) 2, S. 303-321. Werding geht allerdings im Gegensatz zu mir davon aus, dass die Auffassungen neoliberaler Strömungen, die sich in den Wirtschaftswissenschaften weitgehend durchgesetzt haben, bis 2008 kaum in praktische Wirtschaftspolitik umgesetzt wurden.

Marktwirtschaft explizit in die Tradition des Ordoliberalismus. Im Hinblick auf Foucaults Differenzierung stünde Kohl damit dem klassischen Liberalismus näher, weil er der Übertragung der Marktlogik auf den Staat eher skeptisch gegenüberstand. Folgt man einer Definition des Neoliberalismus, die auf den Marktfundamentalismus abhebt, dann ist zu konstatieren, dass unter Kohl zwar dem Markt eine größere Bedeutung zugemessen wurde als zu Beginn der 1970er-Jahre, von einer Diktion, die den Markt als Lösung für nahezu alle Probleme betrachtete, waren die Regierung und die an ihr beteiligten Parteien aber auch nach 1982 weit entfernt. Ein weitgehender Rückzug des Staates aus der Wirtschafts- und Sozialpolitik wurde kaum gefordert und erst recht nicht realisiert.

Gerade in der Steuerpolitik wäre auch eine Charakterisierung des Politikwechsels anhand der Frage möglich, wer von den Veränderungen profitierte, etwa im Sinne David Harveys, der den Neoliberalismus als Ideologie zur Durchsetzung der Interessen der Oberschicht betrachtet. Für den Regierungswechsel 1982 in der Bundesrepublik ließe sich in der finanzpolitischen Entscheidungsfindung zugespitzt von der Ablösung einer Unterschicht-Mittelschicht-Koalition durch eine Mittelschicht-Oberschicht-Koalition sprechen. Tatsächlich profitierte die Oberschicht auch hierzulande in der Tendenz am meisten von den Veränderungen in der Steuerpolitik. Der starke Arbeitnehmerflügel der CDU verhinderte aber, dass es schon in den 1980er-Jahren zu einer umfassenderen Entlastung der Oberschicht kam.

Zusammenfassend ist festzuhalten, dass die Politik der liberal-konservativen Regierungskoalition auf dem Feld der öffentlichen Finanzen in den 1980er-Jahren, beurteilt anhand zweier zentraler Kriterien – Marktfundamentalismus und Bevorzugung der Oberschichten –, nicht als eindeutig neoliberales Projekt bezeichnet werden kann, obgleich einige ihrer Züge in diese Richtung weisen. Treffender scheint es, das Jahr 1982 als Rückkehr zur ordoliberalen Tradition oder bestenfalls als allmählichen Beginn einer Verschiebung hin zu einer stärker neoliberal geprägten Fiskalpolitik zu sehen. Hält man sich an diese beiden Kriterien, dann kann frühestens für die Mitte der 1990er-Jahre mit der Debatte um den Standort Deutschland[114] und den einsetzenden Diskussionen um

114 Wencke Meteling: Internationale Konkurrenz als nationale Bedrohung – Zur politischen Maxime der »Standortsicherung« in den neunziger Jahren, in: Ralph

sehr viel radikalere Steuerreformen davon gesprochen werden, dass der Neoliberalismus sich in der Regierungspolitik wie im öffentlichen Diskurs stärker festzusetzen begann.

Der neoliberale Steuer-Big-Bang in den USA und Großbritannien

Während also an der Durchsetzung des Neoliberalismus in der Bundesrepublik in den 1980er-Jahren Zweifel anzumelden sind, so gibt es für diese im Hinblick auf die Politik sowohl von Ronald Reagan wie von Margaret Thatcher keinen Spielraum. Diese beiden waren es, die dem Neoliberalismus auf der globalen Bühne zum Durchbruch verholfen haben. Das gilt auch und gerade im Hinblick auf ihre Steuerpolitik und ihren Umgang mit den öffentlichen Finanzen. Doch beide mussten sich dabei gegen erhebliche Widerstände, auch in ihren eigenen Parteien, durchsetzen und konnten jeweils nur einen Teil ihres Programms implementieren. Wegen der von ihrer Politik ausgehenden globalen Sogwirkung, der sich auch Deutschland in den folgenden Jahren nicht entziehen konnte, lohnt ein vergleichender Blick auf die Steuer- und Ausgabenpolitik beider Länder.

Obwohl Thatcher und Reagan häufig in einem Atemzug genannt werden, wenn es um den Aufstieg des Neoliberalismus geht, waren die Unterschiede ihrer Politikansätze doch erheblich. In der Haushaltspolitik ist der wichtigste, dass Reagan nicht nur anfängliche Einnahmeverluste durch die Steuersenkung in Kauf nahm, sondern gleichzeitig die Staatsausgaben insbesondere durch die Steigerung des Militärhaushalts drastisch erhöhte.[115] In seinem ersten Amtsjahr belief sich das Defizit noch auf 21,6 Prozent des BSP, 1986 hatte es schon über 37 Prozent erreicht.[116] Nach Paul Pierson etablierte

Jessen (Hg.), Konkurrenz in der Geschichte. Praktiken – Werte – Institutionalisierungen, Frankfurt am Main/New York 2014, S. 289-316; Sebastian Nawrat, Agenda 2010 – ein Überraschungscoup? Kontinuität und Wandel in den wirtschafts- und sozialpolitischen Programmdebatten der SPD seit 1982, Bonn 2012, S. 82-103.

115 Michael French, US Economic History since 1945, Manchester 1997, S. 144.

116 James M. Poterba, Budget Policy, in: Martin Feldstein (Hg.), American Economic Policy in the 1980s, Chicago 1994, S. 235-270, hier S. 241.

er damit eine Fiskalpolitik der Austerität, das heißt eine Politik, bei der der hohe Schuldenstand beständig als Argument gegen soziale Anforderungen in Anschlag gebracht wurde – eine Politik, so Pierson, die sich heute in den meisten Industrienationen durchgesetzt hat.[117] Monica Prasad hat aber gezeigt, dass Reagan sich zwar gelegentlich Gedankenspiele dieser Art erlaubte, aber nach dem dramatischen Anstieg des Defizits 1981 doch dem Budgetausgleich mehr Aufmerksamkeit widmete, so dass sich die Schuldenlast zumindest nicht mehr so schnell weiter erhöhte.[118] Thatcher hingegen hielt in ihrer ersten Amtsperiode trotz höherer Einnahmen die Staatsausgaben nach anfänglichem Anstieg weitgehend stabil und reduzierte so das britische Defizit.

Gerade in der Steuerpolitik dominierten aber die Gemeinsamkeiten, deren Auswirkungen sich auch anhand der sozialen Lastenverteilung zeigen lassen. Sowohl Thatcher wie Reagan begannen kurz nach der Regierungsübernahme mit der Senkung des Spitzensteuersatzes. In den USA sank dieser bei der Einkommensteuer innerhalb von sechs Jahren von 70 auf 28 Prozent; in Großbritannien, wo er 1975 noch bei 83 Prozent gelegen hatte, sank er bis 1990 auf 40 Prozent. In beiden Ländern fand also eine Senkung um mehr als die Hälfte statt. Zudem verschob sich in beiden Ländern das Gewicht von den redistributiven zu den regressiven Steuern, sprich der Anteil der die Wohlhabenden stärker belastenden Steuern (vor allem die Einkommen- und die Unternehmensteuer) sank, während der Anteil der die weniger Begüterten stärker treffenden Steuern (vor allem die Umsatz- bzw. Mehrwertsteuer) stieg. Unter Thatcher war der Anstieg der indirekten Steuern jedoch weit stärker, wodurch sie die Steuerquote in ihrer ersten Amtsperiode erhöhte, während Reagan sie senkte. Zudem senkte Thatcher beständig den Anteil der Unternehmer an den Sozialversicherungen, während die Abgaben der Arbeitnehmer beständig erhöht wurden. In den USA fiel der Anteil der redistributiven Steuern an den Steuereinnahmen von 1980 bis 1987 um 2,6 Prozent, in Großbritannien um 2,9 Prozent.[119]

Hinzu kam, dass in beiden Ländern die Unternehmensteuern

117 Paul Pierson, Dismantling the Welfare State? Reagan, Thatcher and the Politics of Retrenchment, Cambridge, Mass. 1995, insb. S. 152 f.

118 Monica Prasad, Starving the Beast. Ronald Reagan and the Tax Cut Revolution, New York 2018, S. 141-150.

119 Steinmo, Taxation & Democracy, S. 3.

gesenkt wurden. Reagans Steueränderung von 1986 stellte den größten Einschnitt dieser Art dar, doch hatte Thatcher schon zwei Jahre zuvor mit einer ähnlichen Politik begonnen, auch wenn diese über einen längeren Zeitraum und in kleineren Schritten erfolgte. In den USA fiel der Spitzensteuersatz für Unternehmen 1986 von 46 auf 34 Prozent, in Großbritannien im Zeitraum von 1984 bis 1991/92 von 52 auf 33 Prozent. In beiden Ländern erfolgte Mitte/Ende der 1980er-Jahre eine zweite Reform der Einkommensteuer. Diese beinhaltete vor allem eine deutliche Reduzierung der Tarifstufen bei erneuter Senkung des Höchstsatzes. In Großbritannien war die Senkung durch sprudelnde Öleinnahmen und die Erträge der Privatisierung von Staatsbetrieben vorerst gedeckt, in den USA diesmal sogar durch den Abbau von Steuervergünstigungen vollständig gegenfinanziert.

Eine der wichtigsten Fragen für die Beurteilung der Politik von Reagan und Thatcher ist die nach den Folgen für die Einkommensverteilung. In Großbritannien und mehr noch in den USA hatte die stärkere Progressivität des Steuersystems bis dahin einen Ausgleich für das schwächer ausgebaute System der Sozialleistungen dargestellt. Das hatte dazu geführt, dass die USA hinsichtlich der Egalität der Einkommensverteilung bis zum Beginn der 1980er-Jahre mit der Bundesrepublik gleichauf lag, während in Großbritannien größere Egalität herrschte. Unter den reichen OECD-Nationen lagen die USA damit im Mittelfeld und Großbritannien gehörte zu den Nationen mit der egalitärsten Einkommensverteilung.

Dies änderte sich in den 1980er-Jahren dramatisch. Eine Studie der OECD über die Einkommensverteilung in den reichen OECD-Nationen in den 1980er-Jahren zeigt, dass der in den 1960er- und 1970er-Jahren starke Trend zur stärkeren Einkommensegalität nun stagnierte. Doch nur in den USA und Großbritannien kam es zu einer radikalen Trendumkehr. Hier stieg die Einkommensungleichheit deutlich an, woran die Steuerpolitik der Regierung einen Anteil hatte.[120] Für Großbritannien ergibt eine detaillierte Analyse der Steuerveränderungen unter Thatcher und Major von 1985 bis 1995, dass die egalisierende Wirkung der Steuern durch die

120 Chen Wang/Koen Caminada, Leiden LIS Budget Incidence Fiscal Redistribution Dataset (2011), online verfügbar unter: ⟨http://www.lisdatacenter.org/resources/other-databases/⟩ (Zugriff: 10.12.2021).

Reformen um 28 Prozent sank.[121] Es zeigt sich zudem, dass etwa 50 Prozent der vom Staat gewährten Steuererleichterungen den reichsten zehn Prozent zugutekamen.[122] Das war maßgeblich den Absenkungen des Spitzensteuersatzes geschuldet: Diese erfolgten 1979 und 1988; in beiden Jahren kam es zum starken Anstieg der gesellschaftlichen Ungleichheit.[123] 1987 hatte sich der progressive Charakter der direkten Steuern so weit abgeschwächt, dass ihre Umverteilungswirkung durch den Anstieg der regressiven Mehrwertsteuer ausgeglichen wurde.[124] Thatcher und die Konservativen versuchten, brisante Erkenntnisse über die Verteilungswirkung ihrer Politik zu unterdrücken. Sie suspendierten von der vorherigen Labour-Regierung aufgelegte Programme zur Erstellung von Haushaltsstatistiken und insbesondere zur Armutsberichterstattung. Selbst behaupteten sie dann aufgrund eigener Statistiken, dass Thatchers Politik den Lebensstandard für alle Bevölkerungsgruppen erhöht habe. Doch unabhängige Forschungseinrichtungen waren anders als noch in den 1970er-Jahren nun in der Lage eigene Zahlen vorzulegen, weil sich die Kapazitäten der elektronischen Datenverarbeitung deutlich erweitert hatten, so dass die Regierung ihr Monopol im Bereich des statistischen Wissens zunehmend verlor.[125]

In den USA profitierten die unteren und mittleren Einkommen aufs Ganze gesehen nicht von den Steuersenkungen, weil diese durch die Erhöhungen der Sozialbeiträge kompensiert oder sogar überkompensiert wurden.[126] Tendenzielle Verbesserungen ergaben sich für die zehn Prozent der höchsten Einkommensbezieher, doch

121 Christopher Giles/Paul Johnson, Tax Reform in the UK and Changes in the Progressivity of the Tax System 1985-95, in: Fiscal Studies 15 (1994) 3, S. 64-86, hier S. 85.

122 Paul Johnson/Graham Stark, Ten Years of Mrs Thatcher: the Distributional Consequences, in: Fiscal Studies 10 (1989) 2, S. 29-37, hier S. 33.

123 Tom Clark/Andrew Leicester, Inequality and Two Decades of British Tax and Benefit Reforms, in: Fiscal Studies 25 (2004) 2, S. 129-158, hier S. 138.

124 Howard Glennerster, Tibor Barna: The redistributive impact of taxes and social policies in the UK 1937-2005, London 2006 (CASE-Paper Nr. 115), S. 1-28, hier S. 17

125 Felix Römer, Evolving Knowledge Regimes. Economic Inequality and the Politics of Statistics in the United Kingdom since the Postwar Era, in: Know. A Journal on the Formation of Knowledge 4 (2020) 2, S. 325-352, hier S. 344 f.

126 Willi Leibfritz/John Thornton/Alexandra Bibbee, Taxation and Economic Performance, Paris 1997 (OECD Economics Department Working Papers No. 176), S. 106-111.

auch innerhalb dieser Gruppe gilt es noch zu differenzieren. Eine neuere Studie zeigt, dass vor allem das oberste Prozent der Bevölkerung mit den allerhöchsten Einkommen ganz überdurchschnittlich von den Reagan'schen Steuerreformen profitiert hat.[127] Die Gesetze von 1981 und 1986 schufen die Voraussetzung dafür, dass der Aufbau großer Vermögen in den USA in den 1980er- und 1990er-Jahren deutlich an Fahrt aufnahm. Ähnliches gilt für Großbritannien.

Grafik 114

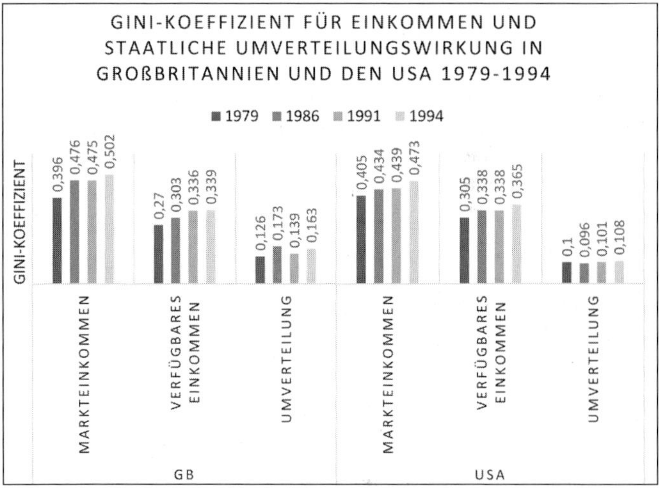

Quelle: Chen Wang/ Koen Caminada, Leiden LIS Budget Incidence Fiscal Redistribution Dataset (2011), online verfügbar unter: ⟨http://www.lisdatacenter.org/resources/other-databases/⟩ (Zugriff: 10. 12. 2021)

Die Zahlen zeigen, dass sich die Ungleichheit in der Markteinkommensverteilung in den USA und in Großbritannien in fünfzehn Jahren um 0,068 bzw. sogar 0,106 Punkte erhöht hat. Weil die staatliche Umverteilung damit nicht ansatzweise Schritt hielt (USA 0,008 und GB 0,037), sind in den USA über 80 Prozent und in

127 Thomas Piketty/Emmanuel Saez, Income Inequality in the United States 1913-1998, in: Quarterly Journal of Economics 68 (2003) 1; S. 1-39.

Großbritannien über 60 Prozent der Brutto- zu Nettozugewinnen geworden.

Diese erwünschte Steigerung gesellschaftlicher Ungleichheit zur Entfesselung kapitalistischer Energien entsprach ganz den Grundsätzen des Neoliberalismus. Dementsprechend genossen Thatcher und Reagan trotz aller Unstimmigkeiten im Detail weit über ihre Regierungszeiten hinaus die Hochachtung ihrer neoliberalen Berater. Milton Friedman etwa gab in einem seiner letzten Interviews, das *Die Welt* posthum veröffentlichte, als Lösung für aktuelle Probleme in Europa zu Protokoll: »Kurz gesagt, sie alle sollten Margaret Thatcher und Ronald Reagan nacheifern.«[128]

Konvergenz und Divergenz in den Steuersystemen der 1980er-Jahre

Auf lange Sicht folgten viele OECD-Länder diesem Rat, doch inwieweit begann dieser Wandel schon in den 1980er- und frühen 1990er-Jahren und, wenn ja, welche Länder folgten den Ansätzen neoliberaler Steuerpolitik früh? Entgegen den Erwartungen und mitunter auch den Bemühungen der europäischen Regierungen fiel sowohl die Steuer- wie die Abgabenquote im Durchschnitt der Länder in dieser Phase nicht, ihr Anstieg flachte sich lediglich ab. Dies aber deutlich: In den 1970er-Jahren stieg die Quote in den EU-9-Ländern um insgesamt 5 Prozent, in den 1980er-Jahren noch um 1,3 Prozent. Im Detail ergibt sich folgendes Bild:

128 *Die Welt* vom 17.11.2006.

Grafik 115

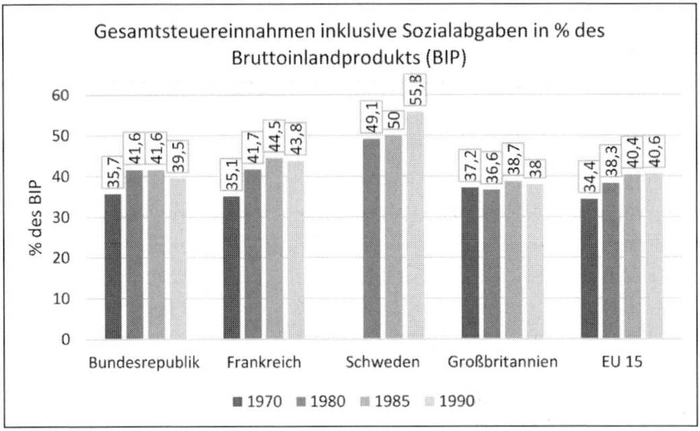

Quelle: Eurostat, Structures of the taxation systems in the European Union 1970-1997, Luxemburg 2000, S. 68

Auffällig ist, dass in Deutschland die Abgabenquote von 1980 bis 1990 fiel, während sie in Großbritannien unter Thatcher stieg. Dies sagt zunächst einmal wenig über die Umverteilungswirkung der Steuersysteme im Vergleich aus, weil die Thatcher-Regierung die Spitzenverdiener weit stärker entlastete als die Kohl-Regierung. Der Indikator der Abgabenquote ist jedoch langfristig durchaus von Relevanz, weil neuere Studien eine starke Korrelation mit dem Gini-Koeffizienten für das verfügbare Einkommen gezeigt haben: Je höher dieser Indikator liegt, desto geringer ist tendenziell die Einkommensungleichheit im betreffenden Land.[129] Die Daten könnten darauf hindeuten, dass der Höhepunkt der Abgabenquote gegen Ende der 1980er-Jahre erreicht war, weil in den vielen europäischen Staaten Steuerreformen zur Senkung der Belastung in Gang gesetzt wurden. Doch damit beendeten viele Länder vorerst ihre Senkungsbemühungen, und die Abgabenquote begann ab 1990 wieder stärker zu steigen, zumeist vor allem aufgrund der kal-

129 Uwe Wagschal/Herbert Obinger, Social Expenditures and Revenues, in: Castles, Oxford Handbook Welfare State, S. 333-352, hier S. 344.

ten Progression. In den fünfzehn EU-Ländern erfolgte bis 1997 ein Anstieg um fast zwei Prozentpunkte auf 42,5 Prozent.[130] Dies zeigt, dass die Globalisierung zumindest bis Mitte der 1990er-Jahre nicht zu einer Erosion der Steuerbasis in Europa geführt hat.[131]

Der Vergleich der vier Länder hebt die Position Schwedens hervor: Während sich die anderen drei Länder über die gesamten 1980er-Jahre innerhalb einer Fünf-Prozent-Spanne um den EU-Mittelwert befanden, lag Schweden 1990 15 Prozentpunkte über diesem. Daran änderte auch die schwedische »Jahrhundertreform« 1990/91, in der es zu einer massiven Steuersenkung kam, nur kurzfristig etwas. Die Abgabenquote sank 1994 knapp unter 50 Prozent, doch bereits 1997 lag sie wieder über 54 Prozent.

Die Differenzen zwischen den vier Ländern nehmen deutlich zu, wenn man die Steuerzusammensetzung betrachtet.

Tabelle 59:
Einnahmequellen in % der Gesamtsteuereinnahmen[132]

	Bundesrepublik			Frankreich			Schweden			Großbritannien			EU 15 (1970 EU 9)		
	D	I	S	D	I	S	D	I	S	D	I	S	D	I	S
1970	31	37	32	21	43	36				47	38	15	31	39	30
1980	31	32	38	21	37	43	44	27	29	44	38	18	33	33	34
1985	31	30	39	21	36	43	42	33	25	45	36	19	33	33	34
1990	29	32	40	21	35	44	42	31	27	46	36	18	33	33	34
1997	24	30	46	24	34	42	42	30	28	42	39	19	32	33	35

Quelle: Eurostat, Structures of the taxation systems in the European Union 1970-1997, Luxemburg 2000, S. 76, 94 und 112

130 Da ein Anstieg um zwei Prozentpunkte oder auch ein Unterschied in der Steuerquote um ein oder zwei Prozentpunkte nicht gewaltig klingt, sei kurz in absoluten Zahlen ausgedrückt, um welche Summen es sich hier handelte. Das deutsche Bruttosozialprodukt lag 1990 bei über 2300 Mrd. DM. Ein Anstieg der Steuerquote um einen Prozentpunkt hätte also 23 Mrd. DM zusätzliche Einnahmen in die Kassen gespült. Die jährliche Neuverschuldung in der Bundesrepublik lag in den 1980er-Jahren zumeist zwischen 20 und 40 Mrd. DM.

131 Neuere Studien zeigen, dass die Steuerquote von 1995 bis 2006 in den 19 reichsten OECD-Ländern leicht gesunken ist: Neil Brooks/Thaddeus Hwong, Tax levels, Structures and Reforms: Convergence or Persistence, in: Theoretical Inquiries in Law 11 (2010) 2, S. 791-821, hier S. 798.

132 D = Direkte Steuern, I = Indirekte Steuern, S = Sozialabgaben.

Überraschend ist auf den ersten Blick, dass die relative Bedeutung der indirekten Steuern in Großbritannien trotz der drastischen Anhebung der Mehrwertsteuer in den 1980er-Jahren nicht zugenommen hat, anders als der Großteil der Literatur dies suggeriert. Der Grund hierfür ist, dass parallel die Steuersätze für Einzelwaren reduziert wurden. Von der Forschung ebenfalls wenig beachtet worden ist der bedeutende Annäherungsprozess zwischen Deutschland und Frankreich hinsichtlich der drei Haupteinnahmequellen, wobei insbesondere die 1997 erreichte Angleichung der 1980 noch weit auseinanderliegenden Anteile der direkten Steuern an den Gesamtsteuereinnahmen eine bemerkenswerte Entwicklung ist.

Diese Analyse ergibt ein völlig anderes Bild, als Junko Kato es in ihrem Buch »Regressive Taxation and the Welfare State« nahelegt, in dem sie davon ausgeht, dass der Ausbau des Wohlfahrtsstaates vor allem dort möglich war, wo vor 1973 die regressive Mehrwertsteuer eingeführt worden war.[133] Als zentrales Beispiel dient ihr Schweden. Kato kapriziert sich auf die Wachstumsraten verschiedener Steuerarten und sieht, dass in Frankreich der Anteil der indirekten Steuern in den 1980er- und 1990er-Jahren fällt, während er in Schweden steigt. Deswegen präsentiert sie Schweden als ein Land, welches vor allem auf die Mehrwertsteuer setzt, während sie Frankreich als ein Land darstellt, das den Ausbau des Wohlfahrtsstaates über Sozialabgaben finanziert.[134] Zudem behauptet sie, dass sich das französische Steuersystem dramatisch von dem aller anderen Industrieländern unterscheide und nie von der Steuerpolitik anderer Länder beeinflusst worden sei.[135]

Weil Kato die absoluten Zahlen ignoriert, übersieht sie, dass Frankreich 1970 bereits sehr viel stärker auf indirekte Steuern setzte als Schweden, und es ergibt sich ein völlig schiefes Bild. Noch

133 Junko Kato, Regressive Taxation and the Welfare State. Path Dependence and Policy Diffusion, Cambridge/New York 2003, Kapitel 2; dies., Regressive Taxation and the Politics of the Welfare State, in: Gisela Hürlimann/Jakob Tanner (Hg.), Steuern und Umverteilen. Effizienz versus Gerechtigkeit?, Zürich 2012, S. 205-217. Ähnliche Skepsis ist auch gegenüber einem zu einseitigen Argument einer zum Wohlfahrtsstaatsausbau an die indirekten Steuern geketteten Sozialdemokratie angebracht, wie es vorgetragen wird in: Pablo Beramendi/David Rueda, Social Democracy Constrained. Indirect Taxation in Industrialized Democracies, in: British Journal of Political Science 37 (2007), S. 619-641.

134 Kato, Regressive Taxation, Kapitel 2.

135 Ebd., S. 94 f.

1997 ist in Schweden der Anteil der direkten Steuern höher als in Frankreich, während der Anteil der indirekten Steuern nach wie vor niedriger lag. Der besonders stark ausgebaute Wohlfahrtsstaat in Schweden wurde auch Ende der 1990er-Jahre noch stärker durch progressive Einkommensteuern finanziert als in den meisten zentral- und westeuropäischen Ländern.

Insgesamt scheint Katos Hauptthese eher auf der zufälligen Korrelation zweier Faktoren zu beruhen, als dass der Zusammenhang wirklich schlüssig eine Pfadabhängigkeit nachweist. Ihre These, dass all jene Staaten, die vor 1973 die Mehrwertsteuer eingeführt hatten, danach und deswegen den Wohlfahrtsstaat besser erweitern konnten, koppelt den Ausbau zu stark an die Mehrwertsteuer. Dabei deuten die Daten für die EU-9 für 1970 daraufhin, dass der Anteil der indirekten Steuern an den Gesamtsteuereinnahmen in einigen wichtigen europäischen Staaten von 1970 bis 1990 eher gesunken ist. Am Beispiel Großbritanniens konnte zudem gezeigt werden, dass der Ausbau der Mehrwertsteuer durch die Absenkung anderer indirekter Steuern kompensiert wurde. Die Daten für die EU-9-Länder legen nahe, dass es dort in der ersten Hälfte der 1970er-Jahre zu einer ähnlichen Entwicklung kam.[136] Schon eher stimmig könnte die These sein, dass der Ausbau des Wohlfahrtsstaates nach der Krise vor allem durch die Kombination von regressiven indirekten Steuern und Sozialbeiträgen ermöglicht wurde. Jedoch sollte nicht vergessen werden, dass Schweden und Dänemark diesen Ausbau in den 1970er- und 1980er-Jahren mit am weitesten vorantrieben und beide Länder dies stärker als die meisten anderen über Einnahmen aus progressiven Einkommensteuern finanzierten. Allerdings lasteten diese auch wesentlich schwerer auf den Durchschnittsverdienern, was besonders im Vergleich mit Großbritannien und den USA sichtbar wird. Zudem kannte das schwedische Steuersystem kaum Familienermäßigungen.

136 Eurostat, Structures of the taxation systems in the European Union 1970-1997, Luxemburg 2000, S. 80-88.

Grafik 116

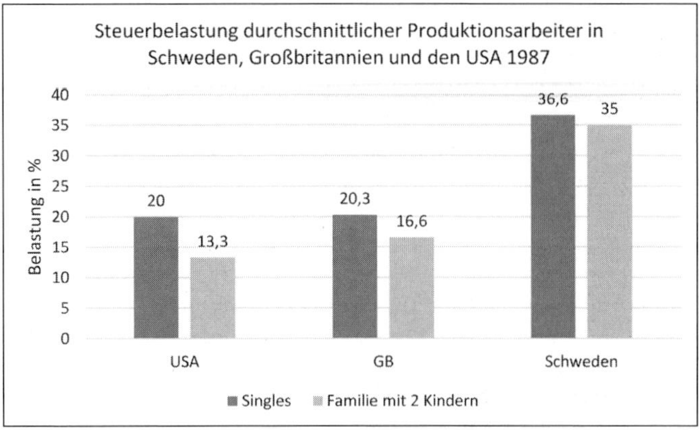

Quelle: OECD, The Tax/Benefit Position of Production Workers 1984-1987, Paris 1988, S. 50

Fragt man nach einer etwaigen neoliberalen Konvergenz der Steuersysteme, so lässt sich zumindest für die europäischen Länder in den 1980er-Jahren kein Trend hin zur Verlagerung zu den regressiveren Steuern zeigen. Ein etwas anderes Bild ergibt sich, wenn die Ausgestaltung der einzelnen Steuern betrachtet wird. So nahm etwa bei den Sozialbeiträgen in Europa der Anteil des Arbeitnehmerbeitrags langsam zu, während der der Arbeitgeber sank. Besonders stark ausgeprägt war diese Entwicklung in Großbritannien.[137] Noch bedeutsamer für die Gesamtwirkung des Steuersystems dürften aber die internen Veränderungen bei der Einkommensteuer gewesen sein. Insbesondere der Trend zur Herabsetzung der Spitzensteuersätze trug dazu bei, dass die Umverteilungswirkung des Steuersystems reduziert wurde.

137 Ebd, S. 114-121.

Tabelle 60:
Veränderung bei Eingangs- und Höchstsätzen der Einkommensteuer 1975-1990

	1975		1985		1990		Veränderung 1975-1990	
	Eingang	Höchst	Eingang	Höchst	Eingang	Höchst	Eingang	Höchst
Bundesrepublik	22	56	22	56	19	53	-3	-3
Frankreich	5	60	5	65	5	50	0	-10
Großbritannien	35	83	30	60	25	40	-10	-43
Schweden	32	85	35	80	30	50	-2	-35
USA	14	70	11	50	15	28	+1	-42
OECD	21	68	22	63	24	50	+3	-18

Quelle: Heidenheimer/Heclo/Adams, Comparative Public Policy, S. 211

Hier zeigt sich die Bedeutung der Kämpfe für soziale Ausgewogenheit der Steuerreformen, die der CDU-Arbeitnehmerflügel geführt hat. Nur in Deutschland sank der Eingangssteuersatz im gleichen Maße wie der Spitzensteuersatz. Dies war ein Grund dafür, dass in Deutschland die Ungleichheit in der Nachsteuereinkommensverteilung im Vergleich zu den USA und Großbritannien nur geringfügig anstieg. In vielen OECD-Ländern nahm der Höchstsatz deutlich stärker ab als der Eingangssatz, in den USA und im OECD-Durchschnitt wurde der Eingangssatz sogar erhöht. Im OECD-Durchschnitt sank damit die Differenz zwischen dem Eingangs- und dem Höchststeuersatz um mehr als zwanzig Prozentpunkte, wodurch die Progressionswirkung der Einkommensteuer stark abgemildert wurde. Deutschlands Position im Ländervergleich hatte sich binnen fünfzehn Jahren radikal verändert: Hatte die Bundesrepublik 1975 noch den niedrigsten Höchststeuersatz der untersuchten Länder gehabt, so belegte sie 1990 den Spitzenplatz.

Diese Tatsache lässt zumindest eine gewisse Skepsis aufkommen gegenüber sozialwissenschaftlichen Modellen, die Länder in einer Typologie verschiedener Steuersysteme dauerhaft einem Typ zuordnen und den Wandel der Steuersysteme tendenziell gering veranschlagen. Welches Bild sich für welches Land zu welchem Zeitpunkt ergibt, hängt von der Auswahl der Faktoren ab, die in die Cluster-Analyse einfließen. Die Tendenz der Forschung, eine immer größere Vielzahl von Faktoren zu berücksichtigen, ist dabei nicht immer von Vorteil. So zeigt die mit weniger Daten vorgenommene Einschätzung Peters, dass Frankreich einen Wandel vom südeuropäischen zum zentraleuropäischen Steuerstaat und einen Annäherungsprozess an Deutschland vollzog, während die neuere Studie von Wagschal, die auf mehr Daten beruht, Frankreich und Deutschland von 1960 bis 1995 durchgängig demselben Typ zuordnet und so die noch 1970 herrschende gewaltige Differenz beim Steuermix völlig ignoriert. Es besteht die Gefahr, dass in einem großen Datenpool gravierende Unterschiede in einer Menge mit zum Teil unbedeutenden Ähnlichkeiten untergehen.

Im Zentrum der politischen Debatten über Steuern und Sozialabgaben steht zumeist die Frage, welche sozialen Wirkungen sie haben. Hierbei ist zu beachten, dass die übliche Ungleichheitsmessung mithilfe des Gini-Koeffizienten nicht nur die Verteilung zwischen den Einkommensklassen, sondern auch zwischen Einkommensbeziehern und Nichteinkommensbeziehern berücksichtigt. Die größte Umverteilungswirkung unter den Sozialausgaben besitzen daher die Renten, die vor allem das verfügbare Einkommen zwischen den unterschiedlichen Altersgruppen verschieben, während sie gleichzeitig eher den sozialen Status konservieren. In den vier europäischen Untersuchungsländern machen die Renten mehr als 50 Prozent der Verteilungswirkung der Sozialausgaben aus. Demgegenüber wirken Steuern sehr viel stärker nivellierend auf die Einkommensdifferenzen, was ihre große Bedeutung für die Egalität einer Gesellschaft ausmacht.

Die Tabelle zeigt die Unterschiede zwischen den Ländern vielleicht am klarsten. Während die Differenz beim Gini-Koeffizienten beim Markteinkommen mit weniger als fünfzig Punkten zwischen den fünf Ländern noch vergleichsweise gering ist, hat sie beim verfügbaren Einkommen zwischen dem egalitären Schweden und den wenig egalitären Großbritannien und den USA mehr als hundert Punkte erreicht. In Schweden wird fast die Hälfte der Markteinkommensungleichheit durch staatliches Handeln reduziert, in der Bundesrepublik und Frankreich erfolgt immerhin eine Absenkung um etwa 40 %, in den USA und Großbritannien hingegen um weniger als 30 %.[138]

138 Vgl. auch: Johann Fritzell, Income Inequality in the 1980s: A Five-Country Comparison, in: Acta Sociologica 36 (1993), S. 47-62. Für eine globale Per-

Grafik 117

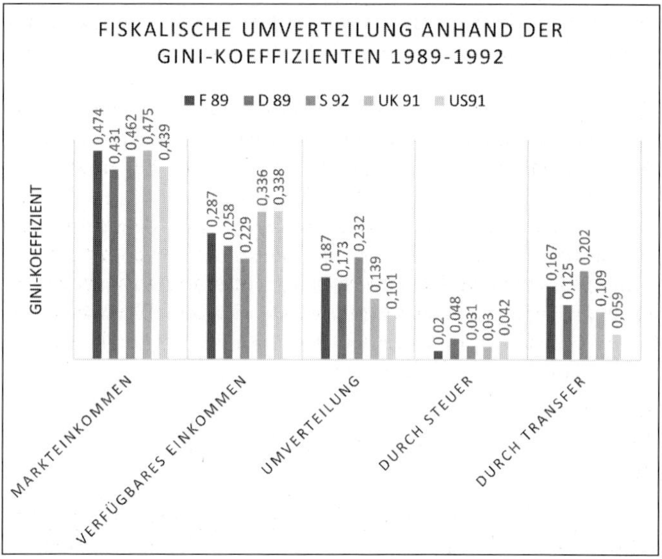

Quelle: Wang/Caminada, Leiden LIS Budget Incidence Fiscal Redistribution Dataset 2011[139]

In Schweden spielen die Sozialtransfers ebenso wie in Frankreich eine herausgehobene Rolle. Demgegenüber haben Steuern gerade in Frankreich eine sehr geringe Umverteilungswirkung. In den USA sind Sozialtransfers schwach ausgeprägt; sie haben ein dreimal geringeres Umverteilungsvolumen als in Schweden. Deswegen kommt den Steuern in den USA besondere Bedeutung für den sozialen Ausgleich zu, doch sie wurden von Reagan gegenüber den

spektive über einen langen Zeitabschnitt: Anthony Atkinson, The Changing Distribution of Earnings in OECD Countries, Oxford 2008.

139 Wegen eines Fehlers in der Datenbank 2011 für Frankreich die Ergebnisse von David Jesuit/Vincent Mahler, State Redistribution in Comparative Perspective. A Cross-National Analysis of the Developed Countries, Luxemburg 2004 (LIS Working Paper Nr. 392).

1970er-Jahren deutlich beschnitten, wodurch die USA Ende der 1980er-Jahre die größte Ungleichheit beim verfügbaren Einkommen zeigen. Die Bundesrepublik hat Ende der 1980er-Jahre das Steuersystem mit der höchsten Umverteilungswirkung, was auch durch die nur geringfügige Absenkung der Spitzensteuersätze zu erklären ist. Da die Bundesrepublik zudem den niedrigsten Gini-Koeffizienten beim Markteinkommen aufweist, ist sie im Vergleich der fünf Länder nach Schweden 1990 dasjenige mit der egalitärsten Verteilung des verfügbaren Einkommens.

Weil die Ungleichheit bei den verfügbaren Einkommen in den USA und Großbritannien durch die starken Steuersenkungen für Spitzenverdiener deutlich schneller stieg, entfernten sich beide Länder in den 1980er-Jahren zunehmend von der Bundesrepublik, die darum nun näher bei den egalitären skandinavischen als bei den angloamerikanischen Ländern lag.

Tabelle 61:
Gini-Koeffizienten für das verfügbare Einkommen 1979-1992

	USA	Großbritannien	Bundesrepublik	Norwegen	Schweden
1979-81	0,299	0,267	0,244	0,224	0,197
1989-92	0,335 (+36)	0,336 (+69)	0,258 (+14)	0,231 (+7)	0,229 (+32)

Quelle: Wang/Caminada, Leiden LIS Budget Incidence Fiscal Redistribution Dataset 2011

Steuerpolitik in den 1980er-Jahren

Der Steuerprotest war in den 1970er Jahren in den liberalen Wohlfahrtsstaaten mit einem sehr progressiven Steuersystem besonders stark. Dementsprechend war dort der Veränderungsdruck besonders groß. Die unter Thatcher und Reagan vorgenommenen Änderungen im Steuersystem waren indes so weitreichend, dass sie auch auf Länder mit anders gelagerten Steuersystemen ausstrahlten. Der sich daraus auch für diese Länder ergebende Veränderungsdruck war jedoch je nach nationaler Steuerkultur höchst unterschiedlich.

In der Tendenz ist es aber in der Mehrheit der Länder Westeuropas ebenfalls zu Senkungen des Spitzensteuersatzes in der Einkommen- und Unternehmensteuer gekommen, die jedoch selten so drastisch ausfielen wie in den USA und den Großbritannien. Von einer deutlichen Verschiebung zugunsten der besonders regressiven Steuern, wie sie unter anderem Junko Kato behauptet, kann in den 1980er-Jahren im westlichen Europa und in den USA freilich nicht die Rede sein.

Real brachten die Veränderungen der staatlichen Finanzpolitik insbesondere in den USA und Großbritannien vor allem den Spitzenverdienern und Unternehmen dennoch erhebliche Zugewinne. Für die Mittelschicht hingegen wurden die Erleichterungen bei den direkten Steuern in vielen Ländern durch die Erhöhung der Umsatz- bzw. Mehrwertsteuern und der Sozialabgaben zum großen Teil wieder absorbiert. Fast überall sorgte die Absenkung der Spitzensteuersätze dafür, dass die Schicht der Wohlhabenden am meisten profitierte. Das begünstigte den Aufbau großer Vermögen, die in den 1990er-Jahren erheblich zunahmen und eine Grundlage für die Ausweitung des Verkehrs des spekulativen Kapitals zum Ende des Jahrhunderts bildete.

Insbesondere die Angleichung der Spitzensteuersätze hat zu einer partiellen Konvergenz der Steuersysteme in den westlichen Industrieländern geführt, die sich seit den 1990er-Jahren weiter verstärkt hat. Doch auch heute noch lassen sich unterschiedliche Steuertypen feststellen, wenn auch die Differenzen nicht mehr so groß sind wie zu Beginn der 1970er-Jahre. Die Senkung der Spitzensteuersätze und die Probleme bei der Besteuerung von Finanzgewinnen wegen verbreiteter legaler wie illegaler Entziehungsmöglichkeiten haben dazu geführt, dass die sehr viel immobilere Steuerbasis Arbeit in den meisten reichen OECD-Länder sehr viel stärker besteuert wurde. Auch dadurch hat sich in den meisten westeuropäischen Ländern der redistributive Charakter des Steuersystems abgeschwächt, teils in sehr umfassendem Maße, und die seit den 1980er-Jahren in den reichen OECD-Ländern zunehmende Ungleichverteilung der Vorsteuereinkommen konnte durch staatliche Umverteilung nur noch in begrenztem Maße abgefedert werden.

Kapitel 22

Von der Finanzierung der Einheit zur rot-grünen Spitzensatzsenkung

1989 sah es in den Wahlprognosen für die Regierungskoalition lange nicht gut aus, was nicht zuletzt an der Steuerreform lag, die in der Öffentlichkeit nicht gut ankam. Die Regierung propagierte im Wahlkampf jedoch weiterhin Steuersenkungen, auch wenn das zunächst wenig Erfolg zu versprechen schien. Das Ende der DDR änderte alles. Die politische Stimmung wendete sich deutlich zugunsten der Regierungsparteien. Allerdings schoben die sich abzeichnenden immensen Kosten der Einheit weiteren Steuersenkungen vorerst einen Riegel vor. Stattdessen versprachen CDU/CSU und FDP nun, dass die Kosten der Einheit ohne Steuererhöhung bewältigt würden, während die SPD unter Führung von Kanzlerkandidat Oskar Lafontaine Steuererhöhungen für unausweichlich erklärte.

Die erste gesamtdeutsche Bundestagswahl vom 2. Dezember 1990 entschieden CDU/CSU und FDP deutlich für sich. Mitte Januar 1991 wurde Helmut Kohl als Bundeskanzler wiedergewählt. Drei Wochen später verkündete die neue Regierung dann die im Wahlkampf noch vehement abgelehnte Erhöhung der Steuern. Hierfür bot der Eintritt in den Zweiten Golfkrieg das willkommene Argument. Der ab 1991 erhobene Solidaritätszuschlag diente nach offizieller Lesart der Regierung vor allem der Kriegsfinanzierung, daneben der Unterstützung der vormaligen Ostblockländer mit dem Ziel, eine befürchtete Massenmigration in die Bundesrepublik zu verhindern. Erst an dritter Stelle erwähnte man auch die Bedürfnisse der neuen Bundesländer, was die Opposition freilich nicht davon abhielt, die Begründung des Zuschlags als billigen Trick zur Verschleierung einer Wahlkampflüge zu kritisieren. Der Solidaritätszuschlag wurde zunächst zeitlich befristet vom 1. Juli 1991 bis 30. Juni 1992 erhoben. In beiden Jahren wurde ein Zuschlag von 3,75 Prozent der Einkommen- bzw. Körperschaftsteuer fällig. Nachdem der Zuschlag 1993 und 1994 entfallen war, entschied sich die Regierung aufgrund des langfristigen Investitionsbedarfs in den neuen

Bundesländern für eine dauerhafte Einführung des Solidaritätszuschlages. Der Zuschlag betrug von 1995 bis 1997 7,5 Prozent und ab 1998 5,5 Prozent. Erst anlässlich der Wiedereinführung benannte die Regierung den durch die Wiedervereinigung entstandenen Finanzierungsbedarf als Hauptgrund für den Solidaritätszuschlag. Den Großteil der bis dahin aufgelaufenen Einheitskosten hatte sie nicht durch Steuern und Zuschläge, sondern durch die Sozialsysteme und eine zunehmende Staatsverschuldung finanziert.[1]

Kaum galten die größten Kosten der Einheit als weitgehend bewältigt, wurde seitens verschiedener Interessengruppen wie auch innerhalb der Regierungskoalition erneut der Ruf nach Steuersenkungen laut. Die wiederaufgeflammte Diskussion war aufs Engste verknüpft mit der am Anfang der 1990er-Jahre aufgekommenen Debatte um den »Standort Deutschland«, die nun zunehmend an Fahrt gewann.[2] Während Deutschland vor allem 1991 einen Wiedervereinigungsboom erlebt hatte, geriet die Wirtschaft danach in den Krisenmodus, und 1993 erlebte die deutsche Wirtschaft erstmalig seit einem Jahrzehnt wieder ein Jahr mit Minuswachstum. Im Rahmen der »Standort Deutschland«-Debatte lautete die gängige Erklärung für die Wirtschaftskrise, dass Deutschland den Herausforderungen der Globalisierung nicht gewachsen sei, weil die Wirtschaft überreguliert und zu hoch besteuert sei. Die Bundesregierung reagierte auf diese Kritik mit dem im Juni 1993 verabschiedeten Standortsicherungsgesetz. Dieses sollte durch eine Senkung der Steuersätze auf einbehaltene Gewinne und gewerbliche Einkommen sowie eine Verbesserung der Abschreibungsbedingungen die Investitionstätigkeit erhöhen. Aufgrund von Bedenken angesichts der nach wie vor hohen Kosten der Wiedervereinigung

1 Roland Czada, Der Kampf um die Finanzierung der deutschen Einheit, in: Gerhard Lehmbruch (Hg.), Einigung und Zerfall. Deutschland und Europa nach dem Ende des Ost-West-Konflikts, Opladen 1995, S. 73-102; Gerhard A. Ritter, Der Preis der deutschen Einheit. Die Wiedervereinigung und die Krise des Sozialstaats, München 2007.

2 Meteling, Internationale Konkurrenz. Die deutsche Debatte war eingebettet in eine internationale Diskussion über die kompetitiven Vorteile einzelner Nationen. Darin prägend: Michael Porter, The Competitive Advantage of Nations, New York 1990. Siehe dazu: David Priestland, Comparison, Rivalry and Competition under Neoliberalism and State Socialism, in: Willibald Steinmetz (Hg.), The Force of Comparison. An New Perspective on Modern European History and the Contemporary World, New York 2019, S. 214-241.

sowie wegen der rot-grünen Mehrheit im Bundesrat waren die Erleichterungen aber nicht besonders üppig ausgefallen (vier bis sechs Milliarden DM Entlastung pro Jahr in den ersten drei Jahren). Die von Wirtschaftswissenschaftlern ohnehin als gering veranschlagte Wirkung des Gesetzes[3] wurde durch die dauerhafte Einführung des Solidaritätszuschlages konterkariert. So nahmen ab 1995 die Debatten um steuerliche Investitionsförderung wieder zu. Im Zentrum der Überlegungen, wie die internationale Wettbewerbsfähigkeit sicherzustellen sei, stand zunächst die Körperschaftsteuer, doch eine Senkung des Einkommensteuerspitzensatzes schien vielen ebenfalls nötig, um nicht die Personen- gegenüber den Kapitalgesellschaften zu benachteiligen.[4] Unter wachsendem Zugzwang sah sich die Regierung schon deshalb, weil mittlerweile die meisten OECD-Länder im Zuge des durch die Reformen von Thatcher und Reagan angefachten Steuerwettbewerbs die Spitzensteuersätze für Unternehmen deutlich gesenkt hatten. Während in Deutschland 1995 die nominelle Gesamtbelastung der Körperschaftsgewinne bei 57 Prozent lag, hatten viele OECD-Länder inzwischen einen Satz von unter 40 Prozent erreicht.[5]

Der Auftakt zu zehn Jahren Steuersenkungswettbewerb

Am 30. Januar 1996 beschloss das Bundeskabinett ein 50-Punkte-Programm für Investitionen und Arbeitsplätze, das für die nächste Legislaturperiode eine große Steuerreform mit umfassenden Satzreduktionen ankündigte.[6] Doch Mitte des Jahres erhöhte sich der Druck durch die im Rahmen der Standortdebatte von Industriellenverbänden und der Wirtschaftspresse vorgetragenen Klagen über zu hohe Steuern so stark, dass die Regierung eine Steuerreformkommission unter Leitung des Bundesfinanzministers ein-

3 Michael Funke/Dirk Willenbockel, Die Auswirkungen des »Standortsicherungsgesetzes« auf die Kapitalakkumulation. Wirtschaftstheoretische Anmerkungen zu einer wirtschaftspolitischen Diskussion, in: ifo-Studien 40 (1994) 1, S. 23-42.

4 Sachverständigenrat, Im Standortwettbewerb (Jahresgutachten 1995/96) vom 15. 11. 1995, in: BT-DRS 13/3016, S. 199-208.

5 Ganghof, Wer regiert, S. 82.

6 Erste Ansätze zu den folgenden Kapiteln: Marc Buggeln, »Keine Aktion Volksbeglückung«. Der Spitzensteuersatz als Politikum (1955-2010), in: Mittelweg 36, 27 (2018) 1, S. 48-76, hier S. 66-73.

setzte, um noch in der aktuellen Legislaturperiode zu greifbaren Ergebnissen zu kommen. Die Hürden auf dem Weg dorthin waren allerdings hoch: Da die SPD inzwischen über eine Vetoposition im Bundesrat verfügte, musste ein Kompromiss mit ihr gefunden werden. Die Sozialdemokraten signalisierten ihre Bereitschaft, eine Absenkung des Körperschaftsteuersatzes auf 35 Prozent mitzutragen, um die Konkurrenzfähigkeit der deutschen Industrie zu stärken, eine Minderung der Gewerbesteuer sowie des Einkommensteuerspitzensatzes lehnten sie jedoch ab. Sie zeigten aber insofern auch hier Kompromissbereitschaft, als sie eine Absenkung des Spitzensatzes nur für gewerbliche Einkünfte ins Spiel brachte. In der Regierungskoalition befürchtete man indes, dass das Bundesverfassungsgericht eine Differenzierung des Satzes innerhalb der Einkommensteuer als Verstoß gegen das Prinzip der gleichmäßigen Besteuerung werten könnte. Ebenso bestanden aus verfassungsrechtlicher Sicht Bedenken gegen eine zu starke Spreizung bei den Spitzensätzen von Körperschaft- und Einkommensteuer, weil eine solche Ungleichbehandlung unterschiedlicher Unternehmensformen kaum zu rechtfertigen schien.

Die Kommission des Bundesfinanzministeriums legte ihre Ergebnisse, die »Petersberger Beschlüsse«, im Januar 1997 vor. Der Höchstsatz der Körperschaftsteuer sollte demnach bei 35 Prozent liegen, der der Einkommensteuer bei 39 Prozent. Trotz einiger im Gegenzug geplanter Streichungen von Steuervergünstigungen hätte eine Umsetzung der Vorschläge eine Nettoentlastung von über 20 Milliarden DM zur Folge gehabt. Im Frühjahr 1997 brachte die Regierungskoalition eine abgespeckte Version der Petersberger Beschlüsse als Gesetzesvorlagen ein. Nach langen Verhandlungen scheiterte dieses Paket jedoch letztlich im Januar 1998 am Veto des SPD-dominierten Bundesrates. Die Sozialdemokraten hatten eine stärkere Entlastung unterer Einkommensschichten verlangt, sich auf eine Senkung des Einkommensteuerspitzensatzes auf allerhöchstens 49 Prozent festgelegt und jede Form der Nettoentlastung abgelehnt. Zudem hatten sie zur Bedingung gemacht, dass die der Senkung des Spitzensatzes geschuldeten Steuerausfälle in vollem Umfang durch den Abbau von Steuervergünstigungen für Unternehmen und Besserverdienende kompensiert würden. Ein solches Vorgehen bot sich gerade in Deutschland insofern an, als der tarifliche Steuersatz und der effektive Grenzsteuersatz seit Ende der 1950er-Jahre immer weiter auseinandergingen. Während Ersterer unter Einberechnung des Solidaritätszuschlags 1998 bei 56,7 Prozent lag, betrug Letzterer nur 37 Prozent, eine Differenz von annähernd zwanzig Prozentpunkten, mit der Deutschland weit über dem EU-Durchschnitt lag.[7] Doch die von der SPD vorgeschlagene geringe Senkung des Einkommensteuerspitzensatzes ging insbesondere der FDP nicht weit genug.[8] Das Scheitern der Reform führte dazu, dass der Wahlkampf für die Bundestagswahl 1998 auch durch das Thema Steuerpolitik mitbestimmt wurde.

Die Steuerpolitik der vierten Wahlperiode unter Kanzler Kohl wurde jedoch nicht nur durch die Politik und die Standortdebatte geprägt, auch das Verfassungsgericht griff nun in bis dahin unbekanntem Umfang in die Steuerpolitik ein. 1992 urteilte das Gericht, dass das Existenzminimum steuerfrei bleiben müsse und die Politik dies bis zum 1. Januar 1996 zu gewährleisten habe.[9] Dieser erste große Erfolg der »Ideenwalter« (Tipke) zwang die Politik, den Eingangssteuersatz fortan auf der Höhe des Existenzminimums zu halten und dementsprechend zügig an die Inflation anzupassen. Dies führte im Steueränderungsgesetz 1996 zu einer deutlichen Entlastung der unteren und mittleren Einkommen in Höhe von mehr als 30 Milliarden DM pro Jahr.[10]

Während der Beschluss zum Existenzminimum weitgehend unumstritten war, galt für den Beschluss zur Vermögensteuer das Gegenteil. Das im Juni 1995 vom Zweiten Senat unter Wortführerschaft von Paul Kirchhof gefällte Urteil veranlasste Ernst-Wolfgang Böckenförde zu einem scharfen Minderheitenvotum.[11] Den Hauptanlass für die Beschäftigung mit der Vermögensbesteuerung bot die Tatsache, dass die Einheitswerte für bebaute und

7 Uwe Wagschal, Steuerpolitik und Steuerreformen im internationalen Vergleich. Eine Analyse der Ursachen und Blockaden, Münster 2005, S. 74.

8 Reimut Zohlnhöfer, Die große Steuerreform 1998/99. Ein Lehrstück für Politikentwicklung bei Parteienwettbewerb im Bundesstaat, in: Zeitschrift für Parlamentsfragen 30 (1999) 2, S. 326-345.

9 BVerfG, Beschluss des Zweiten Senats vom 25. September 1992 - 2 BvL 5/91; online: ⟨https://www.bundesverfassungsgericht.de/SharedDocs/Entscheidungen/DE/1992/09/ls19920925_2bvl000591.html⟩ (Zugriff: 10. 12. 2021).

10 Sachverständigenrat, Im Standortwettbewerb, S. 200.

11 BVerfG, Beschluss des Zweiten Senats vom 22. Juni 1995 - 2 BvL 37/91; online: ⟨http://www.bfh.simons-moll.de/bfh_1995/XX950655.HTM⟩ (Zugriff: 10. 12. 2021).

unbebaute Grundstücke, die in den alten Bundesländern auf den Werten aus den 1960er-Jahren und in den neuen auf Werten aus den 1930er-Jahren beruhten, hoffnungslos überholt waren. Dies führte dazu, dass Grund- und Immobilienvermögen im Rahmen der Vermögensteuer geringere Lasten auferlegt waren als anderen Vermögensarten. Das Verfassungsgericht kam zu dem Urteil, dass dies dem Gleichheitsgrundsatz zuwiderlaufe, und forderte den Gesetzgeber auf, hier Abhilfe zu schaffen. Dies war überaus gerechtfertigt und sorgte langfristig für mehr Gerechtigkeit bei der Vermögensbewertung im Rahmen der Erbschaftsbesteuerung. Doch der Zweite Senat nutzte den konkreten Fall, um ein weit darüber hinausreichendes Grundsatzurteil über die Vermögensteuer zu fällen. Mit diesem beschränkte es die steuerlichen Zugriffsmöglichkeiten des Gesetzgebers auf das Vermögen erheblich. Das Gericht legte nämlich nahe, dass die Vermögensteuer keine Sollertragsteuer sein dürfe. Das hieß, dass die Steuer stets allein aus dem laufenden Ertrag finanzierbar sein musste. In Zeiten niedriger Rendite, etwa bei Zinsen auf festgelegte Gelder von 0,5 Prozent, stünde demgemäß eine Vermögensteuer von einem Prozent in der Gefahr, als verfassungswidrig beurteilt zu werden. Im Urteil hieß es zudem: »Die Vermögensteuer darf zu den übrigen Steuern auf den Ertrag nur hinzutreten, soweit die steuerliche Gesamtbelastung des Sollertrages bei typisierender Betrachtung von Einnahmen, abziehbaren Aufwendungen und sonstigen Entlastungen in der Nähe einer hälftigen Teilung zwischen privater und öffentlicher Hand verbleibt.«[12] Damit führte das Bundesverfassungsgericht den Grundsatz ein, dass die Einkommensteuer und andere direkte Steuern auf den Ertrag plus die Vermögensteuer dem Steuerzahler nicht mehr als 50 Prozent seines Ertrages nehmen dürfe (Halbteilungsgrundsatz). Das Urteil schränkte also die politischen Möglichkeiten der Besteuerung von Reichtum erheblich ein und entsprach damit dem Hayek'schen Ziel der verfassungsgerichtlichen Begrenzung staatlicher Umverteilungspolitik. Böckenförde betonte in seinem Sondervotum, dass das Urteil den Gestaltungsspielraum des Gesetzgebers drastisch beschnitt und das Gericht damit die demokratisch gebotene Selbstbeschränkung aufgegeben habe. Im Grundgesetz gebe es keinen Paragrafen, der eine solche Begrenzung des steuerlichen

12 Ebd.

Spielraums des Gesetzgebers nahelege. Die Auswirkungen stellten für Böckenförde das bisherige Modell des sozialen Rechtsstaates in Frage: »Die Abschaffung echter Vermögensteuern durch deren Umschreibung zu Sollertragsteuern trifft den sozialen Rechtsstaat an einer zentralen Stelle. Sie beschneidet empfindlich das staatliche Potential sozialer Korrekturmöglichkeiten gegenüber der Selbstläufigkeit gesellschaftlicher Entwicklungen.«[13] Die möglichen Verteilungswirkungen des Urteils beschrieb er in aller Klarheit: »De facto wird damit nicht nur die Möglichkeit einer progressiven Vermögensteuer verfassungsrechtlich abgeschnitten, sondern eine Besteuerung mit degressiver Wirkung nahegelegt. Das Kriterium der Leistungsfähigkeit wird durch die Gewährleistung eines spezifischen Eigentumsschutzes für konsolidiertes Vermögen außer Kurs gesetzt; der ungleiche Eigentumsschutz schlägt sich als Privilegierung der (Groß-)Vermögenden nieder.«[14] Das Verfassungsgericht hatte sich also zur Schutzmacht der Großvermögen aufgeschwungen. In den juristischen Kommentaren wurde das Urteil als grundlegender Richtungswechsel verstanden: »Die Beschlüsse des BVerfG können in ihrer Tragweite nicht hoch genug eingeschätzt werden, da dem Staat erstmals rechtliche Schranken in seinem Streben, öffentliche Aufgaben zu definieren und auf Kosten der Bürger zu finanzieren, aufgezeigt werden.«[15] Weil der Einkommensteuerspitzensatz über der Marke von 50 Prozent lag, hätte das Urteil zur Folge haben können, dass Hochverdiener fortan keine Vermögensteuer mehr hätten bezahlen müssen, während mittlere Einkommen weiter zu dieser hätten herangezogen werden können.

Doch dazu sollte es nicht kommen. Weil die schwarz-gelbe Regierung diese Auswirkung der höchstrichterlichen Entscheidung fürchtete, die Einheitswerte nicht erneuern wollte und die Vermögensteuer in der Erhebung als zu aufwendig betrachtete, setzte

13 Ebd.

14 Ebd.

15 Hans Flick/Stephan Schauhoff, Einheitswert, Vermögen- und Erbschaftsteuer – Anforderungen an eine verfassungsgemäße Besteuerung, in: Zeitschrift für Rechtspolitik 29 (1996), S. 101-106, hier S. 101. Siehe auch: Joachim Lang, Einführung und Rechtfertigung des Themas, in: Dieter Birk (Hg.), Steuern auf Erbschaft und Vermögen, Köln 1999, S. 1-6; Stefan Bach/Bodo Linscheidt, Die Neuregelung der einheitswertabhängigen Besteuerung, in: Wirtschaftsdienst 75 (1995) 11, S. 592-601.

es diese 1997 außer Kraft. Dass die Vermögensteuer nicht offiziell abgeschafft wurde, sondern nur nicht mehr erhoben wird, macht es den Ländern unmöglich, eigene Vermögensteuern einzuführen. Um nicht einseitig als Schutzmacht der Vermögenden kurz vor der nächsten Wahl zu erscheinen, erhöhte die Bundesregierung seinerzeit aber die Erbschaftsteuer. Ertragsmäßig konnte dadurch der Wegfall der Vermögensteuer annähernd ausgeglichen werden. Auch gab es in der Wissenschaft einige Zustimmung zu dieser Politik, weil die Erbschaftsteuer als wesentlich leichter zu erheben galt. Der Nachteil am Wegfall der Vermögensteuer war aber, dass gerade die Besitzer großer Betriebsvermögen durch umfassende Vermeidungsplanung und großzügige Befreiungsregeln der Erbschaftsteuer besser ausweichen konnten als der Vermögensteuer.[16] Da nun die Erbschaftsteuer zur zentralen das Vermögen belastenden Steuer geworden war, versuchte sogleich ein Schüler von Tipke, Roman Seer, auch hier für die Notwendigkeit verfassungsmäßiger Beschränkungen zu argumentieren. Er forderte, allerdings erfolglos, dass zwei Drittel des Volumens einer Erbschaft unter nahen Verwandten steuerfrei bleiben müssten.[17]

Langfristig setzte sich juristisch in der Frage der Beschränkung der Steuerhöhe – zumindest vorerst – die Position Böckenfördes gegen die Kirchhofs durch. In einem Urteil des Jahres 2006 stellte das Bundesverfassungsgericht fest, dass eine Beschränkung der Steuerbelastung auf 50 Prozent des Einkommens oder Ertrages nicht durch das Grundgesetz gedeckt sei.[18] Doch auch wenn der von ihm ersonnene Halbteilungsgrundsatz nur zehn Jahre in Kraft geblieben war, hatte Kirchhof maßgeblich dazu beigetragen, dass die Vermögensteuer aus dem bundesdeutschen Steuermix verschwand. Bis heute hat das Argument gegen eine Sollertragsteuer einen Platz im Arsenal derer, die eine Wiedererhebung der Vermögensteuer verhindern wollen. Trotz der Rücknahme dieser Festlegung griff das Bundesverfassungsgericht auch weiterhin deutlich häufiger in

16 Zur Entwicklung der Vermögensteuer in Deutschland: Stefan Bach, Persönliche Vermögensteuer in Deutschland. Entwicklung und Perspektiven, in: Peter Bofinger et al. (Hg.), Thomas Piketty und die Verteilungsfrage, Berlin 2015, S. 193-242.

17 Roman Seer, Die neue Erbschaft- und Schenkungsteuer auf dem verfassungsrechtlichen Prüfstand, in: Steuer und Wirtschaft (1997), S. 283-298.

18 BVerfG, Beschluss des Zweiten Senats vom 18. 1. 2006 - 2 BvR 2194/99.

die Steuerpolitik ein, als dies beispielsweise in den USA der Fall war.[19]

Kein Keynesianismus nirgends: Das Scheitern Lafontaines

Während CDU/CSU und FDP mit umfassenden Steuersenkungsplänen in den Wahlkampf zur Bundestagswahl 1998 zogen, fielen die Vorschläge der bisherigen Opposition moderat aus. Die SPD trat mit dem Slogan »Innovation und Gerechtigkeit« an und versprach für die Einkommensbesteuerung eine Senkung des Spitzensatzes von 53 auf 49 Prozent. Auch wenn sich dieses Vorhaben neben den Ankündigungen der Regierungsparteien bescheiden ausnahm, stellte es doch einen wichtigen Einschnitt dar, schließlich hatte die SPD bislang niemals im Wahlkampf mit Steuererleichterungen für Spitzenverdiener geworben und war auch an keiner der bisherigen Absenkungen als Regierungspartei beteiligt gewesen. Die Grünen hatten in den 1990er-Jahren einen zunehmend wirtschaftsliberalen Kurs eingeschlagen und forderten im Wahlkampf eine Absenkung des Spitzensatzes der Einkommensteuer auf 45 Prozent. Maßgeblich initiiert wurde dieser neue Kurs vom finanzpolitischen Sprecher der Grünen-Fraktion, Oswald Metzger, der sich selbst gelegentlich als »ökolibertär« oder auch als »grünen Ordoliberalen« bezeichnete.[20]

Nach dem Wahlerfolg von Rot-Grün betonte Bundeskanzler Gerhard Schröder in seiner ersten Regierungserklärung, die neue Regierung werde einen »entschlossenen Konsolidierungskurs«[21] verfolgen. Und weiter: »Wir stehen nicht für eine rechte oder linke Wirtschaftspolitik, sondern für eine moderne Politik der sozialen Marktwirtschaft (Lachen bei den Abgeordneten der CDU/CSU und der F.D.P).«[22] Damit machte sich Schröder den zentralen wirtschafts- und ordnungspolitischen Leitbegriff der CDU/CSU zu

19 Iris Schomäcker, Steuerverfassungsrecht und gesetzgeberischer Gestaltungsraum. Deutschland und die USA im Rechtsvergleich, Tübingen 2020.

20 Oswald Metzger, Einspruch! Wider den organisierten Staatsbankrott, München 2003. Nach dem Ende der rot-grünen Koalition erlitt Metzger in der Partei mehrere Wahlniederlagen, weswegen er 2007 bei den Grünen aus- und 2008 in die CDU eintrat. Von 2014 bis 2020 war er stellvertretender Vorsitzender der Ludwig-Erhard-Stiftung, seit 2018 ist er Redakteur bei *Tichys Einblick*.

21 BT-Plenarprotokoll 14/3 vom 10.11.1998, S. 48.

22 Ebd., S. 51.

eigen, den seine Partei bis zu Beginn der 1990er-Jahre vermieden hatte. Der starke Mann in der Finanzpolitik war jedoch vorerst der neue Finanzminister und SPD-Vorsitzende Oskar Lafontaine. Bereits kurz vor der Wahl hatte Lafontaine kundgetan, dass die Zeit des Neoliberalismus vorbei sei, und für eine Rückkehr zum Keynesianismus geworben.[23] Mit der Ernennung des Wirtschaftswissenschaftlers und erklärten Anhängers einer keynesianischen Fiskalpolitik Heiner Flassbeck zum Staatssekretär im Bundesfinanzministerium untermauerte er diese Positionierung nachhaltig. In den Verhandlungen über eine Steuerreform setzte Lafontaine seine Vorstellungen gegenüber dem Koalitionspartner weitgehend durch, was nicht zuletzt die politisch nach wie vor aufgeladene Frage betraf, wo der Spitzensteuersatz der Einkommensteuer zu fixieren sei.

Im November 1998 brachten die Fraktionen der Regierungskoalition den Gesetzentwurf für ein Steuerentlastungsgesetz in die parlamentarischen Gremien, welches unter anderem vorsah, den Spitzensatz der Einkommensteuer bis 2002 auf 48,5 Prozent zu senken. Die Einkommensteuerbelastung von gewerblichen Erträgen deckelte man dagegen schon bei 43 Prozent. Zudem war eine Senkung des Körperschaftsteuersatzes von 45 auf 40 Prozent vorgesehen, was eine Besserstellung der Großunternehmen bedeutete, auch wenn dieses Zugeständnis an die Erfordernisse des Steuerwettbewerbs deutlich hinter dem zurückblieb, was die SPD als Oppositionspartei in den vorherigen Verhandlungen mit der alten Regierung mitzutragen bereit gewesen war. Wie von Lafontaine zuvor angekündigt, mussten die Unternehmen und Besserverdienenden die Kosten der beiden Spitzensteuersatzsenkungen allerdings selbst tragen, weil zur Gegenfinanzierung die Streichung von gleich siebzig Steuervergünstigungen im Gesamtvolumen von jährlich rund vierzig Milliarden DM vorgesehen war. Diese erste Reform rot-grüner Provenienz stellte dementsprechend für viele Unternehmen keine Entlastung dar, sondern zahlte sich in erster Linie für Bezieher niedriger und mittlerer Einkommen aus, was ganz im Sinne Lafontaines war, der den erhofften Wiederaufstieg der deutschen Wirtschaft, in dessen Folge auch die Arbeitslosigkeit sinken sollte, maßgeblich über die Steigerung der Inlandsnachfrage

23 Oskar Lafontaine, »Die Zeit ist abgelaufen«, in: ZEIT, 26. 2. 1998; Nawrat, Agenda 2010, S. 104 f.

anzukurbeln gedachte. Die Reform stieß deshalb auf massive Ablehnung im Unternehmerlager und insbesondere beim BDI.[24] Der von Lafontaine vorgelegte Haushalt war dagegen keineswegs so expansiv, wie man hätte erwarten können, sondern lag mit einer Zunahme von 1,7 Prozent sogar noch unterhalb des prognostizierten BIP-Wachstums von 2 Prozent.[25]

Lafontaines ambitionierte finanzpolitische Ideen, mit denen er die Bundesbank zur Zinssenkung zu zwingen versuchte und Währungskursleitlinien in Europa wiedereinführen wollte, verstärkten bald den publizistischen Gegenwind.[26] Im November 1998 erklärte ihn das britische Boulevard-Blatt *The Sun* gar zum gefährlichsten Mann Europas. Vor allem aber brachten seine Vorstellungen ihn zunehmend in Widerstreit mit Bundeskanzler Gerhard Schröder. Da Lafontaine im sich entspannenden Machtkampf rasch an Boden verlor, trat er schließlich im März 1999 vom Ministeramt wie auch vom Parteivorsitz zurück.[27] Lafontaines Kurs einer Wiederbelebung klassisch keynesianischer Politik, der an eine vorsichtige Variante von Mitterrands Kurs in Frankreich zu Beginn der 1980er-Jahre erinnert und den er im Bewusstsein des französischen Scheiterns stärker europapolitisch abzusichern versuchte, war damit gescheitert.

Rot-grüner Neoliberalismus? Die Steuerreformen unter Kanzler Schröder

Paradigmatisch für den neuen Kurs der SPD wurde das Schröder/Blair-Papier vom 8. Juni 1999, welches sich gegen staatlichen Interventionismus wandte und versuchte, die Grundrisse einer sozialde-

24 Reimut Zohlnhöfer, »Rot-grüne Finanzpolitik zwischen traditioneller Sozialdemokratie und neuer Mitte«, in: Christoph Egle/Tobias Ostheim/ders. (Hg.), Das rot-grüne Projekt. Eine Bilanz der Regierung Schröder 1998-2002, Wiesbaden 2003, S. 193-214; Edgar Wolfrum, Rot-Grün an der Macht. Deutschland 1998-2005, München 2013, S. 114 f.; Ganghof, »Wer regiert«, S. 100 f.; Nawrat, Agenda 2010, S. 105 f.

25 Timo Grunden, Nach dem Machtwechsel der Politikwechsel? Die Frage der sozialen Gleichheit in christdemokratischer und sozialdemokratischer Steuer- und Haushaltspolitik 1994-2002, Duisburg 2004, S. 106.

26 Nawrat, Agenda 2010, S. 125-130.

27 Wolfrum, Rot Grün, S. 120-127.

mokratisch gefärbten Angebotspolitik zu skizzieren.[28] Lafontaines Nachfolger im Amt des Finanzministers, Hans Eichel, entließ sogleich dessen beide Staatssekretäre und ernannte an deren Stelle den von der Weltbank kommenden Hajo Koch-Weser sowie den vormaligen Leiter der Steuerabteilung des Bayer-Konzerns, Heribert Zitzelsberger. Zitzelsberger war auch Mitglied der »Brühler Kommission«, die noch Lafontaine mit dem Auftrag eingesetzt hatte, ein umfassendes Konzept zur Unternehmensteuerreform vorzulegen. Einen Monat nach dem Wechsel an der Spitze des Ministeriums stellte die Arbeitsgruppe ihr Papier vor.[29] Darin empfahl sie die Absenkung des Körperschaftsteuerspitzensatzes auf 25 bis 30 Prozent, während eine weitere Absenkung der Einkommensteuer nicht explizit angemahnt wurde. Dies tat in einem Sondergutachten Helga Pollak, Mitglied im Wissenschaftlichen Beirat des Bundesfinanzministeriums, die die entstehende Lücke zwischen beiden Steuern für zu groß hielt und deswegen steuerbedingte Verschiebungen mit Fehlallokationen befürchtete. Sie empfahl daher eine Flat Tax, die den Vorschlägen der FDP ähnelte.

Eichels Priorität lag bei der Unternehmensteuerreform.[30] Erste Äußerungen des neuen Ministers deuteten indes darauf hin, dass er an der SPD-Linie festhalten wollte, den Höchstsatz der Einkommensteuer nicht generell mit dem der Körperschaftsteuer abzusenken, sondern nur bei der Besteuerung gewerblicher Einkünfte so zu verfahren. Ende April 1999 machte jedoch ein schon im Februar ergangenes Urteil des Bundesfinanzhofs die Runde, dem zufolge diese Form der geteilten Einkommensteuer als verfassungswidrig zu gelten hatte. Der Finanzminister betonte daraufhin, dass damit eine weitere Absenkung des Spitzensatzes auf 45 Prozent, wie sie der Koalitionspartner gefordert hatte, unumgänglich werde.[31] Das

28 Stefan Marx, Die Legende vom Spin Doctor. Regierungskommunikation unter Schröder und Blair, Wiesbaden 2008; Wolfrum, Rot-Grün, S. 138-168.

29 Bericht der Kommission zur Reform der Unternehmensbesteuerung, eingesetzt vom Bundesminister der Finanzen. Schriftenreihe des Bundesministers der Finanzen, Heft 66, Juli 1999; online unter: ⟨http://www.jarass.com/home/de/steuern/buecher-und-umfangreiche-gutachten/63-bruehler-empfehlungen-zur-reform-der-unternehmensbesteuerung⟩ (Zugriff: 10. 12. 2021).

30 Stefan Bach, Die Unternehmenssteuerreform, in: Achim Truger (Hg.), Rot-grüne Steuerreformen in Deutschland. Eine Zwischenbilanz, Marburg 2001, S. 47-87; Grunden, Machtwechsel, S. 121.

31 Ganghof, »Wer regiert«, S. 104.

schließlich im Februar 2000 von der Regierungskoalition eingebrachte Steuersenkungsgesetz sah dementsprechend vor, den Spitzensteuersatz der Einkommensteuer bis 2005 auf diese Marke zu senken. Deutlich dramatischer fiel der Einschnitt bei der Körperschaftsteuer aus, deren Satz schon 2001 auf einheitliche 25 Prozent gesenkt werden sollte.[32] Um ihre Vorlage durch den Bundesrat zu bringen, bedurfte die rot-grüne Regierung der Zustimmung einiger CDU-regierter Länder sowie gegebenenfalls auch solcher mit FDP-Regierungsbeteiligung. Sowohl CDU/CSU wie FDP forderten nun eine deutlich stärkere Absenkung des Einkommensteuerspitzensatzes auf 35 Prozent.[33] Die Koalition spekulierte aber weitgehend zu Recht darauf, dass die Oppositionsparteien die Reform kaum scheitern lassen konnten, weil sie von den Wirtschaftsverbänden, insbesondere von BDI und DIHT, stürmisch begrüßt wurde. Dennoch gelang es der FDP aufgrund ihrer Beteiligung an Länderregierungen über den Bundesrat, den ab 2005 gültigen Einkommensteuerspitzensatz in den Verhandlungen noch auf 42 Prozent zu drücken.[34]

Betrachtet man die Entwicklung der festgestellten Steuerschuld in Prozent des zu versteuernden Einkommens für die Zeit um die Jahrtausendwende, so lassen sich die Auswirkungen der rot-grünen Steuerreform auf unterschiedliche Einkommensgruppen aufschlüsseln. Wie angesichts der deutlichen Spitzensteuersatzsenkung nicht anders zu erwarten, waren die Topverdiener die großen Gewinner der Reform. Während die Steuerbelastung für die drei präsentierten großen Dezilgruppen weitgehend konstant blieb, fielen die Sätze für die beiden absoluten Spitzenverdienergruppen ganz erheblich, für die reichsten 0,0001 Prozent sogar um mehr als acht Prozent.

32 BT-Drucksache 14/2683; Wolfgang Merkel, Die Reformfähigkeit der Sozialdemokratie, Wiesbaden 2006, S. 169.

33 BT-Drucksachen 14/2688 und 14/2706.

34 Bernhard Seidel, Die Einkommensteuerreform, in: Truger (Hg.), Rot-grüne Steuerreformen, S. 21-46, hier S. 36 f.; Ganghof, »Wer regiert«, S. 115-117.

Grafik 118

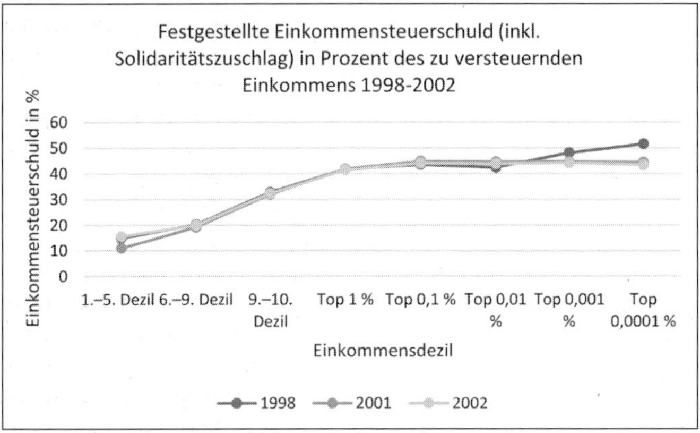

Quelle: Stefan Bach/Giacomo Corneo/Viktor Steiner, Effective Taxation of Top Incomes in Germany 1992-2002, Berlin 2008 (DIW Discussion Paper No. 767), Tabelle 4, S. 17

Damit war es schließlich zur gravierendsten Senkung des Spitzensatzes seit Mitte der 1950er-Jahre und zu einer umfassenden Steuerermäßigung für die Reichsten der Reichen ausgerechnet unter einer SPD-geführten Regierung gekommen. Diese ironische Pointe ist sicherlich zum Teil dem aus Regierungssicht ungünstigen Urteil des Bundesfinanzhofs sowie den Mehrheitsverhältnissen im Bundesrat geschuldet, die den Handlungsspielraum der Koalition einschränkten. Andererseits passte dieser steuerpolitische Richtungswechsel aber durchaus zur programmatischen Gesamtentwicklung der Partei. Denn die SPD distanzierte sich unter Kanzler Schröder immer weiter vom Ideal der Verteilungsgerechtigkeit und orientierte sich stattdessen an den Begriffen der Chancen- und Teilhabegerechtigkeit. Ebenso nahm die Partei Abschied vom klassischen Wohlfahrtsstaat und propagierte stattdessen den vorsorgenden Sozialstaat. Das Ziel der Vollbeschäftigung gab die SPD zwar nicht auf, sah aber die Verantwortung dafür, dass jeder Einzelne tatsächlich Beschäftigung fand, immer weniger beim Staat als vielmehr beim Individuum.[35]

Nichtsdestoweniger war die Steuerreform auch wesentlich damit begründet worden, dass sie die Investitionstätigkeit in Deutschland erhöhen und dadurch Arbeitsplätze schaffen würde. Dieser Effekt stellte sich jedoch kaum ein. Die den Höchstverdienern zugutekommenden Steuerkürzungen flossen kaum in Realinvestitionen in Deutschland, sondern eher in den Finanzmarkt und ins Ausland. Da Deutschland 2001/2002 in eine Wirtschaftskrise geriet, stellte sich schnell die Frage, ob dem nun dramatischen Sinken der Einnahmen durch Neuverschuldung oder Ausgabenkürzung begegnet werden sollte. Der Weg in eine stark erhöhte Neuverschuldung war aber durch die Maastricht-Kriterien, unter anderem die Begrenzung der Neuverschuldung auf drei Prozent des BIP, die Deutschland im Hinblick auf die Neuverschuldung ohnehin schon verfehlte, verbaut. So blieb nur der Weg der Ausgabenkürzung. Die Folge war eine prozyklische Politik, die in der Krise die Nachfrage weiter einschränkte und daher die Krise eher vertiefte.[36]

Die Debatte um die historische Bewertung dieser Neuausrichtung und der mit ihm verbundenen steuerpolitischen Agenda ist weiterhin im Gange. Oliver Nachtwey ist allerdings zuzustimmen, dass die SPD damit nicht vollständig ins Lager des Neoliberalismus übergelaufen ist: »Die neue politische Ökonomie der Sozialdemokratie ist nicht neoliberal antietatistisch, sondern bleibt interventionistisch. Sie hat allerdings die Etage gewechselt: in die Mikroökonomie, in die Sphäre des Angebots, als liberaler Interventionismus.«[37] Gerade im Hinblick auf die Steuern hatte dies aber eine Politik zur Folge, die sich von neoliberalen Reformen kaum noch unterschied. So führte der mit dem Godesberger Programm begonnene Weg hin zu einer »Marktsozialdemokratie« (Nachtwey)

35 Nachtwey, Marktsozialdemokratie, S. 208-243; Sebastian Nawrat, Agenda 2010, insb. S. 213-228.

36 Peter Haan/Viktor Steiner, Distributional and Fiscal Effects of the German Tax Reform 2000. A Behavorial Microsimulation Analysis, Berlin 2004 (DIW Discussion Paper 419); Achim Truger, Ökonomische und soziale Kosten von Steuersenkungen. Das Beispiel der rot-grünen Steuerreformen, in: Prokla 39 (2009) 154, S. 27-46; Gerhard Wagenhals, Incentive and Redistribution Effects of the German Tax Reform 2000, in: FinanzArchiv 57 (2000), S. 316-332.

37 Nachtwey, Marktsozialdemokratie, S. 238.

in der Regierungszeit Schröders zu einem neuen Höhepunkt im Hinblick auf die Bereitschaft zur Marktanpassung. Auf dem Steuergebiet zeigte sich der Wille zum staatlichen Interventionismus am ehesten bei der ökologischen Steuerreform. Allerdings war die Bundesregierung mit dieser innerhalb der EU eher ein Nachzügler, und Bundeskanzler Schröder stemmte sich persönlich gegen einen Anstieg der Benzinpreise um mehr als sechs Pfennig.[38]

38 Danyel Reiche/Carsten Krebs, Der Einstieg in die Ökologische Steuerreform. Aufstieg, Restriktionen und Durchsetzung eines umweltpolitischen Themas, Frankfurt am Main 1999; Bettina Meyer, Die Zukunft der Ökologischen Finanzreform, in: Achim Truger (Hg.), Die Zukunft des deutschen Finanzsystems, Marburg 2006, S. 167-200; Wolfrum, Rot-Grün, S. 214-226.

Kapitel 23

Von der Steuersenkung zur schwarzen Null: Die Ära Merkel (2005-2021)

Maastricht als Ziel: Die Große Koalition (2005-2009)

Nach zwei Amtszeiten der rot-grünen Regierung mit Steuerkürzungen für Topverdiener, Haushaltskürzungen im Sozialbereich und der Einführung der Hartz-IV-Reformen (Agenda 2010)[1] herrschte in Deutschland Wechselstimmung. Es sah alles nach einem glänzenden Wahlsieg der CDU/CSU aus, welcher eine Koalitionsregierung mit der FDP ermöglichen würde. Sowohl die Unionsparteien wie die FDP tendierten dabei zu weiteren Steuerkürzungen und gegebenenfalls zur Einführung eines Flat-Tax-Systems. Die Union hatte sich vorab gegen den Vorschlag einer Bierdeckel-Steuer von Friedrich Merz entschieden, welche in der Einkommensteuer nur drei Tarifsätze (12, 24 und 36 Prozent) kannte, und stattdessen für das etwas weniger radikale Konzept der CSU optiert, das mit einem linear ansteigenden Verlauf bei einem Spitzensatz von 39 Prozent endete. Als vermeintlichen Wahlkampf-Clou präsentierte die Oppositionsführerin Angela Merkel dann den früheren Verfassungsrichter Paul Kirchhof, Professor an der Universität Heidelberg, als möglichen zukünftigen Finanzminister in ihrem Wahlkampfteam. Kirchhof versprach eine deutliche Reduktion der Einkommensteuersätze auf drei Stufen bei 15, 20 und 25 Prozent. Finanziert werden sollte dies durch die Streichung von Steuervergünstigungen und Subventionen.[2] Kirchhof musste allerdings bald zurückrudern und sich zum CSU-Vorschlag bekennen, wobei er aber betonte, dass sein Vorschlag dann in der übernächsten Wahlperiode umgesetzt werden könnte.[3]

1 Nawrat, Agenda 2010, S. 229-250; Wolfrum, Rot Grün, S. 528-583.

2 Zu den Verteilungswirkungen der Pläne Kirchhofs sowie alternativer Vorschläge von CDU, CSU und FDP: Stefan Bach/Viktor Steiner, Steuerreformpläne im empirischen Vergleich, in: Markus Zwick/Joachim Merz (Hg.), MITAX – Mikroanalysen und Steuerpolitik, Wiesbaden 2007, S. 54-83.

3 Thomas Rixen, Was kam eigentlich nach Kirchhof? Die Steuer- und Finanzpolitik

Für die SPD war der Quereinsteiger ein Glücksfall. Kirchhof leistete sich eine größere Zahl politischer Fehler im Wahlkampf, was seinen Rückhalt in der Union schnell erodieren ließ.[4] Vor allem aber bot er der SPD eine hervorragende Angriffsfläche. Auf dem SPD-Parteitag wählte Schröder Kirchhof als Hauptzielscheibe: »Wenn er sagt, die Rente könne behandelt werden wie die Kfz-Versicherung, dann ist das ein Menschenbild, das wir bekämpfen müssen. Menschen sind keine Sachen.« Schröder nannte Kirchhof den »Professor aus Heidelberg«, der ein »Mann der Kälte« sei. SPD-Wahlplakate verkündeten: »Merkel/Kirchhof: radikal unsozial.«[5] Die SPD war mit dieser Kampagne überaus erfolgreich und holte die CDU/CSU bei der Bundestagswahl fast noch ein. Für eine Koalition mit der FDP reichte es darum für die Unionsparteien nicht, weswegen es zum zweiten Mal in der Geschichte der Bundesrepublik zur Bildung einer Großen Koalition kam. Neue Bundeskanzlerin wurde Angela Merkel.

Die Flat-Tax-Ideen Kirchhofs fanden nach der Wahl auch in der CDU/CSU nur noch wenige Fürsprecher; vor allem waren sie mit der SPD ohnehin nicht umsetzbar. Die SPD hatte sich im Gefolge der Kritik an der Agenda 2010 das Thema Verteilungsgerechtigkeit wieder auf die Fahnen geschrieben und im Wahlkampf eine »Reichensteuer« gefordert, die für Spitzenverdiener eine Satzerhöhung um drei Prozentpunkte vorsah. Die Position der SPD in der neuen Koalition wurde dadurch gestärkt, dass sie in Person von Peer Steinbrück die Leitung des Finanzministeriums erringen konnte.

Mit der Forderung nach einer Reichensteuer konnte sich die SPD in den Koalitionsverhandlungen durchsetzen. Seit 2007 liegt der Spitzensteuersatz für Einkommen über 250 000 DM (Ledige) beziehungsweise 500 000 DM (Paare) bei 45 Prozent, unter Einbezug des Solidaritätszuschlags bei 47,5 Prozent.[6] Diese Korrektur

der Großen Koalition, in: Sebastian Bukow/Wenke Seemann (Hg.), Die Große Koalition. Regierung – Politik – Parteien 2005-2009, Wiesbaden 2010, S. 191-210, hier S. 197 f.

4 Rixen, Kirchhof, S. 191; Conze, Suche nach Sicherheit, S. 922; Nawrat, Agenda 2010, S. 281 f.

5 Alle Zitate nach: Die verlorene Ehre des Professor K., in: Spiegel 41/2005 vom 9. 10. 2005. Zur Strategie dahinter siehe das Buch des Wahlkampfberaters von Gerhard Schröder: Frank Stauss, Höllenritt Wahlkampf. Ein Insider-Bericht, München 2013, S. 147-176.

6 Christoph Egle, Im Schatten der Linkspartei. Die Entwicklung des Parteienwett-

der vorherigen Politik von Regierungen verschiedener Couleur war auch deshalb möglich, weil die CDU/CSU Steuererhöhungen aufgrund der hohen Verschuldung inzwischen mehrheitlich für unumgänglich hielt. Deutschland hatte in den letzten Jahren unter Schröders Kanzlerschaft das Maastricht-Kriterium der Begrenzung der Neuverschuldung auf unter 3 Prozent des BIP nicht einhalten können, auch weil die CDU/CSU im Bundesrat den Abbau von Steuervergünstigungen blockiert hatte,[7] und damit einem maßgeblich von Deutschland durchgesetzten Instrument zunehmend die Glaubwürdigkeit in Europa genommen. Die Unionsparteien legten aber großen Wert darauf, dass die Kriterien ein Maßstab der europäischen Politik blieben. Das erforderte aber, dass Deutschland mit gutem Beispiel voranging. Die neue deutsche Regierung verabschiedete sich daher von der Politik der Steuersenkung und erklärte die Bekämpfung der Staatsverschuldung zum fortan zentralen Ziel der öffentlichen Finanzpolitik.

Aus fiskalischer Sicht zentral für dieses Unterfangen war aber weniger die von der SPD durchgesetzte »Reichensteuer« als vielmehr die von der Union bereits im Wahlkampf geforderte Mehrwertsteuererhöhung. Die SPD hatte die anvisierte Erhöhung um zwei Prozentpunkte vor der Wahl noch als unsozial attackiert, doch war die SPD letztlich aufgrund der Größe des Haushaltsdefizits zu einem Konsolidierungskurs bereit und trug nun gar eine Satzanhebung um drei Prozentpunkte mit, die im ersten Jahr nach der Umsetzung Mehreinnahmen von 25 Milliarden Euro in die Kasse spülte.

Dies schuf den nötigen Spielraum, um die im Koalitionsvertrag als wichtigstes Steuerreformprojekt bezeichnete Unternehmensteuerreform anzugehen. Das Argument für diese war erneut der Globalismus und die Behauptung, dass die sichtbaren Steuersätze für Unternehmen in Deutschland zu hoch seien, was Investoren abschrecke. Der Gesetzentwurf des Finanzministeriums sah vor, durch Steuerermäßigungen bei der Körperschaft- und der Gewerbesteuer den höchstmöglichen Gesamtbelastungssatz von 38,6 auf 29,8 Prozent zu senken. Allerdings schlug Steinbrück vor, die Hälfte aller

bewerbs während der 16. Legislaturperiode, in: ders./Reimut Zohlnhöfer (Hg.), Die zweite Große Koalition. Eine Bilanz der Regierung Merkel 2005-2009, Wiesbaden 2010, S. 99-122, hier S. 105; Maximilian Grasl/Markus König, Von außen getrieben. Die Finanzpolitik der Großen Koalition 2005-2009, in: ebd., S. 205-233.

7 Nawrat, Agenda 2010, S. 110 f.

Zinsaufwendungen zu besteuern, um die Steuerumgehung zu erschweren, doch dies scheiterte am Widerstand der Union. Während die SPD für eine aufkommensneutrale Reform geworben hatte, forderte die Union weitreichende Entlastungen. Als Kompromiss ergab sich eine Entlastungswirkung von fünf Milliarden Euro.[8]

Als Bestandteil der Reform führte die Regierung zudem eine Abgeltungssteuer von 25 Prozent auf alle privaten Kapitalerträge ein, wodurch diese aus der progressiven Einkommensbesteuerung herausgelöst wurden. Begründet wurde dies zumeist mit dem Hinweis auf die vielfältigen Steuerumgehungsmöglichkeiten von Kapitaleinkommen: Bei höheren Steuern würde das Kapital ins Ausland abwandern – zum Schaden der Wirtschaft. Emblematisch hierfür wurde die Aussage von SPD-Finanzminister Peer Steinbrück: »25 Prozent Steuern auf einen Betrag von x sind besser als 42 Prozent auf gar nix.«[9] Der gefundene Kompromiss bei der Unternehmens- und Abgeltungssteuer wurde von zwei Vertretern der betriebswirtschaftlichen Steuerlehre scharf kritisiert, weil sich die Regierung damit von der synthetischen Einkommensbesteuerung verabschiedet habe. Die neuen Regelungen führten aus ihrer Sicht zu deutlichen Verstößen gegen den Grundsatz steuerlicher Gleichbehandlung und einer weiteren Verkomplizierung des Steuerrechts.[10]

Die SPD stand dieser Politik zum damaligen Zeitpunkt eigentlich skeptisch gegenüber, weil sie der neuen Linie der Partei, Fragen der sozialen Gerechtigkeit wieder stärkeres Gewicht zu verleihen, diametral entgegenlief. Erneut wurden Kapitaleinkommen steuerlich entlastet, während der Konsum zuvor umfassend belastet worden war. Doch der Steuerwettbewerb war Ende der 2000er-Jahre scharf und schränkte den staatlichen Handlungsspielraum erheblich ein.[11] Zudem setzte der Koalitionspartner andere Prioritäten als die SPD und zeigte unter anderem wenig Interesse an einer Verschärfung des Kampfes gegen die Steuerflucht.

Große Differenzen zwischen den beiden Koalitionspartnern

8 Rixen, Kirchhof, S. 202-204.

9 Zitat nach: Abgeltungssteuer: Steinbrück will mit 25 Prozent einsteigen, in: Handelsblatt vom 19. 9. 2006.

10 Ralf Maiterth/Heiko Müller, Unternehmensteuerreform 2008 – Mogelpackung statt großer Wurf, in: Vierteljahrshefte zur Wirtschaftsforschung 76 (2007) 2, S. 49-73.

11 Rixen, Kirchhof, S. 203.

zeigten sich auch in einer weiteren vermögenspolitischen Frage, in der sich die Regierung durch eine Entscheidung des Bundesverfassungsgerichts unter Handlungsdruck gestellt sah. Ähnlich wie zuvor bei der Vermögensteuer erklärte dieses nun auch die geringere Besteuerung bei der Vererbung von Grund- und Betriebsvermögen im Vergleich zu anderen Vermögensarten für verfassungswidrig. Das Gericht schlug vor, Grund- und Betriebsvermögen fortan nach ihrem Verkehrswert zu besteuern. Dies war innerhalb der Regierung auch unumstritten, doch eröffnete sich die Frage der Belastungsverteilung. Die SPD bestand darauf, dass der Ertrag von etwa vier Milliarden DM nicht abgesenkt werden dürfe. Die Unionsparteien bestanden aber auf umfassenden Vergünstigungen für direkte Verwandte sowie Familienunternehmen. Sie konnten sich damit durchsetzen, was angesichts der SPD-Forderung zur Folge hatte, dass die Steuersätze für entfernte Verwandte angehoben wurden.[12]

Die Konsolidierungsbemühungen der Regierungen waren bis 2008 weitgehend erfolgreich, so dass Deutschland die Maastricht-Regel zur Neuverschuldung 2007 und 2008 wieder erfüllte und sich der vorgesehen Staatsverschuldungsquote von 60 Prozent bis auf drei Prozentpunkte angenähert hatte. Doch die Finanzkrise 2008 machte diese Erfolge wieder zunichte. Die Regierung legte zur Überwindung der Krise zwei Konjunkturpakete auf, die die Haushaltsausgaben stark ansteigen ließen. Um die Konjunktur anzukurbeln, senkte man zudem einige Steuern, was dem durch die Krise bedingten Einbruch der Einnahmen weitere Verluste hinzuaddierte. Dementsprechend stieg die Schuldenaufnahme erheblich an. So richtig dieses Handeln in der Krise war, so zäh hatte sich die Regierung auf der anderen Seite auf ausgeglichene Haushalte festgelegt. Deswegen beschloss sie, die erhöhte Schuldenaufnahme auf die unmittelbare Krise zu beschränken und zukünftige Regierungen auf den Haushaltsausgleich zu verpflichten. Die Große Koalition schaffte es mit ihrer Zweidrittelmehrheit in Bundestag und Bundesrat, eine Schuldenbremse in Art. 109 Abs. 3 des Grundgesetzes einzufügen. Mit dieser wurde die von der Konjunktur unabhängige (strukturelle) Neuverschuldung ab 2016 für den Bund auf maximal 0,35 Prozent des nominellen Bruttoinlandsprodukts beschränkt. Für die Länder galt ab 2020 ein absolutes Neuver-

12 Ebd., S. 204 f.

schuldungsverbot. Ausnahmen wurden nur im Falle umfassender Wirtschaftskrisen oder größerer Naturkatastrophen zugelassen. Das Dogma der »schwarzen Null« hatte es damit ins Grundgesetz geschafft, eine weitere neoliberal inspirierte Einengung des staatlichen Handlungsspielraums war dauerhaft durchgesetzt.[13]

Kritik an diesem Entschluss setzte sofort ein. Erstens wurde moniert, dass den Ländern, die in den Steuereinnahmen weitgehend von der Bundesgesetzgebung abhängig sind, die letzte autonome Einnahmegestaltungsmöglichkeit genommen wurde. Zweitens bedeute die Schuldenbremse eine Einengung des staatlichen Handlungsraums, die etwa eine staatliche Defizitpolitik zum Ausgleich leichterer Konjunkturdellen verunmögliche. Drittens führe die neue Norm in der Tendenz zu einer Austeritätspolitik.[14] Die Kritik an der Regelung ist bis heute nicht abgeklungen, doch die Zustimmung, die sie nach wie vor im Sachverständigenrat und in der Bundesbank genießt, sowie die Zersplitterung der Parteienlandschaft und die hohen Hürden für eine Verfassungsänderung lassen es zweifelhaft erscheinen, dass das Grundgesetz hier in nächster Zeit verändert werden wird.[15] Dabei darf aber natürlich nicht übersehen werden, dass die Einführung der Schuldenbremse auch im erheblichen Maße auf Außenwirkung abzielte. Da Deutschland sich in der auf die Finanzkrise folgenden Verschuldungskrise im Euro-Raum als Hüter der Stabilitätskriterien darstellte, um die überschuldeten südeuropäischen Länder zu einer Austeritätspolitik zu bringen, musste es den eigenen Sparwillen glaubhaft präsentieren.[16]

13 Lukas Haffert, Die schwarze Null. Über die Schattenseiten ausgeglichener Haushalte, Berlin 2016, S. 42 f.; Rixen, Kirchhof, S. 205 f.

14 Haffert, Schwarze Null, S. 115-151; Peter Bofinger/Gustav Horn, Aufruf: »Die Schuldenbremse gefährdet die gesamtwirtschaftliche Stabilität und Zukunft unserer Kinder« vom 25. 9. 2009: online: ⟨https://www.boeckler.de/pdf/imk_appell_schuldenbremse.pdf⟩ (Zugriff: 10. 12. 2021).

15 Stellungnahme der Bundesbank zur Schuldenbremse vom 28. 2. 2020; online: ⟨https://www.bundesbank.de/de/presse/stellungnahmen/schriftliche-stellungnahme-zur-oeffentlichen-anhoerung-des-haushaltsausschusses-des-deutschen-bundestags-am-2-maerz-2020-zu-antraegen-zur-schuldenbremse-sowie-zu-oeffentlichen-investitionen-827164⟩ (Zugriff: 10. 12. 2021); Gutachten des Sachverständigenrats, Die Schuldenbremse. Nachhaltig, stabilisierend, flexibel (Jahresgutachten 2019/2020).

16 Adam Tooze, Crashed. How a Decade of Financial Crisis Changed the World, New York 2018, Kapitel 4 und 14.

Im Rahmen der Finanzkrise und der mit ihr einhergehenden Schuldenkrise war auch das Dauerproblem der Steuerhinterziehung wieder ins Licht der Öffentlichkeit gerückt. In Deutschland genoss das Thema nach der Verhaftung des Vorstandsvorsitzenden der Deutschen Post AG Klaus Zumwinkel wegen Steuerhinterziehung in Liechtenstein im Februar 2008 bereits hohe öffentliche Aufmerksamkeit. Zumwinkel kam trotz einer Steuerhinterziehung von fast einer Million Euro mit einer Bewährungsstrafe davon.[17] Er ließ sich daraufhin seine üppigen Pensionsansprüche von 20 Millionen Euro auszahlen und verlegte seinen Wohnsitz nach Italien. Nach der Verschärfung der deutschen Haushaltskrise Ende 2008 griff Finanzminister Steinbrück die Schweiz, Liechtenstein, Luxemburg und Österreich wegen der Förderung von Steuerhinterziehung scharf an und rief die ihm zur Verfügung stehenden Zwangsmittel – die Erstellung von schwarzen Listen – in Erinnerung: »Die Kavallerie in Fort Yuma muss nicht immer ausreiten, manchmal reicht es, wenn die Indianer wissen, dass sie da ist.«[18] Die SPD forderte öffentlich ein schärferes Vorgehen gegen Steuerhinterziehung. Da die Union sich bei diesem heiklen Thema im nächsten Wahlkampf keine offene Flanke erlauben wollte, stimmte sie schließlich dem Steuerhinterziehungsbekämpfungsgesetz zu, allerdings erst nachdem sie den Entwurf erheblich entschärft hatte.[19]

17 Gerlinde Manz-Christ, Liechtenstein und die deutsche Steueraffäre. Eine über die Medien geführte Diskussion über Wirtschafts- und Finanzpolitik, Ethik und nationale Interessen, München 2008 (M.A.-Arbeit TU München); Sigvard Wohlwend, Der Datendieb. Wie Heinrich Kieber den größten Steuerskandal aller Zeiten auslöste, 2011.

18 So Steinbrück beim Treffen der G20-Finanzminister im März 2009: FR vom 18.3.2009. Es ist unklar, ob Steinbrück sich auf den rassistischen und brutalen Film *Fort Yuma* (1955) oder allgemeiner auf die Geschichte des Forts bei der Ermordung der amerikanischen Ureinwohner bezog. Der Vergleich löste in der Schweiz jedenfalls erheblichen Unmut aus und führte zur Einbestellung des deutschen Botschafters: »Angriff aufs Schweizer Herz« in: Spiegel vom 24.3.2009.

19 Rixen, Kirchhof, S. 203 f.

Schwarze Null statt Steuerreduktion: Schäuble dominiert die FDP (2009-2013)

Im Wahlkampf 2009 formierten sich hinsichtlich Steuerfragen die klassischen politischen Lager. SPD und Grüne forderten mehr Steuergerechtigkeit. Steuersenkungen sollte es nicht geben, sondern Entlastungen der unteren und mittleren Einkommen, die durch eine höhere Belastung der Spitzenverdiener ausgeglichen werden sollten. Die Unionsparteien optierten für moderate Steuersenkungen, die Liberalen erneut für umfassende Steuersenkungen. Dieses Mal reichte es bei der Bundestagswahl für eine schwarz-gelbe Koalition.[20]

In den Koalitionsverhandlungen bestand die FDP anfangs auf der Durchsetzung ihres Steuermodells, das laut ihren eigenen Berechnungen ein Entlastungsvolumen von 35 Milliarden Euro haben sollte, während das Finanzministerium von einem etwa doppelt so hohen Betrag ausging. Den Unionsparteien ging dies angesichts der hohen Staatsverschuldung zu weit. Der Sachverständigenrat ging 2009 davon aus, dass zur Einhaltung der Schuldenbremse je nach wirtschaftlicher Entwicklung von 2011 bis 2016 Einsparungen oder zusätzliche Einnahmen zwischen 37 Milliarden Euro (etwa 6 Milliarden Euro jährlich) bis 50 Milliarden Euro (etwa acht Milliarden Euro jährlich) notwendig wären.[21] Unter dem Druck der Union gab die FDP schließlich nach: Der Koalitionsvertrag sah ein Entlastungsvolumen von 24 Milliarden Euro vor, das vor allem unteren und mittleren Einkommen sowie Familien mit Kindern zugutekommen sollte.[22]

Das Finanzministerium ging an Wolfgang Schäuble (CDU) ging. Damit sanken die Chancen der Freien Demokraten, ihre finanzpolitischen Vorstellungen in dieser Legislaturperiode durchzu-

20 Thomas Rixen, Hehre Ziele, wenig Zählbares. Die Steuer- und Fiskalpolitik der schwarz-gelben Regierung, 2009-13, in: Reimut Zohlnhöfer/Thomas Saalfeld (Hg.), Politik im Schatten der Krise. Eine Bilanz der Regierung Merkel 2009-2013, Wiesbaden 2015, S. 327-352, hier S. 333 f.

21 Sachverständigenrat, Die Zukunft nicht aufs Spiel setzen (Jahresgutachten 2009/2010), S. 181 f.

22 Timo Grunden, Ein schwarz-gelbes Projekt? Programm und Handlungsspielräume der christlich-liberalen Koalition, in: Karl-Rudolf Korte (Hg.): Die Bundestagswahl 2009. Analysen der Wahl-, Parteien-, Kommunikations- und Regierungsforschung, Wiesbaden 2010, S. 345-370, hier S. 350; Rixen, Hehre Ziele, S. 335.

setzen, ganz erheblich. Relativ zügig beschloss die neue Regierung ein Wachstumsbeschleunigungsgesetz, das ein Entlastungsvolumen von etwa 8,5 Milliarden Euro umfasste und vorrangig die im Koalitionsvertrag genannten Gruppen entlastete. Der umstrittenste Teil des Gesetzes war jedoch die Mehrwertsteuerentlastung für Hotelbetriebe. Obwohl diese in der Öffentlichkeit durchweg als Steuergeschenk und Klientelpolitik wahrgenommene Regelung vor allem von der CSU durchgesetzt worden war, erntete die FDP die öffentliche Kritik, weil sie im Wahlkampf hohe Spendengelder von August von Finck Junior, dem Hauptaktionär der Restaurant- und Hotelgruppe Mövenpick, erhalten hatte.[23]

Die FDP war danach schwer angeschlagen und verfügte gegenüber der Union nur noch über wenig Durchsetzungspotential. So blieb es in der Legislaturperiode im Wesentlichen bei einer Steuerentlastung, die etwas mehr als ein Drittel des im Koalitionsvertrages beschlossenen Volumens erreichte. Schäuble und die Union hatten sich dagegen nun ganz dem Ziel der »schwarzen Null« verschrieben und bemühten sich, die Ziele der Schuldenbremse zu erreichen. Dafür schnürten sie 2010 ein Sparpaket, das den Haushalt um insgesamt 6,7 Milliarden Euro entlastete. Die sich seit 2010 günstig entwickelnde konjunkturelle Lage und die anhaltend niedrigen Zinsen, die die Kosten für den Schuldendienst deutlich verringerten, trugen dazu bei, dass die Regierung am Ende der Legislaturperiode ganz auf dem vorgesehenen Pfad zur Einhaltung der Schuldenbremse lag.

Nach dem Fall Zumwinkel entwickelte sich die Steuerhinterziehung zu einem Dauerthema, das auch die Öffentlichkeit bewegte. Schon die Zumwinkel-Anklage beruhte teilweise auf Daten, die ein Whistleblower den deutschen Behörden verkauft hatte. Nach der breiten Debatte über den Fall wurden deutschen Behörden bald weitere Datenträger mit den Namen von Steuerhinterziehern angeboten. Im Februar 2010 kaufte das Land Nordrhein-Westfalen unter Führung des Finanzministers Norbert Walter-Borjans Kontodaten der Credit Suisse für 2,5 Millionen Euro, bald darauf erfolgte der Ankauf von weiteren Bankkontendaten aus der Schweiz und Liechtenstein.[24] Dies führte zu politischen wie juristischen Auseinandersetzungen mit beiden Ländern. Die Bundesregierung bemühte sich

23 Christian Rickens, Ganz oben – wie Deutschlands Millionäre wirklich leben, Köln 2012, S. 182 f.; Bach, 100 Jahre, S. 115; Rixen, Hehre Ziele, S. 337 f.

24 Norbert Walter-Borjans, Steuern – Der große Bluff, Köln 2018, S. 73-82.

die Wogen zu glätten und die eigenen Einnahmen zu erhöhen, indem sie ein bilaterales Abkommen mit der Schweiz auszuhandeln versuchte, wie es zuvor schon Österreich und Großbritannien getan hatten. Demnach sollten in der Schweiz angelegte Gelder deutscher Staatsbürger zukünftig und auch rückwirkend besteuert werden. Für die Zukunft einigte man sich auf eine Abgeltungssteuer von 26,4 Prozent auf das angelegte Kapital. Rückwirkend sollte eine einmalige Abgabe in Höhe von 21 bis 41 Prozent des zu einem Stichtag auf den Konten liegenden Kapitals erfolgen. Die Schweiz sollte das Geld pauschal und ohne Namensangaben überweisen, so dass die Täter straffrei bleiben würden. Da sich durch den Ankauf der Steuer-CDs mit vielen tausend inkriminierenden Datensätzen die Machtverhältnisse zwischen Staat und Steuerhinterziehern verschoben hatte, lehnten SPD und Grüne das Abkommen im Bundesrat mit der Begründung ab, dass es nicht geboten sei, Steuerstraftätern Anonymität und Straffreiheit zu gewähren.[25] Die Regierung hatte im Rahmen des anvisierten Abkommens sogar geplant, den Ankauf von Steuer-CDs strafbar zu machen, doch da im Frühjahr 2013 weitere spektakuläre Fälle ans Licht kamen, sah sich Bundesfinanzminister Schäuble gezwungen, hier zurückzurudern.[26]

Seit dem 4. April 2013 publizierte ein internationales Medienkonsortium, dem in Deutschland der NDR, der WDR sowie die *Süddeutsche Zeitung* angehörten, Berichte über Steueroasen. Grundlage der Berichte war eine Festplatte, die 2,5 Millionen Dokumente mit den Namen von 130 000 Steuerflüchtigen aus aller Welt enthielt.[27] Für die deutsche Debatte allerdings noch bedeutsamer war, dass Steuerermittler am 20. März 2013 das Haus von Uli Hoeneß, dem Präsidenten des FC Bayern München, durchsuchten und die Staatsanwaltschaft Ende Juli gegen ihn Anklage wegen Steuerhinterziehung erhob.[28]

25 Ebd., S. 92-108; Thomas Rixen, Der Kampf gegen Steuerwettbewerb und Steuerflucht: Entwicklungslinien der internationalen Steuerpolitik, in: DIW Vierteljahreshefte zur Wirtschaftsforschung 82 (2013) 1, S. 61-75, hier S. 71; Rixen, Hehre Ziele, S. 341.

26 Presseerklärung der SPD-Bundestagsfraktion 466/2013 vom 16. 4. 2013: Schäubles Eiertanz beim Kauf von Steuer-CDs.

27 Auftakt der Offshore Leaks Serie, in: SZ vom 4. 4. 2013.

28 Chronologie: Der Fall Hoeneß, in: Spiegel vom 29. 2. 2016; Petja Posor, Der Fall Hoeneß als Skandal in den Medien. Anschlusskommunikation, Authentisierung und Systemstabilisierung, Köln 2015.

Die rot-grüne Verweigerung des Schweizer Abkommens war insofern politisch wichtig, als sich andernfalls in der EU der anonyme Quellenabzug als Standardverfahren hätte etablieren können.[29] Der alternative und auch von der SPD und den Grünen favorisierte Weg war der des Informationsaustausches. Diesen Weg hatte vor allem die Obama-Regierung mit dem Foreign Account Taxpaper Compliance Act (FATCA) beschritten. Um es durchzusetzen, drohten die USA allen sich nicht beteiligenden Banken, dass bei jeder Zahlung an sie aus den USA fortan ein 30-prozentiger Quellenabzug vorgenommen würde.[30] Aufgrund der Bedeutung des US-Marktes für fast alle größeren Banken lenkten die meisten ein. Daraufhin gaben auch europäische Steueroasen wie die Schweiz, Luxemburg oder Österreich ihren Widerstand auf und vereinbarten einen Informationsaustausch mit den USA. Diesen Ländern war klar, dass es schwierig werden würde, den europäischen Nachbarstaaten ähnliche Abkommen zu verweigern. Das Scheitern des deutsch-schweizer Abkommens bestätigte das und erhöhte den Druck. Der Vorteil des Informationsaustausches war, dass damit die Namen der Steuerhinterzieher offengelegt wurden, was das Abschreckungspotential deutlich erhöhte. Allerdings bestand gleichzeitig die Gefahr, dass Kapital abgezogen und in andere Länder transferiert wurde, mit denen noch kein Informationsaustausch bestand. Aufs Ganze gesehen lässt sich festhalten, dass die Finanzkrise, die große Löcher in die Staatshaushalte gerissen hatte, in den führenden Wirtschaftsnationen zu einem scharfen Vorgehen gegen die Steuerhinterziehung von Privatpersonen führte, während die Steuervermeidungspraktiken der Großkonzerne weit weniger in den Fokus der Politik gerieten. Dass damit bei den Privatpersonen nachgeholt wurde, was seit der langsamen Durchsetzung neoliberaler Gouvernementalität in den 1980er- und 1990er-Jahren versäumt und zum Teil erst ermöglicht worden war, trug nun zu einer verbesserten Einnahmesituation bei.

29 Markus Meinzer, Countering Cross-Border Tax Evasion and Avoidance. An Assessment of OECD Policy from 2008 to 2018, Utrecht 2019 (Dissertation Universität Utrecht), S. 98.

30 Lukas Hakelberg, The Hypocritical Hegemon. How the United States Shapes Global Rules against Tax Evasion and Avoidance, Ithaca 2020, S. 4; ders., Jäger des verlorenen Schatzes. Wie Staaten Steuerflucht international bekämpfen, in: Mittelweg 36, 27 (2018) 1, S. 102-122, hier S. 113; Rixen, Kampf, S. 70 f.

Die Wiederkehr der Großen Koalition und der Umgang mit Steuerhinterziehung (2013-2021)

Der Wahlkampf 2013 war wieder dadurch geprägt, dass Die Linke, die Grünen und die SPD eine schärfere Besteuerung des Reichtums verlangten, während die Unionsparteien und die FDP für Steuererleichterungen eintraten.[31] Die FDP hatte sich seit der von der Öffentlichkeit sehr viel stärker ihr als der CSU zur Last gelegten Mehrwertsteuererleichterung für Hoteliers nicht aus dem Umfragetief befreien können und verpasste den Sprung in den Bundestag. Damit waren nur zwei Koalitionen denkbar: eine Große Koalition oder das Zusammengehen von SPD, Grünen und Linke. Da die SPD aber im Wahlkampf eine Koalition mit der Linken abgelehnt hatte, blieb ihr nur der Weg in die Große Koalition als Juniorpartner der Union. Sie setzte in den Koalitionsverhandlungen den Mindestlohn durch, verzichtete jedoch im Gegenzug auf progressive Steuerreformen. Finanzminister blieb Wolfgang Schäuble, womit feststand, dass die »schwarze Null« ein Kernziel der Finanzpolitik bleiben würde. Der Koalitionsvertrag hielt fest, dass der Bund 2015 ohne Neuverschuldung auskommen sollte. Größere Versprechen im Hinblick auf Steuerreformen enthielt die Vereinbarung, auch aufgrund unterschiedlicher Präferenzen der Koalitionspartner, nicht.[32]

Da die gesamte Regierungsperiode von einem stetigen Wirtschaftswachstum gekennzeichnet war, welches die kalte Progression vorantrieb, und gleichzeitig Steuerhinterziehung schwieriger und gefährlicher geworden war, stiegen die Steuereinnahmen stetig an. Dank dieser günstigen Entwicklung konnte der Finanzminister 2015 den ersten Haushalt seit 1969 präsentieren, der ohne Neu-

31 Thomas Rixen, Die Verwaltung des Überschusses. Die Fiskalpolitik der Großen Koalition, 2013-17, in: Reimut Zohlnhöfer/Thomas Saalfeld (Hg.), Zwischen Stillstand, Politikwandel und Krisenmanagement. Eine Bilanz der Regierung Merkel 2013-2017, Wiesbaden 2018, S. 345-372, hier S. 352-354.

32 Ebd., S. 355 f.; Rainer Bräutigam/Christoph Spengel, Steuerpolitik in Deutschland – eine Halbzeitbilanz der aktuellen Legislaturperiode im Kontext europäischer Entwicklungen, Mannheim 2015 (ZEW Discussion Paper No. 15-070), S. 2.

verschuldung auskam.[33] Erst als dieses Ziel erreicht war, wurden moderate Steuersenkungen bei der Einkommensteuer verabschiedet. Die bedeutendste Steuerdebatte der Regierungsperiode drehte sich um die Erbschaftsteuer und war der Regierung – wieder einmal – durch das Bundesverfassungsgericht aufgegeben worden. Das Gericht hatte die umfassenden Befreiungen von Familienunternehmen als verfassungswidrig erklärt, weil diese nicht nur Betrieben zugutekamen, die andernfalls von der Insolvenz bedroht wären, sondern allen Betrieben. Diese Regelung war in der vorherigen Großen Koalition auf Betreiben der Unionsparteien ins Gesetz gekommen. Während die SPD für eine Erhöhung der Erbschaftsteuer eintrat, pochten die Unionsparteien darauf, die großzügige Befreiung von der Erbschaftsteuer so weit als möglich beizubehalten. Unterstützt wurde sie dabei durch eine breitangelegte Kampagne vom »Verband der Familienunternehmen«, in dem aber auch international agierende Großkonzerne vertreten sind. Letztlich konnte sich die Union durchsetzen: Eine Prüfung der Bedürftigkeit sollte erst ab einem Betriebsvermögen von 26 Millionen Euro durchgeführt werden, auch größere Betriebe konnten als des Steuernachlasses bedürftig gelten. Damit blieb es dabei, dass nur wenige Betriebserben Erbschaftsteuer zahlen mussten.[34]

Als es 2017 zur Neuauflage der Großen Koalition kam, änderte sich in der Steuer- und Finanzpolitik wenig. Zwar stellte die SPD mit Olaf Scholz nun den Finanzminister, doch da die Präferenzen der beiden Parteien in Umverteilungsfragen nach wie vor unterschiedlich waren, gab es kaum Bewegung in der Steuerpolitik. Die bedeutendste Reform bildete der Beschluss, dass der Solidaritätszuschlag für untere und mittlere Einkommen ab 2021 entfiel.[35]

Auf der internationalen Ebene ging der Kampf gegen Steuervermeidung und Steuerhinterziehung weiter. Auf einer Steuerkonferenz der OECD in Berlin im Oktober 2014 wurde der automatische Informationsaustausch zum OECD-Standard gemacht, womit die Steuervermeidung von Privatpersonen weiter erschwert werden konnte.[36] Demgegenüber kam der Kampf gegen die Steuervermei-

33 Rixen, Verwaltung, S. 359; Bach, 100 Jahre, S. 115.

34 Achim Truger/Birger Scholz, Die Demontage der Erbschaftsteuer, in: Wirtschaftsdienst 96 (2016) 6, S. 378-379.

35 Bach, 100 Jahre, S. 115.

36 Rixen, Verwaltung, S. 357. Allerdings gaben die USA Informationen über Steuer-

dungspraktiken der multinationalen Konzerne kaum voran. Da die Großkonzerne aller führenden Industrienationen von diesen Praktiken profitierten, gab und gibt es hier deutlich größere interne Widerstände gegen eine internationale Einigung. Da Deutschland aber zu den deutlichen Verlierern dieses Wettbewerbs gehört, bleibt es trotzdem verwunderlich, dass die Bundesregierung hier so wenig Initiative zeigte.

Grafik 119

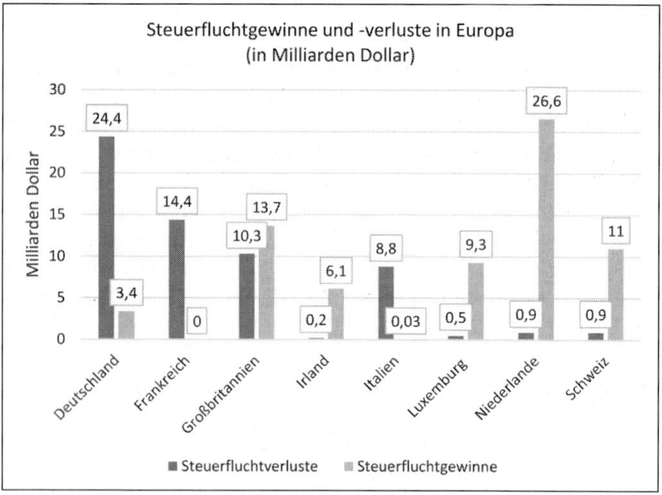

Quelle: Report Tax Justice Network: The State of Tax Justice (2020)

Stärkere Aufmerksamkeit erfuhr das Thema erst, als 2012 die Steuersparmodelle der US-Kaffeehauskette Starbucks bekannt wurden.[37] Erst jetzt wurde den europäischen Regierungen voll bewusst, dass die in den USA ansässigen großen Versandhäuser und Kaffeehausketten dramatische Steuervorteile gegenüber den orts-

hinterzieher nicht automatisch an die Partnerländer weiter, sondern nur im Falle von Amtshilfeersuchen, weswegen nach FATCA und dem OECD-Abkommen der Wert der von Ausländern gehaltenen Bankguthaben in den USA wuchs, während er in den meisten Steueroasenländern sank: Hakelberg, Jäger, S. 114.

37 Hakelberg, Hypocritical Hegemon, S. 110; ders., Jäger, S. 116.

ansässigen Buchhandlungen und Bäckereien genossen und diese eher deswegen als aufgrund ihrer Größenvorteile verdrängten. Dadurch sahen sich die bis dahin in dieser Sache wenig aktiven konservativen Finanzminister Großbritanniens (George Osborne) und Deutschlands zum Handeln gezwungen. Sie initiierten ein von den G20 und der OECD getragenes Projekt, das Maßnahmen gegen die Erosion der Steuerbasis und Profitverschiebung (»base erosion and profit shifting« (BEPS)) erarbeiten sollte. Doch hier nutzten die USA ihre Machtposition aus, so dass vorerst nur ein wenig wirksames Abkommen zustande kam.[38]

Deutschland unternahm im Gegensatz zu anderen EU-Ländern in der Folge auch keine unilateralen Schritte zur Besteuerung der US-Konzerne. Zudem erwies sich Deutschland bei der Umsetzung der europäischen Geldwäscherichtlinie, die ein Transparenzregister zur Aufdeckung von Steuerbetrug schuf, eher als Bremser.[39] So veränderte sich das internationale Setting erst, nachdem sich gezeigt hatte, dass auch die Steuererleichterungen der Regierung Trump nicht dazu führten, dass die US-Konzerne ihre im Ausland erzielten Gewinne zurückverlagerten. Die Regierung Biden wagte deswegen einen großen Schritt und schlug eine internationale Mindestbesteuerung von 15 Prozent für Konzerne vor. Daraufhin einigten sich im Sommer 2021 130 Länder, die etwa 90 Prozent der globalen Wirtschaftskraft repräsentieren, auf eine solche Mindeststeuer. Sollten die nationalen Implementierungsprozesse erfolgreich verlaufen, wäre dies ein großer Schritt gegen die Steuerminimierungspraktiken internationaler Konzerne.

Neoliberale Steuerpolitik und die Verletzlichkeit der Demokratie

In der neoliberalen Fiskalpolitik gibt es drei häufig genannte Ziele: eine Verringerung der Steuerbelastung, eine Reduktion der Haushaltsbelastung insbesondere durch die Kürzung von Sozialausgaben sowie ein ausgeglichener Haushalt bzw. ein Abbau der Staatsverschuldung. In den OECD-Nationen waren jedoch auch explizit

38 Hakelberg, Hypocritical Hegemon, S. 106-130; ders., Jäger, S. 117 f.
39 Rixen, Verwaltung, S. 358.

neoliberale Regierungen vor dramatischen Kürzungen der öffentlichen Haushalte zurückgeschreckt, weil ihnen bereits mittelschwere Einschnitte Verluste an der Wahlurne bescherten. Damit blieben zwei Hauptziele übrig, die in der Tendenz im Konflikt miteinander stehen. Da Steuersenkungen so gut wie nie zu einem umfassenden Wirtschaftsaufschwung führten, der die Steuerreduktion zügig ausgeglichen hätte, vergrößerte sich durch Steuersenkungen häufig das Budgetdefizit.

Dies war auch in Deutschland der Fall, als nach den rot-grünen Steuerreformen Anfang der 2000er-Jahre vier Jahre in Folge die Maastricht-Kriterien nicht erfüllt werden konnten. Deswegen beendete die Große Koalition die Zeit umfassender Steuersenkungen (1995-2005) und beschwor stattdessen die »schwarze Null«. Im Interesse dieses Ziels verzichtete die Bundesregierung nun auf größere Steuersenkungen und nahm im Wesentlichen nur noch leichte Anpassungen an die Inflation vor. Durch die kalte Progression stiegen die Steuereinnahmen und erreichten 2018 mit einer Steuerquote von 24 Prozent am BIP einen der höchsten Werte in der Geschichte der Bundesrepublik.[40]

Eine gegenteilige Politik betrieben die republikanischen Präsidenten in den USA spätestens seit der Jahrtausendwende. In der Republikanischen Partei hatte bis in die 1970er-Jahre das Ziel des ausgeglichenen Haushalts klar die fiskalpolitische Agenda dominiert. Erst Reagan verfolgte mit der massiven Steuersenkung 1981 eine andere Politik, musste aber aufgrund des massiv ansteigenden Haushaltsdefizits und des Widerstands im Kongress bald wieder auf einen moderateren, auch auf den Haushaltsausgleich bedachten Kurs umschwenken, den auch sein Nachfolger George W. Bush sen. weiterverfolgte. Erst unter den Präsidenten George W. Bush jun. und Donald Trump setzten sich in der Regierungspolitik wie auch im Denken der Republikanischen Partei Steuersenkungen als Priorität gegenüber dem Haushaltsausgleich durch. In den USA fiel so die Steuerquote (mit Sozialabgaben) von 28,3 (2000) auf 24,4 (2018) Prozent.[41] Demgegenüber stieg die Staatsverschuldungsquo-

40 Bach, 100 Jahre, S. 115. Die bundesrepublikanische Steuerquote (ohne Sozialabgaben) liegt seit 1949 relativ stabil zwischen 20 und 25 Prozent.

41 OECD Revenue Statistics 1965-2019, Paris 2020, Tabelle 3.1. Die Steuerquote ohne Sozialversicherung fiel von 22,6 (2000) auf 19,8 % (2016), in: BMF, Monatsbericht Februar 2018.

te im selben Zeitraum von 55 auf 105 Prozent an. Die USA stellen mit dieser Politik aber unter den OECD-Nationen eher die Ausnahme dar, was auch darin begründet liegt, dass sie eine solche Politik dank des Status des Dollars als Weltwährung einfacher betreiben können als andere Nationen.

Im Durchschnitt der OECD-Nationen lässt sich kein Abfall der Steuerquote (inkl. Sozialversicherung) beobachten, vielmehr stieg diese von 33,3 (2000) auf 33,9 Prozent (2018) leicht an.[42] Neoliberale Ideen und die Auswirkungen der Globalisierung führten also nicht dazu, dass die OECD-Staaten ihre Fähigkeit zur Einnahmeerzielung einbüßten. Was sich dagegen deutlich veränderte, war die Zusammensetzung der Steuereinnahmen und vor allem die Steuerbelastung unterschiedlicher Gesellschaftsschichten. Die nationale Wirtschaftspolitik wurde zugunsten von großen, zumeist multinationalen Unternehmen und kapitalkräftigen wie einkommensstarken Personen verändert.

Tabelle 62:
Kassenmäßige Steuereinnahmen nach Steuergruppen 1970-2020 in Prozent

Steuergruppen	1971	1980	1990	2000	2010	2020
1. Einkommen und Vermögen	53,9	58,2	56,2	51,5	47,4	54,0
Lohnsteuer	24,8	30,6	32,3	29,0	24,1	28,3
Veranlagte Einkommensteuer	10,6	10,1	6,6	2,6	5,9	8,0
Körperschaftsteuer	4,2	5,8	5,5	5,0	2,3	3,3
Vermögensbesitz	4,3	2,9	2,7	2,0	2,1	2,0
Gewerbebetrieb	8,2	7,7	7,1	5,8	6,7	6,1
2. Vermögensverkehr	1,4	1,1	1,7	1,8	1,8	3,3
3. Einkommensverwendung	44,7	40,7	42,2	46,8	50,8	42,7
Umsatzsteuer	24,9	25,6	26,8	30,1	33,9	29,7
Direkte Steuern (1. + Erbschaftsteuer)	54,2	58,5	56,7	52,1	48,2	55,2
Indirekte Steuern (2. + 3. Ohne ErbSt)	45,8	41,5	43,3	47,9	51,8	44,8

Quelle: Aufstellungen des BMF: ⟨https://www.bundesfinanzministerium.de/Content/DE/Standardartikel/Themen/Steuern/Steuerschaetzungen_und_Steuereinnahmen/Steuereinnahmen/entwicklung-der-steuereinnahmen.html⟩ (Zugriff: 10. 12. 2021)

42 OECD Revenue Statistics 1965-2019, Paris 2020, Tabelle 1.1.

Dies machen schon die Aufteilungen nach Steuergruppen ersichtlich. Besonders auffällig ist die anteilsmäßige Schrumpfung der Körperschaftsteuer um mehr als die Hälfte von 1980 bis 2010 sowie die Rückgänge bei Steuern auf den Vermögensbesitz und den Gewerbebetrieb. Zudem ist der Anstieg des Anteils der indirekten Steuern im gleichen Zeitraum bemerkenswert. Allerdings führte der Verzicht auf weitere Steuersenkungen seit 2010 im Zeichen der Schwarzen Null dazu, dass die einkommensbezogenen Steuern schneller wuchsen als die Steuern auf die Einkommensverwendung, so dass sich das Verhältnis wieder zugunsten der direkten Steuern verschob.

Wichtig sind aber auch die Veränderungen innerhalb der jeweiligen Steuerarten. Da der Einkommensteuer hinsichtlich der Umverteilungswirkung die größte Bedeutung zukommt, sind ihre Veränderungen von zentraler Relevanz. Hier zeigt sich, dass in den meisten OECD-Länder der Spitzensteuersatz seit 1980 deutlich reduziert worden ist.

Grafik 120

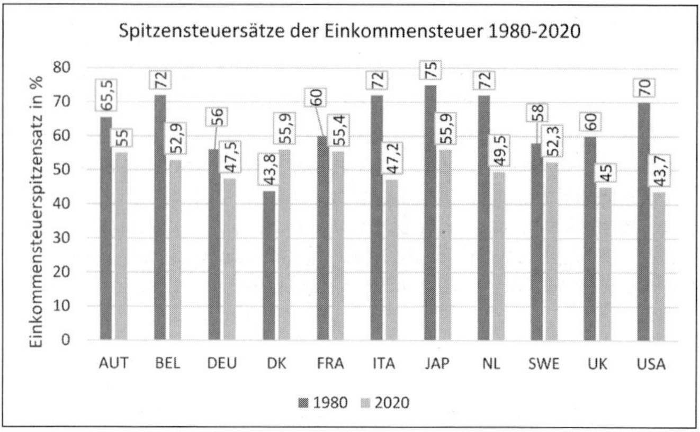

Quelle: Scheve/Stasavage, Income Tax Top Rates Database; 2020: OECD.Stat, Table 1.7.: ⟨https://stats.oecd.org/index.aspx?DataSetCode=TABLE_I7⟩ (Zugriff: 10.12.2021)

In Deutschland fiel die Absenkung vergleichsweise moderat aus, was aber auch daran lag, dass das Ausgangsniveau hier niedrig lag. Die Folge der Absenkung der Spitzensteuersätze war, dass die unteren und mittleren Einkommen stärker besteuert werden mussten, um die Einnahmen stabil zu halten. So wird der Einkommensteuerspitzensatz nun nicht mehr nur für die allerhöchsten Einkommen gezahlt, sondern in einigen OECD-Ländern wie Belgien, Dänemark, Schweden oder den Niederlanden bereits für Einkommen, die knapp über dem Durchschnitt liegen.

Tabelle 63:
Ab dem Wievielfachen gilt der Spitzensteuersatz im Vergleich zum Durchschnittseinkommen 2020?

	AUT	BEL	DEU	DK	FRA	ITA	JAP	NL	SWE	UK	USA
2020	22,5	1,1	5,4	1,3	15,4	2,8	8,4	1,3	1,1	3,6	8,8

Quelle: OECD.Stat, Table 1.7.: ⟨https://stats.oecd.org/index.aspx?DataSetCode=TABLE_I7⟩ (Zugriff: 10. 12. 2021)

In Deutschland ist der Abstand deutlich größer, allerdings gilt dies nur für den 2005 eingeführten Reichensteuerzuschlag (45 Prozent). Demgegenüber wird der nominelle Spitzensteuersatz von 42 Prozent ab einem Einkommen von 55961 Euro fällig, während der Durchschnittsverdienst bei 52103 Euro liegt. Der Satz von 42 Prozent wird inzwischen von etwa vier Millionen Menschen in Deutschland gezahlt.

Auch bei den Unternehmen verschob sich das Gewicht von der hohen Besteuerung der gutverdienenden Großunternehmen hin zu einer breiten Basisbesteuerung. Der nominale Steuersatz für Unternehmen, der von 2001 bis 2007 38,7 Prozent betragen hatte, sank 2008 um fast ein Viertel auf 29,8 Prozent. Laut den Büchern der 30 DAX-Konzerne bezahlten die Großkonzerne 2010-2012 tatsächlich Steuern von 25 bis 29,8 Prozent auf ihre Gewinne. Nur bei einigen wenigen Dax-Konzernen lag der entrichtete Satz unter 20 Prozent.[43] Allerdings ist weitgehend unbekannt, welchen Anteil ihrer Gewinne die Konzerne in Steuerparadiese verschoben haben. In Ländern,

43 Lorenz Jarass, Probleme des Steuersatzausweises von Dax30-Unternehmen, in: Betriebs-Berater (2013), S. 2713-2717.

die das Tax Justice Network in seinem Corporate Tax Haven Index führt, unterhielten alle Dax-Konzerne Tochterfirmen. Allein die Deutsche Bank führte 47 Unternehmen auf den Cayman-Inseln. In der sehr viel kürzeren schwarzen Liste der EU, in der ausschließlich kleinere Inselgruppen und Panama geführt werden, betreiben immerhin noch 17 von 30 DAX-Konzernen Tochterfirmen.[44]

Viel deutlicher wurde die aggressive Steuervermeidung multinationaler Unternehmen aus den USA wie Apple, Facebook, Google, Starbucks oder Amazon, die trotz umfassender Geschäftstätigkeit in Deutschland nur sehr geringe Steuern zahlten, weil sie ihre Gewinne fast komplett in Steueroasen verschoben, wobei innerhalb der EU insbesondere Irland und die Niederlande diese Steuervermeidung begünstigten.

Weniger breit diskutiert wurde, dass mit den rot-grünen Steuerreformen internationale Kapitalverwaltungsfirmen steuerlich beim Kauf deutscher Unternehmen enorm begünstigt wurden. Ziel dieser Politik war das Aufbrechen der sogenannten Deutschland-AG, in der die Aktien der Großkonzerne vor allem von deutschen Großbanken und anderen deutschen Konzernen gehalten wurden. Dies geschah aber um den Preis, dass die Zerschlagung vieler eigentümergeführter Unternehmen vom Staat deutlich begünstigt wurde. Ausländische Kreditverwaltungsfirmen konnten dabei die für den Kauf notwendigen Kredite den aufgekauften Firmen selbst aufbürden. Die dadurch entstehenden Schuldzinsen reduzierten die Steuerlast des Unternehmens, wobei die zu leistenden Schuldzinsen in Steueroasenländer transferiert wurden.[45] Der deutsche Staat förderte so die Ausschlachtung und Zerschlagung deutscher Unternehmen, die Verringerung gewerkschaftlichen Einflusses und die Unterminierung sozialer Standards.[46] Wer den Aufstieg von Black-

44 Erst im Steuerparadies, dann vom Staat gerettet, in: SZ vom 30.4.2020.

45 Lorenz Jarass/Gustav M. Obermaier, Steuerliche Aspekte von Private Equity und Hedge Fonds unter Berücksichtigung der Unternehmenssteuerreform 2008, Düsseldorf 2007, S.7; Lorenz Jarass, Faire und effiziente Steuerpolitik, in: Irmi Seidl/Angelika Zahrnt (Hg.), Postwachstumsgesellschaft. Konzepte für die Zukunft, Marburg 2010, S.155-168, hier S.158f. Zur Frage, wann Kapitalverwaltungsgeschäfte besteuert werden: Felix Ritter, Die Abgrenzung der privaten Vermögensverwaltung von der Gewerblichkeit bei Private Equity Funds, Wiesbaden 2019.

46 Jarass/Obermaier, Steuerliche Aspekte, S.10.

rock mit seinem vormaligen Aufsichtsrat für das Deutschlandgeschäft Friedrich Merz (2016-2020) verstehen will, der muss sich auch für Steuerpolitik interessieren.

Tabelle 64:
Vertikale Einkommensverteilung Bundesrepublik Deutschland 1980-2018 in Prozent

	1980	1990	2000	2010	2018
Top 1 %	9,8	11.5	10,5	12,9	12,9
Top 10 %	28,6	32,6	32,2	36,7	37,3
Mittlere 40 %	48,0	45,9	46,3	44,0	43,8
Untere 50 %	23,4	21,6	21,5	19,3	18,7

Quelle: ⟨https://wid.world/country/Germany⟩ (Zugriff: 11. 10. 2021)

Während die Oberschicht von 1980 bis 2018 einen Einkommensanteil von neun Prozentpunkten hinzugewonnen hat, verloren die Unter- und Mittelschicht je etwa 4,5 Prozentpunkte. Innerhalb der Oberschicht profitierten besonders die einkommensstärksten Haushalte des obersten Prozents, die etwa 30 Prozent der Zugewinne auf sich ziehen konnten. Dieser Prozess spielte sich nicht nur in Deutschland ab, sondern in der Mehrzahl der OECD-Nationen.

Grafik 121

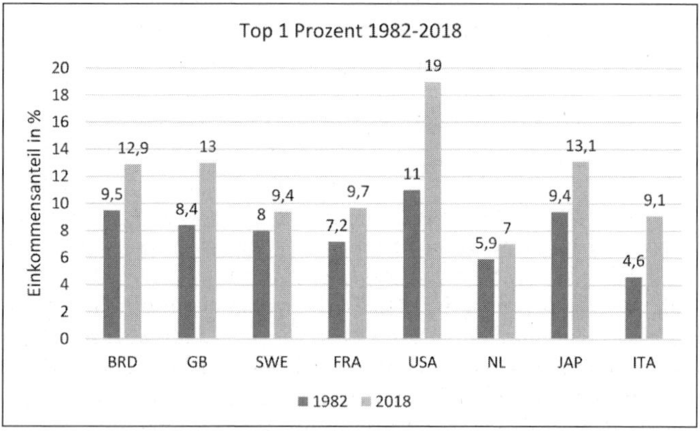

Quelle: ⟨https://wid.world⟩ (Zugriff: 11. 10. 2021)

Frappierend ist der rapide Prozess der Verschärfung der Ungleichheit in den USA, der im Vergleich der OECD-Nationen noch einmal deutlich heraussticht. Dahinter folgen mit einem hohen Einkommensanteil des obersten Prozents fast gleichauf Großbritannien, Japan und die Bundesrepublik Deutschland. Die Zuwächse in den oberen Einkommensgruppen in den wohlhabenden OECD-Nationen sind mit relativen Einkommensverlusten der Unter- und oft auch der Mittelschichten verbunden.

Eine wichtige Ursache für diese Verschiebung ist die deutlich gestiegene Arbeitslosigkeit in den OECD-Nationen, die die Verhandlungsposition gerade ungelernter Arbeiter deutlich verschlechtert hat. Hinzu kommt, dass die Rechte der Gewerkschaften tendenziell eingeschränkt wurden, während Unternehmen und Kapitaleigner inzwischen deutlich wirkungsvoller mit Abwanderung drohen können. Diese Verschiebung im Kräfteverhältnis schlug auf die Primäreinkommen durch. Doch auch die Steuerpolitik beeinflusste mittelbar die Primäreinkommen. Thomas Piketty betont, dass die Managergehälter wahrscheinlich niemals ihre heutigen Höhen erreicht hätten, wenn der Spitzensteuersatz noch bei 80 oder 90 Prozent gelegen hätte.[47] Zudem brachte die Steuerpolitik auch bei den Nachsteuereinkommen Veränderungen zugunsten der Wohlhabenden. Von 1994 bis 2007 mussten die Durchschnittseinkommen in den OECD-Ländern eine durch die Globalisierung bedingte Mehrbesteuerung von 1,5 Prozentpunkten hinnehmen, während das oberste Prozent der Einkommensbezieher in ähnlicher Höhe entlastet wurde.[48] Das heißt, dass die Mehrheit der OECD-Staaten bewusst eine Politik betrieben hat, die die bereits seit den 1980er-Jahren zunehmende Einkommens- und Vermögensungleichheit weiter vertiefte und die Erwartung, dass der Reichtum von oben nach unten durchsickern würde, zunehmend enttäuschte.[49] Eine neue vergleichende Studie zeigt zudem, dass die Steuersenkungen praktisch keinen signifikanten Effekt für das Wirtschaftswachstum und die Absenkung der Arbeitslosigkeit hatten.[50] Die Fragen, welche Gefahren darin für die Demokratie liegen und welche Bedeutung die Steuerpolitik für ein solidarischeres Zusammenleben haben kann, sollen im Schlussteil vertieft werden.

47 Piketty, Kapital, S. 393-400 und 685-695 und Emmanuel Saez/Gabriel Zucman, Der Triumph der Ungerechtigkeit. Steuern und Ungleichheit im 21. Jahrhundert, Berlin 2020, S. 209.

48 Peter H. Egger/Sergey Nigai/Nora M. Strecker, The Taxing Deed of Globalization, Luxemburg 2016 (LIS WP 668).

49 Zygmunt Bauman, Does the Richness of the Few Benefit Us All?, Cambridge 2013.

50 David Hope/Julian Limberg, The Economic Consequences of Major Tax Cuts for the Rich, in: Socio-Economic Review (2021), S. 1-21.

Schluss

Progressive Steuern und Gleichheitsrevolution – vom vorläufigen Ende und Wiederaufstieg exorbitanten Reichtums

Die Gesellschaft im Deutschen Kaiserreich war bei dessen Entstehung 1871 von großen Einkommens- und Vermögensunterschieden geprägt. Diese hatten sich infolge der Industrialisierung beträchtlich verschärft. Das deutsche Steuersystem besaß zur Zeit der Reichsgründung noch einen regressiven Charakter. Ein Dreivierteljahrhundert später, nach dem Untergang des nationalsozialistischen Regimes, hatte sich das Bild grundlegend gewandelt. Die soziale Ungleichheit hatte erheblich abgenommen und das Steuersystem hatte einen stark progressiven Grundzug. Hierbei handelte es sich nicht um eine spezifisch deutsche, sondern um eine sehr viel breitere Entwicklung, die in ähnlicher Weise in Nord- und Westeuropa, in Nordamerika, Australien, Neuseeland sowie Japan stattfand.[1]

In all diesen Ländern war der Anteil des obersten Prozents der Einkommensbezieher und vor allem der reichsten 0,01 Prozent am Gesamteinkommen deutlich zurückgegangen. Diese Abwärtsentwicklung hatte in vielen Ländern mit dem Ersten Weltkrieg eingesetzt und schließlich durch Inflationen und durch den Zweiten Weltkrieg weiter an Fahrt aufgenommen. Fast überall in Mittel- und Westeuropa und in Nordamerika nahm der Einkommensanteil der unteren und mittleren Einkommensgruppen in der ersten Hälfte des 20. Jahrhunderts zu, während die Einkommensanteile des obersten Hundertstels, vor allem aber der Top 0,01 Prozent, absanken. Hauptursache der anteiligen Einkommensverluste der Topverdiener war ein Einbruch der hohen Kapitaleinkommen. Verantwortlich dafür wiederum war die Kapitalvernichtung durch die beiden Kriege, der Verlust von Auslandsvermögen und die Inflation. Doch auch hohe Steuern auf Einkommen, Erbschaften

1 Das Spezifische an der deutschen Entwicklung war eher, dass die Reduktion sozialer Ungleichheit vor allem in den Jahren 1918 bis 1933 geschah, während in den meisten Ländern die Zeit der Weltkriege eine größere Rolle spielte.

und Vermögen spielten eine wichtige Rolle. In fast allen Ländern wurden zudem die Kapitaleinkommen stärker besteuert als die Arbeitseinkommen, auch weil damals erhebliche Teile des Kapitaleinkommens als Rentiereinkommen galten, die selbst Liberale wie Max Weber und Friedrich Naumann als weniger legitim erachteten und daher einschränken wollten. Diese Faktoren machten es sehr viel schwieriger als noch im 19. Jahrhundert, extremen Reichtum zu erlangen. Menschen aus den Geburtsjahrgängen von 1871 bis 1945 sind daher in den Ewigen Listen der Superreichen in Großbritannien, USA oder Deutschland praktisch nicht vertreten. Die Einkommenssituation der Unter- und Mittelschichten hingegen hat sich im gleichen Zeitraum flächendeckend verbessert. Es war zu einer Gleichheitsrevolution gekommen, die die industrialisierten Gesellschaften grundlegend veränderte und vielen ihrer Bürger völlig neue Möglichkeiten der Beteiligung am sozialen und politischen Leben eröffnete.

Ökonomisches Wissen und die Macht der Ideen in der Steuerpolitik

Die grundlegende Neuausrichtung des Steuersystems auf eine gewisse soziale Umverteilung zugunsten der ärmeren Bevölkerungsteile wurde von einem Wandel des wissenschaftlichen Diskurses über Steuern vorbereitet und begleitet. Bereits die Finanzpolitiker der Französischen Revolution hatten darauf hingearbeitet, das herrschende regressive durch ein proportionales Steuersystem zu ersetzen. Sie befanden sich damit im Einklang mit den Steuerideen Adam Smiths, der ebenfalls eine proportionale Belastung favorisierte. Die von Smith formulierten liberalen Steuerprinzipien dominierten in der ersten Hälfte des 19. Jahrhunderts den Diskurs in Deutschland wie auch in Großbritannien oder Frankreich.

In der zweiten Hälfte des Jahrhunderts zeigte sich, dass ein solches System nicht dazu beitrug, der wachsenden Ungleichheit Einhalt zu gebieten, sondern proportionale direkte Steuern in Kombination mit regressiven indirekten Steuern die Ungleichheit weiter verschärften. Die sich politisch organisierende Arbeiterschaft forderte deswegen vehement ein progressives Steuersystem ein. Die zunehmenden Wahlerfolge von Arbeiterparteien und Aufstände in den großen Städten förderten die Angst vor einer Revolution. Bürgerliche Kreise setzten sich deswegen damit auseinander, ob nicht zumindest ein Teil der reformistischen Forderungen umgesetzt werden könnte. Gleichzeitig begann sich der wissenschaftliche Diskurs zu verändern. In Deutschland formierte sich eine finanzwissenschaftliche Schule, die eine Abkehr von Liberalismus und Freihandel propagierte. Insbesondere Adolph Wagner erhob seine Stimme, um den Beginn einer sozialen Ära der Besteuerung zu fordern. Er plädierte für die Begrenzung von Unternehmensgewinnen und Rentiereinkommen. Neben möglichen Verstaatlichungen waren es vor allem progressive Steuern, die dies gewährleisten sollten. Der Fiskus sollte die zusätzlichen Einnahmen für sozialpolitische Maßnahmen zur Unterstützung der unteren Klassen nutzen. Wagner verstand seine Forderung indes nicht als Schützenhilfe für die Sozialdemokratie, sondern im Gegenteil ganz im Sinne der Sozialgesetzgebung unter Bismarck als Beitrag zu ihrer Bekämpfung. In Übereinstimmung mit der vorherrschenden Meinung der preußischen Oberschicht wollte er lieber die soziale als die politische Staatsbürgerschaft gewähren. Weil sich diese Ansicht durchsetzte, führte die konservative preußische Regierung Ende des 19. Jahrhunderts ein vergleichsweise progressives Steuersystem ein. Dieses entlastete die Arbeiterschaft und nahm stattdessen die bürgerliche Wirtschaftselite und in abgeschwächter Form auch den Großgrundbesitz stärker in die Pflicht. Eine progressiv gestaltete Einkommensteuer war dabei das wesentliche Element.

Von der deutschen Finanzwissenschaft und insbesondere von Wagner ging eine weit über die deutschen Landesgrenzen hinausreichende Strahlkraft aus. Insbesondere Ökonomen aus den USA und Japan zog es nach Deutschland, um bei Wagner und anderen deutschen Finanz- und Wirtschaftswissenschaftlern zu studieren. Auch in Großbritannien verabschiedeten sich derweil viele Ökonomen von einer einseitigen Berufung auf Adam Smith. Weitgehend ungebrochen blieb die Dominanz liberaler Ökonomen in Frankreich, aber selbst hier wurde gegen deren Willen noch vor Beginn des Ersten Weltkriegs eine progressive Einkommensteuer eingeführt. Neben Wagner waren es vor allem sozialliberale Ökonomen wie der Schwede Knut Wicksell oder der US-Amerikaner Edwin Seligman, die das Feld für die Durchsetzung einer progressiven Einkommensbesteuerung bereiteten. Sie trafen sich in der Forderung, Gerechtigkeit zu einem Prinzip der Finanzwissenschaft zu erheben und von der vorherigen einseitigen Konzentration auf fiskale Zwecke abzugehen.

Nachdem die Steuerbelastung im Ersten Weltkrieg und der unmittelbaren Nachkriegszeit deutlich angestiegen war, kritisierten in der Weimarer Republik liberal-konservative Ökonomen wie Fritz Karl Mann und Alfred Amonn diese Entwicklung. Vor allem aber stand deren Prämisse im Zentrum der Kritik. Gerechtigkeit habe als Kategorie in den Finanzwissenschaften nichts verloren. Sie forderten die Rückkehr zu einer Steuerpolitik, die sich ausschließlich an fiskalischen Zwecken orientierte.

Wagner, Wicksell und Seligman begründeten ihre Stellungnahmen für progressive Steuern vor allem sozial und politisch. Ihrer Überzeugung nach zeitigten Steuern gerade in ökonomischer Hinsicht tendenziell negative Wirkungen, die es durch kluge Gestaltung zu minimieren galt. Doch finden sich bei Wicksell und Seligman bereits erste Annahmen, dass eine gerechtere Einkommensverteilung ökonomisch vorteilhaft sein könnte.

Im Gefolge der Weltwirtschaftskrise begann sich eine neue Sicht auf Steuern und ihre Zwecke Bahn zu brechen. Insbesondere John Maynard Keynes und Michal Kalecki argumentierten, dass der Steuerpolitik eine zentrale Rolle bei der Stabilisierung der konjunkturellen Wirtschaftsentwicklung zukommen könne. In einer Deflationskrise hätten progressive Steuern auf Einkommen, Vermögen und Erbschaften den Vorteil, dass sie die Verteilung ansonsten brachliegenden Kapitals an einkommensschwache Schichten ermöglichten. Diese würden die ihnen gewährten Mittel unmittelbar für den Konsum verwenden, wodurch sich die Konjunktur stabilisieren ließe.

Damit bot Keynes sozialdemokratischen und sozialliberalen Politikern eine neue, nun auch ökonomische Begründung für eine progressive Steuerpolitik. Insgesamt stellte Keynes' neues ökonomisches Programm für viele sozialdemokratische Parteien eine überzeugende Rechtfertigung ihres Wechsels von einer sozialistischen hin zu einer sozialliberalen Politik dar. Bereits zu Beginn des 20. Jahrhunderts hatten sich viele sozialdemokratische Parteien von revolutionären Programmen und vom ökonomischen Marxismus verabschiedet. Als eigenständiges ökonomisches Programm unter kapitalistischen Verhältnissen stand ihnen Anfang der 1920er-Jahre dabei vor allem eine Politik der Geldmengenausweitung und der hohen progressiven Besteuerung zur Verfügung. Als dieses Modell mit den Hyperinflationen und der ansteigenden Steuerflucht in Europa in die Krise geriet, kehrten einige Sozialdemokraten zur marxistischen Revolutionshoffnung zurück. Die Mehrheit begann jedoch zumindest einige Lehrsätze des ökonomischen Liberalismus zu akzeptieren. Die Rückkehr zum Goldstandard, niedrigeren Steuern und ausgeglichenen Haushalten schien nun die Voraussetzung dafür zu sein, die heimische Wirtschaft mit dem nun bestenfalls noch langsamen Ausbau der sozialen Sicherungssysteme nicht zu überfordern. Der britischen und deutschen Sozialdemokratie gelang es kaum, in der Weltwirtschaftskrise überzeugende wirtschaftspolitische Konzepte zu entwickeln. Vor allem die skandinavische und insbesondere die schwedische Sozialdemokratie orientierte sich schon in den 1930er-Jahren stärker an einer keynesianischen Wirtschaftspolitik, während die meisten anderen europäischen sozialdemokratischen Parteien diesem Konzept erst nach Kriegsende folgten.

Wagner, Seligman, Keynes und alle anderen hier genannten Ökonomen agierten äußerst politiknah. Sie erteilten der Politik Ratschläge, saßen in Regierungskommissionen, manche übernahmen auch politische Ämter oder stellten sich zur Wahl. Wissenschaft, Wirtschaft und Politik in der Forschung als voneinander getrennte Felder zu behandeln, verhindert daher eher Erkenntnisse, als dass sie diese befördert. Das ökonomische Wissen der Zeit war immer auch Teil des politischen Streits. Behauptungen von Ökonomen, eine Wissenschaft der objektiven Gesetzmäßigkeiten zu betreiben, lassen sich entsprechend auch als Machttechnik und Versuch der Immunisierung gegen Kritik lesen. Im Kontext sozialhistorischer und politischer Entwicklungen war die Wirtschaftswissenschaft im 17. Jahrhundert zur Leitwissenschaft der entstehenden liberalen Gouvernementalität und damit Teil der Herrschaftstechnik geworden. Sie war seitdem entscheidend an der Ausweitung und Vertiefung des Regierungswissens beteiligt. Wenn wir mit Mitchell G. Ash davon ausgehen, dass Wissenschaft und Politik im 19. Jahrhundert zunehmend zu »Ressourcen für einander«[2] geworden sind, so gilt dies für die Wirtschaftswissenschaft in besonderem

2 Ash, Wissenschaft und Politik.

Maße. Bei der notwendigen Historisierung ökonomischen Wissens sollte deswegen die enge Verbindung zur Politik nicht außer Acht gelassen werden, denn dieses Wissen war immer auch ideologisch und politisch geprägt. Die Dominanz bestimmter Ideen hing oft aufs Engste damit zusammen, wie die Machtverhältnisse zwischen unterschiedlichen gesellschaftlichen Gruppen gestaltet und interpretiert wurden.

Die erkämpfte sozialliberale Gouvernementalität

Die Ökonomie war die Leitwissenschaft liberaler Gouvernementalität. Veränderungen ökonomischen Wissens hatten deswegen auch Rückwirkungen auf die Denkweisen der Regierungen und auf deren Grundüberzeugungen hinsichtlich der Bedingungen und Ziele sowie der Möglichkeiten staatlicher Wirtschafts- und Finanzpolitik. Weder das ökonomische Wissen noch die sozialliberale Gouvernementalität entstanden freilich im luftleeren Raum. Sie reagierten vielmehr auf soziale Probleme der industriellen Klassengesellschaft und waren vielfältig bedingt durch die Kämpfe von Arbeitern um soziale und politische Gleichheit[3] und durch das wachsende politische Gewicht der sie vertretenden Parteien und Gewerkschaften. Die Schilderungen unhaltbarer Zustände in Arbeitervierteln und Fabriken standen im denkbar schärfsten Kontrast zum Anwachsen gewaltiger Vermögen. Die in bürgerlichen publizistischen Betrachtungen stets mitschwingende Angst vor Aufstand und Revolution führte dazu, dass die Forderungen der Arbeiterbewegung Eingang in Wissenschaft und Politik fanden. Die Gleichheitsrevolution wurde nicht vom Staat gewährt, sondern hart erkämpft. Sie war schließlich eine Revolution, die sich aus vielen kleinen und einigen großen Reformen zusammensetzte und sich über einen Zeitraum von einem halben Jahrhundert entwickelte.

Der langsame Wandel von der liberalen zur sozialliberalen Gouvernementalität war durch drei Elemente gekennzeichnet: den Ausbau progressiver Steuern, die Etablierung von Sozialversicherungen und die Durchsetzung der kollektiven Vertretung der

3 Jacques Rancière, Die Nacht der Proletarier. Archive des Arbeitertraums, Wien 2013.

Arbeiterschaft. Letztere trug dazu bei, dass sich der Lohnkampf mit dem Streik zur schärfsten Waffe der lohnarbeitenden Klassen und zum Hauptschauplatz sozialer Auseinandersetzungen entwickelte. Der Steuerprotest, der die wichtigste Protestform der Frühen Neuzeit gewesen war, verlor immer mehr an Bedeutung. Der Kampf um die Steuern verlagerte sich zunehmend in die Parlamente, weil Steuern nun von einem Mittel der Ausbeutung der Unterschichten zu einem Element der Umverteilung von oben nach unten wurden. Möglich wurde dies auch, weil an der Wende zum 20. Jahrhundert der Staatsapparat erstmalig in der Geschichte nicht mehr ausschließlich in der Hand der herrschenden Klassen lag, die auch jeweils den Großteil des Vermögens ihr Eigen nennen konnten. Stattdessen gewannen durch die Ausweitung des Wahlrechts Parteien, die die Mittel- und Unterschichten repräsentierten, erheblich an Gewicht. Die Parteien der Unterschicht gelangten dabei zur Jahrhundertwende noch nicht in die Machtpositionen, sondern dies folgte erst nach dem Ersten Weltkrieg, während Vertreter der Mittelschichten schon im 19. Jahrhundert an Regierungen beteiligt waren. Dies veränderte die Regierungspolitik grundlegend.

Klar zutage trat der Wandel auch auf dem Gebiet der Sozialversicherung. Während es zu den Grundpfeilern des Liberalismus gehörte, dass jeder für sein Glück verantwortlich und die Folgen eines etwaigen Unfalls selbst zu tragen hatte, rückte man gegen Ende des 19. Jahrhunderts zunehmend von dieser Sicht ab. Der Staat wurde nun als mitverantwortlich für das Wohlergehen seiner Bürger betrachtet. Es etablierte sich das neue Terrain des Sozialen, das den Streitparteien von unterschiedlichen Seiten her zugänglich war. Seine Entstehung verdankte dieses neue und erst noch zu erkundende Terrain einer grundlegenden Veränderung des Verantwortungsprinzips, die wiederum auf Einsichten der Statistik fußte. Es ließ sich statistisch feststellen, dass es Phänomene gab, die jenseits der individuellen Verantwortung lagen. Unfälle waren weder der Achtlosigkeit kindlich-naiver Proletarier geschuldet noch der Rücksichtslosigkeit skrupellos-geldgieriger Kapitalisten, wie die zuvor von der jeweiligen Gegenseite gezeichneten Zerrbilder suggerierten. Vielmehr ging der Einsatz neuer industrieller Großtechniken mit bestimmten Wahrscheinlichkeiten des Eintretens von Unfällen einher, die sich statistisch im Begriff des Risikos fassen ließen. Auf diese Risiken konnte man mit Versicherungen reagieren, um die

Folgen abzumildern. Das neue Verständnis von Risiken als kollektiven Risiken – welches sich ähnlich auch für Krankheiten und Arbeitslosigkeit herausbildete – ermöglichte den Aufstieg der Sozialversicherungen. Die Akzeptanz dieser neuen Sicht entwickelte sich als Teil gesellschaftlicher Auseinandersetzungen. Bismarck etablierte das neue System schließlich auch, um den weiteren Machtzugewinn der Arbeiterpartei und der Gewerkschaften zu verhindern.

Das dritte Kernelement sozialliberaler Gouvernementalität war das progressive Steuersystem. Das Steuersystem übernahm spätestens ab dem 19. Jahrhundert eine Führungsrolle im Prozess der »Durchstaatlichung« der Gesellschaft. Während die Sozialversicherungen nur in bestimmten und relativ klar abgegrenzten Bereichen Wirkung entfalteten, griffen die Steuern in fast alle Lebensbereiche ein. Mit der Durchsetzung der progressiven Steuern verstärkte sich dieser Prozess weiter. Das Wissen des Staates über die Steuersubjekte stieg mit den progressiven Einkommen- und Erbschaftsteuern erheblich an. Gleichzeitig war der Staat immer stärker auf die Mitwirkung der Bürger an der Steuererfassung im Wege der Selbstveranlagung angewiesen.

Das Steuersystem war nach wie vor nur ein Ensemble von Regierungstechniken unter vielen anderen. Aber dieses Ensemble schaffte es, eine bestimmte Art von Staatlichkeit im 20. Jahrhundert nahezu unhintergehbar zu machen, auch über die Grenzen sozialliberaler Gouvernementalität hinaus. Selbst diejenigen Regierungen, die sich am weitesten von der sozialliberalen Gouvernementalität wegbewegten und im Verhältnis zu einzelnen Bürgern wie zu ganzen Bevölkerungsgruppen im Zweifelsfall auf Zwang und blanke Gewalt setzten, wie das nationalsozialistische Deutschland und die stalinistische Sowjetunion, vermochten nicht auf ein modernes Steuersystem zu verzichten.

Auch die zur Rechtfertigung progressiver Steuern bemühte Terminologie verdeutlichte, dass es bei der Steuerprogression um noch Grundsätzlicheres ging als bei der Sozialversicherung. Während Letztere sozialtechnokratisch um den Begriff des Risikos konzipiert war, blieben progressive Steuern bis weit ins 20. Jahrhundert hinein an den religiösen Begriff des Opfers gebunden.[4] Trotz des Zwangs

4 Während John Stuart Mill progressive Steuer mit dem Prinzip des gleichen Opfers (*equal sacrifice*) rechtfertigte, sprach Arthur Cecil Pigou vom anteiligen Opfer (*proportionate sacrifice*) und Francis Edgeworth vom minimalen Gesamtopfer (*min-*

zur Steuerentrichtung, der mit den wachsenden Durchgriffsmöglichkeiten des Staates immer deutlicher hervortrat, erweckte die Begrifflichkeit den Eindruck einer zumindest partiell oder idealiter freiwilligen Gabe. Das Individuum erfüllte mit der Steuerzahlung seine Pflichten gegenüber der Gemeinschaft. Es leistete seinen in monetärer Form erbrachten ethisch begründeten Beitrag und konnte dafür auf die Absolution, ein besseres Gemeinwesen und eine gerechtere Gesellschaft hoffen. Da es immer Möglichkeiten der Steuerhinterziehung gab und gibt, ist die Anrufung des Altruismus bis heute Teil der Steuerrhetorik geblieben. Die religiöse Rhetorik zeigte damit sowohl den hohen Anspruch moderner Steuerstaatlichkeit wie auch deren Verwundbarkeit. Die Tendenz, die Entrichtung von Steuern und namentlich von progressiv ansteigenden Steuern gleichsam religiös zu überhöhen, kann als Hinweis dienen, dass die Frage nach dem richtigen Steuersystem – oder auch grundsätzlicher die nach angemessenen Kriterien seiner Beurteilung – kaum losgelöst von Fragen nach der politischen und sozialen Verfasstheit des Gemeinwesens gestellt werden kann. Allerdings wurde der Opfer-Begriff im Steuerwesen auch republikanisch neu aufgeladen. Er enthielt die Idee eines republikanischen Äquivalents der Opferung, namentlich derjenigen, die kämpften statt zu zahlen. So konnten die Steuern im Krieg leichter als in Friedenszeiten erhöht werden, denn es galt als Verrat am sakralisierten souveränen Volkskörper, wenn man sein Geld nicht in den Verteidigungsblutkreislauf gab.

Im Hintergrund der Untersuchung stand nicht zuletzt die historisch seit den bürgerlichen Revolutionen des 18. Jahrhunderts immer wieder neu gestellte Frage, wie das Steuersystem einer »Gesellschaft der Gleichen« (Rosanvallon) auszusehen habe und wie viel soziale Ungleichheit eine Gesellschaft politisch gleicher Staatsbürger verträgt. Ein Narrativ, wonach mit den bürgerlichen Revolutionen ein Gleichheitsversprechen in der Welt war, das dann für immer neue gesellschaftliche Gruppen und immer neue Bereiche eingelöst wurde, hat vieles für sich. Doch lohnt es sich im Blick zu behalten, dass die in der Steuerzahlung zum Ausdruck kommende fiskale Staatsbürgerschaft der bürgerlichen, der politischen und der

imum aggregate sacrifice). Siehe: Fritz Neumark, Probleme der Steuerprogression, in: ders., Wirtschafts- und Finanzprobleme, S. 369-390, hier S. 372.

sozialen Staatsbürgerschaft vorausgegangen ist und sich nicht nur mit diesen weiterentwickelt hat, sondern immer schon auch Teil von ihrer Entwicklung gewesen ist. Die Untersuchung hat immer wieder Punkte aufgesucht, an denen der Zusammenhang von Steuern und politischer und sozialer Gleichheit konflikthaft thematisiert wurde. Sie hat den langen historischen Aufstieg der progressiven direkten Steuern nachgezeichnet, die sich dann im 20. Jahrhundert durchgesetzt haben. Dies spricht dafür, dass sie besonders gut zu demokratisch verfassten kapitalistischen Staaten passen.

Trotzdem ist der Zusammenhang von demokratischer Gleichheit und soziale Gleichheit versprechenden Steuern beileibe kein direkter. Die Entwicklung verlief alles andere als geradlinig. Ausgerechnet das konservativ von der alten Landelite regierte Preußen war bei der Einführung der progressiven Einkommensteuer ein Vorreiter. Zudem standen die progressiven Steuern, wenn sie erst einmal durchgesetzt und etabliert waren, auch illiberalen Staaten und selbst einer Diktatur wie dem nationalsozialistischen Deutschland zur Verfügung. Die Kehrseite der progressiven Steuern war stets, dass sie durch ihre besondere Einträglichkeit für das Wettrüsten der Staaten von Bedeutung waren. Die Durchsetzung der Steuerprogression verdankte sich nicht nur dem Wunsch nach sozialer Gerechtigkeit, sondern auch danach, die Position des eigenen Staates fiskal-militärisch gegen andere abzusichern oder auszudehnen. Progressive Steuern wirken häufig demokratisierend und egalisierend, sie können aber auch Krieg und Zerstörung finanzieren.

Militarisierte Gouvernementalität und die veränderte Bedeutung der Kriegsfinanzierung

Warum die sozialliberale Gouvernementalität während der beiden Weltkriege kurzzeitig von einer militarisierten Gouvernementalität abgelöst wurde, lässt sich nicht monokausal erklären. Offensichtlich ist, dass die Arbeiterbewegungen hier nicht zu den treibenden Kräften gehörten, im Gegenteil. Doch auch die vorherrschenden ökonomischen Ideen enthielten wenig bis nichts, was einen Krieg vorteilhaft erscheinen ließ. Es waren, wie die jüngere Forschung noch einmal deutlich herausgearbeitet hat, vielfältige Gründe, die die gesellschaftlichen Eliten, insbesondere jene im Deutschen Reich, in den Krieg führten. Die Durchsetzung einer militarisierten Gouvernementalität veränderte die Ziele der Regierungspolitik von Grund auf. Liberale Freiheiten wurden nun beschnitten. Den Markt als Ermittler des wahren Wertes einer Ware schalteten viele Regierungen aus oder schränkten ihn zumindest erheblich ein. Im Krieg waren es dann doch häufig die Regierung oder die militärische Führung, die darüber bestimmten, was etwas wert war, allerdings zumeist in enger Absprache mit den nationalen Großkonzernen, die für die Rüstungsproduktion unverzichtbar waren. Nun sollte weniger der Wohlstand der eigenen Nation gemehrt werden, vielmehr sollte ein Krieg gewonnen werden. Dafür musste Wohlstand geopfert werden. Neue soziale Wohltaten größeren Umfangs für die ärmeren Bevölkerungsschichten waren unter den Bedingungen einer militarisierten Gouvernementalität eher nicht zu erwarten. Möglich wurde die Ausweitung des Sozialstaats am ehesten, als die Finanzierung des Krieges durch die modernen Geldtechniken leichter handhabbar wurde und staatliche Transferleistungen eine Erhöhung der Kampfbereitschaft versprachen oder zumindest eine Erosion der Zustimmung zum Krieg verhindern helfen konnten. Wesentlicher für den Ausbau sozialliberaler Elemente in der militarisierten Gouvernementalität war die Vorstellung, dass auch die wohlhabenden Teile der Gesellschaft reichlich zur Ader gelassen werden sollten. Während insbesondere die Unterschichten auf den Kriegsfeldern bluteten, sollten die wirtschaftlichen Profiteure zumindest ihren Zusatzprofit dem Staat überlassen.

Beide Weltkriege waren überaus teuer. Die Summen, die die Herstellung vom Staat bestellter und hernach im Krieg zerstörter Rüstungsgüter verschlang, waren im Vergleich zu früheren Kriegen unvorstellbar hoch. Das hatte zur Folge, dass früher oder später auch die Steuern einen ganz erheblichen Anstieg erfahren mussten. Dies betraf zwar auch die regressiven Verbrauchsteuern, doch lag der Schwerpunkt der Steueranhebungen in den meisten Ländern auf den progressiven Einkommensteuern sowie den bei Unternehmen erhobenen Steuern und Abgaben zur Verhinderung von Kriegsprofiten. Argumentiert wurde dabei selbst von Liberalen mit einem monetär zu erbringenden Blutzoll der Reichen. In sozialdemokratischen Parteien gingen die Forderungen oft noch weiter, weil viele ihrer führenden Köpfe davon ausgingen, dass Welt- und

Kriegspolitik in doppelter Hinsicht von den Industriellen gemacht wurde: realpolitisch, weil sie sich den Staat kauften, ökonomisch, weil der Staat zu Höchstpreisen bei ihnen kaufen musste. Dies verstärkte schon im Ersten und sehr viel stärker noch im Zweiten Weltkrieg den progressiven Charakter des Steuersystems in den kriegführenden Nationen.

Die Finanzierung großer Kriege wandelte sich im 20. Jahrhundert grundlegend: Hatte das Geld, genauer die Liquidität, vormals für kriegführende Nationen häufig noch eine wichtige, wenn nicht kriegsentscheidende Rolle gespielt, galt das im Ersten und Zweiten Weltkrieg nicht mehr. Die entscheidenden Engpässe stellten jetzt die Güterproduktion sowie die Stärke und vor allem die Mobilisierungsfähigkeit der Bevölkerung dar, während keiner der kriegführenden Staaten auch nur entfernt Gefahr lief, aufgrund eines Versiegens seiner Finanzquellen aufgeben zu müssen. Das lag auf der einen Seite darin begründet, dass die industrielle Herstellung militärischer Güter immer komplexer und aufwendiger wurde und zudem in der Regel auf im eigenen Land nicht vorhandene Rohstoffe angewiesen war. Gleichzeitig verbesserten sich auf der anderen Seite die Möglichkeiten der Geldproduktion im 19. und frühen 20. Jahrhundert enorm. Die Deckung des Papiergeldes durch Goldreserven wurde durch die kriegführenden Staaten ausgesetzt, womit der zentrale Faktor der Geldverknappung eliminiert war. Daher spielten die Kriegsfinanzen für die Frage von Sieg oder Niederlage in beiden Weltkriegen kaum eine Rolle.

Dementsprechend hatte die zeitgenössisch kontrovers diskutierte Frage, ob der Krieg durch Steuern, Anleihen oder die Notenpresse finanziert werden sollte, für den Kriegsausgang keine Bedeutung. Als überaus bedeutsam erwies sich diese Frage aber für die Zeit nach Kriegsende und für die Verteilungswirkungen des Krieges. Während in den angloamerikanischen Ländern im Ersten Weltkrieg die Einkommensungleichheit dank der progressiven Steuern abnahm, stieg sie im Deutschen Reich aufgrund der Anleihefinanzierung und des anfänglichen Verzichts auf Steuererhöhungen bis 1917 an. Zudem war die politische Startsituation für die Nachkriegsregierungen in den angloamerikanischen Ländern ungleich günstiger, weil dort hohe Steuersätze abgesenkt werden konnten. Demgegenüber mussten die deutsche und die französische Regierung nach Kriegsende die Steuern deutlich erhöhen, wodurch sie den Unmut der wirtschaftlichen Elite auf sich zogen und sich mit einer sprunghaft ansteigenden Steuerflucht konfrontiert sahen.

Massenmobilisierungskrieg und Gleichheitsdiskurs

Vornehmlich quantitativ argumentierende Wissenschaftler wie Kenneth Scheve, David Stasavage und Walter Scheidel haben die These vertreten, dass sowohl die Steigerung der Progressionswirkung wie auch die Reduzierung der Einkommensungleichheit vor allem, wenn nicht gar ausschließlich ein Ergebnis der beiden Weltkriege waren. Scheidel geht sogar davon aus, dass sich in der Geschichte der Menschheit soziale Ungleichheit stets nur im Zuge katastrophaler Einbrüche nennenswert verringert habe und dass jede bedeutende Einkommensnivellierung seit dem 19. Jahrhundert ausschließlich auf blutige Revolutionen oder Massenmobilisierungskriege zurückzuführen sei. Sein Buch endet dementsprechend pessimistisch: »Wir alle, denen an einer größeren wirtschaftlichen Gleichheit gelegen ist, sind gut beraten, nicht zu vergessen, dass Fortschritte im Streben nach diesem Ideal, abgesehen von ganz wenigen Ausnahmen, stets mit ungeheurem menschlichen Leid erkauft wurden. Wir sollten uns gut überlegen, was wir uns wünschen.«[5]

Qualitativ forschende Historiker haben demgegenüber ein positiveres Bild gezeichnet. Hartmut Kaelble und insbesondere Pierre Rosanvallon haben die große Bedeutung der Durchsetzung von Gleichheitsidealen in der zweiten Hälfte des 19. Jahrhunderts betont und gezeigt, dass sich die Ideenlandschaft schon vor dem Krieg grundlegend umgestaltet hatte und zudem erste Maßnahmen zur Schaffung einer egalitäreren Gesellschaft ergriffen wurden. Es kann allerdings kein Zweifel daran bestehen, dass die beiden Weltkriege eine wichtige Rolle bei der Durchsetzung progressiverer Steuersysteme und von mehr Einkommensgleichheit gespielt haben.

Nur bleibt eben strittig, ob die Wirkung moderner Massenmobilisierungskriege nicht bisweilen allzu mechanistisch gedacht wird. Bringen sie unweigerlich und gleichsam von alleine Steuersysteme hervor, die Einkommensunterschiede verringern? Und

5 Scheidel, Nach dem Krieg, S. 556.

führt tatsächlich der einzige Weg zu größerer sozialer Gleichheit über menschengemachte Katastrophen? Andere neuzeitliche Massenmobilisierungskriege neben den beiden Weltkriegen sind die Napoleonischen Kriege und der Amerikanische Bürgerkrieg. Von ihnen gingen aber, wie Scheidel selbst feststellt, bestenfalls leichte Egalisierungstendenzen aus.[6] Dies ist ein erster Hinweis darauf, dass nicht der Charakter von Massenmobilisierungskriegen an sich schon verantwortlich für die Erreichung größerer Egalität gewesen sein dürfte. Vielmehr war die vorherige gesellschaftliche Durchsetzung von Gleichheitsvorstellungen von zentraler Bedeutung.

Arbeiterparteien, linksliberale Parteien und Gewerkschaften erkämpften für die Unter- und Mittelschicht höhere Löhne und bessere Lebensbedingungen, während sie regressive Verbrauchsteuern ablehnten und progressive Steuern forderten. Ihre schon vor dem Ersten Weltkrieg beachtlichen Wahlerfolge, die in der Zwischenkriegsphase vielerorts noch übertroffen wurden und zu zahlreichen Regierungsbeteiligungen führten, ermöglichten eine Reihe von Reformen hin zu mehr sozialer Sicherheit und mehr staatlicher Umverteilung.

Zudem zeigt der Erste Weltkrieg, dass Massenmobilisierungskriege nicht von sich aus zu progressiveren Steuersystemen und weniger sozialer Ungleichheit führten. In Deutschland vermied es die Reichsregierung lange, die Steuern zu erhöhen. Ähnlich verhielt es sich in Österreich-Ungarn, Frankreich, Italien und der Türkei. Erst als der Krieg sich immer weiter hinzog und die Kosten stiegen, setzten langsame Änderungen ein. Doch in Frankreich und Deutschland kam es erst nach dem Krieg zur langfristigen Durchsetzung eines progressiven Steuersystems. In Deutschland bedurfte es der Revolution, um eine neue Verfassung mit entsprechenden Möglichkeiten zentralistischer direkter Steuern in Friedenszeiten zu inthronisieren.

Die Entwicklung der skandinavischen Länder im 20. Jahrhundert unterstützt die These, dass nicht nur katastrophale Ereignisse für mehr Egalität sorgen können. In Schweden, Norwegen und Dänemark kam es weder zur Massenmobilisierung von Soldaten in den Weltkriegen noch ereignete sich eine Revolution. Trotzdem

6 Ebd., S. 226-233. Am ehesten hatte der Amerikanische Bürgerkrieg in den vormaligen Südstaaten eine egalisierende Tendenz, weil die wirtschaftliche Elite durch die Sklavenbefreiung fast die Hälfte ihres Privatvermögens verlor.

gehören diese Länder seit langem zu jenen, die eine geringe Einkommensungleichheit aufweisen. Am Beispiel Schwedens zeigt sich, wie es einer sozialdemokratisch dominierten Regierung und aktiven Gewerkschaften gelang, einen historischen Kompromiss mit den Wirtschaftsverbänden und der ökonomischen Elite zu schließen, der Letztere sogar davon abhielt, auf höhere und progressive Steuern mit massiver Kapitalflucht zu reagieren, wie es etwa in Frankreich zur Zeit der Volksfrontregierung der Fall war. Damit waren die Grundlagen für ein erfolgreiches korporatistisches Modell geschaffen. Das Beispiel der skandinavischen Staaten unterstreicht eindrucksvoll den schon für die kriegführenden Länder gewonnenen Befund, dass der Arbeiterbewegung bei der Reduktion sozialer Ungleichheit eine zentrale, von Scheidel stark unterschätzte Bedeutung zukam. Das historische Bild, das sich daraus ergibt, ist positiver als jenes von Scheidel gezeichnete. Ein sozialliberales Reformprogramm zur Reduzierung von Ungleichheit war historisch möglich und konnte auch unabhängig von Ereignissen tödlicher Massengewalt geschaffen werden.

Varieties of Taxation: Unterschiede und Ähnlichkeiten

Wie es Varieties of Capitalism gibt, so existieren auch Varieties of Taxation. Diese Vielfalt der Steuerregime stand in den Ländervergleichen häufig im Fokus. Die Methode des Vergleichs förderte wohl insgesamt eher die Neigung, Unterschiede zu betonen. Doch kennt die Steuergeschichte daneben ebenso die Tendenz zur Annäherung und zur Durchsetzung ähnlicher Vorschläge in den führenden Industrienationen. Dies wurde hier vor allem anhand des Transfers ökonomischen Wissens etwa eines Adolph Wagner oder John Maynard Keynes dargestellt. Darüber hinaus lässt sich aber festhalten, dass sich in den führenden Industrienationen dieselben Steuern durchzusetzen begannen. So feierte in der ersten Hälfte des 20. Jahrhunderts die progressive Einkommensteuer ihren Siegeszug und avancierte fast überall zur zentralen Einnahmequelle des Staates. Daneben stieg die Umsatzsteuer in etlichen Ländern zur zweiten zentralen Säule des Steuersystems auf, im Spezialfall der Sowjetunion sogar zu seinem Hauptpfeiler. Ebenso entstand in vielen Ländern in Form der Körperschaftsteuer eine aus der Einkommensteuer herausgelöste Unternehmensteuer.

Der Anstieg der Steuersätze im und nach dem Ersten Weltkrieg brachte ebenfalls eine Reihe von Neuerungen hervor, die in den führenden Industrienationen in ähnlicher Weise zu beobachten waren. So gewann der Beruf des Steuerberaters an Bedeutung, und große Konzerne errichteten eigene Steuerabteilungen. Gleichzeitig wuchs sich die Steuerhinterziehung für die Hochsteuerländer zu einem ernsten Problem aus. Der Aufstieg der Schweiz zur weltweit wichtigsten Steueroase begann in den 1920er-Jahren. Einer der ersten internationalen Steuerskandale ereignete sich Anfang der 1930er-Jahre in Frankreich, wo die Beschlagnahmung von Büchern einer Schweizer Bank die Steuerhinterziehung eines Teils der französischen Elite offenlegte. Doch Steuerhinterziehung wurde Anfang der 1930er-Jahre – und auch noch lange danach – wie ein Kavaliersdelikt behandelt oder vielmehr wie gar kein Delikt: Nur ein einziger von den mehr als tausend Überführten wurde zu einer geringen Geldstrafe verurteilt. Alle anderen gingen straffrei aus.

Im Hinblick auf Unterschiede zwischen den Steuersystemen gilt es zwischen zwei Varianten der Differenz zu trennen. Im ersten Fall liegen die Unterschiede in tiefliegenden national-kollektiven Vorstellungen begründet, die dazu führen, dass die Differenz dauerhaft bestehen bleibt. Jens Beckert hat dies beispielsweise für die grundlegenden Unterschiede der Erbschaftsbesteuerung in den USA sowie in Frankreich und Deutschland gezeigt. In der zweiten Variante gibt es ein Vorreiterland, das als erstes eine Neuerung einführt. Mit mehr oder weniger großer Verzögerung folgen dann andere Nationen nach. Je weiter der zeitliche Abstand, desto schwerer dürfte die Änderung entweder ins vorhandene Steuersystem oder in die kollektive Vorstellungswelt der nachziehenden Nation gepasst haben. Oft sind es dann aber gerade die Nachzügler, die, nachdem sie die Probleme des voranschreitenden Staates im Umgang mit einem innovativen steuerlichen Instrument analysiert haben, maßgeblich zur Verbesserung der Neuerung beitragen.

Ein gutes Beispiel für einen solchen Fall stellt der Aufstieg des Lohnsteuerstaats dar, der in Deutschland begann. Wesentlich für seine Durchsetzung war die Einführung des direkten Lohnsteuerabzugsverfahrens, das eine Regierung aus SPD und Linksliberalen vorantrieb, weil es eine deutliche Vereinfachung im täglichen Leben der Arbeiter bedeutete, die fortan nicht mehr ihre Steuerschuld berechnen und vor allem kein Geld mehr für ihre Begleichung zurücklegen mussten, was oft nicht erfolgte und dann beim Gerichtsvollzieher enden konnte. Die Nachteile des Verfahrens für abhängig Beschäftigte zeigten sich erst nach der Verabschiedung: In Zeiten der Inflation waren Arbeiter und Angestellte gegenüber Freiberuflern deutlich benachteiligt, weil ihnen das Geld sofort abgezogen wurde, während Freiberufler erst nachträglich Steuern zahlten, wodurch das nun gezahlte Geld bereits erheblich an Wert verloren hatte. Der zweite Nachteil war, dass die Einfachheit des Verfahrens Regierungen dazu verleiten konnte, die Steuersätze für geringe Einkommen weiter zu erhöhen. Gleichwohl begrüßten in Deutschland wie auch in den nachziehenden Ländern die Arbeiterparteien das neue Verfahren zumeist wegen seiner vereinfachenden Wirkung, während aus der Unternehmenswelt Widerstand kam.

Dieser lag darin begründet, dass die Firmen im Lohnsteuereinzugsverfahren unentgeltlich einen Teil der Arbeit der Steuerbehörde zu übernehmen hatten. Es bescherte ihnen zusätzlichen Verwaltungsaufwand, ohne dass sie dafür eine Gegenleistung erhielten. In vielen anderen Ländern war dieses Verfahren aufgrund des Widerstands in der Unternehmerschaft deswegen lange Zeit nicht durchsetzbar. Der automatische Lohnsteuereinzug sorgte aber auch dafür, dass in Deutschland Geringverdiener früher und stärker als in anderen Ländern zur Einkommensteuer herangezogen wurden.

In Deutschland lag damit in gewisser Weise der Startpunkt des von Rudolf Goldscheid am Ende des Ersten Weltkriegs befürchteten Marsches in den Lohnsteuerstaat. Goldscheid sagte damals voraus, dass mit diesem ein neuer Höhepunkt in der Ausbeutung der Arbeiterklasse erreicht werden würde. Er übersah dabei aber eine andere von ihm selbst formulierte Regel: »Sage mir, wie und von wem du dir deine Einnahmen beschaffst, und ich werde dir sagen, wie dein Ausgabenetat zusammengesetzt sein muß.«[7] In der Weimarer Republik erfolgte ein weitgehend aus Steuermitteln finanzierter zügiger Ausbau des Sozialstaates, ein frühes Beispiel dafür, dass der Wohlfahrtsstaat oft dort schneller ausgebaut wurde, wo Unter- und Mittelschicht einen vergleichsweise großen Beitrag zum Steueraufkommen leisteten. Allerdings zeigte sich im Natio-

7 Goldscheid, Staat, S. 255.

nalsozialismus, dass die von Goldscheid aufgezeigte Regel auch gebrochen werden konnte. Die Lohnsteuer stieg zwar weiter, aber die Mitbestimmung über die Verwendung der Einnahmen nicht. Sie flossen nun in die Aufrüstung.

In den USA und Großbritannien konnte sich das Lohnsteuerabzugsverfahren erst mehr als zwanzig Jahre später im Zweiten Weltkrieg durchsetzen. Den Unternehmen erschien der Verwaltungsaufwand nun als das geringere Übel angesichts der Alternative einer noch höheren Besteuerung der großen Einkommen und der Unternehmensgewinne. Das Verfahren der Zukunft entwickelten dabei US-Ökonomen, die im Auftrag des Finanzministeriums umfangreiche Forschungen angestellt und unter anderem das deutsche Lohnabzugssystem eingehend untersucht hatten. Führend wirkte daran Milton Friedman mit, der zu dem Zeitpunkt noch überzeugter Keynesianer war. Als Neoliberaler bereute er später seine Beteiligung an einem Gesetzesprojekt, das der US-Regierung ein so reibungslos funktionierendes System zur Massenbesteuerung an die Hand gab.

Taxation without Representation: Illiberale Steuerstaaten

Die bisherige Erzählung wirkt in vielem wie die Geschichte einer geradlinigen und erfolgreichen Modernisierung. Die durch die Zahlung direkter Steuern erworbene fiskale Staatsbürgerschaft ermöglichte die Ausweitung der bürgerlichen Rechte. So stand die fiskale Staatsbürgerschaft in engem Zusammenhang mit der Erringung bürgerlicher, politischer und sozialer Staatsbürgerschaft. Es könnte der Eindruck entstehen, dass der Steuerstaat fast automatisch zur sozialliberalen Gouvernementalität geführt habe. Doch in der Praxis handelte es sich um das Resultat einer Vielzahl von gesellschaftlichen Aushandlungsprozessen, die auch einen anderen Ausgang hätten nehmen können. Die Formel »No taxation without representation« führte die US-Amerikaner in den Kampf gegen die britische Krone, aber nur der Sieg in der militärischen Auseinandersetzung ermöglichte ihre Durchsetzung.

In der ersten Hälfte des 20. Jahrhunderts entstanden mit dem Nationalsozialismus und dem Stalinismus als jeweils radikalste Verkörperung eines faschistischen beziehungsweise kommunistischen Regimes auf beiden Seiten des politischen Spektrums Regierungsformen, die sich propagandistisch so weit wie nur möglich von der sozialliberalen Gouvernementalität entfernten. Beide Regime schränkten die bürgerlichen Grundrechte und das Wahlrecht erheblich ein oder schafften sie ganz ab. In beiden Lagern meldeten sich zwar auch Stimmen zu Wort, die ein Ende der Steuern forderten, aber alle Vorstöße in dieser Richtung blieben chancenlos. Stattdessen zogen die Regierungen beider Länder die Steuerschraube erheblich an. Vor Ausbruch des Zweiten Weltkrieges war die Steuerquote in der Sowjetunion die weltweit höchste, auf Platz zwei folgte die des nationalsozialistischen Deutschlands. In diesen illiberalen Steuerstaaten galt die Formel »taxation without representation«. Individuelle Rechte gegenüber dem allmächtigen Staat waren suspendiert. Im Nationalsozialismus wurde die Steuerfahndung deutlich ausgebaut. In der Sowjetunion machten kaum zu umgehende Umsatzsteuern einen Großteil der Einnahmen aus. Beide Regime setzten zudem bei der Kriegsfinanzierung auf unter hohem sozialen Druck eingetriebene Beiträge und Anleihen.

In beiden Regimen verabschiedete man sich auch vom Grundsatz der Gleichheit der Besteuerung. Stattdessen besteuerte man als feindlich betrachtete Gruppen härter als andere. Im Nationalsozialismus betraf dies vor allem die jüdische Bevölkerung, die durch hohe Steuern und Sonderabgaben finanziell in die Enge gedrängt und zur Auswanderung getrieben wurde. In der Sowjetunion erhöhte man im Rahmen der beschleunigten Industrialisierung die Steuern für private Betriebe empfindlich, um das Geschäftsmodell der verbliebenen Selbständigen langfristig unmöglich zu machen.

Im Hinblick auf die soziale Ungleichheit bei Einkommen und Vermögen unterschieden sich die beiden Regime aber gemäß ihrer Verortung im politischen Koordinatensystem diametral. Die Sowjetunion hatte durch ihr umfassendes Programm der Verstaatlichung und die Reduzierung von Einkommensunterschieden eine Gesellschaft mit sehr geringen Einkommens- und Vermögensunterschieden geschaffen, wodurch das leicht regressive Steuersystem im Hinblick auf Gerechtigkeitsfragen kaum ins Gewicht fiel. Demgegenüber öffnete sich die Einkommensschere im Nationalsozialismus durch den Lohnstopp auf der einen und große Unternehmensgewinne aufgrund der Rüstungskonjunktur auf der anderen Seite erheblich. Das deutsche Steuersystem war zwar für sich genommen progressiver als das der Sowjetunion, aber die wachsende Ungleichheit konnte es nur wenig abmildern. Wenn es einen »Volksstaat« gegeben hat, der die Elite ökonomisch deutlich benachteiligte, dann fand er sich am ehesten in der Sowjetunion. Das nationalsozialistische Deutschland war im Hinblick auf ökonomische Verteilungswirkungen seiner Politik seit 1933 ein Elitenstaat, der die Einkommenskonzentration erheblich verschärfte.

Die Annäherung an eine Gesellschaft der Gleichen 1945-1980

Der Elitenstaat der Nationalsozialisten fand 1945 sein Ende. Die im Krieg vorgenommene Geldausweitung führte zum maßgeblich auf US-amerikanischen Plänen beruhenden Währungsschnitt 1948, der jene Geldbeträge, die nicht in Sachwerte überführt werden konnten, weitgehend liquidierte. Der Rentier, der Geld verdiente, ohne dafür arbeiten zu müssen – bis 1914 nicht nur eine Sozialfigur, sondern Angehöriger einer sozialen Schicht von nicht zu vernachlässigender Größe –, hatte schon nach dem Ersten Weltkrieg erheblich an Vermögen und Bedeutung eingebüßt. In Deutschland war er nach dem Ende des Zweiten Weltkriegs zu einer seltenen Erscheinung geworden. Während der Vermögensbesitz 1870 noch 700 Prozent des jährlichen Volkseinkommens betragen hatte, war er 1946 mit weniger als 250 Prozent auf einem Allzeittief angelangt. Damit stand Deutschland jedoch nicht allein da, auch in Großbritannien und Frankreich erreichte diese Quote am Ende des Zweiten Weltkriegs einen Tiefpunkt.

Gleichzeitig hatten die Steuersätze in den wichtigsten kriegführenden Nationen einen neuen Höchststand erreicht. In den USA und Großbritannien lag der Spitzensteuersatz der Einkommensteuer 1945 bei über 90 Prozent. Da die besiegte Nation durch die Kriegskosten nicht weniger stark belastet sein sollte als die Sieger, führten die Alliierten 1946 im besetzten Deutschland einen Spitzensteuersatz von 95 Prozent ein, der auch noch galt, als 1949 die Bundesrepublik gegründet wurde. Die Ordoliberalen um Ludwig Erhard liefen zwar dauerhaft Sturm gegen diesen Satz, aber aufgrund eines alliierten Vetos blieb er zunächst unangetastet. Erreicht werden konnte vorerst nur die Ausweitung von Steuerermäßigungen, was es insbesondere Unternehmern ermöglichte, von den hohen Sätzen herunterzukommen.

Nach dem Ausbruch des Koreakrieges und angesichts der wachsenden außenpolitischen und internationalen wirtschaftlichen Bedeutung der Bundesrepublik erhielten die Alliierten jedoch ihr Veto nicht lange aufrecht. Die Regierungen unter Bundeskanzler Adenauer senkten den Einkommensteuerspitzensatz im Laufe der 1950er-Jahre in mehreren Schritten von 95 auf 53 Prozent – ein ähnlich radikaler Einschnitt wie der, den drei Jahrzehnte später Margaret Thatcher und Ronald Reagan in ihren Ländern vollzogen. Deutschland fiel damit in dieser wichtigen Wertung vom absoluten Spitzenplatz auf einen der hintersten Plätze unter den führenden Industrienationen. Dies trug dazu bei, dass der Einkommensanteil der Spitzenverdiener in der Bundesrepublik in den 1950er-Jahren anstieg, während er in den meisten Vergleichsländern fiel. Als besonders vorteilhaft für die Bundesrepublik erwies sich, dass nach der Liquidierung der inneren Staatsschuld durch den Währungsschnitt in der Londoner Schuldenkonferenz 1953 auch die Auslandsschulden weitgehend abgeschrieben werden konnten. Das eröffnete einen weiten Spielraum, um die mit dem Einsetzen des Korea-Booms sprudelnden Steuereinnahmen für anderes als die Schuldenrückzahlung einzusetzen.

Einen bedeutenden Teil nutzte die Regierung zum Ausbau des Sozialstaats. Vor allem setzte Adenauer mit Unterstützung des Arbeitnehmerflügels der Union gegen den Widerstand von Wirtschaftsminister Erhard und Finanzminister Schäffer die Rentenreform 1957 durch. Die Vollbeschäftigung sorgte zudem dafür, dass sich die Verhandlungsposition der Arbeitnehmer ab Mitte der 1950er-Jahre deutlich verbesserte, was zu höheren Lohnabschlüssen führte. Dadurch setzte in der Bundesrepublik in den 1960er-Jahren ein Trend zur langsamen Abmilderung der Einkommensungleichheit ein. Die um Erhard gruppierten Ordoliberalen verfügten zwar in der Bundesrepublik über erheblichen Einfluss, konnten sich aber bei weitem nicht in allen Streitfragen durchsetzen. Zudem waren ihre Positionen zumeist auch noch nicht so vehement anti-egalitär wie die der Neoliberalen seit den 1980er-Jahren, was auch an der Systemkonkurrenz mit den kommunistischen Staaten des Ostblocks lag, die in der Bundesrepublik aufgrund der Nähe der DDR als anderem deutschen Gesellschaftsmodell eine besondere Rolle spielte. So trugen die bundesdeutschen Christdemokraten ähnlich wie andere christdemokratische Parteien in Westeuropa nach 1945 zum deutlichen Ausbau des Wohlfahrtsstaats bei. Überall in Westeuropa stiegen die Anteile der Sozialausgaben am Staatshaushalt deutlich an, während der Anteil der Militärausgaben trotz des Kalten Krieges fast überall rückläufig war. Dies war eine Veränderung, die in ihrer Bedeutung für die Annäherung an das Ideal einer Gesellschaft der Gleichen kaum überschätzt werden kann.

Zur Regierungsdoktrin avancierte die sozialliberale Gouvernementalität aber erst mit dem Machtantritt der sozialliberalen Koalition unter Bundeskanzler Willy Brandt. Der Ausbau der sozialen Gerechtigkeit gehörte erklärtermaßen zu den vorrangigen Zielen der neuen Regierung. Er sollte jedoch weniger durch Steuerpolitik als durch Wirtschaftswachstum erreicht werden. Nach Jahren anhaltenden Wachstums und der schnellen Überwindung der milden Wirtschaftskrise 1966, die als Erfolg der von Wirtschaftsminister Karl Schiller propagierten keynesianischen Globalsteuerung gewertet wurde, kannte der Optimismus wenig Grenzen. Man meinte, den weiteren Ausbau des Sozialstaats und die Ausweitung der Investitionen im Bildungs- und Verkehrsbereich weitgehend ohne Steuerhöhungen stemmen zu können. Nur der linke Flügel der SPD verlangte deutliche Steuererhöhungen für große Einkommen und Vermögen. Demgegenüber glaubte die SPD-Führung mit moderaten Erhöhungen für Wohlbegüterte auskommen zu können, während die FDP schon diesen skeptisch gegenüberstand. Als Kompromiss kam nach langen Debatten 1974/75 eine moderate Steuererhöhung für hohe Einkommen und Vermögen und eine stärkere Entlastung unterer Einkommensgruppen heraus, so dass die Gesamtreform zu Steuereinbußen führte. Dennoch handelte es sich um die einzige signifikante Erhöhung der Spitzensätze bei den direkten Steuern in der Geschichte der alten Bundesrepublik.

Der Abschied von der Gesellschaft der Gleichen

Als die Steuerreform in Kraft trat, hatte sich die Euphorie schon weitgehend in Luft aufgelöst. Die auf die Ölpreiserhöhungen 1973 folgende Wirtschaftskrise beendete die Hoffnung auf einen Kapitalismus, der sich mithilfe einer keynesianischen Wirtschafts- und Finanzpolitik krisenfrei steuern ließ. Die Stagflation, ein im Keynesianismus nicht vorgesehenes gemeinsames Auftreten von Stagnation und Inflation, verstärkte die Kritik an der den Sozialliberalismus prägenden ökonomischen Lehre. Es begann der Aufstieg der Angebotsökonomie und des Neoliberalismus, der durch die Verleihung der Nobelpreise an Friedrich August von Hayek (1974) und Milton Friedman (1976) öffentlichkeitswirksam zelebriert wurde. Hinzu kam das endgültige Scheitern des Währungssystems von Bretton Woods 1973, das langfristig das Gewicht von Kapitalbesitzern und Nationalbanken gegenüber den Regierungen stärkte. Statt der Fiskalpolitik rückte nun die monetäre Politik mit ihrem Fokus auf der Inflationsbekämpfung in das Zentrum staatlicher Wirtschaftspolitik. Das Ziel der Vollbeschäftigung geriet mehr und mehr aus dem Blick und wurde schließlich aufgegeben. Mit der dann einsetzenden Deregulierung des Bankensektors wurde die Macht des Banken- und Finanzkapitals erheblich gestärkt, während die Verhandlungsposition von Gewerkschaften durch legislative Eingriffe erheblich geschwächt wurde. Anselm Doering-Manteuffel und Lutz Raphael haben dies im Anschluss an Paul Windolf als den Beginn der neuen Ära des »Finanzmarkt-Kapitalismus« bezeichnet.[8]

Begleitet wurde diese grundlegende Veränderung der Machtpositionen innerhalb des Wirtschaftsprozesses von einem gesellschaftlichen Wandel hin zu mehr Individualität und einer größeren Betonung der Freiheit der Konsumwahl und der Selbstpräsentation. Andreas Reckwitz hat diesen Wandel mit dem Terminus der »Gesellschaft der Singularitäten« gefasst. Die neuen Subjektivierungspraktiken trugen auch zu einer wachsenden Skepsis gegenüber den Problemlösungskapazitäten des Staates bei. War die Politik Ende der 1960er-Jahre noch der erste Ansprechpartner für eine Vielzahl gesellschaftlicher Fragen, so erschien sie Ende der 1970er-Jahre eher als Teil des Problems.

Mit Ronald Reagan und Margaret Thatcher kamen schließlich im Gefolge der zweiten Ölkrise in den USA und in Großbritannien Politiker*innen an die Macht, die explizit neoliberale Ansätze aufgriffen und die gewachsene Staatsmacht kritisierten. Beide setzten

8 Doering-Manteuffel/Raphael, Nach dem Boom, S. 8; Paul Windolf, Was ist Finanzmarkt-Kapitalismus?, in: ders. (Hg.), Finanzmarkt-Kapitalismus. Analysen zum Wandel von Produktionsregimen, Wiesbaden 2005, S. 58-84.

eine drastische Absenkung des Progressionsgrades des Steuersystems durch. In der Bundesrepublik schwenkte die FDP von einem sozialliberalen auf einen wirtschaftsliberalen Kurs um und wechselte 1982 den Regierungspartner. Der neue Bundeskanzler Helmut Kohl verkündete zwar eine politische Wende, die in mancher Hinsicht an Thatcher und Reagan anknüpfte, doch in der Politik der öffentlichen Finanzen fand in der Bundesrepublik vorerst kein radikaler Wandel statt. Der Schwerpunkt der neuen Regierung lag auf der Begrenzung der Neuverschuldung, weswegen es erst in der darauffolgenden Legislaturperiode zu Steuersenkungen kam. Trotz vehementer Forderungen von FDP und CSU verhinderte aber der Arbeitnehmerflügel der CDU eine massive Absenkung der Spitzensätze bei den direkten Steuern. Weitere anvisierte Steuersenkungen verboten sich aufgrund der hohen Kosten der Wiedervereinigung, die zwar vor allem über eine Ausweitung der Staatsverschuldung und die Sozialkassen finanziert wurde, aber mit dem Solidaritätsbeitrag schließlich auch zu einer Steuererhöhung führte.

Erst als die Kosten der Wiedervereinigung Mitte der 1990er-Jahre bewältigt zu sein schienen, setzte eine erneute Diskussion um Steuersenkungen ein. Sie wurde vor allem durch eine vom BDI lancierte Kampagne über den Standort Deutschland befeuert. Unter diesem Schlagwort präsentierte man das Bild einer sich globalisierenden Ökonomie, in der sich die Staaten in einem permanenten Standortwettbewerb befanden, und ebnete damit den Unterschied zwischen Politik und Wirtschaft ein. Staaten hatten sich demnach wie Unternehmen im Wettbewerb zu behaupten – bei Strafe des Untergangs. Deutschland war nach Ansicht des BDI dabei, diesen Wettbewerb zu verlieren, weil Löhne und Steuern zu hoch waren. Ulrich Beck hat dies als Ideologie des Globalismus bezeichnet, die einen »Imperialismus des Ökonomischen«[9] zur Folge habe. Erst in der Verbindung mit dem Globalismus setzte sich in der deutschen Politik die neoliberale Gouvernementalität ab Mitte der 1990er-Jahre endgültig durch.

Ins Zentrum der neuen Politik rückte neben der Deregulierung des Arbeitsmarktes die Steuersenkung. Nachdem die rot-grüne Mehrheit im Bundesrat eine umfassende Steuersenkung durch die konservativ-liberale Koalition noch verhindert hatte, führte Rot-

9 Beck, Was ist Globalisierung, S. 27.

Grün diese nach der Übernahme der Kanzlerschaft durch Gerhard Schröder selbst durch. Während Finanzminister Lafontaine die Kosten für die Steuersenkung noch den Unternehmen selbst auflasten, sprich im Gegenzug Subventionen und Steuerermäßigungen streichen wollte, war nach dessen Rücktritt der Weg frei für eine umfassende Steuersenkung. Der neue Finanzminister Hans Eichel holte dafür den Leiter der Steuerabteilung des Bayer-Konzerns, Heribert Zitzelsberger, als neuen Staatssekretär ins Ministerium. In der Folge senkte die rot-grüne Regierung den Einkommensteuerspitzensatz um elf Prozentpunkte auf 42 Prozent. Noch gravierender war die Reduzierung des Körperschaftsteuersatzes auf 25 Prozent. Für die staatlichen Haushalte hatte dies erhebliche Einkommensausfälle zur Folge, was dazu beitrug, dass Deutschland das Maastricht-Kriterium bei der Neuverschuldung mehrere Jahre nicht einhalten konnte. Weil die rot-grüne Regierung mit drastischen Sozialkürzungen und der Zusammenlegung von Arbeitslosen- und Sozialhilfe (Hartz IV) die Gunst vieler Wähler verspielt hatte, schien 2005 alles auf einen glänzenden Wahlerfolg der Unionsparteien und eine Neuauflage ihrer Koalition mit den Liberalen hinauszulaufen. Die Unionsparteien stellten die Steuerpolitik in den Mittelpunkt ihrer Wahlkampagne und versprachen eine umfassende Steuerreform mit weiteren Senkungen der Spitzensätze. Als vermeintlichen Wahlkampfclou holte die Oppositionsführerin Angela Merkel den früheren Verfassungsrichter Paul Kirchhof als Finanzminister in spe in ihr Schattenkabinett. Dieser war seit langem mit radikalen Steuersenkungsplänen hervorgetreten und propagierte diese nun auch im Wahlkampf. Doch der politisch unerfahrene Kirchhof erwies sich rasch als Belastung. Kanzler Schröder griff ihn als Verkörperung professoraler Abgehobenheit und sozialer Kälte frontal an, wodurch er sich selbst als Mann mit sozialem Gewissen inszenieren konnte. Der große Vorsprung der Unionsparteien vor der SPD schmolz zusehends dahin und am Wahltag blieb ein hauchdünner Vorsprung übrig, der für eine Koalition mit der FDP nicht ausreichte.

Die Folge war die zweite Große Koalition, nun unter der Kanzlerschaft von Angela Merkel. Den Finanzminister stellte mit Peer Steinbrück allerdings die SPD. Da auch die Unionsparteien nach dem Wahlkampf eingesehen hatten, dass eine weitere Senkung der Einkommensteuer für Spitzenverdiener bei einer Mehrheit im

Wahlvolk auf Ablehnung stieß, kam es zur Verabschiedung einer »Reichensteuer«, mit der der Einkommensteuerspitzensatz für Einkommen über 250 000 DM (Ledige) auf 45 Prozent anstieg. Gleichzeitig akzeptierte die SPD dafür die deutliche Anhebung der regressiven Mehrwertsteuer um drei Prozentpunkte, was zu Mehreinnahmen von 25 Milliarden Euro führte. Die Regierung nutzte die Mehreinnahmen auch zur weiteren Absenkung der Unternehmensteuer. Hinzu kam die Einführung einer Abgeltungssteuer von 25 Prozent auf alle privaten Kapitalerträge, wodurch diese aus der progressiven Einkommensteuer ausgenommen wurden. Damit hatte sich die Regierung vom Leitbild der synthetischen Einkommensteuer, die alle Einkommensarten gleich besteuerte, offiziell verabschiedet.

Trotz der Entlastung der Unternehmen war die Reform mit der Anhebung der Mehrwertsteuer aber ein erster Schritt weg von der seit Mitte der 1990er-Jahre bestehenden Dominanz der Politik der Steuersenkung hin zu einer erneuten Politik der Schuldenkonsolidierung. Die Bundesrepublik näherte sich so den Maastricht-Kriterien deutlich an, bis die Finanzkrise 2007/2008 die Erreichung des Zieles wieder in weite Ferne rücken ließ, weil die Regierung Konjunkturpakete zur Krisenüberwindung auflegte, die die Staatsverschuldung erheblich steigerten. Die aus der Finanzkrise resultierende Euro-Krise brachte mehrere südeuropäische Länder, insbesondere Griechenland, an den Rand der Zahlungsunfähigkeit. Da Deutschland von den südeuropäischen Ländern einen harten Spar- und Austeritätskurs forderte, um die Staatsverschuldung abzubauen, verfestigte die Bundesregierung auch aus außenpolitischen Gründen den eingeschlagenen Konsolidierungskurs. 2009 fügte die Regierung mit ihren Zweidrittelmehrheiten in Bundestag und Bundesrat eine Schuldenbremse in Art. 109 Abs. 3 des Grundgesetzes ein. Der Bund verpflichtete sich damit, die strukturelle Neuverschuldung auf maximal 0,35 Prozent des nominellen Bruttoinlandsprodukts zu beschränken und damit das entsprechende Maastricht-Kriterium noch deutlich zu unterbieten. Für die Länder gilt seit 2020 ein absolutes Verbot der strukturellen Neuverschuldung. Damit war die schwarze Null zur Staatsdoktrin mit Verfassungsrang erhoben worden. Der Spielraum für Steuersenkungen hatte sich dadurch erheblich verringert.

Dies zeigte sich, als 2009 eine konservativ-liberale Koalition an die Macht kam. Die FDP hatte im Wahlkampf mit dem Versprechen erheblicher Steuersenkungen geworben und konnte im Koalitionsvertrag auch ein Entlastungsvolumen von 25 Milliarden Euro durchsetzen, doch diese Pläne wurden von Finanzminister Wolfgang Schäuble mit Verweis auf die Schuldenbremse recht erfolgreich gekontert. Auch die folgenden Regierungen der Großen Koalition (2013–2021) hielten am Ziel der schwarzen Null fest. Vorrang hatte die Konsolidierung, grundlegende Steuerreformen blieben aus.

Während es ab Mitte der 2000er-Jahre zunehmend schien, als seien in der deutschen Steuerpolitik die großen Schlachten um ehrgeizige Reformprojekte fürs Erste geschlagen, kehrte ein Problem auf die Agenda zurück, das die führenden Parteien jahrelang geflissentlich ignoriert oder als randständig behandelt hatten: Steuervermeidung, Steuerflucht und Steuerhinterziehung. Neoliberale Ökonom*innen hatten die Steuervermeidung jahrelang als angemessene Reaktion von Bürger*innen und Unternehmen auf einen ausufernden Staat beschrieben. Regierungen, vor allem in den USA, aber auch in Westeuropa, schufen im Rahmen einer Politik der Deregulierung neue Möglichkeiten der Steuerumgehung, um die dann real eingetretene Steuervermeidung als Begründung für die Absenkung der Spitzensätze bei den direkten Steuern anzuführen.[10] Ernsthafte Versuche, legale wie illegale Praktiken der Steuerminimierung zu bekämpfen, waren von den 1980er-Jahren bis in die 2000er-Jahre kaum zu beobachten, und wenn, dann zeigten sie kaum Wirkung.

Erst die Finanzkrise 2007/2008 änderte das Bild. Die Staatsdefizite erreichten eine Höhe, die die Politik des Laissez-faire gegenüber der grassierenden Steuerhinterziehung und -vermeidung zum handfesten Problem werden ließ. Der nur mit großer Anstrengung abgewendete Staatsbankrott in Griechenland war auch durch die massenhafte Steuerhinterziehung der griechischen Eliten hervorgerufen worden. In Deutschland holten spektakuläre Fälle von Steuerhinterziehung das Thema in die Öffentlichkeit. 2008 war es die Verhaftung des Vorstandsvorsitzenden der Deutschen Post AG, Klaus Zumwinkel, wegen Steuerhinterziehung in Liechtenstein, die ein Schlaglicht auf Praktiken eines Teils der deutschen Wirtschaftselite warf. Von noch größerer Wirkung in der Öffentlich-

10 Saez/Zucman, Triumph, S. 81-99.

keit waren die Hausdurchsuchung beim Präsidenten des FC Bayern München Uli Hoeneß im Jahr 2013 und dessen spätere Verurteilung zu einer Gefängnisstrafe. Entscheidend für die Durchsetzung eines energischeren Vorgehens gegen Steuerhinterziehung war aber die Obama-Regierung in den USA, die Banken in der Schweiz und andernorts, die die Beihilfe zur Steuerflucht zu ihrem Geschäftsmodell gemacht hatten, damit drohte, ihnen die US-Banklizenz zu entziehen. Erst diese Drohung führte dazu, dass sich der gegenseitige Informationsaustausch zur Regel zwischen den OECD-Ländern entwickelte und die Steuerhinterziehung durch Privatleute deutlich erschwert wurde.

Auch die Steuerumgehungspolitik internationaler Großkonzerne geriet zunehmend in die Kritik. In Deutschland erregte 2012 zunächst die Steueroptimierung der US-Kaffeehauskette Starbucks Aufmerksamkeit. Dabei wurde offensichtlich, dass der Großkonzern sich dadurch erhebliche Wettbewerbsvorteile gegenüber inhabergeführten lokalen Cafés oder Bäckereien verschaffte. Auf Initiative von Großbritannien und der Bundesrepublik entstand ein Auftrag an die OECD, Maßnahmen gegen die Profitverschiebung in Niedrigsteuerländer zu erarbeiten, doch die formulierten Richtlinien waren schließlich nur bedingt geeignet, den Konzernen Einhalt zu gebieten. Dies änderte sich erst mit dem Amtsantritt von Präsident Joe Biden in den USA. Biden erklärte die Bereitschaft der Vereinigten Staaten, sich im Rahmen der G20 für eine Mindestbesteuerung von Konzernen einzusetzen, allerdings auch, weil einige europäische Länder begonnen hatten, Sondersteuern gegenüber den US-Internetkonzernen zu erheben. Den Mindeststeuerplänen traten bald weitere Regierungen bei, so dass im Sommer 2021 130 Länder, die etwa 90 Prozent der globalen Wirtschaftskraft repräsentieren, sich auf eine Mindeststeuer von 15 Prozent auf Konzerngewinne geeinigt haben. Der Steuersatz ist dabei vorerst niedrig angesetzt, aber gegenüber den bisherigen Praxen war dies ein großer Schritt vorwärts, um die Steuerminimierungspraktiken multinationaler Konzerne zu begrenzen.

Nach der Darstellung von 150 Jahren deutscher Steuerpolitik in vergleichender Perspektive gilt es sich zu vergegenwärtigen, wohin diese Politik geführt hat, um von hier ausgehend Zukunftsszenarien zu entwickeln. Es kann festgehalten werden, dass in der Bundesrepublik wie auch in den meisten anderen OECD-Ländern die Progressionswirkung des Steuersystems unter der neoliberalen Gouvernementalität deutlich beschnitten wurde. Die Staaten konnten ihre Steuererträge zwar stabil halten, aber dies gelang ihnen durch die stärkere Steuerbelastung der Unter- und Mittelschichten sowie kleiner und mittelständischer Unternehmen bei gleichzeitiger Entlastung der Spitzenverdiener und Großkonzerne. In den USA hat inzwischen das gesamte Steuersystem schon leicht regressive Wirkung. So zahlten die gewinnstärksten zehn Prozent der US-Unternehmen von 2015 bis 2018 einen Steuersatz von durchschnittlich 28 Prozent, die restlichen 90 Prozent hingegen einen Satz von 41 Prozent.[11]

In Deutschland zeichnen sich in einigen Bereichen ähnliche Entwicklungen ab. Bei der Erbschaftsteuer mussten die Empfänger der 40 größten Erbschaften und Schenkungen von je über 100 Millionen Euro 2019 für ein Gesamterbe von 9,4 Milliarden Euro 172 Millionen Euro an Steuern zahlen, was einem Steuersatz von 1,8 Prozent entspricht. 11 000 Personen hatten Vermögen von über einer Million Euro geerbt oder geschenkt bekommen und dafür einen Steuersatz von etwa acht Prozent entrichtet. Vermögen unter 500 000 Euro wurden demgegenüber sehr viel höher besteuert mit Sätzen von bis zu 45 Prozent.[12] Die durch die Großunternehmen erreichte Steuerschonung von Betrieben führt in der Praxis dazu, dass das Vermögen der Mittelschicht wesentlich stärker zur Erbschaftsteuer herangezogen wird als das Vermögen des reichsten Prozents oder gar des 0,1 Prozents. Einer der großen Erfolge sozialliberaler

11 Sandy Brian Hager/Joseph Baines, The Tax Advantage of Big Business. How the Structure of Corporate Taxation Fuels Concentration and Inequality, in: Politics & Society 48 (2020) 2, S. 275-305.

12 Kristina Dunz, Bartsch beklagt »Steuerschlupfloch für Superreiche«, in: Redaktionsnetzwerk Deutschland vom 21. 2. 2021; online: ⟨https://www.rnd.de/politik/bartsch-beklagt-steuerschlupfloch-fur-superreiche-JCUWIEL2IVAO3HP2S3RDYEQFBA.html⟩ (Zugriff: 22. 12. 2021).

Politik, die Steigerung des Anteils der Mittelschichten am Gesamtvermögen, droht auf diese Weise mittel- bis langfristig verspielt zu werden, stattdessen steigt die Vermögenskonzentration bei der Oberschicht und insbesondere den Großvermögen.

In den USA hat diese Entwicklung dazu geführt, dass die Anteile der Spitzeneinkommen und -vermögen wieder jene Höhe erreicht haben, die um 1900 ihren historischen Höchststand markierte.[13] Der Kongress nimmt derweil zusehends oligarchische Züge an: Mehr als die Hälfte seiner Abgeordneten sind inzwischen Millionäre, während der Anteil der Millionäre an der Gesamtbevölkerung bei vier Prozent liegt.[14] Die Präsidentschaft Donald Trumps hat deutlich gezeigt, wie diese Entwicklungen die Demokratie gefährden und unterminieren können. Von solchen Zuständen ist die Bundesrepublik freilich noch entfernt. Die Ungleichheit hat hier noch nicht das gleiche Ausmaß erreicht wie in den USA, und das Parlament ist noch wesentlich eines, das von Angehörigen der Mittelschicht besetzt wird. Allerdings gibt es auch in der Bundesrepublik und in anderen westeuropäischen Ländern den Trend, dass aus Gründen der Parteienfinanzierung und des Parteistiftungswesens so agiert wird, dass nur wohlhabende oder staatlich abgesicherte Menschen überhaupt die Chance haben, aufgestellt zu werden und vielleicht ein Mandat zu erringen. Die Gefahr besteht, dass Abgeordnete für ihre Wahlchancen private Vorleistungen erbringen müssen, die sie später durch ihr Amt wieder hereinholen, was sie von der Mehrheit der Wähler abkoppeln kann.[15]

Die deutsche Politik war jedenfalls seit den 1980er-Jahren von einem Bündnis aus Mittel- und Oberschicht geprägt, das eine höhe-

13 Piketty, Kapital, S. 326 f.

14 Rick Rouran, Fact check: Facebook post off about U.S. millionaires, but close on wealthy members of Congress, in: USA Today vom 8. 6. 2021. Online: ⟨https://eu.usatoday.com/story/news/factcheck/2021/06/08/fact-check-meme-partly-false-millionaires-u-s-congress/7589391002/⟩ (Zugriff: 23. 12. 2021); Piketty, Kapital, S. 694 f. Generell: Jacob S. Hacker/Paul Pierson, Winner-Take-All Politics. How Washington Made the Rich Richer – And Turned its Back on the Middle Class, New York 2010.

15 Julia Cagé, The Price of Democracy. How Money Shapes Politics and What to Do About It, Cambridge/Mass. 2020; Marion Reiser, Abgehoben und entkoppelt? Abgeordnete zwischen öffentlicher Kritik und Professionalisierungslogik, in: Jenni Brichzin et al. (Hg.), Soziologie der Parlamente. Neue Wege der Institutionenforschung, Wiesbaden 2018, S. 111-134.

re Besteuerung der höchsten Einkommen und Vermögen ablehnte und die Steuerbelastung der Reichsten stattdessen reduzierte. Auch die neue Regierung unter Bundeskanzler Olaf Scholz scheint sich von dieser Politik nicht verabschieden zu wollen. Die FDP, die sich seit ihrer Gründung stets gegen eine höhere Besteuerung der ökonomischen Elite ausgesprochen hat, konnte in den Koalitionsverhandlungen die mit wenig Nachdruck vorgetragenen Steuererhöhungspläne von SPD und Grünen abschmettern. Als Ausgleich mussten die Liberalen die Erhöhung des Mindestlohns auf zwölf Euro akzeptieren, eine wichtige Maßnahme, um die Reallohnverluste der Unterschicht zu bekämpfen. Allerdings ist zu bezweifeln, dass sie die zunehmende Einkommensungleichheit und insbesondere die zunehmende Vermögensungleichheit aufhalten kann.

Es besteht die Gefahr, dass die wachsende Ungleichheit die Grundlage der parlamentarischen Demokratie unterminiert. Diese basiert auf der Vorstellung gleicher politischer Rechte, aber auch auf der politischen Idee der Gleichheit. Die Idee der Gleichheit aufzugeben und diejenigen, die sie einfordern, als Sozialneider zu denunzieren, legt daher die Axt an die Demokratie. Zudem kann eine wachsende ökonomische Ungleichheit die politische Gleichheit untergraben, wenn sie dazu führt, dass die Politik stärker auf die Wünsche der Vermögenden eingeht als auf die von anderen Teilen der Gesellschaft.[16] Neuere Studien zeigen, dass dies bereits der Fall ist. Die bundesdeutsche Politik setzt – ganz ähnlich wie die US-Politik – bevorzugt die Forderungen von Gruppen und Schichten mit hohem Einkommen um, während diejenigen einkommensschwacher Gruppen häufig ignoriert und oft auch konterkariert werden.[17] Dies kann zu politischem Verdruss und zur Wahlabstinenz führen, wie wir sie heute nicht nur in den USA, sondern auch in Deutschland bereits beobachten können. Von 1965 bis 2009 hat die Wahlbeteiligung in der Bundesrepublik deutlich abgenommen, und dies betraf im besonderen Maße die einkommensschwachen

16 Martin Schürz, Überreichtum, Frankfurt am Main 2019, S. 12 f.

17 Lea Elsässer/Svenja Hense/Armin Schäfer, »Dem deutschen Volke«? Die ungleiche Responsivität des Bundestags, in: Zeitschrift für Politikwissenschaft 27 (2017), S. 161-180; Armin Schäfer/Hanna Schwander, »Don't play if you can't win« – Does Economic Inequality Undermine Political Equality?, in: European Political Science Review 11 (2019), S. 395-413.

Schichten.[18] Dieser Trend setzte sich auch bei den letzten Wahlen weiter fort. Während bei der Bundestagswahl 2013 in den wohlhabendsten Stadtteilen der großen Städte die Wahlbeteiligung im Regelfall Höhen von über 80 Prozent erreichte, lag sie in den einkommensschwächsten Stadtteilen häufig unter 50 Prozent, in besonders armen Vierteln mit hoher Arbeitslosigkeit sogar zum Teil nur bei 25 Prozent.[19] Dies sind frappierende Zahlen, die darauf hindeuten, dass ein erheblicher Teil der Unterschichten sich nicht mehr durch die im Bundestag befindlichen Parteien vertreten fühlt und nicht glaubt, dass diese Parteien etwas zur Verbesserung ihrer Lebenslage beitragen könnten.

An einer generell mangelnden Handlungsfähigkeit des Staates kann das nicht liegen. Die OECD-Staaten haben sowohl in der Finanzkrise wie auch erneut in der Corona-Krise gezeigt, dass sie handlungsfähig sind und erhebliche Ressourcen mobilisieren können. Zweifel können hingegen über die Verteilung der Ressourcen bestehen. Gestärkt durch staatliche Absatzhilfen und Kurzarbeitergeld aus Beiträgen der Arbeitslosenversicherung schütteten allein die drei großen deutschen Autokonzerne Dividenden von sechs Milliarden Euro an ihre Aktionäre aus. Der Deutsche Aktienindex (DAX) stieg im Corona-Katastrophenjahr 2020 um 3,5 Prozent, im März erreichte er einen Wert von 15 000 Punkten und im November 2021 zum ersten Mal einen Wert von über 16 000 Punkten. Diejenigen, die in der Krise systemrelevant waren, wie Pflegekräfte, Ärztinnen und Verkäufer, erhielten vor allem Applaus. Auf die Idee, kleinere Geschäftsleute von ihren Mieten zu befreien, kam die Politik auch nicht.[20] Insgesamt hat sich das gesellschaftliche Kräf-

18 Die Wahlbeteiligung sank vom Höchstwert von 91,1 Prozent (1976) auf 70,8 Prozent (2009), danach stieg die Wahlbeteiligung wieder leicht an: Armin Schäfer, Der Verlust der politischen Gleichheit. Warum die sinkende Wahlbeteiligung der Demokratie schadet, Frankfurt am Main 2015; ders./Sigrid Roßteutscher, Asymmetrische Mobilisierung: Wahlkampf und ungleiche Wahlbeteiligung, in: Politische Vierteljahresschrift 57 (2016), S. 455-483.

19 Armin Schäfer/Robert Vehrkamp/Jérémie Felix Gagné, Prekäre Wahlen. Milieus und Selektivität der Wahlbeteiligung bei der Bundestagswahl 2013, Gütersloh 2013. Für die Bundestagswahl 2021 als Grobanalyse: ⟨https://www.dw.com/de/die-bundestagswahl-in-zahlen-ein-geteiltes-land/a-59338459⟩ (Zugriff: 22. 12. 2021).

20 Norbert Häring, Endspiel des Kapitalismus. Wie die Konzerne die Macht übernahmen und wie wir sie zurückholen, Köln 2021, S. 17-39.

teverhältnis zwischen Arbeit und Kapital deutlich zugunsten des Kapitals verschoben und das hat politische Folgen.[21] Dazu hat die neoliberale Steuerpolitik erheblich beigetragen.

Ein Blick in die Zukunft

Historiker*innen sind nicht zum Blick in die Zukunft berufen. Sie sind rückwärtsgewandte Propheten, die in der Vergangenheit erkennen, wie es notwendig kommen musste. Vorhersagen von Wissenschaftlern aller Fachrichtungen haben sich in der Vergangenheit immer wieder als falsch herausgestellt, weil nicht vorhersehbare Veränderungen das ganze Gefüge des beobachteten Gegenstandsbereichs verschoben. Dementsprechend kann sich der Blick nur mit allerhöchster Vorsicht in die Zukunft richten, im Wissen darum, dass prognostizierte Entwicklungen womöglich nicht eintreten werden.

Es ist unverkennbar, dass es seit den 1980er-Jahren in den meisten OECD-Ländern zu einer deutlichen Zunahme der Einkommens- und Vermögensungleichheit gekommen ist. Ein ähnlicher Großtrend wurde beim Übergang vom 19. zum 20. Jahrhundert gebrochen. Verantwortlich dafür war eine Vielzahl von Faktoren, darunter die Bildungsexpansion, ein Lohnanstieg für unausgebildete Arbeiter aufgrund einer Knappheit von Arbeitskräften, der Anstieg der Verhandlungsmacht von Gewerkschaften, der Ausbau des Sozialstaats und die Durchsetzung eines progressiven Steuersystems. Thomas Piketty hat dargelegt, dass die zuerst genannten Faktoren in den OECD-Staaten gegenwärtig nicht bestehen und wahrschein-

21 Jonathan Bichler und Shimshon Nitzan haben zur Berechnung des Verhältnisses einen Machtindex entworfen, in dem der Wert des S&P-500-Aktienindex durch den durchschnittlichen Arbeitslohn in den USA dividiert wird. Dieser Index ist seit der Übernahme der Präsidentschaft durch Ronald Reagan bis zur Dotcom-Blase 2001 kräftig gestiegen, danach bis zur Finanzkrise 2008 in der Tendenz gefallen, aber seitdem wieder steil angestiegen. Unter Trumps Präsidentschaft erreichte der Wert eine so hohe Dominanz des Kapitals wie niemals zuvor: Jonathan Nitzan/Shimshon Bichler, Capital as Power. A Study of Order and Creorder, London 2009. Zur Aktualisierung des Index: Blair Fix, Stocks Are Up. Wages Are Down. What Does It Mean?, in: Capital as Power vom 13. 8. 2021. Online: ⟨https://capitalaspower.com/2021/08/stocks-are-up-wages-are-down-what-does-it-mean/⟩ (Zugriff: 23. 12. 2021).

lich auch in Zukunft nicht zum Tragen kommen werden. Deswegen stellen aus seiner Sicht die Steuerpolitik und der Ausbau des Sozialstaats den besten Weg dar, um der wachsenden Ungleichheit zu begegnen.[22]

Falls die Politik einen solchen Schwenk weg von der neoliberalen Kapitalförderung nicht vollziehe, sei mit einer weiteren Zunahme der Ungleichheit zu rechnen. In einer Simulation geht Piketty davon aus, dass das Kapital-Einkommen-Verhältnis bereits 2030 wieder den bisher höchsten Stand von 1910 erreichen würde, um dann weit über diesen Wert hinauszuwachsen.[23] Wenn man sich auch über die Details dieser Berechnungen streiten mag, so gibt es aktuell doch wenig Voraussagen, die davon ausgehen, dass dieser Anstieg durch wirtschaftliche Faktoren gebrochen werden könnte. Ganz im Gegenteil sprechen rezente Entwicklungen der Ökonomie für eine weitere Zunahme der Ungleichheit. Im Bereich der Internetökonomie kommt es verstärkt zum Aufbau großer Monopolunternehmen, die keinen Preiswettbewerb mehr fürchten müssen, weil sie konkurrenzlos sind und dementsprechend hohe Monopolrenten einfahren können.[24] Im Bereich des Hochfrequenzhandels sind inzwischen bereits nur noch wenige Geldhäuser konkurrenzfähig, weil nur sie über die entsprechenden Programme und Rechnerkapazitäten verfügen.[25] In der Tendenz entstehen hier sogenannte »natürliche Monopole«, weil sich die Gewährleistung des Angebots durch ein einziges Unternehmen als am effektivsten erweist. Diese Monopolunternehmen sollten – auch nach wirtschaftswissenschaftlichen Lehrmeinungen – aufgrund des mangelnden Wettbewerbs vom Staat übernommen werden, um die Monopolrente zugunsten der Gesellschaft und nicht einiger weniger abzuschöpfen. Doch eine solche Politik ist gegenwärtig wenig wahrscheinlich und sollte ohnehin auf wenige natürliche Monopole beschränkt bleiben. Unterdessen mehren sich angesichts von Unternehmen und Vermögenden, die Renten abschöpfen, ohne dass sie etwas produzieren oder den vorhandenen Wohlstand mehren, sowie der wachsenden

22 Piketty, Kapital, S. 276-310 und 627-794.

23 Ebd., S. 259 und 616.

24 Philipp Staab, Markt und Herrschaft in der Ökonomie der Unknappheit, Berlin 2019.

25 Matteo Aquilina/Eric Budish/Peter O'Neill, Quantifying the High-Frequency Trading »Arms Race«, Cambridge/Mass. 2021 (NBER Working Paper 29011).

Ungleichheit die Warnungen vor einem Neofeudalismus.[26] Doch ist diese Entwicklung keineswegs vorgezeichnet. Es bestehen Möglichkeiten, sie abzuwenden.

Die Alternativen

Eine gute Nachricht ist, dass dank der verstärkten internationalen Kooperation gegen die Steuerhinterziehung Möglichkeiten zur Veränderung dieses Verhältnisses wieder etwas greifbar scheinen als etwa zur Jahrtausendwende. Damit hat das häufig vorgetragene Argument gegen progressive Steuern, die Gefahr der Kapitalflucht, an Schärfe verloren. Eine weitere Voraussetzung zu einer Überwindung der wachsenden sozialen Ungleichheit in Deutschland wäre es, dass sich die Parteien wieder der politischen Idee der Gleichheit verschreiben und auf dieser Grundlage neue Formen fiskalischer Bürgerschaft und eines neuen fiskalischen Kontrakts ausarbeiteten, der die Unter- und Mittelschicht finanziell entlastet und die Oberschicht wie die Großunternehmen stärker belastet.

Gegen eine solche Politik wird heute wie schon in früheren Zeiten immer wieder das Argument angeführt, dass hohe progressive Steuern das Markenzeichen des gescheiterten Staatssozialismus gewesen seien und letztlich zum Untergang des Kapitalismus führen würden. Doch historisch ist dieses Argument nicht haltbar. Der vorrangige Umverteilungsmechanismus sozialistischer Gouvernementalität war die Enteignung und die Verstaatlichung der Produktionsmittel. Dass progressive Steuern im Staatssozialismus nur eine geringe Rolle spielten, zeigt der Blick nach China. Dort gab es unter Mao fast ausschließlich regressive Umsatz- und Konsumsteuern. Als China dann auf den Kurs eines staatlich gelenkten Kapitalismus umschwenkte, fehlte ein progressives Steuersystem, das die rasant ansteigenden privaten Vermögen begrenzt hätte, weshalb China eine rapide Zunahme sozialer Ungleichheit verzeichnete.

26 Larry M. Bartels, Unequal Democracy. The Political Economy of the New Gilded Age, New York 2008; Sighard Neckel, Die Refeudalisierung des modernen Kapitalismus, in: Heinz Bude/Philipp Staab (Hg.), Kapitalismus und Ungleichheit. Die neuen Verwerfungen, Frankfurt am Main 2016, S. 157-174; Evgeny Morozov, Freedom as a Service. The New Digital Feudalism and the Future of the City, New York 2022.

Progressive Steuern waren und sind nicht das Markenzeichen sozialistischer, sondern sozialliberaler Gouvernementalität. Nirgends haben sie jemals das Ende des Kapitalismus bewirkt. Stattdessen waren progressive Steuern meist mit hohen ökonomischen Wachstumsraten verbunden. Mit den progressiven Steuern und dem Ausbau des Wohlfahrtsstaates entstand in den 1950er- und 1960er-Jahren eine »Demokratie der formalen Freiheit und Gleichheit [...], während die Demokratie der persönlichen Freiheit und des Individualismus hintanzustehen hatte«.[27] Die progressiven Steuern reduzierten die ökonomische Ungleichheit. Sie taten dies nicht nur, indem sie hohe Einkommen und Vermögen wegsteuerten, sondern auch dadurch, dass das Wissen um diesen Effekt astronomisch hohe Managergehälter und umfassende Dividendenausschüttungen verhinderte. Diese Beschränkung der Spitzeneinkommen brachte kaum Wachstumsbeschränkungen mit sich. Ob ein Manager einhunderttausend oder eine Million Mark verdiente, änderte an seiner Arbeitsleistung wenig. Die dadurch hervorgerufene Begrenzung der Lohnskala hatte viele positive Wirkungen. Sie ließ den Unternehmen mehr Geld für Investitionen und Löhne. Das ermöglichte den Ausbau der Unternehmen sowie Konsum und Wachstum.[28] So profitierten auch Unter- und Mittelschicht vom Kapitalismus und der von Ulrich Beck beschriebene Fahrstuhleffekt, der den Lebensstandard aller Bevölkerungsgruppen verbesserte, trat ein. Insbesondere handelte es sich jedoch um einen Staat der Mittelschicht,[29] was sich auch in den ökonomischen Daten zeigte. So stieg der Anteil der Mittelschicht am Gesamtvermögen von zehn Prozent zu Beginn des 20. Jahrhunderts auf etwa 40 Prozent in den 1980er-Jahren an. Dabei hat sich gezeigt, dass die sozialliberale Gouvernementalität der sozialistischen Gouvernementalität überlegen war, weil sie sowohl größere politische Freiheit wie ein Mehr an Wohlstand gewährleistete.

27 So: Anselm Doering-Manteuffel, Rezension von: Martin Conway: Western Europe's Democratic Age. 1945-1968, Princeton/Oxford: Princeton University Press 2020, in: sehepunkte 21 (2021) Nr. 12, ⟨http://www.sehepunkte.de/2021/12/35738.html⟩ (Zugriff: 22.12.2021).

28 Piketty, Kapital, S. 679-695.

29 Martin Conway, Western Europe's Democratic Age. 1945-1968, Princeton 2020. Für Deutschland: Dagmar Hilpert, Wohlfahrtsstaat der Mittelschichten? Sozialpolitik und gesellschaftlicher Wandel in der Bundesrepublik Deutschland (1949-1975), Göttingen 2012.

Die Demokratie der formalen Gleichheit zerbrach seit den 1970er-Jahren unter dem Ansturm des Kapitals und seiner neoliberalen Propagandisten, aber auch an einer gesellschaftlichen Aufwertung von Individualität und Freiheit. Dies hat zu einer Gesellschaft geführt, die dem und der Einzelnen ohne Zweifel ein hohes Maß an individueller Freiheit gewährt, deren Verabschiedung der formalen Gleichheit als bestimmendes Strukturprinzip aber auch zu einem erheblichen Anstieg der sozialen Ungleichheit geführt hat, die nicht als strukturelles Problem, sondern als Resultat individueller Entscheidungen und Leistungen betrachtet wird. Die Frage ist nun, ob sich die soziale Ungleichheit mit einer Steuerpolitik, die jener der 1960er- und 1970er-Jahren ähnelt, bekämpfen lässt, ohne das seitdem hinzugewonnene Maß an individueller Freiheit über Gebühr einzuschränken. Das oberste Prozent würde die Folgen dieser Politik zweifellos als Eingriff in die persönliche Freiheit beklagen. Doch real würden sich die Freiheitsverluste der absoluten Spitzenverdiener und der Besitzer der größten Vermögen darauf beschränken, dass sie sich weniger Luxus gönnen könnten. Für 99 Prozent der Bevölkerung würde eine solche Politik hingegen die Reduktion ihrer Steuerlast, Lohnzugewinne und/oder Zugewinne an Lebensqualität durch den Ausbau der Infrastruktur, des Bildungs- und des Gesundheitssystems sowie durch eine weniger klimaschädliche gesellschaftliche Lebensweise mit sich bringen. Nur ein kleiner Teil der 99 Prozent dürfte eine solche Politik als Beschränkung ihrer Freiheit verstehen.

Seit dem Erscheinen von Thomas Pikettys Bestseller mangelt es nicht an Vorschlägen, wie ein an die aktuellen Gegebenheiten angepasstes progressives Steuersystem aussehen könnte. Neben Piketty sind es insbesondere Anthony B. Atkinson, Emmanuel Saez und Gabriel Zucman, die hier Vorschläge unterbreitet haben, für Deutschland kann außerdem auf die zahlreichen Beiträge von Stefan Bach vom DIW verwiesen werden.[30] Weitgehende Einigkeit herrscht in dieser Diskussion darüber, dass die Vermögensteuer zwar schwer zu erheben, aber aufgrund des Anwachsens der

30 Piketty, Kapital, S. 627-784; Anthony B. Atkinson, Ungleichheit. Was wir dagegen tun können, Stuttgart 2016, S. 311-398; Saez/Zucman, Triumph, S. 149-248; Stefan Bach, Unsere Steuern. Wer zahlt? Wie viel? Wofür?, Frankfurt am Main 2016, S. 231-242, sowie zahlreiche Aufsätze und Beiträge, die sich auf der Homepage von Stefan Bach finden.

großen Vermögen dringend geboten ist. Im Idealfall käme eine globale Vermögensteuer zustande, die das Verschieben von Vermögensbeständen über nationale Grenzen wertlos machen würde. Einfacher zu erheben ist die Erbschaftsteuer. Sie hat aber gegenüber der Vermögensteuer den Nachteil, dass sie vom Zufall des Todes abhängt und dann auf einmal in großer Summe anfällt. Dies hat dazu geführt, dass die Betriebsvermögen inzwischen in Deutschland kaum noch mit Erbschaftsteuern belegt werden. Darum könnte sich eine Vermögensteuer anbieten, die im Erb- oder Schenkungsfall auf die Erbschaftsteuer angerechnet werden kann. Wenn eine Vermögensteuer nicht erhoben wird, sollten Betriebsvermögen nicht mehr so umfassend von der Erbschaftsteuer entlastet werden, wobei die dann anfallenden Steuern aber über einen längeren Zeitraum gestreckt werden dürften, um die Betriebsexistenz nicht zu gefährden.

Diejenigen, die ein progressiveres Steuersystem fordern, sind sich auch darin weitgehend einig, dass der Einkommensteuersatz für das oberste Prozent der Einkommen deutlich angehoben werden sollte. Die hierfür genannten Werte liegen zwischen 60 und 80 Prozent. Für die Immobilienbranche haben Stefan Bach und Claus Michelsen jüngst anstelle der Enteignung von Wohnungskonzernen die Einführung einer Hauszinssteuer ins Spiel gebracht, um die Konzerngewinne zu begrenzen und aus den Steuereinnahmen staatlichen Wohnungsbau zu ermöglichen.[31] Seit langem wird zudem die Einführung einer Finanzmarkttransaktionssteuer gefordert. Sie könnte erhebliche Erträge erbringen, wohingegen die lange gehegte Hoffnung, dass sie daneben die Volatilität auf den Finanzmärkten einschränken könnte, eher unrealistisch ist.[32] Auch zur Bekämpfung des Klimawandels und der Erreichung von mehr Nachhaltigkeit können Steuern einen wichtigen Beitrag leisten.[33]

31 Stefan Bach/Claus Michelsen, Eine Hauszinssteuer könnte die Wohnungskrise in Berlin lösen, in: Tagesspiegel vom 9. 11. 2021; dies., Für eine neue Mietensteuer, in: SZ vom 1. 7. 2019.

32 Neil McCulloch/Grazia Pacillo, The Tobin Tax. A Review of the Evidence, Brighton 2011 (IDS Research Report 68); Dorothea Schäfer/Marlene Karl, Finanztransaktionssteuer. Ökonomische und fiskalische Effekte der Einführung einer Finanztransaktionssteuer für Deutschland, Berlin 2012 (DIW Politikberatung Kompakt 64).

33 Ann Mumford/Ulrike Spangenberg/Stephen Daly, Moving Beyond the Narrow Lens of Taxation. The Sustainable Development Goals as an Opportunity for

Es ist hier nicht der Ort, diese Vorschläge im Detail zu diskutieren, zumal die genannten Wissenschaftler, die dazu weit berufener sind, dies bereits umfassend getan haben. Stattdessen sei hier abschließend noch einmal betont, dass progressive Steuern ein geeignetes Instrument sind, um eine Balance zwischen der für die Demokratie notwendigen politischen Gleichheit und der im Prozess der Kapitalakkumulation zwangsläufig entstehenden ökonomischen Ungleichheit herbeizuführen. Eine Rückkehr zu einer dezidiert progressiven Steuerpolitik wird zweifellos bei den großen Vermögensbesitzern auf Widerstand stoßen,[34] aber es wäre nicht das erste Mal in der Geschichte, dass der Kapitalismus und die Demokratie gegen den Willen der Kapitalisten gerettet würden. Aus heutiger Sicht spricht jedenfalls viel dafür, dass sich an der Steuerfrage und dem Umgang mit dem Klimawandel die Zukunftsfähigkeit des demokratischen Gemeinwesens entscheiden wird.

Fair and Sustainable Taxation, in: Columbia Journal of European Law (2020), S. 36-100.

34 Isaac William Martin, Rich People's Movements. Grassroot Campaigns to Untax the One Percent, Oxford 2013.

Quellen- und Literaturverzeichnis

Unveröffentlichte Quellen

Bundesarchiv Berlin-Lichterfelde (BAB)

R 2	Reichsfinanzministerium

Bundesarchiv Koblenz (BAK)

B 102	Bundeswirtschaftsministerium
B 126	Bundesfinanzministerium
B 136	Bundeskanzleramt
N 1168	Nachlass Fritz Schäffer
N 1254	Nachlass Franz Etzel
N 1369	Nachlass Alex Möller
Kl. Erwerb. 544	Bericht Erich Bandekow über steuerliche Korruptionsfälle

Archiv für Christlich-Demokratische Politik (ACDP) St. Augustin

1-162	Nachlass Curt Becker
1-626	Nachlass Gerhard Stoltenberg
8-001	CDU/CSU-Bundestagsfraktion

Archiv der sozialen Demokratie (ASD) Bonn

1/HSAA	Helmut-Schmidt-Archiv
DHM	Depositum Hans Matthöfer

Archiv des Liberalismus (ADL) Gummersbach

A 40	Nachlass Wolfgang Mischnick
A 49	FDP-Bundestagsfraktion

Sächsisches Landeshauptarchiv Dresden (SLHAD)

10851	Ministerium der Finanzen 1831-1945

Archiv der Handelskammer Hamburg

A 94	Wehrmacht, Wehrwirtschaft, Krieg 1939-1945

Literaturverzeichnis

Abelshauser, Werner et al. (Hg.), Wirtschaftspolitik in Deutschland 1917-1990, 4 Bände, Berlin 2016.

Abelshauser, Werner, Nach dem Wirtschaftswunder. Der Gewerkschafter, Politiker und Unternehmer Hans Matthöfer, Bonn 2009.

Abelshauser, Werner, Von der Industriellen Revolution zur Neuen Wirtschaft. Der Paradigmenwechsel im wirtschaftlichen Weltbild der Gegenwart, in: Jürgen Osterhammel (Hg.), Wege der Gesellschaftsgeschichte, Göttingen 2006, S. 201-218.

Abelshauser, Werner, Deutsche Wirtschaftsgeschichte seit 1945, München 2004.

Abelshauser, Werner, Kriegswirtschaft und Wirtschaftswunder. Deutschlands wirtschaftliche Mobilisierung für den Zweiten Weltkrieg und die Folgen für die Nachkriegszeit, in: Vierteljahrshefte für Zeitgeschichte 47 (1999) 4, S. 503-538

Abelshauser, Werner, Wirtschaft in Westdeutschland 1945-1948. Rekonstruktion der Wachstumsbedingungen in der amerikanischen und britischen Zone, Stuttgart 1975.

Acemoglu, Daron/James A. Robinson, Why Did the West Extend the Franchise? Democracy, Inequality, and Growth in Historical Perspective, in: The Quarterly Journal of Economics 115 (2000) 4, S. 1167-1199.

Achinger, Hans, Soziologie und Sozialreform, in: Alexander Busch (Hg.), Soziologie und moderne Gesellschaft. Verhandlungen des 14. Deutschen Soziologentags vom 20. bis 24. Mai 1959 in Berlin, Stuttgart 1959, S. 39-52.

Adam, Thomas, Philantropy, Civil Society, and the State in German History 1815-1989, Woodbridge 2016.

Adami, Nikolaus, Die Haushaltspolitik des Bundes von 1955 bis 1965, Bonn 1970.

Adenauer, Rhöndorfer Ausgabe, Konrad Adenauer, Ludwig Erhard und die Soziale Marktwirtschaft, bearbeitet von Holger Löttel, Paderborn 2019.

Adler, Georg, Rodbertus: der Begründer des wissenschaftlichen Sozialismus, Berlin 1884.

Ahrend, Julia C., Fritz Karl Mann. Ein Pionier der Finanzsoziologie und der Theorie der Parafiski im Schnittfeld deutscher und amerikanischer Wissenschaftskultur, Marburg 2010.

Ahrens, Ralf, Der Interventionsstaat auf dem Rückzug? Industriepolitik im Bundeswirtschaftsministerium von Friderichs bis Bangemann, in: Rank Bösch/ Thomas Hertfelder/Gabriele Metzler (Hg.), Grenzen des Neo-

liberalismus. Der Wandel des Liberalismus im späten 20. Jahrhundert, Stuttgart 2018, S. 213-238.
Akihiko, Amemiya, Neuer Liberalismus und Faschismus. Liberaler Interventionismus und die Ordnung des Wettbewerbs, in: Jahrbuch für Wirtschaftsgeschichte 49 (2008), S. 173-196.
Akten der Reichskanzlei, Weimarer Republik 1919-1932, 16 Bände, Boppard am Rhein 1968-1990.
Akten der Reichskanzlei, Regierung Hitler 1933-1942, 9 Bände, Boppard am Rhein 1996-2018.
Alber, Jens, Vom Armenhaus zum Wohlfahrtsstaat. Analysen zur Entwicklung der Sozialversicherung in Westeuropa, Frankfurt am Main 1987.
Albers, Thilo/Charlotte Bartels, Phasen und Triebkräfte der Ungleichheit in Deutschland von 1840 bis 1914, in: Ulrich Pfister et al. (Hg.), Deutschland 1871, Tübingen 2021, S. 291-313.
Albers, Thilo/Charlotte Bartels/Moritz Schularick, The Distribution of Wealth in Germany 1895-2018, Bonn 2020 (EconTribute Policy Brief 001).
Albers, Thilo/Martin Uebele, The Global Impact of the Great Depression, London 2015 (LSE Economic History WP 218).
Albers, Willi, Der Lastenausgleich. Rückblick und Beurteilung, in: FinanzArchiv 47 (1989), S. 272-289.
Albers, Willi, Finanzpolitik in der Depression und in der Vollbeschäftigung, in: Deutsche Bundesbank (Hg.), Währung und Wirtschaft in Deutschland 1876-1975, Frankfurt am Main 1976, S. 331-366.
Albers, Willi, Umverteilungswirkungen der Einkommensteuer, in: ders. (Hg.), Öffentliche Finanzwirtschaft und Verteilung II, Berlin 1974, S. 69-144.
Albers, Willi, Das Notopfer Berlin und die Steuerreform, in: Gewerkschaftliche Monatshefte (1955), S. 151-156.
Albrecht, Andrea, »Wissenschaftliches Rüstzeug«. Zur Produktion volkswirtschaftlichen Wissens unter den Bedingungen nationalsozialistischer Herrschaft am Beispiel von Hans Peter (1898-1959)}, 2010, Online-Publikation: ⟨http://fheh.org/images/fheh/material/albrechthpeter1.pdf⟩ (Zugriff: 10. 12. 2021) (Forschungsstelle Historische Epistemologie und Hermeneutik, Humboldt-Universität zu Berlin).
Albrecht, Clemens, Reflexionsdefizit der Sozialstrukturanalyse? Helmut Schelsky und die »nivellierte Mittelstandsgesellschaft«, in: Alexander Gallus (Hg.), Helmut Schelsky – Der politische Anti-Soziologe. Eine Neurezeption, Göttingen 2013, S. 86-99.
Albrecht, Henning, Antiliberalismus und Antisemitismus. Hermann Wagener und die preußischen Sozialkonservativen 1855-1873, Paderborn 2010.

Alesina, Alberto, The End of Large Public Debts, in: Francesco Giavazzi/ Luigi Spaventa (Hg.), High Public Debt. The Italian Experience, Cambridge 1988, S. 34-79.

Alfani, Guido/Victoria Gierok/Felix Schaff, Economic Inequality in Preindustrial Germany, ca. 1300-1850, in: Journal of Economic History 82 (2022) 1, S. 87-125.

Alfani, Guido/Matteo Di Tullio, The Lion's Share. Inequality and the Rise of the Fiscal State in Preindustrial Europe, Cambridge 2019.

Allen, Christopher S., The Underdevelopment of Keynesianism in the Federal Republic of Germany, in: Peter A. Hall (Hg.), The Political Power of Economic Ideas: Keynesianism Across Nations, Princeton 1989, S. 263-289.

Allen, Robert C., Class Structure and Inequality During the Industrial Revolution: Lessons from England's Social Tables, 1688-1867, in: Economic History Review (2018) online, S. 1-38.

Alonso, Miguel/Alan Kramer/Javier Rodrigo (Hg.), Fascist Warfare, 1922-1945. Aggression, Occupation, Annihilation, Cham 2019.

Alston, Philip/Nikki Reisch (Hg.), Tax, Inequality, and Human Rights, Oxford 2019.

Althammer, Beate, Das Bismarck-Reich 1871-1890, Paderborn 2017 (2. Auflage).

Aly, Götz, Wilhelm Röpke gegen Volk und Führer. Liberale Kritik am nationalen Sozialismus, in: ders., Volk ohne Mitte. Die Deutschen zwischen Freiheitsangst und Kollektivismus, Frankfurt am Main 2015, S. 109-137.

Aly, Götz, Hitlers Volksstaat. Raub, Rassenkrieg und nationaler Sozialismus, Frankfurt am Main 2005.

Amonn, Alfred, Zur Frage der steuerlichen Lastenverteilung, in: Jahrbücher für Nationalökonomie und Statistik 123 (1925), S. 165-199.

Anderson, Margaret Lavina, Practicing Democracy. Elections and Political Culture in Imperial Germany, Princeton 2000.

Anderson, Margaret Lavina/Kenneth Barkin, Der Mythos der Puttkammer-Säuberung, in: Historisches Jahrbuch 109 (1989), S. 452-498.

Andic, Suphan/Jindrich Veverka, The Growth of Government Expenditure in Germany since the Unification, in: FinanzArchiv N.F. 23 (1964) 2, S. 169-278.

Andreae, Wilhelm, Grundlegung einer neuen Staatswirtschaftslehre, Jena 1930.

Aquilina, Matteo/Eric Budish/Peter O'Neill, Quantifying the High-Frequency Trading »Arms Race«, Cambridge/Mass. 2021 (NBER Working Paper 29011).

Ardant, Gabriel, Financial Policy and Economic Infrastructure of Modern States and Nations, in: Tilly (Hg.), Formation, S. 164-243.

Ardant, Gabriel, Théorie sociologique de l'impot, Paris 1965.
Aretin, Karl Otmar von, Franckenstein. Eine politische Karriere zwischen Bismarck und Ludwig II., Stuttgart 2003.
Armeson, Robert B., Total Warfare and Compulsory Labor. A Study of the Military-Industrial Complex in Germany During World War I, Den Haag 1964.
Asbach, Olaf, Thomas Hobbes und die Ambivalenzen des modernen Steuerstaats, in: Huhnholz (Hg.), Fiskus, S. 61-94.
Ash, Mitchell G., Wissenschaft und Politik. Eine Beziehungsgeschichte im 20. Jahrhundert, in: Archiv für Sozialgeschichte 50 (2010), S. 11-45.
Ash, Mitchell G., Wissenschaft und Politik als Ressourcen füreinander, in: Rüdiger vom Bruch/Brigitte Kaderas (Hg.), Wissenschaften und Wissenschaftspolitik. Bestandsaufnahmen zu Formationen, Brüchen und Kontinuitäten im Deutschland des 20. Jahrhunderts, Stuttgart 2002, S. 32-51.
Ashford, Douglas A., Governmental Responses to Budget Scarcity: France, in: Policy Studies Journal 13 (1985) 3, S. 517-525.
Ashley, Percy, The Financial System of Germany, in: Journal of the Royal Statistical Society 75 (1912) 5, S. 467-504.
Atkinson, Anthony B., Ungleichheit. Was wir dagegen tun können, Stuttgart 2016.
Atkinson, Anthony B./Thomas Piketty (Hg.), Top Incomes. A Global Perspective. Oxford 2010.
Atkinson, Anthony B., The Changing Distibution of Earnings in OECD Countries, Oxford 2008.
Atkinson, Anthony B./Thomas Piketty (Hg.), Top Incomes over the Twentieth Century. A Contrast between European and English-Speaking Countries, Oxford 2007.
Atkinson, Anthony B., The Distribution of Top Incomes in the United Kingdom, in: ders./Piketty (Hg.), Top Incomes, S. 82-140.
Atkinson, Anthony B./Francois Bourguignon (Hg.), Handbook of Income Distribution, 2 Bände, Amsterdam 2000 und 2015.
Atkinson, Anthony B./Joseph E. Stiglitz, Lectures on Public Economics, London 1980.
Atkinson, Anthony B./Joseph E. Stiglitz, The Design of Tax Structure. Direct versus Indirect Taxation, in: Journal of Public Economics 6 (1976) 1-2, S. 55-75.
Aubert, Vilhelm, Interessenkonflikt und Wertkonflikt. Zwei Typen des Konflikts und der Konfliktlösung, in: Walter L. Bühl (Hg.), Konflikt und Konfliktstrategie. Ansätze zu einer soziologischen Konflikttheorie, München 1973; S. 178-205.
Augustine, Dolores L., Patricians and Parvenues. Wealth and High Society in Wilhelmine Germany, Oxford 1994.

Bach, Stefan/Marc Buggeln, Geburtsstunde des modernen Steuerstaats in Deutschland 1919/1920, in: Wirtschaftsdienst 100 (2020) 1, S. 42-48.
Bach, Stefan, Unsere Steuern. Wer zahlt? Wie viel? Wofür?, Frankfurt am Main 2016.
Bach, Stefan, Persönliche Vermögensteuer in Deutschland. Entwicklung und Perspektiven, in: Peter Bofinger et al. (Hg.), Thomas Piketty und die Verteilungsfrage, Berlin 2015, S. 193-242.
Bach, Stefan/Giacomo Corneo/Viktor Steiner, Effective Taxation of Top Incomes in Germany 1992-2002, Berlin 2008 (DIW Discussion Paper No. 767).
Bach, Stefan/Viktor Steiner, Steuerreformpläne im empirischen Vergleich, in: Markus Zwick/Joachim Merz (Hg.), MITAX – Mikroanalysen und Steuerpolitik, Wiesbaden 2007, S. 54-83.
Bach, Stefan, Die Unternehmenssteuerreform, in: Achim Truger (Hg.) Rot-grüne Steuerreformen in Deutschland. Eine Zwischenbilanz, Marburg 2001, S. 47-87.
Bach, Stefan/Bodo Linscheidt, Die Neuregelung der einheitswertabhängigen Besteuerung, in: Wirtschaftsdienst 75 (1995) 11, S. 592-601.
Bachmann, Ursula, Reichskasse und öffentlicher Kredit in der Weimarer Republik 1924-1932, Frankfurt am Main 1996.
Bahr, Hermann, Der Antisemitismus. Ein internationales Interview, Berlin 1894.
Bähr, Johannes/Christopher Kopper, Industrie, Politik, Gesellschaft. Der BDI und seine Vorgänger 1919-1990, Göttingen 2019.
Bairoch, Paul, Economics and World History. Myths and Paradoxes, New York 1993.
Bajohr, Frank, Parvenüs und Profiteure. Korruption in der NS-Zeit, Frankfurt am Main 2001.
Balderston, Theo, The Origins and Course of the German Economic Crisis. November 1923 to May 1932, Berlin 1993.
Balderston, Theo, War Finance and Inflation in Britain and Germany, 1914-1918, in: Economic History Review 42 (1989), S. 222-244.
Banken, Ralf, Durch Weltwirtschaftskrise und Rüstungsboom. Die Entwicklung der großen Vermögen 1928-1940 in Deutschland, in: Eva Maria Gajek/Anne Kurr/Lu Seegers (Hg.), Reichtum in Deutschland. Akteure, Räume und Lebenswelten im 20. Jahrhundert, Göttingen 2019, S. 289-312.
Banken, Ralf, Hitlers Steuerstaat. Die Steuerpolitik im Dritten Reich, München 2018.
Banken, Ralf, Es war überhaupt kein Finanzproblem! Die Kriegsfinanzierung des Dritten Reiches 1939-1945, in: Andreas Hedwig (Hg.), Finanzpolitik und Schuldenkrisen 16.-20. Jahrhundert, Marburg 2014, S. 197-220.

Banken, Ralf, Edelmetallmangel und Großraubwirtschaft. Die Entwicklung des deutschen Metallsektors im »Dritten Reich« 1933-1945, Berlin 2009.
Banken, Ralf, Das nationalsozialistische Devisenrecht als Steuerungs- und Diskriminierungsinstrument 1933-1945, in: ders./Johannes Bähr (Hg.), Die Wirtschaftssteuerung durch Recht im Nationalsozialismus, Frankfurt am Main 2006, S. 121-236.
Baranowski, Shelly, The Sanctity of Rural Life. Nobility, Protestantism, and Nazism in Weimar Prussia, New York 1995.
Barbarino, Otto, Steuerpolitik im Kriege, in: Jahrbücher für Nationalökonomie und Statistik 150 (1939), S. 664-687.
Barendregt, Jaap/Hans Visser, Towards a New Maturity, 1940-1990, in: Marjolein 't Hart/Joost Jonker/Jan Luiten van Zanden (Hg.), A Financial History of the Netherlands, Cambridge 1997, S. 152-194.
Baring, Arnulf, Machtwechsel. Die Ära Brandt-Scheel, Stuttgart 1982.
Barkai, Avraham, Juden und Kapitalismus. Ökonomische Vorstellungen von Max Weber und Werner Sombart, in: Menora 5 (1994), S. 25-38.
Barkai, Avraham, Das Wirtschaftssystem des Nationalsozialismus. Ideologie, Theorie, Politik 1933-1945, Frankfurt am Main 1988.
Barker, Tim, Das Blut der anderen. Der Volcker-Schock und die Folgen, in: Merkur (2019) 7, S. 5-18.
Baron, Dietmar, Die personelle Vermögensverteilung in der Bundesrepublik Deutschland und ihre Bestimmungsgründe, Frankfurt am Main 1988.
Bartel, Fritz, The Triumph of Broken Promises. The End of the Cold War and the Rise of Neoliberalism, Cambridge/Mass. 2022.
Bartels, Charlotte, Top Incomes in Germany 1871-2013, in: Journal of Economic History 79 (2019) 3, S. 669-707.
Bartels, Larry M., Unequal Democracy. The Political Economy of the New Gilded Age, New York 2008.
Barth, Boris, Europa nach dem Großen Krieg. Die Krise der Demokratie in der Zwischenkriegszeit 1918-1938, Frankfurt am Main 2016.
Baten, Jörg/Matthias Blum, Growing Tall but Unequal: New Findings and New Background Evidence on Anthropometric Welfare in 156 Countries, 1810-1989, in: Economic History of Developing Regions 27 (2012), S. 66-85.
Baten, Jörg/Rainer Schulz, Making Profits in Wartime. Corporate Profits, Inequality, and GDP in Germany during the First World War, in: Economic History Review 63 (2005) 1, S. 34-56.
Baten, Jörg/Andrea Wagner, Autarchy, Market Disintegration, and Health. The Mortality and Nutritional Crisis in Nazi Germany, 1933-1937, in: Economics and Human Biology 1 (2003) 1, S. 1-28.

Bauman, Zygmunt, Does the Richness of the Few Benefit Us All?, Cambridge 2013.
Bayly, Christopher A., Remaking the Modern World 1900-2015. Global Connections and Comparisons, Chichester 2018.
Bayly, Christopher A., Die Geburt der modernen Welt. Eine Globalgeschichte 1780-1914, Frankfurt am Main 2006.
Beck, Hermann, The Origins of the Authoritarian Welfare State in Prussia: Conservatives, Bureaucracy, and the Social Question, 1815-70, Ann Arbor 1995.
Beck, Rainer, Unterfinning. Ländliche Welt vor Anbruch der Moderne, München 1993.
Beckerath, Erwin von, Die neuere Geschichte der deutschen Finanzwissenschaft (seit 1800), in: Handbuch der Finanzwissenschaft, 2. Auflage, Bd. 1, S. 416-468.
Beckerath, Erwin von, Die preussische Klassensteuer und die Geschichte ihrer Reform bis 1851, Leipzig 1912.
Beckers, Thorsten, Kapitalmarktpolitik im Wiederaufbau. Der westdeutsche Wertpapiermarkt zwischen Staat und Wirtschaft 1945-1957, Stuttgart 2014.
Beckert, Jens, Unverdientes Vermögen. Soziologie des Erbrechts, Frankfurt am Main 2004.
Beckert, Sven, American Danger: United States Empire, Eurafrica, and the Territorialization of Industrial Capitalism, in: American Historical Review 122 (2017) 4, S. 1137-1170.
Beling, Günter/Olaf Scholz, Juso-Kongress 1981 – Auftrag zur Linkswendung, in: spw 4 (1981) 12, S. 97-102.
Bell, Daniel, The Public Household. On ›Fiscal Sociology‹ and the Liberal Society, in: The Public Interest (1974) 37, S. 29-68.
Bentin, Lutz-Arwed, Johannes Popitz und Carl Schmitt. Zur wirtschaftlichen Theorie des totalen Staates in Deutschland, München 1972.
Beramendi, Pablo/David Rueda, Social Democracy Constrained. Indirect Taxation in Industrialized Democracies, in: British Journal of Political Science 37 (2007), S. 619-641.
Berend, Ivan T., An Economic History of Nineteenth-Century Europe. Diversity and Industrialization, Cambridge 2013.
Beresford, Philip/William D. Rubinstein, The Richest of the Rich. The Wealthiest 250 People in Britain since 1066, Petersfield 2007.
Berg, Nicolas, Juden und Kapitalismus in der Nationalökonomie um 1900: Zu Ideologie und Ressentiment in der Wissenschaft, in: Fritz Backhaus/Liliane Weissberg (Hg.), Juden und Reichtum – eine Vorstellung, Frankfurt am Main 2013, S. 284–307.
Berger, Helge, Konjunkturpolitik im Wirtschaftswunder. Handlungsspiel-

räume und Verhaltensmuster von Bundesbank und Regierung in den 1950er-Jahren, Tübingen 1997.
Berghoff, Hartmut, Adel und Industriekapitalismus im deutschen Kaiserreich. Abstoßungskräfte und Annäherungstendenzen zweier Lebenswelten, in: Heinz Reif (Hg.), Adel und Bürgertum in Deutschland, Bd. 1: Entwicklungslinien und Wendepunkte im 19. Jahrhundert, Berlin 2000, S. 233-271.
Berghoff, Hartmut, Aristokratisierung des Bürgertums? Zur Sozialgeschichte der Nobilitierung von Unternehmern in Preußen und Großbritannien 1870-1918, in: Vierteljahrschrift für Sozial- und Wirtschaftsgeschichte 81 (1994) 2, S. 178-204.
Berman, Sheri, The Social Democratic Moment. Ideas and Politics in the Making of Interwar Europe, Cambridge/Mass. 1998.
Bernanke, Ben, Essays on the Great Depression, Princeton 2000.
Bernhardi, Friedrich von, Deutschland und der nächste Krieg, Stuttgart 1913 (6.Auflage).
Beyenburg-Weidenfeld, Ursula, Wettbewerbstheorie, Wirtschaftspolitik und Mittelstandsförderung 1948-1963, Stuttgart 1992.
Biebricher, Thomas/Ralf Ptak, Soziale Marktwirtschaft und Ordoliberalismus zur Einführung, Hamburg 2020.
Biedenkopf, Kurt/Meinhard Miegel, Die programmierte Krise. Alternativen zur staatlichen Schuldenpolitik, Stuttgart 1979.
Biedermann, Ernst, Einkommens- und Vermögensverhältnisse der preussischen Bevölkerung im Zeitraum 1895-1914, in: Zeitschrift des Königlich Preussischen Statistischen Bureaus 58 (1918), S. 60-86.
Birke, Peter, Wilde Streiks im Wirtschaftswunder. Arbeitskämpfe, Gewerkschaften und soziale Bewegungen in der Bundesrepublik und Dänemark, Frankfurt am Main 2007.
Bittner, Thomas, Das westeuropäische Wirtschaftswachstum nach dem Zweiten Weltkrieg. Eine Analyse unter besonderer Berücksichtigung der Planification und der Sozialen Marktwirtschaft, Münster 2001.
Blackwell, Timothy/Sebastian Kohl, The Origins of National Housing Finance Systems. A Comparative Investigation into Historical Variations in Mortgage Finance Regimes, in: Review of International Political Economy 25 (2017) S. 49-74.
Blaich, Fritz, Die Wirtschaftskrise 1925/26 und die Reichsregierung. Von der Erwerbslosenfürsorge zur Konjunkturpolitik, Kallmünz Opf. 1977.
Blaich, Fritz, Die Grundsätze nationalsozialistischer Steuerpolitik und ihre Verwirklichung im Dritten Reich, in: Friedrich-Wilhelm Hennig (Hg.), Probleme der nationalsozialistischen Wirtschaftspolitik, Berlin 1976, S. 99-117.
Blankart, Charles B., Öffentliche Finanzen in der Demokratie. Eine Einführung in die Finanzwissenschaft, München 2017 (9. Auflage).

Blasius, Dirk, Lorenz von Stein, in: Hans-Ulrich Wehler (Hg.), Deutsche Historiker, Bd. 1, Göttingen 1971, S. 25-38.

Blaufarb, Rafe, The Great Demarcation. The French Revolution and the Invention of Modern Property, New York 2016.

Blaufarb, Rafe, Vers une Histoire de l'Exemption Fiscal Nobiliaire. La Provence des Années 1530 à 1789, in: Annales 60 (2005/6), S. 1203-1228.

Blinder, Alan S., Economic Policy and the Great Stagflation, New York 1979.

Blum, Matthias/Eloranta, Jari/Osinsky, Pavel, Organization of War Economies, in: 1914-1918-online. International Encyclopedia of the First World War, hg. von Ute Daniel et al., Berlin 2014, ⟨https://encyclopedia.1914-1918-online.net/pdf/1914-1918-Online-organization_of_war_economies-2014-10-08.pdf⟩ (Zugriff: 11. 10. 2021).

Blumenberg-Lampe, Christine (Hg.), Der Weg in die Soziale Marktwirtschaft. Referate, Protokolle, Gutachten der Arbeitsgemeinschaft Erwin von Beckerath 1943-1947, Stuttgart 1986.

Blumenthal, Karsten von, Die Steuertheorien der Austrian Economics. Von Menger bis Mises, Marburg 2007.

BMF (Hg.), Haushaltsreden. Die Ära Schäffer 1949-1957. Dokumente, Hintergründe, Erläuterungen, Bonn 1992.

BMF (Hg.), Der Wissenschaftliche Beirat beim Bundesministerium der Finanzen. Entschließungen, Stellungnahmen und Gutachten von 1949 bis 1973, Tübingen 1974.

BMF, Finanzbericht 1974, Bonn 1973.

Boadway, Robin W./David E. Wildasin, Public Sector Economics. Boston 1984 (2. Auflage).

Boas, Taylor C./Jordan Gans-Morse, Neoliberalism. From New Liberal Philosophy to Anti-Liberal Slogan, in: Studies in Comparative International Development 44 (2009) 2, S. 137-161.

Boberach, Heinz, Wahlrechtsfragen im Vormärz. Die Wahlrechtsanschauung im Rheinland 1815-1849 und die Entstehung des Dreiklassenwahlrechts, Düsseldorf 1959.

Böckenförde, Ernst-Wolfgang, Lorenz von Stein als Theoretiker der Bewegung von Staat und Gesellschaft zum Sozialstaat, in: Alteuropa und die moderne Gesellschaft. Festschrift für Otto Brunner, hg. vom Historischen Seminar der Universität Hamburg, Göttingen 1963, S. 248-277.

Boelcke, Willi A., Die Kosten von Hitlers Krieg. Kriegsfinanzierung und finanzielles Kriegserbe in Deutschland 1933-1948, Paderborn 1985.

Böhme, Helmut, Deutschlands Weg zur Großmacht. Zum Verhältnis von Wirtschaft und Staat während der Reichsgründungszeit 1848-1881, Köln 1966.

Boix, Carles, Democracy and Redistribution, New York 2003.

Bökenkamp, Gérard, Das Ende des Wirtschaftswunders: Geschichte der Sozial-, Wirtschafts- und Finanzpolitik in der Bundesrepublik 1969-1998, Stuttgart 2010.

Boltanski, Luc/Ève Chiapello, Der neue Geist des Kapitalismus, Konstanz 2003.

Bombach, Gottfried (Hg.), Der Keynesianismus, Band 3: Die geld- und beschäftigungstheoretische Diskussion. Dokumente und Analysen, Berlin 1981.

Bombach, Gottfried (Hg.), Der Keynesianismus, Band 2: Die beschäftigungspolitische Diskussion vor Keynes in Deutschland, Berlin 1976.

Bonhage, Barbara/Hanspeter Lussy/Marc Perrenoud, Nachrichtenlose Vermögen bei Schweizer Banken. Depots, Konten und Safes von Opfern des nationalsozialistischen Regimes und Restitutionsprobleme in der Nachkriegszeit, Zürich 2001.

Bonney, Richard, The Apogee and Fall of the French Rentier Regime, 1801-1914, in: Cardoso/Lains (Hg.), Paying, S. 81-102.

Bonney, Richard (Hg.), The Rise of the Fiscal State in Europe, c. 1200-1815, Oxford 1999.

Borchardt, Knut, Eine Alternative zu Brünings Sparkurs? Zu Paul Köppens Erfindung französischer Kreditangebote, in: Vierteljahrshefte für Zeitgeschichte 63 (2015) 2, S. 229-240.

Borchardt, Knut, Anerkennung und Versagen. Ein Jahrhundert wechselnder Einschätzungen von Rolle und Leistung der Volkswirtschaftslehre in Deutschland, in: Reinhard Spree (Hg.): Geschichte der deutschen Wirtschaft im 20. Jahrhundert, München 2001, S. 200-221.

Borchardt, Knut/Hans Otto Schötz (Hg.), Wirtschaftspolitik in der Krise. Die (Geheim-)Konferenz der Friedrich-List-Gesellschaft im September 1931 über Möglichkeiten und Folgen einer Kreditausweitung, Baden-Baden 1991.

Borchardt, Knut, Das Gewicht der Inflationsangst in den wirtschaftspolitischen Entscheidungsprozessen während der Weltwirtschaftskrise, in: Feldman (Hg.) Nachwirkungen, S. 233-260.

Borchardt, Knut, Wachstum, Krisen und Handlungsspielräume der Wirtschaftspolitik. Studien zur Wirtschaftsgeschichte des 19. und 20. Jahrhunderts, Göttingen 1982.

Borchardt, Knut, Zwangslagen und Handlungsspielräume in der großen Weltwirtschaftskrise der frühen dreißiger Jahre. Zur Revision des überlieferten Geschichtsbildes, in: ders., Wachstum, S. 165-182.

Borchardt, Knut, Die Konzeption der Sozialen Marktwirtschaft in heutiger Sicht, in: Ottmar Issing (Hg.), Zukunftsprobleme der Sozialen Marktwirtschaft, Berlin 1981, S. 33-53.

Borchardt, Knut, Währung und Wirtschaft, in: Deutsche Bundesbank (Hg.), Währung und Wirtschaft, S. 3-57.

Borchardt, Knut, Die Bundesrepublik Deutschland, in: Gustav Stolper (Hg.), Deutsche Wirtschaft seit 1870, Tübingen 1966, S. 253-333.
Borght, Richard van der, Die deutschen Kriegssteuergesetze von 1918, in: FinanzArchiv 36 (1919) 1, S. 182-344.
Borght, Richard van der, Die deutschen Kriegssteuergesetze von 1916, in: FinanzArchiv 33 (1916) 2, S. 263-301.
Born, Karl-Erich, Preußen im deutschen Kaiserreich 1871-1918. Führungsmacht des Reiches und Aufgehen im Reich, in: Wolfgang Neugebauer (Hg.), Handbuch der Preußischen Geschichte, Band 3, München 2000, S. 15-148.
Bösch, Frank, Zeitenwende 1979. Als die Welt von heute begann, München 2019.
Bösch, Frank/Thomas Hertfelder/Gabriele Metzler (Hg.), Grenzen des Neoliberalismus. Der Wandel des Liberalismus im späten 20. Jahrhundert, Stuttgart 2018.
Bourdieu, Pierre, Über den Staat. Vorlesungen am Collège de France 1989-1992, Berlin 2014.
Boyce, Robert, The Great Interwar Crisis and the Collapse of Globalization, London 2012.
Boyce, Robert (Hg.), French Foreign and Defense Policy 1918-1940. The Decline and Fall of a Great Power, London 1998.
Brackmann, Michael, Vom totalen Krieg zum Wirtschaftswunder. Die Vorgeschichte der westdeutschen Währungsreform 1948, Essen 1993.
Brakensiek, Stefan, Agrarreform und ländliche Gesellschaft. Die Privatisierung der Marken in Norddeutschland 1750-1850, Paderborn 1991.
Bräuer, Karl, Wege und Ziele der Finanzwissenschaft. Gedanken zu einer »neuen« Staatswirtschaftslehre, in: FinanzArchiv 74 (1930) 2, S. 535-592.
Bräuer, Karl, Die Besteuerung der Kriegsgewinne in den europäischen Staaten, Stuttgart 1921.
Braun, Benjamin/Arie Krampf/Steffen Murau, Financial Globalization as Positive Integration. Monetary Technocrats and the Eurodollar Market in the 1970s, in: Review of International Political Economy 28 (2021) 4, S. 794-819.
Braun, Hans, Helmut Schelskys Konzept der nivellierten Mittelstandsgesellschaft und die Bundesrepublik der 1950er Jahre, in: Archiv für Sozialgeschichte 29 (1989), S. 199-223.
Braun, Rudolf, Taxation, Sociopolitical Structure, and State-Building: Great Britain and Brandenburg-Prussia, in: Tilly (Hg.), Formation, S. 243-327.
Braun, Ulrich, Die Besteuerung der Unternehmen in der Weimarer Republik von 1923 bis 1933, Köln 1988.
Bräutigam, Rainer/Christoph Spengel, Steuerpolitik in Deutschland – eine

Halbzeitbilanz der aktuellen Legislaturperiode im Kontext europäischer Entwicklungen, Mannheim 2015 (ZEW Discussion Paper No. 15-070).
Bredt, Johann Viktor, Der deutsche Reichstag im Weltkrieg, Berlin 1926.
Brennan, Geoffrey/James M. Buchanan, Besteuerung und Staatsgewalt. Analytische Grundlagen einer Finanzverfassung, Hamburg 1988 (engl. Original 1980).
Brenner, Y. S. / Hartmut Kaelble/Mark Thomas (Hg.), Income Distribution in Historical Perspective, Cambridge 1991.
Bresciani-Turroni, Costantino, Annual Survey of Statistical Data: Pareto's Law and the Index of Inequality of Incomes, in: Econometrica 7 (1939) 2, S. 107-133.
Brinkmann, Thomas, Die Körperschaftssteuer in der Zeit von 1918 bis 1929, Köln 1987.
Broadberry, Stephen/Carsten Burhop, Real Wages and Labor Productivity in Britain and Germany, 1871-1938, in: Journal of Economic History 70 (2010) 2, S. 400-427.
Broadberry, Stephen/Mark Harrison (Hg.), The Economics of World War I, Cambridge 2005.
Bröckling, Ulrich, Menschenökonomie, Humankapital. Eine Kritik der biopolitischen Ökonomie, in: Mittelweg 36, (2003) 1, S. 3-22.
Brown, Wendy, Die schleichende Revolution. Wie der Neoliberalismus die Demokratie zerstört, Berlin 2015.
Brownlee, W. Elliot, Federal Taxation in America, Dritte Auflage, Cambridge 2016.
Brownlee, W. Elliot/Eisaku Ide/Yasunori Fukagai (Hg.), The Political Economy of Transnational Tax Reform. Tax Shoup Mission to Japan in Historical Context, Cambridge 2013.
Brownlee, W. Elliot (Hg.), Funding the Modern American State, 1941-1995. The Rise and Fall of the Era of Easy Finance, Cambridge 1996.
Bruch, Rüdiger vom, Zur Historisierung der Staatswissenschaften. Von der Kameralistik zur historischen Schule der Nationalökonomie, in: Berichte zur Wissenschaftsgeschichte 8 (1985), S. 131-146.
Bruno, Michael/Jeffrey D. Sachs, Economics of Worldwide Stagflation, Cambridge/Mass. 1995.
Buchanan, James M., Die Grenzen der Freiheit. Zwischen Anarchie und Leviathan, Tübingen 1984 (engl. Original 1975).
Bucher, Heribert, Die Matrikularbeiträge im Deutschen Reich, in: Archiv des öffentlichen Rechts 27 (1902) 2, S. 175-219.
Buchheim, Christoph, Das NS-Regime und die Überwindung der Weltwirtschaftskrise in Deutschland, in: Vierteljahrshefte für Zeitgeschichte 56 (2008), S. 381-414.
Buchheim, Christoph, Die Wirtschaftsentwicklung im Dritten Reich.

Mehr Desaster als Wunder. Eine Erwiderung auf Werner Abelshauser, in: Vierteljahrshefte für Zeitgeschichte 49 (2001) 4, S. 653-664.
Buchheim, Christoph, Die Währungsreform 1948 in Westdeutschland, in: Vierteljahrshefte für Zeitgeschichte (1988), S. 189-231.
Buggeln, Marc, Wie wichtig sind progressive Steuern für die Demokratie? Besteuerung und Enteignung der ökonomischen Eliten in Demokratie und Diktatur im 20. Jahrhundert, in: Archiv für Sozialgeschichte (2021), S. 115-160.
Buggeln, Marc, 100 Jahre Finanzministerium auf der zentralstaatlichen Ebene, in: Steuer und Wirtschaft 97 (2020), S. 156-163.
Buggeln, Marc, Die Debatten um staatliche Zugriffsmöglichkeiten auf den privaten Reichtum. Der Einkommensteuerspitzensatz in Deutschland 1871-1955, in: Vierteljahrschrift für Sozial- und Wirtschaftsgeschichte 105 (2018) 3, S. 337-364.
Buggeln, Marc, Ein bisschen Theorie und wenig Empirie: Die öffentlichen Finanzen als Thema der bundesrepublikanischen Politikwissenschaft (1949-1989), in: Politische Vierteljahresschrift (2018) 1, S. 13-36.
Buggeln, Marc, »Keine Aktion Volksbeglückung«. Der Spitzensteuersatz als Politikum (1955-2010), in: Mittelweg 36, 27 (2018) 1, S. 48-76.
Buggeln, Marc/Martin Daunton/Alexander Nützenadel (Hg.), The Political Economy of Public Finance since the 1970s. Questioning the Leviathan, Cambridge 2017.
Buggeln, Marc, Steuern nach dem Boom. Die Öffentlichen Finanzen in den westlichen Industrienationen und ihre gesellschaftliche Verteilungswirkung, in: Archiv für Sozialgeschichte 52 (2012), S. 47-90
Buggeln, Marc, Währungspolitik für den europäischen Großraum. Die Diskussion der nationalsozialistischen Wirtschaftsexperten über ein zukünftiges europäisches Zahlungssystem, in: Beiträge zur Geschichte des Nationalsozialismus (2002) 18, S. 41-75.
Bühner, Peter, Die Einkommensteuer in den drei Besatzungszonen der West-Alliierten (1945-1949). Ein Beitrag zur Effizienz des Systemgedankens im Steuerrecht, Köln 1990.
Bundesministerium für Wirtschaft und Finanzen (Hg.), Gutachten der Steuerreformkommission 1971, Bonn 1971.
Burhop, Carsten, The Historiography of the 1931 Crisis in Germany, in: Jahrbuch für Wirtschaftsgeschichte (2011) 2, S. 9-28.
Burhop, Carsten, Wirtschaftsgeschichte des Kaiserreichs 1871-1918, Göttingen 2011.
Bush, Barbara/Josephine Maltby, Taxation in West Africa: Transforming the Colonial Subject into the ›Governable Person‹, in: Critical Perspectives on Accounting 15 (2004), S. 5-34.

Cagé, Julia, The Price of Democracy. How Money Shapes Politics and What to do about it, Cambridge/Mass. 2020.
Cameron, David, Exchange Rate Politics in France. The Regime-Defining Choices of the Mitterrand Presidency, in: Anthony Daley (Hg.), The Mitterrand Era. Policy Alternatives and Political Mobilization in France, New York 1996, S. 56-82.
Cannadine, David, Mellon. An American Life, London 2006.
Cappella Zielinski, Rosella, How States Pay for War, Ithaca 2016.
Cardoso, José Luís/Pedro Lains (Hg.), Paying for the Liberal State. The Rise of Public-Finance in Nineteenth-Century Europe, Cambridge 2010.
Casey, Steven, The Campaign to Sell a Harsh Peace for Germany to the American Public, in: History 90 (2005), S. 62-92.
Casey, Steven, Cautious Crusade. Franklin D. Roosevelt, American Public Opinion, and the War Against Nazi Germany, Oxford 2001, S. 162-226.
Chamayou, Grégoire, Die unregierbare Gesellschaft. Eine Genealogie des autoritären Liberalismus, Berlin 2019.
Chodorov, Frank, The Income Tax. Root of all Evil, New York 1954.
Cholet, Julia, Der Etat des Deutschen Reiches in der Bismarckzeit, Berlin 2012.
Christensen, Johan, The Power of Economists within the State, Stanford 2017.
Claeys, Gregory, Imperial Sceptics. British Critics of Empire 1850-1920, Cambridge 2010.
Clark, Christopher, Preußen. Aufstieg und Niedergang 1600-1947, München 2007.
Clark, Colin, Internationaler Vergleich der Volkseinkommen, in: Weltwirtschaftliches Archiv 47 (1938), S. 51-76.
Clark, Evalyn A., Adolf Wagner: From National Economist to National Socialist, in: Political Science Quarterly 55:3 (1940), S. 378-411.
Clark, Tom/Andrew Leicester, Inequality and Two Decades of British Tax and Benefit Reforms, in: Fiscal Studies 25 (2004) 2, S. 129-158.
Clausewitz, Carl, Vom Kriege, Berlin 1905 (fünfte Auflage).
Clavin, Patricia, Securing the World Economy. The Reinvention of the League of Nations, 1919-1946, Oxford 2013.
Clavin, Patricia, The Great Depression in Europe, 1929-1939, Basingstoke 2000.
Clavin, Patricia, The Failure of Economic Diplomacy. Britain, Germany, France and the United States, 1931-36, Houndmills 1996.
Clingan, C. Edmund, Finance from Kaiser to Führer. Budget Politics in Germany, 1912-1934, Westport, CT 2001.
Cohn, Raymond L., Fiscal Policy in Germany During the Great Depression, in: Explorations in Economic History 29 (1992), S. 318-342.

Colm, Gerhard/Joseph Dodge/Raymond Goldsmith, Plan for the Liquidation of War Finance, abgedruckt in: ZGS (1955), S. 204-243.

Colm, Gerhard, Haushaltsplanung, Staatsbudget, Finanzplan und Nationalbudget, in: Handbuch der Finanzwissenschaft, 2. Auflage, Bd. 1, S. 519-536.

Colm, Gerhard, Fiscal Policy, in: Seymour E. Harris (Hg.), The New Economics. Keynes' Influence on Theory and Public Policy, New York 1947, S. 450-467.

Colm, Gerhard, Maintaining High Level of Production and Employment: Technical Requirements, in: American Political Science Review 39 (1945), S. 1126-1137.

Colm, Gerhard/Hans Neisser (Hg.), Kapitalbildung und Steuersystem. Verhandlungen und Gutachten der Konferenz von Eilsen, 2 Bände, Berlin 1930.

Commun, Patricia, Les Ordolibéraux. Histoire d'un libéralisme à l'allemande, Paris 2016.

Comstock, Alzada, Taxation in the Modern State, New York 1929.

Conrad, Christoph, Was macht eigentlich der Wohlfahrtsstaat? Internationale Perspektiven auf das 20. und 21. Jahrhundert, in: Geschichte und Gesellschaft 39 (2013), S. 555-592.

Conrad, Johannes, Zur Finanzreform in Deutschland, in: Jahrbücher für Nationalökonomie und Statistik 36 (1908), S. 610-632.

Conrad, Sebastian, Globalisierung und Nation im Deutschen Kaiserreich, München 2006.

Conrad, Wilhelm, Ein Jahr Soforthilfegesetz, in: FinanzArchiv N.F. 12 (1950/51), S. 487-520.

Conway, Martin, Western Europe's Democratic Age. 1945-1968, Princeton 2020.

Conze, Eckart, Die Suche nach Sicherheit. Eine Geschichte der Bundesrepublik Deutschland von 1949 bis in die Gegenwart, München 2009.

Conze, Eckart, Adeliges Familienbewußtsein und Grundbesitz. Die Auflösung des Gräflich Bernstorffschen Fideikommisses Gartow nach 1919, in: Geschichte und Gesellschaft 25 (1999), S. 455-479.

Conze, Werner, Mittelstand, in: Otto Brunner/Werner Conze/Reinhart Koselleck (Hg.), Geschichtliche Grundbegriffe, Bd. 4, Stuttgart 1978, S. 49-92.

Corneo, Giacomo, The Rise and Likely Fall of the German Income Tax 1958-2005, in: CESifo Economic Studies 51, 2005, 1, S. 159-186.

Crafts, Nicholas/Gianni Toniolo, Postwar Growth: An Overview, in: dies. (Hg.), Economic Growth in Europe since 1945, Cambridge 1996, S. 1-37.

Cronin, James E., The Politics of State Expansion. War, State and Society in Twentieth-Century Britain, London 1991.

Crouch, Colin, Industrial Relations and European State Traditions, Oxford 1993.
Crouzet, Francois, La Grande Inflation. La Monnaie en France de Louis XVI à Napoleon, Paris 1993.
Crozier, Michael J./Samuel P. Huntington/Joji Watanuki, The Crisis of Democracy. Report on the Governability of Democracies to the Trilateral Commission, New York 1975.
Curti, Theodor/Alexander Giesen, Das Wahlrecht. Geschichte und Kritik, Frankfurt am Main 1908.
Czada, Roland, Der Kampf um die Finanzierung der deutschen Einheit, in: Gerhard Lehmbruch (Hg.), Einigung und Zerfall. Deutschland und Europa nach dem Ende des Ost-West-Konflikts, Opladen 1995, S. 73-102.

Dahrendorf, Ralf, Gesellschaft und Demokratie in Deutschland, München 1968.
Danker, Uwe, »Von heute ab zahle ich keine Steuern mehr!«. Steuerstreik, Stadtboykott und Bomben. Die schleswig-holsteinische Landvolkbewegung 1928-1930, in: ders. (Hg.), Die Jahrhundertstory, Flensburg 1998, S. 48-67.
Daunton, Martin, The Politics of British Taxation, from the Glorious Revolution to the Great War, in Yun-Casalilla/O'Brien (Hg.), Rise of Fiscal States, S. 111-142.
Daunton, Martin, Just Taxes. The Politics of Taxation in Britain, 1914-1979, Cambridge 2002.
Daunton, Martin, Trusting Leviathan. The Politics of Taxation in Britain, 1799-1914, Cambridge 2001.
Daunton, Martin, How to Pay for the War. State, Society and Taxation in Britain, 1917-1924, in: Economic History Review 61 (1996), S. 882-919.
Davies, Hannah Catherine, Transatlantic Speculations. Globalization and the Panics of 1873, New York 2018.
Deaton, Angus, Der große Ausbruch. Von Armut und Wohlstand der Nationen, Stuttgart 2017.
Deist, Heinrich, Der Weg zu einer gerechten Vermögensverteilung, in: Die neue Gesellschaft 7 (1960) 6, S. 427-439.
Delalande, Nicolas, Les Batailles de l'Impot. Consentment et Résistance de 1789 à nos Jours, Paris 2011.
Delalande, Nicolas, Tax Reform in Early Twentieth-Century France. The Politics and Techniques of Redistribution, in: John Tiley (Hg.), Studies in the History of Tax Law, Bd. 3, Oxford 2009, S. 57-72.
Dell, Fabian, Top Incomes in Germany throughout the Twentieth Century, in: Atkinson/Piketty (Hg.), Top Incomes, S. 365-425.

Dejung, Christof, Einbettung, in: ders./Monika Domann/Daniel Speich Chassé (Hg.), Auf der Suche nach der Ökonomie. Historische Annäherungen, Tübingen 2014, S. 47-71.
Deutsche Bundesbank (Hg.), Währung und Wirtschaft in Deutschland 1876-1975, Frankfurt am Main 1976.
Deutschland-Berichte der Sozialdemokratischen Partei Deutschlands (Sopade) 1934-1940, hg. von Klaus Behnken, 7 Bände, Salzhausen 1980.
De Vecchi, Nicolò, Keynes on Kalecki's Theory of Taxation. Contents Approved, Method Questioned, in: History of Political Economy 40 (2008) 1, S. 163-182.
De Vries, Jan, The Industrious Revolution. Consumer Behaviour and the Household Economy, 1650 to the present, Cambridge 2008
De Vries, Jan/Ad van der Woude, The First Modern Economy. Success, Failure and Preservance of the Dutch Economy, 1500-1815, Cambridge 1997.
De Vries, Jan, The Industrial Revolution and the Industrious Revolution, in: Journal of Economic History 54 (1994), S. 249-270.
Diamond, Peter A./James A. Mirrlees, Optimal Taxation and Public Production, in: American Economic Review 61 (1971), S. 8-27 und 261-278.
Dieckmann, Hildemarie, Johannes Popitz. Entwicklung und Wirksamkeit in der Zeit der Weimarer Republik, Berlin 1960.
Dieterici, Carl, Geschichte der Steuer-Reform in Preußen von 1810 bis 1820, Berlin 1875.
Dietrich, Yorck, Eigentum für jeden. Die vermögenspolitischen Initiativen der CDU und die Gesetzgebung 1950-1961, Düsseldorf 1996.
Dietrich, Yorck, Franz Etzel als Finanzpolitiker, in: Historisch-politische Mitteilungen 2 (1995), S. 173-187.
Dietz, Bernhard/Christopher Neumaier/Andreas Rödder (Hg.), Gab es den Wertewandel? Neue Forschungen zum gesellschaftlich-kulturellen Wandel seit den 1960er Jahren, München 2014.
Dietzel, Carl, Das System der Staatsanleihen im Zusammenhang der Volkswirthschaft betrachtet, Heidelberg 1855.
Dincecco, Mark, Political Transformations and Public Finances. Europe, 1650-1913, Cambridge 2011.
Dipper, Christof, Die Bauernbefreiung in Deutschland 1790-1850, Stuttgart 1980.
Dittberner, Jürgen, Die FDP. Geschichte, Personen, Organisation, Perspektiven. Eine Einführung, Wiesbaden 2010.
Domarus, Max, Hitler: Reden und Proklamationen 1932 bis 1945, kommentiert von einem deutschen Zeitgenossen, 4 Bände, Leonberg 1988.
Domeier, Norman, Der Sensationsprozess Erzberger-Helfferich. Die Verquickung politischer und wirtschaftlicher Interessen in der Wei-

marer Republik, in: Haus der Geschichte Baden-Württembergs (Hg.), Matthias Erzberger. Ein Demokrat in Zeiten des Hasses, Karlsruhe 2013.

Döpking, Lars, Rise of the Neoliberal State in Spain (im Erscheinen).

Döpking, Lars, Fiskalregime – eine andere Geschichte des modernen Staates, in: Mittelweg 36, 27 (2018) 1, S. 3-28.

Drecoll, Axel, Der Fiskus als Verfolger. Die steuerliche Diskriminierung der Juden in Bayern 1933-1941/42, München 2009.

Dreissig, Wilhelmine, Die finanz- und steuerpolitische Entwicklung in der Bundesrepublik im Jahre 1954, in: FinanzArchiv N.F. 16 (1955/56), S. 161-185.

Droege, Michael, Gemeinnützigkeit im offenen Steuerstaat, Tübingen 2010.

Drüen, Klaus-Dieter, Die Indienstnahme Privater für den Vollzug von Steuergesetzen, Tübingen 2012.

Duménil, Gérard/Dominique Lévi, Capital Resurgent. Roots of the Neoliberal Revolution, Cambridge/Mass. 2004.

Dumke, Rolf, Income Inequality and Industrialization in Germany, 1850-1913. The Kuznets Hypothesis re-examined, in: Brenner/Kaelble/Thomas (Hg.), Income Distribution, S. 117-148.

Eddie, S. A., Freedom's Price. Serfdom, Subjection, and Reform in Prussia, 1648-1848, Oxford 2013.

Egger, Peter H./Sergey Nigai/Nora M. Strecker, The Taxing Deed of Globalization, Luxemburg 2016 (LIS WP 668).

Egle, Christoph, Im Schatten der Linkspartei. Die Entwicklung des Parteienwettbewerbs während der 16. Legislaturperiode, in: ders./Reimut Zohlnhöfer (Hg.), Die zweite Große Koalition. Eine Bilanz der Regierung Merkel 2005-2009, Wiesbaden 2010, S. 99-122.

Eheberg, Karl Theodor von, Die Reichsfinanzreform und die neueste Literatur, in: Zeitschrift für Politik 2 (1909), S. 1-41.

Ehrlicher, Werner, Deutsche Finanzpolitik seit 1945, in: Vierteljahrschrift für Sozial- und Wirtschaftsgeschichte 81 (1994) 1, S. 1-32.

Ehrlicher, Werner, Finanzpolitik seit 1945, in: Eckart Schremmer (Hg.), Steuern, Abgaben und Dienste vom Mittelalter bis zur Gegenwart, Stuttgart 1994, S. 213-247.

Ehrlicher, Werner, Deutsche Finanzpolitik 1949-1975, in: Wirtschaftsdienst 54 (1974) 5, S. 239-244.

Ehrman, John, The Rise of Neoconservatism. Intellectuals and Foreign Affairs 1945-1994, New Haven 1995.

Eichengreen, Barry, Globalizing Capital. A History of the International Monetary System, Princeton 2008 (2. Auflage).

Eichengreen, Barry, The European Economy since 1945. Coordinated Capitalism and Beyond, Princeton 2007.
Eichengreen, Barry, Vom Goldstandard zum EURO. Die Geschichte internationaler Währungssysteme, Berlin 2000.
Eichengreen, Barry, Golden Fetters. The Gold Standard and the Great Depression, 1919-1939, Oxford 1992.
Eichengreen, Barry/Tim Hatton, Interwar Unemployment in International Perspective, Berkeley 1988 (IRLE Working Paper).
Eichengreen, Barry, The Political Economy of the Smoot-Hawley-Tariff, Cambridge 1986.
Eichholtz, Dietrich, Geschichte der deutschen Kriegswirtschaft, 3 Bände, Berlin 1969-1996.
Eichhorn, Joachim Samuel, Durch alle Klippen hindurch zum Erfolg. Die Regierungspraxis der ersten Großen Koalition (1966-1969), München 2009.
Elias, Norbert, Über den Prozess der Zivilisation. Soziogenetische und psychogenetische Untersuchungen, 2 Bände, Frankfurt am Main 1976.
Elsässer, Lea/Svenja Hense/Armin Schäfer, »Dem deutschen Volke«? Die ungleiche Responsivität des Bundestags, in: Zeitschrift für Politikwissenschaft 27 (2017), S. 161-180.
Emminger, Otmar, D-Mark, Dollar, Währungskrisen, Stuttgart 1986.
Erbe, Rene, Die nationalsozialistische Wirtschaftspolitik 1933-1939 im Lichte der modernen Theorie, Zürich 1958.
Erhard, Ludwig, Kriegsfinanzierung und Schuldenkonsolidierung. Faksimiledruck der Denkschrift von 1943/44 mit Vorbemerkungen von Ludwig Erhard, Theodor Eschenburg, Günter Schmölders, Frankfurt am Main 1977.
Erzberger, Matthias, Reden zur Neuordnung des deutschen Finanzwesens, Berlin 1919.
Eschenburg, Theodor, Jahre der Besatzung 1945-1949, Wiesbaden 1983.
Eschenburg, Theodor, Das Kaiserreich am Scheideweg. Bassermann, Bülow und der Block, Berlin 1929.
Escosura, Leandro Prados de la, International Comparisons of Real Product, 1820-1990: An Alternative Dataset, Madrid 1998 (Working Paper 98-64 of the Economic History and Institution Series).
Esping-Andersen, Gøsta, The Three Worlds of Welfare Capitalism, Princeton 1990.
Espuelas, Sergio, The Inequality Trap. A Comparative Analysis of Social Spending between 1880 and 1930, in: Economic History Review 68 (2015) 2, S. 683-706.
Etges, Andreas, Wirtschaftsnationalismus: USA und Deutschland im Vergleich (1815-1914), Frankfurt am Main 1999.

Eucken, Walter, Staatliche Strukturwandlungen und die Krisis des Kapitalismus, in: Weltwirtschaftliches Archiv 36 (1932), S. 297-321.
Eulenburg, Franz, Die sozialen Wirkungen der Währungsverhältnisse, in: Jahrbücher für Nationalökonomie und Statistik 122 (1924), S. 748-794.
Eurostat, Structures of the Taxation Systems in the European Union 1970-1997, Luxemburg 2000.
Ewald, François, Der Vorsorgestaat, Frankfurt am Main 1993.

Fahrmeir, Andreas, Citizens and Aliens: Foreigners and the Law in Britain and the German States, 1789-1870, New York/Oxford 2000.
Fairbairn, Brett, Democracy in the Undemocratic State. The German Reichstag Elections of 1898 and 1903, Toronto 1997.
Farquet, Christophe, Capital Flight and Tax Competition after the First World War: The Political Economy of French Tax Cuts, 1922-1928, in: Journal of Contemporary History 27 (2018) 4, S. 537-561.
Farquet, Christophe, The Swiss Tax Haven, the Bretton Woods System Crisis and the Globalisation of Offshore Finance, in: Marc Buggeln/Martin Daunton/Alexander Nützenadel (Hg.), The Political Economy of Public Finance since the 1970s. Questioning the Leviathan, Cambridge 2017, S. 126-148.
Farquet, Christophe, La Défense du paradis fiscal suisse avant la seconde guerre mondiale: une histoire internationale, Neuchâtel 2016.
Farquet, Christophe, The Rise of the Swiss Tax-Haven in the Interwar Period. An International Comparison, London 2012 (EHES Working Paper No. 27).
Feder, Gottfried, Der deutsche Staat auf nationaler und sozialer Grundlage. Neue Wege in Staat, Finanz und Wirtschaft, München 1923.
Feder, Gottfried/A. Buckeley, Der kommende Steuerstreik. Seine Gefahr, seine Unvermeidlichkeit, seine Wirkung, München 1922.
Feinstein, Charles/Peter Temin/Gianni Toniolo, The World Economy Between the World Wars, Oxford 2008.
Feldkamp, Michael F., Der Parlamentarische Rat 1948-1949. Die Entstehung des Grundgesetzes, Göttingen 2019 (überarbeitete Neuausgabe).
Feldman, Gerald D., Die Allianz und die deutsche Versicherungswirtschaft 1933-1945, München 2001.
Feldman, Gerald D., The Great Disorder. Politics, Economics and Society in the German Inflation, 1914-1924, New York 1993.
Feldman, Gerald D. (Hg.), Die Anpassung an die Inflation, München 1986.
Feldman, Gerald D. (Hg.), Die Nachwirkungen der Inflation auf die deutsche Geschichte, 1924-1933, München 1985.
Feldman, Gerald D., Armee, Industrie und Arbeiterschaft in Deutschland 1914-1918, Berlin 1985.

Ferguson, Niall, How (Not) to Pay for the War: Traditional Finance and ›Total‹ War, in: Roger Chickering/Stig Förster (Hg.), Great War, Total War. Combat and Mobilization on the Western Front 1914-1918, Cambridge 2011, S. 409-434.

Ferguson, Niall, Introduction: Crisis, What Crisis? The 1970s and the Shock of the Global, in: ders./Charles Maier/Erez Manela/Daniel J. Sargent (Hg.), The Shock of the Global. The 1970s in Perspective, Cambridge/Mass. 2010, S. 1-22.

Ferguson, Niall, The Cash Nexus. Money and Power in the Modern World, 1700-2000, New York 2001.

Ferguson, Niall, The Pity of War, London 1998.

Ferguson, Niall, Paper and Iron. Hamburg Business and German Politics in the Era of Inflation, 1897-1927, Cambridge 1995.

Fergusson, Adam, When Money Dies. The Nightmare of the Weimar Collapse, London 1975.

Feuchtwanger, Leo, Die Darlehnskassen des Deutschen Reiches mit Berücksichtigung der entsprechenden Kreditorganisation des Auslands, Stuttgart 1918.

Findlay, Ronald/Kevin H. O'Rourke, Power and Plenty. Trade, War, and the World Economy in the Second Millennium, Princeton 2007.

Finer, Samuel A., State- and Nation-Building in Europe. The Role of the Military, in: Tilly (Hg.), Formation, S. 84-163.

Fischer, Fritz, Krieg der Illusionen. Die deutsche Politik 1911 bis 1914, Düsseldorf 1969.

Fisher, Jonas D. M./Andreas Hornstein, The Role of Real Wages, Productivity, and Fiscal Policy in Germany's Great Depression 1928-1937, in: Review of Economic Dynamics 5 (2002) 1, S. 100-127.

Fisk, Harvey E., The Inter-Ally Debts. An Analysis of War and Post-War Public Finance 1914-1923, New York 1924.

Fitzau, Jennie, Der soziale Gedanke in der deutschen Steuergesetzgebung der Nachkriegszeit unter besonderer Berücksichtigung der Reichsbesteuerung, Kassel 1928 (Diss. Uni Hamburg).

Flach, Karl-Hermann/Werner Maihofer/Walter Scheel (Hg.), Die Freiburger Thesen der Liberalen, Hamburg 1972.

Flick, Hans/Stephan Schauhoff, Einheitswert, Vermögen- und Erbschaftsteuer – Anforderungen an eine verfassungsgemäße Besteuerung, in: Zeitschrift für Rechtspolitik 29 (1996), S. 101-106.

Flora, Peter (Hg.), State, Economy and Society in Western Europe 1815-1975, 2 Bde., Frankfurt am Main 1983 und 1987.

Föhl, Carl, Über die Möglichkeit einer Beeinflussung der Vermögensbildung und ihrer Verteilung, in: FinanzArchiv N.F. 19 (1958/59), S. 132-156.

Földes, Béla, Bemerkungen zu dem Problem Lorenz Stein – Karl Marx, in: Jahrbücher für Nationalökonomie und Statistik 47 (1914), S. 289-299.

Foucault, Michel, Sicherheit, Territorium, Bevölkerung. Geschichte der Gouvernementalität I, Frankfurt am Main 2004.

Foucault, Michel, Die Geburt der Biopolitik. Geschichte der Gouvernementalität II, Frankfurt am Main 2004.

Foucault, Michel, Schriften. Dits et Écrits, 4 Bde., Frankfurt am Main 2001-2005.

Fraenkel, Ernst, Der Doppelstaat. Recht und Justiz im »Dritten Reich« [1941], Frankfurt am Main 1984.

Frantz, Constantin, Die sociale Steuerreform als die conditio sine qua non, wenn der socialen Revolution vorgebeugt werden soll, Mainz 1881.

Franzen, Klaus, Die Steuergesetzgebung der Nachkriegszeit in Westdeutschland (1945-1961), Bremen 1994.

Fredersdorf, Hermann, Die Partei der Steuerzahler, Bonn 1978.

Fremdling, Rainer/Reiner Staeglin, Work Creation and Rearmament in Germany 1933-1938 – A Revisionist Assessment of NS-Economic Policy Based on Input-Output Analysis, Berlin 2015 (DIW Discussion Paper 1473).

French, Michael, US Economic History since 1945, Manchester 1997.

Frey, Manuel, Macht und Moral des Schenkens. Staat und bürgerliche Mäzene vom späten 18. Jahrhundert bis zur Gegenwart, Berlin 1999.

Fricke, Dieter, Verteilungswirkungen der Inflation, Baden-Baden 1981.

Fricke, Rolf, Kriegsfinanzierung, in: FinanzArchiv N.F. 3 (1935), S. 543-587

Fricke, Rolf, Die Kartellsteuer (Umsatzsteuer) als Grundlage der Finanzreform, in: FinanzArchiv N.F. 3 (1935), S. 131-165.

Fricke, Rolf, Die Problematik der direkten Einkommensbesteuerung als Grundlage künftiger Finanzreform. Eine Auseinandersetzung mit Adolf Lampe, in: FinanzArchiv N.F. 2 (1934) 3, S. 393-418.

Fricke, Rolf, Die Ursachen der Arbeitslosigkeit in Deutschland. Die Arbeitslosigkeit, ein internes Problem der deutschen Wirtschaft, Berlin 1931.

Friebe, Siegfried, Stand des steuerpolitischen Programms der CDU/CSU-FDP-Koalition, in: Deutsche Steuerzeitung 74 (1986), S. 322-329.

Frieden, Jeffry A., Global Capitalism. It's Fall and Rise in the Twentieth Century, New York 2006.

Frieden, Jeffrey A., Making Commitments: France and Italy in the European Monetary System 1979-1985, in: ders./Barry Eichengreen (Hg.), The Political Economy of European Monetary Integration, Westview 2001, S. 25-46.

Frieden, Jeffrey A., Debt, Development, and Democracy. Modern Political Economy and Latin America, 1965-1985, Princeton 1991.

Friedenberger, Martin, Fiskalische Ausplünderung. Die Berliner Steuer- und Finanzverwaltung und die jüdische Bevölkerung 1933-1945, Berlin 2008.
Friedman, Milton, Vorwort zur deutschen Ausgabe, in: ders., Kapitalismus und Freiheit, Stuttgart 1971, S. 13-18.
Friedman, Milton/Anna Schwartz, A Monetary History of the United States, 1867-1960, Princeton 1963.
Fritschy, Wantje/Marjolein 't Hart/Edwin Horlings, Long-Term Trends in the Fiscal History of the Netherlands, in: Yun-Casalilla/O'Brien (Hg.) The Rise of Fiscal States, S. 39-66.
Fritz, Wolfgang/Gertraude Mikl-Horke, Rudolf Goldscheid. Finanzsoziologie und ethische Sozialwissenschaft, Wien 2007.
Fritzell, Johann, Income Inequality in the 1980s: A Five-Country Comparison, in: Acta Sociologica 36 (1993), S. 47-62.
Fuchs, Eckhardt/Dieter Hoffmann, Philanthropy and Science in Wilhelmine Germany, in: Thomas Adam (Hg.), Philantropy, Patronage and Civil Society. Experiences from Germany, Great Britain, and North America, Bloomington 2004, S. 103-119.
Fuhrmann, Uwe, Die Entstehung der »Sozialen Marktwirtschaft« 1948/49. Eine historische Dispositivanalyse, Konstanz 2017.
Führer, Karl-Christian, Mieter, Hausbesitzer, Staat und Wohnungsmarkt. Wohnungsmangel und Wohnungszwangswirtschaft in Deutschland 1914-1960, Stuttgart 1995.
Führer, Karl-Christian, Betrogene Gewinner? Die deutschen Hausbesitzer und der Streit um den Gewinn aus Inflation und Währungsreform 1923-1943, in: Vierteljahrschrift für Sozial- und Wirtschaftsgeschichte 82 (1995), 29-53.
Funke, Michael/Dirk Willenbockel, Die Auswirkungen des »Standortsicherungsgesetzes« auf die Kapitalakkumulation. Wirtschaftstheoretische Anmerkungen zu einer wirtschaftspolitischen Diskussion, in: ifo-Studien 40 (1994) 1, S. 23-42.

Gajek, Eva Maria, Sichtbarmachung von Reichtum. Das Jahrbuch des Vermögens und Einkommens der Millionäre in Preußen, in: Archiv für Sozialgeschichte 54 (2014), S. 79-108.
Gall, Lothar/Manfred Pohl (Hg.), Unternehmen im Nationalsozialismus, München 1998.
Gall, Lothar, Bismarck. Der weiße Revolutionär, Frankfurt am Main 1980.
Ganghof, Steffen, Die Konvergenz von Steuersystemen. Zur Rolle von Modernisierungs- und Globalisierungsprozessen, in: Katharina Holzinger/Helge Jörgens/Christoph Knill (Hg.), Transfer, Diffusion und Konvergenz von Politiken, Wiesbaden 2007, S. 407-429.

Ganghof, Steffen, Wer regiert in der Steuerpolitik? Einkommensteuerreform zwischen internationalem Wettbewerb und nationalen Verteilungskonflikten, Frankfurt am Main 2004.
Gardner, Leigh A., Taxing Colonial Africa. The Political Economy of British Imperialism, Oxford 2012.
Garon, Sheldon, Beyond our Means. Why America Spends While the World Saves, Princeton 2012.
Garvy, George, Keynesianer vor Keynes, in: Bombach (Hg.), Keynesianismus, Bd. 2, S. 21-34.
Gassert, Philipp, Kurt Georg Kiesinger 1904-1988. Kanzler zwischen den Zeiten, München 2006.
Gasteiger, Daniela, Kuno von Westarp (1864-1945). Parlamentarismus, Monarchismus und Herrschaftsutopien im deutschen Konservatismus, Berlin 2018.
Gavin, Francis J., Gold, Dollars, and Power. The Politics of International Monetary Relations, 1958-1971, Chapel Hill 2004.
Geiger, Theodor, Die soziale Schichtung des deutschen Volkes, Stuttgart 1932.
Genovese, Federica/Kenneth Scheve/David Stasavage, Comparative Income Taxation Database (2016), Stanford, CA, Stanford University Libraries ⟨http://data.stanford.edu/citd⟩ (Zugriff: 10. 12. 2021).
Genschel, Philipp, Globalization, Tax Competition, and the Welfare State, in: Politics & Society 30 (2002) 2, S. 245-275.
Geppert, Dominik/Jens Hacke (Hg.), Streit um den Staat. Intellektuelle Debatten in der Bundesrepublik 1960-1980, Göttingen 2008.
Gerken, Lüder/Andreas Renner, Die ordnungspolitische Konzeption Walter Euckens, in: Gerken (Hg.), Eucken, S. 1-47.
Gerken, Lüder (Hg.), Walter Eucken und sein Werk. Rückblick auf den Vordenker der sozialen Marktwirtschaft, Tübingen 2000.
Gerling, Karl, Der Gemeindekriegshaushalt und seine formelle und materielle Ordnung, in: FinanzArchiv 33 (1916) 2, S. 227-238.
Gerloff, Wilhelm, Der Staatshaushalt und das Finanzsystem Deutschlands, in: Handbuch der Finanzwissenschaft, Erste Auflage, Bd. 3, S. 1-69.
Gerloff, Wilhelm, Die steuerliche Belastung in Deutschland während der letzten Friedensjahre, Berlin 1916.
Gerloff, Wilhelm, Die Reichsfinanzgesetzgebung von 1913, Berlin 1914.
Gerloff, Wilhelm, Die Finanz- und Zollpolitik des Deutschen Reiches nebst ihrer Beziehungen zu den Landes- und Gemeindefinanzen von der Gründung des Norddeutschen Bundes bis zur Gegenwart, Jena 1913.
Gerloff, Wilhelm, Beiträge zur Reichsfinanzreform, in: Jahrbücher für Nationalökonomie und Statistik 37 (1909), S. 433-468.
Gerloff, Wilhelm, Verbrauch und Verbrauchsteuerbelastung kleiner und

mittlerer Einkommen in Deutschland um die Wende des 19. Jahrhunderts, in: Jahrbücher für Nationalökonomie und Statistik 35 (1908), S. 1-44 und 145-172.
Gerloff, Wilhelm, Matrikularbeiträge und direkte Steuern, Berlin 1908.
Germann, Julian, Unwitting Architect. German Primacy and the Origins of Neoliberalism, Stanford 2021.
Gerschenkron, Alexander, The Great Depression in Germany, in: ders., Continuity in History and other Essays, Cambridge/Mass. 1968, S. 405-408.
Geyer, Martin H., What Crisis? Speculation, Corruption, and the State of Emergency during the Great Depression, in: Bulletin of the German Historical Institute Washington, DC, Bd. 55 (2014), S. 9-35.
Geyer, Martin H., Grenzüberschreitungen. Vom Belagerungszustand zum Ausnahmezustand, in: Stefan Kaufmann/Niels Weber/Lars Koch (Hg.), Erster Weltkrieg. Kulturwissenschaftliches Handbuch, Stuttgart 2014, S. 341-384.
Geyer, Martin H., Rahmenbedingungen: Unsicherheit als Normalität, in: ders. (Hg.), Geschichte der Sozialpolitik in Deutschland seit 1945, Bd. 6: 1974-1982 Bundesrepublik Deutschland. Neue Herausforderungen, wachsende Unsicherheit, Baden-Baden 2008, S. 1-109.
Geyer, Michael/Adam Tooze (Hg.), The Cambridge History of the Second World War. Bd. III: Total War: Economy, Society and Culture, Cambridge 2015.
Geyer, Michael, Deutsche Rüstungspolitik 1860-1980, Frankfurt am Main 1984.
Geyer, Michael, Rüstungsbeschleunigung und Inflation. Zur Inflationsdenkschrift des Oberkommandos der Wehrmacht vom November 1938, in: Militärgeschichtliche Mitteilungen 30 (1981) 2, S. 121-186.
Geyer, Michael, Aufrüstung oder Sicherheit. Die Reichswehr in der Krise der Machtpolitik 1924-1936, Wiesbaden 1980.
Ghosh, Shami, Rural Economies and Transitions to Capitalism: Germany and England Compared (c.1200-c.1800), in: Journal of Agrarian Change 16 (2016) 2, S. 255-290.
Giersch, Herbert/Karl-Heinz Paqué/Holger Schmieding (Hg.), The Fading Miracle: Four Decades of Market Economy in Germany, Cambridge 1992.
Giese, Frank Paul, Abgabenordnung im Dritten Reich. Rechtsentwicklung und -entartung im Steuerverfahren und allgemeinen Steuerrecht, Frankfurt am Main 1998.
Giles, Christopher/Paul Johnson, Tax Reform in the UK and Changes in the Progressivity of the Tax System 1985-95, in: Fiscal Studies 15 (1994) 3, S. 64-86.

Glennerster, Howard, Tibor Barna: The redistributive impact of taxes and social policies in the UK 1937-2005, London 2006 (CASE-Paper Nr. 115).
Glete, Jan, Spain, the Dutch Republic and Sweden as Fiscal-Military States, 1500-1660, London 2002.
Göbel, Stefan, Die Ölpreiskrisen der 1970er Jahre. Auswirkungen auf die Wirtschaft von Industriestaaten am Beispiel der Bundesrepublik Deutschland, der Vereinigten Staaten, Japans, Großbritanniens und Frankreichs, Berlin 2013.
Goldscheid, Rudolf/Joseph Schumpeter, Die Finanzkrise des Steuerstaats. Beiträge zur politischen Ökonomie der Staatsfinanzen, hg. von Rudolf Hickel, Frankfurt am Main 1976.
Goldscheid, Rudolf, Staat, öffentlicher Haushalt und Gesellschaft [1926], in: ders./Schumpeter, Finanzkrise, S. 253-316.
Goldscheid, Rudolf, Staatssozialismus oder Staatskapitalismus [1917], in: ders./Schumpeter, Finanzkrise, S. 40-252.
Goldschmidt, Nils, Die Geburt der Sozialen Marktwirtschaft aus dem Geiste der Religion, in: Michael S. Aßländer/Peter Ulrich (Hg.), 60 Jahre Soziale Marktwirtschaft. Illusionen und Reinterpretationen einer ordnungspolitischen Integrationsformel, Bern 2009, S. 27-44.
Gómez-León, Maria/Herman de Jong, Distribution Dynamics in Turbulent Times. Income Inequality in Germany and Britain, 1900-1950, Groningen 2017 (GGDC Research Memorandum 170).
Göseke, Gerhard/Bedau, Klaus-Dietrich, Verteilung und Schichtung der Einkommen der privaten Haushalte 1950-1975, Berlin 1974.
Gosewinkel, Dieter, Einbürgern und Ausschließen. Die Nationalisierung der Staatsangehörigkeit vom Deutschen Bund bis zur Bundesrepublik Deutschland, Göttingen 2001.
Gotto, Bernhard, Enttäuschung in der Demokratie. Erfahrung und Deutung von politischem Engagement in der Bundesrepublik Deutschland während der 1970er und 1980er Jahre, Berlin 2018.
Gottwaldt, Alfred, Dorpmüllers Reichsbahn. Die Ära des Reichsverkehrsministers Julius Dorpmüller 1920-1945, Freiburg 2010.
Gourevitch, Peter, Politics in Hard Times. Comparative Responses to International Economic Crises, Ithaca 1986.
Grabas, Margrit, Die Gründerkrise 1873/79. Fiktion oder Realität?, in: Jahrbuch für Wirtschaftsgeschichte 52, (2011) 1, S. 69-95.
Grabein, Max, Beiträge zur Geschichte der Lehre von der Steuerprogression, in: FinanzArchiv 12 (1895) 2, S. 1-88 und 13 (1896) 1, S. 111-158.
Grabower, Rolf, Bismarck und die Steuern, in: FinanzArchiv N.F. 22 (1963), S. 377-461.
Graf, Rüdiger, Of Alcohol, Apes and Taxes. Günter Schmölders and the Reinvention of Economics in Behavorial Terms, in: Journal of the History of Economic Thought 43 (2021), S. 564-586.

Graham, Frank D., Exchange, Prices, and Production in Hyper-Inflation Germany, 1920-1923, 2. Auflage, New York 1967.
Grant, Oliver, Migration and Inequality in Germany 1870-1918, Oxford 2005.
Grasl, Maximilian/Markus König, Von außen getrieben. Die Finanzpolitik der Großen Koalition 2005-2009, in: Christoph Egle/Reimut Zohlnhöfer (Hg.), Die zweite Große Koalition. Eine Bilanz der Regierung Merkel 2005-2009, Wiesbaden 2010, S. 205-233.
Graßmann, Timm, Karl Marx' Kritik des besteuernden Staats, in: Huhnholz (Hg.), Fiskus, S. 179-208.
Greim-Kuczewski, Peter, Die preußische Klassen- und Einkommensteuergesetzgebung im 19. Jahrhundert. Eine Untersuchung über die Entwicklungsgeschichte der formellen Veranlagungsvorschriften, Köln 1990.
Grewe, Bernd-Stefan, Der versperrte Wald. Ressourcenmangel in der bayerischen Pfalz (1814-1870), Köln 2004.
Gries, Rainer, Die Rationen-Gesellschaft. Versorgungskampf und Vergleichsmentalität: Leipzig, München und Köln nach dem Kriege, Münster 1991, S. 146-322.
Grimmer-Solem, Erik, Learning Empire. Globalization and the German Quest for World Status, 1875-1919, Cambridge 2019.
Grimmer-Solem, Erik, The Rise of Historical Economics and Social Reform in Germany 1864-1894, Oxford 2003.
Groener, Wilhelm, Der Weltkrieg und seine Probleme. Rückschau und Ausblick, Berlin 1920.
Groh, Dieter/Peter Brandt, »Vaterlandslose Gesellen«. Sozialdemokratie und Nation 1860-1990, München 1992.
Gros, Jürgen, Politikgestaltung im Machtdreieck Partei, Fraktion, Regierung. Zum Verhältnis von CDU-Parteiführungsgremien, Unionsfraktion und Bundesregierung 1982-1989 an den Beispielen der Finanz-, Deutschland- und Umweltpolitik, Berlin 1998.
Gross, Jean-Pierre, Progressive Taxation and Social Justice in Eighteenth-Century France, in: Past & Present 140 (1993), S. 79-126.
Gross, Stephen, Confidence and Gold. German War Finance 1914-1918, in: Central European History 42 (2009), S. 223-252.
Große Kracht, Hermann-Josef, »Nichts gegen die Soziale Marktwirtschaft, denn das ist verboten« (Konrad Adenauer). Sondierungen zur religiösen Tiefengrammatik des deutschen Wirtschafts- und Sozialmodells im Anschluss an Alfred Müller-Armack und Oswald von Nell-Breuning, in: ethik und gesellschaft (2010), S. 1-55.
Groth, Klaus-Martin, Die Krise der Staatsfinanzen. Systematische Überlegungen zur Krise des Steuerstaats, Frankfurt am Main 1978.
Grotkopp, Wilhelm, Die große Krise. Lehren aus der Überwindung der Wirtschaftskrise 1929/32, Düsseldorf 1954.

Grottian, Peter, Reduziertes Wachstum als Chance für Steuerreformen?, in: ders. (Hg.), Folgen reduzierten Wachstums für Politikfelder, Opladen 1981, S. 107-131.
Grottian, Peter, »Thematisierungs- und Dethematisierungsstrategien des Staats anhand der Steuerreform«, in: Rolf Richard Grauhan/Rudolf Hickel (Hg.), Krise des Steuerstaates? Widersprüche, Perspektiven, Ausweichstrategien, Opladen 1978, S. 76-91.
Grunden, Timo, Ein schwarz-gelbes Projekt? Programm und Handlungsspielräume der christlich-liberalen Koalition, in: Karl-Rudolf Korte (Hg.), Die Bundestagswahl 2009. Analysen der Wahl-, Parteien-, Kommunikations- und Regierungsforschung, Wiesbaden 2010, S. 345-370.
Grunden, Timo, Nach dem Machtwechsel der Politikwechsel? Die Frage der sozialen Gleichheit in christdemokratischer und sozialdemokratischer Steuer- und Haushaltspolitik 1994-2002, Duisburg 2004.
Grundig, Ronny, Vermögen vererben. Politiken und Praktiken in der Bundesrepublik und Großbritannien 1945-1990, Göttingen 2022.
Guillebaud, C. W., The Economic Recovery of Germany from 1933 to the Incorporation of Austria in March 1938, London 1939.
Gutachten über die Finanzreform in der Bundesrepublik Deutschland, hg. von der Kommission für die Finanzreform, Stuttgart 1966.

Haan, Peter/Viktor Steiner, Distributional and Fiscal Effects of the German Tax Reform 2000. A Behavorial Microsimulation Analysis, Berlin 2004 (DIW Discussion Paper 419).
Habermas, Jürgen, Legitimationsprobleme im Spätkapitalismus. Frankfurt am Main 1973.
Hachtmann, Rüdiger, Das Wirtschaftsimperium der Deutschen Arbeitsfront 1933-1945, Göttingen 2012.
Hachtmann, Rüdiger, Elastisch, dynamisch und von katastrophaler Effizienz – zur Struktur der Neuen Staatlichkeit im Nationalsozialismus, in: Sven Reichardt/Wolfgang Seibel (Hg.), Der prekäre Staat. Herrschen und Verwalten im Nationalsozialismus, Frankfurt am Main 2011, S. 29-74.
Hachtmann, Rüdiger, Industriearbeit im »Dritten Reich«. Untersuchungen zu den Lohn- und Arbeitsbedingungen in Deutschland 1933-1945, Göttingen 1989.
Hachtmann, Rüdiger, Lebenshaltungskosten und Reallöhne während des »Dritten Reiches«, in: Vierteljahrschrift für Sozial- und Wirtschaftsgeschichte 75 (1988), S. 32-73.
Hacke, Jens, Existenzkrise der Demokratie. Zur politischen Theorie des Liberalismus in der Zwischenkriegszeit, Frankfurt am Main 2018.
Hacke, Jens, Der Intellektuelle und die Industriegesellschaft. Arnold Gehlen und Helmut Schelsky in der frühen Bundesrepublik, in: Harald

Bluhm/Walter Reese-Schäfer (Hg.), Die Intellektuellen und der Weltlauf. Schöpfer und Missionare politischer Ideen in den USA, Asien und Europa nach 1945, Baden-Baden 2006, S. 233-258.

Hacker, Jacob S. / Paul Pierson, Winner-Take-All Politics. How Washington Made the Rich Richer – And Turned its Back on the Middle Class, New York 2010.

Hacker, Mark, Gibt es »Gerechtigkeit« in der Steuerpolitik? Der politisch-philosophische Diskurs über Recht und Gerechtigkeit am Beispiel der Entstehung des modernen Einkommensteuerrechts in der Weimarer Republik, Berlin 2013 (Diss. FU Berlin).

Haerendel, Ulrike, Kommunale Wohnungspolitik im Dritten Reich, München 1999.

Haffert, Lukas, War Mobilization or War Destruction? The Unequal Rise of Progressive Taxation Revisited, in: Review of International Organisations 14 (2019) 1, S. 59-82.

Haffert, Lukas, Die schwarze Null. Über die Schattenseiten ausgeglichener Haushalte, Berlin 2016.

Hagemann, Harald, Zur frühen Rezeption der General Theory durch deutschsprachige Wirtschaftswissenschaftler, in: ders. et al. (Hg.) Aus gesamtwirtschaftlicher Perspektive. Festschrift für Jürgen Kromphardt, Marburg 2008, S. 71-104.

Hagen, William W., Ordinary Prussians: Brandenburg Junkers and Villagers, 1500-1840, Cambridge 2008.

Hagen, William W., Der bäuerliche Lebensstandard unter brandenburgischer Gutsherrschaft im 18. Jahrhundert. Die Dörfer der Herrschaft Stavenow in vergleichender Sicht, in: Jan Peters (Hg.), Gutsherrschaft als soziales Modell. Vergleichende Betrachtungen zur Funktionsweise frühneuzeitlicher Agrargesellschaften, München 1995, S. 179-196.

Hager, Sandy Brian/Joseph Baines, The Tax Advantage of Big Business. How the Structure of Corporate Taxation Fuels Concentration and Inequality, in: Politics & Society 48 (2020) 2, S. 275-305.

Hahn, Walter, Steuerpolitische Willensbildungsprozesse in der Europäischen Gemeinschaft. Das Beispiel der Umsatzsteuer-Harmonisierung, Frankfurt am Main 1988.

Hake, Sabine, The Proletarian Dream. Socialism, Culture, and Emotion in Germany, 1863-1933, Berlin 2017.

Hakelberg, Lukas, The Hypocritical Hegemon. How the United States Shapes Global Rules against Tax Evasion and Avoidance, Ithaca 2020.

Hakelberg, Lukas/Thomas Rixen, Is Neoliberalism Still Spreading? The Impact of International Cooperation on Capital Taxation, in: Review of International Political Economy 4 (2020), S. 1-27.

Hakelberg, Lukas, Jäger des verlorenen Schatzes. Wie Staaten Steuerflucht international bekämpfen, in: Mittelweg 36, 27 (2018) 1, S. 102-122.

Hale, Oron James, Adolf Hitler: Taxpayer, in: American Historical Review 60 (1955) 4, S. 830-842.
Hall, Peter, Governing the Economy. The Politics of State Intervention in Britain and France, New York 1986.
Haller, Heinz, Die Rolle der Staatsfinanzen für den Inflationsprozeß, in: Deutsche Bundesbank (Hg.), Währung und Wirtschaft, S. 115-156.
Haller, Heinz et al. (Hg.), Theorie und Praxis des finanzpolitischen Interventionismus. Fritz Neumark zum 70. Geburtstag, Tübingen 1970.
Haller, Heinz, Die Steuern. Grundzüge eines rationalen Systems öffentlicher Abgaben, Tübingen 1964.
Hallerberg, Mark, The Political Economy of Taxation in Prussia, in: Jahrbuch für Wirtschaftsgeschichte (2002) 2, S. 11-34.
Hallgarten, George F. W., Imperialismus vor 1914. Die soziologischen Grundlagen der Außenpolitik europäischer Großmächte vor dem Ersten Weltkrieg, 2 Bände, 2. Auflage, München 1963.
Hamburger, Jacob/Daniel Steinmetz-Jenkins, Why did Neoconservatives Join Forces with Neoliberals? Irving Kristol from Critic to Ally of Free-Market Economics, in: Global Intellectual History 6 (2021) 2, S. 215-230.
Handbuch der Finanzwissenschaft, 1. Auflage, hg. von Wilhelm Gerloff und Franz Meisel, 3 Bände, Tübingen 1926-1929.
Hansen, Alvin, Fiscal Policy and Business Cycles, New York 1941.
Hansmann, Marc, Vor dem dritten Staatsbankrott? Der deutsche Schuldenstaat in historischer und internationaler Perspektive, München 2012.
Hansmann, Marc, Kommunalfinanzen im 20. Jahrhundert. Zäsuren und Kontinuitäten: Das Beispiel Hannover, Hannover 2000.
Hansmeyer, Karl-Heinrich, Erfahrungen mit dem Stabilitätsgesetz, in: Wirtschaftsdienst 57 (1977) 12, S. 607-612.
Hansmeyer, Karl-Heinrich/Rolf Cäsar, Kriegswirtschaft und Inflation, in: Deutsche Bundesbank (Hg.), Währung und Wirtschaft, S. 367-429.
Hansmeyer, Karl-Heinrich, Neue Ziele der Steuerpolitik?, in: Finanzrundschau 22 (1967), S. 145-147.
Hansmeyer, Karl-Heinrich, Finanzielle Staatshilfen für die Landwirtschaft, Tübingen 1963.
Hantke, Max/Mark Spoerer, The Imposed Gift of Versailles. The Fiscal Effects of Restricting the Size of Germany's Armed Forces, 1924-1929, München 2010 (MPRA Paper No. 20054).
Hardach, Gerd, Die finanzielle Mobilmachung in Deutschland 1914-1918, in: Jahrbuch für Wirtschaftsgeschichte 56 (2015) 2, S. 359-387.
Hardach, Gerd, Weltmarkorientierung und relative Stagnation. Währungspolitik in Deutschland 1924-1931, Berlin 1976.
Hardach, Gerd, Der Erste Weltkrieg, München 1973.
Hardach, Karl, Die Bedeutung wirtschaftlicher Faktoren bei der Wieder-

einführung der Eisen- und Getreidezölle in Deutschland 1879, Berlin 1967.
Häring, Norbert, Endspiel des Kapitalismus. Wie die Konzerne die Macht übernahmen und wie wir sie zurückholen, Köln 2021.
Harrington, Michael, The Welfare State and Its Neoconservative Critics, in: Dissent (1973), S. 435-454.
Harrison, Mark (Hg.), The Economics of World War II. Six Great Powers in International Comparison, Cambridge 1998.
Harrison, Mark, Accounting for War. Soviet Production, Employment, and the Defence Burden, 1940-1945, Cambridge 1996.
Harrison, Mark, Ressource Mobilization for World War II. The U.S.A., U.K., U.S.S.R., and Germany, 1938-1945, in: Economic History Review 41 (1988) 2, S. 171-192.
Härte, Benjamin, Der Lastenausgleich im Spiegel der zeitgenössischen deutschen Presse 1949 bis 1979, Bonn 2010 (Diss. Universität Bonn).
Hartmann, Peter Claus, Das Steuersystem der europäischen Staaten am Ende des Ancien Regime. Eine offizielle französische Enquete (1763-1768), München 1979.
Harvey, David, A Brief History of Neoliberalism, Oxford 2005.
Haselbach, Dieter, Autoritärer Liberalismus und soziale Marktwirtschaft. Gesellschaft und Politik im Ordoliberalismus, Baden-Baden 1991.
Häuser, Karl, Finanzwissenschaften der zwanziger Jahre und das Ende der Historischen Schule, in: Heinz Rieter (Hg.), Deutsche Finanzwissenschaft zwischen 1918 und 1939, Berlin 1994.
Hauser, Richard, Zwei deutsche Lastenausgleiche – Eine kritische Würdigung, in: Vierteljahreshefte zur Wirtschaftsforschung 80 (2011), S. 103-122.
Hayek, Friedrich August von, Die Ungerechtigkeit der Steuerprogression, in: Schweizer Monatshefte 32 (1952/1953) 8, S. 508-517.
Hayek, Friedrich August von, Der Weg zur Knechtschaft, Zürich 1943.
He, Wenkai, Paths towards the Modern Fiscal State. England, Japan, China, Cambridge/Mass. 2013.
Heberle, Rudolf, Landbevölkerung und Nationalsozialismus. Eine soziologische Untersuchung der politischen Willensbildung in Schleswig-Holstein 1918-1932, Stuttgart 1963.
Heidenheimer, Arnold J./Hugh Heclo/Carolyn Teich Adams, Comparative Public Policy. The Politics of Social Choice in America, Europe, and Japan, New York 1990.
Heigl, Richard, Das Unbehagen am Staat. Staatskritik bei Wolfgang Abendroth und Johannes Agnoli, in: Christoph Jünke (Hg.), Linkssozialismus in Deutschland. Jenseits von Sozialdemokratie und Kommunismus?, Hamburg 2010, S. 171-185.

Heilmann, Martin, Adolph Wagner. Ein deutscher Nationalökonom im Urteil der Zeit, Frankfurt am Main 1980.
Heineman, John L., Constantin von Neurath and German Policy at the London Economic Conference of 1933. Backgrounds to the Resignation of Alfred Hugenberg, in: Journal of Modern History 41 (1969), S. 160-188.
Heinsen, Ernst, Der Kampf um die Große Finanzreform, in: Rudolf Hrbek (Hg.), Miterlebt – Mitgestaltet. Der Bundesrat im Rückblick, Stuttgart 1989, S. 187–223.
Helander, Sven, Grenzen der Besteuerung, in: FinanzArchiv 48 (1931) 1, S. 157-205.
Held, Michael, Sozialdemokratie und Keynesianismus. Von der Weltwirtschaftskrise bis zum Godesberger Programm, Frankfurt am Main 1982.
Helfferich, Karl, Das Geld, Leipzig 1923.
Helfferich, Karl, Der Weltkrieg, Bd. 2: Vom Kriegsausbruch bis zum uneingeschränkten U-Bootkrieg, Berlin 1919.
Helfferich, Karl, Reden und Aufsätze aus dem Kriege, Berlin 1917.
Helfferich, Karl, Deutschlands Volkswohlstand 1888-1913, Berlin 1914.
Heller, Hans-Detlef, Die Zivilrechtsgesetzgebung im Dritten Reich, Münster 2015.
Heller, Walter W., Economic Policy and Political Equilibrium in Post-War Germany, in: Hans J. Morgenthau (Hg.), Germany and the Future of Europe, Chicago 1951, S. 58-76.
Heller, Walter W., Tax and Monetary Reform in Occupied Germany, in: National Tax Journal 2 (1949), S. 215-231.
Hellwig, Fritz, Adenauers Verhältnis zu Wirtschaft und Gesellschaft, in: Hans Pohl (Hg.), Adenauers Verhältnis zu Wirtschaft und Gesellschaft, Bonn 1992, S. 88-111.
Hennig, Friedrich-Wilhelm, Die nationalsozialistische Steuerpolitik. Programm, Ziele und Wirklichkeit, in: Eckart Schremmer (Hg.), Steuern, Abgaben und Dienste vom Mittelalter bis in die Gegenwart, Stuttgart 1994, S. 197-212.
Hennis, Wilhelm/Peter Graf Kielmannsegg/Ulrich Matz (Hg.), Regierbarkeit. Studien zu ihrer Problematisierung, 2 Bde., Stuttgart 1977 und 1979.
Hentschel, Volker, Ludwig Erhard, Ein Politikerleben, Berlin 1998.
Hentschel, Volker, Steuersystem und Steuerpolitik in Deutschland 1890-1970, in: Werner Conze/M. Rainer Lepsius (Hg.), Sozialgeschichte der Bundesrepublik Deutschland. Beiträge zum Kontinuitätsproblem, Stuttgart 1983, S. 256-295.
Hentschel, Volker, Erwerbs- und Einkommensverhältnisse in Sachsen, Baden und Württemberg vor dem Ersten Weltkrieg (1890-1914), in:

Vierteljahrschrift für Sozial- und Wirtschaftsgeschichte 66 (1979) 1, S. 26-73.
Hentschel, Volker, Wirtschaft und Wirtschaftspolitik im wilhelminischen Deutschland. Organisierter Kapitalismus und Interventionsstaat, Stuttgart 1978.
Henzler, Christoph, Fritz Schäffer 1945-1967. Eine biographische Studie zum ersten bayerischen Nachkriegs-Ministerpräsidenten und ersten Finanzminister der Bundesrepublik Deutschland, München 1994.
Herbert, Ulrich, Geschichte Deutschlands im 20. Jahrhundert, München 2014.
Herbst, Ludolf, Das nationalsozialistische Deutschland 1933-1945. Die Entfesselung der Gewalt: Rassismus und Krieg, Frankfurt am Main 1996.
Herbst, Ludolf, Der Totale Krieg und die Ordnung der Wirtschaft. Die Kriegswirtschaft im Spannungsfeld von Politik, Ideologie und Propaganda 1939-1945, Stuttgart 1982.
Herbst, Ludolf, Krisenüberwindung und Wirtschaftsordnung. Ludwig Erhards Beteiligung an den Wirtschaftsplanungen am Ende des Zweiten Weltkriegs, in: Vierteljahrshefte für Zeitgeschichte 25 (1977), S. 304-340.
Hereth, Michael, Die parlamentarische Opposition in der Bundesrepublik Deutschland, München 1969.
Herzfeld, Hans, Johannes von Miquel, Sein Anteil am Ausbau des Deutschen Reiches bis zur Jahrhundertwende, 2 Bde., Detmold 1938.
Hesse, Jan-Otmar/Roman Köster/Werner Plumpe, Die Große Depression. Die Weltwirtschaftskrise 1929-1939, Frankfurt am Main 2014.
Hesse, Jan-Otmar, Wirtschaft als Wissenschaft. Die Volkswirtschaftslehre in der frühen Bundesrepublik, Frankfurt am Main 2010.
Hesse, Jan-Otmar, »Der Staat unter der Aufsicht des Marktes«. Michel Foucaults Lektüren des Ordoliberalismus, in: Susanne Krasmann/Michael Volkmer (Hg.): Michel Foucaults »Geschichte der Gouvernementalität« als Paradigma der Sozialwissenschaften. Internationale Beiträge zu Rezeption und Anschlüssen, Bielefeld 2007, S. 213-237.
Hetzel, Robert L., The Monetary Policy of the Federal Reserve, Cambridge 2008.
Heyde, Philipp, Das Ende der Reparationen. Deutschland, Frankreich und der Young-Plan 1929-1932, Paderborn 1998.
Hickel, Rudolf/Jan Priewe, Finanzpolitik für Arbeit und Umwelt. Zur Kritik der Angebotslehre und Globalsteuerung, Köln 1989.
Hickel, Rudolf, Einleitung. Krisenprobleme des ›verschuldeten Steuerstaats‹, in: Goldscheid/Schumpeter, Finanzkrise des Steuerstaats, S. 7-39.
Hicks, John R., The Crisis in Keynesian Economics, Oxford 1974.
Hicks, John R./Ursula K. Hicks/Laszlo Rostas, The Taxation of War Wealth, Oxford 1941.

Hien, Josef/Christian Joerges, Das aktuelle europäische Interesse an der ordoliberalen Tradition, in: Leviathan 45 (2017), S. 459-493.
Hildebrand, Klaus, Von Erhard zur großen Koalition 1963-1969, Stuttgart 1984.
Hillyer, James Edward Ross, Promoting Keynesian Liberalism. Walter W. Heller and US Economic Policy, 1933-1987, London 2017 (Ph.D. University College London).
Hilpert, Dagmar, Wohlfahrtsstaat der Mittelschichten? Sozialpolitik und gesellschaftlicher Wandel in der Bundesrepublik Deutschland (1949-1975), Göttingen 2012.
Hilton, Boyd, The Age of Atonment. The Influence of Evangelicanism on Social and Economic Thought, 1795-1865, Oxford 1988.
Hitler, Adolf, Mein Kampf, München 1925.
Hobsbawm, Eric, Das Zeitalter der Extreme. Weltgeschichte des 20. Jahrhunderts, München 1994.
Hobson, John A., Der Imperialismus [1903], Köln 1968.
Hochstätter, Matthias, Karl Schiller – eine wirtschaftspolitische Biographie, Hannover 2006.
Hock, Wolfgang, Deutscher Antikapitalismus. Der ideologische Kampf gegen die freie Wirtschaft im Zeichen der großen Krise, Frankfurt am Main 1960.
Hockerts, Hans Günter, Der deutsche Sozialstaat. Entfaltung und Gefährdung seit 1945, Göttingen 2011.
Hockerts, Hans Günter, Die Entwicklung vom Zweiten Weltkrieg bis zur Gegenwart, in: Peter A. Köhler/Hans F. Zacher (Hg.), Beiträge zu Geschichte und aktueller Situation der Sozialversicherung, Berlin 1983, S. 141-166.
Hockerts, Hans Günter, Sozialpolitische Entscheidungen im Nachkriegsdeutschland. Alliierte und deutsche Sozialversicherungspolitik 1945 bis 1957, Stuttgart 1980.
Höfer, Philipp, Föderalismus in historisch vergleichender Perspektive. Bd. 5: Einzelstaatliche Einflussnahme auf die Finanzpolitik im Deutschen Kaiserreich, Baden-Baden 2017.
Högemann, Werner, Das deutsche Steuerrecht unter dem Einfluss des Nationalsozialismuss (1933-1945), Münster 1993 (Diss. Uni Münster).
Hohensee, Jens, Der erste Ölpreisschock 1973-74. Die politischen und gesellschaftlichen Auswirkungen der arabischen Erdölpolitik auf die Bundesrepublik und Westeuropa, Stuttgart 1996.
Hölscher, Wolfgang, Einleitung, in: ders. (Bearb.), Die SPD-Fraktion im Deutschen Bundestag. Sitzungsprotokolle 1957-1961, Düsseldorf 1993, S. XI-LXXXVI.
Holz, Waldemar, Sind internationale Vergleiche steuerlicher Belastungen möglich?, Leipzig 1924.

Hölzl, Richard, Umkämpfte Wälder. Die Geschichte einer ökologischen Reform in Deutschland 1760-1860, Frankfurt am Main 2010.
Hömig, Herbert, Brüning – Kanzler in der Krise der Republik, Paderborn 2000.
Hoppenstedt, Wolfram, Gerhard Colm. Leben und Werk (1897-1968), Stuttgart 1997.
Holtfrerich, Carl-Ludwig, Konjunkturpolitik. Vom Beginn der Austerität bis zur sekundären Deflation 1931/32, in: Abelshauser et al. (Hg.), Wirtschaftspolitik in Deutschland 1917-1990, Bd. 1, S. 637-676.
Holtfrerich, Carl-Ludwig, Government Debt in Economic Thought of the Long 19th Century, Berlin 2013 (Discussion Paper School of Business & Economics, FU Berlin Nr. 2013/4).
Holtfrerich, Carl-Ludwig, Die deutsche Inflation 1914-1923. Ursachen und Folgen in internationaler Perspektive, Berlin 1980.
Hope, David/Julian Limberg, The Economic Consequences of Major Tax Cuts for the Rich, in: Socio-Economic Review (2021), S. 1-21 (Online first).
Hornschu, Hans-Erich, Die Entwicklung des Finanzausgleichs im Deutschen Reich und in Preußen von 1919 bis 1944, Kiel 1950.
Horst, Patrick, Haushaltspolitik und Regierungspraxis in den USA und der Bundesrepublik, Frankfurt am Main 1995.
Houwink Ten Cate, Johannes, Amsterdam als Finanzplatz Deutschlands, in: Gerald Feldman (Hg.), Konsequenzen der Inflation, Berlin 1989, S. 149-179.
Howard, Christopher, The Hidden Welfare State. Tax Expenditures and Social Policy in the United States, Princeton 1997.
Hürlimann, Gisela, Swiss Worlds of Taxation. The Political Economy of Fiscal Federalism and Tax Competition, in: Buggeln/Daunton/Nützenadel (Hg.), Political Economy, S. 83-104.
Hürlimann, Gisela, Steuern, in: Christof Dejung/Monika Domann/Daniel Speich Chassé (Hg.), Auf der Suche nach der Ökonomie. Historische Annäherungen, Tübingen 2014, S. 287-314.
Hughes, Michael L., Shouldering the Burden of Defeat. West Germany and the Reconstruction of Social Justice, Chapel Hill 1999
Hughes, Michael L., Lastenausgleich unter Sozialismusverdacht. Amerikanische Besorgnisse 1945-1949, in: Vierteljahrshefte für Zeitgeschichte 39 (1991), S. 37-53.
Huhnholz, Sebastian (Hg.), Fiskus – Verfassung – Freiheit. Politisches Denken der öffentlichen Finanzen von Hobbes bis heute, Baden-Baden 2018.
Huhnholz, Sebastian, Zur Ideengeschichte finanzverfassungspolitischen Freiheitsdenkens. Versäumnisse und Potentiale einer fiskalpolitologischen Demokratietheorie, in: ders. (Hg.), Fiskus, S. 9-60.

Huhnholz, Sebastian, Der Fall des Steuerstaates, in: Mittelweg 36, 27 (2018) 1, S. 29-47.
Huhnholz, Sebastian, Demokratie als öffentliches Gut? Die Finanzierung souveräner Freiheit im Steuerstaat, in: Politische Vierteljahrsschrift 59 (2018) 1, S. 37-62.
Huhnholz, Sebastian, Was soll das heißen: »Steuerstaat«, in: Jahrbuch Ökonomie und Gesellschaft 29 (2017), S. 15-48.
Huhnholz, Sebastian, Bielefeld, Paris & Cambridge. Wissenschaftsgeschichtliche Ursprünge und theoriepolitische Konvergenzen der diskurshistoriographischen Methodologien Reinhart Kosellecks, Michel Foucaults und Quentin Skinners, in: Ludwig Gasteiger/Marc Grimm/Barbara Umrath (Hg.), Theorie und Kritik. Dialoge zwischen differenten Denkstilen und Disziplinen, Bielefeld 2015, S. 157-182.
Humann, Detlev, ›Alte Kämpfer‹ in der neuen Zeit. Die sonderbare Arbeitsvermittlung für NS-Parteigänger nach 1933, in: Vierteljahrschrift für Sozial- und Wirtschaftsgeschichte 98 (2011) 2, S. 173-194.
Humann, Detlev, »Arbeitsschlacht«. Arbeitsbeschaffung und Propaganda in der NS-Zeit 1933-1939, Göttingen 2011.
Humann, Detlev, Verwahranstalten mit Fantasiegehältern? Die Hilfswerklager der SA für ›alte Kämpfer‹, in: Vierteljahrschrift für Sozial- und Wirtschaftsgeschichte 97 (2010) 4, S. 425-436.
Humphries, Jane/Jacob Weisdorf, Unreal Wages? A New Empirical Foundation for the Study of Living Standards and Economic Growth in England, 1260-1860, London 2017 (Discussion Paper Centre for Economic Policy Research).
Hundert, Edward G., The Enlightment's Fable. Bernard Mandeville and the Discovery of Society, Cambridge 1994.
Huret, Romain D., American Tax Resisters, Cambridge/Mass. 2014.

Imhof, Artur, Die gewonnenen Jahre. Von der Zunahme unserer Lebensspanne seit dreihundert Jahren oder von der Notwendigkeit einer neuen Einstellung zu Leben und Sterben, München 1981.
Inglehart, Ronald, The Silent Revolution. Changing Values and Political Styles among Western Publics, Princeton 1977.
Institut für Zeitgeschichte (Hg.), Adolf Hitler. Reden Schriften Anordnungen, Februar 1925 bis Januar 1933, 12 Bde., München 1992-1998.
Irwin, Douglas A., Peddling Protectionism. Smoot-Hawley and the Great Depression, Princeton 2011.
Isensee, Josef, Steuerstaat als Staatsform, in: Rolf Stödter/Werner Thieme (Hg.), Festschrift für Hans Peter Ipsen, Tübingen 1977, S. 409-436.

Jäckel, Eberhard, Hitlers Weltanschauung. Entwurf einer Herrschaft, Stuttgart 1981 (2. Auflage).

Jäger, Wolfgang, Die Innenpolitik der sozialliberalen Koalition 1969-1974, in: Karl Dietrich Bracher/Wolfgang Jäger/Werner Link (Hg.), Republik im Wandel 1969-1974. Die Ära Brandt, Stuttgart 1986, S. 15-26.

Jahr, Christoph, Antisemitismus vor Gericht: Debatten über die juristische Ahndung judenfeindlicher Agitation in Deutschland (1879-1960), Frankfurt am Main 2011.

Jákli, Zoltán, Vom Marshallplan zum Kohlepfennig. Grundrisse der Subventionspolitik in der Bundesrepublik Deutschland 1948-1982, Opladen 1990.

James, Harold, Krupp. Deutsche Legende und globales Unternehmen, München 2011.

James, Harold, International Monetary Cooperation since Bretton Woods, Oxford 1996.

James, Harold, What is Keynesian about Deficit Financing? The Case of Interwar Germany, in: Peter Hall (Hg.), The Political Power of Economic Ideas. Keynesianism across Nations, Princeton 1989, S. 231-262.

James, Harold, Deutschland in der Weltwirtschaftskrise 1924-1936, Stuttgart 1988.

Jansen, Sarah, »Schädlinge«. Geschichte eines wissenschaftlichen und politischen Konstrukts 1840-1920, Frankfurt am Main 2003.

Janssen, Hauke, Nationalökonomie und Nationalsozialismus. Die deutsche Volkswirtschaftslehre in den dreißiger Jahren, Marburg 2000.

Jarass, Lorenz, Probleme des Steuersatzausweises von Dax30-Unternehmen, in: Betriebs-Berater (2013), S. 2713-2717.

Jarass, Lorenz, Faire und effiziente Steuerpolitik, in: Irmi Seidl/Angelika Zahrnt (Hg.), Postwachstumsgesellschaft. Konzepte für die Zukunft, Marburg 2010, S. 155-168.

Jarass, Lorenz/Gustav M. Obermaier, Steuerliche Aspekte von Private Equity und Hedge Fonds unter Berücksichtigung der Unternehmenssteuerreform 2008, Düsseldorf 2007.

Jarausch, Konrad H., The Enigmatic Chancellor. Bethmann Hollweg and the Hybris of Imperial Germany, New Haven 1973.

Jecht, Horst, Die Bundessteuerreform 1954. Kritischer Rückblick auf ihre wichtigsten Ergebnisse, in: FinanzArchiv N.F. 16 (1955) 1, S. 31-53.

Jecht, Horst, Probleme der Einkommensteuer-Reform, Göttingen 1948.

Jecht, Horst, Kriegsfinanzen, Jena 1938.

Jecht, Horst, Grundlegung der neuen Staatswirtschaftslehre, in: Jahrbücher für Nationalökonomie und Statistik 80 (1931) 4, S. 524-539.

Jeck, Albert, Wachstum und Verteilung des Volkseinkommens. Untersuchungen und Materialien zur Entwicklung der Einkommensverteilung in Deutschland 1870-1913, Tübingen 1970.

Jessen, Jens, Wehrwirtschaft und Finanzwirtschaft, in: FinanzArchiv N.F. 5 (1938), S. 1-20.

Jesuit, David K./Vincent A. Mahler: Fiscal Redistribution in Comparative Perspective: Recent Evidence from the Luxembourg Income Study (LIS) Data Centre, in: Buggeln/Daunton/Nützenadel (Hg.), Political Economy, S. 177-198.

Jesuit, David K. /Vincent A. Mahler, State Redistribution in Comparative Perspective. A Cross-National Analysis of the Developed Countries, Luxemburg 2004 (LIS Working Paper Nr. 392).

Jochmann, Werner (Hg.), Monologe im Führerhauptquartier 1941-1944. Die Aufzeichnungen Heinrich Heims, Hamburg 1980.

Jogajoran, Sunita, Prelude to International Tax Treaty Network: 1815-1914 Early Tax Treaties and the Conditions for Action, in: Oxford Journal of Legal Studies 31 (2011) 4, S. 679-707.

Jöhlinger, Otto, Die Finanzwirtschaft unserer Gegner, in: FinanzArchiv 34 (1917) 1, S. 42-108.

Johnson, Paul/Graham Stark, Ten Years of Mrs Thatcher: the Distributional Consequences, in: Fiscal Studies 10 (1989) 2, S. 29-37.

Jostock, Paul, Das Sozialprodukt und seine Verteilung, Paderborn 1955.

Joyce, Patrick, The State of Freedom. A Social History of the British State since 1800, Cambridge 2013.

Jüngling, Michael, Staatseinnahmen in säkularer Sicht. Eine kritische Studie, Göttingen 1991.

Jung-Knoll, Sebastian, Vom Schlachtfeld der Arbeit. Aspekte von Männlichkeit in Prävention, Ursachen und Folgenbewältigungen von Arbeitsunfällen in Kaiserreich und Weimarer Republik, Stuttgart 2021.

Kaelble, Hartmut, Historisch Vergleichen. Eine Einführung, Frankfurt am Main 2021.

Kaelble, Hartmut, Mehr Reichtum, mehr Armut. Soziale Ungleichheit in Europa vom 20. Jahrhundert bis zur Gegenwart, Frankfurt am Main 2017.

Kaelble, Hartmut, Die Debatte über Vergleich und Transfer und was jetzt?, in: Geschichte Transnational, 8. 2. 2005, ⟨http://geschichte-transnational.clio-online.net/forum/type=artikel&id=574⟩ (Zugriff: 11. 10. 2021).

Kaelble, Hartmut/Rüdiger Hohls, Der Wandel der regionalen Disparitäten in der Erwerbsstruktur Deutschlands 1895-1977, in: Jürgen Bergmann (Hg.), Regionen im historischen Vergleich, Opladen 1989, S. 288-413.

Kaelble, Hartmut, Industrialisierung und soziale Ungleichheit. Europa im 19. Jahrhundert. Eine Bilanz, Göttingen 1983.

Kaelble, Hartmut, Industrielle Interessenpolitik in der Wilhelminischen Gesellschaft. Centralverband Deutscher Industrieller 1895-1914, Berlin 1967.

Kalecki, Michal, Krise und Prosperität im Kapitalismus. Ausgewählte Essays 1933-1971, Marburg 1987.

Kalecki, Michal, The Lesson of the Blum Experiment, in: Economic Journal 48 (1938), S. 26-41.
Kalecki, Michal, A Theory of the Business Cycle, in: Review of Economic Studies 4 (1936/37) 2, S. 77.
Karczewski, Johannes von, »Weltwirtschaft ist unser Schicksal«. Helmut Schmidt und die Schaffung der Weltwirtschaftsgipfel, Bonn 2008.
Kassner, Thorsten, Der Steuerreformer Johannes Miquel. Leben und Werk, Osnabrück 2001.
Kato, Junko, Regressive Taxation and the Politics of the Welfare State, in: Gisela Hürlimann/Jakob Tanner (Hg.), Steuern und Umverteilen. Effizienz versus Gerechtigkeit?, Zürich 2012, S. 205-217.
Kato, Junko, Regressive Taxation and the Welfare State. Path Dependence and Policy Diffusion, Cambridge/New York 2003.
Kehl, Paul, Die Steuer in der Lehre der Theologen des Mittelalters. Eine quellengeschichtliche Studie, Berlin 1927.
Kehr, Eckart, Das soziale System der Reaktion in Preußen unter dem Ministerium Puttkammer [1929], in: ders., Das Primat der Innenpolitik. Gesammelte Aufsätze zur preußisch-deutschen Sozialgeschichte im 19. und 20. Jahrhundert, Berlin 1965, S. 64-86.
Kershaw, Ian, Hitler 1936-1945, Stuttgart 2000.
Kershaw, Ian, Hitler 1889-1936, Stuttgart 1998.
Kershaw, Ian, Ideologe und Propagandist. Hitler im Lichte seiner Reden, Schriften und Anordnungen 1925-1928, in: Vierteljahrshefte für Zeitgeschichte 40 (1992) 2, S. 263-271.
Keynes, John Maynard, Allgemeine Theorie der Beschäftigung, des Zinses und des Geldes [1936], Neunte Auflage, Berlin 2002.
Keynes, John Maynard, How to Pay for the War. A Radical Plan for the Chancellor of the Exchequer, London 1940.
Keynes, John Maynard, The Means to Prosperity, London 1933.
Keynes, John Maynard, A Treatise on Money, 2 Bände, London 1930.
Keynes, John Maynard, Inflation as a method of taxation [1922], in: ders., The Collective Writings of J. M. Keynes, Band 4, London 1971, S. 37-60.
Keynes, John Maynard, The Economic Consequences of the Peace, London 1919.
Kielmannsegg, Peter Graf, Das geteilte Land. Deutschland 1945-1990, München 2004.
Kielmannsegg, Peter Graf, Legitimationsprobleme politischer Systeme. Opladen 1976.
Kilian, Jürgen, Krieg auf Kosten anderer. Das Reichsministerium der Finanzen und die wirtschaftliche Mobilisierung Europas für den Krieg, Berlin 2017.
Kim, Hak-le, Industrie, Staat und Wirtschaftspolitik. Die konjunkturpoli-

tische Diskussion in der Endphase der Weimarer Republik 1930-1932/33, Berlin 1997.
Kimmel, Hans-Dieter, Der Belagerungs- und Ausnahmezustand im Deutschen Reich von 1919-1921, Göttingen 1971.
Kindleberger, Charles P., A Financial History of Western Europe, London 1984.
Kirchheimer, Otto, Legalität und Legitimität [1932], in: ders., Politische Herrschaft. Fünf Beiträge zur Lehre vom Staat, Frankfurt am Main 1967, S. 7-27.
Kirchhof, Paul, Besteuerungsgewalt und Grundgesetz, Frankfurt am Main 1973.
Kirchgässner, Bernhard, Adolph Wagner und die Geschichte der Bismarckschen Sozialversicherung (1870-1889), in: Burkhard Strümpel/Meinolf Dierkes (Hg.), Beiträge zur Wirtschaftswissenschaft in Berlin, Berlin 1990, S. 71-104.
Kittel, Manfred, Stiefkinder des Wirtschaftswunders. Die deutschen Ostvertriebenen und die Politik des Lastenausgleichs (1952 bis 1975), Düsseldorf 2020.
Kitterer, Wolfgang, Öffentliche Finanzen und Notenbank, in: Deutsche Bundesbank (Hg.), Fünfzig Jahre Deutsche Mark, München 1998, S. 199-256.
Kitzing, Michael, Der »Manager der Heusteigstrasse«. Der Beitrag Alex Möllers zur Entstehung und Konsolidierung des Südweststaates, in: Markus Raasch/Tobias Hirschmüller (Hg.), Von Freiheit, Solidarität und Subsidiarität – Staat und Gesellschaft der Moderne in Theorie und Praxis, Berlin 2013, S. 710-737.
Kitzing, Michael, Alex Möller. Generaldirektor, Parlamentarier, Minister, in: Zeitschrift für die Geschichte des Oberrheins 158 (2010), S. 513-538.
Klaus, Helmut, Der Dualismus Preußen versus Reich in der Weimarer Republik in Politik und Verwaltung, Godesberg 2006.
Klein, Ernst, Geschichte der öffentlichen Finanzen in Deutschland (1500-1870), Wiesbaden 1974.
Klein, Ernst, Von der Reform zur Restauration. Finanzpolitik und Reformgesetzgebung des preußischen Staatskanzlers Karl August von Hardenberg, Berlin 1965.
Kleman, Hein, Financial and Monetary Developments in the Occupied Netherlands, 1940-1945, in: Hans Otto Frøland/Mats Ingulstad/Jonas Scherner (Hg.), Industrial Collaboration in Nazi-Occupied Europe, London 2016, S. 89-114.
Kleman, Hein/Sergei Kudryashov, Occupied Economies. An Economic History of Nazi-Occupied Europe, 1939-1945, London 2012.
Klemperer, Victor, LTI. Notizbuch eines Philologen, Berlin 1947.

Klotzbach, Kurt, Der Weg zur Staatspartei. Programmatik, praktische Politik und Organisation der deutschen Sozialdemokratie 1945 bis 1965, Bonn 1982.

Knauss, Robert, Die deutsche, englische und französische Kriegsfinanzierung, Berlin 1923.

Koch-Wegener, Annette, Der Bundestagswahlkampf 1949 von CDU und SPD im Zeichen der Sozialen Marktwirtschaft, in: Nikolaus Jackob (Hg.), Wahlkämpfe in Deutschland. Fallstudien zur Wahlkampfkommunikation 1912-2005, Wiesbaden 2007, S. 97-111.

Koch, Sabine, Kontinuität im Zeichen des Wandels. Verfassung und Finanzen in Württemberg um 1800, Stuttgart 2015.

Koch, Waldemar, Das Verhältnis zwischen gesellschaftlicher und steuerlicher Gerechtigkeit bei Adolph Wagner, in: FinanzArchiv N.F. 23 (1963/64) 1, S. 36-52.

Koch, Woldemar, Die finanzpolitischen Mittel des Stabilisierungsgesetzes, in: Alfred Ott (Hg.), Fragen der wirtschaftlichen Stabilisierung, Tübingen 1967.

Kocka, Jürgen, Geschichte des Kapitalismus, München 2013.

Kocka, Jürgen, Organisierter Kapitalismus im Kaiserreich?, in: Historische Zeitschrift 230 (1978), S. 613-631.

Kocka, Jürgen, Klassengesellschaft im Krieg. Deutsche Sozialgeschichte 1914-1918, Göttingen 1973.

Koerfer, Daniel, Kampf ums Kanzleramt. Erhard und Adenauer, Berlin 1998.

Kohl, Sebastian, Homeownership, Renting and Society. Historical and Comparative Perspectives, London 2017.

Köncke, Günther, Organisierter Kapitalismus, Sozialdemokratie und Staat. Eine Studie zur Ideologie der sozialdemokratischen Arbeiterbewegung in der Weimarer Republik (1924-1932), Stuttgart 1987.

Köppe, Olaf, Neoliberale Steuerrechtslehre und Bundesverfassungsgericht, in: Kritische Justiz 32 (1999) 1, S. 15-31.

Köppen, Paul, »Aus der Krankheit konnten wir unsere Waffe machen.« Heinrich Brünings Spardiktat und die Ablehnung der französischen Kreditangebote 1930/31, in: Vierteljahrshefte für Zeitgeschichte 61 (2014) 3, S. 349-375.

Körner, Heiko, Walter Eucken – Karl Schiller: Unterschiedliche Wege zur Ordnungspolitik, Freiburg 2005.

Kosse, Fabian/Thomas Piketty, Electoral Cleavage and Socioeconomic Inequality in Germany, 1949-2017, in: Amory Gethin /Clara Martinez-Toledano/Thomas Piketty (Hg.), Political Cleavages and Social Inequalities. A Study of Fifty Democracies, 1948-2020, Cambridge/Mass. 2021, S. 136-149.

Köster, Roman, Vor der Krise. Die Keynes-Rezeption in der Weimarer Republik, in: Mittelweg 36, 22 (2013) 3, S. 32-46.
Köster, Roman, Die Wissenschaft der Außenseiter. Die Krise der Nationalökonomie in der Weimarer Republik, Göttingen 2011.
Koselleck, Reinhard, Geschichtliche Prognose in Lorenz v. Steins Schrift zur preußischen Verfassung, in: ders., Vergangene Zukunft, Frankfurt am Main 1979, S. 87-104.
Koselleck, Reinhard, Preußen zwischen Reform und Revolution. Allgemeines Landrecht, Verwaltung und soziale Bewegung von 1791-1848, Stuttgart 1967.
Kotsonis, Yanni, States of Obligation. Taxes and Citizenship in the Russian Empire and Early Soviet Republic, Toronto 2014.
Kott, Sandrine/Kiran Klaus Patel, Fascist Internationalism: Nazi Social Policy as an Imperial Project – An Introduction, in: dies. (Hg.), Nazism across Borders. The Social Policies of the Third Reich and their Global Appeal, Oxford 2018, S. 1-28.
Kott, Sandrine, Sozialstaat und Gesellschaft. Das deutsche Kaiserreich in Europa, Göttingen 2014.
Kramer, Hans-Helmuth, Die Entwicklung der preussischen Steuerverfassung im 19. Jahrhundert, München 1970.
Kriedte, Peter/Hans Medick/Jürgen Schlumbohn, Industrialisierung vor der Industrialisierung. Gewerbliche Warenproduktion auf dem Land in der Formationsperiode des Kapitalismus, Göttingen 1977.
Kristol, Irving, What Is A Neoconservative?, abgedruckt in: Irving Kristol, The Neoconservative Persuasion. Selected Essays, 1942-2009, New York 2011, S. 148-150.
Kristol, Irving, Taxes, Poverty, and Equality, in: The Public Interest, (1974) 37, S. 3-28.
Kroboth, Rudolf, Die Finanzpolitik des Deutschen Reiches während der Reichskanzlerschaft Bethmann Hollwegs und die Geld- und Kapitalmarktverhältnisse (1909-1913/14), Frankfurt am Main 1986.
Krohn, Claus-Dieter, Wirtschaftstheorien als politische Interessen. Die akademische Nationalökonomie in Deutschland 1918-1933, Frankfurt am Main 1981.
Krohn, Claus-Dieter/Dirk Stegmann, Kleingewerbe und Nationalsozialismus in einer agrarisch-mittelständischen Region. Das Beispiel Lüneburg 1930-1939, in: Archiv für Sozialgeschichte (1977), S. 41-98.
Krohn, Claus-Dieter, Stabilisierung und ökonomische Interessen. Die Finanzpolitik des Deutschen Reiches 1923-1927, Düsseldorf 1974.
Kruedener, Jürgen von, The Franckenstein Paradox in the Intergovernmental Fiscal Relations of Imperial Germany, in: Peter-Christian Witt (Hg.), Wealth and Taxation in Central Europe, Leamington, Spa 1987, S. 11-123.

Krüger, Dieter, Nationalökonomen im wilhelminischen Deutschland, Göttingen 1983.

Krüger, Kersten, Finanzstaat Hessen 1500-1567. Staatsbildung im Übergang vom Domänenstaat zum Steuerstaat, Marburg 1980.

Krumeich, Gerd/Anke Hoffstadt/Arndt Weinrich (Hg.), Nationalsozialismus und Erster Weltkrieg, Essen 2010.

Kruse, Wolfgang, Krieg und nationale Integration. Eine Neuinterpretation des sozialdemokratischen Burgfriedensschlusses 1914/15, Essen 1993.

Kuczinsky, Robert René, German Taxation Policy in the World War, in: Journal of Political Economy 31 (1923) 9, S. 763-789.

Kuczynski, Robert René, Unsere Finanzen nach dem Kriege, Berlin 1917.

Kühne, Thomas, Dreiklassenwahlrecht und Wahlkultur in Preußen 1867-1914, Düsseldorf 1994.

Kühnert, Franz, Die Ergebnisse der Einkommensteuer- und Ergänzungssteuerveranlagung nach Städtegruppen im Jahr 1905, in: Zeitschrift des Königlich Preussischen Statististischen Bureaus 47 (1907), S. 203-253.

Kuller, Christiane, Bürokratie und Verbrechen. Antisemitische Finanzpolitik und Verwaltungspraxis im nationalsozialistischen Deutschland, München 2013.

Kuller, Christiane, Finanzverwaltung und Judenverfolgung. Die Entziehung jüdischer Vermögen in Bayern während der NS-Zeit, München 2008.

Kumpf, Johann Heinrich, Der Reichsfinanzhof und seine Rechtsprechung in steuerlichen Angelegenheiten von Juden, in: Martin Friedenberger et al. (Hg.), Die Reichsfinanzverwaltung im Nationalsozialismus, Bremen 2002, S. 143-185.

Kunz, Andreas, Civil Servants and the Politics of Inflation in Germany 1914-1924, München 1986.

Kuznets, Simon, Economic Growth and Income Inequality, in: American Economic Review 45 (1955), S. 1-28.

Kwass, Michael, Privilege and the Politics of Taxation in Eighteenth-Century France, Cambridge 2000.

Laclau, Ernesto/Chantal Mouffe, Hegemonie und radikale Demokratie. Zur Dekonstruktion des Marxismus, Wien 2000.

Lambi, Ivo Nikolai, Free Trade and Protection in Germany, 1868-1879, Stuttgart 1963.

Lampe, Adolf, Verteidigung Einkommensteuer, in: FinanzArchiv N.F. 2 (1934) 4, S. 619-638.

Lampe, Adolf, Reine Theorie der Finanzreform, in: FinanzArchiv N.F. 2 (1934) 2, S. 218-280.

Länderrat des Amerikanischen Besatzungsgebiets (Hg.), Statistisches Handbuch von Deutschland 1928-1944, München 1949.

Landmann, Julius, Produktionspolitische Gesichtspunkte der Besteuerung, in: Gerhard Colm/Hans Neisser (Hg.), Kapitalbildung und Steuersystem. Verhandlungen und Gutachten der Konferenz von Eilsen, Berlin 1930, Bd. 1, S. 171-189 und 252-264.
Lang, Joachim et al., Kölner Entwurf eines Einkommensteuergesetzes, Köln 2005.
Lang, Joachim, Einführung und Rechtfertigung des Themas, in: Dieter Birk (Hg.), Steuern auf Erbschaft und Vermögen, Köln 1999, S. 1-6.
Lanter, Max, Die Finanzierung des Krieges. Quellen, Methoden und Lösungen seit dem Mittelalter bis Ende des Zweiten Weltkrieges 1939 bis 1945, Luzern 1950.
Lassalle, Ferdinand, Die indirekte Steuer und die Lage der arbeitenden Klassen. Eine Verteidigungsrede vor dem Kgl. Kammergericht zu Berlin gegen die Anklage, die besitzlosen Klassen zum Haß und zur Verachtung gegen die Besitzenden öffentlich angereizt zu haben [1863], in: ders., Gesammelte Reden und Schriften, hg. von Eduard Bernstein, Bd. 2, Berlin 1919, S. 285-486.
Leaman, Jeremy, The Political Economy of Germany under Chancellor Kohl and Schröder. Decline of the German Model?, New York 2009.
Lebovics, Hermann, ›Agrarians‹ versus ›Industrialisers‹: Social Conservative Resistance to Industrialism and Capitalism in Late Nineteenth Century Germany, in: International Review of Social History 12 (1967), S. 31-65.
Lee, W. R., Tax Structure and Economic Growth in Germany (1750-1850), in: Journal of European Economic History 4 (1975) 1, S. 153-178.
Leff, Mark H., The Limits of Symbolic Reform. The New Deal and Taxation, 1933-1939, New York 1984.
Le Gouff, Tomothy J. A./Donald M. G. Sutherland, The Revolution and the Rural Economy, in: Alan Forrest/Peter M. Jones (Hg.), Reshaping France. Town, Country and Region during the French Revolution, Manchester 1991, S. 52-85.
Leibfritz, Willi/John Thornton/Alexandra Bibbee, Taxation and Economic Performance, Paris 1997 (OECD Economics Department Working Papers No. 176).
Leineweber, Norbert, Das säkulare Wachstum der Staatsausgaben, Göttingen 1988.
Leipold, Alexander/Sebastian Huhnholz, Die Entwicklung des »Steuerstaates«. Ursprung, Aufstieg und Ende eines finanzwirtschaftlichen Fortschrittparadigmas, in: Jahrbuch für Wirtschaftsgeschichte 62 (2021) 2, S. 505-552.
Leipold, Alexander, Steuervermeidung und liberale Steuertheorie. Ein Beitrag zum konzeptionellen Wandel von Besteuerungsgrundsätzen nach 1945, in: Zeitschrift für Politische Theorie, 11 (2020) 2, S. 273-290.

Lemke, Thomas, Eine Kritik der politischen Vernunft. Foucaults Analyse der modernen Gouvernementalität, Berlin 1997.
Lenger, Friedrich, Metropolen der Moderne. Eine europäische Stadtgeschichte seit 1850, München 2013.
Lenger, Friedrich, Sozialgeschichte deutscher Handwerker seit 1800, Frankfurt am Main 1988.
Leonhard, Jörn, Die Büchse der Pandora. Geschichte des Ersten Weltkrieges, München 2014.
Leonhard, Jörn, The Rise of the Modern Leviathan. State Functions and State Features, in: Stefan Berger (Hg.), A Companion to Nineteenth-Century Europe 1789-1914, Oxford 2006, S. 137-148.
Levi, Margaret, Of Rule and Revenue, Berkeley 1988.
Lewis, William Arthur, Economic Survey 1919-1939, London 1953.
Lieb, Ralf, Direkte Steuerprogression. Geschichtliche Entwicklung und kritische Würdigung ihrer Begründungen, Wiesbaden 1992.
Lieberman, Peter, Does Conquest Pay? The Exploitation of Occupied Industrial Societies, Princeton 1996.
Lindenfeld, David F., The Practical Imagination. The German Sciences of State in the Nineteenth Century, Chicago 1997.
Lindenlaub, Dieter, Richtungskämpfe im Verein für Socialpolitik. Wissenschaft und Sozialpolitik im Kaiserreich vornehmlich vom Beginn des »Neuen Kurses« bis zum Ausbruch des Ersten Weltkrieges (1890-1914), Wiesbaden 1967.
Lindert, Peter H./Jeffrey G. Williamson, Unequal Gains. American Growth and Inequality since 1700, Princeton 2016.
Lindert, Peter H., Growing Public. Social Spending and Economic Growth since the Eighteenth Century, 2 Bände, Cambridge 2004.
Lindert, Peter H., The Rise of Social Spending 1880-1930, in: Explorations in Economic History 31 (1994), S. 1-37.
Lindert, Peter H./Jeffrey G. Williamson, Growth, Equality and History, in: Explorations in Economic History 22 (1985), S. 341-377.
Lindlar, Ludger, Das mißverstandene Wirtschaftswunder. Westdeutschland und die westeuropäische Nachkriegsprosperität, Tübingen 1997.
Löffler, Bernhard, Religiöses Weltbild und Wirtschaftsordnung – Zum Einfluss christlicher Werte auf die Soziale Marktwirtschaft, in: Hans Zehetmair (Hg.), Politik aus christlicher Verantwortung, Wiesbaden 2007, S. 110-124.
Löffler, Bernhard, Rahmenbedingungen, in: BMAS (Hg.), Geschichte der Sozialpolitik in Deutschland seit 1945, Bd. 4: 1957-1966, Baden-Baden 2007, S. 1-85.
Löffler, Bernhard, Soziale Marktwirtschaft und administrative Praxis. Das Bundeswirtschaftsministerium unter Ludwig Erhard, Stuttgart 2002.

Lohse, Peter, Die Berücksichtigung finanzwissenschaftlicher Vorstellungen in der deutschen Steuerpolitik, Frankfurt am Main 1968 (Diss. Uni Frankfurt am Main).

Lorenzen, Gunter, The Kuznets Curve: Evidence from Prussia Revisited, in: Weltwirtschaftliches Archiv 120 (1984) 4, S. 764-781.

Lösche, Peter/Franz Walter, Die SPD. Klassenpartei – Volkspartei – Quotenpartei, Darmstadt 1992.

Lotz, Walther, Die deutsche Staatsfinanzwirtschaft im Kriege, Stuttgart 1927.

Lüdicke, Lars, Constantin von Neurath: Eine politische Biografie, Paderborn 2014.

Lüdtke, Alf, Hunger in der Großen Depression. Hungererfahrungen und Hungerpolitik am Ende der Weimarer Republik, in: Archiv für Sozialgeschichte 27 (1987), S. 145-176.

Lüdtke, Alf, »Gemeinwohl«, Polizei und »Festungspraxis«. Staatliche Gewaltsamkeit und innere Verwaltung in Preußen 1815-1850, Göttingen 1982.

Luhmann, Niklas, Die Politik der Gesellschaft, Frankfurt am Main 2000.

Luhmann, Niklas, Politische Theorie im Wohlfahrtsstaat, München 1981.

Lütjen, Torben, Karl Schiller (1911-1994). »Superminister« Willy Brandts, Bonn 2007.

Lutzke, Hans-Hermann, Der Beitrag Franz Etzels zur Wirtschaftspolitik. Zur Geschichte des Bundesausschusses für Wirtschaftspolitik der CDU, in: Alfred Müller-Armack/Herbert B. Schmidt (Hg.), Wirtschafts- und Finanzpolitik im Zeichen der Sozialen Marktwirtschaft. Festgabe für Franz Etzel, Stuttgart 1967, S. 123-184.

Maatz, Regierungsrat, Die Novelle zum preussischen Einkommensteuer- und Ergänzungssteuergesetz, in: FinanzArchiv 23 (1906) 2, S. 116-131.

MacDonald, James, A Free Nation Deep in Debt. The Financial Roots of Democracy, New York 2003.

Mackert, Jürgen, Staatsbürgerschaft. Eine Einführung, Wiesbaden 2006.

Maddison, Angus, Die Weltwirtschaft. Eine Millenniumsperspektive, Paris 2004.

Maddison-Project Database 2013, ⟨https://www.rug.nl/ggdc/historicaldevelopment/maddison/releases/maddison-project-database-2013⟩ (Zugriff: 11. 10. 2021).

Mai, Gunther, Der Alliierte Kontrollrat in Deutschland 1945-1948. Alliierte Einheit – deutsche Teilung?, München 1995.

Maier, Charles S., Once within Borders. Territories of Power, Wealth, and Belonging since 1500, Cambridge/Mass. 2016.

Maier, Charles S., Leviathan 2.0. Die Erfindung moderner Staatlichkeit, in: Emily S. Rosenberg (Hg.), Geschichte der Welt, Bd. 5: 1870-1945. Weltmärkte und Weltkriege, München 2012, S. 33-286.
Maier, Charles S., «Malaise«. The Crisis of Capitalism in the 1970s, in: Ferguson et al. (Hg.), Shock of the Global, S. 25-48.
Maier, Charles S., In Search of Stability. Explorations in Historical Political Economy, Cambridge 1987.
Maier, Charles S., Recasting Bourgeois Europe. Stabilization in France, Germany, and Italy in the Decade after World War I, Princeton 1975.
Maiterth, Ralf/Heiko Müller, Unternehmensteuerreform 2008 – Mogelpackung statt großer Wurf, in: Vierteljahrshefte zur Wirtschaftsforschung 76 (2007) 2, S. 49-73.
Mallet, Bernard, British Budgets 1887-88 to 1912-13, London 1913.
Mamroth, Karl, Geschichte der preußischen Staats-Besteuerung. Mit Rücksicht auf Volks- und Staatswirtschaft, Finanzverfassung und Finanzverwaltung dargestellt. Teil 1: Geschichte der preußischen Staats-Besteuerung 1806-1816, Leipzig 1890.
Mankiw, N. Gregory/Matthew Weinzierl/Danny Yagan, Optimal Taxation in Theory and Practice, in: Journal of Economic Perspectives (2009), S. 147-182.
Mann, Fritz Karl, Steuerpolitische Ideale. Vergleichende Studien zur Geschichte der ökonomischen und politischen Ideen und ihres Wirkens in der öffentlichen Meinung 1600-1935 [1937], Stuttgart 1978.
Mann, Fritz Karl, Deutsche Finanzwirtschaft, Jena 1929.
Mann, Fritz Karl, Zur Frage der steuerlichen Lastenverteilung, in: Jahrbücher für Nationalökonomie und Statistik 124 (1926), S. 30-40.
Mann, Michael, The Sources of Social Power, 4 Bände, Cambridge 1993-2013.
Manow, Philip, Ordoliberalismus als ökonomische Ordnungstheologie, in: Leviathan 29 (2001), 2, S. 179-198.
Manz-Christ, Gerlinde, Liechtenstein und die deutsche Steueraffäre. Eine über die Medien geführte Diskussion über Wirtschafts- und Finanzpolitik, Ethik und nationale Interessen, München 2008 (M.A.-Arbeit TU München).
Mares, Isabel/Didac Queralt, The Non-Democratic Origins of Income Taxation, in: Comparative Political Studies 48 (2015) 14, S. 1974-2009.
Mares, Isabel/Didac Queralt, Fiscal Innovation in Nondemocratic Regimes: Elites and the Adoption of the Prussian Income Taxes of the 1890s, in: Explorations in Economic History 77 (2020), 10-340.
Marongiu, Gianni, La politica fiscal del fascismo, Lungro di Cosenza 2005.
Marsh, David, Die Bundesbank. Geschäfte mit der Macht, München 1992.
Marshall, Thomas H., Staatsbürgerrechte und soziale Klassen [1950], in:

ders., Bürgerrechte und soziale Klassen. Zur Soziologie des Wohlfahrtsstaates, Frankfurt am Main 1992, S. 33-94

Martin, Isaac William, Working-Class Power and the Taxation of Current Earnings: Danish Pay-As-You_Earn Income Tax in Comparative Perspective, in: Gisela Hürlimann/W. Elliot Brownlee/Eisaku Ide (Hg.), Worlds of Taxation. The Political Economy of Taxing, Spending, and Redistribution since 1945, Cham 2018, S. 73-98.

Martin, Isaac William, Rich People's Movements. Grassroots Campaigns to Untax the One Percent, New York 2013.

Martin, Isaac William/Ajay K. Mehrotra/Monica Prasad (Hg.), The New Fiscal Sociology. Taxation in Comparative and Historical Perspective, Cambridge 2009.

Martin, Isaac William /Ajay K. Mehrotra/Monica Prasad, The Thunder of History. The Origins and Development of the New Fiscal Sociology, in: dies. (Hg.), New Fiscal Sociology S. 1-27.

Martin, Rudolf, Jahrbuch des Vermögens und Einkommens der Millionäre in Bayern, Berlin 1914.

Martin, Rudolf, Jahrbuch des Vermögens und Einkommens der Millionäre in der Rheinprovinz, Berlin 1913.

Martin, Rudolf, Jahrbuch des Vermögens und Einkommens der Millionäre in den drei Hansestädten (Hamburg, Bremen. Lübeck), Berlin 1912.

Martin, Rudolf, Jahrbuch des Vermögens und Einkommens der Millionäre in Preußen, Berlin 1912.

Martin, Rudolf, Jahrbuch des Vermögens und Einkommens der Millionäre in Berlin, Berlin 1912.

Marx, Karl, »Randglossen zu Adolph Wagners ›Lehrbuch der politischen Ökonomie [1879/80]‹, in: MEW, Bd. 19, Berlin (Ost) 1962, S. 355-383.

Marx, Karl, Das Kapital, Band 1 [1867], in: MEW, Bd. 23, Berlin (Ost) 1962.

Marx, Karl, Riot at Constantinople – German Table Moving – The Budget [1853], in: MEGA I/12, Berlin 1984, S. 120-126.

Marx, Karl/Friedrich Engels, Manifest der Kommunistischen Partei [1848], MEW, Bd. 4, Berlin (Ost) 1959, S. 459-493.

Marx, Stefan, Die Legende vom Spin Doctor. Regierungskommunikation unter Schröder und Blair, Wiesbaden 2008.

Mason, Timothy W., Arbeiterklasse und Volksgemeinschaft. Dokumente und Materialien zur deutschen Arbeiterpolitik, Opladen 1975.

Mathiak, Walter, Das preußische Einkommensteuergesetz von 1891 im Rahmen der Miquelschen Steuerreform 1891/93, Berlin 2011.

Mathiak, Walter, Das sächsische Einkommensteuergesetz von 1874/78, Dresden 2005.

Matzerath, Horst, Nationalsozialismus und kommunale Selbstverwaltung, Stuttgart 1970.

Maurer, Ilse, Reichsfinanzen und Große Koalition. Zur Geschichte des Reichskabinetts Müller (1928-1930), Bern 1973.
Maurer; Stephan E., Voting Behavior and Public Employment in Nazi Germany, in: Journal of Economic History 78 (2018) 1, S. 1-39.
McCraw, Thomas, Joseph A. Schumpeter. Eine Biografie, Hamburg 2008.
McCulloch, Neil/Grazia Pacillo, The Tobin Tax. A Review of the Evidence, Brighton 2011 (IDS Research Report 68).
McElligott, Anthony, Rethinking the Weimar Republic. Authority and Authoritarianism, 1916-1936, London 2013.
Medick, Hans, Weben und Überleben in Laichingen 1650-1900. Lokalgeschichte als allgemeine Geschichte, Göttingen 1996.
Mee, Simon, Central Bank Independence and the Legacy of the German Past, Cambridge 2019.
Mehrotra, Ajay K., Reviving Fiscal Citizenship, in: Michigan Law Review 113 (2015) 6, S. 943-971.
Mehrotra, Ajay K., From Seligman to Shoup: The Early Columbia School of Taxation and Development, in: W. Elliot Brownlee/Eisaku Ide/Yasunori Fukagai (Hg.), The Political Economy of Transnational Tax Reform. Tax Shoup Mission to Japan in Historical Context, Cambridge 2013, S. 30-60.
Mehrotra, Ajay K., Making the Modern American Fiscal State: Law, Politics, and the Rise of Progressive Taxation 1877-1929, Cambridge 2013.
Meier-Rust, Kathrin, Alexander Rüstow – Geschichtsdeutung und liberales Engagement, Stuttgart 1993.
Meinl, Florian, Der Beamtenpolitiker Johannes Popitz, in: Zeitschrift für Ideengeschichte 11 (2017) 1, S. 113-118.
Meinzer, Markus, Countering Cross-Border Tax Evasion and Avoidance. An Assessment of OECD Policy from 2008 to 2018, Utrecht 2019 (Diss. Universität Utrecht).
Meisel, Franz, Britische und deutsche Einkommensteuer. Ihre Moral und ihre Technik, Tübingen 1925.
Meisel, Franz/Arthur Spiethoff, Österreichs Finanzen und der Krieg, München/Leipzig 1915.
Meisel, Franz, Moral und Technik bei der Veranlagung der preußischen Einkommensteuer, Leipzig 1911.
Meister, Rainer, Die große Depression. Zwangslagen und Handlungsspielräume der Wirtschafts- und Finanzpolitik 1929-1932, Regensburg 1991.
Meltzer, Allan/Scott Richard, A Rational Theory of the Size of Government, in: Journal of Political Economy, 89 (1981) 5, S. 914-927.
Mende, Erich, Von Wende zu Wende 1962-1982, München 1986.
Mergel, Thomas, Propaganda nach Hitler. Eine Kulturgeschichte des Wahlkampfs, Göttingen 2010.

Mergel, Thomas, Parlamentarische Kultur in der Weimarer Republik. Politische Kommunikation, symbolische Politik und Öffentlichkeit im Reichstag, Düsseldorf 2002.
Merkel, Wolfgang, Die Reformfähigkeit der Sozialdemokratie, Wiesbaden 2006.
Merrill, Karen R., The Oil Crisis of 1973-1974, Boston 2007.
Mertens, Daniel, Erst sparen, dann kaufen? Privatverschuldung in Deutschland, Frankfurt am Main 2015.
Meteling, Wencke, Internationale Konkurrenz als nationale Bedrohung – Zur politischen Maxime der »Standortsicherung« in den neunziger Jahren, in: Ralph Jessen (Hg.): Konkurrenz in der Geschichte. Praktiken – Werte – Institutionalisierungen, Frankfurt am Main 2014, S. 289-316.
Metzger, Oswald, Einspruch! Wider den organisierten Staatsbankrott, München 2003.
Metzger, Ulrike/Joe Weingarten, Einkommensteuer und Einkommensteuerverwaltung in Deutschland, Opladen 1989.
Metzler, Gabriele, Alex Möller, in: Reinhold Weber/Ines Mayer (Hg.), Politische Köpfe aus Südwestdeutschland, Stuttgart 2006, S. 321–331.
Metzler, Gabriele, Konzeptionen politischen Handelns von Adenauer bis Brandt. Politische Planung in der pluralistischen Gesellschaft, Paderborn 2005.
Meyer, Bettina, Die Zukunft der ökologischen Finanzreform, in: Achim Truger (Hg.), Die Zukunft des deutschen Finanzsystems, Marburg 2006, S. 167-200.
Meyer, Christoph, Herbert Wehner. Biographie, München 2006.
Middendorf, Stefanie, Macht der Ausnahme. Reichsfinanzministerium und Staatlichkeit (1919-1945), Berlin 2022.
Middendorf, Stefanie, Ökonomisierung des Regierens? Überlegungen zum Wandel »moderner« Staatsfinanzierung in Deutschland und Frankreich (1920-1980), in: Archiv für Sozialgeschichte 57 (2017), S. 281-311.
Middendorf, Stefanie, Staatsfinanzen und Regierungstaktiken. Das Reichsministerium der Finanzen (1919-1945) in der Geschichte von Staatlichkeit im 20. Jahrhundert, in: Geschichte und Gesellschaft 41 (2015) 1, S. 140-168.
Middendorf, Stefanie Finanzpolitische Fundamente der Demokratie? Haushaltsordnung, Ministerialbürokratie und Staatsdenken in der Weimarer Republik, in: Tim B. Müller/Adam Tooze (Hg.), Normalität und Fragilität. Demokratie nach dem Ersten Weltkrieg, Hamburg 2015, S. 315-343.
Mielke, Siegfried, Der Hansa-Bund für Gewerbe, Handel und Industrie 1909-1914. Der gescheiterte Versuch einer antifeudalen Sammlungspolitik, Göttingen 1976.

Mierzejewski, Alfred C., The Most Valuable Asset of the Reich. A History of the German National Railway, 2 Bde., Chapel Hill 1999/2000.

Milanovic, Branko, Global Inequality. A New Approach for the Age of Globalization, Cambridge/Mass. 2016.

Miller, Susanne, Burgfrieden und Klassenkampf. Die deutsche Sozialdemokratie im Ersten Weltkrieg, Düsseldorf 1974.

Mintzel, Alf, Die CSU. Anatomie einer konservativen Partei 1945-1972, Opladen 1975.

Mitchell, Timothy, Carbon Democracy. Political Power in the Age of Oil, New York 2011.

Möller, Alex, Genosse Generaldirektor, Düsseldorf 1978.

Möller, Alex, Reichsfinanzminister Matthias Erzberger und sein Reformwerk, Bonn 1971.

Möller, Alex/Christoph Böckenförde, Gesetz zur Förderung der Stabilität und des Wachstums der Wirtschaft und Art. 109 Grundgesetz. Kommentar unter besonderer Berücksichtigung der Entstehungsgeschichte, Hannover 1968.

Möller, Alex, Der Finanzausgleich als Grundlage eigenständiger Gemeindepolitik, in: Die Neue Gesellschaft 10, 1963, S. 371-376.

Möller, Hans, Zur Vorgeschichte der Deutschen Mark. Die Währungsreformpläne 1945-1948, Tübingen 1961.

Mommsen, Hans/Dietmar Petzina/Bernd Weisbrod (Hg.), Industrielles System und politische Entwicklung in der Weimarer Republik, 2 Bände, Düsseldorf 1977.

Mommsen, Hans, Staat und Bürokratie in der Ära Brüning, in: Gotthard Jasper (Hg.), Tradition und Reform in der deutschen Politik. Gedenkschrift für Waldemar Besson, Frankfurt am Main 1976, S. 81-137.

Mommsen, Hans, Beamtentum im Dritten Reich. Mit ausgewählten Quellen zur nationalsozialistischen Beamtenpolitik, Stuttgart 1966.

Mönning, Johann-Hinrich, Würdigung ausgewählter Besteuerungsgrundsätze auf der Grundlage einer entfalteten sozialpolitischen Konzeption, Göttingen 1976 (Diss. Universität Göttingen).

Mooser, Josef, Arbeiterleben in Deutschland 1900-1970, Frankfurt am Main 1984.

Morgenstern, Andreas, Die FDP in der parlamentarischen Opposition 1966-1969. Wandel zu einer »Reformpartei«, Marburg 2004.

Morozov, Evgeny, Freedom as a Service. The New Digital Feudalism and the Future of the City, New York 2022.

Morrisson, Christian/Wayne Snyder, The Income Inequality of France in Historical Perspective, in: European Review of Economic History 4 (2000) 1, S. 59-83.

Morsch, Günter, Arbeit und Brot. Studien zur Lage, Stimmung, Einstel-

lung und Verhalten der deutschen Arbeiterschaft 1933-1936/37, Frankfurt am Main 1993.
Morsch, Günter, Streiks im »Dritten Reich«, in: Vierteljahrshefte für Zeitgeschichte 36 (1988) 4, S. 649-689.
Morsey, Rudolf, Brünings Kritik an der Reichsfinanzpolitik 1919-1929, in: ders., Von Windthorst bis Adenauer. Ausgewählte Aufsätze zu Politik, Verwaltung und politischem Katholizismus im 19. und 20. Jahrhundert, Paderborn 1997, S. 337-350.
Moses, Julia, The First Modern Risk. Workplace Accidents and the Origins of European Social States, Cambridge 2019.
Moses, Julia, Social Citizenship and Social Rights in an Age of Extremes: T. H. Marshall's Social Philosophy in the Longue Durée, in: Modern Intellectual History (2017), S. 1-30.
Most, Otto, Die Finanzen der Grossmächte, in: Jahrbücher für Nationalökonomie und Statistik 36 (1908), S. 110-121.
Müller-Armack, Alfred, Die zweite Phase der Sozialen Marktwirtschaft. Ihre Ergänzung durch das Leitbild einer neuen Gesellschaftspolitik (1960), in: ders., Wirtschaftsordnung und Wirtschaftspolitik. Studien und Konzepte zur Sozialen Marktwirtschaft und zur europäischen Integration, Freiburg 1966.
Müller-Armack, Alfred, Jahrhundert ohne Gott. Zur Kultursoziologie unserer Zeit, Münster 1948.
Müller-Armack, Alfred, Entwicklungsgesetze des Kapitalismus. Ökonomische, geschichtstheoretische und soziologische Studien zur modernen Wirtschaftsverfassung, Berlin 1932.
Müller, Carl-Jochen, Die Lasten des Ausgleichs. Gesetzesvollzug zwischen Gleichheitspostulat und kommunalen Heterogenitäten. Das Beispiel Mannheim, in: Paul Erker (Hg.), Rechnung für Hitlers Krieg. Aspekte und Probleme des Lastenausgleichs, Heidelberg 2004, S. 141-158.
Müller, Dirk H., Adliges Eigentumsrecht und Landesverfassung. Die Auseinandersetzungen um die eigentumsrechtlichen Privilegien des Adels im 18. und 19. Jahrhundert am Beispiel Brandenburgs und Pommerns, Berlin 2011, S. 227-272.
Müller, Matthias, Die SPD und die Vertriebenen-Verbände 1949-1977. Eintracht, Entfremdung, Zwietracht, Münster 2002.
Müller, Philipp, Zeit der Unterhändler. Koordinierter Kapitalismus in Deutschland und Frankreich zwischen 1920 und 1950, Hamburg 2019.
Müller, Tim B., Die Geburt des Sozial-Liberalismus aus dem Geist der Verwaltung. Zur Erfindung der modernen Wirtschaftspolitik in der Weimarer Republik, in: Anselm Doering-Manteuffel/Jörn Leonhard (Hg.), Liberalismus im 20. Jahrhundert, Stuttgart 2015, S. 127-155.
Müller, Tim B./Adam Tooze (Hg.), Normalität und Fragilität. Demokratie nach dem Ersten Weltkrieg, Hamburg 2015.

Müller, Tim B., Demokratie und Wirtschaftspolitik in der Weimarer Republik, in Vierteljahrshefte für Zeitgeschichte 62 (2014) 4, S. 569-601.
Mumford, Ann/Ulrike Spangenberg/Stephen Daly, Moving Beyond the Narrow Lens of Taxation. The Sustainable Development Goals as an Opportunity for Fair and Sustainable Taxation, in: Columbia Journal of European Law (2020), S. 36-100.
Muscheid, Jutta, Die Steuerpolitik in der Bundesrepublik Deutschland 1949-1982, Berlin 1986.
Musgrave, Richard A., Clarifying Tax Reform, in: Tax Notes 70 (1996), S. 731-736.
Musgrave, Richard A., The Role of the State in Fiscal Theory, in: International Tax and Public Finance 3 (1996), S. 247-258.
Musgrave, Richard A., Der gegenwärtige Stand der Theorie der Besteuerung, in: FinanzArchiv 39 (1981), S. 29-42.
Musgrave, Richard A./Tun Thin, Imcome Tax Progression, 1929-1948, in: Journal of Political Economy 56 (1948), S. 498-518.
Musgrave, Richard A. et al., Public Finance and Full Employment, Washington 1945.
Mußgnug, Dorothee, Die Reichsfluchtsteuer 1931-1953, Berlin 1993.

Nachtwey, Oliver, Marktsozialdemokratie. Die Transformation von SPD und Labour Party, Wiesbaden 2009.
Nagel, Anne, Johannes Popitz (1884-1945). Görings Finanzminister und Verschwörer gegen Hitler, Köln 2015.
Nathans, Eli, The Politics of Citizenship in Germany. Ethnicity, Utility and Nationalism, New York 2004.
Navratil, Ákos von, Die Berichtigung der Einkommensverteilung und ihre Mittel (Steuer-, Preis- und Geldpolitik), in: FinanzArchiv N.F. 5 (1938) 2, S. 161-204.
Nawrat, Sebastian, Agenda 2010 – ein Überraschungscoup? Kontinuität und Wandel in den wirtschafts- und sozialpolitischen Programmdebatten der SPD seit 1982, Bonn 2012.
Neckel, Sighard, Die Refeudalisierung des modernen Kapitalismus, in: Heinz Bude/Philipp Staab (Hg.), Kapitalismus und Ungleichheit. Die neuen Verwerfungen, Frankfurt am Main 2016, S. 157-174.
Nehring, Holger/Florian Schui (Hg.), Global Debates about Taxation, Houndmills 2007.
Netzband, Karl-Bernhard/Hans-Peter Widmaier, Währungs- und Finanzpolitik der Ära Luther 1923-1925, Basel 1964.
Neumann, Friedrich Julius, Die progressive Einkommensteuer im Staats- und Gemeinde-Haushalt, Leipzig 1874.
Neumark, Fritz, Die Finanzpolitik in der Zeit vor dem I. Weltkrieg, in:

Deutsche Bundesbank (Hg.), Währung und Wirtschaft in Deutschland 1876-1975, Frankfurt am Main 1976, S. 57-112.
Neumark, Fritz, Steuer- und Ausgabevariation im Dienste der Stabilitätspolitik, in: Volkswirtschaftliche Korrespondenz der Adolf Weber Stiftung 6 (1967) 5, S. 2.
Neumark, Fritz, Lassalles Steuerstreitschrift 1863-1963, in: FinanzArchiv 23 (1963/64), S. 66-81.
Neumark, Fritz, Wirtschafts- und Finanzprobleme des Interventionsstaates, Tübingen 1961.
Neumark, Fritz, Probleme der Steuerprogression, in: ders., Wirtschafts- und Finanzprobleme, S. 369-390.
Neumark, Fritz, Zum Wesen der Besteuerung, in: ders., Wirtschafts- und Finanzprobleme, S. 335-348.
Neumark, Fritz, Nationale Typen der Finanzwissenschaft, in: ders., Wirtschafts- und Finanzprobleme, S. 81-95.
Neumark, Fritz, Theorie und Praxis der modernen Einkommensbesteuerung, Bern 1947.
Newcomer, Mabel, War and Postwar Developments in the German Tax System, in: National Tax Journal 1 (1948), S. 1-11.
Niehr, Thomas, Schlagwörter im politisch-kulturellen Kontext. Zum öffentlichen Diskurs in der BRD von 1966 bis 1974, Wiesbaden 1993.
Nipperdey, Thomas, Deutsche Geschichte 1800-1918, 3 Bände, München 1983-1992.
Nitzan, Jonathan/Shimshon Bichler, Capital as Power. A Study of Order and Creorder, London 2009.
Nocken, Ulrich, Die große Deflation. Goldstandard, Geldmenge und Preise in den USA und Deutschland 1870 bis 1896, in: Eckart Schremmer (Hg.), Geld und Währung vom 16. Jahrhundert bis zur Gegenwart, Stuttgart 1993, S. 157-189.
Nonn, Christoph, 12 Tage und ein halbes Jahrhundert. Eine Geschichte des Deutschen Kaiserreichs 1871-1918, München 2020.
Nonn, Christoph, Das deutsche Kaiserreich. Von der Gründung bis zum Untergang, München 2017.
Nonhoff, Martin/Frieder Vogelmann, Die Normalisierung von Einkommensteuern. Eine Analyse der Einführung der Reichseinkommensteuer 1919/1920, in: Zeitschrift für Diskursforschung 3 (2015) 1, S. 5-28.
Nonnhoff, Martin, Politik und Regierung. Wie das sozial Stabile dynamisch wird und vice versa, in: Stephan Moebius/Andreas Reckwitz (Hg.), Poststrukturalistische Sozialwissenschaften, Frankfurt am Main 2008, S. 277-294.
Notermans, Ton, Money, Markets, and the State. Social Democratic Economic Policies since 1918, Cambridge 2000.

Novokmet, Filip/Thomas Piketty/Gabriel Zucman, From Soviets to Oligarchs: Inequality and Property in Russia, 1905-2016, Cambridge/Mass. 2017 (NBER Working Paper 23712).
Nowka, Harry, Das Machtverhältnis zwischen Partei und Fraktion in der SPD. Eine historisch-empirische Untersuchung, Köln 1972.
Nützenadel, Alexander/Christoph Strupp (Hg.), Taxation, State, and Civil Society in Germany and the United States from the 18th to the 20th Century, Baden-Baden 2007.
Nützenadel, Alexander, Taxation, Electoral System, and Citizenship in Nineteenth-Century Germany, in: ders./Strupp (Hg.) Taxation, S. 113-125.
Nützenadel, Alexander, Stunde der Ökonomen. Wissenschaft, Politik und Expertenkultur in der Bundesrepublik 1949-1974, Göttingen 2005.
Nussbaum, Manfred, Wirtschaft und Staat in Deutschland während der Weimarer Republik, Berlin (Ost) 1978.

Obinger, Herbert/Klaus Petersen/Peter Starke (Hg.), Warfare and Welfare. Military Conflict and Welfare State Development in Western Countries, Oxford 2018.
Obinger, Herbert et al., War and Welfare States Before and After 1945. Conclusion and Perspectives, in: ders./Petersen/Stark (Hg.), Warfare, S. 426-462.
Obinger, Herbert/Carina Schmitt, The Impact of the Second World War on Postwar Social Spending, in: European Journal of Political Research (2017), Online First.
OECD, Revenue Statistics 1965-2019, Paris 2020.
OECD, Revenue Statistics 1965-2008, Paris 2009.
OECD, Taxing Wages, Paris 1999.
Oertel, Manfred, Die Kriegsfinanzierung, in: Eichholtz, Deutsche Kriegswirtschaft, Bd. 3, S. 682-738.
Oertzen, Christine von, Teilzeitarbeit und die Lust am Zuverdienen. Geschlechterpolitik und gesellschaftlicher Wandel in Westdeutschland 1948-1969, Göttingen 1999.
Offe, Claus, Strukturprobleme des kapitalistischen Staates. Frankfurt am Main 1972.
Offer, Avner, The First World War. An Agrarian Interpretation, Oxford 1989.
Ogilvie, Sheilagh/Markus Cerman (Hg.), European Proto-Industrialization, Cambridge 1996.
Ogle, Vanessa, ›Funk Money‹. The End of Empires, the Expansion of Tax Havens, and Decolonization as an Economic and Financial Event, in: Past & Present 249 (2020), S. 213-249.

Ogle, Vanessa, Archipelago Capitalism. Tax Havens, Offshore Money, and the State, 1950s-1970s, in: American Historical Review 122 (2017), S. 1431-1458.

Omland, Frank, »Die Nordmark steht zu Hitler.« Wählerwanderung und Wählerherkunft der NSDAP in Schleswig-Holstein 1924-1933, in: Informationen zur Schleswig-Holsteinischen Zeitgeschichte 48 (2007), S. 5-67.

Oncken, Hermann, Rudolf von Bennigsen. Ein deutscher liberaler Politiker. Nach seinen Briefen und hinterlassenen Papieren, 2 Bände, Stuttgart 1910.

Oppenheim, Bernhard Heinrich, Der Katheder-Sozialismus, Berlin 1872.

Ormrod, William M./Richard Bonney, Introduction: Crises, Revolutions amd Self-Sustained Growth: Towards a Conceptual Model of Change in Fiscal History, in: dies./Margaret Bonney (Hg.) Crises, Revolutions and Self-Sustained Growth. Essays in European Fiscal History, 1130-1830, Stamford 1999, S. 1-21.

Oshima, Michiyoshi, Von der Rüstungsfinanzierung zum Reichsbankgesetz 1939, in: Jahrbuch für Wirtschaftsgeschichte 1 (2006), S. 177-217.

Oshima, Michiyoshi, Die Bedeutung des Kabinettsbeschlusses vom 4. April 1933 für die autonome Haushaltsgebarung der Wehrmacht, in: FinanzArchiv (1980), S. 193-235.

Ostendorf, Helga, Dilemma Staatsverschuldung, Berlin 1987.

Osterhammel, Jürgen, Die Verwandlung der Welt. Eine Geschichte des 19. Jahrhunderts, München 2009.

Osterhammel, Jürgen/Niels P. Peterson, Geschichte der Globalisierung. Dimensionen, Prozesse, Epochen, München 2003.

Ottmann, Henning, Geschichte des politischen Denkens. Bd. 3: Neuzeit, Teilband 3: Die politischen Strömungen im 19. Jahrhundert, Stuttgart 2008.

Otto-Morris, Alexander, »Bauer, wahre dein Recht!« Landvolkbewegung und Nationalsozialismus, in: Informationen zur Schleswig-Holsteinischen Zeitgeschichte 50 (2008), S. 55-73.

Overy, Richard, The Origins of the Second World War, London 2017 (4. Auflage).

Overy, Richard, Die Wurzeln des Sieges. Warum die Alliierten den Zweiten Weltkrieg gewannen, Reinbek 2002.

Overy, Richard/Andrew Wheatcroft, The Road to War, London 1999 (2. Auflage)

Overy, Richard, The Nazi Economy Recovery 1932-1938, 2. Auflage, Cambridge 1996.

Overy, Richard, War and Economy in the Third Reich, Oxford 1995.

Overy, Richard, »Blitzkriegswirtschaft«? Finanzpolitik, Lebensstandard und Arbeitseinsatz in Deutschland 1939-1942, in: Vierteljahrshefte für Zeitgeschichte 36 (1988) 3, S. 379-435.

Pagels, Wilhelm, Der »Juliusturm«. Eine politologische Fallstudie zum Verhältnis von Ökonomie, Politik und Recht in der Bundesrepublik, Hamburg 1979 (Diss. Universität Hamburg).
Palan, Ronen/Richard Murphy/Christian Chavagneux, Tax Havens. How Globalization Really Works, Ithaca 2010.
Paqué, Karl-Heinz, Die Bilanz. Eine wirtschaftliche Bilanz der deutschen Einheit, München 2009.
Patel, Kiran Klaus, The New Deal. A Global History, Princeton 2016.
Patel, Kiran Klaus, »Soldaten der Arbeit«. Arbeitsdienste in Deutschland und den USA 1933-1945, Göttingen 2003.
Perrenoud, Marc, La Place Financière et les Banques Suisses à l'Époque du National-Socialisme, Lausanne 2002.
Peter, Hans, Das Problem der Gerechtigkeit und die Theorie der Steuerverteilung, in: FinanzArchiv N.F. 2 (1934) 1, S. 41-59.
Peters, B. Guy, The Politics of Taxation. A Comparative Perspective, Cambridge 1991.
Petzina, Dietmar/Werner Abelshauser/Anselm Faust, Sozialgeschichtliches Arbeitsbuch III. Materialien zur Statistik des Deutschen Reiches 1914-1945, München 1978.
Peukert, Helge/Manfred Prisching, Rudolf Goldscheid und die Finanzkrise des Steuerstaats, Graz 2009.
Peukert, Helge, Rudolf Goldscheid: Finanzsoziologie des Steuerstaates, in: ders./Prisching, Goldscheid, S. 11-80.
Pfleiderer, Otto, Die Reichsbank in der Zeit der großen Inflation, die Stabilisierung der Mark und die Aufwertung von Kapitalforderungen, in: Deutsche Bundesbank (Hg.), Währung und Wirtschaft, S. 157-201.
Pfleiderer, Otto, Steuersystem und volkswirtschaftlicher Kreislauf. Kritische Anmerkungen zu Adolf Lampes »Reiner Theorie der Finanzreform«, in: FinanzArchiv N.F. 2 (1934) 3, S. 419-446.
Picker, Henry, Hitlers Tischgespräche im Führerhauptquarteier 1941-1942, Stuttgart 1977.
Pierenkemper, Toni, Landwirtschaft und industrielle Entwicklung. Zur ökonomischen Bedeutung von Bauernbefreiung, Agrarreform und Agrarrevolution, Stuttgart 1989.
Pierson, Paul, Dismantling the Welfare State? Reagan, Thatcher and the Politics of Retrenchment, Cambridge 1995.
Pigou, Arthur C., The Economy & Finance of War, London 1916.
Piketty, Thomas, Une bréve histoire de l'égalite, Paris 2021.
Piketty, Thomas/Emmanuel Saez/Gabriel Zucman, Distributional Na-

tional Accounts. Methods and Estimates for the United States, in: Quarterly Journal of Economics 133 (2018) 2, S. 553-609.
Piketty, Thomas, Das Kapital im 21. Jahrhundert, München 2014.
Piketty, Thomas/Emmanuel Saez, Income and Wage Inequality in the United States, 1913-2002, in: Atkinson/Piketty (Hg.), Top Incomes, S. 141-225.
Piketty, Thomas/Emmanuel Saez, Income Inequality in the United States 1913-1998, in: Quarterly Journal of Economics 68 (2003) 1, S. 1-39.
Piketty Thomas, Les Hauts Revenues en France au XXe siècle. Inégalités et redistribution, Paris 2001.
Pistorius, Theodor, Direkte Zuwachs- und Kriegsgewinnsteuer, in: Handbuch der Finanzwissenschaft, 1. Auflage, Bd. 2, S. 159-179.
Plagge, Arndt/Kenneth Scheve/David Stasavage (2010) Comparative Inheritance Taxation Database, ⟨http://hdl.handle.net/10079/mkkwhm7. ISPS Data Archive.⟩
Plenge, Johann, Von der Diskontpolitik zur Herrschaft über den Geldmarkt, Berlin 1913.
Plenge, Johann, Zur Diagnose der Reichsfinanzreform, in: Zeitschrift für die gesamte Staatswissenschaft 65 (1909) 2, S. 288-337.
Plenge, Johann, Zur internationalen Finanzstatistik, in: Jahrbücher für Nationalökonomie und Statistik 37 (1909), S. 233-247.
Plenge, Johann, Die Finanzen der Großmächte, Zeitschrift für die gesamte Staatswissenschaft 64 (1908), S. 713-775.
Plessner, Helmuth, Die verspätete Nation. Über die politische Verführbarkeit bürgerlichen Geistes [1959], Frankfurt am Main 1998 (6. Auflage).
Plöckinger, Othmar, L'Influence de Gottfried Feder sur Mein Kampf, in: Revue d'Histoire de la Shoah (2018) 1, S. 303-337.
Plumpe, Gottfried, Wirtschaftspolitik in der Weltwirtschaftskrise. Realität und Alternativen, in: Geschichte und Gesellschaft 11 (1985), S. 326-357.
Plumpe, Werner, Das kalte Herz. Kapitalismus: Geschichte einer andauernden Revolution, Berlin 2019.
Plumpe. Werner, Carl Duisberg 1861-1935. Anatomie eines Industriellen, München 2016.
Plumpe, Werner, Der Gründerkrach. Die Krise des liberalen Paradigmas und der Aufstieg des Kathedersozialismus, in: ders./Joachim Scholtysek (Hg.), Der Staat und die Ordnung der Wirtschaft. Vom Kaiserreich bis zur Berliner Republik, Stuttgart 2012, S. 17-42.
Plumpe, Werner, Wirtschaftskrisen. Geschichte und Gegenwart, München 2010.
Plumpe, Werner, Vom Plan zum Markt. Wirtschaftsverwaltung und Unternehmerverbände in der britischen Zone, Düsseldorf 1987.
Poggemann, Martin, Schuld und Strafe in der Entwicklung des preußischen Steuerstrafrechts, Frankfurt am Main 1997.

Polanyi, Karl, The Great Transformation. Politische und ökonomische Ursprünge von Gesellschaften und Wirtschaftssystemen, Frankfurt am Main 1978 [1944].
Pomeranz, Kenneth, The Great Divergence. China, Europe, and the making of the modern world economy, Princeton 2000.
Poovey, Mary, Figures of Arithmetic, Figures of Speech: The Discourse of Statistics in the 1830s, in: Critical Inquiry 19 (1993) 2, S. 256-276.
Popitz, Johannes, Der künftige Finanzausgleich zwischen Reich, Ländern und Gemeinden, Berlin 1932.
Popitz, Johannes, Einkommensteuer, in: Handwörterbuch der Staatswissenschaften, Bd. 3, 4. Auflage, Jena 1926, S. 400-491.
Porter, Michael, The Competitive Advantage of Nations, New York 1990.
Posor, Petja, Der Fall Hoeneß als Skandal in den Medien. Anschlusskommunikation, Authentisierung und Systemstabilisierung, Köln 2015.
Poterba, James M., Budget Policy, in: Martin Feldstein (Hg.), American Economic Policy in the 1980s, Chicago 1994, S. 235-270.
Potthast, Thilo, Die Entwicklung der Körperschaftssteuer von den Vorformen bis zur Unternehmenssteuerreform 2001, Frankfurt am Main 2008.
Potthoff, Heinrich (Bearb.), Die SPD-Fraktion im Deutschen Bundestag. Sitzungsprotokolle 1961-1966, 2. Halbband: 1964-1966, Düsseldorf 1993.
Prasad, Monica, Starving the Beast. Ronald Reagan and the Tax Cut Revolution, New York 2018.
Prasad, Monica, The Land of too much. American abundance and the paradox of poverty, Cambridge/Mass. 2012.
Prasad, Monica, The Politics of Free Markets. The Rise of Neoliberal Economic Policies in Britain, France, Germany, and the United States. Chicago 2006.
Preusker, Uwe Karl, Politiksteuerung durch allgemeine Wahlen. Untersucht anhand einer Fallstudie über das Zustandekommen des Einkommensteuerreformgesetzes vom 5. August 1974, Köln 1979.
Preuß, Ulrich K., Rechtsstaat – Steuerstaat – Sozialstaat. Eine Problemskizze, in: Dieter Deiseroth/Friedhelm Hase/Karl-Heinz Ladeur (Hg.), Ordnungsmacht. Über das Verhältnis von Legalität, Konsens und Herrschaft, Frankfurt am Main 1981, S. 46-68.
Priestland, David, Comparison, Rivalry and Competition under Neoliberalism and State Socialism, in: Willibald Steinmetz (Hg.), The Force of Comparison. An New Perspective on Modern European History and the Contemporary World, New York 2019, S. 214-241.
Prinz, Michael, Wandel durch Beharrung. Sozialdemokratie und »neue Mittelschichten«, in: Archiv für Sozialgeschichte 29 (1989), S. 35-73.
Prisching, Manfred, Josef Schumpeter und der Staatskapitalismus, in: Peukert/ders., Goldscheid, S. 81-136.

Procacci, Giovanna, Arme Bürger. Soziale Staatsbürgerschaft versus Individualisierung der Wohlfahrt, in: Berliner Journal für Soziologie 8 (1998), S. 473-488.

Procacci, Giovanna, Gouverner la misère: La question sociale en France 1789-1848, Paris 1993.

Protokoll über die Verhandlungen des Parteitages der Sozialdemokratischen Partei Deutschlands, abgehalten in Jena vom 14. bis 20. September 1913, Berlin 1913.

Przeworski, Adam, Capitalism and Social Democracy, Cambridge 1985.

Ptak, Ralf, Vom Ordoliberalismus zur Sozialen Marktwirtschaft. Stationen des Neoliberalismus in Deutschland, Wiesbaden 2004.

Puhle, Hans-Jürgen, Politische Agrarbewegungen in kapitalistischen Industriegesellschaften: Deutschland, USA und Frankreich im 20. Jahrhundert, Göttingen 1975.

Putnam, Robert D./Randall C. Henning, The Bonn Summit of 1978. A Case Study in Coordination, in: Richard N. Cooper (Hg.), Can Nations Cooperate?, Washington, D.C. 1989, S. 12-140.

Pyta, Wolfram, Die Weimarer Republik, Berlin 2004.

Pyta, Wolfram, Dorfgemeinschaft und Parteipolitik 1918-1933, Düsseldorf 1996.

Pyta, Wolfram, Landwirtschaftliche Interessenpolitik im Deutschen Kaiserreich. Der Einfluss agrarischer Interessen auf die Neuordnung der Finanz- und Wirtschaftspolitik am Ende der 1870er-Jahre am Beispiel von Rheinland und Westfalen, Stuttgart 1991.

Quellensammlung zur Geschichte der deutschen Sozialpolitik 1867 bis 1914, II. Abteilung: Von der kaiserlichen Sozialbotschaft bis zu den Februarerlassen Wilhelms II. (1881-1890), 7 Bände, Stuttgart, 1995-2015. Online: ⟨https://quellen-sozialpolitik-kaiserreich.de/baende.html⟩ (Zugriff: 11. 10. 2021).

Rabe, Paul Moritz, Die Stadt und das Geld. Haushalt und Herrschaft im nationalsozialistischen München, Göttingen 2017.

Rademacher, Inga, One State, One Interest? How a Historic Shock to the Balance of Power of the Bundesbank and the German Government Laid the Path for Fiscal Austerity, in: Review of International Political Economy (2021), Online first, S. 1-23.

Rahlf, Thomas, (Hg.), Deutschland in Daten. Zeitreihen zur Historischen Statistik, Bonn 2015.

Rahlf, Thomas, Dokumentation zum Zeitreihendatensatz für Deutschland, 1834-2012, in: Historical Social Research (2015), Transition (Online-Supplement), 26vi, 1-2064. ⟨https://doi.org/10.12759/hsr.trans.26.v01.2015⟩ (Zugriff: 11. 10. 2021).

Rahtz, Joshua, The Soul of the Eurozone, in: New Left Review (2017) 104, S. 107-131.
Rambke, Karl-Heinz, »Diesem System keinen Mann und keinen Groschen.« Sozialdemokratische Wehrpolitik 1907-1914, Würzburg 1983.
Raphael, Lutz, Jenseits von Kohle und Stahl. Eine Gesellschaftsgeschichte Westeuropas nach dem Boom, Berlin 2018.
Raphael, Lutz, Die Verwissenschaftlichung des Sozialen als methodische und konzeptionelle Herausforderung für eine Sozialgeschichte des 20. Jahrhunderts, in: Geschichte und Gesellschaft 22 (1996), S. 165-193.
Rauscher, Peter/Andrea Serles/Thomas Winkelbauer, Das »Blut des Staatskörpers«. Forschungen zur Finanzgeschichte der Frühen Neuzeit. Eine Einleitung, in: dies. (Hg.), Das »Blut des Staatskörpers«. Forschungen zur Finanzgeschichte der Frühen Neuzeit, München 2012, S. 3-16.
Recker, Marie-Luise, Nationalsozialistische Sozialpolitik im Zweiten Weltkrieg, München 1985.
Reckwitz, Andreas, Auf der Suche nach der neuen Mittelklasse – Replik auf Nils Kumkar und Uwe Schimank, in: Leviathan 49 (2021) 1, S. 33-61.
Reckwitz, Andreas, Das hybride Subjekt. Eine Theorie der Subjektkultur von der bürgerlichen Moderne zur Postmoderne, Berlin 2020 (überarbeitete Neuauflage, Erstausgabe 2006).
Reckwitz, Andreas, Die Gesellschaft der Singularitäten. Zum Strukturwandel der Moderne, Berlin 2017.
Rehling, Andrea, Konfliktstrategie und Konsenssuche in der Krise. Von der Zentralarbeitsgemeinschaft zur Konzertierten Aktion, Baden-Baden 2012.
Reichardt, Sven, Authentizität und Gemeinschaft. Linksalternatives Leben in den siebziger und achtziger Jahren, Berlin 2014.
Reichardt, Sven, Faschistische Kampfbünde. Gewalt und Gemeinschaft im italienischen Squadrismus und in der deutschen SA, Köln 2002.
Reiche, Danyel/Carsten Krebs, Der Einstieg in die Ökologische Steuerreform. Aufstieg, Restriktionen und Durchsetzung eines umweltpolitischen Themas, Frankfurt am Main 1999.
Reichherzer, Frank, »Alles ist Front.« Wehrwissenschaft in Deutschland und die Bellifizierung der Gesellschaft vom Ersten Weltkrieg bis in den Kalten Krieg, Paderborn 2012.
Reinhardt, Fritz, Die neuen Steuergesetze, Berlin 1934.
Reinhard, Wolfgang, Geschichte der Staatsgewalt. Eine vergleichende Verfassungsgeschichte Europas von den Anfängen bis zur Gegenwart, München 1999.
Reiser, Marion, Abgehoben und entkoppelt? Abgeordnete zwischen öffentlicher Kritik und Professionalisierungslogik, in: Jenni Brichzin et

al. (Hg.), Soziologie der Parlamente. Neue Wege der Institutionenforschung, Wiesbaden 2018, S. 111-134.
Renzsch, Wolfgang, Finanzverfassung und Finanzausgleich. Die Auseinandersetzungen um ihre politische Gestaltung in der Bundesrepublik Deutschland zwischen Währungsreform und deutscher Vereinigung (1948 bis 1990), Bonn 1991.
Renzsch, Wolfgang, Föderale Finanzbeziehungen im Parteienstaat. Eine Fallstudie zum Verlust politischer Handlungsmöglichkeiten, in: Zeitschrift für Parlamentsfragen 20 (1989), S. 331-345.
Retallack, James N., The German Right, 1860-1920. Political Limits of the Authoritarian Imagination, Toronto 2006.
Reuss, Frederick G., Fiscal Policy for Growth Without Inflation. The German Experiment, Baltimore 1963.
Richter, Hedwig, Moderne Wahlen. Eine Geschichte der Demokratie in Preußen und den USA im 19. Jahrhundert, Hamburg 2017.
Richter, Wolfram R./Wolfgang Wiegard, Zwanzig Jahre ›Neue Finanzwissenschaft‹, in: Zeitschrift für Wirtschafts- und Sozialwissenschaften 113 (1993) S. 169-224 und 337-400.
Rickens, Christian, Ganz oben – wie Deutschlands Millionäre wirklich leben, Köln 2012.
Rieter, Heinz (Hg.), Deutsche Finanzwissenschaft zwischen 1918 und 1939, Berlin 1994.
Riley, James C., French Finance, 1727-1768, in: Journal of Modern History 59 (1987), S. 209-243.
Rinner, Erich, Die Reform des Finanzausgleichs, in: Die Gesellschaft 9 (1932) 4, S. 336-353.
Rischbieter, Laura, Risiken und Nebenwirkungen. Internationale Finanzstrategien in der Verschuldungskrise der 1980er Jahre, in: Geschichte & Gesellschaft 41 (2015), S. 465-493.
Ritschl, Albrecht, Schuldenkrise und Austerität. Die Rolle des Reichswirtschaftsministeriums in der Deflationspolitik 1929-1931, in: Abelshauser et al. (Hg.), Wirtschaftspolitik in Deutschland 1917-1990, Bd. 1, S. 579-636.
Ritschl, Albrecht, The Pity of Peace. Germany's Economy at War, 1914-1918, in: Broadberry/Harrison (Hg.), Economics of World War I, S. 41-76.
Ritschl, Albrecht, Hat das Dritte Reich wirklich eine ordentliche Beschäftigungspolitik betrieben?, in: Jahrbuch für Wirtschaftsgeschichte (2003) 1, S. 125-140.
Ritschl, Albrecht, Deutschlands Krise und Konjunktur 1924-1934. Binnenkonjunktur, Auslandsverschuldung und Reparationsproblem zwischen Dawes-Plan und Transfersperre, Berlin 2002.
Ritschl, Albrecht, Deficit Spending in the Nazi Recovery 1933-1938. A Crit-

ical Reassessment, in: Journal of the Japanese and international economies 16 (2002) 4, S. 559-582.
Ritschl, Albrecht, Die deutsche Zahlungsbilanz 1936-41 und das Problem des Devisenmangels vor Kriegsbeginn, in: Vierteljahrshefte für Zeitgeschichte 39 (1991), S. 103-123.
Ritschl, Albrecht, Die Währungsreform von 1948 und der Wiederaufstieg der westdeutschen Industrie. Zu den Thesen von Mathias Manz und Werner Abelshauser über die Produktionswirkungen der Währungsreform, in: Vierteljahrshefte für Zeitgeschichte 33 (1985), S. 136-165.
Ritter, Felix, Die Abgrenzung der privaten Vermögensverwaltung von der Gewerblichkeit bei Private Equity Funds, Wiesbaden 2019.
Ritter, Gerhard A., Der Preis der deutschen Einheit. Die Wiedervereinigung und die Krise des Sozialstaats, München 2007.
Ritter, Gerhard A., Das Deutsche Kaiserreich 1871-1914. Ein historisches Lesebuch, Göttingen 1992.
Ritter, Gerhard A., Sozialversicherung in Deutschland und England. Entstehung und Grundzüge im Vergleich, München 1983.
Ritter, Gerhard A., Wahlgeschichtliches Arbeitsbuch. Materialien zur Statistik des Kaiserreichs. Zweites Kapitel: Preußen, München 1980.
Ritter, Ulrich Peter, Preußische Industrieförderung in frühindustrieller Zeit [1961], in: Otto Büsch/Wolfgang Neugebauer (Hg.), Moderne preußische Geschichte 1648-1947. Eine Anthologie, Berlin 1981, S. 1031-1087.
Ritthaler, Anton, Dokumentation: Eine Etappe auf Hitlers Weg zur ungeteilten Macht. Hugenbergs Rücktritt als Reichsminister, in: Vierteljahrshefte für Zeitgeschichte 8 (1960) 2, S. 193-219.
Rixen, Thomas, Die Verwaltung des Überschusses. Die Fiskalpolitik der Großen Koalition, 2013-17, in: Reimut Zohlnhöfer/Thomas Saalfeld (Hg.), Zwischen Stillstand, Politikwandel und Krisenmanagement. Eine Bilanz der Regierung Merkel 2013-2017, Wiesbaden 2018, S. 345-372.
Rixen, Thomas, Hehre Ziele, wenig Zählbares. Die Steuer- und Fiskalpolitik der schwarz-gelben Regierung, 2009-13, in: Reimut Zohlnhöfer/Thomas Saalfeld (Hg.), Politik im Schatten der Krise. Eine Bilanz der Regierung Merkel 2009-2013, Wiesbaden 2015, S. 327-352.
Rixen, Thomas, Der Kampf gegen Steuerwettbewerb und Steuerflucht: Entwicklungslinien der internationalen Steuerpolitik, in: DIW Vierteljahreshefte zur Wirtschaftsforschung 82 (2013) 1, S. 61-75.
Rixen, Thomas, Was kam eigentlich nach Kirchhof? Die Steuer- und Finanzpolitik der Großen Koalition, in: Sebastian Bukow/Wenke Seemann (Hg.), Die Große Koalition. Regierung – Politik – Parteien 2005-2009, Wiesbaden 2010, S. 191-210.
Robinson, Joan, The Second Crisis of Economic Theory, in: American Economic Review 62 (1972) 1/2, S. 1-10.

Rödder, Andreas/Wolfgang Elz (Hg.), Alte Werte – Neue Werte. Schlaglichter des Wertewandels, Göttingen 2008.
Rodgers, Daniel T., Age of Fracture, Cambridge/Mass. 2011.
Rodgers, Daniel T., Atlantic Crossings. Social Politics in a Progressive Age, Cambridge/Mass. 1998.
Roelevink, Eva-Maria/Dieter Ziegler, Wie organisiert war der Kapitalismus im Kaiserreich? Verbände, Kartelle und personelle Verflechtungen, in: Ulrich Pfister et al. (Hg.), Deutschland 1871, Tübingen 2021.
Roerkohl, Anne, Hungerblockade und Heimatfront. Die kommunale Lebensmittelversorgung in Westfalen während des Ersten Weltkrieges, Stuttgart 1991.
Roesler, Konrad, Die Finanzpolitik des Deutschen Reiches im Ersten Weltkrieg, Berlin 1967.
Rohlack, Momme, Kriegsgesellschaften (1914-1918). Arten, Rechtsformen und Funktionen in der Kriegswirtschaft des Ersten Weltkriegs, Frankfurt am Main 2001.
Roine, Jesper/Daniel Waldenström, Long-Run Trends in the Distribution of Income and Wealth, in: Atkinson/Bourgoignon (Hg.), Handbook, Bd. 2, S. 469-592.
Roloff, Otto, Der eigennützige Staat in der Konfliktgesellschaft. Studien zur politischen Ökonomie des staatlichen Budgets, Marburg 2001.
Roloff, Otto, Theorie und Praxis der Besteuerung: Eine kritische Einführung, Opladen 1978.
Römer, Felix, Evolving Knowledge Regimes. Economic Inequality and the Politics of Statistics in the United Kingdom since the Postwar Era, in: Know. A Journal on the Formation of Knowledge 4 (2020) 2, S. 325-352.
Röpke, Wilhelm, Südafrika. Versuch einer Würdigung, in: Schweizer Monatshefte 44 (1964) 2, S. 97-112.
Röpke, Wilhelm, Finanzwissenschaft, Berlin 1929.
Rosanvallon, Pierre, Die Gesellschaft der Gleichen, Hamburg 2013.
Rosenberg, Hans, Große Depression und Bismarckzeit. Wirtschaftsablauf, Gesellschaft und Politik in Mitteleuropa, Berlin 1967.
Roskamp, Karl W., Capital Formation in West Germany, Detroit 1965.
Roth, Karl Heinz/Angelika Ebbinghaus, Rote Kapellen – Kreisauer Kreise – Schwarze Kapellen. Neue Sichtweisen auf den Widerstand gegen die NS-Diktatur 1938-1945, Hamburg 2004.
Roth, Karl Heinz, Das Ende eines Mythos. Ludwig Erhard und der Übergang der deutschen Wirtschaft von der Annexions- zur Nachkriegsplanung (1939 bis 1945). Teil II: 1943 bis 1945, in: 1999. Zeitschrift für Sozialgeschichte des 20. und 21. Jahrhunderts 14 (1999), S. 92-123
Roth, Karl Heinz, Ökonomie und politische Macht. Die »Firma Hamburg« 1930-1945, in: Angelika Ebbinghaus/Karsten Linne (Hg.), Kein

abgeschlossenes Kapitel. Hamburg im »Dritten Reich«, Hamburg 1997, S. 15-176.
Roth, Karl Heinz, Intelligenz und Sozialpolitik im »Dritten Reich«. Eine methodisch-historische Studie am Beispiel des Arbeitswissenschaftlichen Instituts der Deutschen Arbeitsfront, München 1993.
Roth, Rainer, Das Kartenhaus. Staatsverschuldung in Deutschland, Frankfurt am Main 1998.
Roth, Regina, Staat und Wirtschaft im Ersten Weltkrieg. Kriegsgesellschaften als kriegswirtschaftliche Steuerungselemente, Berlin 1997.
Rothermund, Dietmar, The Global Impact of the Great Depression, 1929-1939, London 1996.
Rubinstein, William D., Wealth and the Wealthy in the Modern World, London 1980.
Rubner, Heinrich (Hg.), Adolph Wagner. Briefe. Dokumente. Augenzeugenberichte 1851-1917, Berlin 1978.
Ruck, Michael, Ein kurzer Sommer der konkreten Utopie. Zur westdeutschen Planungsgeschichte der langen 60er Jahre, in: Axel Schildt/Detlef Siegfried/Karl Christian Lammers (Hg.), Dynamische Zeiten. Die 60er Jahre in den beiden deutschen Staaten, Hamburg 2000, S. 362-401.
Rüstow, Alexander, Grundsätze moderner Steuerpolitik, Köln 1958.
Rüstow, Alexander, Zwischen Kapitalismus und Kommunismus, Godesberg 1949.
Rüstow, Alexander, Aussprache, in: Franz Boese (Hg.), Deutschland und die Weltkrise, München/Leipzig 1932, S. 62-69.
Rüther, Daniela, Der Widerstand des 20. Juli auf dem Weg in die soziale Marktwirtschaft. Die wirtschaftspolitischen Vorstellungen der bürgerlichen Opposition gegen Hitler, Paderborn 2002.
Rutherford, Malcolm, The Instutionalist Movement in American Economics, 1918-1947. Science and Social Control, Cambridge 2011.

Saez, Emmanuel/Gabriel Zucman, Der Triumph der Ungerechtigkeit. Steuern und Ungleichheit im 21. Jahrhundert, Berlin 2020.
Sarasin, Philipp, 1977. Eine kurze Geschichte der Gegenwart, Berlin 2021.
Sax, Emil, Die Progressivsteuer, in: Zeitschrift für Volkswirtschaft, Sozialpolitik und Verwaltung 1 (1892), S. 43-101.
Schaap, Klaus, Die Endphase der Weimarer Republik im Freistaat Oldenburg 1928-1933, Düsseldorf 1978.
Schäfer, Armin/Hanna Schwander, »Don't play if you can't win« – Does Economic Inequality Undermine Political Equality?, in: European Political Science Review 11 (2019), S. 395-413.
Schäfer, Armin, Sigrid Roßteutscher, Asymmetrische Mobilisierung: Wahlkampf und ungleiche Wahlbeteiligung, in: Politische Vierteljahresschrift 57 (2016), S. 455-483.

Schäfer, Armin, Der Verlust der politischen Gleichheit. Warum die sinkende Wahlbeteiligung der Demokratie schadet, Frankfurt am Main 2015.
Schäfer, Armin/Robert Vehrkamp/Jérémie Felix Gagné, Prekäre Wahlen. Milieus und Selektivität der Wahlbeteiligung bei der Bundestagswahl 2013, Gütersloh 2013.
Schäfer, Armin/Marlene Karl, Finanztransaktionssteuer. Ökonomische und fiskalische Effekte der Einführung einer Finanztransaktionssteuer für Deutschland, Berlin 2012.
Schäfer, Armin, Krisentheorien der Demokratie. Unregierbarkeit, Spätkapitalismus und Postdemokratie, in: Der moderne Staat 2 (2009), S. 159-183.
Schäfer, Gerhard, Der Nationalsozialismus und die soziologischen Akteure der Nachkriegszeit: am Beispiel Helmut Schelskys und Ralf Dahrendorfs, in: Michaela Christ/Maja Suderland (Hg.), Soziologie und Nationalsozialismus, Berlin 2014, S. 119-161.
Schäffle, Albert, Die Bekämpfung der Sozialdemokratie ohne Ausnahmegesetz, Tübingen 1890.
Schäffle, Albert, Die Grundsätze der Steuerpolitik und die schwebenden Finanzfragen Deutschlands und Österreichs, Tübingen 1880.
Schanetzky, Tim, Die große Ernüchterung. Wirtschaftspolitik, Expertise und Gesellschaft in der Bundesrepublik 1966 bis 1982, Berlin 2007.
Scharpf, Fritz W., Sozialdemokratische Krisenpolitik in Europa, Frankfurt am Main 1987.
Schauer, Ralf Erich, Die Steuergesetzgebung des Nationalsozialismus als Mittel der Machtpolitik, Frankfurt am Main 2003.
Scheidel, Walter, Nach dem Krieg sind alle gleich. Eine Geschichte der Ungleichheit, Darmstadt 2018.
Schellenger Jr., Harold Kent, The SPD in the Bonn Republic. A Socialist Party Modernizes, Den Haag 1968.
Schelsky, Helmut, Die Bedeutung des Klassenbegriffs für die Analyse unserer Gesellschaft, in: Jahrbuch für Sozialwissenschaft 12 (1961), S. 237-269.
Schelsky, Helmut, Wandlungen der deutschen Familie in der Gegenwart. Darstellung und Deutung einer empirisch-soziologischen Tatbestandsaufnahme, Dortmund 1953.
Schenk, Catherine R., The Origins of the Eurodollar Market in London 1955-1963, in: Explorations in Economic History 35 (1998), S. 221-338.
Scherner, Jonas, ›Armament in Depth‹ or ›Armament in Breadth‹? German Investment Pattern and Rearmament during the Nazi Period, in: Economic History Review 66 (2013) 2, S. 497-517.
Scheve, Kenneth/David Stasavage, Taxing the Rich. A History of Fiscal Fairness in the United States and Europe, Princeton 2016.
Scheybani, Abdolreza, Handwerk und Kleinhandel in der Bundesrepu-

blik Deutschland. Sozioökonomischer Wandel und Mittelstandspolitik, München 1996.
Schieder, Wolfgang, Kriegsorientierung im faschistischen Italien, in: ders., Faschistische Diktaturen. Studien zu Italien und Deutschland, Göttingen 2008, S. 99-110.
Schieder, Wolfgang, Bismarck und der Sozialismus, in: Johannes Kunisch (Hg.), Bismarck und seine Zeit, Berlin 1992, S. 173-190.
Schildt, Axel, Medien-Intellektuelle in der Bundesrepublik, Göttingen 2020.
Schiller, Karl, Konjunkturpolitik auf dem Weg zu einer Affluent Society, Kiel 1968.
Schiller, Karl, Preisstabilität durch globale Steuerung der Marktwirtschaft, Tübingen 1966.
Schiller, Karl, Produktivitätssteigerung und Vollbeschäftigung durch Planung und Wettbewerb, in: Wirtschaftsdienst 33 (1953), S. 283-293.
Schillinger, Reinhold, Der Entscheidungsprozess beim Lastenausgleich 1945-1952, St. Katharinen 1985.
Schillings, Rudolf, Die Steuerbelastung gewerblicher Unternehmungen in der preußischen Rheinprovinz in den Jahren 1850-1914, Köln 1986.
Schlesinger, Helmut, Zehn Jahre Geldpolitik mit einem Geldmengenziel, in: Wolfgang Gebauer (Hg.), Öffentliche Finanzen und monetäre Ökonomie, Frankfurt am Main 1985, S. 123-147.
Schliesky, Utz, Lorenz von Stein – Leben und Werk, in: JuristenZeitung 70 (2015) 23, S. 1121-1130.
Schlötterer, Wilhelm, Macht und Missbrauch. Franz Josef Strauß und seine Nachfolger. Aufzeichnungen eines Ministerialbeamten, Köln 2009.
Schmähl, Winfried, Sicherung bei Alter, Invalidität und für Hinterbliebene, in: BMAS (Hg.), Geschichte der Sozialpolitik in Deutschland seit 1945, Bd. 4: 1957-1966, Baden-Baden 2007, S. 297-372.
Schmidt, Kurt, Zur ordnungspolitischen Problematik der Progressivbesteuerung, in: Ordo 9 (1957), S. 217-229.
Schmidt, Klaus Dieter/Ursula Schwarz/Gerhard Thiebach, Die Umverteilung des Volkseinkommens in der Bundesrepublik Deutschland, 1955 bis 1960, Tübingen 1965.
Schmidt, Manfred G., Das politische System Deutschlands. Institutionen, Willensbildung und Politikfelder, München 2011.
Schmidt, Vivien A., From State to Market. The Transformation of French Business and Government, Cambridge 1996.
Schmieding, Holger, West Germany's Economic Reforms of 1948. The Lessons for Central and Eastern Europe Today, in: Herbert Giersch (Hg.), Towards a Market Economy in Central and Eastern Europe, Wiesbaden 1991, S. 23-53.

Schmitt, Michael, Der Reichsfinanzhof und seine Rechtsprechung in steuerlichen Angelegenheiten jüdischer Bürger 1933-1945, Münster 2017.
Schmölders, Günter, Ursprung und Entwicklung der Steuerzahlerbewegung, 2. Auflage, Bad Wörishofen 1977.
Schmölders, Günter, Steuersystem und Wettbewerbsordnung, in: Ordo 3 (1950), S. 135-171.
Schmoller, Gustav, Skizze einer Finanzgeschichte von Frankreich, Österreich, England und Preußen (1500-1900), in: Jahrbuch für Gesetzgebung, Verwaltung und Volkswirtschaft im Deutschen Reich 33 (1909), S. 1-64.
Schmoller, Gustav, Die Epochen der preußischen Finanzpolitik bis zur Gründung des deutschen Reiches, in: ders., Umrisse und Untersuchungen zur Verfassungs-, Verwaltungs- und Wirtschaftsgeschichte, Leipzig 1898, S. 104-246.
Schmoller, Gustav, Was verstehen wir unter Mittelstand? Hat er im 19. Jahrhundert zu- oder abgenommen?, Göttingen 1897.
Schneider, Dieter, Öffentliche Einnahmen und Unternehmensrisiko, in: Karl-Heinrich Hansmeyer (Hg.), Staatsfinanzierung im Wandel, Berlin 1983, S. 63–79.
Schneider, Michael, In der Kriegsgesellschaft. Arbeiter und Arbeiterbewegung 1939 bis 1945, Bonn 2014.
Schneider, Michael, Unterm Hakenkreuz. Arbeiter und Arbeiterbewegung 1933 bis 1939, Bonn 1999.
Schneider, Michael, Das Arbeitsbeschaffungsprogramm des ADGB. Zur gewerkschaftlichen Politik in der Endphase der Weimarer Republik, Bonn 1975.
Scholtyseck, Joachim, Die FDP in der Wende, in: Historisch-Politische Mitteilungen 19 (2013), S. 197-220.
Schomäcker, Iris, Steuerverfassungsrecht und gesetzgeberischer Gestaltungsraum. Deutschland und die USA im Rechtsvergleich, Tübingen 2020.
Schönhärl, Korinna, Steuerzahlverhalten quantifizieren. Die Entwicklung von Messmethoden und ihre politische Dimension am Beispiel von Günter Schmölders' Erfassung der Steuermoral, in: Jahrbuch für Wirtschaftsgeschichte 62 (2021), S. 473-503.
Schönhärl, Korinna, Wissen und Visionen. Theorie und Politik der Ökonomen im Stefan-George-Kreis, Berlin 2009.
Schönhoven, Klaus, Wendejahre. Die Sozialdemokratie in der Zeit der Großen Koalition 1966-1969, Bonn 2004.
Schönhoven, Klaus, Der Heidelberger Programmparteitag 1925. Sozialdemokratische Standortbestimmung in der Weimarer Republik, Heidelberg 1995.

Schremmer, Eckart, Steuern und Staatsfinanzen während der Industrialisierung Europas: England, Frankreich, Preußen und das Deutsche Reich 1800 bis 1914, Berlin 1994.
Schremmer, Eckart (Hg.), Steuern, Abgaben und Dienste vom Mittelalter bis zur Gegenwart, Stuttgart 1994.
Schremmer, Eckart, Über »gerechte Steuern«. Ein Blick zurück ins 19. Jahrhundert, in: ders. (Hg.), Steuern, S. 9-42.
Schriften des Vereins für Socialpolitik, Bd. 11: Verhandlungen von 1875, Leipzig 1875.
Schui, Florian, Zum Begriff des Steuerstaats, in: Peter Becker (Hg.), Sprachvollzug im Amt. Kommunikation und Verwaltung im Europa des 19. und 20. Jahrhunderts, Bielefeld 2011, S. 107-130.
Schuker, Stephen A., Money Doctors between the wars: the competition between central banks, private financial advisers, and multilateral agencies, 1919-39, in: Marc Flandreau (Hg.), Money Doctors. The Experience of International Financial Advising, London 2003, S. 49-77.
Schultes, Kilian Peter, Die Staats- und Wirtschaftswissenschaftliche Fakultät der Universität Heidelberg 1934-1946, Heidelberg 2010.
Schulz, Gerhard, Inflationstrauma, Finanzpolitik und Krisenbekämpfung in den Jahren der Weltwirtschaftskrise, 1930-1933, in: Feldman (Hg.), Nachwirkungen, S. 261-295.
Schulz, Gerhard, Über Johannes Popitz, in: Der Staat 24 (1985) 4, S. 485-511.
Schulz, Gerhard, Zwischen Demokratie und Diktatur. Verfassungspolitik und Reichsreform in der Weimarer Republik, 3 Bände, Berlin 1963-1992.
Schulz, Günther, Wiederaufbau in Deutschland. Die Wohnungsbaupolitik in den Westzonen und der Bundesrepublik von 1945 bis 1957, Düsseldorf 1994.
Schulz, Jan-Pieter. Finanzwissenschaft im deutschsprachigen Raum und in den Vereinigten Staaten, 1865-1917: Ursprung, Inhalt und Wissenschaftstransfer, Marburg 2013.
Schumpeter, Joseph A., Capitalism, Socialism and Democracy, New York 1942.
Schumpeter, Joseph, Ökonomie und Soziologie der Einkommensteuer, in: Der deutsche Volkswirt IV, S.380-385 (20.12.1929).
Schumpeter, Joseph, Die Krise des Steuerstaats [1918], in: Goldscheid/ders., Finanzkrise, S. 329-379.
Schürz, Martin, Überreichtum, Frankfurt am Main 2019.
Schwartz, Michael, Funktionäre mit Vergangenheit. Das Gründungspräsidium des Bundes der Vertriebenen und das »Dritte Reich«. München 2013.
Schwartz, Michael, Vertriebene und Umsiedlerpolitik. Integrationskonflikte in den deutschen Nachkriegs-Gesellschaften und die Assimilationsstrategien in der SBZ/DDR 1945 bis 1961, München 2004.

Schwarz, Hans-Peter, Adenauer. Der Staatsmann 1952-1967, Stuttgart 1991.
Schwarz, Hans-Peter, Die Ära Adenauer. Epochenwechsel 1957-1963, Stuttgart 1989.
Schwarz, Hans-Peter, Adenauer. Der Aufstieg, 1876-1952, Stuttgart 1986.
Schwerin von Krosigk, Lutz Graf, Wie wurde der Zweite Weltkrieg finanziert?, in: o.V., Bilanz des Zweiten Weltkrieges. Erkenntnisse und Verpflichtungen für die Zukunft, Oldenburg 1953, S. 313-328.
Schwitzer, Boris, Wilhelm Keil als sozialdemokratischer Finanzpolitiker im Kaiserreich und in der Weimarer Republik, Mannheim 2002.
Scott, James C., Seeing Like A State. How Certain Schemes to Improve the Human Condition Have Failed, New Haven 1998.
Seelkopf, Laura/Hanna Lierse, Democracy and the Global Spread of Progressive Taxes, in: Global Social Policy (2020), S. 1-27.
Seer, Roman, Die neue Erbschaft- und Schenkungsteuer auf dem verfassungsrechtlichen Prüfstand, in: Steuer und Wirtschaft (1997), S. 283-298.
Seidel, Bernhard, Die Einkommensteuerreform, in: Truger (Hg.), Rot-grüne Steuerreformen, S. 21-46.
Self, Robert, Britain and the Inter-allied War Debt Settlement. Economic Diplomacy of an Unspecial Relationship 1917-1945, London 2006.
Seligman, Edwin R. A., Comparative Tax Burdens in the Twentieth Century, in: Political Science Quarterly 39 (1924) 1, S. 106-146.
Seligman, Edwin R. A., Essays in Taxation, New York 1921 (9. Auflage).
Seligman, Edwin R. A., The Income Tax. A Study of the History, Theory, and Practice of Income Taxation at Home and Abroad, New York 1911.
Seligman, Edwin R. A., Progressive Taxation in Theory and Practice, Zweite Auflage, Princeton 1908.
Seligman, Edwin R. A., Progressive Taxation in Theory and Practice, in: Publications of the American Economic Association 9 (1894) 1/2, S. 7-222.
Seligman, Edwin R. A., Essays in Taxation, New York 1895.
Seligman, Edwin R. A., The Income Tax, in: Political Science Quarterly 9 (1894), S. 610-648.
Shirras, G. Findlay, Methods of Estimating the Burden of Taxation, in: Journal of the Royal Statistical Society 106 (1943) 3, S. 214-249.
Shirras, G. Findlay, Taxable Capacity and the Burden of Taxation and Public Debt, in: Journal of the Royal Statistical Society 88 (1925) 4, S. 513-556.
Shoup, Carl S. / Roy Blough/Mabel Newcomer, Facing the Tax Problem. A Survey of Taxation in the United States and a Program for the Future, New York 1937.
Sichtermann, Siegfried, Bankgeheimnis und Bankauskunft. Systematische Darstellung mit besonderer Berücksichtigung der Rechtsprechung und unter Heranziehung ausländischen Rechts, Frankfurt 1957.

Siclovan, Diana, 1848 and German Socialism, in: Douglas Moggach/Gareth Stedman Jones (Hg.), The 1848 Revolutions and European Political Thought, Cambridge 2018, S. 254-275.
Siekmann, Helmut, Institutionalisierte Einkommenspolitik in der Bundesrepublik Deutschland. Gesetzliche Regelung und bisherige Praxis, München 1985.
Simons, Henry C., Federal Tax Reform, Chicago 1950.
Simons, Henry C., Personal Income Taxation. The Definition of Income as a Problem of Fiscal Policy, Chicago 1938.
Skidelsky, Robert, John Maynard Keynes. 3 Bände, London 1983-2001.
Slobodian, Quinn, Globalists. The End of Empire and the Birth of Neoliberalism, Cambridge/Mass. 2018.
Slobodian, Quinn, The World Economy and the Color Line. Röpke, Apartheid, and the White Atlantic, in: German Historical Institute Bulletin 10 (2014), S. 61-87.
Smith, Adam, Der Wohlstand der Nationen, Leipzig 1924 [1776].
Smith, Timothy B., France in Crisis. Welfare, Inequality and Globalization since 1980, Cambridge 2004.
Sobich, Frank Oliver, »Schwarze Bestien, rote Gefahr«. Rassismus und Antisozialismus im deutschen Kaiserreich, Frankfurt am Main 2006.
Soetbeer, Adolf Georg, Zur Einkommenstatistik von Preußen, Sachsen und Großbritannien, nebst Bemerkungen zur Einkommenbesteuerung, in: Vierteljahrschrift für Volkswirtschaft, Politik und Kulturgeschichte (1887) 4, S. 124-154 und (1888) 1, S. 19-45.
Soll, Jacob, The Reckoning. Financial Accountability and the Making and Breaking of Nations, London 2014.
Sombart, Werner, Die deutsche Volkswirtschaft im 19. Jahrhundert, Dritte, durchgesehene Auflage, Berlin 1913.
Sombart, Werner, Die Juden und das Wirtschaftsleben, Leipzig 1911.
Spahn, Heinz-Peter, Bundesbank und Wirtschaftskrise. Geldpolitik, gesamtwirtschaftliche Finanzierung und Vermögensakkumulation der Unternehmen 1970-1987, Regensburg 1988.
Spangenberg, Ulrike/Gisela Färber/Corinna Späth, Mittelbare Diskriminierung im Lohnsteuerverfahren. Auswirkungen der Lohnsteuerklassen auf Nettoeinkommen und Lohnersatzleistungen, Düsseldorf 2020.
Spenkuch, Hartwin, Vergleichsweise besonders? Politisches System und Strukturen Preußens als Kern des »deutschen Sonderwegs«, in: GG 29 (2003), S. 262-293.
Spenkuch, Hartwin, Das Preußische Herrenhaus. Adel und Bürgertum in der ersten Kammer des Landtags 1854-1918, Düsseldorf 1998.
Spoerer, Mark, Öffentliche Finanzen, in: Rahlf (Hg.), Deutschland in Daten, S. 102-113.

Spoerer, Mark, The Evolution of Public Finances in Nineteenth-Century Germany, in: Cardoso/Lains (Hg.), Paying, S. 103-131.
Spoerer, Mark/Jochen Streb, Neue deutsche Wirtschaftsgeschichte des 20. Jahrhunderts, München 2013.
Spoerer, Mark, Wohlstand für alle? Soziale Marktwirtschaft, in: Thomas Hertfelder/Andreas Rödder (Hg.), Modell Deutschland, Göttingen 2007, S. 28-43.
Spoerer, Mark, Demontage eines Mythos? Zu der Kontroverse über das nationalsozialistische ›Wirtschaftswunder‹, in: Geschichte und Gesellschaft 31 (2005) 3, S. 415-438.
Spoerer, Mark, Steuerlast, Steuerinzidenz und Steuerwettbewerb. Verteilungswirkungen der Besteuerung in Preußen und Württemberg (1815-1913), Berlin 2004.
Spoerer, Mark, Taxes on Production and on Imports in Germany, 1901-13, in: Jahrbuch für Wirtschaftsgeschichte 39 (1998) 1, S. 161-179.
Spoerer, Mark, Die Automobilindustrie im Dritten Reich: Wachstum um jeden Preis?, in: Gall/Pohl (Hg.), Unternehmen, S. 61-68.
Spree, Reinhard, About the Relative Efficiency of the Nazi Work Creation Programs, München 2004 (Munich Discussion Paper 2004-15).
Staab, Philipp, Markt und Herrschaft in der Ökonomie der Unknappheit, Berlin 2019.
Stachura, Peter D. (Hg.), Unemployment and the Great Depression in Weimar Germany, Basingstoke 1986.
Statistisches Bundesamt, Fachserie 18, Reihe 1.5, Wiesbaden 2016.
Statistisches Bundesamt (Hg.), Bevölkerung und Wirtschaft 1872-1972, Stuttgart 1972.
Statistisches Reichsamt (Hg.), Finanzen und Steuern im In- und Ausland. Ein statistisches Handbuch, Berlin 1930.
Statistisches Reichsamt (Hg.), Die deutsche Einkommensbesteuerung vor und nach dem Kriege, Berlin 1925 (Statistik des Deutschen Reiches Bd. 312).
Stauss, Frank, Höllenritt Wahlkampf. Ein Insider-Bericht, München 2013.
Stegmann, Dirk, Politische Radikalisierung in der Provinz. Lageberichte und Stärkemeldungen der Politischen Polizei und der Regierungspräsidenten für Osthannover 1922-1933, Hannover 1999.
Stegmann, Franz Josef/Peter Langhorst, Geschichte der sozialen Ideen im deutschen Katholizismus, in: Helga Grebing (Hg.), Geschichte der sozialen Ideen in Deutschland, Essen 2000, S. 599-866.
Stein, Herbert, The Fiscal Revolution in America, Chicago 1969.
Stein, Herbert, Pre-Revolutionary Fiscal Policy. The Regime of Herbert Hoover, in: Journal of Law & Economics 9 (1966), S. 189-223.
Stein, Lorenz von, Lehrbuch der Finanzwissenschaft: Erster Theil, Fünfte Ausgabe, Leipzig 1885.

Stein, Lorenz von, Gegenwart und Zukunft der Rechts- und Staatswissenschaft Deutschlands, Stuttgart 1876.
Stein, Lorenz von, Geschichte der sozialen Bewegung in Frankreich von 1789 bis auf unsre Tage, 3 Bde., Leipzig 1850.
Stein, Lorenz von, Die sozialistischen und kommunistischen Bewegungen seit der dritten französischen Revolution, Stuttgart 1848.
Stein, Lorenz von, Der Sozialismus und Kommunismus des heutigen Frankreichs, Leipzig 1842.
Steinberg, Jonathan, Bismarck. A Life, Oxford 2011.
Steiner, André, Zur Neuschätzung des Lebenshaltungskostenindex für die Vorkriegszeit des Nationalsozialismus, in: Jahrbuch für Wirtschaftsgeschichte (2005) 2, S. 129-152.
Steiner, Zara, The Lights that Failed. European International History 1919-1933, Oxford 2005.
Steiner, Zara, The Triumph of the Dark. European International History, 1933-1939, Oxford 2011.
Steinmo, Sven, Taxation and Democracy. Swedish, British, and American Approaches to Financing the Modern State, New Haven 1993.
Stelzner, Jürgen, Arbeitsbeschaffung und Wiederaufrüstung 1933-1936. Nationalsozialistische Beschäftigungspolitik und der Aufbau der Wehr- und Rüstungswirtschaft, Tübingen 1976 (Diss. Uni Tübingen).
Stevenson, David, France at the Paris Peace Conference: Addressing Dilemmas of Security, in: Boyce (Hg.), French Foreign and Defence Policy, S. 10-29.
Stigler, George J., Henry Calvert Simons, in: Journal of Law & Economics 17 (1974) 1, S. 1-5.
Stolleis, Michael, Pecunia nervus rerum. Zur Staatsfinanzierung in der frühen Neuzeit, Frankfurt am Main 1983.
Stolleis, Michael, Gemeinwohlformeln im nationalsozialistischen Recht, Berlin 1974.
Stoltenberg, Gerhard, Wendepunkte. Stationen deutscher Politik 1947 bis 1990, Berlin 1997.
Stoltenberg, Gerhard, Fritz Schäffer und die Finanzpolitik des Bundes 1949-1957, in: Peter Claus Hartmann/Otto Altendorfer (Hg.), 100 Jahre Fritz Schäffer. Politik in schwierigen Zeiten, Passau 1988, S. 45-54.
Stoltenberg, Gerhard, Politische Strömungen im schleswig-holsteinischen Landvolk 1918-1933. Ein Beitrag zur politischen Meinungsbildung in der Weimarer Republik, Düsseldorf 1962.
Storrs, Christoph (Hg.), The Fiscal-Military State in Eighteenth-Century Europe, Aldershot 2009.
Strachan, Hew, The First World War. Bd. I: To Arms, Oxford 2001.
Straumann, Tobias, Rule Rather than Exception: Brüning's Fear of De-

valuation in Comparative Perspective, in: Journal of Contemporary History 44 (2009) 4, S. 603-617.
Straumann, Tobias, 1931. Die Finanzkrise und Hitlers Aufstieg, Darmstadt 2020.
Strauß, Franz Joseph, Die Finanzreform 1969. Vom kooperativen zum bürokratischen Zentralföderalismus, in: Robert Schwebler (Hg.), Jahre der Wende 1968-1978: Bestandaufnahme eines Jahrzehnts. Alex Möller zum 75sten Geburtstag, Karlsruhe 1978, S. 43-53.
Strutz, Georg, Das Gesetz über vorbereitende Maßnahmen zur Besteuerung der Kriegsgewinne, in: ZgS 51 (1916), S. 86-94.
Stüber, Gabriele, Der Kampf gegen den Hunger, 1945-1950. Die Ernährungslage in der britischen Zone Deutschlands, insbesondere in Schleswig-Holstein und Hamburg, Neumünster 1984.
Sturm, Roland, Die Wende im Stolperschritt – eine finanzpolitische Bilanz, in: Göttrik Wewer (Hg.), Bilanz der Ära Kohl, Opladen 1998, S. 183-200.
Sultan, Herbert, Rodbertus und der agrarische Sozialkonservatismus, in: Zeitschrift für die gesamte Staatswirtschaft 82 (1927) 1, S. 71-113.
Süß, Winfried, »Gold ist Trumpf und weiter nichts.« Reichtumskonflikte im langen 19. Jahrhundert, in: WerkstattGeschichte 25 (2017) 73, S. 31-50.
Svensson, Arnold, Anspielung und Stereotyp. Eine linguistische Untersuchung des politischen Sprachgebrauchs am Beispiel der SPD, Opladen 1984.
Swank, Duane, Tax Policy in an Era of Internationalization. Explaining the Spread of Neoliberalism, in: International Organization 60 (2006) 4, S. 847-882.
Swedberg, Richard, Joseph A. Schumpeter. Eine Biographie, Stuttgart 1994.

Temin, Peter, Lessons from the Great Depression, Cambridge 1991.
Tennstedt, Florian, Vom Proleten zum Industriearbeiter. Arbeiterbewegung und Sozialpolitik in Deutschland 1800 bis 1914, Köln 1983.
Terhalle, Fritz, Geschichte der deutschen öffentlichen Finanzen vom Beginn des 19. Jahrhunderts bis zum Schlusse des Zweiten Weltkrieges, in: Handbuch der Finanzwissenschaft 2. Auflage, Tübingen 1952, Bd. 1, S. 273-326.
Terhalle, Fritz, Der »Neue Finanzplan«, in: Jahrbücher für Nationalökonomie und Statistik 149 (1939), S. 682-699.
Terhalle, Fritz, Die Realsteuerreform vom 1. Dezember 1936, in: Jahrbücher für Nationalökonomie und Statistik 145 (1937), S. 664-698.
Terhalle, Fritz, Finanz- und steuerpolitische Maßnahmen in Deutschland von Anfang 1933 bis Herbst 1934, in: Jahrbücher für Nationalökonomie und Statistik 141 (1935), S. 570-589.

Teschemacher, Hans, Finanzreform und innere Reichspolitik 1906-1913. Ein geschichtliches Vorspiel zu den Ideen von 1914, Berlin 1915.
Thain, Coline/Maurice Wright, The Treasury and Whitehall. The Planning and Control of Public Expenditures 1976-1993, Oxford 1995.
Their, Erich, Rodbertus, Lasalle, Adolph Wagner: ein Beitrag zur Theorie der Geschichte des deutschen Staatssozialismus, Berlin 1930.
Theweleit, Klaus, Männerphantasien, 2 Bände, Frankfurt am Main 1977.
Thier, Andreas, The Transfer of Ideas about Taxation in a Federal State: the Example of the German Empire, 1875-1914, in: Nehring/Schui (Hg.), Global Debates, S. 83-96.
Thier, Andreas, Steuergesetzgebung und Verfassung in der konstitutionellen Monarchie. Staatssteuerreformen in Preußen 1871-1893, Frankfurt am Main 1999.
Timm, Herbert, Das Gesetz der wachsenden Staatsausgaben, in: FinanzArchiv N.F. 21 (1961), S. 201-247.
Tilly, Charles, Extraction and Democracy, in: Isaac William Martin/Ajay K. Mehrotra/Monica Prasad (Hg.), The New Fiscal Sociology. Taxation in Comparative and Historical Perspective, Cambridge 2009, S. 173-182.
Tilly, Charles, Foreword, in: Isaac William Martin/Ajay K. Mehrotra/Monica Prasad (Hg.), The New Fiscal Sociology. Taxation in Comparative and Historical Perspective, Cambridge 2009, S. xi-xiii.
Tilly, Charles, Coercion, Capital, and European States, AD 990-1990, Cambridge/Mass. 1990.
Tilly, Charles, Proletarianization. Theory and Research, Michigan 1979 (CRSO Working Paper Nr. 202).
Tilly, Charles (Hg.), The Formation of National States in Western Europe, Princeton 1975.
Tipke, Klaus/Joachim Lang, Steuerrecht, Köln 2020 (24. Auflage).
Tipke, Klaus, Ein Ende dem Einkommensteuerwirrwarr!? Rechtsreform statt Stimmenfangpolitik, Köln 2006.
Tipke, Klaus, Die Steuerrechtsordnung, 3 Bände, Köln 1993.
Tipke, Klaus, Bundesverfassungsgericht und Unterhaltsabzug, in: Steuer und Wirtschaft 62 (1985), S. 76-79.
Tipke, Klaus, Über Steuergesetzgebung und parlamentarische Demokratie (Besprechung von Hayeks Recht, Gesetzgebung und Freiheit), in: Steuer und Wirtschaft 60 (1983), S. 1-9.
Tomka, Béla, A Social History of Twentieth-Century Europe, London 2013.
Tooze, Adam, Has Covid Ended the Neoliberal Era?, in: The Guardian vom 2. 9. 2021.
Tooze, Adam, Crashed. How a Decade of Financial Crisis Changed the World, New York 2018.
Tooze, Adam, Sintflut. Die Neuordnung der Welt 1916-1931, München 2017.

Tooze, Adam/Stefan Eich, The Great Inflation, in: Anselm Doering-Manteuffel/Lutz Raphael/Thomas Schlemmer (Hg.), Vorgeschichte der Gegenwart: Dimensionen des Strukturbruchs nach dem Boom, Göttingen 2016, S. 173–196.

Tooze, Adam, Mehr Geld, in: Süddeutsche Zeitung 16. 7. 2013, ⟨http://www.sueddeutsche.de/wirtschaft/inflation-gegen-die-krise-mehr-geld-1.1722576⟩ (Zugriff: 23. 02. 15).

Tooze, Adam, Reassessing the Moral Economy of Post-War Reconstruction. The Terms of the West German Settlement in 1952, in: Past & Present (2011), S. 47-70.

Tooze, Adam, The Wages of Destruction. The Making and Breaking of the Nazi Economy, London 2006.

Tooze, Adam, Doch falsch gerechnet – weil falsch gedacht, in: taz vom 16. 3. 2005.

Tooze, Adam, Einfach verkalkuliert, in: taz Magazin Nr. 7613 vom 12. 3. 2005.

Toporowski, Jan, Michal Kalecki. An Intellectual Biography, 2 Bde., Houndmills 2013-2018.

Torp, Cornelius, Gerechtigkeit im Wohlfahrtsstaat. Alter und Alterssicherung in Deutschland und Großbritannien von 1945 bis heute, Göttingen 2015.

Torp, Cornelius, Die Herausforderung der Globalisierung. Wirtschaft und Politik in Deutschland 1860-1914, Göttingen 2005.

Torregrosa-Hetland, Sara/Oriol Sabaté, Income Tax and War Inflation: was the ›Blood Tax‹ Compensated by Taxing the Rich?, 2017 (Working Paper).

Torres-Sanchez, Rafael (Hg.), War, State and Development. Fiscal-Military States in the Eighteenth Century, Pamplona 2007.

Transfer-Enquete-Kommission, Das Transfersystem in der Bundesrepublik Deutschland, Stuttgart 1981.

Tresch, Richard W., Public Finance. A Normative Theory, Plano/Texas 1981.

Trittel, Günter J., Hunger und Politik. Die Ernährungskrise in der Bizone (1945-1949), Frankfurt am Main 1990.

Troeger, Heinrich (Hg.), Diskussionsbeiträge des Arbeitsausschusses für die große Steuerreform, Stuttgart 1954.

Truger, Achim/Birger Scholz, Die Demontage der Erbschaftsteuer, in: Wirtschaftsdienst 96 (2016) 6, S. 378-379.

Truger, Achim, Ökonomische und soziale Kosten von Steuersenkungen. Das Beispiel der rot-grünen Steuerreformen, in: Prokla 39 (2009) 154, S. 27-46.

Truger, Achim, Die neue Finanzwissenschaft zwischen Realitätsferne und Irrelevanz der Annahmen, Frankfurt am Main 1998.

Tüffers, Bettina, Einleitung, in: Die SPD-Fraktion im Deutschen Bundestag. Sitzungsprotokolle 1966-1969, Düsseldorf 2009, S. XI-LXII.

Ullmann, Hans-Peter, Das Abgleiten in den Schuldenstaat. Öffentliche Finanzen in der Bundesrepublik von den sechziger bis zu den achtziger Jahren, Göttingen 2017.

Ullmann, Hans-Peter, Die Expansionskoalition. Akteure und Aktionen in der bundesdeutschen Schuldenpolitik der 1970er-Jahre, in: Geschichte und Gesellschaft 41 (2015), S. 394-417.

Ullmann, Hans-Peter, »Alles hängt an den Finanzen«. Überlegungen zu einer deutschen Finanzgeschichte von 1790 bis 1990, in: ders., Staat und Schulden. Öffentliche Finanzen in Deutschland seit dem 18. Jahrhundert, Göttingen 2009, S. 37-50.

Ullmann, Hans-Peter, Der deutsche Steuerstaat. Geschichte der öffentlichen Finanzen vom 18. Jahrhundert bis heute, München 2005.

Ullmann, Hans-Peter, Kriegswirtschaft, in: Gerhard Hirschfeld/Gerd Krumeich/Irina Renz (Hg.), Enzyklopädie Erster Weltkrieg, 2. Auflage, Paderborn 2004, S. 220-232.

Ullmann, Hans-Peter, Interessenverbände in Deutschland, Frankfurt am Main 1988.

Vail, Mark I., Recasting Welfare Capitalism. Economic Adjustment in Contemporary France and Germany, Philadelphia 2010.

Vaïsse, Justin, Neoconservatism. The History of a Movement, Cambridge/Mass. 2011.

Van Horn, Rob, Philip Mirowski, The Rise of the Chicago School of Economics and the Birth of Neoliberalism, in: ders./Dieter Plehwe (Hg.), The Road from Mont Pèlerin. The Making of the Neoliberal Thought Collective, Cambridge/Mass. 2009, S. 139-178.

Van Scherpenberg, Jens, Öffentliche Finanzwirtschaft in Westdeutschland 1944-1948. Steuer- und Haushaltswesen in der Schlußphase des Krieges und der unmittelbaren Nachkriegsjahre, Frankfurt am Main 1984.

Vecchi, Nicolò De, Keynes on Kalecki's Theory of Taxation. Contents Approved, Method Questioned, in: History of Political Economy 40 (2008) 1, S. 163-182.

Velde, François R./David R. Weir, The Financial Market and Government Debt Policy in France, 1746-1793, in: Journal of Economic History 52 (1992), S. 1-39.

Venn, Fiona, The Oil Crisis, London 2002.

Verheugen, Günter, Der Ausverkauf. Macht und Verfall der FDP, Hamburg 1984.

Vesper, Dieter, Steuern, Staatsausgaben und Umverteilung, in: Prokla 25 (1995) 2, S. 165-192.

Veyrassat, Béatrice, Wirtschaft und Gesellschaft an der Wende zum 20. Jahrhundert, in: Patrick Halbeisen (Hg.), Wirtschaftsgeschichte der Schweiz im 20. Jahrhundert, Basel 2012, S. 33-81.

Vogel, Bernhard/Peter Haungs, Wahlkampf und Wählertradition. Eine Studie zum Bundestagswahlkampf 1961, Wiesbaden 1965.

Vogel, Klaus/Christian Waldhoff, Grundlagen des Finanzverfassungsrechts. Sonderausgabe des Bonner Kommentars zum Grundgesetz (Vorbemerkungen zu Art. 104a bis 115 GG), Heidelberg 1999.

Vogel, Klaus, Der Finanz- und Steuerstaat, in: ders., Der offene Finanz- und Steuerstaat. Ausgewählte Schriften 1964-1990, hg. von Paul Kirchhof, Heidelberg 1991, S. 346-382

Vogt, Martin, Die Stellung der Koalitionsparteien zur Finanzpolitik 1928-1930, in: Mommsen/Petzina/Weisbrod (Hg.), Industrielles System, Bd. 1, S. 439-462.

Voigt, Rüdiger, Die Auswirkungen des Finanzausgleichs zwischen Staat und Gemeinden auf die kommunale Selbstverwaltung von 1919 bis zur Gegenwart, Berlin 1975.

Volkmann, Hans-Erich, Die NS-Wirtschaft in Vorbereitung des Krieges, in: Militärgeschichtliches Forschungsamt (Hg.), Das Deutsche Reich und der Zweite Weltkrieg, Bd. 1, Frankfurt am Main 1989, S. 211-435.

Voß, Reimer, Johannes Popitz (1884-1945). Jurist, Politiker, Staatsdenker unter drei Reichen – Mann des Widerstands, Frankfurt am Main 2006.

Voß, Reimer, Steuern im Dritten Reich. Vom Recht zum Unrecht unter der Herrschaft des Nationalsozialismus, München 1995.

Voth, Hans-Joachim, Time and Work in England 1750-1830, Oxford 2000.

Wagenhals, Gerhard, Incentive and Redistribution Effects of the German Tax Reform 2000, in: FinanzArchiv 57 (2000), S. 316-332.

Wagner, Adolph, Lehr- und Handbuch der politischen Ökonomie. Vierte Hauptabteilung: Finanzwissenschaft. Dritter Teil: Spezielle Steuerlehre, 1. Buch: Steuergeschichte vom Altertum bis zur Gegenwart, Leipzig 1910.

Wagner, Adolph, Zur Methodik der Statistik des Volkseinkommens und Volksvermögens. Mit besonderer Berücksichtigung der Steuerstatistik, in: Zeitschrift des Königlich Preußischen Statistischen Landesamtes, 44 (1904), S. 41-122.

Wagner, Adolph, Statistik des Volks- oder Nationaleinkommens und -vermögens (Größe, Arten, Verteilung) mit besonderer Verwertung der Steuerstatistik, Berlin 1903.

Wagner, Adolph, Finanzwissenschaft. Ergänzungsheft zum dritten Theil: Specielle Steuerlehre. Die britische und französische Besteuerung in ihrer neuesten Entwicklung und Gestaltung 1886-1896, Leipzig 1896.

Wagner, Adolph, Die Reform der direkten Staatsbesteuerung in Preußen im Jahre 1891, in: FinanzArchiv 8 (1891), S. 551-810.
Wagner, Adolph, Finanzwissenschaft und Staatssozialismus, in: Zeitschrift für die gesamte Staatswissenschaft 43 (1887) 4, S. 675-746.
Wagner, Adolph, Offener Brief an Herrn H. B. Oppenheim, Berlin 1872
Wagner, Adolph, Rede über die sociale Frage, Berlin 1872.
Wagner, Andrea, Die Entwicklung des Lebensstandards in Deutschland zwischen 1920 und 1960, Berlin 2008.
Wagner, Andrea/Jörg Baten, Mangelernährung, Krankheit und Sterblichkeit im NS-Wirtschaftsaufschwung (1933-1937), in: Jahrbuch für Wirtschaftsgeschichte 44 (2003) 1, S. 99-123.
Wagner, Patrick, Bauern, Junker und Beamte. Der Wandel lokaler Herrschaft und Partizipation im Ostelbien des 19. Jahrhunderts. Göttingen 2005.
Wagschal, Uwe/Herbert Obinger, Social Expenditures and Revenues, in: Francis G. Castles et al. (Hg.), The Oxford Handbook of the Welfare State, Oxford 2010, S. 333-352.
Wagschal, Uwe, Steuerpolitik und Steuerreformen im internationalen Vergleich. Eine Analyse der Ursachen und Blockaden, Münster 2005.
Waldhoff, Christian, Finanzrecht, in: Rüdiger Voigt (Hg.), Aufbruch zur Demokratie. Die Weimarer Reichsverfassung als Bauplan für eine demokratische Republik, Baden-Baden 2020.
Waldhoff, Christian, Verfassungsrechtliche Vorgaben für die Steuergesetzgebung im Vergleich Deutschland – Schweiz, München 1997.
Wallich, Henry C., Triebkräfte des deutschen Wiederaufstiegs, Frankfurt am Main 1955.
Walter-Borjans, Norbert, Steuern – Der große Bluff, Köln 2018.
Wandel, Eckard, Die Entstehung der Bank deutscher Länder und die deutsche Währungsreform 1948. Die Rekonstruktion des westdeutschen Geld- und Währungssystems 1945 bis 1949 unter Berücksichtigung der amerikanischen Besatzungspolitik, Frankfurt am Main 1980.
Wang, Chen/Koen Caminada, Leiden LIS Budget Incidence Fiscal Redistribution Dataset (2011), online verfügbar unter: ⟨http://www.lisdatacenter.org/resources/other-databases/⟩ (Zugriff: 10. 12. 2021).
Wanniski, Jude, Taxes, Revenues and the »Laffer Curve«, in: The Public Interest (1978) 4 (Winter), S. 3-16.
Wapshott, Nicholas, Keynes Hayek. The Clash that Defined Modern Economics, New York 2011.
Warlouzet, Laurent, Governing Europe in a Globalizing World. Neoliberalism and Its Alternatives Following the 1973 Oil Crisis, London 2018.
Wass, Douglas, Decline to Fall. The Making of British Macro-Economic Policy and the 1976 IMF Crisis, Oxford 2008.

Wassermeyer, Franz, Erfahrungen mit dem Außensteuergesetz von 1972, in: Hansmeyer (Hg.), Staatsfinanzierung im Wandel, S. 573-591.
Watzinger, Karl Otto, Ludwig Frank. Ein deutscher Politiker jüdischer Herkunft, Sigmaringen 1995.
Weber, Alfred, Das Reich und die Besteuerung der hohen Einkommen, in: Deutsche Politik 3 (1918) 22, S. 680-684.
Weber, Fritz, Zusammenbruch, Inflation und Hyperinflation. Zur politischen Ökonomie der Geldentwertung in Österreich 1918-1922, in: Helmut Konrad/Wolfgang Maderthaner (Hg.), Das Werden der Ersten Republik. ... der Rest ist Österreich, Wien 2008, Bd. 2, S. 7-32.
Weber, Max, Gesamtausgabe, Abt. 2, Briefe, Bd. 9: Briefe 1915-1917, herausgegeben von Gerd Krumeich und M. Rainer Lepsius, Tübingen 2008.
Weber, Max, Gesamtausgabe, Abt. 2, Briefe, Bd. 6: Briefe 1909-1910, herausgegeben von M. Rainer Lepsius und Horst Baier, Tübingen 1994.
Webb, Steven B., Hyperinflation and Stabilization in Weimar Germany, New York 1989.
Webb, Steven B., Fiscal News and Inflationary Expectations in Germany after World War I, Journal of Economic History 46 (1986) 3, S. 769-794.
Webber, Carolyn/Aaron Wildavsky, A History of Taxation and Expenditure in the Western World, New York 1986.
Wehler, Hans-Ulrich, Deutsche Gesellschaftsgeschichte 1700-1990, 5 Bände, München 1987-2008.
Wehler, Hans-Ulrich, Das Deutsche Kaiserreich 1871-1918, Göttingen 1973.
Weick, Arne, Homburger Plan und Währungsreform. Kritische Analyse des Währungsreformplans der Sonderstelle Geld und Kredit und seiner Bedeutung für die westdeutsche Währungsreform von 1948, St. Katharinen 1998.
Weiduschat, Gerhard, Ein Staatsstreich? Die Reichsexekution gegen Preußen (Preußenschlag vom 20. Juli 1932 und die Folgen), Berlin 2007.
Weingarten, Joe, Finanzverwaltung und Gesetzesvollzug. Anforderungen, Probleme und Vorgehen der Steuerverwaltung bei der Anwendung steuerrechtlicher Normen, Opladen 1993.
Weir, Margaret/Theda Skocpol, State Structures and the Possibilities for »Keynesian« Responses to the Great Depression in Sweden, Britain and the United States, in: Peter Evans/Dietrich Ruschemeyer/Theda Skocpol (Hg.), Bringing the state back in, Cambridge 1999, S. 107-168.
Weisser, Gerhard, Die Gesetzgebung über den Lastenausgleich. Bemerkungen zu ihrer Geschichte und kritische Analyse ihrer Grundgedanken, in: FinanzArchiv 16 (1955/56), S. 62-80.
Wengeler, Martin, »Der alte Streit ›hier Marktwirtschaft, da Planwirtschaft‹ ist vorbei.« Ein Rückblick auf die sprachlichen Aspekte wirtschaftspolitischer Diskussionen, in: Georg Stötzel/Martin Wengeler (Hg.) Kon-

troverse Begriffe. Geschichte des öffentlichen Sprachgebrauchs in der Bundesrepublik Deutschland, Berlin 1995, S. 35-92.
Wengst, Udo, Die CDU/CSU im Bundestagswahlkampf 1949, in: Vierteljahrshefte für Zeitgeschichte 34 (1986), S. 1-52.
Wenzel, Rüdiger, Die große Verschiebung? Das Ringen um den Lastenausgleich im Nachkriegsdeutschland von den ersten Vorarbeiten bis zur Verabschiedung des Gesetzes 1952, Stuttgart 2008.
Werding, Martin, Gab es eine neoliberale Wende? Wirtschaft und Wirtschaftspolitik in der Bundesrepublik Deutschland ab Mitte der 1970er Jahre, in: Vierteljahrshefte für Zeitgeschichte 56 (2008) 2, S. 303-321.
Wermuth, Adolf, Ein Beamtenleben, Berlin 1922.
Werner, Michael/Bénédicte Zimmermann, Vergleich, Transfer, Verflechtung, in: Geschichte und Gesellschaft 28 (2002), S. 607-636.
Wersig, Maria, Der lange Schatten der Hausfrauenehe. Zur Reformresistenz des Ehegattensplittings, Opladen 2013.
Westarp, Kuno von, Konservative Politik im letzten Jahrzehnt des Kaiserreichs, Berlin 1935.
Wette, Wolfram, Ideologien, Propaganda und Innenpolitik als Voraussetzungen der Kriegspolitik des Dritten Reiches, in: Militärgeschichtliches Forschungsamt (Hg.), Das Deutsche Reich und der Zweite Weltkrieg, Bd. 1, Frankfurt am Main 1989, S. 25-208
White, Eugene, The French Revolution and the Politics of Government Finance, 1770-1815, in: Journal of Economic History 55 (1995), S. 227-255.
Wicksell, Knut, Finanztheoretische Untersuchungen nebst Darstellung und Kritik des Steuerwesens Schwedens, Jena 1896.
Widdig, Bernd, Culture and Inflation in Weimar Germany, Sacramento 2001.
Wiegand, Lutz, Der Lastenausgleich in der Bundesrepublik Deutschland 1949-1985, Frankfurt am Main 1992.
Wienfort, Monika, Preußen, in: Werner Daum (Hg.) Handbuch der europäischen Verfassungsgeschichte im 19. Jahrhundert, Bd. 2: 1815-1847, Bonn 2012, S. 959-992.
Wildt, Michael, Gewalt als Partizipation. Der Nationalsozialismus als Ermächtigungsregime, in: Alf Lüdtke/Michael Wildt (Hg.), Staats-Gewalt: Ausnahmezustand und Sicherheitsregimes. Historische Perspektiven, Göttingen 2008, S. 215-240.
Wildt, Michael, Biopolitik, ethnische Säuberung und Volkssouveränität. Eine Skizze, in: Mittelweg 36 (2006) 6, S. 87-106.
Wildt, Michael, »Gemeinnutz geht vor Eigennutz.« Ein kurzer Nachtrag zur Hohmann-Rede, in: Mittelweg 36, 13 (2004) 1, S. 88-92.
Wildt, Michael, Die politische Ordnung der Volksgemeinschaft. Ernst Fraenkels »Doppelstaat« neu betrachtet, in: Mittelweg 36, 12 (2003) 2, S. 45-61.

Wilensky, Harold L., Rich Democracies. Political Economy, Public Policy, and Performance, Berkeley 2002.
Wilke, Gustav, Die Entwicklung der Theorie des staatlichen Steuersystems in der deutschen Finanzwissenschaft des 19. Jahrhunderts, in: FinanzArchiv 38 (1921) 1, S. 1-108.
Wilken, Folkert, Organische Finanzreform, in: FinanzArchiv N.F. 3 (1935) 1, S. 77-121.
Wille, Eberhard, Finanzplanung am Scheideweg. Resignation oder Neubesinnung? in: FinanzArchiv N.F. 35 (1976) 1, S. 66-99.
Williamson, John G., Karl Helfferich, 1872-1924. Economist, Financier, Politician, Princeton 1971.
Willke, Helmut, Supervision des Staates. Frankfurt am Main 1997.
Willke, Helmut, Ironie des Staates. Grundlinien einer Staatstheorie polyzentrischer Gesellschaft, Frankfurt am Main 1992.
Willke, Helmut, Entzauberung des Staates. Überlegungen zu einer gesellschaftlichen Steuerungstheorie, Königstein/Ts. 1983.
Windolf, Paul, Was ist Finanzmarkt-Kapitalismus?, in: ders. (Hg.), Finanzmarkt-Kapitalismus. Analysen zum Wandel von Produktionsregimen, Wiesbaden 2005, S. 58-84.
Winkler, Heinrich August, Weimar 1918-1933. Die Geschichte der ersten deutschen Demokratie, München 2018 (5. Auflage).
Winkler, Heinrich August, Der Schein der Normalität. Arbeiter und Arbeiterbewegung in der Weimarer Republik 1924 bis 1930, Berlin 1985.
Winkler, Heinrich August, Von der Revolution zur Stabilisierung. Arbeiter und Arbeiterbewegung in der Weimarer Republik 1919 bis 1924, Berlin 1984.
Winkler, Heinrich August, Stabilisierung durch Schrumpfung. Der gewerbliche Mittelstand in der Bundesrepublik, in: ders., Liberalismus und Antiliberalismus. Studien zur politischen Sozialgeschichte des 19. und 20. Jahrhunderts, Göttingen 1979, S. 145-159.
Winkler, Heinrich August, Vom linken zum rechten Nationalismus. Der deutsche Liberalismus in der Krise von 1878/79, in: Geschichte und Gesellschaft 4 (1978) 1, S. 5-28.
Winkler, Heinrich August (Hg.), Organisierter Kapitalismus. Voraussetzungen und Anfänge, Göttingen 1974.
Winkler, Heinrich August, Mittelstand, Demokratie und Nationalsozialismus. Die politische Entwicklung von Handwerk und Kleinhandel in der Weimarer Republik, Köln 1972.
Wirsching, Andreas, Abschied vom Provisorium. Geschichte der Bundesrepublik Deutschland 1982-1990, München 2006.
Witkowski, Gregory R./Arnd Bauerkämper, German Philanthropy in International and Transnational Perspective, in: dies. (Hg.), German

Philanthropy in Transatlantic Perspective. Perceptions, Exchanges and Transfers since the Early Twentieth Century, Cham 2016, S. 1-20.
Witt, Peter-Christian, Tax Policies, Tax Assessment and Inflation. Towards a Sociology of Public Finances in the German Inflation, 1914-23, in: ders. (Hg.), Wealth and Taxation in Central Europe. The History and Sociology of Public Finance, Leamington Spa 1987, S. 137-160.
Witt, Peter-Christian, Anpassung an die Inflation. Das Investitionsverhalten der deutschen Staatsbahnen/Reichsbahn in den Jahren 1914 bis 1923/24, in: Gerald D. Feldman (Hg.), Anpassung an die Inflation, München 1986, S. 392-432.
Witt, Peter-Christian, Die Auswirkungen der Inflation auf die Finanzpolitik des Deutschen Reiches 1924-1935, in: Feldman (Hg.), Nachwirkungen, S. 43-95.
Witt, Peter-Christian, Finanzpolitik als Verfassungs- und Gesellschaftspolitik. Überlegungen zur Finanzpolitik des Deutschen Reiches in den Jahren 1930 bis 1932, in: Geschichte und Gesellschaft 8 (1982) 3, S. 386-414.
Witt, Peter-Christian, Finanzpolitik und sozialer Wandel in Krieg und Inflation 1918-1924, in: Mommsen/Petzina/Weisbrod (Hg.), Industrielles System, Bd. 1, S. 395-425.
Witt, Peter-Christian, Reichsfinanzminister und Reichsfinanzverwaltung. Zum Problem des Verhältnisses von politischer Führung und bürokratischer Herrschaft in den Anfangsjahren der Weimarer Republik (1918/19-1924), in: Vierteljahrshefte für Zeitgeschichte 23 (1975) 1, S. 1-61.
Witt, Peter-Christian, Der preußische Landrat als Steuerbeamter 1891-1918, in: Imanuel Geiss/Bernd Jürgen Wendt (Hg.), Deutschland in der Weltpolitik des 19. und 20. Jahrhunderts, Düsseldorf 1973, S. 205-219.
Witt, Peter-Christian, Die Finanzpolitik des Deutschen Reiches von 1903 bis 1913, Lübeck 1970.
Wohlwend, Sigvard, Der Datendieb. Wie Heinrich Kieber den größten Steuerskandal aller Zeiten auslöste, Berlin 2011.
Wolf, Julius, Die Steuerreserven in England und Deutschland. Ein Beitrag zur Frage der »Rüstungsgrenzen« beider Staaten, Stuttgart 1914.
Wolfrum, Edgar, Rot-Grün an der Macht. Deutschland 1998-2005, München 2013.
Wolfrum, Edgar, Die geglückte Demokratie. Geschichte der Bundesrepublik Deutschland von ihren Anfängen bis zur Gegenwart, Stuttgart 2006.
Woller, Hans, Gerd Müller: oder Wie das große Geld in den Fußball kam. Eine Biografie, München 2019.
World Inequality Database, ⟨https://wid.world/⟩.
Wulf, Peter, Die politische Haltung des schleswig-holsteinischen Handwerks 1928-1932, Köln 1969.

Wulff, Birgit, Arbeitslosigkeit und Arbeitsbeschaffungsmaßnahmen in Hamburg 1933-1939. Eine Untersuchung zur nationalsozialistischen Wirtschafts- und Sozialpolitik, Frankfurt am Main 1987.
Wunder, Bernd, Geschichte der Bürokratie in Deutschland, Frankfurt am Main 1986.

Yeomans, Henry, Taxation, State Formation, and Governmentality: The Historical Development of Alcohol Excise Duties in England and Wales, in: Social Science History 42 (2018), S. 269-293.
Yun-Casalilla, Bartolomé/Patrick O'Brien (Hg.), The Rise of the Fiscal States. A Global History, 1500-1914, Cambridge 2012.
Yun-Casalilla, Bartolomé, Introduction: the Rise of the Fiscal State in Eurasia from a Global, Comparative and Transnational Perspective, in: ders./O'Brien (Hg.), Rise, S. 1-35.

Zanden, Jan Luiten van/Jörg Baten/Peter Földvari/Bas van Leeuwen, The Changing Shape of Global Inequality 1820-2000. Exploring a new dataset, Utrecht 2011 (CGEH Working Paper No. 1).
Zeitel, Gerhard, Die Steuerlastverteilung in der Bundesrepublik Deutschland, Tübingen 1959.
Ziblatt, Daniel, Conservative Parties and the Birth of Democracy, Cambridge 2017.
Ziblatt, Daniel, Does Landholding Inequality Block Democratization? A Test of the ›Bread and Democracy‹ Thesis and the Case of Prussia, in: World Politics 60 (2008) 4, S. 610-641.
Zilch, Rainer, Die Reichsbank und die finanzielle Kriegsvorbereitung 1907-14, Berlin 1987.
Zinn, Karl Georg, Soziale Marktwirtschaft. Idee, Entwicklung und Politik der bundesdeutschen Wirtschaftsordnung, Mannheim 1992.
Zmarzlik, Hans-Günter, Bethmann Hollweg als Reichskanzler, 1909-1914. Studien zu Möglichkeiten und Grenzen seiner innenpolitischen Machtstellung, Düsseldorf 1957.
Zohlnhöfer, Reimut, Globalisierung der Wirtschaft und finanzpolitische Anpassungreaktionen in Westeuropa, Baden-Baden 2009.
Zohlnhöfer, Reimut, Rot-grüne Finanzpolitik zwischen traditioneller Sozialdemokratie und neuer Mitte, in: Christoph Egle/Tobias Ostheim/ders. (Hg.), Das rot-grüne Projekt. Eine Bilanz der Regierung Schröder 1998-2002, Wiesbaden 2003, S. 193-214.
Zohlnhöfer, Reimut, Die Wirtschaftspolitik der Ära Kohl. Eine Analyse 1982-1998, Opladen 2001.
Zohlnhöfer, Reimut, Die große Steuerreform 1998/99. Ein Lehrstück für Politikentwicklung bei Parteienwettbewerb im Bundesstaat, in: Zeitschrift für Parlamentsfragen 30 (1999), 2, S. 326-345.

Zuck, Rüdiger, Verfassungsrechtliche Probleme des Stabilitätsgesetzes, in: JuristenZeitung 22 (1967), S. 694-698.
Zucman, Gabriel, Steueroasen. Wo der Wohlstand der Nationen versteckt wird, Berlin 2014.

Dank

Ich möchte zuerst Michael Wildt für seine langjährige Unterstützung und freundschaftliche Begleitung herzlich danken. Durch die Zusammenarbeit an seiner Professur »Deutsche Geschichte im 20. Jahrhundert mit Schwerpunkt im Nationalsozialismus« an der Humboldt-Universität zu Berlin konnte ich meine Studie entwickeln. Sein offenes Ohr und seine anregende Kritik haben meine Forschungen wesentlich bereichert. An zweiter Stelle möchte ich den beiden weiteren Gutachtern der Habilitationsschrift danken, die durch ihre Hinweise von großem Nutzen für die Studie waren: Alexander Nützenadel (Berlin) für den fachlichen Austausch und die gemeinsame Tagungsorganisation zur politischen Ökonomie der öffentlichen Finanzen seit den 1970er-Jahren sowie Matthieu Leimgruber (Zürich) für seine Anregungen zur internationalen Steuerpolitik.

Mein besonderer Dank gilt auch Martin Daunton (Cambridge) für den konstruktiven Austausch. Seine weitreichenden Analysen zur britischen und internationalen Steuerpolitik haben viel zur Fragestellung und zum Profil dieser Arbeit beigetragen. Mit Mischa Suter (Genf) habe ich die Struktur und Konzeption der Studie intensiv diskutieren können. Ich danke ihm auch für seine umfangreiche Lesearbeit und die vielen hilfreichen Kommentare, die die Qualität der Untersuchung stetig verbesserten. Dass hieraus ein Buch wurde, verdanke ich in besonderer Weise Stefan Mörchen (Bremen). Er hat das Manuskript klug und kritisch redigiert und durch seine Vorschläge die Verständlichkeit des Textes wesentlich verbessert. Herzlichen Dank.

Ebenso möchte ich den Kolleg*innen Stefan Bach, Lars Döpking, Rüdiger Graf, Rüdiger Hachtmann, Rüdiger Hohls, Richard Hölzl, Sebastian Huhnholz, Karsten Linne, Philipp Müller, Tim B. Müller, Klaus Kiran Patel, Laura Rischbieter, Dietmar Süß, Cornelius Torp und Peter-Christian Witt dafür danken, dass sie aus ihrer jeweiligen Fachdisziplin einen kritischen Blick auf einzelne Kapitel geworfen haben. Ihre wertvollen und kritischen Kommentare und Hinweise haben zur Präzisierung meiner steuergeschichtlichen Analysen nachhaltig beigetragen.

Die Kolleg*innen an der Humboldt-Universität haben über die

Jahre meinen Forschungsprozess begleitet und in Diskussionen angeregt, stellvertretend genannt seien: Ulrich Prehn, Kim Priemel, Claudia Prinz, Frank Reichherzer, Laura Rischbieter und Malte Zierenberg. Ich danke zudem herzlich Anne Scheel (HU-Berlin) sowie den studentischen Hilfskräften des Lehrstuhls für ihre tatkräftige Unterstützung meiner Arbeit.

Sebastian Huhnholz (Hannover) und Christian Waldhoff (Berlin) danke ich für die angenehme wie anregende Vorbereitung und Durchführung einer Tagung zu Steuern und öffentlichen Gütern, die die Schader-Stiftung in Darmstadt ermöglichte.

Erste Ergebnisse und Thesen der Studie konnte ich in den Kolloquien von Dirk van Laak (Leipzig), Norbert Frei (Jena), Werner Plumpe (Frankfurt am Main), Peter Kramper (Bielefeld), Ulrich Herbert (Freiburg), Alexander Nützenadel (HU Berlin) und Paul Nolte (FU Berlin) sowie beim Arbeitskreis Steuergeschichte (Heidelberg) vorstellen.

Mein Dank gilt ebenso den Gutachter*innen des Historikerverbands, die die Habilitationsschrift des Carl-Erdmann-Preises für würdig befanden, sowie Cornelia Rauh (Hannover) für ihre Laudatio; ich fühle mich sehr geehrt.

Ich danke dem Suhrkamp Verlag, namentlich Philipp Hölzing, für die gute Kooperation und die hilfreichen Ratschläge zur Fertigstellung des Manuskripts sowie Carla Kieselhorst für die kompetente Erstellung der Grafiken.

Allen Freunden aus der Wissenschaft wie außerhalb dieser Welt sei für ihre langjährige Begleitung meines Weges besonders gedankt. Ihre kritischen wie zugewandten Reflexionen haben mich immer wieder bestärkt. Herzlichen Dank Alexa Stiller, Veronika Springmann, Miriam Rürup, Georg Wamhof, Eckart Schörle, Daniel Butscher, Thomas Köcher, Hanno Balz, Carsten Beyer und Marcus Meyer. Mein Dank gilt auch meinen Eltern Elke und Klaus-Dieter Buggeln für ihr Vertrauen, welches sie meinen Entscheidungen entgegenbringen. Dass dieses Buch gedacht und geschrieben werden konnte, verdanke ich Kirsten und unseren Kindern Edwin und Lloyd. Von Herzen Dank für den geschenkten Raum und seine Begrenzungen, für das große Glück unseres Zusammenlebens.

Ich möchte dieses Buch Inge Marszolek (1947-2016) widmen. Sie hat durch ihre Freude am kritischen Denken und Forschen meine Arbeit sehr geprägt.

Grafiken- und Tabellenverzeichnis

Namenregister

Ausführliches Inhaltsverzeichnis

Teil III

Sozialliberale Gouvernementalität unter fragilen Bedingungen:
Die Steuerpolitik der Weimarer Zeit (1919-1933)

Teil IV
Militarisierte Gouvernementalität in Friedenszeiten (1933-1939)

Teil V
Die Gouvernementalität des Vernichtungskriegs – Finanzpolitik im Zweiten Weltkrieg (1939-1945)

Teil VI
Verordneter Sozialliberalismus? Die Steuerpolitik in den westlichen Besatzungszonen (1945-1948/49)

Teil VII
Die umkämpfte ordoliberale Gouvernementalität. Steuerpolitik für ein Export-Spar-System (1949-1966)

Teil VIII
Aufstieg und Niedergang sozialliberaler Gouvernementalität (1966-1982): Die SPD und die Steuergerechtigkeit

Teil IX
Vom Gleichheitsversprechen zur Effizienz: Der langsame Aufstieg neoliberaler Gouvernementalität seit den 1980er-Jahren